D1620109

Andrew Kilpatrick:

Warren Buffett – Von bleibendem Wert

Andrew Kilpatrick

Warren Buffett

Von bleibendem Wert

DIE BIOGRAPHIE DES ERFOLGREICHSTEN INVESTORS

FinanzBuch Verlag, München

Für Pat
„Die Buchwitwe"

Copyright © 1998 by Andrew Kilpatrick. Originalausgabe erschienen bei AKPE, Birmingham, Alabama unter dem Titel: Of Permanent Value. The Story of Warren Buffett.

AUS DEM AMERIKANISCHEN VON GÜNTER APFELD

Die Deutsche Bibliothek – CIP-Einheitsaufnahme
Kilpatrick, Andrew:
Warren Buffett – Von bleibendem Wert / Aus dem Amerikanischen von Günter Apfeld. – München: FinanzBuch Verl., 1998
ISBN 3-932114-14-0

Copyright © der deutschen Ausgabe bei FinanzBuch Verlag GmbH, München
Alle Rechte einschließlich derjenigen des auszugsweisen Abdrucks sowie
der photomechanischen und elektronischen Wiedergabe vorbehalten.
Gesamtbearbeitung: Michael Volk, München
Umschlaggestaltung: Julia Grunow
Satz: Rigotti-Klarhorst GmbH, Bornheim
Druck: Jos. C. Huber, Dießen/Ammersee
ISBN 3-932114-14-0

FinanzBuch Verlag GmbH
Candidplatz 13, 81543 München
Tel.: 089/65 12 85-0 Fax: 089/65 20 96
e-mail: kilpatrick@finanzverlag.com

Für mehr Bücher: www.finanzverlag.com

Inhaltsverzeichnis

Letzte Meldung

E s ist der Traum eines jeden Reporters zu rufen: „Haltet die Druck-
pressen an!" Genau das ist mir am 19. Juni 1998 passiert, als Berkshire Hathaway bekanntgab, daß man vorhabe, General Re Corp.
für 22 Mrd. $ zu kaufen.

Dieser erstaunliche Deal wurde erst bekannt, nachdem die Druckmaschinen für dieses Buch schon rotierten. Genau gesagt war es so, daß man
mit dem Druck der Bögen des letzten Teils begonnen hatte. Diese Seite am
Anfang war frei geblieben. Und so wird aus einem Deal, der eigentlich ein
eigenes Buch wert ist, nur eine 1-Seiten-Story.*

Berkshire wollte für General Re, die größte Rückversicherung der Vereinigten Staaten und die drittgrößte der Welt, die ihren Sitz in Stamford in
Connecticut hat, ursprünglich mit Aktien bezahlen. Berkshire bot einen
Aufschlag von 29 % auf den Schlußkurs vom 19. Juni 1998, der bei
220,25 $ lag.

Warren Buffett, der Vorstandsvorsitzende von Berkshire, sagte: „Diese
Fusion bringt jeder Berkshire-Aktie der Klasse A ein Investment von mehr
als 80.000 $ ein. Es ist sehr erfreulich, daß wir das gegenwärtige Level ver-
doppelt haben. Mit anderen Worten: Die Fusion brachte Berkshire mehr
als 24 Mrd. $ an zusätzlichen Investments. „General Re besaß etwa
19 Mrd. $ in Schuldverschreibungen und etwa 5 Mrd. $ in Aktien. Außerdem verzeichnet General Re einen jährlichen Geldzufluß von
20 Mrd. $ aus den Prämien der Versicherten, der noch nicht für Versiche-
rungsleistungen in Anspruch genommen wird.

Der erstaunliche Deal erhöhte Berkshires Vermögenswerte um 65 %,
die Zahl der Aktien wurde hingegen nur um 22 % erhöht.

Buffett sprach von Synergieeffekten, was er nur selten tut. Er ist der
Meinung, die Fusion werde die Ertragsschwankungen bei General Re beseitigen. General Re, ein Unternehmen, das ein Kreditranking von AAA
hat, könne seine weltweiten Geschäfte mit jedem Tempo ausweiten, das es
für richtig halte. Außerdem könne General Re wegen der Sicherheit von
Berkshires künftigen großen zu versteuernden Erträgen in der Zukunft
steuerlich flexibler agieren. Und schließlich ermöglicht Berkshires enorme Kapitalkraft seinen Versicherungen einschließlich General
Re, ungehemmt zu operieren und ohne sich um Marktschwächen Gedan

---

* Gegenüber dem amerikanischen Original hatten wir die Möglichkeit, für dieses Kapitel zwei Seiten
einzuplanen (Anm. d. Red.).

ken machen zu müssen. „Diese Synergien gehen einher mit General Res weltweit makellosem Ruf, langjährigen Kundenbeziehungen, starkem Neukundengeschäft, hervorragendem Risikomanagement und herausragendem Vertriebssystem. Diese Kombination gibt sowohl den Aktionären von Berkshire als auch denen von General Re die Sicherheit einer besseren Zukunft, als wenn die Unternehmen getrennt agieren würden."

Im Rahmen einer Pressekonferenz sagte Buffett: „Wir schaffen hier ein zweites Fort Knox." Ron Ferguson, der Vorstandsvorsitzende von General Re, wurde in Berkshires Aufsichtsrat berufen.

General Re engagiert sich bei einem Jahresgewinn von 1 Mrd. $ weltweit in Rückversicherungen; sehr oft übernimmt es die Risikodeckung in der Luft- und Seefahrt. Zusätzlich zu allen Arten von Rückversicherungen im Sach- und Unfallversicherungsbereich bietet General Re Dienstleistungen in den Bereichen Versicherungsstatistik, Forderungsbearbeitung sowie Finanz- und Vermögensverwaltung an. Zu General Re gehören General Reinsurance Corp. und National Reinsurance Corp., die größte Sach- und Unfallrückversicherungsgruppe der Vereinigten Staaten. Außerdem kontrolliert General Re die Colonia Rückversicherungs AG in Köln.

Die Colonia Rückversicherung wurde im Jahr 1846 gegründet und ist das älteste Rückversicherungsunternehmen der Welt. Die Colonia operiert von 37 Standorten aus in fast 150 Ländern der Welt. General Re übernahm die Aktienmehrheit bei der Colonia im Jahr 1994.

Der neue Deal reduzierte Berkshires Schwachstellen auf einen Schlag erheblich, da General Re über ein großes Portfolio von festverzinslichen Wertpapieren, darunter ein großer Teil Kommunalanleihen, verfügt. Berkshire gewann an Liquidität hinzu, und General Re erhielt die Möglichkeit, seine Geschäftsfelder zu erweitern. 1997 beispielsweise mußte General Re wegen mangelnder Ressourcen Abschlüsse im Wert von 1 Mrd. $ anderen Gesellschaften, darunter auch Berkshire, überlassen. „Der größte Vorteil dieses Deals ist vermutlich die Möglichkeit, General Res Investment Portfolio zu maximieren", sagte Buffett (*Business Week*, 6. Juli 1998).

Es wird erwartet, daß der Deal gegen Ende 1998 abgeschlossen sein wird. Dann hat Berkshire den höchsten Börsenwert aller amerikanischen Aktiengesellschaften und nach Royal Dutch den zweithöchsten Börsenwert der Welt. Mit diesem Geschäft wurde Berkshire – gemessen an seinem Vermögen – zum zweitgrößten Unternehmen der Welt.

Der Kauf von General Re ist Berkshires einschneidendstes Ereignis in seiner märchenhafter Geschichte seit den Tagen, da es als Textilfabrik ums Überleben kämpfte.

DIE STRATEGIE DER BLEIBENDEN WERTE

„Ich kaufe unter der Annahme, daß die Börse morgen schließt und erst in fünf Jahren wieder aufmacht." – Mit dieser Einstellung ist Warren Buffett zu einem der erfolgreichsten Anleger der Welt geworden. Langfristige Perspektiven für Ihr Geld aufzuzeigen, verstehen auch wir bei Skandia als unser wichtigstes Ziel. Deshalb freuen wir uns ganz besonders, die Herausgabe dieses Buches aktiv unterstützen zu können, und wünschen Ihnen, daß es für Sie zu einer in jeder Hinsicht wertvollen Lektüre wird.

E-Mail: info.de@skandia.com
Internet: http://www.skandia.de

Vorwort

„Wie man einen Schluck Wasser trinkt ... aus einem Hydranten."

Dieses Buch handelt von dem legendären Investor Warren Buffett, von seiner spektakulären Investmentfirma Berkshire Hathaway Inc. und den Unternehmen, die ihm und Berkshire gehören.

Das Werk wirft einen Blick auf Buffetts fantastische Karriere, aber auch auf seinen Witz und seine Weisheit. Diese Auflage wurde 1998 überarbeitet, weil bei Berkshire so viel geschah. Buffett äußerte sich weder positiv noch negativ zu diesem Buch, das einen Versuch darstellt, ihn so zu portraitieren, wie er wirklich ist, in nahezu jeder Hinsicht ein bemerkenswerter Mann.

Buffett erzählte mir 1990, daß er darüber nachdächte, selbst ein Buch zu schreiben - vermutlich im Stil seiner Jahresberichte -, und deshalb hat er nicht vor, anderen bei Arbeiten über ihn selbst zu helfen.

Später schrieb ich an Ann Landers, eine Berkshire-Aktionärin, und bat sie um ein Interview. Sie leitete meinen Brief an Buffett weiter. Dann schickte sie mir eine Kopie seiner Antwort und fügte an mich eine Notiz bei. In diesem Brief an Ann Landers schrieb Buffett: „Andy Kilpatrick ist ein anständiger Kerl mit guten Absichten, aber ich persönlich werde an diesem Buch nicht mitarbeiten. Meine Freunde können allerdings selbst entscheiden, was sie tun wollen. Der Grund dafür, daß ich selbst Andy nicht helfen werde, ist der, daß ich eines Tages mein eigenes Buch schreiben werde - wenn es mir gelingt, Carrol Loomis dazu zubringen, 90 % der Arbeit zu übernehmen -, und deshalb sehe ich keinen Sinn darin, meine besten Kapitel zu verschenken.

Ich hoffe, Du kommst im nächsten Jahr zur Jahreshauptversammlung, aber es wäre viel besser, wenn wir schon viel früher einmal zusammen zu Abend essen würden. Mit den besten Wünschen

Warren E. Buffett."

Am unteren Ende des Briefes war eine Notiz von Buffett an mich:

„Andy, wie Du sehen kannst, wünsche ich dir alles Gute, aber nicht zuviel davon. Tatsächlich ist alles, was ich tue, öffentlich, und so versuche ich, einige Dinge aufzuheben, damit mein Buch dann einen frischeren Eindruck macht. Warren."

Später schrieb er mir noch einmal eine Notiz, weil ich das Buch über ihn schrieb: „Warte nur, bis ich ein Buch über Dich schreibe!" Mein Herz klopfte. Jetzt wußte ich, wie er sich fühlte. Meine Antwort war: „Ich wünsche Dir viel Erfolg, aber nicht zuviel."

Ich behaupte nicht, daß ich zu Buffett Zugang habe, obwohl ich mit ihm zusammen zu Mittag gegessen und ihn beobachtet habe. Hauptsächlich bin ich ihm bei den Jahreshauptversammlungen von Berkshire und ähnlichen Gelegenheiten über mehr als ein Jahrzehnt hinweg begegnet. Insgesamt war ich mit Buffett ungefähr 85 Stunden zusammen, während er mit Vollgas agierte.

Eines Tages werden Sie sein Buch lesen. Aber in der Zwischenzeit wird es noch viele andere Bücher über Buffett geben. Dieses Buch ist eine Möglichkeit nachzulesen, wie es heute um Buffett und Berkshire steht.

Dieses Buch will kein Investment-Lehrbuch sein. Denken Sie daran, daß jedes Investment, das hier besprochen und von Berkshire gehalten wird, in der Zwischenzeit auch schon verkauft sein könnte.

Diese Seiten sollte man am besten unter folgendem Aspekt lesen: Ich bin Berkshire-Aktionär, und dieses Buch ist die ganz gewöhnliche Entdeckungsreise eines Berkshire-Aktionärs. Ich bin so wie derjenige, der einmal im Internet ans Berkshire Message Board schrieb: „Was ist Berkshire & Company? Ich sah diese Aktie zum ersten Mal in meinen Leben, und sie kostete 46.600 $." Die Antwort aus dem Internet lautete „Berkshire ist so, als ob man einen Schluck Wasser trinkt ... aus einem Feuerhydranten."

Vor vielen Jahren begann ich mich für Buffett zu interessieren, weil er in die Washington Post Co. investiert hatte, bei der mein Vater, Carroll Kilpatrick, während der Regierungen von Kennedy bis Ford 1961 bis 1975 Korrespondent für das Weiße Haus war. Mein Vater und ich waren immer erstaunt darüber, daß eine einzelne Person einen so großen Anteil an der *Post* besitzen konnte, die uns als ein so mächtiges Unternehmen vorkam.

Ich persönlich betrachte Buffett wie viele andere Menschen auch als einen außerordentlichen Menschen, der ein Finanzgenie, untadelige ethische Ansichten und einen unbezahlbaren Sinn für Humor in sich vereint. Er ist einer der lustigsten und amüsantesten Menschen, die ich kenne.

Mein Verhältnis zu Buffett ist das eines Reporters zu einer Person des öffentlichen Interesses, aber inzwischen hatten wir auch einige Unterhaltungen und auch einige Gelegenheiten zu lachen. Einmal unterhielten wir uns über die große, aber unvollkommene Welt der Verlagsbranche. Dabei erwähnte er, daß Druckfehler ihn wahnsinnig machten. Ich hatte das Gefühl, daß er, wenn er in einem Berkshire-Jahresbericht einen Druckfehler fände, aus dem Kiewit-Plaza springen würde. Das ist das Bürogebäude in Omaha, in dem sein Büro untergebracht ist.

Und so hoffe ich, daß er und Sie an diesem Buch Gefallen finden werden. Als ich 1996 Verlagsangebote für dieses Buch einholte, schrieb ich den vollen Titel auf und bekam ein Angebot zurück für „Permanent Valve" (Dauerventil). Das hört sich an wie etwas, das von einer Fabrik benötigt wird. Immer noch besser als „Limited Value" (von begrenztem Wert). Unterbewertet? Überbewertet? Ich glaube der intrinsische Wert dieses Buches liegt bei 119.– DM.

Mein Lektor Michael Assael hatte für dieses Buch den Spitznamen „Permanent Wave" (beständige Welle) gefunden. Das ist etwas, das die Fans in einem Fußballstadion machen, wenn sie besonders begeistert sind.

Ein Autor sagte einmal über sein Werk: „Die Buchdeckel sind zu weit voneinander entfernt." Wenn das hier der Fall sein sollte, dann sollten Sie die Sichtweise von Samuel Goldwyn beherzigen: „Ich las einen Teil davon - das ganze Buch hindurch."

Auf alle Fälle ist dieses Buch von bleibendem Wert: Diese Biographie des Warren Buffett ist grundsätzlich chronologisch aufgebaut, obwohl die schnellebige Chronologie manchmal unterbrochen wird, um Berkshires große beständige Investments zusammenzufassen und auch dessen „heiliggesprochene" Unternehmen. Einige der ersten Kapitel fallen eher in die Kategorie „Neueste Nachrichten". Wie der Mensch selbst, stehen auch einige Kapitel für sich allein. Aber alle Kapitel zusammen, sind ein bescheidener Versuch, Buffetts rasender Odyssee zu folgen.

Warren Buffett, der größte Stockpicker aller Zeiten, läutet die Eröffnungsglocke für das Trading am New York Stock Exchange am 9. Mai 1997. Von links Jim McGuire, der Spezialist für Berkshire-Aktien, der Vorsitzende des New York Stock Exchange Richard Grasso, Buffett und Buffetts Tochter Susan.

I

Ein Silberstreif

Ein modernes Duo - Warren Buffett und sein Kumpan Charles Munger - beendete 1998 den Kauf einer Silberkugel, die über eine halbe Mrd. $ wert war.

Buffett ist bekannt dafür, daß er Dollar-Scheine für 50 Cents kauft, und auch diesmal hätte er Silberdollars für einen halben Dollar je Stück gekauft.

Buffett, der Mann mit dem Midas-Touch und wahrscheinlich der größte Investor, der je gelebt hat, gab am 3. Februar 1998 bekannt, daß seine Berkshire Hathaway Investment Holding Company 129,7 Mio. Unzen Silber gekauft habe. Das ist ein leuchtender Silberstreif, ein Investment, das Berkshires Portfolio aufwertet.

Es ist eine ganze Menge Silber. Buffett interressierte sich für das Edelmetall zwischen den 25. Juli 1997 - einem Tag, als die Silber-Terminkontrakte bei 3,32 $ je Unze lagen - und dem 12. Januar 1998, als der Kurs bei 5,47 $ je Unze lag. Berkshires wertvoller Vorrat an diesem weißen Metall, zur Zeit der Bekanntgabe ungefähr 850 Mio. $ wert, war bereits um 200 Mio. $ gestiegen: von Buffetts Einstiegskosten auf ungefähr 650 Mio. $ oder ungefähr 5 $ je Unze. Dennoch: Im Frühjahr fiel der Silberpreis, und das Investment war nur noch Schutt.

Berkshire übernahm das Silber, das ungefähr 20 % der jährlichen weltweiten Silberproduktion ausmacht. Dieser Vorrat, ungefähr 30 % des weltweit gelagerten Silbers, hätte, wenn er geschmolzen und in einen Würfel gegossen würde, eine Kantenlänge von fast 8 Metern.

Die *New York Times* schrieb am 10. Februar 1998: „Der Schatz liegt derzeit in einer oder mehreren Londoner Banken, in denen ungemünztes Edelmetall eingelagert wird. Die Aufbewahrung für Silber kostet für jeden Tag 5 Cents je 1.000-Unzen-Barren einschließlich der Diebstahlversicherung. Wenn Berkshire sein ganzes Silber geliefert bekommt, dann werden das 129.710 Barren sein. Vielleicht kann Buffett einen Mengenrabatt bekommen. Wenn nicht, dann wird die Einlagerung jeden Tag 6.485,50 $ kosten.

Um diese Gebühren zu vermeiden, könnte Berkshire das Silber anliefern lassen. Aber einen Ort zu finden, an dem man so viel Silber aufbewahren kann, wäre nicht einfach. Ein Silberbarren von 1.000 Unzen (tatsächlich 1.097 Unzen, weil Silber in schwereren Troy-Unzen gewogen wird), mißt 12,5 x 5,5 x 3,5 Zoll. Wenn man dieses Silber in einem Lagerhaus mit einer Deckenhöhe von 2,75 Metern einlagerte, dann benötigte Berkshire fast 200 Quadratmeter. Das entspricht der Größe von einigen 1-Zimmer-Appartments."

Berkshire hatte die Ankündigung eigentlich für seinen Jahresbericht im März 1998 geplant, aber wegen der Nachfragen von Silberhändlern über den steigenden Silberpreis fand die Ankündigung schon früher statt. Berkshire ließ verlauten, man hätte aufgehört zu kaufen und keine Pläne, Silber zu verkaufen.

Berkshire kaufte das Silber, das ungefähr 650 Mio. $ gekostet hatte, weil ungemünztes Edelmetall in den letzten Jahren im Wert gefallen war - so Berkshire - und weil es eine Nachfrage nach Silber gab, die über der Produktion der Silberminen lag. Buffett zog den uralten Schluß: Die Kurse werden steigen, wenn die Nachfrage das Angebot übertrifft.

Die Nachfrage nach Silber lag 1997 bei ungefähr 800 Mio. Unzen, verglichen mit einem Angebot von ungefähr 568 Mio. Unzen. Berkshire ließ in einer Pressemitteilung verlauten: „Deshalb stellten Mr. Buffett und Mr. Munger, der Vizepräsident von Berkshire, im letzten Sommer fest, daß das Gleichgewicht zwischen Angebot und Nachfrage nur durch einen etwas höheren Preis hergestellt werden könnte."

Buffett schrieb in Berkshires Jahresbericht von 1997: „Inflationserwartungen, das sollte festgehalten werden, spielen in unseren Überlegungen über den Wert des Silbers keine Rolle."

Auch wenn eine sich beschleunigende Inflation den Silberkurs voraussichtlich anheben würde, käme die echte Nachfrage nach Silber hauptsächlich aus der Produktion von Schmuck und Silberwaren und von Herstellern fotografischer und elektronischer Geräte. Berkshire kaufte das glitzernde, geschmeidige Metall zur Anlieferung in London über eine einzelne Brokerfirma, Phibro, die Warenhandelsabteilung der Travelers Group von Salomon Smith Barney.

Berkshire behauptet, daß man nie irgendwelche Optionen gehabt hätte. Keiner seiner Ankäufe verursachte neue Kurshöhen - alle Käufe wurden nach kleinen Kurseinbrüchen getätigt, eine für Buffett sehr typische Kaufgewohnheit.

Die Kosten für Berkshires Silber stellten weniger als 2 % seines Investment-Portfolios dar.

Berkshires Bestand ist die größte Anhäufung von Silberpositionen, seit die Gebrüder Hunt angeklagt wurden, den Silbermarkt auf seinem Gipfel im Jahr 1980 in die Ecke zu treiben. Damals kauften Nelson Bunker Hunt und William Herbert Hunt mit geliehenem Geld enorme Mengen von Silberkontrakten - ungefähr die Hälfte des Weltvorrats - und schickten damit den Kurs durch die Decke. Aber ihr Finanzimperium stürzte bald danach fürchterlich ab, als der Silberkurs von ungefähr 50 auf etwa 10 $ je Unze fiel, nachdem die Hunts es versäumt hatten, ihrer Einschußpflicht nachzukommen. Die Gebrüder Hunt verloren ungefähr 1. Mrd. $.

Obwohl Berkshires Bestand größer war als die Lagerbestände, die in den Lagerhäusern der Börsen einlagerten, versuchte Berkshire nicht, den Markt zu manipulieren.

Wenn irgendein Silber-Verkäufer Schwierigkeiten haben sollte, rechtzeitig zu liefern, dann wäre Berkshire bereit, für eine vernünftige Zeitspanne gegen Zahlung einer bescheidenen Gebühr einzuspringen, sagte Berkshire.

Buffett verkündete auf der Jahreshauptversammlung von Berkshire im Jahr 1998: „Wir wollten nicht so viel kaufen, daß wir den Markt zerschlagen hätten. Wir hatten nie die Absicht, das Hunt-Szenario noch einmal nachzuspielen."

Und Munger merkte an, daß der Silberanteil an Berkshires Vermögen nur 2 % ausmachte: „Diese ganze Episode wird auf die Zukunft von Berkshire ungefähr soviel Einfluß haben, als ob Warren Bridge spielt. Es ist fast schon ein Nicht-Ereignis."

Berkshires Pressemitteilung betonte, daß Buffett schon vor 30 Jahren etwas Silber gekauft hätte. Das war zu einer Zeit, als die Regierung der Vereinigten Staaten keine Silbermünzen mehr prägte und auch aufgehört hatte, den Dollar mit Edelmetall zu stützen. Aber Berkshire sagte, seit dieser Zeit hätte Buffett die Silberkurse verfolgt, aber kein Unternehmen, das er bisher managte, hätte je Silber besessen.

Berkshire hätte einen großen Anteil an den Aktien eines Unternehmens anzeigen müssen, aber es gibt keine solche Vorschrift für den Erwerb von Silber. Für Berkshire hat die Silbergeschichte gerade eben erst begonnen. Daher sollten wir beobachten, welchen Weg die Silberkugel von Berkshire in den kommenden Monaten und Jahren nehmen wird. Wird es neue Anwendungsbereiche für Silber geben? Wird die Inflation den Silberkurs wieder nach oben treiben? Werden die Umweltschützer es schwieriger machen, das Silber zu fördern, oder werden sie die Verwendung von Silberzinkzellen für Null-Abgas-Autos verlangen? Werden die asiatischen Volkswirtschaften die Nachfrage neu entfachen und wiederbeleben? Werden die Banker in den Zentralbanken das wertvolle Metall zum Schutz gegen Währungsschwierigkeiten aufkaufen? Werden die Investoren weltweit in Silber als Wertanlage diversifizieren? Oder, wie Buffett, das Orakel von Omaha, ganz einfach vermutet: Wird das Gleichgewicht zwischen Angebot und Nachfrage ganz normal durch einen etwas höheren Silberpreis ausgeglichen werden? Die Zeit wird es zeigen, aber eine Tatsache bleibt: Bei Berkshires Einkaufspreis von ungefähr 5 $ je Unze - der niedrigste Silberpreis seit Jahren - wird es für die Berkshire-Aktionäre nicht schwierig sein, wieder einmal ganz ordentliche Gewinne einzustreichen.

2

DER REGENSCHIRM

EINE HANDGESCHRIEBENE PRESSEMITTEILUNG

Wieder einmal - wie schon so oft - hatte Warren Buffett eine Möglichkeit gefunden, bei einem von Amerikas wichtigsten Unternehmen Hauptaktionär zu werden. Die Travelers Group, der schnell wachsende Finanzdienstleister, stimmte am 24. September 1997 zu, Salomon Inc. für ungefähr 9 Mrd. $ in Travelers-Aktien zu kaufen.

Und kaum daß die Tinte auf diesem Deal trocken war, verkündeten City Corp. und Travelers am 6. April 1998, daß sie einen umwerfenden Unternehmenszusammenschluß planten, der die größte Unternehmensfusion der Geschichte darstellen würde, einen mehr als 70 Mrd. $ schweren Megadeal. Berkshire würde einer der großen Teilhaber an diesem Gemeinschaftsunternehmen der City Group Inc. werden. Den größten Anteil hätte der saudiarabische Prinz Alwaleed Bin Talal, der einen Anteil von ungefähr 7 Mrd. $ in City-Corp-Aktien hält.

Die neue City Group wird mehr als 100 Mio. Kunden in 100 Ländern haben. Mit ungefähr 700 Mrd. $ Anlagevermögen und 48 Mrd. $ Ertrag wird die neue City Group der Welt größte Finanzinstitution sein. Berkshire hat seit seinem ursprünglichen Investment bei Salomon einen weiten Weg zurückgelegt. Nach dem weitaus kleineren Travelers-Salomon-Geschäft wurde Buffetts Berkshire Hathaway, in einem turbulenten Jahrzehnt ein großer Investor bei Salomon, zu einem großen Teilhaber an der kombinierten Travelers-Salomon. Buffett hatte sich bei Salomon nur wenige Wochen vor dem Aktiencrash von 1987 eingekauft und ein Jahrzehnt der Unsicherheit zu durchstehen einschließlich des Skandals von 1991, dem Jahr, in dem er als Interims-Präsident fungierte, um Salomon vor dem Konkurs zu retten (siehe Kapitel 5).

Travelers Chairman Sandy Weill

Travelers wird von Sandy Weill geführt, der sich entschlossen hat, „eines der größten Finanzdienstleistungsunternehmen in der Geschichte der Vereinigten Staaten und der Welt zu errichten", sagte Joseph Califano, Vorstandsmitglied von Travelers und früherer Minister für Gesundheit, Erziehung und Soziales (*New York Times*, 25.9.1997). Der frühere Präsident Gerald Ford sitzt ebenfalls im Aufsichtsrat von Travelers. 1997 wurde Travelers als eine von 30 Aktien in den Dow Jones Industrial Average aufgenommen.

Berkshires 18 %-Anteil an Salomon wurde zu 3 % oder 23.733.198 Aktien des viel größeren Travelers. Damit wurde Berkshire der größte Aktionär bei Travelers, einem Wallstreet-Giganten.

Die Transaktion, aus der Salomon Smith Barney hervorging, war das Werk Buffetts. Er kontrollierte das Ergebnis, sagte darüber aber in dieser Zeit öffentlich nie ein Wort außer: „Über etliche Jahrzehnte hinweg hat Sandy sein Genie bewiesen, indem er für seine Aktionäre riesige Werte schuf. Er wählte geschickt Zukäufe unter den Finanzdienstleistern aus und managte die Akquisitionen. Meiner Meinung nach wird Salomon keine Ausnahme sein."

Diese Worte, die von Salomon veröffentlicht wurden, kamen am Tag des Buyouts in einer handgeschriebenen Presseerklärung von Buffett. Buffett kam aus einer Vorstandssitzung von Salomon und übergab diese Erklärung Paula Blair, der Sekretärin von Robert Denham, des Präsidenten von Salomon. Sie tippte sie ab und gab sie weiter an Robert Baker, den Sprecher von Salomon, der sie den Reportern verlas.

Wie Sie vielleicht wissen, gibt es bei Berkshire keine Public Relations-Abteilung. Und tatsächlich hielt Buffett nach der Zustimmung der Aufsichtsräte von Travelers und Salomon in New York keine Pressekonferenz ab - und auch keine Fotosessions. Er flog zurück nach Omaha in Nebraska, ging in sein kleines Büro, überraschte die anwesenden Mitarbeiter mit seiner vorzeitigen Rückkehr und brachte seine Asisstentin Debbie Bosanek dazu, ihre Verabredung zu einem Mittagessen mit Freunden abzusagen. Der Boss war vor Mittag statt nach Mittag zurück und ernsthaft gewillt, seine Tagesarbeit fortzusetzen.

Rein physisch gibt es praktisch kein Berkshire. Es ist lediglich ein Punkt auf dem Boden eines ganz gewöhnlichen Bürohauses in Omaha. Finanziell jedoch ist das eine ganz andere Sache. Berkshire hat seinen Weg in verschiedene Bereiche der amerikanischen und neuerlich auch der weltweiten Wirtschaft gefunden. Darüber aber mehr auf den nächsten 876 Seiten.

Um Buffetts Salomon zu kaufen, tauschte Travelers steuerfrei 1,13 Aktien (vor dem 3:2-Aktiensplit) gegen eine Salomon-Aktie, so daß Berkshires Salomon-Anteil mehr als 1 Mrd. $ in Stamm- und Vorzugsaktien von Travellers ausmachte. (Berkshire kam mit 36,2 Mio. Aktien von Travelers aus dem Geschäft, davon 23,7 Mio. Stamm- und Vorzugsaktien, die mit 12,5 Mio. Stimmrechten ausgestattet waren. Berkshire konnte 15 Mio. Aktien für den Tausch gegen im Jahr 2001 fällige 1 %-Schuldscheine verwenden.)

Durch den Buyout von Salomon wurde Travelers ein weltweit tätiges Finanzunternehmen vom gleichen Rang wie Merrill Lynch, Citi Corp, Goldman Sachs, Morgan Stanley Dean Witter und American Express. Dabei ergab es sich, daß Berkshire schon über 11 % der Aktien an American Express hielt.

Travelers gehören die Brokerfirma Smith Barney („Sie machen ihr Geld in der altmodischen Art und Weise"), Travelers Life and Annuity, Primerica Financial Services, Travelers Property Casualty Corp. und Commercial Credit Corp.

Travelers kombinierte Salomons Erfahrungen im weltweiten Wechselgeschäft und im Investmentbanking mit Barneys weitreichendem Verkaufsgeschäft. Dadurch, daß diese Finanzdienstleistungen neben Travelers Versicherungsimperium gestellt wurden, konnte Travelers seine Sonderstellung ausbauen, weil Salomon in Übersee expandierte und Smith Barney mehr Aktien und Wechsel in den USA anbieten konnte.

Ein weiterer Vorteil war, daß Travelers über eine bessere Kreditwürdigkeit verfügte als Salomon (AA/BBB), was den verbundenen Unternehmen nunmehr ermöglichte, bei Salomons Krediten Millionen von Dollar einzusparen. Außerdem wurde Salomons schwankendes Handelsgeschäft zu einem kleineren Teil einer größeren verbundenen Firma.

Salomons Hauptquartier in New York wurde geschlossen und die Angestellten ins Hauptquartier von Travelers in New York versetzt. Außerdem wurden 1.500 Angestellte beider Firmen, aber hauptsächlich bei Salomon, entlassen.

Weill blieb Vorsitzender des neuen Travelers, dessen Logo ein großer roter Regenschirm ist. Weills langjähriger Schützling, James Dimon, und Salomons CEO, Deryck Maughan, wurden unter Weill zu Mitgeschäftsführern ernannt. Salomons Vorsitzender Robert Denham sagte, er würde sich etwas anderes suchen.

Für Weill war der Buyout das erste Highlight in einer langen Reihe von Käufen von Finanzunternehmen, weil er seinen Traum verfolgte, ein Kraftwerk von Finanzdienstleistern zu betreiben.

Im aktuellen Citigroup-Deal, bei dem Citicorp und Travelers zusammengingen, werden Weill und der Citicorpvorsitzende John Reed zusammen als Vorsitzende und Geschäftsführer des größten Finanzimperiums der Erde fungieren.

Weill, der in Brooklyn geboren wurde und in Cornell promovierte, begann seine Karriere als Bote bei Bear Stearns. 1960 war er an der Gründung einer Brokerfirma beteiligt, die schließlich - Weill kaufte angeschlagene Unternehmen an - zu Shearson Loeb Rhoades heranwuchs, die 1981 von American Express aufgekauft wurde. Später wurde Weill Präsident von American Express, verließ das Unternehmen aber 1985 nach Differenzen mit dem damaligen Vorsitzenden des Aufsichtsrats Jim Robinson. 1996 errang Weill die Kontrolle über Commercial Credit und schließlich auch über Travelers. Und so wurde diese unglaubliche Einrichtung aufgebaut:

November 1986:	Er erwarb die Kontrolle über Commercial Credit, ein Kreditunternehmen für Verbraucher von Control Data, in einem Aktientausch, der eine 7-Mio.-$-Beteiligung von Weill und Aktienverkäufe von 82 % an der Börse beinhaltete.
Dezember 1988:	Er erwarb Primerica Corp. einschließlich der Lebensversicherung und des Smith-Barney-Effekten-Handels für 1,54 Mrd. $.
Dezember 1992:	Er erwarb einen Anteil von 27 % an Travelers Insurance.
Juli 1993:	Er erwarb das Brokergeschäft und die Anlagenverwaltung von Shearson Lehman Brothers für 1,6 Mrd. $.
Dezember 1993:	Er kaufte einen Restbestand an Travelers für 3,4 Mrd. $ und nahm den Namen Travelers an.
Oktober 1995:	Er verkaufte die Krankenversicherung von Travelers für 879 Mio. $.
April 1996:	Er erwarb für 4,2 Mrd. $ die Immobilienhaftpflichtversicherung von Aetna.
Juli 1997:	Er erwarb ein Kreditunternehmen für Konsumenten von der BankAmerica für 1,6 Mrd. $.
September 1997:	Er stimmte dem Erwerb von Salomon Brothers für 9 Mrd. $ zu.

(*Wall Street Journal*, 25. September 1997).

3

International Dairy Queen - Stück für Stück

Wie üblich war es ein arbeitsreicher Tag für Buffett. Am Morgen des 21. Oktober 1997 nahm er an der Beisetzung des Coca-Cola-Vorsitzenden Roberto Guizueta in Atlanta teil, zusammen mit Persönlichkeiten wie Jimmy Carter. Dann nahm er an einer Sitzung des Aufsichtsrats von Coca-Cola teil und am Abend teilte er sein Wissen mit Studenten an der Caltech in Pasadena, Kalifornien.

An diesem Tag gaben Berkshire und International Dairy Queen einen Unternehmenszusammenschluß bekannt. Berkshire würde für ungefähr 585 Mio. $ in Berkshire-Aktien und in bar die gesamte Eiscreme- und Hamburger-Kette aufkaufen. Wiederum folgte Buffett seinem Instinkt, ebenso, wie er es bei See´s, Coca-Cola und McDonald´s getan hatte.

Als bekannt wurde, daß Buffett Dairy Queen kaufen würde (der Zusammenschluß wurde am 7. Januar 1998 wirksam) hörte man viele Leute fragen: „Wen?"

„Buffett mochte Eiscreme und Hamburger von klein auf. Es ist die Art des Produktes", sagt der Berkshire-Aktionär Michael Assael. „Und weil

(Photo by Ruth J. Muchemore)

Hier kann man einen „Buffett Banana No Split Blizzard" bestellen

10

man sich das Essen nicht aus dem Internet herunterladen kann, wird es für die Computermogule schwierig, viel von den Gewinnen Dairy Queens abzuzweigen."

Die Kette mit Sitz in Minneapolis betreibt ungefähr 5.800 Dairy-Queen-Läden, die Softeis anbieten. Die Kette bietet ihre Fastfood- und Dessert-Läden in 49 US-Bundesstaaten und 43 Ländern fast ausschließlich als Franchise an. Nur 34 Geschäfte, die Hamburger, Hotdogs, Desserts und Getränke anbieten, werden vom Unternehmen selbst betrieben. Die meisten Läden liegen in kleinen Städten und in Vororten von Großstädten. Der größte Teil der Gewinne von Dairy Queen kommt aus den Franchise-Gebühren.

Eine der Lieblingsspeisen von Buffett bei Dairy Queen ist der Blizzard, ein Gericht aus Softeis, in das Bonbons eingerührt werden. Buffett ist seit 1963 Kunde bei Dairy Queen, und zwar im Geschäft an der Ecke Dodge Street/114. Straße in Omaha. Dieser Laden wird von den Schwestern Coni Birge und Deb Novotny betrieben. Er ist einer von zwölf Dairy Queens in Omaha. Im Berkshires Jahresbericht für 1997 lud Buffett die Aktionäre ein, nach dem traditionellen Abendessen in Gorat´s Steakhouse am Vorabend der Jahreshauptversammlung ein Dessert bei Dairy Queen in der Dodge Street einzunehmen. Die Aktionäre erhielten einen Coupon für ein Gratishörnchen Eis.

Zu Dairy Queen gehören 409 Orange-Julius-Geschäfte, 43 Karmelkorn-Läden, die karamelüberzogenes Popcorn und andere Süßigkeiten anbieten, und 21 Golden-Skillet-Restaurants. Außerdem gibt es noch die Treat-Centers und aufblühende Just-Juice-Saft-Läden. Buffett liebt besonders Orange Julius. Manchmal geht er in eine Mall, um sich einen zu kaufen, oder er läßt sich einen Orange Julius bringen.

Berkshire bezahlte 27 $ in bar oder 26 $ in Aktien pro Aktie eines Unternehmens, dessen Aktien bei 24 $ lagen, als der Zusammenschluß bekanntgegeben wurde.

Dairy Queens Anfänge reichen bis ins Jahr 1939 zurück, als ein Eiscremehersteller in Green River, Illinois, sich mit einem Kühlschrankhersteller zusammentat. Das Unternehmen wurde gegründet, als J.F. McCullough eine Maschine erfand, mit der man Eiscreme herstellen konnte. Er benannte es nach seiner Kuh. Ein Jahr später tat sich McCullough mit Harry Oltz zusammen, dem es gelang, Eiscreme auf einer konstanten Temperatur zu halten. Die beiden verkauften Franchise-Nehmern das Recht, die Maschinen zu nutzen und das Geschäft blühte sehr bald.

Als die Mittelschicht in den 50er und 60er Jahren an Wohlstand gewann, die Vororte besiedelte und die Autobahnen anfüllte, wuchs das Unternehmen. 1970 kaufte eine Gruppe von Investoren, angeführt von John Mooty, Dairy Queen für 5 Mio. $.

Dairy Queen hatte ungefähr 600 Angestellte und 1.200 Aktionäre, als der Buyout stattfand.

„Ich konnte es nicht glauben, als ich davon erfuhr", zitierten Presseberichte John Roberts, einen Analysten des Brokerhauses J.J.B. Hilliard, W.L. Lyons mit Sitz in Louisville, Kentucky. „Das ist kein Investment, wie es Buffett normalerweise tätigt."

Es ist normal, daß die meisten Leute, die von einem neuen Buffett-Investment hören, es nicht glauben können. Die Wahrheit ist aber, daß nichts normal erscheint, wenn Buffett ein neues Investment tätigt. Es stimmt, daß Dairy Queen nicht der größte Markenname der Welt ist, aber es ist ein Markenname, und er hat seine Nischen in kleinen Ecken des Landes.

John W. Mooty, Dairy Queens Vorsitzender, sagte in einer Pressemitteilung: „Unsere Familie wird mit den gesamten 35 % unserer Stimmanteile an Dairy Queen für den Zusammenschluß stimmen, und wir werden für alle Aktien von Dairy Queen, die uns gehören, Berkshire-Stammaktien nehmen. Wir sind nicht daran interessiert, unsere Dairy-Queen-Anteile gegen andere Wertpapiere einzutauschen. Ich selbst halte Berkshire-Aktien für eine der besten Beteiligungen, die unsere Familie kaufen konnte, und wir werden die Aktien wahrscheinlich für immer behalten."

Mooty sagte dem *Wall Street Journal* (5. November 1997), daß die Idee, an Buffett zu verkaufen, ein Jahr zuvor entstanden war und wieder auflebte, als Rudy Luther, ein Autohändler aus Minneapolis und gleichzeitig Aufsichtsrat und Großaktionär bei Dairy Queen, Anfang 1997 verstarb. Es wird gesagt, daß, als die Testamentsvollstrecker versuchten, einige von Luthers Aktien an Buffett zu verkaufen, um die Steuern zu bezahlen, dieser andeutete, er würde lieber das ganze Unternehmen kaufen. Mooty berichtete später, daß Buffett weder weitere Gebote für Dairy Queen ausschloß noch irgendwelche Entschädigungen für Berkshire verlangte, falls dieser Deal nicht zustandekommen sollte.

Buffett schrieb in einer Pressemitteilung: „Dairy Queen ist ein Unternehmen, das ich mag und das von einem hervorragenden Management geleitet wird. Dairy Queen wird eine große Bereicherung für die Berkshire-Familie sein."

Buffett schrieb den folgenden Brief an den Herausgeber des *Wall Street Journal,* der am 6. November 1997 erschien: „Die Kolumne ‚Auf der Straße gehört' berichtete gestern über den Zusammenschluß von Berkshire Hathaway und International Dairy Queen. Hier wurde ein sehr wichtiger

Punkt falsch dargestellt, ein Irrtum, der zu verschiedenen falschen Schlüssen führte. Wir bieten den Aktionären von IDQ 27 $ in bar oder 26 $ in Berkshire-Aktien, genau das Gegenteil dessen, was der Reporter behauptete (26 $ in bar oder 27 $ in Aktien). Seltsamerweise hatte das *Journal* in seiner ursprünglichen Story vom 22. Oktober richtig abgedruckt.

Ihr Irrtum führte Sie zu der falschen Annahme, daß IDQ über dem Barangebot gehandelt wurde, und zu Spekulationen über die Implikationen dieser Zugabe. Tatsächlich wurde die Aktie mit einem ganz normalen Abschlag gehandelt. Der Artikel behauptet auch, daß John Mooty, der Vorsitzende von IDQ, zu Lasten anderer Aktionäre profitieren würde. Das ist falsch: Die Aktionäre der Klasse B, bei denen das Stimmrecht liegt - unter ihnen auch John Mooty -, erhalten keine Prämie, die in irgendwelcher Beziehung zu den Aktionären der Klasse A steht. Weiterhin hat sich Mr. Mooty entschieden, Berkshire-Aktien zu nehmen, wobei er einen augenblicklichen Wertverlust unterhalb des Barpreises, der allen angeboten wird, hinnimmt.

Außerdem bezeichnen Sie unseren Erwerb von FlightSafety als preisgünstig. Die Aktionäre von FlightSafety, die sich entschieden haben, Berkshire-Aktien zu nehmen, haben für jede Aktie, die sie eintauschten, einen Gegenwert von ungefähr 65 $. Wenn man die Gewinne von FlightSafety in den Jahren 1996 und 1997 betrachtet, dann denke ich, daß dies entschieden mehr ist als das, was eine FlightSafety-Aktie heute einbringen würde, wenn das Unternehmen unabhängig geblieben wäre.

Omaha, Nebraska Warren E. Buffett
Präsident
Berkshire Hathaway Inc.

Mit Berkshires Erwerb von FlightSafety Ende 1996 und Anfang 1996 dem Erwerb der Hälfte von GEICO, die Berkshire bisher noch nicht besaß, sowie den kleineren Käufen von Star Furniture Co. im Jahr 1997 und International Dairy Queen im Jahre 1998 hat sich Berkshire ganz außerordentlich verändert. Berkshire, das oft als ein Bündel von Aktien angesehen wurde, war nunmehr auch eine Ansammlung von Unternehmen beträchtlicher Größe, die ganz im Besitz von Berkshire waren.

Berkshire steht nun auf drei sehr stabilen Beinen: einem großen Versicherungsgeschäft, einem großen Aktien- und Schuldverschreibungs-Portfolio und einer großen Sammlung von Unternehmen, die voll in seinem Besitz sind - und alle werfen Gewinne, Gewinne, Gewinne ab.

4

Von bleibendem Wert

Aus 10.000 $ werden 250 Millionen $ - nach Steuern.

Wenn Sie Warren Edward Buffett im Jahr 1956 10.000 $ gegeben hätten, dann wären Sie heute ungefähr 250 Mio. $ wert. Nach Steuern!

Wenn Ihnen Ihre Großeltern damals also nicht 10.000 $ gegeben haben mit der Maßgabe, sie bei Buffett zu investieren, dann war dies eine versäumte Chance.

Dieser große Betrag stellt sich nach allen Steuern, Gebühren und Kosten dar. Hätten Sie in seine Buffett Partnership - die 1969 aufgelöst wurde - investiert, dann hätten Sie die Möglichkeit gehabt, in ein Unternehmen mit Namen Berkshire Hathaway zu investieren, das ebenfalls von Buffett geleitet wurde.

Das ist ein strahlender Gewinn, der Ihren Einsatz um den Faktor 25.000 vergrößert hätte, in einer Zeit, in der der Dow Jones Industrial Average ungefähr um das Zehnfache wuchs. Und der Wert des Dow Jones ist einer vor Steuern.

Es stimmt wirklich. Das ursprüngliche Investment von 10.000 $ ist heute nach allen Steuern, Gebühren und Kosten ungefähr 250 Mio. $ wert, da die Berkshire-Aktie um 70.000 $ gehandelt wird. Das ist kein Druckfehler.

Vor Gebühren, von denen es in der ursprünglichen Partnership einige gab, aber immer noch nach allen Steuern wären Ihre 10.000 $ auf 250 Mio. $ gewuchert! Vor allen Gebühren und Steuern würden diese 10.000 $ heute weit mehr als 300 Mio. $ ausmachen.

Es gibt ein Problem mit der Buffett/Berkshire-Geschichte, die man auch mit „Kaufe günstig, verkaufe nie" überschreiben könnte. Es scheint, daß sie nicht zu beweisen ist. Die Leute sind skeptisch, weil die meisten Investoren Mühe haben, sich gerade eben über Wasser zu halten. Und deshalb ist es schwierig, von jemandem zu erzählen, der eine Million Dollar nach der anderen macht. Milliarden von Dollar. Es ist ein wenig wie Mark Twain es gesagt hat: „Selbstverständlich wirkt die Wahrheit befremdlicher als die Dichtung. Dichtung muß realitätsnah sein."

Wären Sie zu spät zu dieser Party gekommen und hätten nicht vor 1965 in Berkshire investiert, als Buffett es übernahm, dann wäre Ihr 10.000-$-Investment heute ungefähr 60 Mio. $ wert.

Seit 1965 hat Berkshire seinen Wert um den Faktor 6.000 vergrößert. Während dieser Zeit stieg der Dow Jones Industrial Average ungefähr auf das Neunfache, von grob gesagt 1.000 auf 9.000 Punkte.

Als Buffett Berkshire im Jahr 1965 übernahm, lag der Aktienkurs von Berkshire noch unter 20 $. Der Dow Jones lag bei fast 1.000 Punkten. Im Jahr 1983 lagen der Kurs der Berkshire-Aktie und der Dow Jones beide bei etwa 1.000. 1998 lag der Dow Jones bei ungefähr 9.000, und der Kurs der Berkshire-Aktie war auf 70.000 $ geklettert.

Mit seiner Partnership und später mit Berkshire, einer Textilfabrik in New England, die nunmehr außer Betrieb ist, baute Buffett ein Finanzimperium jenseits aller kühnsten Träume auf. Buffett und Berkshire besitzen heute Anteile an den bekanntesten Unternehmen der Welt einschließlich eines 8-%-Anteils an Coca-Cola, der allein ungefähr 15 Mrd. $ wert ist.

Wenn Ihr Investment Sie zum Millionär gemacht hätte, dann werden Sie überlegen, was es aus Buffett gemacht hat. Die Antwort: Es machte ihn zum mehrfachen Milliardär. Buffett, der keinerlei Geld geerbt hat, besitzt ungefähr 38,9 % und zusammen mit seiner Frau ungefähr 42 % der Aktien von Berkshire, einer Investmentholding, die große Aktienmengen, Schuldverschreibungen, Geld und Silberbestände besitzt und eine Reihe von Unternehmen betreibt. Wegen Buffetts riesigem Anteil an Berkshire scheint es, als ob Buffett Berkshire sei und Berkshire sicherlich die Schöpfung von Buffett. Er nennt Berkshire sein Gemälde. „Ich bin sehr stolz auf meine Arbeit. Wenn ich jeden Morgen in mein Büro gehe, dann habe ich das Gefühl, als ginge ich in die Sixtinische Kapelle, um zu malen", sagte Buffett der Zeitschrift *Women´s Wear Daily* am 10. Oktober 1985.

Über sein Gemälde sagte Buffett: „Ich hoffe, das ist in mehrfacher Hinsicht ein Vorbild für die Tätigkeit eines Unternehmens, das die Menschen mit der Zeit kopieren sollten." (WOWT-TV in Omaha am 14. Oktober 1993). Und auf seine Leinwand malt Buffett majestätische, nahezu unbezahlbare Investmentbilder. Buffett ist der Michelangelo des Business.

Berkshire wetteifert mit fast allem und jedem im amerikanischen Business. Dennoch war Buffett - sehr bekannt in Finanzkreisen - weitgehend unbekannt, bis er im Jahr 1991 auftrat, um die Wall-Street-Brokerfirma Salomon Inc. zu retten. Er leitet eines der größten amerikanischen Unternehmen aus einem kleinen Büro in einem unscheinbaren Gebäude mitten in Omaha, Nebraska - kaum das geographische Zentrum der Vereinigten Staaten -, wo die Einwohner von Nebraska selbst witzeln, Nebraska habe zwei Jahreszeiten, den Winter und die Bauzeit.

Über die Jahre hinweg, als Buffett in seinem Büro saß, las und nachdachte, schuf er Milliarden von Dollar an Shareholder Value und machte aus Dutzenden von frühen Investoren Multimillionäre und aus Hunderten Millionäre.

Berkshires Aktie hat einen höheren Kurs als jede andere Aktie an der New Yorker Börse und liegt himmelhoch über 12 $ dem Ausgabepreis von 1965.

Wie also hat Buffett sein Vermögen um den Faktor 25.000 vermehrt - in wenig mehr als 40 Jahren?

„Wir mögen einfache Geschäfte," sagt Buffett. Damit meint er Geschäfte, bei denen nicht sehr viele Veränderungen zu erwarten sind und die deutliche Vorteile aufweisen.

Buffett ist ein sehr beharrlicher Aufkäufer von Unternehmen, der es liebt zu kaufen und es haßt zu verkaufen. Normalerweise hält er sich fern von Unternehmen, die mit großen Fabriken belastet sind, viel schnellebiger Technologie und ständigen Produktänderungen, und von solchen, die hohe Pensionsrückstellungen erfordern und bei denen hohe Krankheitskosten zu erwarten sind.

Ganz einfach gesagt vermehrte er das investierte Geld mit der Geschwindigkeit eines Kometen. Aber wie er diese bemerkenswerten Resultate erzielte - durch sein Markenzeichen, nämlich wertorientiert und durch langfristiges Investieren - ist sogar noch bemerkenswerter.

Die Buffett Partnership (Kommanditgesellschaft) hatte in 13 Jahren kein einziges, in dem die Gewinne nachgaben - trotz einiger häßlicher Bärenmärkte. Statt dessen erzwang sie einen durchschnittlichen Jahresgewinn von 29,5 %. Und Berkshires eigener Jahreszuwachs im Aktienkurs, mehr als 25 % pro Jahr, hat seinen Jahresgewinn auf den Buchwert um mehr als 23 % übertroffen (das beste Ergebnis war ein 59-%-Gewinn auf den Buchwert im Jahr 1976).

Obwohl es einige Jahre gab, in denen der Kurs der Berkshire-Aktie niedriger endete als er begann, hatte Buffett kein einziges Jahr, in dem die Aktionäre weniger verdienten als zuvor. Mit anderen Worten: Berkshire hatte nie ein Jahr, in dem es Geld verlor.

Berkshires schlimmste Jahre waren 1973 und 1974, als sein Buchwert lediglich um 4,7 bzw. 5,5 % anwuchs. Obwohl das ziemlich kleinlich klingt, möchte ich anmerken, daß der S&P (Standard & Poor´s Index) um 14,8 bzw. 26,4 % gefallen war, so daß Berkshires Ergebnisse relativ zum Markt mit 9,5 Prozentpunkten im Plus waren, was das Jahr 1973 anbetrifft, und mit 31,9 Prozentpunkten im Jahr 1974 - eine sensationelle Performance, da es den meisten Anlegern nicht gelingt, den Markt zu schlagen. Wenn die durchschnittliche Performance wirklich dem Durchschnitt entspricht, dann drücken Nebenkosten wie Provisionen und Gebühren sie unter den Durchschnitt. Deshalb, so Buffett, schaffen die meisten Anleger im Vegleich zur durchschnittlichen Aktienperformance keine neuen Werte.

Buffett machte zu Zeiten der Partnership einen Jahresgewinn zwischen 29 und 30 %. Das bedeutete 29 % für die Partnership und ungefähr 24 % für seine Kommanditisten, nachdem Buffett sich seine Scheibe vom Gewinn abgeschnitten hatte.

Im Lauf der Zeit schuf er ein Unternehmen von enormem bleibendem Wert.

Sein Berkshire schuf er, indem er einige wenige, aber sehr weitreichende und außerordentich erfolgreiche Entscheidungen traf. Mehr als die Hälfte von dessen Nettowert kann weniger als einem Dutzend großen Investmentaktionen zugeschrieben werden. Buffett kauft fast immer in schlechten Zeiten und zu außergewöhnlich niedrigen Kursen, und dann hält er seine Anteile sehr langfristig. Langfristig bedeutet bei manchen Investoren das Datum der Eigentumsübertragung oder die Feststellung der Gewinne im nächsten Quartal. Buffett jedoch hat viele seiner gegenwärtigen Investments jahrzehntelang, durch gute und schlechte Zeiten gehalten und wartete auf bessere Tage. In bezug auf Investments ist Buffett wie ein Marathonläufer, der immer darauf aus ist, sich einen noch größeren Teil vom Wirtschaftskuchen der Welt abzuschneiden.

Die Investments, über die er spricht, sind wie Vorräte. Er legt sein Geld dort an, wo er glaubt, es sei sicher, und dann hält er daran fest, durch gute und durch schlechte Zeiten. „Der Zeitraum, für den wir am liebsten anlegen, ist für immer", sagt er. Das ist eine ganz andere Einstellung als die von Tradern, die sagen, sie würden nicht nach Hause gehen, wenn sie noch eine Long-Position hielten, oder von Brokern, die sich schon für langfristige Anleger halten, wenn sie sechs oder zwölf Monate an einem Investment festhalten. Buffett versucht, Unternehmen zu kaufen, die noch in Jahrzehnten da sein werden.

Über die Dollars, die Buffett bereits angesammelt hat, hinaus, über den Wert seiner Unternehmen, Aktien, Schuldverschreibungen und des Bargelds, das Berkshire besitzt, hinaus, gibt es einen noch viel größeren Wert.

Der bleibende Wert, den er geschaffen hat, ist eine Philosophie - eine Philosophie, wie man Dinge richtig macht, wie man sie ethisch vernünftig, einfach und preisgünstig macht.

So gibt es beispielsweise keine Verschwendung. Buffett hielt sein Jahresgehalt in den letzten 17 Jahren bei 100.000 $, ohne Optionen und ohne Sonderzahlungen. Die Berkshire-Aktionäre hätten nichts dagegen, wenn er sich 10 Mio. $ im Jahr genehmigen würde. Das macht ihn zu einem der am schlechtesten bezahlten Unternehmensleiter einer großen Firma und zu dem Manager, der das beste Gehalts/Performance-Verhältnis der Welt hat. Für Berkshires Aktionäre der Klasse A arbeitet er für weniger als 10 Cents pro Aktie und für die Aktionäre der Klasse B für weniger als 1 Cent je Aktie.

Und das ist das große Bild für die Berkshire-Aktionäre: Buffett ist ihr Partner, und er arbeitet für sie.

Buffett baut sich auf Kosten der Anteilseigner keine Denkmäler. Es gibt keinen Buffett Tower, keine Buffett Plaza und auch keinen Buffett Airport oder Buffett Boulevard.

Die Berkshire-Aktien werden nicht beworben. Und wenn überhaupt, dann spielt Buffett den historischen Wertgewinn der Aktien herunter und sagt den Aktionären, daß der Gewinn des nächsten Jahres wahrscheinlich nicht so gut sein werde wie der des vergangenen. Buffett liebt es, weniger zu versprechen und mehr zu liefern.

Es gibt auch keine kosmetischen Korrekturen durch Aktiensplits. Für Buffett ist es ein überflüssiges Unterfangen, wenn man zehn einzelne Dollars höher bewertet als einen 10-$-Schein. Und Buffett mag keine Aktionäre, die das nicht verstehen. Dennoch gab es 1996 mit der Ausgabe von Aktien der Klasse B, der sogenannten Baby-Berkshires, eine Art von Aktiensplit. Diese Baby-Aktie wird zu einem Dreißigstel des Kurses der Aktien der Klasse A gehandelt, (siehe Kapitel 144). Zur Zeit gibt es ungefähr 140.000 Aktionäre.

Berkshire hat kein Firmenlogo, außer man zählt die Handvoll Dollars dazu, die auf den T-Shirts und Kappen aufgedruckt sind, die man auf den Jahreshauptversammlungen kaufen kann. Trotz Berkshires außerordentlichem Erfolg und trotz Buffetts Ruhm ignoriert die Wall Street Berkshire weitestgehend. Kaum ein Analyst verfolgt die Aktie, und die Aktienbroker erwähnen sie ihren Investoren gegenüber selten. Nur sehr selten wird eine Berkshire-Aktie zum Kauf angeboten. In vielen wichtigen Blue-Chip-Listen wird Berkshire nicht einmal erwähnt. Berkshire selbst unternimmt auch keine Anstrengungen, bekannt zu werden. Man muß Berkshire selbst entdecken.

In dem sehr nüchtern wirkenden Jahresbericht gibt es keine Fotos - weder in Farbe noch in Schwarzweiß - keine Charts, keine Graphiken. Der Jahresbericht ist unter seinen Fans sehr bekannt, anderen aber völlig unbekannt. Der Jahresbericht ist die einzige wirkliche Kommunikation des Unternehmens nach außen. Was er an Glanz vermissen läßt, ersetzt er durch Wert.

Wenn man einmal einen Jahresbericht von Berkshire gelesen hat, dann gibt es nichts in der Geschäftswelt, das dem gleichkommen könnte. Es gibt keinen Zweifel, daß der Bericht, die Bibel der Finanzwelt, die Buffetts berühmten Brief an die Aktionäre einschließt, eine hervorragende Darstellung der Geschäfte ist. Es gibt darin Humor, gesunden Menschenverstand, Einsichten in die Geschäftswelt und die menschliche Natur, es gibt großes Lob für die Manager der verschiedenen Unternehmensgruppen, die Berkshire sein eigen nennt. Die Berichte sind in einem einzigartigen literarischen Stil abgefaßt, gewürzt mit Witz und Weisheit über das menschliche Wesen.

Buffetts literarisches Feuerwerk in dem Bericht bietet Kommentare über Berkshires größere Besitztümer, riesige Gewinne - in manchen Fällen weit über 1 Mrd. $ - in einigen Unternehmen, die als Schmuckstücke gelten. Dazu gehören Coca-Cola, Gillette, American Express, Disney, Wells Fargo und Travelers Group, die Elite der Markennamen.

Die Jahreshauptversammlung von Berkshire ist ebenfalls einmalig. Eine sehr fröhliche Herde von Tausenden von Aktionären aus der ganzen Welt unternimmt in jedem Frühjahr die Pilgerfahrt ins Investment-Mekka in Omaha. Wenn Buffett die Geschäfte des Unternehmens in fünf bis zehn Minuten dargestellt hat, dann beantwortet er noch stundenlang Fragen.

„Die Jahreshauptversammlung von Berkshire Hathaway ist geschlossen," verkündet er schon kurz nachdem er begonnen hat. „Irgendwelche Fragen?" Es gibt welche - ungefähr sechs Stunden lang.

Buffett, der sich normalerweise bescheiden im Hintergrund hält, und einen eher unauffälligen Lebensstil pflegt, beschreibt seine Prinzipien als „einfach, altmodisch und wenig."

Buffett begannn sehr früh ohne irgendwelches Startkapital, wurde aber von einer vermögenden Familie gestützt. Nicht nur, daß er schon so früh angefangen hat, er möchte seine Karriere noch sehr lange fortsetzen. Immerhin ist es die Anhäufung von Geld in den späteren Jahren, die zählt, wenn man Wohlstand erwerben will. Wenn Buffett nur mit dem halben bisherigen Tempo weitermacht, dann könnte es damit enden, daß er Dutzende der weltgrößten Unternehmen kontrolliert, bevor er aufhört, Unternehmen zu sammeln.

Zu Beginn seiner Geschäftstätigkeit managte der junge Buffett, damals mit sehr kurz geschnittenen Haaren, seine Investment-Partnership aus seinem Schlafzimmer im ersten Stock und von seiner Sonnenterrasse aus in einem Haus, das er für 31.500 $ in seinem Geburtsort Omaha erworben hatte. Er kaufte das dreigeschossige Haus im niederländischen Kolonialstil

(Omaha World-Herald)

Buffett, links, und Berkshire-Vizepräsident Charles Munger leiten die Jahreshauptversammlung von 1997. Die Versammlung dauert fünf bis zehn Minuten. Die Fragen dauern fast noch den ganzen Tag.

1958 und ist seitdem niemals umgezogen. Die Häuser in seiner Nachbarschaft werden heute zu ungefähr 250.000 $ gehandelt. Prozentual gesehen, ist das eine magere Rendite, wenn man es mit Berkshire vergleicht.

Buffett lebt in einer „schlechten" Gegend

Buffetts Haus mit einem Willkommensschild an der Haustür, liegt im Dundee-Viertel von Omaha, passenderweise in der Nähe des Happy Hollow Boulevard in der Nähe des Elmwood Parks. Es ist kaum zu glauben, aber er lebt in einer „schlechten" Gegend von Omaha. Das kommt daher, daß ein Gebiet von 35.822 Hektar im Osten von Omaha als belastet erklärt wurde, um für die Immobilienentwicklungsgesellschaft Aksarben steuerliche Anreize zu schaffen. In diesem Gebiet gibt es sowohl reiche als auch arme Viertel.

Als er noch jung war, berechnete Buffett komplizierte Finanzangelegenheiten buchstäblich auf der Rückseite von Briefumschlägen. Er betrieb ein Ein-Raum-Unternehmen.

Buffett lebte immer unterhalb seiner Möglichkeiten. Er bestand immer auf minimalen Kosten, viel verfügbarem Bargeld und wenigen oder keinen Schulden.

So war er fast schon 30 Jahre alt und auf dem besten Weg zum Millionär, als er 295 $ für eine IBM-Schreibmaschine für seine Firma „verschwendete".

„Er sagte immer, daß er keine brauchte", erinnert sich William O´Connor, ein Vizepräsident von Mutual of Omaha, der 30 Jahre lang IBM-Geräte verkaufte. Es war am Anfang seiner Karriere, als O´Connor den anstrengenden Abschluß mit Buffett machte. „Es war ein IBM-Standardmodell; er kaufte lieber das Standardmodell als das etwas teurere Executivemodell."

Nur gelegentlch plünderte der ansonsten äußerst sparsame Buffett sein Vermögen, um seinem Haus beispielsweise weitere Räume hinzuzufügen und auch ein Spielfeld für Handball.

In seiner Garage und seiner Diele stapelt er Kästen mit Cherry Coke, die er bekanntermaßen sehr gern trinkt. Er kauft die Cokes selbst - 50 Zwölferpackungen auf einmal, weil er dann einen guten Rabatt bekommt. Außerdem muß er dann nicht so oft zum Geschäft fahren. Diese Gewohnheit trägt zum Ergebnis bei Berkshire bei: mit ungefähr einem Zehntelpenny für jede Coke, die er trinkt.

Buffett arbeitet in einem spartanisch ausgestatteten Büro. Er ist das Nervenzentrum eines Finanzimperiums - zusammen mit seinem Geschäftspartner Charles Munger, der sein Büro in Los Angeles hat -, dessen Reichweite und Einfluß sich über das ganze Land und darüber hinaus erstrecken.

Normalerweise investiert Buffett dann in ein ansonsten hervorragendes Unternehmen, wenn es sich gerade in einem Tief befindet, in einer kritischen Situation ist oder wenn es Mißverständnisse gibt. Das war der Fall, als GEICO Mitte der 70er Jahre einem Konkurs gefährlich nahe kam. Buffett stieg groß ein, vervielfachte seinen Einsatz um das Vierzigfache und besitzt GEICO nunmehr ganz.

Ein Schlüsselgrundsatz bei Berkshire ist es, hoch, aber selten zu setzen. Man arbeitet, wie Buffett es nennt, in seinem Kompetenzbereich. Man findet seine Vorteile im Leben und auch bei Investitionen. Wenn man sich bei sehr seltenen Gelegenheiten seines Vorteils sehr sicher ist, dann kann man auch bis an seine Grenzen gehen.

Buffett ist wie ein Leuchtturm von Vernunft und Einfachheit - und wahrscheinlich ein Genie. Rationalität und gesunder Menschenverstand sind sein Leuchtfeuer. Es gibt beispielsweise viele Gründe, weshalb er Coca-Cola-Aktien gekauft hat. Aber der Hauptgrund ist, daß Menschen weltweit durstig sind und die Geschichte zeigt, daß, wenn man einmal Coca-Cola getrunken hat, es auch weiterhin tun wird. Seine Drei-Wörter-

Beschreibung seiner Aufgabe ist: „Ich verteile Kapital." Seine etwas aus-
führlichere Beschreibung: „Es ist meine Aufgabe herauszufinden, in welche Unternehmen man investieren sollte, mit wem und zu welchem Preis."

Zurückgezogen im Herzen von Amerika - dem Land der Steaks und des
Mais, des Friedens und der Ruhe - verbringt Buffett die meiste Zeit mit
Nachdenken und Lesen.

„Wir lesen. Das ist es eigentlich", erklärt Buffett, der aber auch sagt:
„Wir lieben es, wunderbare Unternehmen zu vernünftigen Preisen zu kaufen."

Buffett kauft hauptsächlich ganze Unternehmen aus Privatbesitz oder
Aktien von öffentlich gehandelten Unternehmen. Was Buffett nicht tut, ist
ebenso bedeutsam wie das, was er tut. Er ist kein Trader (obwohl Travelers, ein Berkshire-Investment, es tut). Er setzt nicht kurzfristig auf bevorstehende Quartalsgewinne eines Unternehmens. Er bedroht niemanden
und wird sich auch niemals an feindlichen Übernahmen beteiligen. Er versucht auch nicht, die Dinge dadurch voranzutreiben, daß er sich andere
verpflichtet, daß er laut schreit oder Schnellschüsse losläßt.

Seiner Ansicht nach ist es das Geheimnis des Geldverdienens, keine Risiken zu übernehmen, sondern sie zu vermeiden. „Wir haben besser daran getan, den Drachen aus dem Weg zu gehen als sie zu erschlagen", sagt
Buffett. Über die Frage von Ethik und Integrität gibt es keine Diskussion.

Obwohl Buffett weit entfernt von den Massen der Wall Street agiert,
wurde er vor einigen Jahren als reichster Mann des Landes bezeichnet.
Forbes vom 18. Oktober 1993 wies Buffett mit 8,3 Mrd. $ als den reichsten
Menschen in den Vereinigten Staaten aus. Im Jahr 1994 wurde Buffett in
der Kalkulation von *Forbes* mit 9,2 Mrd. $ zweiter hinter Bill Gates mit
9,35 Mrd. $.

„Der einzige Grund, weshalb Gates vorne lag, ist, daß man den Wert
seines Hauses mitgezählt hat," sagte Buffett während eines Vortrags an der
Universität von Nebraska in Lincoln am 10. Oktober 1994. Im Jahr 1995
sah *Forbes* Gates wiederum mit 14,8 Mrd. $ an erster Stelle und Buffett mit
11,8 Mrd. $ an zweiter. Später im Jahr jedoch stiegen die Aktien von
Berkshire und Microsofts Aktien fielen, so daß es wohl ein totes Rennen
war.

Wenn wir von 30 Mrd. $ ausgehen (was ihn zu einem 30-Milliarden-
Pfund-Gorilla macht), sollten wir nun Buffetts Schulden betrachten. Es
gibt keine. Jahrelang war eine 70.000-$-Hypothek die einzige Verbind-
lichkeit, die er jedoch inzwischen zurückgezahlt hat. Die Hypothek bezog
sich auf ein Haus mit drei Schlafzimmern und zwei Bädern, das er 1971 in
Laguna Beach in Kalifornien als Zweitwohnsitz bezogen hatte. Das Haus

liegt in der Emerald Bay mit Blick über den Pazifischen Ozean, wo er meistens Weihnachten verbringt. Er kaufte das Haus, das inzwischen vergrößert wurde, für 150.000 $, als sein Schätzwert bei 185.000 $ lag.

Das Verhältnis der Vermögenswerte Buffetts zu seinen Schulden verdeutlicht das Prinzip, das er bei einem Investment wünscht: größtmögliche Sicherheit.

Als er am 13. September 1991 vor den Kunden von Salomon Inc. über seine Abneigung gegen Schulden sprach, sagte Buffett: „Sie sehen hier jemanden, der 70.000 $ für eine Zweitwohnung in Laguna schuldet, und diese Schulden habe ich nur, weil die Zinsen damals so günstig waren... und das ist alles, was ich in, ich weiß nicht mehr wie vielen Jahren, jemals geschuldet habe." (Buffett besitzt heute ein zweites Haus gleich hinter dem ersten in Laguna, um den Bedürfnissen einer wachsenden Familie besser gerecht werden zu können. Warren Buffett, der Immobilienmogul.)

„Wenn man klug ist, dann braucht man keine Schulden. Wenn man dumm ist, dann sind Schulden tödlich", sagte Buffett.

Tatsächlich wird diese Aversion von Berkshire in gewisser Weise überbetont. Buffett ist nämlich sehr glücklich, wenn er Geld zu sehr geringen Zinsen oder zu überhaupt keinen Zinsen borgen kann. Tatsächlich borgt sich Berkshires Versicherungsabteilung Milliarden von Dollar von den Versicherungsnehmern und investiert vieles von diesem Geld in Aktien. Somit hat Buffett einen Multiplikator-Effekt in bezug auf die Ergebnisse seiner Investments und ist dennoch auf der sicheren Seite.

Samuel Butler schrieb einmal: „Jeglicher Fortschritt basiert auf einer allgemeinen, geradezu angeborenen Sehnsucht eines jeden Organismus, über seine Verhältnisse zu leben." Buffett ist die Ausnahme von der Regel.

Gegen Ende der 80er Jahre verstießen die Ivan Boeskys und Michael Milkens der ganzen Welt gegen die Sicherheitsregeln, indem sie Insiderinformationen nutzten, jede Menge Schulden machten und sich betrügerischer Machenschaften schuldig machten. Buffetts Freund Michael Yanney, Präsident von America First Capital Associates in Omaha, nennt diese Ära eine Zeit, „als die Gier der Menschen an der Wall Street ihre Intelligenz weit übertraf."

Was machte Buffett in dieser Zeit des Wahnsinns? Er leitete Unternehmen wie World Book Encyclopedias, See´s Candies und die Buffalo News, und er kaufte Coca-Cola-Aktien.

Unabhängig von seinem Reichtum ist Buffett der einflußreichste Investment-Guru in diesem Land. Er hat zwei ganz konkrete Regeln für alle, die versuchen, reich zu werden:

Regel 1: Verliere niemals Geld.

Regel 2: Vergiß niemals Regel Nummer 1.

Ein Fan von Berkshire hat neue Regeln aufgestellt:

Regel 1: Verkaufe niemals deine Berkshire-Aktien.

Regel 2: Vergiß nicht Regel Nummer 1.

In seiner Erscheinung und seinem Auftreten erinnert Buffett entfernt an Jack Benny, bleibt bescheiden und ist mit einem sehr trockenen Humor ausgestattet. Einmal schickte ihm ein Berkshire-Aktionär, der seine Vorliebe für Bridge kannte, eine Bridge-Audiokassette von Omar Sharif. Buffett dankte dem Aktionär mit einer kurzen Notiz: „Wenn ich lange genug zuhöre, werde ich dann auch so schön wie Omar Sharif?"

Ein anderes Mal, kurz bevor er vor Studenten der Universität von Nebraska sprechen sollte, wurde er gefragt: „Wünschen Sie besondere Sicherheitsmaßnahmen?" Seine Antwort war: „Wir brauchen keine Sicherheitskräfte. Bitten Sie das Personal am Eingang, alle Tomaten einzukassieren."

Als er einmal Aktionären die Akquisitionspolitik von Berkshire erläuterte, sagte er: „Es ist höchst wissenschaftlich. Wir sitzen herum und warten darauf, daß das Telefon klingelt. Manchmal ist es allerdings auch nur eine falsche Verbindung."

Buffett lebt ein außerordentlich unabhängiges und aufregendes Leben. Mehr als 99 % der finanziellen Erlöse und 100 % der menschlichen Erlöse seines Lebens sollen an die Gesellschaft zurückgegeben werden.

Es könnte sein, daß es zu einem überraschenden Finale kommt. Es ist bisher noch nicht ausgesprochen, aber Sie können einen donnernden Schlußakkord erwarten, wenn es um die Verwendung seines Vermögens geht.

Buffetts AAA Reputation, die er Stück für Stück und Aktie für Aktie durch wertbetonte Investitionen aufgebaut hatte, hatte sich bis zum oberen Silberfirmament der mythischen Helden erhoben, als er und sein Kumpel Bill Gates nicht nur die beiden reichsten Menschen in den Vereinigten Staaten, sondern auf der ganzen Welt wurden.

Wenn er einmal die Erde in Richtung des Investorenhimmels verlassen wird, dann hat er versprochen, weiterhin mit uns Kontakt zu halten. Einmal erzählte er dem Autor Adam Smith: „Ich kann absehen, daß ich Berkshire leiten werde, solange ich lebe, und danach werde ich im Rahmen von Seancen weiterarbeiten."

Der Mythos von Warren Buffett ist so überirdisch, daß er das auch noch schaffen würde.

Das Magazin *Vanity Fair* ernannte ihn im November 1997 zu einem der mächtigsten Menschen der Erde und schrieb: „Seine schwierigste Aufgabe ist es nunmehr, mit seiner eigenen Wirkung zurechtzukommen."

David Braverman, der bei Standard & Poor´s Equity Services Verantwortliche für Investmentstrategien, sagte: „Berkshire Hathaway ist die Investment-Erfolgsgeschichte des 20. Jahrhunderts."

5

„Wer ist
Warren Buffett?"

Ein Reisender

Bevor Travelers 1997 Salomon gekauft hatte und Berkshire damit zu
einem Hauptakionär des Finanzdienstleistungsriesen machte, verbrachte Buffett ein stürmisches Jahrzehnt als Hauptinvestor bei Salomon.

Sein vielleicht schlimmster Augenblick als Aktionär bei Salomon kam
am 16. August 1991 um 6.45 Uhr, als das Telefon in Buffetts Wohnung
klingelte und ihn weckte. Es war einer von Salomons leitenden Angestellten, der ihm sagte, daß sie vorhätten, das Unternehmen zu verlassen.

An diesem Nachmittag knisterten die Nachrichtensender mit Nachrichten über einen Skandal bei Salomon.

„S&P stellt Salomon unter Aufsicht: negativ", strahlte ein Sender aus.

Wenige Minuten später ein anderer Sender: „Die Salomon-Aktien und
-schuldverschreibungen stürzen wegen der sich verbreitenden Nachrichten über den Skandal ab."

„Salomon sagt, Gutfreund und Strauß wollen zurücktreten", funkte ein
dritter Sender.

Zur gleichen Zeit, um 14.27 Uhr, als die Welt von Salomon zusammenbrach, gab es eine weitere Nachricht: „Salomon sagt, Buffett wird In-
terims-Vorsitzender."

Buffett war natürlich Warren Buffett - der Multimilliardär aus Omaha,
der größte Investor der Welt.

Sein Leben lang haben die Menschen gefragt: „Wer ist Warren Buffett?"
Eine weitere Frage, die oft danach folgt: „Wo liegt Omaha?" Omaha, das

wissen die Aktionäre, liegt im US-Bundesstaat Berkshire. Mit der Zeit wurde Buffett besser bekannt, aber die ganze Story hat sich immer noch nicht herumgesprochen. Hier die Frage eines Reporters Ende 1995: „Ist er Amerikaner?"

Als Buffett am 8. Februar 1996 in die Nebraska Business Hall of Fame aufgenommen wurde, bot das Programm ein respektloses Sieben-Minuten-Video über Buffett, das von Klatschreporter Robin Leach kommentiert wurde.

Leach: „Entschuldigen Sie bitte, wissen Sie, wer Warren Buffett ist?" Ein Unbekannter: „Ja, das ist doch der Kerl, der jedes Auto für 99,95 $ lackiert."

Trotz seiner zurückhaltenden Art wurde Buffett einem immer größer werdenden Kreis von Investoren bekannt. Dem Rest der Welt blieb er wegen seines zurückgezogenen Lebensstils und weil er Interviews zu vermeiden pflegt, weitestgehend unbekannt.

Es war der Skandal bei Salomon - der bedeutenden Wertpapierfirma, an der Buffett ein 700 Mio.-$-Investment hielt -, der ihn schließlich ins Rampenlicht zwang.

Kurzfristig brauchten die Behörden zwölf Sätze von Fingerabdrücken von Buffett, um einer Reihe von Sicherheitsvorschriften dieser Branche zu entsprechen.

„Es gab auch eine Regel, daß ich, weil ich Angestellter einer Wertpapierfirma war, die Series-Seven-Prüfung (für Aktienbroker) ablegen sollte. Ich verschob das so lange, bis ich wieder ausschied, denn ich war nicht sicher, daß ich diese Prüfung bestehen würde", sagte Buffett einmal.

Der Skandal bei Salomon, verursacht durch illegale Tradingaktivitäten und das Vergehen, diese nicht anzuzeigen, zwang das Unternehmen, sich an Buffett zu wenden. Es hatte keine andere Wahl. Buffett war die einzige Person, der die Firma, deren Kunden, die Regierung, die staatliche Aufsicht, die Strafverfolgungsbehörden und Investoren auf der ganzen Welt zutrauten, Salomon wieder auf die Schienen zu bringen. Und Buffett saß ohnehin schon im Aufsichtsrat von Salomon.

Wer war Warren Buffett, dieser bescheidene, gütige, aber dennoch knallhart denkende Mann aus dem Mittleren Westen, der ausgewählt wurde, um Salomon zu retten?

Herausragende Absolventen von Harvard, Columbia und Stanford benutzten im Zusammenhang mit ihm das Wort „Genie", um diesen halbwegs exzentrischen Finanzzauberer zu beschreiben. Buffetts langjähriges Gegenstück, Charles Munger, der Vice President von Berkshire - selbst keine trübe Tasse - und Absolvent der Harvard Law School mit magna cum laude, sagte: „In meinem Semester in Harvard waren tausend Leute. Ich kannte die allerbesten Studenten. Aber es war niemand darunter, der so fähig war wie Warren."

Robert Baker, Salomons Sprecher, der sich während der Salomon-Krise sehr oft mit Buffett unterhalten hatte, sagte: „Er ist alles, was man von ihm sagt, und noch mehr. Immer, wenn ich ihm etwas sagen wollte, dann wartete er schon am Ende des Satzes auf mich ... und sein moralischer Kompaß ist genau nach Norden ausgerichtet."

Reich. Klug. Ehrlich? Die Menschen, die Buffett am besten kennen, seine Kinder, sagen, er sei die ehrlichste Person, die sie je kennengelernt haben.

Innerhalb von wenigen Stunden, nachdem man ihn gebeten hatte, Chairman bei Salomons zu werden, ließ Buffett seinen Firmenjet bereitstellen. Der Firmenjet ist eine der wenigen teuren weltlichen Verführungen, die sich der Multimilliardär gestattet.

Das Flugzeug, das er The Indefensible getauft hatte - inzwischen umgetauft in The Indispensable - flog von Omaha nach Teterboro in New Jersey. Von hier aus machte sich der Milliardär auf den Weg ins Seven World Trade Center, wo Salomon damals sein über 90.000 qm großes Hauptquartier in New York City hatte.

Als die Krise sich weiter entwickelte, stürzte Salomons eigene Aktie in dem Maße ab, wie enthüllt wurde, daß die Trader der Firma mehr als die gesetzlich erlaubten Bonds bei Effektenauktionen aufgekauft hatten. Salomons Probleme türmten sich auf, weil das Topmanagement über Monate hinweg von dem regelwidrigen Bondtrading wußte, es aber nicht angezeigt hatte. Dieses Vertuschungsmanöver machte aus der Sache einen offenen Skandal, der so gewaltig war, daß manche glaubten, er würde die mächtige Wall-Street-Firma Salomon zu Boden werfen.

Das war das zweite Mal und nicht das erste Mal, daß Buffett Salomon rettete.

1987, als der Unternehmensjäger und Vorsitzende von Revlon, Ronald Perelman - mit der Hilfe des Junkbondkönigs Michael Milken - drohte, Salomon zu übernehmen, sprang Buffett schnell mit 700 Mio. $ in bar ein, um die Perelman-Milken-Übernahme zu stoppen. Buffett machte dieses Investment in Salomon für Berkshire drei Wochen vor dem 19. Oktober 1987, dem Tag des Crashs auf dem Aktienmarkt.

Bei seinem zweiten Bemühen, Salomon zu retten, fand sich Buffett einer nicht weniger turbulenten Situation gegenüber. Dieses Mal sollte Salomon aus einem anscheinend unbegreiflichen Tradingschlamassel gerettet werden, das so aussah, als könnte es den Untergang einer Institution der

Wall Street verursachen. Als Buffett sich darauf vorbereitete, Salomons Spitzenposition einzunehmen, während die Kunden in Massen abtrünnig wurden, traf er sich sofort mit den Managern und sagte ihnen geradeheraus, daß Salomons Reputation auf dem Spiel stünde. Nur innerhalb der Gesetzesgrenzen zu bleiben, warnte Buffett, wäre nicht ausreichend - Salomons Zukunft hinge vom Ansehen der Firma ab. Kein Ansehen, kein Salomon und auch keine Jobs.

Buffett sagte den Managern, daß die Firma einer riesigen Managementaufgabe gegenüberstünde, weil Prozesse und Geldstrafen auf sie zukommen würden. Er würde einen neuen Geschäftsführer ernennen und, nach einer Krisensitzung des Aufsichtsrates am Sonntag, dem 18. August 1991, eine Pressekonferenz abhalten. Das war eine Nachricht wert, weil Buffett sehr selten Pressekonferenzen gibt oder Interviews gewährt.

Die Angestellten von Salomon waren so beeindruckt von Buffetts geradliniger Verhaltensweise, daß sie in Applaus ausbrachen.

Buffett begann mit den Vorbereitungen für die dramatische Sitzung am Sonntag, auf der er die Rücktritte von Salomons leitenden Angestellten akzeptierte: von John Gutfreund, dem Vorstandsvorsitzenden, der einst als „König der Wall Street" beschrieben worden war, von Robert Strauss, dem Präsidenten, und von John Meriwether, dem stellvertretenden Vorstandsvorsitzenden von Salomon - der Personen, die zugegeben hatten, von den Gesetzesübertretungen gewußt zu haben, diese aber nicht angezeigt hatten.

Es dauerte nur Stunden, bis die Namen der Spitzenmanager, die in den Skandal verwickelt waren, von dem Wegweiser im Gebäude des Hauptquartiers entfernt wurden. Ein neuer Name wurde eingefügt: Warren E. Buffett.

Um den Skandal zu bewältigen, feuerte Buffett auch zwei Männer aus der Bondabteilung und sollte später auch Salomons Anwaltskanzlei in die Wüste schicken, einen neuen Geschäftsführer ernennen und eine strengere interne Kontrolle installieren.

Mitten in diesem Chaos brachte Buffett US-Finanzminister Nicholas Brady dazu, einen großen Teil der die Firma lähmenden, gerade fünf Stunden alten Verbote zurückzunehmen, die den höchst gewinnbringenden Handel mit Staatsschuldverschreibungen betrafen.

Dies ermöglichte Salomon, weiterhin bei Auktionen von Schuldverschreibungen mitzubieten, allerdings nur auf eigene Rechnung, weil es immer noch verboten war, Order für Kunden zu plazieren. Im weiteren Verlauf der Krisenbewältigung erwarb sich Buffett hohes Lob des Finanzministers.

Buffett, der es sich schon in Gutfreunds Büro im 43. Stock bequem gemacht und eine neue Telefonleitung hatte installieren lassen, ging danach zur Pressekonferenz. Er gewann das Vertrauen der Journalisten schon nach ein paar Sekunden, als er sagte: „Ich werde versuchen, Ihre Fragen so zu beantworten, als sei ich jemand, der noch nie einen Rechtsanwalt getroffen hat. Ich werde so lange hierbleiben, wie Sie es wünschen."

In den nächsten drei Stunden legte er alles offen: „Es scheint mir, daß in dem Fall der beiden, die wir entlassen haben, hier Dinge geschehen sind, die Sie und ich als Verschleierung charakterisieren würden."

In seiner unvergleichlich einfachen Art beschrieb Buffett die Atmosphäre bei Salomon als „was einige Leute machomäßig und andere kavaliershaft nennen würden."

„Ich glaube nicht, daß die gleichen Dinge in einem Kloster passiert wären", fügte er hinzu.

Er wurde gefragt, ob er *Liar's Poker*, das Buch über Salomons verworrene Unternehmenskultur, gelesen hätte. Buffett gab das zu. Und weiter? „Ich möchte nicht, daß es davon noch eine zweite Auflage gibt", antwortete er.

Am nächsten Tag reiste Buffett nach Washington, um sich mit der Regulierungsbehörde zu treffen und seine Rettungsaktion für Salomon mit unvermindertem Tempo fortzusetzen.

Ungefähr eine Woche später hielt er vor den Verkäufern von Salomon eine fünfzehnminütige Rede, die in die Salomon-Niederlassungen in der ganzen Welt übertragen wurde. „Ich möchte nicht, daß irgend jemand bis an die Grenzen geht...", riet er den Verkäufern. „Sie kommen sehr gut zurecht, wenn Sie immer in der Mitte auf einem geraden Weg bleiben."

Später fügte er hinzu: „Wenn Sie Geld der Firma durch eine schlechte Entscheidung verlieren, dann werde ich viel Verständnis dafür aufbringen. Wenn Sie das Ansehen der Firma verlieren, dann werde ich unbarmherzig sein."

Buffett mußte schnell Entscheidungen treffen, wie man am besten die Kunden hält, wie man die Kündigungen der Angestellten niedrig hält und wie man das Vertrauen von Geldgebern und der Regierung zurückgewinnt. Er entschied, ungefähr 40 Mrd. $ von Salomons Wertpapieren zu verkaufen, um die Operationen der Firma zu finanzieren und sie in einer sehr gefährlichen Zeit immer konkurrenzfähig zu halten. Die Regierung schien der Führung Buffetts zu vertrauen. Investoren und Klienten atmeten erleichtert auf, und die Aktien Salomons, die während dieser Feuerprobe ein Drittel ihres Wertes verloren, beruhigten sich und stiegen dann wieder an.

Für Buffett, der viel lieber sein ruhiges Leben in Omaha lebt, war dies eine Zeit voller Aktion, voller Hin- und Herreiserei von Omaha nach New York und Washington und eine Zeit, in der er aus dem Koffer lebte. Als er gefragt wurde, ob so ein hektisches Tempo ein Problem für ihn gewesen sei, spottete Buffett: „Meine Mutter hat meinen Namen in die Unterwäsche eingestickt und so hat es ganz gut geklappt." Es sollte noch einige schmerzliche Jahre dauern, bis Salomon an die Travelers Group verkauft wurde und Buffett zum größten Aktionär des Finanzdienstleistungsriesen wurde, der gerade dabei ist, sich in die Citigroup einzugliedern.

THE DUNDEE NEWS — Friday, June 16, 1950

1869 **81 YEARS** 1950

OF SELLING FOODS IN OMAHA

SIDNEY H. BUFFETT
Opened a grocery store August 20, 1869, on Fourteenth street.

ERNEST BUFFETT
Joined his father February 1, 1864. Moved to Dundee in 1915.

FRED BUFFETT
Joined his father June 1, 1919. Now operates the store.

35 YEARS

OF SELLING FOODS IN DUNDEE

SIDNEY H. BUFFETT built his business on sound foundations. Throughout his lifetime his business was characterized by three guiding principles.

QUALITY...SERVICE...FAIR PRICES

THROUGH three generations and eighty-one years these principles have been followed, conscientiously and thoroughly. They carried the business through good times and bad, and have resulted in a unique and enviable merchandising record.

THIS BUSINESS has been known as a service food store, specializing in fine fresh fruits, fresh vegetables, first grade meats, staple and fancy groceries, dependable store and delivery service, giving special attention to telephone orders, and extending the privilege of a charge account to those who pay their account promptly.

WE NOT only had a part in building DUNDEE from the time it was made a part of the city of Omaha, but we also had a part in building Omaha from a village bounded on the west by Sixteenth street to its present size.

IT HAS always been our privilege and pleasure to contribute to all the things which go to make a city a better place to live.

• • •

BUFFETT & SON

Foods You Will Enjoy   GL 5015   5015 Underwood

(Anzeige aus The Dundee News vom 16. Juni 1950)

Die Leute vom Gemischtwarenladen Buffett & Son: Sidney Buffett, Ernest Buffett und Fred Buffett. „81 Jahre Lebensmittelverkauf in Omaha."

6

Die Wurzeln

Politik, Handel und Medien

W arren Buffett wurde am 30. August 1930, einem heißen, schwülen Tag, in Omaha geboren, nur einige Blocks von dort entfernt, wo er heute Berkshire führt. Er wurde im alten Doctors Hospital mitten in Omaha in eine Familie hineingeboren, die sich schon sechs Generationen lang in der Politik und im Handel einen Namen gemacht hatte.

Der erste Buffett, der nach Nebraska kam, Sidney H. Buffett aus Dix Hills auf Long Island, New York, eröffnete am 20. August 1869 auf der 14. Straße in Omaha einen Lebensmittelladen. Anfangs wurde der Wagen, mit dem ausgeliefert wurde, von einem Maultier gezogen, und die Maultiere wurden in einem Stall hinter dem Geschäft gehalten.

Ernest Buffett, Sidney Buffetts Sohn, stieg am 1. Februar 1894 bei seinem Vater ins Geschäft ein. 1915 zog der Laden in das Dundee-Viertel von Omaha um. Ernest Buffetts Sohn Fred kam am 1. Juni 1929 zu seinem Vater ins Geschäft, das damals in Nr. 5015 Underwood lag.

The Dundee News veröffentlichte am 16. Juni 1950 für die Lebensmittelhandlung Buffett & Son eine Anzeige mit Fotos von Sidney, Ernest und Fred Buffett unter der Schlagzeile „81 Jahre Lebensmittelverkauf in Omaha". Alle Buffetts waren als rechtschaffene Bürger bekannt.

Warrens Vater war Herausgeber des *Daily Nebraskan* an der University of Nebraska, wo er Warrens Mutter Leila 1924 kennenlernte, als sie einen Job suchte, um Geld fürs College zu verdienen.

In der Druckerei ihrer Familie hatte sie den Schriftsatz übernommen und arbeitete als Reporterin für den *Cuming County Democrat*, eine Wochenzeitung, die ihr Vater in West Point herausgab.

Ihr Vater hat diese Zeitung 1905 gekauft, und seine Familie lebte im

Obergeschoß des Verlagsgebäudes. Warren Buffett ist der Enkel von Ernest Buffett und der Sohn von Howard Homan Buffett, einem ziemlich rauhbeinigen republikanischen Kongreßabgeordneten. Außer Howard und Fred hatte Ernest Buffett einen älteren Sohn, Clarence, der 1937 bei einem Autounfall in Texas starb, und eine Tochter, Alice Buffett, die niemals heiratete und eine sehr beliebte Lehrerin an der Benson High School und der Central High School in Omaha war. Über die Buffett Foundation läßt Warren Buffett ihr zu Ehren jedes Jahr 10.000 $ an jeden der 15 Lehrer überweisen.

Das Geld ist an keinerlei Zweck gebunden. Wie Buffett dem NBC-Reporter Tom Brokaw für einen Beitrag über Erziehung, der am 12. April 1994 über den Sender ging, erklärte, könnten die Lehrer das gesamte Geld auch in Las Vegas verspielen, wenn sie es wollten. Warrens Vater Howard H. Buffett war ein Aktienbroker, der im Jahr 1931 Buffett-Falk & Company gründete. An Kunden, die Schutz vor der Inflation suchten, verkaufte er auch Diamanten. Howard Buffett war 1942 bis 1948 und 1950 bis 1952 Kongreßabgeordneter. Er war als kraftvoller Schreiber und als scharfsinniger Beobachter von Politik und Handel bekannt, der die Dinge immer beim Namen nannte, so wie er sie sah. Howard Buffett starb am 29. April 1964 im Alter von 60 Jahren an Krebs.

Am 6. Mai 1948, zu einer Zeit, als es illegal war, Gold zu besitzen, schrieb Howard Buffett in einem Artikel im *Commercial and Financial Chronicle*:

„Ich möchte davor warnen, daß die Politiker beider Parteien sich der Wiedereinsetzung von Gold widersetzen werden, auch wenn es nach außen hin anders aussehen wird und den Anschein macht, als ob sie eine Wiedereinsetzung wünschten. Außerdem werden all diese Elemente hier und auch im Ausland, die sich an der andauernden amerikanischen Inflation bereichern, sich der Rückkehr zu einer gesunden Währung widersetzen. Man sollte sich darauf vorbereiten, ihrem Widerspruch intelligent und entschieden zu begegnen.

Wenn Sie nicht willens sind, Ihre Kinder und Ihr Land einer galoppierenden Inflation, Krieg und Sklaverei anheimzugeben, dann verlangt diese Sache Ihre Unterstützung. Denn wenn die Freiheit der Menschen in Amerika überleben soll, dann müssen wir diesen Kampf um eine Rückkehr zu einer gesunden Währung gewinnen. Es gibt keine wichtigere Herausforderung, die uns derzeit gegenübersteht als diese Angelegenheit - die Wiederherstellung Ihrer Freiheit, die Früchte Ihrer Arbeit gegen sicheres Gold eintauschen zu können."

In einer Rede vor Geschäftsleuten in Omaha 1948 sagte der Kongreßabgeordnete Buffett: „In einem freien Land beruht die Währung auf einer
festen Basis von Gold oder Silber, ist unabhängig von den regierenden Politikern und eintauschbar gegen ein bestimmtes Gewicht an Gold, wenn
der Besitzer von Papiergeld es eintauschen möchte. Unsere Finanzen werden nie in Ordnung gebracht werden, wenn der Kongreß nicht dazu gezwungen wird. Wenn wir unser Geld gegen Gold eintauschbar machen,
dann wird dies diesen Zwang herstellen" (*Money World*, im Juni 1998). Der
Kongreß hörte nicht auf Buffett, aber sein Sohn sollte eines Tages eine
ganze Menge Silber anhäufen.

Warren Buffetts Schwester Doris Bryant sagt über ihren Vater: „In erster
Linie hatte er Angst vor einem schleichenden Sozialismus. Und er machte
sich große Sorgen über die Inflation. Was die Inflation betrifft, war er seiner Zeit voraus, schrieb über sie und beriet seine Kunden schon 1932, sich
gegen die Inflation zu schützen. Er ermutigte die Leute, Kunst und Juwelen zu kaufen."

Buffetts Vater, der für seine standhafte Integrität und seine konservativen Ansichten sehr bekannt war, war ein sehr frühes Mitglied der John
Birch Society in Nebraska. Er fühlte sich wegen seiner geradezu fanati-
schen Opposition gegen den Kommunismus von dieser umstrittenen Organisation angezogen. Howard Buffett gab der *Dundee and West Omaha Sun*
ein Interview, in dem er erklärte, weshalb er Mitglied der John Birch Society war. Der Beitrag, der als Leitartikel am 6. April 1961 erschien, trug
die Überschrift „Weshalb ich zur Birch Society ging".

Die Geschichte begann so: „Die John Birch Society, die in den letzten
zweieinhalb Jahren in Nebraska lediglich ein einziges Mitglied hatte,
scheint wegen der derzeitigen Publicity zu wachsen. So sagt es das einzige
eingetragene Mitglied, Howard H. Buffett, Angehöriger einer Pionierfami-
lie und früherer Kongreßabgeordneter. Ein halbes Dutzend Leute fragten
mich in den letzten Tagen, wie sie Mitglied dieser Gesellschaft werden
könnten, sagte Buffett der Sun. Wenn es meine Gesundheit erlaubt, dann
werde ich einige neue Mitglieder suchen."

Warren Buffetts Mutter war Leila Buffett (geborene Stahl), eine sehr
lebhafte Frau, einfach und humorvoll, die 1992 in die Berkshire-Jahreshauptversammlung ging und sagte: „Ich bin immer noch da." Buffetts
Mutter starb am 30. August 1996 im Alter von 92 Jahren, genau am 66.
Geburtstag ihres Sohnes.

Leila Buffett, zweimal verwitwet, nahm nach dem Tod ihres zweiten
Ehemannes Roy Ralph wieder den Namen Buffett an, weil sie mit dem
Kongreßabgeordneten Buffett mehr als drei Jahrzehnte verheiratet war.

(Photo by Allan Maxwell)

In diesem Haus in 2501 North 53rd Street in Omaha wuchs Buffett auf. Er und seine Familie sangen einmal im Wohnzimmer für die Wahlkampagne seines Vaters „America the Beautiful".

Buffetts Eltern hatten auch zwei Töchter: Doris Bryant aus Morehead City in North Carolina und Roberta Bialek aus Carmel in Kalifornien.

Die drei Kinder, die alle in der Schule Klassen übersprungen haben, wuchsen in einem respektablen Haus aus roten Ziegeln in der beliebten Gegend des Country Clubs von Omaha in Nr. 2501 North 53rd Street an der Ecke 53rd und Lake Street auf, nachdem sie zunächst in Nr. 4224 Barker Street gewohnt hatten.

Warren Buffetts Wurzeln und das, was ihm von seinen Eltern vererbt wurde, vermittelten ihm eine lebenslängliche Zuneigung zur Zeitungsbranche, in der er es vom Zeitungsjungen zum Pulitzerpreisgewinner und zum Massenmedieneigner gebracht hat.

7

„WARREN KONNTE KEINEN NAGEL IN DIE WAND SCHLAGEN ...

... ABER ER KONNTE 20 ZWEISTELLIGE ZAHLEN IM KOPF ADDIEREN."

— DON DANLY

Buffett besuchte die Alice Deal Junior High School und die Woodrow Wilson High School in Washington D.C., nachdem sein Vater in den Kongreß gewählt worden war. Buffett machte seine Abschlußprüfungen an der Alice Deal Junior High School im Februar 1945 im Alter von 14 und an der Woodrow Wilson High School im Juni 1947 im Alter von 16 Jahren.

Als Buffett 16 Jahre alt war, kauften er und sein Freund Don Danly, damals 17, der ebenfalls die Wilson High School besuchte, einen Rolls Royce aus dem Jahr 1928 für 350 $ und vermieteten ihn für 35 $ pro Tag.

Ihre Klassenkameradin Norma Jean Perna, die damals mit Danly befreundet war, erinnert sich daran, wie sie das Auto nach Washington brachten: „Ich war bei der Fahrt in diesem Auto von Baltimore nach Washington dabei. Es stand in Baltimore auf einem Platz, der mir wie ein Schrottplatz erschien. Auf der Rückfahrt nach Washington hatten wir alle ziemliche Angst... Wir wußten nicht, ob es das Auto bis nach Hause schaffen würde und selbstverständlich hatte es auch keine Zulassungsschilder... Wir drei malten das Auto blau an. Ursprünglich war es grau. Don und ich erledigten die meiste Arbeit, so wie ich mich erinnern kann. Warrens Mutter machte uns immer Lunch."

(Photo courtesy of Frances Kilpatrick)

Ein altes Foto der Woodrow Wilson High School in Washington D.C.

Danly ging als technischer Direktor von Monsanto in den Ruhestand und lebt heute in Pensacola, Florida. Er erinnert sich, daß sie 1947 nach Baltimore gefahren waren, um das Auto zu kaufen. Danly erzählt: „Wir fanden das Auto auf einem Schrottplatz im Süden von Baltimore. (Norma sagt, es sah aus wie ein Schrottplatz - und zwar deshalb, weil es tatsächlich ein Schrottplatz war.) Das Auto wurde als Schrott verkauft, weil es als Transportmittel wenig oder keinen Wert mehr hatte. Es war früher einmal der Einkaufswagen einer Lady, weil es nur einen einzelnen Vordersitz für den Fahrer hatte (wahrscheinlich den Chauffeur) und eine extra große Sitzbank hinter dem Fahrer.

Warren, Norma und ich fuhren im 38er Buick Special meines Vaters nach Baltimore (unser einziges Auto). Die Fahrt zurück nach Washington war interessant, da das Benzinsystem für den Rolls einen Ein-Gallon-Schwerkrafttank hatte und das Benzin aus dem hinteren Benzintank durch das Vakuum angezogen werden sollte. Das klappte nicht, weil der Vakuumtank ein Loch hatte. Wir mußten also den Deckel des Ein-Gallonen-Tanks abnehmen und alle sechs oder sieben Meilen Benzin nachschütten. Da wir ungefähr 40 Meilen zu fahren hatten, stellte sich das als ein ziemlich mühsames Unterfangen heraus. Dennoch, mit dieser Ausnahme fuhr das Auto tatsächlich, wenn auch nicht sehr schnell. Ich fuhr den Rolls mit Warren auf dem Rücksitz, und Norma folgte uns im Buick."

Dann fügt Danly hinzu: „Wir brachten das Auto hierher, aber es hatte keine Nummernschilder. Als wir in Washington ankamen, wurden wir von der Polizei angehalten, weil wir keine Nummernschilder hatten. Warren plusterte sich auf und sagte, sein Vater sei Kongreßabgeordneter, und man ließ uns weiterfahren.

Wir stellten das Auto in Warrens Garage ab. Ich sollte daran arbeiten. Ich war der Techniker und er derjenige, der sich um die Finanzen kümmerte. Manche haben gesagt, wir hätten zusammen an dem Auto gearbeitet, aber Warren konnte nicht einmal eine Schraube anziehen oder irgend etwas Technisches erledigen. Er saß dabei und las mir Wirtschaftsbücher vor. Als er die High School verließ, hatte er schon mehr als 100 Bücher über Wirtschaft gelesen. Er las aber auch andere Bücher. Eines hatte den Titel *Wie man Freunde verliert und Menschen abschreckt.*

Manchmal mußte ich ihm ungefähr 20 zweistellige Zahlen nennen, die er im Kopf addierte", sagt Danly, der später auf die Cornell University ging. Danly rechnete dann mit Papier und Bleistift nach. „Es stimmte", staunt er.

Danly war einer von elf Studenten, die im 1947er Jahrgang der Woodrow Wilson High School den ersten Platz erzielen wollten. Er sagte: „Buffett war der 16. im Jahrgang von ungefähr 350. Er schaffte es, ohne sich besonders anzustrengen. Ich mußte mich ganz heftig hinter die Bücher klemmen."

Buffets Biographie im Jahrbuch 1947 der Woodrow Wilson ist im Vergleich zu denen seiner Klassenkameraden etwas dünn: „W. Club,

(Photo courtesy of Norma Perna)

Dieses Foto aus dem Klassenalbum der Alice Deal Junior High School von 1945 zeigt die blonde Norma Jean Thurston (Perna), ungefähr 30 Milliarden Stil-Punkte vor ihrem Klassenkameraden, dem 14 Jahre alten Brillenträger Warren Buffett. Ihr künftiger Ehemann Bill Perna und dessen Cousin Lou Battistone waren auch in dieser Klasse.

Diskussionsteam, Golfteam. Ein Sportler ... Basketball und Golf; seine Lieblingsfächer ... er mag Mathematik ... ein künftiger Aktienbroker."

Die beiden Youngster vermieteten den Rolls einige Male. Danly hat immer noch ein Foto der beiden Unternehmensgründer, auf dem sie neben dem Rolls stehen. Zwischen ihnen ist auf diesem Foto Norma Jean Thurston (Perna), und sie sieht aus wie eine andere Norma Jean. Norma Jean Thurston war als Wasserstoffblondine bekannt, auch wenn sie natürliches blondes Haar hat. Danly hatte den Spitznamen „Duck", und Buffett war Buffett. Auf dem Foto trägt Buffett Mantel und Krawatte, das Ende der Krawatte ungefähr zehn Zentimeter über seinem Gürtel. „Es war sehr selten, daß Warren einen Mantel und eine Krawatte trug", erzählt Danly. Außer der Rolls-Royce-Vermietung hatten die beiden noch andere Unternehmen. „Wir hatten einen Erdnußautomaten und ein Flippergeschäft." Sie nannten das Geschäft mit dem Flipper Wilson Coin-Operated Machine Co., erzählt Danly: „In diesem Augenblick wußte ich, daß er ein Siegertyp war."

Heute ist das Nummernschild an Buffetts Auto wie das eines ganz normalen Bürgers, und sein Rahmen sagt nichts über Berkshire aus. Es lautet: Wilson Coin-Operated Machine Co.

Später, ab 1951 schickte Buffett eine ganze Reihe von Briefen an Danly und begann ihm mitzuteilen, wie er Geld für ihn investierte - ungefähr 6.000 $ hatte Danly geerbt, nachdem seine Eltern früh gestorben waren. Danly hob Buffetts Briefe auf, weil er dachte, daß Buffett jemand Besonderes war. „Ich konnte aber nicht wissen, daß es so weit kommen würde", erzählt er heute.

Die beiden blieben jahrelang in Verbindung und besuchten zusammmen das 50. Klassentreffen der Woodrow Wilson High School 1997. Mrs. Perna erzählte bei diesem Treffen, daß eine Reihe von Klassenkameraden gesagt hätte: „Ich wünschte, ich hätte ihn damals besser gekannt."

Und Danly erzählte: „1993, als er auf dem Weg zu einer Konferenz des Coca-Cola-Aufsichtsrates war, kam Warren zum Dinner vorbei. Ich erinnerte ihn daran, daß wir vereinbart hatten (bei unseren ersten geschäftlichen Unternehmungen), wir würden alles 50/50 aufteilen."

Buffetts alter Partner im Flippergeschäft kam mit einem 25.000-$-Investment, das er 1961 in Buffett Partnership investiert hatte, recht gut zurecht. Später kaufte er Berkshire-Aktien und hat niemals auch nur eine verkauft. Im Berkshire Message Board bei America Online trug Danly am 13. September 1997 ein: „Ich muß gestehen, daß ich einer von denen bin, die den Kurs von BRK mehrmals am Tag nachsehen. Ich kann mich nicht bei AOL einloggen, ohne den gebogenen Pfeil anzuklicken, der anzeigt,

Dieses Foto der Woodrow-Wilson-High-School-Klasse im Juni 1947 zeigt Buffett mit Brille und Kurzhaarfrisur. Don Danly trägt ein weißes Jackett. Diese beiden Teenager und Unternehmensgründer waren die Wilson Coin-Operated Machine Co.

Die Klassenkameraden Lou Battistone, Norma Perna und Warren Buffett bei ihrem 50. Klassentreffen am 17. Oktober 1997.

Don Danly, Susan Buffett und Warren Buffett beim Klassentreffen am 17. Oktober 1997.

daß der Kurs ansteigt. Irgendwie sehne ich mich aber nach den alten Tagen der Buffett Partnership Limited, als ich einmal im Jahr eine Nachricht erhielt, in der mir der Wert meiner Anteile mitgeteilt wurde (es ging immer aufwärts). Ich halte meine BRK Aktien seit über 30 Jahren und habe niemals eine einzige verkauft, so daß der heutige Kurs für mich wenig Be-

Vera Danly und Susan Buffett beim Klassentreffen der Woodrow Wilson High School.

deutung hat (ich habe nicht vor zu verkaufen). Auch wenn ich das jetzt gesagt habe, bin ich sicher, daß ich auch weiterhin den Kurs mindestens einmal am Tag nachsehen werde." Als Buffett Danly und seine Frau Vera in
Pensacola besuchte, holten die beiden ihn ab und brachten ihn in ihr
Haus, das einen herrlichen Blick über Mackey Cove bietet. Sie gingen mit
ihm zum Abendessen in ein Restaurant, und auch auf dem Heimweg erzählten sie die ganze Zeit über Geschäfte und die alten Zeiten.

„Dann entschuldigte er sich, ging in sein Schlafzimmer und telefonierte zwei oder drei Stunden lang. Noch lange, nachdem wir zu Bett gegangen waren, telefonierte er", erzählt Danly. „Er arbeitet sehr hart."

Am nächsten Tag bestiegen Buffett und die Danlys das Flugzeug von
Berkshire und flogen nach Atlanta, wo Buffett für sie eine Führung durch
das Coca-Cola-Museum arrangierte, während er an der Sitzung des Aufsichtsrats teilnahm.

Danly erzählt, daß sie beide ihr Interesse an Oldtimern bewahrt hätten
und daß Buffett in den 80er Jahren ein Angebot für Harrahs Oldtimer-Mu-
seum in Reno in Nevada gemacht habe, aber man sich nicht auf einen Preis
habe einigen können.

Buffett erzählte Danly, daß er Norma Jean Perna 1993 getroffen habe.
Als Danly fragte, ob sie immer noch so gut aussehe, antwortete er: „Sie sah
aus wie ihre Tochter, wirklich, eigentlich wie ihre Enkelin." Mrs. Perna, die
jetzt in Potomac in Maryland wohnt, erzählt, daß Buffett immer sehr viel
Humor hatte. „Er hat sich nicht verändert, seit ich ihn kennengelernt habe.

Ich war nie an den Firmen beteiligt, die sie gründeten, aber ich interessierte mich dafür. Wir waren wie die drei Musketiere. Ich ging mit ihnen,
um das Geld aus den Flippermaschinen einzusammeln. Warren hat immer
das Geld eingesammelt, und Don reparierte die Flipper.

Ich erinnere mich daran, als Warren mit Golfbällen begann. Er holte sie
von einem Golfkurs, dann reinigte er sie und verkaufte sie. Er sagte mir,
wenn er 30 Jahre alt sein würde, dann wäre er sicher Millionär, und ich
glaubte ihm.

Am 7. Februar 1997 schrieb Danly im Internet: „Als BRK Beobachter,
immerhin schon seit 37 Jahren (als ich entdeckte, daß ich nach der Liquidation von Buffett Partnership Limited diese Aktien besaß), bin ich hocherfreut, daß ich dieses Bulletin Board gefunden habe. Ich habe versucht, in
einer Reihe von Chatrooms etwas über BRK zu finden, aber leider vergeb-
lich.

Mein Gedächtnis sagt mir, daß heute der 50. Geburtstag der Wilson
Coin-Operated Machine Co. ist, die Warren und ich während unserer

High-School-Zeit in Washington gegründet haben. Würden Sie glauben, daß Warren schon damals eine monatliche Einnahmen-Ausgaben-Überschußrechnung für dieses Unternehmen erstellte? Warren stellte das Kapital zur Verfügung, und ich war der technische Direktor (ich reparierte die Maschinen). Die Gesellschaft wurde in dem Jahr verkauft, als Warren zur University of Pennsylvania ging und ich nach Cornell."

Danlys frühere Frau, Charlotte Colby Danly aus Connecticut, erinnert sich, daß sie Buffett auf ihrer Hochzeit kennengelernt hat. „Ich war 19 Jahre alt, und Warren und Susie hatten kurz zuvor geheiratet", erinnert sie sich. Im Verlauf der Jahre besuchten die Danlys gelegentlich die Buffetts in Omaha. „Ich erinnere mich daran, daß Susie und Peter bis lange nach Mitternacht auf dem Klavier herumhackten", erinnert sich Mrs. Danly.

Jahre später waren sie bei Buffetts Party zu seinem 50. Geburtstag im Metropolitan Club in New York dabei. „Hier traf ich Prominente von überall. Gary Coopers Tochter Maria, eine Künstlerin, war da, die mit Byron Janis verheiratet ist, dem berühmten klassischen Pianisten... Buffetts Freund Fred Stanback aus Salisbury in North Carolina, ein langjähriger Berkshire-Investor und Freund Buffetts. (Fred Stanback ist der Sohn von Fred Stanback sen. und der Neffe von Tom Stanback, dem Gründer der Stanback Headache Powder Company, wo Fred früher arbeitete. Der Slogan dieser Firma war „Snapback with Stanback".) Susie hatte für Warren zu seinem Geburtstag ein Lied geschrieben und sang es mit Klavierbegleitung. Sein Geburtstagskuchen war in der Form einer Pepsi, die er zu dieser Zeit trank. Es war eine der Partys, an die ich mich immer erinnern werde."

Sie erzählt weiter, daß sie jahrelang mit Buffett korrespondiert hätte, in der Hauptsache über Fragen, die aufkamen, als es darum ging, ihr Haus zu verkaufen. „Er hat immer innerhalb von drei Tagen zurückgeschrieben. Ich schreibe nicht sehr viel. Er hat ein hervorragendes Gedächtnis und ist seinen alten Freunden gegenüber sehr loyal."

Mrs. Danly erhielt Berkshire-Aktien, weil sie zuvor Kommanditistin von Buffett Partnership war. Sie erzählt, daß sie nur sehr selten Aktien verkauft hat, aber es gelegentlich tat. Die meisten Aktien kaufte sie für 19 $. Am Tag, als sie das Interview gab, schlossen die Berkshire-Kurse bei 43.000 $. „Es ist wie ein Baum, auf dem Geld wächst", meinte sie dazu.

(Photo courtesy of Don Danly)

Don Danly, links, und Buffett mit ihrem Rolls Royce vor dem Haus der Buffetts auf der 49. Straße in Washington D.C. im Herbst 1947. Die Teenager haben sich fein gemacht! Buffett trägt einen Pelzmantel aus Waschbärfell, gerade zum Spaß. Manchmal trug er diesen Mantel auch bei Footballspielen seiner High School. Danly sagte: „Mein Kamelhaarmantel war mein normaler Wintermantel, außer wenn ich mit dem Fahrrad zur Schule fuhr."

8

Jugend

„Ich wurde im Aktiencrash gezeugt"

Ich wurde im Aktiencrash vom Herbst 1929 gezeugt", erzählte Buffett und merkte an, daß sein Vater zu dieser Zeit Aktienhändler war. Sein Vater hatte soviel zu tun, daß er zu dieser Zeit regelmäßig Kundenbesuche machte, und Buffett sagt, man könne sich gar nicht vorstellen, was hätte passieren können (WOWT-TV in Omaha am 14. Oktober 1993).

Eines der ersten Lieblingsspielzeuge des jungen Warren war ein Geldwechsler aus Metall, den er sich um die Hüfte schnallte. „Er liebte ihn", erinnert sich seine ältere Schwester Doris Bryant, die den kleinen Warren als typischen kleinen Bruder beschreibt.

Wie ein lustiger Eisverkäufer ging Buffett herum und wechselte Geld. Er war fasziniert vom Vorgang des Geldwechselns und Geldzählens. Rechnungen in einem erstaunlichen Tempo, besonders wenn es darum ging, Geld anzuhäufen, waren ein Zeitvertreib, der ihn schon in frühem Alter faszinierte.

„Als Kind war er so vorsichtig, daß er mit gebeugten Knien ging, so daß er nicht so tief fallen würde. Als Erwachsener jedoch war er großer Gesten fähig... Es war ein richtig gutes Geschäft", sagte Mrs. Bryant und bezog sich dabei auf Buffetts Erwerb von Coca-Cola-Aktien im Wert von 1 Mrd. $.

Das erste wirkliche Geschäft, das der junge Buffett aufmachte, hatte mit Softdrinks zu tun, genau passend für jemanden, der eines Tages Milliarden von Dollar in Coca-Cola-Aktien besitzen würde. Seine Mutter erinnert sich, daß Buffett sein erstes kleines Unternehmen startete, als er gerade sechs Jahre alt war. Diese Eskapade hatte natürlich damit zu tun, daß er mit Coca-Cola handelte.

„Wir waren am Lake Okoboji in Iowa. Warren zahlte 25 Cents für ein Sixpack Coca-Cola und verkaufte sie für 5 Cents je Flasche. Warren war immer von Zahlen fasziniert, insbesondere dann, wenn es darum ging, Geld zu verdienen", erinnert sich Mrs. Buffett. Diese 20 % Gewinn waren ungefähr das, was Buffett auch in seiner ganzen geschäftlichen Karriere an Gewinn einstrich. Und deshalb ist er heute Multimilliardär.

Buffett kaufte auch im Lebensmittelgeschäft seines Großvaters Coca-Cola und verkaufte sie an Nachbarn.

Buffett schrieb im Berkshire-Jahresbericht für 1989: „Ich glaube, ich trank meine erste Coca-Cola 1935 oder 1936. Ganz sicher ist, daß ich 1936 angefangen habe, Coca-Cola für 25 Cents je Sixpack von Buffett & Son zu kaufen, dem Lebensmittelladen der Familie, um sie dann in der Nachbarschaft für 5 Cents je Flasche weiterzuverkaufen. Bei diesem kurzen Ausflug in den Wiederverkauf mit hohem Gewinn konnte ich die außerordentliche Anziehungskraft dieses Produktes auf die Konsumenten und die wirtschaftlichen Möglichkeiten dieses Produktes kennenlernen."

Als er zehn Jahre alt war, verkaufte Buffett am liebsten Pepsi, wie er später dem Berkshire-Aktionär Paul Cassidy aus North Andover, Massachusetts, erklärte: „Eigentlich fing ich mit Pepsi an, weil zu dieser Zeit (1940) Pepsi in Zwölf-Unzen-Flaschen und Cola in Sechs-Unzen-Flaschen abgefüllt wurden, der Preis jedoch der gleiche war. Das war ein ziemlich kraftvolles Argument."

Buffets Gedächtnis für Zahlen, eine wichtige Fähigkeit für jeden Geschäftsmann, könnte von beiden Elternteilen gekommen sein - sein Vater war Aktienbroker, und auch seine Mutter kann sehr gut mit Zahlen umgehen, wie uns Ed Conine erzählte, der in der Nähe von Buffett wohnte.

Conine, der Präsident von J. Bragg Women´s Apparel Department Store Chain in Omaha und Lincoln, erinnerte sich vor seinem Tod 1993, daß ihm Mrs. Buffett einmal erzählte, als sie schon gut 70 Jahre alt war, Buffett habe ihr sowohl einen Cadillac als auch ein Hometrainer-Fahrrad geschenkt. „Auf meinem Fahrrad habe ich 34.000 Meilen zurückgelegt und 5.600 Meilen mit dem Cadillac", witzelte Mrs. Buffett.

Während die meisten Jugendlichen noch damit zufrieden waren, Sodagetränke aus den Automaten zu ziehen, und nicht weiter darüber nachdachten, sammelte Buffett die Flaschenverschlüsse, sortierte und zählte sie und fand heraus, welche Marke sich am besten verkaufte, erzählt Berkshire-Aktionär Irving Fenster aus Tulsa in Oklahoma, einer von Buffetts frühesten Investoren. Buffetts Buchhalterinstinkt - die Fähigkeit, an die richtigen Zahlen zu kommen, nicht an die angenommenen Zahlen, die von anderen kolportiert werden - bleibt eines seiner Markenzeichen.

Außerdem hat er sich nie auf überlieferte Weisheiten verlassen. Schließlich sagt er: „Überlieferte Weisheiten können viel an Überlieferung und wenig an Weisheit in sich tragen."

Dieser etwas altkluge Jugendliche, der die Einwohnerzahlen von Städten in den Vereinigten Staaten nur so hervorsprudeln konnte, war sehr beliebt, witzig und fleißig. Doch schon an der Rosehill Elementary School, vom Kindergarten bis hin zur achten Klasse in Omaha, als Buffett eine Klasse übersprang, war er eher als Eierkopf bekannt denn als Sportler. Auf Klassenfotos wirkt er immer ungekämmt.

„Ich hatte es vergessen, aber er erinnerte sich daran, daß er einmal für drei Wochen wegen einer Blinddarmentzündung nicht in der Schule war. Er war sehr krank, und die anderen Schüler schrieben ihm", erinnert sich Marie Madsen, seine Lehrerin in der zweiten Klasse.

„Er war niemals ein Problemfall, sonst würde ich mich daran erinnern. Er war ein guter Junge... Er war ein guter Schüler und hat immer hart gearbeitet. Ich kann mich nicht daran erinnern, wie gut er in Mathematik

(Photo by Allan Maxwell)

An der Rosehill Elementary School träumte Buffett von Aktien. Als er zwölf Jahre alt war, ging er - nicht sehr gern - nach Washington D.C., nachdem sein Vater 1942 in den Kongreß gewählt worden war.

war, aber ich bin ganz sicher, daß er gut war. Ich weiß, daß er in Englisch gut war, denn einmal hat er mich korrigiert. Es hatte mit der Zusammenschreibung eines Wortes zu tun, und er hatte recht.

Ich erinnere mich daran, daß er einmal im hinteren Teil des Klassenzimmers aufstand und herumguckte. Wenn er lustig war, dann kann ich mich daran nicht erinnern. Er war wahrscheinlich so wie seine Klassenkameraden."

An der Rosehill Elementary School bekam er auch seinen ersten Spitznamen: „Bathless Buffett" (Buffett ohne Bad). Dieser Name hielt nicht sehr lange. Er stammte von einer Figur aus dem Comic „Li'l Abner".

Das soll nicht heißen, daß er mit Gleichaltrigen nicht gut zurechtkam. Er kam sehr gut mit ihnen zurecht. Heute kommt er mit anderen so gut aus, daß er im Aufsichtsrat von Coca-Cola, Gillette und der Washington Post sitzt. Dennoch hatte Buffett immer einen eigenwilligen und unabhängigen Charakter. Dieser kam einmal besonders deutlich zum Tragen, als Buffetts Vater ihn und seine Schwester Doris anregte, einen Teil des Sommers auf der Elmer Benne Farm in der Nähe von West Point in Nebraska zu verbringen.

Der Hintergrund war, erinnert sich Mrs. Bryant, daß den Kindern die Werte des Landlebens bewußt gemacht werden sollten. Buffett kennt die Lektionen von harter Arbeit und Unabhängigkeit, aber offensichtlich lernte er sie nicht dadurch, daß er vom frühen Morgen bis zum Abend hinter einem Pflug herstapfte. Viele sagen, daß schweißtreibende und schwere körperliche Arbeit Buffett niemals interessierten. „Ich sah ihn niemals hinter einem Pflug. Er las die meiste Zeit", erzählt Mrs. Bryant.

Kathryn Haskell Smith erinnert sich an eine Geschichte, die sie von ihrer verstorbenen Schwester, Carolyn Haskell Hallquist gehört hatte: „Er wollte immer mit den anderen Jungs zusammen sein und mit ihnen Basketball spielen. Und während die anderen dann immer noch spielten, kam er und las das *Wall Street Journal*. Die anderen sagten immer nur: Das ist Warren. Er spielte mit den Jungs immer ein bißchen Basketball, und dann ging er weg, las das *Wall Street Journal*, kam wieder zurück und spielte wieder mit ihnen."

Carolyn Haskell erhielt öfter Besuch von Buffett, als die Buffetts und die Haskells nur wenige Blocks voneinander entfernt in der Gegend des ehemaligen Country Clubs von Omaha wohnten.

An einigen Abenden spielte das junge Paar im Duett, mit Buffett auf der Ukulele und Carolyn am Klavier. An einem heißen Sommerabend, als der junge Buffett auf seiner Ukulele herumklimperte, sagte er: „Alles, was wir jetzt brauchen, sind ein paar Mint-Juleps", erinnert sich Kathryn Smith. Kathryn Smith kennt die Familie Buffett, weil ihr Vater John Haskell und Buffetts Vater in der Zeit, als sie die University of Nebraska besuchten, befreundet waren. Jahrelang war Howard Buffett Haskells Aktienbroker.

„Er (Warren Buffett) kam manchmal zu uns und sprach mit meinem Vater über Finanzen... Mein Vater stimmte mit Warren darin überein, daß man gute Aktien kaufen und sie für lange Zeit halten sollte.

(Photo courtesy of Doris Buffet Bryant)

Roberta, Doris und Warren Buffett vor dem Haus eines Nachbarn in Washington, D.C. Als das Foto aufgenommen wurde, war Warren 13 Jahre alt, Doris war 16 und Roberta 10 Jahre alt.

Er war immer so schnell und so witzig... Er war ein großartiger Junge; es machte sehr viel Spaß mit ihm, aber es war offensichtlich, daß er uns in seinem Kopf um Längen voraus war", erzählt sie.

Buffett, Kathryn Smith und andere Schüler gingen immer zusammen zur Schule. Viele von Buffetts Freunden gingen weiterhin zur Benson High School, wo die Schüler als Benson High School Bunnies bekannt waren. Auch auf dem Schild an der Schule steht geschrieben: „Benson High School. Heimat der Bunnies."

„Das Maskottchen der Benson High School ist ein Häschen (Bunny).

(Photo courtesy of Kathryn Smith)

Kathryn und Trainer Homer Smith

Und deshalb waren wir immer als Häschen bekannt. Damals hielten wir das überhaupt nicht für lustig, aber seitdem war es immer die Pointe von vielen Witzen", sagt Mrs. Smith, die mit Homer Smith, einem Football-trainer verheiratet ist, der früher den Angriff der University of Alabama trainierte und nun an der University of Arizona ist.

Buffett selbst ging nicht nach Benson, weil er nach Washington umzog, aber er besucht immer noch die Klassentreffen der Jahrgänge von 1947 und 1948, weil er in diesen Klassen Freunde hat.

Buffett brachte seine Klassenkameraden mit seinen Witzen immer zum Lachen.

„Mir war klar, daß er Geld verdienen wollte. Er war sehr fleißig und versuchte immer Geld zu bekommen, um Aktien zu kaufen. Aber niemand konnte damals ahnen, daß es soweit kommen würde", sagte Mrs. Smith. Obwohl der junge Warren ein mathematisches Wunderkind war, kam seine Faszination für Geld für Buffetts bescheidenen Vater sehr überraschend, der wenig Interesse daran hatte, Geld für sich selbst anzuhäufen. Er fand heraus, daß sein Sohn, von dem er hoffte, daß er eines Tages Priester werden würde, von der Kraft des allmächtigen Dollar verzaubert war.

Die Buffetts waren immer schon standhafte Republikaner, aber alle Buffetts haben auch einen Zug zur Unabhängigkeit. Warren Buffett, der weitgehend davon überzeugt war, daß die Demokraten eine bessere Auffassung von den Bürgerrechten hatten, schockte seine Familie, als er und seine Frau Susan Demokraten wurden. Susan Buffett erzählte *Forbes* (am 21. Oktober 1991): „Das verursachte einen großen Aufruhr" (in der Familie).

51

(Photo courtesy of Norma Perna)

Vier Buffett-Generationen: Warren Buffett und seine Mutter Leila Stahl Buffett, sein Sohn Howard Graham Buffett und sein Enkel Howard Warren Buffett, ein Sammler von Coca-Cola-Aktien

Eine Cousine der Buffetts erinnert sich daran, daß sie während der Abendessen, an denen die ganze Familie teilnahm, sehr oft über Politik sprachen. „Seine Schwestern haben ungefähr den gleichen Intelligenzquotienten wie er", sagt Katherine Grimm aus Akron in Ohio. „Beim Abendessen hat irgend jemand eine politische Idee geäußert, und schon sagte der nächste: Verteidige deine Position."

Buffett sagte der Zeitschrift *Forbes* am 18. Oktober 1993: „Hauptsächlich wurde ich Demokrat, weil ich das Gefühl hatte, daß die Demokraten den Gedanken, die ich in den frühen 60er Jahren über die Bürgerrechte hatte, wesentlich näher waren. Ich wähle nicht das Parteiprogramm, aber wahrscheinlich wähle ich sie, weil ich gerne mehr Demokraten als Republikaner haben möchte."

Der Kongreßabgeordnete Buffett war so geradlinig und was Geld anbelangte so konservativ, daß er einmal eine Gehaltserhöhung von 2.500 $ im Jahr (von 10.000 auf 12.500 $) an das Finanzministerium zurücküberwies.

Buffett betete seinen Vater an, der Warren wegen seiner Energie und seiner Frühreife „Fireball" nannte.

„Ja, er nannte ihn Fireball und Warren nannte ihn Pop. Sie waren die besten Freunde. Als er starb, weinte Warren tagelang", erinnert sich Leila Buffett. Buffett war 33 Jahre alt, als sein Vater starb, und 66 Jahre alt, als seine Mutter starb.

Buffett blieb seiner Mutter immer sehr verbunden und einmal, auf der Höhe der Salomonkrise, flog er von New York aus gerade rechtzeitig nach Hause, um bei ihr zu sein, als sie von der Nebraska Arthritis Foundation als Frau des Jahres geehrt wurde. Buffett witzelte: „Sie ist schon seit 87 Jahren Frau des Jahres." Als Buffett noch auf Rosehill zur Schule ging, gab er für kurze Zeit eine Zeitschrift heraus, die er „Stable-Boy Selections" nannte, und in der er über Handicaps und Pferdewetten schrieb. Er druckte die Blätter im Keller seines Elternhauses und verkaufte sie für einen Vierteldollar.

Als Buffett acht Jahre alt war, begann er die Bücher über die Börse zu lesen, die sein Vater im Hause hatte. Er blieb auch weiterhin von der Börse fasziniert. Er zeichnete den Anstieg und Fall von Aktienkursen auf. „Ich war fasziniert von allem, was mit Zahlen und mit Geld zu tun hatte", sagte er der Reporterin Linda Grant für die *Los Angeles Times* am 7. April 1991. Im April 1942, als er gerade elf Jahre alt war, begann Buffett damit, in kleinem Umfang Aktien zu kaufen: drei Cities-Service-Vorzugsaktien, die er für je 38 $ erwarb. Das war zu dieser Zeit alles, was er hatte. Er überredete seine Schwester Doris, das gleiche zu tun.

Er erinnert sich an seinen Schulweg nach Rosehill mit seiner Schwester, die ihn darauf aufmerksam machte, daß er keine neuen Rekorde setzte. Und so verkaufte er bei 40 $, was bedeutet, daß er nach Provision 5 $ Gewinn machte. Nur wenige Jahre später stieg die Aktie auf 200 $.

Schon damals verfolgte Buffett den Aktienmarkt, berechnete Durchschnitte und stellte fest, daß seine Einschätzungen der Börse scharfsinniger waren als die von anderen. Am 1. November 1969 sagte er der Zeitschrift *Forbes*: „Für den Aktienmarkt habe ich mich interessiert, seitdem ich zehn Jahre alt war. Das war, als ich die Aktienkurse hier bei Harris Upham notierte, wo mein Vater Broker war. Ich erledigte die Aktientips, das Charting, alles. Dann fiel mir Graham´s *Security Analysis* in die Hände. Dieses Buch zu lesen war, als ob ich Licht im Dunkeln gesehen hätte."

Harris Upham war im gleichen Gebäude untergebracht wie das Unternehmen seines Vaters, Buffett-Falk & Co.

Der junge Buffett, immer noch Schüler, lernte die Regeln des Aktieninvestments gründlich: daß man sich nicht von dem leiten lassen soll, was andere Leute sagen, und daß man den anderen Investoren nicht erzählen soll, was man gerade vorhat.

(AP/Wide World Photos)

Ben Graham, der Vater des Value Investing und Buffetts Lehrer an der Columbia University. „Er war mein Gott", sagt Buffett.

Diese Lektion wurde später von Ben Graham bestätigt, seinem Lehrer an der Columbia Business School, der lehrte, daß, ganz gleich, ob jemand zustimmt oder anderer Meinung ist, dies eine Ansicht weder richtig noch falsch macht. Dieser Gedanke, der für ihn ein Markenzeichen wurde, hat Buffett nie ganz verlassen, denn 1965 schrieb er den Mitgliedern von Buffett Partnership: „Es tröstet uns nicht, wenn wichtige Menschen, laute Menschen oder eine große Anzahl von Menschen mit uns einer Meinung sind. Es tröstet uns auch nicht, wenn sie es nicht tun. Eine Meinungsumfrage ist kein Ersatz für intensives Nachdenken."

Buffett fügte hinzu, daß man dann, wenn man eine Situation vorfindet, die man versteht, in der die Fakten nachvollziehbar und klar sind, handeln sollte, ganz gleich, ob diese Handlung konventionell oder unkonventionell ist, ob andere zustimmen oder nicht.

Wenn man sich einer Sache ganz sicher ist und alle Fakten zur Verfügung hat, dann ist der Rat von einem anderen eher verwirrend und kostet nur Zeit. Als in den 70er Jahren fast alle aus dem Zeitungsgeschäft ausstiegen, weil es unattraktiv erschien, erkannte Buffett die monopolähnlichen Strukturen und kaufte eine Medienaktie nach der anderen.

Von Anfang an zeigte sich Buffett erst dann öffentlich, wenn er es unbedingt mußte. Dieses Verhalten sollte später viel größere Bedeutung erhalten, als die Wall Street herauszufinden versuchte, was er gerade tat. Nur sehr selten erfuhr man etwas von dem, was er gerade vorhatte. Bis heute versucht Buffett, seine Investments bis zur Veröffentlichung des Berkshire-Jahresberichts jedes Jahr im März geheimzuhalten.

Buffett sagte, es sei nicht ganz einfach, Geheimnisse zu bewahren, besonders dann nicht, wenn man mit attraktiven Angehörigen des anderen Geschlechts spräche.

Als er zwölf Jahre alt war, zu der Zeit, als sein Vater in den Kongreß gewählt wurde, lebte er für ungefähr vier Monate bei seinem Großvater Ernest Buffett. Ernest Buffett war im Jahr 1934 Präsident des Rotary Clubs von Omaha und Lebensmittelhändler, und er schrieb gerade an einem Buch. Jeden Abend diktierte er seinem Enkel einige Seiten. Der Titel des Buches war: „Wie man einen Lebensmittelhandel führt und einige Dinge, die ich über das Angeln gelernt habe". Buffett machte sich darüber lustig, daß er in einem Alter, in dem er noch sehr empfänglich war, dem gewundenen literarischen Stil seines Großvaters so sehr ausgeliefert war.

1942 wurde Buffetts Vater für die erste von vier Legislaturperioden als Kongreßabgeordneter der Republikaner gewählt, und Buffetts Zeit in Omaha wurde unterbrochen.

Seine Familie zog im Januar 1943 nach Fredericksburg in Virginia, und obwohl seine beiden Schwestern sehr glücklich waren, fühlte Buffett sich entwurzelt und unglücklich. Die Buffetts wohnten gleich auf der anderen Seite des Flusses Rappahannock. Für kurze Zeit arbeitete der junge Buffett bei einem Bäcker. „Ich mochte die Veränderungen überhaupt nicht, und so regte ich mich über diesen Umzug sehr auf. Mein Großvater mochte mich sehr und war zu Hause in Omaha. Ich schrieb ihm und erzählte ihm, wie schrecklich die Dinge hier waren. Schließlich sagte er: „Ihr schickt den Jungen besser nach Hause zurück" (*Regardie's*, Februar 1986).

Einen Monat später kehrte Buffett nach Omaha zurück und lebte bei seinem Großvater und seiner unverheirateten Tante Alice Buffett. Er besuchte weiterhin Rosehill.

Oft aß er mit der Familie von Carl Falk zu Mittag. Carl Falk und Howard Buffett führten zusammen die Brokerfirma Buffett-Falk. Im Juni 1943 kehrte der junge Buffett zu seiner Familie nach Fredericksburg zurück, verbrachte aber einen großen Teil des Sommers in Omaha, wo er im Pfarrhaus der Presbyterianer wohnte, während der Pfarrer nicht da war. Die Buffetts, einschließlich Warren, zogen im Juni 1943 nach Washington, D.C. in die 49. Straße in der Nähe der Massachusetts Avenue um, nicht weit entfernt vom Apex Theater.

Buffett, zu dieser Zeit mit einem sehr kurzen Haarschnitt, zog so oft zwischen Omaha und Washington hin und her, daß ein pensionierter Beamter in Omaha sich erinnert, daß ihm Buffett wie ein Phantom vorgekommen sei.

Über seine Zeit in Fredericksburg erzählte Buffett L.J. Davis, dem Reporter des *New York Times Magazine* im April 1990: „Ich hatte fürchterliches Heimweh. Ich sagte meinen Eltern, daß ich nicht atmen könnte. Ich sagte ihnen, sie sollten sich nicht weiter darum kümmern, sie sollten gut schlafen, ich würde eben die ganze Nacht aufbleiben." Als er 13 Jahre alt war, riß Buffett für kurze Zeit aus Washington aus. „Er lief mit Roger Bell, einem Freund, davon. Ich glaube, sie wurden von der Polizei aufgegriffen", erinnert sich seine Schwester Doris.

Auch diese Eskapade Buffetts mußte ein wenig anders sein und etwas mit Geschäften zu tun haben. Er lief weg nach Hershey in Pennsylvania, besessen davon, die Schokoladenfabrik in Hershey zu besichtigen und gratis Schokolade zu bekommen. Die Fabrik besichtigte er jedoch nicht, und offensichtlich hatte er auch nicht vor, dieses Unternehmen zu kaufen.

Als Buffett diese Geschichte Melissa Turner, einer Wirtschaftredakteurin der *Atlanta Constitution* erzählte, fragte sie ihn, ob er möglicherweise eines Tages Hershey-Aktien kaufen würde. Seine Antwort: „Ich habe mein ganzes Leben lang ein Auto gefahren, aber ich habe nie Aktien von Autofirmen gekauft."

Dennoch erwähnt Buffett sehr oft die Eigenschaften von Hershey, wenn er über das Konzept der Verbrauchermarken spricht. Er erklärt, daß Verbrauchermarken oder Markennamen, wie man sie auch nennt, wie beispielsweise Coca Cola, Gillette oder Wrigley einen besonderen Wert darstellen. Ein wertvoller Markenname liege dann vor, sagt er, wenn die Menschen ein bestimmtes Produkt so sehr bevorzugen, daß sie dafür ein wenig mehr bezahlen, ja sogar aus einem Laden, in dem sie gerade sind, hinausgehen und über die Straße in einen anderen gehen, um dort das bessere Produkt zu kaufen, das mit dem Markennamen. Wenn man, auch wenn eine andere Tafel Schokolade 5 Cents billiger ist, dennoch die Marke Hershey kaufen würde.

In Washington besuchte Buffett die Alice Deal Junior High School, wo seine Leistungen eher schwach waren. Sie verbesserten sich erst, als sein Vater drohte, ihm das Zeitungsaustragen zu verbieten. (Immer noch 13 Jahre alt, zahlte Buffett schon Steuern für ein Einkommen von 1.000 $, das er mit Zeitungaustragen verdiente.)

Buffett war immer noch ein wenig rebellisch, suchte nach seinem Platz in der Welt und traf wiederum auf seine große Leidenschaft - die Wirtschaft. Er begann eine Reihe von Jobs, einschließlich verlorene Golfbälle in einem Country Club in Washington einzusammeln, aber sein Hauptziel war es, ein fleißiger Zeitungsjunge zu sein.

Robert Dorr vom *Omaha World-Herald* erzählte, daß Buffett zu einem Zeitpunkt 500 Zeitungen auf fünf verschiedenen Touren auslieferte, hauptsächlich in große Wohnblocks.

Buffett kombinierte zwei *Washington-Post*-Routen in Spring Valley mit zwei *Times-Herald*-Routen und fügte seinen Routen später die Westchester-Appartments hinzu. „Er überlegte, wie er die Zeit, in der er die Bezugsgebühren von seinen Kunden einsammelte, besser nutzen könnte. Dabei entwickelte er ein sehr wirksames Modell, um Zeitschriftenabonnements zu verkaufen. Er zog die Etiketten ab, auf denen das Datum stand, zu dem das Abonnement auslief, notierte diese und bat die Kunden zur richtigen Zeit um eine Erneuerung des Abonnements", schrieb Dorr in einem Beitrag am 29. Mai 1966.

Eugene Meyer legte später die *Post* und den *Times-Herald* zu einer großen und sehr erfolgreichen Zeitung zusammen. Buffett sollte später in die *Post* investieren, ein äußerst erfolgreicher Schachzug, der ihn in die Spitzenränge der Investoren brachte.

Buffett blieb immer vom Aktienmarkt fasziniert, erinnert sich Mrs. Bryant: „Ich hatte niemals irgendeinen Zweifel. Ich konnte zwar nicht ahnen, daß er es so weit bringen würde, aber schon damals merkte jeder, daß er sich mit Aktien auskannte."

Auch als Buffett seine Partnership in seinem Schlafzimmer gründete, regte das seine Familie nicht besonders auf. „Wir gingen davon aus, daß er wußte, was er tat", sagt Mrs. Bryant.

Wie Carol Loomis, seit 1954 Journalistin bei *Fortune*, mit der er lange Zeit befreundet war, schrieb, kannte Buffett schon als Jugendlicher ein Buch mit dem Titel *Tausend Wege, um 1.000 $ zu verdienen* buchstäblich auswendig. Insbesondere träumte er von Maschinen, die Pennies wiegen konnten. Er stellte sich vor, wie er mit einer einzigen Maschine starten würde, um seine Gewinne in Tausende von weiteren Penny-Waagen anzulegen.

Die Verbindung mit Carol Loomis begann Mitte der 60er Jahre, als John, der Ehemann von Carol Loomis, Vermögensverwalter an der Wall Street bei der First Manhattan Corporation in New York, nach Omaha kam, um mit Buffett über Geschäfte zu sprechen. Nach Hause zurückgekehrt, sagte er seiner Frau: „Ich glaube, ich habe heute den klügsten Mann des ganzen Landes kennengelernt."

Buffett übte sich pausenlos im Kopfrechnen. In der Kirche berechnete er die Lebensdauer der Komponisten von Kirchenliedern, um herauszufinden, ob deren religiöse Berufung sie mit einer besonderen Langlebigkeit belohnt hatte. Er fand heraus, daß das nicht der Fall war. Vielleicht war das der Grund, daß Buffett keiner Religionsgemeinschaft angehört.

In Washington besuchte Buffett die Woodrow Wilson High School, wo er bekannt dafür war, daß er immer Trunschuhe trug.

Buffett und sein Freund Don Danly begannen ein Geschäft mit Flipperautomaten, als sie einen defekten Flipper für 25 $ kauften und wieder instandsetzten. Sie stellten ihn bei einem Frisör an der sehr lebhaften Wisconsin Avenue auf.

Am ersten Abend gingen die jungen Unternehmer zurück und fanden 4 $ vor. Buffett sagte damals: „Ich hatte das Gefühl, als hätte ich das Rad erfunden." Als andere Frisöre auch nach diesen Automaten fragten, sagten die Jungs, sie würden ihren störrischen Chef fragen - Mr. Wilson (tatsächlich aber waren sie das selbst), und stellten weitere Flipper auf. Nach kurzer Zeit expandierte die Wilson Coin-Operated Machine Co. auf sieben Flipper und verdiente jede Woche 50 $. „Ich hatte nicht zu träumen gewagt, daß das Leben so schön sein könnte", sagte Buffett (The Midas Touch, John Train). Außerdem bekam er jeden Monat ungefähr 175 $ für sein Zeitungsaustragen (Supermoney, Adam Smith).

Buffett war zwar noch an der High School, war 1945 jedoch schon in der Lage, genügend Geld zu sparen, um für 1.200 $ eine Ranch mit 40 Morgen Land im Nordwesten von Nebraska zu kaufen. Sein Vater hatte die Farm vor Jahren gekauft. Buffett bezahlte seinem Vater in bar.

Die außerordentliche Kraft - eine Spezialität von Nebraska - war unterwegs. Buffett wurde so außerordentlich, daß man ihn ein „Fünf-Sigma-Ereignis" nannte, eine statistische Abweichung, die so selten vorkommt, daß sie praktisch niemals vorkommt (*Fortune*, Carol Loomis am 11. April 1988).

(Seth Poppel Yearbook Archives)

Buffett in seinem Abschlußjahr an der Woodrow Wilson High School.

Einmal schrieb ich Buffett, daß meine Mutter, Frances Kilpatrick, an der Woodrow Wilson High School, der Schule, die er besuchte, unterrichtet hatte. Buffett antwortete:

„... Ich ging in den Jahren 1945 bis 1947 zur Woodrow Wilson. Ich kann mich an eine Mrs. Kilpatrick nicht erinnern, deshalb muß sie zu dieser Zeit einen der schwierigeren Kurse unterrichtet haben. Meine High-School-Karriere war nicht besonders glänzend - ich hatte mehr Interesse an den Flipperautomaten als am Klassenraum. Viele Grüße, Warren E. Buffett."

(Tatsächlich hat meine Mutter an der Woodrow Wilson unterrichtet, nachdem er die Schule verlassen hatte.)

In der Schule war Buffett weder besonders cool, noch ein Mauerblümchen, sondern ein Einzelgänger. „Ich war nicht der Beliebteste in der Klasse, aber ich war sicher auch nicht der Unbeliebteste. Ich war eben fast nichts" (*Regardie's*, Februar 1986).

In seiner High School Zeit lief er Carolyn Falk aus Omaha nach, aber das tat auch Walter Scott, heute der Chef des Konglomerats Peter Kiewit Sons, der sie auch heiratete. „Leider hat der beste Mann gewonnen", kommentierte Buffett (*Forbes*, am 24. Oktober 1994).

Auch wenn Buffett sich an der High School immer noch zu etablieren versuchte, war er schon jemand in der Geschäftswelt. Als Buffett im Alter von 16 Jahren die High School abschloß, war er gerade in einer Phase, in der er Aktien-Charts zeichnete, und hatte die außerordentliche Summe von ungefähr 6.000 $ angespart, hauptsächlich von seinem Verdienst aus Zeitungenaustragen.

Obwohl er es hätte tun können, zahlte er nicht selbst fürs College. Seine Eltern bezahlten die Rechnung und ließen Buffett das Geld, um es anzulegen. Am Ende des Jahres 1950 verfügte er über 9.800 $. Auf Drängen seines Vaters - und es bedurfte großer Überzeugungskraft, damit Buffett ins College ging, statt mit seinen geschäftlichen Unternehmungen weiterzumachen - besuchte er die Wharton School of Business an der University of Pennsylvania. Dort war er Vorsitzender des Young Republicans Club und fand Zeit, um Vereinbarungen zu treffen, einen Elefanten zu mieten, um ihn in einer republikanischen Siegesparade zu reiten. Allerdings gewann Truman gegen Dewey, und die Pläne wurden rückgängig gemacht. An der University of Pennsylvania erlernte Buffett das Bridgespiel (*Forbes*, 2. Juni 1997). Er war von 1947 bis 1949 an der University of Pennsylvania und ging dann an die University of Nebraska - ans Lincoln College of Business Administration, wo er 1950 mit dem Bachelor of Science abschloß. Er eilte durch die beiden Schulen und erwarb seinen Titel in nur drei Jahren. Auch als er an seiner Abschlußarbeit arbeitete, Bridge spielte und in seinen Kursen Bestnoten schrieb, fand Buffett immer noch Zeit für Aktivitäten, die ihm Geld einbrachten. Einmal schickte er ein Dutzend Vorschläge ein, um bei einem Burma-Shave-Jingle-Wettbewerb 100 $ zu gewinnen. Sein bester Vorschlag: „If missin'on kissin' - Hey listen, try thissen - Burma-Shave" (*Buffett: The Making of an American Capitalist*, Roger Lowenstein).

„Ich hatte das Gefühl, daß ich nicht besonders viel lernte", sagte er über seine Erfahrungen an der University of Pennsylvania.

Während seiner Collegezeit, an der University of Pennsylvania und später an der University of Nebraska, wo er der regionale Vertriebsmanager für das *Lincoln Journal* war, fand er Zeit, für J.C. Penney zu arbeiten. Während er noch an der University of Pennsylvania studierte, arbeitete er einen Sommer und während der Weihnachtsferien lang bei Penney in Omaha. Er verdiente 75 Cents pro Stunde und witzelte: „Ich wurde zu einem Spezialisten für das Gesetz der Minimallöhne." Der Vorteil jedoch war, daß Buffett aus erster Hand erfuhr, wie das Geschäft ablief.

Im Sommer 1950, nachdem er im Alter von 19 Jahren an der University of Nebraska seinen Abschluß gemacht hatte, bewarb sich Buffet an der Harvard Business School. Er nahm den Zug nach Chicago, wo ein ehemaliger Student von Harvard ihn interviewte. Jahre später erzählte Buffett Carol Loomis, daß alles, was der Repräsentant von Harvard gesehen hatte, ein dünner Neunzehnjähriger war, der aussah wie 16 und der das Auftreten eines Zwölfjährigen hatte."

Als das Bewerbungsgespräch vorbei war, waren es auch die Aussichten Buffetts, nach Harvard zu kommen, und vorbei war es auch mit der Unfehlbarkeit der Harvard-Zulassungskommission.

„Das Interview in Chicago dauerte ungefähr zehn Minuten, und danach warfen sie mich ins Wasser zurück", sagte Buffett.

Die Zurückweisung schmerzte, aber alles wendete sich zum Guten, weil er bald feststellte, daß der beste Wirtschaftsprofessor an der Columbia University lehrte. Buffett bewarb sich an der Columbia Business School, wurde sofort aufgenommen und legte im Juni 1951 seine Abschlußprüfung ab.

Als Student der letzten Semester an der University of Nebraska hatte Buffett im Jahr 1950 Benjamin Grahams kürzlich erschienenes Buch *The Intelligent Investor* gelesen, welches Value Investing empfahl - Unternehmen herauszufinden, die auf dem Aktienmarkt unterbewertet sind, also Unternehmen, deren intrinsische Werte deutlich höher sind als der Wert der Aktien des Unternehmens. Ein „Value Investor" versucht, Aktien für wesentlich weniger zu kaufen, als das Unternehmen in der wirklichen Geschäftswelt wert ist. Er möchte Aktien kaufen, die mit einem gehörigen Abschlag gegenüber dem „Transaktionswert" des Unternehmens angeboten werden.

Graham schlug auch vor, daß Investoren eine Aktie nur dann kaufen sollten, wenn sie mit weniger als zwei Dritteln ihres realen Werts notiert würde.

In dem Buch *The Intelligent Investor* ist einer von Buffetts Schlüsselsätzen enthalten: „Ein Investment ist dann besonders intelligent, wenn es sehr geschäftsmäßig ist." Das bedeutet, daß Investments nicht von Emotionen - Hoffnungen und Befürchtungen - und auch nicht von Launen beherrscht werden dürfen.

Graham wurde 1894 als Sohn einer jüdischen Familie in London geboren. Er wies die Investoren besonders auf den intrinsischen Wert eines Unternehmens hin - auf den Betrag, den ein vernünftiger Geschäftsmann bezahlen würde. Ein Investor sollte auch ein Sicherheitspolster berücksichtigen, mit dem er sicherstellt, daß das Unternehmen, das er kauft, bedeutend mehr wert ist als man auf dem Aktienmarkt dafür ausgibt. Nur der Kurs und der Wert zählen.

Buffett sollte der Welt bedeutendster Anwender des Value Investments werden. Für ihn war die Lektüre dieses Buches eine Erleuchtung. „Mir war zumute wie Paulus auf dem Weg nach Damaskus", sagte Buffett dem *Omaha World-Herald* Reporter Robert Dorr (24. März 1985). „Ich habe die erste Auflage dieses Buches Anfang 1950 gelesen, als ich gerade 19 Jahre alt war. Ich dachte damals, das sei bei weitem das beste Buch, das jemals über Geldanlage geschrieben wurde. Und das denke ich immer noch."

Grahams *Intelligent Investor* ist eine populäre Version der *Security Analysis*, der klassischen Studie, die von Graham und dem Columbia Professor David L. Dodd verfaßt wurde.

„Ich möchte nicht wie ein religiöser Fanatiker oder etwas ähnliches erscheinen, aber das hat mich richtig ergriffen", erzählte Buffett L.J. Davis (*New York Times Magazine* am 2. April 1990). Buffett hat dieses Buch immer als grundlegende Lektüre für jeden erolgreichen Investor empfohlen. Er sagte, das Kapitel 8 über das Verhalten von Investoren in einem sprunghaften und unberechenbaren Aktienmarkt und das Kapitel 20 über das „Sicherheitspolster", über den Kauf zu besonders günstigen Kursen, seien sicherlich die wichtigsten Ratschläge zur Geldanlage, die jemals schriftlich niedergelegt wurden - daß der wirkliche Investor die Vorteile der Aktienkurse nutzt, wenn sie in irgendeiner Richtung verrückt spielen, und zu einem guten Kurs, verglichen mit dem wirklichen Unternehmenswert, kauft.

In Kapitel 8 wird gesagt, daß, wenn man sich auf dem Aktienmarkt bewege, man sich vorstellen sollte, daß man es mit „Mr. Market" zu tun habe, daß man ihn aufmerksam beobachten sollte, weil er seinen Enthusiasmus und seine Ängste ungezügelt zeige: „Grundsätzlich haben Kursänderungen nur eine wirklich signifikante Bedeutung für den wahren Investor. Sie geben ihm die Möglichkeit, sehr überlegt zu kaufen, wenn die Kurse steil fallen, und überlegt zu verkaufen, wenn sie stark angestiegen sind. Wenn das nicht der Fall ist, dann sollte er den Aktienmarkt besser vergessen und auf seine Dividendenrendite und auf die operativen Gewinne seiner Unternehmen achten."

In Kapitel 20 schreibt Graham über eine günstige Differenz zwischen dem Kurs auf der einen und einem benannten oder geschätzten Wert auf der anderen Seite. Diese Differenz ist das Sicherheitspolster. Und deshalb hängt die Größe des Sicherheitspolsters von dem Kurs ab, zu dem man kauft. Buffett sagt, das Sicherheitspolster sei für ihn das Wichtigste, wenn es um Investitionen geht.

Buffett empfiehlt auch die frühen Bücher des Investmentgurus Philip Fisher und auch das Buch *The Money Masters* von John Train.

Buffetts Prüfungen zählen zu den besten, die je an der Columbia Business School abgelegt wurden, wo er das Masters-Examen für Wirtschaft im Juni 1951 ablegte.

Es wird erzählt, daß Graham zu der Zeit, als er Buffett unterrichtete, glaubte, Buffett würde einmal die größte Finanzkapazität seiner Zeit. Jim Rogers, der an der University of Columbia Finanzwissenschaften lehrt und John Burton, der frühere Dekan der Columbia Business School, berichten, daß Buffett bei Graham ein A+ schaffte. Weiterhin wird gesagt, daß Buffett das einzige A+ schrieb, das Benjamin Graham je vergab, aber dieser Fakt ist nicht dokumentiert.

Rogers, der in Demopolis in Alabama geboren wurde und in Yale und Oxford studierte, ging in den 70er Jahren an die Wall Street und tat sich mit dem bekannten Investor George Soros zusammen. Ihr Quantum-Fonds, der oft auf fallende Aktienkurse setzte, hatte eine so großartige Performance, daß Rogers es sich erlauben konnte, sich im Alter von 37 Jahren mit 14 Mio. $ zur Ruhe zu setzen.

Rogers hat immer noch den Brief vom 5. März 1987, den Buffett an John Burton, den Dekan der Columbia University Graduate School of Business schrieb: „Ich bedanke mich für die Einladung zum Jahresdinner, aber leider muß ich absagen. Ich unternehme regelmäßig im Mai eine längere Reise nach New York - und auch dort gehe ich nicht gerne zu formellen Dinners, da ich glaube, daß ich sehr viel mehr davon habe, wenn ich mit einigen Freunden zu Mittag oder zu Abend esse. Tatsächlich kann ich mich nicht an das letzte formelle Dinner erinnern, an dem ich teilgenommen habe. Den Jahresbericht der Columbia Business School habe ich mit Vergnügen gelesen. Nach allem, was ich höre, ist Jim Rogers weiterhin als der beste Lehrer der Finanzwissenschaften in unserem Land zu betrachten."

Dean Burton sagte: „Buffett war in Mathematik äußerst begabt, aber seine Fähigkeit, ökonomischen Wert zu erkennen, ist genial."

Graham selbst war an der University of Columbia als Student eingeschrieben und legte seine Prüfung im Jahr 1914 als zweitbester ab. Graham war die Art von Genie, die eine große Bandbreite intellektueller Disziplinen beherrscht, und Buffett war sein bester Student.

Berkshires Vizepräsident Charles Munger, der Graham auch kannte, sagte: „Warren hatte einen Professor und Mentor - Graham -, für den er sehr viel übrig hatte. Graham war so wissenschaftlich orientiert, daß ihm nach seiner Abschlußprüfung drei Fakultäten anboten, in ihr Doktorandenprogramm einzutreten und ihn baten, sofort auch darin zu unterrichten. Diese drei Fakultäten waren Literatur, griechische, lateinische und klassische Literatur und Mathematik" (*Outstanding Investor Digest*, 19. Dezember 1997).

(Photo by Laverne Ramsey)

Buffetts Freund Bill Christensen.

Bill Ruane, ein Absolvent der Harvard Business School, der sich für die Vorlesungen von Ben Graham und David Dodd an der Columbia University interessierte, schrieb sich bei einem von Grahams Kursen ein und wurde so 1951 ein Klassenkamerad von Buffett. Heute steht Ruane der Ruane, Cunniff & Co.-Anlageberatungsunternehmen vor, betreibt den Sequoiafund (der auch große Investments in Berkshire-, Freddie-Mac- und Wells-Fargo-Aktien hält), ist auch Aufsichtsrat der Washington Post Co. und war Direktor von GEICO, bis Berkshire den Rest von GEICO gekauft hatte, den es noch nicht besaß.

Ruane, der ulkte, daß der einzige Unterschied zwischen ihm und Buffett Milliarden von Dollars und 100 Punkte im IQ wären, erzählte, daß es zwischen Graham und Buffett eine sehr enge Verbindung gegeben habe und der Rest der Klasse lediglich Zuhörer gewesen seien. „Damals flogen die Funken", erinnert sich Ruane. „Man konnte damals schon bemerken, daß er (Buffett) ein sehr außergewöhnlicher Mensch war." Damals in den 60er Jahren war Ruane Buffetts Aktienbroker.

An der University of Columbia traf Buffett einen Freund aus Nebraska, Bill Christensen, und entdeckte, daß sich beide mit demselben Mädchen trafen. Buffett sagte Christensen, er würde das Feld verlassen.

Christensen, heute emeritierter Geschichtsprofessor, der am Midland College in Fremont in Nebraska gelehrt hatte, lachte: „Dieses Mädchen sagte mir, daß Buffett eines Tages Millionär werden würde." Christensen erzählt, daß diese Frau irgend jemand anderen geheiratet habe, nunmehr in Colorado lebte und er sie jahrelang damit gehänselt habe, daß sie Buffett nicht geheiratet habe. Nachdem er die University of Columbia verlassen hatte, bot Buffett an, kostenlos für Grahams Investmentgesellschaft Graham-Newman & Co. zu arbeiten, aber Ben, so lacht Buffett, stellte seine übliche Vergleichsrechnung von Preis zu Wert an und sagte nein.

Von Graham zurückgewiesen und im Alter von 20 Jahren mit einem Masters Degree der Columbia University ausgestattet, ging Buffett nach Omaha zurück, um in der Brokerfirma seines Vaters als Investmentverkäufer zu arbeiten. Das tat er von 1951 bis 1954.

Weil er das Gefühl hatte, daß seine Fähigkeit, vor Publikum zu sprechen, zu wünschen übrigließ, nahm er im Alter von 21 Jahren Kurse von Dale Carnegie.

In dieser Zeit unterrichtete er auch in einem Kurs über Kapitalanlagen in einem Erwachsenenbildungsprogramm der University of Omaha. Einmal kam er zu seiner Vorlesung und fand nur vier Studenten vor. Er entließ die Klasse und sagte, es täte ihm leid, aber es gäbe offensichtlich zu wenig Interesse an seinem Kurs. Schließlich wurde sein Kurs vom Programm gestrichen. Robert Dorr vom *Omaha World-Herald* schrieb, daß sich ein Student aus diesem Kurs erinnerte, daß Teilnehmer, deren durchschnittliches Alter bei 40 Jahren lag, leise kicherten, als sie den jungen Buffett sahen. Buffett erzählte: „Ich war damals noch dünner und ich sah aus, als könnte ich bei einem Basketballspiel mit Studentenrabatt Einlaß finden."

In dem Augenblick, in dem Buffett zu sprechen begann, hörte das Kichern auf. „Nach zwei Minuten hatte er die Klasse ganz in seiner Hand", erzählte der frühere Student.

Wie immer, investierte Buffett auch damals, aber nicht jedes Vorhaben verlief so, wie er es sich vorstellte.

„Ich glaube, meine schlechteste Entscheidung war, daß ich mich an einer Tankstelle beteiligte, als ich 20 oder 21 Jahre alt war. Ich verlor 20 % meines Vermögens. Von heute aus gerechnet, kostete mich diese Tankstelle ungefähr 800 Mio. $. Es ist sehr tröstlich für mich, wenn Berkshire an Wert verliert, denn dann werden auch die Kosten dieses Tankstellenfehlers geringer", sagte er bei der Berkshire-Jahreshauptversammlung im Jahr 1992.

In jener Zeit verschlang er Bücher über Finanzwissenschaft. Während er für die Brokerfirma seines Vaters arbeitete, ging er nach Lincoln, der Hauptstadt von Nebraska, und las Statistiken über die Vergangenheit von Versicherungsunternehmen. Am 18. Oktober 1993 sagte er der Zeitschrift *Forbes*: „Ich las Seite für Seite. Ich las keine Berichte von Brokern oder dergleichen. Ich betrachtete nur die reinen Zahlen. Ich fand das alles sehr spannend. Ich fand heraus, daß Kansas City Life zu drei Jahresgewinnen und Western Securities zu nur einem Jahresgewinn gehandelt wurde. Ich hatte niemals genügend Geld und wollte auch kein Geld leihen, und so habe ich etwas zu früh verkauft, um etwas anderes zu kaufen. Ich war damals überstimuliert und nun bin ich unterstimuliert. Ich kaufte Aktien einer Anthrazitgesellschaft. Ich kaufte Aktien einer Windmühlengesellschaft. Ich kaufte Aktien einer Straßenbahngesellschaft oder von mehr als nur einer."

Buffett kaufte billig und fand heraus, daß die Aktien aus gutem Grund sehr billig waren. Heute vergleicht er seine damaligen Bemühungen, Aktien statistisch günstig zu kaufen, mit Zigarrenstumpen. „Wenn man Zigarrenstumpen kauft, dann muß man sie loswerden. Es sind nicht mehr viele Züge darin", sagte Buffett in einem Vortrag vor Studenten der Wirtschaftswissenschaften an der Columbia University am 27. Oktober 1993, wie in der *Omaha World-Herald* vom 2. Januar 1994 berichtet wird. Im gleichen Vortrag fügte Buffett hinzu: „Als ich Columbia verließ, ging ich zuerst in eine Fünf-Mann-Brokerfirma, die in Omaha arbeitete (Buffett-Falk & Co., die sein Vater gegründet hatte). Diese Firma hatte Moody's Industriehandbuch, das Handbuch der Banken und Finanzen und das Handbuch der öffentlichen Einrichtungen abonniert. Diese Handbücher las ich Seite für Seite.

Ich fand eine kleine Gesellschaft, die Genesee Valley Gas, in der Nähe von Rochester. Sie hatte 22.000 Aktien ausgegeben. Es war eine öffentliche Einrichtung, die ungefähr 5 $ je Aktie Gewinn machte, und das Schöne daran war, daß man diese Aktie für 5 $ je Aktie kaufen konnte.

Ich fand die Western Insurance in Fort Scott in Kansas. Die Kurse in Moody's Finanzhandbuch wurden mit 12 bis 20 $ angegeben. Die Gewinne mit 16 $ je Aktie. Ich gab in der Zeitung von Fort Scott eine Anzeige auf, um diese Aktien zu kaufen.

Ich fand die Union Street Railway in New Bedford, ein Busunternehmen. Zu dieser Zeit wurden die Aktien mit ungefähr 45 $ gehandelt, und wie ich mich erinnere, hatte diese Gesellschaft 120 $ je Aktie in bar und keine Schulden.

Niemand wird Ihnen von der Union Street Railway Co. oder der Genesee Valley Gas etwas sagen. Manchmal kauft das Management die Aktien selbst. Man kann damit kein großes Geld verdienen, aber es geht hier mehr um das Prinzip. Man findet etwas, das einen geradezu anbrüllt."

Damals bewegte sich Buffett auf Freiersfüßen. Am 19. April 1952 heiratete er Susan Thompson aus Omaha, eine zierliche Brünette mit einem gewinnenden Lächeln und viel Charme, die beliebte Tochter von Dr. William Thompson. „Wir nannten ihn immer Wild Bill, erzählt Buffetts Sohn Howard. Thompson war Professor der Psychologie und Dekan an der School of Arts and Sciences an der University of Omaha, die später ein Teil der University of Nebraska wurde. Susan Thompson ging zur Northwestern University, wo sie mit Buffetts Schwester Bertie zusammen ein Zimmer bewohnte.

Beide Großeltern mütterlicherseits von Mrs. Buffett waren taub. Ihr Großvater schrieb eines der beiden Wörterbücher der Zeichensprache. Die Honorare für das Wörterbuch gehen an die Gallaudet University in Washington, D.C. Ihr Onkel war Direktor der California School for the Deaf, die Warren und Susie Buffett auf ihrer Hochzeitsreise vor 45 Jahren besuchten. Zuweilen benutzten Susie Buffett und ihre Schwester die Zeichensprache, um sich auf Parties miteinander zu verständigen. Obwohl Mrs. Buffett die Zeichensprache nicht fließend beherrscht, ist sie gut genug, um verstanden zu werden.

Während ihrer ersten Ehejahre von 1951 bis 1952 lebten Buffett und seine Frau in einem etwas heruntergekommenen gemieteten Apartment, dann zogen sie in eine Maisonettewohnung um, in der sie bis 1954 wohnten, als sie nach New York zogen. Im Jahr 1956 gingen sie zurück nach Omaha und mieteten ein Haus in der Underwood Avenue. Einige der frühen Briefe von Buffett Partnership wurden von dieser Adresse aus geschrieben. 1958 zogen sie in das Haus, in dem Buffett heute noch lebt.

„Als ich heiratete, hatten wir 10.000 $ und zwei Möglichkeiten. Ich sagte Susie, wir könnten entweder jetzt ein Haus kaufen oder ich würde versuchen, weiter Geld zu verdienen und hoffte, daß es schnell mehr werden würde. Und so warteten wir vier Jahre. Ich kaufte das Haus, als der Preis dafür 10 % meines Vermögens ausmachte", erzählte Buffett bei der Jahreshauptversammlung von Berkshire im Jahr 1998.

Das soll aber nicht heißen, daß die Buffetts heute nicht über einige Annehmlichkeiten verfügen. Nach einem Schneesturm im Jahr 1997 hatten viele Häuser in der Nähe von Buffett Tage lang keine Elektrizität. Aber hatten die Buffetts auch keine Elektrizität? Doch.

In der Mitte der 70er Jahre, als die Kinder schon groß waren, verfolgte Mrs. Buffett, die sich schon immer für Musik interessierte, ernsthaft ihre Leidenschaft, sie sang Blues und Jazz. Musik spielte in Buffetts Leben für lange Zeit nur eine untergeordnete Rolle. Im Alter von elf Jahren sang er zusammen mit seinen Schwestern als Teil einer Radiokampagne für den ersten erfolgreichen Wahlkampf seines Vaters für die Wahl in den Kongreß. Das Lied wurde im Wohnzimmer des Hauses der Buffetts an der Ecke der 53. Straße und der Lake Straße aufgenommen.

Musik mag auch geholfen haben, daß Buffett die Hand seiner Frau gewann. In seiner Collegezeit errang Buffett Susies Aufmerksamkeit, als er mit ihrem Vater, einem Mandolinenspieler, zusammen spielte. Buffett spielte Ukulele.

„Es wurde deutlich, daß ich nicht ihre Nummer eins war. Aber er (Susans Vater) war sehr für mich. Es stand zwei gegen einen", wird Buffett in der Story von Armstrong zitiert. „Das stimmt. Mein Vater umwarb sie über ihren Vater", erzählt Howard Buffett.

Warren und Susan Buffett, die ungefähr eine Meile voneinander entfernt aufwuchsen, haben drei Kinder. Nachdem die Kinder erwachsen waren, gingen Buffett und seine Frau ihre eigenen Wege und leben seit 1977 getrennt. Mrs. Buffett zog nach San Francisco und lebt immer noch dort. Sie und ihr Ehemann sind einander immer noch eng verbunden. Im Jahr 1991 wurde sie in den Aufsichtsrat von Berkshire berufen und ersetzte Ken Chace aus Maine, der in den Ruhestand ging.

Astrid Menks, eine sehr lebhafte Frau und vormals Kellnerin in dem Cafe, in dem Buffetts Frau sang, lebt seit 1978 mit Buffett zusammen, einem Jahr nachdem Mrs. Buffett nach San Francisco ging. Buffett und Astrid Menks leben im üblichen Sinn von Zusammenleben miteinander. „Astrid war nicht hier, bis meine Mutter nach San Francisco ging", sagt Mrs. Buffetts Tochter Susan Buffett.

(Photo courtesy of John Gass)

In diesem Haus verbrachte Mrs. Susan Buffett ihre Kindheit.

Buffett und seine Frau sehen sich ungefähr einmal im Monat und zu Weihnachten mit der ganzen Familie in Laguna Beach. Mit ihm zusammen unternimmt sie viele Reisen, die nichts mit Geschäften zu tun haben.

„Mein Vater war so sehr mit seiner Arbeit beschäftigt, die ihm auch soviel Spaß macht. Meine Mutter hatte ein ganz anderes Leben... Wir haben großartige Eltern. Sie gehen sehr liebevoll miteinander um. Sie haben immer noch sehr starke Beziehungen zueinander. Als die Kinder groß waren, wollte meine Mutter nicht mehr zu Hause sitzen", sagte Buffetts Tochter. Buffetts Frau war sehr an ihrer musikalischen Karriere und an Reisen interessiert.

(Photo by LaVerne Ramsey)

Das ist Buffetts Haus in Omaha, das er 1958 für 31.500 $ erwarb. Er ist nie umgezogen, aber er hat das Haus umgebaut und Wohnräume hinzugefügt, auch einen Platz für Racquetball. Im Haus befinden sich große Fernseher, überall Bücherregale und in der Nähe der Garagenauffahrt Stapel von Coca-Cola.

Buffett, seine Frau und Mrs. Menks kamen am Tag vor der Jahreshauptversammlung 1990 zusammen zu einer Party, die für die Aktionäre bei Borsheim's gegeben wurde, dem Juwelierladen, den Berkshire besitzt. Wie üblich waren sie alle sehr herzlich zueinander und besuchten jedes Jahr zusammen die Jahreshauptversammlungen.

Astrid Menks und Buffett stehen einander sehr nahe. Buffett schenkte ihr Juwelen als Erinnerung, einschließlich eines Goldobjektes in Form einer Berkshire-Aktie und andere Geschenke. Einige kaufte er bei Borsheim's. Astrid Menks war viele Jahre Berkshire-Aktionärin.

Buffett sagte, dieses Arrangement mit seiner Frau und Astrid Menks sei ungewöhnlich. „Aber wenn man alle sehr gut kennen würde, dann würde man es sehr gut verstehen können" (*Regardie's* im Februar 1986).

Schließlich bekam Buffett im Jahr 1954 bei Benjamin Graham in der Firma Graham-Newman an der Wall Street einen Job.

„Zwischen 1951 und 1954, als ich Ben Graham wegen eines Jobs bekniete (er wies mich ab, als ich aus der Schule kam, obwohl ich ihm anbot, kostenlos für ihn zu arbeiten), erwähnte er mich gegenüber Bill Rosenwald (dem Sohn von Julius Rosenwald, der Sears Roebuck zu einem Kaufhaus entwickelte) mit dem Ergebnis, daß ich einen Brief erhielt, in dem ich gefragt wurde, ob ich für die Familie arbeiten würde. Ich konnte der Bitte keine Folge leisten, weil ich zu dieser Zeit wegen meiner Ver-

(Courtesy of Walter Schloss; photo taken in 1968 at Del Coronado in San Diego)

Ben Graham und seine Schüler - von links: Warren Buffett; Bob Brustein, ein inzwischen verstorbener Freund Grahams, Ben Graham, David „Sandy" Gottesman, Tom Knapp, Charles Munger, Jack Alexander, Henry Brandt, Walter Schloss, Marshall Weinberg, Ed Anderson, Buddy Fox und Bill Ruane.

pflichtungen in der Nationalgarde in Omaha bleiben mußte. Ich werde nie erfahren, ob Ben Bill Rosenwald einen Gefallen tun wollte oder ob er nur versuchte, mich von seiner eigenen Türschwelle wegzubekommen" (aus einem Brief, den Buffett am 24. Juli 1985 an Maria Anagnos schrieb; sie ist die Autorin von „Financial Theory and the Formation of an Investment Empire", einer Arbeit für einen MBA Titel an der New York University Graduate School of Business Administration im Jahr 1986).

Heute erhält Buffett viele Anfragen, bei ihm arbeiten zu dürfen, einige bieten sogar an, ihm ihr Gehalt zu bezahlen. Buffett sagt: „O.K., das ist schön. Ich werde Ihr Gehalt sogar verdoppeln" (aus der Arbeit von Maria Anagnos).

„Als Warren Buffett in den 50er Jahren bei Graham-Newman angestellt war, erstellte er eine detaillierte Studie über Arbitrageerträge von 1926 bis 1956 - über die gesamte Lebenszeit dieser Gesellschaft hinweg. Dabei entdeckte er, daß die Gewinne aus Arbitragegeschäften durchschnittlich 20 % im Jahr ausmachten. Buffett saugte die Tricks der Arbitragegeschäfte, wie sie bei Graham-Newman angewendet wurden, geradezu auf und hat sie seitdem immer genutzt und auch verbessert" (*Benjamin Graham on Value Investing*, Janet Lowe).

Buffett blieb zwei Jahre dort, bis Graham das Unternehmen im Jahr 1956 aufgab und sich zur Ruhe setzte. Während seines Aufenthalts in New York unterrichtete Buffett 1955 im Rahmen einer Erwachsenenweiterbildung über die Börse. Buffett und seine Frau, die gerade mit ihrem zweiten Kind schwanger war, mieteten ein Apartment in White Plains im Staat New York. Beide, Graham und sein Partner Jerome Newman, starben sehr wohlhabend. Benjamin Graham starb im Jahr 1976.

Die Firma Graham-Newman war sehr klein. „Sie arbeitete mit einem Kapital von 6 Mio. $", erzählte Buffett bei der Berkshire-Jahreshauptversammlung im Jahr 1992.

Außer Buffett waren Walter Schloss und Tom Knapp bei Graham-Newman angestellt, die beide später sehr bekannte Investoren wurden. Irving Kahn, der Chef von Kahn Brothers & Company, Inc. in New York, arbeitete 27 Jahre für Graham an der Columbia University und bei Graham-Newman. Er erinnert sich an den jungen Buffett als Grahams hochgelobten Schützling.

„Buffett war damals ziemlich der gleiche, der er heute ist, aber er war ein frecher, selbstbewußter junger Mann... Er hatte immer sehr viel zu tun. Er hat enorme Energie. Die Gespräche mit ihm waren äußerst anstrengend. Er war sehr ehrgeizig, wenn es darum ging, Geld zu verdienen", sagte Kahn, und fügte hinzu, daß Buffett außerordentlich schnell verstand, wie die Geschäfte funktionierten. Kahn erzählte, daß Buffetts Vater Benjamin Graham kannte und daß die beiden, geschädigt von der Depression, nach Wegen suchten, die alten Werte wiederherzustellen und Wege fanden, wie man die Preisstabilität sichern konnte.

„Warrens Vater war an der vordersten Front gegen die Depression in Omaha und für die Farmer empfand er großes Mitgefühl, weil das System zusammengebrochen war... Dieses Gefühl war in dieser Region sehr weit verbreitet. Er war aber auch im Versicherungsgeschäft. Nach der Depression traf er Ben Graham in Washington. Sie sprachen sehr viel darüber, wie man Preisstabilität bei Gütern erreichen und was für weniger entwickelte Länder getan werden könnte."

Außer einem Auge für Geschäfte und Value Investing hatte Graham auch ein Auge für schlanke Blondinen. Buffett erzählte 1988 in einem Interview für *Fortune´s Investor´s Guide*: Ben liebte die Frauen. Und die Frauen liebten ihn. Rein körperlich war er nicht besonders attraktiv - er sah ein wenig aus wie Edward G. Robinson, aber er hatte Stil."

In seiner Zeit bei Graham-Newman kam der jungverheiratete Buffett mit der Bahn von seinem Westchester County Apartment zur Arbeit.

„Es machte nicht besonders viel Spaß", erzählte er Linda Grant. „Die ganze Zeit kamen Leute zu mir und flüsterten mir irgendetwas über wunderbare Geschäfte ins Ohr. Ich war immer sehr interessiert. Ich war ein wunderbarer Kunde für die Brokerfirmen. Der Ärger war nur, daß es alle anderen auch waren."

Er entschied sich, sich auf die eigenen Füße zu stellen, niemals wieder einen Chef haben zu wollen. In dieser Zeit entdeckte Buffett, daß er und Graham etwas unterschiedliche Ansichten über den praktischen Teil der Geldanlage hatten.

„Ben war nicht so interessiert daran, ganz tief in die Analyse der Unternehmen einzusteigen wie ich es getan habe", erzählte Buffett Davis. Bei der Jahreshauptversammlung von Berkshire 1992 sagte Buffett, Graham - immer auf der Suche nach einfachen Wegen für die Sicherheit der Anleger - konzentrierte sich bei der Auswahl von Aktien insbesondere auf einen niedrigen Preis. Graham setzte beim Aktienkauf auf Benchmarks wie beispielsweise, daß die Aktie anteilig nicht mehr als zwei Drittel des Kapitals eines Unternehmens kosten sollte.

Buffett sah hinter die Maßstäbe der Preisgünstigkeit. „Ich arbeitete sehr hart, um Einsichten in die Unternehmen zu bekommen", erklärte er und fügte hinzu, daß er anfing, Aktien als Unternehmen zu betrachten, und, während er nach Werten suchte, wie es alle Anleger tun, auch das Wachstum als einen Wert erkannte.

Berkshire-Aktionär Michael Assael erzählt: „Das ist der klassische Fall für Buffett, der immer zwei für den Preis von einem bekommen wollte. Buffett lehrt uns, daß Wachstum immer eine Komponente ist, die wir bei der Berechnung des Werts einbeziehen müssen, und schuf damit eine Variable, deren Bedeutung von vernachlässigbar bis enorm reichen und deren Wirkung ebenso negativ wie positiv sein kann. Sehen Sie nur auf Coke!"

Buffett interessierte sich nicht nur für das strikte Value Investing, das insbesondere die Bilanz eines Unternehmens betrachtet, sondern interessierte sich auch für die fundamentalen Unternehmenskennziffern und die Wachstumsaussichten; auch die Marktposition bezog er in seine Überlegungen ein.

Im Alter von 25 Jahren kehrte Buffett nach Omaha zurück, wo er für den Rest seiner Tage 1.100 Meilen von der Wall Street entfernt leben möchte. Im Frühjahr 1956 mietete er ein Haus in der Underwood Avenue, nicht weit entfernt vom Lebensmittelladen der Buffetts.

1996, als er sich einer Kampagne für Nebraskas Wirtschaftsklima zur Verfügung stellte, sagte Buffet: „Ich habe mich entschieden, in Nebraska zu bleiben, weil sehr viel dafür spricht. Erstens ist das wirtschaftsfreundliche Klima in Nebraska für alle Arten von Unternehmen geeignet. Und natürlich gibt es hier auch alle Charakteristika, für die wir hier in Nebraska bekannt sind: saubere Luft, geringe Kriminalität, gute Schulen und eine Arbeitsmoral, die für die Leute im Mittleren Westen typisch ist" (*Omaha World-Herald*, am 1. August 1996).

1951, nach seiner Zeit an der Columbia University, erhielt Buffett nur wenig Ermutigung, ins Investmentgeschäft zu gehen. „Die beiden Menschen, vor denen ich am meisten Achtung hatte, waren mein Vater und Ben Graham, und beide sagten, es sei eine schlechte Zeit, jetzt einzusteigen", erzählte Buffett auf der Jahreshauptversammlung von Berkshire 1992.

Zu Hause in seinem Schlafzimmer mit der Arbeit zu beginnen, erforderte viel Mut. Nicht viele junge Leute würden es erwähnen, wenn sie ein Unternehmen in ihrem Schlafzimmer starteten.

„Ich traf ihn zum ersten Mal, als er nach seiner Arbeit für Benjamin Graham zurückkam", erinnert sich William O´Connor, der frühere Geschäftsführer von Mutual of Omaha. O´Connor lernte Buffett in Kreisen von Investmentclubs in Omaha kennen. „Ich lud ihn in unseren Investmentclub ein. Wie die meisten von uns, war er ungefähr im Alter von 24 Jahren, aber er war ganz anders als wir, wenn es um Geschäfte und Finanzen ging, außerordentlich gründlich. Er kam so gut an, daß wir ihn im nächsten Jahr wieder einluden, und jedes Mal spielte er mit uns ein wenig Poker und ließ uns kleine Gewinne. Ich glaube, es war gegen sein besseres Wissen, aber er wollte sehr oft die Karten aufgedeckt haben." O´Connor nahm an Buffetts zehnwöchigem Investmentkurs an der University of Omaha, heute University of Nebraska, teil. Während der Pausen tranken Buffett und die Teilnehmer Pepsi, und die Teilnehmer saugten Buffetts Hintergrundwissen im Anlagengeschäft regelrecht auf.

„Er gab nur selten konkreten Rat, aber er gab einem immer sehr viele Anregungen. Er entließ seine Teilnehmer gut ausgestattet mit den Prinzipien einer guten Zusammenstellung von Vermögenswerten", erzählte O´Connor.

O´Connor verkaufte Buffett im Dezember 1958 eine IBM-Schreibmaschine für die Buffett-Partnership. „Ich schloß sie bei ihm zu Hause an. Über die Jahre hinweg verkaufte ich ihm eine weitere Büroschreibmaschine und ein Diktiergerät. Den größten Nutzen hatte er wohl vom Diktiergerät, das ich seiner Frau Susie verkaufte, die es für ihre Korrespondenz mit 60 oder 70 benachteiligten Kindern benutzte, deren Ausbildung sie unterstützte."

Gegen Ende 1958 verkaufte O´Connor IBM-Aktien im Wert von ungefähr 16.000 $ und einige andere kleine Beteiligungen und investierte am 1. Januar 1959 18.600 $ in die Buffett Partnership. In den weiteren Jahren fügte er seinem Portefeuille Beteiligungen hinzu und verkaufte auch einige, weil er das Geld für seine Familie brauchte.

Seine Frau Jean stellte seine Fachkunde öfters in Frage, weil er so sehr auf Buffett baute, aber O´Connor sagte ihr, daß sie, wenn sie soviel über Buffett wüßte wie er, das verstehen könnte. O´Connors Glaube an Buffett zahlte sich aus, und er wurde zu einem von Buffetts vielen Millionären in Omaha. William und Jean O´Connor haben zehn Kinder. „Warren ist wirklich jemand, der sehr unkompliziert ist. Er ist ein supernetter Kerl, der die Dinge nicht kompliziert macht", sagte O´Connor. „Er ist eine wahrlich bemerkenswerte Person. Sein technisches Wissen und sein Humor sind einmalig. Es ist wirklich sehr unterhaltsam, wenn man es mit ihm zu tun hat... Er hat einen unstillbaren Durst nach Wissen. Er liest alle Quellen und hat ein fotografisches Gedächtnis, das es ihm ermöglicht, sich an viele Dinge zu erinnern und sie ordnungsgemäß und logisch zu rekonstruieren ... Er spielt ein wenig Tennis und Golf, aber ich glaube, er liest lieber - und spielt lieber Bridge - als irgendetwas anderes."

Über die Jahre hinweg hat sich Buffett wenig geändert. Er liest. Er spielt Bridge. Aber vor allem, trotz einer weiten Bandbreite intellektueller Interessen, ist seine große Leidenschaft das Business.

Im Jahr 1956, im Alter von 25 Jahren, war er verheiratet und hatte zwei Kinder. Sein persönliches Vermögen lag bei 140.000 $. „Ich dachte damals, das sei genug, um sich zur Ruhe zu setzen... Ich hatte keinen grundlegenden Plan", erzählte Buffett der Reporterin L.J. Davis. Zuvor, in seinem ersten Jahr nach dem College, stieg der Nettowert von Buffetts Investments um 144 %, als er gerade mal 10.000 $ eingesetzt hatte. Er startete sehr schnell.

Damals kamen viele Familienmitglieder zu ihm, um sich Rat in Sachen Geldanlage zu holen. Das Ergebnis war, daß er 1956 die Buffett Partnership gründete und seinen Investoren sagte: „Ich arbeite damit so wie mit meinem eigenen Geld, und ich werde sowohl an den Verlusten, als auch an den Gewinnen partizipieren. Und ich werde euch nicht sagen, was ich tue."

Buffett managte die Partnership, während die anderen Partner keine Entscheidungen trafen. Er sammelte 105.100 $ von Freunden und Verwandten ein, um seine Partnership zu gründen. Außer, daß er durch die

Stadt ging und Geld, hauptsächlich von Ärzten, sammelte, verursachte Buffett damals nur wenige Kosten. Die Höhe der Miete stimmte. Buffett hielt immer seine Gewohnheit bei, die Nebenkosten sehr gering zu halten.

Er betrieb die Partnership von der Sonnenterrasse seines Hauses aus, die direkt vor seinem Schlafzimmer war. Wenn irgend jemand irgendwann einmal genau über seinem Geschäft gelebt hat - tatsächlich in seinem Geschäft -, dann war es Buffett zu der Zeit, als er seine unvergleichliche Karriere im Geldmanagement begann.

Der Mann, der einmal als Zauberer von Omaha bekannt werden würde, das Orakel von Omaha oder der Weise von Omaha, war auf seinem Weg. Eines Tages im Sommer 1956 kam Homer Dodge, ein Physikprofessor aus Vermont, der von dem Wunderkind gehört hatte, weil er ein Freund von Ben Graham war, nach einem Kanuausflug nach Omaha, besuchte Buffett und wurde sein erster Partner. Der Kanuausflug war nicht zufällig. Dodge war 1.500 Meilen allein in der Hoffnung gefahren, den 25-jährigen Buffett dazu zu überreden, die Ersparnisse seiner Familie zu managen (*Fortune*/1990 Investor´s Guide). Buffett erinnerte sich an diesen Fortune-Artikel: „Homer sagte mir, er würde es gerne sehen, wenn ich seine Geldsachen erledigte. Ich antwortete ihm, daß alles, was ich machte, eine Partnership mit meiner Familie sei. Da antwortete Homer: „Nun, dann würde ich gern ein Familienmitglied werden." Und so bildete ich eine Familie mit Homer, seiner Frau, seinen Kindern und seinen Enkeln."

Dodge investierte 100.000 $ für seine Familie in die Buffett Partnership, und als er im Jahr 1983 starb, hatte sich diese Summe auf 10 Mio. $ vervielfacht. Norton, der Sohn von Homer Dodge, sagte einmal: „Mein Vater sah sofort, daß Warren in der Finanzanalyse hervorragend war, aber es war mehr als das."

Der ältere Dodge sah einen einmalig begabten Handwerker, der es liebte, Geld anzulegen, und der alle Instrumente beherrschte. Derselbe Artikel in *Fortune* zitiert den Vizepräsidenten von Berkshire, Charles Munger: „Sein Gehirn ist ein äußerst rationaler Mechanismus. Und da er gern erzählt, kann man sehen, wie dieses Gehirn arbeitet."

In der ersten Hälfte der 60er Jahre schickte ein Mann namens Laurence Tisch, der später Vorsitzender bei Loews und CBS wurde, Buffett einen Scheck über 300.000 $ und eine Notiz, die besagte: „Nehmen Sie mich auf."

Tisch, als Investor nicht gerade eine Niete, beschrieb Buffett später als den größten Investor seiner Generation. Michael Assael fügte hinzu: „Das ist eine Untertreibung. Warum das so ist, werden wir in ungefähr zehn Jahren sehen." Damals unterschrieben einige Investoren bei Buffett, andere jedoch nicht. John Train schrieb *(The Money Masters)*: „Ich traf eine andere Entscheidung und hielt nach einer guten Möglichkeit Ausschau, mein Geld für einige Zeit zu parken, als ich Buffett traf. Zu dieser sehr frühen Zeit hatte er überhaupt kein Büro und betrieb sein Geschäft aus einem kleinen Wohnzimmer, das von seinem Schlafzimmer ausging - keine Sekretärin, keine Rechenmaschine. Als ich herausfand, daß er über seine Beteiligungen nichts sagen wollte, entschied ich mich, nicht bei ihm zu unterschreiben." Eines Tages besuchte Buffett seinen Nachbarn Donald Keough, damals Geschäftsführer bei Butter-Nut Coffee. Aufgrund einer Reihe von Unternehmenskäufen kam Keough zu Coca-Cola. Er wurde später Präsident der Coca-Cola Company und Mitglied im Aufsichtsrat der Washington Post Co. Jedenfalls lehnte der junge Keough Buffetts Angebot, bei ihm zu investieren, ab:

„Ich hatte fünf kleine Kinder und ging jeden Tag zur Arbeit", erinnerte sich Keough für ein Porträt von Buffett, das Bernice Kanner im *Magazin New York* am 22. April 1985 veröffentlichte: „Buffett hatte drei Kinder und blieb zu Hause. Er hatte dieses wunderbare Hobby, Modelleisenbahnen, und meine Kinder gingen immer hinüber, um damit zu spielen. Eines Tages kam Warren herüber und fragte, ob ich schon darüber nachgedacht habe, wie ich die Ausbildung meiner Kinder bezahlen wollte... Ich sagte ihm, ich hätte vor, sehr hart zu arbeiten und zu sehen, was passiere. Warren sagte, wenn ich ihm 5.000 $ gäbe, würde er mehr daraus machen. Meine Frau und ich diskutierten darüber, aber wir konnten uns nicht vorstellen, womit dieser Junge seinen Lebensunterhalt verdiente - wie konnten wir ihm 5.000 $ geben? Seitdem könnten wir uns regelmäßig gegenseitig treten, weil wir ihm die 5.000 $ nicht gegeben haben. Ich denke, wenn wir ihm damals das Geld gegeben hätten, könnten wir heute selbst ein College besitzen." Als Buffett 1961 31 Jahre alt wurde, war er Millionär. Nun, als Microsofts Bill Gates 31 Jahre alt war, war er Milliardär. Der Komiker Jay Leno sagte einmal über Gates: „Dieser Mann ist so erfolgreich, daß Ross Perot sein Chauffeur sein könnte."

„Damals hatte ich eine Menge besserer Ideen als heute", erzählte Buffett Adam Smith von *Money World*, dessen wirklicher Name George J.W. Goodman ist. Smith nahm dieses Pseudonym von dem schottischen Wirtschaftswissenschaftler aus dem 18. Jahrhundert, der die Grundregeln des Kapitalismus beschrieb.

Im Jahr 1965 erwarb Buffett mit seiner Buffett Partnership für ungefähr 14 Mio. $ einen Anteil an Berkshire Hathaway, einer Textilfabrik in New Bedford in Massachusetts, wodurch er dieses Unternehmen kontrollierte. Zu dieser Zeit litt Berkshire unter einem längeren Tief, und Buffett kaufte diesen wenig beeindruckenden Betrieb für fast nichts. Trotz harter Arbeit und eines neuen Managements zahlten sich die Geschäfte mit Textilien nicht aus.

Es sollte eines der wenigen Unternehmen sein, das es unter seiner Leitung zu nichts brachte, und im Jahr 1985, nach vielen Jahren an Bemühungen, es aufrechtzuerhalten, verkaufte er es als Schrott.

Im Jahr 1969 stellte Buffett fest, daß er keine wirklichen Werte mehr finden könnte - Unternehmen oder Teile von Unternehmen mit einem großen Abschlag auf den intrinsischen Unternehmenswert zu kaufen -, und er entschied, die höchst erfolgreiche Buffett Partnership aufzulösen. Buffett Partnership - nach 13 Jahren mit einem durchschnittlichen Wachstum von jeweils 30 % - war nunmehr 100 Mio. $ wert, und Buffetts Anteil entsprach ungefähr 20 Mio. $.

Buffett, damals 38 Jahre alt, schrieb an seine Partner: „Ich komme mit den augenblicklichen Bedingungen nicht zurecht. Wenn das Spiel nicht mehr so läuft, wie man es sich vorgestellt hat, dann ist es nur menschlich zu sagen, daß der derzeitig eingeschlagene Weg ganz falsch ist und zu Schwierigkeiten führt. Eines aber ist mir dennoch bewußt. Ich werde nicht einen Weg verlassen, dessen Logik ich verstehe (obwohl ich es schwierig finde, sich darauf einzulassen), auch wenn es bedeutet, auf große und offensichtlich einfache Gewinne zu verzichten, um sich auf einen neuen Weg zu begeben, den ich nicht voll verstehe, den ich noch nicht erfolgreich gegangen bin und der möglicherweise zu einem Totalverlust des Kapitals führen könnte."

Er verteilte die Anteile an der Partnership an seine Investoren und auch ihre Anteile an Berkshire.

John Train schrieb in seinem Buch *The Money Masters* ein Kapitel über Buffett. Über die Partnership schrieb er: „Er hatte nie ein Jahr, in dem er Verluste einstecken mußte, auch in den schwierigen Bärenmärkten von 1957, 1962, 1966 und 1969 nicht. Das zu erreichen, ist im modernen Geldmanagement einmalig."

Drei Jahre nachdem die Buffett Partnership aufgelöst wurde, erlebte die Börse eine ihrer schlimmsten Zeiten seit Jahrzehnten, den Zusammenbruch von 1973/74.

Raten Sie einmal, wer 1973 kaufte. Im Frühjahr und Sommer 1973 kaufte Buffett Aktien von Medien und Aktien von Werbeagenturen zu Tiefstpreisen, einschließlich Aktien der Washington Post Co. im Wert von 10,6 Mio. $.

9

Schach mit dem fünfjährigen Jonathan Brandt

Henry Brandt, Harvards bester Student im Jahr 1949 und langjähriger Vizepräsident bei Shearson Lehman Hutton, machte den Fehler, mehr als 1.500 Berkshire-Aktien für etliche Millionen Dollar billiger zu verkaufen, als sie es heute wert sind. „Ich bin darüber sehr verärgert", erzählte Brandt einmal der Zeitschrift *Fortune*. Seine Verärgerung war noch größer, als er entdeckte, daß der Käufer seiner Anteile, Rockford Bancorp, eine ehemalige Berkshire-Tochter war, die vor längerer Zeit schon abgestoßen worden war.

Brandt und Buffett waren schon seit ihrer Jugend Freunde, und ihre Familien blieben seitdem auch befreundet.

Brandt war ein unglaublicher Sammler von Informationen und verbrachte seine Zeit damit, seine Gedanken über Geldanlagen auf gelbe Notizzettel zu schreiben. Jeder kannte seine außerordentlichen Fähigkeiten, Fakten zusammenzustellen, und Buffett war keine Ausnahme. „Das tut er immer noch (er schreibt alles auf gelbe Notizzettel)", sagt seine Frau Roxanne.

Eine Zeit lang teilten sich die beiden Männer während der Woche ein Appartment und an den Wochenenden fuhren sie zu ihren Frauen zurück. „Und so hat Buffett also in meinem Bett geschlafen", lacht Roxanne Brandt.

Wenn sich die Familien im Haus der Brandts in Manhattan trafen, setzten sich die Männer nach dem Abendessen zusammen und hörten Buffett zu. „Schon damals war es", erinnert sich Roxanne Brandt, „wie bei Jesus und seinen Jüngern." Mrs. Brandt schrieb in das Tagebuch ihrer kleinen Tochter: „Die drei besten Köpfe dieses Zeitalters - Einstein, Schweitzer und Buffett."

Einmal spielte Buffett mit Jonathan, dem fünfjährigen Sohn der Brandts, Schach. „Buffett erzählte immer, er habe gegen Jonathan verloren. Die Wahrheit ist, daß er Jonathan immer nur knapp besiegte. Das brachte ihn ins Schwitzen." So Mrs. Brandt.

Jonathan, der später in Harvard und Stanford studierte, arbeitete schließlich für Buffetts langjährigen Freund Bill Ruane in dessen Firma Ruane, Cunniff. „Ich hatte immer das Gefühl, daß Buffett Jonathan beobachtete und dabei dachte, wie er später, wenn er erwachsen wäre, in sein Bild passen würde."

Nun, Jonathan lebt und es geht ihm bei Ruane, Cunniff sehr gut, wo er als Experte für Banken und Berkshire gilt.

10

„Für meinen Sohn Warren treffe ich keine weiteren Bestimmungen"

Der Kongreßabgeordnete Howard H. Buffett unterzeichnete seinen letzten Willen am 5. August 1963, ein Jahr bevor er starb. Nach seinem Tod betrug der Wert seines Vermögens 563.292,77 $, von denen 334.739 $ in der Buffett Partnership investiert waren.

Der ältere Buffett hinterließ seiner Familie sein ganzes Vermögen, nachdem 20.000 $ an das Methodistenkrankenhaus von Nebraska, 10.000 $ an das Immanuel Deaconess Institute und 5.000 $ an das Harding College in Searcy in Arkansas überwiesen waren. Den Rest seines Vermögens hinterließ er seiner geliebten Frau Leila. Er ernannte sie zur Testamentsvollstreckerin und seinen Sohn Warren zum Treuhänder. Howard Buffetts Anweisungen waren: „Nach meinem und dem Tod meiner Frau soll der Treuhänder das Erbe in so viele gleiche Teile aufteilen, wie es dann noch lebende Töchter und Abkömmlinge von verstorbenen Töchtern gibt." Warren Buffett sollte nichts erhalten

(Omaha World-Herald)

Congressman Howard Buffett

79

(Photo courtesy of Matt Seto)

Der noch sehr junge Stockpicker Matt Seto: „Mir gefällt, daß Buffett bei null angefangen hat."

außer einigen persönlichen Gegenständen. Der Kongreßabgeordnete Buffett erklärte, weshalb er seinem Sohn nichts vermachte: „Für meinen Sohn Warren treffe ich keine Bestimmungen, nicht weil ich ihn nicht liebe, sondern weil er selbst über ein ansehnliches Vermögen verfügt und er mich informierte, daß er dies nicht wolle und ich ihn nicht bedenken solle." Bei seinem Tod hatte der ältere Buffett Girokonten bei örtlichen Banken mit einem Stand von ungefähr 7.000 $, ungefähr 30.000 $ in Schatzbriefen, einen Buick, Baujahr 1961, im Wert von 1.800 $ und ein solides Aktien-Portfolio mit Beteiligungen wie beispielsweise 300 Aktien von De Beers Consolidated Mines, dem Diamantenunternehmen, 300 Dome Petroleum, 200 Handy and Harmon, 500 Kewanee Oil Co. und 100 Weyerhäuser - alles Positionen, die seine Befürchtungen bezüglich einer drohenden Inflation widergaben.

Er hatte auch einige Investments in der Landwirtschaft getätigt, so hielt er beispielsweise 185 Aktien der South Omaha Feed & Supply Co. und 208 der Government Employees Insurance Co. (GEICO), eine der Lieblingsaktien von Warren Buffett und ein Unternehmen, an dem Buffett eines Tages alle Anteile besitzen würde.

Entsprechend den Aufzeichnungen des Gerichts wurden die 208 GEICO-Aktien und einige andere Positionen von Mrs. Buffett nach dem Tod ihres Ehemanns verkauft, um anderweitig angelegt zu werden. Was der Kongreßabgeordnete Buffett an solidem Reichtum angespart hatte, führte Warren Buffett zu Ende. Aber nichts vom Vermögen Warren Buffetts stammte aus dem Erbe seines Vaters.

„Was ich an ihm am meisten mag, ist, daß er vom Nullpunkt aus startete", sagte der junge Aktienanalyst Matt Seto von Troy, Michigan, der später im Wall Street Journal portraitiert und sehr oft wegen der Cleverness interviewt wurde, mit der er den Matt Seto Fonds managte. „Viele der wohlhabenden Menschen, über die man liest, begannen auch wohlhabend. Buffett nicht", sagte Seto.

II

Buffett Partnership

Ein 100-Dollar-Investment und ein Hauptbuch für 49 Cents

Zurück in die Tage der Buffett Partnership, zurück in die fantastischen 50er Jahre. „Wollte man mit Buffett während seiner ersten Geschäftsjahre persönlich sprechen, dann brauchte man nur durch die Hintertür seines Hauses zu gehen, durch die Küche hindurch, durch das Wohnzimmer und die Treppe zu seinem Schlafzimmer hinauf", zitierte der *Omaha World-Herald* einen Partner am 5. Mai 1986 in einem Beitrag. „Wenn Sie sich von Show und Fassade leicht beeinflussen lassen, dann ist Warren nicht Ihr Mann."

Während der Zeit der Partnership - von 1956 bis 1969 - lagen die durchschnittlichen Gewinne bei 30 % vor Steuern. Aus 10.000 $ wurden 300.000 $.

Zu Beginn der Partnership war Buffett vier Jahre verheiratet und hatte zwei kleine Kinder. Er hatte gerade eine brillante akademische Karriere und einen zweijährigen Aufenthalt voller Entbehrungen an der Wall Street hinter sich. Aber Buffett, der sich auf den Pioniergeist und das Selbstbewußtsein der Landbevölkerung des Mittleren Westens berufen konnte, hielt sich von der Wall Street fern und operierte immer aus seinem geliebten Omaha heraus.

An einem Punkt in seiner Karriere, als Buffett vor dem Kongreß über den Salomon-Skandal aussagte, wurde er vom Abgeordneten Peter Hoagland aus Nebraska dem House Energy and Finance Subcommittee vorgestellt. Er sagte, es sei ihm ein Vergnügen, einen der berühmtesten und faszinierendsten Bürger seines Staates vorstellen zu dürfen.

Hoagland führt Buffetts Erfolg darauf zurück, daß er in Omaha aufgewachsen sei, auf eine Jugend, die ihm die alten Werte Integrität, Disziplin und Charakter vermittelt hätte.

Omaha ist eine Stadt, in der fast alles den wirtschaftlichen Aktivitäten untergeordnet ist. Omaha ist die Heimat von Unternehmen wie Mutual of Omaha, Union Pacific, ConAgra, Woodmen of the World Insurance, einer Campbell's Suppenfabrik, der Creighton University, einer großen medizintechnischen Industrie und dem naheliegenden Strategic-Air-Command-Hauptquartier.

Aus einer wohlhabenden Familie stammend und voll in die Kommune integriert, ausgestattet mit außerordentlichen geistigen Fähigkeiten und mitten in einem perfekten Nährboden des Kapitalismus, stand Buffett eines Morgens auf und gründete, ganz auf sich allein gestellt, die Buffett Partnership.

Die kleine Partnership (Kommanditgesellschaft), errichtet am 1. Mai 1956, als Buffett 25 Jahre alt war, hatte sieben Kommanditisten - vier Familienmitglieder und drei enge Freunde - die 105.000 $ aufbrachten, aber kein Stimmrecht hatten und auch kein Mitspracherecht darüber, wie die Partnership betrieben werden sollte. Für die Geschichtsbücher und entsprechend einem Kommanditistenzertifikat, das im Douglas County Courthouse in Omaha hinterlegt ist - das waren die Kommanditisten, die wirklichen Hauptgewinner von 1956:

Charles E. Peterson jr.	5.000 $	Freund, Omaha
Elizabeth B. Peterson	25.000 $	Mutter von Charles, Omaha
Doris B. Wood	5.000 $	Schwester
Truman S. Wood	5.000 $	Schwager
Daniel J. Monen jr.	5.000 $	Freund und Anwalt, Omaha
William H. Thompson	25.000 $	Schwiegervater
Alice R. Buffett	25.000 $	Tante

Der Komplementär Warren Buffett war mit dem Wohnsitz 5202 Underwood Avenue eingetragen, wo er ein Haus gemietet hatte. Er legte 100 $ hinzu, und so begann die Buffett Partnership mit genau 105.100 $. Buffetts erstes Investment für die Partnership (die 100 $ nicht eingeschlossen) war der Erwerb eines Hauptbuchs für die Buchhaltung, das er für 49 Cents bei Woolworth erwarb (aus der Arbeit von Maria Anagnos). Später sollte er mehr eigenes Geld in das erfolgreiche Unternehmen einbringen. Als Manager erhielt Buffett 25 % der Gewinne, die über die 6 % hinausgehen, die die Investoren jährlich auf Sparbücher überwiesen bekamen. Verluste wurden vorgetragen. „Die Idee für die Geschäftsform der Kommanditgesellschaft hatte ich, weil ich für Ben gearbeitet hatte. Ich wurde von dem Beispiel inspiriert. Ich veränderte bestimmte Dinge, aber ursprünglich stammt diese Idee nicht von mir. Das wurde niemals vermerkt", sagt Buffett.

Diese Abmachung machte Buffett in der Zeit der Partnership reich. 1956 wurden zwei weitere einzelne Familien-KGs gegründet. Am 1. Januar 1957 betrugen die gesamten Vermögenswerte 303.726 $. Um neues Geld aufzutreiben, rief Buffett Investoren an; manchmal begann er seine Akquisitionsgespräche mit der Höhe seiner Steuerzahlungen und fragte: „Möchten Sie nicht auch gern soviel Steuern zahlen?" In den Anfängen seiner Partnership ging Buffett einmal auf einen Geschäftsmann in Omaha zu und bat ihn um ein 10.000-$-Investment. Der Geschäftsmann sagte seiner Frau, er wolle es tun, aber seine Frau antwortete ihm, sie hätten keine 10.000 $. „Wir könnten sie borgen", schlug er vor. „Ganz bestimmt nicht", antwortete sie.

Heute bedauert der Sohn dieses Geschäftsmanns, daß seine Eltern dieses Investment nicht getätigt haben und deshalb keine Millionäre sind: „Seitdem haben wir uns die Finger kurzgearbeitet." Unter den ersten Gesellschaftern war auch Charles Heider, der heute unbeschränkt haftender Gesellschafter der Heider-Weitz Partnership in Omaha ist: „Ich sagte meiner Familie: Warren wird an sieben Tagen in der Woche darüber nachdenken, wie er unser Geld am besten anlegt."

Ein anderer Investor war Fred Stanback, der Buffett an der University of Columbia kennengelernt hatte und sehr von ihm beeindruckt war. Stanback ist bekannt dafür, daß er seine Anteile an Berkshire, Food Lion und anderen Aktiengesellschaften sehr lange hält.

Mit der Zeit schossen einige Gesellschafter weiteres Geld ein, und neue Partner kamen an Bord. Später gab es weitere Partnerships, Änderungen innerhalb der ursprünglichen Partnership und zum Ende des Jahres 1971 verband Buffett zehn seiner Partnerships und änderte den Namen von Buffett Associates in Buffett Partnership.

Im Jahr 1957 wies die Partnership einen Gewinn von 31.615,97 $ aus - ein Zuwachs von 10,4 %. Das scheint nichts Besonderes zu sein, aber im Vergleich zum Dow Jones Industrial Average, der in diesem Jahr 8,4 % verlor, war dies eine hervorragende Leistung. Hier sind die Ergebnisse des Dow und der Buffett Partnership ausgedrückt in Prozent, so wie sie in dem Buch *The Intelligent Investor* (4. überarbeitete Auflage, 1973) angegeben werden:

Jahr	Dow Jones Average	Buffett Partnership
1957	-8,4	10,4
1958	38,5	40,9
1959	20,0	25,9
1960	-6,2	22,8
1961	22,4	45,9

1962	-7,6	13,9
1963	20,6	38,7
1964	18,7	27,8
1965	14,2	47,2
1966	-15,6	20,4
1967	19,0	35,9
1968	7,7	58,8
1969	-11,6	6,8

Buffett besaß zu Beginn seiner Partnership im Jahr 1956 ein Vermögen von etwa 100.000 $ und verfügte 1959 über nunmehr etwa 400.000 $. (Buffetts Reinvermögen im Jahr 1982 betrug 250 Mio. $, als das Magazin *Forbes* ihn als einen der 400 wohlhabendsten Menschen in Amerika führte. Im Jahr 1984 war Buffett ungefähr 700 Mio. $ wert.)

Der Buffett Partnership gelang es immer, den Dow zu schlagen. Sie hatte nie ein Jahr mit Verlusten. Im Durchschnitt wuchs der Dow in den Jahren von 1957 bis 1962 um je 8,3 %, die Buffett Partnership jedoch wuchs jedes Jahr um durchschnittlich 26 %.

Der Nettowert der Beteiligungen der Buffett Partnership, die von Buffett eingesammelt wurden, während er immer noch unter seinem eigenen Dach residierte, waren auf 7.178.500 $ angewachsen! Im November 1962 begann die Buffett Partnership, die inzwischen in Windmühlen und Anthrazit investiert hatte, die Anteile einer Textilfabrik zu kaufen. Der Name: Berkshire Hathaway.

Buffett kaufte die ersten Aktien von Berkshire zu einem Kurs von 7,60 $ und kaufte auch weiterhin zwischen 7 und 8 $. Im Jahr 1965 gewann er die finanzielle Kontrolle über Berkshire und wurde Direktor.

Von Anfang an wußte Buffett, daß es seine Aufgabe war, das Barvermögen in kräftigen gleichmäßigen Schüben zu vermehren. 1963 schrieb Buffett seinen Gesellschaftern den folgenden Brief über die „Freuden des Geldvermehrens": „Ich weiß aus unzuverlässigen Quellen, daß die Reisekosten, die Isabella für Columbus übernahm, bei ungefähr 30.000 $ lagen... Ohne den Versuch zu unternehmen, den ideellen Wert einzuschätzen, muß betont werden, daß selbst dann, wenn die Siedler ihre Rechte durchgesetzt hätten, die ganze Angelegenheit nicht ganz IBM entspräche. Hätte man, ganz grob gerechnet, die 30.000 $ zu 4 % angelegt, so wären daraus bis 1962 ungefähr 2.000.000.000.000 $ geworden (für diejenigen, die keine Statistiker der Regierung sind: das sind 2 Billionen)."

Und er fügte hinzu: „Historiker, die den Indianern von Manhattan Abbitte leisten wollen, können in ähnlichen Rechnungen Zuflucht finden. Dermaßen phantasievolle geometrische Entwicklungen verdeutlichen den

Wert eines langen Lebens einerseits und andererseits den Wert eines bescheidenen Zinssatzes, mit dem man sein Geld vermehren kann."

Im selben Brief teilte Buffett seinen Partnern mit, er habe sein Büro aus seinem Schlafzimmer in einen etwas konventionelleren Raum verlegt. „Es mag zwar überraschend erscheinen, aber die Rückkehr zu geordneten Arbeitszeiten war nicht unangenehm. Es macht mir wirklich Vergnügen, daß ich meine Notizen nicht mehr auf die Rückseite von Briefumschlägen schreiben muß."

Im Jahr 1962 zog Buffett mit seiner Partnership nach 810 Kiewit Plaza und war auch so verschwenderisch, daß er seinen ersten Angestellten einstellte: Bill Scott, der das Berkshire-Bond-Portfolio bis zu seinem Ruhestand im Jahr 1993 managte. Scott arbeitet heute immer noch einige Stunden bei Berkshire und beaufsichtigt die Stiftungen.

1965 sagte Buffett seinen Partnern: „Wenn unsere Performance besser ist als der Marktdurchschnitt, dann hatten wir ein gutes Jahr, ganz gleich, ob wir im Plus oder im Minus liegen. Wenn wir schlechter abschneiden, dann verdienen wir Tomaten."

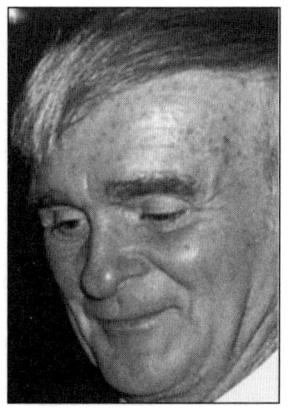

(Photo by Nancy Line Jacobs)
Bill Scott

1969 waren die Vermögenswerte der Partnership auf 104.429.431 $ angestiegen.

Von Beginn an waren die Ausgaben der Partnership „besorgniserregend". Von 1963 bis 1969 stieg die Miete von 3.947 auf 5.823 $. Die Abgaben und Abonnements schossen von 900 auf 994 $ in die Höhe. „Immerhin ist die Situation nicht vollkommen außer Kontrolle geraten", schrieb Buffett am 22. Januar 1969 in seinem Brief an die Gesellschafter.

In der Zwischenzeit - im Jahr 1963 - spendete auch ein Dun-and-Bradstreet-Report Beifall für das aufblühende Unternehmen: „Der Geschäftsumfang ist stabil, der Zustand gesund." Die Partnership erhielt diese Beschreibung ihrer Kreditwürdigkeit, die in einen einzigen Satz gefaßt war: „Entsprechend der Aufgabe dieser Untersuchung ist das Unternehmen kein Nachfrager nach Krediten und zeigt eine sehr prompte Zahlungsweise."

Was die Finanzen anbetrifft, fand dieser Report heraus, daß die Partnership zu Beginn des Jahres 1963 einen Wert von 9,4 Mio. $ hatte, „bestehend aus Bargeld, rentierlichen Effekten und anderen Investments. Der gesunde Zustand des Unternehmens besteht weiterhin. Das durchschnittliche Barvermögen liegt im unteren sechsstelligen Bereich auf zwei Konten einer Lokalbank mit einem hohen sechsstelligen gesicherten Kredit und zufriedenstellenden Geschäftsbeziehungen... Ein Angestellter. Die Geschäftsräume sind gemietet und liegen in der 8. Etage eines Bürogebäudes in einem Geschäftsviertel außerhalb der City. Das Haus ist in einem ordentlichen Zustand."

Zu dieser Zeit hatte die Buffett Partnership über 90 Partner. In seinem Brief vom 18. Januar 1964 berichtet Buffett seinen Gesellschaftern, daß die Partnership dieses Jahr mit einem Vermögen von 17.454.900 $ begann. „Susie und ich haben 2.393.900 $ in die Partnership investiert. Zum ersten Mal mußte ich zusätzlich zu den Monatseinkünften Barmittel entnehmen, aber ich hatte die Wahl, dies zu tun oder die Steuer zu enttäuschen."

Zwei Jahre später schrieb er: „Susie und ich haben 6.849.936 $ in die Partnership investiert, und das sollte mich davon abhalten, daß ich heute Nachmittag ins Kino gehe." Damals teilte Buffett die Investmentkategorien, in denen die Partnership engagiert war, in folgende Bereiche ein:

1.) „Generals" – unterbewertete Aktien, die grundsätzlich lange Zeit gehalten werden sollten.

2.) „Workouts" – Wertpapiere mit einem Zeitplan, Arbitragegeschäfte, die aus Ausverkäufen hervorgingen, aus Firmenaufkäufen, Umorganisationen und ähnlichem.

3.) „Controls" – von diesen Wertpapieren hatte man einen so großen Anteil, daß die Partnership die Kontrolle über das Unternehmen hatte.

Zwischendurch sagte Buffett: „Wir lieben ein gutes Management - wir mögen Arbeitseifer - wir mögen einen bestimmten Anteil an Dünger in einem zuvor schläfrigen Management oder einer Aktionärsgruppe. Aber wir fordern Wert."

Ein unterbewertetes Investment, das als „General" im Jahr 1956 startete, war die Dempster Mill Manufacturing Co., ein Hersteller von Landwirtschaftsgeräten. Buffett berichtete, daß die Aktie zu 18 $ gehandelt wurde, jedoch über einen Buchwert von 72 $ verfügte.

Ein Berkshire-Aktionär denkt, daß das Strickmuster bei Dempster in etwa so aussah: „Kaufe die Gesellschaft zu einem Viertel des Buchwerts, liquidiere einen großen Teil des Buchwerts, um Mittel für Investitionen zu schaffen, nimm auf die unbelastete Gesellschaft Geld für weitere Investments auf und verkaufe dann das Kernstück des Unternehmens."

Buffett kaufte die Aktien weiterhin in kleinen Stückzahlen über fünf Jahre hinweg. Mitte des Jahres 1961 besaß die Partnership mehr als 70 % des Unternehmens.

Die Geschäfte liefen nicht besonders gut, und da rief Buffett Harry Bottle, der später Investor bei Berkshire wurde, um die Geschäfte zu übernehmen. Zuweilen übernimmt Bottle auch heute noch Unternehmen, die sich
in einer Flaute befinden, um sie für Buffett wieder neu in Bewegung zu
bringen. Zwei Jahre später wurde das Unternehmen, das später First Beatrice Corp. genannt wurde, verkauft. Weil das Unternehmen in Beatrice in
Nebraska der größte Arbeitgeber war, half die Stadt dabei, Buffetts Anteil
zu kaufen.

Im Jahr 1965 waren die Vermögenswerte der Partnership - durch Ein-
zahlungen und Wachstum - auf 26 Mio. $ gewachsen, zehn Jahre zuvor
waren es noch 105.100 $ gewesen.

Buffett feierte dieses Ergebnis, indem er einen weiteren Raum, knapp
20 qm, hinzumietete, ungefähr die Größe eines normalen Zimmers.

„Unser Krieg gegen die Armut war 1965 sehr erfolgreich. Insbesondere
deshalb, weil wir am Ende des Jahres um 12.304.060 $ weniger arm wa-
ren", begann Buffett am 20. Januar 1966 seinen Brief an seine Gesellschafter. Im Jahr 1965, als der Dow Jones um 14,2 % anstieg, umrundete die
Buffett Partnership die Welt. Ein 47,2prozentiger Gewinn! Das war ungefähr die Zeit, als Buffett sagte: „Demokratie ist eine großartige Sache, aber
nicht bei Entscheidungen, bei denen es um Geldanlage geht."

Obwohl Buffett seinen Partnern angekündigt hatte, sein Ziel sei es, den
Dow Jones um 10 Prozentpunkte zu schlagen, schlug er ihn um nahezu 20
Punkte. Von 1957 bis 1965 stieg der Dow Jones durchschnittlich um 11,4
pro Jahr an. Die Gewinne der Partnership beliefen sich auf durchschnittlich 29,8 % im Jahr! Das Ziel wurde erreicht und übertroffen. „Ich habe
das Gefühl, daß wir jetzt nahe dem Punkt sind, an dem sich zunehmendes
Wachstum als nachteilig erweisen könnte", sagte Buffett.

Dies sagte er danach fast jedes Jahr. Er sagte es über 30 Jahre lang. Dennoch beliefen sich die durchschnittlichen Gewinne weiterhin auf mehr als
20 % im Jahr.

Über Berkshire schrieb Buffett: „Dieser Kurs (7,60 $ je Aktie) gab teil-
weise die Verluste wider, die das vorhergehende Management erlitt, weil
man einige Fabriken geschlossen hatte, die durch veränderte Bedingungen
im Textilgeschäft unrentabel geworden waren (was das alte Management
nicht rechtzeitig erkannt hatte). In der Nachkriegszeit war das Unternehmen in ein tiefes Tal gerutscht und hatte einen Gipfel in der Geschäftstätigkeit erreicht, als 1948 ungefähr 29,5 Mio. $ vor Steuern verdient
wurden und ungefähr 11.000 Arbeiter angestellt waren. Das stellte in etwa
den Ausstoß von elf Textilfabriken dar.

Als wir im Frühjahr 1965 die Kontrolle erlangten, war Berkshire auf zwei Fabriken und ungefähr 2.300 Arbeitnehmer heruntergekommen. Es war eine sehr angenehme Überraschung, als wir herausfanden, daß die noch bestehenden Einheiten hervorragendes Managementpersonal hatten, und wir brauchten keinen einzigen Mann von außen in das Unternehmen zu bringen. Im Vergleich zu unseren anfänglichen Akquisitionskosten von 7,60 $ je Aktie (die Durchschnittskosten lagen jedoch bei 14,86 $ je Aktie, weil Anfang 1965 stark gekauft wurde), hatte die Gesellschaft am 31. Dezember 1965 allein ein Umlaufkapital von ungefähr 19 $ je Aktie, ohne die Fabriken selbst und die Ausrüstungsgegenstände zu bewerten.

Es ist ein Vergnügen, Berkshire zu besitzen. Es ist keine Frage, daß der Zustand der Textilindustrie der beherrschende Einflußfaktor ist, wenn man die Gewinnmöglichkeit dieses Geschäfts betrachtet, aber wir haben sehr viel Glück, daß Ken Chace das Unternehmen hervorragend führt. Und wir werden einige der besten Verkäufer in diesem Geschäft an die Spitze der einzelnen Abteilungen setzen. Berkshire ist zwar nicht so profitabel wie Xerox, Fairchild Camera oder National Video in einem überhitzten Markt, aber es ist eine sehr komfortable Beteiligung. Wie schon mein Philosoph von der Westküste sagt (Buffett hat sich auch schon auf einen Philosophen von der Ostküste berufen): Es ist gut, eine Diät einzuhalten, die sowohl aus Haferflocken als auch aus Schlagsahne besteht.

In einem Brief vom 12. Juli 1966 berichtet Buffett, daß die Partnership, zusammen mit zwei 10-%-Partnern, die gesamten Aktien von Hochschild, Kohn & Co., einer Kaufhauskette aus Privatbesitz mit Sitz in Baltimore, für ungefähr 5 Mio. $ gekauft hat. Buffetts Partnership kaufte 80 % der Diversified Retailing Co., und Diversified erwarb Hochschild. Die Kaufhauskette, die nie besonders rentabel war, wurde am 1. Dezember 1969 für ungefähr denselben Preis an Supermarkets General verkauft.

Im Jahr 1966 setzte die Partnership ihren erstaunlichen Erfolg fort. In seinem Brief vom 25.1.1967 schrieb Buffett: „Im letzten Jahr feierte die Buffett Partnership ihren zehnten Geburtstag. Die Feier war angemessen - ein noch nie dagewesenes Rekordergebnis wurde im Vergleich zum Dow erzielt. Wir lagen mit 36 Punkten vorn, was sich aus unserem Plus von 20,4 % und einem Minus von 15,6 % für den Dow ergibt."

Sein Brief vom 24.1.1968 begann so: „In vieler Hinsicht war 1967 ein sehr gutes Jahr für uns. Unsere Performance lag bei plus 35,9 %, im Vergleich dazu erzielte der Dow lediglich 19,0 %. Damit haben wir unser Ziel übertroffen, das uns vorgab, um 10 Punkte besser als der Dow abzuschneiden. Der Gesamtgewinn lag bei 19.384.250 $. Damit kann man, selbst bei einer sich beschleunigenden Inflation, eine Menge Pepsi kaufen (die er damals mit Kirschsirup mischte). Und dank der Verkäufe einiger langgehaltener Wertpapiere realisierten wir einen zu versteuernden Gewinn in Höhe von 27.376.667 $. Das hat zwar nichts mit der Performance von 1967 zu tun, aber es sollte uns allen Anlaß geben, sehr zahlreich an der Jahreshauptversammlung am 15. April teilzunehmen."

Bei dieser Gelegenheit teilte er auch mit, daß durch die beiden von der Partnership kontrollierten Unternehmen, Diversified Retailing und Berkshire, zwei weitere Unternehmen erworben wurden: Associated Cotton Shops, später umbenannt in Associated Retail Stores, und National Indemnity zusammen mit der Tochtergesellschaft National Fire & Marine. Associated wurde von Diversified Retailing und National Indemnity wurde von Berkshire erworben.

„Das Büro-Team, seine Ehepartner und Kinder hatten am 1.1.1968 mehr als 15 Mio. $ in die Buffett Partnership Limited (BPL) investiert, so daß keiner während der Bürozeit das Bedürfnis nach einem Nickerchen verspürte."

In seinem Brief vom 11.7.1968 machte sich Buffet wegen eines spekulativen Blow-offs an der Börse große Sorgen: „Ich gebe mir keine große Mühe, den allgemeinen Wirtschaftskurs oder den Verlauf der Börse vorherzusagen. Dennoch häufen sich derzeit auf dem Aktienmarkt wie auch in der Geschäftswelt Praktiken, über deren mögliche langfristige Konsequenzen ich mir Sorgen mache, auch wenn deren Auswirkungen kurzfristig nicht eingeschätzt werden können.

... Enorme Gewinne werden von Leuten gemacht, die (entweder als Organisatoren, leitende Angestellte, persönliche Berater, Investmentbanker, Aktienspekulanten und ähnliches) in der Art von Kettenbriefen mit einem Schneeball-System Aktien verkaufen."

Von 1957 bis 1968 belief sich das kumulierte jährliche Wachstum des Dow Jones auf 9,1 %. Buffetts Partnership brachte es auf 31,6 %. Buffett schrieb: „Das Geschäft mit der Vermögensverwaltung, das ich bisher wegen wegen seiner außerordentlichen Lethargie gescholten habe, hat sich nun in manchen Bereichen überhitzt. Ein Investmentmanager, der einer Investmentfonds-Holding mit über 1 Mrd. $ vorsteht (mit einem seit langem etablierten Namen, den Sie wahrscheinlich kennen), sagte anläßlich der Gründung einer Beratungsgesellschaft im Jahr 1968:

Die Komplexität der nationalen wie internationalen Volkswirtschaften machen die Vermögensverwaltung zu einem Fulltime-Job. Ein guter Vermögensverwalter kann heute keine Wochenanalysen, keine Tagesanalysen von Wertpapieren anfertigen. Nein, Wertpapiere müssen praktisch jede Minute neu analysiert werden.

Wenn ich das höre, dann bekomme ich ein schlechtes Gewissen, wenn ich mal eine Pause mache und eine Pepsi trinke."

Am 29.5.1969 schrieb er: „Vor ungefähr 18 Monaten schrieb ich Ihnen und bezog mich auf die veränderten Bedingungen und die persönlichen Veränderungen, die mich veranlassen, unsere künftigen Performance-Ziele zu modifizieren." Er sagte, die Investmentbedingungen würden immer negativer und frustrierender. „Ich weiß, daß ich nicht die ganze Zeit damit verbringen will, einem Investment-Hasen hinterherzulaufen. Die einzige Möglichkeit, das Tempo zu verlangsamen, ist, ganz einfach stehenzubleiben."

Natürlich ist Buffet heute, unter veränderten Wirtschaftsstrukturen, immer noch dabei, mit diesem Investment-Hasen Wettläufe um die besten Investment-Möhren zu veranstalten.

Von 1957 bis Ende 1969 hatte die Partnership einen kumulierten Jahresgewinn von 29,5 % erzielt, während der Dow es nur auf 7,4 % brachte!

Buffet liquidierte die Buffett Partnership und verteilte die Gewinne und die anteiligen Ansprüche an Berkshire an die Investoren. Er bot ihnen eine Reihe von Optionen an, darunter auch proportionale Anteile an Diversified Retailing oder Berkshire. Die Gesellschafter konnten sich auch in bar auszahlen lassen. Buffet bot seinen Investoren auch an, ihnen bei der Anlage in Bonds behilflich zu sein.

Er empfahl sogar einen anderen Vermögensverwalter, seinen alten Freund Bill Ruane, der am 15. Juli 1970 den Sequoia Fond eingerichtet hatte, um den Kommanditisten seine Dienste anzubieten, als die Buffett Partnership aufgelöst wurde.

Der erfolgreiche Sequoia Fund hat lange Zeit in die gleichen Aktien investiert wie Berkshire, beispielsweise in Freddie Mac und Wells Fargo. Ungefähr ein Viertel von Sequoias Kapital wurde bei Berkshire investiert.

Die Buffett Partnership mit 100 Kommanditisten wurde Ende 1969 abgewickelt, als der Aktienmarkt in einer langen Abwärtsbewegung war, die im Zusammenbruch von 1973/1974 seinen Höhepunkt fand. Vielleicht kannte Buffet Shakespeares Regieanweisung aus dem Wintermärchen: Abgang, von einem Bären verfolgt.

Buffetts Warnung wegen der Zustände und sein Rückzug waren zeitlich perfekt aufeinander abgestimmt.

Als die Buffet Partnership sich auflöste, hatte Berkshire 983.582 Aktien ausgegeben. Die Buffett Partnership besaß davon 691.441.

Die Buffett Partnership war auf etwa 105 Mio. $ angewachsen. Buffetts Anteil daran lag bei ungefähr 25 Mio. $, wobei er vieles davon heimlich bei Berkshire Hathaway investiert hatte. Seine Beteiligung an Berkshire,

das 1969 die Illinois National Bank and Trust in Rockford in Illinois, gekauft hatte, war gewachsen, sowohl was das Management als auch die Finanzen anging.

Berkshire nahm seine Geschäftätigkeit am 1. August 1970 auf der
14. Etage des Kiewit Plaza auf.

Berkshire hatte damals drei Hauptgeschäftsfelder: das Textilgeschäft,
das Versicherungsgeschäft, das von National Indemnity und der National
Fire & Marine geführt wurde, und die Illinois National Bank and Trust.
Berkshire besaß auch Sun Newspapers, die Blacker Printing Company und
70 % von Gateway Underwriters. Diese Bereiche hatten aber finanziell keine besondere Bedeutung. Berkshire kaufte 1969 auch die *Omaha Sun*, zusammen mit einer Reihe von Wochenzeitungen, und verkaufte sie 1981,
zwei Jahre bevor die Sun einging.

In einem Abschiedsbrief an seine Partner bedankte sich Buffett am
18.2.1970 bei ihnen dafür, daß sie ihm freie Hand gelassen hatten:

„Meine Aktivitäten wurden nicht durch Zweifel belastet, nicht durch
Diskussionen über Dinge, die sich nicht mehr ändern ließen und auch
nicht durch Händchenhalten. Sie ließen mich das Spiel spielen, ohne mir
zu sagen, mit welchem Schläger, wie ich ihn anpacken sollte oder um wieviel besser die anderen Spieler wären.

Ich habe dies immer sehr geschätzt, und die Ergebnisse, die Sie erzielten, reflektieren deutlich Ihre Einstellung und Ihr Verhalten. Wenn Sie
nicht das Gefühl haben, daß dies so ist, dann unterschätzen Sie die Bedeutung von persönlicher Ermutigung und Mitgefühl als Möglichkeit, die
Bemühungen eines Menschen und seine Leistung zu maximieren."

„Das ist der Motivator und Manager in Buffetts Genie", sagt Michael Assael. „Aber Warren Buffetts Genie, was Wirtschaft und Geldanlage anbelangt, reicht noch viel weiter. Es geht dabei um drei wesentliche Elemente
und ihr Zusammenspiel:

1. Die Finanzen. Buffett weiß, daß das Prinzip des Return on Investment von überragender Bedeutung ist. Er weiß genau, wie man aus Berkshires Dollars das meiste herausholt.

2. Die Wirtschaft. Buffett hat sehr viel Gefühl für die Abläufe in der
Wirtschaft und nutzt die Branchenumfelder zu Berkshires Vorteil. Er
kennt die Gedanken der Verbraucher und fühlt, welche Firmen langfristig
die besten Chancen haben.

3. Das Management und die Fähigkeit, Menschen zu motivieren. Buffett weiß um die Bedeutung menschlicher Gefühle, der Ermutigung und
des Mitgefühls, um damit menschliche Leistungen zu optimieren. Sorgfältig sät und pflegt er die Samen des Humankapitals und des guten Willens.

Weil Buffett diese Elemente miteinander kombiniert, macht ihn das so einmalig", fährt Assael fort. „Er betrachtet seine Arbeit in einem mehrdimensionalen Zusammenhang, ungefähr so, wie Einstein das Sonnensystem sah und Freud das Gehirn und das Nervensystem. Die Ergebnisse von Buffetts Genie sprechen für sich selbst."

Als die Buffett Partnership zu Ende ging, plante ein junger Mann mit sehr ungewöhnlichem Verhalten größere Dinge.

Doch werfen wir zunächst noch einen Blick zurück auf zwei seiner Briefe, die er an die Gesellschafter der Buffett Partnership schrieb:

Warren E. Buffett
5202 Underwood Ave.
Omaha, Nebraska

Zweiter Jahresbrief an die Kommanditisten

Die allgemeine Situation auf dem Aktienmarkt 1957

In meinem letztjährigen Brief sagte ich: Meine Meinung über den Stand des Aktienmarktes ist, daß er über seinem intrinsischen Wert liegt. Dies gilt für die Blue-Chip-Werte. Diese Meinung beinhaltet - falls richtig - die Möglichkeit eines spürbaren Abschwungs aller Aktienkurse, gleich ob unterbewertet oder nicht. Ich glaube, die Wahrscheinlichkeit, daß die augenblicklichen Aktienpreise in fünf Jahren noch als billig angesehen werden, ist nicht sehr groß. Auch einem kräftigen Bärenmarkt sollte es nicht gelingen, den Marktwert unserer Beteiligungen entscheidend zu treffen.

Wenn der Markt allgemein auf ein unterbewertetes Niveau zurückkehren würde, dann sollte unser Kapital ausschließlich in unterbewertete Stammaktien angelegt werden, und vielleicht sollte man bei dieser Operation auch einen Kredit aufnehmen. Wenn der Markt hingegen beträchtlich ansteigen sollte, dann wird es unsere Politik sein, unsere unterbewerteten Stammaktien zu reduzieren, da sich die Gewinne dann selbst zeigen und das Portfolio verbessern.

Das soll aber nicht nahelegen, daß ich nur noch die Marktanalyse im Kopf habe. Die größte Aufmerksamkeit muß immer darauf gerichtet sein, deutlich unterbewertete Papiere ausfindig zu machen.

Im letzten Jahr beobachteten wir einen mäßigen Abschwung bei den Aktienkursen. Ich betone das Wort mäßig, denn oberflächliches Lesen der Presseveröffentlichungen oder Gespräche mit Anlegern, die nur wenig Erfahrung mit Aktien haben, würden den Eindruck eines viel steileren Abschwungs erwecken. Tatsächlich erscheint es mir, daß unter den derzeitigen wirtschaftlichen Bedingungen der Rückgang der Aktienkurse deutlich geringer war als der Rückgang der Unternehmensgewinne. Das bedeutet, daß die Öffentlichkeit immer noch sehr bullisch auf Blue-Chip-Aktien und das allgemeine wirtschaftliche Erscheinungsbild reagiert. Ich mache keinen Versuch, Vorhersagen bezüglich der wirtschaftlichen Situation oder des Aktienmarktes zu treffen. Das was ich eben sagte, ist lediglich dafür gedacht, den Eindruck zu verwischen, daß Aktien einen drastischen Abschwung erlitten hätten oder die Wirtschaft sich in einem Tief befinde. Ich glaube immer noch, daß die Börsenkurse hoch liegen, wenn man den langfristigen Anlagewert in Betracht zieht.

Unsere Aktivitäten im Jahr 1957

Der Abschwung auf dem Aktienmarkt hat bei unterbewerteten Situationen größere Möglichkeiten geschaffen, so daß unser Portfolio auf der Seite der unterbewerteten Situationen im Vergleich zu den „work-outs" stärker ist als im Vorjahr. An dieser Stelle sollte ich vielleicht den Begriff „work-out" erläutern. Ein work-out ist ein Investment, dessen Gewinn mehr von einer bestimmten Aktion des Unternehmens abhängt als von einem allgemeinen Kursaufschwung der Aktie, wie es bei den unterbewerteten Situationen der Fall ist. Work-outs kommen durch Verkäufe, Zusammenschlüsse, Liquidationen, Ausschreibungen und ähnliches zustande. In jedem Fall besteht die Gefahr, daß irgend etwas die Angelegenheit durcheinanderbringt und das geplante Vorhaben nicht durchgeführt wird. Damit besteht keine Gefahr, daß das gesamtwirtschaftliche Bild verzerrt wird und die Aktien ganz allgemein in ihrem Wert fallen. Am Ende des Jahres 1956 lag das Verhältnis zwischen unterbewerteten Stammaktien und work-outs bei etwa 70 zu 30. Heute ist das Verhältnis 85 zu 15.

Im Verlauf des vergangenen Jahres haben wir in zwei Fällen Positionen eingenommen, die eine Größe erreicht haben, bei der wir erwarten können, in die Entscheidungen des Unternehmens eingebunden zu werden. Eine dieser Positionen macht zwischen 10 und 20 % des Portfolios der einzelnen Partnerships aus, und die andere kommt auf 5 % des Portfolios. Beide werden ungefähr drei bis fünf Jahre harte Arbeit benötigen, aber im Augenblick sieht es so aus, als hätten sie ausreichend Potential, um uns einen hohen durchschnittlichen Jahresgewinn bei geringstem Risiko zu bieten. Weil sie nicht in die Kateorie der work-outs gehören, sind sie auch kaum von der allgemeinen Börsentätigkeit abhängig. Sollte der Aktienmarkt jedoch einen spürbaren allgemeinen Aufschwung erleben, dann würde ich natürlich annehmen, daß dieses Segment unseres Portfolios hinter der Marktentwicklung zurückbleibt.

Die Ergebnisse des Jahres 1957

Im Jahr 1957 erzielten die drei Partnerships, die 1956 gegründet wurden, bessere Ergebnisse als der Gesamtmarkt. Zu Beginn des Jahres stand
der Dow Jones Industrial Average bei 499 Punkten, am Jahresende stand
er bei 435 Punkten, was einem Verlust von 64 Punkten entspricht. Besäße
jemand die Aktien der Averages, so hätte er eine Dividende in der Höhe
von 22 Punkten erhalten, was den Gesamtverlust auf 48 Punkte oder 8,4
% reduziert. Dieser Verlust entspricht ungefähr dem, den Sie erlitten hätten, wenn Sie in einen Investmentfond investiert hätten. Soweit ich weiß,
haben keine Investmentfonds, die in Aktien investiert haben, über das
Jahr hinweg Gewinne erzielt.

Alle drei der 1956 gegründeten Partnerships weisen für das Jahr 1956
einen Gewinn aus, der sich zum Jahresende auf 6,2; 7,8 bzw. 25 % des ein-
gesetzten Kapitals beläuft. Das wirft natürlich die Frage nach der außerordentlich guten Performance der letzten Partnership auf, besonders bei den
Gesellschaftern der beiden ersten Partnerships. Diese Performance betont
die Bedeutung des Glücks bei kurzfristiger Betrachtungsweise, insbesondere dann, wenn man Geld erhält. Die dritte Partnership wurde 1956 als
letzte gegründet, als der Markt schwächer war und einige Wertpapiere besonders attraktiv waren. Weil genügend Mittel zur Verfügung standen,
konnten wir von diesen Papieren größere Positionen erwerben, während
die beiden zuvor gegründeten Partnerships schon weitgehend investiert
hatten und nur noch kleine Positionen dieser Papiere kaufen konnten.

Grundsätzlich haben alle Partnerships in die gleichen Wertpapiere investiert und ungefähr auch in der gleichen Aufteilung. Dennoch, man hat
gerade anfangs zu unterschiedlichen Zeiten und zu unterschiedlichen
Marktbedingungen nicht immer gleich viel Bares zur Verfügung. Und so
kommt es bei den Ergebnissen zu größeren Unterschieden, als es später
der Fall sein wird. Über die Jahre hinweg werde ich zufrieden sein, wenn
unsere Ergebnisse um 10 % besser als die des Averages sein werden. Wenn
man dies in Betracht zieht, dann war das letzte Jahr für alle drei Partnerships ein erfolgreiches, ja überdurchschnittlich gutes Jahr.

Zwei Partnerships wurden 1957 ungefähr zur Jahresmitte gegründet,
und ihre Ergebnisse waren für die Jahresbilanz ungefähr die gleichen wie
die Performance der Average-Aktien. Sie lagen in der Zeit seit Beginn der
Partnerships von 1957 mit ungefähr 12 % im Minus. Ihre Portfolios beginnen sich nun denen der Partnerships von 1956 anzunähern und die
Performance der gesamten Gruppe sollte einander in Zukunft sehr viel
ähnlicher sein.

Interpretation der Ergebnisse

In bestimmtem Ausmaß war unsere überdurchschnittliche Performance im Jahr 1957 auf die Tatsache zurückzuführen, daß es für die meisten Aktien ein ziemlich schlechtes Jahr war. Unsere Performance wird in einem Bärenmarkt immer besser sein als in einem Bullenmarkt. So sollten die Schlüsse, die man aus den oben beschriebenen Ergebnissen ziehen kann, durch die Tatsache relativiert werden, daß das letzte Jahr ein Jahr war, in dem wir ohnehin relativ gute Ergebnisse hätten erzielen sollen. In einem Jahr, in dem der gesamte Aktienmarkt einen deutlichen Anstieg aufweist, wäre ich sehr zufrieden, den Anstieg der Average-Aktien ebenfalls zu erreichen.

Ich kann definitiv sagen, daß unser Portfolio am Ende des Jahres 1957 einen höheren Wert hat als am Ende des Vorjahres. Das kann auf die allgemein niedrigeren Kurse zurückgeführt werden und auf die Tatsache, daß wir mehr Zeit hatten, um die deutlich unterbewerteten Titel zu erwerben, was man nur mit viel Geduld kann. Zuvor erwähnte ich unsere größte Position, die 10 bis 20 % der Vermögenswerte der verschiedenen Partnerships ausmacht. Mit der Zeit möchte ich erreichen, daß diese Position 20 % der Vermögenswerte aller Partnerships ausmacht, aber das kann nicht überstürzt werden. Offensichtlich muß während jeder Akquisitionsperiode die Situation so sein, daß die Aktienkurse sich nicht bewegen oder eher fallen, als daß sie steigen. Deshalb wird sich ein bestimmter Anteil an unserem Portfolio immer in einer „sterilen" Phase befinden. Diese Strategie sollte, wenn man Geduld und Ausdauer bewahrt, die langfristigen Gewinne maximieren.

Ich habe versucht, die Punkte zu beschreiben, von denen ich glaubte, daß sie für Sie besonders interessant seien und so viel von unserer Philosophie preiszugeben, wie nur möglich, ohne über einzelne Titel zu sprechen. Wenn es irgendwelche Fragen gibt, die irgendeinen Bereich unseres Vorhabens betrifft, dann würde ich mich freuen, von Ihnen zu hören.

6. Februar 1958

Buffetts Brief aus dem Jahr 1961 lautete:

Der Aktienmarkt im Jahr 1960

Im vergangenen Jahr kommentierte ich das etwas schiefe Bild, das vom Dow-Jones Industrial Average im Jahr 1959 gezeichnet wurde, der von 583 auf 679 Punkte oder um 16,4 % angestiegen war. Obwohl praktisch alle Investmentgesellschaften in diesem Jahr Gewinne zu verzeichnen hatten, gelang es nur 10 % von ihnen, es dem Dow-Jones gleichzutun oder ihn zu übertreffen. Der Dow-Jones Utility Average hatte einen kleinen und der Railroad Average einen deutlichen Rückgang zu verzeichnen.

Im Jahr 1960 stellte sich dies umgekehrt dar. Der Industrial Average fiel von 679 auf 616 Punkte oder um 9,3 %. Wenn man die Dividenden einrechnet, die man als Besitzer der Average-Aktien erhalten hätte, dann würde das immer noch einen Verlust von 6,3 % ausmachen. Andererseits wies der Utility Average einen deutlichen Zuwachs aus, und da nicht alle Ergebnisse verfügbar sind, geht meine Vermutung dahin, daß ungefähr 90 % aller Investmentgesellschaften den Industrial Average geschlagen haben. Es scheint, daß die meisten Investmentgesellschaften das Jahr mit Ergebnissen zwischen minus 5 und plus 5 % abgeschlossen haben. An der Börse in New York verzeichneten 653 Aktien für das letzte Jahr Kursverluste, und 404 konnten Kursgewinne ausweisen.

Die Ergebnisse von 1960

Mein ständiges Ziel im Management der Vermögenswerte der Partnerships ist es, langfristig eine bessere Performance als der Industrial Average zu erzielen. Ich bin der Überzeugung, daß der Average, über den Zeitraum von einigen Jahren hinweg gesehen, mehr oder weniger den Ergebnissen der führenden Investmentgesellschaften entspricht. Wenn wir keine dem Average überlegene Performance erzielen, dann gibt es keinen Grund für die Existenz der Partnerships.

Ich habe jedoch schon herausgestellt, daß nicht jede bessere Performance, die wir erzielen, durch einen konstanten Vorsprung im Vergleich zum Average realisiert wird. Vielmehr sieht es so aus, daß, wenn ein solcher Vorsprung erzielt wird, dies bei stabilen oder fallenden Kursen der Fall sein wird, während wir bei steigenden Kursen nur durchschnittliche oder unterdurchschnittliche Ergebnisse erzielen werden.

Ich würde ein Jahr, in dem wir um 15 % fallen und der Average um 30 %, für wesentlich erfolgreicher halten als ein Jahr, in dem sowohl wir als auch der Average um 20 % zulegen. Langfristig gesehen, wird es gute und schlechte Jahre geben. Es ist nichts gewonnen, wenn man über die Reihenfolge, in denen diese Jahre eintreten, begeistert oder enttäuscht ist. Wichtig ist es, besser zu sein als der Durchschnitt. Beim Golf sind vier Schlage an einem Par-3-Loch nicht so gut wie fünf Schläge an einem Par-5-Loch. Und es ist unrealistisch anzunehmen, daß wir nicht auch unsere Par-3- und Par-5-Situationen haben werden.

Man mag mir diese Portion Philosophie verzeihen, weil wir in diesem Jahr eine Reihe von neuen Gesellschaftern haben und ich sicherstellen möchte, daß diese meine Ziele verstehen, mein Maß für die Erreichung dieser Ziele ebenso wie einige meiner bekannten Grenzen.

Vor diesem Hintergrund kommt es nicht unerwartet, daß das Jahr 1960 für uns ein Jahr war, in dem wir besser waren als der Durchschnitt. Im Gegensatz zu einem Verlust von 5,3 % für den Industrial Average hatten wir für die sieben Partnerships, die das ganze Jahr hindurch operierten, einen Gewinn von 22,8 % zu verzeichnen. Die Ergebnisse für die gesamten vier Jahre der Partnerships nach Kosten, aber vor Steuern für die Kommanditisten oder die Zuweisungen an den Komplementär stellen sich wie folgt dar:

Jahr	Zahl der Partnerships, die das gesamte Jahr hindurch bestanden	Gewinn der Partnerships	Gewinn des Dow-Jones
1957	3	10,4 %	- 8,4 %
1958	5	40,9 %	38,5 %
1959	6	25,9 %	19,9 %
1960	7	22,8 %	- 6,3 %

Ich möchte nochmals betonen, daß dies die Nettoergebnisse der Partnership sind. Die Nettoergebnisse für die Kommanditisten hängen von dem Gesellschaftsvertrag ab, den sie unterzeichnet haben.

Der Gesamtgewinn oder Gesamtverlust wurde auf einer Markt-zu-Markt-Basis errechnet. Nachdem alle Geldzugänge und Geldabgänge berücksichtigt wurden, stellt diese Methode die Ergebnisse dar, die erzielt worden wären, hätte man die Partnership einschließlich aller Gewinne und Verluste zu Jahresbeginn liquidiert. Dies unterscheidet sich natürlich von den zu versteuernden Ergebnissen, die den Wert der Papiere zu ihrem Einstandspreis sehen und Gewinne oder Verluste erst dann einbeziehen, wenn die Papiere tatsächlich verkauft werden.

Wenn man die Ergebnisse kumuliert, dann sehen Ergebnisse wie folgt aus:

Jahr	Gewinn der Partnerships	Gewinn des Dow-Jones
1957	10,4 %	- 8,4 %
1958	55,6 %	26,9 %
1959	95,9 %	52,2 %
1960	140,6 %	42,6 %

Obwohl vier Jahre wesentlich zu kurz sind, um Schlüsse zu ziehen, so deuten die vorliegenden Tatsachen doch darauf hin, daß unsere Ergebnisse in ruhigen oder leicht fallenden Märkten relativ gesehen besser sind. Wenn man unterstellt, daß dies richtig ist, dann deutet es darauf hin, daß unser Portfolio konservativer, doch entschieden weniger konventionell zusammengestellt wurde, als wenn wir in Blue-Chips investiert hätten. In einem sich stark noch oben beschleunigenden Markt für Blue Chips hätten wir erhebliche Schwierigkeiten, deren Performance zu erreichen.

Die Vielzahl der Partnerships

Eine der voranstehenden Tabellen zeigt, daß die Familie wächst. Es gab keine Partnership, die mit ihrer Performance wesentlich vom Gruppendurchschnitt abwich, aber bisher gab es in jedem Jahr trotz meiner Bemühungen alle an den gleichen Unternehmen zu beteiligen, Unterschiede in den jeweiligen Proportionen. Diese Unterschiede könnten natürlich beseitigt werden, wenn man die derzeitigen Partnerships in einer großen Partnership zusammenfaßte. Dies würde auch viele Einzeldarstellungen und bescheidene Kosten sparen.

Ehrlich gesagt, möchte ich in den nächsten Jahren etwas in dieser Hinsicht tun. Das Problem ist jedoch, daß die verschiedenen Gesellschafter besondere Vorlieben für die unterschiedlichen Gesellschaftsverträge haben. Es wird jedoch nichts geschehen, was nicht die einmütige Zustimmung aller Gesellschafter findet.

Vorauszahlungen

Einige Gesellschafter haben sich erkundigt, ob man während eines Jahres weiteres Kapital in seine Partnership einschießen könne. Auch wenn eine Ausnahme gemacht wurde, ist es zu schwierig, während eines Geschäftsjahres die Gesellschaftsverträge zu berichtigen, wenn mehr als eine Familie unter den Kommanditisten ist. Deshalb können in den gemischten Partnerships nur am Jahresende weitere Anteile erworben werden.

Wir nehmen Vorauszahlungen auf zusätzliche Anteile an einer Partnership auch während des Jahres entgegen und zahlen dafür vom Zeitpunkt des Eingangs bei uns bis zum Ende des Jahres Zinsen in der Höhe von 6 %. Dann wird entsprechend dem Gesellschftsvertrag der Einschuß inklusive der bis dahin aufgelaufenen Zinsen dem Gesellschaftskapital zugeführt und partizipiert von da ab an Gewinnen und Verlusten.

Sanborn Map

Im letzten Jahr erwähnte ich ein Investment, das einen ungewöhnlich hohen Anteil am Nettovermögen (35 %) unseres Portfolios einnimmt. Ich fügte damals hinzu, daß ich hoffte, daß dieses Investment 1960 abgeschlossen werden könne. Diese Hoffnung wurde Realität. Die Geschichte eines Investments in derartiger Höhe könnte Sie vielleicht interessieren.

Sanborn Map Co. engagiert sich in der Veröffentlichung und ständigen Überarbeitung detaillierter Pläne aller Städte der Vereinigten Staaten. Beispielsweise würden die Bände, die Omaha kartieren, ungefähr 23 Kilogramm wiegen und minutiöse Darstellungen eines jeden Gebäudes zur Verfügung stellen. Die Karte wird überarbeitet, indem neue Bauten, neue

Besitzer, neue Feuerschutzmaßnahmen, verändertes Baumaterial und ähnliches über die alten Eintragungen geklebt werden. Diese Überarbeitungen werden jährlich vorgenommen, bis nach 20 bis 30 Jahren jedes weitere Überzeichnen nicht mehr praktikabel wäre. Dann wird eine neue Karte erstellt. Die Kosten, die Karte zu überarbeiten, belaufen sich für einen Kunden aus Omaha auf jährlich 100 $.

Diese detaillierten Informationen zeigen die Durchmesser der Wasserleitungen unter den Straßen, die Standorte der Hydranten, den Aufbau der Dächer und ähnliches und dienen hauptsächlich den Feuerversicherungsgesellschaften. Die untergeordneten Abteilungen könnten in einem Zentralbüro die Geschäfte ihrer Agenturen bundesweit beurteilen. Die Idee, die dahintersteht, ist, daß ein Bild mehr sagt als tausend Worte und eine solche Bewertung darüber Auskunft geben könnte, ob ein Risiko korrekt eingeschätzt wurde, wie hoch das Risiko eines Flächenbrands in einer bestimmten Gegend ist, wie man sich rückversichern sollte und ähnliches. Sanborns Hauptgeschäft wurde mit ungefähr 30 Versicherungsgesellschaften abgewickelt, auch wenn die Karten auch an Kunden außerhalb der Versicherungsbranche verkauft wurden wie beispielsweise an öffentliche Einrichtungen, Hypothekenbanken und Steuerbehörden.

75 Jahre lang hatte diese Gesellschaft praktisch eine Monopolstellung inne, machte jedes Jahr Gewinne, war Rezessionen und mangelnder Nachfrage gegenüber fast immun. In den Anfangsjahren des Unternehmens ergriff die Versicherungsbranche die Angst, daß Sanborns Gewinne zu groß würden, und sie besetzten den Aufsichtsrat von Sanborn mit einigen wichtigen Versicherungsleuten, die eine Art Wachhund-Funktion wahrnehmen sollten.

Anfang der 50er Jahre brach eine neue Methode der Versicherer, bei der auf den Karten radiert wird, in Sanborns Geschäfte ein, und die Jahresgewinne des Karten-Geschäfts fielen nach Steuern von durchschnittlich 500.000 $ in den 30er Jahren auf unter 100.000 $ in den Jahren 1958 und 1959. Wenn man in Betracht zieht, daß sich in dieser Zeit die Gesamtwirtschaft auf einer ansteigenden Linie befand, dann kam dieser Einbruch der Vernichtung einer einst nennenswerten und stabilen Gewinnsituation gleich.

Doch Sanborn hatte zu Anfang der 30er-Jahre damit begonnen, ein Investment-Portfolio aufzubauen. Das Unternehmen benötigte kein Kapital, so daß die Gewinne diesem Projekt gewidmet werden konnten. In der Zwischenzeit wurden ungefähr 2,5 Mio. $ investiert, davon in etwa die Hälfte in Bonds und die andere Hälfte in Aktien. Und so blühte, besonders im letzten Jahrzehnt, das Investment-Portfolio, während das Kartengeschäft dahinwelkte.

Ich möchte Ihnen die extremen Unterschiede dieser beiden Faktoren verdeutlichen. Als sich der Dow-Jones 1938 im Bereich zwischen 100 und 120 befand, wurde Sanborn für 110 $ je Anteil gehandelt. 1958 liegt der Dow-Jones bei durchschnittlich 550 Punkten, und Sanborn wird mit 45 $ gehandelt. Doch stieg in dieser Zeit der Wert des Sanborn-Investment-Portfolios von ungefähr 20 $ auf etwa 65 $ je Anteil. Das bedeutet tatsächlich, daß 1938 der Käufer von Sanborn-Aktien im Jahr 90 $ je Aktie in das Kartengeschäft investierte (110 $ abzüglich der 20 $ für das Investment-Portfolio, das mit dem Kartengeschäft nichts zu tun hatte) und das in einem Jahr, das unter pessimistischen Wirtschaftserwartungen und schlechten Bedingungen für den Aktienmarkt zu leiden hatte. In dem wesentlich kraftvolleren Wirtschaftsklima von 1958 hingegen wurde dasselbe Kartengeschäft mit minus 20 $ bewertet, wobei der Käufer der Aktie, der nicht mehr als 70 Cents je Dollar für das Investment-Portfolio ausgibt, das Landkartengeschäft gratis dazubekommt.

Wie konnte es dazu kommen? Sanborn besaß 1958 ebenso wie 1938 einen Schatz an Informationen von bedeutendem Wert für die Versicherungsbranche. Um die detaillierten Informationen, die Sanborn über viele Jahre hinweg gesammelt hatte, bereitstellen zu können, müßte man Millionen von Dollar aufwenden. Trotz der neuen Technik des „Radierens" existierten für über 500 Mio. $ Feuerversicherungen bei Versicherungsunternehmen, die noch das alte Verfahren nutzten. Die Art und Weise, wie Sanborns Produkt verkauft und verpackt wurde, war die ganzen Jahre hindurch unverändert geblieben, und schließlich spiegelte sich diese Trägheit in den Gewinnen.

Die Tatsache, daß das Investment-Portfolio des Unternehmens so hervorragend abschnitt, bewirkte, daß die Aufsichtsräte die Notwendigkeit zur Verjüngung und Modernisierung des Kartengeschäfts nicht erkannten. Sanborn hatte einen Jahresumsatz von etwa 2,5 Mio. $ und besaß Wertpapiere im Wert von ungefähr 7 Mio. $. Die Einnahmen aus dem Investment-Portfolio waren beträchtlich, das Unternehmen hatte keine besonderen finanziellen Sorgen, die Versicherungsgesellschaften waren zufrieden mit dem Preis, den sie für die Landkarten bezahlten, und die Aktionäre erhielten immer noch eine Dividende. Dennoch wurden die Dividenden innerhalb von acht Jahren fünfmal gekürzt, obwohl ich niemals eine Aufzeichnung finden konnte, daß vorgeschlagen wurde, die Gehälter oder Sitzungsgelder zu kürzen.

Vor meinem Eintritt in den Aufsichtsrat waren neun der 14 Aufsichtsräte wichtige Leute aus der Versicherungsbranche, die zusammen 46 der insgesamt 105.000 ausgegebenen Aktien hielten. Trotz ihrer Spitzenstellungen bei großen Unternehmen, was erwarten ließ, daß zumindest das nötige Kleingeld vorhanden war, um eine bescheidene finanzielle Verbindung zum Unternehmen zu bezeugen, lag das größte Engagement in diesem Personenkreis bei zehn Aktien. In einigen Fällen besaßen die Versicherungsgesellschaften, die von diesen Leute geleitet wurden, kleinere Aktienpakete. Aber das waren nur Almosen im Vergleich zu den Portfolios, in denen sie selbst gehalten wurden. Im letzten Jahrzehnt waren die Versicherungen bei Transaktionen von Sanborn-Aktien ausschließlich als Verkäufer aufgetreten.

Der zehnte Aufsichtsrat war der Anwalt des Unternehmens, der zehn Aktien hielt. Der elfte war ein Banker mit zehn Anteilen, der die Probleme des Unternehmens erkannte, auch auf sie hinwies und später seine Anteile aufstockte. Die nächsten beiden Aufsichtsräte waren die höchsten Angestellten bei Sanborn, die zusammen etwa 300 Aktien besaßen. Diese Angestellten waren sehr fähig, waren sich der Probleme des Unternehmens bewußt, spielten aber im Aufsichtsrat eine sehr untergeordnete Rolle. Der letzte in unserer Aufzählung war der Sohn eines verstorbenen Aufsichtsrats von Sanborn. Die Witwe besaß ungefähr 15.000 Aktien.

Ende 1958 verlangte der Sohn, der mit den Aussichten des Unternehmens sehr unzufrieden war, die Spitzenposition im Unternehmen, wurde abgewiesen und bot seinen Rücktritt an, der auch angenommen wurde. Kurz danach machten wir seiner Mutter das Angebot, ihre Aktien zu erwerben. Sie akzeptierte das Angebot. Zu dieser Zeit gab es zwei weitere Beteiligungen, eine mit ungefähr 10.000 Aktien (die unter den Kunden einer Brokerfirma verstreut waren) und eine mit etwa 8.000. Diese Leute waren mit der Situation sehr unzufrieden und verlangten eine Trennung des Investment-Portfolios vom Landkarten-Geschäft. Auch wir wollten das.

In der Folge war unsere Beteiligung durch Ankäufe auf dem Markt auf 24.000 Aktien angewachsen, und insgesamt wuchs die Zahl der Aktien, die von den drei Gruppen gehalten wurde, auf 46.000. Wir hofften, die beiden Geschäftsfelder trennen zu können, den wahren Wert des Portfolios zu realisieren und die Ertragskraft des Landkarten-Geschäfts wieder herstellen zu können. Es schien eine reale Möglichkeit zu geben, die Gewinne aus dem Landkarten-Geschäft zu vervielfachen, indem man Sanborns Reichtum an Rohinformationen mit der Hilfe der EDV so aufbereitete, daß sie den Kunden in besonders nützlicher Form angeboten werden konnten.

Im Aufsichtsrat gab es eine sehr starke Opposition, die Veränderungen jeglicher Art ablehnte, insbesondere dann, wenn diese von einem Außenstehenden angeregt wurden. Aber das Management war mit unserem und einem ähnlichen Plan, der von den Management-Experten Booz, Allen & Hamilton empfohlen wurde, einverstanden. Um einen Stellvertreterkrieg zu vermeiden (der höchstwahrscheinlich nicht geführt worden wäre, den wir aber sicherlich gewonnen hätten) und um Zeit zu sparen, da doch ein großer Teil des Vermögens von Sanborn in Blue-Chip-Aktien angelegt war, worüber ich mir bei den aktuellen Kursen keine Sorgen machte, wurde ein Plan entwickelt, der beinhaltete, alle Aktionäre, die aussteigen wollten, zu fairen Preisen auszuzahlen. Die SEC entschied wegen seiner Fairness zugunsten dieses Plans. Ungefähr 72 % der Sanborn-Aktien einschließlich derer von 1.600 Aktionären wurden zu fairen Bedingungen gegen Wertpapiere aus dem Portfolio eingetauscht. Dem Landkarten-Geschäft blieben 1,25 Mio. $ in Staats- und Kommunalanleihen als Reserve, und eine Körperschaftsteuerschuld in der Höhe von 1 Million $ wurde beglichen. Den verbleibenden Aktionären blieben ein leicht verbesserter Vermögenswert, deutlich höhere Gewinne je Aktie und eine verbesserte Dividende.

Selbstverständlich ist dieses kleine Melodram eine sehr gekürzte Fassung dieses Investments. Dennoch wird dadurch die Notwendigkeit deutlich, unsere Portfolio-Aktionen geheim zu halten, ebenso die Sinnlosigkeit, unsere Ergebnisse innerhalb eines so kurzem Zeitraums wie einem Jahr zu bewerten. Solche Situationen, in denen es darum geht, die Kontrolle in einem Unternehmen anzustreben, kommen wahrscheinlich sehr selten vor. Unser Hauptgeschäft ist der Kauf von unterbewerteten Titeln und ihr Verkauf, wenn die Unterbewertung richtiggestellt wurde, sowie das Investment in „besondere Situationen", wenn der Gewinn eher von Aktionen im Unternehmen als vom Markt abhängt. In dem Maß, wie die Finanzmittel der Partnerships weiterhin wachsen, könnte es allerdings häufiger zu Gelegenheiten kommen, bei denen wir die Kontrolle über akquirierte Unternehmen erlangen können.

Warren E. Buffett
30.1.1961

12

Der Markt für Luftpostbriefmarken gerät nicht in Bedrängnis

„Wenn jemand Verluste einstreichen will und das in einer Laufzeit von 40 Jahren, dann wird dieses Investment kaum zu schlagen sein."

Tom Knapp, einer der Investoren, die bei Ben Graham studierten und Miteigentümer der Brokerfirma Tweedy, Browne & Knapp, erinnert sich, wie Buffett und er einmal den Markt für Blue-Eagle-4-Cent-Luftpostbriefmarken aus dem Jahr 1954 leerkaufen wollten, weil sie glaubten, daraus würden Sammlerstücke.

Es war gegen Ende der 50er Jahre, und Ben Graham sollte auf einer Konferenz von Analysten sprechen, die am Beloit College in Wisconsin abgehalten wurde. „Warren rief mich aus Omaha an und schlug vor, wir sollten doch zu dieser Konferenz fahren. Ich fragte ihn, wie wir denn nach Beloit kommen würden. Er antwortete, das sei ganz einfach, ich sollte nach Omaha kommen und wir würden mit dem Auto fahren. Wir würden dabei auch viele Getreidefelder sehen... Wir stiegen in sein Auto. Wir benötigten den ganzen Tag. Wir sprachen über Spekulationsgeschäfte, und ich erzählte ihm, ich hätte in Linn´s Stamp News über eine Blue-Eagle-4-Cent-Luftpostbriefmarke gelesen, die für eine Red-Eagle-5-Cent-Marke aus dem Verkehr gezogen werden sollte."

Knapp erzählte Buffett weiter von dieser Marke, und auf dem Heimweg hielten sie an den Postämtern an, um diese 4-Cent-Marken zu kaufen.

(Photo courtesy of Walter Schloss)
Walter Schloss in seinem New Yorker Büro.

„Wir hielten an einem Postamt an und sahen, daß sie noch 23 Marken hatten. Warren sagte, ich solle sie kaufen."

„Der große Knaller war Denver", erzählte Knapp, wo die beiden ungefähr 200.000 Marken per Versand kauften. Buffett und Knapp schrieben alle großen Postämter an, um nachzufragen, wie viele Marken noch übrig waren. Alles in allem kamen sie auf 400.000 Marken. „Wir teilten sie und behielten sie einige Jahre lang. Aber wir konnten erkennen, daß Probleme auf uns zukamen. Wegen des billigen Leims klebten sie aneinander. Einige Bögen, die ich in Long Island hatte, klebten aneinander. Die in Omaha klebten nicht."

Auch nach einigen weiteren Jahren bemerkten Knapp und Buffett keine große Nachfrage nach ihren Briefmarken. „Warren betrachtete den Zeitwert und sah, daß die Chancen zappenduster waren. Er fand den einzigen Käufer in der Welt. Der kaufte eine Menge für 10 % des aufgedruckten Wertes. Ich behielt einige Bögen als Erinnerungsstücke."

Knapp erzählt weiter, er habe für einige Marken einen Frankierzweck gefunden: „Als ich bei Tweedy, Browne arbeitete, schickten wir Warren einen Satz der Pink Sheets (Aktienkurse für wenig gehandelte Werte auf rosa Papier), und so konnte er die Kurse prüfen, die er nicht in der Zeitung finden konnte."

Knapp, der an der Princeton University Chemie als Hauptfach studierte und auf den Tag genau zehn Jahre älter als Buffett ist, sagt, er sei wahrscheinlich Berkshires langjährigster Aktionär. „Ich bekam meine Anteile, als Dempster Mill liquidiert wurde. Ich erhielt dafür Berkshire-Aktien, eine seiner Beteiligungen. Ich habe niemals auch nur eine verkauft, kaufte außerdem einige für meine Familie und es sieht aus, als seien sie damit sehr glücklich. Ich kenne kein besseres Geschäft."

Knapp besitzt Häuser in New York und in Vero Beach in Florida. Buffett lachte einmal über einen Freund, der den Strand sehr mag: „... und nun gehört ihm der Strand." Dieser Freund ist natürlich Tom Knapp.

Knapp sagte, obwohl er über 30 Jahre alt war und Buffett erst über 20 Jahre, als sie versuchten, den Briefmarkenmarkt leerzukaufen, sei Buffett allen anderen um Längen voraus gewesen. Sein Auffassungsvermögen und seine Konzentrationsfähigkeit seien unglaublich, seine Integrität 100prozentig. Selbst wenn es nur um 10 Cents ginge, würde er das melden. Er wollte, daß alles immer seine Ordnung hätte.

Der bekannte Value-Investor Walter Schloss aus New York, der sich mit Buffett in der Zeit seines Studiums an der Columbia University angefreundet und mit ihm bei Ben Graham gearbeitet hatte, erinnert sich: „Ende 1945 wurde ich aus dem Signal-Corps der Army entlassen... 1960 dachte ich wehmütig an meine Kameraden und entschloß mich, ihnen zu schreiben. Es waren ungefähr 140 Leute. Knapp sah die vielen Briefe und er sagte, er habe Briefmarken dafür." Schloss erzählte kürzlich: „Die meisten der Jungs vom 833. Signal Service, denen ich 1960 geschrieben habe und die mit mir während des Zweiten Weltkriegs im Iran waren, sind nunmehr verstorben."

Schloss beklebte alle Briefe mit diesen Marken und gab sie auf. Doch bald „bekam ich einen Anruf vom Postamtsvorsteher, der mich fragte, ob ich derjenige sei, der auf seinen Briefen Luftpostmarken benutzte." Schloss bestätigte das, und der Postamtsvorsteher sagte, er würde die Briefe nicht verschicken, weil diese Marken Luftpostmarken für Postkarten seien und deshalb nicht gälten.

Schließlich willigte der Postbeamte ein, die Briefe zu versenden, wenn Schloss zum Postamt käme und auf jeden Brief schriebe: „Kein Luftpostbrief". „Ich erinnere mich an diese Geschichte, als ob es gestern gewesen wäre. Eine 4-Cent-Postkarte kostet heute 20 Cents und steigt weiter, was besser ist als die normale 4-Cent-Marke, die nunmehr 32 Cents kostet." sagte Schloss. Schloss wußte schon damals, daß Buffett eine außergewöhnliche Persönlichkeit ist. „Ich wußte, daß er brilliant war und Erfolg haben würde, aber ich hätte nie geträumt, daß der Erfolg so groß sein würde. Er ist sehr konzentriert. Er denkt immer an die Zukunft... Er war wie ein Komet. Es gibt keinen, dem ihm gleichkommt... Das fortgesetzte Wachstum wird sehr schwierig. Vielleicht plant er einen Zusammenschluß (von Berkshire) mit Kanada."

Buffett sagte über Schloss, der für seine Sparsamkeit bekannt ist: „Ich denke, die Art, wie er sein Unternehmen führt, sollte uns allen eine Lehre sein (eine die Charlie bereits durchlaufen hat). Tatsächlich kommt er für sein Büro mit dem Geld aus, das es Berkshire kostet, die Motoren der Indefensible zu starten." (*Warren Buffett Speaks*, Janet Lowe; Zitat aus einem Brief, den Buffett am 3.10.1994 an Schloss schrieb)

Hat sich das Investment in die Blue-Eagle-4-Cent-Marken inzwischen rentiert? Aus Tom Knapps Sicht eher nicht, wie er 40 Jahre später in einem Brief schreibt:

Lieber David Leib,

Warren schickte mir eine Kopie Ihres Briefes bezüglich der C-48 4 Cent-Blue Eagle-Luftpostbriefmarke. Das aktuelle Update über die Briefmarke war sehr interessant.

Wenn jemand Verluste einstreichen will und das in einer Laufzeit von 40 Jahren, dann wird dieses Investment kaum zu schlagen sein.

Wir behielten diese Marken einige Jahre lang und sahen uns dann nach einem Käufer um. Warren machte einen Händler aus, der sich auf das Geschäft mit „Control Mail" spezialisiert hatte. Ein Control-Mail-Händler kauft große Mengen von druckfrischen Marken (zu einem reduzierten Preis). Er entfernt die Randblöcke (üblicherweise wesentlich mehr wert als die inneren Marken eines Bogens) und verwendet den Rest für Porto. Er kontrolliert die Empfänger, die ihm die abgestempelten Briefmarken zurückschicken. Sein Gewinn resultiert aus

1. dem ursprünglichen Rabatt beim Kauf
2. dem Erlös für die Randblöcke und
3. dem Verkauf der gesammelten gestempelten Briefmarken.

Wie Sie an der Marke auf diesem Brief erkennen können, habe ich immer noch einige C-48-4-Cent-Blue-Eagle-Luftpostbriefmarken übrig.

Mit freundlichen Grüßen
Tom Knapp

13

Erscheinungsbild und Stil

Die Verkörperung von „ländlich, mit Getreide ernährt und Heimatverbunden"

Buffett ist ein genialer, gutaussehender und ziemlich muskulöser Mann mit einer großen Hornbrille. Er ist 1,80 Meter groß, von mittlerer Statur und wiegt 79 Kilogramm. Dennoch wird er zuweilen 30 Milliarden Pfund schwer. Als ich vor der Jahreshauptversammlung 1998 kurz mit ihm sprach, gratulierte ich ihm zu seinem Gewichtsverlust von immerhin fast 7 Kilo. Er antwortete mir: „Es ist mein Ziel, weniger zu wiegen als Ihr Buch." Meiner Frau erzählte er, er habe herausgefunden, daß nur 62 % der Aktionäre, die ihr Kommen zugesagt hätten, auch wirklich erschienen. Meine Frau war geistesgegenwärtig genug, um ihn zu imitieren und zu korrigieren: „62,1384 %..."

Mit seiner blassen Hautfarbe und den butterweichen Händen könnte Buffett gut als Schreibkraft, Buchhalter, Banker oder der nächste an der Kasse bei Wal-Mart durchgehen. Buffett trat 1988 einmal, ohne sprechen zu müssen, bei ABC in der Seifenoper *Loving* als Barkeeper auf.

1991 hatten Buffett und sein Freund Thomas Murphy, der Vorsitzende von Cap Cities, bei ABC einen 4-Minuten-Auftritt in der Soap *All My Children*. Sie spielten sich selbst und wurden von der Femme fatale Erica Kane, gespielt von Susan Lucci, angefleht. Sie bat die Finanziers um Rat wegen ihrer Kosmetikfabrik. Buffetts Rat: „Geben Sie Aktien aus."

Für diesen Rat drückte Ms. Kane Buffett und Murphy ganz inniglich. Buffett merkte darauf an: „Murph, Erica Kane gibt dem Wort Übernahme eine völlig neue Bedeutung."

Buffett sollte später über seine kurze Einlage im Showbusiness sagen: „Wenn wir nur die Testbilder der beiden anderen Networks als Konkurrenz haben, dann glaube ich, werden wir unsere Sache ganz gut machen." Danach ging er mit Blumen zum Produzenten der Show und einem Brief, in dem er sagte, daß er seinen Vertrag neu verhandeln wollte.

1993 war er wieder im Fernsehen, dieses Mal in *All My Children*. Ein Sprecher von Cap Cities sagte, Buffett habe eine Zeile im Skript geändert, als er in seinem Büro anrief um Mitteilungen abzufragen. Aus „Hi, Marie. Irgendwelche Mitteilungen?" wurde „Hi, Debbie. Irgedwelche Mitteilungen?". Buffett benutzte den echten Namen seiner Sekretärin Debbie Bosanek.

In dieser Folge macht sich die kriminelle Opal Cortlandt (Jil Larson) an Buffett heran, weil sie möchte, daß er das Unternehmen ihres Mannes finanziert. Buffett sagt am Telefon in der ABC-Zentrale: „Debbie, geh jetzt keinesfalls weg. Es könnte sein, daß ich deine Hilfe brauche."

Nachdem Cortlandt, ein Vamp mit wilder Frisur, sich über den Schreibtisch lehnte und gurrte „Ist das Schicksal oder so etwas?", wies er sie ab und fragte zuerst, ob sie ihre Erziehung vergessen hätte; schließlich fertigte er sie ab: „Cap Cities ist schließlich keine Kreditanstalt."

Bei der Jahreshauptversammlung von Berkshire im Jahr 1992 sagte Buffett, daß ihm, weil es die Regeln der Gewerkschaften so vorschreiben, für seinen Auftritt im Jahr 1991 300 $ gezahlt wurden und außerdem habe er 10 $ als Kleidergeld erhalten; er fügte hinzu, daß diese Zuwendung angemessen gewesen sei.

An der Wand in seinem Büro, gegenüber seinem Schreibtisch, hängt ein kleines Foto von Buffett, Murphy und Susan Lucci zusammen mit der Quittung über die Gage, die er erhalten hatte.

Als Buffett einem Besucher einmal den Beleg über die 10 $ Kleidergeld zeigte, sagte er: „Meine Tochter glaubt, daß dies ungefähr der Betrag ist, den ich für meine Garderobe ausgebe."

Und Charles Murphy, der Vizepräsident von Berkshire: „Buffetts Kleidung hat schon ein gewisses Maß an Belustigung in der Geschäftswelt hervorgerufen."

„Er sieht aus wie ein alter College-Professor", sagt Aktienbroker Cliff Hayes aus Omaha, der jahrelang einige der Aktientransaktionen - einschließlich der Transaktionen der *Washington Post* und von GEICO - abwickelte, die Buffett zum berühmten Milliardär machten. „Oft läuft er in Freizeitkleidung herum." Ein anderer Beobachter meint: „Er sieht aus wie ein Bauer, der sich feingemacht hat."

Ein anderer sagte einmal: „Wenn er nicht diesen Heiligenschein über seinem Kopf trüge, dann würde ich ihn nicht erkennen, wenn er mit drei anderen hier hereinkäme." Seine Kleidung ist oft ein wenig zerknittert.

Seine Krawatte ist oft zu kurz gebunden und reicht ihm nur bis 10 Zentimeter über den Gürtel. Seine Schuhe sind manchmal abgetreten. Sein Anzug und seine Krawatte passen selten zueinander. Wenn er einen Anzug trägt, dann ist der konservativ und von der Stange - nur wenige sind von gutem Schnitt, obwohl seine Familie ihm einige geschenkt hat, um sein Erscheinungsbild zu verbessern.

Sein Haar ist nicht gefönt oder bis zur letzten Strähne gebürstet. Statt dessen sieht es aus, als sei er am Morgen mit den Fingern durch seine Haare gefahren und hätte danach seinen Tag begonnen.

Buffett macht sich als erster über sein Aussehen lustig. Einmal erzählte er Kunden von Salomon während einer Telefonkonferenz, daß sie in einer bevorzugten Situation seien - sie könnten ihn hören, müßten ihn aber nicht sehen.

Buffetts Ansichten über Kleidung passen zu seinen Ansichten über die meisten anderen Dinge. „Ich kümmere mich nicht besonders um materielle Dinge" (*Esquire*, im Juni 1988).

Aber während seine materiellen Wünsche sehr langweilig sind, ist seine Persönlichkeit strahlend, und neben ihm nimmt sich Johnny Carson wie ein Katatoniker aus. Viele Menschen haben seine ungewöhnliche und außerordentliche Persönlichkeit auf verschiedenste Art beschrieben: „...hat ein fast fotografisches Gedächtnis ...", „... hat früher Lexika gelesen...", „... sein Gehirn ist wie ein Lexikon, verfügt über eine enorme Konzentrationsfähigkeit...", „... ist ein sehr schneller Leser ...", „... es gibt niemanden, der ihm in der Fundamentalanalyse überlegen ist."

Wenn man Leute bittet, sich kritisch über ihn zu äußern, dann hört man Aussagen wie diese: „Er braucht Hilfe, wenn er das Radio einschalten will." „Er kann kaum sein eigenes Auto anlassen." „Ich glaube nicht, daß er einen neuen Teppich oder ein neues Möbelstück in seinem Haus hat." „Ich glaube nicht, daß er ein Telefaxgerät bedienen kann." Und Buffett gibt zu: „Ich habe gewisse Schwierigkeiten, wenn ich das Licht einschalten will."

Buffett kann 100prozentig den Eindruck des zerstreuten Professors erwecken - wirres Haar, zerknitterte Kleidung, die Sprechweise und das Lachen der Mittelwesterner.

Wenn er zu sprechen beginnt, dann werden die Menschen sehr aufmerksam, weil er komplexe Probleme kristallklar darstellen, durchdringen und auf leichtverständliche Weise zusammenfassen kann. Er ist ein Meister der Kommunikation mit einzigartiger mündlicher und schriftlicher Ausdruckskraft.

Buffett spricht mit den Leuten so, als wären sie ebenso intelligent wie er. Irgendwie schafft er es, den Menschen für einen Augenblick das Gefühl zu geben, sie könnten seinen Überlegungen folgen. Dieses Gefühl kann er vermitteln, weil Buffett sich so präzise ausdrücken kann, daß die meisten Zuhörer wirklich verstehen, worüber er spricht - auch wenn es um sehr komplizierte geschäftliche Strategien geht.

Im November 1986 kam Buffett in Omahas Red Lion Inn, weil er mit dem *Channels Magazine* ein Interview vereinbart hatte. Der Herausgeber der Westküstenausgabe berichtet, daß Buffett Khakihosen, ein Sakko und eine Krawatte getragen habe. „Ich habe mich für Sie fein gemacht", grinste er.

Auch wenn das *Wall Street Journal* einmal berichtete, er trüge italienische Designeranzüge für 1.500 $, so trifft das nur auf sehr seltene Gelegenheiten zu. Seine Tochter Susan erzählt: „Einmal war ich mit meiner Mutter in der Stadt, und sie meinte, wir sollten ihm einen neuen Anzug kaufen. Wir waren es einfach satt, ihn immer nur in den Klamotten zu sehen, die er schon 30 Jahre lang trug. Und so kauften wir ihm einen Kamelhaar-Blazer und einen blauen Blazer, damit er etwas Neues hatte. Ich mußte sie zurückbringen. Ich habe einen Kamelhaar-Blazer und auch einen blauen Blazer, und das meinte er ernst. Ich brachte sie zurück.

Dann ging ich nochmals weg, ohne daß er es wußte, und suchte einen Anzug aus. Ich achtete nicht einmal auf das Preisschild. Ich suchte nach etwas Bequemem und Konservativem. Er trägt nichts, was nicht sehr konservativ aussieht. Er probierte den Anzug an. Der war sehr bequem, und auch er achtete nicht auf den Preis. Der Anzug war langweilig und konservativ, und so kaufte er gleich mehrere."

Susan ergänzte: „Er trägt seine Kleidung so lange, bis man fast hindurchsehen kann."

Natürlich könnte es niemanden wirklich stören, ob er bei der Arbeit einen Smoking oder eine Badehose trägt.

Manchmal kauft Buffett einen Anzug von der Stange, läßt daran aber noch Änderungen ausführen. Ein Berkshire-Aktionär, der erzählt, er habe mit einem Schneider gesprochen, der Buffett ausstattete, und ihn gefragt, weshalb Buffett immer so aussähe, als ob ihm seine Anzüge nicht paßten. Der Schneider antwortete: „Es ist äußerst schwierig, etwas so zu schneidern, daß es wirklich paßt. Er hat praktisch keinen Hintern."

Sein sparsamer Lebensstil ist allen wohlbekannt. Katharine Graham von der *Washington Post* sagt über ihren Lehrer: „Er war extrem sparsam. Einmal, als wir zusammen in einem Flughafen waren, bat ich ihn um ein 10-Cent-Stück für das Telefon. Er ging ein Stück, um sich einen Quarter wechseln zu lassen. Warren, rief ich, ein Quarter tut es auch. Schüchtern gab er mir das Geldstück" (*Personal History*, Katharine Graham).

Katharine Graham erinnert sich an ein weiteres Ereignis: „Ich war in Virginia und las Ben Grahams Einsteigerbuch und *How to Read a Financial Report* von Merrill, Lynch, Pierce, Fenner und Smith. Ich sollte das Buch von Ben Graham sehr bald lesen, weil Warren keine Lust hatte, die geringe Strafgebühr zu bezahlen, wenn man ein Buch zu lange aus der öffentlichen Bibliothek von Omaha entliehen hat."

Ein Wirbel im Haar und eine ungebändigte Haarsträhne der dünner werdenden Kopfbehaarung, die immer herumzufliegen scheint, über einem runden, offenen und eulenhaft wirkendem Gesicht, das irgendwie zu sagen scheint „Ich komme aus dem Mittleren Westen" und das oft einen neugierigen, fragenden Ausdruck zeigt. Sein Kopf scheint irgendwie eierförmig, dunkelbraune Augen, die der Hilfe von dicken Bifokalbrillen bedürfen, gehalten von Ohren, die an die von Lyndon B. Johnson erinnern.

Er hat eine schlaffe Gangart. In seinem Bemühen, schnell dorthin zu kommen, wohin er will, scheint er immer ein wenig schneller zu gehen als normal, was so ungelenk aussieht, als wolle er beim Weg durch ein Zimmer einen Schritt einsparen.

Seine Stirn ragt hoch über ziemlich wilde, buschige Augenbrauen hinaus. Sein Mund ist groß, die Lachfalten tief eingegraben, und sehr oft grinst er ein wenig linkisch. Sein Gesicht wirkt meist unbewegt, kann aber am Bridgetisch sehr grimmig werden, wenn er sich ganz stark konzentriert.

Er hat einen schnellen, trockenen Humor, ist immer gut aufgelegt und pflegt eine sehr volkstümliche Umgangsart. Er wirkt wie eine Mischung zwischen Jack Benny und Will Rogers.

Wenn er spricht, dann kommen seine Sätze schnell und ausformuliert, im näselnden Tonfall der Mittelwesterner und voller Aufrichtigkeit.

Er hat sehr viel Energie, zeigt Entschlossenheit und ist sehr lebenslustig.

In der Art eines weisen Lehrers, der rastlos nach der Wahrheit sucht, scheint er aus voller Überzeugung seine hausgemachten Weisheiten an andere weiterzugeben, beispielsweise, wie man mit einer fehlerhaften Welt zurechtkommt, die sich in einem fehlerhaften Aktienmarkt abbildet. Buffett lehrt, daß der echte Investor sich einer unterschätzten Aktie zuwendet, die großen Wert bietet, dem perfekten Angebot. Man wartet so lange, bis das Angebot stimmt, und wenn der Preis „nur fünf Zentimeter über dem Nabel liegt", dann steigt man aus.

Wie alle großen Lehrer ist er auch ein wißbegieriger Schüler. Die Ursachen für seinen Erfolg sind sein gesunder Menschenverstand, sein eigenes Genie und seine lebenslangen Studien des Gebiets, das ihn am meisten interessiert - der Wirtschaft. Es ist, als hätte Buffett zwei Gehirne und eines von beiden dächte immer an Geschäfte. Es schläft auch niemals. Das andere Gehirn beschäftigt sich mit Dingen von öffentlichem Interesse, spricht mit Freunden und spielt Bridge oder Golf.

Sein Aufgehen in Wirtschaftsangelegenheiten hat seinem Witz und seinem Sinn für feinsinnigen Humor keinerlei Abbruch getan. Dabei spielt es keine Rolle, ob er sich selbst, die Wall Street oder allgemeine menschliche Verhaltensweisen auf die Schippe nimmt.

Eine lange Sorgenfalte verläuft, etwas links von der Mitte, über seine Stirn. Man möchte glauben, das komme vom jahrelangen intensiven Nachdenken, von der Lektüre vom *Wall Street Journal*, *Value Line* und *Moody's*, der wichtigsten Wirtschaftszeitschriften wie *Forbes*, *Fortune* und *Business Week* ebenso wie von der Lektüre von Publikationen wie *American Banker*, von Hunderten von Geschäftsberichten und der Werke klassischer Wirtschaftswissenschaftler wie David Ricardo. Buffett ist Abonnent von Henry Emersons *Outstanding Investor Digest* und witzelt, Lesen sei eine gute Möglichkeit, um mit Munger, dem zweiten Mann bei Berkshire, mithalten zu können. Ein Teil seiner Wochenendlektüre ist oft das Magazin *Barron's*, das er sich in Cris' Rexall Drugstore, heute Kohll's Pharmacy, holt.

Buffett ist eifriger Leser einer riesigen Anzahl von Geschäftsberichten. Er läßt sich die Berichte direkt schicken und nicht über die langsame Bürokratie der Brokerfirmen, die manchmal mehrere Wochen später liefern. Seinen Aktionären empfiehlt er, es auch so zu machen - mindestens eine Berkshire-Aktie auf den eigenen Namen eintragen zu lassen.

Sein Verhalten ist ehrlich, und seine Art ist offen und gerade heraus. Sehr oft wird er als volkstümlich, hausbacken und heimatverbunden beschrieben.

Einmal rief ein Pilot von Peter Kiewit & Sons, der auch die Berkshire-Maschine fliegt, in Buffetts Büro an, um zu fragen, ob Buffett irgendwo eine Reservierung für das Mittagessen brauche. Buffetts damalige Sekretärin Gladys Kaiser antwortete, man solle sich da keine Sorgen machen, Buffett brauche nichts.

„Er kam mit seiner Mutter und einem Picknick-Korb zum Flughafen", erzählt der Aktienbroker George Morgan. (Morgan arbeitet für die Brokerfirma Kirkpatrick, Pettis in Omaha. Buffetts Vater Howard Homan Buffett war bei Buffett & Falk, einer Brokerfirma, die 1931 gegründet wurde und sich 1957 mit Kirkpatrick zusammenschloß.)

Buffetts Mittagessen besteht oft aus Popcorn, Kartoffelchips und Cherry Coke. Sein Speiseplan beeindruckt die Ärzte nicht besonders, aber sie attestieren ihm, daß er gesund ist. Vor kurzem begann Buffett auf einem Heimtrainer zu laufen und schränkte den Verzehr von Junk Food ein wenig ein.

An einem Sonntag Mitte der 80er Jahre konnte Buffett eine kleine Rechnung nicht begleichen.

„Er futterte Fritten oder ähnliches und trank dazu ein Malzbier, und ich merkte, daß er irgendwie Schwierigkeiten hatte, seine Rechnung zu bezahlen", erinnert sich Lee Pratt, eine pensionierte Lehrerin, die mit Buffetts Mutter lange Zeit Bridge gespielt hatte. „Ich sagte: ‚Warren, kann ich dir irgendwie helfen?', und er antwortete: ‚Das ist jetzt ziemlich peinlich.'"

Die Rechnung lautete über 3.49 $, und Buffett konnte nicht bezahlen, weil er seinen Kindern das Kleingeld gegeben hatte und nur noch einen 100-$-Schein bei sich hatte, den die kleine Bude nicht wechseln konnte. Pratt übernahm die Rechnung. „Am nächsten Tag schickte er einen Scheck mit einem Brief, in dem er schrieb, nachdem er bei mir nun kreditwürdig sei, wollte er die Kreditlinie auf 5 Dollar anheben."

Sie sagte, sie sei so geehrt gewesen, einen von Buffett unterschriebenen Scheck zu besitzen, daß sie ihn nicht einlöste und ihm schrieb, er könnte auf seinen Auszügen nachsehen, aber die Rechnung bräuchte er nicht zu bezahlen. (Niemand würde einen von Picasso unterschriebenen Scheck einlösen.) Beim nächsten Bridgeabend brachte mir seine Mutter 3,50 $ in bar."

Buffett zahlt seine Rechnungen immer sehr gewissenhaft, aber er verlangt auch prompte Zahlung, wenn er der Empfänger ist. Er nutzt sogar Rabattcoupons.

Einmal aß Buffett im French Cafe zu Abend. Zuvor präsentierte er dem Kellner Chris Nisi einen Gutschein über 3,95 $. „Ich möchte, daß diese Gutschrift auf der Rechnung erscheint." Als die Rechnung kam, kontrollierte er sie genau und fand auch die Gutschrift. Er lachte die ganze Zeit darüber, aber nahm es doch auch ernst.

Coupons zu nutzen, ist für den Zauberer von Omaha keine einmalige Angelegenheit. 1990, als der Aktienkurs von Berkshire auf Talfahrt ging, kam Buffett zu Bronco's, einem Hamburger-Drive-in mitten in Omaha. Er legte den Gutschein vor und sagte: „Das (der Kursrückgang seiner Aktien) ist doch kein Grund, daß ich hier nicht mein Mittagessen kaufen darf, oder?"

Eine Kellnerin in Ross's Steak House (gegenüber vom Nebraska Furniture Mart, bis das Steakhaus im Jahr 1996 seine Türen für immer schloß),

wo Buffett öfter mit den Blumkins, die den Möbelmarkt betrieben, das
Abendessen einnahm, erinnert sich, daß sie Buffett anfangs 1993 bedient
hatte: „Er war mit dem Abendessen fertig, die Rechnung lag vor ihm, da
bestellte er noch einen Shirley Temple. Er sagte, ich solle eine neue Rechnung anfangen. Sie belief sich auf 1,50 $, und er vergaß, sie zu bezahlen.
Seitdem gibt es hier den Witz, ich hätte Buffett einen ausgeben müssen",
lachte sie.

Ein Angestellter von Berkshire aß einmal mit Buffett in einem Restaurant in Omaha zu Abend und erzählt, Buffet habe an der Wand plötzlich
eine Küchenschabe entdeckt. „Ich habe gesehen, wie eine internationale
Ikone nach einer Küchenschabe schlug."

Taxifahrer und Kellner berichten, daß Buffett angemessene aber keine
besonders großzügigen Trinkgelder gebe.

Trotz seiner sehr volkstümlichen Art sind es die Angesehenen und
Mächtigen, die seinen Rat suchen. Als die Gettys 1984 in Fusionsdiskus-
sionen verwickelt waren, flog Ann Getty nach Omaha, um sich von Buffett
beraten zu lassen.

Buffetts umgängliche und bodenständige Art verbirgt einen sehr intellektuellen Menschen. Gelegentlich zieht er sogar eine schwarze Krawatte
an wie damals, als er Katharine Graham von der *Washington Post* zur Party
anläßlich ihres 70. Geburtstags begleitete. Er dinierte mit Ronald und
Nancy Reagan und saß bei einer Dinner-Party neben Barbara Bush und Jane Muskie. Er war auch bei Bill Clinton zu vertraulichen Dinners im
Weißen Haus.

Aber er versucht, nicht an jedem gesellschaftlichen Ereignis teilnehmen
zu müssen und im September 1993 sagte er eine Einladung von Katharine
Graham zu einem Dinner mit Präsident Clinton in Martha´s Vineyard ab
(*Forbes*, 18.10.1993).

Am 27. August 1994 jedoch kam er zu einer Golfrunde mit Clinton
nach Martha´s Vineyard. „Ich kann euch eine Sensationsmeldung geben",
sagte er dem *Omaha World Herald* am 29.8.1994. „Der Präsident hatte am
neunten Loch 39 mit einigen Birdies." Buffett sagte, er spielte mit Clinton
immer nur die ersten neun Löcher, der bis zum 18. Loch mit Bill Gates
weiterspielte. „Der Präsident beendete die Runde mit 83 Schlägen", erzählte Buffett. „Mit mir spielte er besser als mit Gates."

Anfang 1998 war Buffett unter den Reichen und Mächtigen bei einem
formellen Dinner im East Room des Weißen Hauses, das Präsident Bill
Clinton für den britischen Premierminister Tony Blair gab. Mrs. Buffett saß
neben Clinton, Mrs. Blair auf der anderen Seite. Unter den geladenen Gästen waren außerdem: Steven Spielberg, Barry Diller, Jack Welch, Tom

Hanks, Ralph Lauren, John F. Kennedy jr., Tina Brown, Anna Wintour, Barbara Walters und Peter Jennings (*Time*, 16.2.1998).

Buffett tauchte auch an Luxusstränden wie Lyford Cay auf. Er war bei den Olympischen Winterspielen 1988 in Calgary, wo ihn Agnes Nixon, die Autorin von *All My Children* zu seinem ersten Auftritt in einer Seifenoper überredete.

Am 16. März 1993 nahm Buffett an der mit Berühmtheiten gespickten Party im „21" teil, die anläßlich der Erstaufführung der Fernsehversion von *Barbarians at the Gate*, der Geschichte der RJR Nabisco-Übernahme, gegeben wurde. James Garner, der im Film den RJR Vorsitzenden Ross Johnson gespielt hatte, war mit Lauren Bacall, Robert und Georgette Mosbacher und Carl Icahn ebenfalls anwesend. Es gab Oreo-Plätzchen und Kaviar.

In dem Buch *Lilly* über die Bühnenautorin Lillian Hellmann von Martha's Vineyard erschien ein Foto von Buffett. Darauf sieht man Buffett in Sportschuhen, langen Hosen, einem Golfhemd und mit einem weißen Hut auf einem Dock stehend, zusammen mit Lillian Hellman, Barbara Hersey (der Frau des Schriftstellers John Hersey) und dem Autor William Styron.

Im Juli 1993 kam Buffett nach Sun Valley in Idaho zu einer Investmentkonferenz, zu der der Investmentbanker Herbert Allen eingeladen hatte. Unter den Teilnehmern waren auch Gerald Levin, der Vorsitzende von Time Warner, Sumner Redstone und Frank Biondi von Viacom International, H. Wayne Huizenga von Blockbuster Entertainment, Tom Pollock von Universal Pictures, Jeffrey Katzenberg von Disney, Robert Wright von NBC, John Malone von Tele-Communications (der größten Kabelgesellschaft in den USA) und Barry Diller von QVC. Außerdem waren auch Spitzenmanager von Coca-Cola, McDonald's, Fidelity Investments und J.P. Morgan anwesend (*New York Times*, 15.8.1993). Im September 1995 unternahm er eine Reise nach Irland, unternahm mit dem Vorsitzenden von Microsoft, Bill („Ein Computer auf jedem Schreibtisch und in jedem Haushalt, und alle laufen mit Software von Microsoft") Gates eine Eisenbahnreise durch China und besuchte eine Sitzung des Aufsichtsrats von Coca-Cola in der Schweiz.

Buffett ist Mitglied des Alfalfa-Clubs (der Name geht auf eine Pflanze zurück, deren Wurzeln alles für einen Drink tun würden). Die Gruppe von 225 Leuten, die einen kräftigen Schluck vertragen, trifft sich einmal jährlich, um Scotch zu trinken und Frotzeleien auszutauschen. Am Abend des Dinners 1997 bat Präsident Bill Clinton die Gruppe, mit ihm zusammen eine „Brücke über das 22. Amendment" zu gründen, über das Gesetz hinweg, das die Amtszeit des amerikanischen Präsidenten auf zwei Amtsperioden begrenzt. An diesem Abend waren neben Buffett auch so hervorragende Männer wie Colin Powell, der oberste Richter des Supreme Court William Rehnquist, Michael Eisner von Disney und Jack Valenti, Chef der Motion Picture Association of America zugegen (*The Washington Post*, 27.1.1997).

Buffett, kein Tölpel, kann stundenlang über Geschäfte, Politik, Literatur oder die Rechtsordnung sprechen.

In einem Beitrag für die *Washington Post* schrieb er, daß es einen Weg gebe, um die Staatsverschuldung unter Kontrolle zu halten. Man müsse ein Gesetz erlassen, das Abgeordneten die Wiederwahl verwehre, wenn während ihrer Legislaturperiode das Defizit größer ist als 3 % des Bruttoinlandproduktes.

Er war einer der 19 Vorstandsvorsitzenden, die in einer Anzeige im *Wall Street Journal* am 14. Juli 1997 eine Ende der heimlichen Spenden für Wahlkämpfe forderten (*Omaha World-Herald*, 29.8.1997).

Trotz seiner Witze über sein technisches Unverständnis, insbesondere über Computer, hat er sich mit Bill Gates stundenlang unterhalten. Die Redakteurin der Kommentarseite der *Washington Post*, Meg Greenfield, stellte die beiden Milliardäre einander am 5. Juli 1991 bei einem Picknick im Haus der Eltern von Gates vor. Die beiden haben zusammen Footballmatches zwischen Nebraska und Washington besucht und verbrachten, zusammen mit anderen Wirtschaftskapitänen, eine Woche auf den Bermudas. Dies war in Zusammenhang mit einem Treffen der „Buffett Group", eines engen Kreises von Freunden, die sich alle zwei Jahre treffen, um Belange der Weltpolitik zu diskutieren. Buffett, der Microsoft schon mehrmals besuchte, empfahl Gates, die Bücher von Benjamin Graham zu studieren.

Gates wurde einmal gefragt (*Forbes ASAP*, Dezember 1992): „Wer ist Ihrer Meinung nach der beste Vorstandsvorsitzende außerhalb von Microsoft?"

Milliardär Bill antwortete: „Warren Buffett. Der Kerl denkt. Ich mag Leute, die nur denken. Sie verfallen nicht in die überkommenen Weisheiten."

Buffett, der sich und Gates „ein ungleiches Paar" nennt, gab das Kompliment in einem Beitrag in *Fortune* (29. Dezember 1992) zurück: „Ich bin nicht so kompetent, seine technischen Fähigkeiten beurteilen zu können, aber seine Geschäftstüchtigkeit ist außerordentlich. Hätte Bill einen Hot-Dog-Stand aufgemacht, wäre er heute der Hot-Dog-König der ganzen Welt. Er gewinnt jedes Spiel. Er wäre auch in meinem Geschäft gut, ich aber nicht in seinem."

(Photo by Pat Kilpatrick)

Bill Gates, der Chef von Microsoft bei der Hauptversammlung 1997. Buffett über Gates: „Er ist wahrscheinlich der intelligenteste Kerl, den ich je kennengelernt habe." Gates über Buffett: „Der beste Vorstandsvorsitzende ... denkt er."

Buffett sagte *Forbes* am 18. Oktober 1993: „Bill ist ein guter Freund, und ich denke, er ist der intelligenteste Kerl, den ich je kennenlernte. Aber ich weiß nicht, was diese kleinen Dinger (Computer) machen. Ich persönlich kaufte an dem Tag, als ich ihn traf, 100 Microsoft-Aktien (nicht für Berkshire), um die Berichte zu bekommen", sagte er auf der Berkshire-Jahrsversammlung 1995. Buffet glaubt nicht, daß Berkshire und Microsoft miteinander Geschäfte machen würden. Er verstünde nichts von Computern. „Wenn ich früher an einem PC vorbeiging, dann hatte ich Angst, er würde mich beißen. Aber nachdem ich mich einmal damit beschäftigte, war es einfach. Bridge spielen ist das einzige, was ich mit dieser Maschine anfangen kann" (*Warren Buffett Speaks*, Janet Lowe). Dennoch sind die Medien ein erfüllendes gemeinsames Interessengebiet für die beiden reichsten Menschen auf der Welt.

Gates sagte, er habe beim Schreiben seines Buchs *The Road Ahead* (*Der Weg nach vorn*) den Nicht-Techniker Buffett im Sinn gehabt, als er an seine Leser dachte: „Warren Buffett, der für sein Investmentgespür berühmt ist, ist ein guter Freund von mir. Jahrelang versuchte ich, eine Möglichkeit zu ersinnen, wie ich ihn dazu bringen könnte, einen PC zu benutzen. Ich habe ihm sogar angeboten, zu ihm zu fliegen und ihm beim Einstieg zu helfen. Er war so lange nicht daran interessiert, bis er herausfand, daß er mit seinen Freunden im ganzen Land über die Online-Dienste Bridge spielen konnte. Die ersten sechs Monate kam er nach Hause und spielte stundenlang. Trotz der Tatsache, daß er sich immer bemüht hatte, sich von Technik und Investitionen in Technologie fernzuhalten, probierte er den Computer einmal aus - und hatte den Köder geschluckt. Nun nutzt Warren die Online-Dienste wesentlich mehr als ich."

Wenn Buffett sagt, er sei kein Experte im Computergeschäft, dann meint er es auch. Am Anfang seiner Karriere lehnte er das Angebot eines Verwandten ab, in das aufstrebende Control Data, das große Computerunternehmen in Minneapolis, zu investieren (*Regardie's*, Februar 1986).

In einem Seminar, das *Fortune* im Frühjahr 1995 in Palm Springs veranstaltete, überraschte Carol Loomis die Teilnehmer, die gerade beim Frühstück waren, indem sie Bill Gates und Warren Buffett so vorstellte: „Einer dieser beiden Männer ist der reichste Mann in Amerika, und der andere ist der zweitreichste" (*Fortune*, 1.5.1995).

Gates in einem Artikel über seine Freunschaft mit Buffett in einem Beitrag für die *Harvard Business Review* (Januar/Februar 1996): „Kürzlich machten wir mit unseren Frauen in China Urlaub. Ich halte seine Witze für sehr lustig. Außerdem halte ich seine Ernährungsweise - jede Menge Hamburger und Cola - für hervorragend. Mit einem Wort, ich bin ein Fan...

Erst wenn man mit Warren zusammen ist, dann weiß man, wie sehr er seine Arbeit liebt. Das wird auf mehrere Arten sichtbar. Wenn er etwas erklärt, dann ist es nicht die ‚Ich kenne mich da gut aus und werde dich jetzt beeindrucken'-Masche. Es klingt eher wie: ‚Das ist wirklich interessant und auch ganz einfach. Ich erkläre es dir schnell und du wirst feststellen, daß ich ziemlich dumm bin, weil ich so lange brauchte, um das herauszufinden.'

Wir sind gegenüber dem anderen sehr offen und aufrichtig und keineswegs Widersacher. Unsere Geschäfte haben kaum Überschneidungen, obwohl seine World Book Encyclopedia mit meiner Microsoft Encarta konkurriert. Warren läßt die Finger von Technologie-Unternehmen, weil er gern dann investiert, wenn er die Gewinner schon ein Jahrzehnt im voraus vorhersagen kann - fast unmöglich, wenn es dabei um Technologie geht."

Time brachte am 13. Januar 1997 eine Titelgeschichte über Gates und rief bei Buffett wegen eines Interviews an: „Buffetts Sekretärin erklärte entschuldigend, Buffett gäbe zur Zeit keine Interviews und wäre im Moment auf Reisen, aber sie würde die Anfrage weiterleiten. Weniger als drei Stunden später rief Buffett an und sagte, er sei zufällig im Time Life Building und hätte zwischen seinen Besprechungen in Manhattan ein wenig Zeit. Er käme gern für ein Interview vorbei. Er spricht gern über Gates."

Buffett erzählte Geschichten über Gates Familie, die Warren und Susan in San Francisco besucht hatte. Der Besuch endete mit einem neunstündigen Bridgeabend.

Aus der Titelgeschichte von Time: „Gates drehte für Buffetts Geburtstag einen Film. Er zeigt Gates, der durch das Land zieht und Geschichten über Buffett sucht. Inzwischen ruft er immer wieder aus Telefonzellen bei Melinda an und erzählt diese Geschichten. Nach jedem Anruf sieht man, wie Gates das Rückgabefach auf Münzen kontrolliert, ob da nicht noch etwas drin sei. Als sie anmerkt, daß Buffett nur der zweitreichste Mann des Lan-

(Photo by Kiley Christian Cruse)

Walter Scott, der Vorsitzende von Peter Kiewit, links, Buffett und Gates besuchten 1997 das Footballspiel Nebraska - Washington. „Ich wollte mein Haus gegen sein Haus wetten, aber er lehnte ab", erzählt Buffett. Gates hat für etwa 47 Mio. $ ein Haus am Lake Washington errichten lassen. Buffetts Haus in Omaha ist zu versteuernde 385.000 $ wert (Omaha World-Herald, 20.9.1997). Ja, das Ding zwischen den beiden reichsten Männern der Welt ist ein Pepsi-Becher. Das Huskie-Stadion in Washington bietet nur Pepsi an. Buffett gab vor, das Pepsi gehörte Gates und fügte hinzu: „Als ich sah, daß Pepsi Washingtons offizielles Erfrischungsgetränk ist, wußte ich, daß wir das Spiel gewinnen würden" (Omaha World-Herald, 23.9.1997).

des sei, informiert Gates sie, daß Buffett auf der neuen Forbes-Liste (zumindest für dieses Jahr) die Spitzenposition wiedererlangt hätte. Plötzlich ist die Leitung tot. ‚Melinda, Melinda', stottert Gates, ‚bist du noch da? Hallo?'"

In jungen Jahren arbeitete Buffett für einige städtische Einrichtungen und setzte sich für Organisationen wie Planned Parenthood oder den örtlichen Boys Club ein - aber heute hat er sich so viele Dinge aufgehalst, daß er für kommunale oder wohltätige Angelegenheiten nicht mehr viel Zeit hat. Deswegen gibt es in Omaha einiges Murren. Er hat aber der örtlichen United Way, Bildungseinrichtungen allgemein und auch der AIDS-Aufklärung Spenden zukommen lassen. Er hat auch einige Spendensammelaktionen in Omaha unterstützt. Beispielsweise bot er für eine Eisbären-Krawatte 44.000 $. Die Krawatte, auf der die großen weißen Tiere abgebildet sind, wurde auf der Veranstaltung für den Henry Doorly Zoo von Kiewits Vorsitzendem Walter Scott versteigert. Das erste Gebot lag bei 5.000 $, doch die Versteigerung endete erst bei Buffetts 44.000-$-Gebot, das er aus der eigenen Tasche bezahlte (Omaha World-Herald, 6.9.1997).

Buffett konzentriert seine Wohltätigkeitsbemühungen auf die freie Entscheidung für oder gegen Verhütungsmittel (pro-choice). Im übrigen hinterläßt er seinen Reichtum der Buffett Foundation, die ihn der Gesellschaft wiedergeben wird.

Einige beschreiben Buffett als einsiedlerisch. „Er fühlt sich in der Umgebung von Menschen, die er nicht kennt, nicht wohl. Er ist sogar ein wenig schüchtern. Er mag keine Partys... Er wäre in einem Einzimmerappartment mit seinem *Wall Street Journal*, dem Fernseher und einer Pepsi (heute wäre es Coca-Cola) sehr glücklich", sagte seine Tochter Susan (Register, Februar 1984). Einer von Buffetts Freunden, der Anfang der 80er Jahre mit ihm zusammen eine Silvesterparty besuchte, erzählt, Buffett hätte die meiste Zeit in einer Ecke verbracht und die Zeit totgeschlagen, bis er endlich wieder gehen durfte. Nachbarn sehen ihn selten. Statt dessen bleibt er im Haus und liest oder besucht Aufsichtsratssitzungen von Unternehmen, die mit Berkshires weitgespanntem Imperium zu tun haben. In seinem Büro besuchen ihn nur sehr wenige Leute - vielleicht erhalten zwei oder drei Leute pro Woche eine kurze Audienz, Aktienbroker und Analysten sind nicht dabei.

Er hat jedoch außerordentlich viele Freunde, mit denen er per Brief oder Telefon in Kontakt bleibt. Gelegentlich hält er Vorlesungen an Universitäten wie Columbia, Stanford, Harvard, Notre Dame, Vanderbuilt und Creighton in Omaha. Die Amos Tuck School in Dartmouth bewegte ihn dazu, im Mai 1993 bei der Einweihung der Byrne Hall zu Ehren seines langjährigen Freundes Jack Byrne, eines Spitzenmanns im Versicherungs-geschäft, der auch Vorsitzender von GEICO und Fund American Enterprises war, eine Rede zu halten.

Buffett geht fast nie ins Fernsehen und gewährt nur selten Interviews. Wenn er mit Freunden zusammen ist, dann ist er jedoch sehr gesellig. Er verbringt sehr viel Zeit mit Lesen und Lernen. Obwohl ihn einige Leute als schüchtern beschreiben, kann er reden wie ein Buch und Unterhaltungen dominieren.

Und wenn er schüchtern ist, dann bedeutet das nicht, daß er kein Ver-trauen in seine Fähigkeiten hat. Immerhin hat er schon immer, seit jungen Jahren, gesagt, daß er einmal reich sein würde. Wenn jemand in seinem Schlafzimmer eine Investmentgesellschaft gründet, dann muß er Selbst-vertrauen haben und allen widerstehen, die ihm einreden wollen, er solle doch einen vernünftigen Beruf ergreifen.

Buffetts äußere Erscheinung ist nicht besonders beeindruckend. Wenn er jedoch zu sprechen beginnt, dann hören die Leute auf jedes seiner Wor-te. Seine achtunggebietende Persönlichkeit ist ein Spiegelbild seiner begei-sternden intellektuellen Kraft. Buffett selbst ist sehr anspruchslos, ist sich aber bewußt, daß er als Volksheld gilt und daß die Wall Street - und an-dere - jede seiner Bewegungen beobachten.

„Ich beobachte auch jede meiner Bewegungen, und mich beeindruckt nicht, was ich sehe", lacht er.

Auch dort, wo sein Ruhm offensichtlich sein könnte, ist er es manch-mal nicht. Das Who is Who in America erwähnt ihn nur sehr kurz und be-schreibt ihn als Geschäftsmann. Das wäre so, als ob man Babe Ruth lediglich als Baseballspieler erwähnte. Der World Almanac (1994, Seite 317) verzeichnet Buffett immerhin als „bekannte Persönlichkeit", schreibt aber seinen Namen fehlerhaft!

Buffett, obwohl er sich nicht viel aus Smalltalk macht, ist offen, zu-gänglich, aufrichtig und fröhlich. „Mit ihm kann man wie mit einem Nachbarn sprechen", sagt Ronald K. Richey, der Vorsitzende von Torchmark, einem Versicherungs- und Finanzdienstleistungsunterneh-men in Birmingham, Alabama, an dem Berkshire einen kleinen Anteil hält-ungefähr 10 Mio. $. Für Berkshire ist das klein.

„Einmal rief er bei uns an und sagte, er wollte sich mit uns treffen", er-innert sich Richey. Richey, der sich zu dieser Zeit in Torchmarks New Yor-ker Büro aufhielt, sagte, er würde sich freuen, Buffett, ganz gleich wo, zu treffen, auch in Omaha. Buffett, der zu dieser Zeit ebenfalls in New York war: „Oh nein, ich weiß wo Sie gerade sind. Ich komme mal schnell ´rü-ber."

Richey erzählt, Buffett sei schon kurze Zeit später bei ihm gewesen und habe ihm und Jon Rotenstreich, dem damaligen Vorsitzenden von Torchmark, gesagt, er stelle für Torchmark keine Bedrohung dar, er sei lediglich ein Investor. Und dann ging er wieder.

Herbert Sklenar, der Vorsitzende von Vulcan Materials in Birmingham, der landesweit größte Produzent von Schotter, wuchs auf einer Farm in der Nähe von Omaha auf, besuchte die Benson High School und sieht Buffett bei seinen Klassentreffen. „Buffett war der zweite, den ich beim Klassentreffen 1988 traf", erinnert sich Sklenar.

Während des Klassentreffens wurden die Teilnehmer gebeten, etwas über ihr Leben zu erzählen, und Sklenar sagte, er sei bei einer Firma, die aus großen Steinen kleine Steine macht. Buffett stellte sich vor die Gruppe bot einen kleinen witzigen Investment-Tip an.

Sklenar, der in Harvard studierte und reichlich Erfahrungen mit Unternehmensfinanzierung hat, gibt zu, er würde bei dem Gedanken, mit Buffett Geschäfte zu machen zögern: „Er ist so verdammt geschäftstüchtig."

Es ist Buffetts Stil, Probleme anzugehen, die er mit seiner intellektuellen Brillianz lösen kann, sich jedoch von Problemen fernzuhalten, bei denen dies nicht zu erwarten ist. Bei vielen Gelegenheiten sagte er, er versuchte immer nur kleine Hindernisse zu überspringen und nicht solche, die zwei Meter hoch sind. Er bemüht sich immer, Sachverhalte so einfach wie möglich darzustellen, indem er vernünftige und effektive Lösungsstrategien sucht und das tut, was er sagt. Aus dem Mittelfeld werden keine 100prozentigen Treffer gelandet. Am Möglichen arbeitet er hart, das Unmögliche meidet er. Einer seiner wichtigsten Ratschläge ist, Ärger aus dem Weg zu gehen. An der Börse bedeutet das, Verluste zu vermeiden. Ähnlich wie Benjamin Franklin geht Buffett früh zu Bett und steht auch früh wieder auf. Er schläft unterschiedlich lang.

Er sieht ungefähr sieben Stunden pro Woche fern, meist Nachrichten und Sport. Er ist fasziniert von Statistiken, und seine Erinnerung an durchschnittliche Trefferquoten beim Baseball und an Nebensächlichkeiten hat geradezu enzyklopädische Ausmaße. Sein Interesse an Baseball war jedoch zu seiner High-School-Zeit am intensivsten.

Ob er Baseball sieht oder nicht, wegen seiner großen Beteiligung an Disney können Sie darauf wetten, daß Buffett sich lieber blenden ließe, als einen anderen Sender einzuschalten als ABC-TV. Disney besitzt Cap Cities, und Cap Cities wiederum besitzt ABC-TV.

Was immer er tut, er tut es mit Selbstvertrauen. „Ich hatte niemals irgendwelche Selbstzweifel. Ich war nie entmutigt", sagt Buffett (*U.S. News & World Report*, 20.6.1994).

Ein kleiner Ausschnitt seines Ego wurde deutlich, als L.J. Davis in einem Beitrag im *New York Times Magazin* (2. 4. 1990) schrieb, Buffett habe in seinem Büro keine Rechenmaschinen und keine Computer. „Ich bin ein Computer", sagte Buffett.

Was auch immer geschehen mag, viele von Berkshires Aufzeichnungen sind in Buffetts Kopf verwahrt. Einmal schrieb der kanadische Anlageberater John Hillery an Buffett und bat ihn um eine Aufstellung von Berkshires Bond-Portfolios - was zu versteuern war, was steuerfrei war, welche Anleihen einlösbar waren und wann sie ablaufen würden.

Buffett antwortete in seinem Brief am 15. 12. 1980: „Wir könnten das, was Sie über Anleihen und Ablauffristen wissen möchten in einem Bericht zusammenstellen. Wir erstellen nur wenige formelle Berichte, und das meiste von dem, was Sie wissen möchten, finden Sie eher in meinem Kopf als in einem Computerausdruck. Aber ich kann versuchen, Ihnen einige allgemeine Eindrücke zu vermitteln, wenn ich in diesem Jahr wieder in Bonds investiere."

Buffetts Büro liegt im Kiewit Plaza, einem bescheidenen Bürogebäude, weit weniger eindrucksvoll als die Zentrale der Mutual of Omaha in der Nachbarschaft, deren Gewinne aber wesentlich weniger eindrucksvoll sind als die von Berkshire. Zum Friseur geht Buffett in den Keller zum Kiewit Plaza Barber Shop, wo er als Stammkunde bezeichnet wird. Die Berkshire-Zentrale wurde ein wenig renoviert und vergrößert, so daß alles ein wenig geräumiger ist. Aber immer sind es noch weniger als 400 Quadratmeter. Die Zentrale wurde beschrieben als „Linoleum-Flure und Bettvorleger". Das ist natürlich übertrieben, aber dieses Büro ist immer noch weit entfernt von solchen mit weißen Teppichen und mahagonigetäfelten Wänden. Außen an der Tür ist ein Schild angebracht: „Kein Zutritt, außer bei vereinbarten Terminen."

Russ Fletcher, jetzt bei CAT Limited, einer Rückversicherung auf den Bermudas, hatte Mitte der 80er Jahre eine Verabredung mit Berkshires Michael Goldberg. Fletcher kam an einem Samstag zu seiner Verabredung. Er betrat das Büro und fand Buffett, der am Schreibtisch seiner Sekretärin saß und die Eingangspost öffnete. „Er hatte Jeans und einen Rollkragenpulli an... Er begrüßte mich mit Hi und wir tauschten einige Nettigkeiten aus. Er ist wirklich sehr freundlich", erinnert sich Fletcher.

Ein anderer, der 1988 bis ins Heiligtum vordringen konnte, war Michael O´Brien aus Austin, Texas. „Ich war dort, um ein Foto für Esquire zu machen... Ich fragte ihn, ob ihm der Crash angst gemacht habe. Er verneinte, denn wenn der Markt um weitere 500 Punkte gefallen wäre, dann hätte er einige Schnäppchen finden können."

Innerhalb des Hauptbüros gibt es ein kleines Konferenzzimmer und Arbeitsplätze für ungefähr ein Dutzend Mitarbeiter.

Berkshire hat noch andere Räumlichkeiten für seine Buchhalter, die für die Versicherungsbereiche verantwortlich sind, und ein Gebäude anderswo in Omaha, in dem die Computer stehen, mit deren Hilfe die komplexen Finanzabläufe im Versicherungsgeschäft kontrolliert werden, aber Berkshires bürokratischer Aufwand ist so gering, daß man es fast nicht glauben möchte.

Buffett leitet das Berkshire-Imperium von einem ziemlich kleinen Schreibtisch in der Ecke seines Büros aus, das mit Lesestoff wie dem Wall Street Journal, dem *Omaha World-Herald* und Zeitschriften geradezu vollgestopft ist. Auf dem Schreibtisch liegen manchmal Notizzettel, auf denen zu lesen ist: „Im Falle eines Atomkriegs können Sie diese Notiz vergessen."

Er hat auch andere Notizzettel. Buffett schickte mir einmal ein Foto von Don Keough, dem damaligen Vorsitzenden von Coca-Cola. Einige Berkshire-Aktionäre hatten sich auf der Jahreshauptversammlung 1991 mit Keough fotografieren lassen. Die Leute bei Coca-Cola schickten Buffett die Fotos, und er leitete sie an die Aktionäre weiter. Mein Foto kam mit einem kleinen Notizzettel, auf dem stand, er glaubte, ich würde mich über dieses Foto freuen. Die Notiz war in der üblichen Weise mit einem großen W, einem leserlichen a und einer Art Schleife, die zwei rs darstellen sollte, unterschrieben, was dann Warren bedeuten sollte. Außergewöhnlich war der Aufdruck am unteren Ende des Zettels:

„Ein absolut brilliantes Memo" - *New York Times*
„Kurz und bündig ... auf den Punkt gebracht" - *Fortune*
„Eine meisterhafte Sprachleistung" - *Atlantic*
Manchmal kritzelt Buffett Notizen wie diese auf selbstklebende Notiz-
zettel: „Ein Narr und sein Geld sind überall willkommen."

Die Besucher in seinem smaragdgrünen Büro in dem Gebäude, das der
privaten Baugesellschaft Peter Kiewit Sons´, Inc. gehört, werden neben der
Eingangstür von einer kleinen Porzellanplakette begrüßt, die Buffett von
seiner Frau bekam; auf dieser kleben dann diese Post-it-Zettel.

Erinnerungsstücke an die Börse gibt es in Massen, insbesondere solche
an den Crash von 1929. Miniaturen von Bullen und Bären stehen überall
herum. An den Wänden hängen Kursnotierungen aus dem Crash, ein Por-
trait von Buffetts Vater und ein Foto von Benjamin Graham. Außerdem
hängt da noch ein Pulitzer Preis für den Bericht seiner inzwischen aufge-
lösten *Omaha Sun* mit den Enthüllungen über Boys Town.

Sein Schreibtisch ist weder aufgeräumt noch unordentlich. „Es ist so
zwischendrin", sagt Dr. Ronald W. Roskens, der frühere Rektor der University of Nebraska, der Buffett gelegentlich in seinem Büro besuchte, um
über öffentliche oder wohltätige Angelegenheiten mit ihm zu sprechen.
„Es ist ganz einfach sinnvoll... Er versucht, die Dinge einfach zu machen ...
Hier ist ein Sofa und dort ist sein Schreibtisch. Es ist kein Abstellraum,
aber es ist auch kein Schmuckstück."

Ein kleiner Stab von ungefähr einem Dutzend Mitarbeitern einschließlich seiner Assistentin Gladys Kaiser, die seit Dezember 1967 bei ihm ist,
als sie als Zeitarbeiterin zu ihm kam. 1993 ging Gladys in den Ruhestand,
und Debbie Bosanek erhielt ihren Job. Mrs. Kaiser trifft Buffett immer
noch einmal monatlich zum Mittagessen.

Buffett sagte einmal über sie: „Ohne sie würden die Dinge hier einfach
nicht laufen... Ich wünsche ihr Unsterblichkeit. Und wenn sie die nicht
haben kann, dann möchte ich sie auch nicht" *(Fortune)*.

Einer der wenigen, die ganz eng mit Buffett zusammenarbeiten, ist
Michael Goldberg, ein starker, hart arbeitender Mann, der lange Zeit
Berkshires verschiedene, über das ganze Land ausgedehnte Versicherungs-
aktivitäten leitete, und der auch stellvertretender Vorsitzender blieb. „Er
ist so verdammt intelligent und schnell, daß die Menschen um ihn herum
immer den mentalen Druck verspüren, sein Tempo zu halten. Man
benötigt ein starkes Ego, um in der Zentrale zu überleben", erzählte Goldberg Buffetts Freundin und Chronistin Carol Loomis von *Fortune*.

Goldberg, der die University of Columbia, die Northwestern University und Stanford Business School besuchte, kam als junger Mann zu Berk-

(Omaha World-Herald)

Buffett, der nur wenig in ein Prominenten-Tennis-Match in Omaha(1992) investierte, spielt mit Pam Shriver und Martina Navratilova und dem ehemaligen NFL-Quarterback Danny White. Seine Vorbereitung war zu lernen, was „Das ist dein Ball" auf Tschechisch heißt. Doch auch das klappte nicht, denn Shriver und White gewannen das Match im Tie break.

shire, nachdem er zuvor schon leitender Angestellter bei Pacific Stock Exchange gewesen war. Er erzählte Carol Loomis: „Ich hatte die Chance, mit jemandem zu arbeiten, der geradezu unglaublich ist. Aber wie soll man an seine eigenen Fähigkeiten glauben, wenn man neben Warren Buffett arbeitet?"

Später erzählte Goldberg Linda Grant von der *Los Angeles Times* (7.4.1991): „Warren Buffett ist jemand, der immer außergewöhnlicher erscheint, je näher man ihm kommt. Wenn man jemandem über ihn erzählt, dann denkt der bestimmt, man sei ein wenig verwirrt."

Genau. Es gibt Dinge über Buffett und Berkshire, die so unglaublich sind - wie beispielsweise ein fünfstelliger Aktienkurs -, daß die Leute zunächst einmal sehr skeptisch sind.

Buffetts einziges Zugeständnis an die moderne Technologie sind zwei Telefone, die ihn mit verschiedenen Brokerhäusern verbinden, wenn es erforderlich ist. Inzwischen ist Berkshire mit High-Tech ausgerüstet - es gibt ein Telefax!

Buffett rennt durch die fünf Räume seiner Büro-Suite und holt sich seine Cherry-Coke und auch die Akten selbst aus der Ablage. Er freut sich, wenn ihm jemand zu Mittag einen Hamburger mitbringt, weil er dann am Telefon bleiben und Anrufe entgegennehmen kann. Nicht alle Anrufe drehen sich um Milliarden-Dollar-Abschlüsse. „Manchmal verwählt sich auch jemand", witzelte Buffett.

Und manchmal ist es die Bitte um einen Jahresbericht. „Ich rief 1988 bei Berkshire an, weil ich meinen Jahresbericht nicht erhalten hatte. Vor Gericht könnte ich es nicht beweisen, aber ich bin zu 99 % sicher, daß ich ihn an der Strippe hatte. ... Er sprach sehr schnell und verschluckte auch mal ganze Silben. Er fand es schrecklich, daß ich den Bericht nicht bekommen hatte", erinnert sich Dr. Wallace Gaye, ein Berkshire-Aktionär aus Durham, New Hampshire.

Dr. Gaye, ein früherer Lehrer an der medizinischen Hochschule, verließ die Welt der Medizin, um die Aktiennotierungen und die seiner Berkshire-Aktien zu verfolgen.

„Ich versuchte zu fragen, ob er Warren Buffett sei, aber ich konnte es nicht... Er war so schnell. Er sagte etwas ähnliches wie er würde es erledigen. Zwei Tage später hatte ich den Bericht", sagte Gaye.

Gilman Gunn aus Wellesley in Massachusetts, der in den späten 70er Jahren Wertpapiere für Mabon Nugent verkaufte, rief einmal Buffett an, bekam ihn auch ans Telefon und versuchte, ihm einige Aktien von Doubleday zu verkaufen - 600 Aktien, die zu je 13.000 $ gehandelt wurden.

„Er sagte, ich sollte ihm die Informationen schicken und er würde es sich einmal ansehen. Ich rief ihn ein paar Tage später an, und er sagte, er hätte es sich angesehen und entschieden, daß es nicht preisgünstig genug für ihn wäre", sagte Gunn und war erstaunt darüber, daß Buffett seine Telefonate entgegennahm.

Auch andere Leute erlebten Buffetts schnelle Antworten. Als sein Ruhm gewachsen war, bestürmten ihn wohlmeinende Menschen mit Ratschlägen für Investments. Aber er wünscht solche Ratschläge nur selten. Einmal rief ihn Ernie Williams aus Village of Golf in Florida an, ein Großaktionär bei Berkshire, und war ganz begeistert über eine Veröffentlichung, in der eine Investmentgelegenheit beschrieben wurde, die er mit Buffett teilen wollte. Buffetts Antwort: „Bitte schicken Sie die Unterlagen nicht."

Grundsätzlich ist Buffett ein Stubenhocker, der es vorzieht, in seinem eigenen Büro und in seinem eigenen Haus zu sein und seinen eigenen Überlegungen nachzuhängen. Er muß aber auch viel reisen, da er in sehr vielen Aufsichtsräten ist, und gelegentlich gelingt es ihm, sich in sein zweites Haus in Laguna Beach in Kalifornien zu verziehen.

Prahlerei und Launenhaftigkeit sind diesem Multimilliardär fremd. Menschen, die ihn jahrelang kennen, sagen, sie hätten ihn nie ärgerlich gesehen. Seine Reaktion auf brisante Situationen ist nicht Ärger, sondern Vernunft. Zu Angelegenheiten, mit denen er einverstanden ist, sagt er normalerweise: „Ja, sicher." Wenn ihm etwas nicht gefällt, dann kann seine Antwort sein: „Das können wir nicht brauchen."

Er reagiert auf die Welt, indem er sie gründlich und in einer positiven, witzigen Art untersucht. Oft zeigt er sich witzig, wenn er sich selbst mißbilligt, wie beispielsweise: „Ihr Vorsitzender hat schon wieder einen Bock geschossen." Oder er erzählt Geschichten, wie er die Softdrink-Branche über mehr als 50 Jahre hinweg studiert hat und herausfand, daß die beiden großen Rivalen auf diesem Gebiet, Coca-Cola und Pepsi-Cola, beide sehr erfolgreich waren.

Diejenigen, die mit ihm gearbeitet haben, beschreiben ihn als fast immer unterhaltsam und fürsorglich, praktisch nie gereizt. Er arbeitet hart. „Er denkt gleichzeitig über drei Dinge nach. Über Berkshire denkt er 24 Stunden am Tag nach", sagt ein Angestellter einer Berkshire-Tochter. Und dennoch sei seine Arbeit in Wirklichkeit keine Arbeit, sondern Spaß. Spaß ist für Buffett, wenn er die Geschäftswelt durch intensives Lesen kennenlernt. Seine Gesundheit war immer in Ordnung, obwohl er ein kleines Rückenproblem hat, eine Spätfolge aus der Zeit, als er noch Handball spielte. Das zwang ihn auch, beim Tennis ein wenig kürzer zu treten.

Buffett ist ein Mitglied von Augusta National, dem Golfclub, in dem das Masters-Turnier gespielt wird. Er spielte jahrelang Golf, und heute geht er gelegentlich zum Seminole Golfclub in Palm Beach, Florida, oder spielt mit Bill Gates oder Charles Munger in Pebble Beach oder Palm Springs in Kalifornien. Sein Handicap liegt bei 22. Diejenigen, die mit ihm schon gespielt haben, beschreiben sein Spiel als mittelmäßig, aber sie sagen, daß er sehr ehrgeizig ist, daß er gegen Ende einer Runde besser wird und dann, wenn das Spiel am 18. Loch noch nicht entschieden ist, meist gewinnt.

Seine Art, Golf zu spielen, ist es, sich seine beiden Mulligans (ein zweiter Abschlag, wenn der erste mißlingt, ähnlich wie beim Tennis ein zweiter Aufschlag. Nicht in den offiziellen Regeln enthalten; wird, wenn überhaupt, eigentlich nur nach Verabredung mit den Mitspielern, am Abschlag der ersten Bahn zugestanden. A.d.Ü.) für die beiden letzten Bahnen aufzuheben, erzählt einer seiner Golfpartner.

Bob Hancock, der Chef von Robert Hancock Investments in Omaha, fragte Buffett einmal, wie es ihm in Augusta ergangen sei. Buffett antwortete: „Ich habe den Ball auf mein Tee gelegt und ihn direkt ins Wasser geschlagen."

(Photo by Nancy Line Jacobs)

Das Orakel von Omaha, dessen Vorstellung von Erholung ein spannendes Bridgespiel ist, spielt hier im Omaha Bridge Studio im November 1993. Eine Dose Coca-Cola, Bruchteil eines Pennys für den Gewinn von Berkshire, steht auf dem Boden.

Einmal fragte ihn jemand, wie es ihm gelungen sei, eine 108er-Runde zu spielen. Buffett entgegnete: „Für das 18. Loch habe ich drei Putts gebraucht."

Buffett scheint Versuchungen gegenüber völlig unempfindlich zu sein - er lebt einen bescheidenen Lebensstil, geht zu einigen Parties, raucht nicht, trinkt sehr wenig, außer Cherry Coke, die er über alles liebt. Bezüglich Alkohol oder Rauchen ist Buffett kein Moralapostel. Er findet einfach nichts daran.

Er meidet sogenannte Moderestaurants und geht in Omaha ins Gorat's Steakhouse mit seinen „Go Big Red"-Schildern, um am Abend ein Steak mit Kartoffeln zu essen. Linda Grant beschreibt seine Essensgewohnheiten: „Als Aperitif bestellt er eine Cherry Coke und dann verdrückt er Steaks und dicke, saftige Hamburger, ohne auf die augenblickliche Cholesterin-Phobie Rücksicht zu nehmen. Eines Abends in Gorat's Steakhouse salzte er sein T-Bone-Steak kräftig und sagte: „Wissen Sie, daß unsere Lebensdauer davon abhängt, wie lange unsere Eltern leben? Nun, ich beobachte die Ernährung und das Training meiner Mutter sehr sorgfältig. Sie ist schon 40.000 Meilen auf ihrem Trainingsrad gefahren." Lachend stürzt er sich dann auf Gehacktes und Spaghetti.

An einem Freitag im Januar 1993 nahm Buffett an einem Empfang in Omahas Emmy Gifford Children´s Theater, heute das Rose Blumkin Center for the Performing Arts, teil. Jeder außer Buffett aß vom griechischen Büfett. Er aber bestellte Cheeseburger, Fritten und eine Coca-Cola.

Buffett meidet alle Drogen mit Ausnahme von Koffein. Dieser Mann ist davon wirklich abhängig. Um seinem Bedürfnis nach Koffein zu genügen, verstärkt durch den Wunsch, den Coca-Cola-Aktien Flügel zu verleihen, trinkt Buffett fortwährend Coca-Cola und ißt zwischendurch einmal ein Stück See´s Candy. Vor Coca-Cola war es Pepsi. Seine Frau sagte einmal: „Jeder, der Warren kennt, weiß, daß in seinen Adern kein Blut fließt - es fließt Pepsi. Er trinkt es sogar zum Frühstück" (*Warren Buffett Speaks*, Janet Lowe).

Nach all den Jahren haben sich um seine Taille einige Pölsterchen gebildet, aber die könnte auch jemand haben, der 15 Jahre jünger ist. Er gibt zu, daß seine Ernährungsweise und sein Körpertraining nicht so sind, wie sie sein sollten. Einmal, auf der Höhe der Salomon-Krise, rief Buffett seinen Freund James Burke, den früheren Vorsitzenden von Johnson & Johnson an. Buffett erzählte, er hätte Schlafschwierigkeiten, und bat Burke um Hilfe. Als Burke ihm erzählte, daß er während Johnson & Johnson´s Tylenol-Krise täglich drei bis fünf Meilen gelaufen sei, zögerte Buffett und sagte dann: „Hast du noch andere Vorschläge?" (*Wall Street Journal*, 14. November 1991).

Trotzdem ist Buffett ein Bild der Gesundheit und überaus energetisch.

Heute ist sein Haus sehr ansehnlich geworden mit einem gut gepflegten Garten, mit Bäumen, die das Grundstück umgeben und einer geräumigen Auffahrt. Über die Jahre hinweg hat er sein Haus hauptsächlich mit Möbeln aus Omahas Nebraska Furniture Mart ausgestattet, einem Unternehmen, das er 1983 kaufte. Kurz, sein nettes weitläufiges Haus - mit einem Racquetball-Court und einer Fitneßausrüstung im Keller - ist eine angenehme Ergänzung zur ruhigen Nachbarschaft. Prunkvoll ist es dennoch nicht.

Harvey Lipsman aus Omaha erinnert sich, daß sein Sohn Rocky öfter ins Haus der Buffetts ging, um Buffetts Sohn Howard zu besuchen. Sie sprachen oft über Mädchen, nicht über Geld. Später, als Rocky Warren Buffetts Erfolg erlebte, ging er zu ihm, um sich ein Buch signieren zu lassen. Warren Buffett schrieb: „Rocky, du hättest besser mit mir als mit Howie sprechen sollen."

Einmal besuchte Katharine Graham, die Vorsitzende der Washington Post Co., Buffetts bescheidenes Haus und ulkte: „Warren, ist das alles, was du dir leisten kannst?"

Das Haus ist einfach möbliert und hat nur wenig Luxus aufzuweisen, wie beipielsweise drei Fernseher mit 30, 40 und 50 Zoll Bildschirmdiagonale, wie der Nebraska Furniture Mart-Verkäufer Doug Clayton mir erzählte, der ihm zwei der großen Fernseher verkaufte.

Sein Haus ist voll von Büchern, auch mit Bänden von Bertrand Russell, aus denen Buffett lange Passagen zitieren kann. Er bewundert die Schriften des britischen Wirtschaftswissenschaftlers (und Investors) John Maynard Keynes. Buffett liebt besonders Biographien. Unter anderem hat er gelesen: *Father, Sun and Company, McDonald's, Behind the Arches, The Big Story, Influence, Bonfire of the Vanities, Liar's Poker, Den of Thieves* und *Barbarians at the Gate*. „Er hat all die üblichen Bücher gelesen, aber normalerweise haben auch sie irgendetwas mit Geld zu tun", sagte seine Tochter Susan.

Als Pflichtlektüre für Investoren empfiehlt er die Kapitel über „Margin of Safety" und die Gewohnheiten von Investoren am Aktienmarkt in *The Intelligent Investor*, die Ausgabe von 1934 von *Security Analysis, The Money Masters* und die ersten beiden Bücher des Investors Phil Fisher. Buffett schrieb an *Forbes* (7. Oktober 1996): „Ich bin sehr glücklich darüber, daß Phil (Fisher) und Ben Graham ihre Ideen aufschrieben, als es dafür noch keine finanziellen Anreize gab. Ich bin um Welten reicher als ich es wäre, wenn ich Phil Fishers Bücher nicht gelesen hätte. Ich kann sogar die Zinseszinsen für die wenigen Dollar ausrechnen, die ich damals, vor 35 Jahren, ausgegeben habe, um diese Bücher zu kaufen."

Außerdem empfiehlt er Pete Petersens *Will America Grow Up Before I Grow Old?* über die bevorstehende Krise der Sozialversicherung. „Schicken Sie dieses Buch Ihren Abgeordneten", sagt Buffett. Auf der Berkshire-Jahreshauptversammlung von 1994 empfahl er die Lektüre von John Maynard Keynes.

Von seinem Haus aus braucht Buffett nur die Farnam Street hinunterzugehen und ist in weniger als fünf Minuten in seinem spartanischen Büro. Ein paar Minuten weiter liegt das Zentrum von Omaha, sollte es erforderlich sein, so weit zu gehen. Einer seiner Glaubenssätze ist, daß es viel einfacher ist, sich aus Ärger herauszuhalten, als später aus dem Ärger wieder herauszukommen. Außer, daß er die Dinge immer sehr einfach sieht, versucht er, Ablenkungen auf ein Minimum zu begrenzen, und konsequent zu sein. Wenn man in der Nähe des Büros wohnen kann, dann sollte man es auch tun. Und wenn ein Restaurant, das man mag, einen Hamburger oder ein Steak auf der Karte hat, warum sollte man dann in ein Restaurant am anderen Ende der Stadt gehen?

Marshall Weinberg, ein Aktienbroker bei Gruntal & Co. auf der Wall Street, erinnert sich daran, daß er einmal mit Buffett in das alte Ruben´s-Restaurant in New York zum Essen gegangen ist: „Er aß ein riesiges Schinken-Käse-Sandwich. Ein paar Tage später gingen wir wieder aus. Er sagte: ‚Laß uns doch in das Restaurant gehen, in dem wir schon einmal waren.' Ich sagte: ‚Aber wir waren doch gerade dort.' ‚Genau. Warum sollen wir das Risiko eingehen, woanders hinzugehen? Wir wissen genau, was wir dort bekommen.'"

Einer von Buffetts Grundsätzen ist: Renn´ nicht herum, wenn du nicht einen guten Grund dafür hast. Das meiste von dem, was du tun mußt, das kannst du dort tun, wo du gerade bist. „Ich werde in Omaha bleiben, solange ich lebe", erzählte Buffett den Berkshire-Aktionären.

Ein weiterer von Buffetts Grundsätzen ist, alle Dinge selbst zu tun. Er fuhr selbst zur Berkshire-Jahreshauptversammlung 1989 und parkte sein Auto hinter dem Joslyn Art Museum. Kurz bevor er nach der Veranstaltung wieder auf die Straße zurückfuhr, kam eine Berkshire-Aktionärin mit einem dicken Packen von Papier zu ihm und fragte, ob er nicht einen Blick darauf werfen könne. Er war einverstanden, und sie fragte, ob sie ihm die Papiere schicken könne. „Oh, nein. Ich nehme sie jetzt mit und lese sie zu Hause im Büro." Er nahm die Papiere, stieg in seinen blauen Cadillac, Baujahr 1983, und niemand zweifelt daran, daß er in sein Büro zurückfuhr und die Papiere gelesen hat.

Erst im Jahr 1991 kaufte sich Buffett ein neues Auto, einen viertürigen Lincoln Town Car. „Ich glaube, er wird ein wenig reifer", sagte George Morgan, ein Aktienbroker aus Omaha, über diesen Kauf. Beim Tanken geht Buffett zur Selbstbedienungszapfsäule, um sein ungewaschenes Auto zu betanken.

Buffett hat den Lincoln, weil dieses Fahrzeug zwei Airbags hat. Nachdem Jack Smith, der Chef von General Motors, ihm sagte, daß ein Cadillac Airbags für die Mitfahrer, den Fahrer und eine Person in der Mitte habe, versprach Buffett, daß sein nächstes Auto ein Cadillac sein würde (*Fortune*, 2. Mai 1994).

In seinen jungen Jahren, auch damals schon reich, holte Buffett seine Freunde mit einem hellblauen Volkswagen Käfer ab. „Mein Vater liebte dieses Auto", erzählte Buffetts Tochter Susan. Ein Berkshire-Aktionär erinnert sich an eine Zeit, als er Buffet in Omaha besuchte. „Er holte uns in einem Volkswagen ab, und es schien, es sei ihm das ein wenig peinlich". Später kaufte Buffett den Cadillac, nicht aus Prestigegründen, sondern weil er glaubte, er sei sicherer.

Außer Tennis, Golf und Racquetball spielt Buffett gern Scrabble, aber seine besondere Leidenschaft ist Bridge, das er früher einmal mit einem Kartenspiel spielte, auf dem stand „Make checks payable to Warren Buffett". Über Bridge sagt er oft, es sei besser als eine Cocktailparty.

„Ich sage immer, es würde mir nichts ausmachen, ins Gefängnis zu gehen, wenn ich drei Zellengenossen hätte, die auch Bridge spielen", sagt Buffett, dessen Bridgepartner von Peter Lynch bis George Burns reichen. Burns, der nicht zu altern scheint, spielte mit Buffett (und Munger und anderen) an einem Tisch, der für Burns im Hillcrest Country Club in Los Angeles reserviert war, unter einem Schild, auf dem stand: „Zigarrenrauchen für unter 95jährige verboten." Burns besiegte Buffett.

Bei der Berkshire Jahreshauptversammlung 1998 wiederholte Buffett einen Witz, den Burns erzählt hatte, als er 98 Jahre alt war. Burns, der an einem Abend in einem Hotel von fünf oder sechs schönen jungen Frauen umgeben war, sagte: „Bei meinem Alter muß eine von euch heute abend aber gehen."

In den Jahren 1993 bis 1995 war Buffett Kapitän eines Bridgeteams von Geschäftsleuten, die drei Jahre lang ein Team aus dem Kongreß besiegt hatten.

Buffett spielt gern Bridge mit Sharon Osberg aus San Francisco, die zweimal Mitglied des Weltmeisterschaftsteams der Frauen war und im Ok-

(Photo by Nancy Line Jacobs)

Buffett, Carol Loomis, Sharon Osberg und Charles Munger spielen am Abend vor der Berkshire-Jahreshauptversammlung 1996 Bridge.

tober 1966 in Griechenland die Silbermedaille der gemischten Teams errang. Osberg, Vizepräsidentin bei Wells Fargo, sagte: „Ich lernte ihn vor etwa drei Jahren bei einem Prominenten-Bridgeturnier durch Carol Loomis kennen." Später versuchte sie, Buffett zu überreden, Computerbridge zu spielen. Schließlich war Buffett einverstanden.

„Wir kauften im Nebraska Furniture Mart einen Computer und stellten ihn in seinem Haus auf. Wir spielen ein paar Mal die Woche am Abend. Er spielt wirklich gern", erzählte Osberg.

Buffetts Codename, wenn er auf seinem IBM Aptiva online Bridge spielt, ist „T-Bone". Inzwischen ist Buffett von seinem Computer so hingerissen, daß er regelmäßig durchs Internet surft, sagt Sharon Osberg, und fügt hinzu, daß er E-Mails verschickt und erhält und auch in den Sites der verschiedenen Unternehmen blättert.

An einem Samstagmorgen rief Buffett Sharon Osberg wegen eines Bridgespiels an. „T-Bone" und „Sharon O" suchten im Cyberspace nach Partnern und fanden ein paar Spieler aus Israel, die „Sharon O" erkannten. Osberg fragte: „Wer seid ihr?" Die Spieler erklärten, sie seien Mitglieder der israelischen Nationalmannschaft, die für die Weltmeisterschaften trainierten. „T-Bone" und „Sharon O" nahmen es mit ihnen auf. „Wir verloren, aber wir haben uns wacker geschlagen", sagte Osberg. Sie und Buffett spielen mit Partnern auf der ganzen Welt.

Sharon Osberg, die Buffetts Bridgelehrerin ist, sagt, sein Spiel habe sich so weit verbessert, daß er nunmehr zur Weltklasse zählt. „Kürzlich spielten wir bei den Weltmeisterschaften. Wir mußten ausscheiden, weil er wegen einer geschäftlichen Angelegenheit aufhören mußte, aber wir brachten es bis in die Finalspiele. Er ist soweit, daß er sich auf Weltklasse-Standard halten kann. Er kann mit jedem spielen. Er ist so gut, weil er logisch denkt, weil er eine Fähigkeit hat, Probleme zu lösen, und wegen seiner Konzentration." Durch ihre Freundschaft mit Buffett hat Osberg auch mit Bill Gates, Katharine Graham und der Richterin am Obersten US-Gerichtshof Sandra Day O´Connor gespielt.

„Das spannendste Spiel, das ich je gespielt habe, war ein Spiel über sechs Stunden mit Bill Gates. Wir spielten gegen Buffett und Munger. Wir verloren 28 $. Warren errechnete, daß er einen halben Cent je Punkt gewonnen hatte. Ich dachte schon, Charlie würde ohnmächtig werden", (wegen des geringen Gewinns), fügte Osberg hinzu.

Das Spiel, das mittags begann, fand in Gates Haus statt. Buffett erzählte: „Es war schon sieben Stunden später und die Gäste zum Abendessen klopften schon an der Tür, aber Bill wollte immer weiter spielen" (*Forbes*, 2. Juni 1997).

Buffett sagt über Bridge: „Es ist die beste intellektuelle Übung, die es gibt. Sie sehen sich alle zehn Minuten neuen Situationen gegenüber... Im Aktienmarkt begründet man seine Entscheidungen nicht darauf, was der Markt macht, sondern auf dem, was man für vernünftig hält... Bei Bridge wägt man Gewinn-Verlust-Verhältnisse gegeneinander ab. Man rechnet die ganze Zeit..." *(Forbes)*.

Bei Festlichkeiten im Zusammenhang mit der Berkshire Jahreshauptversammlung von 1996 spielten die Damen Osberg und Loomis gegen Buffett und Munger. „Wir gewannen", sagte Sharon Osberg stolz. Oft spielt Buffett Bridge mit seiner Schwester Bertie und ihrem Ehemann Hilton Bialek oder mit William H. Gates senior, dem Rechtsanwalt aus Seattle und Vater des Gründers von Microsoft. Ab und zu spielt er auch mit seinen Freunden in Omaha. Einer von ihnen ist Richard Holland, ein Werbekaufmann im Ruhestand, der sagt: „Warren ist ein ausgezeichneter Bridgespieler. Wenn er genug Zeit hätte zu spielen, wäre er einer der Besten im ganzen Land".

Vielleicht haben Bridgespieler, die über intuitive Fähigkeiten verfügen, und gute Wertpapieranalysten etwas gemeinsam, da sie beide versuchen, Wahrscheinlichkeiten herauszufinden. Beide vertrauen in ihren Entscheidungen auf ganz konkrete Faktoren. Und in beiden Fällen werden die Karten immer wieder neu gemischt.

Buffett ist hochkonzentriert, wenn er arbeitet oder er Bridge spielt. Einmal fragte ihn Nancy Line Jacobs aus Omaha, ob sie ein Foto von ihm machen könnte, wenn er Bridge spielte, sie hoffte, daß ihn das nicht ablenkte. Buffett antwortete: „Es wird mich nicht ablenken, aber ich werde so tun, als ob es mich ablenkt."

Später schickte ihm Frau Jacobs einige Fotos mit der Bitte, sie zu signieren und einer Notiz, daß sie in die letzte Jahreshauptversammlung unter dem Schutzmäntelchen Presse eingebrochen sei, obwohl sie überhaupt keinen Artikel geschrieben habe. Nunmehr sei sie aber Berkshire-Aktionärin und würde an der nächsten Versammlung ehrlich teilnehmen. Buffett signierte für sie ein Foto: „Für Nancy, schließlich doch eine ehrliche Frau."

Auf ein Foto für den Aktienbroker George Morgan aus Omaha, der sagt, bis auf einige Nullen sei er ebenso reich wie Buffett, schrieb der Milliardär: „Für George - auf weitere Nullen." Mir schrieb er: „Für Andy - Sie haben mich besser behandelt als ich es verdiene - Gott sei Dank!"

Anstatt in irgendeiner großen Diskothek in der Stadt zu trinken und zu tanzen, interessiert er sich sehr für seine Familie, trainiert ein wenig und bleibt mit seinen Freunden in Verbindung.

Wenn er in New York ist, wohnt er oft bei Katharine Graham und besucht meistens auch John und Carol Loomis und John Gillespie III. Gillespie, ein sehr enger Freund, ist Partner bei den Rechtsanwälten Cravath, Swaine und Moore, unter deren Klienten auch IBM, Time Warner und Salomon sind. Die Kanzlei ist auch bei Buffetts Immobiliengeschäften behilflich und beriet die Buffett Foundation. Gillespie ist Großaktionär bei der Washington Post Co. und engagiert sich auch für den Kampf gegen Muskelschwund.

Die vier verbringen den Abend, indem sie Bridge spielen, Erdnüsse, Eiscreme und Sandwiches essen - so stellt sich Buffett einen schönen Abend im Big Apple vor.

Buffett hat keine Helfer und auch kein Team, das seine Reisen vorbereitet. Vor längerer Zeit, als er schon der reichste Mann in den USA war, kam er am National Airport in Washington, D.C. an, ging zu dem Schalter, an dem die Firmenjets betreut werden, und fragte: „Wie komme ich jetzt an ein Taxi?"

Er hat keine Allüren. Seine Schuhe sind ausgetreten, seine Uhr ist eine Timex und sein Kugelschreiber ein Bic. Buffett erledigt seine Steuerangelegenheiten selbst und sagt, das sei wirklich ganz einfach. Er kennt sogar noch all seine Steuerrückzahlungen seit 1944. Buffett ist alles andere als einfach, obwohl sein Geschmack sehr einfach ist. Und auch die Dinge bei Berkshire erscheinen und sind einfach. Aber die Realität dessen, was aufgebaut wurde, was Buffett mit seiner einmaligen Kombination von Einfachheit und Genie geschaffen hat, ist beachtenswert.

14

Tomatensuppe und ein Erdbeer-Milchshake

W as Buffett sich unter einem guten Essen vorstellt, fand ich in einem Rezept, das er für das *First Gentleman´s Cookbook* von William D. Orr zusammenstellte:

„Meine Vorstellungen über Essen und Ernährung wurden schon sehr früh unveränderlich festgelegt - als Ergebnis einer äußerst erfolgreichen Party zu meinem fünften Geburtstag. Bei dieser Gelegenheit gab es Hotdogs, Hamburger, Softdrinks, Popcorn und Eiscreme.

In diesem Arrangement fand ich meine kulinarische Erfüllung und habe später keinen Grund gesehen, meinen Horizont zu erweitern. Tatsächlich hält man mich für einen Experten für die Zubereitung dieses speziellen Nahrungsmittelbereichs, so daß ich oft als Berater für Kinderparties gerufen werde. Den lautesten Beifall erhalte ich, wenn ich meinen Dusty Sundae zubereite.

Diese so vornehm klingende Delikatesse ist in der Zubereitung wirklich sehr einfach: Zuerst muß man größere Mengen von Hershey´s Chocolate Syrup über Vanilleeis schütten, und auf die Schokolade kommt dann ein Berg von Malzmilchpulver.

Die Kalorienzufuhr, die durch dieses Gebräu entsteht, ist irrelevant. Stellen Sie sich einmal vor, daß Ihr Grundumsatz bei 2.800 Kalorien am Tag liegt. Die Grundrechnungsarten sagen uns schon, daß man pro Jahr knapp über eine Million Kalorien zu sich nehmen kann, ja sogar muß. In meinem Fall - mit einer Lebenserwartung von weiteren 25 Jahren - bedeutet das, daß ich, um einen frühzeitigen Tod durch Verhungern zu vermeiden, ungefähr noch 25 Mio. Kalorien zu mir nehmen muß. Warum sollte ich damit nicht schon anfangen?"

Ein Nachbar von Buffett schwört, er habe einmal gesehen, wie Buffett eine Tasse Tomatensuppe gegessen habe und danach einen Milchshake mit Erdbeeren.

15

Golfausflüge

(Warrens Welt)

Jedes Jahr ist Buffett Gastgeber eines Golfereignisses, das inzwischen als Omaha Golf Day bekannt ist und dessen Erträge den Wohlfahrtsverbänden Omahas zugute kommen einschließlich der Stiftung des Rose Blumkin Center for Performing Arts, der seine Tochter Susan vorsteht.

Unter denen, die an diesem Golf- und Tennisereignis im Omaha Country Club teilgenommen haben, waren leitende Angestellte von Salomon Brothers, Merrill Lynch, AT&T, Sprint, The New York Times, Bozell Inc., ConAgra, Coopers & Lybrand, Deloitte & Touche, Caterpillar, Schering Plough, U.S. West, Bank One, des Omaha World-Herald und anderer Großunternehmen.

Bei dieser Veranstaltung, einer kleinen Warren-Welt, wurden 1993 175.000 $, im Jahr 1994 900.000 $ und im Jahr 1995 350.000 $ gespendet, um den Wohltätigkeitsorganisationen behilflich zu sein. Buffett selbst spendete 1994 und 1995 zusätzlich die Beträge, die durch Spenden eingenommen wurden.

Einmal trug Buffett nicht nur eine Cherry-Coke-Mütze, sondern auch ein Golfshirt, auf dem eine Handvoll Dollarscheine aufgedruckt war, die aus dem Namenszug Berkshire hervorragten.

An dieser Veranstaltung nahmen auch der Senator Sam Nunn aus Georgia und ungefähr 100 führende Persönlichkeiten aus Politik und Wirtschaft teil. Die Teilnehmer wurden vom stellvertretenden Schirmherren der Veranstaltung, dem Vorsitzenden von Peter Kiewit Sons´, Walter Scott, und von Michael Yanney, dem Vorsitzenden von America First Companies eingeladen. Auch der frühere Finanzminister Nicholas Brady, Jack Byrne von Fund American und die Senatoren Bob Kerrey und J. James Exon aus

Buffett, mit einer Cherry-Coke-Kappe, ist Gastgeber eines jährlich stattfindenden Golfturniers, zugunsten des Emmy Gifford Children´s Theater in Omaha.

Nebraska fanden Zeit, an dieser Veranstaltung teilzunehmen, zu der auch ein Abendessen mit Buffett gehörte.

Buffett erzählte Nunn, er habe an einer seiner Konferenzen teilgenommen, um Gedanken zur Neugestaltung des Steuersystems zu diskutieren (*Omaha World-Herald*, 31. August 1993). Buffett sagte, Nunns Bemühungen, das Steuersystem zu überarbeiten, könnten zu einer Verbrauchssteuer führen, die der Realität ein wenig näherkomme. Buffett bevorzuge eine progressive Verbrauchssteuer, die die bisherige Einkommensteuer ersetzen sollte. Bei diesem System wären die grundlegenden Lebenshaltungskosten steuerfrei, und auch das Geld, das die Bürger sparten oder investierten, bliebe unversteuert. Lediglich der Rest des Einkommens, der anderweitig verbraucht würde, sollte versteuert werden. „Und weil die Ausgaben für den sonstigen Verbrauch steigen, würden auch die Steuereinnahmen steigen", sagte Buffett. „Meiner Meinung nach sollte die Steuer steil ansteigen, da die Lasten sozial gerecht verteilt werden müssen."

Kurz danach, am 8. November 1993, kündete Buffett an, daß er als Ehrenvorsitzender der Kampagne zur Wiederwahl von Kerrey in den Senat fungieren würde, weil Kerrey gut für Nebraska und gut für die Wirtschaft

BENEFIT GOLF, TENNIS

JEFF BEIERMANN/THE WORLD-HERALD

WELCOME TO OMAHA: Berkshire Hathaway Chairman Warren Buffett, left, chats with Microsoft Corp. executives Jeff Raikes, center, and Pete Higgins at Buffett's charity golf and tennis event Tuesday at Omaha Country Club.

sei. Im Sommer 1993 wandte sich Kerrey an Buffett mit der Bitte um einen Rat bezüglich Präsident Clintons Wirtschaftsplänen. Kerrey hatte die letzte und entscheidende Stimme im Senat, und schließlich stimmte er für die Vorlage des Präsidenten. Buffetts Empfehlung an Kerrey lautete: Stimme dafür, auch wenn es dir nicht gefällt."

Unter den Gästen des Turniers von 1996 waren der frühere Dallas-Cowboys-Quarterback Roger Staubach, der frühere U.S.-Verteidigungsminister Dick Cheney und der frühere U.S.-Senator Lloyd Bentsen. Buffett erinnerte Bentsen daran, daß er, als er 1988 Vizepräsident werden wollte, in Omaha Dan Quayle gegenüber den inzwischen bekannt gewordenen Ausspruch getan hatte: „Ich diente unter Jack Kennedy. Ich kannte Jack Kennedy. Jack Kennedy war ein Freund von mir. Senator, Sie sind kein Jack Kennedy." Bentsen wünschte, er hätte diesen Ausspruch mit einem Copyright belegt.

Buffett nahm 1997 an einem Golfturnier teil, bei dem Bob Gibson, der Pitcher der St. Louis Cardinals, ein Asthmatiker, der in Omaha lebt, der Gastgeber war. Ungefähr 40 frühere Spitzensportler - einschließlich Sandy Koufax, Vida Blue, Gale Sayers und Stan Musial - nahmen an dem Turnier teil. Zusammengenommen repräsentierten die Athleten neun Hall of Fame Plaketten, zehn Cy Young Awards, dreizehn Pokale für den wertvollsten Spieler der Saison und der World Series und vier Titel für den Nachwuchsspieler des Jahres (*Omaha World-Herald*, 15. Juni 1997).

Bryant Gumbel und der Komiker Bill Murray nahmen an dem Turnier zugunsten der amerikanischen Lungengesellschaft teil.

Buffetts Turnier erbringt 800.000 $ an Spenden
Besucher erhalten einen Eindruck von Omaha
Von Jim Rasmussen
Redakteur des World-Herald

Blauer Himmel, eine leichte Brise und die sanften Hügel des Omaha Country Club grüßten letzten Dienstag die Gäste aus dem ganzen Land, die zu Warren Buffetts jährlichem Golf- und Tennisturnier zugunsten wohltätiger Einrichtungen angereist waren.

„Wenn jemand die Vorstellung hatte, daß dies ein flaches Prärieland sei, dann wird dies diesen Eindruck korrigieren", sagte Buffett, der Vorsitzende von Berkshire Hathaway Inc.

Buffett empfing mehr als 130 führende Persönlichkeiten aus Wirtschaft, Sport und anderen Bereichen zu einem Ereignis, bei dem mindestens 800.000 $ für das Omaha Children´s Museum gesammelt wurden. Diese Veranstaltung half Omaha dabei, auf einige Entscheidungsträger der Wirtschaft des Landes einen positiven Eindruck zu machen, sagte John Bookout, der Präsident und geschäftsführende Vorsitzende von Woodmen of the World Life Insurance Society.

„Das hinterläßt nicht nur einen guten Eindruck von Omaha, sondern ich denke, es wird auch zu einigen wirtschaftlichen Entwicklungen führen", sagte Bookout. „Je mehr Menschen uns kennen, um so mehr Menschen werden hierher kommen wollen."

Buffetts Turnier trug dazu bei, Jack Valenti, den Präsidenten und geschäftsführenden Vorsitzenden der Motion Picture Association of America in Washington zu einem Fan von Omaha zu machen. Valenti sagte, Omahas freundliche Bewohner und der relativ schwache Verkehr wären dafür verantwortlich, daß man hier gut leben könne.

„Man muß nicht weit fahren, um überallhin zu kommen", sagte er. „Ich würde hier gern wohnen. Die meiste Zeit in meinem Leben habe ich bisher im Verkehr verbracht."

Roger Staubach, ein früherer Star-Quarterback der Dallas Cowboys, machte mit Omahas Wirtschaftsklima 1993 gute Bekanntschaft. In diesem Jahr half seine Immobiliengesellschaft mit Sitz in Dallas MCI Communications, Omaha als Sitz ihres EDV-Zentrums auszuwählen.

„Es ist eine großartige Stadt", sagte Staubach, der geschäftsführende Vorsitze von Staubach Co., am Dienstag. „Hier gibt es Leute, denen man vertrauen und mit denen man Geschäfte machen kann." Staubach plauderte mit George Brett, einer früheren Baseballgröße der Kansas City Royals, als die beiden miteinander auf der Übungsrange Abschläge übten.

Staubach sagte, Buffett sei eine Trumpfkarte für diese Wohltätigkeitsveranstaltung. „Warren ist derjenige, zu dem wir im Wirtschaftsleben aufsehen", meinte er.

Für Jeff Raikes, den Vizepräsidenten der Verkaufs- und Marketingabteilung von Redmond, einer Microsoft-Tochter mit Sitz in Washington, war der Besuch eine Heimkehr. Raikes wurde in Ashland in Nebraska geboren. Raikes sagte, die Veranstaltung von Buffett sei wie eine Glanzvorstellung von Omaha.

„Ich bin hier aufgewachsen und weiß, wir haben eine wunderschöne Stadt und ein schönes Land, und die Menschen außerhalb von Omaha wissen das nicht immer", sagte er. „Hier sind einige der größten Persönlichkeiten im Geschäftsleben, und sie können sehen, wie es hier aussieht."

Ralph Horn, der Vorsitzende der First Tennessee Corporation aus Memphis, der zum ersten Mal hier war, sagte, er habe, nachdem er in der Innenstadt spazieren gegangen sei und am Montagabend im Old Market zu Abend gegessen habe, einen hervorragenden Eindruck.

„Ich war beeindruckt, wie sauber es hier ist und daß die Gebäude in der Innenstadt alle belegt sind", sagte er. „Um 22.00 Uhr gingen im Old Market immer noch viele Leute spazieren. Das ist in den Innenstädten der meisten Großstädte nicht die Norm."

Buffett kam mit einem sehr teuren Halsschmuck zur Veranstaltung - mit einer Krawatte, auf der Eisbären aufgedruckt sind. Er ersteigerte diese Krawatte letzten Freitag bei einer Wohltätigkeitsauktion für den Henry Doorly Zoo für 44.000 $. Nachdem Buffett am Dienstag einige seiner Gäste begrüßt hatte, zog er sich seine Golfkleidung an und trug dabei eine Kappe der Nebraska Huskers.

Susie Buffett, die Tochter von Warren Buffett und Mitglied des Organisationskommitees, sagte, daß die diesjährige Veranstaltung, ähnlich wie diejenigen der vergangenen Jahre, 1,2 bis 1,3 Mio. $ an Spenden einbringen würde.

Die Sponsoren zahlen mindestens 12.000 $ für das Golfturnier und 6.000 $ für die Teilnahme beim Tennis. Einige, sagte Mrs. Buffett, spenden einen zusätzlichen Betrag.

16

Ein Dinner im Haus von Senator Daniel Moynihan

Am 24. November 1993 war Buffett zusammen mit dem U.S.-Senator Bob Kerrey und einigen Geschäftsführern von Gesundheitsorganisationen bei Senator Daniel Moynihan zu einem Dinner in Washington, D.C. eingeladen.

Ein Teilnehmer bei diesem Dinner/Gesundheitsreform-Workshop war Richard Scrushy, der Vorsitzende der HealthSouth Rehabilitation Corp. in Birmingham, die sich auf die Behandlung von Sportunfällen und Kopfverletzungen spezialisiert hat.

Scrushy, der dachte, Buffett könne nicht so gut sein, wie man es von ihm behauptete, sagte danach: „Ich war wirklich sehr von ihm eingenommen."

Die beiden fuhren zusammen vom Flughafen zum Dinner, und Buffett erzählte ihm über seine Jugend, von der Zeit, als er Zeitungen austrug und in Washington Flipperautomaten aufstellte. Scrushy saß eine Zeitlang neben Buffett, als Buffett, Kerrey und Moynihan verschiedentlich die Tische wechselten.

„Er kannte meine Firma nicht, aber er stellte eine Menge Fragen. Er war fasziniert von den Möglichkeiten der Rehabilitation, die unsere Health South anbietet", sagt Scrushy.

Die Unterhaltung beim Dinner konzentrierte sich auf die Gesundheitsreform und wie sie bezahlt werden könne. Es gab auch eine Diskussion darüber, wie das gesamte Steuersystem erneuert werden könne.

„Er wünschte sich, daß die Berechnungsgrundlage für die Steuern eher vom Konsum als vom Einkommen abhängig gemacht werden sollte... Er meinte, das Steuersystem sollte progressiver gestaltet werden und daß es heutzutage in Wirklichkeit regressiv sei. Er sagte, das sei für Unternehmensgründer und die Vermögensbildung entmutigend, und daß es Anrei-

Richard Scrushy von Health South Rehabilitation und Buffett im Auto nach dem Dinner bei Senator Moyniham. Buffett wiederholt sein Markenzeichen: Er zieht seine Brieftasche und überreicht sie, wann immer er einen Politiker trifft.

(Photo by Barry Morton)

ze geben solle, um Unternehmensgründer und Vermögensbildung zu unterstützen", erinnert sich Scrushy.

Die Gespräche behandelten eine ganze Reihe von Themen, auch die Wichtigkeit, das Drogenproblem zu bekämpfen. Alle waren sich darüber einig, daß dieses Problem einen großen Teil der Gesundheitskosten verursachte. Am Ende des Abends ließen sich Buffett und Scrushy fotografieren, wie sie beide an Buffetts Brieftasche zogen.

„Er ist nicht nur brilliant. Er ist sehr lustig", sagte Scrushy. Ein weiterer Gast des Dinners, Barry Morton, geschäftsführender Vorsitzender von Robins & Morton, einer Baufirma für Krankenhäuser aus Birmingham in Alabama sagte, daß Buffett, wann immer er bei einem Dinner einen Politiker träfe, seine Brieftasche zöge und sagte: „Hier, nehmen Sie mein ganzes Geld."

Im Jahr 1997 unterzeichnete HealthSouth einen exklusiven Fünf-Jahres-Vertrag für eine Partnerschaft mit Coca Cola, dem Unternehmen, bei dem Berkshire am meisten investiert hat. Das 5-Mio.-$-Geschäft bedeutet, daß HealthSouth in allen Einrichtungen in allen 50 Staaten ausschließlich Coca-Cola-Produkte anbietet. Scrushy ist ein Junkie, was Coke light anbelangt.

17

WARREN BUFFETT, JIMMY BUFFETT

PARROTHEADS, „BERK" HEADS

Warren Buffetts Name - mit ff und tt - wird oft fälschlicherweise mit einem t geschrieben, so wie in „Frühstücksbuffet". Auch in so prominenten Werken wie dem Nike-Jahresbericht für 1992 wird „Buffet" geschrieben, große Zeitungen und Kommentatoren des Aktiengeschäfts schreiben den Namen ebenfalls falsch. So zum Beispiel in Bloomberg News Service, 11. Oktober 1995:

Detroit - Chrysler machte aus dem Namen des milliardenschweren Investors Warren Buffet (sic) ein Essen, mit dem man zu einem Schlag gegen Kirk Kerkorian, ihrem größten Aktionär, ausholen wollten.

Jerome York, der stellvertretende Aufsichtsratsvorsitzende von Tracinda Corp., sagte in einer Rede in New York, daß sein Unternehmen, in dem Kerkorian der Vorsitzende des Aufsichtsrats ist, die gleiche strenge Personalpolitik verfolge wie Buffett in seinem Investmentunternehmen Berkshire Hathaway.

Der Automobilhersteller aus Detroit veröffentlichte eine Presseerklärung, und verbat sich jeden Vergleich zwischen Buffett und Kerkorian, der im April ein mißlungenes Übernahmeangebot von 21 Mrd. $ für Chrysler abgegeben hatte.

(Omaha World-Herald)
Jimmy Buffet, head Parrothead

145

„Wir kennen Warren Buffett", so die Erklärung von Chrysler, „und glauben Sie uns, Kirk Kerkorian ist kein Warren Buffet."

Die Zeile, die den berühmten Ausspruch von Senator Lloyd Bentsen wiederspiegelte, mit dem er den großen Buchstabierer Vizepräsident Dan Quayle zum Schweigen brachte, sei das Ergebnis eines Satzfehlers, erklärte Chrysler-Sprecher Steve Harris. „Oh, hier haben wir wirklich einen Satzfehler, nicht wahr?" sagte Harris.

Es heißt Buffett - mit ff und tt - wie beim Sänger, Liedermacher und Autoren Jimmy Buffett. Jimmy Buffett ist der Autor von *Tales from Margaritaville* und *Where is Joe Merchant* und Sänger der Hits wie *Come Monday, Cheeseburger in Paradise* und *Margaritaville*. In einer Art, vergleichbar mit der seines „Onkels" Warren, hat er sein eigenes Markenzeichen geschaffen und eine Reihe von erfolgreichen Firmen aufgebaut, indem er das romantische Image von Margaritaville verkaufte.

Jimmy Buffett sagt, Margaritaville sei kein wirklicher Ort, sondern einer, der nur in der Vorstellung existiere. In geringem Umfang teilt es die Eigenschaften eines anderen Markennamens. Walt Disney baute eine mächtige Marke auf, als er die Vorstellungskraft der Menschen einspannte. Ironischerweise liegen Jimmy Buffett Angebote von Disney vor, Margaritavilles als Themenparks zu eröffnen (*Forbes*, 16. Januar 1995).

Die Fans von Jimmy Buffett sind als Parrotheads (Papageienköpfe) bekannt. Die Fans von Warren Buffett kennt man als „Berk"-Heads. Beide Gruppen sind hingebungsvolle Fans, und einige stehen in beiden Lagern. Als Präsident Clinton am Knie operiert wurde, hörte er die Musik von Jimmy Buffett. Und so wurde sogar der Präsident der Vereinigten Staaten zum Parrothead.

Es wird sehr deutlich, daß Jimmy Buffetts persönliches Bild von Margaritaville weitgehend während seiner Zeit in Key West in Florida geprägt wurde, wo er lange Zeit versuchte, als Musiker auf die Beine zu kommen. Heute besitzt der erfolgreiche Entertainer zwei Häuser, ein Aufnahmestudio, den Margaritaville-Laden und ein Café auf der Duval Street in Key West.

Am 6. Februar 1996, als sie im Margaritaville-Café einen „Cheeseburger in Paradise" aßen, trafen die Parrotheads und

(Photo courtesy of Ken Monroe)

Jimmy Buffett, links, und Birhshire -Aktionär Ken Monroe im Margaritenville-Cafe in Key West 1996.

146

Berkshire-Aktionäre Ken Monroe und Linda Hannett Jimmy Buffett, der gerade in der Stadt war, um sein neues Album *Banana Wind* aufzunehmen.

„Weil ich ein Fan von beiden Buffetts bin, fragte ich Jimmy, ob er mit Warren verwandt sei. Er vermutete, daß dies der Fall sei, aber er war sich der genauen verwandtschaftlichen Beziehungen nicht sicher", sagte Monroe. „Obgleich Jimmy Buffett weiterhin Millionen mit *Margaritaville* macht, glaube ich, daß der wirkliche Test seiner unternehmerischen Veranlagung darin bestehen würde, ob Jimmy klug genug war, in Berkshire Hathaway zu investieren."

1997 belangte Jimmy Buffett zwei Restaurantbesitzer, weil sie ihre Restaurants nach dem Titel seines Hits von 1978 „Cheeseburger in Paradise" genannt hatten (People, 14. April 1997).

Tatsächlich sind Warren und Jimmy, der aus Palm Beach in Florida stammt, entfernt verwandt. Warrens Sohn Peter, ebenfalls Musiker, sagt, daß die Familie ziemlich lange brauchte, um herauszufinden, daß Jimmy Buffett ein Cousin sei. Die Ahnenforscher in der Familie Buffett sagen, die Männer verdanken ihre Verwandtschaft John Buffett, der im 17. Jahrhundert auf einer Insel im Südpazifik lebte und 14 Frauen hatte. „Und heute gibt es Hunderte von Buffetts auf dieser Insel", sagt Peter Buffett (*The Capital Times Wisconsin State Journal*, 3. April 1997).

Zwischen den beiden Buffett-Familien gibt es auch einige Gemeinsamkeiten. Der Buffett, der wegen seiner Geschäftstüchtigkeit bekannt ist, kann ein wenig singen, und der andere, der durch sein Singen bekannt wurde, hat auch ein wenig investiert.

Don Bohmont aus Omaha, Mathematikprofessor an der University of Nebraska, sagt, so berühmt Buffett auch sein möge, werde er dennoch mit Jimmy Buffett verwechselt, auch von einigen Leuten, die im Wertpapiergeschäft arbeiten.

Bohmont ruft oft seine Tochter Amy Scott, eine Aktienbrokerin in St. Petersburg in Florida, an und hinterläßt eine Nachricht, sie sollte eine berühmte Person anrufen.

„Ich habe schon hinterlassen, sie sollte Ted Turner oder Larry Tisch in Omaha anrufen. Dieses Mal sagte ich, sie solle Warren Buffett in Omaha anrufen. Und wenn ich sage Omaha, dann weiß sie, daß ich am Telefon war."

Als seine Tochter zurückkam und eine Nachricht von „Warren Buffett" vorliegen hatte, sagte ein erstaunter Mitarbeiter: „Du kennst ihn wirklich?"

„Natürlich, er lebt in meiner Heimatstadt Omaha", entgegnete Bohmonts Tochter. Es stellte sich heraus, daß ihr Kollege immer noch glaubte, der Anrufer sei Jimmy Buffett und nicht Warren Buffett gewesen -

mit tt. Jimmy, mit seinen blühenden Buch-, Film- und Geschäftsaktivitä-ten, ruft ab und zu bei Warren an und bittet ihn um Rat.

„Ab und zu ruft er mich an und erbittet einen Rat, aber eigentlich soll-te ich ihn anrufen", sagt Warren Buffett (*Forbes*, 16. Januar 1995).

Forbes berichtete am 31. Juli 1995, daß Warren, Jimmy und Peter Buf-fett planten, eine Schallplatte aufzunehmen. Forbes zitierte Peter Buffett: „Mein Dad wird Ukulele spielen und auch ein wenig singen." Oh Gott!

18

„Alle meine Kinder"

„Ich dachte, sie hätten die Alarmanlage durchgetestet"

Die Buffetts haben drei lebhafte erwachsene Kinder: Susan Buffett, geboren am 30. Juli 1953; Howard Graham Buffett, geboren am 16. Dezember 1954 (benannt nach Buffetts Vater Howard Buffett und nach Ben Graham) und Peter Buffett, geboren am 4. Mai 1958.

Wie in allen Familien mit Kindern, hat es Zeiten gegeben, in denen sich die Dinge wie in einer Seifenoper entwickelten. Alle Kinder besuchten das College, aber keines von ihnen brachte es zu Ende. Alle sind gesund, intelligent und sehr leistungsfähig.

Bevor Susan für die *New Republic* und später als Assistentin des Herausgebers der *U.S. News and World Report* in Washington, D.C. arbeitete, war sie Assistentin des Vorstandsvorsitzenden der 21st Century in Kalifornien. Dann kehrte sie nach Omaha zurück, wo sie der Stiftung Rose Blumkin Center for Performing Arts vorsteht.

Susan erinnert sich, daß sie einmal Bargeld benötigte, um am Flughafen von Washington parken zu können. Ihr Vater war da. Aber um das Geld zu bekommen, mußte Susan ihm einen 20-$-Scheck ausstellen. „Manchmal ist es frustrierend, aber leider bin ich meist seiner Meinung", sagte Susan (*Omaha World-Herald*). „Mein Vater ist glücklich, wenn er im Haus sein kann, wenn er lesen, Bridge spielen und sich mit uns unterhalten kann. Er ist ungefähr so normal, wie man nur sein kann."

Als Susan in Washington war, besuchten sie und ihre Tochter Emily häufig Katharine Graham, die langjährige Vorsitzende der Washington Post Co. „Ich erinnere mich, daß Mrs. Graham von Emily sehr beeindruckt war, weil sie Avocados und Kaviar essen konnte. Damit kommt sie überhaupt nicht nach meinem Vater und mir. Alles, was wir wollen sind Hamburger", sagte Howard Buffett.

Howard Buffett, ein Anhänger der Republikaner, der den größten Teil einer Legislaturperiode als Vorsitzender der Douglas County Commission wirkte, wo er sich als Befürworter von Programmen für Benachteiligte hervorgetan hatte, besitzt eine 406-Hektar-Farm in Norden von Omaha, wo er Getreide und Sojabohnen anbaut.

Schon vor langer Zeit hat er sich für die Ethanolindustrie von Nebraska eingesetzt. Er fährt ein Corvette Cabrio, Baujahr 1988, und auf den Nummernschildern steht „Ethanol". Außerdem ist er ein vehementer Fürsprecher für die Vorteile von Treibstoffzusätzen auf Getreide- und Zuckerbasis. Er war im Nebraska Gasohol Committee und leitete bis 1991 das Nebraska Ethanol Authority and Development Board. Danach wurde er in das International Policy Advisory Committee on International Trade berufen, das die Regierung Bush in der Handelspolitik beriet.

Howard wurde in den Aufsichtsrat der Archer-Daniels-Midland Co. gewählt, eines Lebensmittelherstellers, der unter dem Namen „Supermarkt für die Welt" bekannt ist. Das Unternehmen hat seinen Sitz in Decatur in Illinois. Howard ersetzte Robert Strauss, nachdem Strauss zum Botschafter in der Sowjetunion und später in der Vereinigung der unabhängigen Staaten (GUS) ernannt wurde. (Strauss kehrte 1993 in den Aufsichtsrat zurück.)

Anfang 1992 trat Howard von seinem Posten bei der County Commission zurück, um unter dem Vorsitzenden Dwayne Andreas von ADM als stellvertretender Vorsizer und Vorstandsassistent zu arbeiten.

„Das war eine wichtige Entscheidung. Es ist wahrscheinlich die weitreichendste, die ich je in meinem Leben getroffen habe", sagte Howard. „Für jemanden wie mich, der an der Landwirtschaft interessiert ist", sagte Howard, „ist die Chance, unter ihm zu arbeiten, ungefähr so, als ob jemand an Geldanlage interessiert wäre und mit meinem Vater zusammenarbeiten könnte."

Howard bat seinen Vater um Rat. Warren nannte diesen Job eine Chance, die man nur einmal in seinem Leben erhält.

Im Jahr 1995 kündigte Howard bei ADM, offenbar, weil er sich wegen einer Preisabsprachenuntersuchung gegen die Gesellschaft Sorgen machte. Heute ist er Vorsitzender des Aufsichtsrats bei The GSI Group, einem Landmaschinenunternehmen in Assumption in Illinois.

Vielen Leuten gefiel es überhaupt nicht, daß Howard von Omaha wegging.

„Er ist ein junger Politiker von der Art, die heute sehr selten geworden ist", sagt Michael Yanney, ein Freund der Familie Buffett. „Er ist sehr intelligent und verfügt über sehr viel politisches Gespür, aber viel wichtiger ist,

(Omaha World-Herald)
Peter Buffett und seine Frau Jennifer stehen vor Warren Buffetts Haus, in dem Peter wohnte, während er sich auf sein Konzert im Rose Blumkin Center of Performing Arts vorbereitete. Man glaubt, seinen Vater zu hören, als er sagt: „Es ist schließlich mein Vaterhaus, und außerdem ist es billiger als in einem Motel."

daß man bei ihm auch die Integrität seines Vaters beobachten kann."

Howard erzählt aus einer Zeit, als er als County Commissioner ein Projekt unterstützte, wobei die Basketball-Ikone Michael Jordan für eine zweitägige Veranstaltung nach Omaha verpflichtet werden sollte. Mit Berkhires Jet sollte Jordan in Lawrence in Kansas abgeholt werden. Howard zeigte Jordan die lange Liste der Aktivitäten, und Jordan sagte: „Das alles mache ich nicht."

Howard sagte: „Ich hatte den dringenden Wunsch zu sterben."

Dann blinzelte Jordan ihn an und nach zwei Tagen voller Aktivitäten sagte er zu Howard: „Howie, ich möchte, daß du immer daran denkst, daß du mir etwas schuldest." Von einer Veranstaltung, einem Prominenten-Basketballspiel, schloß Jordan Howard aus, weil der keine Nike-Sportschuhe trug (ist das ein Aktientip?).

Howard sagte: „Michael Jordan... hat für Omaha in zwei Tagen mehr getan, als es die meisten Leute in zwei Jahren schaffen würden."

Buffetts Tochter Susan wurde einmal gefragt, ob es denn keine Probleme gäbe, weil ihr Vater ein Demokrat und ihr Bruder ein Republikaner sei. Sie antwortete, daß sowohl ihr Vater als auch ihr Bruder sich mehr um die Grundfragen als um Politik kümmerten. „Mein Vater und mein Bruder haben sehr gefestigte Grundansichten. Wegen Politik können die beiden sich nicht streiten." Höchstens, fügte sie hinzu, würden sie einander damit aufziehen.

Susan erzählte, sie hätte nie eine Vorstellung, welche Aktien ihr Vater gerade kaufte. „Es kann sein, daß er mich fragt, welche Bonbons ich mag oder ähnliches, und vielleicht kann man drei Jahre später sehen, weshalb er diese Frage gestellt hat." Sie würde aber nie herumlaufen und irgendeine Aktie zum Kauf empfehlen.

Peter Buffett, der an der Stanford University zwei Jahre lang Fotografie, Physik und Musik studierte, ist ein erfolgreicher Musiker und Geschäftsmann in Milwaukee. Er nahm den Soundtrack für eine achtstündige Miniserie auf, die später einen Preis gewann. „500 Nations", so hieß sie, behandelte die Geschichte der Indianer. Kevin Kostner führte Regie, und die Serie wurde von CBS ausgestrahlt. Peter schreibt Werbejingles, von denen er behauptet, daß sie ihn über Wasser hielten und auch sein Hobby - sein Studio (*Fortune*, 24.8.1992).

Peter, ein New-Age-Komponist, schrieb die Musik für die Infiniti-20-Fernsehspots und auch Kostners Feuertanz-Szene in dem Erfolgsfilm „Der mit dem Wolf tanzt". Peters Hauptgeschäft jedoch sind kommerzielle Jingles für DuPont, Infiniti, CNN und Levi Strauss.

1996 gab Peter im Rose Blumkin Center for Performing Arts in Omaha ein Wohltätigkeitskonzert für das James Redford Institute for Transplant Awareness. Redford, der Sohn des Schauspielers Robert Redford, mußte

(Photo handout at Berkshire Annual Meeting in 1998)
Buffett und seine Tochter Susan, rechts, als Modell für ein Berkshire T-Shirt, auf dem Berkshires Handvoll-Dollars-Logo abgedruckt ist. Bis zum Dezember 1997 verkaufte Berkshire in diesem Jahr 2.300 Shirts. Ein Reporter von Fortune testete die Freizeitkleidung in Bars in New Yorks Bankenviertel. Ein Trader von Lehman wird zitiert wie er sagte: „Oh, Warren Buffett - er singt doch diesen Margaritaville-Song!" Die Gewinne aus den Verkäufen von T-Shirts, Sweat-Shirts und Golf-Shirts kommen Berkshire zugute.

sich 1993 am medizinischen Zentrum der University of Nebraska einer Lebertransplantation unterziehen. Seither leistet er Aufklärungsarbeit über Organspenden. Beide Redfords waren beim Konzert anwesend.

Peter erzählte Linda Grant von der *Los Angeles Times*: „Mein Vater sagt, Geld sei für ihn nicht so wichtg, aber es ist für ihn doch wichtig. Nicht, weil er es ausgeben will, sondern weil es ihn zu einem Sieger macht. Mein Vater wirft einen großen Schatten. Als ich einmal beim Abendessen mit ihm zusammensaß, konnte ich ihm nichts erzählen, das er nicht schon wußte. Aber ich hatte immer das Gefühl, er würde mich bei all meinen Unternehmungen unterstützen."

Peter erzählt, sein Vater rufe ihn sehr häufig an, besuche ihn und interessiere sich sehr für die Musikbranche.

„Es ist schön, daß ich ihm erzählen kann, was in meinem Leben passiert. Das, was in seinem Leben geschieht, kann ich lesen", sagte Peter *(Omaha World-Herald)*.

Dem *Lincoln Nebraska Journal* sagte Peter, seine Kindheit sei nicht ungewöhnlich gewesen (8. August 1991). „Es war unglaublich normal, fast langweilig. Bis in die 80er Jahre hinein war er (Warren Buffett) völlig unbekannt. Als ich ein Junge war, verschwendete ich keine Gedanken daran, wer er war und was er tat. Wir lebten in keinem besonderen Wohnviertel, wir gingen nicht auf eine besondere Schule, wir hatten keine besonderen Freunde. Und so habe ich niemals irgendetwas Außerordentliches bemerkt."

Dem Magazin *Worth* sagte Peter Buffett im April 1996: „Soweit ich zurückdenken kann, war seine Vorstellung, wir drei sollten das tun, was uns glücklich macht. In dieser Hinsicht war er großartig. Genaugenommen, ist er auch heute noch so, wie er vor 30 Jahren war. Er wird mich beispielsweise fragen, welches Honorar ich für ‚Scarlet Letter' bekomme. Und wenn ich ihm dann den Betrag nenne, dann wird er sagen: ‚Oh, das ist eine Menge Geld!'"

Peter gestand dem Magazin auch, daß er schon vor langer Zeit seine Berkshire-Aktien verkauft habe, zu einem Betrag, der heute ungefähr 30 Mio. $ ausmachen würde.

Warren Buffett, der nicht vorhat, seinen Kindern viel Geld zu hinterlassen, nennt dafür auch die Gründe: „Wenn sie Jesse Owens Kinder wären, dann würde ihre Entwicklung nicht dadurch erleichtert, daß man sie beim 100 Meter Sprint an der 50-Meter-Linie loslaufen läßt."

Peter hat seinen Vater nur ein einziges Mal um Kredit gebeten - als er nach Milwaukee umzog. Sein Vater lehnte ab: „Er sagte: ‚Sieh mal, ich möchte, daß unsere Beziehung sauber bleibt. Wenn es um Geld geht, dann wird es kompliziert.' Es war großartig. Ich lernte viel mehr, weil ich zur Bank gehen und dort verhandeln mußte, als wenn ich einen Freifahrschein erhalten hätte" (*Omaha World-Herald*, 3. November 1996).

Buffetts Tochter Susan erzählt eine Reihe von Witzen über kleine Verstimmungen mit ihrem Vater wegen dessen geizigem Vorhaben, seinen Kindern nichts von seinem Reichtum zu hinterlassen.

Sie sagt, sie verstünde die Beweggründe, aber sie weist darauf hin, daß er nunmehr, wo seine Kinder erwachsen sind, die harten Lektionen ruhig ein wenig abschwächen könnte.

Auch Howard sagt: „Ich glaube, es gibt noch Hoffnung für ihn. In den letzten Jahren hat er ein wenig mehr Flexibilität gezeigt."

Susan erzählte Linda Grant, daß jeder, nur weil Buffett ihr Vater sei, annimmt, sie sei reich. Dies sei nicht der Fall, erzählte sie den Reportern. „Man kann es nicht verstehen, daß mein Vater einen 20-$-Scheck, den ich für ihn ausstelle, auch einlöst"

Howard sagt: „Ich sagte ihr, ich würde ihr das Geld leihen! Irgendeiner in der Familie muß doch tiefe Taschen haben, auch wenn Löcher darin sind."

Buffett hält nichts davon, seinen Kindern alles zu hinterlassen und hat für jeden nur ein paar Millionen Dollar zur Seite gelegt, nicht mehr als 0,1 % seines Vermögens. Der Rest geht an die Buffett Foundation.

Susan erzählt über ihren Vater viele Geschichten. Die vielleicht lustigste ist die, in der sie erzählt, was ihre früheren Klassenkameraden glaubten, womit ihr Vater sein Geld verdiente. Sie erzählte Adam Smith: „Jahrelang wußte ich nicht, was er überhaupt machte. In der Schule fragte man mich, welchen Beruf er hätte und ich sagte, er sei ein ‚Security Analyst' („Sicherheits"-Analyst), und sie dachten, er testete Alarmanlagen.

19

„Mein Vater konnte keinen Rasenmäher bedienen...

(aber) einmal erzählte er mir, man benötige ein ganzes Leben lang, um eine Reputation aufzubauen, doch nur fünf Minuten, sie zu ruinieren."

— Howard Buffett

Buffetts Sohn Howard Graham Buffett traf Ben Graham in der Zeit, als Warren Buffett in New York war. Howard war damals noch ein Kleinkind und hat nur eine Erinnerung an Graham.

„Er schenkte mir ein Stofftier... einen Stoffhund", erinnert sich Howard Buffett. „Offensichtlich machte er auf meinen Vater einen sehr viel stärkeren Eindruck als auf mich."

Howard Buffetts Frau Devon brachte vier Kinder in die Ehe mit. Howie Buffett kam noch hinzu. Howie Buffetts mittlerer Name ist Warren, und es kann sein, daß er das finanzielle Talent aus der Familie geerbt hat.

„Er besitzt zehn Coca-Cola-Aktien, es kann sein, daß es jetzt mehr sind, und er fragt seinen Großvater immer um Rat, wenn es um Coca-Cola-Aktien geht", sagte Howard Buffett. „Erst kürzlich rief er meinen Vater an, um sich bei ihm danach zu erkundigen. Manchmal spreche ich mit ihm über Geldanlagen... Ich beherzige seinen Rat. Wir haben einige Coca-Cola-Aktien."

Howard Buffett macht gern Witze über seinen Vater: „Er hat alles von mir gelernt." Howard erzählt, er habe seinen Vater in vielerlei Hinsicht

155

Warren Buffett, Howard Buffett und der frühere Vorsitzende von Cap Cities, Tom Murphy.

(Photo courtesy of Howard Buffet)

nicht als außergewöhnlich angesehen. „Ich dachte niemals, daß er etwas Besonderes sei, sondern nur mein Vater, so wie es jeder andere auch tun würde." Aber Howard Buffett gibt zu, daß es während seiner Jugendzeit doch einige erstaunliche Vorfälle gegeben habe.

„Ich erinnere mich, daß er oben in seinem Büro (in seinem Haus) immer *Moody's* oder so etwas las. Er arbeitete wirklich sehr hart. Er konnte 18 Stunden am Tag arbeiten", sagte er.

„Ich erinnere mich an eine Gelegenheit, als wir in Kalifornien in Urlaub waren, und er dauernd mit Stan Lipsey von der *Buffalo News* telefonierte, ungefähr drei Stunden am Tag. Die Zeitung wurde damals bestreikt, und mein Vater rechnete alle Möglichkeiten nach", sagte er. Sein Vater kam fast zu dem Schluß, daß es wirtschaftlicher sei, die Zeitung einzustellen, als sie weiterhin herauszugeben, fügte Howard hinzu.

Es kam niemals soweit, aber die andere Seite unterschätzte, wie ernsthaft sein Vater darüber nachgedacht hatte, die Zeitung aus Vernunftgründen einzustellen. „Ich habe beobachtet, wie er mit der Sache umging... Er fällt seine Entscheidungen ohne jegliche Emotionen. Wenn er eine Entscheidung trifft, dann durchdenkt er die grundsätzlichen Beweggründe. Und davon weicht er nie ab."

Buffett ist ein sehr fürsorglicher Mensch, aber wenn es um geschäftliche Entscheidungen geht, dann betrachtet er ausschließlich die Fakten und Ursachen.

„Mein Vater konnte keinen Rasenmäher bedienen... Ich sah niemals, wie er den Rasen mähte, die Hecke schnitt oder sein Auto wusch", sagte Howard Buffett. „Ich erinnere mich, daß ich es damals sehr seltsam fand, und erst als ich älter war und den Wert seiner Zeit erkannte, begriff ich, warum er sich so verhielt. Seine Zeit ist so wertvoll."

Howard Buffett sagte, in seinem eigenen Leben versuche er, etwas Zeit für die anderen Dinge zu bewahren. „Ich möchte noch etwas Zeit haben, um Landwirtschaft zu betreiben und einige andere Dinge zu tun."

Der jüngere Buffett sagt, sein Vater kümmere sich nicht um Annehmlichkeiten oder Stil. „Jahrelang fuhr er einen alten Volkswagen und gab ihn erst auf, als er dachte, daß er unsicher sei. Er hatte auch andere Autos, aber er macht sich nicht viel daraus... Es könnte ein Auto oder auch ein Pferd sein. Ihm kommt es lediglich darauf an, von A nach B zu kommen."

Einmal, als Buffett mit dem Berkshire Jet von einer Ostküstenreise zurückkam, gab es Probleme mit der Hydraulik, und der Jet landete in Indianapolis. Buffett saß eine Weile auf dem Trockenen. Und wie kam er nach Omaha zurück?

„Er flog dritter Klasse", sagte sein Sohn. „Er war stolz darauf, daß er Touristenklasse flog, und ich weiß nicht genau, ob er nicht doch gern erster Klasse geflogen wäre, aber ich bin ganz sicher, er hätte es nicht ertragen, wenn man ihn in der ersten Klasse erkannt hätte."

Howard sagt, sein Vater habe oft Wegweiser fürs Leben angeboten. „Ich erinnere mich, daß wir einmal auf der Dodge Street in der Nähe von McDonald´s waren, den es jetzt aber nicht mehr gibt, und mein Vater mir sagte: ‚Man braucht ein Leben lang, um eine Reputation aufzubauen, doch nur fünf Minuten, um sie zu ruinieren.'"

„Er ist so einfach und hat ein sehr schnelles Tempo", sagte er.

„All die Geschichten über ihn, die erzählen, wie sehr er doch an seinen Grundsätzen festhält, stimmen. Viele Unternehmensführer leben sehr pompös - nicht alle, aber viele. Er überhaupt nicht. Er tut nichts der Show wegen. Er ist vollkommen ernsthaft."

Howard sagt, es gebe lediglich ein wirkliches Problem mit seinem Vater: Er sei so intelligent, daß es frustrierend sei. Er ist ein wandelndes Nachschlagewerk... Als ich jünger war, war das richtig entmutigend. Es war überwältigend." Buffett fand es nahezu unmöglich, seinem Vater irgendetwas zu erzählen, das dieser nicht schon wußte, oder irgendeinen Erfolg zu erringen, der sich mit dem seines Vaters vergleichen ließe."

Howard Buffett erzählte in der Zeitschrift *Fortune* am 10. September 1990, wie er 406 Hektar Land bestellt und seine Arbeit liebt: „Ich habe neun Jahre lang Landwirtschaft betrieben. Es ist eine sehr unabhängige Aktivität - alles kommt auf dich selbst an. Die Landwirtschaft lehrt ein Wertesystem und bietet auch die Möglichkeiten, dieses zu erfüllen." So weit so gut.

Aber wahrscheinlich hat Howard auch gehört: „... es gibt drei ganz einfache Möglichkeiten, Geld zu verlieren - Rennen fahren, das geht am schnellsten, Frauen, das ist am angenehmsten, und Landwirtschaft, das ist das Sicherste."

Doch es gibt eine Ausnahme: „Das Land gehört Dad. Ich zahle ihm einen prozentualen Anteil von meinem Jahresgewinn als Miete. Die Miete hängt von meinem Gewicht ab. Ich bin 1,72 Meter groß und wiege ungefähr 90 Kilogramm. Seiner Meinung nach bin ich zu schwer - ich sollte 83 Kilogramm wiegen. Wenn ich über 83 Kilogramm wiege, dann beträgt meine Miete 26 % des Bruttogewinns. Wenn ich weniger wiege, dann muß ich nur 22 % als Miete zahlen. Das ist die Buffett-Version der Weight-Watchers-Methode. Es stört mich eigentlich nicht. Damit drückt er lediglich aus, daß er sich Sorgen um meine Gesundheit macht. Auch bei 22 % bekommt er mehr, als irgend jemand anders..."

Später sagte Howard Buffett, das sei schon in Ordnung, obwohl sein Vater die Miete am oberen Grenzbereich dessen, was man normalerweise für Ackerland bezahlt, angesetzt habe.

Trotz allem sagte der junge Buffett: „Ich bin sehr glücklich darüber, daß mein Vater genügend Rendite aus meiner landwirtschaftlichen Aktivität hat, denn er hat schließlich diese Farm gekauft. Es ist mein Traum, aber es ist seine Farm, und es ist sein Recht zu entscheiden, wie hoch die Miete sein soll."

Später, als Howard Buffett nach Decatur in Illinois umzog, vermietete er das Land weiter und erzielte noch einen guten Gewinn über dem Betrag, den er seinem Vater bezahlen muß. Aber er vermißte den Traktor und das Pflügen. Es gibt eine kleine Geschichte über Howard, die sich ereignete, nachdem er nach Decatur umgezogen war. An einigen Tagen, als über Nacht viel Schnee gefallen war, fanden Howards Nachbarn ihre Auffahrten morgens geräumt vor. Eines Tages bemerkte ein Mann, wie Howard den Schnee wegräumte, und fragte ihn, warum er das tat. Howard sagte, er würde seinen Traktor so sehr vermissen, daß er sich freue, mit dem Schneepflug den Schnee beseitigen zu können.

Bevor Howard umzog, aß er mit seinem Vater jeden Dienstag zu Mittag. „Wir haben eine sehr gute Beziehung. Er war immer ein guter Lehrer. Ich sehe meinen Vater nie als den Warren Buffett, den Sie in *Forbes* kennenlernen. Alles, was ich in ihm sehe, ist eben mein Vater. Gleichzeitig bemerke ich aber, daß er so viele Erfahrungen und Wissen anzubieten hat", sagte er dem *Omaha World-Herald* (31. Oktober 1993).

Im Jahr 1985 finanzierte Buffett seiner Tochter einen 30 Tage langen Einkaufsbummel. Das war seine Art von Bestechung dafür, daß sie versprochen hatte, im kommenden Jahr nicht zuzunehmen. Diese Vereinbarung wurde jedoch rückgängig gemacht, weil Susan schwanger wurde (Fortune, 24. August 1992).

Zum Schluß: Was ist aus der Sicht seines Sohnes das Besondere an Warren Buffett?

„Ich glaube, es resultiert aus seiner grundsätzlichen Lebensauffassung, daß man der Gesellschaft das zurückgeben soll, was man verdient hat, und es nicht nur verbrauchen sollte. Das stimmt vollkommen mit dem überein, was er tut", sagte er. „Er möchte Erfolg haben, und er ist gern kreativ. Er ist besonders kreativ und außerordentlich intelligent... Er hat alle Anlagen für alles, was mit Entschlossenheit zu tun hat... Er hat einen Motor in sich. Er möchte gute Dinge tun. Er möchte respektiert werden und in einer Position sein, in der er positiven Einfluß nehmen kann. Das, was er besonders gern mag, sind Herausforderungen. Er ist ständig dabei, Wege zu finden, wie man etwas besser machen kann", sagte er in einem Interview einige Monate vor dem Salomon Skandal.

Im Juni 1993 erweiterte Berkshire seinen Aufsichtsrat von fünf auf sechs Mitglieder, und Howard Buffett wurde zum Aufsichtsrat ernannt. Howard ist Geschäftsführer bei Lindsay Manufacturing Co., einem Hersteller von Bewässerungsanlagen in Lindsay in Nebraska. Außerdem ist er Direktor im Vorstand von Coca Cola Enterprises Inc., an dem Coca Cola zu 43 % beteiligt ist. Das ist eine moderne Version von Buffett & Sohn.

20

Die Geschichte von Berkshire

Ein Textilgigant, der Pleite ging Um Herauszufinden, woher Buffetts Milliarden stammen, wollten wir die Geschichte von Anfang an erzählen.

Im Jahr 1929 wurden mehrere Textilfabriken aus kommunalem Besitz in der Berkshire Cotton Manufacturing Co. (gegründet 1889) zusammengefaßt und umbenannt in Berkshire Fine Spinning Associates. Allem Anschein nach eröffnete die erste dieser Firmen - gegründet von einem Vorfahren des Aufsichtsratsmitglieds bei Berkshire Hathaway Kim Chace - seine Tore im Jahr 1806. Das Ergebnis der Zusammenlegung war ein Textilgigant, der einmal ein Viertel der Feinleinenproduktion des Landes bewältigte.

In den 30er Jahren dieses Jahrhunderts verbrauchten ihre vielen Werke ungefähr 1 % des gesamten Stromaufkommens der New-England-Staaten. Die Gesellschaft machte jedoch kaum Gewinne, und deshalb wurden die Dividenden auf Vorzugsaktien Ende 1930 und für weitere sechs Jahre ausgesetzt. Während des Zweiten Weltkriegs und der Jahre unmittelbar danach wurden jedoch Gewinne eingefahren.

Hathaway Manufacturing Co., eine Textilfirma aus New Bedford in Massachusetts, wurde im Jahr 1888 von Horatio Hathaway gegründet. Im Zweiten Weltkrieg spezialisierte sie sich darauf, Stoff für Fallschirme herzustellen. Nach dem Krieg wurde Hathaway der größte Hersteller von Rayon-Stoffen und 1955 mit Berkshire Fine Spinning Associates zusammengelegt. Der Name wurde in Berkshire Hathaway Inc. geändert.

Obwohl Berkshire keine Verbindung mit den Hathaway-Shirts hat, die

She's 6 years old
...and so are the
Hathaway Nylon *curtains!*

After six years of wear in many homes all over the country, HATHAWAY NYLON curtains are still giving excellent service ... still looking luxurious and beautiful.

Six years ago, it was HATHAWAY who made the first nylon marquisette available for curtains! In these six years, many millions of yards of HATHAWAY NYLON have been decorating American windows, and not one yard has ever been returned because of damage by sunlight!

HATHAWAY NYLON with its high thread count has *everything* you want (and need) in a curtain fabric. It is easy to wash, quick to dry, beautiful, strong, non-inflammable, heat-resistant. It shrinks less than 1%. Its wonderful properties are "sealed in" by an exclusive HATHAWAY process.

So, look for the label "HATHAWAY 100% NYLON MARQUISETTE" when you shop for curtains. Feel HATHAWAY NYLON curtains, hold them to the light ... *see* the difference! *Buy* them, and *know* the difference! Always ask for HATHAWAY NYLON!

HATHAWAY NYLON
MARQUISETTE
------- FREE! "ALL ABOUT CURTAINS" -------

HATHAWAY MFG. CO., Dept. D103, New Bedford, Mass.

Send for this free booklet of decorating ideas. Shows how to use standard curtains to achieve beautiful effects.

NAME_____

ADDRESS_____

(Ad courtesy of Alan Sears)

durch Anzeigen bekannt wurden, auf denen ein Mann mit einer Augenklappe abgebildet war, erzählte Buffett, daß, als er Berkshire Hathaway gekauft hatte, in Omaha mindestens sieben Anrufe eingegangen seien, ob er
nunmehr eine Augenklappe tragen müßte.

Alan Abelson von *Barron's* beschrieb Berkshire einmal so: „Warren Buffett, falls es die Emigranten aus Minsk und Pinsk noch nicht wissen sollten, ist der Investor, der eine sehr eigenartige Gesellschaft mit dem Namen
Berkshire Hathaway leitet, von der jeder glaubt, daß sie Hemden macht -
in Wirklichkeit aber macht sie Geld."

Im Jahr 1948 machten die Berkshire-Hathaway-Gesellschaften zusammen Gewinne von 18 Mio. $, hatten 10.000 Arbeitnehmer und ein Dut-
zend große Werke in ganz New England. Das war zu einer Zeit, als IBM
gerade einmal 28 Mio. $ verdiente.

Bis 1964 war das Geschäft nahezu zu Bruch gegangen - zwei Fabriken
und ein Gesamtwert von ungefähr 22 Mio. $.

Hathaway Manufacturing zählte Hetty Green zu ihren ersten Teilhabern. Henrietta Howland Robinson Green (1834 bis 1916), stammte von
Quäkern ab und wuchs in New Bedford in Massachusetts auf. Als sie etwa
20 Jahre alt war, erbte sie ein Vermögen an Handels- und Transportwert-
papieren. Später war sie auf dem Aktienmarkt äußerst erfolgreich, und
wenn bekannt wurde, wo sie investieren wollte, verursachte dies einen
Bullenmarkt, insbesondere bei Eisenbahnen.

Sie verlieh auch Geld und erwarb um Chicago herum große Länderei-
en. Sie war als die reichste Frau ihrer Zeit bekannt und hinterließ ein Vermögen von mehr als 100 Mio. $ für ihre Kinder, als sie in New York starb.
Diese Frau vermied die gierigen Hände von Fremden, weil sie ein einfaches und zurückgezogenes Leben führte. Sie war bekannt dafür, daß sie
schwarze Kleidung trug, meist ungewaschen, und sie wurde als reichste
und am meisten verabscheute Frau in Amerika bekannt. Wegen ihres un-
vergleichlichen Geizes erwarb sie sich den Titel „Hexe der Wall Street"
(*The Wealthy 100*, Michael Klepper und Robert Gunther).

Einmal wurde sie gefragt, weshalb sie sich eine Lizenz ausstellen ließ,
einen Revolver targen zu dürfen. Sie antwortete: „Hauptsächlich, um mich
gegen Rechtsanwälte zu verteidigen. Vor Einbrechern oder Räubern habe
ich wenig Angst."

Buffett ist mit Rechtsanwälten nie so harsch umgegangen. Immerhin ist
seine rechte Hand Charles Munger Rechtsanwalt, aber er selbst zieht es
vor, sich von juristischen Querelen und Rechtsanwälten fernzuhalten,
wann immer es möglich ist.

Im Jahr 1955 lag der Gesamtwert der Berkshire-Aktien bei 55.448.000 $.

Während der nächsten neun Jahre fiel der Aktienwert auf 22.139.000 $. Aber bis 1961 verkündeten die Manager immer noch, daß es eine starke Gesellschaft mit einer großartigen Zukunft sei.

In einer Grußadresse an die Newcomen Society sagte Seabury Stanton, der Präsident von Berkshire: „Heute ist Berkshire Hathaway der größte Textilhersteller von Leinen und synthetischen Geweben in New England. Insgesamt ungefähr eine Million Spindeln und schätzungsweise 12.000 Webstühle produzieren jährlich 225 Mio. Yards Gewebe, darunter moderne farbige Kleiderstoffe, Stoffe für Handschuhe, Batist, Voile, gekämmten und gekrempelten Satin, Rayonstoffe, Dacron-Vorhangstoffe und Dacron-Baumwoll-Mischgewebe. Insgesamt werden schätzungsweise 5.800 Arbeitnehmer beschäftigt. Alle sieben Fabriken laufen in vier Schichten, und Berkshire Hathaway macht einen durchschnittlichen Jahresumsatz von mehr als 60 Mio. $.“

Aber mit den Geschäften ging es Anfang der 60er Jahre weiterhin bergab. Buffett begann, Anteile an Berkshire Hathaway zu kaufen.

Notiz aus dem Internet: Der Rosetta-Stein der modernen Geldanlage
Diese Ergänzung Nr. 49 wird ausschließlich dafür angelegt, um in Verzeichnis 13 D die Stimmrechtsvereinbarung zwischen Warren E. Buffett für sich selbst und dem Howard Buffett Family Trust (der „Trust"), Susan T. Buffett und Berkshire Hathaway Inc. festzulegen.

Notiz 3. Herkunft und Umfang der Wertpapiere und andere Festlegungen.

Die 474.998 Anteile an Stammaktien, die in Notiz 5 beschrieben wurden und über die Mr. Buffett das alleinige Stimmrecht und die alleinige Anlagegewalt hat, wurden für 15.415.044 $ erworben. Die 4.204 Stammaktien, die in Notiz 5 beschrieben werden und dem Trust gehören, dessen alleiniger Treuhänder Mr. Buffett ist, an denen er jedoch keinerlei wirtschaftliches Interesse hat, wurden für 88.294 $ erworben. Die in Notiz 5 beschriebenen und im Besitz von Mrs. Buffett stehenden 36.985 Aktien wurden für 1.964.491 $ erworben. Für den Erwerb wurden keinerlei Kredite aufgenommen.

Im Jahr 1962 begann Buffett zum ersten Mal, Berkshire Hathaway Aktien für 7 $ je Anteil für die Buffett Partnership Limited zu kaufen. Nach einigen Jahren versprach Seabury Stanton, der damalige Präsident von Berkshire, Buffett, er würde die verbleibenden Berkshire-Hathaway-Aktien zu 11 1/2 $ verkaufen. Drei Wochen später wurden die Anteile für

163

11 3/8 $ gehandelt. Das war das einzige Mal, daß Buffett einen Hand-schlagsvertrag machte, der nicht eingehalten wurde. Buffett war über Stan-ton verärgert, weil dieser sein Wort nicht gehalten hatte und begann, Berkshire-Aktien von seinem Schwager und von Malcolm Chace, dem da-maligen Vorsitzenden des Aufsichtsrats von Hathaway, zu kaufen. Chace, der offensichtlich ebenso über Stanton verärgert war, verkaufte Buffett ei-nen großen Teil seiner Berkshire-Hathaway-Aktien. Damals, im Jahr 1965, konnte Buffett die Kontrolle über Berkshire Hathaway gewinnen.

Der Niedergang des Geschäfts setzte sich auch weiterhin fort, und Berkshires Bilanz vom 3. Oktober 1964 wies ein Vermögen von 27.887.000 $ und Aktien im Wert von 22 Mio. $ aus. Damals waren 1.137.778 Berkshire Aktien im Umlauf. Heute sind es 1.234.127 gleich-wertige Aktien der Klasse A.

Buffett kaufte weiter, und 1975 besaß seine Partnership einen Anteil von 70 % an der Gesellschaft, zu deren Ausstattung ungefähr 4.700 Web-stühle gehörten. Buffetts gesamter Anteil an Berkshire wurde für ungefähr 14 Mio. $ erworben (*Forbes*, 21. Oktober 1991). Buffett übernahm am 10. Mai 1965 die Kontrolle über Berkshire, als Berkshire einen Marktwert von ungefähr 18 Mio. $ hatte. Gegen Ende der 60er Jahre hatte Berkshire un-gefähr 1.200 Aktionäre. Heute sind es ungefähr 80.000.

Buffett wurde 1970 Vorsitzender des Aufsichtsrats, doch die wirt-schaftlichen Bedingungen im Textilgeschäft verschlechterten sich Ende der 70er Jahre drastisch. Er behielt das Textilgeschäft bis 1985, obwohl es nach einer kurzen Zeit der Blüte langsam dahinwelkte. Aus der kurzen Er-folgsperiode und durch die Verringerung des Kapitals gewann er Mittel und investierte sie in bessere Unternehmen. Schließlich verkaufte er das mehr als 100 Jahre alte Unternehmen für einen geringfügigen Betrag. Dies sollte eines der wenigen Geschäfte sein, bei denen Buffett Geld verlor.

Buffett erlärte auf der Berkshire-Jahreshauptversammlung 1991, daß das Textilgeschäft ein Warengeschäft sei und obgleich eine große Anzahl von Herrenanzügen im Zweiten Weltkrieg aus Hathaway-Stoffen gemacht war, bedeute das nichts mehr, wenn ausländische Unternehmen die Stoffe wesentlich preisgünstiger herstellten. Nunmehr wisse er, daß die Produk-tionskosten so niedrig wie möglich sein müßten.

„Ich wußte, es war ein hartes Geschäft... Entweder war ich damals ar-roganter oder unschuldiger. Wir lernten damals eine ganze Reihe von Lek-tionen, aber mir wäre es lieber, wir hätten sie auf andere Weise lernen können", sagte er.

Buffett machte einmal einen Witz über Berkshires Textilgeschäft: „Die Maschinen waren nicht soviel wert wie man dachte, daß sie es wären, die Verbindlichkeiten jedoch waren solide."

Heute sind die alten Berkshire-Fabriken in New Bedford Ruinen, Teil einer Szene wirtschaftlicher Verwüstung. Jedoch bringen die Grundstücke heutzutage mehr Geld ein als damals, als die Manager zu Buffett gekommen waren, um mehr Geld zu verlangen, damit die Produktion aufrechterhalten werden könne.

Die alten roten Gebäude sind absolut wertlos. Aber unter dem Management von Bill Betts, der Teile davon als Büros und Lager vermietet, bringen sie Berkshire einen dünnen Strom von Gewinnen ein, der an Buffett weitergereicht wird, um in neue Investitionen einzufließen.

Ein überlebender Komplex von 31 Gebäuden, der direkt am Hafen liegt, beherbergt 28 Mieter, die ungefähr 35 % der Fläche dieses Brutkastens in Anspruch nehmen (*The Business Journal*, Juni 1996).

„Berkshire Hathaway vermietet an alle Arten von Unternehmen, besonders seit Stride Rite Shoes im Jahr 1992 nach elf Jahren als Mieter ausgezogen ist. Stride Rite war soweit gewachsen, daß es 80 % der Flächen einnahm und bis zu 500 Arbeitnehmer beschäftigte." Stride Rite konnte attraktiven Bedingungen, die ihm in Kentucky geboten wurden, nicht widerstehen.

Nach winzigen Anfängen folgten große Dinge. Buffett errechnete im Jahr 1986, daß 52 Menschen aus der Umgebung von Omaha ausreichend Berkshire-Aktien besaßen, daß sie als Millionäre gelten konnten. Seither sind die Berkshire-Aktien steil in ihrem Wert angestiegen (*Omaha World-Herald*, 17. August 1991). Man nimmt an, daß es heute ungefähr 200 Buffett-Millionäre in Omaha gibt.

Es gibt sogar eine unbeabsichtigte Wohltat. Paul Laplante bekam einmal einen Brief, in dem stand, daß man das Bankkonto seines verstorbenen Vaters gefunden habe - mit 66 Anteilen an Berkshire. Es stellte sich heraus, daß Laplantes Vater früher einmal einige rechtliche Angelgenheiten für Parker Mills erledigt hatte, die ihn mit Optionsscheinen bezahlt hatte. Parker Mills wurde von Berkshire Fine Spinning, später Berkshire Hathaway, erworben. Aus den früher einmal nahezu wertlosen Optionsscheinen wurden nun 66 Aktien dessen, was zu Warren Buffetts Investmentgesellschaft geworden war (*Forbes*, 6. Mai 1996).

Obwohl das Textilgeschäft mit einer Zentrale in New Bedford, einem Büro in Los Angeles und einem Büro in New York City nicht mehr besteht, überlebte der Name Berkshire Hathaway.

George Morgan, der Aktienhändler aus Omaha (Motto: Das Geld kommt nicht auf Befehl) sagt: „Er benannte die Gesellschaft nach seinem größten Fehler." Buffett kaufte seine ersten Anteile an Berkshire Hathaway im Jahr 1962. Seine erste Order, die von Tweedy, Browne ausgeführt wurde, belief sich auf 2.000 Aktien zu 7,50 $. Charles Munger, der Vizepräsident bei Berkshire, beschrieb Tweedy, Browne, die für die strikte Umsetzung von Value Investing bekannt sind, als eine Firma, in der Buffett üblicherweise zu finden war, als er noch jung und arm war (*Worth*, April 1997). Die 15.000 $, die Buffett damals investierte, sind heute mehr als 100 Mio. $ wert.

Berkshire wurde von Munger einmal als kleines, dem Untergang geweihtes Textilunternehmen in New England beschrieben.

Auch Buffett, wenn er auf das zurückblickt, was er einmal als den Fehler der ersten 25 Jahre bezeichnete, gibt zu, daß sein erster Fehler war, Berkshire überhaupt gekauft zu haben. Obwohl er Berkshire als unattraktives Unternehmen erkannt hatte, kaufte er es wegen des niedrigen Preises und dachte, daß er schlimmstenfalls mehr damit erlösen könnte, als er bezahlt hatte, und den Erlös dann für den Kauf anderer Unternehmen benutzen könne.

Im Jahr 1965 informierte die Buffett Partnership Berkshire, daß sie 500.975 Aktien oder ungefähr 49 % der Berkshire-Aktien hielt. Buffetts Partnership war zum größten Berkshire-Aktionär geworden und kaufte weiter. Im Januar 1967 besaß Buffett Partnership 59,5 %, und im April 1968 waren es fast 70 %, wie es die Dokumente beweisen, die bei der Securities and Exchange Commission aufbewahrt werden.

Berkshire unter Buffett

Inzwischen kaufte Berkshire, nunmehr unter Buffetts Management andere Unternehmen und versuchte, ins Versicherungsgeschäft zu kommen, als es am 23. Februar 1967 der National Indemnity Co. ein Übernahmeangebot machte.

Anfang 1969 kaufte Berkshire 97 % der Illinois National Bank and Trust Co. und etwa zur gleichen Zeit Sun Newspapers, Inc., und Blacker Printer, Inc., was Berkshires Einstieg ins Verlagswesen bedeutete.

Sun Newspapers gab fünf Wochenzeitungen in Omaha mit einer Auflage von ungefähr 50.000 heraus. Die verbundenen Druckereien wurden von Stanford Lipsey betrieben.

Im Jahr 1970 beendete Buffett Partnership sein Dasein als Aktionär und „Mutter" von Berkshire und verteilte 691.441 Berkshire Aktien anteilmäßig an ihre Partner. Nach der Liquidation kaufte Buffett ohne großes Aufsehen Berkshire Aktien für sich selbst. Ein SEC Dokument dazu:

„Nach der Liquidation und der damit verbundenen Verteilung der Vermögenswerte kaufte Warren E. Buffett während des Januar 1970 weitere 87.591 Stammaktien von anderen Partnern der Buffett Partnership Limited, die diese Anteile während der Liquidation erhalten hatten. Ebenfalls während des Januar 1970 erwarb Mr. Buffett auf dem offenen Markt zusätzliche 2.100 Stammaktien. Warren Buffett selbst besaß am 31. Januar 1970 insgesamt 245.129 Aktien oder ungefähr 25 % der 979.582 im Umlauf befindlichen Stammaktien. Als Folge dieser Transaktionen kann Warren E. Buffett als Vormund von Berkshire angesehen werden."

Als Buffett 40 Jahre alt war, kontrollierte er Berkshire von seinem Büro in Omaha aus.

Robert Cope, ein Anleihenemittent aus Montgomery in Alabama, rief Berkshire Anfang 1970 in New Bedford an, um Industriebonds zu verkaufen. Ihm wurde gesagt, er solle Buffett in Omaha anrufen. „Ich rief an, und Bill Scott war am Apparat, der mir sagte, daß sie nichts anderes als Industriebonds kaufen würden, und ich sagte ihm, das sei das einzige, das ich verkaufte", sagte Cope. „Er verband mich mit Buffett, und ich erklärte ihm, was ich anzubieten hatte. Er wußte sehr viel über Unternehmensfinanzierung. Er brauchte weder in *Moody's* oder bei S&P irgend etwas nachzusehen. Er sagte, er sei an den steuerfreien Schuldverschreibungen, die ich anzubieten hatte, interessiert." Als Cope fragte, wieviel er denn kaufen wolle, antwortete Buffett: „Alles."

„Im allgemeinen verkaufte ich immer 100 Schuldverschreibungen. Er kaufte gleich 3 oder 4 Millionen!", sagte Cope.

Cope verkaufte auch weiterhin Schuldverschreibungen an Berkshire. „Wenn ich anrief, dann waren immer Scott oder Buffett am Telefon. Ganz ehrlich, ich war immer erleichtert, wenn ich Buffett erreichte. Scott war ziemlich hart und fragte immer: ‚Was gibt's?'. Buffett war immer ein Schatz von einem Menschen. Er war herzlich. Er sagte immer: ‚Guten Morgen, nun sag mir mal, woran du jetzt wieder arbeitest.' Und dann teilte er mit, ob er das Unternehmen mochte oder nicht, und sagte mir, ob er kaufen wollte oder nicht."

Cope sagte: „Ein paar Mal ging ich zum Kiewit Plaza und zu seinem kleinen Büro hinauf. Er steckte seinen Kopf aus seinem Büro heraus, forderte mich auf, einzutreten und mit ihm ein wenig zu plaudern."

Berkshires Textilgeschäft überlebte bis 1985, als Buffett das dahinwelkende Unternehmen dichtmachte. Für die Maschinen mit einem Buchwert von 866.000 $ erlöste er 163.000 $. Webstühle, die vor ein paar Jahren für 5.000 $ das Stück angeschafft wurden, wurden als Schrott je 26 $ das Stück verkauft, weniger als die Kosten der Demontage (*The Midas Touch*, John

Train). Aber schon lange davor florierten die anderen Unternehmen von Berkshire, die mit dem Geld, das aus der Textilfabrik entnommen wurde, finanziert worden waren.

Heute ist Berkshire eine weitverzweigte Investmentholding mit großen Beständen an Aktien, Schuldverschreibungen, Geld und Silber. Berkshire ist auch Eigentümer einiger Unternehmen. Berkshire paßt in keine Schublade - in Unternehmensverzeichnissen wird es verschiedentlich unter Versicherungen, Süßigkeiten, Medien, Verschiedenes, Finanzinstitut, Investmentunternehmen, Sonstiges oder Konglomerate geführt. Berkshire ist ein hybrides Unternehmen: Es ist alles von dem Vorgenannten. Hier ist eine typische Beschreibung von Berkshire: „Berkshire ist eine Investmentholding, die Sach- und Unfallversicherungen anbietet, Zeitschriften verlegt und andere Dienstleistungen anbietet."

In *Business Week* vom 7. Juli 1997 wurde Berkshire, was den Marktwert anbetrifft, in der Rangfolge der größten Unternehmen der Welt an 32. Stelle geführt und an 21. Stelle bei den größten Unternehmen der Vereinigten Staaten. Obwohl Berkshire dem Aktienwert entsprechend in der Rangfolge der größten Unternehmen in den Vereinigten Staaten an 23. Stelle steht (*Financial World*, 30. Januar 1996), gibt es keinen Analysten, der Berkshire besondere Aufmerksamkeit schenkt. Wenn man beispielsweise im Internet bei Bloomberg unter Berkshire nachsieht und Empfehlungen anklickt, dann erscheint: „Für dieses Unternehmen gibt es keine Empfehlungen."

Um etwas über dieses Unternehmen herauszufinden, muß man sich schon selbst anstrengen. Mehrere Male im Jahr gibt das Unternehmen Mitteilungen über neue Investments heraus, die aber nur sehr kurz gehalten sind. Die einzige Möglichkeit, sich von Berkshire ein Bild zu machen, besteht darin, einen Jahresbericht anzufordern.

Hinter der nichtssagenden Fassade - seinem weitgehend unsichtbaren Vorsitzenden, seiner geradezu winzigen Zentrale im Kiewit Plaza an der Ecke der 36./Farnam Street, seinem neutral gebundenen Jahresbericht, seiner weitgehend unkommentierten Geschäftspolitik - steht die Konstruktion eines fantastischen Unternehmens.

Dessen Unternehmen sind nicht besonders sexy: Uniformen, Schuhe, Staubsauger... und dergleichen mehr. Einspruch, Euer Ehren. Es sind sexy Unternehmen, wenn man ihre Rentabilität betrachtet. Einige der Unternehmen verzeichnen eine Eigenkapitalrendite von 20 %. Das ist in jeder Hinsicht außerordentlich. Manchmal verdienen sie sogar 30 bis 40 %.

Buffetts ganz alltägliche Unternehmen schafften in schlechten Jahren zuweilen Gewinne von 50 % des Aktienwerts, und 1989 erreichten sie einen astronomischen Gewinn von 67 %, bezogen auf den Kaufpreis, eine Zahl, die kaum jemand in der Geschäftswelt jemals gehört oder gesehen hat! Die meisten Geschäftsleute sind schon froh, wenn sie 10 bis 15 % Jahresgewinn erzielen. Diese Zahl ist so weit jenseits der meisten Unternehmenskennzahlen, daß man eigentlich von einem Druckfehler ausgehen könnte.

Ganz nüchtern erscheinen die Unternehmen, die zu diesen himmlischen Zahlen beitragen: *The Buffalo News*, eine Zeitung im Staat New York; Fechheimer, eine Firma, die Uniformen herstellt und in Cincinnati beheimatet ist; Scott Fetzer Manufacturing Group in Chicago, die eine Reihe von produzierenden Unternehmen vertritt; World of Books, ebenfalls in Chicago, der Lexikonverlag; Kirby, ein Produzent von Staubsaugern, der in Cleveland, Ohio, sitzt; Nebraska Furniture Mart, ein großes Möbelhaus in Omaha; See´s Candies, ein Süßwarenhersteller in San Francisco mit mehr als 200 Ladengeschäften hauptsächlich an der Westküste; H.H. Brown Shoe Company, Inc., in Grennwich, Connecticut, denen Lowell Shoe in Hudson in New Hampshire gehört. Berkshire besitzt aber auch Dexter Shoe Co. in Dexter, Maine, Helzberg´s Diamond Shops in Kansas City, Missouri, R.C. Willey Home Furnishings in Salt Lake City, Utah, FlightSafety International in Flushing, New York, Star Furniture Co. in Houston, Texas, und International Dairy Queen in Minneapolis, Minnesota.

Borsheim´s, ein Juwelier in Omaha, der ebenfalls zu Berkshire gehört, mag vielleicht nicht aussehen wie ein großer Geldbringer - bis man herausfindet, daß er mehr Umsatz macht als irgendein anderer Juwelierladen im Land mit Ausnahme von Tiffany´s Flaggschiff in New York.

Weiterhin besitzt Berkshire´s Wesco Financial Corp. in Pasadena, Kalifornien, in gewisser Hinsicht ein Klein-Berkshire, eine Handvoll Unternehmen.

Zusätzlich zu Berkshires produzierenden Unternehmen gibt es eine große, separat organisierte Versicherungsgruppe. Über die Sach- und Unfallversicherungen - Berkshires größte tätige Unternehmen - tätigt Buffett normalerweise seine Investitionen.

Das Geld aus Berkshires Unternehmen, insbesondere aus den Versicherungsgeschäften, und der Gewinn aus Berkshires Engagement in Aktien und Anleihen stellt Buffett die Mittel zur Verfügung, mit denen er neue Investitionen angeht, die noch mehr Geld einbringen.

Berkshire, an der New York Stock Exchange and Trades unter den Kürzeln BRKA und BRKB geführt und als BerkHA in den Zeitungsverzeichnissen, beschäftigt etwa 38.000 Arbeitnehmer.

Berkshires Eigentümer

Buffetts 478.232 Anteile (39,9%) an Berkshires 1.234.127 Stammaktien machen ihn zum weitaus größten Teilhaber. Buffetts Frau Susan besitzt 36.981 Anteile (3,1 %). Ihr Stimmrecht und ihre Handlungsvollmacht liegen bei ihrem Ehemann.

Die meisten leitenden Angestellten haben einen großen Teil ihres Vermögens in Berkshire-Aktien angelegt. Buffetts Beschreibung ist sehr passend, wenn er sagt: „Wir essen das, was wir selbst kochen."

Sie sind eine glückliche, wohlhabende Gruppe, die das Gefühl kennt, das Josh Billings einmal so beschrieben hat: „Die schönste Zeit im Leben eines Menschen ist es, wenn er eifrig einem Dollar hinterherläuft und die begründete Aussicht hat, ihn zu kassieren."

Standard & Poor's berichtete am 31. Dezember 1990, daß nur ungefähr 7 % der Aktien oder 78.000 Stück von institutionellen Anlegern gehalten würden. Dieser Prozentsatz ist, so sagt *Business Week* am 27. März 1995, auf 15 % angestiegen.

Der Rest der Aktien ist in den Händen von ungefähr 140.000 Aktionären, die diese Aktien selten handeln. An der New Yorker Börse hat Berkshire weniger Umsatz als jede andere Aktie.

Ungefähr 80 % der Berkshire Anteile wurden für 100 $ oder weniger gekauft. Das gibt dem Unternehmen das Flair einer alten wohlhabenden Familie.

„125 Aktionäre haben in Omaha die gleiche Postleitzahl wie ich. Und so kann ich an Halloween klingeln gehen und sicher sein, daß ich immer gut behandelt werde", sagte Buffett in Adam Smiths *Money World* am 21. Oktober 1993.

Fast alle Berkshire Aktionäre kommen aus den Vereinigten Staaten, dem Vereinigten Königreich, Deutschland, Indien und Kanada. Viele Aktionäre halten nur zehn oder weniger Anteile. Viele betrachten es als eine Ehre, auch nur eine Aktie zu besitzen. Auf der anderen Seite besitzen Buffett, seine Frau und Munger fast 50 % der Gesellschaft.

Unter den Großaktionären waren der stellvertretende Vorsitzende von Berkshire, Charles Munger, Buffetts Freund Sandy Gottesman, der an der Spitze der First Manhattan Investmentholding in New York steht, und bis zu seinem Tod Dr. William Angle aus Omaha. Malcolm Chace, ein privater Investor und der frühere Vorsitzende von Berkshire, der 1996 im Alter von 92 Jahren verstarb, war ebenfalls ein Großaktionär, dessen Einstiegskosten bei Berkshire teilweise bei 25 Cents je Aktie lagen. Die Erben von Chace, einschließlich seines Sohns Malcolm G. Chace III, der seinem Vater 1992 in den Aufsichtsrat von Berkshire folgte, sind die größten Einzelaktionäre nach der Familie Buffett. Unter den größten institutionellen Anlegern sind:

Institutioneller Anleger	Anzahl Aktien	Anteil in %
Ruane Cuniff & Co.	39.207	3,26
T. Rowe Price Associates	32.810	2,72
Boston Safe Deposit	16.351	1,36
First Manhattan Company	5.355	0,44
California Public Employees	4.823	0,40
Morgan Guaranty Trust	4.495	0,37
LaSalle National Trust	4.109	0,34
Oak Value Capital	3.833	0,32
Everett Harris & Company	2.865	0,24
Nicholas Company Inc.	2.600	0,22
United States Trust	2.563	0,21
Mercantile Bankshare	2.349	0,20
Mellon Bank N A	2.278	0,19
Fayez Sarofim	1.981	0,16
Franklin Mutual	1.755	0,15

Quelle: Bloomberg News Service, Juli 1997

Die Yale University war im Dezember 1996 mit 25 Aktien beteiligt, berichtet der Bloomberg News Service. Aber offenbar hat Yale seinen Anteil bald wieder abgegeben.

David R. Carr jun., und George W. Brumley halten in ihrem Oak Value Fund Berkshire-Aktien. Ihr Motto ist: „Wir vertrauen Buffett, alle anderen müssen bar zahlen" (Barron´s, 24. März 1997).

(Photo by Nancy Line Jacobs)
Walter Scott Junior von Kiewit und der frühere Vorsitzende von Cap Cities, Tom Murphy, sind mit Buffett eng befreundet.

Berkshires Aufsichtsrat

Berkshire, das von Buffett und gerade einer Handvoll Leuten geleitet wird, ist so schlank, daß man es geradezu als Parodie anderer Unternehmen ansehen könnte. Deshalb sind nur sieben Direktoren im Vorstand, der keine Ausschüsse gebildet hat und auch nur wenig Beratung von außen einkauft.

Munger berichtete, daß Berkshire vor langer Zeit einmal wegen seiner Personalakten in Verbindung mit einer seiner Akquisitionen aussagen mußte. „Es gab keine Papiere. Es gab kein Personal", sagte Munger auf Berkshires Jahreshauptversammlung 1991. Im Aufsichtsrat von Berkshire sind Buffett, seine Frau Susan T. Buffett, Munger, Malcolm G. (Kim) Chace III, ein privater Anleger und der Vorsitzende der BankRI, einer kommunalen Bank in Rhode Island, der 1992 für seinen Vater in den Aufsichtsrat einrückte, Howard G. Buffett, Buffetts Sohn, und Walter Scott jun., Vorsitzender und geschäftsführender Vorstand von Peter Kiewit Sons´ Inc., einer privaten Baufirma in Omaha, deren Geschäftsergebnisse so gut sind, daß Buffett sagte, er würde sie nicht nachrechnen aus Angst, daß Berkshire-Aktionäre nervös würden. Scott, der mit Buffett seit seiner Kindheit befreundet ist, ist der einzige Vorstand von Berkshire, der von außen kommt, und Buffett ist der einzige Mieter in der Zentrale dieses Unternehmens, dem Kiewit Plaza in Omaha, der nicht zu Kiewit gehört.

Ronald L. Olson, ein Partner der Kanzlei Munger, Tolles & Olson in Los Angeles, ist das jüngste Mitglied im Aufsichtsrat und wurde im August 1997 berufen. Die Aufsichtsratsmitglieder erhalten sagenhafte 900 $ im Jahr.

Buffett eröffnete die Jahreshauptversammlung von Berkshire 1998, indem er sagte: „Die Versammlung ist eröffnet. Ich bin Warren Buffett, der Vorsitzende von Berkshire Hathaway, und dieser hyperaktive Kerl hier ist Berkshires stellvertretender Vorsitzender, Charlie Munger. Zufällig ist eines unserer Aufsichtsratmitglieder gleichzeitig Sängerin in unserem (Unternehmens-)Film. Wir halten hier bei Berkshire die Kosten niedrig... Susan T. Buffett ist die Sängerin. Howard G. Buffett begleitet sie..."

Oliver Chace, ein Vorfahr von Kim Chace, gründete die Textilfabrik Berkshire im Jahr 1806 in Providence, Rhode Island. Der Vater von Chace, Malcolm, beaufsichtigte den Zusammenschluß mit Hathaway im Jahr 1955. Malcolm Chace erzählte einmal, er habe einen absolut schrecklichen Sommer verbracht, als er in der Fabrik arbeitete. „Ich glaube, man nennt das charakterbildend" (*Forbes*, 3. Oktober 1997).

Die Familie Chace beobachtete die Käufe von Buffett anfangs mit gemischten Gefühlen, die im Jahr 1962 begannen und 1965 zur Übernahme führten. „Wir saßen irgendwie da und lächelten und beobachteten (Buffett), wie er die Sache über die Bühne brachte", sagte Chace (*Forbes*, 14. Oktober 1996). Chace besitzt mehr als 13.000 Aktien und ist auch Vorstandsvorsitzender der Bank of Rhode Island. „Ich schätze mich wirklich sehr glücklich".

Wenn man der Zeitschrift *Chief Executive* glauben darf, dann stellen die Mitglieder des Aufsichtsrats bei Berkshire den „schlechtesten" Aufsichtsrat in ganz Amerika dar. *USA Today* berichtete in seiner Ausgabe vom 6. Mai 1994, daß die Zeitschrift eine Liste der besten und der schlechtesten Aufsichtsräte erstellt habe und Berkshire am untersten Ende gelandet sei. Offensichtlich kam man zu dieser Auffassung, weil Berkshires Aufsichtsrat sehr klein, familienorientiert ist und keine wirklich von außen kommenden Mitglieder hat. Giri Bogavelli, ein Anleger aus San Francisco, entgegnete: „Zwei der wichtigsten Faktoren, die bei der Bewertung jedes Aufsichtsrats eine Rolle spielen, sind die Unternehmensführung und die Verfolgung des Shareholders Value. Was die Unternehmensführung anbelangt, ist Berkshire untadelig. Nur wenige Philosophen im Kreis der Unternehmensführer haben jemals eine Chance, ihre sehr schön ausgedrückten Theorien in die Praxis umzusetzen. Mr. Buffett ist das bei Berkshire gelungen. Und was den Shareholder Value anbelangt, kommen nur wenige Unternehmen in Amerika Berkshire gleich. Was aber noch wichtiger ist: Diese Ergebnisse wurden mit klar ausgesprochenen Prinzipien und höchsten ethischen Standards erzielt."

Munger ist der Vorsitzende bei Wesco und stellvertretender Vorsitzender bei Berkshire. Buffett ist Vorsitzender des Aufsichtsrats, geschäftsführender Vorstand, Berkshires Herz und Seele und sein großer Anführer.

173

21

Wie weit wird Berkshire gehen?

„Durch Glück und Pech, durch alle Schicksalsschläge hindurch machen wir unseren Weg." …Vergil's Aeneid

Gleich nach der Jahreshauptversammlung von Berkshire im Jahr 1989 ging Buffett zu Borsheim´s. Dort traf er eine kleine Gruppe von Aktionären und betete seine schon oft wiederholte Litanei herunter, daß Berkshires zunehmende Größe ihre Wachstumsgrenzen finden würde, und daß die Geschwindigkeit des Wachstums sich verlangsamen würde.

Und dann sagte Buffett, mit einem Augenzwinkern: „Nun, es wird lustig sein, zu sehen, wie weit wir es schaffen."

Bald danach machte Berkshires Aktienkurs einen seiner größten Sprünge und brachte es innerhalb weniger Monate von 5.900 $ auf über 8.000 $ je Aktie. Über die Jahre hinweg erreichte Berkshire einen durchschnittlichen Gewinn von 23 % auf den Buchwert und nahezu 30 % durchschnittliches Wachstum beim Aktienkurs und kam damit in die Spitzenränge der Investmentcharts.

Berkshire muß, wie jede andere Aktie, auch Rückschläge einstecken, aber sie steigt immer weiter. Es ist ein typischer Fall von „durch Glück und Pech, durch alle Widrigkeiten machen wir unseren Weg", wie schon Vergil sagte.

Kann Berkshire dieses Tempo durchahlten? Eindeutig nicht. Seit den 60er Jahren sagte Buffett, daß die Größe eines Unternehmens seine eigene Bremse ist. Im Jahr 1963 schrieb er: „Ein beträchtlich kleinerer jährlicher Vorsprung gegenüber dem Dow Jones wird zufriedenstellend sein." Im

Jahr 1964 sagte er: „Ich vermute, unser Abstand zum Dow Jones kann nicht gehalten werden." Buffett ist immer der erste, der sagt, daß Berkshire seine Wachstumsrate nicht aufrechterhalten kann.

Dennoch: Sollten die Berkshire-Aktien in den nächsten 35 Jahren ihren jährlichen 30prozentigen Wertzuwachs halten, dann läge der Kurs einer Aktie bei mehreren hundert Millionen Dollar. Berkshires Wert auf dem Aktienmarkt würde in die Hunderte von Billionen Dollar reichen - ein Vielfaches des heutigen Bruttoinlandsproduktes der Vereinigten Staaten. Berkshire würde den ganzen Planeten besitzen.

Allan Sloan, der für die Wall Street zuständige Redakteur bei *Newsweek*, schrieb 1996: „Jeder, der Berkshire zum heutigen Kurs kauft und erwartet, daß die nächsten 31 Jahre ebenso werden wie die vergangenen 31, der glaubt an Wunder. Buffett ist immer noch brilliant; es ist lediglich eine Frage der Mathematik. Berkshires Aktien werden heute an der Börse mit mehr als 40 Mrd. $ bewertet im Vergleich zu 18 Mio. $, als Buffett am 10. Mai 1965 die Kontrolle übernahm. Um dieser Wachstumsrate zu entsprechen, müßten Berkshires Aktien im März 2027 einen Wert von 75 Billionen $ haben. Billionen, mit einem B vorn. Das wäre das Zehnfache des gegenwärtigen Bruttosozialproduktes der Vereinigten Staaten. Das wird nicht sein."

Buffett drückte es bei der Jahreshauptversammlung 1995 so aus: „Wenn Berkshire weiterhin jährlich um 23 % seines Buchwerts wüchse, dann würde es das Bruttoinlandsprodukt auffressen. Manchmal denken wir darüber nach, aber das wird nicht passieren."

Und es gibt noch einige Fleckchen auf der Erde, die Buffett gar nicht haben will. Doch mit großer Entschlossenheit versucht er, einige der besten Teile davon zu bekommen, und wird es wahrscheinlich erleben, daß Berkshire in der Welt eine bedeutsame Rolle spielt. Doch viele Investoren glauben einfach nicht, daß der Aktienkurs noch weiter steigen kann.

Als ich als Aktienbroker anfing, versuchte ich, jemandem eine Berkshire-Aktie zu verkaufen. Nach vielem Hin und Her schrieb er: „Wenn ich mal etwas Geld über habe, dann würde ich vielleicht ein oder zwei Aktien kaufen. Es ist sehr schwierig, einen Kurs von 12.000 $ je Aktie zu rechtfertigen, insbesondere dann, wenn sie keine Dividende zahlt. Wie weit kann sie noch steigen? Wir werden nochmal zusammen Geschäfte machen." Ich habe nie wieder von ihm gehört.

Halten Sie davon, was Sie wollen, aber obwohl Berkshire noch nicht einmal ein Unternehmenslogo hat, könnte es ein geheimes Symbol geben, das auf einigen Berkshire Briefen gefunden wurde. In einem Brief vom 13. September 1991 an seine Aktionäre erklärte Buffett, daß das diesjährige

Geschenk an die Aktionäre - wenn man es gegens Licht halte - einen großen Kreis um die Buchstaben BH darstelle.

Ich erhielt einmal eine kurze Notiz von Michael Assael: „Halten Sie diesen Brief gegen das Licht, dann sehen Sie Berkshires geheimes Symbol. Oder was noch viel mehr Spaß macht: Nehmen Sie diesen Brief, eine Taschenlampe und einen Spiegel mit in einen dunklen Raum. Es gibt fast unendlich viele Möglichkeiten, diesen Brief vorwärts oder rückwärts zu halten."

Tatsächlich hat Berkshire kein geheimes Symbol. Dennoch ist das seltsam.

„Ich glaube nicht, daß das irgend etwas bedeutet", sagt ein skeptischer Berkshire-Aktionär. „Es wäre für ihn sehr untypisch, solche Ausgaben zu tätigen."

Treibt Buffett irgendwelche Späße, versucht er uns irgend etwas darüber zu sagen, wohin Berkshire gehen wird? Im Kreis? In Zehnersprüngen beim Aktienkurs? Asche zu Asche? Friede auf Erden?

Lassen wir das Geheimnisvolle weg, sind hier die Tatsachen darüber, wie weit Berkshire, legt man den Aktienkurs zugrunde, schon gekommen ist. Wie ein Phönix aus der Asche stieg der Aktienkurs von 12 $ im Jahr 1965 auf 70.000 $ im Jahr 1998.

22

Der Aktienkurs

Berkshires Klasse A - die Anzahlung für ein Haus

Mit einer Aktie der Klasse A von Berkshire kann man kein Haus kaufen, aber man könnte damit eine Anzahlung leisten. Es könnte auch die Anzahlung für ein Schloß sein.

Eine Frau rief einmal ihren Aktienbroker an und sagte, sie hätte auf ihrem Konto 2.500 $ übrig und würde dafür gern eine Aktie von Berkshire kaufen. „Meine Liebe, da fehlt noch eine Null", entgegnete der Broker.

Ein anderes Mal fragte ein Aktienbroker auf einer Party einen Berkshire Aktionär nach dem Kurs der Aktie. 33 war die Antwort. Der Broker wandte sich seiner Frau zu und rief aus: „Er meint 3.300!" und wieder wurde eine Null weggelassen.

Das Außergewöhnlichste an Berkshire ist der fünfstellige Aktienkurs. Mit einer Berkshire-Aktie könnte man einen BMW kaufen. Auf alle Fälle mit einer Aktie der Klasse A. Auch mit einer Aktie der Klasse B, die ein Dreißigstel der A-Klasse wert ist, könnte man noch eine alte Kiste kaufen.

„Ich habe niemals Berkshire gekauft, weil ich immer dachte, daß sie zu hoch bewertet seien", sagte der verstorbene Ed Conine, der J. Braggs, der Damenbekleidungskette in Omaha vorstand. Conine kannte Buffett und auch die Ergebnisse, die Buffett erzielt hatte.

Das sagt auch ein Mann, der an der Harvard University den MBA erwarb und in einer der größten Wertpapierfirmen an der Wall Street eine Spitzenstellung innehat. Er weiß über Berkshire Bescheid und hat auch Buffett schon kennengelernt: „Ich konnte die Aktien nicht kaufen, weil der Kurs so hoch war... Ich weiß, was hinter diesem Kurs steht, aber ich kann nicht anders, als nur in runden Stückzahlen denken." Der Mann sagte, er hätte einmal den Kurs nachgesehen und er lag damals bei mehr als 1.000 $ je Aktie.

„Ich würde sie nicht empfehlen", sagten damals eine Reihe von Aktien-
händlern.

Es gibt auch andere Gründe, weshalb Kapitalanleger Berkshire nicht
gekauft haben:

„Für meinen Geschmack ist Berkshire zu reich."

„Das ist doch die Aktie, die keine Dividende zahlt."

„Das ist doch die, die nie einen Aktiensplit vornimmt."

„Das ist das Verrückteste, was ich je gehört habe."

„Das macht für mich keinen Sinn."

„Ich habe vor, zu warten und erst dann zu kaufen, wenn er stirbt."

Man kann die Liste der New Yorker Börse durchgehen und viele Akti-
en für 30 $ oder 40 $ entdecken. Wenn man sich dann durch die Aktien,
die mit B anfangen, durcharbeitet, dann findet man Berkshire, die zu fünfstelligen Beträgen gehandelt wird.

Als Berkshire Hathaways Aktien zum ersten Mal im *Wall Street Journal*
aufgeführt werden sollten, erhielt Buffett einen Anruf, in dem er gefragt
wurde, ob es in der näheren Zukunft irgendwelche Pläne für einen Aktiensplit gäbe, und wenn es solche Pläne gäbe, möge er es bitte das *Wall Street Journal* wissen lassen. Offensichtlich mußte das Layout bei den
Aktiennotierungen neu programmiert werden, um vierstellige Werte von
Aktien darstellen zu können. Amüsiert versprach Buffett, daß es keinen
Aktiensplit geben würde und gab dem Wall Street Journal den Rat, sie sollten die Spalten neu gestalten. Immer noch besorgt sagte der Layouter des
Journals, daß Buffetts Aktie so schnell wachse, daß er vorhätte, in den
Spalten auch fünfstllige Zahlen unterbringen zu können, nur für den Fall
der Fälle.

Der Kurs selbst hat viele Investoren und Aktienhändler verblüfft.

„Was zum Teufel ist das denn? Hier muß irgendein Fehler vorliegen",
sagten viele Broker immer wieder, wenn sie gefragt wurden, wie es denn
mit Berkshire aussähe.

Machen Sie sich doch einmal den Spaß, und fragen Sie Ihren Wertpa-
pierhändler nach dem Kurs von Berkshire.

„Was soll das? Wahrscheinlich stimmt irgendetwas mit meinem Computer nicht", wird wahrscheinlich die Antwort sein.

Es gibt keine Aktie, die Berkshire gleichkommt. Viele Aktienhändler
kennen die Aktie überhaupt nicht. Die meisten Brokerfirmen verfolgen die
Kurse nicht, haben keine Meinung darüber und deshalb können die Broker auch keine Orders für Berkshire aufgeben, wenn sie ihre Firma nicht
davon überzeugen, daß sie dieses Papier gründlich untersucht haben.
Normalerweise taucht am Bildschirm folgendes auf, wenn ein Broker ei-

nen Bericht über Berkshire aufruft: „Error - BRK. Ungültige Eingabe - kein Bericht."

Die Provisionen für die Aktien sind außergewöhnlich niedrig, und jemanden davon zu überzeugen, er solle eine Aktie kaufen, die einen fünfstelligen Wert hat, ist vielen Brokern die Mühe nicht wert. Berkshire ist an der New Yorker Börse die Aktie mit dem höchsten Kurs und eine derjenigen, die am seltesten gehandelt wird. Wegen des hohen Kurses machen schon wenige Aktien ein großes Geschäft aus. Die Berechnungsgrundlage der Brokerprovisionen, wobei die Aktien im allgemeinen nicht teurer sind als 100 $ je Aktie, beziehen den Kurs und die Anzahl der Aktien ein. Bei Berkshire-Aktien können die Broker nur eine geringfügige Provision einstreichen.

Und bei einigen Discountbrokern könnte man 100 Berkshire-Aktien zu einer Provision von 38,5 $ bekommen oder auch zur Hälfte. Geschäfte mit diesem Umsatzvolumen würden bei Aktien mit geringeren Kursen Hunderte von Dollar kosten und Tausende bei einem Full-Service-Broker. Geschäfte mit einer bis über 100 Aktien von Berkshire kosten bei einer Full-Service-Firma eine Provision von ungefähr 100 $.

„Berkshire kann man mit einem Investmentfonds vergleichen, und (wegen seiner geringen Provisionsstruktur) ist es grundsätzlich kein gutes Geschäft", sagt Tim Callahan, Aktienbroker in Birmingham. Es stimmt, Berkshire ist wirklich keine Aktie, mit der ein Broker wenig Gewinn machen kann, es ist eine Aktie mit wenig Unkosten.

Wenn Investoren einmal bei Berkshire gelandet sind, dann verkaufen die meisten von ihnen nicht. Und deshalb wird kaum jemals ein Broker mit Provisionen für Berkshire-Aktien reich werden. Die Berkshire-Aktie paßt einfach nicht in das Schema der Aktienhändler.

„In den frühen 80er Jahren begann ich, Berkshire zu kaufen. Ich kaufte von 1981 bis 1987", sagte Chad Brenner, Rechtsanwalt aus Cleveland in Ohio, dem Buffetts Beharren auf Qualitätsmanagement und Weitsicht sehr gefallen. „Ich bin kein besonders guter Verkäufer. Ich habe noch nie irgendwelche Aktien verkauft... Meine Kinder werden meine Aktien erben, und ich bin jetzt erst 37 Jahre alt."

Buffett sagte im Jahr 1984, daß mehr als 90 % der Aktien von Leuten gehalten würden, die auch schon fünf Jahre zuvor Aktionäre waren, und daß 95 % der Aktien von solchen Investoren gehalten würden, deren nächstgrößtes Investment weniger als die Hälfte ihrer Berkshire-Beteiligung ausmachte. Deshalb hat Berkshire eine sehr loyale Gruppe von Aktionären, deren Wohlstand auf Berkshires Reichtümern beruht. Der Umsatz ist so gering und die Aktien werden so selten gehandelt, daß man sich neben Jim McGuire, dem Vorsitzenden von Henderson Brothers, aufs Parkett des New York Stock Exchange stellen kann, wo Berkshire und mehr als 80 weitere Gesellschaften gehandelt werden, und beobachten kann, daß zwischen zwei Abschlüssen über Berkshire Aktien durchaus ein oder zwei Stunden liegen können oder auch ein ganzer Tag. Henderson Brothers ist die Firma, die schon am längsten ununterbrochen an der Börse ist.

Buffett erinnert sich, daß er am Tag, als Berkshire 1988 zum ersten Mal an der New Yorker Börse notiert wurde, zu McGuire gesagt habe: „Ich betrachte es als einen enormen Erfolg, wenn der nächste Trade in dieser Aktie in ungefähr zwei Jahren stattfindet." Buffett ulkte, daß sich McGuire über diesen Kommentar nicht besonders gefreut habe.

Am 25./26. Juli 1991 wurde Berkshire nicht gehandelt. Diese Serie wurde am folgenden Tag durchbrochen, als zehn Aktien den Besitzer wechselten und dem Terminus Technicus der Wall Street, „Trades by Appointment" (Handel nur nach Vereinbarung), eine neue Bedeutung gab. Buffett gefällt das.

„Es ist unser Ziel, Langfristanleger zu erreichen, die zu der Zeit, wenn sie die Aktien erwerben, keinen Zeitplan und auch kein Kursziel für den Verkauf haben, sondern für unbegrenzte Zeit bei uns bleiben wollen", schrieb Buffett im Jahresbericht für 1988.

Broker und Journalisten werden oft verlegen, wenn sie zugeben müssen, nicht zu wissen, weshalb der Aktienkurs von Berkshire so hoch liegt. Als die Berkshire-Aktie 1989 einmal einen Kurssprung von 100 $ auf 8.550 $ machte, sagte ein Mitarbeiter in einer Brokerfirma: „Hier stimmt irgend etwas nicht. Ich muß einen Broker holen... Junge, ich dachte, ich verliere meinen Verstand!"

Sehr oft wird die erste Stelle des Aktienkurses weggelassen und jede Zahl, die vorgibt, den aktuellen Kurs darzustellen, kann in Zweifel gezogen werden. *Associated Press* listete beispielsweise am 18. November 1989 das Kurs-Gewinn-Verhältnis (KGV) mit 11.100. Autsch! Am 2. September 1990 wurde das KGV, tatsächlich bei 17, mit 11.636 noch höher angegeben. Aber das war noch gar nichts verglichen mit der Notierung am 22. März 1991, als das KGV mit 112.857 angegeben war, kaum im Bereich eines Value Investors.

Die Sache mit dem hohen KGV scheint nie in Ordnung gebracht zu werden. Am 1. Juli 1991 wurde es mit 248.525 angegeben und am 14. Juli 1991 meldete *Barron's* ein KGV von 258.625! Der Kurs der Berkshire Aktien liegt so hoch, daß viele Zeitungen Schwierigkeiten haben, ihn in ihren Listen auszuschreiben. Im Dezember 1989 mußte bei *Associated*

Press ein Computerprogramm, das die Aktienkurse berechnet, modifiziert werden, als entdeckt wurde, daß die Berkshire-Aktie den vom Programm vorgesehenen Höchstkurs um 8.192 $ überschritt.

1989 führte der Ansagedienst für Aktienkurse in Atlanta Berkshire mit minus 83 $.

Im September 1990, als am Morgen gerade einmal zehn Aktien den Besitzer gewechselt hatten, wurde Berkshire mit 6.000 gehandelten Aktien gelistet. Das wäre wirklich ein besonderer Tag, an dem 6.000 Berkshire-Aktien gehandelt werden, denn normalerweise werden in einem Jahr nur 4 % der ausgegebenen Aktien gehandelt. Im Tagesdurchschnitt wechseln nur ungefähr 150 Aktien den Besitzer.

Zur gleichen Zeit, als der Kurscomputer eines Brokers anzeigte, daß 6.000 Anteile gehandelt worden seien, gab er das Kurshoch des Jahres 1990 korrekterweise mit 8.725 $ an, das Kurstief jedoch fälschlicherweise mit 175 $. 1990 war ein schlechtes Jahr, aber so schlecht auch wieder nicht.

Ein anderes Mal schoß der Aktienkurs von Berkshire um 175 $ auf ein neues Rekordhoch von 8.300 $. Am nächsten Tag stand im *Wall Street Journal* zu lesen, das Hoch des vorherigen Tages sei bei 158 $, das Tief bei 8 $ gewesen, der Schlußkurs bei 108 $, was einen Verlust von 801 $ entspräche. Wie bitte?

Bloomberg veröffentlichte eines Morgens im Jahr 1995 diese Notierung: 37.000 plus 15.000!

Diese Volatilität erinnert an einen Cartoon in *Barron's* (5. Februar 1990): „Der Aktienmarkt schoß heute um 4.000 Punkte in die Höhe, ging dann um 5.600 Punkte zurück, um dann in den letzten beiden Minuten auf fast 1,32 Punkte anzusteigen."

Das Journal berichtete auch, daß die operativen Gewinne bei Berkshire bei 413.000 $ je Aktie lägen. In Wirklichkeit waren es 413 $.

Einmal, während einer häßlichen Börsenflaute, rief der Berkshire-Aktionär George Eyraud aus Birmingham einen Broker an und erkundigte sich nach dem Kurs. Er erfuhr, daß Berkshire um 700 $ gesunken sei und nunmehr mit 200 $ gehandelt würde. Eyrauds nächster Weg: Schuldturm.

„Ich holte mir einen Teller Suppe und versuchte, mich zusammenzunehmen, aber ich konnte keinen Bissen essen", sagte er und hoffte, daß die Kurse wieder einmal falsch angegeben wurden, was auch stimmte. Ein anderes Mal rief er einen Discountbroker in Birmingham an und bat, 3.000 $ aus seinem Portfolio auf sein Bankkonto zu überweisen.

„Sir, Sie haben nur 2.400 $, und Sie schulden uns 45.000 $. Sie werden von uns eine große Rechnung bekommen", sagte die Person am anderen Ende der Leitung.

„Wie kann das denn sein, wenn ich 32 Berkshire Aktien im Portfolio habe?" fragte er.

„Nun, Ihre Berkshire-Aktien werden derzeit mit 77,50 $ gehandelt", antwortete die Brokerin.

„Verehrte Dame, diese Aktie wird für 7.750 $ gehandelt", sagte Eyraud.

„Gut, ich werde das noch einmal nachprüfen", sagte die skeptische Angestellte.

Einmal schlug Eyraud einer Aktienhändlerin vor, sie sollte eine Berkshire-Aktie kaufen. Ihre Antwort war: „8.000 $! Dafür bekomme ich ja einen Nerzmantel. Ich glaube, Sie sollten Ihre Prioritäten neu ordnen."

Eyraud erinnert sich auch daran, daß er einmal mit jemandem sprach, dem er den Rat gab, Berkshire sei ein gutes Investment.

„Da würde ich niemals investieren", antwortete dieser.

„Und warum nicht?" fragte Eyraud.

„Nun, hier geht es ums Prinzip."

„Und welches Prinzip ist das?" forschte Eyraud nach.

„Nun, der Preis ist einfach zu hoch", erklärte sein Gesprächspartner.

Als ein junger Aktienbroker Berkshires hohen Kurs zum ersten Mal sah, sagte er: „Junge, Junge, dieses Ding verkaufe ich leer!"

Wenn er das getan hätte, dann hätte er sich die Finger verbrannt. Berkshires Short-Positionen machen im allegmeinen ungefähr 2.000 Aktien aus, und im August 1994 waren es 3.586. 1995 stiegen die Short-Positionen auf 15.000 an, bevor sie wieder auf 8.000 fielen.

Investoren, die Berkshire-Land betreten, können sich über den Aktienkurs gar nicht beruhigen. Einmal schlug die Berkshire Aktionärin Joanne Englebert aus Birmingham ihrer Freundin Dr. Martha Wingfield aus Chapel Hill in North Carolina vor, daß sie eine Berkshire-Aktie kaufen solle, die damals zu 7.000 $ gehandelt wurde. Englebert begründete dies damit, daß man auf diese Art und Weise auch die Berkshire-Jahreshauptversammlung in Omaha besuchen könne.

„Ich glaube, 7.000 $ sind ein bißchen viel für ein Wochenende in Omaha, nicht wahr?" entgegnete Wingfield.

Ein anderer Aktionär erzählt, daß er einmal einen Aktienhändler besucht habe, der in seinem Computer den Kurs der Berkshire-Aktie überprüfen sollte. Der Broker schaute intensiv auf die vierstellige Zahl, dann entschudigte er sich plötzlich und sagte, er könne auf dem Bildschirm nicht richtig lesen, weil er sich kürzlich einer Augenoperation unterziehen mußte.

Der Aktienkurs hat schon oft Investoren, auch erfahrene, abgeschreckt. Ein Rechtsanwalt, der sein ganzes Leben lang schon in Aktien investierte, warf einen Blick auf den Berkshire-Jahresbericht und hörte den Aktienkurs, wie er an einem Tag im Jahr 1988 angegeben wurde: „Aus dieser Aktie ist alle Kraft raus." Der Kurs damals: 4.200 $.

Jahre später kaufte dieser Anleger eine Aktie für 16.000 $.

Der Anlageberater Tom Weik aus Wyomissing in Pennsylvania erinnert sich, daß im Jahr 1985 ein junger Buchhalter zu ihm kam (damals war Weik Aktienbroker in Reading in Pennsylvania) und 2.500 $ anlegen wollte, als Berkshire rein zufällig ungefähr den gleichen Kurs hatte. „Ich brauchte einige Tage, um ihn zu überzeugen, daß er alles in eine einzige Aktie investieren sollte, aber wir kauften die eine Aktie", sagte Weik.

Weik, der in einer Lokalzeitung Artikel über Berkshire schrieb, seit die Aktie in den 70er Jahren für 200 $ gehandelt wurde, kam kurz nach diesem Kauf in den Rotary Club. Er wurde von jemandem angesprochen, der einen seiner Beiträge über Berkshire gelesen hatte: „Mein Gott, zu diesem Kurs würde ich ganz bestimmt nichts kaufen."

„Ich sah mich um und sah den Buchhalter, dem ich eine Berkshire-Aktie verkauft hatte, neben ihm stehen", sagte Weik. „Ich wurde nicht blaß, weil ich in Berkshire viel Vertrauen hatte, aber der Buchhalter sah so aus, als hätte er Schwierigkeiten, daß ihm sein Abendessen noch schmeckte."

Etwas ähnliches passierte 1988, als Berkshire bei einem Kurs von ungefähr 4.800 $ lag. „Aber, wer würde das denn kaufen?" fragte eine Frau.

Weik antwortete: „Nun ja, ich habe gerade eine für Ihren Pensionsplan gekauft."

Berkshire hatte Zeiten, in denen sich die Aktie langsam bewegte und auch Zeiten, in denen sie fiel. Manchmal kommen langjährige Aktionäre, die es eigentlich besser wissen müßten, und verkaufen.

Charles Akre, der geschäftsführende Partner von Braddock Capital Partners, L.P., in Arlington in Virginia schrieb am 20. September 1995 an seine Gesellschafter: „Damals, im Jahr 1977, als ich noch ein junger Aktienverkäufer war, stieß ich im Rahmen meiner Untersuchungen auf Berkshire Hathaway und ich kaufte eine Aktie für 120 $. Über die nächsten vier Jahre hinweg, brachte ich es auf 40 Anteile, indem ich immer ein paar hinzukaufte. In den späten 70er Jahren versuchte ich mich auch in der Immobilienentwicklung. 1981 war ich mitten in einem Geschäft mit Eigentumswohnungen, wo zu 21 % Zinsen ein Baudarlehen vorfinanziert werden mußte. Die Kreditgeber wußten natürlich, daß ich außerhalb des Projekts noch etwas Geld hatte, und der Rest ist Geschichte. Ich verkaufte 39 Aktien für je 500 $. Die Aktie, die ich als allererste kaufte, habe ich immer noch, und die wird heute zum 241fachen des Kaufpreises gehandelt."

Der damalige Multiplikator 241 liegt nun bei 575. Akre glich seinen Fehler dadurch aus, daß er für Braddock Capital Partners Berkshire- und International-Speeedway-Aktien kaufte. Ein Investor, der sich zum ersten Mal mit Berkshire befaßt, wird normalerweise ohnmächtig, wenn er den Preis sieht, und wenn er dann erfährt, daß keine Dividende gezahlt wird, dann schwinden ihm wieder die Sinne. Natürlich, der Kurs ist hoch, weil auch der zugrundeliegende Wert hoch ist und weil Buffett nie einen Aktiensplit vorgenommen hat. Seiner Meinung nach sind solche Aktionen nichts anderes als Kosmetik, verursachen viel Schreiberei und locken die Art von Investoren an, die eher an bedeutungslosen Aktiensplits interessiert sind, als die, denen der wirkliche Wert der Gesellschaft wichtig ist. Buffett möchte Investoren und keine Spekulanten.

Obwohl es Spaß macht, wenn Dividenden überwiesen werden, sollte man daran denken, daß dieses Geld von der Körperschaft schon versteuert wurde und dann, wenn der einzelne Steuern zahlt, wieder versteuert wird. Dividenden sehen gut aus, sie geben ein gutes Gefühl, doch Buffett geht es nicht darum, ob jemand schlecht aussieht oder sich gut fühlt. Es macht viel mehr Sinn - und davon ist Buffett überzeugt - keine Dividenden zu verteilen, insbesondere dann nicht, wenn Buffett das Geldmanagement übernimmt.

Bei Berkshire läßt der Investor seinen Anteil am erzielten Gewinn in der Gesellschaft, damit Buffett Reinvestitionen tätigen kann, die inzwischen in der Regel 25 % jährlich betragen. Oder würden Sie etwa eine Dividendenauszahlung von 3 % vorziehen, die Sie anschließend noch versteuern müßten?

Der Investor John Slater aus New York sagt, er habe seine erste Berkshire-Aktie für 425 $ gekauft. „Ich habe den Jahresbericht angefordert und war der Auffassung, daß 425 $ ein guter Preis für ein lebenslängliches Abonnement des Jahresberichts wären."

Ungefähr zur selben Zeit verschenkte er eine Berkshire-Aktie an Gil Gunn, den neugeborenen Sohn seines Freundes Gilman Gunn.

„Als das zweite Kind unterwegs war, stand Berkshire bei 1.000 $ und ich sagte, daß sei zuviel für mich, er solle für das zweite Kind selber eine Aktie kaufen." Dunn, ein weithin anerkannter, internationaler Investor hat das nie getan, obwohl er selbst später Berkshire-Aktionär wurde.

Einmal gab es die folgende Unterhaltung zwischen einem Aktienbroker und seinem Verkäufer über den Kurs der Berkshire Aktie:

Broker: „Wie wäre es, wenn du einmal den Kurs von BRK nachsiehst?" (heute BRKA).

Verkäufer: „Er liegt bei 15 $."
Broker: „Bist du sicher?"
Verkäufer: „Nun, hier sind noch ein paar Nullen."
Broker: „Schau noch einmal nach. Sind es nicht 15.000 $ je Aktie?"
Verkäufer: „Nein, es gibt keine Aktie mit einem Kurs von 15.000 $."
Später stieg der Kurs auf 36.000 $. Als zu dieser Zeit ein Kunde bei Merrill Lynch anrief und nach diesem Kurs fragte, wurde ihm gesagt: „Kann das denn stimmen?"

Anfang 1998 rief ein Mann an und fragte, ob der Kurs der Berkshire-Aktien bei 36.000 $ läge. Er erhielt die Auskunft, daß der Kurs nunmehr bei 50.000 $ liege. Ungefähr drei Sekunden später hatte er aufgelegt. Berkshires Aktienkurs raste bis zum 11. März 1998 auf 60.000 $ und stand am 9. April 1998 bei 70.000 $.

23

AMERICAN EXPRESS

Buffett wirft einen Blick in die Ladenkasse

Eine der wichtigsten Entscheidungen Buffetts Anfang der 60er Jahre war es, in großem Stil in American Express zu investieren.

Ende 1963 ereignete sich der Tino-de-Angelis-Salatöl-Skandal. Damals stellte eine Tochtergesellschaft von American Express irrtümlicherweise Lagerpapiere für Öl aus, weil in betrügerischer Absicht garantiert worden war, daß sich dieses Öl in Lagertanks in Bayonne, New Jersey, befände. Es stellte sich heraus, daß die Tanks zum größten Teil mit Wasser gefüllt waren. American Express fand sich in der Situation wieder, daß sie möglicherweise für Hunderte Millionen von Dollar haftbar gemacht würde. Eine Krise kochte hoch, die den Einsatz der Aktionäre hinwegfegen und die Gesellschaft mit Schulden zurücklassen könnte.

„Eine gute Investmentgelegenheit liegt dann vor, wenn ein hervorragendes Unternehmen es mit einem einmaligen, riesigen, aber lösbaren Problem zu tun hat", sagt Buffett. Buffett, der ein entschiedener Befürworter von Konzessionsbetrieben war, mochte die American Express Kreditkarte und das Travelers-Scheck-Geschäft; er überlegte, daß deren Kräfte unerschöpflich und mächtig genug seien, um das Unternehmen auch durch stürmisches Fahrwasser zu bringen. Buffett verstand damals schon das Prinzip vom „Geld der anderen Leute". Er wußte, daß American Express ein gutes Unternehmen war, weil die American Express Travelers Schecks eine Menge Bargeld einbrachten.

Buffett wußte, daß dieser Zufluß wie ein Darlehen zu günstigen Zinsen sehr wertvoll war. Und so fand er heraus, daß das Unternehmen durch die Wolken, die sich über American Express zusammenbrauten, nicht geschädigt werden konnte. In Ross´s Steak House in Omaha - einer seiner Lieblingskneipen - und in anderen Lokalen stand Buffett neben der Kasse und schaute immer in die Geldschublade, um zu sehen, ob die Leute immer noch American-Express-Kreditkarten und American-Express-Schecks benutzten.

Er fand heraus, daß die Kaufleute die Kreditkarten immer noch akzeptierten. Weil dies so war und das American-Express-Imperium intakt blieb, kaufte Buffett die arg gerupften Aktien. 1964 investierte er ungefähr 40 % des Vermögens der Buffett Partnership oder rund 13 Mio. $ und kaufte 5 % der American-Express-Aktien, die von 65 $ auf 35 $ gefallen waren. Damit verstieß Buffett zwar gegen seinen Grundsatz, nicht mehr als 25 % des Kapitals der Partnership in einem Investment zu binden, aber er schrieb auch eine neue Regel, daß man große Unternehmen kaufen sollte, wenn sie kurzfristig ins Stolpern geraten. In den nächsten beiden Jahren verdreifachte American Express seinen Aktienkurs, und die Buffett Partnership verkaufte Berichten entsprechend mit einem Gewinn von 20 Mio. $. Offensichtlich verdiente seine Partnership noch mehr, weil Buffett dem *Omaha World Herald* am 2. August 1991 sagte, er habe die Aktien vier Jahre lang gehalten, obwohl veröffentlichte Berichte behaupteten, er habe schon nach zwei Jahren verkauft. Innerhalb von fünf Jahren verfünffachte die Aktie ihren Wert und stieg von 35 $ auf 189 $. Buffetts Regel für Geldanleger: Wenn ein großes Unternehmen wankt, dann sollte man genauer hinsehen.

24

Grinnell College

Ein Lehrstück in Kapitalanlage

1968, nur wenige Jahre nach dem Investment bei American Express, wurde Buffett Treuhänder des Grinnell College in Grinnell, Iowa, als die liquiden Mittel der Schule bei ungefähr 12 Mio. $ lagen. Schon bald gab er dem College einige gute Ratschläge bezüglich der Kapitalanlage. Regel Nummer 1: Handeln Sie schnell. Regel Nummer 2: Wenn jemand etwas besitzt, das Sie haben wollen, dann kaufen Sie ein Stück seiner Gesellschaft.

Auf Drängen seines Freundes Joseph F. Rosenfield von Des Moines, eines Rechtsanwalts, Investors und ehemaligen Vorsitzenden der Younkers-Kaufhäuser, ging Buffett in den Verwaltungsrat von Grinnell. 1967 drängte Rosenfield, ein Mitglied in Grinnells Investmentausschuß, den Stipendienausschuß 300 Berkshire-Aktien zu je 17,50 $ zu kaufen. Diese Investition von 5.250 $ ist heute Millionen wert.

„Wir kauften 300 Aktien und verkauften 100 davon für je 5.000 $", sagt Rosenfield. „Seither haben wir mehr Aktien zurückgekauft, aber ich weiß nicht genau, wie viele. Natürlich kauften wir sie zu einem wesentlich höheren Kurs zurück."

Als Buffett 1976 in New Orleans an einer Konferenz über die wirtschaftliche Situation von Zeitungen teilnahm, entdeckte er, daß AVCO Corp. sich entschlossen hatte, ihre Fernsehstationen zu verkaufen.

Den FCC-Regeln entsprechend, konnte Buffett die Stationen nicht für Berkshire erwerben, weil die Anzahl der Fernsehbeteiligungen nun, die von der Washington Post Co. gehalten wurde, schon so groß waren. So schlug er Rosenfield vor, daß das Grinnell College versuchen sollte, eine davon zu kaufen. Buffett rief Rosenfield an und sagte ihm, daß AVCO einige finanzielle Schwierigkeiten habe und Grinnell eine Fernsehstation kaufen könne. „Es war seine Idee", sagte Rosenfield.

Buffetts erste Wahl war eine Fernsehstation in Cincinnati, doch der Verwaltungsrat bei Grinnell brauchte so viel Zeit, die Finanzierung zu diskutieren, daß Multimedia und nicht Grinnell die Station für 16 Mio. $ erwerben konnte. Unter Buffetts Führung reagierte Grinnell, indem es für 315.000 $ Multimedia-Aktien kaufte. Die Aktie explodierte.

Buffetts zweites Investment für das College war AVCOs Fernsehstation in Dayton. Ohne auf die Finanzierung zu warten, bot er 12,9 Mio. $, was dem zweieinhalbfachen Umsatz der Fernsehstation entsprach. Er bekam die Station Ende der 70er Jahre, und Ende 1984 verkaufte Grinnell die Fernsehstation an die Hurst Corp. für ungefähr 50 Mio. $. Wieder einmal gute Arbeit.

Diese Transaktion verdoppelte in etwa Grinnells Vermögen, das 1984 auf über 120 Mio. $ anstieg. „Es ging sehr gut aus", sagte Rosenfield. „Ich lernte ihn vor 25 oder 30 Jahren durch einige gemeinsame Freunde bei Des Moines kennen, und er besuchte uns hier."

Wenn Buffett für Grinnells Verwaltungsrat einen guten Tip für eine Geldanlage hat, dann ruft er normalerweise zuerst Rosenfield an.

„Ich treffe ihn öfters. Er ist immer noch im Verwaltungsrat von Grinnell. Er kam eine Zeit lang zu den Konferenzen, aber dann nicht mehr", sagte Rosenfield. „Er mag keine Konferenzen. Sich lang hinziehende Konferenzen sind nicht seine Stärke." Grinnells Treuhänder haben auch mit einer weiteren Buffett-Verbindung, mit Bill Ruanes Sequoia Fund, gute Erfahrungen gemacht.

Grinnell, das 1996 sein 150jähriges Bestehen feiern konnte, ist mit ungefähr 13 % der größte Aktionär von Sequoia, die wiederum 28 % ihres Geldes bei Berkshire angelegt haben.

Die Treuhänder könnten darüber nachdenken, ob sie das Grinnell College nicht umbenennen sollten in Grinnell College und Bank.

Es ist kein Wunder, daß Buffett als lebenslänglicher Treuhänder in den Verwaltungsrat des Grinnell College berufen wurde. Auch am Urban Institute ist er lebenslänglicher Treuhänder, weiterhin ist er Treuhänder des Business Enterprise Trust in Stanford, Kalifornien, Treuhänder des Wellness Council of the Midlands (Nebraska) und Mitglied der American Academy of Arts and Science.

Ein weiteres, sehr interessantes Grinnell-Investment beschrieb Buffett auf der Jahreshauptversammlung 1997: „... Bob Noyce, einer der beiden Gründer von Intel, wuchs in Grinnell, Iowa, auf. Ich glaube, er war der Sohn eines Pfarrers in Grinnell; er besuchte das Grinnell College und war Vorsitzender der Treuhandkommission am Grinnell, als ich in den späten

60er Jahren zu ihnen kam. Und als Noyce Fairchild verließ, um zusammen mit Gordon Moore Intel zu gründen, kaufte Grinnell 10 % des Placements; das stellte die anfängliche Finanzausstattung für Intel dar.

... Und so kauften wir 10 % der Erstemission (für Grinnell). Aber dieses Genie, das damals Grinnells Investmentausschuß leitete, brachte es fertig, diese Anteile ein paar Jahre später zu verkaufen - ich werde ihnen aber nicht seinen Namen nennen. Und es gibt keinen Preis für jemanden, der den heutigen Wert dieser Aktien nachrechnet."

25

DIE BERKSHIRE-HATHAWAY-VERSICHERUNGSGRUPPE

„Sogar Don Wurster, der Präsident der Gesellschaft, gab zu, er habe mit nervösem Finger die Spalten des Kleingedruckten in der Morgenzeitung verfolgt, bis er ein spezielles Team gefunden hatte", schrieb Melinda Norris am 13. Mai 1990 für den *Omaha World-Herald*.

„Er brütete Inning für Inning über den Ergebnissen, um sicherzugehen, daß dieses Team in keinem einzelnen Inning vier oder mehr Runs schaffte. National Indemnity hatte 1 Mio. $ darauf gesetzt, daß keiner in diesem Team einen Grand Slam Home Run schaffen würde."

National Indemnity, Berkshires wichtiger Versicherer, der nicht zu GEICO gehörte, hatte einen Fernsehwettbewerb versichert, der den Teilnehmern die Chance gab, 1 Mio. $ zu gewinnen, wenn sie das geheime Grand Slam Inning der Station vorhersagten.

„Wenn jemand (während eines Innings) einen Grand Slam schafft, dann stellen wir einen Scheck aus und irgendein Fan ist reich", sagte Wurster. „Glücklicherweise schaffen sie nie einen Grand Slam." Die gleiche Bereitschaft, sich zum richtigen Preis auf außergewöhnliche Geschäfte einzulassen, gibt es bei Berkshire immer noch.

Im Berkshire-Jahresbericht für 1995 schrieb Buffett: „Wir versicherten erstens das Leben von Mike Tyson für einen Betrag, der anfangs sehr hoch ist und der bei jedem Kampf über die nächsten Jahre hinweg bis auf null zurückgeht. Zweitens: Wir versichern Lloyds dagegen, daß keiner von seinen 225 ‚großen Namen' während des Jahres stirbt und drittens den Start und ein Jahr im Orbit von zwei chinesischen Satelliten. Glücklicherweise sind beide Satelliten im Weltraum, die Leute von Lloyd vermieden eine abnorme Sterblichkeit und wenn Mike Tyson noch ein wenig gesünder aussähe, würde keiner mit ihm in den Ring steigen."

Im Jahr 1996 eröffnete Berkshire in einem Joint Venture mit der riesigen American International Group, eine neue Versicherungsära: Sie versicherten Pharmaunternehmen für Produkthaftungsfälle. Dieses Risiko, das auch „PharmaCat" genannt wird, wird durch Johnson und Higgins, einen internationalen Versicherungsagenten angeboten.

Im Jahr 1996 schloß Berkshire auch einen großen Vertrag mit Allstate Insurance Company ab, in dem sie Sachrisiken in Florida versicherte. Damals, Anfang 1967, zahlte Berkshire ungefähr 8,6 Mio. $ für zwei kleine Versicherungsgesellschaften aus Omaha, die National Indemnity und die National Fire & Marine. „Die beiden geradezu winzigen Versicherer hatten 17,3 Mio. $ an Beitragseinnahmen - das Doppelte der Akquisitionskosten der Unternehmen" (*Forbes*, 22. Januar 1996).

Sach- und Unfallversicherungen sind heute Berkshires größte Geschäfte - sie werden landesweit von einem Dutzend Versicherungsunternehmen angeboten, die mit winzigem organisatorischen Aufwand, aber riesiger Finanzkraft arbeiten. Riesig.

Die Kapitalkosten für alle Versicherungen lagen 1997 bei ungefähr 29 Mio. $. Die Vermögenswerte lagen 1997 bei fast 50 Mrd. $! Die Vermögenswerte für Berkshire insgesamt, lagen bei 56 Mrd. $.

Munger sprach 1993 auf der Jahreshauptversammlung von Wesco über Berkshires geringe Kosten: „Ich bin sicher, wir haben im Verhältnis zum Kapital der Aktionäre die geringsten Kosten, die eine Zentrale verursachen kann, von allen Versicherungen des Landes, wenn nicht sogar der Welt. Tatsächlich hat Warren einmal überlegt, ein heruntergekommenes Gebäude für ein Viertel dessen, was es sonst gekostet haben würde, zu kaufen, um es neu zu erbauen. Und so verführerisch wie das war, entschied er sich dagegen, weil er niemandem die Gelegenheit geben wollte, sich etwas einzubilden, weil er in großzügiger Umgebung arbeite. Und so betreiben wir unser Versicherungsgeschäft von einer sehr bescheidenen Basis aus."

Normalerweise versichert Berkshire kommerziell genutzte Fahrzeuge und Betriebsunfälle. Berkshire hat aber auch schon Basketball-Karnevalsumzüge, Freiwurfwettbewerbe, Basketball- und Eishockeyspiele versichert.

Buffett sagt, Berkshire sei vielleicht der größte Versicherer im Super-Katastrophen-Geschäft der Welt (Super-Cat - manche sagen: Die Versicherung von Katzen und Hunden). Dabei werden Multi-Millionen-Dollar-Policen gegen Erdbeben gezeichnet, und man bietet anderen Versicherungsgesellschaften Deckung, wenn diese selbst eine Katastrophe versichern. Vielleicht sollte Berkshire eine Versicherung gegen ihren eigenen Super-Cat abschließen: gegen den Rücktritt von Buffett.

Im Jahr 1993 trat Berkshire ins Lebensversicherungsgeschäft ein und zeichnete Annuitätenpolicen für verletzte Personen, die Rechtsstreitigkeiten gegen ihren eigenen Versicherer gewinnen. Die Firma übernahm die Risiko-Philosophie ihres Gründers Jack Ringwalt, der 1984 verstarb. Ringwalt gründete die Gesellschaft 1940 für zwei Taxiunternehmen, die keine Versicherung bekommen konnten. Buffett kaufte im Jahr 1967 diese Gesellschaft, die damals immer noch ein sehr starkes Engagement in der Versicherung von kommerziell genutzten Fahrzeugen hatte.

Charles Heider, geschäftsführender Gesellschafter von Heider-Weitz Partners in Omaha, erinnert sich, daß Ringwalt ihn eines Tages anrief und ihm von der Möglichkeit erzählte, daß National Indemnity für 10 Mio. $ verkauft würde. Heider rief seinen Freund Buffett an, der ihm sagte, er sei interessiert. Als Heider fragte, wann es günstig wäre, sich zusammenzusetzen, antwortete Buffett: „Wie wäre es mit heute nachmittag?"

„Warren mochte alles an National Indemnity und hatte diese Gesellschaft schon jahrelang mit großem Interesse beobachtet. Warren erkannte in Jack Ringwalt einen sehr intelligenten Menschen, und sein Respekt wurde bestätigt, als er erfuhr, daß Jack immer noch einmal durch das ganze Haus ging, um nachzusehen, ob alle Lichter ausgeschaltet waren, bevor er aus dem Haus ging. Ich glaube auch, daß Warren seiner Zeit weit voraus war, als er den Wert des ‚Float' erkannte, im Versicherungsgeschäft und speziell bei National Indemnity - die Möglichkeit, das nicht unbedeutende Investmentkonto der Gesellschaft nach seinem eigenen Geschmack zu managen."

(Photo by Nancy Line Jacobs)
Charles Heider

In seinen Erinnerungen schreibt Ringwalt, Buffett sei ungefähr 20 Jahre alt gewesen, als sie sich kennenlernten. Buffett hatte versucht, von ihm 100.000 $ zu bekommen, um einen Investmentpool zu errichten. Ringwalt sagte, er habe ihm 10.000 $ angeboten. Buffett jedoch sagte, er würde nicht weniger als 50.000 $ akzeptieren.

„Ich bemerkte: ‚Wenn du glaubst, daß ich so einen Mistkerl wie dich 50.000 $ von meinem Geld verwalten lassen werde, dann bist du noch verrückter als ich es mir zunächst dachte'", schrieb Ringwalt. Ringwalt nahm auch sein Angebot über 10.000 $ zurück. „Wenn ich damals, als er nachfragte, 50.000 $ investiert hätte, dann hätte ich 20 Jahre später 2 Mio. $ nach Steuern verdient. Ich habe meine Sache bei National Indemnity Corp. ganz gut gemacht, aber so gut auch wieder nicht."

Die unscheinbare Zentrale der National Indemnity Corp. in Omaha, Berkshires führendes Versicherungsunternehmen. Viele von Berkshires Investments wurden über die National Indemnity gekauft. Rein technisch gesehen beherbergt dieses kleine Gebäude Milliarden von Dollar.
(Photo by Andrew Kilpatrick)

Obwohl Versicherungen Risiken abdecken, kann das Versicherungsgeschäft selbst sehr risikoreich sein, wie Buffetts nicht immer makellose Versicherungsprotokolle zeigen. Bei Versicherungsgesellschaften gibt es immer riesige Möglichkeiten, in Verbindlichkeiten zu kommen, wenn Forderungen fällig werden. Und dieses mögliche Problem gibt es auch für Berkshire.

In Berkshires Jahresbericht für 1988 schrieb Buffett: „Das Geschäft mit Sachversicherungen und Unfallversicherungen ist nicht nur außerordentlich profitabel, es ist außerordentlich beliebt (wie Sam Goldwyn philosophierte: ‚im Leben muß man lernen, das Bittere mit dem Sauren zu schlucken')." Gelegentlich hat Buffett das Geschäft falsch eingeschätzt, das für seine Hoch-Tief-Zyklen bekannt ist, und gibt es auch bereitwillig zu. Insgesamt waren seine Voraussagen über die Trends bemerkenswert, oft gelang es ihm, Jahre im voraus vorherzusagen, wie sich die Dinge entwickeln würden.

„Erst dann, wenn die Ebbe kommt, weiß man, wer ohne Badeanzug schwimmt", sagte Buffett auf der Jahreshauptversammlung 1993.

Berkshire hat sehr viel Disziplin gezeigt, indem es keine Versicherungsverträge abschließt, wenn keine guten Prämien zu erzielen waren. Wenn der Preis nicht stimmt, dann versichert Berkshire einfach nicht. Buffett sagte einmal vor Studenten in Notre Dame, daß sie dann, wenn die Preise nicht attraktiv seien, viele Leute hätten, die Kreuzworträtsel lösten.

Berkshire hat ein Versicherungskapital von 37 Mrd. $ und könnte weit mehr Geschäfte abschließen, als wirklich abgeschlossen werden. Aber auch hier gibt es die Möglichkeit, aus schlechten Nachrichten gute zu machen, weil Berkshires Reserven geradezu riesig sind.

Auf der Jahreshauptversammlung von Wesco 1993 sagte Munger, er würde oft gefragt, weshalb Berkshire nicht mehr Versicherungen abschließe. „Die Leute sagen immer zu Berkshire: ‚Warum macht ihr nicht wesentlich mehr Umsatz bei diesem Kapital? Alle anderen tun es. Die Rating-Agenturen sagen, ihr könntet doppelt soviel jährlichen Umsatz machen wie ihr Kapital habt.' Und dann schauen sie auf unser Versicherungskapital von 10 Mrd. $ und sagen, das wären 20 Mrd. $ im Jahr. ‚Warum zeichnet ihr dann nur 1 Mrd. $ pro Jahr an Versicherungen?'

Doch dann kommt irgendein anderer und fragt: ‚Warum sind letztes Jahr alle außer euch ganz hart getroffen worden?' Vielleicht haben diese beiden Fragen miteinander zu tun."

Im Jahr 1996 machten Berkshires Nettoprämien 16 % des Jahresgewinns der Versicherungsgruppe aus, verglichen mit einem Branchendurchschnitt von ungefähr 130 %.

Der Reiz des Versicherungsgeschäfts ist, daß die Prämien zuerst bezahlt werden - Bargeld in der Form von Geld anderer Leute, das jeden Tag auf die Konten kommt und das man investieren kann. Tatsächlich stellt das Versicherungsgeschäft einen Geldfluß zur Verfügung - vergleichbar mit den Konten in einer Bank -, den man für Investitionen nutzen kann. Somit kann Berkshire auf billiges Geld zurückgreifen.

„Der Geldzufluß an sich ist nicht unbedingt ein Segen", sagt Buffett. „Aber es ist ein Segen, wenn man das Geld in zunehmenden Beträgen und außerdem sehr preisgünstig bekommen kann", fügte er hinzu.

„Es ist ein großer Fehler einiger Analysten zu glauben, daß der Wert einer Versicherung nur durch den Buchwert bestimmt wird, ohne den Wert des Geldflusses miteinzurechnen", sagte Buffett. (Jahreshauptversammlung 1996)

Tatsächlich hat die Versicherungsgruppe 30 Jahre lang kostenfreies Geld zur Verfügung gestellt.

Buffett sagte den Aktionären bei der Jahreshauptversammlung im Jahr 1998: „Der Geldfluß kostet uns keinen Cent, die Kosten sind geringer als null. Dieser Geldfluß bringt einen Gewinn mit." Und er fügte hinzu: „Aber die wichtigste Frage ist, wie der Geldzufluß in zehn Jahren aussehen wird."

„Gegenwärtig haben wir einen Geldzufluß von 7 Mrd. $", sagte Buffett auf der Berkshire Jahreshauptversammlung 1996. „Und wenn mir jemand 7 Mrd. $ für diesen Geldfluß bieten würde und ich würde darauf nicht einmal Steuern zahlen müssen, sondern müßte danach für immer aus dem Versicherungsgeschäft herausbleiben, also nie wieder etwas in irgendeiner Weise mit Versicherungen zu tun haben - würde ich das akzeptieren? Die

Antwort ist ‚nein'. Ich sage deshalb ‚nein', weil ich lieber 7 Mrd. $ ständigen Geldfluß als 7 Mrd. $ steuerfreies Geld habe. Ich sage deshalb ‚nein', weil ich erwarte, daß die 7 Mrd. $ wachsen."

Sobald der Geldfluß auf die Konten von Berkshire fließt, wird er sofort in Aktien, Schuldverschreibungen, andere Unternehmen usw. investiert. Buffett nannte diesen Geldzufluß „gleichbedeutend mit Eigenkapital", und das Wachstum dieses Geldzuflusses kann ganz grob als Einkommen betrachtet werden. Es gibt keine Spesen und möglicherweise auch keine Rückzahlungen.

Berkshire stellt in der Regel langfristige Versicherungspolicen aus, die aller Wahrscheinlichkeit nach erst in ferner Zukunft ausgezahlt werden müssen. Sicherlich ist es gut, das Geld des Versicherten so lange wie möglich zu haben, aber Buffett hat auch gewarnt, daß diese langfristigen Policen gefährlich sein könnten. Denn wenn die Zeit kommt, die Versicherungsnehmer auszuzahlen, können Inflation und Regulierung die Kosten so weit angehoben haben, daß man keine Gewinne mehr erzielen kann. Auch Gerichtsentscheidungen, die weit über das hinausgehen, an das man denken konnte, als die Police unterschrieben wurde, können die Versicherungsgewinne treffen.

Versicherungen sind ein sehr wichtiges Geschäft, besonders in Nebraska, wo diese Branche vom Gesetzgeber geradezu eine Vorzugsbehandlung erhalten hat. Mutual of Omaha, ein sehr bekanntes Unternehmen, dessen Bekanntheitsgrad durch Marlin Perkins Verwertung von Wild Kingdom stieg, hat seine Zentrale gleich neben Berkshire und ist eine eigene Version eines wilden Königreichs.

Beginnend im März 1967, als Berkshire ein vorsichtiges Gebot für National Indemnity und National Fire & Marine Insurance abgab, die von Jack Ringwalt gemanagt wurden, kaufte Buffett die mehr als ein Dutzend Versicherungsunternehmen, die heute Berkshire gehören.

Berkshire stieg ins Versicherungsgeschäft ein, um zu diversifizieren und höhere Gewinne zu erzielen. National Indemnity, die auch in den späten 80er Jahren noch die alten IBM-Kartensortiermaschinen benutzten, belegt ein sechsgeschossiges Gebäude mit 3.250 qm Fläche in Omaha und besitzt ein angrenzendes Gebäude mit 890 qm, nicht weit entfernt von der Berkshire-Zentrale. Zusätzlich zu National Indemnity in Omaha, die in Stanford, Connecticut, eine Rückversicherungsabteilung unterhält, besitzt das Berkshire-Versicherungsimperium die folgenden Gesellschaften:

- GEICO Corporation, Chevy Chase, Maryland (mit einer Anzahl von Tochtergesellschaften)
- Aksarben Life Insurance Co., Omaha, Nebraska

- Columbia Insurance, Omaha, Nebraska
- Cypress Insurance, Pasadena, Kalifornien
- National Liability and Fire Insurance, Chicago, Illinois
- National Fire and Marine Insurance, Omaha, Nebraska
- Redwood Fire and Casualty Insurance, Omaha, Nebraska
- Continental Divide Insurance, Englewood, Colorado
- Cornhusker Casualty, Omaha, Nebraska
- National Indemnity of the South, St. Petersburg, Florida
- National Indemnity of Mid America, St. Paul, Minnesota
- National Liability and Fire Insurance Company, Nebraska
- Wesco-Financial Insurance, Omaha, Nebraska
- Central States Indemnity, Omaha, Nebraska
- Central States of Omaha Companies, Inc., Omaha, Nebraska
- Oak River Insurance Company, Omaha, Nebraska
- OCSAP, Ltd., Maine
- Gateway Underwriters Agency, St. Paul, Minnesota
- Northern States Agency, St. Paul, Minnesota
- Ringwalt and Liesche and Company, Omaha, Nebraska
- Berkshire Hathaway Life Insurance Company of Nebraska
- Resolute Reinsurance Company, New York
- Kansas Bankers Surety Co., Topeka, Kansas

Versicherungen für das Geschäft im selben Bundesstaat haben ihren Sitz in Colorado, Nebraska und Kalifornien, mit Niederlassungen in verschiedenen anderen Staaten.

Die Versicherungsgeschäfte dieser Unternehmen schließen fast alle Formen von Sach- und Unfallversicherungen ein, die von Agenten bearbeitet werden, im District of Columbia und in allen 50 US-Bundesstaaten mit Ausnahme von Hawaii. Das Hauptgeschäft ist der Verkauf von Autoversicherungen, die ungefähr die Hälfte des gesamten Umsatzes ausmachen. Die Versicherungen verkaufen auch Versicherungen für Lastkraftwagen, für Arbeitsunfälle, Versicherungen für Hausbesitzer, Feuer und sogar Versicherungspolicen für Leute, die als leitende Angestellte und Direktoren in Unternehmen arbeiten. Jahrelang versicherte Berkshire Taxis in Omaha, aber dieses Geschäft wird heute nicht mehr betrieben.

Die Versicherungsgruppe versichert auch Landwirte, Geschäftsleute und Besitzer von Autoreparaturwerkstätten. Man versichert auch Luxusautos, Schiffahrtsunfälle, Erdbeben, den Untergang von Frachten und Einbrüche. Man verkauft auch Pakete für Personen und Wirtschaftsunternehmen.

See´s Candies, das ebenfalls Berkshire gehört, kauft seine Betriebsunfallversicherungen bei Berkshire/mit Rabatt ein.

Die Versicherungsgesellschaften von Berkshire sind auch stark im Rückversicherungsgeschäft engagiert, das von dem Harvard-Absolventen Ajit Jain geleitet wird und das Versicherungsrisiko anderer Gesellschaften übernimmt. Die Aktivitäten der Rückversicherungen werden von den Büros der National Indemnity in Stanford, Connecticut, aus geleitet.

„Ich spreche jeden Abend mit Ajit Jain über die Rückversicherungsabschlüsse. Ich tue das mehr aus Spaß als aus irgendeinem anderen Grund. Er könnte leicht auch ohne mich auskommen", sagt Buffett.

Im Rückversicherungsgeschäft werden andere Versicherungsgesellschaften versichert, so daß keine Gesellschaft mit den Gesamtkosten von etwas wie beispielsweise einem Erdbeben belastet wird, das leicht zum Bankrott eines Versicherungsunternehmens mit Tausenden von abhängigen Versicherten führen könnte. Die Rückversicherer ordnen die wirklich großen Risiken neu und geben die ganz großen stückchenweise an andere weiter, um die Risiken weitestmöglich zu streuen; einige dieser Päckchen behalten sie auch selbst. Wenn man in der Rückversicherung bestehen will, dann bedeutet das, man sollte auch einen großen Verlust einstecken können. Berkshire ist genau diese Art von Gesellschaft und seine außergewöhnliche Finanzstärke ist ein gutes Marketinginstrument, sowohl für das Versicherungs-, als auch für das Rückversicherungsgeschäft. Die Leute bei Berkshire zeichnen die Policen und verlangen auch ordentliche Prämien, aber wenn es dann zu einer Katastrophe kommt, kann Berkshire auch schon eine gehörige Portion vertragen. „Wenn in einer städtischen Gegend ein größeres Erdbeben auftritt oder ein Wintersturm über Europa hinwegfegt, dann sollten Sie für uns eine Kerze anzünden", schrieb Buffett in Berkshires Jahresbericht 1990.

(Photo by LaVerne Ramsey)
Ajit Jain, hier vor der Jahreshauptversammlung von Berkshire im Jahr 1995, und Buffett sind Freunde. Sie telefonieren täglich über das Superkatastrophen-Rückversicherungsgeschäft von Berkshire, dem Jain vorsteht.

Dennoch ist Berkshire selbst bereit, diese großen Risiken allein zu tragen. „Ein Grund dafür, daß wir die Risiken, die wir versi chern, nicht weiterreichen, ist, daß wir Hemmungen haben, von anderen zu kassieren, wenn das Unglück einmal zuschlägt", schrieb Buffett in Berkshires Jahresbericht für 1996.

Doch letztlich haben auch die Superkatastrophenversicherungen einen Deckel für die möglichen Verluste, obwohl Berkshire in manchen Fällen die Verpflichtung hat, die Police sofort zu erneuern. Buffett hat gesagt, Berkshire werde sich einem 600-Mio.-$-Verlust gegenübersehen, wenn ein Hurricane die Ostküste, insbesondere New York, träfe. Munger sagte: „Nun, wenn wir ein wirkliches Desaster haben, wenn beispielsweise dem Hurricane Andrew eine Woche später ein weiterer in gleicher Stärke gefolgt wäre, dann hätte Berkshire ein sehr unangenehmes Jahr."

Berkshire ist in seinen Policen, die es unterschreibt, sehr wählerisch; sie weist 98 % aller Versicherungsangebote ab.

Tatsächlich mußte Berkshire im dritten Quartal 1992 125 Mio. $ an Forderungen auszahlen, die in Verbindung mit dem Hurricane Andrew in Florida standen. Buffett schrieb einen Brief an seine Aktionäre und erinnerte sie an die Volatilität dieses Geschäfts: „In diesem Moment ist Berkshire wahrscheinlich der größte Versicherer von Superkatastrophen in der ganzen Welt, eine Aktivität, die unsere Quartalsgewinne weiterhin sehr schwankend erhalten wird. Aber das macht uns keine Sorgen: Die Goldmedaille in einem Marathonlauf erhält derjenige mit der besten Zeit über das ganze Rennen hinweg und nicht derjenige, der die gleichmäßigste Geschwindigkeit läuft. Wenn wir die Wahl haben, dann verzichten wir lieber auf die Stabilität der Quartals- und Jahresgewinne, aber nicht auf eine größere langfristige Profitabilität."

Im Jahr 1994 zeichnete Berkshire eine Rückversicherungspolice über 400 Mio. $ für Twentieth Century Industries, den Autoversicherer in Kalifornien.

„Bei Deckungssummen bis zu 400 Mio. $ teilen wir die Höhe der Prämien noch am selben Tag, an dem die Anfrage bei uns eingeht, mit. Das schafft kein anderer in der Branche", schrieb Buffett im Jahresbericht für 1994.

Buffett wollte schon lange im Versicherungsgeschäft expandieren. Im Jahr 1985 traf er sich mit Sanford Weill von American Express und einigen leitenden Angestellten von Fireman´s Fund, weil er plante, Fireman´s Fund von American Express zu kaufen. Aber der Plan, der von Weill organisiert war, wurde von American Express zurückgewiesen.

Berkshires Versicherungsgesellschaften besitzen viele der Investments, die Buffett macht, Investments, die so viel zur Finanzkraft beitragen, daß sehr eindeutig ist, daß Berkshire alle Versicherten auszahlen kann. Weil

(Omaha World-Herald)

Buffett, rechts, William Kizer sen. in der Mitte und Kizers Sohn Richard von Central States auf einer Pressekonferenz 1991, als Berkshire die Central States Health and Life kaufte. William Kizer sagte: „Er bot uns einen Preis, der dem Zehnfachen des Jahresgewinns entsprach. Ich antwortete: ‚Nun, im letzten Jahr machten wir 10 Mio. $, so daß der Kaufpreis bei 100 Mio. $ liegen würde.' Ich schluckte. Darauf sagte er: ‚O.K.', und ich fragte: ‚125 Mio. $?'. Er antwortete: ‚Zu spät.'"

Berkshires Versicherungsgesellschaften weit mehr Vermögenswerte besitzen als es normalerweise von der Versicherungsaufsicht verlangt wird, wurden alle Gesellschaften von der Ratingagentur A.M. Best & Co. mit A+ eingestuft, der höchsten Einstufung, die von dieser Versicherungsratingfirma vergeben wird. Buffett schrieb im Jahresbericht 1992: „Gegenwärtig ist Berkshire an zweiter Stelle der U.S.-amerikanischen Sach- und Unfallversicherer, was deren Vermögen betrifft (erster ist State Farm, die Rückversicherungen weder kauft noch verkauft). Deshalb haben wir die Fähigkeit, Risiken in einem Bereich einzugehen, die keine andere Gesellschaft eingehen kann... Charlie und ich mögen das Versicherungsgeschäft weiterhin, von dem wir glauben, daß es die Haupteinnahmequelle in den kommenden Jahrzehnten sein wird. Die Branche ist riesig; in bestimmten Sektoren können wir weltweit konkurrieren und Berkshire hat damit einen wichtigen Vorteil. Wir werden uns bemühen, unsere Beteiligungen an diesem Geschäft zu erweitern..."

Anfangs beaufsichtigte Buffett das Versicherungsgeschäft noch selbst, aber später übergab er das Geschäft an Berkshires Mike Goldberg, einem der wenigen Menschen, die zusammen mit Buffett in der Berkshire-Zentrale arbeiten. Sein Büro liegt neben Buffetts. 1993 übernahm Goldberg das Generalmanagement über die gesamte Versicherungsgruppe. Er bleibt eine Schlüsselfigur in Berkshires kommerziellen Geldgeschäften.

Weil die Versicherungsgruppe nicht öffentlich gehandelt wird wie einige von Berkshires anderen Beteiligungen, ist es schwierig, genau zu sagen, was die Versicherungsgesellschaften wert sind. Buffett selbst hat nie eine Zahl genannt, sondern sagte immer nur, es sei wegen der besonderen Natur des Geschäftes sehr schwierig, eine Zahl zu nennen.

Am 20. Oktober 1992 stimmte Berkshire zu, einen 82prozentigen Anteil an Central States Indemnity Corporation of Omaha für 82 Mio. $ zu kaufen. Die wichtigste Produktlinie dieses Geschäfts, einer Einheit der Central States Health and Life Insurance Company, ist die Kreditkartenversicherung, die Kartenemittenten landesweit angeboten wird. Die Gesellschaft bezahlt Kreditkartenrechnungen für den Fall, daß der Versicherte arbeitsunfähig werden oder seinen Job verlieren sollte.

„Das ist ein Geschäft, das mir gefällt, es wird von Leuten betrieben, die mir gefallen, und es liegt in einer Stadt, die mir gefällt", sagte Buffett auf einer Pressekonferenz, bei der dieser Deal bekanntgegeben wurde.

Der Gründer von Central States, William Kizer sen. sagte, wie der *Omaha World-Herald* am 21. Oktober 1992 berichtete, daß die Verhandlungen mit Buffett sehr zielgerichtet waren: „Der Preis, den er uns nannte, entsprach seinem Grundsatz, daß er Unternehmen für den zehnfachen Jahresgewinn kauft. Ich sagte darauf: ‚Nun, im letzten Jahr machten wir 10 Mio. $, und wenn ich richtig rechne, dann wären das 100 Mio. $.' Ich schluckte. Doch er sagte: ‚O.K.'.

Ich fuhr fort: ‚Wie wäre es mit 125 Mio. $?' Er entgegnete: ‚Zu spät!'"

Auf einer Jahreshauptversammlung von Berkshire wurde Buffett einmal über die Probleme bei Lloyd´s in London gefragt. Er sagte: „Ein Jahrhundert lang haben die Syndikate von Lloyd´s in einer Weise gearbeitet, daß deren Mitglieder unbegrenzte Haftung zu übernehmen hatten. Sie waren das Zentrum für bestimmte Versicherungsarten - und ein sehr wichtiges Zentrum.

Die Zahlungsverpflichtungen, die bestimmten Mitgliedern beispielsweise aus der Asbestsache erwuchsen - bei der niemand eine Ahnung hatte, in welchem Umfang Kosten entstehen könnten - haben die Zahl der Leute, die bereit waren ‚Namen' zu sein, drastisch reduziert. Und nun sucht Lloyd´s nach einem System, das das Problem der langfristigen Zahlungsverpflichtungen und der unbegrenzten Zahlungsverpflichtungen lösen könnte.

Ich glaube nicht, daß sie eine einfache Antwort darauf finden. Und so bin ich der Überzeugung, daß sie in gewissem Umfang auch noch ein oder zwei weitere Jahre suchen werden. Ganz klar ist das Ganze für uns ein Vorteil.

Und jetzt will ich Ihnen sagen, was uns wirklich gut tut... Es sieht so aus, als ob der Hurricane in Florida letztlich einen Schaden von 16 Mrd. $ verursacht haben wird... Doch man kann sich sehr leicht vorstellen, daß dieser Hurricane, hätte er Long Island getroffen, diesen Betrag leicht verdreifacht oder vervierfacht hätte.

Nun, wenn man anfängt, über 50 oder 60 Mrd. $ Verluste zu sprechen und viele große Gesellschaften in dieser Branche nur einen Wert von einigen Milliarden Dollar haben, dann hat Berkshire einen signifikanten Vorteil, auch signifikante Verluste durchzustehen. Und damit sollte es uns auch möglich sein, entsprechende Prämien verlangen zu können.

Ich bin nicht sicher, welches Kapital Lloyd´s zur Verfügung steht, aber ich glaube nicht, daß sie so viel Kapital auf Lager haben wie wir - und der größte Teil ihres Kapitals ist psychologischer Art, während unseres reales Kapital ist."

Bill Ruane vom Sequoia Fund sagt: „Diese Versicherungsgesellschaft ist ein richtiger Schläfer. Glauben Sie nicht daran, daß er einmal aufwacht. Aber wenn wir unglücklicherweise wirkliche Katastrophen erleben sollten, die ein Ausmaß wie Andrew haben, dann gibt es eine Versicherungsgesellschaft, die das Zwanzigfache von dem zeichnen kann, was sie tatsächlich zeichnet. Berkshire hat etwa 10 Mrd. $ als Kapital. Im Augenblick haben sie im normalen Geschäft für ungefähr 200 Mio. $ gezeichnet und ungefähr 500 Mio. $ in der Rückversicherung und im Katastrophengeschäft."

Buffett schrieb im Jahresbericht 1996: „Gegenwärtig bekommen wir namhafte ‚Standby'-Gebühren von Rückversicherern, die festschreiben wollen, daß sie von uns Deckung erhalten, sollte der Markt eng werden."

Financial World am 9. November 1993: „Während Berkshire Hathaway lange Zeit im Rückversicherungsgeschäft aktiv war, blieb dieser Bereich des Geschäfts bis zum Jahr 1988 ziemlich klein. In diesem Jahr begann Buffett, sowohl die Sachversicherungs-, als auch die Unfallversicherungsseite seines Rückversicherungsgeschäftes sehr aggressiv auszuweiten. Berkshires Gewinne aus den Rückversicherungsprämien schossen von 83 Mio. $ 1988 auf 676 Mio. $ im Jahr 1992. Die Rückversicherung macht nunmehr fast drei Vietel von Berkshires Prämieneinnahmen aus."

Aber auch wenn die Prämien für Ruckversicherungen in den letzten Jahren nach oben geschossen sind, wurden viele Firmen hart getroffen.

„Seit 1988 haben Sachversicherer 10 Cents auf jeden Dollar Prämie verloren, doch während der gleichen Zeit bezahlte Berkshire Hathaway lediglich 312 Mio. $ an Forderungen und nahm 379 Mio. $ an Prämien ein.

Ganz einfach gerechnet ist das ein durchschnittlicher Jahresgewinn, vor Kosten von 17,8 % über fünf Jahre hinweg", berichtet die *Financial World*.

Buffetts wirkliches Genie wird jedoch bei der Unfallrückversicherung ersichtlich. Anders als bei Forderungen aus der Sachversicherung benötigt man bei Forderungen aus der Unfallversicherung oft Jahre, bis sie rechtswirksam sind. Und hier spielt Buffett ein kompliziertes Spiel, in dem sowohl eine Steuernische als auch der Zufluß von Geldmitteln eine Rolle spielen, bevor sie ausgezahlt werden, um berechtigte Forderungen zu befriedigen.

Berkshires Ergebnis in der Unfallrückversicherung mag vielleicht schlimm aussehen, ist es aber nicht. Über die letzte fünf Jahre hinweg hat sie Verluste von durchschnittlich 138 % der eingenommenen Prämien ausgezahlt. Rechnen Sie noch 5 % für die Kosten ein, und dann werden Sie sich fragen, warum irgend jemand, der noch recht gescheit ist, Unfallrückversicherungen wie diese zeichnet.

Aber vergessen Sie nicht den Zufluß an Geldmitteln. Anders als die Sachrückversicherer halten die Unfallrückversicherer die Gelder für fünf oder mehr Jahre und sammeln es in einer steuerfreien Reserve für künftige Zahlungsverpflichtungen. An dieser Stelle kommt Buffetts Aktiengenie ins Spiel. Indem er sein Geld in Stammaktien anlegt, kann er das Geld in üppigen Raten vermehren: 24 % pro Jahr für die letzten 28 Jahre. Und bei dieser Rate werden aus 100 Mio. $ an Prämien innerhalb von fünf Jahren 288 Mio. $, mehr als genug, um sogar große Forderungen zu bezahlen und dennoch einen Gewinn zu machen."

Der Artikel sagt weiterhin, daß die durchschnittlichen Sach- und Unfallversicherer 79 % ihres Kapitals und ihrer Reserven in Schuldverschreibungen von Regierungen und erstklassigen Unternehmen halten, so daß sie jederzeit ohne Verlust liquidiert werden könnten, wenn eine Katastrophe eintritt.

„Berkshire Hathaway jedoch benötigt solch ein Polster nicht, dank des schnellen Tempos, mit dem Buffett Berkshires Kapitalportfolio aufbauen konnte. So kann Buffett es sich erlauben, 85 % von Berkshires liquiden Mitteln in Stammaktien zu halten. Tatsächlich überschätzen die Versicherungsstatistiker bei Berkshire ihre Schadensfälle, um größere Reserven bilden zu können und sogar noch mehr Geldmittel ansammeln zu können. Deshalb wird es den meisten Unfallrückversicherern kaum gelingen, mit Berkshire Schritt zu halten."

Einer der frühen Berkshire Rückversicherungsmanager war George Young, den Buffett 1962 auf einem Finanzseminar kennenlernte. Im Jahr 1969 bat Buffett Young, für ihn zu arbeiten. Die beiden Männer begannen mit Berkshires Versicherungsgeschäft. Young, ein Dr. der Politologie und als sehr brilliant angesehen, betrachtete Buffett als mentalen Giganten.

„Er sagte mir einmal, Buffett sei der einzige, der ihm das Gefühl gebe, er sei zurückgeblieben", sagt Mrs. Willie Young, Youngs Witwe, die früher Stewardess bei Eastern Airlines war und nun in Omaha lebt.

Bill Lyons, National Indemnity's ehemaliger Anwalt, erinnert sich an Buffetts Witz: „Einmal bat er mich, eine fehlerfreie Versicherungsgesellschaft in Florida zu überprüfen, und ich berichtete ihm, daß das Unternehmen in einem fürchterlichen Zustand sei und es dumm wäre, dort zu investieren. Er sagte: ‚Verschone mich nicht, nur weil es meine Idee war.'"

26

Schutz gegen das ganz große Erdbeben

Ende 1996 stimmte Berkshire zu, der Erdbebenversicherung des Staates Kalifornien eine 1,5-Mrd.-$-Rückversicherung für vier Jahre bei einer Prämie von 95 Mio. $ zu verkaufen, die über die vierjährige Laufzeit der Police in gleichen Raten an Berkshire bezahlt werden sollten.

Deshalb wettet Berkshire, daß es bis zum 31. März 2001 in Kalifornien kein großes Erdbeben geben wird; die Laufzeit der Police begann am 1. April 1997. Wenn der Schaden aus einem Erdbeben bis zu dieser Zeit insgesamt 5 Mrd. $ in Ansprüchen von Hausbesitzern übersteigt, dann wird Berkshire die nächsten 1,5 Mrd. $ an Ansprüchen befriedigen.

Sicherlich wäre es schmerzlich für Berkshire, würde der ganz große Schadensfall eintreten. Aber immerhin könnte Berkshire versuchen, das Beste aus den Investitionen mit den Prämien zu machen, die während dieser Zeit eingehen; es gäbe eine Zahlungsverpflichtung von 1,5 Mrd. $ minus 590 Mio. $ oder minus 910 Mio. $ und noch wesentlich weniger nach der Steuerersparnis durch diese Verluste.

Dennoch ist es immer noch eine riesige Wette, daß es in Kalifornien zu keinem großen Erdbeben kommen wird.

Der Statistiker John Drennan von der California Earthquake Authority sagte, daß die Berechnungen der jährlichen Erdbebenwahrscheinlichkeit darauf hinweise, daß die Chancen für Berkshire, ohne einen Penny bezahlen zu müssen trotzdem die große Prämie einstreichen zu können, 20 zu 1 steht (*Los Angeles Times*, 18. November 1996). Drennan sagte, die jährliche Wahrscheinlichkeit eines großen Erdbebens in Kalifornien liege nur bei 1,27 %.

„Man kann davon ausgehen, daß es in einem Zeitraum von 80 Jahren ein Jahr gibt, in dem die Verluste 7 Mrd. $ überschreiten", wird Drennan zitiert. Und so sind in vier Jahren die Chancen 1 zu 20, aber trotzdem könnte das ganz große Erdbeben morgen schon eintreffen.

Auch wenn die Prämien hoch erscheinen, werden kalifornische Beamte zitiert, die sagen, es sei immer noch billiger, als Zinsen auf Schuldverschreibungen zu zahlen, die die Earthquake Authority ursprünglich herauszugeben geplant hatte.

Die 7 Mrd. $ beziehen sich nur auf einen Schaden, der von der Erdbebenbehörde bezahlt würde. Im Northridge-Erdbeben von 1994 bezahlten private Versicherungsunternehmen 8,5 Mrd. $ für Schäden an Wohnungen und Häusern. Unter einem neuen Gesetz, das erlassen wurde, um höhere Erdbebenhilfe zu erreichen und die Haftung der staatlichen Stellen zu begrenzen, wurden neue Grenzwerte für die Deckung von einzelnen Bereichen gezogen. Garagen, Swimmingpools und Zäune wurden vom Ersatz ausgenommen und die Abzugsbeträge auf 15 % erhöht. Mit diesen Veränderungen würden die Zahlungen der staatlichen Stellen bei einem Erdbeben in der Größenordnung von Northridge bei ungefähr 4 Mrd. $ liegen und nicht bei 8,5 Mrd. $.

Der Gesamtschaden an allen öffentlichen und privaten Einrichtungen beim Northridge-Erdbeben lag bei 27 Mrd $. Die *Los Angeles Times* berichtet, daß von diesen 27 Mrd. $ ein wenig mehr als die Hälfte von privaten Versicherungen ersetzt wurde, etwas weniger als die Hälfte kam von der Regierung. Nach dem Erdbeben von Northridge unternahmen die privaten Versicherungen Anstrengungen, ihre Verwundbarkeit dadurch zu mindern, daß sie eine staatliche Agentur für Hausversicherungen einrichteten.

Der Beitrag merkte an, daß der Verkauf von Erdbebenversicherungen für die Gesellschaften bei jedem Erdbeben in Kalifornien profitabel gewesen sei - mit Ausnahme eines Falles. Jedoch übertrafen die Schäden dieses einen Erdbebens - Northridge - alle Erdbebenprämien, die jemals gezahlt wurden. Kurzum: Ein Erdbeben müßte schon sehr groß sein, um Berkshire treffen zu können. Dennoch, es kann vorkommen.

Vielleicht heißt es deshalb an einigen Stellen in den Berkshire-Jahresberichten standardmäßig: „Bemerkenswerte Liquidität und überdurchschnittliche Kapitalkraft."

Es geschah, daß die Earthquake Authority ein 1,5-Mrd.-$-Schuldverschreibungsangebot aufgab, auch als ihr Banker Morgan Stanley schon dabei war, es zu vermarkten (*Barron's*, 6. Januar 1996). Die Behörde legte dieses Angebot zu den Akten, als sie von Berkshire plötzlich bessere Bedingungen bekam.

„Die Sache mit den Schuldverschreibungen wurde zu teuer. Wir konnten zwischen 20 und 40 Mio. $ pro Jahr sparen, wenn wir uns bei Berkshire rückversicherten", sagte Greg Butler, der Chef der Earthquake Authority.

Barron's zitiert Berkshires Ajit Jain folgendermaßen: „Das Problem bei diesen Bondgeschäften ist, daß die Investoren einen Gewinn erhalten, der mit einem festen Einkommen zu vergleichen ist, dem jedoch ein Risiko gegenübersteht, das mit dem von Aktien zu vergleichen ist. Da wir bereit sind, das Risiko auf uns zu nehmen, und daür auch Kapital zur Verfügung stellen, können wir günstigere Kosten anbieten."

Berkshire demonstrierte hier den Vorteil seiner enormen Kapitalkraft, seines Tempos und seiner Intelligenz.

Butler wurde im *San Francisco Chronicle* (19. November 1996) zitiert, daß Berkshire, anders als andere Rückversicherer, mit denen er es zu tun hatte, keine besonders ausgeklügelten statistischen Modelle anwendete, um die Risiken abzuschätzen und die Prämienhöhe zu bestimmen. „Ich weiß nicht, wie Buffett es gemacht hat", sagte Butler. „Vielleicht hat er gewürfelt."

Im Berkshire-Jahresbericht 1996 schrieb Buffett über den Kalifornien-Yersicherungsvertrag: „Was sind nun die wirklichen Risiken, daß wir während der Laufzeit der Police zu Zahlungen herangezogen werden? Wir wissen es nicht - und wir glauben auch nicht, daß Computermodelle uns helfen können, weil wir überzeugt sind, daß die Präzision, die diese Computermodelle vorgaukeln, in Wirklichkeit nicht existiert. Tatsächlich können solche Modelle Entscheidungsträger in einer falschen Sicherheit wiegen und dadurch die Möglichkeit, wirklich große Fehler zu machen, erhöhen. Wir haben solche Debakel sowohl im Versicherungsgeschäft als auch bei Investments gesehen. Nehmen wir nur Portfolioversicherungen, deren destruktive Auswirkungen im Börsencrash von 1987 einen Witzbold anmerken ließ, daß eigentlich die Computer aus dem Fenster hätten springen sollen."

Berkshire hat auch einen Vertrag mit Allstate, die Hurrikanschäden in Florida versichert - ungefähr vom halben Umfang des Vertrags mit Kalifornien.

Im Jahresbericht 1996 sagt Buffett: „So groß diese Deckungssummen auch immer sein mögen, der größte Schaden, der Berkshire nach Steuern infolge einer wirklichen Megakatastrophe treffen kann, beläuft sich wahrscheinlich auf nicht mehr als 600 Mio. $ und das sind weniger als 3 % unseres Buchwerts und 1,5 % unseres Marktwerts."

Auf der Jahreshauptversammlung 1997 sagte Munger, ein solcher Schaden wäre für Berkshire „irritierend".

27

Boys Town

*„Ich sagte unserem Redakteur, er solle sich
eine Kopie der Boys-Town-Akte holen."*

Buffett erwarb seine erste Zeitung im Jahr 1969, als Berkshire von
Stan Lipsey *Sun Newspapers* kaufte, eine lokale Wochenzeitung in
Omaha. Buffett beschäftigte sich in seinen vielen Medien fast ausschließlich mit der geschäftlichen Seite, doch in mindestens einem Fall
nahm er deutlichen Einfluß auf die redaktionelle Gestaltung, als er eine
Schlüsselrolle dabei spielte, den Finanzskandal bei Boys Town in Omaha
aufzudecken.

1917 zahlte Pater Edward J. Flanagan, ein schlaksiger, irisch-katholi-
scher Priester, 90 $, um ein zugiges viktorianisches Haus zu mieten, um
darin fünf obdachlose Jungs aus Omaha unterzubringen. Das Heim expandierte außerordentlich stark; mit der Größe und unter einer starken
Führung wurde diese Einrichtung auch eine finanzielle Größe. Die Einrichtung half Kindern, aber sie hätte noch viel mehr helfen können, wenn
man das riesige Aktienportfolio betrachtet, das sie aus den Spendenein-
kommen anhäufte.

1972 beschrieb Buffett dies dem damaligen Reporter des *Wall Street
Journal*, Jonathan Laing, für einen Artikel, der am 31. März 1977 erschien:
„Ich wußte, daß es eine Regelung der Steuerbehörden gab, die Wohltätig-
keitsvereinigungen auferlegte, erstmalig ihre Vermögenswerte offenzulegen. Und so sagte ich unserem Redakteur, er solle sich ein Exemplar der
Boys-Town-Akte besorgen. Schon in der Zeit, als ich mich noch um Fonds
kümmerte, hatte ich Gerüchte über die großen Aktienbestände bei Boys
Town gehört, aber sogar ich war vollkommen überrascht, als wir herausfanden, daß das Heim, das andauernd Armut und Fürsorge für weniger als

700 Jungen vorgab, insgesamt Werte von mehr als 200 Mio. $ angesammelt hatte."

In einem Brief an den Autor schrieb Stan Lipsey, der Verleger der *Buffalo News*: „Die Idee für die Boys-Town-Story kam von Warren Buffett. Warren, Paul Williams, Redakteur der *Sun*, und ich trafen uns in Warrens Haus und diskutierten Ideen für investigative oder unternehmerische Geschichten für die *Sun*. Für eine Wochenzeitung ist es schwierig, mit neuesten Nachrichten gegen Tageszeitungen und elektronische Medien anzukommen, und so müßten wir mit eigenen unternehmerischen Geschichten kommen. In einer dieser Sitzungen sprach Warren über Boys Town, und Paul und ich fingen an, darüber zu arbeiten. Paul leitete das Team und organisierte die Untersuchung. Er und ich entwickelten Strategien, den Zeitplan für Interviews und überprüften Informationen, die wir beschaffen konnten.

Dann hatten wir eine gute Story, aber noch keine, die jemanden vom Hocker reißen konnte. Warren gab den entscheidenden Anstoß, denn er erzählte uns von der IRS-Bestimmung Form 990, der der Kongreß gerade zugestimmt hatte, und in der von Stiftungen gefordert wurde, ihre Vermögenswerte offenzulegen. Als wir dieses Formblatt 990 für Boys Town in Washington einsahen, da umfaßte die Akte 100 Seiten, die Beteiligungen im Wert von 219 Mio. $ enthüllte. Während ich bei den Brainstormingsitzungen über diese Geschichte half und alles mehrmals las, entwickelte Paul Williams die Story. Gegen Ende der Untersuchung zogen vier Reporter mit Telefonen, Schreibtischen und Tonbändern in den Hobbyraum im Keller von Paul Williams Haus, damit nichts ausgeplaudert werden konnte. Ohne Warren hätte es keine Story gegeben und auch keinen Pulitzer-Preis. Es war seine Idee, er erzählte uns von dem Formular 990 und dann analysierte er die enormen Holdings von Boys Town, die insgesamt 219 Mio. $ ausmachten."

Diese Geschichte gewann im Mai 1973 einen Pulitzer-Preis für Lokalberichterstattung. Buffett verkaufte Sun Newspapers im Jahr 1981, und 1993 stellte die *Sun* ihr Erscheinen ein. Einer, der sich erinnert, für die Wochenzeitung als Zeitungsjunge gearbeitet zu haben, ist Allan Maxwell, heute Verkaufsrepräsentant bei Searle Laboratories in Omaha. „Ich trug die Zeitung fünf Jahre lang aus, und die Bezahlung für eine 15-Cent-Zeitung war großartig. Ich konnte immer 5 Cents behalten, soweit ich mich erinnere", sagte Maxwell und fügte hinzu: „Ich wünschte nur, ich hätte meine Gewinne bei Berkshire angelegt."

Heute existiert die Zeitung nicht mehr und Boys Town ist eine sehr angesehene Einrichtung, die jetzt Tausenden von Jungen hilft.

(Photo by Pat Kilpatrick)
Boys Town in Omaha

Buffett erzählte Laing, weshalb er das Gefühl habe, daß Zeitungen wesentlich interessanter seien als die meisten anderen Geschäfte: „Wir sollten es einsehen. Zeitungen sind ein viel interessanteres Geschäft als, sagen wir einmal, Kupplungen für Eisenbahnwaggons herzustellen. Auch wenn ich mich nicht in die redaktionellen Angelegenheiten der Zeitungen, die mir gehören, einmische, freue ich mich doch darüber, ein Teil der Institutionen zu sein, die dazu beitragen, unsere Gesellschaft zu gestalten."

28

Medienbeziehungen

Charles Peters, Jay Rockefeller, Kay Graham und andere

Buffetts erster Tip über den Skandal bei Boys Town ging nicht an seine eigene Zeitung, sondern an seinen Freund Charles Peters, den Verleger des *Washington Monthly*, an dem Buffett eine kleine Beteiligung hielt. „Ich gab den Tip weiter…, doch sie entschieden sich, diese Geschichte nicht weiterzuverfolgen, wahrscheinlich deshalb, vermute ich, daß die Idee eines Investors für einen Beitrag suspekt sein müsse. Danach gab Warren diese Geschichte einer Zeitung aus Omaha, die dafür den Pulitzer-Preis erhielt" (*Tilting at Windmills*, Charles Peters Autobiographie).

Peters berichtet, wie Buffett, Jay Rockefeller und Louis Marx Investoren bei dieser Zeitschrift wurden, und sagte, daß Buffett ihn gebeten habe, ihm Katharine Graham vorzustellen:

„Jay Rockefeller und Louis Marx gaben uns 100.000 $ mit zusätzlichen Sicherheiten. Dann stellte Jay mich Warren Buffett vor…

Im Oktober 1969 flog Buffett mit zwei Freunden nach Washington, Joseph Rosenfield aus Des Moines und Fred Stanback, einem Mann aus North Carolina, Erbe eines Vermögens, das aus Kopfschmerztabletten stammt. Die drei kamen überein, die verbleibenden 50.000 $ bereitzustellen. Wir nahmen das ganze Geld und gaben es aus. Die Zeitschrift, die für ihre literarischen Bemühungen bekannt war, hatte immer finanzielle Sorgen. Jay und Warren Buffett reisten nach New York, um James Kobak, einen sehr bekannten Berater für Zeitschriften, zu fragen, ob es noch Hoffnung für diese Monatszeitschrift gäbe… Warren war von Kaplan (Gilbert Kaplan vom Institutional Investor) sehr beeindruckt und sagte, er wollte weitere 50.000 $ auftreiben - unter der Bedingung, daß Kaplan die Leitung des *Washington Monthly* lange genug übernahm, um uns ins Trockene zu bringen.

Anfang September jedoch gab es ein 50minütiges Telefonat zwischen mir und Buffett, und es wurde klar, daß Buffetts zwei Auffassungen immer noch miteinander stritten. Ich war dankbar für das, was er bisher schon für uns getan hatte, und konnte seinen Verdacht verstehen, daß die Zeitschrift dazu verdammt bleiben würde, ein karges Leben zu führen. Und so war ich auch nicht verärgert, als er während der Unterhaltung mehrmals versuchte, sich aus weiterer Beteiligungen zurückzuziehen. Wenn ich vielleicht nicht ärgerlich war, so war ich doch verzweifelt, weil ich wußte, daß ich ihn halten mußte, wenn die Zeitschrift überleben sollte. Die Unterhaltung ging hin und her: Warren war nur wenige Schritte davon entfernt auszusteigen und ich versuchte langsam, ihn wieder zurückzuziehen. Und dann begann der Tanz von neuem. Warren, der nicht Milliardär wurde, weil er dumm ist, fand immer neue Fluchtwege, und jeder davon war plausibel genug, um mich in sofortige Panik zu versetzen. Mein Gehirn arbeitete unter Hochdruck, als ich versuchte, die Auswege zu blockieren.

Schließlich war er bereit zu bleiben.. Nie habe ich mich mehr gefreut als in diesem Augenblick... Buffetts mitfühlende Charakterseite hatte über den hartgesottenen Investor gesiegt.

Peters berichtet, daß seine Investoren selten um einen Gefallen baten, und wenn doch, dann war es harmlos. „Warren bat mich beispielsweise, ihn Kay Graham vorzustellen, was ich dann auch tat. Und es stellte sich heraus, daß es für beide sehr gut war. Er wurde ihr wichtigster Finanzberater und hielt eine Minderheitenbeteiligung an der Washington Post Co. Sie machten sich gegenseitig ein ganzes Stück reicher als sie es waren, bevor sie sich trafen. Ich hätte 10 % verlangen sollen."

29

Die Washington Post

Ein perfekter Wurf

Buffett kaufte seine Aktienbeteiligung an der Washington Post Company im Frühling und Sommer 1973 für 10,6 Mio. $ und machte Berkshire zum größten Aktionär der *Post* außerhalb der Graham-Familie.

„Ich schaffte es, mit ungefähr 20 Orders innerhalb von sieben Monaten", sagte er später. „Manchmal ereignen sich die Dinge im Leben eben ziemlich schnell." Er sagte, er hätte die Vorsitzende der *Post*, Katharine Graham, kennengelernt, sah, daß die Aktien an der Börse waren und es nicht gut lief, „und ich wußte, daß die *Post* besser werden würde als der *Star*; sie würde den *Star* zwar nicht vernichten, würde aber besser sein."

In ihrem Buch *Personal History*, ausgezeichnet mit dem Pulitzer-Preis, schrieb Katharine Graham: „Warren Buffett, dessen Unternehmen Berkshire Hathaway 1973 ungefähr 10 % der B-Anteile unseres Unternehmens kaufte, sagte mir später, seiner Ansicht nach hätten wir nicht unbedingt an die Börse gehen müssen, er sei aber froh gewesen, daß wir es dennoch getan hatten. Tatsächlich war ich auch sehr froh darüber, obwohl ich einige der Verantwortlichkeiten, die ein Börsengang mit sich bringt, immer noch nicht mag. Daß Warren zu uns gekommen ist, ist das einzig positive Ergebnis unseres Börsengangs. Der Tag, an dem die Aktien zum ersten Mal öffentlich angeboten werden sollten, war der 15. Juni. Bei einer Feier auf dem Parkett der American Stock Exchange kaufte ich die erste Aktie für 24,75 $, und danach wurde sie mit 26 $ notiert."

Buffetts Anteil sollte sich als eine seiner bemerkenswertesten Investitionen herausstellen, eine, die er sehr früh gekauft hatte, als es noch kein besonderes Interesse an Medienaktien gab, und die er hielt, auch nachdem die Post in Washington, D.C. nahezu eine Monopolstellung erlangte. Die

(AP/Wide World Photos)

Donald Graham von der Washington Post, links, Katharine Graham und Ben Bradlee sind FoBs - Friends of Buffett. Donald Graham sagte über Buffett: „Was Finanzen anbelangt, ist er der Beste. Ich weiß nicht, wer Zweitbester sein sollte."

Post Company ging 1971 an die Börse. Seine Stammaktien der Klasse B wurden mit 6,5 $ je Aktie ausgegeben und sind über die Jahre hinweg auf ungefähr 480 $ angestiegen; Buffett hat damit mehr als 20 % pro Jahr gemacht. Die Aktien der Klasse A, die dazu berechtigen, zwei Drittel des Vorstands zu bestimmen und damit die Gesellschaft kontrollieren, werden von der Familie Graham gehalten.

Buffetts lebenslanges Interesse an Medien - das sich in seinem Erwerb der Post-Company-Aktien darstellt - ging immer weit über den Cash-flow hinaus. Er interessiert sich grundsätzlich für das Mediengeschäft, er ist mit Topjournalisten befreundet und er sagt, wenn er sich nicht für die Geschäftswelt berufen gefühlt hätte, dann wäre er vielleicht Journalist geworden.

Immerhin lernten sich seine Eltern kennen, als sie zusammen die Schulzeitung machten, und Buffett war einmal ein sehr fleißiger Zeitungsjunge für die *Post*.

Er hat den Instinkt eines Reporters für eine Story, und seine Suche nach unterbewerteten Unternehmen kombiniert scharfen Geschäftssinn und die detektivischen Fertigkeiten eines Reporters. Wäre Buffett Journalist geworden, dann wäre er ein sehr guter Journalist - aber er hätte niemals auch nur einen geringen Teil dessen verdient, was er als Investor verdient hat.

Im Jahre 1973 waren ungefähr 14 Millionen Aktien der Post Company ausgegeben; die 2,7 Mio. kontrollierenden Anteile der Klasse A waren im Besitz von Mrs. Graham. Sie ist die Tochter des verstorbenen Eugene Meyer, eines reichen republikanischen Wall-Street-Unternehmers und Financiers, der die Zeitung 1933 für 825.000 $ gekauft hatte, als seine Tochter gerade 16 Jahre alt war. Meyer ernannte ihren Ehemann Philip Graham 1946 zum Verleger.

Bis 1973, dem Anfang der Börsenkrise von 1973/74, war die Aktie der Post Company von ihrem ursprünglichen Ausgabepreis von 6,50 $ auf 4 $ gefallen, Aktiensplits eingerechnet. Buffett bekam, als er für 10,6 Mio. $ Post-Aktien kaufte, einen 12prozentigen Anteil der Klasse-B-Aktien, was ungefähr 10 % der gesamten Aktien entspricht.

Bei einem Kurs von 4 $ ergab sich ein Wert von 80 Mio. $ für das gesamte Unternehmen, das damals schuldenfrei war, während Buffett errechnete, daß das Unternehmen einen intrinsischen Wert von 400 Mio. $ darstellte. Dennoch dauerte es bis 1981, daß die Marktkapitalisierung der Post bei 400 Mio. $ lag. Buffett sagte in einem Gespräch mit Studenten der Wirtschaftswissenschaften an der Columbia University am 27. Oktober 1993: „Hätte man irgend jemanden in dieser Branche gefragt, was ihr Besitz wert sei, dann hätten sie gesagt, ungefähr 400 Mio. $. Man hätte in der Mitte des Atlantik um 2 Uhr morgens eine Auktion abhalten können, und es wären Leute gekommen, die soviel dafür geboten hätten. Und die Post wurde von ehrlichen und fähigen Leuten betrieben, die alle einen namhaften Teil ihres Vermögens in diesem Geschäft hatten. Sie war unglaublich sicher. Es hätte mich überhaupt nicht gestört, hätte ich mein ganzes Vermögen darin investiert. Nicht im geringsten."

Die Einnahmen der Post Company lagen 1973 bei 200 Mio. $. Tochtergesellschaften umfaßten die *Washington Post*, die Zeitschrift *News Week*, die Times-Herald Company, Fernsehstationen und eine Papierfabrik, die den größten Teil des Papiers lieferte.

Es gibt eine Faustregel, daß man Zeitungen für 2 1/2 Jahresgewinne kaufen könne; dann war die Post Company viermal soviel wert, wie Buffett bezahlt hatte. Der Grund dafür, daß Buffett Post-Aktien zu einem so günstigen Preis kaufen konnte, lag darin, daß die Menschen damals nicht sehr viel Gefallen an der Welt fanden.

Nach Buffetts Kauf fielen die Aktien die nächsten zwei Jahre, und Buffetts Investment sank von 10 Mio. $ im Jahr 1973 auf 8 Mio. $ Ende 1974. Die Post-Company-Aktie bewegte sich nicht entscheidend über Buffetts Einstandspreis hinaus - bis 1976. Heute ist Buffetts Anteil mehr als 800 Mio. $ wert.

Anfangs war Buffett nicht willkommen. André Meyer, ein Freund von

Mrs. Graham, (aber ohne verwandtschaftliche Beziehungen zu ihren Eltern Eugene und Agnes Meyer) war wütend, als er herausfand, daß Buffett einen großen Anteil an der Post Company gekauft hatte (*Financier, The Biography of André Meyer*, Cary Reich, 1983): „Er war wütend, als einer der erfolgreichsten privaten Investoren des Landes, Warren Buffett, einen wesentlichen Anteil an der Post Company kaufte. Als jemand, der derartiges selbst schon getan hatte, waren Meyer Buffetts Motive suspekt..."

„André warnte mich immer vor Warren Buffett", erinnerte sich Mrs. Graham. „Er betrachtete alle, die sich ungebeten in Unternehmen einkauften, als Bedrohung. Ich erkundigte mich sehr sorgfältig über Warren und entschied, daß wir uns sehr glücklich schätzen konnten, da er doch ein sehr aufrichtiger und ehrenhafter Mann war."

Auch als Buffett Mrs. Graham überzeugt hatte, gab Meyer nicht auf und fragte sie: „Wie geht es denn deinem Boss?"

Nach seinem Investment schrieb Buffett an Mrs. Graham, die sich wegen dieses weitgehend unbekannten Menschen noch immer Sorgen machte, der so viel Post Company-Aktien gekauft hatte. Buffett sagte ihr, er sei keine Bedrohung für ihre Position und wisse genau, daß sie die Gesellschaft durch ihre Aktien der Klasse A kontrollierte.

„Ich akzeptiere, daß die Post von Graham kontrolliert und von Graham gemanagt wird. Und damit bin ich sehr einverstanden", schrieb er ihr. Später nannte man diesen Brief scherzhaft den „Liebe Mrs. Graham-Brief".

Mrs. Graham versuchte, über den Burschen aus Omaha etwas Konkretes zu erfahren. „Ich lief aufgeregt hin und her und sagte: ‚Wer ist er und wie ist er und ist er eine Bedrohung?'"

Dann kam etwas, das möglicherweise das Eis brach: Buffett gelang es, sie daran zu erinnern, daß er vor 25 Jahren als Zeitungsjunge für die *Post* gearbeitet hatte. Nebenbei gesagt, durch die Auslieferung der *Post* verdiente der junge Buffett in den 40er Jahren ungefähr die Hälfte seines ursprünglichen Anlagekapitals.

„1971 hat Buffett Charles Peters, einen Bekannten von Kay, gebeten, ihn vorzustellen. Buffett hatte einen besonderen Grund für seinen Wunsch, sie kennenzulernen: Er besaß Aktien des *New Yorker*, von dem er glaubte, daß er verkäuflich sei, und er wollte Kay dafür interessieren, eine Übernahme zu versuchen, weil er der Auffassung war, daß die *Post* der ideale Eigentümer für diese Zeitschrift sei. Kay lehnte diesen Vorschlag ab."

Katharine Graham schrieb in ihrem Buch *Personal History*, daß sie sich erst 1973 im Büro der *Los Angeles Times* kennengelernt hätten. Dies war nach Buffetts Einstieg bei der Post Company. Mrs. Graham war nach diesem persönlichen Treffen beruhigt und lud Buffett zu einem Dinner in Washington ein und zu einer Besichtigung der *Post*. Daraus wurde eine starke Freundschaft und eine sehr gewinnbringende Beziehung, da Buffett ihr wirtschaftlicher Lehrer wurde.

Ende Juni 1974 „... verband ich eine Analystenkonferenz in Los Angeles mit einem Besuch bei Warren und Susie in ihrem Haus in Laguna Beach. Warrens Familie lachte über meinen Besuch, weil Warren, der bisher noch nie ans Wasser gegangen war, obwohl er seit 1962 seine Ferien in Laguna verbringt, tatsächlich einen Strandschirm und einen Badeanzug gekauft hatte, um meinen Besuch bei ihm angenehmer zu machen. Er sagte, dies sei eine Quelle großer Erheiterung in seinem Haus gewesen - wegen dieses geradezu unglaublichen ,verglichen mit dem, was meine Familie gewohnt war' Standards an Flexibilität, die ich dir zuliebe an den Tag legte. Der Besuch dauerte aufregende und fröhliche zwei Tage, während derer er und ich über viele Dinge sprachen, einschließlich der Möglichkeit, daß er in den Aufsichtsrat der Washington Post Company kommen sollte."

1974 wurde Buffett in den Aufsichtsrat der Washington Post Company berufen und stand dem Finanzausschuß vor. Bald schlug er dem Aufsichtsrat vor, Aktien der Post Company zurückzukaufen. Nur wenige Unternehmen kauften in den 70er Jahren ihre eigenen Aktien zurück und sehr wenige, wenn überhaupt, aus der Medienbranche kauften ihre eigenen Aktien.

„Warrens Rat und ständige Kommunikation mit mir waren entscheidend für eine Reihe Aktionen, die ich in diesen Jahren unternahm. Vor allem überzeugte er mich letztlich von den Vorteilen, eigene Aktien zu kaufen. Ich stand dieser Idee sehr skeptisch gegenüber. Heute ist der Rückkauf von Aktien an der Tagesordnung, aber nur eine Handvoll von Unternehmen machte das Mitte der 70er Jahre. Ich hatte das Gefühl, wenn wir unser ganzes Geld in den Rückkauf unserer eigenen Aktien stecken würden, hätten wir keine Möglichkeit mehr zu wachsen. Warren ging mit mir die Zahlen durch und zeigte mir, was diese Aktion für das Unternehmen langfristig oder auch kurzfristig erreichen könnte. Immer wieder betonte er, wie niedrig der Aktienkurs sei, verglichen mit dem wirklichen Unternehmenswert, und daß dies ein besseres Geschäft sei als viele glauben wollten. Scheibchenweise setzte er seinen Vorschlag durch: Wenn wir 1 % der Aktien der Post Company kauften, dann hätte jeder einen größeren Anteil unserer Aktien zu einem Schnäppchenpreis. Ich entschied, wir sollten es tun" (*Personal History*, Katharine Graham).

Und so funktionierte das, was später einmal zu einem Markenzeichen Buffetts werden sollte - der Rückkauf von Aktien - bei der Post Company. Zwischen 1975 und 1992 kaufte die Post Company ungefähr 43 % der frei gehandelten Aktien zurück. Die Durchschnittskosten beliefen sich auf 60 $ pro Stück. Und so wurden mehr als 40 % des eigenen Unternehmens zu ungefähr einem Achtel seines gegenwärtigen Werts zurückgekauft.

Buffett schlug ebenfalls vor, daß die Pensionskasse der Post Co. von einer großen Bank weggeholt werden und Managern übergeben werden sollte, die wertorientiert waren. Nach dem Umzug zu den Vermögensverwaltern stiegen die Gewinne deutlich an, obwohl die Post Co. den Vermögensverwaltern auferlegt hatte, mindestens 25 % des Geldes in Schuldverschreibungen anzulegen.

„Warren und ich fuhren zusammen nach Glen Welby, um dort das Wochenende zu verbringen (an einem Tag im Jahr 1979), als er mir so taktvoll und vorsichtig wie er konnte, die Nachricht überbrachte, daß Bill Ruane und Sandy Gottesman, zwei seiner engsten Freunde und Investoren, die für sich und ihre Klienten viele Post-Aktien gekauft hatten, sich von Aktien in Millionenwert trennen wollten. Ruane managte den Sequoia Fond, und Gottesman war geschäftsführender Gesellschafter bei der First Manhattan Company; diese beiden Gruppen wollten die Hälfte ihrer Post Aktien verkaufen.

Warren hatte lange überlegt, wie er es mir am besten beibringen sollte und er versuchte es, so gut er konnte, mit der Methode ‚Zuckerguß‘. Ich muß zugeben, meine erste ganz spontane Antwort darauf war, in Tränen auszubrechen. Da waren sie, diese schrecklich cleveren Investoren, mit dem Ruf eines guten Urteilsvermögens, die nicht länger an uns glaubten; auch andere würden sicher in Scharen davonziehen. Ich betrachtete diese Aktion als eine Abstimmung über mein Management der Gesellschaft, und es war klar, daß ich offensichtlich zu Wünschen übrig ließ.

Verzweifelt tat Warren sein Bestes, mich zu trösten, und erklärte, daß Bill meinte, er habe mit der Post-Aktie so viel Erfolg gehabt, daß in einigen seiner Portfolios zuviel davon vorhanden sei. Seinen eigenen Aktienanteil wolle er jedoch behalten. ‚Du kennst die Wall Street nicht‘, versuchte Warren mich zu trösten. ‚Die Leute dort denken nicht langfristig. Wenn deine Aktien wieder auf 100 $ steigen, dann will die Wall Street sie kaufen.‘ Natürlich dachte ich, er wollte mich nur aufmuntern; es war absurd zu glauben, daß die Aktie jemals 100 $ erreichen würde. Ich war nicht getröstet.

Warren hatte natürlich eine völlig andere Meinung von dem, was Bill und Sandy da taten. Er betrachtete es als ein enormes Plus in der Geschichte der Gesellschaft, beinahe im Range der Times-Herald-Fusion. Obwohl er wußte, daß ich über diese Geschichte tief beunruhigt war, erkannte er sofort, wieviel die Gesellschaft künftig gewinnen würde, wenn sie heute ihre Aktien verkauften. Er versuchte, mich zu überzeugen, daß wir uns zusammentun sollten und fügte hinzu: ,Mach´ dir keine Sorgen, wir kaufen nur, was sie verkaufen. Das wird für uns gut sein, und sie werden es später bedauern.' Obwohl ich mir immer noch große Sorgen machte, kauften wir die Aktien, die Sandy und Bill vor zwei Splits zu einem entsprechenden Kurs von 6,50 $ gekauft hatten, bei einem Durchschnittskurs von 21,91 $.

Irgendwann einmal, viel später, sprachen Warren und ich über Frauen, die in geschäftlichen Situationen in Tränen ausbrechen, und ich erinnerte ihn an unsere Fahrt nach Glen Welby. ,Nun', sagte er lächelnd, ,wir machten damals etliche hundert Millionen Dollar. Wenn du das nächste Mal in Tränen ausbrichst, solltest du mich zuerst anrufen.' Er fügte hinzu: ,Betrachte es einmal so, Kay: Wenn du die Aktien nicht gekauft hättest, dann wäre ich in Tränen ausgebrochen. Einer von uns mußte weinen'" (*Personal History*, Katharine Graham).

Buffett blieb bis 1986 im Aufsichtsrat der Post Company, als er zurücktrat, nachdem Berkshire 517 Mio. $ bereitgestellt hatte, um Cap Cities zu helfen, ABC zu kaufen. Die damit entstehende Gesellschaft wurde der Mediengigant Cap Cities/ABC, und Buffett wurde in den Aufsichtsrat gebeten.

Buffett mußte den Aufsichtsrat der Post verlassen, weil die Regeln der Federal Communications Commission verbieten, daß eine Person gleichzeitig in den Aufsichtsräten einer Gesellschaft fungiert, die ein Telefonnetz unterhält (Cap Cities/ABC), und einer, die Kabelfernsehsysteme betreibt. Ein ähnliches Verbot gilt für Überschneidungen von Fernsehsignalen von Sendern, die unterschiedlichen Gesellschaften gehören, wie beispielsweise Cap Cities New-York-Sender und den Post-Company-Sender in Hartford in Connecticut. Diese Überschneidung verhinderte ebenfalls, daß Buffett gleichzeitig in beiden Aufsichtsräten sein konnte.

Falls Mrs. Graham jemals Vorbehalte gegen Buffett oder seine Absichten gehabt haben könnte, dann sind sie schon lange verschwunden. „Unser Aufsichtsrat war geradezu niedergeschlagen wegen seines Abgangs. Sie vermissen ihn wirklich", wurde sie im *Wall Street Journal* am 30. September 1987 zitiert.

Die Niedergeschlagenheit hielt aber nicht für immer an. Nachdem Disney im Jahr 1996 Cap Cities gekauft hatte, wurde Buffett wieder in den Aufsichtsrat der Post Company berufen. Buffett war wieder an Bord. Buffett und Mrs. Graham bleiben enge Freunde, und heute singt sie sein Lied in höchsten Tönen: „Er hat Weisheit, menschliches Gespür und vor allem sehr viel Humor. Ich glaube, das ist eine einmalige Kombination", sagte Mrs. Graham Adam Smith, dem Moderator von *Money World*, in einer Show über die Berkshire-Jahreshauptversammlung vom 30. April 1990. 1987 hielt Buffett vor dem Center for Communicators in New York eine Rede, wobei Mrs. Graham der Ehrengast war. Buffett erzählte vom Erfolg der Post. „Warren witzelte auch vor der Gruppe, daß er einmal auf meinem Schreibtisch ein Papier gesehen habe, auf dem stand: ‚Vermögenswerte auf die linke Seite, Verbindlichkeiten auf die rechte Seite'" (*Personal History*, Katharine Graham).

Buffett machte auch, allerdings nicht sehr überzeugend, Witze über seinen Mangel an Einfluß bei der Post Company, und führte dafür das Beispiel an, daß die Post einige Anteile an Mobiltelefongesellschaften verkaufte. „Die einzige Rolle, die ich bei dem Verkauf der Mobiltelefongesellschaften spielte, war, den ursprünglichen Ankauf der Gesellschaften nicht zu empfehlen, und das bei einem Fünftel des Preises, für den sie sie wieder verkauften. Und das war das letzte Mal, daß sie mich fragten. Sie beachteten mich beim ersten Mal nicht und fragten mich auch beim zweiten Mal nicht", sagte er auf der Jahreshauptversammlung 1987. Es ist jedoch offensichtlich, daß Buffett ein Vetrauter von Mrs. Graham bleibt.

Mrs. Grahams Sohn Donald war in Harvard Redakteur des *Crimson*, promovierte an der Harvard University, diente in Vietnam und arbeitete später als Polizist in Washington, D.C. Im Jahr 1971 wurde er Reporter bei der *Post*. Donald Graham sagte über Buffett: „Was Geld anbelangt, ist er der intelligenteste Kerl, den ich kenne. Ich weiß aber nicht, wer an zweiter Stelle steht."

Buffett hält Graham selbst für einen recht intelligenten Jungen und gab ihm jahrelang „Privatunterricht". So schickte er ihm beispielsweise kommentierte Bilanzen und lehrte ihn, wie man den Wert von Akquisitionen einschätzt. Graham übernahm Buffetts Geschäftsphilosophie, für Qualität zu bezahlen und ansonsten geizig zu sein.

Einmal stand eine Gruppe von Post-Aufsichtsräten herum und wartete, daß Donald Graham kam. Robert McNamara wettete, daß niemand Abraham Lincolns ersten Vizepräsident nennen könnte. Niemand konnte es. Und dann wettete Buffett 5 $, daß Don die Antwort wüßte. „Sicher", sagte Graham, als er kam. „Es war Hannibal Hamlin."

„Don ist unglaublich intelligent, und sein Gedächtnis ist enorm", sagt Buffett. „Wenn ich versuche, mich an etwas aus meinen früheren Jahresberichten zu erinnern, dann kann er es aus dem Kopf heraus zitieren. Es ist einfacher ihn anzurufen, als selbst nachzusehen." Es war sein Investment bei der Post Company - ein mehr als fünfzigfacher Gewinn auf seinen Einsatz -, mit dem Buffett seine Reputation als Meisterinvestor festigte. Über die Jahre hinweg verstärkte die *Post* ihre Dominanz über die Zeitungen der Stadt, aber dieser Weg war nicht immer einfach. Die Berichte über den Watergate-Skandal, besonders die von Bob Woodward und Carl Bernstein, brachten der Zeitung enormen Beifall, einschließlich eines Pulitzer-Preises 1973 für ihre Artikel, die zu Präsident Nixons Rücktritt im Jahr 1974 führten.

„Deep Throat", die anonyme Quelle einiger „Woodstein"-Stories, wurde zu einem Synonym für alles, was mit investigativem Journalismus zu tun hat.

Einmal fragte Woodward Buffett nach einer guten Möglichkeit, mehr Geld zu verdienen, und Buffett schlug ihm Investments vor. Woodward sagte: „Ich habe keine Ahnung von Geldanlage."

„Doch, hast du schon", sagte Buffett, „es ist in Wirklichkeit investigativer Journalismus."

Im Jahr 1954 kaufte die *Post*, damals die drittgrößte Zeitung in der Hauptstadt, den *Times-Herald* und bezahlte für jede der 3.500 Aktien 1.600 $ oder insgesamt 5,6 Mio. $. Das schnelle Wachstum der Zeitung brachte sie schnell am *Washington Star* vorbei, der unter dem Konkurrenzdruck der *Post* zusammenbrach und 1981 sein Erscheinen einstellte.

Zuvor jedoch sah sich die Post Company in kurzer Folge mit drei größeren Problemen konfrontiert: dem Börseneinbruch von 1973/74, der Watergate-Krise mit all dem Ruhm und den Kopfschmerzen, die sie der *Post* brachte, und einem lähmenden Streik im Jahr 1975. 1972 und 1973 sank der Aktienkurs der Post Company wegen der zunehmenden Kritik, die der Zeitung aus dem Weißen Haus entgegenschlug, weil sie Watergate aufgedeckt hatte.

Nach den Bandaufzeichnungen von Nixon, förderte er auf der Höhe von Watergate Gedanken darüber, die Lizenzen für die beiden Fernsehstationen der Post Company zurückzuziehen. Dabei ging es um die Fernsehstationen WJXT/TV4 in Jacksonville und WPLG/TV in Miami, der Station, deren Kennbuchstaben von den Initialen von Philip L. Graham, dem verstorbenen Ehemann von Mrs. Graham, abgeleitet wurden.

Der Lizenzentzug wurde von einer Reihe von Leuten gefordert, die Verbindung zur Nixon-Administration hatten, aber sie waren nicht erfolgreich, wie Chalmers Roberts, ein langjähriger Reporter der *Post* berichtete. Roberts schrieb auch *In the Shadow of Power - The Story of The Washington Post*.

Der Watergate-Skandal war ein finanzieller Tiefschlag; der Streik, der die Post 1975 traf, war schlimmer. Auch als die Zeitung in der Watergate-Krise wieder Oberwasser bekam, kochte ein neues Problem hoch - die Beziehungen zu den Gewerkschaften. Ende 1975 riefen die Gewerkschaften den Streik aus. Zu den schlimmsten Augenblicken des Streiks gehörte die Verwüstung der Druckerei, ein Schlag sowohl gegen die Finanzen als auch den Stolz der mächtigen Zeitung.

Mrs. Graham war unsicher, ob sie weitermachen sollte, insbesondere wenn man die Konkurrenz des *Star* in Betracht zog.

Der Streik trug dazu bei, daß die Beziehung zwischen Buffett und Mrs. Graham sich verfestigte. „Typischerweise spielt Buffett seine Rolle heute herunter - er war in dieser Zeit bei der *Post* allgegenwärtig", wie ein früherer Angestellter erzählt.

Mrs. Graham sagte: „Der Streik war für mich äußerst hart, weil ich nicht einschätzen konnte, wie gefährlich es für uns war, bestreikt zu werden, während der *Star* erscheinen konnte. Er sagte: ‚Sieh mal, wenn ich glaube, daß es gefährlich ist, dann werde ich es dir sagen. Er war sehr hilfreich.' Buffett und Mrs. Graham arbeiteten mehr als einmal Seite an Seite in der Poststelle der *Post*; manchmal blieben sie bis 3 Uhr nachts, um die Sonntagszeitungen für die Verteilung zusammenzutragen.

In ihrem Buch *Personal History* schrieb Katharine Graham:

„Es war ein harter Job, und am Ende waren wir schmutzig, verschwitzt, mit Staub bedeckt. Wir mußten jede einzelne Zeitung in braunes Packpapier einrollen, einen Adreßaufkleber aufbringen, das ganze Ding zukleben und die fertig verpackte Zeitung in die großen stinkenden schweren und plumpen Segeltuchtaschen an der Seite der Packtische werfen, die wir dann zu einer weiteren Station zogen, von wo aus sie dann schließlich zum Postamt gebracht wurden. Das war das einzige Mal in meinem Leben, daß ich bedauerte, daß die *Post* außerhalb von Washington eine so große Verbreitung hatte. Dieser ganze Job war so anstrengend und so langwierig, daß wir ihn als unseren größten Dienst für die Sache, das größte Opfer betrachteten. Warren Buffett, der mehrere Samstagnächte mit uns in der Poststelle verbrachte, sagte, dies hätte ihn dazu gebracht, den Preis der Sonntagszeitung zu überdenken - kein Preis hätte ausgereicht. Am Abend des 4. November waren wir alle in der *Post*. Es war eine dramatische Situation mit Gerüchten, die Drucker- und Presseleute wären bewaffnet. Zufällig waren Warren Buffett und seine Frau Susie genau gegenüber auf der anderen Straßenseite und wohnten im Madison Hotel. Sie waren in die Stadt gekommen, um sich die Washington Post Company einmal genauer anzusehen, und wegen eines Dinners, das am folgenden Abend zu ihren

Ehren in meinem Haus stattfinden sollte. Sie sahen die ganze Nacht hindurch aus ihrem Fenster auf diesen Aufruhr, die Lichter und die Fernsehkameras. Für die neuen Aktionäre war es kein günstiger Anfang, als sie beobachten konnten, was in der *Washington Post* geschah.

Wir hatten den großen Fehler gemacht, als wir die Drucker wieder in die Druckerei hineinließen, aber erstaunlicherweise hatten die, die nicht in der Gewerkschaft waren, eine Zeitung gedruckt. Der wilde Streik hat sowohl die Gewerkschaften als auch das Management einiges gelehrt. Als die Drucker jedoch wieder an die Arbeit gingen, setzten sie ihren Bummeldienst und die Produktionsunterbrechungen fort. An diesem Morgen ging ich gegen 6 Uhr nach Hause, müde und deprimiert; erst dann erinnerte ich mich, daß ich an diesem Abend 40 Leute zu Ehren der Buffetts zu einem Dinner in mein Haus eingeladen hatte. Da ich die ganze Nacht über aufgeblieben war, dachte ich daran, das Dinner abzusagen, aber es erschien einfacher, es doch zu veranstalten. Warren erinnert sich immer noch an seine Einführung in das Leben in Washington, als er zwischen Barbara Bush und Jane Muskie saß.

Wir hatten für den nächsten Tag ein Mittagessen in der *Post* geplant, so daß Warren verschiedene Leute aus der Verwaltung und den Redaktionen der Zeitung kennenlernen konnte. Man sprach über Akquisitionen, und jemand erwähnte das Problem, daß die Amortisation des Firmenwerts wegen ihres hohen Einflusses auf die Rechnungslegung ein Nachteil sei. Howard Simons, immer ein wunderbarer, aber auch ironischer Stichler, sah mich an und sagte: ‚Nun, Katharine, wie geht das mit der Amortisation des Firmenwerts?' Warren erinnerte sich, daß die Unterhaltung für einen Augenblick stockte und ich konnte deinen Gesichtsausdruck sehen, der den Anschein machte, als hätte dich jemand gebeten, die Einsteinsche Relativitätstheorie mit einigen begleitenden Umständen zu erläutern. Das war meine Chance, zum Helden zu werden. Und so sprang ich ein und erklärte kurz und bündig, wie das funktionierte.' Als Warren mit seiner Erklärung fertig war, sah ich Howard an und sagte: ‚Genau.'"

Buffett ermutigte Mrs. Graham weiterhin und leitete ihre Ausbildung in Wirtschaftsdingen. „Warren sah, wie wenig ich von Wirtschaft verstand. Er brachte 25 oder 30 Jahresberichte mit und wir gingen sie zusammen durch", erzählte Mrs. Graham.

Während dieser tumultartigen Ereignisse blieb Buffett eisern bei der Stange, und schließlich wuchs sein Investment gewaltig. Im Jahr 1984 schrieb Buffett an Mrs. Graham:

Berkshire kaufte die Aktien der Washington Post im Frühjahr und im Sommer 1973. Die Kosten lagen bei 10,6 Mio. $ und der gegenwärtige

Marktwert liegt bei 140 Mio. $ ... hätten wir diese 10,6 Mio. $ zur gleichen Zeit in ein anderes Medienunternehmen investiert ... hätten wir heute bei Dow Jones 60 Mio. $, bei Gannett 30 Mio. $, bei Knight Ridder 75 Mio. $, bei der New York Times 60 Mio. $ oder 40 Mio. $ beim Times Mirror.

Während der 80er-Jahre erzielte The Post Co. ernorme Gewinne und journalistische Anerkennung in der Form von Pulitzer-Preisen. Heute stellt die Post Co. ein riesiges journalistisches Unterfangen mit einem Börsenwert von weit über 2 Mrd. $ dar. Zum Einflußbereich der Post Co. gehört die *Washington Post*, die bei weitem einflußreichste Zeitung in einer der bedeutendsten Städte der Welt. Die tägliche Verbreitung liegt bei 800.000 Exemplaren, sonntags werden 1,1 Mio. Exemplare verkauft.

Die Post Co. besitzt auch *The Herald in Everett*, Washington.

In den letzten Jahren überholte die Post ihren größeren Erzrivalen, *The New York Times*, was Gewinne und Börsenwert anbelangt. Außer der *Post*, die die Hälfte der Gewinne der Post Co. einfährt, besitzt das Unternehmen auch *Newsweek*, die landesweit verbreitete Wochenzeitschrift mit 3,2 Mio. Abonnenten, die nach dem *Time Magazin* die zweitgrößte Auflage hat. 1961 ging *Newsweek* für 15 Mio. $ in den Besitz der Post Co. über. Diesen Betrag fuhr die Zeitschrift 1995 als operativen Gewinn ein und 1997 waren es 38 Mio. $.

Die Post Co. hat ungefähr 6.000 Beschäftigte, und besitzt sechs Fernsehstationen: WDIV/TV4 in Detroit, WPLG/TV10 in Miami, WCPX in Orlando, das zu Ehren von Katherine Graham 1998 in WKMG umbenannt wurde, WJXT/TV4 in Jacksonville. 1994 wurden KPRC TV in Houston und KSAT-TV in San Antonio für 253 Mio. $ hinzugekauft. Außerdem besitzt die Post Co. eine große Kabelfernsehgesellschaft mit damals 360.000 Abonnenten, die sie von Cap Cities 1986 für 350 Mio. $ kaufte. Buffett spielte bei dieser Transaktion eine zentrale Rolle. Das Kabelfernsehgeschäft der Post Co., bekannt unter dem Namen Cable One, Inc. mit Sitz in Phoenix, Arizona, wuchs durch Akquisitionen und Neuanmeldungen auf 637.000 Abonnenten an. Es ist heute wesentlich profitabler als zu dem Zeitpunkt, als es erworben wurde.

Die Post Co. besitzt auch Legi-Slate, ein Dienstleistungsunternehmen, das sie 1983 erwarb. Die Post Co. besitzt weiterhin seit 1984 die Stanley H. Kaplan Company (heute Kaplan Educational Center). An 1.200 Standorten werden Studenten auf Abschluß- und Zulassungsprüfungen vorbereitet. Kaplan wiederum besitzt Crimson and Brown Associates in Cambridge, Massachusetts, eine Personalberatung, die sich darauf spezialisiert hat, für Unternehmen schon an den Universitäten geeignete Kandidaten ausfindig zu machen. Außerdem besitzt Kaplan das Nachhilfeinstitut Score in San Francisco, das Schüler von der Grundschule an betreut und landesweit seine Dienste anbietet. Kaplan wird von Jonathan Grayer, einem Harvard-Business-School-Absolventen geführt. Der Jahresbericht der Post Co. für 1996 nannte Grayer den „alternden Präsidenten" von Kaplan. Damals war Grayer gerade einmal 32 Jahre alt.

Bis zum Verkauf an McClatchy im Jahr 1997 besaß die Post Co. 28 % der Aktien der Cowles Media Company, die unter anderem die *Minneapolis Star Tribune* herausgibt. Zu gleichen Teilen mit *The New York Times* besitzt die Post Co. die *International Herald Tribune*, die in Paris verlegt und in acht Städten gedruckt wird, veröffentlicht in fast 200 Ländern Themen aus *The Washington Post* und *The New York Times*. Die Auflage liegt bei 200.000 Exemplaren.

Zur Hälfte ist die Post Co. am Nachrichtendienst Los Angeles - Washington Post News Service beteiligt, der 758 Kunden in 50 Ländern mit Nachrichten, Features und Kommentaren versorgt.

Im März 1992 erwarb die Post Co. 80 % von Gaithersburg Gazette, der Muttergesellschaft von Gazette Newspapers, die in Maryland 25 Wochenzeitungen mit einer Gesamtauflage von 390.000 Exemplaren herausgeben.

An allen Geschäften der Post Co. ist Berkshire heute mit 17 % beteiligt, nachdem Buffett 1973 10 % des Unternehmens gekauft hatte. In all den Jahren, in denen die Post Co. eigene Aktien zurückkaufte, hat sich Buffetts Anteil vergrößert.

Die *Washington Post* wurde 1877 Stilson Hutchins gegründet, einem ruhelosen jungen Mann, der ursprünglich aus Whitefield in New Hampshire stammt. Die erste Ausgabe der *Washington Post* umfaßte vier Seiten mit jeweils sieben Spalten und wurde auf Altpapier gedruckt.

Als Journalist war Hutchins Edison auf der Spur, als er den Durchbruch zu seiner Erfindung der elektrischen Glühbirne erzielte. Er interviewte Edison am 31.12.1879 und am 2.1.1880. Die Story auf der Titelseite begann so:

„New York, 1. Januar 1880, - Gestern nachmittag und gestern abend fuhr ich nach Menlo Park (New Jersey) hinüber, um Edison und sein elektrisches Licht zu sehen. Die Werkstatt war voll von Leuten, die fast mit jedem Zug ankommen und abreisen. Sie stellen viele Fragen und sind anstrengend, dennoch werden sie, auch wenn sie öfters Verärgerung hervorrufen, mit Überlegung und Höflichkeit behandelt. Edison ist nicht nur ein großer Erfinder, sondern er hat ähnlich viel Geduld wie Job.

Insgesamt brennen ungefähr sechzig Lichter und täglich kommen weitere hinzu. Die ersten Lampen brennen immer noch und das schon seit 22 Tagen. Das kleine Kohle-Hufeisen, wie es genannt wird, scheint kein einziges Atom seines Gewichtes verloren zu haben und die Leuchtkraft scheint sich um nichts verringert zu haben. Wenn es 22 Tage brennt, ohne kaputtzugehen oder an Leuchtkraft zu verlieren, dann scheint es keinen Grund zu geben, warum es nicht 22 Jahre oder lebenslänglich leuchten sollte. Soweit das Experiment es bisher gezeigt hat, ist die Glühlampe buchstäblich unzerstörbar. Mr. Edison sieht diese Erfindung als vollkommen an, und wie bekannt ist, war sie die Erfindung, mit der er die meiste Zeit verbracht hat und von der die Welt niemals glaubte, daß er sie realisieren könnte..."

Hutchins war von der Elektrizität so begeistert, daß er weitgehend für die Elektrifizierung von Washington, D.C. verantwortlich war. Hutchins war der erste von drei Eigentümern, bevor die Zeitung 1933 zu ihrem modernen Leben erwachte, als Meyer sie am tiefsten Punkt der Depression in einer Auktion aus einem Konkurs kaufte.

Ein Rechtsanwalt, George E. Hamilton jun., der Meyer vertrat, und die unbekannte Hauptperson, die ihn autorisiert hatte, bis zu 2 Mio. $ zu bieten - ersteigerte die Zeitung bei 825.000 $. Am Freitag, dem 2. Juni 1933 erschien die *Post* mit der Schlagzeile: „Washington Post für 825.000 $ verkauft."

Chalmers Roberts schrieb: „Gerüchte über die wahre Identität des Käufers überfluteten die Hauptstadt, aber Hamilton hielt dicht. Am 4. Juni brachte ein Dementi Meyers zur AP-Story, den *Washington Star* zu der Überzeugung, daß Meyer der Käufer sei. Die erforderliche Zustimmung des Gerichts wurde um zehn Tage verschoben. Am Dienstag, dem 13. Juni, war auf Seite 1 der *Post* ein zweispaltiger Kasten mit der Überschrift ‚Eugene Meyer wurde als Käufer der Washington Post benannt', abgedruckt."

Meyer verwendete seine Zeit, seine Energie und einen beträchtlichen Teil seines Vermögens darauf, die Post lebensfähig zu machen. Die Post erlitt eine Reihe von Verlusten. Aber Meyers Integrität, sein zupackendes Management und seine ständigen finanziellen Hilfen retteten sie.

Und wieder Roberts: „Die Defizite der *Post* waren heftig: 323.588 $ im ersten Halbjahr 1933, nachdem Meyer die *Post* übernommen hatte. 1.191.597 $ im Jahr 1934. 1.279.262 $ im Jahr 1935. 857.156 $ im Jahr 1936, und im Jahr 1937 waren es 838.937 $. Später bemerkte Meyer einem Freund gegenüber, daß ihm die Verluste der *Post* mehr als sein ganzes Vermögen geraubt hätten. Einem anderen gegenüber sagte er: ‚Kein Mensch ist reich genug, um das weiterzumachen.' Doch Meyer glich nicht nur weiterhin die Verluste aus, sondern er machte weiter, um seine Zeitung zu verbessern."

Die Verluste dauerten bis in die ersten Jahre des Zweiten Weltkriegs hinein an. Nach 9 1/2 Jahren der Verluste unter Meyer wurden von 1942 bis 1945 die ersten Gewinne in Höhe von 247.451 $ verzeichnet.

Und dann kam Philip Graham, der Meyers Tochter Katharine geheiratet hatte. 1946 bat Präsident Truman Meyer, sich als erster Präsident der Weltbank zur Verfügung zu stellen. Meyer war von der Vitalität und dem Charme Grahams so beeindruckt, daß er sich darauf vorbereitete, Graham, der als Zehnter von 400 die Harvard Law School im Jahr 1939 abgeschlossen und an der Spitze des Law Review gestanden hatte, die Zügel der Post Company zu übergeben. 1948 kündigte Meyer an, daß er die Stimmrechtsaktien an Philip und Katharine Graham weitergegeben habe, und erläuterte, daß Graham 3.500 und dessen Frau 1.500 der 5.000 Stimmrechtsaktien halten würde.

Meyer erklärte Graham: „Kein Mann sollte für seine Frau arbeiten müssen" (*In the Shadow of Power*, Chalmers Roberts).

Die Beziehung zwischen Meyer und Graham war sehr eng, und Graham wurde schnell zu einem hervorragenden Führer der Post Company. Er wollte die Post zu journalistischen und finanziellen Erfolgen führen und erreichte beides.

Der wahre Wendepunkt für die *Post* kam im Jahr 1954, als sie den *Times-Herald* kaufte und damit die einzige Morgenzeitung der Hauptstadt wurde. Dieser Erwerb verdoppelte die Auflage und verbesserte die Gewinne aus dem Anzeigengeschäft deutlich. Roberts schrieb: „Dieser Zukauf krönte Eugene Meyers 20jähriges Spiel mit der *Post* und hinterließ keinen Zweifel, daß Philip Graham, nunmehr 39 Jahre alt, eine wichtige Figur im amerikanischen Journalismus sein würde."

Damals sagte Meyer: „Die wahre Bedeutung dieses Ereignisses ist, daß es die Zeitung für Donnie (seinen Enkel) sicher macht."

Philip Graham war ein Verleger, der vor Ideen geradezu platzte: Er brachte die Post Company groß ins Fernsehgeschäft, kaufte 1961 *Newsweek* und erwarb einen Anteil an der Bowater Mersey Paper Company, dem Unternehmen, das den größten Teil des Druckpapiers für die Zeitung herstellte. Graham entwickelte auch eine enge Freundschaft zu Präsident John F. Kennedy. Alles ging seinen Weg, doch dann lief plötzlich etwas fürchterlich schief.

1957 begann Graham zeitweise an einer manisch-depressiven Krankheit zu leiden. Am 3. August 1963 durfte er die psychiatrische Klinik verlassen und fuhr mit Katharine Graham nach Glen Welby, ihrer Farm in der Nähe von Marshall in Virginia, um dort ein Wochenende zu verbringen.

Die *Post* berichtete am folgenden Tag: „Kurz nach 13 Uhr, als Mrs. Graham in ihrem Zimmer war, beging Mr. Graham mit einem Sportgewehr, Kaliber 28, Selbstmord. Er war allein in einem Zimmer im ersten Stock." Graham war 48 Jahre alt.

Die Verantwortung für die Post Company fiel damit sofort Mrs. Graham zu, die bis dahin als Redakteurin bei der Zeitung gearbeitet hatte, aber ihr Interesse am Journalismus oder an den Geschäften war zu dieser Zeit noch sehr begrenzt. Ihre Leistungen bis dahin: Ihr Vater hatte die Zeitung besessen, und ihr Ehemann hatte sie geleitet.

„Als mein Mann starb, hatte ich drei Möglichkeiten", hat sie gesagt. „Ich konnte sie verkaufen. Ich konnte jemanden suchen, der sie führt. Oder ich konnte mich selbst an die Arbeit machen. Und eigentlich hatte ich überhaupt keine Wahlmöglichkeit. Ich machte mich an die Arbeit... Es war für mich einfach unvorstellbar, all das, was mein Vater und mein Mann mit soviel Arbeit und Liebe aufgebaut hatten, einfach wegzugeben."

Als sie einmal gefragt wurde, ob sie nicht Angst gehabt hätte, antwortete sie, sie sei vor Angst erstarrt gewesen. Trotzdem machte sie aus der *Post* eine der besten Zeitungen im ganzen Land, eine, die für investigativen Journalismus, eine gute Sprache und für geschäftlichen Erfolg bekannt ist.

Unter ihrer Führung gewannen die Zeitung und ihre Reporter 18 Pulitzer-Preise. Einer jedoch mußte 1981 zurückgegeben werden, weil der Siegerartikel sich als Erfindung von Janet Cooke herausgestellt hatte, die über einen jungen Drogenabhängigen berichtet hatte („Jimmy´s World").

Ihre erste große Veränderung bei der *Post* war, den sehr selbstbewußten Benjamin Bradlee zum Chefredakteur zu machen und den langjährigen Freund und bisherigen Chefredakteur Al Friendly in das Londoner Büro der *Post* zu versetzen. Bradlee, der später gelegentlich mit Buffett Tennis spielte, beflügelte einen hochtalentierten und ehrgeizigen Stab von Reportern. Einige Jahre später gehörte er zu den Helden, die 1971 die Pentagon-Papiere, streng geheime Dokumente über Vietnam, und 1972 bis 1974 den Watergate Skandal veröffentlichte.

Die Veröffentlichung der Pentagon-Papiere im Jahr 1971 brachte der Post Company auch viele Sorgen ein. Die Entscheidung, die Papiere zu veröffentlichen, kam mitten in den Plänen, mit der bisher privat gehaltenen Aktiengesellschaft an die Börse zu gehen. Genau am Tag vor dem Börsengang bat Bradlee Kay Graham, die Story mit den Pentagon-Papieren zu veröffentlichen.

„Das Justizministerium hatte ihr vor der Veröffentlichung eine Nachricht geschickt, in der gedroht wurde, das Unternehmen gerichtlich zu belangen, was im Falle einer Verurteilung mit dem Verlust der Sendelizenzen gleichzusetzen war", schrieb Donald Graham im Jahresbericht 1991 in einer Huldigung seiner Mutter.

Bradlee, der für seine Neigung zu Sensationsgeschichten bekannt war, vermutete, daß eine Nichtveröffentlichung die *Post* feige aussehen lassen würde, und sagte, die *Post* könnte mit der Story entweder einen Tag später kommen oder sich nach einem neuen Chefredakteur umsehen. Mrs. Grahams Antwort war: „O.K., mach es, mach es!"

Die beste Zeit der *Post* kam, als sie über Watergate berichtete. Für die Post begann Watergate mit einem Anruf von Joseph A. Califano jun., dem Chefberater des Democratic National Committee, bei Howard Simons, dem Redakteur vom Dienst, in dem er ihm von einem Einbruch in die Parteizentrale im Watergate-Bürohaus berichtete.

Simons begann sofort nach dem Einbruch am 17. Juni 1972 mit der Arbeit. Am nächsten Tag erschien die *Post* links oben auf Seite 1 ihrer 306 Seiten starken Sonntagsausgabe mit der Schlagzeile: „Fünf Personen verdächtigt, das Büro der Demokraten in Washington verwanzt zu haben."

Zwei der acht Reporter, die zu dem längeren Beitrag recherchiert hatten, waren Bob Woodward und Carl Bernstein, ein Duo mit einem ausgesprochenen Näschen für Nachrichten. Eine neue Ära im investigativen Journalismus hatte begonnen. „Deep Throat" - nach dem Titel eines pornographischen Films aus dieser Zeit - betonte die Bedeutung vertraulicher Quellen ganz besonders.

Später entwickelten einige Reporter, die an einer Medizin-Story arbeiteten, eine Quelle, die als „Sore Throat" bekannt wurde. Der Name blieb jedoch nicht haften. Eine neue Ära im Journalismus hatte auch eine neue Ära des Gegenangriffs zur Folge, wie man Roberts Bericht entnehmen kann: „Wie die Tonbänder von Nixon später noch zeigen sollten, war der Angriff auf die *Post* mindestens schon seit dem 15. September 1972 geplant. An diesem Tag sagte der Präsident in einem Gespräch mit Haldeman und John Dean über die *Post*: ‚Die werden noch ihre Probleme bekommen... Das Wichtigste ist, daß die *Post* verdammte, verdammte Probleme deswegen bekommt. Sie haben eine Fernsehstation... und ihre Lizenz dafür muß erneuert werden.' Und dann ergänzte Haldeman: ‚Und sie haben auch einen Rundfunksender.' Nixon weiter: ‚Muß hier die Lizenz auch verlängert werden? Der Punkt ist: Wann müssen die Lizenzen verlängert werden?' Dean antwortete: ‚Ich weiß es nicht. Aber es kommt hier immer häufiger vor, daß unlizensierte vor lizensierten Sendern eingereiht werden.' Darauf Nixon: ‚Und hier wird es verdammt häufig vorkommen... Nun, das Spiel muß sehr brutal gespielt werden.'"

Im Januar 1973 wurde vor der Federal Communications Commission

Widerspruch gegen die Erneuerung der beiden Fernsehlizenzen der Post Company in Florida eingereicht.

Mrs. Graham bemerkte, daß alle Widersprüche von Unterstützern der Regierung Nixon eingereicht wurden, und in einer vereidigten Erklärung sagte sie, sie glaubte, die Widersprüche seien Teil einer vom Weißen Haus inszenierten Kampagne, ihr Unternehmen zu schädigen, weil es über Watergate berichtet hatte.

Diejenigen, die den Widerspruch eingelegt hatten, widersprachen dieser Behauptung. Auf jeden Fall behielt die Post Company ihre Fernsehstationen, aber die Aktien fielen nahezu um die Hälfte. Wie immer, hielt Buffett auch hier mit durch.

Woodward und Bernstein machten weiter und schrieben das Buch *All the President's Men*. Der Film mit Robert Redford (Woodward), Dustin Hoffman (Bernstein) und Jason Robards (Bradlee) machten die *Post* noch berühmter.

Buffett war wie die meisten Amerikaner am Watergate Skandal höchst interessiert und verfolgte ihn im Fernsehen und in den Zeitungen sehr genau.

Jahrelang hinkte die *Post* den neuen Technologien hinterher, weil sie die Herstellungsverfahren mit den Gewerkschaften festgelegt hatte. Die Situation wurde schwierig, als die Verhandlungen über einen neuen Vertrag 1975 zum Stillstand kamen und die *Post* auf wesentlichen Veränderungen bestand. Am 1. Oktober überfielen mehrere Drucker den Vorarbeiter James Hover beim nächtlichen Druck, verprügelten ihn und drohten, ihn zu töten. Während der nächsten 20 Minuten sabotierte eine Reihe von anderen die neun Druckmaschinen der *Post* und lähmte damit die Zeitung. Die *Post* verlor nur einen Tag, bevor sie sechs kleine Zeitungen innerhalb von 200 Meilen Entfernung fand, die bereit waren, den Druck der Zeitung zu übernehmen.

200 Angestellte schliefen im Verlagsgebäude auf Feldbetten, erledigten während des Tages ihre üblichen Aufgaben und übernahmen in der Nacht den Druck. Mrs. Graham, die am Anfang ihrer Ehe im Vertrieb gearbeitet hatte, arbeitete in der Regel Samstag nachts und nahm Kleinanzeigen entgegen. Vermittlungsbemühungen waren ergebnislos, und die Post veröffentlichte Anzeigen, in denen sie Aushilfen suchte. Der Streik brach am 16. Februar 1976 zusammen, nachdem die Gewerkschaft der Versandarbeiter dafür stimmte, einen neuen Vertrag zu akzeptieren. Und in der ganzen Zeit des Abwärtstrends der Aktien, des Watergate Skandals und des Streiks hat Buffett nie auch nur eine Post-Aktie verkauft. Für seine Geduld sollte er gut belohnt werden.

Jahrzehntelang stand die *Post* in Wettbewerb mit dem *Washington Star*, aber mit dem Erwerb des *Times-Herald* wurde die *Post* so stark, daß sie den Star bald überholte. Im Jahr 1980 stellte der *Washington Star* sein Erscheinen ein, und damit wurde die *Post* zum Monopolisten in einer der bedeutendsten Städte der Welt, der Hauptstadt der Vereinigten Staaten.

Für Buffett und die Aktionäre von Berkshire waren die 80er Jahre eine sehr erfolgreiche Zeit, als Buffett eine seiner ganz großen Ideen zu verwirklichen suchte: Zeitungen mit einer Monopolstellung seien eine kugelsichere „Mautstelle". Buffett nahm das Monopol-Mautstellen-Konzept schon früher und mit deutlicheren Ergebnissen in Angriff als jeder andere Investor.

Wenn die Kunden ihren Bedarf nur dann befriedigen können, wenn sie eine besondere Monopol-Mautstelle überschreiten, dann gibt es keinen anderen Weg. Wenn man werben will, zumindest mit Hilfe gedruckter Anzeigen, dann gibt es keine andere Möglichkeit, wenn man seine Botschaft an den Mann bringen will. Es ist die einzige Möglichkeit in der Stadt, ein monopolisiertes Schwarzen Brett.

Obwohl die späten 70er Jahre und die 80er Jahre für die Post Company sehr erfolgreich waren, waren die Jahreshauptversammlungen nahezu unerträglich, die von sehr dummen Fragen der Accuracy in Media und anderer Anwälte - Fragen, die nur gestellt wurden, um Mrs. Graham und Donald Graham einzuschüchtern - beeinträchtigt wurden. Die Jahreshauptversammlungen wurden auch von den Tiraden des Störenfrieds innerhalb der Gesellschaft, Evelyn Y. Davis, geprägt.

Wenn man zu einer Jahreshauptversammlung der Post Company ging, dann konnte man mehrere Stunden politisches Gezänk hören, aber wenig über die Geschäfte der Post Company erfahren. Abgesehen von den Jahreshauptversammlungen, war fast alles andere bei der Post Company während der 80er Jahre von großem Erfolg geprägt. 1990 jedoch sahen sich die Zeitungen, was das Anzeigengeschäft anbelangt, der schlimmsten Krise seit 20 Jahren gegenüber.

Die Rezession in den frühen 90er Jahren erreichte auch Washington, D.C., und weil Handels- und Immobiliengeschäfte zurückgingen, verminderte sich auch der Anzeigenumsatz der *Post*; die Jahresgewinne gingen zurück, und Mrs. Graham mußte in ihrem Jahresbericht für 1990 schreiben, daß die finanziellen Ergebnisse sehr enttäuschend gewesen seien. Später nannte Donald Graham 1991 ein schreckliches Jahr.

1991 zogen sich sowohl Mrs. Graham als auch Bradlee von ihren Spitzenpositionen bei der *Post* zurück und widmeten sich ihren Memoiren. Bradlees Buch *A Good Life: Newspapering and Other Adventures* erschien 1995 und wurde ein Bestseller. Mrs. Grahams Buch *Personal History* wurde 1997 auch ein Bestseller.

Die kurzfristigen „Luftlöcher", die eine landesweite Rezession im Werbegeschäft auslösten, dauerten länger, als Buffett es erwartet hatte. Die Post Company blieb jedoch ein mächtiges Unternehmen, auch wenn immer offensichtlicher wurde, daß Zeitungen heutzutage nicht mehr die einzige Werbemöglichkeit darstellen. Die großen Tageszeitungen, deren Anzeigengeschäft absackte, wurden von kleinen Zeitungen und Zeitschriften, von Direktwerbekampagnen, mehr Kabelfernsehkanälen und neuen Technologien wie Videotext im Preis unterboten.

Buffett beantwortete nach Berkshires Jahreshauptversammlung Fragen, konnte jedoch nicht gut gehört werden, weil er von seinem Platz auf dem Podium aufgestanden war und sich während der Versammlung vom Mikrophon entfernt hatte. Niemand hatte den Mut, Buffett zu sagen, daß man ihn nicht verstehen konnte, aber Mrs. Graham sagte: „Warren, geh bitte ans Mikrophon", und das tat er auch.

Die Post Company und Buffett haben einander immer gut behandelt. Buffett wird oft zu Dinners in Mrs. Grahams Haus eingeladen. Das sind formelle Einladungen, die nur die Großen und Mächtigen erreichen. Wenn sie jedoch zu einem Feinschmeckeressen einlädt, dann hält sich Buffett lieber an Hamburger, Fritten und einen Eisbecher mit Früchten. „Seine Geschmacksnerven sind ein wenig unterentwickelt", sagt Mrs. Graham. Die Freundschaft zwischen Buffett und Mrs. Graham geht jedoch weit über Dinnereinladungen hinaus. Gelegentlich schrieb Buffett einen Beitrag für die Zeitung, und als er im Zusammenhang mit dem Salomon-Skandal zum ersten Mal vor dem Kongreß aussagte, saß Katharine Graham in der ersten Reihe. Während seiner ganzen Aussage war Buffett von Reportern und Fotografen umgeben, und als er den Raum verließ, verfolgten sie ihn weiter. Er entkam ihnen aber und schlüpfte in eine Limousine, die ihn zur *Washington Post* brachte, wo er sich mit den Redakteuren traf.

Buffett und die *Post* wissen alles über Sensationsmeldungen. Die Geschichte der *Post* ist eng mit Wachstum und Wert verbunden. Die Post war ein großer Wurf.

30

GEICO

„Mehr als je zuvor sind Versicherungen
unsere wirkliche Stärke."

B uffett suchte immer nach seinem Vorteil und hatte schon sehr früh
eine Vorliebe für GEICO, die Versicherungsgesellschaft für Kraftfahrzeuge und Hauseigentümer, die ihre Kunden über Direktwer-
bung und Telefonmarketing gewinnt. In einer sehr zukunftsträchtigen
Aktion kaufte Berkshire 1996 die zweite Hälfte von GEICO, die sie vorher
noch nicht besessen hatte.

„Ben Graham zahlte 720.000 $ (im Jahr 1948) für den gleichen Anteil
an GEICO, für den Buffett im Jahr 1995 2,3 Mrd. $ bezahlte" (*Value In-
vesting Made Easy*, Janet Lowe).

„Als ich mich zum ersten Mal für GEICO interessierte, war Graham
Vorsitzender der Government Employees Insurance (GEICO). Ich studierte hier in Columbia bei ihm", erklärte Buffett in einem Gespräch mit Studenten der Wirtschaftswissenschaften an der Columbia University am 27.
Oktober 1993.

„Ich ging in die Bibliothek... und schlug nach... und ich erfuhr, daß
GEICO ihren Sitz in Washington, D.C. hatte. Und so fuhr ich an einem
Samstag im Januar von Columbia nach Washington. Ich war ziemlich früh
da, gegen 11 Uhr, und die Tür war noch verschlossen. Ich klopfte eine
Zeitlang gegen die Tür, und schließlich kam ein Hausmeister. Ich fragte
ihn, ob noch jemand da sei außer ihm, mit dem ich sprechen könne. Ja, da
war noch jemand auf der fünften Etage, und der Hausmeister sagte, wenn
ich mit ihm sprechen wolle, dann könne ich hinaufgehen. Und so ging ich
hinauf und lernte ihn kennen. Er ist heute 90 oder 91 Jahre alt. Sein Name ist Lorimer Davidson. Zur damaligen Zeit war er derjenige, der für In-

vestments verantwortlich war. Später wurde er Vorstandsvorsitzender. An diesem Tage verbrachten wir ungefähr fünf Stunden gemeinsam. Er erklärte mir das ganze Versicherungsgeschäft, wie es funktionierte und wie GEICO funktionierte. An diesem Tag verliebte ich mich in GEICO.

Und dann kam ich nach New York zurück, zurück zur Schule; ich ging los, um mit Versicherungsspezialisten zu sprechen. Und jeder von ihnen sagte mir, daß GEICO im Vergleich zu den anderen Gesellschaften aus den verschiedensten Gründen zu teuer war. Aber das alles machte für mich keinen Sinn..."

Im Jahr 1951 investierte der damals 21jährige Buffett 10.282 $ in GEICO. 1992 verkaufte er seine Anteile für 15.259 $, hauptsächlich deshalb, weil er das Geld brauchte, um Western-Insurance Securities zu kaufen, deren Preis bei einem Jahresgewinn lag.

Buffett sagte *Forbes* am 18. Oktober 1993: „GEICO war eine Gesellschaft, die ihre Versicherungen zu niedrigeren Preisen verkaufte als alle anderen Versicherungsgesellschaften und trotzdem 15 % Gewinn im Jahr machte. GEICO hatte Abschlußgebühren, die damals bei etwa 13 % lagen, während bei anderen Gesellschaften die Abschlußkosten bei ungefähr 30 bis 35 % lagen. GEICO war eine Gesellschaft mit einem riesigen Marktvorteil, und wurde von dem Mann gemanagt, der mein Gott war."

Einmal empfahl Buffett einigen Aktienbrokern, GEICO zu kaufen und stieß jedoch auf wenig Interesse. Er konnte sie nicht von den vielversprechenden Aussichten dieses Unternehmens überzeugen, das an die Kunden direkt verkaufte und somit die Versicherungsvertreter umging, wobei ihm 20 % Gewinn aus der Akquisition erwuchs, im Vergleich zu den 5 % der anderen Gesellschaften.

Im Jahr 1971 nominierte Jerome Newman, der Benjamin Graham in den Ruhestand gefolgt war, Buffett für seinen Platz im GEICO-Aufsichtsrat. Weil Buffett jedoch schon namhafte Investments im Versicherungsgeschäft getätigt hatte, hatte die SEC Vorbehalte, und die Idee wurde fallengelassen.

Als Buffett sich in diese Versicherungsgesellschaft einkaufte, hatte sie einen Marktwert von 7 Mio. $.

1976 war GEICO wegen einer Fehlkalkulation ihrer Verbindlichkeiten und zu niedrigen Preisen dem Konkurs nahe. Die Aktien waren von 61 $ auf 2 $ je Anteil gefallen. Leo Goodwin, der Gründer von GEICO hinterließ seine Aktien seinem Sohn Leo jun. Dieser hinterlegte sie als Banksicherheit und wurde von dem Kurssturz voll erwischt. Leo Goodwin jun. beging Selbstmord.

Buffet jedoch war überzeugt, daß die Marktvorteile der Gesellschaft weiterhin intakt waren. Außerdem hatte er sehr großes Vertrauen in den neuen Vorstandsvorsitzenden John J. Byrne (der 1997 als Vorstandsvorsitzender von Fund American Enterprises in den Ruhestand ging).

1976 und in den folgenden fünf Jahren investierte Buffett 45,7 Mio. $ in GEICO. Buffetts Kosten lagen bei 1,31 $ je Aktie (eingerechnet den 5:1-Aktiensplit 1992). Buffett und Byrne, der 1985 zum Fireman´s Fund, heute The Fund American Companies, ging, wurden enge Freunde. GEICO wurde zu einem Pfeiler von Berkshires Wachstum.

„In gewissem Sinne war GEICO der Grundstein für Warrens Finanzkarriere", sagte Byrne (*Chicago Tribune*, 8. Dezember 1985).

Zu der Zeit, als GEICO dem Konkurs nahe war, brauchte man die Hilfe eines Investmentbankers. Salomon Brothers und sein Partner John Gutfreund stützten den Turnaround.

„Charlie und ich mögen, bewundern und vertrauen John. Wir lernten ihn 1976 kennen, als er bei GEICOs Rettung vor dem Konkurs eine Schlüsselrolle spielte", schrieb Buffett im Jahresbericht für 1987.

Und so beschrieb er seine Gedanken beim Erwerb von GEICO: „Sie waren nicht unbedingt zahlungsunfähig, aber es lief darauf hinaus. Es war 1976. GEICO hatte einen großen Vorteil, der noch nicht durch die vielen Fehler, die bei der Verwertung dieses Vorteils gemacht wurden, zerstört worden war. Und sie hatten einen Manager... Ich fühlte, daß er die Fähigkeit hatte, auch durch außerordentlich schwierige Zeiten hindurchzugehen und den Wert dieses Unternehmens wieder herzustellen. Sie operierten immer noch zu niedrigsten Kosten. Sie machten Fehler aller Art. Sie kannten ihre Kosten immer noch nicht, weil sie nicht wußten, wie hoch ihre Zahlungsreserven sein mußten, und sie wurden Gefangene ihres eigenen Wachstums: Sie machten nahezu alles falsch, aber sie hatten immer noch ihren Vorteil.

Es war vergleichbar mit American Express Ende 1963, als sich der Salatöl-Skandal ereignete. Auch er konnte das Geschäft mit den Travelers-Schecks und Kreditkarten nicht beeinträchtigen. Er hätte die Bilanz von American Express ruinieren können, aber die Antwort darauf war natürlich, daß American Express, auch wenn es selbst keinen Wert mehr hatte, noch sehr viel Geld wert war. Und auch GEICO, selbst fast wertlos, war trotzdem viel Geld wert - außer, daß man es schließen würde, weil kein Vermögen mehr vorhanden war - aber ich war mir sicher, daß es Vermögenswerte geben würde. In Wahrheit hätten eine Menge andere Versicherungsgesellschaften für das Eigentum an GEICO den Nettowert erhöht. Wir hätten ihn erhöht. Aber sie versuchten, ihn für die Aktionäre zu retten, was sie eigentlich hätten tun sollen. Das Unternehmen war sehr wertvoll. Nehmen Sie den ganzen Nettowert weg. Sagen wir, GEICO hätte 500 Mio. $ an Dividenden ausgezahlt und das hätte die Vermögenswerte von GEICO eliminiert. Hätte es immer noch einen Wert gehabt? Natürlich, es hätte noch sehr viel Wert gehabt. Man hätte etwas tun müssen, man hätte Teil einer anderen Organisation sein müssen, die die Versicherungsaufsicht beruhigt hätte, aber der Geschäftswert ist der große Wert bei etwas wie diesem..."

GEICO ist der siebtgrößte Versicherer von privaten Kraftfahrzeugen mit 4,5 Mio. versicherten Fahrzeugen und 3 Mio. Versicherten und verläßt sich voll und ganz auf das Direktmarketing. Es bietet täglich eine 24-Stunden-Hotline an, bei der die Kunden anrufen können. „In jeder Woche wechseln 10.000 Autofahrer zu GEICO", so ein GEICO-Flugblatt, das dem Jahresbericht für 1995 beigelegt wurde. 1998 beschäftigte GEICO fast 12.000 Angestellte.

Die Gesellschaft, die in Florida 500.000 und in Texas 225.000 Versicherte hat, was einem USA-weiten Marktanteil von 3 % entspricht, hat ehrgeizige Pläne, in zehn Jahren einen Marktanteil von 10 % zu haben. Im Augenblick sind die Marktanteile wie folgt verteilt: State Farm hat 21 %, Allstate 12 %, Farmers 6 %, Nationwide 4 %, Progressive 4 %, GEICO 3 %, USAA 3 % und Travelers ungefähr 2 %.

Weil GEICO kein Vertreternetz unterhält und direkt an die Kunden verkauft, kann es seine Wettbewerber unterbieten, denn ein Vertreternetz kann ungefähr 15 % des Jahresprämienaufkommens kosten. GEICO wirbt mit Direktmarketing in 48 Bundesstaaten und im District of Columbia um Kunden.

Obwohl die meisten Sach- und Unfallversicherer normalerweise in manchen Jahren Verluste machen, gelang es GEICO, nur zweimal in 20 Jahren aus dem Versicherungsgeschäft keine Gewinne zu ziehen. Das bedeutet, daß die Gesellschaft fast in jedem Jahr große Geldmengen bereitstellt, mit denen investiert werden kann, ohne daß man für dieses Geld zu bezahlen braucht. Für GEICO ist dieser Geldzufluß tatsächlich ein Darlehen ohne Zinsen.

Die Versicherer gleichen ihre Verluste bei den Versicherungen aus, indem sie die Gewinne aus ihren Investments einbringen, und GEICO ist für intelligentes Investment bekannt. GEICO investiert stärker in Aktienmärkte als andere Versicherungsgesellschaften und schafft normalerweise eine weitaus bessere Performance als die Indizes, weil ihr stellvertretender Vorstandsvorsitzender Lou Simpson außerordentliche Fähigkeiten bei der Aktienauswahl hat. Buffett nannte Simpson den besten Anleger aller Sach- und Unfallversicherer.

GEICO wurde 1936 von Leo Goodwin, dem Buchhalter einer Versicherungsgesellschaft in San Antonio in Texas, gegründet. Als Goodwin die Unfallstatistiken untersuchte, fand er heraus, daß Beamte weniger Unfälle verursachten als die Durchschnittsbevölkerung. Natürlich versichert GEICO heute gute Fahrer in vielen Berufen.

Goodwin fand auch heraus, daß die Kosten für Werbung und Akquisition bei den meisten Unfallversicherungen den größten Kostenanteil hatten. Er erkannte, daß man, wenn man den Mittelsmann ausschließt und überdurchschnittlich gute Fahrer versichert, bei jeder 30-$-Versicherungspolice für Kraftfahrzeuge 6 $ oder 7 $ einsparen konnte. Heute wirbt GEICO über Fernsehsender wie beispielsweise CNN, hält aber wie gewohnt die Werbeausgaben gering. Im Jahr 1936 meldete Goodwin die Government Employees Insurance Company in Fort Worth an, um Autoversicherungen an Arbeitnehmer der Regierung und Angestellte beim Militär zu verkaufen; GEICO wuchs aus dieser Nische zu einem landesweiten Versicherer für Kraftfahrzeuge und Eigenheime. Damals besuchte Goodwin den Bankier Cleaves Rhea aus Fort Worth, der von seiner Idee überzeugt war. Rhea war einverstanden, 75.000 $ zu investieren, falls Goodwin 25.000 $ bereitstellte, um die aufstrebende Gesellschaft mit Kapital auszustatten. Goodwin erhielt 25 % der Aktien und Rhea 75 %. In den schwierigen Anfangsjahren arbeiteten Goodwin und seine Frau Lillian 12 Stunden täglich und 350 Tage im Jahr für ein gemeinsames Einkommen von monatlich 250 $. An den Wochenenden schrieb Goodwin Antworten auf Anfragen von Kunden oder auf Beschwerden.

Zielgruppe der Goodwins waren Staatsangestellte als sichere Fahrer mit geregelten Einkommen. In Washington, D.C. gab es sehr viel mehr Regierungsangestellte; deshalb zog die Gesellschaft dorthin und erwarb 1937 eine neue Konzession.

Die Zahlungen in Versicherungsfällen sanken jedes Jahr, bis im Jahr 1940 aus dem Versicherungsgeschäft ein Gewinn von 5.000 $, bei einem Nettoeinkommen von 15.000 $ floß. Dies war das erste von 35 ununterbrochen gewinnträchtigen Jahren.

Im Herbst 1941 beschädigte ein Hagelsturm Tausende von Autos in der Umgebung von Washington, D.C. Goodwin vereinbarte mit Reparaturwerkstätten, 24 Stunden täglich ausschließlich für GEICO-Versicherte zu arbeiten. Und weil er voraussah, daß es bei Windschutzscheiben zu Engpässen kommen würde, ließ Goodwin lastwagenweise Windschutzscheiben nach Washington bringen. Die Fahrzeuge der Versicherten von GEICO wurden innerhalb weniger Tage repariert, während die Versicherten anderer Gesellschaften wochenlang warten mußten.

Im Jahr 1948 verkaufte die Familie Rhea ihren 75-%-Anteil an Graham-Newman und eine kleine Gruppe privater Investoren. Der Wert der Gesellschaft lag bei ungefähr 3 Mio. $. Später in diesem Jahr verteilte Graham-Newman seine Aktien an seine Aktionäre und die Versicherungsgesellschaft wurde öffentlich gehandelt.

1949 übertraf GEICO die Gewinnmarke von 1 Mio. $ und begann, seine Operationen auszuweiten. Im Jahr 1952 verbreitete die Gesellschaft ihre Geschäfte und bot allen Länder-, Kreis- und Kommunalbeamten Versicherungen an, sprach somit einen größeren Kreis von Interessenten an. Leo Goodwin ging 1958 in den Ruhestand und zog sich als Unternehmensgründer in den Aufsichtsrat zurück. Er hatte erlebt, wie aus 104.000 $ an Prämien im Jahr 1936 36,2 Mio. $ im Jahr 1957 wurden, wobei er daran festhielt, über Direktverkauf und Direktmarketing an seine Zielgruppe zu kommen.

Auch die Investoren waren dabei gut gefahren. Wenn jemand im Jahr 1948 Aktien im Wert von 2.000 $ gekauft hätte, dann wären aus diesem Investment zehn Jahre später, in dem Jahr, als Goodwin in den Ruhestand ging, 95.000 $ geworden.

1975 jedoch stand GEICO an der Schwelle zum Konkurs. Da erschien Buffett auf der Bildfläche. Zwischen 1972 und 1974 hatte die Einführung von Schadenfreiheitsrabatten und das öffentliche Gezeter über zu hohe Versicherungsprämien dazu geführt, daß die US-Bundesstaaten Versicherungsprämien genehmigten mußten.

Im Mai 1976 wählten die Aufsichtsräte John Byrne zum Vorsitzenden, zum Präsidenten und zum Vorstandsvorsitzenden. Er unternahm drei drastische Maßnahmen, um eine Wende herbeizuführen:

1. Aktion „Gürtel enger" - Dazu gehörte die Erhöhung der Versicherungsprämien, rigorose Kostenkontrolle und eine Neufassung aller Versicherungsverträge.

2. Rückversicherung - Byrne überzeugte 27 Wettbewerber von GEICO, daß ein Rückversicherungsfonds ihnen allen zum Vorteil gereichen würde.

3. Neues Kapital - Die Investmentbank Salomon Brothers stimmte zu, Aktien im Wert von 76 Mio. $ auszugeben, womit die Stammaktien auf 43,3 Mio. Stück stiegen.

Der Gewinn aus diesen Aktionen kam 1977. Kein Wunder, daß Buffett Byrne seinen „Zahlmeister" nannte.

Die Gesellschaft richtete im Jahr 1949 Schwestergesellschaften ein und begann 1977, die Aktien dieser Schwestergesellschaften zurückzukaufen.

GEICO, dem William B. Snyder (der 1993 in den Ruhestand ging) lange Zeit vorstand, wird heute von Tony Nicely, Vorsitzender des Versicherungsbereiches und Lou Simpson, dem Vorstand für den Kapitalbereich geführt.

Die Betonung bei GEICO, das seine Zentrale in Chevy Chase in Maryland hat, liegt auf den hervorragenden Unfallstatistiken der Versicherten. Wenn damit irgendwas schiefläuft, dann könne man ziemlich unnachsichtig sein, sagte Snyder.

GEICO hat seine Leistungsquote innerhalb der letzten zehn Jahre mit einer Ausnahme immer unter 100 gehalten, was bedeutet, daß die Gesellschaft mehr an Prämien einnimmt, als sie für Schadensregulierung und Geschäftstätigkeit ausgibt. Das unterscheidet sie von den meisten anderen Sach- und Unfallversicherern, die mehr ausgeben, als sie an Prämien einnehmen, und deren Gewinne allein aus ihren Investitionen stammen. Im allgemeinen ist die Branche wesentlich von ihren Investmentrenditen abhängig, was ihre Gewinne angeht.

Die meisten Angestellten bei GEICO sind in der Versicherungsabteilung und nur eine Handvoll Leute unter Simpson bildet das Team, das für die Investitionen verantwortlich ist.

Als Berkshire 1991 bereits 48 % der Aktien besaß, wurde dieser Anteil von Snyder bei GEICOs Jahreshauptversammlung, damals in einem Regionalbüro in Dallas veranstaltet, pflichtgemäß angegeben.

Buffett nahm an dieser Veranstaltung teil und saß in einer der hinteren Reihen. Mehr als 90 % der Aktien waren im Raum vertreten. Dadurch, daß Buffett auch im Raum war, war allein die Hälfte vertreten. Snyder, der die Versammlung leitete und Buffett im hinteren Teil des Raumes erkannte, sagte: „Warren Buffett ist hier (Beifall). Buffett und ich besitzen zusammen 48 % der Gesellschaft."

Tatsächlich besaß Snyder weit mehr als 1 % der Aktien von GEICO. Die Aussicht, von Berkshire kontrolliert zu werden, schien Snyder nie zu stören, und er sagte: „Warren Buffett ist ein so einsichtiger Eigentümer, daß wir uns einfach nicht unter Druck gesetzt fühlen. Wir diskutierten das schon, als er 35 bis 37 % der Aktien besaß und sehen kein Problem. Es wird sich nichts ändern." Snyder sagte, daß Buffett damals keinerlei Kontrolle über die Gesellschaft ausübte.

Simpson und Nicely sagten damals: „Es wird sich absolut nichts ändern."

Ende 1995 hatte GEICO ein Aktienportfolio mit Aktien wie Freddie Mac, Nike, Reebok und ungefähr 1.300 Berkshire-Aktien. GEICO besaß mehr als 3,7 Mrd. $ Schuldverschreibungen, die aus steuerfreien Kommunalobligationen und Schatzbriefen bestanden. Ende 1995 verkaufte GEICO seine 3 Mio. Reebok-Aktien, behielt aber 2.350.000 Nike-Aktien (*Wall*

(Photo courtesy of GEICO)
GEICO's Tony Nicely

Street Journal, 23. April 1996). Im Portfolio waren auch Aktien von Burlington Northern, Mattel und Manpower.

GEICO steckt jedoch das meiste Geld in Schuldverschreibungen. „GEICO zieht es vor, nicht zuviel in Aktien zu investieren. Statt dessen besteht der größte Teil des 6,5-Mrd.-$-schweren Portfolios aus sicheren, eher schwerfälligen Bundes-, Landes- und kommunalen Schuldverschreibungen, die jährlich etwa 6 % einbringen" (*Washington Post*).

Anders als viele andere Versicherungsunternehmen hat sich GEICO nicht in Immobilien- und nur wenig in Junk-Bonds engagiert. Die Gewinne der Gesellschaft waren weiterhin solide mit nur einigen Einbrüchen zwischendurch. Und was die Investments der Gesellschaft anbetrifft, so hat sie die Fähigkeit, sehr weise mit dem Geld umzugehen. Immerhin haben die Leute aus dem Investmentteam gelegentlich Kontakt zu Buffett.

Sensationsmeldung am 25. August 1995: Berkshire wird für 2,3 Mrd. $ den Rest von GEICO kaufen. Zu dieser Zeit besaß Berkshire schon 51 % der Aktien und vereinbarte, auch die restlichen 49 % zu kaufen und GEICO damit zu einem 100-prozentigen Berkshire-Unternehmen zu machen. GEICO agiert aber unabhängig von Berkshires anderen Versicherungsunternehmen.

Buffett sagte, daß Angestellte von Berkshire und GEICO schon früher über den Kauf gesprochen hätten und über die Aussicht, mit Wertpapieren zu bezahlen. Obwohl es aussah, als ob es funktionieren könnte, war es sehr kompliziert. Außerdem gab es Probleme mit der Steuer.

„Am Donnerstag letzter Woche sagte das GEICO-Management dann, man wäre einverstanden, wenn wir 70 $ (je Aktie) zahlen könnten... Ich schluckte und wand mich und sagte ‚O.K.'", sagte Buffett. „Sie quetschten den letzten Penny aus mir heraus" (*Washington Post*, 26. August 1995).

Über sein Investment in GEICO im Jahr 1951 sagte Buffett: „Ich habe mich bei diesem Engagement sehr wohl gefühlt, und ich fühle mich bei diesem großen Engagement, das Berkshire Hathaway heute eingegangen ist, ebenso wohl."

Ein Beitrag in der *Washington Post*, der auch im *Omaha World-Herald* am 7. November 1995 veröffentlicht wurde, beschreibt, wie Berkshire den Rest von GEICO kaufte, und zitiert dabei vertrauliche Informationen aus den Akten der SEC:

„... Jahrelang hat Buffett gegenüber leitenden Angestellten von GEICO angemerkt, daß seine Gesellschaft, Berkshire Hathaway, beabsichtige, 100 % von GEICO zu erwerben. Bis zum 17. August 1994 hatte es jedoch keinerlei Gespräche gegeben. Dies war der Tag, an dem sich Buffett mit Louis A. Simpson, dem stellvertretenden Vorstandsvorsitzenden von GEICO, und Samuel C. Butler, dem langjährigen Finanzgenie der Gesellschaft und Vorsitzenden des Exekutivkommittes von GEICO, traf.

Buffett schlug vor, daß Berkshire GEICO in einer steuerfreien Transaktion erwerben solle, wobei die GEICO-Aktionäre ihre Anteile gegen Berkshire-Stammaktien eintauschen sollten. Simpson und Butler sagten, sie seien wegen dieses Vorschlags besorgt. Erstens, weil Berkshire-Aktien nicht wie GEICO Dividenden zahlten. Zweitens, weil sie nicht glaubten, daß der Aktientausch auf faire Art und Weise bewerkstelligt werden könnte.

Die Berkshire-Hathaway-Aktie, eine der Aktien mit dem höchsten Kurs an der Börse, wurde damals mit 18.700 $ gehandelt. Ein GEICO-Aktionär, der 200 GEICO Aktien hatte, würde nur den Bruchteil einer Berkshire Aktie erhalten - und da keine geteilten Aktien ausgegeben würden, würden die GEICO Aktionäre letztendlich doch mit steuerpflichtigem Geld dastehen.

Danach gingen die Gespräche in die Richtung einer neuen Berkshire-Vorzugsaktie, die eine Dividende in Höhe von GEICOs Dividende zahlen sollte. Buffett deutete an, daß er bereit sei, eine Vorzugsaktie - mit einem festgelegten Wert von 55 $ pro Stück - gegen eine GEICO-Aktie tauschen würde. Butler entgegnete, er würde das mit den Finanzberatern von GEICO besprechen, einen solchen Deal dem GEICO-Aufsichtsrat gegenüber aber nicht befürworten, wenn die Berkshire-Vorzugsaktie nicht mit mindestens 60 $ festgesetzt würde..."

Zwischenzeitlich erhob Buffett Fragen, die Steuerfragen im Falle von steuerfreiem Aktientausch betrafen, und die beiden Gesellschaften begannen nun, diese Fragen zu untersuchen.

„Am 1. März 1995 trafen sich Simpson und Butler in New York mit Buffett und seinem Partner Charles T. Munger. Wieder sprachen sie über einen Deal, aber jede Seite hielt an ihrem Preis fest. Butler und Simpson merkten an, daß die Berkshire-Aktie seit August auf 22.500 $ gestiegen war. Und sie äußerten ernsthafte Besorgnis darüber, wie dieser hohe Kurs den fairen Marktwert einer Berkshire-Vorzugsaktie beeinflussen würde, insbesondere dann, wenn Buffett etwas zustieße..."

Vertreter von GEICO baten Butler, Buffett anzurufen und ihm zu sagen, daß sie mit einer Transaktion in bar zu 70 $ pro Aktie oder mit einem Aktientausch gegen Vorzugsaktien einverstanden wären, wenn diese an der Börse einen Kurs von 70 $ erzielen würden. Zwei Tage später rief Butler an. Buffett fragte, ob man über diesen Preis noch verhandeln könne. Butler verneinte. Buffett sagte darauf, er wolle eigentlich keine Vorzugsaktien zu 70 $ ausgeben. Vielmehr zöge er einen Deal gegen Bargeld vor.

GEICO, das mit H&R Block eine Vereinbarung hat, Informationen über Kfz-Versicherungen für Blocks Steuerberatungskunden zu liefern, ist ein echter Buffett-Klassiker. Der Erwerb der gesamten GEICO-Versicherung war für Berkshire ein großes Ereignis.

„Zusammenfassend kann man sagen, daß wir 1995 mit einem ungewöhnlich guten Versicherungsgeschäft von bescheidener Größe begannen. Dadurch, daß wir GEICO hinzufügen konnten, begannen wir 1996 mit einem Geschäftszweig, der qualitativ besser war, dessen Wachstumsaussichten verbessert und dessen Größe verdoppelt war. Mehr als je zuvor ist die Versicherungsbranche unsere wesentliche Stärke", schrieb Buffett in Berkshires Jahresbericht für 1995. In seinem Handbuch für Aktionäre schrieb Buffett im Juni 1996:

„Berkshire hat Zugang zu zwei Geldquellen, die uns gefahrlos und zu niedrigen Kosten erlauben, zuverlässig über mehr Vermögenswerte zu verfügen, als es unser Aktienkapital allein erlauben würde: Steueraufschub und Geldzufluß, das Geld von Dritten, das unser Versicherungsgeschäft hält, weil es die Prämien früher einnimmt, als es sie für Schadensregulierungen ausgeben muß. Diese beiden Geldquellen sind schnell gewachsen und machen nunmehr ungefähr 12 Mrd. $ aus.

Besser noch: Die Geldmittel standen uns bisher kostenfrei zur Verfügung. Aufgeschobene Steuerverpflichtungen werden nicht verzinst. Und solange wir bei unseren Versicherungen einen Break even erreichen - den wir im Durchschnitt während unserer 29 Jahre im Geschäft immer erreicht haben -, sind die Kosten für den Geldzufluß, die aus dieser Operation resultieren, gleich null. Keines von beiden, das muß gesagt werden, sind Wertpapiere, es sind echte Verbindlichkeiten. Aber es sind Verbindlichkeiten ohne Vereinbarungen oder verbindliche Laufzeiten. Das gibt uns die Vorteile von Schulden - die Möglichkeit, Vermögenswerte für uns arbeiten zu lassen, belastet uns aber nicht mit den Nachteilen.

Natürlich gibt es keine Garantie dafür, daß wir den Geldzufluß auch in Zukunft kostenlos erhalten werden. Aber wir haben das Gefühl, daß unsere Chancen, dieses Ziel zu erreichen, so gut sind, wie die eines jeden anderen in der Versicherungsbranche. Wir haben dieses Ziel in der Vergangenheit nicht nur erreicht (trotz einer Anzahl von bedeutenden Fehlern Ihres Vorsitzenden), sondern wir haben nunmehr mit dem Er-

(Photo by LaVerne Ramsey)

Der GEICO-Stand auf der Berkshire-Jahreshauptversammlung 1996.

werb von GEICO unsere Aussichten, diese Ziele auch in der Zukunft zu erreichen, entscheidend verbessert."

Auf der Jahreshauptversammlung von Berkshire im Jahr 1996 sagte Buffett: „In fünf Jahren, glaube ich, werden sie sehr glücklich sein, daß wir 100 % an GEICO besitzen." Die Aktionäre brauchten keine fünf Jahre, um herauszufinden, daß GEICO eine von Berkshires aussichtsreichsten Wachstumsmöglichkeiten ist. Mit ihm liegt in Berkshire ein riesiger Wert verborgen. Für GEICO gibt es keine Aktienkurse, und einige vergessen vollkommen, GEICO zu bewerten. GEICO mag ungefähr doppelt soviel wert sein, wie Buffett für die ganze Gesellschaft bezahlt hat (ungefähr 4,6 Mrd. $). Wenn man GEICO insgesamt verkaufen würde, dann wäre es vielleicht 10 Mrd. $ wert. Vielleicht auch mehr.

Als Buffett gefragt wurde, weshalb es so lange gedauert hätte, um GEICO vollends zu kaufen, sagte er: „Wissen Sie, dazu braucht man Geld" (*Omaha World-Herald*, 26. August 1995).

Buffett sagte 1996 seinen Aktionären: „Die wirkliche Neuigkeit bei Berkshire ist in diesem Jahr die außerordentlich gute Verfassung von GEICO."

Im Jahresbericht von Berkshire für das Jahr 1996 schrieb Buffett: „GEICO erhält jedes Jahr mehr als 1 Million Empfehlungen, die mehr als die Hälfte unseres Neugeschäfts ausmachen, ein Vorteil, der uns enorme Einsparungen bei den Akquisitionsausgaben ermöglicht - und das drückt unsere Kosten noch weiter...

GEICOs anhaltender Kostenvorteil ist das, was mir schon 1951 an die-

243

ser Gesellschaft gefiel, als das ganze Unternehmen mit 7 Mio. $ bewertet wurde. Und deshalb war ich auch der Meinung, daß Berkshire im letzten Jahr 2,3 Mrd. $ für die 49 % der Gesellschaft bezahlen sollte, die wir noch nicht besaßen."

Buffett sagte, daß GEICOs freiwillige Autoversicherungen im Jahr 1996 um 10 % gewachsen seien, das sei die bisher beste Wachstumsrate gewesen. Das war aber nichts im Vergleich zu 1997, als diese Rate auf 16 % anwuchs; für das erste Quartal 1998 wurde sie mit 18,9 % beziffert.

Zusammen mit GEICO formen sich die kleinen Punkte und vereinzelten Pinselstriche, die Buffett vor Jahren auf seine Leinwand gezeichnet hat zu einem vollständigen Bild, einem großen Teil des Meisterstücks, an dem noch gearbeitet wird.

GEICO - von S&P mit einem dreifachen A eingeschätzt - rast auf seinem Weg vorwärts. 1998 vergrößerte GEICO seine Gebäude in Virginia Beach in Virginia und hob den Boden aus für neue Gebäude in Macon in Georgia. 1997 hat GEICO Büros in Coralville, Iowa, in Lakeland, Florida, in San Diego, Kalifornien, und in Fredericksburg, Virginia, eröffnet.

Buffett schrieb in Berkshires Jahresbericht für 1997: „GEICO fliegt, und wir gehen davon aus, daß das weiterhin so sein wird." Kein Wunder, daß er den Versicherungsbereich in seinem Bericht überschrieb mit „Versicherungen - GEICO (Telefon: 001-800-555-2756) und andere wichtige Unternehmen".

Buffett schrieb auch: „GEICOs Gewinne im Versicherungsgeschäft werden 1998 voraussichtlich zurückgehen, jedoch sollte sich der Wert der Gesellschaft vergrößern. Wir haben vor, Gas zu geben: GEICOs Ausgaben für Marketing werden in diesem Jahr 100 Mio. $ erreichen, das ist gegenüber 1997 eine Steigerung von 50 %. Unser Marktanteil ist heute lediglich 3 %, das ist das Niveau des Markteinstiegs, das sich im nächsten Jahrzehnt dramatisch verbessern sollte. Die Kfz-Versicherungsbranche ist riesig - jährlich werden 115 Mrd. $ umgesetzt - und es gibt zig Millionen von Autofahrern, die erheblich Geld sparen würden, wenn sie zu uns wechseln würden."

GEICO drückt das Gaspedal bis zum Anschlag durch.

31

GEICO aus der Sicht eines nicht ganz durchschnittlichen 21jährigen

1951, als Buffett 21 Jahre alt war, schrieb er über GEICO einen Artikel für die Rubrik „Das Wertpapier, das mir am besten gefällt" in einem New Yorker Blatt. Es ist ein Blick auf GEICO von einem nicht ganz durchschnittlichen 21jährigen:

The Commercial and Financial Chronicle,
Donnerstag, 6. Dezember 1951
Das Wertpapier, das mir am besten gefällt
Warren E. Buffett
Buffet-Falk & Co., Omaha, Nebraska
Government Employees Insurance Co.

Vollbeschäftigung, boomende Gewinne und Rekorddividenden sind kein Grund für niedrige Aktienkurse. Die meisten Branchen ritten während der letzten fünf Jahre auf dieser Welle der Prosperität, und nur wenige kleine Wellen störten die große Woge.

Die Kfz-Versicherungen haben an diesem Boom nicht teilgenommen. Nach den heftigen Verlusten der unmittelbaren Nachkriegszeit begann sich die Situation im Jahre 1949 zu normalisieren. Im Jahr 1950 mußten die Unfallversicherungs-Aktiengesellschaften wieder eine schlimme Schlappe einstecken und erlebten das zweitschlechteste Ergebnis der letzten 15 Jahre. Die letzten Berichte der Unfallversicherer, besonders derer, die in der Kfz-Versicherung stark engagiert sind, lenkten die Begeisterung des Bullenmarktes weg von ihren Aktien. Auf der Basis der normalen Ertragskraft und der Vermögenswerte erscheinen viele dieser Aktien als unterbewertet. Die Natur dieser

Branche mindert immer wiederkehrende Beulen. Die Kfz-Versicherung wird von der Mehrheit der Autokäufer als eine Notwendigkeit angesehen. Die Verträge müssen

Warren E. Buffett

jährlich zu Prämien, die auf vergangenen Erfahrungen basieren, erneuert werden. Die Verzögerung, mit der die Prämien hinter den Kosten herhinken (obwohl das in einer Zeit steigender Preise nachteilig ist, wie die Zeit von 1945 bis 1951 gezeigt hat), sollte sich dann als vorteilhaft erweisen, wenn sich deflatorische Kräfte bemerkbar machen.

Ein weiterer Vorteil dieser Branche ist es, daß kein Warenlager angelegt werden muß und daß es keine Probleme mit Arbeitern und Rohmaterialien gibt. Auch das Risiko, daß das Produkt selbst veraltet, gibt es nicht.

Government Employees Insurance Corporation wurde Mitte der 30er Jahre eingerichtet, um einer ausgewählten Klientel landesweit eine komplette Kfz-Versicherung anzubieten. Zu diesem erlauchten Kreis gehörten:

1. Angestellte des Bundes, der Bundesstaaten und der kommunalen Parlamente

2. Aktive und Reserveoffiziere und die obersten drei Dienstränge der Streitkräfte

3. Veteranen, die während ihrer aktiven Zeit als geeignet eingestuft waren

4. Ehemalige Versicherte

5. Mitglieder der Fakultäten an Universitäten, Colleges und Schulen

6. Angestellte von Vertragsfirmen der Regierung in der Rüstungsindustrie

7. Aktionäre

Die Gesellschaft hat keine Agenten und keine Zweigstellen. Ein Ergebnis davon ist, daß die Versicherten die Kfz-Standardversicherungen zu Prämien erhalten, die bis zu 30 % günstiger sind. Ansprüche im Schadensfall werden von ungefähr 500 Repräsentanten im ganzen Land prompt erledigt.

Das Etikett „Wachstumsunternehmen" wurde in den letzten paar Jahren sehr großzügig an Versicherungsgesellschaften verteilt, deren Verkäufe nur wenig mehr als die Inflation der Preise und der steigenden Einkünfte ausmachten. GEICO allerdings ist eine wirkliche Wachstumsgesellschaft, was die folgende Statistik dokumentiert:

Jahr	Prämien aufkommen	Anzahl der der Versicherten
1936	$ 103.696,31	3.754
1940	768.057,86	25.514
1945	1.638.562,09	51.697
1950	8.016.975,79	143.944

Selbstverständlich kann der Investor von heute nicht vom Wachstum von gestern profitieren. Im Fall von GEICO kann man annehmen, daß der größte Teil des Wachstums noch bevorsteht. Vor 1950 war diese Versicherungsgesellschaft nur in 15 von 50 Staaten zugelassen, einschließlich Washington, D.C. und Hawaii. Zu Jahresbeginn gab es weniger als 3.000 Versicherte im Staat New York. Immerhin sollten 25 % Ersparnis bei einer Jahresprämie von 125 $ in New York attraktiver erscheinen als die 25 %, die man bei einer Jahresprämie von 50 $ in weniger dicht besiedelten Regionen zu bezahlen hat. Da der Wettbewerb über den Preis in den Jahren einer Rezession an Bedeutung gewinnt, sollte die Attraktivität von GEICOs Prämien eine noch größere Bedeutung bekommen, da die Versicherung zum großen Teil über Freundschaftswerbung akquiriert. Und da die Prämien mit der Inflation steigen, wird der Unterschied von 25 % bei den Prämien auch in Dollar und Cent deutlicher spürbar.

Es gibt keinen Druck auf die Versicherungsagenten, fragwürdige Bewerber anzunehmen oder schlechte Risiken zu erneuern. In den Staaten, in denen die Prämienstruktur nicht dem Schadensaufkommen entspricht, kann die Neuakquisition eingestellt werden. Die wohl attraktivste Seite an GEICO ist der Vorteil bei den Unternehmensgewinnen. Im Jahr 1949 machten die Gewinne 27,5 % der eingenommenen Prämien aus, verglichen mit durchschnittlich 6,7 % für die 133 Versicherungs-Aktiengesellschaften, die Unfall- und Sachversicherungen anbieten, wie es Best's feststellte. Als wir 1950 schlechte Erfahrungen machten, fiel der von Best's angegebene Durchschnittsgewinn auf 3,0 % und GEICOs auf 18,0 %. GEICO versichert nicht alle Unfallschäden. Körperverletzungen und Sachschäden, beides wichtige Versicherungslinien für GEICO, waren unter den am wenigsten profitablen Versicherungslinien. GEICO versichert allerdings auch in großem Umfang Verkehrsunfälle, die sich im Jahr 1950 als sehr profitabel erwiesen haben.

Im ersten Halbjahr 1951 operierten fast alle Versicherer mit roten Zahlen, wobei Körperverletzungen und Sachschäden unter den am wenigsten profitablen Bereichen waren. Während GEICOs Gewinnspanne auf knapp über 9 % sank, gab es bei Massachusetts's Bonding and Insurance einen Verlust von 16 %, bei New Amsterdam Casualty einen Verlust von 8 %, bei Standard Accident Insurance einen Verlust von 9 % usw.

Wegen des schnellen Wachstums von GEICO blieben die Dividendenzahlungen niedrig. Dividenden, die in Aktien ausgegeben wurden, und ein 25:1-Split vermehrten die ausgegebenen Aktien von 3.000 am 1. Juni 1948 auf 250.000 am 10. November 1951.

Es wurden auch wertvolle Bezugsrechte für Aktien von Tochterunternehmen angeboten.

Benjamin Graham war Aufsichtsratsvorsitzender seit sein Investmenttrust 1948 einen großen Teil der Aktien erworben und verteilt hat. Leo Goodwin, der GEICOs Wachstum von Anfang an geleitet hat, ist ein sehr fähiger Präsident. Ende 1950 besaßen die 10 Mitglieder des Aufsichtsrats ungefähr ein Drittel der ausgegebenen Aktien.

Die Gewinne beliefen sich im Jahr 1950 auf 3,92 $ je Aktie im Vergleich zu 4,71 $ je Aktie 1949 bei wesentlich geringerer Geschäftstätigkeit. In diesen beiden Zahlen ist die Zunahme bei den Prämienreserven, die in beiden Jahren erheblich war, nicht enthalten. Die Gewinne werden 1951 geringer sein als 1950, aber die Welle der Prämienerhöhungen des letzten Sommers sollte in den Gewinnen von 1952 ihren Ausdruck finden. Die Einnahmen aus dem Investment vervierfachten sich zwischen 1947 und 1950 und drückten damit das Wachstum der Vermögenswerte in der Gesellschaft aus.

Bei einem aktuellen Kurs von ungefähr dem achtfachen Jahresgewinn von 1950, einem für die Branche schlechten Jahr, scheint es, daß das riesige Wachstumspotential der Gesellschaft im Kurs nicht berücksichtigt wurde."

32

Don Keough von Coca-Cola

„Warren, wollen Sie nicht ein oder zwei
Coca-Cola-Aktien kaufen?"

Kurz bevor Buffett Börsengeschichte schrieb, als er für 1 Mrd. $ Co-
ca-Cola-Aktien kaufte, nahm er einen Anruf des damaligen Coca-
Cola-Präsidenten Don Keough entgegen.

„Ich fragte, wie es ihm denn so ginge, und sagte, ‚Warren, wollen Sie
nicht ein oder zwei Coca-Cola-Aktien kaufen?' Er sagte ja, und er sagte es
voller Begeisterung", erinnerte sich Keough, Vorsitzender des Verwaltungsrats der Universität Notre Dame. Keough, bekannt dafür, daß er für
seine Reden bei Dinners stehende Ovationen erhält, ist ein langjähriger
Freund von Johnny Carson, den er bei einem Fernsehsender in Omaha
kennengelernt hatte, wo Keough Footballspiele ansagte.

„Es war ganz kurz vor der Ankündigung, daß er kaufen wollte, als ich
ihn anrief. Wir wußten, daß irgend jemand die Aktien kaufte. Wir fanden
es durch Schlußfolgerungen heraus, weil einige Leute bei Coke die Charts
der Aktie verfolgten", sagte Keough.

„Als die Aktie begann, verlorenes Terrain wiederzugewinnen (nach
dem Börsenkrach von 1987), wurde eine relativ unbekannte Brokerfirma
aus dem Mittleren Westen außerordentlich aktiv. Der Aufsichtsratsvorsitzende Roberto Goizueta und Keough studierten eines Tages im Herbst
1988 die Umsätze der Aktie, als Keough plötzlich ein Licht aufging. ‚Hör
mal, ich glaube, das könnte Warren Buffett sein', sagte er zu Goizueta (*I´d
Like The World To Buy A Coke: The Life And Leadership Of Roberto Goizueta*,
David Greising).

„Wir wußten nun, daß er an Coca-Cola interessiert war", sagte Keough und gab zu, daß er einen Hinweis darauf erhielt, als Warren Amerikas größter Fan von Cherry Coke wurde, die wir 1985 auf den Markt brachten.

„Er versteht unser Unternehmen wirklich. Er ist ein hervorragender Aufsichtsrat. Er kennt das Unternehmen. Er kennt auch die Zahlen. Er ist ein sehr gut informierter und sehr belebender Aufsichtsrat. Er kennt den Wert globaler Handelsmarken."

Und was machte Keough, nachdem Buffett Coca-Cola-Aktien gekauft hatte? „Nachdem er Coca-Cola-Aktien gekauft hatte, wurde ich ein bescheidener Aktionär bei Berkshire", sagte Keough, der schon vor 30 Jahren eine Möglichkeit hatte, bei der Buffett Partnership anzulegen, Buffetts Einladung aber ausschlug.

„Ich wünschte, ich hätte damals schon investiert", sagte Keough. Hätte er das getan, dann hätte er die 5.000 $, um die ihn Buffett gebeten hatte, zu ungefähr 60 Mio. $ gemacht.

1958 bezog Keough ein Haus genau gegenüber von Buffett in der Farnam Street in Omaha. Keough ist der Sohn eines Rinderzüchters aus Sioux City in Iowa und seiner irisch-amerikanischen Mutter. Er graduierte an der Creighton University, an der er für seine Debattenreden Preise gewann.

Buffett sagte, daß Keoughs außerordentliche Persönlichkeit ein Grund dafür war, daß er so stark in Coca-Cola investierte. Eine Zeitlang arbeitete Keough bei einer aufstrebenden Fernsehstation in Omaha, WOWT-TV, wo er Johnny Carson und später den Anlageberater Warren Buffett kennenlernte. Damals verließ Keough seinen Job beim Fernsehen und ging bei Paxton und Gallagher, den Herstellern von Butter-Nut Coffee in die Werbung.

Die Familie Swanson kaufte Paxton and Gallagher auf und taufte Swanson Foods in Duncan Coffee Company um, die wiederum von der Coca-Cola Company aufgekauft wurden (*I'd Like The World To Buy A Coke: The Life And Leadership Of Roberto Goizueta*, David Greising).

Der künftige Mr. Coca-Cola, der seine Cola als Coke Light trinkt, war einer von vielen, die Buffett eingeladen hatte, der Buffett Partnership beizutreten. Obwohl Keough sehr spät bei Buffett investierte, war er bei einem anderen Berkshire-Investment schon früh dabei. „Meine Frau Mickie und ich kauften Möbel von Mrs. Blumkin im Nebraska Furniture Mart, als wir frisch verheiratet waren. Wir waren mehr als 40 Jahre lang verheiratet", sagte Keough.

Keough erzählt, er könne sich nicht genau daran erinnern, wie er Buffett kennengelernt habe, nur, daß sie in Omaha Nachbarn waren. „Ich erinnere mich nicht daran, wie wir einander vorgestellt wurden... Er war ungefähr 25 Jahre alt und ich um die 30."

„Er ist heute noch derselbe wie damals... Keine Fassade. Er hatte damals schon die gleichen Werte. Sein Leben dreht sich nicht um Geld, sondern um Werte. Die Leute sollten seine Werte kennen... Was er bei der Berkshire-Jahreshauptversammlung 1991 als Antwort gab, als man ihn fragte, wie man seine Berufslaufbahn auswählen solle, erklärt alles. Er sagte, ‚Erfreue dich an deiner Arbeit und arbeite für denjenigen, den du bewunderst.'"

Keough, ein Marketingexperte, und der verstorbene Roberto Goizueta, ein Chemiker, begannen ihre Zusammenarbeit in den 60er Jahren, und beide waren im Management auf der Überholspur. Goizueta kam 1954 zu Coca-Cola, als er sich auf eine Anzeige hin als zweisprachiger Chemiker beworben hatte. Am Abend des 14. Februar 1980, auf einer Geburtstagsparty für den damaligen Coca-Cola-Vorsitzenden J. Paul Austin im Four Seasons in Manhattan nahmen beide als Rivalen in der Nachfolge von Austin teil. Keough sagte zu Goizueta: „Niemand weiß, wie diese Sache ausgeht. Wir beide ergänzen uns gut und haben unterschiedliche Fähigkeiten und Fertigkeiten. Heute nacht sollten wir auf alle Fälle schlafen. Und wer immer auch den Job bekommt, schickt den anderen sofort an die Arbeit."

Goizueta wurde Aufsichtsrats- und Vorstandsvorsitzender, und er und Keough wurden eines der besten Managementteams der amerikanischen Wirtschaft. Nachdem Keough 1993 in den Ruhestand ging, wurde er Vorsitzender des Aufsichtsrats bei Allen & Co., einer Investmentbank. Goizueta, der lange sehr stark geraucht hatte, starb am 18. Oktober 1997 an Lungenkrebs. Zu Goizuetas Tod widmete die *Atlanta Journal Constitution* seinem Lebensweg einen ganzen Sonderteil. Darin wurde auch Buffett zitiert: „Sein größtes Vermächtnis ist die Art, wie er so sorgfältig die künftige Führungsspitze der Gesellschaft auswählte und ausbildete."

Kurz nach Goizuetas Tod wurde M. Douglas Ivester Coca-Colas Vorstands- und Aufsichtsratsvorsitzender.

33

Coca-Cola

8 % von 1 Milliarde Gläsern täglich

Am 15. März 1989 kam eine kurze Ankündigung über den Dow-Jones-Ticker: Berkshire hatte 6,3 % der Aktien von Coca-Cola gekauft! Dieser Anteil macht nach den Aktienrückkäufen von Coca-Cola und Buffets neuerlichen Käufen Mitte 1994 heute ungefähr 8 % des Unternehmens aus. Nach einem 2:1-Aktiensplit im Jahr 1996 besitzt Berkshire 200 Millionen Coca-Cola-Aktien.

Berkshire besitzt mehr als doppelt so viele Coca-Cola-Aktien wie die gesamte Investmentbranche - 200 Millionen Aktien gegenüber 90 Millionen (*Barron's*, 17. November 1997). Coca-Cola ist Berkshires Weihwasser.

Berkshires Anteil hat heute einen Gegenwert von 15 Mrd. $. Wunderbar! Klassisch! Wirklich, welch ein Land! Wenn man den Marktwert zugrundelegt, dann ist Coca-Cola die Nummer 3 in den USA hinter General Electric und Microsoft.

Coca-Cola war nach dem Börsenkrach von 1987 ein perfekter Wurf ins Zentrum von Buffets „Kreis der Kompetenz". Der „Kandidat hatte 100 Punkte". Er hatte weit ausgeholt und einen 150-Meter-Homerun über die Begrenzung des Mittelfelds hinaus erzielt. Das ist mehr als der große Wurf eines 30-Mrd.-$-Gorillas. Das ist das Investment von King Kong.

Mit Buffets Erwerb der Coca-Cola-Aktien begann für Berkshire und Coca-Cola eine Ära „von bleibendem Wert". Buffett, der hier sein bisher größtes Investment tätigte, schlug zu, als Berkshire ungewöhnlich lange keine Berichte mehr veröffentlicht hatte - vom Ende des dritten Quartals im September bis zum März, als der Jahresbericht veröffentlicht wurde.

Ende 1988 und Anfang 1989 hatte er Monate damit verbracht, heimlich Kauforders aufzugeben, und genehmigte sich gerade einen Super-Schluck Coca-Cola von über 1 Mrd. $. „Can't Beat The Feeling."

Buffetts Investment, „The Real Thing", machte ihn zu Coca-Colas größtem Aktionär. Er ging in den Aufsichtsrat, wo er zusammen mit dem früheren US-Senator Sam Nunn, Herbert Allen, der in die Unterhaltungsindustrie investiert, dem früheren Baseball-Lizenzgeber Peter Ueberroth und anderen zusammenarbeitet.

M. Douglas Ivester, der Vorsitzende von Coca-Cola, schrieb in Cokes Jahresbericht für 1997: „Die Pioniere, die dieses Unternehmen aufgebaut haben, hätten es sich nicht vorstellen können. Wenn Sie diesen Brief lesen, wird unser Unternehmen einen erstaunlichen Meilenstein erreichen - täglich werden eine Milliarde Gläser Coca-Cola und andere Produkte unseres Unternehmens verkauft. Es dauerte 22 Jahre, bis es uns gelang, die erste Milliarde Coca-Colas zu verkaufen. Und heute verkaufen wir täglich eine Milliarde Drinks." Das macht ungefähr 2 % des täglichen Getränkekonsums auf der Erde aus.

„Ich wünschte, wir hätten mehr gekauft", hat Buffett gesagt und erinnerte damit an den alten Witz: „Es gibt bedeutendere Dinge im Leben als nur ein wenig Geld, und eines davon ist viel Geld."

Heute verkauft Coca-Cola der Weltbevölkerung (6 Milliarden) täglich eine Milliarde Gläser. Berkshires Anteil von 8 % macht dabei ungefähr 80 Millionen Drinks aus.

Der vielleicht erste Hinweis auf Buffetts Interesse an der Welt größtem Softdrinkhersteller kam in Berkshires Jahresbericht für 1985 zum Vorschein, als Buffett schrieb, daß er, nachdem er 48 Jahre lang einen anderen Softdrink getrunken hätte (Pepsi), nun zu Cherry Coke wechseln würde. Er erklärte Cherry Coke sogar zum offiziellen Drink auf den Jahreshauptversammlungen von Berkshire. Das hätte für Berkshire-Aktionäre eigentlich ein Aktientip gewesen sein können.

Kent Hanon, Lehrer und Schauspieler in Omaha, erinnert sich an die Zeit, als Buffett Pepsi treu ergeben war. Seine Mutter war anfangs Buffetts Sekretärin und erinnert sich, daß sie jeden Nachmittag über die Farnam Street ging, um Buffett eine Pepsi zu holen. „Meine Eltern amüsierten sich köstlich darüber, daß Buffett ausgerechnet Coca-Cola kaufte, die er früher nie getrunken hatte", erinnert sich Kent Hanon (*Omaha World-Herald*, 27. September 1997).

Nach Buffetts Worten wechselte er zu Coca-Cola, als „Don mir eine Probe Cherry Coke schickte - und ich mochte es. Ich schrieb ihm zurück und sagte ihm, er könnte sich das ganze Geld für die Markttests sparen, er sollte mir einen Teil dessen, was er dafür ausgeben müßte, schicken, denn Cherry Coke würde ein Riesenerfolg werden."

„Als Coca-Cola Ende 1984 die Markttests für Cherry Coke durchführ-

(Photo by Phil Skinner
The Atlanta Journal-The Atlanta Constitution)
Coca-Cola-Aufsichtsrats- und Vorstandsvorsitzender M. Douglas Ivester, links, und der verstorbene Coca-Cola-Vorsitzende Roberto Goizueta 1996.

te, schickte Don Keough Buffett einen Kasten mit dem neuen Drink. Buffett verliebte sich in diesen Drink und erklärte Cherry Coke 1985 zum offiziellen Getränk bei den Jahreshauptversammlungen von Berkshire" (*I'd Like The World To Buy A Coke: The Life And Leadership Of Roberto Goizueta*, David Greising).

Später erklärte Buffett Forbes den Hauptgrund dafür, daß er Coca-Cola gekauft hatte: „Der Aktienkurs berücksichtigte nicht das sichere Wachstumspotential bei internationalen Verkäufen, und das in einer Welt, die sich in ihrem Konsumgeschmack immer mehr annähert. Überall auf der Welt wird seit mehr als 100 Jahren eine Unze Coca-Cola-Sirup mit 6 1/2 Unzen kohlesäurehaltigem Wasser vermischt. Kein anderes Produkt ist so universell."

Sogar die Königin von England trinkt Coca-Cola. Greta Garbo, John F. Kennedy, die Beatles und Fidel Castro waren Coca-Cola-Fans. Präsident Bill Clinton trinkt ständig Coca-Cola. Der Vizepräsident der Vereinigten Staaten, Al Gore, mag Coke Light. John Daly, der Sieger der British Open lehnte bei der Siegesfeier im Jahr 1995 Champagner ab und trank eine Coke Light. Bill Gates - selbst Coca-Cola-Trinker - übernahm die Hauptrolle in einem Werbespot, in dem er Kleingeld schnorrte, um sich eine Coca-Cola zu kaufen.

Coca-Cola und Coke sind bei weitem die bekanntesten und anerkanntesten Markennamen der Welt. In einem Beitrag in *Financial World* (8. Juli 1996) wurde errechnet, daß der Markenname Coca-Cola allein mehr als 43 Mrd. $ wert ist. Coca-Cola, so der Jahresbericht von Coca-Cola 1995, ist der Begriff, der in der ganzen Welt nach „O.K." am bekanntesten ist. Die Jahresberichte von Coke gehören zu den besten ihrer Art. Der Jahresbericht 1996 von Coke wurde von einem Preisträger gestaltet, der das Thema Durst zum Gegenstand nahm, um damit Cokes Motive und Möglichkeiten zu vermitteln.

John Tilson von Roger Engemann & Associates sagt: „Der Markenname

Coca-Cola ist mehr als das Doppelte seines Jahresumsatzes wert, weil sein weltweiter Bekanntheitsgrad und sein etabliertes Marketing sowohl hohe operative Gewinne als auch große Marktanteile sichert" (*Outstanding Investor Digest*, 7. Oktober 1993).

Mit Coke, Sprite, Tab und Fanta hat Coca-Cola vier der fünf meistverkauften kohlesäurehaltigen Getränke auf der Welt. Coca-Cola verkauft jährlich mehr als 7,5 Milliarden Liter Sirup und Konzentrate an seine Abfüller. Und Cokes Wert könnte noch steigen, weil dieses Getränk zu einer Sucht werden kann, ein Charakteristikum, das Buffett besonders gern mag.

George Morgan, ein Möchtegern-Buffett, erzählt eine Geschichte, wie Buffett in einem Einkaufszentrum einen Jugendlichen traf, der vollkommen in ein Coca-Cola Outfit gekleidet war. Buffett fragte ihn, wieviel er dafür bezahlt habe. Der Jugendliche antwortete ihm: „75 $." - „Das ist ziemlich viel, wenn man bedenkt, daß man damit für ein fremdes Produkt Reklame läuft", sagte Buffett, und war noch mehr vom Unternehmenswert von Coke überzeugt.

Von Australien bis nach Zaire, von Omaha bis Osaka, von Chinas großer Mauer bis zum Barrier Reef, trinken die Menschen täglich 1 Milliarde Gläser Coca-Cola.

Das Unternehmen verkauft die Hälfte aller Softdrinks, die auf der Erde getrunken werden, mehr als doppelt soviel wie sein Rivale PepsiCo. In den USA beherrschen Coke und Pepsi ungefähr drei Viertel des 50-Mrd.-$-Marktes.

Coca-Cola USA liefert 10 % von allem, was in Amerika getrunken wird.

Coke versorgt ungefähr 1.000 Abfüller in fast 200 Ländern mit Sirups und Konzentraten. In vielen dieser Länder hat Coke wenig Konkurrenz (mit Ausnahme von Guinness, aber das ist eine Geschichte, die später erzählt werden soll).

Die Sonne geht im Reich von Coca-Cola nie unter. Coca-Cola ist heute der strahlende Mittelpunkt von Berkshires Investments. Buffetts Beteiligung an Coca-Cola ist sein Meisterstück. In vielen Ländern ist Coca-Cola gleichbedeutend mit den USA.

Buffett sagt: „Wenn man einmal in seinem Leben auf eine gute Geschäftsidee trifft, dann kann man sich glücklich schätzen, und grundsätzlich ist dies das beste große Unternehmen der Welt. Es hat den stärksten Markennamen in der Welt. Es verkauft zu höchst bescheidenen Preisen. Es wird überall geliebt - der Konsum pro Kopf steigt jedes Jahr in fast jedem Land. Es gibt kein anderes Produkt wie dieses" (*Fortune*, 31. Mai 1993).

Es ist schon lange her, daß Coca-Cola am 15. Mai 1950 auf dem Titelbild der Zeitschrift Time erschien. Unter dem Titel „Welt und Freund" war die Zeichnung einer glücklich aussehenden durstigen Erde zu sehen, die eine Coke trank.

Coca-Colas früherer Vorsitzender, Roberto Goizueta, der in Kuba geboren wurde, in Yale seine Ausbildung erhielt und 1997 starb, sagte einmal, das C (für „Cold") auf den Wasserhähnen in den Küchen sollte Coke liefern und nicht kaltes Wasser.

Goizueta sagte oft, Gott stecke im Detail, und kannte sich mit Wachstum sehr gut aus. Das einzige, was ihm nach seiner Flucht vor Castro blieb (1960, während eines Urlaubs in Miami, sagten er und seine Frau sich von Kuba los und kehrten nie wieder dorthin zurück), waren 100 Coca-Cola-Aktien auf einem Treuhandkonto, die er für 8.000 $, die er sich von seinem Vater geliehen hatte, gekauft hatte. Diese Aktien, die er bis zu seinem Tod behielt, waren dann ungefähr 3 Mio. $ wert. In seiner Zeit als Vorsitzender führte er das Wachstum von Coke von einem Marktwert von 4 Mrd. $ auf einen von 150 Mrd. $. In der Tat: liquide Mittel! Goizueta war zum Zeitpunkt seines Todes Coke-Milliardär!

(Kurz nach der Jahreshauptversammlung von Berkshire 1994 sagte Goizueta, er habe Buffett angerufen und der habe ihm gesagt, er hätte an Coca-Cola nur einen einzigen Zweifel gehabt. Er neckte Goizueta damit, daß dies das Management gewesen sei.)

Coca-Colas Kapitalrendite lag 1990 bei 39 %. Seither ist sie jedes Jahr gestiegen - bis auf 61,3 % im Jahr 1997!

Was ist es eigentlich, das Coke mit so bemerkenswerten Gewinnen verkauft? Berkshires Vizepräsident Charles Munger zitierte Keough: „Das Geschäft der Coca-Cola Company ist es, konditionierte Reflexe zu schaffen und aufrecht zu erhalten" (*Outstanding Investor Digest*, 29. Dezember 1997).

Tatsächlich verkauft Coca-Cola in erster Linie seine Marke der Erfrischung. Nichts ist so vital wie Ernährung oder Energie. Außer Erfrischung. Und obwohl man behaupten könnte, es sei lediglich Zuckerwasser, mit dem das Unternehmen Zahnschäden verursacht, sollten wir bei der Erfrischung bleiben. Über die Jahre hinweg hat Coke so viele Augenblicke wohlschmeckender Erfrischung geboten, daß es inzwischen als der Welt führender Durstlöscher feststeht.

Buffetts ursprüngliches Investment in Coca-Cola betrug 1.023.920.000 $. Für dieses Geld erhielt er 23.350.000 Coca-Cola-Aktien, die im Jahr 1990 im Verhältnis 2:1 gesplittet wurden, womit Berkshire dann mit 46.700.000 Aktien dabei war. Nach einem weiteren 2:1-Split 1992 waren es dann 93.400.000 Aktien. Nach einem weiteren Zukauf

Mitte 1994 kam Berkshire auf genau 100.000.000 Aktien. Eine hübsche runde Zahl. 1996 wurden daraus, wie schon erwähnt, nach einem weiteren 2:1-Aktiensplit 200.000.000 Anteile.

Am Tag nach der Bekanntgabe von Berkshires erstem Erwerb von Coca-Cola-Aktien sprach Buffett mit Michael J. McCarthy vom *Wall Street Journal* (16. März 1989) und sagte, der Kauf von Coke sei ein Musterbeispiel für den Grundsatz, das Geld dort anzulegen, woran man selbst Geschmack findet.

„Coke ist genau die Art von Unternehmen, die ich mag", sagte Buffett. „Ich mag Produkte, die ich verstehen kann. Ich weiß beispielsweise nicht, was ein Transistor ist." Weiter fügte er hinzu: „In den letzten Jahren wurden mir ihre hervorragende Art, Entscheidungen zu fällen, und das Ziel ihrer Strategie immer deutlicher."

Der Artikel im *Wall Street Journal* ging davon aus, daß die Analysten Buffets Aktion als Schutz gegen Rezession betrachteten. „Zwischen heute und dem Zeitpunkt, an dem wir unsere Coke-Aktien verkaufen, könnten gut und gern zehn Rezessionen liegen. Wir halten unsere Beteiligungen am liebsten für immer", entgegnete Buffett.

Kurz nachdem der Erwerb von Coca-Cola bekanntgegeben wurde, wurde der Handel mit Coke-Aktien eingestellt, weil es eine zu große Flut von Kauforders gab. Eineinhalb Jahre später war der Milliardenanteil an Coke 2 Mrd. $ wert. Das kann man einen echten Gewinn für eine mächtige Menge Dollars nennen.

Ein anderer großer Coke-Aktionär, Sun Trust Banks, hält fast 8 % der Coke-Aktien, aber dieser Prozentsatz ist aufzuteilen zwischen den Aktien, die sie selbst halten - ungefähr 2 % - und ungefähr 6 %, die die Bank in Treuhandkonten hält. Sun Trust besitzt ungefähr 188.000.000 Coke-Aktien. So hat es nun ein Leben lang gedauert, um von 110.000 $ oder weniger als einem halben Cent je Aktie aufzusteigen - bei diesem Kurs nahm die alte Trust Company of Georgia Aktien statt Bargeld als Honorar für die Hilfe beim ersten Börsengang von Coca-Cola. Die Coca-Cola-Aktien machen einen großen Anteil des Werts von Sun Trust aus. Die einzige Kopie der geheimen Formel für Coca-Cola, Merchandise 7x genannt, wird in einer Stahlkammer bei der Trust Company of Georgia (nunmehr Sun Trust Banks) aufbewahrt. Sie wird dort aber nie angefaßt. Statt dessen wird die Formel mündlich weitergegeben, so als ob es der rituelle Gesang eines Geheimbundes sei.

Die Emory University in Atlanta, deren wirtschaftswissenschaftliche Fakultät nach Goizueta benannt ist, besitzt ungefähr 24.000.000 Aktien von Coke, und die Dividenden wurden dazu benutzt, den Campus auszubauen und Stipendien und Lehrstühle zu bezahlen.

Im Jahr 1922 kauften Tabakpflanzer in Quincy, Florida, von ihren Gewinnen einer Rekordernte Coca-Cola-Aktien, wozu ihnen der örtliche Bankier Mark Monroe dringend geraten hatte. „Coke war gerade an die Börse gegangen, und Daddy mochte den Geschmack", sagte Julia Woodward, Monroes heute 80jährige Tochter. „Außerdem konnte er sich gut vorstellen, daß aus den Aktien gute Nebeneinnahmen erwachsen würden, weil die Leute immer einen Groschen in der Tasche haben, um eine Flasche zu kaufen." Heute besitzen die Nachkommen der Farmer, die auf den Rat des Bankiers hörten, 7,5 Millionen Coke-Aktien, die, die Splits eingerechnet, ursprünglich 2 Cents je Aktie kosteten. Diese 25 Coke-Millionäre haben ihr Erbe großzügig mit ihrer nun wohlhabenden Stadt, die in der Nähe von Tallahassee liegt, geteilt.

Sie erinnern sich daran, daß Buffett seine Unternehmerkarriere begann, als er sechs Jahre alt war, und Sechserpackungen Coke für 25 Cents im Lebensmittelladen seines Großvaters kaufte. Und weil er die Cokes in der Nachbarschaft für 5 Cents je Drink verkaufte, zählte dies zu seinen frühesten Geschäftstätigkeiten. Gewinne einzustreichen, fand er gut.

Obwohl er als Coca-Cola-Verkäufer sein Taschengeld verdiente, trank er selbst Pepsi-Cola und änderte diese Gewohnheit fast 50 Jahre lang nicht, bis auch er ein „Cokeaholic" wurde. Buffett sagte, daß seine Augen im Sommer 1988 mit seinem Gehirn in Verbindung traten, und er kaufte die ganze Zeit bis zum März 1989 Coke-Aktien. Zur gleichen Zeit kaufte Coke eigene Aktien zurück, so daß es an der Börse zwei große Käufer gab.

Der Welt bekanntester Markenname war in Buffetts Blickfeld und machte ihn Coke-durstig. Der Markenname Coca-Cola blieb ohne Ansatz in der Bilanz eines Unternehmens mit enormen internationalen Möglichkeiten für zunehmende Gewinne und effiziente weltweite Werbung. Buffett entdeckte - und auch jeder andere konnte es sehen - ein weltweites bombensicheres Geschäft.

Coca-Cola dominiert den Ausschankbereich der US-Softdrink-Industrie und ist der größte Lieferant für viele der großen Fast-Food-Ketten einschließlich McDonald's, Wendy's, Burger King und Pizza Inn Restaurants. Coke geht immer dorthin, wo auch McDonald's hingeht. McDonald's ist Cokes größter Kunde. Delta Airlines, Continental Airlines und US Airways servieren Coca-Cola.

Der Handel mit Coca-Cola umspannt die ganze Welt. Coke-Automaten findet man überall in Europa und den Vereinigten Staaten. Sogar im Juweliergeschäft von Borsheim's und im Nebraska Furniture Mart in Omaha gibt es Coca-Cola-Automaten.

Ungefähr 70 % der Verkäufe und 80 % der Gewinne kommen aus den stark expandierenden überseeischen Engagements. Pepsi verkauft ungefähr 70 % in den Vereinigten Staaten und bezieht 80 % seiner Gewinne aus den Verkäufen dort.

PepsiCo, selbst ein mächtiger Hersteller von Konsumprodukten bedrängt Coke in den Vereinigten Staaten, wo die Amerikaner mehr Softdrinks als Wasser trinken. Weil Coca-Cola auf dem heimischen Markt von Pepsi in seiner Rentabilität eingeengt wird, sucht es im Rest der Welt nach Wachstum. Inzwischen aber hat Coke seinen Vorsprung Pepsi gegenüber in den Vereinigten Staaten auf 44:31 % ausgeweitet. Auf dem Weltmarkt konnte Coke 50 % erobern, während Pepsi hier nur auf 20 % kommt. Coca-Cola und Pepsi sind starke Wettbewerber, die zusammen die Konkurrenz zurückgeschlagen haben, die versuchte, ihren Weg in die Regale zu machen. „Wenn Kühe und Büffel kämpfen, dann sind es meistens die Fliegen, die sterben", sagt ein altes Sprichwort aus Vietnam. In Übersee liegt Coke weit vor Pepsi. In Europa, wo 347 Millionen Menschen leben, 39 % mehr als die Bevölkerung der USA, explodieren die Umsätze von Coke und liegen weit vor denen von Pepsi.

Für beide, Coke und Pepsi, sind die Wachstumsaussichten sehr günstig. Pepsis früherer Vorsitzender Wayne Calloway hat gesagt: „Coke und Pepsi können in den nächsten 20 Jahren weiter wachsen, und wir werden uns gegenseitig nichts wegnehmen."

Doch während Pepsi mit Kartoffelchips, gegrillten Hähnchen und Pizza diversifizierte, blieb Coke weltweit bei Getränken. Coke machte in Europa und im pazifischen Raum große Fortschritte. Cokes Vorherrscht in Europa wird augenblicklich nach Osten ausgeweitet.

Als im November 1989 die Berliner Mauer fiel, unternahm Coke sofort einen Vorstoß nach Ostdeutschland und stellte Tausende von Verkaufsautomaten auf. Mit Lastwagen wurden Tausende von Dosen nach Ostdeutschland gebracht. Im Jahr 1991 kaufte Coke überall in Deutschland Abfüllstationen und Verteilungslager. Die Ostdeutschen kannten Coke aus dem Fernsehen, schon bevor die Berliner Mauer fiel, und Coke ist viel populärer, als die Erfrischungsgetränke, die von den alten DDR-Staatsbetrieben hergestellt wurden. Anfang 1991 sagte man bei Coca-Cola, daß die Ostdeutschen durchschnittlich 30 Gläser pro Jahr tranken und man sich als Ziel gesetzt habe, innerhalb von wenigen Jahren den westdeutschen Durchschnitt von 190 Gläsern pro Jahr zu erreichen. Coke dehnte die Aktionen in Ostdeutschland schnell aus. Die deutsche Wiedervereinigung war sowohl für Pepsi, das sich in einigen osteuropäischen Ländern stark engagierte, als auch für Coke mit seinem schon lange währenden Engagement in Europa, ein Glücksfall.

Coca-Cola konsolidierte sein europäisches Netzwerk von Abfüllstationen und verkaufte seine Unternehmensteile in Frankreich, Belgien und Großbritannien an Coca-Cola Enterprises, Cokes größten Abfüller.

In Japan verdient Coca-Cola mehr Geld als in den Vereinigten Staaten, weil man dort eine höhere Gewinnspanne erzielt. Coca-Colas Armee von Verkaufsautomaten, immerhin mehr als 260.000 von Japans 2 Millionen Getränkeautomaten, sichern Coca-Cola 30 % des Gesamtmarktes in Japan. In Japan ist auch Coca-Colas Kaffee in Dosen ein Verkaufshit.

„Unsere internationalen Chancen sind offensichtlich", steht in Cokes Jahresbericht von 1989. „So wie sich die Märkte entwickeln, trinken die Menschen mehr Softdrinks. Es ist nur eine Frage der Zeit. Und die Zeit, die wir benötigen, um einen Markt zu entwickeln, wird immer kürzer."

Goizueta schrieb in Cokes Jahresbericht für 1993: „Wenn mich die Leute fragen, wie es mit den Wachstumsaussichten bei Coca-Cola aussieht, dann antworte ich immer mit drei einfachen Fakten.

1. Täglich wird jeder einzelne der 5,6 Milliarden Menschen auf der Welt durstig.

2. Erst in den letzten paar Jahren haben es uns die Entwicklungen auf der Welt möglich gemacht, mehr als die Hälfte dieser Menschen zu erreichen.

3. Als der Welt größter Getränkehersteller sind wir in der besten Position, ihr Bedürfnis nach Erfrischung zu befriedigen."

Die Chancen für Coca-Cola in Übersee, wo die Menschen nur einen Teil dessen an Sodagetränken verbrauchen wie die Amerikaner, ist offensichtlich. Im Vergleich zum schon reifen US-Markt, in dem jeder Mensch pro Jahr 376 Gläser trinkt, werden weltweit nur 61 Gläser pro Person getrunken. Der Pro-Kopf-Durchschnitt in den Vereinigten Staaten ist ein Vielfaches des weltweiten Durchschnitts. Und diese Lücke soll nun zum Vorteil von Coke und Berkshire geschlossen werden.

In Indonesien liegt der Pro-Kopf-Verbrauch bei zehn Gläsern jährlich, in Rußland bei 21, in China bei 6 und in Indien bei 3. Die Hälfte der Weltbevölkerung trinkt weniger als 2 Gläser pro Jahr! Denken Sie einmal über diese Wachstumsaussichten nach!

Der durchschnittliche Konsum in Übersee wächst schnell. Coca-Colas Ziel ist es, allgegenwärtig zu sein. Sein rot-weißes Logo ist bei Sportveranstaltungen weltweit zu sehen - bei Stierkämpfen in Spanien, bei Kamelrennen in Australien, bei Schafschurwettbewerben in Neuseeland und beim Superbowl in den USA. Seit langer Zeit ist Coca-Cola Sponsor der Olympischen Spiele.

Im Verlauf der Zeit hat Coca-Cola sehr stark in Abfüllstationen rund um die Welt investiert. Besonders in Europa verstärkt Coke seine Abfüll-aktivitäten, um die Deregulation nutzen zu können, die vom europäischen Binnenmarkt erwartet wird.

Weil das Abfüllen mit hohen Fixkosten verbunden ist, werden Herstellung und Verteilung der Produkte von wenigen Stützpunkten aus Coca-Cola in die Situation versetzen, signifikante Einsparungen vornehmen zu können und trotzdem seine Position als preisgünstiger Softdrinkhersteller festigen können. Es sieht so aus, als ob die Finanzabteilung bei Coca-Cola sehr vernünftig ist, sich gegen internationale Währungsschwankungen absichert und das wenige Fremdkapital sehr klug einsetzt.

Die Zeitschrift *Business Week* (12. November 1990) beschrieb einen Aspekt der Nutzung von Fremdkapital bei Coke: „Coca-Cola zeigt, daß man mit der Hebelwirkung wie auf einem Musikinstrument spielen kann. Im Jahr 1986 nahm Coke, das früher eine Aversion gegen Schulden hatte, 2,5 Mrd. $ an Krediten auf, um viele seiner Abfüller aufzukaufen. Dann verkaufte Coke 51 % der neuen Abfülleinheit an der Börse. Coke brachte die Gestehungskosten in die Bilanz der neuen Einheit ein, die wiederum die Erlöse aus dem Aktienverkauf dazu benutzte, die Schulden zu tilgen. Das Ergebnis: Coke hatte 49 % an einer 3,9-Mrd.-$-Gesellschaft - und eine Marketing-Kampagne gewonnen, als man die ehemals unabhängigen Abfüller stärkte."

Man kann über Cokes hervorragende Bilanz mit viel Barvermögen und wenig Schulden diskutieren, man kann auch über sein Weltreich diskutieren und wie viele Gläser täglich auf der ganzen Welt getrunken werden. Hier jedoch ist die erstaunlichste aller Statistiken über Coca-Cola, die ebenfalls im Jahresbericht von 1989 aufgeführt wurde: „Coca-Cola begann schon in den frühen 20er Jahren, sich zu einem weltweiten Unternehmen zu entwickeln. Mehr als 60 Jahre lang entwickelten wir Geschäftsverbindungen und investierten in ein System, das uns bisher mehr als 100 Mrd. $ gekostet hat."

Einhundert Milliarden Dollar!

Nehmen wir einmal an, Sie wollten ins Softdrink-Geschäft einsteigen und mit Coke gleichziehen. Sie bekommen 100 Mrd. $ nicht zusammen. Auch Buffett schafft das nicht. Wenn Buffett über 100 Mrd. $ spricht, dann sagt er: „Wenn Sie mir 100 Mrd. $ gäben und den Auftrag, Coca-Cola die Marktführerschaft bei Softdrinks abzunehmen, dann würde ich Ihnen das Geld zurückgeben und sagen, es sei unmöglich" (*Fortune*, 31. Mai 1993).

In Coca-Colas Jahresbericht für 1995 steht: „Wenn unser Unternehmen bis auf die Grundmauern niederbrennen würde, dann hätten wir keine Mühe, Kredite für den Wiederaufbau zu bekommen, allein schon wegen der Stärke unserer Markennamen."

Kein Markenname ist vollkommen gegen Konkurrenz gefeit. General Motors und IBM waren es auch nicht. Eine Handvoll japanischer Tiger nahm General Motors große Marktanteile ab, und Trillionen von Ameisen fügten IBM großen Schaden zu. Wenn es jedoch ein uneinnehmbares Unternehmen auf dieser Welt gibt, dann ist es Coca-Cola. Es nimmt deshalb nicht wunder, daß Buffett in Berkshires Jahresbericht für 1990 anmerkt, er betrachte Coca-Cola als das wertvollste Unternehmen auf der Welt.

Ein Berkshire Aktionär sagte über das Coca-Cola-Investment, daß Buffett eigentlich nie wieder anderweitig zu investieren brauche. Mit anderen Worten: Buffett kann sich eigentlich auf seine großen Beteiligungen bei Coke und Gillette verlassen; wenn sie erfolgreich sind, dann werden sie Berkshire jahrelang tragen, auch wenn Berkshire keine neuen Beteiligungen eingeht.

Buffett sah in Coca-Cola einen bombensicheren internationalen Markennamen mit schnellem Wachstum, großen Gewinnspannen, beheimatet in den Vereinigten Staaten, hier im guten alten Atlanta, dem Austragungsort der Olympischen Sommerspiele von 1996, einem Ereignis, aus dem Coke viel Kapital schlug.

Als Buffett die Coca-Cola-Aktien kaufte, lag deren Kurs bei etwa zwölf Jahresgewinnen.

Buffett begründete seinen Kauf vielfach, und andere lieferten ihm weitere gute Gründe, aber schließlich war der Kauf möglicherweise durch mehr als nur eine Aufzählung von guten Gründen gerechtfertigt.

Buffett sagte: „Es ist so, als ob man ein Mädchen heiratet. Sind es ihre Augen? Ist es ihre Persönlichkeit? Es ist ein ganzes Bündel von Einzelheiten, das man aber nicht teilen kann." Als Buffett Coke umwarb, tat er das ganz ruhig, aber sehr intensiv. Monatelang beschäftigte er drei Broker, die jede größere Tranche von Coke-Aktien aufkauften, die sie finden konnten. Ungefähr eine Woche nach der Ankündigung im März 1989 interviewte die Wirtschaftsredakteurin Melissa Turner von der *Atlanta Constitution* Buffett in seinem Büro in Omaha. Sie fragte ihn, weshalb er nicht früher gekauft habe, und er antwortete: „Sie möchten gern wissen, was mich dazu trieb, nicht wahr? Es könnte sein, daß ich einfach auf die Idee gekommen bin."

Er sagte ihr auch: „Nehmen wir einmal an, man würde sich jetzt zehn Jahre lang zurückziehen, wollte noch eine einzige Geldanlage tätigen und wüßte alles, was man jetzt weiß und könnte es nicht ändern, während man nicht da ist. Wie würde man dann denken?"

„Wenn ich etwas fände, das einigermaßen sicher ist, wo ich wüßte, daß

der Markt wachsen würde, wo ich
wüßte, daß der Marktführer weltweit
auch Marktführer bleiben würde und
wo ich wüßte, daß das Unternehmen
weiterhin wachsen würde, dann fiele
mir nichts anderes ein als Coke."

Buffett nahm einen Schluck
Cherry Coke und fuhr fort: „Und ich
wäre relativ sicher, daß sie zu dem
Zeitpunkt, zu dem ich wieder
zurückkäme, sehr viel mehr Umsatz
machten, als sie es heute tun."

Er sagte ihr, daß dies auch auf
Hershey Foods zuträfe, aber daß die
Menschheit ihren Konsum an Hers-
hey-Riegeln nicht so steigern würde,
wie es bei Coke der Fall sein würde.

„Aber die Menschen werden jeden
Tag achtmal ein Getränk zu sich nehmen, und die Vergangenheit hat gezeigt, daß Menschen, die einmal
Coke getrunken haben, und ich bin
dafür der lebende Beweis, es gern
trinken."

Melissa Turner schrieb auch, daß
Buffetts Kühlschrank in seinem Büro
ständig gefüllt ist und daß drei un-
geöffnete Zwölferpackungen Cherry
Coke im Regal stehen und darauf
warten, gekühlt zu werden.

(Photo by Andrew Kilpatrick)
Die Coca-Cola-Zentrale in Atlanta beliefert die Welt mit Zuckerwasser. Das nahegelegene Restaurant Varsity, in dem Buffett, Goizueta und Keough zusammen gegessen haben, bietet Cokes, Zwiebelringe und Burgers.

„Ich trinke jeden Tag fünf Dosen und das ist gleichzusetzen mit 750
Kalorien, gleichbedeutend mit einem Pfund alle fünf Tage und 70 Pfund
im Jahr und..." Bei der Berkshire-Jahreshauptversammlung im Jahr 1992
drückte er es ein wenig anders aus: „Ich trinke jeden Tag fünf Dosen Cola.
Das macht 750 Kalorien. Wenn ich das nicht täte, dann würde ich jedes
Jahr 70 Pfund abnehmen. Wirklich, Coke ist für mich ein Lebensretter."

Fünf Dosen Cola am Tag? Flunkert er? Trinkt er wirklich fünf Dosen
Cola täglich? „Er trinkt jeden Tag acht bis zehn Dosen Cola", sagt Deep
Throat (ein ungenannter Informant, siehe Watergate), der Buffett fast je-
den Tag sieht.

Buffett erzählte Turner, daß es in der Nacht vor ihrer Unterhaltung in seinem Haus so heiß gewesen sei, daß er um 2 Uhr nachts aus dem Bett gesprungen und zum Kühlschrank hinuntergegangen sei. Nachdem er eine Cherry Coke heruntergespült hatte, fühlte er sich wesentlich besser und ging ins Bett zurück.

Kurz nachdem Buffett seinen Großeinkauf Coca-Cola-Aktien vollendet hatte, flog er nach Atlanta in die Coca-Cola-Zentrale und lud Goizueta und Keough zum Mittagessen ein. Und wohin, verehrte Coca-Cola-Trinker-Gemeinde, gingen Buffett, Goizueta und Keough zum Mittagessen? Ins Varsity. Ins was? Ins Varsity-Restaurant.

Das Varsity in der Nähe des Georgia Institute of Technology und der Coca-Cola-Zentrale an der North Avenue ist ein beliebtes preisgünstiges Fast-Food-Restaurant, das als der Welt größtes Drive-In-Restaurant gilt. Das Trio ging auf den besonderen Wunsch von Buffett ins Varsity, dessen kulinarische Interessen sich weitgehend zufriedengeben, wenn er ein Crisco mit einer Cherry Coke hinunterspülen kann. Im Varsity gibt es kein Crisco, aber es gibt wenige cholesterinfreie Gerichte und die fettigen Zwiebelringe sind sensationell.

Das Restaurant wird sehr stark frequentiert und hat eine Reihe von Speiseräumen, einige mit Tischen wie in der Schule, die vor einem Fernsehapparat aufgestellt sind, wo die Fans oft Footballspiele verfolgen. Buffett, Goizueta und Keough platzten nicht einfach herein. Keough erinnert sich, daß er zuvor angerufen hatte.

Gordon Muir, der Personalleiter des Restaurants, sagte: „Wir wußten, daß sie kommen... Buffett kam herein, und ich lernte ihn kurz kennen. Man möchte nicht annehmen, daß er so reich ist." Nancy Simms, Muirs Mutter und die Besitzerin des Restaurants, das ihr Vater im Jahr 1928 gegründet hatte, saß mit Buffett, Goizueta und Keough an einem runden Tisch an einem Fenster, das eine perfekt Aussicht auf Coca-Colas Weltzentrale bot, die nur einige Blocks entfernt ist. Das Varsity ist der Welt größter Anbieter von Coca-Cola, der nicht einer Kette angehört. Es ist so, als würde das Coke direkt aus der Coke-Zentrale herangepumpt.

Mrs. Simms erzählt: „Unsere Farben sind Rot und Weiß, und so deckte ich den Tisch mit einer rot-weiß-karierten Tischdecke und stellte einige rote Begonien in eine Varsity-Schale, in der normalerweise Speisen mitgenommen werden, auf den Tisch. Sie sind alle bodenständige und volksnahe Leute... Er (Buffett) bestellte Hot Dogs, Zwiebelringe und Fritten. Er war begeistert... Wir aßen von Papptellern... Sie hatten ein Sixpack Cherry Coke mitgebracht. Das ist es, was er besonders gern mag. Sie blieben ungefähr eine oder eineinhalb Stunden. Sie sprachen über ihre Geschäfte, über See´s und Nebraska Furniture Mart. Er sagte, er würde gern Unternehmen mit gutem Management kaufen und die Dinge dann laufen lassen, wie sie immer gelaufen sind."

„Es ist etwas in seiner Persönlichkeit, das ihn zu einem einmaligen und sehr lustigen Menschen macht", sagte sie und fügte hinzu: „Ich hoffte, er würde mich mit seiner letzten Milliarde aufkaufen."

Man hat über einen Verkauf von Varsity an Buffett Witze gemacht, aber Buffetts Antwort war: „Sie ist viel zu clever, um zu verkaufen."

Das Varsity wird von Collegestudenten besucht, die Hamburger, Hot Dogs und Zwiebelringe haben wollen. Aber auch von Leuten wie Jimmy Carter, George Bush und Bill Clinton, wenn sie auf Stimmenfang sind. Der frühere Boxweltmeister im Schwergewicht, Evander Holyfield, heute Pressesprecher bei Coca-Cola, war schon hier, wie auch Burt Reynolds, Lucille Ball und Arthur Godfrey. Buffett unternahm seine Reise nach Atlanta etwa zu der Zeit, als er für Coca-Colas erlauchten Aufsichtsrat nominiert wurde.

Nach der Berkshire-Jahreshauptversammlung im April 1989 ging Buffett in Borsheim´s Juwelengeschäft und war sofort von einer Reihe von Aktionären umringt. Buffett hatte den Kauf von Coca-Cola-Aktien im Wert von 1 Mrd. $ abgeschlossen und wurde gefragt, ob er vorhätte, sich langfristig an Coca-Cola zu beteiligen. Im Jahresbericht war diese Beteiligung nicht als langfristige Beteiligung ausgewiesen. Buffett gab zur Antwort: „Nun, ich möchte es nicht zu schnell in diese Schublade stecken." Aber es dauerte nicht lange, bis Buffett Coca-Cola zu einer Dauerinvestition machte. Es gab wenig Zweifel, daß es für Berkshire eine große Beteiligung von bleibendem Wert werden sollte.

Seit mehr als 100 Jahren ist Coca-Cola ein Bestandteil im Leben von vielen Menschen. Der Welt bekanntester Markenname entstand am 8. Mai 1886, so wird es berichtet, als der Apotheker Dr. John Styth Pemberton den Sirup für Coca-Cola in einem dreifüßigen Messingtopf in einem Hinterhof in der Marietta Street 107 in Atlanta anrührte. Er trug einen Krug mit diesem neuen Produkt die Straße hinunter zu Jacob´s Pharmacy, einen von Atlantas führenden Sodabrunnen (nicht weit entfernt von der heutigen U-Bahn in Atlanta), wo es für 10 Cents je Glas verkauft wurde. Willis Venable in Jacob´s Pharmacy war der Erste, der Coca-Cola verkaufte. In seinem ersten Jahr wurde Coca-Cola durchschnittlich sechsmal täglich verkauft. Der erste Jahresumsatz lag bei 50 $. Die Kosten dafür lagen bei 73,96 $, so daß Pemberton einen Verlust hinnehmen mußte.

Bald galt der Drink als schmackhaft und erfrischend. Pemberton schaltete am 29. Mai 1886 im Atlanta Journal eine Anzeige für Coca-Cola und behauptete, dieses Getränk sei schmackhaft, erfrischend, anregend und belebend.

Am 15. November 1886, so sagt man, fragte ein Mann mit einem Kater nach etwas, das ihn von seinen Kopfschmerzen erlösen könnte. Pemberton hatte dieses Getränk als ein Mittel gegen Kopfschmerzen vorgesehen. Absichtlich oder zufällig - das weiß man nicht - wurde kohlensäurehaltiges Wasser mit diesem Sirup vermischt, und wurde so zu einem Getränk, das die Kopfschmerzen des Kunden vertrieb (*The Real Ones*, Elizabeth Candler Graham (Ururenkelin von Asa Candler) und Ralph Roberts.

Mrs. Graham schrieb, daß Arthur Candler sein Leben lang nach einem Mittel gegen Kopfschmerzen gesucht hatte, seitdem er als Kind einen Unfall erlitt, bei dem er von einem Wagen fiel und ein Rad über seinen Kopf fuhr.

Als Pemberton die Formel für Coca-Cola entwarf, war es seine Absicht, ein Mittel gegen Kopfschmerzen herzustellen. Während der ersten zehn Jahre wurde Coca-Cola als Medizin angesehen. Candler selbst warb in den 90er Jahren des letzten Jahrhunderts in Zeitungsanzeigen: „Ein wunderbares Nerven- und Gehirntonikum und ein bemerkenswertes therapeutisches Mittel."

1887 wurde ein Patent zu den Akten genommen, in dem ein Produkt aufgeführt wurde: Coca-Cola Sirup und Extrakt.

McCalls´s Magazine for July, 1920

Weil die beiden Cs, die von den beiden Inhaltsstoffen des Getränks abgeleitet wurden - Geschmacksstoffe aus dem Coca-Blatt und der Cola-Nuß - sich in Werbeanzeigen gut ausnehmen würden, schlug Pembertons Buchhalter, Frank M. Robinson, der einen Sinn für Alliterationen hatte, vor, dieses Getränk Coca-Cola zu nennen, und schrieb den Namen Coca-Cola in dem heute weltberühmten Schriftzug auf.

Im Jahr 1886 wurden durchschnittlich neun Gläser Coca-Cola am Tag verkauft - ein sehr unverdächtiger Anfang für ein Unternehmen, dessen Verkäufe an Softdrinksirup heute fast 8 Milliarden Liter im Jahr ausmachen.

Pemberton startete auch Coca-Colas Werbekampagnen und machte Coca-Cola damit zu einem der ersten amerikanischen Unternehmen, die sich in größerem Umfang der Anzeigenwerbung bedienten. Seine ersten Anstrengungen unternahm er, als er quadratisch zugeschnittenes Wachstuch bemalte und an den Markisen des Drugstores aufhängte. Auf einem Schild über Jacob´s Laden stand: „Trink Coca-Cola."

In diesem ersten Jahr verkaufte Pemberton knapp 100 Liter, ausgeschenkt in roten hölzernen Bechern. Seitdem wurde die Farbe Rot immer mit dem Getränk in Verbindung gebracht. 1891 erwarb Asa G. Candler, ein Geschäftsmann aus Atlanta, für 2.300 $ das Gesamteigentum an Coca-Cola. „Tatsächlich kaufte er die gesamte Coca-Cola Company für 2.000 $. Und das ist wahrscheinlich der cleverste Kauf der Weltgechichte", sagte Buffett auf der Jahreshauptversammlung 1997. Innerhalb von vier Jahren gelang es Candler mit Hilfe seines Verkaufstalents, Coca-Cola in jedem Bundesstaat der Vereinigten Staaten verfügbar zu machen.

Candler, der wie Pemberton eine ganze Reihe von Konsumprodukten entwickelt hatte, hatte nun die Aufgabe, den Sirup für Coca-Cola herzustellen. Dem Wasser fügte er natürliche Inhaltsstoffe bei und auch das, was als Merchandise 7x bekannt wurde, den geheimsten Bestandteil des Rezeptes und das größte Geheimnis der Welt.

Einige behaupten, dieser Bestandteil sei Kakao. Der Süßwarenhändler Joseph A. Biedenharn aus Vicksburg in Mississippi suchte nach Möglichkeiten, Getränke auch zu Picknicks mitnehmen zu können. Er war der Erste, der Coca-Cola in Flaschen abfüllte, und ließ sich dazu aus Atlanta Sirup schicken. Diese Innovation aus dem Jahr 1894 wurde zu einem Marketingkonzept, das zu einer weiteren Verbreitung des Getränks führte.

Im Jahr 1899 wurde das Abfüllen in Flaschen in großem Umfang möglich. Joseph B. Whitehead und Benjamin F. Thomas aus Chattanooga in Tennessee erwarben das Exklusivrecht, Coca-Cola abfüllen und in großen Teilen der Vereinigten Staaten verkaufen zu dürfen. Dieser Vertrag war der

Startschuß zu Coca-Colas System unabhängiger Abfüller, das heute noch zu den Grundlagen der Softdrinkaktivitäten gehört. Heute werden Sirup und Konzentrate für die Softdrinks des Unternehmens an Abnehmer in der ganzen Welt verkauft, die die Coke-Produkte verpacken, das Marketing betreiben und sie in ihren Gebieten vertreiben.

Coca-Colas erste Jahreshauptversammlung fand 1892 in Atlanta statt. Vier Teilhaber waren anwesend. Der Jahresumsatz betrug 49.676,30 $, in der Bilanz waren Vermögenswerte von 74.898,12 $ verzeichnet. Der Barbestand lag bei 11,42 $.

1919 wurde das Unternehmen an eine Gruppe von Investoren, geführt von Ernest Woodruff, für 25 Mio. $ verkauft. Dessen Sohn, Robert W. Woodruff, wurde 1923 Vorsitzender des Unternehmens. In mehr als sechs Jahrzehnten unter seiner Führung erreichte das Unternehmen neue Höhen.

„Wenn der Erfolg ein Geschäft bestätigt, dann ist das schon eine große Sache", sagte Buffett auf der Jahreshauptversammlung im Jahr 1992. Ein klassisches Beispiel dafür sei, daß man eine Coca-Cola-Aktie im Jahr 1919 für 40 $ hätte kaufen können. „Ein Jahr später lag der Kurs bei 19,50 $", sagte Buffett. „Die Zuckerpreise stiegen, und man verlor die Hälfte seines Geldes. Heute entsprechen diese 40 $, hätte man alle Dividenden reinvestiert, einem Wert von 1,8 Mio. $ (1998 wären es mehr als 5 Mio. $) und das trotz Depressionen und Kriegen. Wieviel fruchtbarer ist es doch, in ein wunderbares Geschäft einzusteigen."

Die Geschichte einer Aktie

eine Aktie hatte 1919 einen Wert von 40$	
Ergebnis von Aktiensplits und	
Dividendenzahlungen in Aktien	
zwischen 1919 und 1994	2.304 Aktien
Aktienkurs am 31.12.1994	51,60 $
Gesamtwert einer Originalaktie am 31.12.1994	118.656,00 $
Dividendenzahlungen von 1919 bis 1994	16.942,01 $
Dividenden: Klasse A	129,00 $
eingelöste Aktien der Klasse A (2 Aktien à 52.50 $)	105,00 $
Summe	135.832,01 $

Aktiensplits

Datum	Aktion	Kumulierte Aktienanzahl
25.4.1927		1
	1:1 Aktiendividende	2
15.11.1935	4:1 Aktiensplit	8
22.1.1960	3:1 Aktiensplit	24
22.1.1965	2:1 Aktiensplit	48
13.5.1968	2:1 Aktiensplit	96
9.5.1977	2:1 Aktiensplit	192
16.6.1985	3:1 Aktiensplit	576
1.5.1990	2:1 Aktiensplit	1.152
1.5.1992	2:1 Aktiensplit	2.304

Coca-Cola ist ein wunderbares Unternehmen, das seine eigenen Aktien zurückkauft. Zwischen 1984 und 1995 kaufte Coke 483 Millionen Aktien zurück, was ungefähr 30 % des Unternehmens entspricht. Im Jahr 1992 genehmigte Coke einen Plan, bis zum Jahr 2000 rund 100 Millionen weitere Aktien zurückzukaufen. Wieder eine nette runde Zahl.

Auf der Berkshire Jahreshauptversammlung 1998 sagte Buffett, daß Coca-Colas Aktienrückkauf auch zum Vierzigfachen des Jahresgewinns eine sinnvolle Kapitalverwendung darstelle. „Man möchte annehmen, dies sei ein sehr hoher Preis, wenn man das K-G-V bei dieser hohen Anzahl von Aktien zugrundelegt", sagte Buffett. Dennoch „ist es das beste Großunternehmen der Welt. Ich halte die Aktienrückkäufe von Coke für richtig. Ich würde sie zwar lieber zum fünfzehnfachen Jahresgewinn zurückkaufen, aber auch so ist es ein sehr effektiver Kapitaleinsatz."

Berkshire war sogar noch besser als Coke. Seit Buffett das Unternehmen übernahm, stiegen Berkshires Aktienkurse jährlich zwischen 25 und 30 %, während Coca-Colas durchschnittlicher Jahreszuwachs - von 40 $ auf ungefähr 5 $ Millionen - ungefähr 20 % ausmacht. Im letzten Jahrzehnt allerdings lag Coca-Cola ungefähr bei 29 % pro Jahr. Aber wie Buffett schon sagte: Coca-Cola hat Depressionen und Kriege durchgemacht. Berkshire muß unter Buffett noch einen Weltkrieg überstehen. Coca-Cola hat zwei davon überlebt.

Zu Woodruffs Leistungen während dieser vielen Jahre zählten das Six-pack und die oben offene Kühltruhe, Ausrüstungen für Verkauf und Aus-schank und auch Werbeschilder und Promotionkampagnen. Unter ihm wurde das wirtschaftlich erfolgreiche Coca-Cola zu einer weltweiten Insti-tution. Coca-Cola, schon gegen 1890 ein internationales Unternehmen, da es Zweigstellen in Kanada und Kuba errichtete, nahm seine Verbindungen mit den Olympischen Spielen im Jahr 1928 auf, als ein amerikanischer Frachter mit der Olympiamannschaft der Vereinigten Staaten und 1.000 Kästen Coca-Cola in Amsterdam vor Anker ging. Zwischen 1920 und 1930 drang Coca-Cola in Europa vor, und auch während des Zweiten Weltkrieges eröffnete Coca-Cola mit Hilfe der US-Regierung 64 Abfüllstationen im Ausland. 1941, als die Vereinigten Staaten in den Zweiten Weltkrieg eintraten, ordnete Woodruff an, „daß jeder Mann in Uniform eine Flasche Coca-Cola für 5 Cents erhalten könne, gleich, wo er ist, und gleich, was es das Unternehmen kosten wird."

Wie Mark Pendergrast, der Autor von *For God, Country and Coca-Cola* in einem Beitrag in der *New York Times* am 15. August 1993 herausstellte, benötigen erfolgreiche Unternehmen treue Kunden, Leute wie die Soldaten im Zweiten Weltkrieg, die nach Hause schrieben, daß es die wichtigste Frage bei Landemanövern gewesen sei, ob der Coke-Automat schon bei der ersten oder erst bei der zweiten Landung dabei sei. Die Präsenz von Coca-Cola hob nicht nur die Moral der Truppe, sondern gab den Europäern auch den ersten Geschmack von Coca-Cola (tatsächlich wurde Coca-Cola zum Beispiel in Deutschland schon seit den 20er Jahren abgefüllt - A.d.Ü.) und pflasterte damit die Straße für künftige Aktivitäten. Natürlich vermehrte dies auch den Wert seines Namens.

Coca-Cola ist der offizielle Softdrink der Superbowl, der National Football League und seiner Teams.

Der Markenname „Coca-Cola" wurde im US-Patent- und Markenzeichenamt im Jahr 1893 eingetragen, „Coke" wurde im Jahr 1945 eingetragen. Die Flasche, die den Verbrauchern so vertraut ist, wurde 1916 von der Root Glass Co. in Terre Haute in Indiana entworfen.

Im Jahr 1982 führte die Coca-Cola Company Diet Coke (Coke Light) auf dem Markt ein, zugleich die erste Ausweitung dieser Handelsmarke auf ein weiteres Produkt. Heute ist Diet Coke in den USA der meistverkaufte kalorienarme Softdrink und liegt unter allen Softdrinks an dritter Stelle. Cherry Coke, Buffetts besonderer Favorit, wurde 1985 auf den Markt gebracht, dem Jahr, das wegen der Einführung von New Coke zu einem Meilenstein wurde. Diet Cherry Coke kam 1986 auf den Markt. Später sollten weitere Getränke die Linie der Coke-Produkte ergänzen. Zusätzlich zu Sprite, das 1960 seine Markteinführung erlebte und nun weltweit die Nummer 1 bei den Zitronelimonaden ist, TAB, Fanta, Fresca, Mello Yello, Ramblin´ Root Beer und Barq´s Root Beer, ist Coca-Cola auch im Besitz von The Minute Maid Company, dem führenden Hersteller von Fruchtsäften und Fruchtsaftgetränken.

Auch wenn Coke in den vergangenen Jahren in andere Geschäftsfelder expandierte, so stößt es diese Zusatzgeschäfte mehr und mehr ab, um sich auf das weltweite Geschäft mit den Softdrinks zu konzentrieren. Coke verkaufte seine Minderheitsbeteiligung an Columbia Pictures, dem Film- und Fernsehstudio, das es 1952 erworben hatte, Ende 1989 für 5 Mrd. $ an Sony. Der Erlös wurde in neue Abfüllstationen und den Rückkauf eigener Aktien investiert, fast immer schon ein Markenzeichen von Unternehmen, an denen Buffett sich beteiligte.

Goizueta befürwortete den Kauf von Columbia Pictures sieben Jahre zuvor besonders. Aber später verkaufte er Columbia und alle Geschäftsbereiche, die nichts mit der Getränkebranche zu tun hatten, und sagte einmal: „In diesem Land besteht der Irrtum, daß es besser sei, in zwei schlechten Branchen engagiert zu sein, statt in einer guten - daß man damit das Risiko streuen könne. Es ist verrückt." 1990 eröffnete Coca-Cola für 15 Mio. $ in Atlanta ein Museum, das man „The World of Coca-Cola" taufte. Zu den Besuchern zählten auch schon tibetanische Mönche.

Zu den Ausstellungsstücken in diesem Museum gehören auch das Originalpatent für Coke, ein Sodabrunnen von 1930, Cokes bekannte Nikolausanzeigen und ein Souvenirladen. Unter den 1.000 Exponaten befindet sich auch der Prototyp der berühmten 6 1/2-Unzen-Flasche. Sie war ein wenig breiter, als die, die später benutzt wurde, ist eine von zwei existierenden Flaschen und ungefähr 10.000 $ wert. Fast 200 Nationalflaggen, die in der Eingangshalle aufgehängt sind, zeigen die Märkte an, in denen Coca-Cola verkauft wird. Wenn man durch die Ausstellung geht, dann begegnet man badenden Schönheiten, Sporthelden und Filmstars, die über die Jahre hinweg Anzeigenwerbung machten. Hier gibt es Pappfiguren zu sehen, die Berühmtheiten wie Jean Harlow und Cary Grant darstellen, wie sie gerade Coca-Cola trinken.

Außer der Printwerbung gibt es auch eine Retrospektive der Fernsehwerbespots von Coca-Cola. Und hier findet man auch, wahrscheinlich zur Freude aller Pepsi-Fans, einen Werbespot von 1969 mit Ray Charles, der später für Pepsi warb - „You Got The Right One, Baby. Uh Huh."

Der Eintritt ins Museum beträgt 6 $. Jeder Besucher erhält dafür eine Coke, die aus einem futuristisch anmutenden Zapfhahn serviert wird. Der danebenstehende Sodabrunnen im Stil der 30er Jahre war der Hintergrund für das Foto des Aufsichtsrats im Jahresbericht der Coca-Cola Company für 1990.

1991 eröffnete Coca-Cola unter seinem Markennamen in Manhattans Fifth Avenue ein Geschäft, in dem mehr als 500 Coke-Produkte angeboten werden, darunter Coca-Cola T-Shirts („Coca-Cola Fifth Avenue"), Telefone, Weihnachtskarten, Radios, Kühltaschen und Neonschilder. Inzwischen gibt es am Times Square eine High-Tech-Leuchtreklame für Coca-Cola, die über 3 Mio. $ kostete.

Coke gehört noch immer nicht die ganze Welt. Es gibt immer noch eine Pepsi-Reklametafel am Weg vom Flughafen in Omaha in Buffetts Heimatstadt hinein.

Um dieses Ärgernis zu kontern, so sagen manche, planen Buffett und Coke, auf dem Mond ein Coke World zu errichten, ähnlich wie die Disney-Erlebnisparks; wenn es erfolgreich ist, könnte es auch auf andere Planeten übertragen werden.

Obwohl Coca-Cola in den Vereinigten Staaten nur 10.000 Arbeitnehmer beschäftigt und ungefähr 23.000 außerhalb der Vereinigten Staaten, gibt es auf der ganzen Welt über 1 Million Arbeitsplätze, die in irgendeiner Verbindung mit den Produkten von Coca-Cola stehen. Coca-Cola hat mehr als 366.000 Aktionäre.

Coca-Cola, das wegen seiner Marketingerfolge so bewundert wird, gelang 1985 das ultimative Marketingfiasko - als es die berühmte 7x-Formel veränderte, die seit über 99 Jahren in einem Bankschließfach in Atlanta aufbewahrt wird. Über die Jahre hinweg wurden an der Formel kleine Änderungen vorgenommen, aber nur, um die ursprünglichen Bestandteile durch bessere der gleichen Art zu ersetzen oder wenn diese Bestandteile auf eine bessere Art und Weise hergestellt werden konnten.

Dies aber war ein radikaler Wechsel - eine völlig neue Coke.

In der Marktforschung, die zur Einführung der kristallklaren New Coke führte, wurde eine Frage nie gestellt: „Wie würden Sie sich fühlen, wenn man Ihnen Ihre Coke wegnähme?" Ein Teilnehmer an einer Testgruppe brachte es jedoch auf den Punkt: „Was soll das heißen - ihr nehmt mir meine Scheiß-Coca-Cola weg?!" Andere waren weniger höflich.

Der öffentliche Aufschrei nach der Bekanntgabe am schwarzen Dienstag war kurz und kräftig. Das PR-Desaster wurde von dem Liedermacher George Pickard verewigt, als er die Schallplatte „Coke Was It" aufnahm.

Drei Monate später kehrte das Unternehmen zur ursprünglichen Formel zurück, nannte sie Coca-Cola Classic und behielt auch New Coke bei. Diese fantastische Episode arbeitete zugunsten von Coca-Cola, weil ihr Marktanteil von 37,5 auf 40 % anstieg. Am Tag, als Coca-Cola bekanntgab, daß es die ursprüngliche Formel wieder verwenden wollte, unterbrach ABC News die Serie „General Hospital" mit der Blitznachricht, und 18.000 freudig erregte Coke-Fans brachten Cokes Telefonzentrale in Atlanta zum Zusammenbruch.

Ein Plakat im Museum, das den Besuchern diesen gesamten Vorgang erklären soll, zitiert den damaligen Coke Präsidenten Keough: „Manche

Riesige Coca-Cola Flaschen werben während der Olympischen Sommerspiele 1966 in Atlanta.

Kritiker werden sagen, Coca-Cola habe einen großen Marketingfehler begangen. Einige Zyniker werden sagen, wir hätten das ganze Ding geplant. Die Wahrheit ist, daß wir weder so dumm noch so klug sind." Und wo wir gerade von klug und dumm sprechen - ein Aufsichtsrat der Trust Company of Georgia sagte einmal: „Unsere Dummheit, für Diversifikationen nicht klug genug gewesen zu sein, ist das Intelligenteste, was dumme Menschen jemals vollbrachten" (*Secret Formula*, Frederick Allen).

Es ist nicht außergewöhnlich, daß Coca-Cola mit großen Marketingideen auftritt. Schon 1923 leitete sie eine Marketingrevolution ein, als sie den Sechserpack zum Mitnehmen am Markt einführte.

Immer jedoch hat Coke versucht, um mit Buffett zu sprechen, die Welt zuzudecken.

Während des gesamten 20. Jahrhunderts hat Coke bei nationalen Festlichkeiten und internationalen Ereignissen eine Rolle gespielt, und seit 1905 war Coke ein fester Bestandteil bei Weltausstellungen und nationalen Ausstellungen. Und nur ein Außerirdischer hätte nicht voraussehen können, daß Coke bei den Olympischen Sommerspielen in Atlanta eine massive Marketingkampagne plante. Atlanta ist eine Stadt, in der, wie ein Reporter von Associated Press einmal schrieb, vier von fünf Zahnärzten ihren Patienten empfehlen, den Mund mit Coca-Cola umzuspülen. Coca-Colas Anzeigen mit dem Titel „The World Together - Always" begann Anfang 1994 auf den Anzeigentafeln in Atlanta zu erscheinen. Coca-Cola ist der größte und älteste gewerbliche Sponsor der Olympischen Spiele.

Außerdem war sich Coca-Cola immer bewußt, daß Evander Holyfield, passenderweise aus Atlanta, zu einer Megawerbekampagne beitragen könne. Und tatsächlich rangen Coca-Cola und Pepsi im November 1990 um Holyfield. Im Januar 1990, Sie werden es vermutet haben, verpflichtete Coca-Cola Holyfield mit einem Sechs-Jahres-Vertrag - einem Vertrag, der als „The Real Thing" angekündigt wurde und „The Real Deal" genannt wurde. Dieser Vertrag kostete wahrscheinlich auch reales Geld, der Betrag jedoch wurde nie genannt.

Es war kein Zufall, daß sich Holyfield für seinen Kampf mit George Foreman am 19. April 1991 in einem roten Coca-Cola-Classic-T-Shirt aufwärmte, deutlich sichtbar

(AP/Wide World Photo)

Evander Holyfield

für die Fans, die diesen Kampf im Kabelfernsehen verfolgten.

In diesem Vertrag wurde Holyfield verpflichtet, an der Anzeigenwerbung für die Produkte des Unternehmens mitzuwirken und auch bei bestimmten Gelegenheiten im Dienste des Unternehmens persönlich zu erscheinen. Holyfield arbeitete bei seinen Aktivitäten im Rahmen der Olympischen Spiele mit Coke zusammen. Auch mit Holyfield und mit welchen Werbeslogans Coke in der Zukunft auch werben wird - es wird schwer sein, den Erfolg einiger früherer Werbekampagnen zu übertreffen.

Eigenartigerweise tätigte Holyfield ein Investment ganz nach Art von Warren Buffett und erzielte einen finanziellen K.O., als er Anfang 1991 für mehr als 1 Mio. $ Coca-Cola-Aktien kaufte (*Forbes*, 23. Dezember 1991). So hat Holyfield Buffett möglicherweise eine Runde abgenommen, doch gab es bisher keine Vermutung, wie es Buffett ergehen würde, wenn er auch nur für eine Runde, mit Holyfield im Boxring stünde. Mike Tyson erging es 1996 und 1997 nicht besonders gut, als er gegen „The Real Deal" im Ring stand, obwohl beide ihr Vermögen so weit erhöhen konnten, daß sie sich ein paar Coca-Cola-Aktien leisten konnten.

Kommen wir zurück zu Cokes Werbung mit Sport. In den frühen 80er

Jahren sahen wir die Werbung mit „Mean" Joe Greene. Als der Außenstürmer des Weltmeisters Pittsburgh Steelers aus einem Stadion hinkte, wurde er von einem schüchternen jungen Fan verfolgt, der eine Flasche Coca-Cola trug. Als der Junge ihm eine kalte Coke anbot, wurde er zunächst zurückgewiesen, doch dann akzeptierte „Mean" Joe und trank die Flasche leer, ohne eine Pause zu machen. Erfrischt richtete er sich wieder auf, lächelte und schenkte dem Jugendlichen sein Trikot.

Andere Prominente, die Coke oder Diet Coke unterstützten, sind Sugar Ray Leonard, Elton John und Ted Turner, dessen CNN-Imperium nicht weit von der Coke Zentrale in Atlanta entfernt liegt.

Vielleicht aber gibt es keine bessere Werbung, als die, die während des 24. Superbowl gesendet wurde, als Coke mit „Hilltop Reunion", einer neuen Version eines der berühmtesten Werbespots aller Zeiten (mit dem Song „I´d Like To Buy The World A Coke") zum ersten Mal auftrat. Im Jahr 1971 brachte der Hilltop-Spot junge Leute aus aller Welt in die Nähe von Rom zusammen, um die Einigkeit in der Welt darzustellen und zufällig auch für Coke zu werben. Viele der ursprünglichen Teilnehmer und ihre Kinder wurden 1990 für den neuen 60-Sekunden-Spot eingeladen. Die Reaktion auf die ursprüngliche Werbung war so überwältigend, daß Coca-Cola davon Singles pressen ließ.

Um der steigenden Nachfrage von Discjockeys gerecht zu werden, gab Coca-Cola eine zweite, im Text leicht geänderte Version heraus: „I´d Like To Teach The World To Sing". Verschiedene Interpretationen dieses Songs machten ihren Weg in die Charts, und am Ende des Jahres waren 1 Million Singles verkauft.

Wie der ursprüngliche Spot, konzentrierte sich auch diese neue Version auf das einfache, aber einprägsame Bild von Menschen aus aller Welt, die sich auf einer Bergspitze treffen, um eine Botschaft der Hoffnung zu verkünden.

Wie man die junge blonde Engländerin wiederfand, die 1971 den Spot mit dem Vers „I´d Like To Buy The World A Home And Furnish It With Love..." eröffnet hatte, ist eine Geschichte für sich. Ihr Name war Linda Higson, aber die alten Listen führten sie fälschlicherweise als „Hipson", was die Detektive kurzzeitig in die Irre führte, auch die besten von Pinkerton, als sie Europa nach der vermißten Frau durchkämmten.

Auch zu Produktionsbeginn in Italien hatte man sie immer noch nicht gefunden. Als letztes Mittel wurden in verschiedenen internationalen und britischen Zeitungen eine Kleinanzeigen geschaltet. Buffett lobte schon immer die Vorteile dieses Schwarzen Bretts in Zeitungen. Die Anzeige lautete: „Linda Hipson, wo bist du? Wenn du die Linda Hipson bist, die in

Coca-Cola Slogans

1886:   Drink Coca-Cola
1904:   Delicious and Refreshing
1905:   Coca-Cola Revives and Sustains
1906:   The Great National Temperance Drink
1917:   Three Million a Day
1922:   Thirst Knows No Season
1925:   Six Million a Day
1927:   Around the Corner From Everywhere
1929:   The Pause that Refreshes
1932:   Ice-Cold Sunshine
1938:   The Best Friend Thirst Ever Had
1939:   Coca-Cola Goes Along
1942:   Wherever You Are, Whatever You Do,
        Wherever You May Be,
        When You Think Of Refreshment,
        Think Ice-Cold Coca-Cola
1942:   The Only Thing Like Coca-Cola is Coca-Cola Itself.
        It´s The Real Thing
1948:   Where There´s Coke, There´s Hospitality
1949:   Coca-Cola... Along The Highway To Anywhere
1952:   What You Want Is A Coke
1956:   Coca-Cola... Making Good Things Taste Better
1957:   Sign Of Good Taste
1958:   The Cold, Crisp Taste Of Coke
1959:   Be Really Refreshed
1963:   Things Go Better With Coke
1970:   It´s The Real Thing
1971:   I´d Like To Buy The World A Coke
1975:   Look Up America
1976:   Coke Adds Life
1979:   Have A Coke And A Smile
1982:   Coke Is It!
1985:   We´ve Got A Taste For You
        (Coca-Cola und Coca-Cola Classic)
        America´s Real Choice
1986:   Catch the Wave (Coca-Cola) Red,
        White and You (Coca-Cola Classic)
1989:   Can´t Beat The Real Feeling
1990:   Can´t Beat The Real Thing
1993:   Always Coca-Cola

den Coca-Cola-Werbespots vor 20 Jahren dabei war, dann ruf bitte an: U.S. (212)-984-2611. Wir würden dich gern wieder singen hören."

In Stockholm wartete ein Freund von Miss Higson am Flughafen und stieß zufällig auf die Anzeige in der *International Herald Tribune* (die passenderweise der Washington Post Company gehört, einem Unternehmen, an dem auch Berkshire beteiligt ist). Die Ähnlichkeit der Namen, so konnte er sich vorstellen, war groß genug. Er rief Linda in Cheshire in England an. Linda - wie E. T., der zu Hause anrief - rief bei McCann-Erickson in New York an, und Cokes Werbeagentur rief die Produktion in Rom an.

Als die Hauptdarstellerin auf ihrem Weg nach Italien war, wurde für „Hilltop Reunion" schnell ein neues Skript erstellt. Linda Higson Neary, inzwischen verheiratet mit vier Töchtern, eröffnete auch die 1990er Version des Werbespots, dieses Mal mit ihrer Tochter Kelly, die am Drehort ihren zehnten Geburtstag feierte. Coke machte daraus eine große Sache.

Buffett hat Coke seine Lieblingsaktie genannt. Es kann sein, daß er seine Positionen eines Tages noch aufstockt. Fünf Monate, nachdem er seine Beteiligung bei Coke bekanntgegeben hatte, machte Buffett bei der Securities and Exchange Commission eine Eingabe und bat um Erlaubnis, seinen Anteil auf bis zu 15 % an Cokes Stammaktien zu verdoppeln. J. Verne McKenzie, damals Leiter der Finanzabteilung bei Berkshire, sagte: „Das bedeutet nicht, daß es zur Zeit Kaufpläne gibt", und merkte an, daß Kaufabsichten nur auf Grundlage der Aktienkurse und der Marktbedingungen realisiert würden. „Das gibt uns die Möglichkeit, unsere Käufe mit unseren Verkäufen abzustimmen... Im Augenblick haben wir keine Pläne, irgendetwas zu verkaufen."

Ein Vorschlag: Behalten Sie KO, Cokes Aktiensymbol, im Blick. Auch Buffetts Enkel Howie besitzt einige Coca-Cola-Aktien.

„Things Go Better With Coke" und „You Can´t Beat The Real Thing". Buffett glaubt daran. Im Jahr 2000 sollten Sie noch einmal nachsehen, wie viele Milliarden Dollar Buffetts ursprünglicher Einsatz von mehr als 1 Mrd. $ bei Coke dann wert ist.

Buffett hat, wie Elvis es ausdrücken würde, „a hunk a hunk of burning love" für Coke.

Als Coke am Ende des ersten Quartals 1998 bekanntgab, daß der Umsatz um 13 bis 14 % gestiegen sei und nicht wie erwartet um 9 bis 10 %, gab es bei den Aktien einen Kursanstieg und auf AOLs „Berkshire message board" tauchte die folgende Rechnung auf: „200.000.000 Aktien x 3.125 = 625.000.000 $. Darauf trinke ich einen."

34

Buffett zeichnet Coke-Puts

Am 2. April 1993 mußten die Aktien der großen Marken, einschließlich Coca-Cola, einen schweren Schlag einstecken. Philip Morris hatte an diesem „Marlboro-Freitag" bekanntgegeben, daß man die Preise senken würde, um mit der „namenlosen" Konkurrenz besser mithalten zu können. Buffett jedoch tat etwas Ungewöhnliches.

Trotz seiner grundsätzlichen Abneigung gegen Optionen verkaufte er im April 1993 aus dem Geld liegende Put-Optionen für je 1,50 $, um 3 Millionen Coca-Cola-Aktien zu kaufen. Die Optionen liefen am 17. Dezember 1993 aus und konnten bis dahin bei einem Kurs von 35 $ ausgeübt werden. Zuvor, auf der Jahreshauptversammlung von Berkshire im April 1993, hatte Buffett diesen Schritt bestätigt und gesagt, er habe mit einem ähnlichen Vorgehen schon weitere 2 Millionen Aktien beschafft.

Das bedeutete, daß Buffett 7,5 Mio. $ im voraus erhielt; demzufolge hätte er, wäre die Aktie von ca. 40 $, wo sie damals stand, auf ca. 35 $ gefallen, 5 Millionen Coke-Aktien zu etwa 35 $ pro Stück kaufen müssen. Da Buffett jedoch schon 1,50 $ pro Aktie erhalten hatte, hätten seine effektiven Kosten nur bei 33,50 $ gelegen.

Sein einziges Risiko bei diesem Put-Kontrakt war, daß er, falls die Aktie im Dezember unter 33,50 $ gefallen wäre, dafür 35 $ je Anteil hätte zahlen müssen, ganz gleich, zu welchem weitaus niedrigeren Kurs Coke zu dieser Zeit an der Börse gehandelt würde. Doch auch wenn die Aktie niedriger notiert hätte, hätte er weitere Coke-Aktien gekauft, weil er sie ohnehin bei 35 $ je Anteil kaufen wollte.

Für Buffett war es eine typische Win-win-Situation, ein Fall, in dem er Geld bekam und außerdem Coke-Aktien. Die Optionen zahlten sich aus und Buffett steckte 7,5 Mio. $ ein. Diesem Beispiel sollten Sie nicht folgen, wenn Sie kein erfahrener Investor sind.

35

GANZ SCHNELL - WIE KANN MAN AUS 2 MILLIONEN $ 2 BILLIONEN $ MACHEN?

Sagen wir, Sie müßten sich vorstellen, Sie lebten im Jahr 1884 und Sie hätten 15 Minuten Zeit, plausibel zu erklären, wie man in die Getränkeindustrie einsteigt und aus 2 Mio. $ 2 Bio. $ macht. Insgeheim hilft Ihnen Ihr Wissen von 1996 um all das, was mit der Coca-Cola Company passiert ist. Können Sie, auch mit Hilfe dieser Kenntnisse, den richtigen Unternehmensplan unter den Bedingungen von 1884 überzeugend darlegen? Und wenn Sie das nicht können: Was sind die Lehren, die Sie daraus ziehen?

Diese Fragen stellte der stellvertretende Vorsitzende von Berkshire, Charles Munger, am 20. Juli 1996 einer Gruppe von Managern, unter denen auch Vorstandsvorsitzende und Dozenten waren. Dies war Mungers Vortrag:

Der Titel meines Vortrags lautet: „Praktisches Nachdenken über praktisches Denken?" - mit einem Fragezeichen am Ende.

In einer langen Karriere habe ich mir verschiedene sehr einfache, allgemeine Grundsätze angeeignet, die mir dabei helfen, Probleme zu lösen. Fünf dieser Grundsätze möchte ich im folgenden beschreiben. Danach werde ich Sie mit einem äußerst umfangreichen Problem konfrontieren. Es wird sich darum handeln, wie man aus einem Startkapital von 2 Millionen $ 2 Billionen $ macht, eine Summe, die groß genug ist, um als großartige Leistung angesehen zu werden. Danach will ich versuchen, dieses Problem zu lösen, natürlich mit der Hilfe meiner allgemeinen Grundsätze. Dann werde ich vorschlagen, daß man aus meinen Darlegungen einige wichtige Lehren ziehen kann. Und damit werde ich schließen, weil mein Vortrag ein pädagogisches Ziel hat. Mein Ziel ist es, Methoden für effektiveres Denken zu finden.

Der erste hilfreiche Grundsatz ist es, daß man Probleme am besten dadurch vereinfacht, daß man die Fragen, bei denen man nicht groß nachzudenken braucht, zuerst beantwortet.

Der zweite hilfreiche Grundsatz ähnelt Galileos Schlußfolgerung, daß wissenschaftliche Realität ausschließlich durch die Mathematik enthüllt werden kann, so als ob Mathematik die Sprache Gottes sei. Galileos Vorgehen funktioniert im praktischen Leben voller Probleme ebenso gut. Ohne mathematische Kenntnisse ist man in dem Teil des Lebens, in dem die meisten von uns sind, wie ein Einbeiniger bei einem Wettbewerb, in dem man sich gegenseitig in den Hintern treten muß.

Der dritte hilfreiche Grundsatz ist der, daß es nicht ausreicht, die Probleme von vorne bis hinten zu durchdenken. Man muß auch umgekehrt denken können, so wie der Bauer, der wissen wollte, wo er sterben würde, damit er niemals dorthin ginge. In der Tat können viele Probleme nicht durch geradliniges Denken gelöst werden. Und deshalb sagte der große Mathematiker Carl Jacobi so oft: „Invertieren, immer invertieren." Und deshalb dachte auch Pythagoras rückwärts, als er bewies, daß die Quadratwurzel aus 2 eine irrationale Zahl ist.

Der vierte hilfreiche Grundsatz ist, daß das beste und am meisten an der Praxis orientierte Wissen elementares akademisches Wissen ist. Es gibt jedoch eine äußerst wichtige Bedingung: man muß multidisziplinär denken. Man muß routinemäßig all diese einfach zu lernenden Konzepte aus dem Grundwissen der ersten Semester in jedem Hauptfach anwenden. Wenn elementare Denkmuster ausreichen, dann dürfen ihre Problemlösungsansätze nicht durch die Aufsplitterungen in Disziplinen und Unterdisziplinen, nicht durch strenge Tabus, was Unternehmungen außerhalb eines zugewiesenen Feldes angeht, eingeschränkt werden, wie es an Universitäten und in der Bürokratie des Geschäftslebens oft der Fall ist. Statt dessen müssen Sie multidisziplinär denken, im Einklang mit Ben Franklins Regel in „Poor Richard": „Wenn du willst, daß es getan wird, dann gehe selbst. Falls nicht, dann schicke jemanden."

Wenn Sie sich in Ihrem Denken gänzlich auf andere verlassen, oft durch den Einkauf von professionellem Rat, wann immer Sie sich ein wenig außerhalb Ihres Wissensgebietes befinden, dann werden Sie viel Elend durchleiden. Und es sind nicht nur Schwierigkeiten in komplexen Situationen, die Sie fertig machen. Sie werden auch unter der Realität leiden, wie Sie eine Figur bei George Bernard Shaw beschwört und sagt: „Letztlich ist jeder Beruf eine Verschwörung gegen das Laientum." Tatsächlich hat hier eine Figur von Shaw die Schrecken dessen, was sie nicht mochte, abgeschwächt ausgedrückt. Normalerweise sind es nicht die bewußten Vorgehensweisen Ihres engen professionellen Beraters, die Sie in die Pfanne hauen. Vielmehr rühren Ihre Probleme aus seinem Unterbewußten. Seine Wahrnehmung wird aus Ihrer Sicht oft durch finanzielle Anreize abgeschwächt, die sich von Ihren finanziellen Anreizen unterscheiden. Er wird außerdem unter dem psychologischen Mangel leiden, der durch die folgende Redewendung verdeutlicht wird: „Für einen Mann mit einem Hammer sieht jedes Problem wie ein Nagel aus."

Der fünfte hilfreiche Grundsatz ist der, daß wirklich große, außerordentliche Wirkungen ausschließlich aus großen Verbindungen von Faktoren herrühren. Beispielsweise wurde Tuberkulose, zumindest für lange Zeit, nur durch die routinemäßig kombinierte Anwendung von drei verschiedenen Medikamenten bezwungen. Auch andere Megaeffekte, beispielsweise, daß ein Flugzeug fliegen kann, entsprechen einem ähnlichen Muster.

Nun ist es an der Zeit, Ihnen mein praktisches Problem vorzustellen. Hier ist es:

Wir sind in Atlanta im Jahr 1884. Sie und 20 andere werden mit einem reichen und exzentrischen Bürger aus Atlanta namens Glotz konfrontiert. Beide, Sie und Glotz, haben zwei Charakteristika gemeinsam:

1. Sie beide benutzen bei Problemlösungen gewohnheitsmäßig diese fünf hilfreichen Grundsätze, und

2. Sie kennen die elementaren Grundzüge aller Eingangskurse am College, so wie sie 1996 gelehrt werden.

Doch all die Entdeckungen und Beispiele, die diese elementaren Grundzüge demonstrieren, rühren aus einer Zeit vor 1884 her. Glotz weiß nichts von dem, was nach 1884 geschah, und Sie müssen so tun, als ob Sie ebenfalls nichts davon wüßten.

Glotz bietet an, 2 Mio. $ im Wert von 1884 zu investieren. Die eine Hälfte sollte in eine Glotz Charitable Foundation fließen, eine neue Gesellschaft, die ins Geschäft mit alkoholfreien Getränken einsteigen und nie wieder daraus aussteigen will. Glotz möchte diesem Unternehmen einen Namen geben, der ihn irgendwie bezaubert hat: Coca-Cola.

Die andere Hälfte soll der Mann bekommen, der überzeugend darlegen kann, daß die Glotz Foundation mit seinem Unternehmensplan in 150 Jahren 1 Bio. $ wert sein wird - zum Geldwert dieser Zeit - und das, obwohl bis dahin jedes Jahr ein großer Teil der Gewinne als Dividende ausgeschüttet wird. Das entspricht einem Gegenwert des ganzen neuen

(Photo by LaVerne Ramsey)

Munger trinkt auf die Zukunft von Coke.

Unternehmens von 2 Bio. $, obwohl bis dahin mehrere Milliarden Dollar an Dividenden ausgeschüttet wurden.

Sie haben nun 15 Minuten Zeit zum Überlegen. Was sagen Sie Glotz?

Und hier ist meine Lösung, bei der ich mich ausschließlich auf die hilfreichen Grundsätze stütze und auf das, was jeder einigermaßen intelligente Collegeanfänger bis heute wissen sollte.

Also Mr. Glotz, die großen „hirnlosen" Entscheidungen, die wir, um unser Problem zu vereinfachen, zuerst treffen sollten, sind diese:

1. Wir werden es nie schaffen, etwas mit einem Gegenwert von 2 Bio. $ aufzubauen, wenn wir nur irgendein namenloses Getränk verkaufen. Deshalb müssen wir Ihren Namen „Coca-Cola" zu einer starken, gesetzlich geschützten Handelsmarke ausbauen.

2. Wir kommen nur dann an die 2 Bio. $, wenn wir in Atlanta anfangen, uns anschließend auf den Rest der Vereinigten Staaten ausbreiten und danach so schnell wie möglich die ganze Welt mit unserem neuen Getränk überfluten. Dies wird enorme Elementarkräfte erfordern. Und der Ort, an dem wir solche enormen Kräfte finden können, liegt im Wissen aus den Eingangssemestern an den Universitäten.

Als nächstes werden wir unsere Rechenkünste bemühen, um uns zu vergewissern, was unser Ziel eigentlich beinhaltet. Wir können vernünftigerweise davon ausgehen, daß im Jahr 2034 auf der ganzen Welt ungefähr 8 Milliarden Menschen leben werden, die Getränke konsumieren. Im Durchschnitt wird jeder dieser Konsumenten wohlhabender sein als der durchschnittliche Konsument des Jahres 1884. Jeder Mensch besteht zum größten Teil aus Wasser und muß täglich etwa 1,8 Liter Wasser trinken. Das sind ungefähr acht Gläser zu je einem Viertelliter. Und für den Fall, daß unser neues Getränk, aber auch andere ähnliche Getränke, in unserem neuen Markt ankommen und nur 25 % des weltweit getrunkenen Wassers ausmachen und wir die Hälfte dieses neuen Weltmarkts besetzen können, dann können wir im Jahr 2034 2,92 Billionen Portionen zu je einem Viertelliter verkaufen. Und wenn uns von jeder Portion netto 4 Cents bleiben, dann werden wir 117 Mrd. $ verdienen. Das wird, wenn unser Unternehmen mit einer guten Steigerungsrate wächst, ausreichen, um es mit 2 Billionen $ zu bewerten.

Die große Frage ist natürlich, ob 4 Cents Gewinn pro Portion im Jahr 2034 eine vernünftige Gewinnmarge darstellen. Und die Antwort ist ja - falls wir ein Getränk herstellen können, das überall sehr gern getrunken wird. 150 Jahre sind eine lange Zeit. Der Dollar wird mit hoher Wahrscheinlichkeit auch Schwächeperioden haben. Gleichzeitig wird die reale Kaufkraft des durchschnittlichen Getränkekonsumenten in der Welt aus den Gründen ansteigen, die schon Adam Smith ausführlich erklärt hat. Weiterhin wird die Neigung des Konsumenten, seinen Lebensstandard kostengünstig zu verbessern, auch wenn er Wasser trinkt, sich wesentlich schneller verstärken. Zwischenzeitlich, mit dem Fortschritt der Technik, können die Kosten für unser einfaches Produkt gemessen an der Kaufkraft weiter gesenkt werden. Alle vier Faktoren wirken zusammen zugunsten unseres Ziels, pro Portion 4 Cents Gewinn zu erzielen. Weltweit kann die Kaufkraft, die für Getränke zur Verfügung steht, wenn sie in Dollars ausgedrückt wird, über 150 Jahre hinweg mit mindestens dem Faktor 40 multipliziert werden. Wenn man nun invers denkt, dann macht unser Gewinnziel je Portion unter den Bedingungen von 1884 nur noch ein Vierzigstel von 4 Cents oder einen Zehntelcent je Portion aus. Das ist ein Ziel, das leicht übertroffen werden kann, wenn unser neues Produkt sich von Anfang an allgemeiner Beliebtheit erfreut.

Nachdem dies geklärt ist, müssen wir als nächstes das Problem lösen, wie wir eine allgemeine Beliebtheit des Produkts schaffen können. Es gibt zwei große Herausforderungen, die miteinander verbunden sind:

1. Wir müssen erreichen, daß der Markt für dieses neue Getränk in 150 Jahren ungefähr einem Viertel des weltweiten Wasserkonsums entspricht.

2. Wir müssen so vorgehen, daß wir die Hälfte des neuen Marktes einnehmen, während all unsere Konkurrenten zusammen sich mit der anderen Hälfte zufriedengeben müssen.

Diese Ergebnisse sind der helle Wahnsinn. Entsprechend müssen wir unser Problem angehen, indem wir jeden günstigen Einfluß, an den wir nur denken können, so einsetzen, daß er zu unseren Gunsten arbeitet. Nur eine kraftvolle Kombination von vielen Einflußfaktoren kann die wahnsinnigen Konsequenzen, die wir erzielen wollen, bewirken. Glücklicherweise ist die Lösung dieser beiden miteinander verbundenen Probleme ziemlich einfach, wenn jemand in seinen Eingangssemestern gut aufgepaßt hat.

Fangen wir damit an, daß wir die Folgen unserer vereinfachten „hirnlosen" Entscheidung, wir müßten uns auf eine starke Handelsmarke stützen, untersuchen. Dieser Schluß führt uns automatisch zu einem Verständnis des Wesens unseres Geschäfts in sauberen grundlegenden akademischen Begriffen. Aus unserem Erstsemester in Psychologie wissen wir, daß es unser Geschäft ist, konditionierte Reflexe zu schaffen und zu pflegen. Der Markenname „Coca-Cola" und das Erscheinungsbild werden als Stimulanzien agieren, der Kauf und Genuß unseres Getränks werden die erwünschten Reaktionen sein.

Und wie werden konditionierte Reflexe geschaffen und gepflegt? Die Psychologie gibt uns hier zwei Antworten: 1. durch aktive Konditionierung, indem man Belohnungen einsetzt; 2. durch die klassische Konditionierung, die oft auch Pawlowsche Konditionierung genannt wird, in Erinnerung an den großen russischen Wissenschaftler. Da wir ein Wahnsinns-Ergebnis erzielen wollen, müssen wir beide Konditionierungstechniken anwenden - und alles, was uns einfällt, um die Ergebnisse einer jeden zu verbessern.

Der Teil unseres Problems, der die aktive Konditionierung betrifft, ist leicht zu lösen. Wir brauchen nur 1. die Belohnungen für das Trinken unseres Getränks zu maximieren und 2. die Möglichkeiten minimieren, daß die erwünschten Reflexe, die von uns erzeugt wurden, durch aktive Konditionierung unserer Konkurrenten ausgelöscht werden.

Unter den Belohnungen im Rahmen der aktiven Konditionierung gibt es nur wenige Kategorien, die wir für geeignet halten:

1. Nährwert in Kalorien oder anderen Inhaltsstoffen;

2. Geschmack, Konsistenz und Aroma, die unter der neuralen Vorprogrammierung des Menschen - Darwins Theorie der natürlichen Auslese folgend - als Konsumstimulanzien wirken;

3. Stimulierung durch Zucker oder Koffein;

4. Kühlende Wirkung, wenn es dem Menschen zu warm ist, oder wärmende Wirkung, wenn es ihm zu kalt ist.

Weil wir ein Wahnsinns-Ergebnis erzielen wollen, werden wir natürlich Belohnungen aller Kategorien einsetzen. Die Entscheidung, unser neues Getränk so zu gestalten, daß es für den gekühlten Konsum geeignet ist, ist sehr einfach. Es gibt sehr viel weniger Möglichkeiten, starker Hitze zu begegnen, ohne Getränke zu sich zu nehmen, im Vergleich zu starker Kälte. Weiterhin muß bei großer Hitze viel Flüssigkeit aufgenommen werden; das Gegenteil trifft jedoch nicht zu. Die Entscheidung für Zucker und Koffein in diesem Getränk fällt ebenfalls leicht; immerhin werden Tee, Kaffee und Limonade schon ausgiebig konsumiert. Und es ist auch klar, daß wir dringend Charakteristika benötigen, die das menschliche Wohlbefinden maximieren, wenn sie das gezuckerte und mit Koffein versetzte Wasser trinken. Und um die Möglichkeit zu verhindern, daß die erwünschten, aktiv konditionierten Reflexe, die von uns geschaffen wurden, durch aktive Konditionierung von Konkurrenzprodukten ausgelöscht werden, gibt es auch eine ganz offensichtliche Antwort: Wir werden dafür sorgen, daß man in unserem Unternehmen immer bestrebt ist, daß unser Getränk so schnell wie nur möglich jederzeit an jedem Ort der Welt erhältlich sein wird. Denn ein Konkurrenzprodukt kann nicht als Belohnung wirken und einen Konflikt bewirken, wenn es nie probiert wurde. Das weiß jeder Verheiratete.

Als nächstes müssen wir die Pawlowsche Konditionierung in Betracht ziehen, die wir auch nutzen müssen. Im Rahmen der Pawlowschen Konditionierung resultieren aus der puren Assoziation starke Wirkungen. Das neurale System von Pawlows Hund bringt ihn dazu, Speichel zu produzieren, wenn er eine Glocke hört, die er nicht fressen kann. Und das Gehirn von Männern verzehrt sich nach dem Getränk in der Hand einer schönen Frau, die er nicht haben kann. Und so, Glotz, müssen wir alle Art seriöser und ehrenhafter Pawlowscher Konditionierung nutzen, die uns nur einfällt. Denn solange wir im Geschäft sind, müssen unser Getränk und dessen Promotion im Gehirn der Verbraucher immer mit allen anderen Dingen verbunden sein, die er mag oder bewundert.

Eine so extensive Pawlowsche Konditionierung wird eine Menge Geld kosten, insbesondere für Werbung. Wir werden viel mehr Geld ausgeben, als wir uns vorstellen können. Aber die Ausgaben werden sich lohnen. Da wir auf dem Markt unseres neuen Getränks sehr schnell expandieren, werden sich unsere Wettbewerber großen Nachteilen gegenübersehen, wenn sie Werbung einkaufen wollen, um die Pawlowsche Konditionierung zu bewirken, die sie brauchen. Und dies, zusammen mit anderen Effekten der Kategorie „Umsatz schafft Macht", sollte uns helfen, 50 % der Marktanteile zu erringen und auch zu halten. Vor allem: Angenommen, unsere Käufer sind weit verstreut, dann werden uns unsere höheren Mengen extreme Kostenvorteile im Vertrieb einbringen.

Weiterhin werden Pawlowsche Effekte der puren Assoziation uns helfen, den Geschmack, die Konsistenz und die Farbe unseres neuen Getränks zu bestimmen. Die Pawlowschen Effekte berücksichtigend, werden wir wohlweislich den exotischen und teuer klingenden Namen „Coca-Cola" ausgwählt haben statt des einfachen „Glotzens gezuckertes und mit Koffein versetztes Wasser". Aus ähnlichen pawlowschen Gründen wäre es klug, wenn unser Getränk eher aussähe wie Wein statt wie Zuckerwasser. Und so werden wir unser Getränk, wenn es wasserklar ist, künstlich färben. Und wir werden unser Wasser mit Kohlensäure versetzen, damit unser Produkt aussieht wie Champagner oder irgendein anderes teures Getränk. Außerdem wird dadurch der Geschmack verbessert, und für Konkurrenten wird es schwieriger, dieses Produkt nachzuahmen. Und weil wir so viele teure psychologische Effekte an den Geschmack anbinden, sollte dieser sich von allen anderen üblichen Geschmacksrichtungen unterscheiden, womit wir auch die Schwierigkeit für Wettbewerber erhöhen und nicht zufällig einem bestehenden Produkt mit gleichem Geschmack Vorteile bringen.

Was könnten wir sonst noch aus dem Lehrbuch der Psychologie entnehmen, das unserem neuen Unternehmen weiterhilft? Nun, da gibt es diesen wunderbaren „Monkey-See, monkey-do"-Aspekt im Wesen des Menschen, den die Psychologen oft soziale Bestätigung nennen: soziale Bestätigung, imitativer Konsum, der durch den puren Anblick von Konsum ausgelöst wird. Sie wird nicht nur dazu führen, daß unser Getränk ausprobiert wird, es werden mit dem Konsum auch Belohnungen wahrgenommen. Diesen mächtigen Faktor „soziale Bestätigung" werden wir immer in Betracht ziehen, wenn wir Anzeigen und Promotionkampagnen entwerfen und auf den momentanen Gewinn verzichten, um den gegenwärtigen und zukünftigen Konsum des Produkts zu steigern. Mehr als bei den meisten anderen Produkten wird aus der Zunahme der Verkäufe eine wachsende Verkaufskraft entstehen.

Nun können wir folgendes sehen, Glotz: Wenn wir 1. viel Pawlowsche Konditionierung, 2. kraftvolle Effekte der sozialen Bestätigung und 3. ein wohlschmeckendes, energiespendendes, stimulierendes und wünschenswert kühles Getränk, das viel aktive Konditionierung bewirkt, anbieten, dann werden wir Verkäufe erzielen, die wegen der Mischung der vielen Faktoren, die wir ausgewählt haben, lange Zeit anhalten werden. Deshalb werden wir so etwas wie eine autokatalytische Reaktion in der Chemie in Gang setzen - genau den durch viele Faktoren ausgelösten Wahnsinns-Effekt, den wir brauchen.

Die Logistik und Verteilungsstrategie unserer Firma wird sehr einfach sein. Es gibt nur zwei praktische Möglichkeiten, unser Getränk zu verkaufen: 1. als Sirup in Sodabrunnen und Restaurants und 2. als komplettes, mit kohlesäurehaltigem Wasser vermischtes Produkt in Behältnissen. Weil wir Wahnsinns-Ergebnisse erzielen wollen, werden wir natürlich beides tun. Und, weil wir die Wirkung der Pawlowschen Konditionierung und der sozialen Bestätigung erzielen wollen, werden wir für Werbung und Verkaufsförderung über 40 % vom Preis des Sirups, der benötigt wird, eine Portion herzustellen, verwenden.

Nur wenige Fabriken, die den Sirup herstellen, können die ganze Welt versorgen. Allerdings brauchen wir, um unnötige Transporte von leerem Raum und Wasser zu vermeiden, Abfüllstationen, die über die ganze Welt verstreut sind. Wir werden unsere Gewinne dann maximieren, wenn wir (wie früher General Electric bei den Glühbirnen) immer den Anfangsverkaufspreis für den Sirup oder für jedes Behältnis mit unserem vollständigen Produkt festsetzen. Die beste Möglichkeit, diese wünschenswerte Gewinnmaximierung zu kontrollieren, ist, aus jedem unabhängigen Abfüller, den wir brauchen, einen Lizenznehmer zu machen. Allerdings keinen Wiederverkäufer von Sirup und erst recht keinen Wiederverkäufer von Sirup mit einem unbegrenzten Lizenzvertrag, der den Einstiegspreis von Sirup für immer festschreibt. Weil wir für den überaus wichtigen Geschmack kein Patent und kein Copyright bekommen können, werden wir alle möglichen Anstrengungen unternehmen, unsere Formel geheimzuhalten. Wir werden um unser Geheimnis großes Aufsehen machen, und das wird wiederum die Pawlowschen Effekte verstärken. Wahrscheinlich wird die Lebensmittelchemie Fortschritte machen, so daß unser Geschmack weitestgehend kopiert werden kann. Dann werden wir jedoch so weit voraus sein mit einem starken Markennamen und flächendeckendem, immer verfügbaren weltweiten Vertrieb, daß es uns nicht vom Erreichen unseres Zieles abbringen wird, wenn jemand den Geschmack kopiert. Außerdem wird es neben den Fortschritten in der Lebensmittelchemie, die unseren Konkurrenten hilft, sicherlich auch technische Fortschritte geben, die uns helfen werden: vebesserte Kühlung, bessere Transportmöglichkeiten und für Menschen, die abnehmen müssen, die Möglichkeit, Zuckergeschmack zu schaffen, ohne daß man die Kalorien von Zucker verabreichen muß. Außerdem wird es Möglichkeiten im Bereich ähnlicher Getränke geben, die wir natürlich nutzen werden.

Dies bringt uns zu einer letzten Überprüfung unseres Unternehmensplans: auf seine Realitätsnähe. Wir werden wieder, wie Jacobi, rückwärts denken. Was müssen wir vermeiden, weil wir es nicht haben wollen? Vier Antworten scheinen klar: Zuerst müssen wir die schützenden, abstoßenden und konsumhemmenden Wirkungen des Nachgeschmacks vermeiden, die ein Grundbestandteil der Psyche sind. Zu unserem Vorteil muß ein Konsument an heißen Tagen eine Dose nach der anderen trinken, ohne spürbare Beeinträchtigung durch einen Nachgeschmack. Wir werden durch Versuch und Irrtum einen wunderbaren Geschmack ohne Nachgeschmack finden und auf diese Art das Problem lösen.

Zweitens müssen wir vermeiden, daß wir jemals auch nur die Hälfte unseres kraftvollen Markennamens verlieren. Es wird uns teuer zu stehen kommen, wenn unsere Oberflächlichkeit zuließe, daß jemals irgendeine andere Art von Cola verkauft wird, beispielsweise eine „Peppy Cola"; und wenn es jemals eine „Peppy Cola" geben wird, dann werden wir die Besitzer dieser Marke sein.

Drittens, müssen wir bei soviel Erfolg die negativen Effekte von Neid vermeiden, der in den Zehn Geboten seinen Platz findet, weil Neid in der menschlichen Natur sehr ausgeprägt ist. Der beste Weg, um Neid zu vermeiden, ist, wie Aristoteles herausgefunden hat, sich den Erfolg auch wirklich zu verdienen. Wir werden uns mit allen Kräften um die Produktqualität bemühen, um die Qualität der Produktpräsentation, um vernünftige Preise, wenn man das harmlose Wohlgefühl in Betracht zieht, das wir vermitteln.

Viertens: Wenn unser typischer Geschmack den neuen Markt dominiert, dann müssen wir es vermeiden, diesen Geschmack gravierend und schnell zu verändern. Auch wenn ein neuer Geschmack in Blindtests besser abschneidet, dann wäre es außerordentlich dumm, zu diesem neuen Geschmack zu wechseln. Der Grund ist, daß unter solchen Bedingungen unsere alte Geschmacksrichtung durch psychologische Effekte in dem Vorleben des Konsumenten so eingebettet ist, daß uns eine große Veränderung im Geschmack wenig helfen würde; es würde großen Schaden anrichten, weil damit beim Konsumenten das ganz normale Überreaktionssyndrom bei Verlusten ausgelöst würde. Dies macht Verluste in jeder Art von Verhandlung so schwierig und läßt die meisten Glücksspieler irrational werden. Außerdem würde eine so große Veränderung im Geschmack es einem Konkurrenten ermöglichen, mit einer Kopie unserer alten Geschmacksrichtung zwei Vorteile zu nutzen:

1. die feindlich eingestellte Überreaktion des Konsumenten auf den Verzicht und 2. die große Vorliebe für unsere ursprüngliche Geschmacksrichtung, die wir durch unsere vorangehende Arbeit geschaffen haben.

Nun, das ist meine Lösung für meine eigene Aufgabe, wie man aus 2 Millionen $ 2 Billionen $ macht, auch wenn man Milliarden von Dollar an Dividenden ausgezahlt hat. Ich glaube, ich hätte 1884 bei Glotz gewonnen, und ich glaube auch, daß ich Sie mehr überzeugen konnte als Sie es am Anfang selbst erwartet haben. Immerhin sind die richtigen Strategien klar, nachdem Sie mit dem elementaren akademischen Gedankengut in Verbindung gebracht wurden.

Inwieweit stimmt nun meine Lösung mit der Geschichte der wirklichen Coca-Cola Company überein? Nun, im Jahr 1896, zwölf Jahre, nachdem der fiktive Glotz so kraftvoll mit 2 Mio. $ gestartet war, hatte die Coca-Cola Company einen Nettowert von unter 150.000 $ und so gut wie keine Gewinne. Und später verlor die echte Coca-Cola Company die Hälfte ihres Markennamens und bot zeitlich unbegrenzte Lizenzverträge für Abfüller an, in denen feste Sirupppreise garantiert wurden. Einige Abfüller waren nicht besonders effizient und konnten auch nicht leicht ersetzt werden. Und damit verlor die wirkliche Coca-Cola Company weitgehend die Preiskontrolle, die ihre Ergebnisse verbessert hätte, wenn sie etabliert worden wäre. Dennoch vefolgte die wirkliche Coca-Cola Company den Plan, den ich Glotz vorgestellt habe, so weit, daß sie nunmehr über 125 Mrd. $ wert ist; sie muß den Unternehmenswert bis 2034 jährlich nur um 8 % steigern, um den Wert von 2 Bio. $ zu erreichen. Und mit nur 6 % Steigerung pro Jahr kann die Coca-Cola Company ihr Absatzziel von 2,92 Billionen Gläser pro Jahr erreichen, ein Ergebnis, das mit den Erfahrungen der Vergangenheit übereinstimmt und noch genügend klares Wasser übrigläßt, das Coca-Cola nach dem Jahr 2034 ersetzen kann. Und so möchte ich vermuten, daß der fiktive Glotz - mit Finanzmitteln besser ausgestattet und die schlimmsten Fehler vermeidend - sein 2-Billionen-$-Ziel leicht erreicht hätte. Und er hätte es auch weit vor 2034 erreicht.

Und das bringt mich schließlich zum Hauptzweck meines Vortrags. Wenn meine Antwort auf das Problem von Glotz auch nur im Groben stimmt und wenn Sie eine weitere Annahme machen, von der ich glaube, daß sie stimmt - daß die meisten Doktorväter, ja sogar Psychologieprofessoren und Dekane von wirtschaftswissenschaftlichen Fakultäten nicht die gleiche einfache Antwort geben würden, die Sie von mir erhalten haben -, dann wird es weitreichende Konsequenzen in der Ausbildung geben. Und wenn ich in diesen beiden Aspekten recht hätte, dann würde dies bedeuten, daß unsere Zivilisation im Augenblick eine ganze Menge von Dozenten an ihren Lehrstühlen beläßt, die Coca-Cola nicht zufriedenstellend erklären können - nicht einmal aus der Retrospektive heraus und auch nicht, obwohl sie Coca-Cola während ihres Lebens ständig beobachten konnten. Diese Situation ist äußerst unbefriedigend.

Weiterhin - und dieses Ergebnis ist sogar noch extremer - haben die brillanten und effektiven Manager, die, umgeben von Absolventen von Business Schools und juristischen Fakultäten, die Coca-Cola Company in den letzten Jahren mit hervorragendem Erfolg geleitet haben, die Grundsätze der Psychologie ebensowenig verstanden, um das Fiasko mit New Coke vorhersehen und vermeiden zu können, das ihr Unternehmen so sehr in Gefahr gebracht hat. Daß so begabte Menschen, die von professionellen Beratern von den besten Universitäten umgeben sind, so eine riesige Lücke in ihrer Ausbildung demonstrierten, ist ebenfalls keine befriedigende Situation.

Solch extreme Ignoranz, sowohl in den hohen Rängen der Universitäten als auch in den hohen Rängen der Wirtschaft, ist ein Wahnsinns-Effekt der negativen Art und demonstriert ernsthafte Fehler in der akademischen Ausbildung. Weil dieser negative Effekt so enorm ist, sollten wir erwarten, daß es dafür vielfache, miteinander verbundene Gründe im akademischen Bereich gibt. Ich vermute, es sind mindestens zwei Gründe:

1. Der wissenschaftlichen Psychologie, so bewundernswert und nützlich sie als Liste genialer und bedeutender Experimente ist, fehlt die interdisziplinäre Synthese. Insbesondere wird den Wahnsinns-Effekten, die aus Kombinationen psychologischer Tendenzen resultieren, zu wenig Beachtung geschenkt. Dies schafft eine Situation, die mich an einen Landschullehrer erinnert, der versucht, seine Arbeit in der Schule dadurch zu vereinfachen, daß er Pi zu einer glatten 3 abrundet. Und das verletzt auch Einsteins Vermächtnis, daß alles so einfach wie nur möglich gemacht werden sollte - aber einfacher nicht. Im allgemeinen wird die Psychologie so dargestellt und mißverstanden, wie heute auch der Elektromagnetismus mißverstanden würde, hätte die Physik so viele brillante Forscher wie Michael Faraday und keinen großen Synthetiker wie James Clerk Maxwell hervorgebracht.

Und 2. gibt es tatsächlich einen erschreckenden Mangel an Synthese, die die Psychologie und andere akademische Fächer miteinander verbindet. Aber nur eine interdisziplinäre Vorgehensweise kann die Realität richtig behandeln - im akademischen Bereich ebenso wie bei der Coca-Cola Company.

Kurz gesagt, die psychologischen Institute an den Universitäten sind weitaus wichtiger und nützlicher als andere Universitätsinstitute annehmen mögen. Und gleichzeitig sind die psychologischen Institute der Universitäten schlimmer als die meisten von denen, die an ihnen lehren, annehmen. Das ist natürlich normal, daß das Selbstlob positiver ist als das von außen. Vielleicht hat Ihnen der Redner von heute Abend ein Problem dieser Art beschert. Die Größe und der Umfang dieses Mangels an den psychologischen Instituten der Universitäten ist absurd groß. Tatsächlich ist der Mangel so enorm, daß eine sehr prominente Universität (Chicago) ihr psychologisches Institut ganz einfach abgeschafft hat, vielleicht mit der unausgesprochenen Hoffnung, daß man später eine bessere Version einrichten könnte.

Unter solchen Bedingungen vollzog sich vor vielen Jahren - und schon damals lief vieles falsch - das Fiasko um New Coke, wobei die Verantwortlichen der Coca-Cola Company beinahe den wertvollsten Markennamen der Welt zerstört hätten. Die akademisch richtige Reaktion auf dieses imense und weitbekannte Fiasko wäre eine Reaktion gewesen, die dem entsprochen hätte, was Boeing täte, wenn innerhalb einer Woche drei seiner neuen Flugzeuge abstürzten. In beiden Fällen ist die Integrität des Produktes involviert, und in beiden Fällen war das Versagen der Wissenschaft enorm.

Auf der akademischen Seite hingegen war keine derart verantwortungsvolle Reaktion wie bei Boeing zu bemerken. Statt dessen tolerieren die Universitäten im Großen und Ganzen weiterhin Psychologieprofessoren, die Psychologie falsch lehren, Professoren aus anderen Bereichen, die es versäumen, psychologische Effekte zu berücksichtigen, die offensichtlich in ihrem Fachbereich wesentlich sind, und berufsbildende Schulen, die sorgfältig darauf achten, das psychologische Unwissen zu bewahren, das mit jeder neuen Eingangsklasse kommt - und sie sind stolz auf ihre Unzulänglichkeit.

Obwohl diese bedauernswerte Blindheit und Schlamperei an den Universitäten den Normalfall darstellt, gibt es Ausnahmen, die dazu Hoffnung geben, daß die beschämenden Unzulänglichkeiten des akademischen Establishments möglicherweise korrigiert werden könnten. Und hier sage ich ein ganz optimistisches Ja.

Wir sollten beispielsweise das gegenwärtige Verhalten der wirtschaftswissenschaftlichen Fakultät der University of Chicago betrachten. Im letzten Jahrzehnt hatte diese Fakultät beinahe ein Monopol auf die Nobelpreise im Bereich der Wirtschaftswissenschaften, zum größten Teil, weil sie aus dem Modell des „freien Marktes" heraus gute Vorhersagen trafen, die die Rationalität des Menschen betonten. Und was ist die Reaktion dieser Fakultät, nachdem sie mit ihrer Theorie des rationalen Menschen so viele Preise gewonnen hat?

Nun, man berief auf einen wichtigen Sitz inmitten ihrer Gesellschaft von Größen einen sehr weisen und geistreichen Wirtschaftswissenschaftler aus Cornell, Richard Thaler. Man hat das deshalb getan, weil Thaler mit Witzen auf das reagiert, was an der University of Chicago als heilig gilt. Tatsächlich glaubt Thaler, so wie ich, daß Menschen oft sehr irrational sind, von der Psychologie jedoch berechenbar, und daß dies auch bei der Mikroökonomie in Betracht gezogen werden muß. Mit diesem Verhalten imitiert die University of Chicago Darwin, der einen großen Teil seines langen Lebens rückwärts dachte, als er versuchte, die Theorien, die er sich am härtesten erarbeitet hatte und am meisten liebte, zu widerlegen. Und solange es akademische Bereiche gibt, die ihre besten Werte lebendig erhalten, indem sie wie Darwin rückwärts denken, dann können wir zuversichtlich erwarten, daß unsinnige Ausbildungspraktiken bald durch bessere ersetzt werden - genau wie es Carl Jacobi vorausgesagt haben könnte.

Das wird geschehen, weil die Sichtweise Darwins mit ihrer gewohnten Objektivität, die sie wie ein häres Gewand trägt, sehr mächtig ist. Tatsächlich hat kein geringerer als Einstein gesagt, daß einer der vier Gründe für seine Errungenschaften die „Selbstkritik" war, gleichwertig neben Neugier, Konzentration und Beharrlichkeit.

Und, um die Macht der Selbstkritik noch weiter hervorzuheben, überlegen Sie einmal, wo dieser unbegabte Student, Charles Darwin, begraben liegt. Sein Grab ist in der Westminster Abbey, genau neben dem Grabstein von Isaac Newton, dem vielleicht begabtesten Gelehrten, der je lebte und der durch fünf lateinische Worte auf seinem Grabstein geehrt wird, das wahrscheinlich bestformulierte Lob auf irgendeinem Grabstein: „Hic Iacet Quod Mortale Fuet" - „Hier liegen die Überreste dessen, was sterblich war."

Eine Gesellschaft, die den toten Darwin so plaziert, wird sich vielleicht entwickeln und die Psychologie auf saubere und praktische Art integrieren, und dies wird Fertigkeiten und Fähigkeiten aller Art förderlich sein. Aber alle von uns, die ein Stück Macht haben und schon das Licht sehen, sollten die Entwicklung fördern. Es steht sehr viel auf dem Spiel. Wenn an vielen hohen Orten ein so universelles und erfolgreiches Produkt wie Coca-Cola nicht genau verstanden und erklärt werden kann, dann steht es schlecht um unsere Kompetenz, mit vielem umzugehen, das viel wichtiger ist.

Natürlich können diejenigen unter Ihnen, die 50 % ihres Vermögens in Coca-Cola-Aktien angelegt haben - so geschehen, weil sie die 10 % zu investieren versuchten, nachdem sie so gedacht haben wie ich, als ich Glotz meine Idee vorstellte -, meine Botschaft über Psychologie als zu einfach ignorieren. Aber ich bin nicht sicher, ob diese Reaktion für alle anderen sehr gut wäre. Die Situation erinnert mich an die alte Warner & Swasey Anzeige, die ich sehr mochte: „Das Unternehmen, das ein neues Werkzeug braucht und es nicht gekauft hat, bezahlt schon dafür."

36

Mitternacht bei McDonald's

Ungefähr gegen Mitternacht zwischen dem 1. und 2. Oktober 1995 bestellte Warren Buffett in einem McDonald´s in Hongkong einen Bic Mac, Fritten und eine Coke.

„Er kam gerade von der Theke zurück, als ich ihn sah. Ich hatte ihn zuvor schon einmal gesehen", sagte Mark Langdon aus Omaha. „Ich sprang auf und benutzte die Omaha Connection, um mich ihm vorzustellen. Er hielt an, wir plauderten miteinander und dann setzte er sein Tablett auf meinem Tisch ab. Er sah sich um und sagte: ,Ich habe hier einige Freunde und möchte sie nicht verpassen.' Mein Bruder und ich hatten gehört, daß Buffett zusammen mit dem Vorsitzenden von Microsoft, Bill Gates, in China war", sagte Langdon. Dann kam Bill Gates heran, und Warren stellte Gates mir und meinem Bruder vor. Ich glaube, ich mußte meine Kinnlade vom Fußboden hochholen. Buffett sagte zu Fred und mir: ,Das ist Bill Gates', so wie es sich gehört", erzählte Langdon über die Vorstellung.

Dann kamen Melinda, Gates´ Frau, und Gates´ Vater Bill Gates sen. zum Tisch herüber. „Es war verrückt", sagte Langdon, damals 33jähriger Applikationsanalyst in der Lehre bei Applied Communications Inc. in Omaha, einem Unternehmen, das Software für den elektronischen Geldtransfer herstellt.

Buffett erklärte Gates, daß es Unternehmen wie Applied Communications seien, die die Arbeitslosenquote in Omaha so niedrig hielten.

„Wir sechs saßen ungefähr 20 Minuten an unserem Tisch zusammen", erzählte Langdon.

Langdon war auf der Rückkehr von einer Reise nach Jakarta. Sein Bruder Fred, 35 Jahre alt, war auf dem Weg von Omaha zurück an seinen Arbeitsplatz als Ingenieur bei Procter & Gamble in Kobe, Japan. Die Brüder hatten verabredet, sich zu treffen und Hongkong zu besichtigen.

(Photo by LaVerne Ramsey)
Mark Langdon aus Omaha aß mit Buffett und Gates ein Late-Night-Dinner bei McDonald's.

„Wir waren den ganzen Tag lang unterwegs und kamen ins Hotel zurück. Wir schalteten den Fernseher ein und schliefen ein und wachten danach so hungrig auf, daß wir zu McDonald's gingen", sagte Langdon.

Buffett und seine Begleitung bereitete sich nach ihrer gemeinsamen Reise durch China auf die Heimreise am nächsten Tag vor; Buffett erklärte, sie seien zu McDonald's gegangen, um etwas Vertrautes zu essen.

Als die sechs gemeinsam aßen, wies Buffett auf die Vertrautheit und Übereinstimmung aller McDonald's-Läden weltweit hin. Langdon hatte das Gefühl, daß Buffett in gewisser Weise die Speisen analysierte, als er sie aß.

„Er nahm das Brötchen, hob es ein wenig hoch, betrachtete es und das Fleisch; dann sagte er, das Brötchen sei das gleiche (ob in den USA oder in Asien), das Fleisch sei das gleiche und auch die Fritten seien gleich. Und auch der Preis dafür ist ungefähr der gleiche", berichtet Langdon.

Buffett erzählte, daß er und seine Begleiter während ihrer Reise durch China auch im McDonald's in Peking gegessen hätten. „Ich wußte, daß er ein Coke-Junkie ist, und so fragte ich ihn: ‚Und was halten Sie von der Coke?' Buffett ulkte: ‚Die Mischung könnte für meinen Geschmack ein klein wenig kräftiger sein, aber sie ist schon in Ordnung.'

Ich sprach mit ihm wie mit jedem anderen Menschen. Es war kaum zu glauben, daß diese beiden die reichsten Menschen auf der Welt waren", sagte Langdon.

Buffett habe ein weißes Polo-Shirt mit einem kleinen Aufdruck getragen: „Nebraska 1994 National Champions". Gates hatte ein Button-Down-Hemd an. Beide trugen lange Freizeithosen. „Daß Buffett so war, das wußte ich, aber von Gates wußte ich es nicht. Er war ungefähr von der gleichen Art."

Langdon war erstaunt, daß offensichtlich keine Bodyguards in der Nähe waren und Buffett und Gates gegen Mitternacht ausgingen und niemand sie erkannte.

„Ich sah nur einmal, daß ein Herr sich umdrehte und ein paar Mal guckte", sagte Langdon und fügte hinzu, daß die meisten, die zu dieser Nachtzeit bei McDonald's waren, Asiaten waren.

Buffett und seine Begleitung wohnten im berühmten alten Peninsula Hotel, aber sie sagten nicht, wie sie vom Hotel zu McDonald's gekommen waren. „Ich bemerkte keinen Fahrer", sagte Langdon.

(Photo by Terri Maxwell)
*In diesem McDonald´s nahe dem Peninsula Hotel in Hongkong nahmen Buffett und Gates ein La-
te-Night-Dinner ein.*

Zwischen Gates und Fred Langdon gab es ein Gespräch über das Internet, aber die Hauptsache, an die sich Mark Langdon im Zusammenhang
mit Gates erinnerte, war, daß er zwei Big Macs verzehrte. Zuerst aß er seinen Big Mac und dann einen, den seine Frau geholt hatte. „Er inhalierte
sie", sagte Langdon.

Buffett bezahlte das Essen mit McDonald´s-Geschenkgutscheinen und
gab den Langdon-Brüdern die Gutscheine, die noch übrig waren. Buffett
sagte: „Man schenkte sie uns", ohne genau zu sagen, wer sie ihm gab.
Nachdem Buffett die Geschenkgutscheine ausgehändigt hatte, knurrte er:
„Sie haben nicht zufällig Vielfliegercoupons, oder?"

Langdon erzählte, er hätte Gerüchte gehört, daß Buffett McDonald´s
Aktien kauften, aber nach dem Nachtmahl mit ihm habe er immer noch
keinen Beweis dafür.

„Mein Bruder und ich gingen mit dem Eindruck, nur eine so Ahnung,
daß beide, sowohl Buffett als auch Gates, an McDonald´s interessiert waren. Beide sprachen die ganze Zeit über McDonald´s", sagte Langdon.

37

McDonalds

1995 und 1996 grassierten Gerüchte, daß Warren Buffett sich einen großen Anteil an McDonald´s holen wollte. Während dieser Zeit fuhr ein Freund mit ihm im Auto und fragte Buffett, ob er dabei sei, McDonald´s zu kaufen. Buffett sagte zu seinem Freund: „Warst du jemals in Ägypten?" Der Freund: „Ja." Buffett: „Hat die Sphinx irgend etwas gesagt?" Der Freund: „Nein." Buffett: „Nun, das ist die Antwort."

Die Gerüchte wurden zum ersten Mal am 6. März 1996 bestätigt, als die Auskunft gegeben wurde, daß eine SEC-Akte zeigte, daß Berkshire Ende 1994 4,9 Millionen Aktien von McDonald´s besaß.

Ende 1996 konnte man einer Akte entnehmen, daß Berkshire im dritten Quartal 1995 9,34 Millionen Aktien besaß oder ungefähr 1,3 % von McDonald´s; der Berkshire Jahresbericht für 1996 zeigte, daß Berkshire seinen Anteil an McDonald´s auf 30.156.600 Aktien oder 4,3 % erhöht hatte. Weil die McDonald´s Aktien in Berkshires Jahresbericht 1997 nicht als ein Investment, dessen Wert mehr als 750 Mio. $ ausmachte, erwähnt wurde, scheint es, daß Buffett einige oder alle McDonald´s Aktien verkauft hat.

Schon einige Jahre zuvor hatte Buffett einen Anteil an einem allgemein anerkannten Markennamen, einer Gesellschaft mit explodierendem Wachstum in Übersee gekauft, auch wenn das Wachstum in den Vereinigten Staaten dem Ende zuging und das Wachstum der McProfite langsamer wurde.

Ungefähr 60 % der Gewinne von Mickey D kommen aus Übersee und ungefähr 80 % davon aus sieben Ländern. Die Märkte in China und Russland blieben unberührt. Es gibt dort noch viel Potential für die McFamily.

Alles begann mit den Brüdern Dick und Mac McDonald im Jahr 1937 in Kalifornien, wo Drive-In-Restaurants für die Kalifornier mit ihrem Autotick groß in Mode kamen. Das erste Restaurant wurde an einem Parkplatz im Osten von Pasadena eröffnet und danach ein größeres in San

Bernadino im Jahr 1940. Es war ein riesiger Erfolg.

Ray Kroc, ein High-School-Aussteiger, der ein hervorragender Verkäufer war, traf die McDonald-Brüder 1954. Die Brüder waren für Kroc gute Kunden; er verkaufte ihnen Multimixer, um damit Milchshakes herzustellen.

In John F. Loves Buch *McDonald's: Behind the Arches* wird am besten beschrieben, wie Geschichte gemacht wurde.

„Er (Kroc) hatte seinen Mietwagen eine ganze Stunde vor Mittag auf dem Parkplatz von McDonald's geparkt, aber schon bildeten sich an den beiden Frontfenstern, wo die Bedienung hauptsächlich stattfand, lange Schlangen und auch am Seitenfenster, wo die Pommes Frites separat ausgegeben wurden... Nicht die Art und Weise, sondern die Geschwindigkeit dessen, was geschah, erregte seine Aufmerksamkeit."

Worüber Kroc sich so begeisterte, war, daß er bei diesem ersten Besuch bemerkte, daß jede dritte Bestellung Milchshakes beinhaltete, die mit seinen Multimixern hergestellt wurden.

„Die McDonalds bereiteten die Milchshakes so schnell zu, daß sie... ein paar Zentimeter der Quirlstäbe von Krocs Multimixern absägten, so daß sie die Shakes gleich in den 12-Unzen-Pappbechern anrühren konnten und nicht in den 16-Unzen-Stahlbehältern, den Sodabrunnen benutzten. Er schäumte über vor Begeisterung, als er hereinkam, um sich vorzustellen... ,Mein Gott, ich war die ganze Zeit da draußen und schaute das alles an, aber ich kann es nicht begreifen', sagte er den Brüdern. Dick und Mac versicherten ihm, daß seine Reaktion normal sei - und so typisch wie das Geschäft dieses Tages. ,Und wann hört das hier auf?' fragte Kroc. ,Irgendwann spät heute nacht', entgegnete Dick. ,Irgendwie', erklärte Kroc, ,mußte ich bei dieser Sache mitmachen.' ,Als ich das an diesem Tag 1954 sah, da fühlte ich mich wie ein moderner Newton, dem man gerade eben eine Kartoffel aus Idaho an den Kopf geworfen hatte. In dieser Nacht dachte ich in meinem Motelzimmer heftig darüber nach, was ich während des Tages gesehen hatte. Visionen von McDonald's-Restaurants, die an Straßenkreuzungen im ganzen Land verteilt waren, zogen durch meinen Kopf.' Kroc wurde von diesem neuen Unternehmen besessen. ,Ich glaube an Gott, meine Familie und McDonald's - und im Büro ist es umgekehrt', sagte Kroc gern.

Später kaufte Kroc den McDonald-Brüdern das Unternehmen ab und führte es zu einem enormen Erfolg. Kroc, der sich schon nach seinem ersten Jahr aus der High School verabschiedet hatte, hatte einen langen Weg hinter sich.

Als der Erste Weltkrieg begonnen hatte, ging er im Alter von 15 Jahren mit dem Roten Kreuz nach Europa und arbeitete in der selben Kompanie wie Walt Disney. Die beiden mochten einander, doch sie waren sehr gegensätzlich. Loves Buch zitiert Kroc: „Er zeichnete die ganze Zeit Bilder, während wir hinter den Mädchen her waren. Und das ist eine Lektion, denn seine Zeichnungen gibt es immer noch - und die meisten dieser Mädchen sind heute tot."

Ziemlich spät in seinem Leben eröffnete Kroc sein erstes McDonald's in Des Plaines in Illinois und erwischte ganz genau die Fast-Food-Mode in diesem Land. Er bestand darauf, seine Hamburger günstig zu verkaufen, mit hoher Qualität, bestem Service, Sauberkeit und Training. Der Rest ist nunmehr Geschichte. Im Buch von Love kann man das nachlesen:

Im letzten Jahr haben 96 % aller amerikanischen Konsumenten in einem seiner Restaurants gegessen.

Etwas mehr als die Hälfte der gesamten US-Bevölkerung lebt innerhalb von drei Autominuten Entfernung zu einem McDonald's.

McDonald's hat weit mehr als 100 Milliarden Hamburger verkauft.

McDonald's empfängt 14 % aller Restaurantbesuche in den Vereinigten Staaten - immerhin ein Siebtel - und hat einen Anteil von 6 % an allen Dollars, die für Essen in Restaurants ausgegeben werden.

McDonald's verkauft 34 % aller Hamburger, die in Restaurants verkauft werden, und 26 % aller Pommes Frites.

Die Kontrolle über einen so großen Marktanteil hat McDonald's großen Einfluß auf die Nahrungsmittelproduktion in den Vereinigten Staaten verliehen.

McDonald's ist der größte Käufer von Rindfleisch in den Vereinigten Staaten und verkauft so viele Pommes Frites, daß es 5 % der gesamten Kartoffelproduktion für den Lebensmittelbereich aufkauft.

In den McDonald's Läden werden 5 % aller Coca-Cola-Verkäufe in den Vereinigten Staaten getätigt.

McDonald's macht jedes Jahr durchschnittlich 25 % Gewinn und hat 24 % Gewinnwachstum, seit es 1965 eine Aktiengesellschaft wurde.

Bei einem anfänglichen Investment von 2.250 $ für 100 Aktien bekommt man heute nach elf Aktiensplits und einer Aktiendividende 27.180 Aktien, die 1994 mehr als 1 Mio. $ wert waren.

Am wichtigsten: McDonald's ist der Welt größter Besitzer von Ladenlokalen.

Außerdem verdient jeder 15. Amerikaner sein erstes Geld bei McDonald's.

Als McDonald's an einem kalten 31. Januar 1990 ein Restaurant in Moskau eröffnete, kamen mehr als 30.000 Menschen, die meisten Kunden, die ein Restaurant jemals an einem einzigen Tag bediente. In seinem ersten Jahr bediente das Moskauer Restaurant 15 Millionen Kunden - eine Zahl, für die ein durchschnittliches Restaurant in den USA 30 Jahre braucht. McDonald's Restauranteröffnung am 23. April 1991 in Peking stürzte den Rekord, den das Restaurant in Moskau aufgestellt hatte, als am Eröffnungstag 40.000 Kunden kamen.

Im Jahr 1995 hatte McDonald's zwei Restaurants in China. Bis zur Jahrhundertwende plant McDonald's 500 Restaurants in diesem Land mit seinen 1,2 Milliarden Menschen. Unter der Führung von Michael Quinlan, der seine Karriere mit 19 Jahren in der Poststelle des Unternehmens begann, wo er 2 $ in der Stunde verdiente, hat McDonald's nunmehr Restaurants rund um den Erdball; die Wachstumsgeschwindigkeit ist weiterhin groß, wobei man besonderen Wert auf niedrige Startkosten und kleinere Restaurants legt. Diese Satelliten, die in Kaufhäusern, Krankenhäusern, Schulen und Reisezentren untergebracht sind, werden von bereits bestehenden Restaurants versorgt, wodurch die Kosten weiter gesenkt werden können.

McDonald's, das alle drei Stunden ein neues Restaurant eröffnet, hatte Ende 1997 23.000 Restaurants in mehr als 100 Ländern. Im Jahr 1997 besuchten 14 Milliarden Gäste ein McDonald's-Restaurant.

Angestellte, Franchise-Nehmer und Lieferanten besitzen ungefähr 15 % der Aktien.

Die Ronald-McDonald-Häuser von McDonald's, von denen es auf der ganzen Welt Dutzende gibt, sind sehr bekannt, weil sie den Familien von schwerkranken Kindern eine Unterkunft bieten, die in nahegelegenen Krankenhäusern behandelt werden.

Donald Keough, ein enger Freund von Buffett und früherer Präsident von Coca-Cola, ist Mitglied im Aufsichtsrat von McDonald's und ein weiterer enger Freund von Buffett, Bill Ruane, der das Investmentunternehmen Ruane, Cunniff führt, ließ verlauten, daß sein Unternehmen 4,6 Millionen Aktien von McDonald's hält.

Keough erzählte: „Warren spricht sehr oft und sehr eloquent über die Freuden, die er beim Verzehr eines Big Mac empfindet" (*Fortune*, 4. April 1997). Und tatsächlich nimmt Buffett ungefähr 50mal im Jahr sein Frühstück oder Mittagessen bei McDonald's ein, zahlt immer cash, obwohl er eine spezielle Goldkarte hat, die für ihn von McDonald's geschaffen wurde und ihm in allen McDonald's Restaurants erlaubt, kostenlos zu essen (*Wall Street Journal*, 2. März 1998).

Berkshires Investment bei McDonald's hatte einen langsamen Start, allerdings kauft die Gesellschaft weiterhin ihre eigenen Aktien zurück und der freie Cash flow wuchs von 86 Mio. $ im Jahr 1996 auf 331 Mio. $ 1997.

Es scheint so, als ginge Buffett immer dorthin, wo auch Keough hingeht. Und dorthin, wohin McDonald´s geht - mit seinen Happy Meals, den Teenie Beanie Babies und auch dem Hamburger McFlop für 55 Cents - dort geht auch Coke hin. McDonald´s ist Cokes größter Kunde. Wer sagt da, es gäbe bei Berkshire keine Synergie?

Die Moral: Vergessen Sie Value Investing. Finden Sie nur heraus, was Buffett ißt und trinkt, und dabei werden Sie unweigerlich auf See´s Candy, Coke und McDonald´s stoßen.

38

Walt Disney

„Ich rate Ihnen, Ihre Aktien zu halten."

„Walt Disney und Capital Cities einig über Fusion." - So lautete die Blitznachricht von Dow Jones um 7.56 Uhr am 31. Juli 1995. Und sofort gab es die ersten Witze. „Ich wußte schon immer, daß Cap Cities eine Mickey-Mouse-Firma ist... Mein neuer Boß heißt Mickey Mouse." Die Schlagzeilen: „Die Maus, die brüllte" oder „Die Maus, die Gewinne macht". Diese Witze überdecken jedoch lediglich den größten Zusammenschluß eines Unterhaltungsunternehmens mit einem Medienunternehmen.

Es war für alle ein großer Tag. Der Vorsitzende von Disney, Michael Eisner, der Cap Cities/ABC-Vorsitzende Tom Murphy und Buffett hielten eine Pressekonferenz, in der sie über die 19-Mrd.-$-Fusion sprachen, wobei dieser Deal mit Disney Aktien und Bargeld bezahlt wurde. Murphy sagte bei dieser Gelegenheit, der Schlüssel zu Eisners Erfolg liege darin, daß er ein Junge im Körper eines Mannes sei.

Auf alle Fälle wurde dieser Deal beim jährlichen Sommerfest der Investmentbanker Allen & Co. auf den Weg gebracht, zu dem die Manager von Medienunternehmen Mitte Juli 1995 nach Sun Valley in Idaho eingeladen waren. Eisner und Murphy hatten zuvor schon über einen mög-

(Photo by Nancy Line Jacobs)
Michael Eisner von Disney, der Anführer der Mausketiere, bei der Jahreshauptversammlung von Berkshire 1998.

303

(Photo by Maria Melin-ABC)

Buffett und seine Frau Susie feierten als Mickey und Minnie Mouse mit dem Vorstandsvorsitzenden von Disney, Michael Eisner, und Michael Ovitz auf einer Konferenz des Managements von Cap Cities in Phoenix, Arizona, etwa zur Zeit der Disney-Cap-Cities-Fusion.

lichen Deal gesprochen, aber Murphy wollte Disney-Aktien und Eisner bot Bargeld an. Der Boden für solche Deals wurde von Erwartungen vorbereitet, der US-Kongreß würde einige Restriktionen für das Eigentum an Fernsehgesellschaften lockern. Es hört sich an wie bei Goofy, aber so wurde der Megadeal durchgezogen.

Eisner traf Buffett zufällig, als der auf dem Weg zu einem Golfspiel mit Murphy war, und fragte ihn, ob Cap Cities zu kaufen sei. Buffett antwortete: „Ich glaube ja; fragen wir doch Murphy."

Eisner erzählte Murphy später, daß beide Unternehmen auf vollen Touren liefen. Die beiden kamen einige Wochen später überein, nachdem Murphy mit Buffett und Eisner mit Sid Bass, einem großen Disney-Investor konferiert hatte. Innerhalb von drei Tagen wurde ein Vertrag aufgesetzt.

Investmentbanker waren bei diesem Zusammenschluß kaum beteiligt. Der Deal wurde dem Aufsichtsrat von Cap Cities am Sonntag nachmittag, dem 30. Juli, präsentiert. Am nächsten Morgen wurde diesem Deal zugestimmt und der Zusammenschluß bekanntgegeben.

Disney kaufte Cap Cities (heute ABC Inc. im Disney-Imperium) für 127 $ je Anteil in bar und in Aktien.

Für viele Investoren, die schon lange Zeit bei Cap Cities investiert hatten, schien ein Aktientausch sehr vorteilhaft, weil er steuerfrei ist. Am Ende des Jahres 1997 besaß Berkshire 21.563.414 Disney-Aktien.

Murphy ging in den Aufsichtsrat von Disney, und Buffett war wieder in einem Investment, das er schon einmal in den 60er Jahren begann, als er 1966 5 % von Disney kaufte, zu einer Zeit, als Disney zum fünffachen Jahresgewinn zu haben war, wie Buffett es beschrieb. Er verkaufte seine Anteile 1967 für 6 Mio. $ und erzielte damit einen netten Gewinn. Ein großer Fehler.

Buffett sagte: „In den Sechzigern konnte man die ganze Walt Disney Company für 80 Mio. $ kaufen. Wir kauften einen Anteil für 5 Mio. $ und verkauften ihn ein Jahr später für 6 Mio. $. Hätten wir diesen Anteil behalten, dann wären aus diesen 5 Mio. $ bis Mitte der 90er Jahre über 1 Mrd. $ geworden."

Am Tag der Bekanntgabe stieg der Kurs von Cap Cities von 96 $ um etwa 20 $ an. Sogar die Aktien von Disney, der Gesellschaft, die kaufte, stiegen. Es ist sehr außergewöhnlich, daß die Aktien der kaufenden Gesellschaft steigen, aber Buffett gewann 100 $ bei einer Wette mit einem Disney-Manager, weil er darauf setzte, daß die Disney-Aktien steigen würden.

Und Berkshires Aktien machten einen Sprung um 550 $ auf 24.750 $.

Es war ein guter Tag für Buffett. Da Berkshire 20 Millionen Aktien von Cap Cities hatte, die an diesem Tag 20 $ gewannen, rollten an diesem Tag ungefähr 400 Mio. $ auf die Konten von Berkshire. Der Nachrichtendienst von Dow Jones stellte heraus, daß 16.000 Amerikaner mit einem Durchschnittsverdienst von 25.000 $ pro Jahr erforderlich wären, um diesen Betrag zu verdienen.

Es hatte keine Unruhe im Optionshandel gegeben, keine Nachrichten oder irgendeinen Hinweis darauf, daß dieser Megadeal anstand. Die Ankündigung schockte die Wall Street, ganz anders als die Übernahme von CBS durch Westinghouse, die am nächsten Tag stattfand und über die es schon lange Zeit Gerüchte und Berichte gegeben hatte.

Eisner, Murphy und Buffett - diese drei Mausketiere - teilten der Welt die Mega-Fusion ganz überraschend mit.

„Den Export von Gedankengut aus den Vereinigten Staaten hat es schon immer gegeben, aber nun kann er besser organisiert werden", sagte Eisner, der früher einmal für ABC gearbeitet hatte. „Jetzt werden US-Unternehmen wirklich global."

Murphy sagte: „Für mich persönlich ist das der Höhepunkt meiner Karriere, wenn ich diese beiden großen Unternehmen gemeinsam in die Zukunft gehen sehe."

Buffet erklärte, dieser Deal sei ein Segen für die Aktionäre der beteiligten Unternehmen: „Es ist eine wunderbare Ehe zwischen der Nummer 1 der Unternehmen, die Inhalte liefert, und der Nummer 1 der Unternehmen, die diese verbreiten kann."

Dieser Unternehmenszusammenschluß, der zweitgrößte nach der Übernahme von RJR Nabisco, schuf das größte Unterhaltungs- und Medienunternehmen der Welt, weitaus größer als Time Warner. Zwei Wochen, nachdem der Zusammenschluß verkündet wurde, wurde Michael Ovitz von Creative Artists Agency zu Disneys Präsidenten ernannt. Er blieb nur 14 Monate in dieser Position.

Disney, die Heimat der bekanntesten Maskottchens der Welt - Mickey Mouse und Donald Duck, setzt im Jahr mehr als 10 Mrd. $ um, die aus den Themenparks, Filmen, Musik, Büchern, Läden, Sport und anderen Bereichen wie beispielsweise Disney Interactive und Disney Cruise Line herrühren. Cap Cities brachte mehr als 6 Mrd. $ pro Jahr mit, die aus dem ABC-Fernsehnetz, 225 angeschlossenen Fernsehstationen und einer Reihe von anderen Medienunternehmen wie beispielsweise dem weltumspannenden ESPN-Sportkanal stammen.

Wie kam es dazu, daß einer der größten Unternehmenszusammenschlüsse in der Geschichte über einen Mann aus Omaha lief, der in einigen Kreisen äußerst berühmt ist, andererseits jedoch weitgehend unbekannt?

Weshalb sollte Michael Eisner Buffett fragen, ob ein solcher Deal überhaupt möglich sei, und weshalb konnte er sich vorstellen, daß dieser Deal laufen würde, als Buffett antwortete: „Sicherlich, aber Sie sollten erst einmal mit Tom (Murphy) sprechen."

Michael sprach mit Tom und der mit Warren - und das Triumvirat marschierte davon in die „Wunderwelt von Disney".

Später auf einer Party in Phoenix, Arizona, auf der die Fusion gefeiert wurde, brachte Buffett Hunderte von Managern von Cap Cities und Disney auf die Beine, als er und seine Frau in vollem Kostüm auf der Bühne erschienen - als Mickey und Minnie Mouse. Buffett sagte: „Ich dachte, ich sollte mich ein wenig vorbereiten und mal überlegen, wie es die Oscar-Preisträger machen. An dieser Stelle möchte ich mich bei meinem Friseur bedanken, bei meinem Kostümberater und natürlich bei meinem persönlichen Trainer."

Er trug immer noch seine Mickey-Mouse-Ohren, und während Wall Street immer noch darauf wartete, zu hören, ob Buffett nach der Fusion Disney-Aktien oder Bargeld nehmen würde, da sang er:

„Shall we go for stock or cash?

Paper money turns to trash.

Stocks, however, sometimes crash.

Shall we go for stock or cash?"
„Sollen wir Aktien oder Cash nehmen?
Papiergeld wird zu Müll.
Aktien jedoch stürzen manchmal ab.
Sollen wir nun Aktien oder Bargeld nehmen?"

Seine Entscheidung wurde am 7. März 1996 bekanntgegeben. Und so geschah es: Am 5. März ging Buffett zu Harris Trust in New York und übergab zwei Brifumschläge. „Umschlag Nummer 1 mit Aktien im Wert von 2,5 Mrd. $: Berkshires 20 Millionen Anteile an Capital Cities/ABC, zu Händen des Käufers dieses Unternehmens, der Walt Disney Company. Umschlag Nummer 2 war versiegelt und gekennzeichnet mit: ‚Nicht öffnen vor 16.30 Uhr am 7. März.' Darin waren Buffetts Wünsche, die er sogar vor dem Management von Disney und Cap Cities geheimhielt..." (*Fortune*, Carol Loomis, 1. April 1996).

Buffett wollte so viele Akien wie nur möglich. Mit den Aktien, die er erhielt, und einigen zusätzlichen Käufen am offenen Markt erlangte Buffett ungefähr 3,5 % der Disney-Aktien. Plötzlich war er Großaktionär eines der größten Markennamen der Welt.

Als Buffett am 21. März 1996 einen Vortrag an der Harvard Business School hielt, wurde er gefragt, weshalb er die Disney-Aktien so gern mochte. Seine Antwort: „Die Maus hat keinen Agenten." Auf der Jahreshauptversammlung von Berkshire 1996 führte Buffett weiter aus: „Die Maus gehört Ihnen." Sie verhandelt nicht jeden Tag oder jeden Monat neu: ‚Guck mal, um wieviel berühmter ich in China geworden bin.' Wenn man die Maus besitzt, dann besitzt man sie."

Hier nun eine verdichtete Version über den Hintergrund, der zu Walt Disneys Akquisition von Cap Cities führte, so wie ihn ein Brief an die Cap-Cities-Aktionäre darstellte. Im Herbst 1993 trafen sich Michael Eisner und Sid Bass, dessen Bass Management Trust 31.125.578 Aktien oder 5,95 % an Disney besitzt, mit Tom Murphy und Daniel Burke von Cap Cities sowie mit Buffett und einem Aufsichtsrat von Cap Cities, um die Möglichkeiten einer Geschäftsverbindung zu diskutieren. Die Gespräche waren ergebnislos. Im März 1995 trafen sich Eisner und Murphy wieder. Murphy schlug vor, daß Cap Cities über einen Aktientausch nachdenken sollte, Eisner hingegen sagte, Disney wäre am Aktientausch überhaupt nicht interessiert. Auch hieraus entwickelte sich nichts.

Auf einem Kongreß traf Eisner am 14. Juli 1995 Buffett und Murphy. Und wiederum sagte Murphy, Cap Cities sei ausschließlich an Disney-Aktien interessiert. Aber sie kamen überein, sich noch einmal zu unterhalten.

(AP/Wide World Photos)

Der frühere Vorsitzende von Cap Cities, Tom Murphy, links, und der frühere CBS-Vorsitzende Lawrence Tisch sind auch Freunde von Buffett. Buffett nennt Murphy „Murph", und der wiederum nennt Buffett einen „400-Pfund-Gorilla". Später wurde er ein 30-Milliarden-Pfund-Gorilla.

Am 21. Juli 1995 fragte Eisner, ob Cap Cities auch über ein Geldangebot nachdenken würde. Murphy verneinte. Eisner schlug vor, daß die Unternehmen eine strategische Allianz in Betracht ziehen sollten, die unter anderem die Provisionen von Disney an ABC Television Network für das Samstagmorgenprogramm und andere Programmteile berücksichtige. Murphy sagte, er wolle es sich überlegen. Am 25. Juli 1995 rief Murphy Eisner an und schlug vor, daß, Disney und Cap Cities statt in eine strategische Allianz in eine Fusion gegen Bargeld und Aktien einsteigen sollten.

Vom 25. bis 31. Juli verhandelten die Entscheidungsträger von Disney, Cap Cities und Buffett einen Vertrag, der sowohl die Bezahlung in Aktien als auch in Bargeld vorsah. Die Aufsichtsräte stimmten am 30. Juli 1995 zu, und der 19-Mrd.-$-Deal, bei dem Disney Cap Cities kaufte, wurde bekanntgegeben.

Die Walt Disney Company betreibt Disneyland in Kalifornien und Walt Disney World in Florida, zu dem auch das Magic Kingdom, Epcot Center, die Disney-MGM Studios und das neue Animal Kingdom gehören. Walt Disney bekommt auch Lizenzgebühren vom Tokio Disneyland und besitzt 39 % des Euro-Disneyland, das auf einem 4.800 Hektar großen Gelände in der Nähe von Paris liegt.

Der Gigant mit Sitz in Burbank, Kalifornien, stellt Unterhaltungspro-
gramme über Buena Vista, Touchstone, Hollywood Pictures und Miramax
für Kino, Fernsehen und Video zur Verfügung. Er veröffentlicht Bücher,
Schallplatten und verkauft seine Produkte weltweit über eine Kette von
mehr als 500 Disney-Läden. Disney startete ESPN-Läden und das ESPN-
Magazin. Disney besitzt Hyperion Press, den amerikanischen Bestseller-
Verlag. Disney besitzt das Anaheim Angels Baseball Team, die Mighty
Ducks of Anaheim, ein Eishockeyteam, und die Bühnenproduktion von
„Die Schöne und das Biest". Disney betreibt auch den Disney Channel und
Radio Disney.

Schon immer war Disney bekannt für seine Filme, zu denen „Cinderel-
la" (der erfolgreichste Fernsehfilm, der je hergestellt wurde), „Aladdin",
„Der König der Löwen", „Pocahontas", „Die kleine Meerjungfrau", „Toy
Story", „101 Dalmatiner", „Evita" und „Herkules" gehören. Disney und
ABC hatten schon lange Zeit zusammengearbeitet, nicht zu vergessen Eis-
ners zehnjährige Tätigkeit bei ABC zu Beginn seiner Karriere.

Walt Disneys Bruder Roy und Leonard Goldenson von ABC kamen in
den 50er Jahren überein, daß Disney ABC mit einer einstündigen Fern-
sehserie versorgen würde als Gegenleistung für ein 500.000-$-Investment
in den Disneyland-Vergnügungspark.

„Anfang 1954 wurde Disneyland Inc., das Walt drei Jahre zuvor gegründet hatte, mit Walt Disney Productions und American Broadcasting Com-
pany-Paramount Theaters zusammengeschlossen, wobei jeder 34,48 %
Anteile erhielt für ein Investment von je 500.000 $" (*Walt Disney*, Bob Tho-
mas).

Später sendete ABC den Mickey Mouse Club, der an jedem Werktag
nachmittags zwischen 17 Uhr und 18 Uhr 75 % Sehbeteiligung erreichte.

„Kinder und Erwachsene sangen überall die Hymne des Mickey Mouse
Clubs - M-I-C, K-E-Y, M-O-U-S-E. Die Kappen mit den Mäuseohren, die
von den Mausketieren getragen wurden, wurden 24.000mal täglich verkauft. 200 weitere Produkte, die mit Walt Disney in Verbindung standen,
wurden von 75 Herstellern vermarktet. Die Mausketiere wurden landesweit bekannte Figuren, und Millionen von Kindern konnten Darlene,
Cubby, Karen und all die anderen Namen aufzählen... Der beliebteste
Mausketier war Annette Funicello, die Tochter eines Tankwarts, die im
Rahmen eines Kinder-Tanzauftritts entdeckt wurde. Sie erhielt die meiste
Fanpost - jeden Monat etwa 6.000 Briefe. Von da an wuchs Disney, das
heute 69.000 Menschen beschäftigt, zu einem Unternehmen mit einem
weltweiten Markennamen heran und kauft nun seine eigenen Aktien
zurück.

Auf der Jahreshauptversammlung von Disney im Jahr 1997 äußerten die Aktionäre Bedenken gegen die Bezahlung des entlassenen Michael Ovitz, gegen das Gehalt von Eisner selbst und dagegen, daß der Aufsichtsrat von Eisner kontrolliert würde. Eisner brachte Buffett auf die Bühne und der sagte: „Wir glauben, daß Disney einer der ganz großen Markennamen der Welt ist. Ich möchte Ihnen raten, Ihre Aktien zu behalten."

Capital Cities/ABC

Eines Tages, als Buffett 1985 in Washington war, erreichte ihn ein dringender Anruf aus seinem Büro; er solle mit seinem Freund Tom Murphy, dem Vorsitzenden von Cap Cities Communications, Kontakt aufnehmen. Murphy sagte, er benötige Rat, wie man 3,5 Mrd. $ finanzieren könne, um ABC zu kaufen. Bis dahin war der Erwerb von ABC-TV durch Cap Cities, bekanntgegeben am 18. März 1985, der teuerste Kauf eines Medienunternehmens.

Weder Murphy noch Buffett hatten anfangs daran geglaubt, daß Buffett sich persönlich einbringen würde, aber der Zauberer von Omaha wurde bei dieser Akquisition schnell zu einer Schlüsselfigur. Seine Rolle bei dem großen Unternehmenszusammenschluß bewegte die Wall Street wahrscheinlich dazu, dem Deal ihre Zustimmung zu geben, da die Aktienkurse beider Unternehmen nach oben schossen.

Buffetts großes Interesse an Medienaktien, seit Anfang der 70er Jahre deutlich, gipfelte in dem Gerücht, daß Cap Cities ABC kaufen würde, wobei Berkshire fast ein Fünftel des neuen Mediengiganten besitzen würde.

Ohne nachzurechnen stimmte Buffett einem Investment von 517,5 Mio. $ zu, um 3 Millionen Aktien von Cap Cities zu je 172,50 $ zu kaufen. (Das war vor einem 10:1-Aktiensplit im Jahr 1994.) Daher kam das Geld, das in den Zusammenschluß von Cap Cities und ABC im Januar 1986 eingebracht wurde.

Buffetts Rolle bei diesem Deal: „Ich brauchte dafür nur ungefähr 30 Sekunden. Alles Notwendige wurde auf ein oder zwei Seiten festgehalten", sagte Buffett über sein Investment (*Regardie's*, Februar 1986).

Zwei Stunden später spielte Buffett mit drei New Yorker Freunden sechs Stunden lang Bridge, womit er seine Gedanken an diesen Deal vertrieb. „Wenn ich Bridge spiele, dann denke ich an nichts anderes", sagte er Robert Dorr vom *Omaha World-Herald*.

Murphy rief Buffett an, weil die beiden schon lange befreundet waren. Buffett hatte von Murphy (den er „Murph" nennt) schon immer eine sehr hohe Meinung und sagte über ihn: „Ich glaube, er ist der absolute Spitzenmanager in den Vereinigten Staaten." Murphy erwiderte das Kompliment, als er über Buffett sagte: „Wenn ich die ganze Zeit mit ihm zusammen wäre, dann hätte ich bald einen riesigen Minderwertigkeitskomplex... Er ist einer der besten Freunde. Er versucht alles und wird alles tun, um jemandem zu helfen. Ohne ihn wäre es mir nicht möglich gewesen, ABC zu kaufen" (*USA Today*, 18. September 1991).

Buffett sagte einmal der Redakteurin von *Channels*, Patricia Bauer (November 1986): „Ich arbeite gern mit Murphy zusammen. Ich arbeite mit niemandem zusammen, den ich nicht mag. Ich schätze mich sehr glücklich, für den Rest meines Lebens mit Leuten zusammenarbeiten zu können, die ich mag und bewundere. Und an der Spitze dieser Liste steht Murph mit einem äußerst interessanten Unternehmen."

Plante Buffett, auf die Tendenz von ABC Einfluß zu nehmen oder darauf, was gesendet wurde? „Nein", sagte er Patricia Bauer, „für solche Fragen bin ich der falsche Mann." Auf der Jahreshauptversammlung von Berkshire im Jahr 1991 betonte er es nochmals: „Bei Cap Cities/ABC bin ich Aufsichtsrat, aber wenn es um irgendwelche Shows geht, dann werde ich nicht um meine Meinung gefragt. Das ist auch nicht meine Sache."

Bei einer anderen Jahreshauptversammlung von Berkshire (1987) wurde Buffett gefragt, ob er glaube, daß im Fernsehen zuviel Sex gebracht würde. „Ich habe nichts gegen Sex im Fernsehen, aber es sollte doch die eine oder andere Sendung geben, wo das Mädchen nein sagt."

Buffett lernte Murphy Ende der 60er Jahre kennen, als ein früherer Kommilitone von Murphy an der Harvard Business School die beiden bei einem Lunch in New York nebeneinander Platz nehmen ließ. Murphy war von Buffett so begeistert, daß er ihn bat, in den Aufsichtsrat von Cap Cities zu kommen. Buffett lehnte ab, aber die beiden blieben gute Freunde.

1985 entschied der autoritäre Vorsitzende von ABC, Leonard Goldenson, der ABC 1953 gegründet hatte und es bis 1986, als er 79 Jahre alt war, führte, daß Murphy und Murphys zweiter Mann Daniel Burke (auch ein Absolvent der Harvard Business School, danach University of Vermont und Dienst in der Armee) die richtigen Männer wären, um sein Unternehmen zu leiten.

Murphy und Burke waren als Kostensparer bekannt. Es gibt eine Geschichte, die sehr oft wiederholt wird: Murphy, damals noch bei der alten Cap Cities, ließ lediglich die Straßenseite streichen als eine Rundfunkstation in Albany einen neuen Außenanstrich benötigte.

Goldenson, der sich darauf vorbereitete, ABC zu übergeben, ist der Mann, unter dem „Charlie´s Angels", „The Dating Game", „Monday Night Football" und die ersten Miniserien produziert wurden. 1991 erschien seine Autobiographie *Beating the Odds*. Im Vorwort schrieb Buffett: „Management kann mit einem Drama in drei Akten verglichen werden - der Traum, die Durchführung und die Übergabe des Marschallstabs. Leonard Goldenson wird uns als Meister aller drei Akte in Erinnerung bleiben."

Buffett erzählte, daß er einmal einen Anruf von Murphy erhielt: „Mein Freund, du wirst es nicht glauben. Ich habe gerade ABC gekauft. Du mußt rüberkommen und mir sagen, wie ich das bezahlen soll." Genau das tat Buffett dann auch und sagte Murphy, er bräuchte einen 900-Pfund-Gorilla als Investor, um sich die Straßenräuber vom Leib zu halten. Dann war er mit 517 Mio. $ dabei.

Es gab aber immer noch ein Problem. Es gab eine Eigentums-Regel der FCC, die es untersagte, daß ein Unternehmen eine Fernsehstation und eine Zeitung in der gleichen Stadt besitzen durfte. Buffett sagte Murphy, daß er nicht vorhabe, die Buffalo News zu verkaufen, was gleichbedeutend damit war, daß Cap Cities in Buffalo eine Fernsehstation verkaufen mußte. In dem Buch von Goldenson sagt Buffett, er habe Murphy mitgeteilt, daß er den Buffalo News gegenüber verpflichtet sei: „Ich habe den Leuten damals versprochen, daß ich die Zeitung niemals verkaufen würde. Ich sagte ihnen damals, wenn sie einmal meinen Nachruf schreiben würden, dann würde es heißen: ‚Ihm gehören die *Buffalo News*'."

„Dieser Handel kam vor drei Wochen hoch. Vor vier Wochen hatte ich noch keine Ahnung davon", zitierte Vartanig G. Vartan, ein Reporter der *New York Times*, Buffett am 20. März 1985. Buffett faßte gegenüber der Wirtschaftsredakteurin Melissa Turner von der *Atlanta Constitution* das Schlußgespräch, das Buffetts Investment besiegelte, so zusammen: „Am Donnerstag morgen war ich bei ihm. Ich fragte ihn: ‚Wie viele Anteile soll ich denn kaufen?' Er sagte: ‚Was meinst du denn?' Und ich antwortete: ‚Wie wäre es mit drei Millionen?' Er sagte: ‚Gut.' Und ich fragte: ‚Welchen Preis soll ich dafür zahlen?' Und er antwortete: ‚Was glaubst du denn?' Ich meinte: ‚172,50 $.' Und er war damit einverstanden."

Zur Information seiner Aktionäre baute Buffett bloß einen Absatz in seinen Jahresbericht für 1985 ein - eine nachträgliche Anmerkung, die erklärt, die Vereinbarung sei eine Woche, nachdem der Jahresbericht ins Schreibbüro gegangen war, zustandegekommen, jedoch noch kurz vor der Drucklegung.

Buffett wurde bei Cap Cities Aufsichtsrat. Er war auch damit einverstanden, mit der Seite des Managements zu stimmen, solange entweder Tom Murphy oder Daniel Burke das Sagen hatten. Es stellte sich heraus, daß die Entscheidung, Cap Cities zu kaufen, im Gegensatz zu einer vorangehenden Entscheidung stand, als Buffett in den späten 70er Jahren die gleichen Aktien verkaufte.

Seine Erklärung: „Natürlich werden sich einige von Ihnen wundern, weshalb wir nun Cap Cities bei 172,50 $ kaufen, wo feststeht, daß dieser Autor in einem charakteristischen Ausbruch von Brillanz die Anteile Berkshires an derselben Gesellschaft zwischen 1978 und 1980 für 43 $ verkaufte. Ich habe diese Frage vorhergesehen und lange Zeit daran gearbeitet, eine forsche Antwort zu finden, die diese Taten wieder gut macht. Ich brauche noch ein wenig mehr Zeit."

Cap Cities war eine gute Anlage, auch wenn es lange dauerte, ABC wieder auf den Erfolgskurs zu bringen. Früher, Ende der 40er Jahre und in den 50er Jahren, war ABC unter den Sendern an dritter Stelle. Die Versuche von CBS und 20th Century Fox, ABC zu kaufen, schlugen fehl, 1953 jedoch schloß sich der in Not geratene Sender mit United Paramount Theatres zusammen. Leonard Goldenson von United Paramount warb die Disney Studios und weitere an, um Programme zu produzieren.

Ungefähr zur gleichen Zeit ging Hudson Valley Broadcasting, der Eigentümer einer sich quälenden Fernsehstation, an die Börse, und wurde zur Capital Cities Television Corp. Unter der Führung von Murphy kaufte Cap Cities Fairchild Publications, den Verlag von *Women's Wear Daily* - einem sehr profitablen Blatt in der Modebranche - und kaufte auch weiterhin stetig andere Medienunternehmen auf.

Während ABC in den 60er Jahren hinter NBC und CBS immer noch auf dem dritten Platz lag (in der Branche bekannt als Almost Broadcasting Co.), konnten feindliche Übernahmeversuche von Norton Simon, General Electric und Howard Hughes abgewehrt werden. In den 70er Jahren jedoch wurde ABC mit Hits wie *Love Boat* und *Happy Days* (von Michael Eisner entwickelt, als er bei ABC in der Programmentwicklung arbeitete) zum Spitzenreiter.

Das Ergebnis der Fusion von 1986 war, daß Cap Cities das ABC Television Network, sieben ABC-Rundfunknetze mit 2.200 angeschlossenen Sendern (das größte Anzeigenmedium im Radiobereich), die ABC News und den respektierten Rundfunkkommentator Paul Harvey mitbrachte, acht Fernsehstationen und 80 % des höchst erfolgreichen ESPN-Sport-Kabelkanals besaß und betrieb.

ESPN erreicht mit seinem 24stündigen Sportprogramm 73 Millionen US-Haushalte und ist damit der am weitesten verbreitete Kabelsender im Land. ESPN erreicht 150 Millionen Häuser und Wohnungen in 160 Ländern mit 20 Sprachen - mehr als jedes andere Kabelnetz - und ist höchst erfolgreich. ESPN ist für Disney ein starkes Medium, um in Europa zu expandieren, weil der Disney-Channel ESPNs weltweite Verbreitung ebenfalls nutzen kann. ESPN 2 erreicht nur einige Jahre nach seinem Start 50 Millionen Haushalte in den USA.

ABC Television Network erreicht mit mehr als 200 Tochtergesellschaften mehr als 99 % aller US-Haushalte, die über ein Fernsehgerät verfügen. Die Gesellschaft besitzt 38 % des Arts and Entertainment Network, eines Kabelsenders, der sich Kultur und Unterhaltung widmet und bekannt ist für ausgezeichnete Biographien, sowie eine Hälfte von Lifetime, einem Lifestyle- und Gesundheitskanal für Frauen, der mit seinen Filmen und Sonderberichten 70 % der Haushalte in den Vereinigten Staaten erreicht. ABC besitzt auch die Hälfte der Tele-München GmbH. Diese Münchner Fernseh- und Theaterproduktions- und Vertriebsgesellschaft hat Anteile an Kinos, eine Minderheitsbeteiligung an einem Münchner Radiosender und an einem deutschen Kabelsender.

A&E hat 70 Millionen Abonnenten. Sein History Channel erreicht mehr als 72 Millionen Zuschauer. Disney gehört der Sender E! Entertainment Television.

Good Morning America und ABC News´ *World News Tonight* mit Peter Jennings zählen zu den besten Shows. Auch Ted Koppels *Nightline* und *20/20* mit Hugh Downs und Barbara Walters waren sehr erfolgreich. Koppel befürchtete, daß nach dem Kauf von ABC durch Cap Cities die Nachrichtenseite Kostenkürzungen zum Opfer fallen würde.

Murphy und Buffett gingen zusammen mit Koppel essen, um ihm zu versichern, daß ihnen die Nachrichten und *Nightline* sehr am Herzen lägen.

Bei ABC News wurde 1989 *Prime Time Live* mit den Moderatoren Sam Donaldson und Diane Sawyer eingerichtet und im Sport war ABCs *Monday Night Football* das beliebteste Prime-Time-Programm bei den Männern, die sich in ihrer Freizeit für das Kommentatorentrio Howard Cosell, Frank Gifford und Dandy Don Meredith begeisterten.

1993 gab Cap Cities bekannt, es plane, in einer Auktion 12 % seiner Aktien zu Kursen zwischen 590 und 630 $ zurückzukaufen. Und Berkshire gab bekannt, es werde 1 Million seiner 3 Millionen Anteile zur Verfügung stellen, allerdings unter der Bedingung, daß die Million Anteile komplett zurückgekauft würden.

Es stellte sich heraus, daß Buffett 1 Million Anteile zu je 630 $ an Cap Cities zurückgab. Berkshire, mit einem Barvermögen von 2 Mrd. $, besaß weiterhin 2 Millionen Anteile oder ungefähr 13 % der 15,4 Millionen Aktien von Cap Cities. Nach dem 10:1-Aktiensplit besaß Berkshire 20 Millionen Aktien. Ein „Fehler des Tages" - so beschrieb Buffett später diesen Verkauf der Capital-Cities-Aktien:

„Ende 1993 verkaufte ich 10 Millionen Anteile an Cap Cities zu 63 $, und am Jahresende 1994 lag der Kurs bei 85,25 $. (Der Unterschied macht 222,5 Mio. $ aus - das für die unter Ihnen, die sich nicht der Qual unterziehen wollen, den Schaden selbst zu berechnen.) Als wir die Aktien 1986 zu einem Kurs von 17,25 $ kauften, erzählte ich ihnen, daß ich zuvor unsere Beteiligung an Cap Cities zu 4,30 $ je Aktie in den Jahren 1978 bis 1980 verkauft hätte, und fügte hinzu, daß ich mein früheres Verhalten nicht erklären könnte. Nun wurde ich zum Wiederholungstäter. Vielleicht ist es nunmehr an der Zeit, mir einen Aufseher zuzuordnen" (Jahresbericht 1994).

Insgesamt stellte sich heraus, daß Cap Cities/ABC sehr gut zu Disney paßte, einem wirklich weltweit bekannten Markenunternehmen.

39

Diversified Retailing Company

Ein kleiner Bach mündet in einen großen Fluß und schließlich in einen Ozean.

Weit zurück in Zeit und Raum, lange bevor Buffett Milliarden-Dollar-Investments machte, fischte er in weit kleineren Gewässern - und führte diese kleinen Bäche in einen Fluß von Gewinnen zusammen und schließlich in einen Ozean von Vermögenswerten. Gegen Ende 1978 wurde Diversified Retailing mit Berkshire verschmolzen.

Buffett, seit langem der größte Teilhaber an Berkshire, war zu dieser Zeit auch Mehrheitsaktionär bei Diversified, und hielt 56 % der Aktien. Kurze Zeit nachdem Buffett anfing, Berkshire-Aktien zu kaufen, kaufte er auch Aktien von Diversified.

Im Jahr 1966 wurde Buffett Vorstandsvorsitzender bei Diversified. 1976 besaß Buffett, Vorsitzender sowohl von Berkshire als auch von Diversified, ungefähr 36 % an Berkshire und 52 % an Diversified. Damals waren die Büros von Berkshire in New Bedford in Massachusetts, während die von Diversified in Baltimore in Maryland lagen.

Diversified, 1966 in eine Aktiengesellschaft umgewandelt, war die Muttergesellschaft von Associated Retail Stores, Inc., einer Handelskette mit mehr als 80 Läden. Diversified besaß auch eine große Menge Berkshire- und Blue-Chip-Stamps-Aktien.

Associated (Sitz in New York) wurde von Diversified im Jahr 1967 erworben. Es hatte Läden in elf Staaten und firmierte unter Namen wie York, Amy, Goodwin´s Gaytime, Fashion Outlet, Madison´s, Yorkster, Lanes und

Tops and Bottoms. Bei einem seiner seltenen Unternehmensverkäufe verkaufte Berkshire 1987 Associated Retail Stores an Joseph Norban Inc. in New York.

Buffets frühe Aktivitäten im Einzelhandel waren nie von Erfolg gekrönt. In den 70er Jahren besaß er Anteile an Munsingwear, und diese Aktie war sehr unauffällig.

Bei dem beabsichtigten Zusammenschluß von Berkshire und Diversified vereinbarten Buffett und seine Frau, nur dann für den Zusammenschluß zu stimmen, wenn das auch eine Mehrheit der anderen Aktionäre tat. Mit dieser Kombination versuchte Buffett, die weitverstreuten Elemente seines Finanzimperiums in einem Haus unterzubringen: Berkshire.

Bei den Verhandlungen war Berkshire durch Malcolm G. Chace jun., den früheren Vorsitzenden von Berkshire, vertreten. Diversified war durch David S. Gottesman, einem Aufsichtsrat von Diversified vertreten, der später einer von Buffetts engsten Freunden und ein sehr wohlhabender Berkshire-Aktionär wurde.

Gottesman kam wegen seines großen Besitzes an Diversified aus dem Zusammenschluß von Berkshire und Diversified mit 17.977 Berkshire-Aktien heraus. Auch eine Reihe von Leuten bei der First Manhattan in New York, der Investmentfirma, der Gottesman vorsteht, war bei Diversified engagiert und erhielt nach dem Zusammenschluß insgesamt 13.158 Berkshire-Aktien.

Es ist schon eine Tradition, daß Gottesman am Ende der Jahreshauptversammlungen von Berkshire aufsteht und Buffett im Namen der Aktionäre mit großen Worten für seine Verdienste dankt.

Die Überschwenglichkeit von Gottesman nimmt nicht wunder, und Buffett macht einen amüsierten oder verlegenen Eindruck, wenn Gottesman ans Mikrofon stürzt. Buffett antwortete auf Gottesmans Ausbrüche einmal, indem er gar nichts sagte, und ein anderes Mal mit den Worten: „Nun, vielen Dank, Sandy."

Weil Buffett sowohl an Berkshire als auch an Diversified große Anteile hielt, fanden die Verhandlungen ohne ihn statt und wurden von unabhängigen Aufsichtsräten jeder Gesellschaft geführt. Die Handlungsvollmacht bezüglich dieser Fusion erklärte folgendes: „Berkshire und seine Tochtergesellschaften bieten landesweit Sach- und Unfallversicherungen an, sind in der Herstellung und im Verkauf von gewobenen Textilien in den Vereinigten Staaten und Kanada engagiert und durch eine Tochtergesellschaft, die Berkshire bis 1981 abgeben muß, in Rockford, Illinois im Bankengeschäft engagiert. Berkshire und seine Tochtergesellschaften unterhalten weiterhin langfristige Investments in einer Anzahl von anderen Geschäfts-

317

feldern... Berkshire besitzt schätzungsweise 18,8 % der Aktien von Blue Chip, die im Over-the-Counter-Verkehr gehandelt werden. Berkshires Versicherungstochtergesellschaften halten in ihren Investmentportfolios schätzungsweise 22,6 % der ausgegebenen Blue-Chip-Aktien."

Blue Chip wiederum besaß eine Anzahl von Unternehmen wie beispielsweise See´s Candy, die *Buffalo News* und Wesco, die wiederum 22 % der Detroit International Bridge Company, des Betreibers der Ambassador-Zugbrücke zwischen Detroit, Michigan, und Windsor in Ontario. Berkshire hat heute keine Anteile an dieser Brücke mehr. Und das sagt die Handlungsvollmacht über Diversified:

„Diversified ist eine Holding, die Associated Retail Stores Inc. in finanziellen und operativen Angelegenheiten berät, eine 100-%-Tochter, die Damen- und Kinderoberbekleidung im Niedrigpreissegment verkauft; ebenso die Associates Columbia Insurance Company, die in der Feuer- und Unfallversicherung engagiert ist, insbesondere, da sie Berkshires Versicherungstöchtern Rückversicherungen anbietet; und auch Southern Casualty Insurance Company, eine 100-%-Tochter von Columbia, die in Louisiana fast ausschließlich innerhalb der Forstwirtschaft Arbeitsunfähigkeitsversicherungen anbietet. Nach Auffassung von Diversifieds Management ist neben den Anteilen an Berkshire der 16,3-%-Anteil an Blue Chip der auffälligste Vermögenswert..."

Die Fusion verursachte im Management kaum Veränderungen, obwohl Munger, der 1976 Vorsitzender von Blue Chip geworden und bei Diversified Aufsichtsrat war, nunmehr bei Berkshire Aufsichtsrat wurde.

Jahrelang hatte Buffett versucht, die beiden Unternehmen zu verbinden. Insbesondere wollte er die Anteile der beiden Unternehmen an Blue Chip zusammenbringen, um die Unternehmensstruktur unter Berkshire zu vereinfachen. Nach dem Zusammenschluß besaß Berkshire 58 % von Blue Chip und Buffett und seine Familie weitere 13 %. Es dauerte jedoch noch bis 1983, bis Blue Chip völlig in Berkshire aufging.

Ein kleiner Bach verband sich mit anderen kleinen Bächen und wurde zu einem großen Fluß, der zu einem Ozean strömte. Die folgende Abbildung zeigt die Besitzverteilung vor und nach dem Unternehmenszusammenschluß:

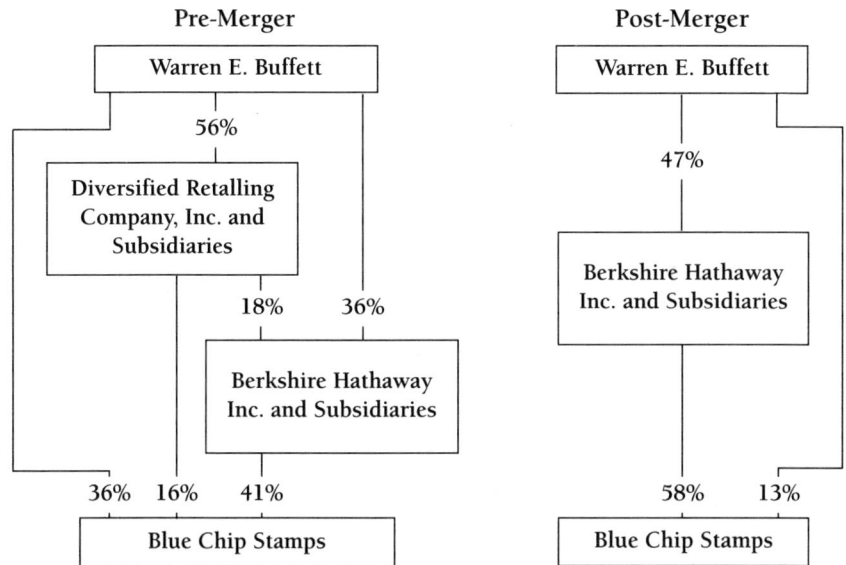

Pre-Merger

Warren E. Buffett

56%

Diversified Retalling Company, Inc. and Subsidiaries

18%   36%

Berkshire Hathaway Inc. and Subsidiaries

36% 16% 41%

Blue Chip Stamps

Post-Merger

Warren E. Buffett

47%

Berkshire Hathaway Inc. and Subsidiaries

58%   13%

Blue Chip Stamps

Diese knifflige Vereinbarung bedeutete, daß Buffett zugunsten von Berkshire, Diversified und Blue Chip investierte. Im Jahr 1972 begann Blue Chip, Wesco-Aktien zu kaufen. Um die Dinge noch komplizierter zu machen, ging Wesco eine Fusionsvereinbarung ein, die später jedoch zurückgenommen wurde. Dabei wurden die Preise in Frage gestellt, die Blue Chip für Wesco bezahlen sollte.

Und Buffett und Munger versuchten, Diversified mit Berkshire zu verschmelzen.

Die Securities and Exchange Commission begann mit einer Untersuchung von Berkshire, Blue Chip und Buffett. Buffett mußte der SEC das ganze Puzzle erklären. Im Jahr 1976 wurde die Sache ohne irgendeine Schuldzuweisung beigelegt. Weil die SEC jedoch glaubte, daß die Wesco-Aktionäre durch die Aktiengeschäfte von Blue Chip Schaden erlitten hätten, wurden 115.000 $ an diese gezahlt.

40

Blue Chip Stamps

„Vielleicht sollten wir noch ein sterbendes Unternehmen kaufen."

Über Jahre hinweg kaufte Buffett durch die Berkshire-Tochter Blue Chip Stamps Unternehmen wie See's Candy Shops und die *Buffalo News*, die künftigen Berkshire-Cash-Cows. Blue Chip aus Los Angeles begann als Unternehmen, das mit Rabatt- und Sammelmarken handelte, und kaufte 1973 die Wesco Financial Corp. In den späten 60er Jahren sammelten Berkshire und unabhängig davon auch Munger Blue-Chip-Aktien, und 1983 besaß Berkshire 60 % des Unternehmens.

Als Buffett 1986 begann, die Aktien von Blue Chip Stamps zu kaufen, waren deren offene Posten bei ungefähr 60 Millionen aus ausgegebenen und nicht eingelösten Marken. Im Jahr 1972 nahm Buffett 25 Mio. $ von diesem Geld und kaufte See's, das damals einen Jahresumsatz von 35 Mio. $ hatte.

1977 kaufte Buffett durch Blue Chip die Buffalo News für ungefähr 33 Mio. $ aus dem Vermögen von Mrs. Edward H. Butler jun.

Als Buffett 46 Jahre alt war, besaß er ungefähr 35 Mio. $ in Berkshire-Aktien und ungefähr 10 Mio. $ in Blue-Chip-Aktien (nach einem Beitrag in *Fortune*, das im Mai 1977 einen Artikel von Buffett veröffentlichte, in dem er darstellte, wie die Inflation den Wertpapieranleger betrügt).

Im Jahr 1983 wurde Blue Chip unter der Führung von Munger vollkommen mit Berkshire zusammengeführt. Blue Chip bietet hauptsächlich zwei Arten von verkaufsfördernden Dienstleistungen: solche, die von Unternehmen genutzt werden, um Kunden anzuziehen oder zu halten, und solche, die von Unternehmen benutzt werden, um ihre Angestellten zu motivieren.

Blue Chip begann sein Geschäft mit Rabattmarken im Jahr 1956 und war jahrelang sehr erfolgreich. Es gab eine Zeit, da eine Damenquarzarmbanduhr für 17 Rabatthefte erworben werden konnte. Obwohl es dieses

Die Zentrale von Blue Chip Stamps in Los Angeles. Das Rabattmarkengeschäft wurde regelrecht ausgelöscht, aber die Investments bei See's Candies und der Buffalo News brachten große Gewinne.
(Photo by Andrew Kilpatrick)

Rabattmarkengeschäft immer noch gibt, liegt es in den letzten Zügen. Dem Unternehmen jedoch gelang es, sehr rentabel schlanker zu werden.

Im Jahr 1970 erreichte Blue Chip einen Spitzenumsatz von 124 Mio. $, 1982 fiel der Umsatz auf wenig mehr als 9 Mio. $ und über 400.000 $ Anfang der 90er Jahre auf gegenwärtig 200.000 $ pro Jahr.

Munger nahm auf der Jahresversammlung von Berkshire 1994 zu diesem 99-%-Abstieg folgendermaßen Stellung: „Wir warten auf einen Sprung nach oben."

Der größte Teil des Abschwungs vollzog sich Anfang der 70er Jahre, als viele Supermärkte dazu übergingen, die Waren zu Sonderpreisen anzubieten, und die Tankstellen, die sich der ersten Ölkrise gegenübersahen, keine Rabattmarken mehr als Verkaufsförderung brauchten.

Das Rabattmarkengeschäft mußte fast den Todesstoß einstecken, als eine Supermarktkette, die 51 % der Gewinne aus dem Rabattmarkengeschäft brachte, die Verkaufsförderung mit Rabattmarken 1982 einstellte. Der einzige Nutzen, den das Rabattmarkengeschäft immer noch hatte, war der ständige Geldzufluß - Geld das im voraus einging und investiert werden konnte.

Blue Chip Motivation arbeitete als eigene Abteilung und bemühte sich in einem Umfeld starker Konkurrenz, Motivationsprogramme für Unternehmen anzubieten, die Sachgeschenke und Reisen dazu benutzten, Umsätze oder Produktivität zu fördern, sowie den Service oder die Arbeitnehmer in anderer Weise zu motivieren. Das Geschäft mit den Rabattmarken macht heute nur noch einen Bruchteil aus. Im Geschäftsbericht für Blue Chip von 1983 schrieb Munger:

„Wir begannen in den 70er Jahren mit einem einzigen Bereich, Rabattmarken, der allerdings später nur noch einen ganz geringen Anteil seiner früheren Größe haben sollte, und mit einem Portfolio mit Wertpapieren, die die Verbindlichkeiten aus der Einlösung von Rabattmarken abdecken sollten. Sie waren von den früheren Besitzern ausgewählt worden und hätten zu einem katastrophalen Ergebnis geführt, wenn sie bis in die Gegenwart gehalten worden wären. (Das Portfolio enthielt beispielsweise in nennenswertem Umfang sehr langfristige, mit geringen Zinsen ausgestattete Obligationen von Emittenten geringer Kreditwürdigkeit.)

In den 80er Jahren begannen wir mit fünf wesentlichen Geschäftsfeldern statt nur einem. In der Reihenfolge der Akquisition sind dies:

1. Rabattmarken und andere verkaufsfördernde Dienstleistungen
2. See´s Candy Shops, Inc.
3. Mutual Savings
4. Buffalo Evening News
5. Precision Steel"

Buffett sagt, diese Geschäftsfelder hätten gutes Management aufgewiesen und seien einigermaßen inflationsresistent gewesen.

„Das zweite dieser Charakteristika wird immer wichtiger, weil die Inflation immer weiter zunimmt. Viele Geschäftsfelder, die einmal sehr gute Investments waren, als die Inflation sehr niedrig war, sind heute unter inflationären Bedingungen nicht in der Lage, viel, wenn überhaupt, Gewinne zu machen, auch wenn der Umsatz konstant bleibt...

Inflation ist eine sehr wirkungsvolle Form der indirekten Besteuerung von Kapital bei Stammaktien. Dagegen haben wir kein Mittel... Dennoch halten wir es für sehr wichtig, daß wir immer an die Interessen der Aktionäre denken und diese auch wirklich verfolgen, statt nur über das Wachstum der einzelnen Anlagen nachzudenken, ganz gleich, wie die wirklichen Auswirkungen auf die Aktionäre aussehen. Das kann man von einem Unternehmensmanagement auch wirklich erwarten."

Munger schloß: „Es kann gut sein, daß dieser Geschäftsbericht der letzte ist, den unsere Aktionäre von Blue Chips als Einzelunternehmen erhalten, weil wir daran arbeiten, daß unser Unternehmen mit Berkshire Hathaway Inc. einen Zusammenschluß eingeht, wobei Berkshire Hathaway Inc. schon lange Zeit mit 59,6 % der Aktien an Blue Chip Stamps beteiligt ist."

Zur Zeit des Zusammenschlusses besaß Buffett persönlich mehr als 10 % der ausgegebenen Aktien. Nach Berkshire selbst war er der größte Aktionär der Gesellschaft. Munger besaß 2,2 % an Blue Chip. Berkshire hatte

986.509 Aktien ausgegeben, die im Besitz von ungefähr 1.900 Aktionären waren und Blue Chip hatte 5.178.770 Aktien ausgegeben, die im Besitz von ungefähr 1.500 Aktionären waren.

Auf der Jahreshauptversammlung von Wesco 1993 verulkte Munger Bob Bird mit dessen „Erfolg" bei Blue Chip. Er sagte, Bird habe dazu beigetragen, daß der Jahresumsatz von 120 Mio. $ auf 300.000 $ gefallen sei. „Das ist eine Managementleistung, auf die nicht jeder stolz wäre. Aber trotzdem gibt es doch einigen Erfolg zu verzeichnen. Wenn man die Blue-Chip-Aktien heute untersucht, dann sind sie insgesamt über 1 Mrd. $ wert."

Als Buffett und Munger die Aktien im Jahr 1968 und 1969 kauften, waren sie etwa 40 Mio. $ wert. Munger sagte: „Jahre zuvor, bevor Warren und ich Aktien kauften, verschickte Blue Chip Stamps kleinere Stückzahlen ihrer Aktien an Tankstellenbetreiber als eine Art von Leistungsprämie. Meine Frau sagte dem Jungen, bei dem sie ihr Auto waschen läßt, er sollte die Aktien behalten. Nun, vor ein paar Tagen zog er sie aus ihrem Auto heraus und küßte sie. Vielleicht sollten wir noch ein sterbendes Unternehmen kaufen."

Im Jahr 1997 wurde Berkshire von einigen früheren Blue-Chip-Aktionären verklagt, die behaupteten, daß ihre Aktien in den Transferprotokollen verloren gegangen seien und sie nicht erfahren hätten, daß sie nach dem Zusammenschluß von Blue Chip und Berkshire Berkshire-Aktionäre geworden seien. Später hätten sie Schaden erlitten, als ihre Aktien an verschiedene Staaten transferiert worden seien - unter Gesetzen, nach denen Vermögen ohne Eigentümer dem Staat anheimfällt. Diese Heimfälle konnten jedoch rückgängig gemacht werden, und jeder der klagenden Aktionäre konnte für jede „verlorene" Berkshire-Aktie 30.000 $ einstreichen. Die Heimfälle wurden beim US-Bundesstaat Kalifornien geltend gemacht, und die Aktionäre konnten sich glücklich schätzen, daß sie verlorengegangen waren. Da ihre Berkshire-Aktien während einer sehr langen Zeit einbehalten wurden, stieg der Aktienkurs um das 30fache auf etwa 31.000 $ je Aktie, die sie wiedererhielten. Ende 1997 verwarf der Gerichtshof die Klage gegen Berkshire und entschied, daß der Rechtsstreit wegen Geringfügigkeit eingestellt wurde.

41

WESCO

„Ein Ticket der Touristenklasse"

Wesco Financial Corp. wurde in einem Artikel des *Wall Street Journal* vom 17. April 1990 als „Ticket der Touristenklasse" beschrieben, weil Wesco in vielen Fällen die gleichen Investments hält wie Berkshire, jedoch in einem dreistelligen Kursbereich gehandelt wird, nicht in einem fünfstelligen wie Berkshire. Weil es damals noch keine Berkshire-B-Aktien gab, vermutete der Artikel, könne Wesco als Berkshire der armen Leute angesehen werden.

Wesco mit Sitz in Pasadena, Kalifornien, ist zu 80,1 % im Besitz von Berkshire, weil Blue Chip Stamps Wesco im Jahr 1973 gekauft hatte. Buffett und Munger überzeugten Elizabeth Caspers Peters, die Tochter des Gründers von Wesco, eine Fusion rückgängig zu machen, damit sie dieses Unternehmen kaufen konnten. Die Familie Peters besitzt ungefähr 1,3 % der Wesco-Aktien (*New York Times*, 8. Juni 1997).

Ob Berkshire jemals die übrigen Wesco Aktien kaufen wird? „Die Chancen sind nicht groß, aber es gibt sie", sagte Charles Munger, der Vorsitzende von Wesco auf der Jahreshauptversammlung von Wesco 1997. 1996 kaufte Wesco die Kansas Bankers Surety, die Kommunalbanken versichert, für ungefähr 80 Mio. $. Munger schrieb im Jahresbericht von Wesco für 1997: „KBS wird vom Vorsitzenden Donald Towle gemanagt, dem 13 leitende Angestellte und Angestellte zur Hand gehen" (siehe auch nächstes Kapitel).

Wesco besitzt Precision Steel, ein Servicecenter und Markenhersteller von speziellen Stahlerzeugnissen. Dieses Unternehmen wurde 1979 für ungefähr 15 Mio. $ gekauft. Precision hat Niederlassungen in Franklin Park, Illinois, und in Charlotte, North Carolina. Precision verdiente im Jahr 1997 ungefähr 3,6 Mio. $. Im Jahr 1946 hatte Precision als Hersteller von Präzisionsstahl in der Gegend von Chicago begonnen.

(Photo by Andrew Kilpatrick)

Dies ist das Bürohaus in Pasadena, Kalifornien, das der Immobilienabteilung von Wesco gehört. Wescos Jahreshauptversammlungen wurden hier in einer Cafeteria abgehalten. 1998 fand Wescos Jahreshauptversammlung im nahegelegenen McCormick & Schmick's Seafood Restaurant statt. Munger erklärte, daß der Mieter der Cafeteria gekündigt habe. Er entschuldigte sich für luxuriöse Umgebung in dem Fischrestaurant, merkte aber an, daß es viel teurer gewesen wäre, die Versammlung in einem leeren Bürobereich mit einem Catering-Service abzuhalten.

Seit langer Zeit schon besaß Wesco die Mutual Savings and Loan Association in Pasadena, Kalifornien. Jahrelang hielt Munger im unteren Bereich von Mutuals neunstöckigem Gebäude die Jahreshauptversammlungen von Wesco mit einer kleinen Gruppe von Aktionären ab.

Im Jahresbericht 1992 von Wesco schrieb Munger: „Wir haben entschieden, daß Mutual Savings bald seinen Status als Spar- und Kreditgesellschaft aufgeben wird. Um dies zu erreichen, verhandelt Mutual Savings über einen Verkauf an eine andere Finanzgesellschaft..."

Daraus folgte, daß ungefähr 300 Mio. $ Kapital an Wes-FIC (Wesco Financial Insurance Co.) in Omaha überwiesen wurden, wo diese in der Zentrale von Berkshires National Indemnity residiert. Damit wurde das Kapital von Wes-FIC verdoppelt, die in Berkshires Versicherungsgruppe Katastrophenversicherungen zeichnet; Berkshires Versicherungsgruppe zählt in Bezug auf Kapitalausstattung zu den größten Versicherungsgesellschaften der Welt, stärker noch als Lloyd's of London.

Munger erklärte: „Weshalb sollten wir also nicht mehr von dem tun, das für uns erfolgreich verläuft und noch weit weniger kompliziert ist?" (*Omaha World-Herald*, 22. April 1993).

Munger merkte an, daß durch diese Aktion in einem weniger reglementierten Umfeld große Kosteneinsparungen resultieren würden. Der Plan schloß auch ein, daß die Immobilien von Mutual Savings in eine neugebildete Wesco-Tochter eingebracht werden sollten. Danach behielt Mutual Savings den größten Teil seiner früheren Vermögensbestandteile, beispielsweise die Aktien von Freddie Mac, wurde später mit der Wesco-Tochter Wesco Financial Insurance Co. verbunden und unterlag damit der Versicherungsaufsicht von Nebraska. „Insgesamt kann man sagen, daß sehr viele Vorteile daraus entstehen, daß man Hunderte von Millionen Dollar an Vermögenswerten (zum Marktwert) aus einem Umfeld mit hohen Kosten und geringer Flexibilität in einem anderen mit niedrigen Kosten und hoher Flexibilität neu ansiedelt.

Nach dem Zusammenschluß von Wes-FIC mit Mutual Savings wurden sowohl das Kapital als auch die Reserven, um Schadensfälle zu regulieren, stark erhöht. Wes-FIC plant, durch Unterverträge mit der Berkshire-Hathaway-Versicherungsgruppe in das Geschäft mit der Rückversicherung von Superkatastrophen einzusteigen."

Und so verließ Wesco die stark regulierte Spar- und Darlehensbranche und tat sich mit Berkshire zusammen, um in die wesentlich rentablere Arena der Rückversicherung einzusteigen.

„Das Spar- und Kreditgeschäft beanspruchte überproportional viel Zeit im Verhältnis zu dem Kapital, das darin gebunden wurde", sagte Munger.

Im November 1993 berichtete Wesco, daß trotz des Vorhabens, ins Superkatastrophengeschäft einzusteigen, eine große Menge Kapital in den Markt der Rückversicherungen eingeschossen wurde und dies zu Preisnachlässen geführt habe. Möglicherweise habe Berkshire keine Abschlüsse, die sie an Wes-FIC weitergeben könnte. Wesco sagte, es wolle nach anderen Versicherungsmöglichkeiten Ausschau halten.

„Aber was bedeuten schon die Vorhersagen von Menschen!" schrieb Munger im Jahresbericht von Wesco für das Jahr 1993. Er berichtete, daß im Februar 1994 National Indemnity Wes-FIC fünf außergewöhnliche Superkatastrophen-Rückversicherungsgeschäfte anbot.

Zwar hat Buffett bei Wesco kein eigenes Büro, aber er ist bei Wes-FIC Aufsichtsrat. Wescos Zentrale sitzt nicht weit entfernt von der Cypress Insurance Corp. of Pasadena, einem von Berkshires Versicherungsunternehmen, das manchmal mit Wes-FIC zusammenarbeitet. Wes-FIC, das von Standard & Poor's mit dem sehr seltenen Rating AAA eingestuft wurde, benötigte nur 1 % seiner gesetzlich vorgeschriebenen Rücklagen, verglichen mit einem Branchendurchschnitt von ungefähr 113 % im Jahr 1995, schrieb Munger im Wesco-Jahresbericht für 1996.

Er fügte hinzu: „Bei den Superkatastrophen-Rückversicherungen gab es bisher (7. März 1995) keine Schäden, von denen wir wissen. Unsere Bewertungspolitik erfordert allerdings, daß die Verträge ausgelaufen sind, bevor ein Gewinn daraus realisiert wird. Es ist wohl überflüssig anzumerken, daß wir keine Hemmungen hätten, auch Schadensfälle vor dem Vertragsablauf einzugestehen. Unsere Einschätzung der Superkatastrophen-Aktivitäten ist nicht super-konservativ, doch könnte man sie als ‚bestmöglich' beschreiben."

Wes-FIC hat zuweilen Arbeitsunfähigkeitsversicherungen der Cypress rückversichert. Cypress versicherte auch einige Risiken für See´s Candies. Noch mehr Synergie bei Berkshire?

Berkshire besitzt ungefähr 5,7 der 7,1 Millionen im Umlauf befindlichen Wesco-Aktien. Die Aktie wird nur mäßig gehandelt, durchschnittlich 1.300 Stück pro Tag an der American Stock Exchange. Viele der übrigen Aktien werden von den Familien Caspers und Peters gehalten, die auch im Aufsichtsrat von Wesco vertreten sind.

In vielerlei Hinsicht ist Wesco mit ungefähr 5.000 Aktionären tatsächlich so etwas wie eine Miniaturausgabe von Berkshire und hält zu einem gewissen Teil dieselben Wertpapiere wie Berkshire. Es besitzt kleinere Teile der Vorzugsaktien von Travelers, US-Airways und kleine Pakete an American Express, Coca-Cola, Gillette und Wells Fargo. Seine größte Beteiligung liegt bei 28,8 Millionen Aktien von Freddie Mac. Dafür entstanden Wesco Ende 1988 Kosten in Höhe von 71,7 Mio. $, die nunmehr weit mehr als 1 Mrd. $ wert sind.

Im Geschäftsbericht von Wesco für das Jahr 1995 schrieb Munger über Freddie Mac: „Für uns bedeutet die Erfahrung, die wir machten, als wir aus dem Spar- und Kreditgeschäft aus- und bei Freddie Mac als Aktionär einstiegen, die Bestätigung einer lange gehegten Theorie: daß man nur selten im Leben die Gelegenheit erhält, sofort zu handeln, und mit einer sehr einfachen Sache einen solchen finanziellen Erfolg erzielen kann, daß man für den Rest der Zeit gut davon leben kann."

Nach einer Verfallserklärung im Jahr 1966 besaß Wesco für lange Zeit ungefähr 22 Hektar eines Grundstücks am Meer in der Nähe von Santa Barbara in Kalifornien, das damals mit 2 Mio. $ in den Büchern stand. Das Land wurde langsam entwickelt: und 22 Häuser und Erholungseinrichtungen wurden darauf erbaut, allerdings mit sehr unzureichendem Gewinn, weit unter der Rendite von Regierungsanleihen. Zum Immobilienbestand gehören auch mehrere Gebäude in einem kleinen Einkaufszentrum in Upland in Kalifornien, die an Kleinunternehmen vermietet sind.

Ungefähr zu der Zeit, als Mutual Savings an Cenfed verkauft wurde, gründete Wesco die MS Property Company, eine Immobilien-Tochter, die nun langsam einige von Mutuals alten Beständen verkauft. „Wesco unterhält immer noch eine kürzlich errichtete Immobilien-Tochter, die es eigentlich gar nicht haben möchte", schrieb Munger im Wesco-Jahresbericht für 1994.

Wescos Finanzchef Jeffrey Jacobson porträtiert Wesco als ein Unternehmen, in dem nichts Besonderes geschieht, in dem das Management nur versucht, die Dinge am Laufen zu halten. Und kurz gesagt: Die Dinge laufen.

„Wir haben immer noch Freddie-Mac-Aktien", sagte er.

Während der langen Zeit, in der man versucht hatte, aus dem Grundstück in Santa Barbara etwas zu machen, sagte Jacobson: „Wir fangen jetzt an, einige dieser Einheiten zu verkaufen. Eine Reihe von Häusern wurde schon erstellt."

Munger und seine Frau haben an diesem Stück Land einen Narren gefressen und bezahlten Mutual Savings 2,1 Mio. $ in bar für zwei Grundstücke im Immobilienentwicklungsgebiet Montecito südlich von Santa Barbara, wo Munger einen kleinen Palast erbaute. Buffett nannte ihn „Munger´s Folly" (Mungers Verrücktheit). Andere nennen dieses Gebiet „Mungerville".

„Er lebt sehr bescheiden", sagt Jacobson über Munger und fügt hinzu, daß Munger eine ganze Menge Eisen im Feuer hat. Er ist Vorsitzender im Verwaltungsrat des Hospital of the Good Samaritan in Los Angeles und auch Vorsitzender im Aufsichtsrat der Daily Journal Corp., die das *Los Angeles Daily Journal* herausgibt, eine Art *Wall Street Journal* für die Juristen in dieser Gegend.

Und jedes Jahr schreibt Munger an die kleine Schar der Aktionäre von Wesco so ziemlich im gleichen Stil wie Buffett. Hier gibt es keine Zurückhaltung. Meistens gibt es heftige Kritik und Sarkasmus über solche Dinge wie die Sparkassenkrise oder ausgehebelte Buyout-Spekulanten. Wesco konnte immer noch kein schnelles Wachstum erzielen und schaffte es auch nicht, die richtigen Unternehmen aufzukaufen.

In Wescos Jahresbericht von 1989 sagte Munger, wie hart es für Wesco sei, gute Übernahmekandidaten zu finden; er verglich die Suche mit dem Versuch, einen Bisam zu fangen:

„Für Wesco war das Spiel, einen guten Übernahmekandidaten zu finden, immer schwierig. Und in jedem der vergangenen Jahre wurde dieses Spiel schwieriger und läßt sich mit der Jagd nach Bisamratten am Leech Lake in Minnesota vergleichen, wo Ed Hoskins, der erste Geschäftspartner des Autors mit seinem indianischen Führer die folgende Konversation hatte:

,Wurden in diesem See schon Bisamratten gefangen?'

,In diesem See wurden schon mehr Bisamratten gefangen als in irgendeinem anderen See in Minnesota. Der See ist berühmt für seine Bisamratten.'

,Und wie lange fischst du hier schon?'

,19 Jahre.'

,Und wie viele Bisams hast du gefangen?'

,Keine.'

Munger sagte: „Auch weiterhin versucht Wesco, mehr vom Offensichtlichen zu profitieren, als nach dem Esoterischen zu greifen. Es ist bemerkenswert, wie lange Menschen wie wir Vorteile daraus zogen, daß wir immer versucht haben, nicht dumm zu sein, statt zu versuchen, endlich einmal intelligent zu sein. Offensichtlich muß ein wenig Wahrheit in dem Sprichwort sein: ,Es sind immer nur die guten Schwimmer, die ertrinken.'"

Im Jahr 1989 verabschiedete sich Wesco mit einem beißenden Brief von Munger aus der United States League of Savings als Protest dagegen, daß der Verband es versäumt hat, im Licht der nationalen Sparkassenkrise Reformen anzustreben. Munger schrieb: „Es ist nicht unfair, die Situation, der sich der Kongreß nun ausgesetzt sieht, mit Krebs zu vergleichen und den Verband mit einem der Hauptverursacher von Krebs. Und wie Krebs werden unsere derzeitigen Probleme wieder auftauchen, wenn der Kongreß weder die Weisheit noch den Mut aufbringt, die Elemente zu entfernen, die die Probleme geschaffen haben."

Wesco ist ein ruhiger, aber unauffälliger Teil von Berkshire, und man kann sagen, daß Wesco die Sicherheit und in etwa den gleichen stetigen und sicheren Gewinn wie ein Geldmarktfonds bringt. Tatsächlich merkte ein Berkshire-Aktionär einmal Munger gegenüber an, er könne aus Wesco doch eines Tages einen Geldmarktfonds machen. Munger wies diese Idee nicht ganz zurück.

Das soll nicht heißen, daß Munger dabei ist, die Vermögenswerte zu liquidieren, denn er hat keine Probleme, daß er mit der Bank über Geld verfügen und es auch verdienen kann. Munger war immer davon überzeugt, daß erstklassige Unternehmen und Aktien ausreichen, um gut zu leben. Buffett sagt, daß Munger ihn dahingehend beeinflußt habe, daß er der Qualität eines Unternehmens mehr Beachtung schenkt als dem günstigen Preis.

Der Artikel über Wesco im *Wall Street Journal* bemerkte auch, daß Wescos Unternehmen nicht so gut angesehen würden wie die von Berkshire. Das gleiche hat Munger selbst gesagt. „Wir wären gut dran, wenn wir damals, im Jahr 1972, statt Wesco qualitativ hochwertige Aktien gekauft hätten."

Berkshire kaufte Wesco zu 6 $ pro Aktie. Im Jahr 1998 wird die Aktie mit mehr als 300 $ gehandelt, und das bedeutet 17 % Zuwachs im Jahr, ein Geldquell, auf den auch Buffett stolz sein könnte. Auf der Jahreshauptversammlung von Wesco im Jahr 1993 wurde Munger gefragt, wer die Entscheidungen für Wesco treffe. Da machte Munger Buffett ein großes Kompliment: „Nun, die wichtigste Person ist in Omaha."

Als Antwort auf eine weitere Frage sagte Munger: „Ich mag es, wenn die Tüftler gewinnen."

Wescos Aktien machen ihre Sache auch weiterhin gut, obwohl Munger das herunterspielt. Er sagte einmal: „Ein Orang-Utan würde bemerken, daß die Aktie weit über dem Wert des Unternehmens gehandelt wird, wenn es liquidiert würde. Ich sage das den Leuten immer wieder, aber sie kaufen die Aktie weiterhin. Es könnte sein, daß die Berkshire-Fans uns als Möglichkeit ansehen, sich in den Berkshire-Komplex einzukaufen."

Im Jahresbericht von Wesco für 1995 berechnete Munger den intrinsischen Wert von Wesco mit 149 $ je Aktie bei einem Aktienkurs von 182 $ am 31. Dezember 1995. Im Geschäftsbericht für 1996 bewertete Munger Wescos intrinsischen Wert mit 196 $ je Anteil bei einem Kurs von 187 $ Ende 1996. „Dieser Vergleich machte deutlich, daß die Wesco Aktie damals ungefähr 5 % unter ihrem intrinsischen Wert gehandelt wurde", schrieb Munger. Im Geschäftsbericht für 1997 errechnete Munger den intrinsischen Wert von Wesco mit 273 $, wobei die Aktie Ende 1997 mit 300 $ gehandelt wurde.

Munger schrieb: „Wesco ist keine gleich gute und nur kleinere Ausgabe von Bekshire Hathaway. Wesco ist besser, weil die geringe Größe das Wachstum einfacher macht. Dennoch bietet jeder Dollar des Buchwerts von Wesco weit weniger intrinsischen Wert, als ein Dollar des Buchwerts von Berkshire Hathaway."

Notiz aus dem Internet, hier vom „Berkshire Message Board" vom 16. Februar 1998:

„Ich entschloß mich, einmal ganz kurz nachzurechnen. Was nun folgt, ist das Portfolio der Stammaktien von Wesco, wie es im Geschäftsbericht für 1996 angegeben wurde. Auf der linken Seite ist der Marktwert vom 31. Dezember 1996 für jedes Wertpapier angegeben, auf der rechten Seite der Wert des Schlußkurses vom letzten Freitag, und ich gehe davon aus, daß in der Zwischenzeit im Portfolio keine größeren Umschichtungen vorgenommen wurden.

Aktien	31.12.1996	13.2.1998
Freddie Mac	794.700.000 $	1.319.400.000 $
Coca-Cola	379.195.000 $	494.033.950 $
Gillette	248.800.000 $	327.800.000 $
Wells Fargo	45.679.000 $	55.310.677 $
American Express	36.595.000 $	57.200.000 $
Travelers (Salomon)	20.000.000 $	45.999.800 $
Summe	1.529.772.000 $	2.299.745.000 $

*Wenn ich richtig gerechnet habe, dann zeigt das Portfolio innerhalb von 13 1/2 Monaten einen Wertzuwachs von fast genau 50%. Nicht schlecht. Ich gehe noch einen Schritt weiter und registriere, daß 7.119.807 Aktien im Umlauf sind. Wenn man den gegenwärtigen Wert des Portfolios an Stammaktien durch die Anzahl der im Umlauf befindlichen Aktien dividiert, dann erhält man pro Aktie einen Wert von 323 $.

Bitte denken Sie daran, daß dabei Wescos andere Unternehmen (Versicherung, Stahl etc.) und der Rest seiner Beteiligungen nicht berücksichtigt sind, und wenn Charles Munger Wescos intrinsischen Wert berechnet, dann berücksichtigt er auch den Steueranteil, der bei einer Liquidation dieser Vermögenswerte anfallen würde (der ziemlich hoch ist). Da Wesco jedoch derzeit für ungefähr 305 $ je Aktie gehandelt wird, sollte Ihnen dies ein besseres Gefühl bezüglich Ihrer Anlage vermitteln."

Auf der Jahreshauptversammlung von Berkshire sagte Munger 1998: „Was den Buchwert anbelangt, ist Wesco kein Klon von Berkshire. Es ist ein historischer Zufall. Wir werden unser Bestes für Wesco geben, aber die meisten Chancen wird Berkshire haben."

42

Kansas Bankers Surety Co.

Geh' zu einer Party und kauf' ein Unternehmen

Im Jahr 1996 kaufte Berkshire über Wesco die Kansas Bankers Surety Co. in Topeka, Kansas, für 80 Mio. $. Kansas Bankers, gegründet im Jahr 1909, versichert in Mittelamerika Kommunalbanken.

Die Aktien der Gesellschaft, die auf dem OTC Bulletin Board gelistet und selten gehandelt wurden, lagen vor der Bekanntgabe bei einem Kurs von 19 $. Berkshire bezahlte 24,50 $ je Aktie in bar.

„Er machte uns aus heiterem Himmel heraus ein Angebot", sagte Don Towle, der Vorstandsvorsitzende von Kansas Bankers, über einen Brief, den Buffett im Februar 1996 an das Unternehmen schickte. Buffett adressierte den Brief an Roy Dinsdale, einen Aufsichtsrat bei Kansas Bankers, der auch Vorsitzender der Pinnacle Bancorp, Inc. in Central City in Nebraska ist.

Towle sagte, er sei anfangs geschockt gewesen und später geschmeichelt, daß Buffett überhaupt ein Angebot gemacht hatte.

Buffett erklärt das in Berkshires Geschäftsbericht für 1996: „Es könnte sein, daß Sie sich für die sorgfältig ausgearbeitete und etwas komplizierte Strategie interessieren, die es Berkshire ermöglichte, diesen Deal zu landen. Anfang 1996 war ich zur Feier des 40. Geburtstags der Frau meines Neffen, Jane Rogers, eingeladen. Weil ich solche Familienfeiern überhaupt nicht mag, begann ich in meiner üblichen warmherzigen Art sofort, nach Gründen zu suchen, damit ich diese Feier absagen konnte. Die Gastgeber konterten hervorragend, indem sie mir versprachen, ich würde neben einem Mann sitzen, den ich immer gern mochte. Es war Roy Dinsdale, Janes

Vater - und so ging ich hin.

Die Party fand am 26. Januar statt. Obwohl die Musik sehr laut war - weshalb müssen die Bands immer so spielen, als ob sie nach Dezibel bezahlt würden? Ich konnte gerade noch hören, wie Roy sagte, er käme gerade aus einer Vorstandssitzung der Kansas Bankers Surety, eines Unternehmens, das ich schon immer bewundert habe. Ich schrie zurück, er solle es mich wissen lassen, falls dieses Unternehmen jemals zum Verkauf stünde."

Dinsdale schickte Buffett die Unterlagen über die Finanzen der Gesellschaft, und Buffett machte das Angebot. Die meisten der 600 Aktionäre von Kansas Bankers - die meisten von ihnen waren Banken oder Bankiers - verkauften an Berkshire.

Kansas Bankers versichert Einlagen jenseits der Grenzen der staatlichen Deckung und Banken gegen Einbruch, Raub und Betrug. Das Unternehmen versichert mehr als 1.200 Banken, darunter 70 % der Banken in Nebraska, und ist, wie das *Topeka Capital Journal* schreibt, die einzige Kautionsversicherungsgesellschaft, die den Banken gehört, für die sie arbeitet.

Kansas Bankers wurde von einer Gruppe von Bankiers gegründet, die es vermeiden wollten, ihre Einlagen durch staatliche Programme abzusichern. Das Unternehmen begann als Bankers Deposit, Guaranty and Surety Co. Sein Hauptziel war es, die Einlagen der Banken zu versichern, die diese Gesellschaft gegründet hatten. Im Jahr 1922 änderte das Unternehmen seinen Geschäftsgegenstand und entschied, es sei nicht länger rentabel, Einlagen zu versichern. Die Aktien des Unternehmens waren auf mehr als 700 Banken in Kansas verteilt, und der Name wurde in Kansas Bankers Surety Co. geändert.

Im Jahr 1979 hatte das Unternehmen in Kansas alle Marktanteile erobert, die es erobern konnte und expandierte in andere Staaten des Mittelwestens.

Kansas Bankers hatten 1997 einen Nettogewinn von 6 Mio. $. In der Bewertung von Standard und Poor's liegt das Unternehmen in der Gruppe AAA.

43

Berkshires „geheiligte" sieben, acht, neun Unternehmen

„Im letzten Jahr kauften wir diese Unternehmen, die geheiligten Sieben: Buffalo News, Fechheimer, Kirby, Nebraska Furniture Mart, Scott Fetzer Manufacturing Group, See's und World Book. Im Jahr 1988 marschierten die Heiligen ein."

(aus Berkshires Geschäftsbericht für 1988).

Berkshires aktive Unternehmen:

See's Candies
The Buffalo News
Nebraska Furniture Mart
Kirby
World Book
Scott Fetzer Manufacturing Group
Fechheimer
Sonstige
H.H. Brown, Lowell and Dexter
Helzberg's Diamond Shops
R.C. Willey Home Furnishings
FlightSafety International
Star Furniture Co.
International Dairy Queen
Finanzunternehmen (die aus der Scott Fetzer Financial Group, Berkshire Hathaway Credit Corporation und Berkshire Hathaway Life Insurance Company of Nebraska bestehen)

„Wenn die produzierenden Verlags- und Handelsunternehmen, die von Berkshire zu 100 % kontrolliert werden, in einer unabhängigen Gesellschaft zusammengeführt würden, dann wären die Gewinne sehr eindrucksvoll. Diese ‚Firma' hätte einen Umsatz von 2,4 Mrd. $, einen Nettogewinn von über 200 Mio. $ und wäre unter den Fortune 500. Tatsächlich wäre sie, was die Rentabilität anbelangt, unter den ersten 5 der Fortune 500!" (Sequoia Fund, Quartalsbericht vom 31. März 1995).

44

See's Candies

Nancy Reagan und Sally Field lieben See's Candies

Süßwarenhersteller machen Spaß, und im Fall von See's Candies machen sie Spaß und Gewinne. Buffett ist sehr stolz auf ein Foto, auf dem Nancy Reagan in die Air Force One steigt und unter ihrem Arm eine große Schachtel See's Candies trägt. Mit den Jahren wurden auf dem Capitol viele Schachteln mit Süßigkeiten als Geschenke verwendet.

Die Schauspielerin Sally Field ist ein großer Fan von See's Candy.

Die See's-Candy-Läden, die Berkshire ganz gehören, produzieren ihre Süßigkeiten schon mehr als 70 Jahre für die Leckermäuler. Berkshire kaufte See's am 3. Januar 1972 für 25 Mio. $ über Blue Chip Stamps. Buffetts Entscheidung, dieses Unternehmen zu kaufen, war einfach: „Ich brauchte nicht nachzudenken. Ich wünschte, ich könnte 50 ähnliche finden. Die meisten Unternehmen haben wir schon nach der ersten Besichtigung gekauft. Bei See's Candy war es so, daß ich einmal dorthin fuhr, um den Enkel von Mary See zu besuchen. Sein Name war Harry See... Wir waren im Geschäft. Wir hatten beide die gleiche Meinung darüber, wie diese Süßigkeiten im Bewußtsein der Konsumenten positioniert sind, wir kannten die Preisflexibilität usw."

„Ob sie für ein Pfund Bonbons 20 % mehr verlangen könnten? Sicher, meinte ich. Und ganz sicher konnten sie es", sagte Buffett in einem Vortrag vor Studenten der Wirtschaftswissenschaften an der Columbia University am 27. Oktober 1993.

See's, das im Jahr 1972 je Pfund Bonbons 12 Cents Gewinn machte, macht heute 88 Cents Gewinn je Pfund und weitestgehend deshalb, weil es die Preise anheben konnte. Buffett erzählte, daß, während die Umsätze bei Blue Chip von ungefähr 100 Mio. $ im Jahr 1972 auf etwa 1 Mio. $ 1991 gefallen seien, die Gewinne von See's dies alles mehr als kompen-

(Photo by Andrew Kilpatrick)

Ein See´s Candy Shop in Pasadena, Kalifornien, typisch für mehr als 200 Läden an der Westküste, die Schokoholiker mit Süßigkeiten versorgen. Buffett hofft, daß die Kunden sie mit Coca-Cola herunterspülen und dann zu ihrer Gillette-Oral-B-Zahnbürste greifen.

siert hätten. Sie stiegen in dieser Zeit von 29 auf 196 Mio. $ an. Die Gewinne lagen 1997 bei 35 Mio. $. Markenqualität zählt.

Als Buffett See´s für die Schokoholiker auf der ganzen Welt kaufte - ein Unternehmen, das für Gillettes Oral-B-Zahnbürsten wie sanfte Werbung sein könnte -, wählte er Charles Huggins für den Chefsessel aus.

Buffett sagte, es hätte nur fünf Minuten gebraucht, bis er Huggins ernannt hatte, und daß es eigentlich verwunderlich sei, daß er bei den Zeugnissen, die Huggins mitbrachte, überhaupt so lange gebraucht hätte. Im Geschäftsbericht für 1991 beschrieb Buffett, daß der Arbeitsvertrag in ungefähr fünf Minuten ausgehandelt wurde und es niemals zu einem schriftlichen Vertrag gekommen sei - und daß dies sich bis heute noch nicht geändert habe. Seitdem haben Huggins und Buffett sich etwa alle zehn Tage miteinander unterhalten, doch während der Salomon-Krise sei es wahrscheinlich eher nur einmal im Monat gewesen.

See´s wurde 1921 von einer 71 Jahre alten Großmutter, Mary See, gegründet, die mit nicht viel mehr als einer Schürze und ein paar Pfannen ins Geschäft einstieg und einen kleinen Süßigkeitenladen in Kalifornien aufmachte.

Während der großen Wirtschaftskrise senkte See's die Preise seiner Schokoladen von 80 auf 50 Cents je Pfund. „Be Thrifty, Pay Fifty" („Sei sparsam, zahl' nur 50") war See's Slogan. Glücklicherweise reduzierten die Vermieter von See's die Mieten, und so konnte See's weiterhin im Geschäft bleiben.

In den 20er Jahren, als es nur wenige See's Shops gab, alle in Los Angeles, belieferte See's viele seiner Kunden mit Harley-Davidson-Motorrädern mit Seitenwagen. (Vielleicht ist das der Grund, weshalb der Sequoia Fund, der von Buffetts Freund Bill Ruane gemanagt wird, ein großes Paket Harley Davidson im Portfolio hat.) David H. Ramsey, Vorsitzender und stellvertretender Verleger von Hatton-Brown Publishers Inc. in Montgomery, Alabama, die die Zeitschrift *Ironworks* herausgeben, schickte Buffett den Artikel über die Verbindung zwischen See's und den Harley-Motorrädern. Buffett schrieb an Ramsey: „Vielen Dank für Ihren netten Brief und den Artikel. Vor 50 Jahren hatte ich eine kurze Zeit eine Indian, an der ich jedoch die Begeisterung verlor, nachdem ich mit ihr über die Pflastersteine von Baltimore gefahren war (damals wurden die Motorräder ein wenig anders gebaut). Während der Feierlichkeiten im letzten Jahr durfte ich mich auf den Sattel der See's-Harley setzen, aber sie schoben das Motorrad mehr auf die Bühne, als daß man mir zutraute, Gas zu geben. Irgendwie erniedrigend!"

Heute werden See's Süßigkeiten auf verschiedene Weise befördert, auch mit einem 12-Meter-Truck und mit 747er Boeings. See's produziert die Schokoladen und anderen verpackten Süßigkeiten in zwei großen Küchen, einer in Los Angeles und einer in San Francisco. See's verkauft die Süßigkeiten über seine eigenen weißen Verkaufsläden in vielen Staaten des Westens und Mittelwestens und auf Hawaii. Die Mehrzahl von ihnen, mehr als 165 Läden, liegen in Kalifornien, wo das Unternehmen ungefähr 80 % seiner Gewinne macht. Die Läden führen eine große Bandbreite von Schokoladen. Die Namen, die einem das Wasser im Mund zusammenlaufen lassen, sind einfach gehalten: Walnut Cluster, Peanut Cluster, Almond Square, Milk Patties, Molasses Chip und Milk Cherry.

Ein großer Teil des Umsatzes läuft über direkte Lieferungen von einer je nach Jahreszeit unterschiedlichen Anzahl von Depots aus. In diesem Geschäft gibt es eine sehr starke Saisonabhängigkeit - in den kalten Monaten wird sehr viel Umsatz gemacht und in den heißen nur sehr wenig. Der größte Umsatz des Jahres wird in den letzten beiden Monaten gemacht, wenn Mengenrabatte erheblich zu den Umsätzen an Weihnachten und Neujahr beitragen. Zwei Drittel aller Umsätze mit Schokolade werden zwischen Thanksgiving und Silvester getätigt. Im Dezember werden 90 % der Gewinne eingefahren.

See's verpackt die Süßigkeiten in Geschenkkartons, das perfekte Weih-
nachtsgeschenk. Jahrelang haben einige Mitglieder des US-Kongresses diese Geschenkkartons von See's an ihre Freunde verschenkt. Im März 1982
erhielt Berkshire ein Angebot für See's von einem britischen Unternehmen. Man wollte 120 Mio. $ in bar dafür bezahlen. Buffett biß nicht an.
See's Nettogewinne wuchsen von 6 Mio. $ im Jahr 1981 auf weit über das
Fünffache davon - ungefähr 31 Mio. $ im Jahr 1996. See's hat jedoch
Schwierigkeiten, zu expandieren.

„Wir haben Dutzende von Ideen verfolgt, wie wir das Geschäft ausweiten könnten", sagte Buffett auf der Jahreshauptversammlung 1988. „Und
schließlich haben wir nicht herausgefunden, wie man es machen kann...
Es ist ein hartes Geschäft." Der Aktionär Michael Assael schlägt vor: „Packt
doch See's mit Dairy Queen und McDonald's zusammen, eventuell auch
mit Starbucks. Und wenn man dann noch die Figuren von Disney hinzu-
fügt, dann könnte das sehr hilfreich sein."

Buffett selbst ißt sehr viel Süßigkeiten von See's - wahrscheinlich nur
deshalb, weil er testen möchte. Aber auch bei dieser vorzüglichen Schokolade kämpft Buffett mit der Disziplin und beschränkt sich auf eine
Schachtel pro Monat. Immerhin ist auch das ein Beispiel für: „Wir essen
das, was wir kochen."

Eine 2-Pfund-Packung kommt jeden Monat in die Berkshire-Zentrale.
Daraus kann sich jeder Mitarbeiter bedienen.

„In jeder Packung von See's findet man die folgende Botschaft, die
See's Philosophie ausdrückt: Über 65 Jahre lang haben wir hart daran ge-
arbeitet, die Tradition der Qualität, die buchstäblich Millionen von treuen
See's-Kunden Jahr für Jahr erwarten, aufrechtzuerhalten.

Unsere Philosophie ist ganz einfach: Beharrlich tun wir alles, was der
Qualität dient - wir kaufen nur die besten Zutaten - und bieten die köst-
lichsten und interessantesten Sortimente von Süßigkeiten, die es in den
Vereinigten Staaten gibt - wir betreiben all die weißen und leuchtenden
See's Läden selbst und bieten Kundendienst auf höchstem Niveau.

Das mag heutzutage altmodisch, wenn nicht sogar außergewöhnlich
sein - aber es zahlt sich aus. Und dennoch sind wir vollkommen überzeugt
davon, daß wir immer noch besser werden können - um unsere Kunden
zufriedenzustellen!"

See's ist in vielen Dingen immer noch sehr altmodisch. Beispielsweise
hat See's sich lange Zeit geweigert, in den Geschäften Kreditkarten zu akzeptieren. Doch auch das hat sich geändert, wie eine Anzeige in der *Los
Angeles Times* vom 18. November 1997 beweist:

„Nach einigen längeren Diskussionen kam die Buchhaltung bei See's
zu dem Schluß, daß wir Kreditkarten akzeptieren wollen. Und so können

Sie nunmehr mit American Express, Visa, Mastercard und Discover in all unseren Geschäften bezahlen. Wir möchten Ihnen Ihre Einkäufe erleichtern, insbesondere während der Vorweihnachtszeit. Ansonsten hat sich nichts geändert. Auch Ihr Bargeld und Ihre Schecks sind weiterhin willkommen. Und was die Herstellung der Süßigkeiten und unseren freundlichen Service anbelangt, so sind wir sehr glücklich, ein wenig hinter der Zeit herzuhinken. Mindestens 40 Jahre hinterher."

Buffett sagt, daß 1991 in Amerika 26 Millionen Pfund See's Produkte verzehrt wurden. Wahrscheinlich ist es Buffetts Geheimplan, um bei Berkshire möglichst viel Synergie zu erzielen, daß die Süßigkeiten immer mit Coca-Cola heruntergespült werden.

Und so kommen wir zur Familie von Tim Moylan in Omaha. Moylan hält in seinem Büro immer einen Vorrat See's Candies für seine Besucher bereit. Eines Tages wurde Moylans vierjähriger Sohn Dan auf die Süßigkeiten aufmerksam.

„Erinnerst du dich an unseren Freund Howard Buffett?" fragte Moylan. „Nun, Howards Vater gehörte die Fabrik, die diese Bonbons herstellt." Da antwortete Dan: „Du meinst, Howards Papa ist Willy Wonka?" - und sofort bekam der Autor der Geschichte, Robert McMorris, von Buffett eine Notiz, daß er vorhabe, auf der Jahreshauptversammlung von Berkshire Proben von See's Candy zu verteilen.

„Wenn das Geschäft einmal zurückgeht", schrieb Buffett, „dann werden wir das Gerücht streuen, daß unsere Süßigkeiten als Aphrodisiakum wirkten. Sehr effektiv. Ich meine das Gerücht, und nicht die Bonbons."

Auf der Jahreshauptversammlung von Berkshire 1997 sagte Buffett: „So war es damals, im Jahr 1972 - und wir wissen ziemlich viel über Süßigkeiten. Tatsächlich weiß ich im Augenblick viel mehr als zu dem Zeitpunkt, als ich mich heute Morgen hier hinsetzte. Seitdem habe ich schon ungefähr 20 Stück gegessen. Aber strahlt das Gesicht Ihrer Liebsten am Valentinstag vor Freude, wenn Sie ihr eine Dose Süßigkeiten unbekannter Herkunft schenken und sagen: ‚Hier, mein Schatz, ich habe die billigeren genommen?'

Es gibt zig Millionen Menschen oder mindestens viele Millionen von Menschen, die sich daran erinnern, wie sie zum ersten Mal jemandem eine Schachtel mit diesen Süßigkeiten schenkten. Es dauerte nämlich nicht lange, bis sie dann ihren ersten Kuß erhielten. Diese Erinnerungen sind gut. Und die Assoziationen sind auch gut."

Munger sagte auf der Versammlung im Jahr 1997: „Bei See's kauften wir zum ersten Mal Qualität. Wenn sie damals nur 100.000 $ mehr verlangt hätten, hätten wir nicht gekauft."

Buffett ergänzte: „Wenn wir See´s nicht gekauft hätten, dann hätten wir auch Coke nicht gekauft. Und so können Sie sich bei See´s für die 12 Mrd. $ bedanken. Wir hatten das Glück, daß wir ganze Unternehmen kauften, die uns eine ganze Menge lehrten. Wir hatten Windmühlen, naja, ich hatte Windmühlen. Charlie war an den Geschäften mit den Windmühlen nie beteiligt. Ich hatte zweitklassige Kaufhäuser, Tankstellen und Textilfabriken..."

Munger beendete die Diskussion: „Ich glaube, es ist nicht erforderlich, so dumm zu sein, wie wir es damals waren."

45

Die Buffalo News

Im Jahr 1977 kaufte Buffett die Buffalo News unbesehen für 32,5 Mio. $ aus dem Besitz von Mrs. Edward H. Butler jun. Heute macht die Zeitung mehr als das an Gewinnen vor Steuern.

Weil sich Buffett mit Zeitungen auskannte, wußte er, wie es um diese bestellt war, als er die Bilanzen sah. Seiner Meinung nach war es nicht erforderlich, sich das Unternehmen selbst auch noch anzusehen. Er wußte bereits, wie eine Druckerei aussieht.

Er kaufte die Zeitung nicht über Berkshire, sondern über das andere Unternehmen, das er kontrollierte: Blue Chip Stamps. Die *Washington Post* und die *Chicago Tribune* hatten die Zeitung nicht kaufen wollen.

In ihrem Buch „Personal History" schrieb Katharine Graham: „Ich fing an, mir Unternehmen anzusehen, von denen ich gehört hatte, daß sie zum Verkauf stünden. Warren war bei den Akquisitionen eine besondere Hilfe, weil er zu einem gewissen Grad jeden Deal kannte, der im Augenblick stattfand oder in den vergangenen zehn Jahren stattgefunden hatte. Wir dachten darüber nach, eine Fernsehstation in Buffalo zu kaufen. Warren beriet mich dahingehend, daß die Zeitung, die ebenfalls verkauft werden sollte, ein besserer Kauf sei; wenn wir sie nicht haben wollten, dann würde er sie kaufen. Obwohl die Zeitung den Markt dominierte, hatte sie starke Konkurrenz, starke Gewerkschaften und keine Sonntagsausgabe. Als wir uns entschieden, diese Sache nicht weiter zu verfolgen, kaufte Warren die Zeitung, und nach einigen Mühen schaffte er es, sie zu einem großen Erfolg zu führen. Ich bin aber immer noch der Meinung, daß wir damals die für uns richtige Entscheidung getroffen haben."

Buffett jedoch sah, daß diese Zeitung aus Buffalo ein gutes Geschäft wäre, wenn sie eine Sonntagsausgabe herausgäbe, und deshalb kaufte er das Unternehmen. Seit 1983 gehört die Zeitung Berkshire ganz, als Blue Chip mit Berkshire verschmolzen wurde. Die *News* entschied sich bald, eine Sonntagszeitung herauszugeben. Doch hatten die Einführungsrabatte für

Die Buffalo News, eine frühe Investition von Berkshire, erwirtschaftet nun in einem Jahr soviel wie Buffett für sie ausgegeben hat.

Abonnenten und Anzeigenkunden zur Folge, daß sie von ihrem Konkurrenten, dem *Buffalo Courier-Express*, verklagt wurde. Diese Zeitung erschien siebenmal wöchentlich. Sie ging später in den Besitz von Cowles Media über. Die *News* konnte die Klage niederschlagen, aber beide Zeitungen schrieben jahrelang rote Zahlen. In der Zeit vom Kauf der Zeitung bis zum 31. Dezember 1992 fuhr die *News* Verluste in Höhe von 12 Mio. $ vor Steuern ein. Dann, im Jahr 1982, stellte der *Courier-Express* sein Erscheinen ein, und Buffett hatte ein blühendes Monopol - das ist die Art von Geschäften, die er am liebsten mag. Die *News* begann, eine Morgenausgabe herauszugeben, und heute gibt die erfolgreiche Zeitung eine Sonntagsausgabe und an jedem Werktag acht verschiedene Ausgaben heraus.

Munger sagte immer wieder, daß der Kauf der *News* nicht unbedingt hätte erfolgreich enden müssen. Es war ein Glücksspiel, bei dem die Chancen günstig waren, doch der schnelle und erfolgreiche Ausgang dieser Angelegenheit war teilweise auch auf Glück zurückzuführen. Die *Buffalo News* versorgt mit 1.000 Angestellten die große Stadt und die Umgebung, die oft als das östliche Ende des Rust Belt betrachtet wird, ein industrieller Außenposten an der kanadischen Grenze. In den letzten zehn

Jahren gab es eine ständige Abwanderung von Wirtschaftsunternehmen. Dennoch war die Zeitung erfolgreich. Sie ist die einzige Zeitung in der Landeshauptstadt und innerhalb ihres Verteilungsgebietes, das zehn Landkreise umfaßt, und wird in diesem Gebiet in sehr vielen Haushalten gelesen.

Eine Zeitung mit hoher Dominanz und großer Marktdurchdringung. Die *News* wurde zum Inbegriff eines Unternehmens nach Buffetts Art. Die *News* hat einen Gewinn im Verhältnis zum Bilanzwert von erstaunlichen

THE BUFFALO NEWS

Opinion

WARREN E. BUFFETT
Chairman

STANFORD LIPSEY
Publisher and President

MURRAY B. LIGHT
Editor and Senior Vice President

FOSTER L. SPENCER
Managing Editor

BARBARA HENNIG IRELAND
Editorial Page Editor

QUOTES IN THE NEWS

"It's interesting to know they think we might matter. God knows there are enough of us out here."

Lois McFadden, spectator at her son's New Jersey soccer game.

McFadden, interviewed about her '96 presidential choice, is a "soccer mom," this year's buzzword for a hotly pursued group of voters, suburban women balancing demands of work and family.

"We realized that our first loan to Ted had preceded a bombing by six weeks . . . and that our second . . . preceded a bombing by about the same."

David Kaczynski, brother of the Unabomber suspect

interviewed with his wife on CBS television's "60 Minutes"

91,2 %, wie es die Zeitschrift *News Inc.* in einem Bericht vom Januar 1991 beschreibt. „Die *Buffalo News* ist wahrscheinlich die rentabelste Zeitung im ganzen Land." Die Zeitung hat täglich eine Auflage von fast 300.000 Exemplaren.

Buffett ist die Gallionsfigur dieses Unternehmens und Vorsitzender der Buffalo News. Ihm folgen Stanford Lipsey, der Verleger und Präsident der

Gesellschaft, und Murray Light, der Chefredakteur und Vizepräsident, der schon seit 1949 bei der Zeitung ist.

Der schmächtige und lockenhaarige Lipsey ist schon seit 1969 mit Buffett zusammen, als Berkshire die heute eingestellten *Sun Newspapers* in Omaha kaufte. Lipsey war der Eigentümer des Unternehmens, als es von Berkshire übernommen wurde, und später übernahm er das Management der weitaus größeren *Buffalo News*. Lipsey ist ein enger Freund von Buffett. Sie telefonieren sehr häufig miteinander.

Tim Medley, der Präsident der Anlageberatungs- und Finanzplanungsgesellschaft Medley & Co. in Jackson, Mississippi, erzählte, wie er Stan Lipsey auf einer Party der Berkshire-Aktionäre bei Borsheim's am Tag vor der Jahres-

(Photo courtesy of The Buffalo News)
Der Verleger in der Druckerei. Der Verleger der Buffalo News, Stan Lipsey, in der Druckerei der Zeitung.

hauptversammlung 1990 kennenlernte: „Während alle anderen sich um die Prominenten drängten, sprach ich mit einem sehr normal aussehenden Menschen, der sich mit Stan vorstellte und sagte, er sei bei der *Buffalo News*", erzählte er später einer kleinen Gruppe von Aktionären. Als Medley erfuhr, daß dieser Stan Lipsey der Zeitungsverleger und Pulitzer-Preis-Gewinner gewesen sein müsse, hielt er sich zurück, weil er das nicht glaubte. Lipsey habe ihn nämlich gefragt, ob er ihm nicht am nächsten Morgen einige Exemplare dieser Zeitung ins Hotel bringen dürfe. Medley hatte den Eindruck, Stan sei möglicherweise in der Vertriebsabteilung dieser Zeitung. Die Geschichte ging so aus, daß Lipsey am nächsten Morgen tatsächlich zwei Exemplare der *Buffalo News* am Empfang des Hotels hinterließ.

Normalerweise ist es für eine Zeitung sehr schwierig, daß es ihr wirtschaftlich besser geht als ihrem Verbreitungsgebiet. Aber irgend jemand muß vergessen haben, Lipsey dies zu sagen.

„Wir haben bei der *News* keine Budgets", erzählte er News Inc. „Wir entwickeln ein sehr intensives Kostenbewußtsein und sparen dadurch sehr viel Zeit und Ärger, die sonst mit dem Budgetieren verbunden sind." Diese Haltung ist in Berkshires Tochtergesellschaften üblich, aber nicht überall.

Buffalo verlor Anfang der 80er Jahre 23 % der Arbeitsplätze in der Produktion, als die industrielle Basis abnahm und wurde beispielsweise von der Schließung von Bethlehem Steel im Jahr 1983 schwer getroffen. Nach dem Freihandelsabkommen zwischen den USA und Kanada Ende 1988 lief es jedoch für die industriell orientierten Arbeitnehmer in Buffalo wieder besser.

Das Freihandelsabkommen veränderte die Umgebung von Buffalo, die von verrosteten Stahlwerken, ungenutzten Automobilfabriken und leeren Getreidesilos als stummen Symbolen des Niedergangs geprägt war. Statt dessen richteten Dutzende von kanadischen Unternehmen Büros und Zweigstellen ein.

Kanadische Produktionsbetriebe flohen vor den hohen Arbeitskosten und Steuern in ihrem Land. Dutzende von kanadischen Unternehmen überquerten die Grenze und gründeten in den Vereinigten Staaten. Neue Unternehmen kamen in dieses Gebiet, weil die Kanadier auf der billigen

südlichen Seite der Grenze Dienstleistungen einkauften. Die Arbeitslosenrate fiel von 13 % Anfang der 80er Jahre auf 5 % zu Anfang der 90er Jahre.

Buffalo liegt am Niagara River, der die Vereinigten Staaten von Kanada trennt. Mit dem Auto sind es nur 90 Minuten bis Toronto, dem überfüllten und sehr teuren Wirtschaftszentrum Kanadas. Die Grundstückspreise haben sich verbessert, und viele kanadische Unternehmen haben in Buffalo ihre Büros eröffnet.

Außerdem hat es nicht geschadet, daß die Buffalo Bills, das Profifootballteam, derartige Fortschritte machte, daß sie die erste Mannschaft wurden, die Anfang der 90er Jahre viermal hintereinander den Superbowl erreichten.

(Photo by Nancy Line Jacobs)
Buffett vor einem Plakat der Buffalo News bei der Jahreshauptversammlung von Berkshire 1994.

Die Unternehmen konnten sich zwar immer noch nicht mit Buffalos bitterkalten und schneereichen Wintern anfreunden, jedoch sagen die Bürger dieser Stadt gern, daß es tatsächlich vier Jahreszeiten gibt. Besonders gern haben die Unternehmen allerdings, daß die Kosten für Industriegelände in Buffalo weitaus niedriger sind als in Toronto, ebenso wie die Steuern und Energiekosten.

All dies ging an der *Buffalo News* nicht spurlos vorbei, die ständig steigende Gewinne verzeichnen konnte, auch wenn das Anzeigengeschäft nur träge verlief. Unter den Zeitungen, die in den größeren Städten erscheinen, nimmt die *Buffalo News* eine Spitzenstellung ein. Sie erreichen an Wochentagen 66 % und an Sonntagen 81 % aller Haushalte.

Buffett beobachtete, daß der redaktionelle Anteil am Gesamtvolumen der Zeitung weitaus größer sei als bei vergleichbaren oder größeren Zeitungen.

1997 gewann die *Buffalo News* den George Polk Award für hervorragenden Journalismus. Die Berichterstattung von Kevin Collison brachte den Tod einer jungen Frau, die auf dem Weg zu ihrem Arbeitsplatz in einem Einkaufszentrum in einem Vorort auf einem Highway überfahren wurde, damit in Verbindung, daß keine städtischen Busse zum Einkaufszentrum fuhren, um es Minderheiten zu erschweren, dort einzukaufen.

Die Zeitung machte im Jahr 1997 fast 33 Mio. $ Gewinn.

46

Nebraska Furniture Mart

Fast 100.000 qm Verkaufsfläche

„Er (Buffett) kam in den Laden und sagte: ‚Ich habe heute Geburtstag und möchte Ihr Geschäft kaufen. Wiviel möchten Sie dafür haben?' Ich sagte ihm: ‚60 Mio. $.' Er ging, holte einen Scheck und kam sofort wieder zurück", erzählte Mrs. Rose Blumkin, die als Mrs. B. bekannt wurde.

Buffetts Kaufpreis für Nebraskas Furniture Mart lag schließlich bei 55 Mio. $ für 80 % des Geschäfts, wobei noch 20 % der Anteile beim Management liegen. Ursprünglich hatte Berkshire 90 % gekauft, später aber stockte das Management seinen Anteil wieder auf 20 % auf.

Obwohl es den Anschein hatte, daß Buffett nur eben in diesen Laden gegangen sei und ihn gekauft habe, hatte er doch schon lange Zeit darüber nachgedacht.

Mehr als zehn Jahre zuvor hatte er dem Journalisten Adam Smith schon gesagt, daß dieses ein sehr gutes Geschäft sei.

„Wir fuhren eine Straße in Omaha entlang und kamen an einem riesigen Möbelhaus vorbei. Ich muß nun Buchstaben benutzen, weil ich mich an die Zahlen nicht mehr erinnern kann. ‚Sehen Sie dieses Geschäft?' sagte Warren. ‚Das ist ein wirklich gutes Geschäft. Es hat A qm Verkaufsfläche, macht einen Jahresumsatz von B und der Lagerwert liegt nur bei C; außerdem liegt der Kapitalumschlag bei D,'" schrieb Smith in seinem Buch *Supermoney*.

„‚Und warum kaufen Sie es nicht?' fragte ich.

‚Es ist in Privatbesitz', antwortete Warren. ‚Oh', sagte ich.

‚Es könnte sein, daß ich es trotzdem kaufe', sagte Warren. ‚Eines Tages.'"

Nebraska Furniture Mart wurde 1935 gegründet und ist ein Riese von

(Photo by Nancy Line Jacobs)

Das ist der Nebraska Furniture Mart in Omaha, den Buffett 1983 von Rose Blumkin kaufte, nachdem er ihr gesagt hatte: „Ich würde gern Ihr Geschäft kaufen." Als sie damit einverstanden war, gab er ihr einen Scheck über 60 Mio. $. Keine Rechtsanwälte, keine Buchprüfer, keine Investmentbanker. Kein Streß. Das See's-Schild signalisiert die Synergie bei Berkshire.

einem Möbelhaus - der größte einzelne Möbelmarkt in den USA mit fast 100.000 qm Verkaufsfläche auf einem Grundstück von etwa 75 Hektar. 1997/98 wird der Möbelmarkt für etwa 15 Mio. $ renoviert. Das Einrichtungshaus, das im Jahr 1993 expandierte und zwei Gebäude mit Elektronik- und Haushaltsgeräten errichtete, versorgt ein Einzugsgebiet mit einem Radius von ungefähr 300 Meilen rund um Omaha. Dort wird alles verkauft von Teppichen über Sofas, Lampen, elektronischen Geräten bis zu Mobiltelefonen.

„Jeder würde mehr lernen, wenn er dieses Unternehmen einige Monate beobachtete, als wenn er an einer Universität Wirtschaftswissenschaften studierte", sagt Buffett (*New York Times*, 17. Juni 1994).

Als Buffett das Geschäft kaufte, verlangte er nicht einmal eine Inventarliste, bis der Deal über den Tisch war. Und als Mrs. B., die keinen Tag in ihrem Leben in einem Hörsaal verbracht hat, ihn fragte, wo denn seine Buchhalter, Rechtsanwälte und Investmentbanker blieben, da antwortete er: „Ihnen vertraue ich mehr." Der Vertrag paßte auf eine Schreibmaschinenseite, und Mrs. B. unterzeichnete ihn, indem sie ganz einfach ein Kreuzchen machte. Sie hat es niemals gelernt, Englisch zu lesen oder zu schreiben.

Buffett und Mrs. B. wurden im Jahr 1993 in die Hall of Fame der Industrie- und Handelskammer von Omaha aufgenommen. Mrs. B. fährt in einem motorisierten Rollstuhl.
(Omaha World-Herald)

Rose Blumkin ist die Tochter eines Rabbiners, die unter der Regierung des Zaren am 3. Dezember 1893 in Rußland geboren wurde. Es ist eine ziemlich bekannte Geschichte, daß sie das Land nur verlassen konnte, weil sie einem Grenzposten sagte, sie wolle Leder für die Armee kaufen und ihm auf dem Rückweg eine Flasche Wodka mitbringen. Sie kehrte jedoch nicht nach Rußland zurück und machte ihren Weg in die Vereinigten Staaten und tat danach nur noch zwei Dinge: Sie kümmerte sich um ihr Geschäft und um ihre Familie.

Mrs. B., eine korpulente Frau von knapp 1,50 m Größe, kam 1917 im Alter von 23 Jahren in die Vereinigten Staaten. 1936 begann sie, in ihrem Keller Möbel zu verkaufen, und gründete 1937 mit nur 500 $ Startkapital den Nebraska Furniture Mart. „Man stelle sich einmal vor, was sie mit mehr angerichtet hätte", witzelt Buffett. Und indem sie ihrem eigenen Grundsatz „Verkaufe billig und sage immer die Wahrheit" folgte, machte sie den Nebraska Furniture Mart zu dem Erfolg, der Buffetts Aufmerksamkeit auf sich zog.

Weil sie die Kosten unter Kontrolle hielt und den Kunden viel Gegenwert bot, blühte das Geschäft. Es ist heute das beherrschende Möbelhaus in der ganzen Region. Als Mrs. Blumkin einmal von einem Konkurrenten verklagt wurde, sie verkaufe zu billig, entschied der Richter nicht nur zu ihren Gunsten, sondern er entschied sich auch, seinen Teppich bei ihr zu kaufen.

Jahrelang brachte Buffett Freunde zu ihr, und auf den Jahreshauptversammlungen und in den Jahresberichten prahlte er damit, daß sie, je älter sie werde, immer schneller werde. Sein Bild von Mrs. B. war das einer Unternehmer-Heldin. 1989 jedoch verließ sie das Unternehmen nach einem Streit mit ihrer Familie über die Umgestaltung und die Geschäftsführung der Teppichabteilung des Nebraska Furniture Mart, dem sie sich in ihren späteren Jahren besonders widmete.

Außerdem verlangte und bekam sie von Berkshire 96.000 $ für Urlaub, den sie nicht in Anspruch genommen hatte. Und obwohl sie jeden Penny bekam, stürmte sie hinaus und eröffnete auf der anderen Straßenseite ein neues Geschäft. Sie nannte ihr neues Geschäft Mrs. B´s Warehouse und verkauft immer noch Teppiche. „Ihr Preis 104 $ - unser Preis 80 $“, konnte man auf einem Schild in ihrem Laden lesen.

„Ich wurde wütend. Ich erwarte zuviel“, erzählte sie später *Forbes* (26. April 1993).

Sie fährt immer noch in ihrem berühmten motorisierten Rollstuhl herum, und eine Zeitlang gab sie Interviews, in denen sie sagte, daß Buffett nicht ihr Freund sei und sie ihr Geschäft nur führe, um sich zu rächen. Jahrelang zogen es die Mitglieder ihrer Familie vor, nicht darüber zu sprechen.

Buffett wurde einmal gefragt, wie es ihm gelänge, bei einer solchen Vielzahl von Geschäftsführern die Loyalität aufrechtzuerhalten. Er lachte und antwortete, daß er im allgemeinen dann Schwierigkeiten bekäme, wenn sie über 90 Jahre alt würden.

In seinem Geschäftsbericht berichtete Buffett seinen Aktionären darüber, und in seinen Anmerkungen gegnüber Mrs. B. war er mehr als gnädig. Dennoch war dies ein schmerzlicher Augenblick in einer Bilderbuchgeschäftsverbindung.

Die Geschichte sollte jedoch ein Happy End haben, als Berkshire sie 1992 wieder aufkaufte.

Ein Besuch des Nebraska Furniture Mart ist für die Berkshire-Aktionäre immer ein Muß. Als ich einmal am Tag vor der Jahreshauptversammlung durch den Furniture Mart ging, erzählte man mir, daß Buffett schon zuvor dagewesen sei. Ich nahm an, er wäre schon weggegangen.

Aber als ich in die Teppichabteilung ging, sah ich eine Szene, die das Herz jedes Berkshire-Aktionärs erwärmt hätte. Dort, in der Mitte der Teppichabteilung stand Buffett mit einem Mann, den ich später als seinen langjährigen Freund Sandy Gottesman kennenlernen sollte, dem Vorsitzenden der First Manhattan Investmentgesellschaft in New York und Großaktionär von Berkshire. Die beiden sprachen mit Mrs. B., die in ihrem Rollstuhl saß. Man hatte den Eindruck, daß wenn Buffett und Mrs. B. tatsächlich auf dem Boden der Teppichabteilung Geschäftliches besprächen, die Dinge so wären, wie sie sein sollten.

Normalerweise bin ich eher schüchtern, aber ich ging zu Buffett und stellte mich als Berkshire-Aktionär vor. Er sagte: „Gut, kommen Sie zur Jahreshauptversammlung. Stellen Sie Fragen."

Wir hatten eine ganz kurze Unterhaltung, in der ich ihn über sein Tennisspiel befragte, statt Fragen über die Geschäfte zu stellen. Er antwortete, daß er nicht mehr viel spiele, weil er Rückenschmerzen hätte.

Er und Gottesman gingen durch die Teppichabteilung und beobachteten, was geschah; ich ging herum und beobachtete sie.

In einem anderen Jahr fragte ich eine Angestellte des Nebraska Furniture Mart, ob Buffett in der letzten Zeit hier gewesen sei. Sie bejahte das und sagte, er sei mit einem Freund hier gewesen. Natürlich wollte ich wissen, wer diese Person war, und sie antwortete: „Jemand namens Tisch." Ich fragt sie, ob es vielleicht Larry oder Preston Tisch gewesen sein könnte, doch sie wußte es nicht.

In einem anderen Jahr traf ich Charles Munger, der in einer abgetragenen Reisejacke, blauem Hemd und dunklen Hosen durch den unteren Teil des Möbelhauses schlenderte.

Im selben Jahr stand ich wieder in der Teppichabteilung und sah einen sehr energisch aussehenden jungen Mann in Freizeitkleidung, der zu Mrs. B's Enkel und dem geschäftsführenden Vizepräsidenten des Nebraska Furniture Mart, Robert Batt, ging und diesen bat, das Telefon benutzen zu dürfen. Dieser Mann war Buffetts Sohn Howard, damals Mitglied des Kreistags von Omahas Douglas County.

Sie unterhielten sich eine Zeitlang über Politik; dann begrüßte ich sie und stellte Howard eine Frage, die er wahrscheinlich schon ein- oder zweimal in seinem Leben gehört hatte: „Wie ist Ihr Vater eigentlich?" Der jüngere Buffett antwortete: „Er ist großartig. Ich habe lange Zeit an ihm gearbeitet, und er bessert sich ständig."

Batt, der gerade über Buffett gesprochen hatte, fügte hinzu: „Ich fliege oft mit Buffett nach New York, um dort Teppiche einzukaufen. Buffett spricht mit allen von uns. Doch in Wirklichkeit spricht nur er, und wir hören zu. Wir sprechen eigentlich nicht mit Buffett. Wir hören zu... Und dann hält er uns einen Vortrag. Er weiß mehr über unser Geschäft als wir. Er kennt unser Geschäft und unsere Konkurrenz. Er weiß nicht nur über See's Bescheid. Er weiß alles über Russell Stovers. Er weiß alles über Coca-Cola, aber er weiß auch alles über Pepsi."

Batt erzählte auch, er hätte sich ein größeres Paket Disney Aktien kaufen sollen und daß er Michael Eisners Talente sehr schätze.

Batt, der ziemlich korpulent ist, half einmal bei einem privaten Garagenflohmarkt, der bei Senator Bob Kerrey abgehalten wurde, als dieser von einem Haus in ein anderes umzog. Batt und Kerrey sind Freunde und Kerrey bat ihn, beim Verkauf zu helfen. Als Batt ankam, stolperte er, verletzte sich Rücken und Knie und zerschmetterte eine Kommode. „Ich habe sie regelrecht massakriert", erzählte Batt. „Aber was mir dabei wirklich peinlich ist, das ist die Tatsache, daß ich der Sicherheitsbeauftragte in unserem Unternehmen bin" (*Omaha World-Herald*, 26. August 1997).

Sowohl Katharine Graham von der *Washington Post*, als auch Stanford Lipsey von der *Buffalo News* haben den Nebraska Furniture Mart besucht. Seit neuestem kann man auch Synergie nach Berkshire-Art im Möbelhaus bemerken. Auf dem Gelände gibt es inzwischen einen See's Candy Shop. Es ist so, wie es Buffett in seinem Berkshire-Geschäftsbericht für 1990 beschrieb: „Wenn Sie im Furniture Mart sind, dann sollten Sie auch in den See's Candy Shop gehen und sich selbst einen Eindruck von den Synergien bei Berkshire verschaffen."

Der Verkaufswagen von See's Candy wurde am 21. Oktober 1990 aufgestellt - die erste Verkaufsstelle östlich von Colorado - und verkaufte in seiner ersten Woche 1.000 Pfund Süßigkeiten. Und es schadete den Umsätzen auch nicht, als Buffett die Schokoholiker über einen ABC-Sender in Omaha darauf hinwies, daß es im Furniture Mart nunmehr einen Stand von See's Candy gäbe. Heute bietet Borsheim's manchmal zusammen mit Werbematerial kleine Schachteln See's Candies an. Auch Synergie kann expandieren. Wer weiß, vielleicht werden eines Tages See's und Coca-Cola in einer Berkshire Foods Division mit Sitz im Nebraska Furniture Mart zusammengefaßt.

Im Oktober 1991 eröffnete der Nebraska Furniture Mart ein neues Kaufhaus, das man Trends nannte. In diesem Haus werden hauptsächlich moderne Möbel, die leicht miteinander zu kombinieren sind, wie beispielsweise Ledersofas, Tagesbetten, Kindermöbel und Betten für Kleinkinder verkauft.

Buffett war bei der Eröffnungszeremonie dabei, und wagte die Voraussage, daß diese Läden, das an Umsätzen gemessen zweitgrößte Möbelhaus im Mittelwesten werden würde, nur noch vom Nebraska Furniture Mart selbst übertroffen. Anscheinend hat Buffett immer Synergie im Sinn, denn danach ging er an die Erfrischungsbar und bat um eine Cherry Coke.

Am 1. Dezember 1991, kurz vor Mrs. B.´s 98. Geburtstag, besuchte Buffett sie und schenkte ihr zwei Dutzend Rosen und eine Fünf-Pfund-Schachtel See´s Candies.

Mrs. B. soll gesagt haben, er sei ein wirklicher Gentleman. Sollte das ein Annäherungsversuch gewesen sein? Es könnte sein. Man sagt, Louie Blumkin hätte seine Mutter kurz vorher gefragt, ob sie ihr Unternehmen nicht an Berkshire verkaufen wolle. Die Annäherung war auf gutem Wege, als Rose Blumkin dem *Omaha World-Herald* am 14. Juli 1992 sagte, sie habe vor, ihr Möbelgeschäft an ihren Sohn Louie Blumkin zu verkaufen.

„Ich mache hier sehr gute Geschäfte, aber es ist schwierig, das Ganze noch in der Hand zu halten", sagte sie. „Mein Sohn bot mir an, mich rauszukaufen, und ich werde verkaufen."

Sie sagte, ihr Sohn würde das Geschäft für den Nebraska Furniture Mart kaufen, der im Besitz von Berkshire ist.

Erwog Mrs. B. nach ihrem Vertrag vom 31. Dezember 1992 den vorzeitigen Ruhestand? Keinesfalls. Sie verkaufte weiterhin Teppiche. Ihr Laden machte Mrs. B. einige Kopfschmerzen, weil es einige Diebstähle gegeben hatte und sie mit Angestellten und Kunden in Streit geriet.

„Ich bin hocherfreut darüber, daß sich Mrs. B. wieder mit uns zusammengeschlossen hat", schrieb Buffett in Berkshires Jahresbericht für 1992. „Die Geschichte ihres Unternehmens ist unvergleichlich, und ich war schon immer ein Fan von ihr, ganz gleich, ob als Partner oder als Konkurrent... Aber glauben Sie mir, es ist besser, ihr Partner zu sein. „Dieses Mal bot mir Mrs. B. großzügig einen ,Nichtangriffspakt' an, und ich ließ mich - nachdem ich, als sie 89 Jahre alt war, sehr unvorsichtig gewesen war - darauf ein. Mrs. B. gehört in vielerlei Hinsicht in das Guiness Buch der Rekorde. Im Alter von 99 Jahren einen Nichtangriffspakt abzuschließen, ist nur ein weiterer."

Buffett, damals 62 Jahre alt, erklärte sein Versehen zehn Jahre früher damit, daß er nicht an die Konkurrenzausschlußvereinbarung gedacht habe, und gab am 26. April 1993 *Forbes* gegenüber zu: „Ich war jung und unerfahren."

„Vielleicht hatte ich Unrecht. Vielleicht war ich ihnen gegnüber zu hart", sagte Mrs. B. in einem Interview, anläßlich der Eröffnungsfeiern für Mrs. B´s, nachdem es vom Nebraska Furniture Mart gekauft wurde. Zum Zeichen des Beginns eines Zeitalters freundschaftlicher Beziehungen nahm Buffett eine Stoffbiene, steckte sie ihr scherzhaft ins Haar und strahlte für die Fotografen. Kurz danach sagte sie: „Er ist ein sehr ehrlicher Mensch. Er ist niemals hochnäsig. Er ist aufrichtig und unkompliziert."

Und als sie in ihrem Rollstuhl in der Teppichabteilung herumfuhr, sagte Mrs. B., die niemals auch nur im Kindergarten war: „Heutzutage kann man keine guten Hilfskräfte mehr bekommen", und fügte hinzu, daß sie kürzlich einigen störrischen Angestellten gedroht habe, sie würde ihnen Säure in die Augen schleudern.

Und dann zeigte sich ihre weiche Seite, als sie sagte: „Ich lebe jetzt allein und deshalb arbeite ich. Ich hasse es, nach Hause zu gehen. Ich arbeite, um nicht zu sterben." Im Alter von 100 Jahren arbeitet Mrs. B. immer noch 60 Stunden pro Woche in ihrem Laden.

„Rose Blumkin wird im Dezember 100 Jahre alt. Übrigens: Sie arbeitet immer noch an sieben Tagen in der Woche. An den Abenden, an denen das Geschäft bis 21 Uhr offen ist, werden Sie sie auch um 21 Uhr noch dort vorfinden. Sie fährt in einem kleinen Golfwagen herum und wenn ein Verkäufer nicht gerade jemanden bedient und sie verärgert ist, dann fährt sie zu ihm hin, rammt ihn mit ihrem Wagen und sagt ihm ihre Meinung", erzählte Buffett an der Business School der Columbia University am 27. Oktober 1993.

„In diesem Laden machen wir in diesem Jahr 200 Mio. $ Umsatz. Eine äußerst bemerkenswerte Frau, eine bemerkenswerte Familie. Sie schaffte es, weil sie sehr intelligent ist und über einen sehr starken Willen verfügt." Erst mit 103 Jahren, nachdem sie 1997 eine Lungenentzündung überstanden hatte, kam sie weniger oft zur Arbeit und sagte über ihr Kürzertreten: „Ich bin nicht krank, ich bin faul."

Der Furniture Mart hat in Lincoln, Nebraska, einen Laden für Fußbodenbeläge in Des Moines in Iowa ein Verkaufsbüro für Firmenkunden. Zur Feier des 100. Geburtstags von Mrs. B. erschienen der Gouverneur von Nebraska, Ben Nelson, Senator Bob Kerrey, der Abgeordnete Peter Hoagland und P. J. Morgan, der Bürgermeister von Omaha. Bei dieser Gelegenheit sagte Kerrey: „Wir alle wissen, daß wir wegen unseres Berufs manchmal kein besonders gutes Ansehen genießen. Und deshalb versuchen wir immer, mit solchen Leuten zusammen fotografiert zu werden, die in sehr hohem Ansehen stehen." Buffett konnte an der Feier nicht teilnehmen, weil er zu einer Versammlung des Aufsichtsrats von Cap Cities in New York weilte. Doch spendete Buffett an diesem Wochenende einen Scheck über 1 Mio. $ für das Rose Blumkin Performing Arts Center in Omaha.

Der Scheck war auf die Buffett Foundation bei der FirsTier Bank bezogen. Er war zusammengefaltet, zerknittert und hatte einen Coca-Cola-Fleck darauf.

Auf der Jahreshauptversammlung von Berkshire im Jahr 1994 bot Buffett ein Sortiment von Berkshire-Produkten an. Darunter war auch eine Packung See's Candy, die zum Gedenken an Mrs. B's 100. Geburtstag deren Bild statt das von Mrs. See trug.

Auf der Jahresversammlung 1995 wunderte sich Buffett, daß die Studenten der Wirtschaftswissenschaften nicht Mrs. B. studierten. „Sie gründete ihr Unternehmen mit einem Startkapital von 500 $ und ohne auch nur einen einzigen Tag eine Schule besucht zu haben... Sehen Sie, was sie erreicht hat... Und wer studiert sie?" Buffett sagte, daß die wirtschaftswissenschaftlichen Fakultäten zu sehr mit Dingen wie „den zusätzlichen ökonomischen Wert" beschäftigt sind, und Mrs. B. eher als Kuriosität betrachten. Buffett sagte, es sei wahrscheinlich zuviel verlangt, daß die Leute nach Nebraska zum Furniture Mart kämen und „eine Frau in einem Golfwagen" studierten. Im Jahresbericht für 1996 schrieb Buffett über Mrs. B.: „Sie ist jetzt 103 Jahre alt, und manchmal benutzt sie eine Sauerstoffmaske, die an ihrem Rollstuhl befestigt ist. Wenn man aber versucht, mit ihr Schritt zu halten, dann wird man selbst die Sauerstoffmaske brauchen." Im Jahr 1997 erhielt Mrs. B. einen Herzschrittmacher. Ihr Enkel sagte: „Wahrscheinlich wird sie wieder an der Arbeit sein, bevor es ihr der Arzt gestattet." Im Jahr 1997 mußte sie ihre Arbeit aus gesundheitlichen Gründen aufgeben. Am 3. Dezember 1998 wird sie 105 Jahre alt.

Im Herbst 1994 wurde auf dem 64-Hektar-Gelände der Mega Mart eröffnet, der als „das größte Kaufhaus auf dem Planeten" bezeichnet wird. Auf etwa 9.500 qm Verkaufsfläche werden mehr als 50.000 Artikel verkauft, in der Hauptsache elektronische Geräte, Computer und Haushaltsgeräte. Zu den Artikeln zählen auch Einbaukühlschränke, Mikrowellen, Kameras, Videospiele, Whirlpools und Kaffeemaschinen. CDs, die normalerweise für 14 $ verkauft werden, gibt es hier für ungefähr 10 $.

Im Rahmen der Eröffnungsfeier sagte Buffett, der Nebraska Furniture Mart sei nie fertig.

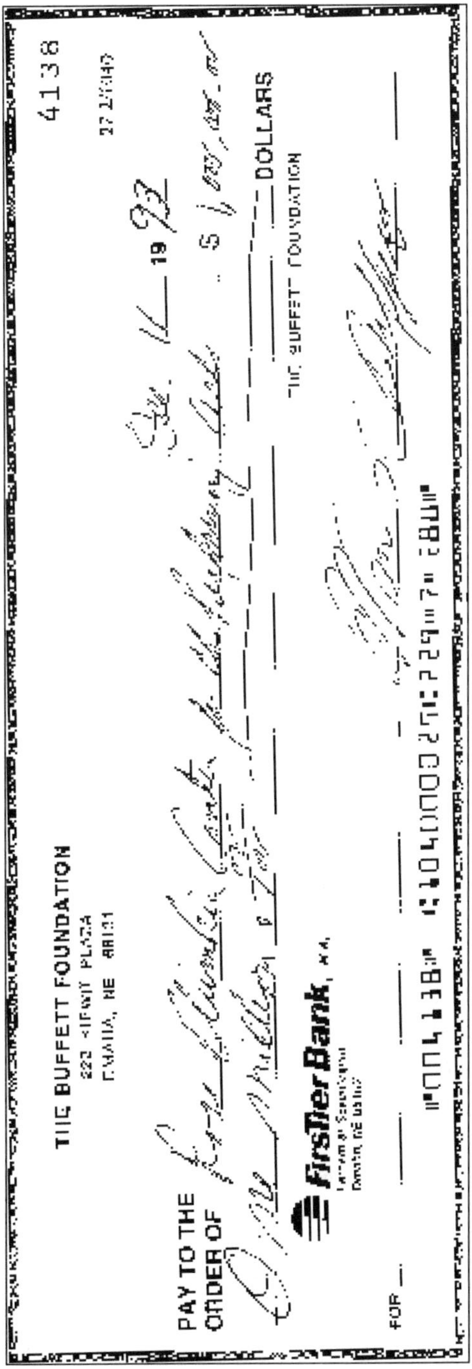

THE BUFFETT FOUNDATION
222 KIEWIT PLAZA
OMAHA, NE 68131

4138

27 2/0/40

19 93

PAY TO THE
ORDER OF

DOLLARS

THE BUFFETT FOUNDATION

FirsTier Bank, n.a.

FOR

47

Die Scott & Fetzer Company

„Scott Fetzer kauft Berkshire Hathaway"

Berkshire kaufte die Scott & Fetzer Company aus Cleveland, Ohio, Anfang 1986 für 315 Mio. $. Mit Scott Fetzer verdoppelte sich Berkshires Umsatz auf etwa 2 Mrd. $. Scott Fetzer stand schon seit 1984 zum Verkauf an, aber nichts hatte sich ergeben. Schließlich akzeptierten die Aktionäre einen Plan, bei dem die Arbeitnehmer in großem Umfang über Aktien am Betriebsvermögen beteiligt werden sollten. Als es aber dann beim Abschluß des Verfahrens zu Schwierigkeiten kam, wurde dieser Plan fallengelassen.

Buffett hatte mit wachen Augen das Geschehen - oder vielmehr das Nichtgeschehen - in den Zeitungen verfolgt. Er rief den Vorstandsvorsitzenden Ralph Schey an und bat um ein Treffen. Schey ist ein außergewöhnlicher Geschäftsmann, der Zeit gefunden hat, sich aktiv mit der Cleveland-Klinik, der Ohio University, mit Case Western Reserve und einer Venture-Capital-Firma, die eine Reihe von Unternehmen in Ohio finanzierte, zu beschäftigen.

Buffett und Munger aßen mit Schey am 22. Oktober 1985 in Chicago zu Abend. In der darauffolgenden Woche wurde ein Vertrag unterzeichnet. Die Nachricht über Berkshires Erwerb an Scott Fetzer wurde vom Dow-Jones-Nachrichtendienst übertragen und erstaunte die Berkshire-Aktionäre: „Scott Fetzer kauft Berkshire Hathaway." Diese Nachricht wurde schnell korrigiert, um zu zeigen, daß Berkshire Scott Fetzer kaufte.

Auf Berkshires Jahreshauptversammlung 1987 erzählten Munger und Buffett, daß sie vor dem Kauf von Scott Fetzers Investmentbankers mit ei-

(Photo courtesy of World Book)
*Ralph Schey steht Berkshires Scott-Fetzer-Gruppe vor, die World Book,
Kirby Staubsauger und andere Unternehmen umfaßt.*

nem zentimeterdicken Notizbuch konfrontiert wurden. Sie hätten es aber
schnell zurückgegeben, weil sie sich dadurch nicht verwirren lassen wollten. Wie immer wollten sie die Dinge einfach halten. Und sie sparten viel
Zeit und Energie.

Mit Scott Fetzer erwarb Berkshire Unternehmen wie World Book Encyclopedias und die Kirby-, Douglas- und Cleveland-Wood-Divisionen
der Scott Fetzer Company. Außerdem waren noch verschiedene kleinere
Unternehmen dabei, von denen heute viele mit Berkshires anderen kleinen Unternehmen kollektiv als „weitere Unternehmen" bezeichnet werden.

Da soll noch einer sagen, daß Geschäfte langweilig seien! An keinem
von ihnen ist etwas besonders Aufregendes, aber zusammengenommen
sind sie ein weiterer kleiner Bach, der seinen Weg in den Old Man River
nimmt. Das wichtigste Unternehmen und ganz sicher Buffetts Favorit unter den Unternehmen, die mit der Akquisition von Fetzer übernommen
wurden, ist World Book. Aber er mag auch Kirby sehr gern.

48

Kirby

„Es läßt die anderen im Staub zurück."

M it der Akquisition von Scott Fetzer ging auch der Staubsauger-hersteller Kirby in den Besitz von Berkshire über.

„Sehen Sie nur, er hebt doch tatsächlich den Teppich hoch... Und er saugt den ganzen Sand auf", sagt Hank Smith, der Vizepräsident von Kirby South in Birmingham, Alabama, wenn er die Kraft seiner Staubsauger demonstriert.

„Wenn wir einmal in eine Wohnung hineinkommen, verkaufen wir normalerweise auch", erklärt Smith. In allen Verbraucherbefragungen steht Kirby an der Spitze. „Es läßt die anderen im Staub zurück", wie Buffett gern sagt.

Kirby, das von Gene Windfeldt geführt wird, verkauft seine Staubsauger etwas teurer; das Modell Generation 3 mit Eigenantrieb kostet etwa 1.300 $. Die Benutzer sagen aber, daß der starke Motor, die futuristischen Werkstoffe, die Stärke der Saugkraft und die Haltbarkeit jeden einzelnen Dollar wert sind. Inzwischen gibt es auch schon die Modelle Generation 4 und 5.

In einer Online-Anzeige im Internet schrieb Mrs. Beryl Erickson aus Cleveland, Ohio, einen Brief: „Meine Tochter hat mir ihren Kirby G 3 aus-geliehen. Ich muß Ihnen unbedingt sagen, wie großartig er ist. Ich habe Arthritis, doch kann ich diesen Staubsauger mit so wenig Kraftaufwand benutzen, und wie er Teppiche reinigt ist unglaublich. Ich bin 84 Jahre alt, doch wenn ich jünger wäre, dann hätten sie einen Verkäufer mehr."

Kirbys werden überall auf der Welt verkauft. Ein Viertel des Umsatzes wird außerhalb von Amerika getätigt. Die Kirbys haben eine solche Saug-kraft, daß sie oft sowohl kommerziell (vom Hersteller nicht empfohlen) als auch zu Hause benutzt werden. Kirby verkauft an etwa 835 Großhändler.

Diese wiederum verkaufen die Kirbys an ein Netz von Regionalvertretungen und an Händler. Einige dieser unabhängigen Händler verkaufen die Staubsauger an der Tür und führen sie direkt in der Wohnung vor. Eine kürzlich eingeführte Innovation ist der „Micron Magic"-Filter, der die Luft reinigt und damit auch Menschen mit Asthma oder Allergien helfen kann.

Obwohl Berkshires Segment der Haushaltspflege von Kirby geführt wird, gibt es auch Douglas Products, Cleveland Wood und eine ganze Reihe weiterer Profitcenter. Dieser Bereich war für Berkshire sehr rentabel.

Douglas stellt in der Hand zu haltende und schnurlose Staubsauger her und verkauft sie über Kaufhäuser, Haushaltswarengeschäfte und Katalogläden.

Cleveland Wood stellt Bürsten für Staubsauger her. Es vertreibt seine Produkte über Discountmärkte, Haushaltswarenläden und Kaufhäuser ebenso wie über Katalogläden.

Kirby ist schon mehr als 80 Jahre im Geschäft und hat in dieser Zeit eine Menge Staub aufgesaugt. 1996 warf Kirby einen Gewinn von 40 Mio. $ ab.

49

World Book

„Ich habe World Book auch gekauft."

Nachdem Bob Kerrey Gouverneur von Nebraska war und bevor er in den US-Senat gewählt wurde, besuchte er Birmingham in Alabama. Nach einem Interview fragte ich ihn, ob er Buffett kenne. Er erzählte mir diese Geschichte: Kerrey, ein Vietnamveteran, Angehöriger der Navy und Träger der Ehrenmedaille, der mit der Schauspielerin Debra Winger befreundet war, sagte, daß er Buffett erzählt habe, er habe für seine beiden Kinder zwei World Book Encyclopedias gekauft.

„Ich habe World Book auch gekauft", entgegnete Buffett, und meinte damit natürlich, daß er das ganze Unternehmen gekauft hatte. Kerrey sagte, falls er jemals zum Präsidenten der USA gewählt würde, er sich wegen Beratung in wirtschaftlichen Dingen an Buffett wenden würde. Die beiden Männer essen gelegentlich im French Café in Omaha zu Abend, und Kerrey ruft Buffett an, wenn er Rat in wirtschaftlichen Angelegenheiten benötigt, auch wenn es um Steuern, die Gesundheitsreform, die Geldpolitik und die Handelspolitik geht.

World Book veröffentlichte seine erste Enzyklopädie im Jahr 1917. Damals hatten sie acht Bände und 6.300 Seiten. Im Jahr 1997 bot World Book Informationen über Multimedia und das Internet an.

Buffett, der als Junge ein begeisterter Leser von Enzyklopädien war, hat die von World Book damals nicht gelesen, aber 1962 kaufte er alle Bände für seine Kinder und benutzt sie seitdem selbst.

Als Bill Gates sieben oder acht Jahre alt war, las er die World Books von Anfang bis Ende. Walter Cronkites Mutter verkaufte World Book, und Cronkite selbst verbrachte als Kind Stunden damit, die Enzyklopädie zu lesen.

Die World Book Encyclopedia gibt es auch auf einer CD, dem Infofin-

der. Die CD enthält 17.000 Artikel, 1.700 Abbildungen, 150.000 Index-
einträge, 60.000 Querverweise, 1.600 Literaturlisten und 229.000 Einträge aus dem World Book Dictionary.

Zu den anderen Verlagsprodukten gehören das 16bändige Childcraft,
ein Nachschlagewerk für Kinder sowie Early World of Learning, ein Programm zur vorschulischen Erziehung.

In den Werbebroschüren von World Book kann man nachlesen, daß
ein durchschnittlicher 16jähriger bis dahin etwa 20.000 Stunden vor dem
Fernsehgerät verbracht hat - länger als man benötigt, um ein Diplom zu
erwerben. Die Lösung: World Book lesen.

Fast 5 Millionen Kilogramm Papier wurden gebraucht, um die 1993er
Ausgabe der World Book Encyclopedia zu drucken, wie das Unternehmen
mitteilt, das so gern Fakten sammelt. Das Papier wäre fast 35.000 Kilometer lang oder etwa siebenmal die Entfernung von der Ost- zur Westküste
der Vereinigten Staaten. Das Papier würde 70 Eisenbahnwaggons füllen,
was bedeutet, daß während des Drucks der World Book von 1993 jeden
Tag eine Ladung von Luke in Maryland, wo es geladen wird, zur Druckerei nach Crawfordsville in Indiana gebracht wurde.

In einer World Book Encyclopedia sind etwa 100 Millionen Buchstaben enthalten. Die Lexikon-Branche setzt im Jahr 500 Mio. $ um. World
Book ist in 40 % aller Haushalte in den USA und Kanada zu finden, die ein
Lexikon besitzen. Die Schätzungen gehen dahin, daß 10 % aller Ausgaben
für Bücher für Lexika ausgegeben werden.

Dennoch sanken die Gewinne von World Book von 19,5 Mio. $ im Jahr
1992 auf 13,5 Mio. $ 1993. 1994 betrug der Gewinn 17,3 Mio., $ und wegen der Konkurrenz von CD-ROM und Online-Angeboten fielen die Gewinne 1995 auf 7 Mio. $. World Book brachte deshalb auch eine
CD-ROM-Version heraus, die in Zusammenarbiet mit IBM erstellt und
über IBM vertrieben wurde.

Randall Stross beschrieb in seinem Buch *The Microsoft Way*, daß Microsoft World Book angeboten hatte, zusammen eine Multimedia-Enzyklopädie herauszugeben:

„Als Microsoft 1989 von Funk & Wagnalls die Bänder mit den Texten
für seine Multimedia-Enzyklopädie erhielt, bemerkte man, daß der neue
Partner es versäumt hatte, die Bänder zu überarbeiten und die internen
Codes zu entfernen, wie es im Vertrag vorgesehen war. Einige Manager bei
Microsoft waren dafür, die Frage, wer den Text für Microsofts Multimedia-
Enzyklopädie liefern sollte, erneut aufzuwerfen, und eine Delegation wur-
de beauftragt, noch einmal mit World Book zu sprechen. Peter Mollman,
der Vorsitzende von World Book Publishing, hörte mit einigem Interesse

zu. Microsoft bot an, über die nächsten zwei Jahre hinweg 7 bis 12 Mio. $ zu investieren, um eine Multimedia-Enzyklopädie zu erstellen, die auf World Books Texten basieren sollte. Aber World Book war an Geld nicht interessiert. Mollman erwähnte ganz nebenbei, wie wenig World Book jährlich dafür ausgab, die wichtigste Quelle seiner Gewinne zu aktualisieren und zu erhalten. (Die Vertreter von Microsoft waren außerordentlich erstaunt, wie wenig erforderlich war, um ein solches Geschäft zu betreiben. Sie hätten dieses Phänomen aber auch bei Microsoft selbst, beispielsweise in den Abteilungen für Word oder Excel beobachten können, wo ein erstaunlich kleines Team von ein paar Dutzend Entwicklern benötigt wird, um ausgereifte Programme zu aktualisieren, die Hunderte von Millionen Dollar jährlich einbringen.) Mollman wies darauf hin, daß die über 25.000 Repräsentanten, die für World Book auf Kommissionsbasis arbeiteten, ein heikles Problem seien, und wollte wissen, wie eine ganze Multimedia-Enzyklopädie auf eine CD-ROM gebrannt werden konnte. Microsoft bedankte sich und versprach, daß man dieser Frage Beachtung schenken würde - und vielleicht ein Mehrfach-Set von CD-ROMs angeboten würde.

In einem formellen Partnerschaftsangebot, das Microsoft World Book nach diesem Treffen zustellte, präsentierte Microsoft einige sehr intelligente Argumente...

Im Herbst 1993, nach der Erstausgabe von Encarta, fragte Gates Peter Mollman (der nach seinem Ausstieg bei World Book nunmehr für Microsoft arbeitet), ob es nicht möglich wäre, daß Microsoft World Book kaufte. Dies war eine Möglichkeit, die Mollman und ein anderer Manager zufällig auch schon diskutiert hatten - mit dem Ergebnis, daß der Text von Funk & Wagnalls für Encarta ein Handicap sei. Aus internen Quellen wußte Mollman, daß die Absätze bei World Book in den letzten Jahren gefallen waren - von 330.000 Enzyklopädien 1988 auf vielleicht weniger als 150.000 im Jahr 1992. Auf Mollmans Drängen hin sprach Gates mit seinem Freund Warren Buffett über die Möglichkeit eines Verkaufs, aber sie konnten kein zufriedenstellendes Arrangement erreichen."

Auf der Jahreshauptversammlung von Berkshire 1997 neckte Buffett Gates, als er sagte: „Microsofts Encarta ist das alte Funk & Wagnalls. Bill Gates haßt es, wenn ich das den Leuten sage, aber es stimmt. Gates hatte mit seiner Encarta-CD-ROM soviel Erfolg, daß wir ihn kopierten." Buffett merkte weiter an, daß „in einigen Versionen von Encarta der Mond mit der Erde zusammenstößt. Auf der World-Book-CD-ROM stößt der Mond niemals mit der Erde zusammen.

Jedes Jahr gibt World Book einen Ergänzungsband heraus, der die Enzyklopädie aktualisiert und der den Besitzern früherer Ausgaben über

Mailings angeboten wird. Ansonsten werden die Produkte in erster Linie über Präsentationen zu Hause, in Schulen und Bibliotheken angeboten. Dafür sind mehr als 25.000 Vertreter verantwortlich, die in den USA, Kanada, Australien, England und vielen anderen Ländern auf Provisionsbasis arbeiten.

In der World-Book-Encyclopedia ist ein 32seitiger Beitrag mit farbigen Landkarten und Farbfotos enthalten, der über viele Bereiche des Lebens in Russland berichtet. Das reicht von Religion über Familienleben und die Regierung bis hin zu Bodenschätzen, Ballett und Architektur. Mehr als 70 andere große Artikel in den verschiedenen Bänden enthalten Biographien und Fotos von russischen Staatsmännern und Beiträge über große russische Städte und Regionen.

Die World-Book-Enzyklopädie wurde in viele Sprachen übersetzt, beispielsweise Arabisch, Chinesisch, Finnisch, Französisch, Indonesisch, Japanisch, Koreanisch, Malayisch, Portugiesisch, Schwedisch und Spanisch. World Book druckte eine Ausgabe in chinesischer Sprache, die über die chinesische Regierung verteilt wird.

Bildung ist das beste Verkaufsargument für World Book. Und deshalb sind ungefähr die Hälfte aller Verkäufer aktive oder ehemalige Lehrer.

Im Geschäft mit Enzyklopädien gibt es eine Reihe von größeren Anbietern, wie beispielsweise die Encyclopedia Britannica (an der auch Benjamin Franklin mitgeschrieben hat), Grolier und Collier's. World Book ist der Marktführer und verkauft mehr als doppelt so viele Werke wie jeder andere Konkurrent. In den Vereinigten Staaten verkauft World Book mehr als seine drei wichtigsten Konkurrenten zusammen. Microsofts Encarta-CD-ROM wird jedoch weit häufiger als World Book verkauft. Ein großer Teil der Enzyklopädien wird in Raten bezahlt. Die Käufer können den Kauf über World Book Finance, Inc., eine Scott-Fetzer-Tochter, finanzieren.

Im Jahr 1988 wurde die World-Book-Encyclopedia einer größeren Überarbeitung unterzogen. Um die 70. Auflage zu erstellen, wurden drei Jahre und 7 Mio. $ benötigt. Das war die teuerste Überarbeitung seit 26 Jahren. An jeder Überarbeitung der World Book sind mehr als 500 Professoren, Spezialisten, Redakteure, Künstler, Forscher, Kartographen, Produktionsspezialisten und Illustratoren beteiligt, die ungefähr 5.000 Informationsquellen überprüfen und 5.000 bis 10.000 Fotografien durchsehen.

World Book ist für seine sehr umfassende Faktenprüfung bekannt. Auf Bitten von World Book, maß ein Beamter in Quebecs Verkehrsministerium die Breite der Sous-le-Cap-Street in Quebec nach, die als Nordamerikas engste Straße gilt (2,69 Meter). Das 22bändige Werk enthält 14.000 Seiten und 7.000 Artikel von 3.900 führenden Experten ihrer Fächer wie beispielsweise Sir Edmund Hillary, der den Beitrag „Mount Everest" geschrieben hat, und dem Trainer John Thompson von der Georgetown University, der den Beitrag „Basketball" lieferte. Die Enzyklopädie enthält 28.000 Fotografien und Illustrationen und 2.200 Landkarten.

Es wird geschätzt, daß mehr als 100 Millionen Menschen seit 1917 mit der World Book aufwuchsen und heute etwa 12 Millionen World-Book-Enzyklopädien benutzt werden. Die World Book Encyclopedia wurde 1917 von J. H. Hanson von Hanson-Bellows Co. in Chicago als The World Book - Organized Knowledge in Story and Pictures vorgestellt. Er erstellte die World Book, als er 150.000 $ ausgab, um sein damals sehr beliebtes Lexikon, The New Practical Reference Library zu überarbeiten. Im Jahr 1918 ging Hanson das Geld aus, er verkaufte World Book an einen seiner früheren Buchhalter, W.F. Quarrie, auch aus Chicago, und das Unternehmen blühte auf. Auch so prominente Persönlichkeiten wie der verstorbene FBI-Direktor J. Edgar Hoover, die Etikette-Expertin Emily Post und Bischof Fulton J. Sheen wurden Mitarbeiter von World Book.

1945 kaufte Marshall Field III World Book und machte es zum Flaggschiff eines neuen Unternehmens, das schließlich Field Enterprises Educational Corp. wurde. Field war davon überzeugt, daß Bildung der Schlüssel zu einer demokratischen Regierungsform und World Book ein wichtiges Werkzeug der Bildung sei. Im Jahr 1978 wurde World Book von Scott Fetzer gekauft.

Es gibt viele Geschichten über die sanfte Hartnäckigkeit überzeugter Verkäufer der World-Book-Encyclopedia. Darunter ist die von Joyce Fishman aus Marshfield in Massachusetts, einer Spitzenverkäuferin, die einmal von einem Hund gebissen wurde und der es dennoch gelang, den Verkauf abzuschließen (vielleicht deshalb, weil der potentielle Käufer Schadenersatzansprüche befürchtete).

Die Teilzeit- und Vollzeitverkaufsberater von World Book verdienen jährlich zwischen 100 $ und 30.000 $ und können sich ihre Zeit selbst einteilen. Pro verkaufte Enzyklopädie erhalten sie eine Provision von 100 $. Die World Book kostete 1994 zwischen 679 und 849 $, je nachdem, wie sie gebunden war. Bezirksleiter, die von allen Verkäufen ihrer Repräsentanten einen Teil bekommen, verdienen erheblich mehr, und ein Topmanager kann im Jahr bis zu 250.000 $ verdienen.

Auf der Jahreshauptversammlung von Berkshire im Jahr 1994 sagte Munger: „Von diesem Produkt verkaufen wir jährlich mehr als von jedem anderen Berkshire-Hathaway-Produkt... Es ist eine fantastische Errungenschaft. Etwas zu veröffentlichen, das so benutzerfreundlich ist und soviel Wissen beinhaltet, ist eine fantastische Sache."

Und weil Buffett immer sehr gern das ißt, was er selbst kocht, hat er seinen Kindern und Enkeln ebenfalls World-Book-Encyclopedias vermacht. Außerdem steht sowohl in seiner Wohnung als auch in seinem Büro jeweils eine Ausgabe.

Und das sagt die World Book über Buffett:

Printed from The World Book Multimedia Encyclopedia
BUFFETT, WARREN EDWARD

BUFFETT, WARREN EDWARD (1930-...), an American business executive, is chairman of the board of directors of Berkshire Hathaway Inc., a major U.S. holding company. Berkshire Hathaway's holdings consist of insurance companies and manufacturing, retail, and publishing businesses—including the publisher of The World Book Encyclopedia. Buffett is known for buying into undervalued firms.

Buffett was born in Omaha, Nebr. He received a bachelor's degree from the University of Nebraska in 1950 and a master's degree in business administration from Columbia University in 1951.

After graduation, Buffett worked first as an investment salesman with his father's brokerage firm in Omaha, then as a security analyst in New York City. In 1956, Buffett borrowed money from relatives and friends and formed an investment firm, the Buffett Partnership. By the time he dissolved the firm in 1969, the investors had received 30 times their original investment. Buffett then turned his attention to building up Berkshire Hathaway, a Massachusetts textile firm he had bought control of in 1965. The textile business eventually failed and Buffett closed it in 1985. But by that time, he had developed Berkshire Hathaway into a profitable holding company.

Contributor: John C. Schmeltzer

1996 verkaufte die Finanzabteilung von Berkshires World Book in Europa Schuldverschreibungen im Wert von 100 Mio. $. Das war Berkshires Debut auf dem Markt der Eurobonds.

„Es ist eine Routineemission, die eine ältere Emission ersetzt", sagte ein Sprecher von Berkshire.

Damit wurde eine 120-Mio.-$-Emission von Schuldverschreibungen von World Book Finance, einer Scott-Fetzer-Tochter, refinanziert, die am 1. September 1996 auslief. Berkshire bezahlte den Rest in bar. Auf der Jahreshauptversammlung von Berkshire 1997 fragte die Aktionärin Nancy Jacobs aus Omaha Buffett: „Ist es möglich, daß mir der Kauf einer World Book von einem Konkurrenzwerk gute Chancen einräumt, ein Milliardeninvestor zu werden?" Buffett antwortete: „Es ist geradezu eine Garantie dafür!" Jacobs: „Ich kaufe sie."

50

J.P. Tans Analyse von Scott Fetzer

J ui Pah Tan aus Singapur, der eigentlich nur unter seiner E-Mail-Adresse writejp@hotmail.com zu erreichen ist, hat den Titel eines MBA (Master of Business Administration) an der State University of New York in Buffalo mit Auszeichnung erworben. Er ist Eigentümer und Manager von AddMoreValue.Com Consultancy in Singapur. Tan schickte im Jahr 1996 eine Analyse von Scott Fetzer an Buffett, der ihm zurückschrieb: „Vielen Dank für Ihren netten Brief. Ihre Analyse von Scott Fetzer stimmt genau. Ich wünschte, wir hätten noch weitere Gelegenheiten wie diese. Ich kann leider keine Einzelgespräche arrangieren, aber Sie können sehr gern zur Jahreshauptversammlung am 5. Mai nach Omaha kommen (die einleitenden Feiern beginnen am 3. Mai)."

Hier ist Tans Analyse von Scott Fetzer:

Buffets Glanzstück: ein Privatunternehmen mit 86 % Gewinn auf den Buchwert - ohne Verbindlichkeiten

(Photo courtesy of J.P. Tan)
J.P. Tan

Scott Fetzer war ein unbekanntes Konglomerat mit Sitz in Ohio. Seine wichtigsten Einheiten sind Kirby Staubsauger, World Book Encyclopedia und die Scott Fetzer Manufacturing Group, die eine Reihe von Produkten zum Transport von Gasen und Flüssigkeiten herstellt. Im Jahr 1984 versuchte der Vorsitzende Ralph Schey, das Unternehmen zu 50 $ je Anteil zu kaufen. Sein Angebot lag nur 5 $ über dem Markt. Innerhalb von zwei Wochen bot der Arbitrageur Ivan Boesky bis zu 60 $.

Schey gefiel der Gedanke nicht, daß er Boesky als Boss haben könnte, und ebensowenig gefiel ihm, daß Boesky auf einer Abstandszahlung von 4 Mio. $ bestand. Schey machte ein neues Angebot bei 62 $, aber auch das kam nicht zum Zug. Es trieb das Unternehmen in die Hände von Spekulanten, deren erstes, letztes und einziges Ziel es war, das Unternehmen zu verkaufen.

Bis zum Oktober 1985 hatte Buffett insgesamt 250.000 Aktien oder ungefähr 5 % des Unternehmens aufgekauft. Er hatte eine Unterredung mit Schey und kaufte die ganze Gesellschaft für 60 $ pro Aktie in bar bei Gesamtkosten von 315,2 Mio. $. Und so wurde Scott Fetzer eine Tochtergesellschaft von Berkshire Hathaway.

Scott Fetzer illustriert Buffetts Investmentgrundsätze

Buffett benutzte Scott Fetzer in seinem Jahresbericht von 1994 dazu, den Unterschied zwischen Buchwert und intrinsischem Wert zu erläutern. Bei näherer Betrachtung jedoch erklären die Daten, die er bekanntgab, einige seiner Anlagegrundsätze besser als die meisten anderen Unternehmen in seinem Portfolio.

Der Gewinn auf dem Buchwert stieg von 46 auf 86 %

Das erste Prinzip, das wir näher untersuchen werden, ist der Gewinn auf dem Buchwert, der von 46 % im Jahr 1986, als er zum ersten Mal die Kontrolle übernahm, auf 86 % im Jahr 1994 anstieg.

Um zu versichern, daß es dabei keine Tricks gegeben habe, teilt uns Buffett folgendes mit:

Scott Fetzer ist eine Ansammlung von 22 Unternehmen. Auch heute noch sind genau dieselben Unternehmen dabei wie zu dem Zeitpunkt, als wir Scott Fetzer erwarben - keine Zukäufe und keine Verkäufe.

Berkshire bezahlte für Scott Fetzer 315,2 Mio. $, die zu diesem Zeitpunkt einen Buchwert von 172,6 Mio. $ hatte. Den Aufpreis von 142,6 Mio. $, den Buffett bezahlte, drückt seine Überzeugung aus, daß der intrinsische Wert des Unternehmens etwa dem Doppelten des Buchwerts entsprach.

Weil Scott Fetzer, als es aufgekauft wurde, einen Überschuß an Barmitteln zur Verfügung hatte, konnten 1986 125 Mio. $ Dividende an Berkshire überwiesen werden, auch wenn der Jahresgewinn damals nur bei 40,3 Mio. $ lag. Seit der Übernahme hat das Unternehmen die bescheidenen Verbindlichkeiten vollkommen abgebaut (außer den Krediten ihrer Finanztöchter). Außerdem hat Buffett weder Fabriken verkauft und zurückgeleast oder Forderungen verkauft und dergleichen. Seit Scott in den Besitz von Berkshire übergegangen ist, wurde die Gesellschaft als ein liquides und konservativ finanziertes Unternehmen geführt.

Die außerordentlichen Gewinne waren nicht darauf zurückzuführen, daß Scott Monopolstellungen hatte oder daß es bei den Gewinnen zyklische Hochs gegeben hatte. Buffett weist, wie üblich, den Verdienst seinem Manager zu, in diesem Fall dem Vorstandsvorsitzenden Ralph Schey.

Eine 100prozentige Auszahlungsquote

Scott hat eine sehr hohe Dividendenquote, die von 122 % im Jahr 1989 bis zu einem Tief von 55 % 1990 reichte. Die Differenzen beim Buchwert betrugen zwischen 1986 und 1994 nur 7 % oder 6 Mio. $. Im Durchschnitt betrugen die Dividenden 100 % des Gewinns, wenn man einmal davon absieht, daß 1986, als die Gesellschaft erworben wurde, 310 % ausgezahlt wurden.

Weshalb der Bilanzgewinn ein hervorragendes Meßinstrument ist

Die Fähigkeit des Unternehmens, seine Gewinne bei fast gleichbleibender Zahl der Aktien zu verdoppeln, zeigt deutlich, welcher Art die Geschäfte sind, die Buffett anstrebt. Er beurteilt die Qualität eines Unternehmens nicht nach der Zunahme der absoluten Gewinne, sondern nach der Fähigkeit, den Bilanzwert zu erhöhen. Aus diesem Grund betrachtet er den Bilanzgewinn im Licht des augenblicklichen Schuldenstands. Im Fall von Scott kann man sagen, daß es überhaupt keine Schulden gibt.

Die Tatsache, daß er aus den ursprünglichen 172,5 Mio. $ Buchwert 84,7 Mio. $ Barvermögen ziehen konnte, zeigt, daß der Return on Investment vor dem Kauf durch Buffett die wahren Möglichkeiten des Return on Investment des Unternehmens verschleierte. Wären die 84,7 Mio. $ an Barvermögen nicht entnommen worden, dann hätte der Return on Investment lediglich bei 26 und nicht bei 46 % gelegen.

Es gibt nur fünf Möglichkeiten, wie Scott seinen Buchgewinn auf 86 % hätte erhöhen können:

1. Die Gewinne aus der Vermögensverwaltung verbessern.
2. Die Gewinnspanne aus den operativen Geschäften erhöhen.
3. Die Kredite erhöhen.
4. Die Kreditkosten senken.
5. Weniger Steuern zahlen.

Da Schulden und Steuern in diesem Fall keine Rolle spielen, sind die Hauptursachen für die Zunahme von Scotts Bilanzgewinn auf die Senkung der innerbetrieblichen Kosten und eine dramatische Verbesserung des

Umsatzes zurückzuführen. Um jedoch diese Umsatzsteigerungen und die Verbesserung der innerbetrieblichen Kostensituation zu erreichen, die zu 86 % Gewinn auf den Bilanzwert führten, waren die hohe Nachfrage nach Scotts Produkten und deren hohe Preisstabilität entscheidend. Dies sind eindeutige Kennzeichen für ein starkes Unternehmen, das seine Preise noch lange Zeit wird aufrechterhalten können.

Starke Unternehmen brauchen keine Kredite

Buffett hat eine große Abneigung gegen Schulden und zieht Unternehmen vor, die nur wenige oder keine Schulden haben. Er ist tatsächlich davon überzeugt, daß ein von Grund auf gesundes Unternehmen mit beständigem und anhaltend hohem Gewinn (ROE) nur wenige oder überhaupt keine Kredite benötigt. Nur die grundsätzlich schwachen Unternehmen mit geringen Gewinnen auf das eingesetzte Kapital müssen oft zur Bank gehen. Scott ist ein Unternehmen mit hoher Liquidität und kann all seine Gewinne an die Muttergesellschaft abführen.

Hohe Eigenkapitalgewinne schaffen neue Vermögenswerte - und mehr

Hohe Eigenkapitalgewinne weisen darauf hin, daß ein Unternehmen auch mit geringer Zunahme des Kapitals wachsen kann. Dieses Wachstum beinhaltet geringere Risiken und größere Erträge. Solch ein Wachstum ist gesund und schafft neue Vermögenswerte. Wenn ein Unternehmen hingegen bei geringen Kapitalgewinnen wachsen will, dann benötigt es viel neues Kapital. Ein solches Wachstum bedingt höhere Risiken und geringere Erträge. Es ist deshalb ungesund und riskant. Es vergrößert zwar das Unternehmen, aber bereichert nicht unbedingt die Aktionäre.

Geborene Gewinner und geborene Verlierer

Buffett merkt an, daß es Unternehmen gibt, die einfach keine hohen Kapitalgewinne ausweisen können, ganz gleich, wie gut das Management auch immer sein mag. Deshalb sucht er nach Unternehmen, bei denen hohe Kapitalgewinne möglich sind. Er hält die Unternehmenskennzahlen für weitaus wichtiger als das Management, obwohl das Management die Unternehmenskennzahlen verbessern oder verschlechtern kann.

Ein Entlohnungssystem, das die Unternehmenskennzahlen verbessert

In dieser Hinsicht hat er ein Gehaltssystem für Manager, das Leute wie Schey belohnt, die die Unternehmenskennzahlen ihrer Unternehmen verbessern. Wenn ein Berkshire-Manager größeren Kapitalbedarf für seine Geschäftstätigkeit anmeldet, dann belastet Berkshire ihn mit hohen Zinsen für den Kapitaleinschuß und belohnt den Manager mit gleich hohen Guthabenzinsen für das Kapital, das er an Berkshire überweist. Der Bonus für den Manager wächst, wenn der Gewinn aus Kapitalzuwachs eine bestimmte Quote übersteigt. Wenn jedoch zusätzlich aufgenommenes Kapital die Gewinne unter diese Quote drückt, dann bestraft dieser Fehlbetrag sowohl Berkshire als auch den Manager.

Und deshalb versuchen die Manager bei Berkshire, ständig wachsende Gewinnquoten zu erreichen statt nur absolute Gewinne, die eher auf nicht ausgeschüttete Gewinne zurückzuführen sind als auf verbesserten Kapitalgewinn. Deshalb zahlt es sich für die Manager aus - und es zahlt sich für sie sehr gut aus - jegliches Barvermögen, das sie in ihrem Unternehmen nicht effektiv einsetzen können, an Berkshire zu überweisen.

Da Buffett bei den Gewinnen immer hohe Zuwachsraten verzeichnen kann, ist anzunehmen, daß er seinen Managern einen außergewöhnlich hohen Schwellenwert vorgibt.

Buffett kaufte Scott bei einem Kurs-Gewinn-Verhältnis von nur 5,7

Auf den ersten Blick möchte man meinen, daß Buffett Scott bei einem Kursgewinnverhältnis von 7,8 gekauft habe. Wenn man nämlich die Akquisitionskosten von 315 Mio. $ durch die Gewinne des ersten Jahres, 40,3 Mio. $, dividiert, dann erhält man 7,8.

Wenn man jedoch genauer hinsieht, dann kann man ruhig behaupten, daß die Akquisitionskosten für Scott Fetzer nicht 315,2 Mio. $ betrugen, sondern nur 230,5 Mio. $. 1996 zahlte Scott an Berkshire eine Dividende, die seine Gewinne um 84,7 Mio. $ überstieg. Diese 84,7 Mio. $ wurden von Berkshire für andere Zwecke verwendet. Deshalb lagen die effektiven Kosten, um die Gewinne des ersten Jahres zu realisieren, bei 315,2 minus 84,7 Mio. $, und das macht 230,5 Mio. $. Scotts Kurs-Gewinn-Verhältnis betrug deshalb im ersten Jahr nur 5,72 - ein erstaunlich geringes Kurs-Gewinn-Verhältnis für ein wachsendes Unternehmen mit einem so hohen Kapitalgewinn.

Geduld und ein Sicherheitspolster

Dies gibt Buffett natürlich ein riesiges Sicherheitspolster. Es gibt uns aber auch eine unbestreitbare Zahl, damit wir sehen können, was er meint, wenn er sagt, er warte geduldig auf ein Unternehmen, das weit unter seinem wirklichen Wert gekauft werden kann. Und das ist um so erstaunlicher, weil er oft gesagt hat, daß es schwieriger sei, ein gesamtes Unternehmen mit Rabatt zu kaufen, als einen Teil davon mit einem Abschlag.

Buffett brauchte nur sechs Jahre, um die Akquisitionskosten zu verdienen

Wenn wir von der Tatsache ausgehen, daß Scott wirklich all seine Gewinne als Dividenden an Berkshire ausbezahlt hat, dann hat Berkshire mehr als seine Einsatzkosten zurückerhalten. Auch wenn wir einen Abschlag von 10 % annehmen, dann betragen die kumulierten Gewinne von 1986 bis 1994, zurückgerechnet auf den Januar 1986, 339 Mio. $. Dies sind mehr als 100 Mio. $ über den tatsächlichen Akquisitionskosten von 230,5 Mio. $. Der Wert dieses Geldes ist 1996 weitaus größer, insbesondere, weil Buffett den Ruf hat, daß er seine Vermögenswerte um mehr als 20 % pro Jahr vergrößert.

In jedem Fall benötigte Buffett lediglich sechs Jahresgewinne, reduziert um 10 %, um die im Januar 1986 angefallenen Akquisitionskosten von 230,5 Mio. $ wieder zu verdienen.

Eine 1,6-Milliarden-Geldmaschine - gratis

Das Wichtigste: Nachdem er alle seine Investments mit Hilfe von Gewinnen wieder eingebracht hat, verfügt er immer noch über eine kraftvolle, Barmittel schaffende Maschine, die ihm im Jahr 1994 operative Gewinne von 79,3 Mio. $ einbrachte. Diese Maschine brachte ihm über lange Zeit hinweg wachsende Bilanzgewinne, die mit durchschnittlich 8,8 % pro Jahr wachsen. Bei den hohen Bilanzgewinnen seines Unternehmens könnte Scott, wenn es sich dazu entschließen sollte zu expandieren, dies mit hohen Kapitalgewinnen tun - vorausgesetzt, das Kapital wird nicht reinvestiert und im Bilanzgewinn treten keine Änderungen ein, dann wird die Dividendenausschüttung bei 100 % der Gewinne bleiben, solange dieses Unternehmen besteht.

Der Markt wird es weiterhin ermöglichen, daß die operativen Gewinne vervielfacht werden. Geht man von einem 10prozentigen Abschlag aus, einem ständigen Gewinnzuwachs von 5 % ohne zusätzliche Ausgaben und einer 100prozentigen Dividendenausschüttung, dann sollte das Unternehmen ein Kurs-Gewinn-Verhältnis von 20 erzielen. Das bedeutet, daß der innere Wert von Scott Fetzer bei 1,6 Mrd. $ liegt.

Der Gegenwartswert der künftigen Gewinne von Scott macht für Berkshire nur einen Teil von Scotts gesamtem intrinsischen Wert aus

Da alle Gewinne frei verwendbar sind, werden sie von Berkshire für andere Chancen verwendet, bei denen hohe Gewinne zu erwarten sind. Im Augenblick kommen die Gewinne von Scott ausschließlich aus dem operativen Bereich. Würde Scott seine Gewinne zurückstellen, dann würden die gesamten künftigen Gewinne aus operativen Gewinnen und Einnahmen aus Investments bestehen. Da aber die Gewinne voll ausgeschüttet werden, wird der Wert des künftigen Cash flows aus den reinvestierten Gewinnen nicht berücksichtigt.

Wenn wir davon ausgehen, daß die operativen Gewinne jährlich um 5 % wachsen, daß sie zu 100 Prozent ausgeschüttet werden und mit 15 % Rendite zurückfließen, dann läge der künftige Wert der zurückgeführten Dividenden aus 20 Jahren bei 12,5 Mrd. $. Rechnet man einen Abschlag von 10 % ein, dann beträgt der Wert dieser zurückfließenden Dividenden über die kommenden 20 Jahre hinweg heute 1,86 Mrd. $.

Dies ist jedoch nur eine Schätzung des aktuellen Werts über einen Zeitraum von 20 Jahren hinweg. Wenn wir jedoch davon ausgehen, daß dieses Unternehmen auch weiterhin bestehen wird, dann ist der augenblickliche Wert weit größer. Die Gewinne von 15 % pro Jahr müßten dann bis in die Ewigkeit hinein hochgerechnet werden.

Was macht ein Unternehmen mit dem Geld, das es verdient?

Der aktuelle Wert der umgeschichteten Dividenden zeigt deutlich auf, weshalb Buffett Kapitalallokation als oberste Priorität ansieht. Wenn Scott seine Gewinne zurückbehielte und sie in einem Depot hinterlegte, dann würde der Wert des Cash flows, den Buffett zu reinvestieren pflegt, drastisch reduziert.

Frei verfügbare Gewinne

Buffett wünscht sich immer Gewinne, über die er wirklich frei verfügen kann, so wie die Gewinne von Scott. Daß Unternehmen Gewinne ausweisen, ohne daß die Kapitalkosten berücksichtigt werden, ist für Buffett nicht akzeptabel. Weshalb sollten Investoren Steuern auf Dividenden bezahlen, nur um diese versteuerten Gewinne wieder in dieselben kapitalintensiven Unternehmen zurückzuschaufeln, die geradezu nach Kapitalerhöhungen oder Krediten dürsten? Deshalb hat Buffett seine eigene Definition für „Unternehmer-Gewinn": Nettogewinn plus Abschreibung, Substanzverzehr und Amortisation minus Kapitalkosten und zusätzlich erforderliches Umlaufvermögen.

Er empfiehlt Investoren, nach solchen Unternehmen Ausschau zu halten, die vom Zeitpunkt des Kaufs an in den nächsten zehn Jahren die höchstmöglichen Unternehmensgewinne realisieren können. Damit würden sich die Investoren auf die langfristigen Aussichten eines kalkulierbaren Unternehmens konzentrieren, statt auf kurzfristige Markttendenzen zu achten, die seiner Meinung nach ohnehin nicht vorhergesehen werden können.

Konzentrieren Sie sich auf den intrinsischen Wert statt auf den Buchwert

Vergleicht man den intrinsischen Wert von Scott mit seinem Buchwert, dann werden die Diskrepanzen deutlich sichtbar. Während sich die Gewinne verdoppelt haben, wurde der Wert in Berkshires Büchern halbiert.

Um die fehlende Korrelation zwischen dem Buchwert und dem intrinsischen Wert zu verdeutlichen, erklärt Buffett, was mit den 142,6 Mio. $ passiert ist, die er ausgegeben hat, um Scott zu kaufen. Sie wurden in der Bilanz von Berkshire geführt und in jährlichen Tranchen abgeschrieben. Diese tauchen in Berkshires Gewinnrechnung als Kosten auf.

Am Ende des Jahres 1994 war die Kaufsumme bis auf 54,2 Mio. $ abgeschrieben. Wenn man die 54,2 Mio. $ zu Scott Fetzers Buchwert von 1994 in Höhe von 94 Mio. $ addiert, dann macht dies 148,2 Mio. $. Mit diesem Buchwert von 148,2 Mio. $ steht Scott Fetzer 1994 in den Büchern von Berkshire. Damit steht Scott nur noch mit der Hälfte des Buchwerts in den Büchern von Berkshire verglichen mit dem Zeitpunkt, als es für 315,2 Mio. $ erworben wurde. Dennoch verdiente Scott Fetzer im Jahr 1994 doppelt soviel wie zu dem Zeitpunkt, als es gekauft wurde. Der innere Wert von Scott Fetzer ist stetig gewachsen, auch wenn der Buchwert gesunken ist. Ironischerweise ist der wahre Wert von Scott Fetzer angestiegen, obwohl der reduzierte Buchwert die Gewinne von Berkshire und dessen Gesamtvermögen mindert.

Buffett regt sich über solche Dinge nicht auf, solange der intrinsische Wert steigt. Je größer die Diskrepanz, desto glücklicher ist er.

Während ein Manager auf die Marktstimmung keinen Einfluß hat, kann er jedoch das Gewinnpotential seines Unternehmens beeinflussen.

51

„Sonstige"

Es ist keine schlechte Berkshire Tochter, wenn ein Gewinn von 37 Mio. $ 1997 Ihnen etwas bedeutet.

Berkshire hat eine interessante „Tochter", die unter dem Namen „Sonstige" geführt wird und zu der etwa zwei Dutzend kleinere Unternehmen gehören.

Was da eigentlich drinsteckt, hat uns Buffett nie gesagt, außer daß er im Jahresbericht für 1990 feststellt, daß dazu auch nicht tätige Vermögensteile gehörten (in erster Linie marktfähige Wertpapiere), die von Berkshires produzierenden Unternehmen, den Verlagen und Handelsfirmen gehalten werden.

Im Jahr 1977 machten die „Sonstigen" einen Gewinn von 48.000 $. Und hier eine Liste, wie sie seither abgeschnitten haben:

1978 - 261.000 $
1979 - 753.000 $
1980 - 1.255.000 $
1981 - 1.513.000 $
1982 - 1.780.000 $
1983 - 8.490.000 $
1984 - 3.476.000 $
1985 - 2.102.000 $
1986 - 8.685.000 $
1987 - 13.696.000 $
1988 - 27.177.000 $
1989 - 12.863.000 $
1990 - 35.782.000 $
1991 - 47.896.000 $

1992 - 36.267.000 $
1993 - 15.364.000 $
1994 - 22.275.000 $
1995 - 24.400.000 $
1996 - 42.200.000 $
1997 - 37.000.000 $

Und das ist nicht gerade ein Saftladen. Eine weitere Erwähnung der „Sonstigen" gab es in einem anderen Jahresbericht: „Die Amortisation von immateriellen Werten, die im Zahlungsverkehr beim Erwerb von Unternehmen entstehen (beispielsweise See´s, Mutual und Buffalo News), wird in der Kategorie ‚Sonstige' berücksichtigt."

Nicht erwähnenswert. Buffett erwähnt es auch kaum. Dennoch sind die „Sonstigen" ein sehr gutes Geschäft.

Das größte Untenehmen in dieser Gruppe ist Campbell Hausfeld, der führende Hersteller von kleinen und mittleren Luftkompressoren, mit einem Jahresumsatz von ungefähr 100 Mio. $.

Berkshires kleine Unternehmen:

ADALET-PLM = explosionssichere elektrische Ummantelungen, Gerätestecker und Steckdosen

BHR = Immobilienmanagement

BERKSHIRE HATHAWAY CREDIT CORPORATION = Unternehmensfinanzierung

BERKSHIRE HATHAWAY LIFE INSURANCE CO. = Renten und andere Finanzprodukte

BLUE CHIP STAMPS = Dienstleistungen im Bereich der Motivation und des Marketing

BORSHEIM`S = Juwelier

CAMPBELL HAUSFELD = Kompressoren, mit Pressluft angetriebene Werkzeuge, Einrichtungen für Lackierereien, Hochdruckreiniger, Schweißgeräte und Generatoren

CAREFREE = Polsterungen und Hygieneprodukte für Rollstühle

FECHHEIMER BROS. CO. = Uniformen und Accessoires

FRANCE = Kontrollgeräte, Zündungs- und Signalwandler

HALEX = Leiterfüllungen aus Zinkspritzguß und andere elektrische Bauteile

HELZBERG´S DIAMOND SHOPS = Juwelier

KINGSTON = Kontrollinstrumente

MERIAM = Druckmeßgeräte und Durchflußmeßgeräte

NORTHLAND = elektrische Kleinmotoren

POWERWINCH = Kurbeln, Winden und Flaschenzüge für die Seefahrt und für den allgemeinen Gebrauch

PRECISION STEEL PRODUCTS = Stahlservicecenter

QUIKUT = Messer und Schneidewerkzeuge für den Haushalt und den sportlichen Bereich

SCOTTCARE = Herz-Lungen-Maschinen

SCOTT FETZER FINANCIAL GROUP = Unternehmens- und Vebraucherfinanzierungen

SCOT LABS = Chemische Reinigungs- und Pflegemittel

STAHL = Lkw-Aufbauten, Tieflader

WAYNE COMBUSTION SYSTEMS = Öl- und Gasbrenner für den privaten und professionellen Bereich und Wasserheizungen

WAYNE PUMPS = Pumpen für Öl und Abwässer

WESCO FINANCIAL = Immobilienmanagement

WESTERN ENTERPRISES = Armaturen für medizinische und industrielle Gase

WESTERN PLASTICS = gegossene Plastikteile

WORLD BOOK = Enzyklopädien und Nachschlagewerke in gedruckter und Multimediaform

K&W Products, ein Unternehmen, das Autoersatzteile herstellte, wurde Mitte der 70er Jahre erworben und im Februar 1996 an eine Gruppe von Investoren verkauft, unter denen auch der frühere Präsident der K&W Products war.

52

Fechheimer

In dieser Ecke: Patrick Byrne

Berkshire kaufte seine 84-%-Beteiligung an Fechheimer Brothers Co., einem Unternehmen in Cincinnati, Ohio, das Uniformen herstellt im Juni 1986. Das war, als Bob Heldman, ein langjähriger Aktionär bei Berkshire an Buffett schrieb, er besitze ein Unternehmen, von dem er glaubte, daß es Buffetts berühmten Akquisitionsansprüchen genüge.

Sehr oft kommt Buffett auf seine „Werbeanzeige" zurück, wenn er erklärt, wonach er im Geschäftsleben sucht: große Käufe; erwiesene und beständige Gewinne; Unternehmen, die gute Gewinne auf ihr Kapital machen, während sie wenig oder keine Schulden haben; ein Management muß vorhanden sein („Wir können es nicht zur Verfügung stellen"); einfache Geschäfte („Wenn viel Technik dabei ist, werden wir es nicht verstehen") und ein Preisangebot.

Heldman hatte die Berkshire-Jahresberichte schon seit vielen Jahren gelesen und wußte genau, wonach Buffett suchte. Er überzeugte Buffett davon, daß sein Unternehmen gut zu Berkshire paßte. Er schrieb ihm über Fechheimer, ein Unternehmen, das Uniformen herstellte und vertrieb, der Familie Heldman gehörte und auch von ihr geführt wurde - Bob und seinem Bruder George (heute im Ruhestand) und einer Nachfolgegeneration.

„Wir haben ihm mehrmals geschrieben und ich glaube, wir konnten ihn davon überzeugen, daß unser Unternehmen die Tests besteht, die er in seinen Anzeigen aufführt. Ich traf mich mit ihm in Omaha", erinnert sich Bob Heldman. „Die Grundlinien der Transaktion standen fest, und wir wollten uns nur noch ein letztes Mal treffen. Es sollte in Middle Fork, Idaho, am Snake River stattfinden. Dort gibt es keine Straßen, man muß dorthin fliegen. Wir hatten dort in einer Jagdhütte eine Konferenz der Aufsichtsräte vereinbart und fanden, daß es Zeit war, den Vertrag abzuschließen. Buffett flog nach Boise, ich traf ihn dort und dann stiegen wir in ein kleineres Flugzeug und flogen nach Middle Fork. Munger flog aus Kalifornien ein, und wir konferierten den größten Teil des Nachmittags mit unseren Rechtsanwälten. Wir wollten die Konferenz am nächsten Morgen fortführen, aber wir erhielten eine Sturmwarnung und flogen deshalb wieder ab."

Heldman erinnert sich, daß Munger ihn gefragt habe, worauf er am wenigsten stolz sei.

„Mir fiel einfach nichts ein. Wir haben irgendwann einmal nicht pünktlich geliefert", sagte Heldman.

Buffett reiste niemals nach Cincinnati, nicht bevor und auch nicht nachdem Berkshire den Konzern in Cincinnati gekauft hatte. Aber einmal sagte er über Bob Heldman: „Er kennt die Größe einer jeden Uniform, die irgendein Strafgefangener braucht."

Kurz danach wurde der Kauf von Fechheimer abgeschlossen, als Buffett ungefähr 46 Mio. $ für seinen Anteil an Fechheimer bezahlte, wobei Fechheimer mit insgesamt 55 Mio. $ bewertet wurde.

Das einzige Problem für Buffett war, daß Fechheimer relativ klein war, aber Fechheimer bleibt ein stetiger Gewinnlieferant an den großen Strom, der auf die Konten Berkshires fließt, und Fechheimer hat auch expandiert. Landesweit gibt es nunmehr 50 Geschäfte.

Die Uniformen werden hauptsächlich für die Polizei, die Feuerwehr, die Post und Angestellte der Servicebranchen hergestellt, außerdem für Schulen und Orchester. Außerdem bietet Fechheimer Socken, Gürtel und Jacken an.

Fechheimer, das 1842 gegründet wurde, stellt seine Uniformen in Fabriken in Kentucky, Ohio, Tennessee und Texas her. Die Waren werden über die Läden verkauft und über unabhängige Händler, die mehr als 200 der wichtigsten Großstädte versorgen.

Die Geschäfte von Fechheimer werden unter verschiedenen Namen geführt. In Birmingham und Mobile in Alabama laufen sie unter dem Namen McCain Uniform Co., in Arizona sind es die Pima Uniforms, in Tennessee die Kay Uniforms und in Texas Uniforms of Texas.

Die Heldmans sind Manager, die auch selbst Hand anlegen. Sie beginnen ihren Arbeitstag, indem sie um einen Tisch sitzen und persönlich die Post öffnen, darunter Rechnungen, eine Beschwerde, ein Kompliment oder eine neue Geschäftsidee. Einmal kam ein Aktienbroker zu ihnen, während sie gerade die Post öffneten. Man sagte ihm, er solle sein Anliegen vortragen, die Heldmans lasen jedoch weiterhin die Post. Die unergründlichen Heldmans sahen kaum auf, doch stimmten sie kopfnickend dem Vorschlag zu, kümmerten sich aber weiterhin um die Eingangspost, weil sie glauben, daß sie dadurch am meisten über ihr Unternehmen erfahren. Den umsichtigen Heldmans, die ihr Unternehmen hautnah erleben, entgeht nicht viel.

Während der Cocktailparty bei Borsheim´s am Tag vor der Berkshire-Jahreshauptversammlung 1990 verzogen sich Buffett und die Heldmans in ein Büro hinter den Verkaufsräumen und spielten Bridge. Buffett tat sich mit seinem Freund, dem Rechtsanwalt George Gillespie aus der New Yorker Kanzlei Cravath, Swaine & Moore, zusammen; sie spielten gegen die Gebrüder Heldman.

Später hatte ein Aktionär die Kühnheit, Buffett zu fragen, ob er gewonnen habe. Er zog eine Grimasse, verneinte und fügte hinzu: „Kaum zu glauben, nicht wahr?"

Am Bridgetisch waren die Gebrüder Heldman raffinierter als ihr Boss, aber später wollten sie dies nicht bestätigen, auch nicht, als sie auf der Rückfahrt von Borsheim´s Party zu ihrem Hotel ausdrücklich danach gefragt wurden. Sie lachten nur ein wenig und schauten aus dem Fenster, um die Gegend in Omaha zu betrachten. Erst zwei Jahre später sagte Bob Heldman mit gelassenem Stolz: „Nun, wir sprechen nicht gern darüber, aber wir haben tatsächlich gewonnen."

Bei den Heldmans gibt es nie viel Geschwafel. Man kann einfach nicht sagen, was sie beim Bridge oder bei Geschäften auf der Hand haben. Wenn man mit den Heldmans spricht, dann wird die Aufmerksamkeit auf die Geschäfte und die richtige Größe von Uniformen gerichtet.

1994 erhielt Fechheimer einen Drei-Jahres-Vertrag, um die New Yorker Feuerwehr mit Uniformen und Accessoires zu versorgen.

1997 ernannte Buffett Patrick Byrne zum Präsidenten von Fechheimer. Byrne, der Sohn von Jack Byrne, einem sich inzwischen im Ruhestand befindlichen Vorsitzenden der Fund American Enterprises und ehemaligen Vorstandsvorsitzenden von GEICO, besuchte das Dartmouth College und das Beijing Teachers College, erwarb in Cambridge den Titel eines Magisters und an der Stanford University einen Doktortitel in Philosophie. Patrick Byrne ist auch im Aufsichtsrat der Fund American Enterprises.

Bei Byrne, der als Jugendlicher geboxt hatte, wurde kurz nach seiner Collegezeit Krebs festgestellt, aber er erholte sich und strebte eine Karriere als Profiboxer an - auch wenn ihn der Krebs einige Rippen gekostet hatte -, bevor er sich zu einer Karriere in der Wirtschaft entschloß. 1997 verließ er sein Unternehmen Centricut, eine Firma für Werkzeuge und Farben in West Lebanon in New Hampshire und ging nach Cincinnati, um dort bei Fechheimer für Berkshire die Verantwortung zu übernehmen. Auf der Jahreshauptversammlung von Berkshire im Jahr 1998 gab sich Byrne lediglich als Berkshire-Aktionär zu erkennen und stellte eine Frage. In seiner Antwort stellte Buffett heraus, daß Byrne Fechheimer führte, und fügte hinzu: „Er macht dort einen fantastischen Job."

Buffett erzählte auch, daß er Byrnes Bruder engagiert hätte, um ein neues Büro in London und auf den Bermudas zu leiten. Buffett sagte nicht, welcher Art dieses Büro sei, aber vermutlich war es ein Versicherungsbüro. Buffett erwähnte auch, daß es noch einen dritten Bruder gäbe und deutete an, daß er sich um ihn noch bemühen wolle.

53

BORSHEIM´S

EIN JUWEL

Borsheim´s, das Juweliergeschäft in Omaha, an dem Buffett seit Februar 1989 mit 80 % beteiligt ist, ist heute der Ort, an dem die Aktionäre einkaufen und ihre Cocktailparty am Tag vor jeder Jahreshauptversammlung abhalten.

Mrs. Deedee Walter, eine Angestellte von Borsheim´s witzelt: „Ich möchte hier meinen Big Girl Ring bekommen" (einen Ring anläßlich der Volljährigkeit).

Jedes Jahr zeigt Borsheim´s den Aktionären von Berkshire ein besonderes Ausstellungsstück. Im Jahr 1996 wurde der Welt größter geschliffener Diamant gezeigt. Der 545 Karat schwere Golden Jubilee ist ein Geschenk des Volks von Thailand an seinen König. König Bhumibol Adulyadej, der den Thron seit 50 Jahren innehat, ist der Monarch mit der längsten Regierungszeit auf der Welt.

Auch Buffett kommt zur Party bei Borsheim´s, ebenso wie Katharine Graham und Ann Landers.

In manchen Jahren spielte ein Streichquartett, und es gab Champagner und Lachs. In den letzten Jahren gab es nur noch Wein und Coca-Cola - noch mehr Einsparungen bei Berkshire. Doch ganz egal, was angeboten wird, die Aktionäre verbringen hier den Nachmittag und erzählen sich Geschichten über Buffett. Ich erzählte die Geschichte, daß ich einmal zu ihm ging - wie es viele andere Aktionäre auch tun -, um ihm die Hand zu schütteln. Ich glaubte nicht, daß er wissen könne, wer ich sei oder wo ich herkäme, und nannte ihm deshalb meinen Namen. Sofort antwortete er: „Aus Birmingham, nicht wahr?"

(Photo courtesy of Borsheim´s)

Im Jahr 1986 wurde dieser goldgelbe Diamant mit einem Gewicht von 755,5 Karat in den Diamantenminen von DeBeers in Transvaal in Südafrika gefunden. Nachdem man zwei Jahre benötigte, ihn zu schleifen, ist der 545 Karat schwere Diamant - ungefähr von der Größe eines Baseballs - der größte geschliffene Diamant der Welt.

Buffett und der Autor bei Borsheim´s am 29. April 1990. An diesem Tag sagte ich ihm, daß ich vorhätte, ein Buch über ihn zu schreiben. Er sagte nicht: „Junge, das ist ja großartig." Herzlich, aber bestimmt, lehnte er ein Interview ab. Später sagte er: „Ich wünsche Ihnen alles Gute, aber nicht zuviel davon." Jahre später versuchte er, mich zu necken: „Nun, sind Sie schon bei 1.000 Seiten angelangt?"

(Photo by LaVerne Ramsey)

Sein Gedächtnis ist so berühmt, daß die Leute geradezu geschockt sind, wenn es einmal versagt. Auf derselben Party erzählte ein anderer Aktionär, daß er mit Buffett eine kurze Unterhaltung gehabt habe und kopfschüttelnd weggegangen sei: „Mein Gott, er hat sich nicht daran erinnert, daß ich ihm (letztes Jahr) ein Kartenspiel geschickt habe."

Die Party macht einen Riesenspaß. Jeder betrachtet die ausgelegte Ware, die von Artikeln für 10 $ und ganz billigen Kaffeetassen bis zu Juwelen im Wert von Hunderttausenden von Dollar reicht. Bei Borsheim's gibt es Füllhalter, Ringe, Uhren, Armbänder, Porzellan, Kristall und eine Vielzahl anderer Artikel. In diesem Geschäft - einem Prachtstück von Berkshire - kann man sowohl für 15.000 $ oder auch für 115.000 $ eine Schweizer Uhr von Patek Philippe kaufen. Für 450.000 $ wurde ein 35-karätiger Brillantring verkauft. Einige der Saphire haben fast die Größe von Golfbällen.

Für die Berkshire-Aktionäre gab es im April 1992 ein besonderes Ereignis bei Borsheim's: eine Ausstellung, in der auch eine Patek-Philippe-Armbanduhr für 6 Mio. $ gezeigt wurde. Sie besteht aus Gold und 126 Diamanten und ist die teuerste Uhr, die je von Patek Philippe hergestellt wurde, die insgesamt jährlich nur 15.000 Uhren fertigten. In dieser Sammlung wurden auch Taschenuhren gezeigt, die Königin Victoria von England, Albert Einstein und Rudyard Kipling gehört hatten.

Am Tag vor der Jahreshauptversammlung von Berkshire 1992 fand bei Borsheim's die übliche Party statt, jedoch mit einer Änderung. Buffett und der Präsident von Patek Philippe, Philippe Stern, gaben am Sonntag um 13 Uhr eine Pressekonferenz im Geschäft, um die Ausstellung vorzustellen. Borsheim's Präsident, Donald Yale, sagte Guten Morgen und stellte Stern vor, der mit starkem Schweizer Akzent verkündete, daß die Armbanduhren seines Unternehmens die besten Uhren auf der Welt seien. Eine Armbanduhr in der Ausstellung war aus Weißgold im Wert von 6 Mio. $ und hatte die Größe eines Apfels. Die Armbanduhr - von der gesagt wurde, sie sei die komplizierteste Uhr, die je hergestellt wurde - bestand aus 1.800 Teilen und war ausgerüstet mit einem Glockenspiel, mit einer Mondphasenanzeige, einem Kalender und einer Korrektureinrichtung für Schaltjahre, die 400 Jahre lang gültig ist.

Dann wandte sich Buffett an die Gesellschaft: „Guten Tag - meine Armbanduhr zeigt die Zeit genauer an." Nach der Pressekonferenz bat ihn Harvey Knowles, ein Aktienbroker bei Merrill Lynch in Cincinnati, der auch der Co-Autor des Buchs *The Dividend Factor* ist (ein Buch, das die Bedeutung hoher Dividenden besonders hervorhebt), sein Buch zu signieren. Buffett, der bekanntermaßen kein Freund von Dividenden ist, weil er es für sinnvoller hält, die Gewinne wieder zu investieren, signierte Knowles Buch gehorsam und rief dann: „Schmeißt ihn raus!"

Nach derselben Pressekonferenz stellten sich Buffett Dr. Michael Prus und seine Frau Judith Goodnow Prus von den Grosse Pointe Farms in Michigan mit ihrer Tochter Elizabeth vor. Elizabeth Prus war damals im Abschlußsemester an der Princeton University und hatte eine ganze Reihe von Angeboten von der Wall Street, darunter von Salomon und J.P. Morgan. Sie hatte das Angebot von Morgan angenommen. Buffett sagte zu Elizabeth: „Vielleicht könnten Sie uns einige Ihrer besonders guten Gelegenheiten überlassen."

Borsheim's bietet einfach alles. Wenn Sie etwas ganz besonderes für Ihre „bessere Hälfte" kaufen wollen - ein Fabergé-Ei, Goldketten, Kristall von Lalique, eine Halskette von Cartier, Juwelen oder Perlen in der Größe von Schlössern - Borsheim's führt alles. Auf der Veranstaltung von 1993 wurden bei Borsheim's einige Stücke aus der Kollektion von Joan Crawford gezeigt.

Vielleicht wollen Sie auch einen Füllhalter von Waterman. Immerhin wird er von Gillette hergestellt. Synergie spielt bei Berkshire eine immer größere Rolle. Auch Verkäufer haben bei Borsheim's eine Chance: Sie kommen mit Ware und gehen mit Bargeld. Bei der Veranstaltung im Jahr 1991 waren einige Juwelen nicht in Dollar, sondern in Berkshire-Aktien ausgezeichnet. Da standen kleine Schilder: zwei Berkshire Aktien für diesen Diamanten; für drei Berkshire-Aktien bekommt man diese Halskette. Ein Brillantenensemble wurde für 15 Aktien verkauft - damals 120.000 $.

Borsheim's wurde 1870 von Louis Borsheim gegründet und 1947 von Louis Friedman und seiner Frau Rebecca, der jüngeren Schwester von Rose Blumkin vom Nebraska Furniture Mart, gekauft. Ihr Sohn, Ike Friedman - der einmal im Nebraska Furniture Mart gearbeitet hatte - übernahm das Geschäft von seinem Vater. Ike, sein Sohn, seine Töchter und seine Schwiegersöhne besaßen und managten das Unternehmen, als Buffett es kaufte.

Später jedoch kaufte Berkshire Alan Friedmans (Ike Friedmans Sohn) Anteile am Unternehmen zurück, so daß Berkshire nun 85,72 % an Borsheim's hält. Die Familien Yale und Cohn besitzen jeweils die Hälfte der verbleibenden 14,28 %.

Zwischen Thanksgiving und Weihnachten 1991 kauften 58.500 Kunden bei Borsheim's - das macht einen Durchschnitt von 2.250 je Tag - 38.500 Artikel (*Omaha World-Herald*, 23. Februar 1992).

Im Jahr 1986 zog Borsheim's von seinem 630-Quadratmeter-Geschäft mit 35 Angestellten ins Zentrum von Omaha in neue Geschäftsräume, die

3.500 Quadratmeter Verkaufsfläche umfaßten und an der Regency Fashion Court Mall liegen. 1996 wurde das Geschäft auf etwa 4.100 Quadratmeter Verkaufsfläche erweitert. Dieses Geschäft, mit einem Inventarwert von 60 bis 75 Mio. $ - macht mehr als die Hälfte des Schmuck- und Uhrenmarktes in Omaha aus. Ungefähr 60 % der Kunden von Borsheim´s kommen aus der Gegend von Omaha; an einem normalen Samstag kommen 2.500 Kunden in das Geschäft und betrachten mehr als 75.000 Juwelen, 400 verschiedene Porzellanserien, 375 verschiedene Muster bei Schüsseln und Platten und Tausende von noch nicht gefaßten Edelsteinen. Die anderen 40 % des Umsatzes resultieren von außerhalb von Nebraska, teilweise auch aus dem Kataloggeschäft.

Borsheim´s, außer Tiffany´s Fifth-Avenue-Flaggschiff das größte Juwelengeschäft im Land, schickt besonders guten und vertrauenswürdigen Kunden eine Auswahl aus der Kollektion, beispielsweise auch Uhren für 40.000 $, zur Ansicht. Man hat die Möglichkeit, die Schmuckstücke zu überprüfen, das zu behalten, was man möchte und den Rest zurückzuschicken. Nach den Worten von Buffett gab es, solange dieses System praktiziert wurde, nicht einen einzigen Fall der Unehrlichkeit. Borsheim´s ist ein gigantischer Juwelier mit nur einem einzigen Verkaufshaus; es beschäftigt hier 300 Menschen in Voll- und Teilzeitbeschäftigung. Die Verkäufer arbeiten nicht auf Provisionsbasis, da das Management davon überzeugt ist, dies würde sie mehr darauf konzentrieren, Verkäufe zu tätigen, als den Kunden zu dienen.

Borsheim´s hat traditionell wenig Werbung betrieben, macht aber heutzutage mehr und bietet sogar ein spezielles Hochzeitspaket an. Borsheim´s erster Katalog wurde im Jahr 1989 an 23.000 Menschen in den USA verschickt, darunter 11.000 gute Kunden, aber auch an Berkshire-Aktionäre, die einen Rabatt erhalten. Heute wird der Katalog an ungefähr 250.000 Adressen versandt.

Borsheim´s kauft in großen Mengen ein, oft direkt vom Hersteller und schleift auch selbst Steine. Borsheim´s ist auch Miteigentümer einer Amethystmine in Brasilien, was den großen Haufen Drusen erklärt, die im Eingangsbereich auf dem Boden angehäuft sind.

Donald Yale, Friedmans Schwiegersohn, der nach einem erfolgreichen Praktikum als Verkäufer ins Management aufrückte, spielte beim Kauf Borsheim´s durch Buffett eine große Rolle. Als Buffett bei den Weihnachtseinkäufen bei Borsheim´s im Jahr 1988 einen Ring betrachtete, rief Yale ganz laut: „Verkauft Warren doch nicht den Ring! Verkauft ihm das ganze Geschäft!"

Schon am zweiten Tag des neuen Jahres rief Buffett bei Borsheim´s an und fragte, ob er das Geschäft kaufen könne. Kurze Zeit später kaufte Buffett den Laden nach einem kurzen Gespräch in Friedmans Haus mit Friedman und Yale tatsächlich von Ike Friedman, dem Besitzer von Borsheim´s.

„Der wesentliche Teil des Gesprächs dauerte nur zehn Minuten", sagte Yale. „Er stellte uns fünf Fragen, und Ike hatte einen Preis. Wir drei trafen uns später noch einmal in Buffetts Büro, und Ike und Warren gratulierten sich zum Verkauf. Der Vertrag war ein ganz kurzes Dokument, in dem die Unterschriften einen größeren Raum einnahmen als der Text selbst. Die Anwaltskosten betrugen für beide Parteien zusammen gerade eben 1.100 $."

Buffett und Friedman kamen überein, nicht über den Preis zu sprechen, aber man nimmt an, daß er mehr als 60 Mio. $ betrug (*Lear´s*, James Traub, Oktober 1991).

Traub interviewte Friedman, wie es denn sei, in Omaha Geschäfte zu machen, und Friedman erzählte ihm die folgende Geschichte: „Da rief so ein Kerl aus Genf an und fragte, wo, zum Teufel, Omaha in Nebraska sei. Der Kerl sagte: ‚Glauben Sie, daß Sie Rohdiamanten im Wert von 3 Mio. $ gebrauchen könnten?'"

Friedman antwortete: „Und wenn Sie Diamanten im Wert von 30 Mio. $ oder auch 300 Mio. $ haben - wenn der Preis stimmt, dann kaufen wir sie alle." Friedman erzählte, daß der Anrufer das einfach nicht glauben konnte.

Friedman erzählte Traub weiter: „Wir kaufen zu guten Preisen. Wir verkaufen zu guten Preisen. Und das ist der Unterschied zwischen uns und den anderen Geschäften. Ich würde einmal annehmen, daß 70 bis 80 % unserer Schmuckstücke billiger sind, als irgendein anderer Juwelier sie einkaufen würde. Wir machen das Geld mit der Masse. Und verglichen mit den Kosten anderer Juweliere sind unsere gleich null."

Über den Kauf von Borsheim´s sagte Buffett einmal: „Ich versäumte, Mrs. B. zu fragen, was eigentlich jeder Schuljunge gefragt hätte. Ich hätte sie fragen sollen, ob es hier noch mehr Geschäfte wie ihres gäbe."

Und hier sind die fünf Fragen, die Buffett über das Unternehmen stellte: Wie hoch ist der Umsatz? Wie hoch ist der Bruttogewinn? Wie hoch sind die laufenden Kosten? Wie hoch ist der Inventarwert? Sind Sie bereit, das Geschäft weiter zu führen?

„Er wußte bereits, daß wir keine Schulden hatten", sagte Yale.

Ohne in den Büchern nachzusehen, konnte Friedman die Fragen beantworten. Obwohl wir die Fragen kennen, kennen wir nicht die Antworten, außer der auf die Frage, ob Friedman weiter bleiben würde - ja.

Wie immer stellte Buffett einen Scheck aus, er zahlte bar. Friedman war plötzlich ein Mann mit enormem Geldbestand, und eine sehr gute, fruchtbare Geschäftspartnerschaft mit Berkshire war zustandegekommen.

Buffett sagte damals: „Ike, es gibt nur eine Handvoll von Menschen, mit denen ich auf diese Art und Weise Geschäfte mache. Und keiner von ihnen ist ein Fortune-500-Unternehmen."

Und Friedman sagte zu Buffett: „Als ich damals im Stadtzentrum noch Zeitungen verkauft habe, hätte ich niemals geglaubt, daß ich eines Tages ein Unternehmen für so viel Geld verkaufen würde! Ich bin ein glücklicher Mann."

Yale erinnert sich, daß Buffett, nachdem der Vertrag unterschrieben war, gesagt hat: „Und jetzt vergiß bitte, was passiert ist und mache genau das weiter, was du bisher getan hast." Es gab keine Diskussion über das Wachstum in Zukunft und überhaupt keine Diskussion darüber, wie Entscheidungen gefällt werden sollten, Expansion geplant oder zusätzliche Gewinne erzielt werden sollten. Er stellte sofort sehr klar heraus, daß er dieses Investment nicht als eines der schnellen Gewinne betrachtete. Als sich Buffett die Charakteristika von Borsheim's notierte, schrieb er auf:

1. Riesiges Lager mit enormer Auswahl in allen Preisbereichen.
2. Management kümmert sich täglich um alle Kleinigkeiten.
3. Schneller Lagerumschlag.
4. Knallharter Einkauf.
5. Unglaublich niedrige Betriebskosten.

„Die Kombination der letzten drei Faktoren", sagte er, „ermöglicht es diesem Geschäft, zu Preisen anzubieten, mit denen kein anderer Juwelier im Land mithalten kann."

„Ike lacht heute über das ganze Gesicht", kündigt Buffett bei der Jahreshauptversammlung 1990 an. Der Grund dafür war, daß er am Vortag einen Umsatz von 1,5 Mio. $ gemacht hatte. Nicht schlecht für eine Party der Berkshire-Aktionäre bei Borsheim's. Berkshires 10-K-Formular erklärt: Die Größe dieses Unternehmens schließt Borsheim's, wie viele der Scott-Fetzer-Unternehmen, derzeit von der Kategorie der Geschäftsbereiche aus, über die wir einzeln berichten. Dennoch stellt Borsheim's eine bedeutsame Diversifikation in Berkshires Aktivitäten dar."

Am Tag vor der Jahreshauptversammlung 1991 verbrachten der Verleger der *Buffalo News*, Stan Lipsey, und seine Freundin Stunden damit, fast alles bei Borsheim's anzusehen. In dem Augenblick, als Buffett an dem Pärchen vorbeiging (er gab ihr ein schnelles Küßchen auf die Wange), einigten sie sich gerade auf einen Smaragdring.

Einmal bat ein Aktionär Buffett bei Borsheim's, ein Aktienzertifikat über zwei Berkshire-Aktien zu unterzeichnen. Buffett tat es und sagte: „Ich bin nicht ganz sicher, daß sie Bargeld dafür auszahlen, wenn ich es unterschreibe." Der junge Mann antwortete: „Macht nichts, ich werde sowieso nicht verkaufen." Buffett antwortete: „Meine eigenen habe ich auch nie verkauft."

Das waren die schönen Momente. Nun zur schlechten Nachricht: Ike Friedman, der lange Zeit sehr stark rauchte und schwer an Lungenkrebs erkrankt war, starb am 12. September 1991.

Yale wurde zum Präsidenten und geschäftsführenden Vorstandsvorsitzenden ernannt und Marvin Cohn, auch ein Schwiegersohn von Friedman, wurde stellvertretender Präsident. Buffett wurde Vorsitzender des Aufsichtsrats bei Borsheim's, als er auch schon Vorsitzender bei Berkshire und Interimsvorsitzender des Vorstands bei Salomons war.

Wegen Verpflichtungen seiner Familie gegenüber schied Yale Anfang 1994 aus. Yale sagte dem *Omaha World-Herald*: „Ich habe Verpflichtungen meiner Familie gegenüber und geschäftliche Verpflichtungen, und ich kam an einen Punkt, an dem ich nicht mehr beidem nachkommen konnte. Die Verpflichtungen meiner Familie gegenüber gehen vor... Dies war allein meine Entscheidung. Warren hatte sehr viel Verständnis dafür und unterstützte meine Entscheidung." Yale blieb aber im Aufsichtsrat.

Buffett ernannte die 34jährige Susan Jacques zur Präsidentin und geschäftsführenden Vorstandsvorsitzenden. Sie war als Edelsteinprüferin und Sachverständige in das Unternehmen gekommen. Susan ist in Zimbabwe geboren, kam 1980 in die Vereinigten Staaten und gewann einmal einen Preis als hervorragendste Studentin der Edelsteinkunde weltweit. Im Alter von 23 Jahren ging sie 1982 zu Borsheim's und verdiente gerade einmal 4 $ je Stunde. Sie ist mit Gene Dunn aus Omaha verheiratet, dem Besitzer von Mica Mecca, einer Möbelschreinerei.

Sie sagte: „Als Borsheim's eine Tochtergesellschaft von Berkshire Hathaway wurde, öffnete sich unser Markt einer völlig neuen Gruppe von Menschen, die uns zuvor vermutlich noch nicht einmal gekannt haben... Wir haben Tausende in unser Geschäft und in den Nebraska Furniture Mart gebracht, wobei sie außerdem noch Warren vor der Aktionärsversammlung treffen konnten."

Auf der Jahreshauptversammlung 1994 stellte Buffett Susan Jacques vor und bemerkte, daß sie bei der Berkshire-Party am Vortag ein Rekordergebnis erzielt hatte. „Weiter so, Susan", flehte Buffett.

Einmal stellte George Morgan Buffett seinen Sohn Adam und Adams Verlobte vor, und sie sagten ihm, sie hätten vor, am nächsten Tag bei Borsheim's ihre Eheringe zu kaufen.

„Sehr gut. Wir werden den Laden früher öffnen und ein Taxi schicken", antwortete Buffett.

Während der Cocktailparty bei Borsheim's im Jahr 1995 übertrafen die

Borsheim´s Präsidentin Susan Jacques an der Zentralkasse des Juwelengeschäfts, das Buffett kaufte, nachdem er fünf Fragen gestellt hatte.

Verkäufe die von 1994 um 15 %, welche ohnehin schon 40 % über denen von 1993 gelegen hatten. Auf der Jahreshauptversammlung am nächsten Tag sagte Buffett: „Sie wollen es aber genau wissen." Die Verkäufe während der Party zur Hauptversammlung 1996 lagen 60 % höher als im Jahr 1995. Im Jahr 1997 waren die Verkäufe eher bescheiden, da in diesem Jahr keine besonderen Stücke ausgestellt wurden. 1998 jedoch gingen die Verkäufe ab wie eine Rakete und waren doppelt so hoch wie 1997.

Bei Borsheim´s Party 1996 kam ein Aktionär zu Munger und bat ihn um ein Autogramm auf seinem Kassenzettel, auf dem der Kauf einer Armbanduhr für 54.000 $ verzeichnet war. „Das sind die Autogramme, die wir mögen", lachte Munger. Im Jahr 1997 wurde die Renovierung bei Borsheim´s beendet und außerdem wurden 650 Quadratmeter Verkaufs- und Ausstellungsfläche hinzugefügt, so daß man nunmehr auf insgesamt über 4.650 Quadratmeter kommt einschließlich eines Büros auf der zweiten Etage.

Bill Gates kauft seine Eheringe bei Borsheim´s

Am Ostersamstag, dem 11. April 1993, kaufte der Microsoft-Vorsitzende Bill Gates für seine Verlobte einen Ehering bei Borsheim´s. Buffett holte Gates und seine Verlobte Melinda French mit einem Assistenten am Flug-

(Photo by Nancy Line Jacobs)

Eine Menschenmenge außerhalb von Borsheim´s am Tag vor der Berkshire-Jahreshauptversammlung 1996. Eine Reihe von Aktionären versucht, ein Autogramm von Buffett zu bekommen.

hafen ab und fuhr sie zu Borsheim´s, um den Ring zu kaufen. Eigentlich hatte Gates seiner Verlobten gesagt, sie würden nach Seattle fliegen. Als das Flugzeug jedoch in Omaha landete, war sie sehr überrascht, daß Buffett sie am Flugzeug abholte.

Während eines Vortrags an der University of Nebraska in Lincoln am 10. Oktober 1994 bestätigte Buffett diese Geschichte und fügte hinzu, daß er, als er Gates und Melinda French vom Flughafen zu Borsheim´s gefahren habe, gesagt habe: „Es geht mich zwar nichts an - wer bin ich eigentlich, daß ich euch einen Rat geben kann? - aber als ich 1951 den Ehering für meine Frau kaufte, gab ich 6 % meines Vermögens dafür aus! Allerdings wurde dieser Sonntag nicht so ein großartiger Tag, wie ich es eigentlich erhofft hatte."

Buffett sagte, er sei enttäuscht gewesen über Gates Kassenzettel, der nicht auf 6 % seines Gesamtvermögens kam.

Gates ist unter seiner E-Mail-Adresse „billg" bekannt und lernte seine Frau 1987 in den Büros von Microsoft kennen. Buffett war einer von 130 Gästen bei Gates Hochzeit am Neujahrstag 1994, die auf einem Golfplatz, der von Jack Nicklaus entworfen wurde, auf Hawaii gefeiert wurde. Damals war Gates der zweitreichste Mensch auf seiner Hochzeitsfeier, weil Buffett damals an erster Stelle lag. Andere Prominente auf dieser Feier waren der Mitbegründer von Microsoft Paul Allen - auf dessen 47 Meter langer Yacht am Tag zuvor ein Champagnerbrunch gefeiert worden war -, Microsofts Steve Ballmer (bekannt als Boom Boom Ballmer, da er sehr laut spricht und ebenso laut auftritt) und der Country-Sänger Willie Nelson. Danach führte die Hochzeitsreise auf die Fidschi-Inseln.

54

H.H. Brown Shoe

Das war der schlimmste Fall eines langweiligen Geschäfts, ein Fall, in dem Buffett als Schuhverkäufer auftrat.

Berkshire gab bekannt, man sei am 10. Juni 1991 übereingekommen, 100 % der H.H. Brown Shoe Company zu kaufen, einer gut geführten Schuhfabrik in Greenwich, Connecticut, mit einem Jahresumsatz von ungefähr 200 Mio. $.

Am Ende des Jahres 1992 kaufte H.H. Brown Lowell Shoe Inc. aus Hudson in New Hampshire mit einem Jahresumsatz von etwa 90 Mio. $ und einer Schuhfabrik in Puerto Rico. Lowell stellt Nurse Mates her, Schuhe, die besonders für Krankenschwestern gedacht sind, und hat auch andere Marken wie Soft Spots und Day Lights. Die Nurse-Mate-Schuhe sind bequem, haltbar und sie erfreuen die Krankenschwestern, weil auf den Schuhschachteln und den Schuhen Herzchen aufgemalt sind.

Berkshire kaufte H.H. Brown aus dem Erbe des Eigners und Aufsichtsratsvorsitzenden Ray Heffernan, der das Unternehmen seit 1927, als er es für 10.000 $ gekauft hatte, führte. Seine Tochter Frances Heffernan heiratete Frank Rooney, der lange Zeit der Chef bei der Melville Corp. (früher Melville Shoe) war.

Kurz vor seinem Tod bat Heffernan Rooney, H.H. Brown zu übernehmen. Als die Familie Heffernan sich entschloß, das Unternehmen zu verkaufen, verkaufte Rooney an Berkshire, weil Buffetts Freund John Loomis Rooney gesagt hatte (während eines Golfspiels in Florida), daß Brown recht gut zu Berkshire passen würde.

Brown Shoe operiert als unabhängiges Berkshire-Unternehmen, das von Rooney als Aufsichtsratsvorsitzenden und geschäftsführendem Vorstandsvorsitzenden und James E. Issler als Geschäftsführer geführt wird.

Brown beschäftigt mehr als 2.000 Angestellte und verkauft seine Schuhe unter den Namen H.H. Brown, Carolina Shoe, Double H Boot und anderen. Eine unscheinbare rote Double-H-Boot-Fabrik in Womelsdorf, Pennsylvania, gibt den Worten unauffällig und reizlos neuen Sinn. Dort produzieren ungefähr 300 Menschen wöchentlich 10.000 Paar Stiefel und Arbeitsschuhe. H.H.Brown ist in den USA der führende Hersteller für Sicherheitsschuhe mit Stahlkappen. Auch Radfahrer und Cowboys kaufen oft Brown Shoes. Die Biker benutzen für ihre Querfeldeinfahrten H.H. Brown´s Rugged Harness Boots. H.H. Brown verkauft auch viele seiner Schuhe an Harley-Davidson. H.H. Brown´s Ranch-Wellington-Arbeitsschuhe gehören zu seinen Bestsellern. Jedes Jahr werden etwa 40.000 Paar für etwa 110 $ je Paar verkauft. H.H. Brown ist der führende nordamerikanische Hersteller von Arbeitsschuhen und Stiefeln, so Buffett, der das Schuhgeschäft in den Vereinigten Staaten für sehr schwierig hält, da 85 % aller Schuhe, die in Amerika verkauft werden, aus dem Ausland kommen.

Buffett nannte H.H. Brown genau die Art von Unternehmen, die Berkshire sehr gern kauft: ein Marktführer in seiner Branche und mit einem bewährten und vertrauenswürdigen Management.

Dieses Unternehmen hat keine Beziehungen zu Brown Group Inc., einer großen Schuhfabrik in St. Louis, von der eine Reihe Berkshire-Aktionäre ganz schnell Aktien kaufen wollte, weil sie glaubte, daß dies Buffetts neuer Erwerb sei. H.H. Brown produziert, importiert und vertreibt Arbeitsschuhe, Sicherheitsschuhe, Wanderschuhe, Westernschuhe und Freizeitschuhe über 15 Einzelhandelsläden, die vom Unternehmen selbst betrieben werden. H.H. Brown verkauft verschiedene Herren- und Damenschuhe, darunter Wander- und Kletterschuhe, Cowboystiefel und auch eine Business-Kollektion mit Namen Comfa.

Viele von H.H. Browns Arbeits- und Militärstiefeln werden an die PX-Läden der Armee in den Vereinigten Staaten und Kanada verkauft und ebenfalls an Einzelhändler wie Wal-Mart, Kmart und Payless Shoe Company. Das Unternehmen bewegt sich im mittleren Preissegment, in dem die Verbraucher oft Industriearbeiter sind, von denen die Arbeitsschutzgesetze verlangen, bestimmte Schuhe zu tragen. Das Unternehmen hat Fabriken in Morganton, North Carolina, Womelsdorf und Martinsburg, Pennsylvania, und in Kanada.

Auf der Jahreshauptversammlung von Berkshire 1991 sagte Buffett, er suchte damals ein Unternehmen mit internationaler Tätigkeit, weil er sich damals auch in Kanada engagiert hatte. Die Aktionäre blätterten die Aktienführer durch, konnten aber nicht herausfinden, welches Unternehmen mit Interessen im Ausland er gemeint haben könne. Da dieses Unternehmen nicht öffentlich gehandelt wurde, hat er auch kaum etwas verraten.

Ein Leckerbissen aus *Fortune* (20. Februar 1998): „Es könnte sein, daß Warren Buffett innerhalb von Berkshire Hathaway einen Nutzen für die 129,7 Millionen Unzen Silber, die er gekauft hat, gefunden hat! Es stellt sich heraus, daß Buffett kürzlich eine Schuhausstellung in Las Vegas besuchte - Sie erinnern sich, daß Berkshire einige Schuhunternehmen besitzt -, wo Angestellte eines seiner eigenen Unternehmen, H.H. Brown Shoe, ihm ein neues Produkt zeigten, das die Bakterien vernichten soll, die Fußgeruch verursachen. Der aktive Inhaltsstoff in diesem Produkt ist, Sie werden es vermutet haben, Silber...“

55

DEXTER SHOE

„THERE'S NO BUSINESS LIKE SHOE BUSINESS"

Buffett erweiterte seinen Einfluß in der Schuhindustrie und kaufte Ende 1993 die Dexter Shoe Company. Buffett, der nur selten Aktien verkauft, tat dies in diesem Fall in der Höhe von etwa 420 Mio. $.

Als dies am 30. September 1993 bekanntgegeben wurde, gab der Dow-Jones-Informationsdienst den Kurs von Berkshire mit 6.600 $ an. Kurz darauf korrigierte Dow Jones: Berkshire wurde zu 16.600 $ gehandelt.

Berkshire und Dexter vereinbarten, daß die in Privatbesitz befindliche Dexter Shoe Company mit ungefähr 300 Mio. $ Jahresumsatz und unter der Führung des Sportphilanthropisten Harold Alfond, dem seit 1983 ein Teil der Boston Red Sox gehört, für den Preis von 25.203 Berkshire-Aktien mit Berkshire zusammengehen würde. Dieser Kauf vermehrte die Zahl der Berkshire-Aktien um 2,2 % auf etwa 1,2 Millionen.

Alfond, der Sohn eines polnischen Einwanderers, wurde in Lynn in Massachusetts geboren. Er begann seine Karriere in der Schuhindustrie in Maine in den 30er Jahren für 25 Cents je Stunde. Mit 10.000 $ gründete er im Jahr 1956 Dexter, und 1958 kam sein Neffe Peter Lunder hinzu. Ihr Unternehmen produziert jährlich mehr als 7,5 Millionen Schuhe, und das in einer schwächer werdenden heimischen Schuhindustrie.

Alfond, heute gut über 80 Jahre alt, sagt: „Buffett läßt mich nicht in den Ruhestand gehen. Er ist der cleverste Mann in Amerika."

Alfond war sehr großzügig mit seinen Geschenken, einer Reihe von Sportanlagen in Maine, wozu auch die Alfond-Arena der University of Maine in Orono gehört.

Auf den Vorschlag von Frank Rooney, dem Vorsitzenden von Berkshires H.H. Brown Shoe Company, traf sich Buffett Anfang 1993 mit Alfond auf einem Flughafen in West Palm Beach, Florida. „Wir gingen in irgendein kleines Restaurant, aßen einen Hamburger und sprachen über Schuhe", sagte Buffett (*Forbes*, 10. Oktober 1994).

Buffett machte sofort ein Barangebot, aber Alfond, der keine Lust hatte, ein Drittel des Kapitalgewinns an die Regierung weiterzugeben, wollte Berkshire-Aktien. Buffett sagte Alfond, daß daran nicht zu denken sei. Einige Monate später traf sich Buffett mit Alfond und Lunder in Lunders Wohnung in Boston, als die Berkshire-Aktien in der Nähe eines absoluten Hochs gehandelt wurden. Und dort wurde der Handel festgelegt - ohne Rechtsanwälte, ohne Buchhalter, ohne Banker.

Bis zu dem Zeitpunkt, als Buffett dieses Unternehmen kaufte, trug er nie Dexter-Schuhe. „Nun ja, ich hatte zuvor auch noch nie von ihm gehört", sagte Alfond. Plötzlich besaß die Familie Alfond 2 % der Berkshire-Aktien und wurden nach der Familie Buffett die Familie, die die meisten Berkshire-Aktien besaß. Ihre 25.203 Aktien hätten heute einen Wert von 1,5 Mrd. $.

„Dexter ist genau die Art von Unternehmen, die Berkshire Hathaway bewundert", sagte Buffett. „Es hat eine lange und sehr ertragreiche Geschichte, das Geschäftsfeld ist sehr beständig und das Management ist ausgezeichnet."

Dexter, mit Sitz in Maine, hat ungefähr 3.900 Beschäftigte. Etwa 2.400 arbeiten in vier Werken in Maine, die anderen in einer Fabrik in Puerto Rico. In diesen Fabriken stellt Dexter eine Vielfalt von Ausgeh-, Freizeit- und Sportschuhen, insbesondere Golfschuhe, her. Dexter verkauft die klassischen „New England Casuals", auch Mokassins und Bootsschuhe. Nordstrom und J.C. Penney sind die größten Käufer von Dexter-Schuhen. Dexter hat 77 Fabrikverkaufsstellen von Maine bis Alabama, aber auch in Manchester in Vermont.

Die Hauptkunden von Dexter sind Kaufhäuser und Einzelhändler mit Spezialsortiment wie beispielsweise Famous Footwear und die PX-Läden des Militärs.

Ein Paar Dexter-Schuhe kostet etwa 70 $, die Damenschuhe etwa 50 $. Die Marke hat ihren Platz im großen Mittelbereich der Schuhindustrie. „Und hier wird der Umsatz gemacht", sagte Alfond.

Ein Beobachter des Unternehmens sagte: „Es wird sehr gut geführt. Die Gewinnspanne ist gut. Das Verhältnis zu den Arbeitnehmern ist gut, und die Qualität liegt im mittleren bis unteren Bereich. Sie stellen Schuhe für 40 $ her, in denen man gut ein Jahr lang laufen kann."

Da nun als Folge des Erwerbs von Dexter mehr Berkshire-Aktien auf dem Markt waren, besaßen die Berkshire-Aktionäre nunmehr einen etwas geringeren Anteil an Berkshire. Andererseits ist Dexter wahrscheinlich das wert, was Buffett gezahlt hat, oder auch mehr, da Buffett oft versprach, er würde nie Berkshire-Aktien weggeben, wenn er dafür nicht Gleichwertiges zurückbekäme.

An dem Erwerb gegen Aktien konnte man ablesen, daß Buffett die Berkshire-Aktien ein wenig zu hoch bewertet sah. Und tatsächlich war die Aktie 1993 stark gestiegen, ohne daß sich der intrinsische Wert signifikant verändert hätte.

Ein Berkshire-Sprecher sagt: „Wir hätten Dexter gegen Barmittel oder gegen Aktien gekauft, aber die Teilhaber von Dexter wollten es in Aktien."

Mit dem Erwerb von Brown, Lowell und Dexter war Buffetts Schuhgröße in der Schuhwelt XL.

Und wieder einmal hatte Buffett nach einem Produkt Ausschau gehalten, das jeder jeden Tag unbedingt benötigt - und einem, das von Zeit zu Zeit ersetzt werden muß. Buffett benutzte Dexter in einem Vortrag vor Studenten der Wirtschaftswissenschaften an der Columbia University am 27. Oktober 1993 als Beispiel für langfristige Beteiligungen.

„Wir kaufen gerade etwas namens Dexter Shoe, und das ist ein großer Schuhhersteller. Eine Zeitlang ist das wie eine Romanze. Man verbringt einige Zeit mit ihnen, und dann hat man schließlich die erste Verabredung. Und dann kommt schließlich der große Augenblick (Gelächter). Und würden Sie dann auch schon am nächsten Tag darüber nachdenken, ob es jemanden gibt, der mir das Zwei- oder das Dreifache dafür anbietet? Sollte man dann schon verkaufen? Ich glaube, das ist eine verrückte Art, zu leben. Das ist so, als ob man nur des Geldes wegen heiratete. Es ist wahrscheinlich ohnehin keine besonders gute Idee, aber es ist absolut verrückt, wenn man ohnehin schon reich ist."

In Berkshires Jahresbericht für 1993 sagte Buffett, daß die Umsätze aus Berkshires Schuhbereich 1994 mehr als 550 Mio. $ ausmachen würden, wobei die Gewinne vor Steuern bei 85 Mio. $ liegen würden. Diese Vorhersage stimmte genau.

„Vor fünf Jahren dachten wir nicht daran, ins Schuhgeschäft einzusteigen. Nun haben wir in dieser Branche 7.200 Arbeitnehmer, und ich singe ‚There´s no Business like Shoe-Business', wenn ich zur Arbeit fahre. Soweit die strategischen Pläne."

1994 kaufte Berkshire eine kleine Kette von elf Einzelhandelsgeschäften in Maryland, Pennsylvania und Virginia, in denen H.H.-Brown- und andere Schuhe verkauft werden.

1995 und 1996 gingen die Gewinne der Schuhunternehmen stark zurück, weil es in dieser Zeit starke Konkurrenz gab. Doch immerhin verdient Berkshire mit seinen Schuhen außerhalb des Sportbereichs mehr

Geld als jeder andere in den Vereinigten Staaten. In einer Videoshow vor der Jahreshauptversammlung 1997 wurde ein Clip gezeigt, in dem Bill Clinton auf einer Wahlkampfreise in Maine seinen Wählern zuruft: „Ich trage Dexter-Schuhe."

56

HELZBERG'S DIAMANTEN-LÄDEN

„Ab und zu höre ich gern von euch."

Das nächste Unternehmen, das in Berkshires Sammlung eingehen sollte, waren Helzberg's Diamond Shops aus North Kansas City in Missouri. Helzberg's Diamond Shops waren in privater Hand. Die Kette hat heute 194 Juwelierläden in 28 Staaten, hauptsächlich in Einkaufszentren. Helzberg's ist die fünftgrößte Juwelierkette der Vereinigten Staaten.

Auch Helzberg's wurde mit Berkshire-Aktien erworben. Buffett erzählte auf der Jahreshauptversammlung 1995, wie es zu dieser Akquisition kam: Im Frühjahr 1994 war Buffett in New York und ging in der Nähe der 58. Straße und Fifth Avenue in der Nähe des Plaza Hotels spazieren, als ihn eine Dame ansprach und ihm erzählte, wie sehr ihr die Jahreshauptversammlung gefallen hatte. Barnett Helzberg, der vier Berkshire-Aktien besaß und ebenfalls auf der Jahreshauptversammlung gewesen war, hörte im Vorbeigehen, wie sie mit Buffett sprach, kam dazu und sagte, er hätte ihm möglicherweise ein Unternehmen zu verkaufen.

Buffett sagte: „Ich höre das ziemlich oft, und so bat ich ihn, mir zu schreiben."

Helzberg sagte: „Ich ging zu Buffett hinüber und wir hatten eine sehr detaillierte 20-Sekunden-Konferenz." Später wurde der Handel abgeschlossen.

Wie ist das, wenn man mit Warren Buffett über den Verkauf eines Unternehmens verhandelt? Darauf antwortete Helzberg: „Seine Art zu verhandeln, ist eigentlich, nicht zu verhandeln. Er sagt, wie der Deal läuft,

(Photo courtesy of Helzberg´s)
Barnett Helzberg

und so ist es dann auch." Man kann sich darauf einlassen oder wieder gehen.

Helzberg jun., der frühere Vorsitzende und Eigentümer von Helzberg´s, sagte, daß Buffetts Bedingungen fair waren und für ihn besonders attraktiv, weil er versprach, die Angestellten weiter zu beschäftigen und das Unternehmen intakt zu lassen. „Ich wollte nicht, daß eine ganze Menge von Menschen später einmal auf mein Grab spucken", sagte Helzberg.

Helzberg´s Position im Markt ist vergleichbar mit der von Zales oder Gordon´s, aber die Umsätze pro Geschäft sind doppelt so hoch.

Helzberg, dessen Großvater Morris 1915 den ersten Laden eröffnet hatte, sagte, das erste Geschäft habe in einem Gebäude in der Minnesota Avenue 529 in Kansas City, Kansas, gelegen.

„Im ersten Jahr bot der Vermieter Morris an, 500 $ für die Renovierung der Ladenfassade auszugeben, wenn er dafür die Miete von 25 auf 29 $ je Monat anheben könnte. Nach langer Überlegung entschied die Familie, das Angebot anzunehmen. Von Anfang an betrafen alle Angelegenheiten des kleinen Geschäfts die ganze Familie. So ernsthafte Angelegenheiten wie eine Mieterhöhung um 4 $ wurden stundenlang debattiert und diskutiert. Und dabei zählte die Stimme jedes Familienmitglieds", sagte Helzberg.

Barnett, der jüngste Sohn von Morris, folgte seinem Vater nach. Dessen Sohn Barnett jun., der die Nachfolge seines Vaters im Jahr 1963 antrat, erinnert sich: „Irgendein Künstlertyp namens Walt Disney zeichnete die ganze Zeit Bilder, und er zeichnete auch ein Bild von meinem Vater in eines seiner Hefte." Wer könnte damals geahnt haben, daß sich das Eigentum ihrer beiden Unternehmen völlig oder teilweise mit Buffett verknüpfen würde?

Helzberg sagte, daß dadurch, daß Berkshire nunmehr das Eigentum an Helzberg´s hätte, die Juwelenfirma weiter wachsen und die Unternehmenskultur beibehalten werden könne. Dadurch würde sichergestellt, daß die Zentrale weiterhin in Kansas City verbliebe und es ihm ermöglicht sei, weiter gemeinnützige kommunale Interessen zu verfolgen.

Helzberg sagte: „Ich bin höchst erfreut darüber, daß es uns gelang, ein Unternehmen, das inzwischen schon drei Generationen alt ist, unter dem anerkannten Schirm von Berkshire Hathaway weiterhin wachsen und blühen zu lassen. Ich bin der Überzeugung, daß dieser Eigentumswechsel ein Gewinn für die Partner der Helzberg's Diamond Shops ist, ein Gewinn für die Investoren bei Berkshire Hathaway, ein Gewinn für unsere Familie und, was ganz wichtig ist, ein Gewinn für die Kunden unseres Unternehmens."

Buffett sagte: „Ich bin sehr stolz darauf, daß Berkshire Hathaway Helzberg's Diamond Shops in die Familie unserer Unternehmen einreihen kann. In das gegenwärtige Management habe ich sehr großes Vertrauen. Die Möglichkeiten des Helzberg's Managements und seiner Partner ist einer der Gründe, weshalb ich dieser Akquisition einen so großen Wert zumesse. Ich muß gar nicht erst sagen, daß die langfristige finanzielle Stabilität und die guten Aussichten für die Zukunft von Helzberg Diamonds ebenfalls ein wesentlicher Faktor bei unserer Entscheidung war."

Jeffrey W. Comment, früher der Präsident bei Wanamaker's, wurde Vorsitzender des Aufsichtsrats und geschäftsführender Vorstandsvorsitzender bei Helzberg. Comment sagte dem *Kansas City Star* (11. März 1995): „Was ich unseren Partnern sagte und was an diesem Deal so wunderbar ist, ist die Tatsache, daß Buffett es gern sieht, wenn die Berkshire-Töchter als selbständige Unternehmen betrieben werden... Er sagte mir, er würde seine Präsidenten nicht anrufen, aber er würde gern ab und zu von ihnen hören."

Im Jahresbericht 1996 schrieb Buffett: „Die einzige Enttäuschung im letzten Jahr war der Bereich Juwelen. Borsheim's lief ordentlich, aber bei Helzberg's gingen die Gewinne erheblich zurück. Die Betriebskosten waren erheblich angestiegen, im Einklang mit den Gewinnen, die in den letzten Jahren erzielt wurden. Als jedoch der Umsatz zurückging, ging auch die Gewinnspanne zurück. Jeff Comment, der geschäftsführende Vorstandsvorsitzende bei Helzberg's geht die Probleme bei den Kosten entschlossen an..."

Helzberg, heute „im Ruhestand", gibt Managementkurse, arbeitet in einem Nachhilfeprogramm mit, beaufsichtigt eine Vielzahl wohltätiger Aktivitäten, hilft mit, Lizenzen für Kinderfernsehprogramme zu erhalten, er läuft Ski, angelt und arbeitet an einem Buch mit dem Arbeitstitel *What I learned before I sold to Warren Buffett*.

Helzberg erinnert sich, daß damals, als er Buffett wegen des Verkaufs gefragt hatte, dieser ihn gebeten hatte, ihm einige schriftliche Informationen zu schicken. Doch dann habe er gezögert, so sagt er der *Kansas City Star* (11. März 1995): „Ich bin ein Mensch, der jemandem erst dann die Uhrzeit sagt, wenn er vorher dessen Sozialversicherungsnummer kennt. Aber schließlich sagte ich zu mir: ‚Du bist ein Idiot, schick ihm doch die Unterlagen.'"

Später fragte Helzberg Buffett, ob er seinen Namen in seinem geplanten Buch benutzen dürfe. Buffett sagte Helzberg, daß er seinen Namen ganz sicher benutzen dürfe - und wenn er wolle, sogar seine Sozialversicherungsnummer.

(Photo courtesy of Helzberg´s)

Ein Helzberg´s Diamonds Geschäft auf dem Lenox Square in Atlanta

57

R.C. Willey Home Furnishings

Berkshire, das seine Position in der Möbelbranche ausweiten wollte, gab am 24. Mai 1995 bekannt, es würde R.C. Willey Home Furnishings in Salt Lake City kaufen.

Dieses schnell wachsende Unternehmen mit acht Kaufhäusern, darunter auch einem Sonderposten- und einem Teppich-Center in Utah, hat einen Jahresumsatz von etwa 300 Mio. $; es hält bei den Möbeln 56 % der Marktanteile in Utah und im Elektronikbereich 28 %. Unter den Möbelfirmen liegt das Unternehmen an 20. Stelle in den ganzen USA und beschäftigt ungefähr 1.650 Arbeitnehmer.

Buffett sagte: „Bill Child und seine Familie haben ein Unternehmen aufgebaut, um das sie Kaufleute im Land beneiden."

Child und sein Bruder Sheldon und ihre Kinder, die Eigentümer des Unternehmens waren, verkauften an Berkshire, weil sie sich in Immobilien engagieren wollten. Sheldon ging in den Ruhestand, um auf den Phillipinen für die Mormonenkirche zu missionieren.

„Bill Child sprach mit einem Freund (über einen möglichen Verkauf), und dieser Freund (Irv Blumkin vom Nebraska Furniture Mart) kannte Buffett. Zwei Tage später rief Buffett an, und innerhalb von zwei Monaten war der Vertrag fertig", sagte Roger Pusey, Wirtschaftsredakteur der *Desert News* in Salt Lake City.

Bill Child, Unternehmer des Jahres in Utah, und Blumkin hatten sich während einer Tagung der Textilindustrie in Kalifornien unterhalten. Child sagte, Buffett habe ihn angerufen und gesagt: „Ihr Unternehmen ist ein Juwel. Ich wäre sehr daran interessiert. Innerhalb von drei Tagen werde ich Ihnen einen Preis nennen."

Innerhalb von drei Tagen erhielt Child einen zweiseitigen Expreßbrief mit einem, wie er es nannte, fairen Preis.

„Ich rief ihn an und sagte, ich sei geschmeichelt", sagte Child und lud Buffett zur Besichtigung der Läden ein.

„Ich kenne Sie, und ich kenne Ihren Ruf. Und ich weiß viel über Ihr Unternehmen. Ich brauche wirklich nicht zu einer Besichtigung zu kommen", habe Buffett ihm geantwortet.

Child überredete Buffett jeoch zu einem achtstündigen Besuch, und Buffett sah, daß alles gut war. Child bat um ein wenig Zeit, um noch einige Steuerfragen zu klären und darüber nachzudenken, ob man Barwerte oder Berkshire-Aktien nehmen sollte, die Buffett auch angeboten hatte. Child wollte schon immer Berkshire Aktien kaufen, verschob es aber immer wieder, weil die Kurse anstiegen. Er sagte Buffett, man wolle Berkshire Aktien nehmen (*Omaha World-Herald*, 26. Mai 1995).

Es stellte sich heraus, daß Berkshire einige Aktien zuviel bezahlt hatte;

R.C. Willeys Besitzer William Child und sein Bruder Sheldon Child verkauften Utahs größtes Möbelgeschäft an Berkshire.

Child rief bei Berkshire an, um den Irrtum aufzuklären. Buffett rief zurück, dankte ihm für die Aufklärung des Irrtums und sagte, er solle die 100.000 $ ruhig behalten.

R.C. Willey, Childs Schwiegervater, war stadtbekannt als jemand, der damit anfing, daß er vom Lastwagen herunter verkaufte. Dann hatte er ein kleines Gebäude, in Wirklichkeit eine Garage, und verkaufte Haushaltsgeräte. Er war bekannt dafür, daß er alles reparieren konnte. Wenn er ins

Haus kam, um elektrische Leitungen zu verlegen, dann endete es damit, daß er einen Herd verkaufte.

Im Jahr 1932 begann Rufus Carl Willey, Haushaltsgeräte an der Haustür zu verkaufen. Er und seine Frau Helen verkauften Haushaltsgeräte an ihre Freunde und Nachbarn in Syracuse, Utah. Die Kunden konnten zwischen einem elektrischen Küchenherd oder einem Kühlschrank wählen. Das tat R.C. Willey fast 20 Jahre lang und lebte gut davon. Er bot seinen Kunden einen Ratenkauf an, den er Farm Plan nannte, bei dem die Kunden drei Jahre lang jeweils im Herbst ein Drittel des Kaufpreises bezahlten. Die Kunden waren darüber sehr glücklich, weil sie nun kochen konnten, ihre Lebensmittel nicht schlecht wurden und es im Sommer beim Kochen auch nicht zu heiß in den Häusern wurde.

1950 erbaute R.C. Willey das erste Ladengeschäft des Unternehmens, ungefähr 55 Quadratmeter groß. Der Laden war neben seinem Haus. Ein Telefonanschluß, an dem neun Parteien beteiligt waren, verlief von seinem Haus zum Geschäft. Er hatte einen Angestellten. 1954 erkrankte Willey, und sein Schwiegersohn William H. Child, der gerade erfolgreich das College abgeschlossen hatte, wurde gebeten, die Geschäfte so lange weiterzuführen, bis Willey wieder gesund war. Willey starb jedoch, und seitdem führt Bill Child die Geschäfte des Unternehmens.

„Das ist eine sehr schöne Firma", sagte Hugh Coltharp, Aktienbroker und Berkshire-Aktionär in Salt Lake City. „Sie haben ein großes Kaufhaus und Sie waren so clever, daß Sie es schafften, an Ihre Einfahrt eine Ampel zu bekommen."

Im Rahmen dieser Transaktion gab es keine Namensänderung, auch keine Änderung im Management, und es gingen auch keine Arbeitsplätze verloren.

Das Unternehmen, das innerhalb und außerhalb von Utah neue Pläne hat, ist bekannt dafür, daß die Verkäufer sehr gut ausgebildet sind, die Kunden auch zurückrufen und kleine Dankesbriefe schreiben. Und sein Kreditkartengeschäft stellt einen sehr gesunden Cash flow sicher.

Mit dem Nebraska Furniture Mart, der jährlich mehr als 250 Mio. $ umsetzt und mit R.C. Willeys 300 Mio. $ hatte sich Berkshire in der Möbelbranche in Amerikas Kernland sehr gut engagiert. R.C. Willey verkauft wie der Nebraska Furniture Mart auch Haushaltsgeräte, elektronische Geräte, Computer und Teppiche.

Fußnote: Als Bestandteil von R.C. Willeys Verkaufsförderung bietet das Unternehmen an vielen Samstagen kostenlos Hot Dogs und Softdrinks an. Child sagte, der Softdrink sei nunmehr Coca-Cola.

Im Februar 1997 sagte Child der Utah Business:

„In Warren Buffett haben wir einen wunderbaren Geschäftspartner. Er weiß genau, wie man mit Menschen umgeht. Er hat in seiner Zentrale nur 13 Angestellte, jedoch 35.000 Arbeitnehmer in den Unternehmen, die er besitzt oder kontrolliert. Und so gibt er uns, statt uns zu sagen, wie wir unsere Geschäfte zu betreiben haben, sehr viel Selbstbewußtsein, 100 % Unterstützung und vollkommenes Vertrauen. Wir haben niemanden, der uns über die Schulter guckt. Er ist an langfristigen Ergebnissen interessiert und unterstützt jede Marketingstrategie, von der wir glauben, daß sie die beste sei.

Ich habe von Warren eine Menge gelernt. Er ist einer der klügsten Männer, die ich je getroffen habe. Er ist ein fabelhafter Mensch, eine fantastische Person. Wir lieben ihn, und er mag unser Unternehmen und Utah. Er kommt gern nach Utah. Bisher war er schon fünfmal hier - und er besitzt Unternehmen in anderen Staaten, die hat er noch nie besichtigt. Wenn er hierher kommt, dann wirkt das wie Doping. Unsere Beziehungen sind großartig. Man kann sich sehr gut mit ihm unterhalten, wenn ich ihn anrufe oder er mich.

Als Warren mich anrief, um zu fragen, ob ich unser Unternehmen verkaufen würde, fragte er mich, was ich dafür haben wolle. Ich antwortete ihm nur, daß ich einen fairen Preis haben wolle und daß der Käufer auch einen guten Schnitt macht. Ich möchte Berkshire Hathaway und den Aktionären gegenüber auch fair sein."

(Photo by Hugh Coltharp)
Das Hinweisschild auf R.C. Willey´s neues, fast 80.000 Quadratmeter großes Kaufhaus.

58

Sichere Landung mit FlightSafety

Am 15. Oktober 1996 unterzeichnete Berkshire einen Vertrag, mit dem sie 100 % von FlightSafety International Inc. für 1,5 Mrd. $ in Aktien und Bargeld kaufte. Auf den ersten Blick sieht es so aus, als ob dieser Zukauf außerhalb von Buffetts „Kompetenzbereich" läge, wenn man jedoch genauer hinsieht, dann hat es den Anschein, als sei dies ein Markenname, mit dem man in eine schwierige Branche einsteigen kann. FlightSafety ist das größte Flugtrainingszentrum der Welt, das nicht einer Fluggesellschaft oder einer staatlichen Einrichtung gehört. FlightSafety ist in seiner Nische praktisch konkurrenzlos.

Das Unternehmen, das in der Hauptsache Piloten von großen Unternehmen ausbildet, bietet einen Zugang zum wachsenden weltweiten Markt von Reisen und Transport. FlightSafety hat seinen Sitz am Marine Air-Terminal auf dem LaGuardia Airport in Flushing, New York, und bietet Airlines und Schiffahrtslinien Ausbildung auf High-Tech-Simulatoren an. Die Schiffahrtsabteilung trainiert Kapitäne. Zusätzlich zu Piloten und Kapitänen zur See trainiert das Unternehmen auch das Bodenpersonal von Flughäfen. Jährlich trainiert FlightSafety mehr als 50.000 Piloten und Servicetechniker auf der ganzen Welt. Sie stellt auch Flugsimulatoren und andere Trainingsgeräte her.

Anders als viele Berkshire Unternehmen ist FlightSafety sehr kapitalintensiv. Zwar benötigt man in diesem Geschäft sehr wenig Inventar, doch sind die Simulatoren sehr teuer und schon nach wenigen Jahren und nicht erst nach Jahrzehnten veraltet. Deshalb verdient man in dieser Branche nur dann hohe Kapitalgewinne, solange die bestehende Marktdominanz hohe Gewinnspannen zuläßt.

Mit dieser Akquisition setzte Buffett auf die Zukunft der boomenden Tourismusbranche. Über die nächsten 20 Jahre hinweg, nimmt man an,

(Photo courtesy of FlightSavety)
FlightSavety Vorsitzender Al Ueltschi

werden Fluggesellschaften ungefähr 16.000 neue Flugzeuge fordern, und auch die private Luftfahrt wird voraussichtlich in gleichem Maße wachsen.

FlightSafety profitiert vom steigenden Bedarf an neuen Flugzeugen, und vom internationalen Expreßgutverkehr erwartet man sehr viel Wachstum.

Bei diesem Zusammenschluß hatten die Aktionäre von FlightSafety die Wahl, entweder 50 $ je Aktie in bar oder 48 $ in Berkshire-Aktien zu bekommen. Und die meisten Analysten glauben, daß Buffett einen guten Kaufpreis erzielte, als er dieses Unternehmen in einer etwas schwierigen Situation mit nur trägem Gewinnwachstum kaufen konnte.

Der 79jährige Vorsitzende Albert Ueltschi, der FlightSafety im Jahr 1951 gründete, war der größte Aktionär des Unternehmens. Er sagte: „Ich bin der Überzeugung, daß dieser Unternehmenszusammenschluß im besten Interesse von FlightSafety, seinen Kunden, seinen Angestellten und seinen Aktionären ist. Meine Familie und ich werden mit unserem 37-%-Anteil an FlightSafety für den Zusammenschluß stimmen. Außerdem werde ich im Tausch gegen meine FlightSafety-Aktien Stammaktien von Berkshire wählen. Ich persönlich halte Berkshire-Aktien für eines der besten Investments, das ich je machen konnte, und gehe davon aus, daß ich diese Aktien auf unbegrenzte Zeit halte. Ich freue mich darauf, daß ich FlightSafety als Teil von Berkshire weiter führen kann, und darauf, mit Warren Buffett zusammen zu arbeiten."

Buffett sagte: „FlightSafety ist ein Unternehmen, wie ich es mag, geführt von einem Mann, den ich mag und bewundere. Al Ueltschi und FlightSafety passen genau in die Berkshire-Familie."

Ueltschi, der auf einer Farm in Kentucky groß wurde, auf der Milchwirtschaft betrieben wurde, begann seine Karriere in der Luftfahrt in den 30er Jahren als herumreisender Flügelläufer. „Von dem Moment an, als er zum ersten Mal das entfernte Knattern eines OX-5-Motors hörte und die Doppeldecker über sich hinwegfliegen sah, war er ‚am Haken'. So einfach war das. Da wollte er unbedingt mitmachen. Er wollte unbedingt Pilot werden. Mit einem Kredit von 3.500 $ kaufte er einen Doppelsitzer mit offenem Cockpit und gab Flugunterricht. Einmal flog Ueltschi Charles Lindbergh, und sie wurden Freunde. Ueltschi gründete das Unternehmen im Jahr 1951, als die Luftfahrtgesellschaften propellergetriebene Flugzeuge hatten. In diesem Jahr mietete er ein kleines Büro am LaGuardia Marine Air Terminal. Ueltschi nahm eine Hypothek auf sein Haus auf, um seine Flugtrainingsfirma gründen zu können. Im Jahr 1968 ging FlightSafety an die Börse. Im Jahr 1995 ließ sich FlightSafety in China nieder und führt auch dort Flugtrainings durch.

„Man kann davon ausgehen, daß die Gesellschaft in der Zukunft vom Wiederaufleben der Luftfahrt profitieren wird, von der Einführung neuer

(Photo courtesy of FlightSavety)

Ein Flugsimulator bei FlightSafety, wo das Motto lautet: „Die beste Sicherheitseinrichtung in einem Flugzeug ist ein gut ausgebildeter Pilot."

Flugzeugmodelle und auch davon, daß weniger Piloten aus dem militärischen Bereich in die kommerzielle Luftfahrt einsteigen werden" (*Wall Street Journal*, 16. Oktober 1996).

Zu den Kunden zählen Großunternehmen, kommerzielle Luftfahrtgesellschaften und Regierungsbehörden, aber auch das Militär. FlightSafety hat etwa 2.500 Mitarbeiter.

FlightSafety betreibt, bei einer Gewinnspanne von etwa 30 %, ungefähr 40 Flugschulen in den USA, Kanada und Europa und verfügt über die größte Flotte ziviler Flugsimulatoren in der Welt. FlightSafety arbeitet mit mehr als 170 Simulatoren und anderen Trainingseinrichtungen. Das Training der Piloten macht etwa 94 % des Umsatzes, und der Verkauf von Ausrüstungsgegenständen trägt die anderen 6 % des Umsatzes bei.

Die FlightSafety Foundation ist eine 50 Jahre alte Non-Profit-Gruppe in Alexandria in Virginia. Sie wird von mehr als 660 Mitgliedern in 75 Ländern unterstützt, die alle Bereiche der Flugindustrie vertreten. Die Stiftung wurde als unabhängige Einheit geschaffen, die sich ausschließlich der Flugsicherheit widmet, und nicht von den kommerziellen Interessen der Industrie beeinflußt wird.

Und wie kam es nun zum Kauf von FlightSafety? Buffett schrieb im Jahresbericht 1996 von Berkshire: „Die Helden dieser Geschichte sind in erster Linie Richard Sercer, ein Berater der Luftfahrtindustrie aus Tucson, und zweitens seine Frau Alma Murphy, eine Augenärztin, die an der Harvard Medical School promovierte und 1990 den Widerstand ihres Ehemanns brach und ihn dazu brachte, Berkshire-Aktien zu kaufen. Seitdem haben die beiden alle unsere Jahreshauptversammlungen besucht, aber ich kannte sie nicht perönlich.

Glücklicherweise war Richard auch langjähriger Aktionär bei FlightSafety, und die beiden hatten im letzten Jahr die Idee, daß diese beiden Unternehmen sehr gut zusammenpassen würden."

Sercer ging zum Vorsitzenden von Salomon, Robert Denham, und schlug ihm den Unternehmenszusammenschluß vor. Denham schrieb gleichzeitig an Buffett und an Ueltschi. Denham nahm auch mit FlightSafetys Beratern - Skadden, Arps, Slate, Meaghen und Flom - Kontakt auf, um nachzufragen, ob Ueltschi bereit wäre, sich mit Buffett zu treffen, um über einen möglichen Buyout durch Berkshire zu verhandeln. Ueltschi und Buffett trafen sich am 18. September 1996. Am nächsten Tag schickte Buffett Ueltschi einen Brief, in dem er zum Ausdruck brachte, daß Berkshire daran interessiert wäre, FlightSafety zu kaufen.

Es war sehr gut, daß Buffett beim Kauf von FlightSafety schnell handelte. Es stellte sich nämlich heraus, daß eine Einheit von Boeing ebenfalls Pläne schmiedete, FlightSafety zu kaufen, als Berkshire zuschlug (*Bloomberg News*, 29. April 1997).

1997 gingen FlightSafety und Boeing Co. ein Joint Venture ein - FlightSafety Boeing Training International -, um kommerzielle Piloten und Wartungspersonal auszubilden.

FlightSafety und Boeing brachten jeweils Sachwerte im Wert von 100 Mio. $ ein, um das Venture zu starten, und beide besitzen je 50 % der Trainingsgesellschaft. Buffett, der nur selten an Testimonials oder Werbefeldzügen teilnimmt, übernahm in einer Anzeige eine aktive Rolle, als er für FlightSafety warb. Die Anzeige zeigte ein Foto von ihm an Bord von Berkshires Jet (The Indispensable), wie er eine Coke trinkt und einen McDonald's Hamburger ißt. Die Schlagzeile: „Warren Buffetts von FlightSafety trainierte Piloten garantieren ihm eine sichere Rückkehr zu seinen Investments." (Doppelsinnig: Warren Buffetts von FlightSafety trainierte Piloten geben ihm sichere Erträge auf seine Investitionen. A.d.Ü.)

Bleiben wir bei Testimonials. Buffett trat in einer Anzeige im *Wall Street Journal* (30. September 1997) auf und warb für Gulfstream´s Executive-Jet-Programm, das es Eigentümern ermöglicht, Anteile an Flugzeugen zu kaufen. Buffett sagte: „Berkshire Hathaway hat ein Düsenflugzeug. Es bringt mehr ein, als es kostet. Und deshalb habe ich kürzlich den Namen geändert. Aus ‚The Indefensible' wurde ‚The Indispensable'. Aber Berkshires Flugzeug dient geschäftlichen Zwecken. Für meine Familie kaufte ich 25 % des Net-Jets-Programms von Executive Jet. Und sie lieben es! Sowohl der Service als auch die Piloten von Executive Jet sind absolut erstklassig. Meine Frau Susie fand den Namen für dieses Flugzeug: ‚The Richly Deserved'."

Es gibt wenig Zweifel, daß Buffett es sehr gern sähe, wenn die Piloten von Executive Jet bei FlightSafety trainierten. Im Jahr 1997 machte FlightSafety Gewinne in Höhe von ca. 84 Mio. $.

413

59

STAR FURNITURE CO.

EIN AUFGEHENDER STERN

Am 24. Juni 1997 stimmte Berkshire dem Kauf von Star Furniture Co. aus Houston zu.

Das 85 Jahre alte Möbelhaus mit einem Jahresumsatz von ungefähr 110 Mio. $ war Berkshires dritter Kauf einer Möbelfirma nach der Akquisition von Nebraska Furniture Mart 1983 und R.C. Willey 1995. Im Vertrag wurde festgehalten, daß Star´s Vorsitzender Melvyn Wolff und seine Familie, einschließlich seiner Schwester und seiner Miteigentümerin Shirley Toomin, für ihr Unternehmen mit 550 Angestellten Berkshire-Aktien erhalten sollten.

Nach dem Kauf kamen 16 frühere Miteigentümer von Star Furniture, um Berkshire-Aktien im Wert von 88 Mio. $ zu verkaufen, die sie bei diesem Deal erhalten hatten - insgesamt 1.865 Aktien der Klasse A und 195 Aktien der Klasse B. Wolff verkaufte die meisten Anteile - 638 A- und fünf B-Aktien; Shirley Toomin bot 477 A- und 21 B-Aktien an.

Wolff erzälte dem *Omaha World-Herald* (24. Juni 1997), daß Buffett ihm die Wahl ließ, ob er Aktien oder Bargeld wollte, und daß er die Aktien nahm, weil ihm gefiel, was Buffett mit seinem Unternehmen gemacht hatte und wie er dafür sorgt, daß der Wert seiner Aktien wächst.

Star, das im Jahr 1912 gegründet wurde, besteht aus zwölf Läden, zehn in Houston und jeweils einem in Austin und Bryan; man hatte auch Pläne, ein Haus in San Antonio zu eröffnen.

Die Transaktion wurde im Rahmen einer unternehmensweiten Frühstückspause im George R. Brown Convention Center in Houston bekanntgegeben, wo Buffett und Wolff darüber referierten.

In Berkshires Jahresbericht für 1997 schrieb Buffett: „Am Donnerstag vor der letztjährigen Jahreshauptversammlung sagte mir Bob Denham von

Salomon, daß Melvyn Wolff, der langjährige Mehrheitsaktionär und geschäftsführende Vorstandsvorsitzender von Star, mit mir sprechen wollte. Auf unsere Einladung hin kam Melvyn zu der Versammlung und versicherte während seines Aufenthalts hier in Omaha, daß er von Berkshire eine sehr gute Meinung habe. In der Zwischenzeit sah ich mir die Finanzunterlagen von Star durch; was ich sah, gefiel mir.

Ein paar Tage später trafen Melvyn und ich uns in New York und wurden in einer einzigen zweistündigen Sitzung handelseinig. Wie bei den Blumkins und bei Bill Child brauchte ich keine Pachtverträge zu prüfen, keine Arbeitsverträge auszuarbeiten usw. Ich wußte, daß ich mit einem ehrlichen Mann verhandelte, und das zählte."

Wolff sagte: „Wir konnten uns nicht glücklicher schätzen, als wir die Gelegenheit ergreifen konnten, ein Teil von dem zu werden, was wir für die beste Familie von Unternehmen halten, die sich je unter einem Namen versammelt hat. Warren Buffett hat einen legendären Ruf, was Wachstum anbelangt, und wir möchten an diesem Wachstum teilnehmen."

Unter den größten Möbelhäusern des Landes war Star Furniture an 32. Stelle, als es an Berkshire verkauft wurde. Der Nebraska Furniture Mart würde in der Top 100 des Branchenblatts Furniture Today an 27. und R.C. Willey an 20. Stelle der größten Möbelhäuser geführt.

60

WPPSS Bonds

„Wenn wir wollten, daß Moody's oder Standard & Poor's unser Geld verwalten, dann würden wir es ihnen geben."

Heimlich, still und leise kaufte Buffett in den Jahren 1983 und 1984 Schuldverschreibungen der Projects 1, 2 und 3 der Washington Public Power Supply Systems im Wert von 139 Mio. $.

In Berkshires Jahresbericht für 1984 überraschte Buffett die Aktionäre, als er enthüllte, daß er Schuldverschreibungen gekauft habe, die vom Washington Public Power Supply System (WPPSS) emittiert wurden, einem Bauunternehmen, das sich auf Atomkraftwerke spezialisiert hatte und in so schlechter Verfassung war, daß es „Whoops" getauft worden war.

Der Schock verstärkte sich, als Buffett erklärte, daß WPPSS mit Schuldverschreibungen im Wert von 2,2 Mrd. $ im Verzug war, die ausgegeben wurde, um die Finanzierung der Projekte 4 und 5 zu sichern. Dieses Stigma färbte auch auf andere Projekte ab, und Buffett konnte die Schuldverschreibungen mit einem erheblichen Abschlag erwerben.

Natürlich wiesen die Ratings der Bonds darauf hin, daß ein sehr hohes Risiko bestand. „Wir treffen unsere Entscheidungen nicht aufgrund von Ratings. Wenn wir wollten, daß Moody's oder Standard & Poor's unser Geld verwalten, dann würden wir es ihnen geben."

Steve Wallman, Chef von Wallman Investment Counsel in Madison, Wisconsin, sagt: „Unser Alltagsleben bereitet uns nicht im mindesten darauf vor, einmal gegen den Strom zu schwimmen. In fast allem, was wir tun, ist der Erfolg davon abhängig, wie sehr wir uns der Masse anpassen können, und nicht, wie gut wir gegen die Masse agieren können. Deshalb ist es gegen unsere Natur, wenn wir uns gegen die Masse wenden und ignorieren, was die Psychologen soziale Bestätigung nennen. Kein Wunder, daß Value Investing so hart ist und von so wenigen angewendet wird. Die meisten Menschen haben einfach nicht die psychische Kraft, die Bürde der negativen Einschätzung zu ertragen, die mit den 50-Cent-Dollars wie bei WPPSS 1, 2 und 3 verbunden ist."

Dennoch hatten diese Schuldverschreibungen einen ganz besonderen Reiz; Sie versprachen 16,3 % steuerfreien Ertrag, also einen Jahresgewinn von 22,7 Mio. $. Um in ein Geschäft einzusteigen, das diesen Gewinn einbringt, hätte man wohl das Doppelte von dem bezahlen müssen, was Buffett für die WPPSS-Schuldverschreibungen bezahlt hat.

Wie immer zahlte sich auch dieses Investment für Buffett aus. Die Projekte liefen gut, und die Schuldverschreibungen stiegen. Die Auszahlungen von 16 % nach Steuern erreichten die Konten von Berkshire mit der Regelmäßigkeit eines Uhrwerks. Buffett sagte, er habe die Bonds gekauft, weil er wahrscheinlich das Doppelte von dem, was er für die WPPSS-Bonds bezahlt hatte, für ein anderes Geschäft hätte anlegen müssen, das ihm ebensoviel Gewinn nach Steuern einbringen würde.

Viele von Berkshires „Whoops"-Bonds wurden eingelöst, aber immer noch hat Berkshire einige davon in seinem Portfolio.

Obwohl Buffett kein großer Freund von Schuldverschreibungen ist, kauft er sie unter bestimmten besonderen Umständen. Im allgemeinen kauft er Bonds von Unternehmen, die in Schwierigkeiten sind. In den 70er Jahren hatte er Bonds von Chrysler gekauft, als dieses Unternehmen dem Untergang nahe war, und Penn-Central-Bonds für 50 Cents auf den Dollar, nachdem diese Eisenbahngesellschaft einen Niedergang erlebte. Beide Unternehmen kamen jedoch wieder zurück.

1986 kaufte er für 700 Mio. $ weitere mittelfristige steuerfreie Schuldverschreibungen, die er noch für die beste Alternative zu Aktien hielt.

Berkshires Bond-Geschäfte wurden jahrzehntelang von Bill Scott gemanagt, dem ersten Angestellten, den Buffett einstellte.

61

RJR Nabisco Bonds

„Junk Bonds werden eines Tages ihrem Namen gerecht."

In den Jahren 1989 und 1990 kaufte Buffett Junk Bonds von RJR Nabisco. Der Tabakwaren- und Nahrungsmittelgigant, aus dem beispielsweise Winston-Zigaretten, Lifesavers-Süßigkeiten, Ritz-Cracker, Fig Newtons und Oreo Cookies stammen, war 1988 Gegenstand eines Buyouts durch Kohlberg Kravis Roberts. Es war die größte Übernahme in der Geschichte der Wall Street - es ging um 25 Mrd. $ - Krönung eines Jahrzehnts von Gier.

Der erste Hinweis darauf, daß Buffett in den Markt der Junk Bonds einsteigen könnte, kam auf der Jahreshauptversammlung 1990, als ein Aktionär fragte, ob der Markt für Junk Bonds jemals einen guten Nährboden für professionelle Investoren bieten würde. „Ich werde es Ihnen in ein oder zwei Jahren sagen", antwortete Buffett, dessen Ausspruch „Junk Bonds werden eines Tages ihrem Namen gerecht" bekannt ist.

Ende 1989 begann Buffett, die RJR Bonds anzusammeln, die ausgegeben wurden, um die Übernahme zu finanzieren, und 1990 kaufte er in großem Umfang hinzu. Niemand wußte davon, bis 1991 der Jahresbericht erschien.

Auch dann hätte man diese Neuigkeit leicht übersehen können, weil erst auf Seite 17 in einem kleinen Absatz etwas darüber zu lesen war. Buffett schrieb: „Die größte Veränderung in unserem Portfolio stellten im letzten Jahr große Zukäufe unserer RJR Nabisco Bonds dar, Wertpapiere, die wir Ende 1989 zum ersten Mal kauften. Am Jahresende 1990 hatten wir in diese Wertpapiere 440 Mio. $ investiert, einen Betrag, der in etwa dem Marktwert entsprach. Jetzt, wo ich diese Zeilen schreibe, ist der Marktwert um etwa 150 Mio. $ gestiegen."

Hätte irgendein anderes Unternehmen einmal schnell 150 Mio. $ Gewinn gemacht, dann wäre das der wichtigste Punkt im Brief des Vorsitzenden an die Aktionäre gewesen.

Buffett schrieb in Berkshires Jahresbericht für 1990: „Was RJR Nabisco anbelangt, haben wir das Gefühl, daß die Kreditwürdigkeit dieses Unternehmens weitaus besser ist als lange Zeit angenommen und daß der Gewinn, den wir erhalten, gleichermaßen wie das Potential für einen Kapitalgewinn das Risiko, das wir eingegangen sind, mehr als kompensiert (obwohl es erheblich war). RJR konnte Vermögenswerte sehr günstig verkaufen, hat größere Pakete an Wertpapieren hinzugekauft und wird insgesamt sehr gut geführt. Wenn wir uns auf diesem Gebiet aber weiter umsehen, dann sind die meisten billigen Bonds für uns sehr unattraktiv. Das handwerkliche Können an der Wall Street der 80er Jahre ist sogar noch schlechter als wir es zunächst angenommen haben: Viele bedeutsame Unternehmen sind schwer angeschlagen. Wir werden aber weiterhin auch auf dem Markt der Junk Bonds Ausschau nach guten Gelegenheiten halten."

Fortune berichtete über den Ankauf von Nabisco und fragte Buffett, ob er sich wünschte, mehr gekauft zu haben. „Im nachhinein gibt es viele Dinge, die ich gern getan hätte. Aber gerade bei Anlageentscheidungen halte ich nicht sehr viel von Überlegungen, die im nachhinein angestellt werden. Man wird nur für das bezahlt, was man tut", sagte Buffett.

Viele der RJR Nabisco Bonds zahlten etwa 15 %, und so konnte Buffett hervorragende Gewinne einstreichen, während er darauf wartete, daß das Management einige Vermögenswerte verkaufte und seine Oreo Cookies weiterhin die Läden füllten.

Als die Junk Bonds absoffen, machte Buffett ein Juwel aus. Aber er flog nicht sofort darauf und kaufte nach dem Zufallsprinzip Bonds von großen und bekannten Unternehmen. Erst nach einem intensiven Studium des stark gerupften Junk-Bond-Marktes, in dem er, wie er sagte, ein größeres Blutbad vorfand, als er erwartet hatte, wählte er RJR aus, weil diese Bonds am ehesten einen guten Gewinn versprachen. Junk Bonds, die wegen ihrer zweistelligen Zinssätze auch hochverzinsliche Schuldverschreibungen genannt werden, wurden in den 80er Jahren von Unternehmen bekannt gemacht, die versuchten, Geld für Übernahmen zu bekommen.

Diese Bonds waren riskant, weil die Emittenten selbst hohe Schulden hatten. Doch wiederum zahlte sich die Kenntnis Buffetts im allgemeinen Finanzgeschehen aus, und sein genaues Timing brachte Berkshire eine weitere Geldquelle ein. Gerade zu der Zeit, als sein Engagement in RJR Bonds bekannt wurde, fingen Wirtschaftsjournalisten an, darüber zu schreiben, daß der Junk-Bond-Markt sich wieder erholen würde.

Darüber hinaus begann RJR, Aufmerksamkeit zu erregen, weil es seine Schulden abtrug. Seine Verluste gingen dramatisch zurück, die Kreditwürdigkeit verbesserte sich. Und außerdem refinanzierte sich RJR zu geringeren Zinssätzen.

Unter Louis Gerstner, der einen Topjob bei American Express verließ, um die Geschicke von RJR zu leiten, schien es, als ob RJR wieder den Weg zurück ins Leben fände. Doch dann verließ Gerstner RJR und ging an die Spitze von IBM.

Am 3. Mai 1991 kündigte RJR an, daß es den größten Teil seiner Junk Bonds, die es emittiert hatte, um den Buyout zu finanzieren, aus dem Markt ziehen wollte. Das Geld dafür nahm man aus einer Aktienemission. Das Unternehmen gab bekannt, es habe vor, die Bonds zum Nennwert zurückzukaufen - Bonds, die Buffett mit einem erheblichen Nachlaß erworben hatte.

Damit machte Buffett schnelle und große Gewinne; und nun hatte er offensichtlich sehr viel liquide Mittel zur Verfügung, von denen er genau wußte, wie er sie einsetzen wollte. Buffett schuf bleibenden Wert für die Berkshire-Aktionäre.

Am Jahresende 1992 hielt Berkshire Bonds im Wert von 1 Mrd. $, unter anderem von Washington Public Power Supply System und ACF Industries.

Die Bonds von ACF Industries, einem Hersteller von Eisenbahnwaggons und einer Leasinggesellschaft, die Carl Icahn gehört, brachten Buffett einen ansehnlichen Gewinn, als er sie 1993 einlöste.

62

10,3 Mrd. $ in festverzinslichen Wertpapieren

„Unser größter, nicht traditioneller Posten war am Jahresende eine Position von mittelfristigen Null-Coupon-Obligationen des US-Schatzamts im Wert von 4,6 Mrd. $, wobei die Kosten schon abgeschrieben sind... Da die Zinsen 1997 fielen, beendeten wir das Geschäftsjahr mit einem noch nicht realisierten Gewinn von 598,8 Mio. $ vor Steuern aus unseren Zeros", schrieb Buffett im Jahresbericht für 1997. Das kam nach den Enthüllungen über die ebenfalls „nicht traditionellen" Investments in Öl und Silber.

Über die Jahre hinweg hat Berkshire neben Aktien auch Bonds angesammelt. Als Berkshire GEICO kaufte, bekam es festverzinsliche Wertpapiere im Gegenwert von 3 Mrd. $ und stockte diese Positionen 1993 maßgeblich auf.

Mit den Bonds von Chrysler Financial, Texaco, Time Warner, WPPSS und RJR Nabisco machte Buffett echtes Geld. Und er hat immer noch eine ganze Menge an Schuldverschreibungen, insbesondere aus dem Erwerb des Restes von GEICO.

Berkshire hält eine ganze Reihe von Bonds im Depot. Das reicht von Schatzanleihen der Vereinigten Staaten über kommunale Bonds, beispielsweise von Birmingham und Scottsboro in Alabama, bis hin zu Schuldverschreibungen von Kreisen und Staaten, beispielsweise vom Los Angeles County, dem Suffolk County, dem New York District und anderen.

Die einzelnen Positionen der Bonds reichen von 5.000 $ bis zu Millionen von Dollar. Buffett hält Schuldverschreibungen mit einer Laufzeit von weniger als einem Jahr bis zu mehr als 20 Jahren. Die unterschiedlichen

Bonds zahlen zwischen 1 und 15 % Zinsen. In den Jahren 1987 bis 1992 jedoch hatte er keinerlei Schuldverschreibungen im Portfolio.

Es kann sein, daß sich Buffetts Interesse an diesen 08/15-Bonds erschöpfte, als es Vorzugsaktien von Salomon und Gillette gab, oder aber er hielt die Zinssätze bei Schuldverschreibungen für zu niedrig, als daß sie eine interessante Alternative zu Aktien darstellten.

Heute hat Berkshire mehr als 10 Mrd. $ in festverzinsliche Wertpapiere investiert. *Forbes* berichtete, Buffett habe in großem Umfang Null-Coupon-Schatzbriefe mit einer Laufzeit von 20 bis 23 Jahren gekauft. Berkshire kaufte US-Bonds im Nennwert von 10 Mrd. $ für wenig mehr als 2 Mrd. $, wie das *Wall Street Journal* am 15. September 1997 zu berichten wußte. Das *Journal* hatte recht, soweit es die Story betrifft, nur beim Betrag lag es ein wenig niedrig.

Wenn sich die Zinsen von dem Zeitpunkt an, als Berkshire die Bonds kaufte, nicht ändern, dann würden sie eine Rendite von 7 % bringen, obwohl während der Laufzeit der abgezinsten Obligationen keine Zinsen gezahlt werden.

Die Wall Street Firmen schufen Null-Coupon-Anleihen, als sie die Zinsteile von den Hauptteilen der US-Schatzanleihen trennten. Die Investments werden weit unter ihrem Nennwert verkauft. Über die Laufzeit hinweg werden keine Zinsen gezahlt, lediglich der Nennwert bei Ablauf der Laufzeit.

Aus steuerlichen Gründen wird die Kostenbasis für den Eigner der Schuldverschreibungen jedes Jahr neu festgesetzt. Diese Festsetzung bedeutet für den Halter einer Schuldverschreibung zu versteuerndes Einkommen, obwohl er real kein Einkommen erzielte. Dies wird Phantomeinkommen genannt, da eine Steuerschuld vorliegt, auch wenn das zugehörige Einkommen nicht realisiert wurde.

Sollte eine Null-Coupon-Anleihe bis zum Ende der Laufzeit gehalten werden, dann erhöht sich die Kostenbasis bis zum Nennwert. Deshalb gäbe es auch keinen Kapitalgewinn. Ein Kapitalgewinn würde nur dann entstehen, wenn der Investor die Anleihe vor Ablauf der Laufzeit teurer als zur festgelegten Basis verkaufen würde. Wird die Anleihe für weniger als die festgelegte Basis verkauft, dann macht die Differenz einen Kapitalverlust aus.

Zero-Bonds schwanken in ihrem Kurs und reagieren auf die Höhe des allgemeinen Zinsniveaus; somit schwankt auch ihr Wert. Wenn die Zinsen steigen, dann geht es den Inhabern von Null-Coupon-Bonds schlecht, weil sie, da sie keine Zinszahlungen erhalten, auch nicht zu höheren Zinssätzen reinvestieren können. Wenn andererseits die Zinssätze fallen, dann trägt das in der Anleihe liegende Reinvestment-Level dazu bei, daß Zero-Bonds gewinnbringender sind als andere festverzinsliche Wertpapiere. Ein Zero-Bond beseitigt jegliches Reinvestmentrisiko, weil die Zinszahlungen nicht beim Investor eingehen, sondern automatisch in den Gewinn bei Ablauf eingehen. Wie jede andere Schuldverschreibung verlieren auch Zero-Bonds ihren Wert, wenn die Zinssätze ansteigen, aber Bonds sind eine wunderbare Sache, wenn die Zinsen fallen.

Zero-Bonds kaufte man dann, wenn man annimmt, daß die Inflation unter Kontrolle ist und die Zinssätze eher fallen werden.

In Berkshires Jahresbericht für 1997 schrieb Buffett, daß er etwa 5 % der Berkshire-Aktien verkauft habe. Diese Verkäufe nutzte Buffett, um das Bond-Aktien-Verhältnis ein wenig zu verändern - „als Reaktion auf die relativen Werte, die wir in jedem der Märkte sahen, eine Anpassung, die auch im Jahr 1998 fortgesetzt wurde".

63

Vor dem Verkauf von Salomon

Ein Jahrzehnt bevor Salomon 1997 an die Travelers Group verkauft wurde, hatte Buffett am 28. September 1987 700 Mio. $ in Salomons Vorzugsaktien investiert, nachdem er zuvor ein Leben lang die verrückte kurzfristige Mentalität der Wall Street angeprangert hatte.

Damals sagte er, dies sei ein riesiges Engagement. Man würde in zehn Jahren wissen, ob es eine gute Idee war. Er tat gut daran, sich selbst einen so großen Zeitraum zu geben, der gar nicht den Gepflogenheiten der Wall Street entsprach.

„Wenn man keine Kredite aufnimmt, dann leert dies das Sparschwein für eine Zeitlang", sagte er dem *Wall Street Journal* am 30. September 1987. Buffett war schon lange Zeit ein Kritiker des kurzfristigen Tradings an der Wall Street, ebenso ein Kritiker der Exzesse, die von Firmen-Jets bis zu protzigen Speiseräumen reichten. Weshalb also Salomon? Weshalb investierte Buffett mitten im Herzen der Wall Street? Und weshalb gerade ein Unternehmen, das für seine Aggressivität und für sein knallhartes, haarsträubendes Trading bekannt war?

„Weshalb kritisieren wir das Investmentbankgeschäft, wenn wir 700 Mio. $ bei Salomon investiert haben? Ich möchte vermuten, daß Sühne die richtige Antwort ist", sagte er auf der Berkshire Jahreshauptversammlung 1991.

Die Wahrheit ist, daß er einen guten Deal gemacht hatte, als er sich in dieses weltweite Unternehmen einkaufte. Salomon wurde 1910 gegründet und ist eine der größten und rentabelsten Brokerfirmen in den Vereinigten Staaten. Im Jahr 1996 managte Salomon mehr als 310 Mrd. $ an festverzinslichen Wertpapieren für Emittenten aus 47 Ländern.

Bevor wir jedoch Buffetts Transaktion mit Salomon genauer untersuchen, wollen wir das Timing betrachten, das im nachhinein gesehen nicht hätte schlechter sein können.

Es war nur drei Wochen vor dem Aktiencrash von 1987 - dem Tag, an dem die Börse um 508 Punkte oder fast 23 % fiel - der größte Verlust an einem einzigen Tag.

Dieser Crash kippte fast alle Aktien. Besonders hart wurden die Aktien von Brokerfirmen getroffen, weil sie sich sehr zyklisch entwickeln und teilweise auch, weil die Überexpansion im Wertpapiergeschäft die Handelsspannen gedrückt hatte. Der Crash verursachte ein langanhaltendes Abtrudeln der Aktien von Brokerhäusern und zog auch den Kurs der Salomon-Aktie herunter.

Als Buffett die Vorzugsaktien kaufte, wurden Salomons Stammaktien mit 32 $ gehandelt. Nach dem Crash sank der Kurs zeitweise bis auf ein Tief von 16 $ je Aktie. (Bei diesem Kurs wurde Salomon von einigen „Shit Brothers" genannt.)

Statt daß er die Aktien von Salomon kaufte, verabredeten Buffett und der Vorsitzende von Salomon, John Gutfreund, daß Berkshire neu emittierte Vorzugsaktien kaufte - ein Finanzierungsinstrument für Salomon, das Berkshire eine neunprozentige Jahresrendite zahlen sollte.

Vorzugsaktien sind ein hybrides Investment, das sowohl die Charakteristika von Aktien als auch von Anleihen beinhaltet. Stammaktien sind Wertpapiere, die einen Anteil an einem Unternehmen darstellen und obwohl die Aktionäre von diesen Aktien am meisten profitieren können, wenn die Geschäfte gut laufen, besteht das größte Risiko darin, daß die Geschäfte schlecht laufen. Die Eigner von Vorzugsaktien erhalten ihre Dividendenzahlungen, bevor irgendein Inhaber von Stammaktien Dividenden erhält. Und wenn ein Unternehmen untergeht, dann hat ein Inhaber von Vorzugsaktien den Anspruch auf Vermögenswerte, bevor ein Inhaber von Stammaktien an die Reihe kommt.

(AP/Wide World Photos)

Buffett, links, und Deryck Maughan geben am 18. August 1991 eine Pressekonferenz und erläutern den Salomon-Skandal. Kurz zuvor hatte Buffett Maughan zum Geschäftsführer ernannt, als er ihm sagte: „Deryck, du bist es."

Berkshire hat durch sein Investment bei Salomon, auch als die Stammaktien von Salomon nach dem Kauf durch Buffett jahrelang dahinsiechten, nie etwas verloren. Und so war Berkshire durch die Investition in Vorzugsaktien isoliert, kurz vor dem Bankrott. Buffett nannte solche Investments „Schatzbriefe mit einem Lottoschein".

Und Salomons 9-%-Dividende, die es an Berkshire zahlte, war weitgehend von Körperschaftsteuer befreit, weil Körperschaften auf 70 % ihres Dividendeneinkommens aus Vorzugsaktien keine Steuer zahlen müssen.

Vielleicht war es der besondere Reiz dieses Deals, der Buffett dazu verleitete, etwas zu tun, das sich zu einer ernsthaften Fehleinschätzung der Leistungskraft hätte entwickeln können. Die Berkshire Aktionäre waren überrascht. Immerhin hatten sie jahrelang gehört, wie Buffett die Wall Street verspottete.

Immerhin ist Buffett mit Salomon ins Bett gestiegen und hat im wahrsten Sinne des Wortes einige schlaflose Nächte verbracht.

Gutfreund mußte im Aufsichtsrat von Salomon hart verhandeln, daß man sich mit Berkshire auf einen Handel einließ, der für Berkshire so viele Vorteile brachte.

Salomon war 1987 unter enormem Druck, weil Ronald Perelman, der Vorsitzende von Revlon mit einer Übernahme drohte. Perelman versuchte, 14 % der Salomon-Aktien zu kaufen, die von Mineral Resources gehalten wurden, einem Unternehmen mit Sitz auf den Bermudas, das von der südafrikanischen Familie Oppenheimer kontrolliert wurde, die ihre Anteile verkaufen wollte. Buffett bekam sein Investment, und Perelman schreckte zurück. Der Anteil von Mineral Resources wurde von Salomon zurückgekauft.

Deshalb und wegen seiner Investitionen in Vorzugsaktien bei Gillette, US Airways und Champion International, wo es reale oder scheinbare Übernahmedrohungen gab, wurde Buffett der weiße Ritter genannt, der dann eintritt, wenn es gilt, bedrohte Übernahme-Opfer zu retten.

In Michael Lewis´ Buch *Liar´s Poker*, einem Bericht aus der Zeit, in der er für Salomon tradete, zitierte er Gutfreund, der gesagt haben soll, wenn Buffetts Plan zugunsten von Perelman zurückgewiesen würde, dann würde er, Gutfreund, zurücktreten. „Ich sagte niemals, daß dies eine Drohung war. Ich sagte, daß das eine Tatsache war", zitierte Lewis Gutfreund, als der mit einem Freund sprach.

Im aussagekräftigsten Teil des Buchs, der die Geldgier und den Weg in den Skandal beschreibt, fordert Gutfreund, ein mürrischer, harter Zigarrenraucher, seinen Chef-Trader John Meriwether zu einer Partie Liar´s Poker heraus, bei der jeder Spieler einen Dollarschein hält. Geboten wird auf die Seriennummer des Scheins, den ein Spieler hält, bis alle Mitspieler gegen einen einzelnen Mitspieler stehen.

Dieses spezielle Spiel - Lewis behauptet, es hätte Anfang 1986 stattgefunden - begann, als Gutfreund Meriwether aufforderte, um 1 Mio. $ zu spielen. Meriwether jedoch - der erkannte, daß ein Spiel gegen seinen Chef ihm nichts bringen würde - bluffte und sagte Gutfreund, er würde nur um 10 Mio. $ spielen, worauf Gutfreund nur noch sagte: „Du bist wahnsinnig."

Bei Salomon wurde dieser Vorfall bestritten.

Die Seeräubermentalität bei Salomon wird durch die Beschreibung Gutfreunds belegt, der sagte, ein guter Trader sei jemand, der bereit sei, einen Bären in den Hintern zu beißen. Tom Wolfe, der Autor von „Fegefeuer der Eitelkeiten", recherchierte für sein Buch eine Zeitlang auf dem Parkett bei Salomon und traf dort auch auf einige „Masters of the Universe" (*New York Times*, 30. September 1997). Über den verschwenderischen Lebensstil von Gutfreund und seiner prominenten Frau Susan wurde in vielen Zeitungsartikeln berichtet, so über einen 20-Mio.-$-Umbau ihrer Wohnung, die selbst 6 Mio. $ gekostet hatte und in New Yorks Fifth Avenue lag. Noch einige Millionen mehr gaben sie für ein Haus in Paris aus.

Buffett mögen Zweifel an Gutfreund gekommen sein. Ein Artikel im *Los Angeles Times Magazine* (16. Februar 1992) berichtet, Buffett sei im Oktober 1990 fast an die Decke gegangen, als Gutfreund in einen Ausschuß des Aufsichtsrats kam und einen Plan vorlegte, die Arbeit der Aufsichtsräte mit 120 Mio. $ zu honorieren - zu einem Zeitpunkt, als Salomon bereits in Schwierigkeiten war.

Buffett bat Gutfreund, den Betrag zu verringern, aber Gutfreund konterte mit der Forderung von 127 Mio. $. Buffett stimmte gegen diesen Plan, der aber dennoch verabschiedet wurde.

Auch im Rahmen der Geschäftstätigkeit übertrieb Salomon exorbitante Bonuszahlungen und plante, in ein neues Bürohochhaus am Columbus Circle in New York zu investieren und dieses auch zu beziehen. Dieses Bürohochhaus wollte Mortimer Zuckerman erbauen. Salomon verwarf diese Pläne jedoch wieder und verursachte damit Abstandszahlungen in Höhe von 100 Mio. $. Im Februar 1991 zog Salomon aus dem Gebäude New York Plaza Nr. 1 mit Tradingrooms von der Größe eines Fußballfelds ins World Trade Center um.

Eine Reihe von Salomons Investments schlug fehl. Die Raubzüge im Bereich der Handelsbanken, als man eigenes Geld für Investments in die Buyouts von Revco und Southland benutzte, die später in Konkurs gingen, waren äußerst glanzlos. Schließlich hatte Salomon, trotz aller Erfahrung und der Fähigkeiten seiner Angestellten, nichts für die Aktionäre getan. Der Aktienkurs hatte sich im letzten Jahrzehnt kaum bewegt, obwohl der

Buchwert des Unternehmens sich in dieser Zeit von 11 $ je Aktie auf etwa 50 $ vervierfacht hatte.

Buffett hatte Salomon mit vielen Aufgaben betraut, die dieses Broker-haus für Berkshire durchführen sollte. Berkshires Null-Coupon-Anleihen wurden von Salomon emittiert, und Salomon und Berkshire haben große Mengen von Wertpapieren gehandelt.

Im Jahr 1996 kaufte Berkshire (und seine Töchter einschließlich GEICO) für 4 Mrd. $ Wertpapiere von Salomon und verkaufte Wertpapiere für 3,7 Mrd. $, wobei für Salomon Provisionen in Höhe von 10,4 Mio. $ abfielen. Berkshire und Salomon haben lange Zeit miteinander Geschäfte gemacht. Im Jahr 1973 verkaufte Salomon für Berkshire Schuldscheine und unterhielt auch zuvor schon Geschäftsverbindungen zu Berkshire.

Wenn Buffett einen Aktienbroker braucht, dann ruft er Salomon an. Am 9. August 1991 gestand Salomon, ein „Kraftwerk" der Wall Street, das in der Hauptsache Staatsanleihen tradete, daß es Unregelmäßigkeiten und Regelverletzungen im Zusammenhang mit den Geboten bei Auktionen von Schatzbriefen, dem bedeutendsten Finanzmarkt, entdeckt habe. Der Skandal bei Salomon war nicht mehr aufzuhalten.

Salomon gab zu, daß es bei den Auktionen mehr als den erlaubten Teil der Schatzbriefe, mit denen Staatsschulden finanziert wurden, gekauft hatte. Das nunmehr schwer angeschlagene Brokerhaus gestand, daß die Gebote unter dem Namen von Unternehmen abgegeben wurden, die Sa-lomon dazu nicht autorisiert hatten, und daß die 35-%-Grenze - die ver-hindern soll, daß ein einzelner Aufkäufer den Markt dominiert - in einigen Fällen bewußt überschritten wurde. Obwohl Salomon diese Vergehen selbst enthüllte und vier Angestellte entließ, war es mit den Enthüllungen noch nicht aus dem Schneider, weil sie erst erfolgten, als eine Regierungs-kommission schon sechs Wochen lang einen Engpaß auf der Auktion von zweijährigen Schatzbriefen im Mai untersuchte. Ein Engpaß entsteht dann, wenn eine Gruppe von Käufern einen unverhältnismäßig hohen Anteil der Wertpapiere kontrolliert und damit andere Käufer nötigt, später dafür höhere Preise zu bezahlen. Dies untergräbt das Prinzip der Fairness an der Börse. In diesem Fall wurde untersucht, ob Salomon sich schuldig gemacht hatte, doch wurde Salomon nie angeklagt.

Die Untersuchung durch die Regierung wurde eingeleitet, nachdem sich einige Konkurrenzfirmen darüber beschwert hatten, daß sich Salo-mon im Mai ein zu großes Stück der 12,26 Mrd. $ an Staatsanleihen ge-krallt und die Konkurrenten später damit erpresst habe, indem es die Preise hochtrieb (*Wall Street Journal*, 12. August 1991).

Obwohl Salomon genügend Zeit hatte, die Dinge zu überdenken, veröffentlichte das Management unter Gutfreund Informationen nur über einen Teil seiner Machenschaften.

Am 14. August gab das Unternehmen zu, daß, obwohl Salomons Spitzenleute wie Gutfreund, Thomas Strauss und der stellvertretende Vorsitzende John Meriwether schon im April von früheren illegalen Geboten gewußt hatten, sie diese nicht den Behörden gemeldet hatten. Salomon hatte bis zu dem Zeitpunkt, als es sich der Strafverfolgung ausgesetzt sah, alles geheimgehalten. Munger machte Buffett darauf aufmerksam, daß dem Aufsichtsrat bestimmte Informationen vorenthalten würden (*Fortune*, 27. Oktober 1997).

Salomon gab auch zu, daß man von seinen Kunden unter fragwürdigen Umständen Staatspapiere im Wert von 1,1 Mrd. $ gekauft habe, und außerdem, daß ein Scheingebot für Bonds im Wert von 1 Mrd. $ ausgeführt wurde, obwohl das Scheingebot lediglich ein Scherz sein sollte!

Später berichteten Verantwortliche von Salomon, daß Paul Mozer einen Kunden veranlaßt hätte, ein Scheinangebot abzugeben, das Mozer später widerrufen sollte, und daß der Kunde sich später darüber beschweren sollte, daß die Order nicht ausgeführt worden war. Der Kunde sollte anrufen und eine kurz vor dem Ruhestand befindliche Angestellte, der Mozer einen Streich spielen wollte, erschrecken. Mozer strich zwar das Gebot, aber ein anderer Angestellter verstand nicht, daß das Gebot widerrufen worden war und gab es weiter. Echt witzig...

Die ersten Reaktionen auf den Skandal wurden von William Simon, dem früheren Finanzminister und früheren Salomon-Partner, auf den Punkt gebracht: „Guter Gott! Ich will verdammt sein. Guter Gott. Mehr kann ich jetzt nicht dazu sagen."

Innerhalb von wenigen Tagen fielen die Aktien von Salomon von 36 auf 25 $ und bis auf einen Tiefstand von 20 $ im September 1991. Salomons Schuldverschreibungen gingen in den Keller, als die Rating-Agenturen mit einer Herabstufung drohten. Einige große Investoren kündigten ihre Geschäftsverbindungen mit Salomon auf, und viele Unternehmen beauftragten Konkurrenzfirmen mit Emissionsaufträgen.

Aktenordner 2

Innerhalb von wenigen Tagen fielen die Salomon-Aktien von 36 auf 25 $ und weiter, bis auf einen Tiefststand von 20 $ im September 1991. Salomons Schuldverschreibungen gingen in den Keller, als die Credit Agencies mit niedrigeren Ratings drohten. Einige große Investoren kündigten ihre Geschäftsverbindungen mit Salomon auf, und viele Unternehmen beauftragten Konkurrenzfirmen mit Emissionsaufträgen.

Das Finanzministerium entzog Salomon den Status eines erstrangigen

Schatzbriefhändlers. Wenige Stunden später jedoch wurde Salomon an diesem schicksalhaften Tag, dem 18. August 1991, wieder erlaubt, seine Rolle als erstrangiger Dealer einzunehmen, man wurde jedoch vorübergehend davon ausgeschlossen, bei Auktionen von Schatzbriefen Gebote für Kunden abgeben zu dürfen.

Der Aufmacher der *New York Times* begann am nächsten Tag unter den Schlagzeilen „Finanzministerium bestraft Salomon Brothers und läßt sich erweichen, - Buffett ist nun Vorsitzender - Rücktritte und Entlassungen (ein Appell an Brady), die Suspendierung von Salomon aufzuheben: In einer außerordentlichen Aktion suspendierte das Finanzministerium gestern Salomon Brothers Inc., eines der größten Handels- und Investmenthäuser der Wall Street, wegen des Skandals um die betrügerischen Gebote dieser Firma in diesem Marktsegment von der Teilnahme an den Auktionen von Schatzbriefen. Doch Stunden später nahm das Ministerium seine Entscheidung weitestgehend zurück, nachdem sich Warren E. Buffett, der gestern auf einer dramatischen Aufsichtsratsitzung zum Vorsitzenden und geschäftsführenden Vorstandsvorsitzenden der skandalgeschüttelten Firma ernannt wurde, an Nicholas Brady, den Finanzminister appelliert hatte."

Buffett hat den 18. August 1991 den wichtigsten Tag in seinem Leben genannt. In den vier Stunden der Suspendierung zwischen den beiden Entscheidungen (den Verboten des Finanzministeriums und dem teilweisen Widerruf), kämpfte Buffett leidenschaftlich darum, eine drohende Tragödie abzuwenden. Buffetts Meinung nach würden die Verbote Salomon in die unmittelbare Nähe eines Konkurses bringen. Von noch größerer Bedeutung ist, daß er an diesem Tag vermutete, wie er es auch immer noch tut, daß der Zusammenbruch von Salomon das weltweite Finanzsystem bis ins Mark erschüttert hätte.

Buffett teilte Brady seine Bedenken mit und fügte hinzu: „Nick, das ist der wichtigste Tag in meinem Leben."

Brady antwortete: „Mach dir keine Sorgen, Warren, das werden wir überstehen."

Über den endgültigen Ausgang der Salomon-Investments sagte Buffett: „Ich würde sagen, wir haben eine Schramme abbekommen, aber der Countdown endete bei zwei und nicht bei null." Während der Konferenz über Salomons Schicksal sagte der Vorsitzende der Regierungskommission, Alan Greenspan: „Das Schlimme ist unglücklicherweise, daß wir Salomon nicht zeitweise als erstrangigen Händler suspendieren können. Es ist so, als ob wir jemanden hinrichten und dann wiederbeleben wollten."

Doch Salomon blieb weiterhin in einer Krise, weil die Untersuchungen bis in jede Einzelheit ihrer Aktivitäten geführt wurden und bei Gericht ganze Stapel von Klagen eingingen.

Gutfreund sagte, er wolle zurücktreten, und ein verzweifelter Hilferuf wurde an Buffett gerichtet - an „Mr. Clean", der angeboten hatte, diesen Topjob zu übernehmen. Er flog sofort nach New York.

Von diesem Augenblick an, als das Management einen Salto vorwärts machte, war Buffett kein Unbekannter mehr. Aber das spielte keine Rolle. Buffett mußte es mit Salomons lebensbedrohendem Chaos aufnehmen.

Gutfreund sagte einem Kollegen, die Lektüre des Artikels im *Wall Street Journal* über die Mitwisserschaft der Verantwortlichen von Salomon an den illegalen Geboten, sei ihm vorgekommen, als läse er seine eigene Todesanzeige. Er rief Buffett an und sagte ihm, daß er und Strauss zurücktreten würden. Etwas später rief Buffett Gutfreund zurück und bot ihm an, daß er die Leitung des Unternehmens vorübergehend übernehmen würde. In einem Interview mit dem Institutional Investor sagte Buffett: „Sie werden es nicht glauben - weil ich eigentlich gar nicht so dumm aussehe - aber ich habe das Amt des Interims-Vorsitzenden freiwillig übernommen. Ich hatte eigentlich nie vor, so etwas zu tun, aber ich werde es dennoch so lange tun, bis die Dinge wieder richtig laufen."

„Mit Ausnahme von Citicorp, dieser großen Bank, war Salomon der größte Schuldner der Vereinigten Staaten... Salomons gesamte Verbindlichkeiten lagen bei knapp 150 Mrd. $. Diese 150 Mrd. $ waren ungefähr das, was alle Firmen an der New Yorker Börse in diesem Jahr verdienten... Das Problem mit diesen 150 Mrd. $ war, daß sie eigentlich alle während der nächsten Wochen fällig wurden... Und so kam es dazu, daß uns, weil wir das Geld auf der ganzen Welt schuldeten, diese Leute an diesem Freitag und dem darauffolgenden Montag damit konfrontierten, daß sie ungefähr 140 Mrd. $ zurückforderten, was nicht ganz leicht zu machen ist", sagte Buffett in einem Vortrag an der University of Nebraska am 10. Oktober 1994.

Buffett mußte Investoren und Kunden beruhigen, sich mit straf- und zivilrechtlichen Untersuchungen auseinendersetzen und war stets in der Sorge, eine neue Bombe könnte hochgehen. Es war eigentlich logisch, daß man sich an Buffett wandte, der die Dinge auf den richtigen Weg brachte, als er sich mit Salomons Geschäftsführern im World Trade Center traf und ihnen sagte, daß es nicht ausreichen würde, nur innerhalb der Grenzen der Legalität zu bleiben, wenn man die Reputation des Unternehmens retten wolle. Er sagte ganz offen heraus, daß das Unternehmen sich einer großen Herausforderung für das Management gegenübersähe, da eine Unmenge von Kosten aus Strafbefehlen und Strafverfolgungen auf es zukommen würde.

Die Story wurde von jedem gebracht, auch von Alan Abelson von Barron´s, der in seiner typisch satirischen Weise sagte: „Der Totengräber, der sich in der Abwesenheit von Gutfreund und Strauss um Salomon kümmern soll, ist ein Auswärtiger aus Omaha, Nebraska, und um genau zu sein, leitet er ein Textilunternehmen. Aber man sagt, daß er sehr schnell lernt, und so haben wir keinen Zweifel, daß er über das Wertpapiergeschäft so schnell und gut Bescheid wissen wird, daß er die Trader davon abhält, sich zu verdrücken und Paddleball zu spielen oder in die 15-Uhr-Vorstellung von Terminator 2 zu gehen.“

Und das tat Buffett am Nachmittag des 18. August 1991, eines Sonntags:

1. Er akzeptierte die Rücktritte von Gutfreund, Strauss und Meriwether.
2. Er feuerte Paul Mozer und Thomas Murphy, die in der Firma für den Handel mit Schatzbriefen verantwortlich waren.
3. Er ernannte Deryck C. Maughan, den Vorsitzenden von Salomon Brothers Asia Ltd. aus Tokio, zum Geschäftsführer und teilte ihm dies nur wenige Minuten vor einer Pressekonferenz mit.
4. Er appellierte erfolgreich an Finanzminister Nicholas Brady, so daß dieser die nur wenige Stunden alte Suspendierung von Salomon aus dem Handel mit Schatzbriefen teilweise aufhob.

Als Maughan vor der Jahreshauptversammlung 1994 bei Borsheim´s gefragt wurde, ob er gewußt habe, daß Buffett ihn auswählen würde, sagte er, er hätte es sich nicht vorstellen können. „Er rief zwölf von uns in Zehn-Minuten-Abständen zu sich und fragte jeden, wer das Unternehmen leiten solle. Ich sagte ihm, daß ich kein Staatsangehöriger der Vereinigten Staaten sei und auch kein Trader. Dann gingen wir in den Aufzug. Er drückte auf einen Knopf und sagte: „Deryck, du bist es.“ Zwei Minuten später waren sie auf der Pressekonferenz.

Maughan erzählte, daß Buffett sofort wieder mit Nicholas Brady am Telefon sprach und daß er selbst auf dem Parkett sein mußte, um die massiven Verkäufe zu überwachen.

„Wir waren ausverkauft. Unser geschäftsführender Vorstandsvorsitzender war weg“, sagte Maughan, als sich das Unternehmen dem Verlust der Geschäfte und des Geldes gegenübersah. Salomon hatte sogar den Handel mit eigenen Aktien eingestellt.

Buffett und Maughan waren am 18. August 1991 etwa drei Stunden mit Journalisten zusammen und berichteten, daß Salomons illegales Trading erstmals im April bekannt wurde, als Mozer die Kopie eines Briefes erhielt, der darauf hinwies, daß das Finanzministerium von einem

432

Problem wußte, das es bei einer seiner Auktionen gegeben habe. Dieser Brief wurde von einem Regulierungsbeamten der Regierung an einen Kunden geschickt, dessen Namen Salomon ohne Erlaubnis benutzt hatte, um ein Gebot abzugeben. Mozer ging zu Meriwether und zeigte ihm einen Brief, aus dem ganz deutlich hervorging, daß er Mozer in Schwierigkeiten bringen würde.

(Photo courtesy of Salomon Inc)
ehemaliger Salomon-Vorsitzender Robert Denham

Das Topmanagement besprach die Angelegenheit mit seinen Anwälten, und es wurde beschlossen, daß dieser Vorfall der Regierung gemeldet werden solle, aber es geschah nichts.

„Dieses anschließende Versäumnis kann ich nicht erklären", sagte Buffett und fügte hinzu, daß er lange Zeit ein Bewunderer von Gutfreund gewesen, jedoch über die Aktionen des Managements verärgert sei. „Das Versäumnis, dies zu melden, ist meiner Meinung nach unerklärlich und nicht zu entschuldigen." Buffett und Gutfreund vereinbarten am 3. September 1991, solange die Untersuchung lief, nicht miteinander zu sprechen.

Buffett gab sein Wort, den Skandal bis in die Wurzeln aufzuklären und den Ruf des Unternehmens zu verbessern. Die nächsten Tage waren außergewöhnlich hektisch, mit dem Zusammenbruch der Sowjetunion und einer wenige Tage danach folgenden Pressekonferenz Buffetts. Diese kurz aufeinander folgenden Ereignisse führten zu einer Fotoverwechslung in der Asbury Park Press, die ein Foto des kurzfristigen Nachfolgers von Gorbatschow, Gennady Yanayew, veröffentlichte. Tatsächlich aber war es ein Foto von Buffett.

Und auch Salomon selbst war während dieser Krise unter außerordentlichem Druck. Als ein Reporter anrief und mit Robert Baker, dem Sprecher von Salomon verbunden werden wollte, wurde ihm gesagt: „Ich werde Mr. Buffett bitten, Sie zurückzurufen." Der Reporter antwortete: „Mein Gott, das wäre ja großartig."

Als Baker dann zurückrief, unterbrach er plötzlich und sagte, er müßte auflegen und würde wieder zurückrufen. „Warren ist in der Leitung", sprudelte er hervor. Später erzählte Baker, Buffett habe dem Unternehmen einen neuen Weg gewiesen, obwohl er gleichzeitig von New York und Omaha aus gearbeitet habe. Während der Krise war Buffett anfangs mehrere Tage in New York, dann nur noch ein- oder zweimal pro Woche. „Er hat herausgefunden, daß er die Sache auch von Omaha aus gut in der Hand hat", sagte Baker. „Warren gab dem Unternehmen eine neue strategische Richtung... Er konzentrierte sich auf die Börsenaufsicht und die Kapitalstruktur."

Die größte Aufmerksamkeit widmete Buffett Washington. „Wir sind überzeugt, daß diejenigen, die sich falsch verhielten, nunmehr weg sind. Das neue Management hat sehr schnell aufgeräumt. Warren hat das Haus gesäubert. Ich sehe keinen Grund dafür, daß die Regierung unser Unternehmen schließen sollte... Wir kooperieren unvoreingenommen mit der Regierung. Wir arbeiten in einem höheren Maß mit der Regierung zusammen, als dies in der Geschichte der Wall Street je der Fall war", fügte Baker hinzu.

Salomons Geschäfte erholten sich, als Kunden wie die Weltbank und der Staat Massachusetts wieder zurückkehrten.

„Unser Geschäft mit den Emissionen von Bonds erholt sich schnell. Wir haben immer noch einige Schwierigkeiten mit der Emission von Aktien wegen des zwei- bis viermonatigen Vorlaufs. Einige Kunden wollen sich nicht in eine so lange Zeit der Unsicherheit begeben. Das hat uns bei der Gewinnung neuen Umsatzes sehr behindert", sagte Baker. Als das Wall Street Journal berichtete, daß Buffett im Plaza Hotel wohne und teure Anzüge trage, stellte Baker richtig, daß Buffett nicht im Plaza wohnte, sondern in der Wohnung von Katharine Graham oder im Marriott Hotel in der Nähe des World Trade Centers. „Er wohnt für 190 $ je Nacht im Marriott, weil er dann zu Fuß an seinen Arbeitsplatz kommen kann", sagte Baker.

Okay, er habe ein paar teure Anzüge. „Sie sind noch nicht einmal maßgeschneidert und er macht Witze darüber, daß, wenn er einen teuren Anzug trägt, dieser an ihm aussieht, wie ein 300-$-Anzug." Was das Plaza anbelangt, so hat Buffett in den vergangenen Jahren tatsächlich auf seinen Reisen nach New York hier gewohnt, doch hauptsächlich deshalb, weil Mrs. Buffett hier gern wohnte, berichtet Buffetts Tochter Susan. Während der Salomon-Krise habe er jedoch nicht im Plaza gewohnt. „Er hätte genausogut im Motel 6 wohnen können... Er war jedoch entweder im Vista oder im Marriott."

In den folgenden Tagen des Salomon-Skandals feuerte Buffett Salomons Spitzenrechtsanwalt Donald Feuerstein und ersetzte ihn durch Robert Denham, einen Absolventen der Harvard Law School aus der Kanzlei Munger, Tolles & Olson in Los Angeles, die von Charles Munger, Berkshires Vizepräsidenten, gegründet worden war.

Auf der Jahreshauptversammlung 1994 erzählte Buffett, daß er Robert Denham schnell gerufen habe, der in Kalifornien ein sehr friedliches Leben geführt hatte. „Ich sagte ihm, daß ich in Schwierigkeiten sei." Und er rief Salomons Finanzdirektor John MacFarlane an, der in einem Triathlon startete. „Nicht unbedingt eine Sportart, die Charlie und ich ausüben würden", scherzte Buffett.

Buffett sagte, daß Denham, der in seinen ersten Semestern des Studiums der beste Student war, seine erste und einzige Wahl war. 17 Jahre lang hat Denham mit Buffett bei Berkshire Akquisitionen wie Scott Fetzer und Investments wie American Express, Champion und Salomon selbst zusammengearbeitet.

Und bald verkündete Buffett den Verkäufern bei Salomon: „Es ist meine Aufgabe, mit der Vergangenheit fertigzuwerden. Es ist Ihre Aufgabe, aus der Zukunft das Beste zu machen, und es kann eine riesige Zukunft werden."

„Jeder ist sich selbst gegenüber verantwortlich. Das bedeutet, daß alles, was Sie tun, auch auf der ersten Seite einer Zeitung erscheinen könnte und daß es nichts geben darf, das nicht auch einer genauen Untersuchung standhält", fügte er hinzu.

Buffett akzeptierte auch den Rücktritt der Kanzlei Wachtell, Lipton, Rosen & Katz, einer angesehenen Kanzlei, die Salomon Jahre lang vertreten und Gutfreund dabei geholfen hatte, daß Buffett als Investor im Jahr 1987 zu Salomon stieß.

Über die Anzahl der Klagen gegen die Firma sagte Buffett später: „Es könnte sein, daß ich derjenige bin, der in diesem Jahr am häufigsten vor Gericht aufgetreten ist."

Buffett kürzte die Bonuszahlungen und zahlte diese weitestgehend in Aktien und nicht in bar aus, baute die Schulden ab und ließ jedes Gebot bei Auktionen von Schatzbriefen mindestens zweimal überprüfen. Er ordnete an, daß Phibro Energy, eine Einheit von Salomon, alle Verbindungen mit Marc Rich & Co., einem Großkunden von Phibro, lösen sollte, weil Salomon mit Marc Rich, einem Flüchtling aus den Vereinigten Staaten, keine Geschäfte machen würde.

Und was machte Berkshire mitten in dieser Krise? „Berkshire läuft auch

ohne mich ganz gut, sagen manche", meinte Buffett. „Bei Berkshire ist es
auch nicht so kompliziert wie bei Salomon. Ich habe immer schon gesagt,
daß ich Berkshire mit einer durchschnittlichen Arbeitszeit von fünf Stunden führen könnte. Vielleicht sollten wir das einmal ausprobieren. Ich hoffe aber, für nicht allzu lange Zeit." Buffett fügte hinzu, er hätte sich, als die
Krise ausbrach, eigentlich nach einem neuen Job umgesehen, weil die Manager bei Berkshire ihre Sache so gut machten. „Alles, was ich bin, das ist
ein Adressat auf dem Briefumschlag, wenn sie mir einen Scheck schicken",
fügte er hinzu. „...Ich kann mit meiner Zeit machen, was ich will... Aber
wenn ich aufhöre, darüber nachzudenken, dann hätte ich wahrscheinlich
hier oben ein großes Loch."

Daß Buffett Maughan ausgewählt hatte, zahlte sich sehr schnell aus,
weil auch dieser von allen Unternehmen Integrität einforderte. Und Maughan folgte Buffett auch in Sachen Humor.

Maughan verdeutlichte, daß Salomons Tradingkultur nicht seine Sache
sei und es auch niemals werden würde. „Man kann den Kopf eines Investmentbankers nicht auf den Körper eines Traders setzen und erwarten, daß
dieses neue Gewebe nicht abgestoßen wird", sagte Maughan.

Bald sagte Buffett vor Untersuchungsausschüssen des Kongresses aus.
Am 4. September 1991 sagte er vor dem House Energy and Commerce Finance Subcommittee aus, und am Ende der Sitzung bat ihn der Vorsitzende des Ausschusses, seine Empfehlungen in einer Minute zusammenzufassen.

„Ich weiß nicht, ob ich das auf eine Minute ausdehnen kann, aber Integrität hat überragende Bedeutung," entgegnete Buffett.

Hier ist seine Aussage vor dem Kongreß am 11. September 1991: „Als
ich vor einer Woche vor dem House Subcommittee aussagte, begann ich
damit, daß ich mich für die Vergehen der Angestellten von Salomon entschuldigte, die es notwendig machten, daß man sich hier trifft. Normalerweise wiederhole ich mich nicht gern. Aber meiner Meinung nach muß
diese Aussage noch oftmals wiederholt werden. Das Land hat ein Recht, zu
erwarten, daß seine Regeln und Gesetze eingehalten werden, und Salomon
ist seiner Verpflichtung nicht nachgekommen.

Auch unsere Kunden haben ein Recht darauf, zu erwarten, daß ihre
Namen nicht in den Schmutz gezogen werden. Und deshalb entschuldige
ich mich bei ihnen und dem amerikanischen Volk für mehr als 8.000 ehrliche und ordentliche Angestellte bei Salomon und auch für mich selbst.

Herr Vorsitzender, ich danke Ihnen auch, daß Sie diese Anhörungen in
dieser Art und Weise durchführen. Sie und das amerikanische Volk haben
ein Recht darauf, zu wissen, was genau bei Salomon Brothers geschah, und

(Fred R. Conrad/New York Times Pictures)
Der frühere Vorstandsvorsitzende von Salomon Brothers, Deryck Maughan, auf dem Parkett des Unternehmens.

ich bin hier, um Ihnen die volle Wahrheit zu sagen, so wie sie mir bisher bekannt ist. Für den Fall, daß ich irgendwann einmal mehr erfahre, werde ich dieses den entsprechenden Behörden sofort berichten.

Vor vielen Jahrzehnten beschrieb J. P. Morgan das Ziel seiner Firma: ‚Erstklassige Geschäfte auf erstklassige Art und Weise zu erledigen.' Ich kenne kein besseres Ziel. Dieses Ziel wird mich auch bei Salomon Brothers leiten, und ich möchte Sie bitten, unser künftiges Verhalten an diesem Maßstab zu messen."

Als die gefürchteten Ergebnisse des dritten Quartals bekanntgegeben wurden, waren sie besser als erwartet. Auch mit einer 200-Mio.-$-Rücklage für Steuern und die erwarteten Kosten und Geldstrafen erzielte das Unternehmen nach Steuern tatsächlich einen Gewinn von 85 Mio. $. Eine Umstrukturierung des Entlohnungssystems bei Salomon verringerte die Personalkosten um etwa 110 Mio. $.

„Ich glaube, daß wir ein sehr ernstes, aber kein tiefgehendes Problem hatten", sagte Buffett.

Am 29. Oktober 1991 veröffentlichte Salomon für etwa 600.000 $ eine zweiseitige Anzeige im Wall Street Journal, in der New York Times und der Washington Post, in der Buffetts Brief an die Aktionäre und die geschrumpfte Bilanz des Unternehmens veröffentlicht wurden.

Das waren für Salomon gute Nachrichten, denn an diesem Tag stiegen ihre Aktien um 8 %, und kurz danach nahm die Weltbank nach einer dreimonatigen Pause wieder die Geschäfte mit Salomon auf, ein erheblicher Pluspunkt für das Unternehmen.

Doch auch unter Buffett gab es einige Tage, an denen Salomon heftige Nadelstiche einstecken mußte. Am 25. März 1992 gab es ein Mißverständnis, als ein Angestellter den Auftrag eines Kunden falsch verstand, der Aktien im Wert von 11 Mio. $ verkaufen wollte. Stattdessen notierte der Angestellte, es sollten 11 Millionen Aktien verkauft werden, was einem Wert von etwa 500 Mio. $ entsprach. Dieser riesige Verkauf am Schluß des Handelstages löschte eine Rallye des Dow Jones um zwölf Punkte, der stattdessen mit einem Verlust von einem Punkt schloß.

Aber wir erinnern uns, daß Buffett gesagt hatte, er würde ehrliche Fehler verzeihen. Der Angestellte wurde nicht gefeuert. Buffett sagte, dies sei ein ehrlicher Fehler gewesen. Und Buffett wollte auch nicht wissen, wer dieser Angestellte war.

Auf der dreistündigen Jahreshauptversammlung von Salomon im Mai 1992 fragte Evelyn Y. Davis, eine Querulantin, Buffett, wie er es rechtfertigen könne, Salomon mit 158.000 $ für die Flüge mit seinem Jet von Omaha nach New York während der Krise zu belasten. Buffett entgegnete, er arbeite bei Salomon für ein Jahresgehalt von 1 $. „Ich arbeite sehr billig, aber ich reise sehr teuer", sagte er.

Als sie ihn fragte, ob die 25 Mio. $, die das Unternehmen im Zusammenhang mit dem Skandal an Gerichtskosten zahlen mußte, nicht zuviel gewesen wären, antwortete Buffett trocken: „Ich wäre sehr froh, wenn Sie mit ihnen verhandelt hätten, Evelyn. Und ich glaube, nur die Erwähnung, daß Sie verhandeln würden, würde die Sache schon ein wenig ändern."

Am 20. Mai 1992 erreichte Salomon, daß die Angelegenheit mit einer Zahlung von 290 Mio. $ beigelegt wurde. Salomon war damit einverstanden, daß 190 Mio. $ an Strafen im Zusammenhang mit dem Betrug bei den Auktionen bezahlt wurden, weitere 100 Mio. $ wurden zur Verfügung gestellt, um Opfer, die Verluste erlitten hatten, zu entschädigen. Ein Bestandteil des Abkommens war, daß Salomon für zwei Monate, bis zum 1. August 1992, keinen Handel mit der Federal Reserve Bank treiben durfte. Das Finanzministerium legte ebenfalls fest, daß die auferlegten Sanktionen aufgehoben würden und Salomon wieder im Auftrag von Kunden bieten dürfte. Diese Schlichtung war in ihrem finanziellen Ausmaß die höchste, die jemals für Vergehen in der Wertpapierbranche beschlossen wurde. Das Gute daran war, daß Salomon strafrechtlich nicht belangt wurde.

„Wir nehmen an", sagte Buffett, „daß die intensive Beobachtung durch die Aufsicht und die Strafverfolgung inzwischen beendet ist. Wir können wieder vorwärts gehen und zeigen, daß hohe ethische Standards und nennenswerte Gewinne keine widerstreitenden Ziele sind, sondern sich gegenseitig bestärken."

„Ich glaube, daß Salomon ohne Warren Buffett untergegangen wäre", sagte Steve Forbes, der Chef des Forbes-Verlagsimperiums und republikanischer Präsidentschaftskandidat im Jahr 1996. „Es gibt keinen Zweifel, daß er Salomon gerettet hat."

Diese Meinung wurde mitten in der Krise auch von Don Howard, Salomons Finanzdirektor, geteilt, der den Verkauf von Vermögenswerten in Höhe von 50 Mrd. $ und eine Bilanzumstrukturierung bewachte. „Ich dachte niemals daran, daß wir es nicht schaffen würden... Ich überlegte immer nur, wie wir da durchkommen würden."

Howard merkte an, wenn das Unternehmen Gutfreund durch jemanden aus der Firma ersetzt hätte, dann hätte es wahrscheinlich nicht überlebt. Howard erklärte weiter: „Warrens guter Ruf gab der Börse Vertrauen. Er ist sehr bestimmend, er weiß, was er will, er begreift sehr schnell, und er kommt sehr schnell zum Kern eines Problems."

Jahrelang hatten die Leute gefragt: „Wer ist Warren Buffett?" Und nun wußte es die ganze Welt. Schließlich rettete Buffett Salomon tatsächlich. Er kündigte dem alten Management und setzte ein neues ein - er betonte Ethik, Offenheit und Verantwortung statt Risikofreude und falschem Heldentum.

Buffett beaufsichtigte Robert Denhams Juristenteam bei den mühsamen Verhandlungen mit der Regierung; es gelang ihm unter schwersten Bedingungen, Salomon zu führen, und er konnte auch strafrechtliche Konsequenzen vermeiden, die das Unternehmen zu Boden geworfen hätten. Und tatsächlich konnte Salomon - in einem Vergleich über 290 Mio. $ - strafrechtliche Konsequenzen nur deshalb vermeiden, weil es voll und ganz mit den Untersuchungskommissionen der Regierung zusammenarbeitete. Ende 1993 erklärte sich Mozer in zwei Fällen für schuldig, bei einer Auktion im Jahr 1991 illegale Gebote über 3 Mrd. $ abgegeben zu haben und darüber falsche Angaben gemacht zu haben. Buffett hielt Mozers Urteil und die Geldstrafe für zu gering: „Mozer mußte 300.000 $ bezahlen und wurde zu vier Monaten Gefängnis verurteilt. Die Aktionäre von Salomon - auch ich - zahlten 290 Mio. $, und ich wurde dazu verurteilt, zehn Monate lang geschäftsführender Vorstandsvorsitzender zu sein."

George Morgan, Aktienbroker aus Omaha, sagte dazu: „Wenn er das Unternehmen nicht umgestaltet hätte, dann hätte er bei den Verhandlungen mit der Regierung nichts erreicht."

Buffetts tadelloser Ruf trug dazu bei, die sehr scharfen Gespräche mit dem Finanzministerium, der Steuer und dem Justizministerium zu mäßigen.

Er vertrat bei der steuerlichen Bewertung eine eher konservative Auffassung, verkürzte Salomons Bilanz, indem er Vermögenswerte von 50 Mrd. $ verkaufte, wodurch er Salomons Schwäche wegen des hohen Schuldenstands verminderte. Er war der Auffassung, daß der vereinfachte Zugang zu Geldmitteln oft zu undisziplinierten Entscheidungen führe.

Buffett betonte, daß Salomons Bilanz gegenüber Martschwankungen außerordentlich empfindlich sei. Die Habenseite mit 170 Mrd. $ kann sich dramatisch verändern - eine Kursänderung von 10 % macht da schon 170 Mio. $ Unterschied in der Bilanz von Salomon aus. Buffett kürzte die Bonuszahlungen erheblich und führte fairere Entlohnungssysteme ein. Er reorganisierte Salomons Aktien- und Anleihenabteilungen, führte das Aktien-Trading zurück und legte den Schwerpunkt wieder auf den Handel mit Anleihen, die Wurzeln und die Quelle von Salomons Bedeutung.

Er beruhigte Kunden, Angestellte, Aktionäre und die Regierung selbst, und bat alle, auf ein neues Salomon zu achten, das in seinen geschäftlichen Belangen die höchsten Standards setzen würde. Hier lehrt er uns, daß Gewinne und gutes Benehmen Hand in Hand gehen. Buffett sagte, Salomon hätte viel Lehrgeld bezahlt, sei aber bereit, als ethisches und rentables Unternehmen weiterzumachen, da sich diese beiden Elemente ergänzen und sich gegenseitig verstärken.

Er hielt sein Versprechen, so lange in der Firma zu bleiben, bis die Untersuchungen abgeschlossen sein würden. Darüber hinaus hielt er auch sein Versprechen, das Unternehmen wieder in die Gewinnzone zu führen und seinen guten Ruf wiederherzustellen.

Den Aktionären von Salomon schrieb er: „Es ist uns gelungen, ein Unternehmen mit einer stolzen Geschichte und einer vielversprechenden Zukunft zu erhalten. Sie haben unser Versprechen, daß wir unsere Geschäfte in Zukunft so führen werden, daß wir Ihr ständiges Vertrauen verdienen."

Es gab aber auch Rückschläge. Es gab eine Reihe von Kündigungen und Nörgeleien darüber, daß Buffett nicht vor Gericht gehen wollte. Man lachte über sein „Jimmy Stewart-Verhalten", die scheinbare Naivität, mit der er sich mit der Philosophie des schnellen Geldes an der Wall Street auseinandersetzte.

Am Ende kam der Mann aus dem Mittelwesten mit seiner großzügigen, geradlinigen und entschlossenen Art doch ans Ziel. Er setzte der harten und rücksichtslosen Mentalität bei Salomon ein Ende. Der Schwerpunkt lag nunmehr auf soliden Geschäftsbeziehungen und gegenseitigem Einvernehmen - und nicht mehr darauf, den Anleihenmarkt zu erschüttern oder Vergehen zu vertuschen. Buffett gelang es, die Unternehmenskultur bei Salomon zu verändern, indem er seine Werte Offenheit und Fairness einbrachte. Ein Ergebnis davon war, daß Salomon sich wieder aufrichtete und auch die Salomon-Aktien sich stetig erholten.

Buffett ist überzeugt, daß man nicht immer Abkürzungen nehmen sollte, sondern die Dinge einfach, ethisch und ohne großes Aufheben erledigen; und zwar so, daß es nicht peinlich wird, wenn darüber auf Seite 1 einer Zeitung berichtet wird. Man soll immer versuchen, ein guter Junge zu sein.

„Er hat gezeigt, daß ein ehrlicher Mensch die Wall Street aufräumen kann. Er zeigte, daß Ehrlichkeit, harte Arbeit, gute zwischenmenschliche Beziehungen und Offenheit gut sind - daß Ehrlichkeit zum Ziel führt", sagte George Morgan. „Diese Dinge, wie sie in dem Buch ‚Liar´s Poker' beschrieben werden, ängstigen mich, und so wurden diese Leute von der Welt auch wahrgenommen... Er installierte ein Entlohnungssystem, das ehrliche und gewinnbringende Arbeit für die Firma belohnt - und nicht nur für die Anwesenheit und blinden Aktionismus bezahlt."

Als Buffett zurücktrat, ernannte er Deryck Maughan zum Vorsitzenden bei Salomon Brothers. Es gab sehr viele Spekulationen darüber, wen Buffett zum Vorsitzenden des Mutterunternehmens, Salomon Inc., ernennen würde. Buffetts einzige Empfehlung für diesen Posten war Robert Denham, der Rechtsanwalt, der während der Salomon-Krise so hervorragend mit Buffett zusammengearbeitet hatte. Buffett bleibt allerdings Vorsitzender von Salomons Exekutivkomitee.

Wie immer war alles sehr einfach. Er kontrollierte das Unternehmen, indem er einen hervorragenden Rechtsanwalt mit der Führung beauftragte, gleichzeitig einen vertrauenswürdigen Freund, der ihn während der Krise beraten hatte, jemanden, bei dem sichergestellt war, daß Buffetts Reformen auch weiterhin Bestand haben würden. Denham war sicherlich derjenige, der die noch ausstehenden Klagen gegen das Unternehmen am besten überwachen konnte und Buffett sagte, Denhams Aufgabe würde - entsprechend Buffetts Philosophie, wie Angelegenheiten erledigt werden sollten - die Bewertung der verschiedenen Abteilungen von Salomon sein, die Festlegung der Bezahlung der Spitzenkräfte, die Erfüllung der gesetzlichen Auflagen, die Verteilung des Kapitals und die Vermeidung unnötiger Risiken.

Nachdem er dem unberechenbaren Unternehmen, in dem er Verantwortung übernommen hatte, neue Grenzen gesetzt hatte, kehrte Buffett nach Omaha zurück, um seine Aufgaben für Berkshire zu erfüllen.

Auf Salomons Jahreshauptversammlung im Jahr 1993 ging Denham auf Buffetts Jahressalär von 1 $ ein. Da Buffett kein ganzes Jahr in Salomons Diensten gestanden hätte, stünden ihm nur 97 Cents zu, aber Buffett hätte sich 1 $ verdient, wenn man ihn leistungsbezogen bezahlte. „Und gerade weil wir es für richtig halten, entsprechend der Leistung zu bezahlen, glaube ich, daß wir ihm den ganzen Dollar schulden."

Buffett antwortete darauf: „Bob kann das ruhig als leistungsbezogene Bezahlung betrachten, ich aber halte es für die Verzugszinsen für eine verspätete Lohnzahlung. 21 Cents für vier Monate entsprechen einem Zinssatz von 80 %, und dies ist ein Zinssatz, zu dem ich Darlehen nur bei meinen besten Freunden prolongiere."

Auf dieser Jahreshauptversammlung überreichte Denham Buffett seinen Lohn dafür, daß er Salomon gerettet hatte, eine Dollarnote in Plexiglas. Und Finanzdirektor Don Howard fügte hinzu: „Und glaub´ nicht, daß du das nicht versteuern mußt, nur weil es in Plexiglas ist."

Auf den Tag genau zwei Jahre nachdem der Salomon-Skandal ausbrach, als Gutfreund Buffett angerufen und ihm mitgeteilt hatte, daß er und andere leitende Angestellte bei Salomon zurücktreten würden - gab Berkshire bekannt, daß es beabsichtige, seine Beteiligung bei Salomon zu erhöhen. Es war geplant, den Anteil von 14,3 auf 15 % der Vorzugsaktien zu erhöhen. Weiterhin gab Berkshire bekannt, daß sie von den Aufsichtsbehörden die Erlaubnis einholen wollten, sich bis zu 24,99 % an Salomon zu beteiligen. Die Erlaubnis wurde gewährt. (Nach dem Hart-Scott-Rodino-Gesetz müssen institutionelle Anleger die Erlaubnis einholen, wenn sie mehr als 15 % eines Unternehmens als Investment erwerben wollen.)

Später ließ Salomon verlauten, es plane, 10 der 110 Millionen ausgegebenen Aktien zurückzukaufen. Forbes berichtete am 18. Oktober 1993, Buffett habe so lange damit gewartet, seinen Anteil an Salomon aufzustocken, weil er das Gefühl hatte, es sei nicht fair, weitere Aktien hinzuzukaufen, während er selbst noch an Salomons Turnaround mitwirkte.

Später vergrößerte Buffett seinen Anteil an Salomon auf knapp über 20 %. Buffett verstärkte seine Position deshalb auf mehr als 20 %, weil er bei seinem Investment mit Vorzugsaktien Steuervorteile erzielen wollte. Die Aktien jedoch büßten 1994 sehr viel an Wert ein. „Diese Sache zählt nicht zu meinen bisher besten Investments", sagte Buffett.

Und tatsächlich sagte Robert Denham, der Vorsitzende von Salomon, zu Beginn der Jahreshauptversammlung 1994: „Die Ergebnisse unserer Firma waren gräßlich." Salomon wurde von einem weltweiten Crash auf dem Anleihenmarkt schwer getroffen.

Und auch 1995 sollte ein sehr hartes Jahr werden, weil die Firma ständig mit Nöten beim Trading und bei den Kosten zu kämpfen hatte.

Nach Salomons gutem Ergebnis im dritten Quartal - ebenso war das erste Quartal 1996 eines der besten, das Salomon je hatte - ließ Buffett verlauten, er würde seine Vorzugsaktien nicht gegen Stammaktien eintauschen. Stattdessen nahm er 140 Mio. $ Cash und sagte: „Ich treffe die Entscheidung darüber, ob ich 140 Mio. $ in Salomons Stammaktien zu 38 $ je Stück investiere oder ob es etwas besseres gibt, was Berkshire mit diesem Geld tun könnte.

Täglich bietet die Börse Berkshire die Möglichkeit, Anteile von Coca-Cola, Gillette, Salomon oder Tausenden von anderen Unternehmen zu kaufen. Bisher hat Berkshire diese Börsenoption noch nicht genutzt und noch keine Aktien der drei genannten Unternehmen gekauft (auch Salomon nicht, als der Kurs unter 38 $ lag). Allerdings hat die Tatsache, daß Berkshire die Option, an der Börse Coca-Cola oder Gillette zu kaufen, nicht ausgeübt hat, nichts damit zu tun, daß ich diese Unternehmen für schlecht halte. Und es soll auch nicht heißen, daß wir die ‚Unternehmens-Option' nicht wahrgenommen haben, um noch mehr Stammaktien von Salomon zu kaufen."

1996 tauschte Berkshire seine Salomon-Vorzugsaktien gegen Stammaktien ein. Und immer noch ließ Buffett seine Optionen offen. Berkshire ließ verlauten, daß man in der Zukunft möglicherweise einige Salomon-Stammaktien verkaufen würde. Ende 1996 emittierte Berkshire Wechsel im Wert von 440 Mio. $, die innerhalb von fünf Jahren gegen Stammaktien von Salomon umgetauscht werden können.

Dies war eine Möglichkeit, für einen Teil seines Investments in Salomon Bargeld zu bekommen.

Berkshire hatte ursprünglich geplant, nur Schuldverschreibungen im Wert von 400 Mio. $ zu emittieren, aber wegen der großen Nachfrage der Investoren wurden es 500 Mio. $. Diese Schuldverschreibungen stellten für Buffett eine Art Versicherung dafür dar, daß er sich auf Salomon-Stammaktien eingelassen hatte. So hat er die Möglichkeit, nach drei Jahren einen Teil dieser Aktien zu verkaufen und dennoch jetzt schon Bares zur Verfügung zu haben.

Auf der Berkshire-Jahreshauptversammlung 1997 sagte Buffett: „Dies ist eine Möglichkeit, aus diesem Aktienpaket bei geringen Kosten Kapital zu entnehmen, um es anderweitig einzusetzen. Und dennoch profitieren wir in begrenztem Umfang von den Gewinnen der Salomon-Aktien. Wir haben eben beschlossen..., daß es einige sehr gute Möglichkeiten gäbe, dieses Geld einzusetzen, und wir glauben, daß es Sinn macht, dieses Geld zu einem Jahreszins von wenig über 1 % und bis zum Fälligkeitstermin von etwa 3 % aufzunehmen, wobei wir glauben, daß die augenblicklichen Kosten näher bei 1 % liegen."

Wenn die Salomon-Aktien (heute Travelers) 1999 über den Wechselkurs der Schuldverschreibungen von 54,47 $ liegen, dann könnte Buffett seinen Anteil auf 10,4 % verringern. Damit würde er seine gesamten Vorzugsaktien gegen die Schuldverschreibungen eintauschen.

Buffett sagte: „Ich habe das Gefühl, daß Salomon, seit ich diese Entscheidung vor einem Jahr in Erwägung gezogen habe, sehr große Fortschritte gemacht hat." Salomon erholte sich zwar, gesundete aber nach dem Tradingskandal nie mehr.

Buffetts letzte Entscheidung über sein Salomon-Paket kam im Jahr 1997, als er es an Travelers verkaufte und die Salomon Aktien gegen Travelers-Aktien eintauschte.

64

Gillette

„Er ist sehr froh darüber, daß sich immer mehr Menschen Haare im Gesicht wachsen lassen", sagt ein Berkshire-Mitarbeiter. Immerhin müssen die irgendwann einmal rasiert werden. Aus der Sicht von Berkshire sollte das immer mit einem Gillette-Rasierer geschehen. Und das zweimal am Tag! Heute ist das Aktienkennzeichen für Gillette Co. ein G, aber früher war es GS und stand für Gillette Safety Razor Company. Einige glaubten, es stand für Good Shave (gute Rasur).

Täglich benutzen mehr als 1,2 Milliarden Menschen auf der ganzen Welt einen Gillette.

„Es ist angenehm, wenn man abends ins Bett geht und weiß, daß es auf der Welt 2,5 Milliarden Männer gibt, die sich am nächsten Morgen rasieren müssen... Gillette wurde vor fast 100 Jahren erfunden. In vielen Ländern wird die Rasierklinge immer häufiger benutzt. Und so werden auch die Dollars, die für Gillette-Produkte ausgegeben werden, zunehmen", sagte Buffett *Forbes* (8. Oktober 1993).

„Auf der ganzen Welt werden jährlich etwa 20 bis 21 Milliarden Rasierklingen benutzt. Davon sind 30 % von Gillette, jedoch macht Gillette 60 % des Umsatzes. In einigen Ländern hat Gillette einen Marktanteil von 90 % - in Skandinavien und Mexiko. Wenn es etwas schon so lange gibt wie das Rasieren und man ein Unternehmen bildet, das beides hat, sowohl Innovationen im Bereich der Produktverbesserung als auch Innovationen im Vertrieb und zusätzlich noch einen festen Platz im Bewußtsein der Menschen... Sie wissen, es gibt etwas, das man jeden Tag tut - für 20 $ im Jahr hat man immer eine perfekte Rasur. Und Männer wechseln die Marke nicht oft, wenn sie jeden Tag mit einem Produkt umgehen müssen" (University of North Carolina, Center for Public Television, 1995).

Daß Berkshire ohne Zögern bei Gillette eingestiegen ist, ist ein direktes Ergebnis davon, daß Buffett Jahresberichte geradezu verschlingt.

Buffett erzählte Sue Baggarly von WOWT-TV in Omaha einmal, daß er von vielen Unternehmen 100 Aktien kauft. Er tut dies deshalb, damit er die Jahresberichte rechtzeitig bekommt und diese nicht in irgendeiner Brokerfirma verlorengehen.

Als Buffett eines Abends in seinem Lieblingslesestuhl saß und den Jahresbericht von Gillette für 1998 durchblätterte, hatte er den Eindruck, als könnte Gillette mehr Kapital gebrauchen. „Ich glaubte, daß sie möglicherweise an einem großen Investment in ihre Aktien interessiert sein könnten, weil sie ihr Kapital beim Rückkauf von Aktien nahezu aufgebraucht hatten", sagte Buffett.

Er sah die Liste der Direktoren durch, rief einen an (Joe Sisco, der mit Buffett zusammen im Aufsichtsrat von GEICO war), und fragte, ob er mit dem Management über ein größeres Investment sprechen könne. Sisco war zur Zeit der Ford-Regierung Unterstaatssekretär und hatte den ägyptisch-israelischen Waffenstillstand von 1970 verhandelt. Später diente er als Kanzler der American University in Washington, D.C.

Sisco nahm sofort mit dem Vorsitzenden von Gillette, Colman Mockler, Kontakt auf, und nur wenige Tage später landete Mockler auf der Rückreise von einer Geschäftsreise nach Mexiko in Omaha. Buffett holte ihn ab und fuhr mit ihm in den Presseclub von Omaha, um dort mit ihm zu Mittag zu essen: Hamburger, Cokes und ein Eis als Nachtisch. „Wir verstanden uns prächtig, ein Paar von Jungs aus dem Mittelwesten. Ich mochte ihn und die Chemie stimmte" (*Gordon McKibben*, Cutting Edge, Seite 226).

Buffett schlug vor, in Vorzugsaktien zu investieren. „Ich weiß noch, daß ich ihm sagte ‚jeder Betrag zwischen 300 und 750 Mio. $' und er sollte sich aussuchen, wieviel es denn wirklich sein sollte, wieviel er für richtig hielt." Verhandlungen folgten.

„Im Sommer 1989 hatte Gillette einen weit höheren Wert als seinen eher geringen Marktwert. Als Buffett Gillettes beständige Ertragskraft, den guten Cash flow, das gute Management und die Produkte des täglichen Gebrauchs, wie beispielsweise Rasierapparate, Rasierklingen und Füllhalter sah, da konnte er nicht übersehen, daß Gillette für Berkshire Hathaway, seine Investmentfirma, eine echte Gelegenheit war" (Rita Ricardo-Campbell, „Resisting Hostile Takeovers: The Case of Gillette", Seite 208).

Ricardo-Campbell berichtet, daß der Aufsichtsrat sich über Buffetts Investment freute, die Bedingungen jedoch noch ausgehandelt werden müßten. Buffett und Mockler begannen mit ihren Unterredungen und fanden heraus, daß sie einander mochten, aber Mockler mochte Buffetts anfänglichen Vorschlag nicht. Die Schlußverhandlungen fanden zwischen Berkshires stellvertretendem Vorsitzenden Charles Munger und den Rechtsanwälten von Gillettes Aufsichtsrat statt, und danach wurde zwischen Buffett und Mockler eine Einigung erzielt.

Als Buffett im Juli 1989 600 Mio. $ in Vorzugsaktien von Gillette investierte, die später in ein Paket von 11 % der Stammaktien umgetauscht wurden, sagte Buffett: „Gillette ist ein Synonym für höchst erfolgreiches internationales Marketing und genau die Art von Unternehmen, in die wir gern langfristig investieren." Gillette, das ungefähr 70 % seines Umsatzes und Gewinns in Übersee macht, ist eine weltweit operierende Firma, die Körperpflegeprodukte anbietet. Gillette ist weltweit der marktführende Hersteller von Rasierapparaten und Rasierklingen für Männer und Frauen. Jahrzehntelang war das Unternehmen für seinen enormen Cash flow bekannt, der in der Hauptsache aus dem Verkauf von Rasierapparaten und Rasierklingen resultierte.

Gillette ist noch „schärfer", weil Gillette auch der Weltmarktführer bei Zahnbürsten und Mundpflegeprodukten ist. Bei Zahnbürsten werden Gillette 22 % des Weltmarktes zugerechnet. Gillette bietet allerdings auch elektrische Rasierapparate und die Oral-B-Mundpflegeprodukte an. Als

(Photo courtesy of
The Gilette Company)
*Alfred Zeien, der Vorstandsvorsitzende
und geschäftsführende Vorsitzende von
Gillette.*

(Photo courtesy of
The Gilette Company)
*Michael Hawley, Gillettes Präsident
und Geschäftsführer.*

bedeutender Hersteller von Pflegemitteln sieht Gillette ebenfalls sehr „scharf" aus. Gillette vertreibt Toilettenartikel und bietet auch Schreibwarenprodukte und Korrekturflüssigkeiten (Liquid Paper) an. Gillette kaufte die Liquid Paper Corporation im Jahr 1979. Ursprünglich wurde deren Produkt „Mistake Out" genannt und entstand in der Küche einer jungen Frau in Dallas, Bette Nesmith. Sie arbeitete als Chefsekretärin, um ihren 9jährigen Sohn Michael versorgen zu können, der ein Jahrzehnt später als einer der Monkees in einer TV-Sitcom über eine Rockband gleichen Namens zum Star wurde („Hey, hey. We´re the Monkees").

Mrs. Nesmith setzte sich eines Abends an ihren Küchentisch und mixte eine wässrige Farbe zusammen, mit der sie ihre Tippfehler „weißen" konnte. Die hatte sich ein wenig mit Kunst beschäftigt und wußte, daß Künstler ihre Fehler korrigierten, indem sie sie mit weißer Farbe übermalten. Diese Technik benutzte sie, um ihre Tippfehler zu korrigieren, und dies führte zur Entwicklung von „Mistake Out".

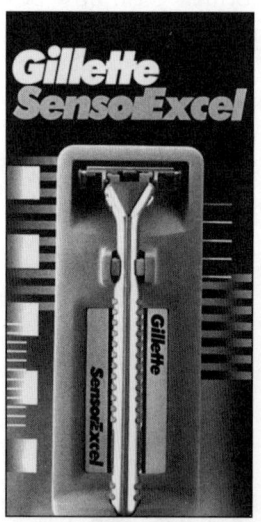

(Photo courtesy of
The Gilette Company)
Gillettes Sensor Exel

Später arbeitete sie für IBM, dachte aber Tag und Nacht immer nur über ihr eigenes Unternehmen nach, das sie noch gründen wollte. Eines Tages unterzeichnete sie ein wichtiges Dokument, das ihr Chef ihr diktiert hatte, mit dem Namen „Mistake Out Company" statt mit IBM. Sie wurde sofort gefeuert. Das war eigentlich ganz in Ordnung, weil sie ihr Unternehmen gründete und zu einem blühenden Geschäft mit Korrekturbändern und Korrekurflüssigkeit ausbaute. Gillette kaufte dieses Unternehmen. Nach ihrem Tod hinterließ sie ihrem Sohn 25 Mio. $.

Gillette besitzt Paper Mate und Waterman-Füllhalter und kaufte 1993 aus Privatbesitz die britische Parker Pen Holdings für 561 Mio. $. Parker, das Schreibgeräte im mittleren Preissegment anbietet, ergänzt Gillettes Paper Mate im unteren Preisbereich und die Luxusschreibgeräte von Waterman. Mit dem Kauf von Parker wurde Gillette zum weltgrößten Verkäufer von Schreibgeräten. Die Produkte von Gillette werden in mehr als 200 Ländern verkauft.

Gillette arbeitet hart an seinem Vertriebsnetz. „Wenn Sie glauben, daß es wenig Synergie zwischen einer Oral-B-Zahnbürste, einem Right-Guard-Deodorant und einem Paper-Mate-Kugelschreiber gibt, dann sollten Sie einmal genauer hinsehen. Diese Produkte laufen alle über gemeinsame Vertriebskanäle. Das bedeutet, daß Gillette durch gemeinsame Transporte und gemeinsame Lieferung an die Wiederverkäufer die Kosten niedrig halten kann" (*Financial World*, 8. April 1996).

Wie schon bei seinem Investment in Coca-Cola suchte sich Buffett wiederum ein Unternehmen aus den Vereinigten Staaten, das von seiner Zentrale in Boston aus in Übersee gute Geschäfte macht.

Colman C. Mockler, junior, der Vorsitzende von Gillette, Absolvent der Harvard Business School, der das Management bei Gillette 1975 übernommen hatte, starb am 25. Januar 1991 in seinem Büro in der Zentrale von Gillette nach einem Herzinfarkt. Mockler hatte mehrere Übernahmeversuche abgewehrt und Gillette nach einer kurzen Periode von Verlusten Ende der 80er Jahre wieder stabilisiert. Er lebte noch lange genug, um den außerordentlichen Erfolg seines fantastischen Sensor-Rasierers zu erleben.

Die Ausgabe von *Forbes* vom 4. Februar 1991, die am Todestag von Mockler bei den Abonnenten ankam, trug ein Bild von Mockler auf ihrer Titelseite und brachte innen die Titelstory, wie er gegen große Konkurrenz zum Marktführer wurde.

Buffett nannte Mockler einen der Menschen, die er mochte, bewunderte und dem er vertraute. Mockler wollte sich Ende 1991 zur Ruhe setzen, und Alfred Zeien wurde zum Aufsichtsratsvorsitzenden ernannt. Zeien, ein Absolvent des Webb Institute of Naval Architecture, der sein Haus auf Cape Cod selbst entwarf und baute, übernahm Gillettes Spitzenposition kurz nach Mocklers Tod. Der Präsident von Gillette ist Michael Hawley.

Der glattrasierte Zeien ist bekannt dafür, daß er sich naß und mit zwei Rasierapparaten rasiert - einem für jede Gesichtsseite. Eine Seite des Gesichts rasiert er mit einem Gillette-Rasierer, die andere mit einem Rasierapparat der Konkurrenz. Die leitenden Angestellten von Gillette testen die Konkurrenz, damit sie sichergehen können, ihre Marktführerschaft auch behaupten zu können. Und tatsächlich rasieren sich in einem Werk von Gillette in Bostons Süden täglich 200 Männer naß und bewerten Rasierer, die noch im Entwicklungsstadium sind.

Auf der Jahreshauptversammlung im April 1990 berichtete Mockler den Aktionären über Gillettes Vorstoß in die frühere Sowjetunion: „Das Potential des Projektes ist in einer Reihe von Hinsichten sehr ermutigend. Erstens kann man den großen und wachsenden Markt auf etwa 2 Milliarden Rasierklingen pro Jahr einschätzen. Gegenwärtig importiert die Sowjetunion ungefähr 1 Milliarde Rasierklingen, von denen ungefähr die Hälfte aus den sieben Werken von Gillette stammt - aus Argentinien, Brasilien, Kolumbien, Ägypten, Indien, Mexiko und Marokko.

Zweitens war sich das sowjetische Verhandlungsteam von Anfang an bewußt, daß die Rückführung aus den Gewinnen dieser Operation in harter Währung bezahlt werden würde. Die anhaltenden Bemühungen sowohl der Sowjets als auch von Gillette werden die Mittel zur Verfügung stellen, dies auch zu realisieren.

Die dramatischen Veränderungen in Osteuropa eröffnen gute und langfristige Wachstumsmöglichkeiten. Gillette International untersucht auch die Möglichkeiten, seine zuvor nur begrenzte Präsenz auszuweiten." Beispielsweise besitzt Gillette einen 80-%-Anteil an Wizamet, S.A., einem führenden Rasierklingenhersteller in Polen. Gillette hat in der früheren Sowjetunion ein Joint Venture zur Herstellung von Rasierklingen.

Gillette eröffnet sich auch Vetriebswege in einer Reihe von Schwellenländern, indem es eine sehr ausgefeilte Strategie verfolgt. Wie die *Financial World* (2. März 1993) berichtete, führt Gillette zunächst die ältesten US-Technologien ein und entwickelt den Markt dann, indem es seine neueren Produkte nachschiebt. Die Ausrüstung, um diese Produkte herzustellen, ist in ihren Büchern bereits abgeschrieben, und da die Einrichtungskosten sehr gering sind, ermöglicht das den neuen Aktivitäten, schon in kürzester Zeit Gewinne abzuwerfen. Auf den Zugangswegen, die das Rasierergeschäft in diese Märkte vorbereitet hat, werden dann auch die anderen Geschäftsbereiche dieses Unternehmens folgen.

Gillette wurde 1901 von King C. Gillette als The American Safety Razor Company gegründet. Gillette, ein Unternehmensgründer und Visionär eines sozialen Utopia, dessen Safety Razor (Sicherheitsrasierer) eine bahnbrechende Erfindung war. Das Unternehmen begann in einem Büro über einem Fischmarkt am Hafen von Boston. 1904 wurde daraus die Gillette Safety Razor Company. Als Gillette die Wechselklinge erfand, schrieb er ein Stück Wirtschaftsgeschichte und verdiente mit den Ersatzklingen ein Vermögen. Er arbeitete als Verkäufer bei Crown Cork & Seal und kümmerte sich nebenbei ein wenig um seine Erfindungen, als sein Chef William Painter ihm den folgenden Rat gab: „Warum erfindest du denn nicht irgendwas, das man nach einmaligem Gebrauch wegschmeißt, so daß die Kunden immer wiederkommen müssen, um etwas Neues zu kaufen?"

Man sagt, daß einige Männer beim Rasieren die besten Ideen haben. Offenbar traf das auch auf den 40jährigen Gillette zu, denn während er sich an einem Morgen im Jahr 1895 rasierte, hatte er plötzlich die Idee mit den Wechselklingen.

Gillette beschrieb später, wie er auf die Idee mit diesem dünnen Stück Stahl kam: „...die Art wie die Klinge in einem Halter befestigt werden konnte; die Idee, daß man zwei entgegengesetzte Seiten dieses dünnen Stahlblatts schärft; die Halteplatten für die Klinge, mit einem Griff zwischen beiden Rändern der Klinge. Dies stellte ich mir eher vor, als es mir auszudenken, so als ob der Rasierer bereits fertig wäre und ich ihn vor Augen hätte. Hier stand ich nun vor dem Spiegel und war von Freude übermannt. Meine Frau war gerade in Ohio, und ich schrieb ihr schnell: ,Ich habe es. Wir haben nun eine Menge Geld!' Welch´ Narr war ich doch; ich wußte nur wenig über Rasierer und nichts über Stahl, und ich konnte die

Herausforderungen und Leiden nicht vorhersehen, die ich durchmachen mußte, bis dieser Rasierapparat ein Erfolg wurde. Aber mit ganzem Herzen glaubte ich daran" (*Peter Kay, The Book of Business Anecdotes*, Seite 269).

Im Jahr 1903 verkaufte Gillette seinen Sicherheitsrasierer mit 20 Rasierklingen für 5 $. Im Jahr 1904 setzte er 91.000 Rasierapparate und 124.000 Rasierklingen um. Noch vor dem Ersten Weltkrieg wurde Gillette ein multinationales Unternehmen.

Leider starb Gillette, trotz seines großen Erfolges, im Jahr 1932 völlig verarmt, weil er in den 20er Jahren schlecht investiert und eine große Menge Schulden auf sich geladen hatte.

Im Jahr 1960 entwickelte die Firma eine Möglichkeit, die Klinge mit Silikon zu überziehen, und verbesserte damit die Qualität enorm.

Mit seinem Sensor-Rasierer hat Gillette derzeit einen großen Erfolg - der Sensor ist der erste Rasierapparat auf der Welt, der sich ständig neu auf die Konturen des Gesichts einstellen kann. Der Sensor hat Doppelklingen, die unabhängig voneinander angebracht und auf winzigen Federn gelagert sind. Der revolutionäre Sensor-Rasierer wurde im Januar 1990 auf den Markt gebracht, unterstützt von Anzeigen im Wert von 3 Mio. $, die behaupteten, Gillette sei das Beste, was ein Mann bekommen könne. Im Fernsehen liefen die Werbespots zum ersten Mal während des Superbowl im Jahr 1990.

Das Unternehmen wurde bekannt wegen seiner Werbefeldzüge im sportlichen Bereich; die Bemühungen, die Zielgruppe zu erreichen, umfaßten auch Boxveranstaltungen und das Sponsoring von Fußballweltmeisterschaften. Die beiden größten Fabriken, in denen die Rasierapparate hergestellt werden, in Boston und Berlin arbeiten in drei Schichten an sieben Tagen in der Woche.

Im Oktober 1991 hatte Gillette 1 Milliarde Schachteln Ersatzklingen produziert. In seiner ganzen Geschichte stellte Gillette mehr als 325 Milliarden Rasierklingen her. Die erste Milliarde wurde zwischen 1901 und 1917 produziert. Im Jahr 1990 hatte der Sensor 9 % des amerikanischen Rasierer- und Rasierklingenmarkts erobert, und Ende 1991 waren es schon 15 %. Heute haben es der Sensor und der neue Sensor Excel, der 1993 auf den Markt gebracht wurde, auf Hunderte von Millionen Rasierapparate und Milliarden von Rasierklingen gebracht, ausreichend für 68 % des amerikanischen Marktes im Bereich der Naßrasur.

Im Jahr 1992 wurde der Sensor für Frauen auf den Markt gebracht, als Gillette erstmals ein Produkt, das ausschließlich für Frauen gedacht war, produzierte.

Der Sensor wurde 13 Jahre lang vorbereitet und kostete etwa 300 Mio. $ - 200 Mio. $ für Forschung und Entwicklung. Die anderen 100 Mio. $ wurden in die Werbung gesteckt. Der Sensor trug zunächst den Codenamen „The Flag" (ein Akronym für „floated angle geometry") und wurde hinter 2,50 Meter hohen Mauern in der Fabrik im Süden Bostons entwickelt.

Im Jahr 1988 war dieses Projekt auf dem Höhepunkt seiner Entwicklung, als Coniston Partners einen Stellvertreterkrieg um das Unternehmen führte.

Um die Dinge voranzutreiben, bildete Donald Chaulk, ein leitender Angestellter bei Gillette, eine Krisenmannschaft aus neun Personen, die aus Produktdesignern, Leuten aus der Forschung und Entwicklung und Ingenieuren bestand. „Ich nahm sie zur Seite und sagte ihnen: ,Das (der Sensor) ist euer Leben. Und laßt mich wissen, wenn ihr es fertig habt.'"

Vor der Markteinführung des Sensors benutzten die leitenden Angestellten den Sensor, um sich zu rasieren. Sie ließen ihn aber zu Hause, wenn sie auf Reisen gingen.

Die Markteinführung des Sensors war so erfolgreich, daß Gillette einen Teil der Werbekosten einsparen konnte, während die Produktion die Nachfrage gerade eben noch befriedigen konnte. Der Sensor wurde ein Riesenhit, und da die Weltwirtschaft immer näher zusammenrückt, kann Gillettes Wert als führende Marke bei Rasierern nur noch steigen. Aus seinen Verkäufen in mehr als 200 Ländern der Welt resultiert ein Absatz von mehr als 700 Millionen Rasierern. 70 % der Ausgaben der Nordamerikaner für Rasierklingen und Rasierer landen bei Gillette.

Zu der Flut erfolgreicher Produkte von Gillette zählen Deodorants, Antiperspirants, Rasiercremes, Haarsprays, Shampoos und anderes.

Der Techniker Zeien sagt: „Gute Produkte resultieren aus der Marktforschung. Großartige Produkte kommen aus der Marktforschung. Großartige Produkte kommen aus der Forschung und Entwicklung. Und die absoluten Hits kommen in dem Augenblick aus der Forschung und Entwicklung, wenn die Leute sie benötigen" (*Fortune*, 14. Oktober 1996).

Das Unternehmen hält etwa ein Fünftel des amerikanischen Deodorantmarktes mit den Marken Right Guard, Dry Idea und Soft & Dry und ist damit hinter Procter & Gamble an zweiter Stelle.

Braun, das ebenfalls zu Gillette gehört, zählt bei Haushaltskleingeräten und Elektrorasierern international zu den Marktführern. Braun beherrscht den Markt der Elektrorasierer in Deutschland und zählt auch in ganz Europa, Nordamerika und Japan zu den führenden Herstellern. Brauns Flex-Control-Elektrorasierer ist der erste mit einem Drehschwingkopf. Braun, das von Gillette 1967 für nur 64 Mio. $ gekauft wurde, setzt jährlich etwa

1 Mrd. $ um. Nachdem Gillette eine Reihe von größeren Übernahmeversuchen innerhalb von drei Jahren abgewehrt hatte - drei durch Revlons Häuptling Ron Perelman im Jahr 1986 und einen durch die nunmehr erloschene Coniston Partners im Jahr 1988, wurde das Unternehmen neu strukturiert. Die Belegschaft wurde um 8 % reduziert, und Unternehmensbereiche, die weniger gut liefen, wurden verkauft. Um den Übernahmen zu entgehen, kaufte Gillette fast 30 % seiner Stammaktien zurück und blähte damit seine Schuldenlast von 436 Mio. $ auf fast 2 Mrd. $ auf. Dieser Schuldenlast entledigte man sich aber sehr schnell.

Obwohl Gillettes Bilanz zeitweise aussah wie die eines Übernahmekandidaten, gelang es, seine Schulden mit Hilfe eines hervorragenden Cash flows und der 600 Mio. $ von Berkshire abzubauen.

(Photo courtesy of Duracell)

Duracell Batterie

Buffetts Transaktion belief sich auf 600 Mio. $, einen Wert von 8,75 % Gillette-Vorzugsaktien. Die Aktien konnten nach zwei Jahren gegen 12 Millionen Aktien zu 50 $ je Stück getauscht werden, als der Aktienkurs bei 41 $ lag. Falls sie nicht eingetauscht wurden, müßten die Vorzugsaktien von Gillette innerhalb von zehn Jahren zurückgekauft werden.

„Eines änderte sich sehr schnell, als Buffett in den Aufsichtsrat von Gillette kam. Statt Pepsi gab es in den Gillette-Caféterias und -Getränkeautomaten weltweit Coca-Cola."

Bei den Gewinnen macht Gillette große Fortschritte, wobei 49 % des Umsatzes aus Produkten resultieren, die in den letzten fünf Jahren in den Markt eingeführt wurden. 1997 gab es bei Gillette 20 neue Produkte, womit die Geschwindigkeit vergangener Jahre aufrechterhalten werden konnte. Der Umsatz im Jahr 1997 lag bei etwa 10 Mrd. $.

Buffett sagte, daß das Investment in Gillettes Vorzugsaktien zu den besten bei Berkshires Kategorie der Vorzugsaktien gehört. Er hat recht. Allan Sloan, der Kolumnist von Newsday, verfolgte Buffetts Karriere von Anfang an, seit dieser vor ungefähr 20 Jahren die Aktien der Detroit Bank kaufte und verkaufte. Er vermutete, daß Buffetts Anteil an Gillette augenblicklich um 40 Mio. $ mehr wert war als er dafür bezahlt hatte, obwohl ein Sprecher von Gillette dies abstritt.

Sloan sagte: „Die Aktien, die Buffetts Berkshire Hathaway Inc. kaufte, bringen 8,75 % Dividende pro Jahr, und er kann dafür im Gegenwert von 50 $ eine Gillette-Stammaktie eintauschen. Mit anderen Worten: Er war bereit, eine Umtauschprämie von 8 3/8 $ je Aktie zu bezahlen, die über die 41 5/8 $ hinausgingen, die normale Investoren für eine Gillette-Aktie bezahlen mußten, als der Deal verhandelt wurde.

Aber überlegen Sie. Buffett bekommt für jede Aktie 4 3/8 $ Dividende (das sind die 8,75 % Zinsen auf 50 $). Der Besitzer einer Stammaktie von Gillette erhält eine Dividende von nur 96 Cents pro Jahr. Während Buffett nun zugestimmt hat, eine Prämie in Höhe von 8,375 $ je Aktie an Gillette zu zahlen, bekommt er pro Jahr 3,415 $ mehr an Dividende (4,375 $ minus 96 Cents) und braucht nichts dafür zu tun. Und wenn man dann weiterrechnet, dann findet man schnell heraus, daß Buffett in weniger als zweieinhalb Jahren durch das Mehr an Dividende gegenüber der Stammaktie die Prämie, die er zu zahlen bereit war, wieder heraus hat.

Und nun passen Sie auf: In der geheimnisvollen Welt der konvertiblen Wertpapiere sind dreieinhalb Jahre die Norm für einen Break-Even mit einem Wertpapier wie dieser Wandelaktie von Gillette. Und wenn man diese Zahlen durch Gillettes Blackbox laufen läßt, was dieses Unternehmen dankenswerterweise für mich getan hat, findet man heraus, daß Buffett, um nach dreieinhalb Jahren den Break-Even zu erreichen, je Aktie 53 1/4 $ statt 50 $ hätte zahlen müssen. Das ist ein Unterschied von 7 %. Und nun multiplizieren wir das mit 600 Mio. $ und schon ist Buffett um 42 Mio. $ voraus...“

Sloan berichtete, daß Buffett und Gillette mit der Rechnung einverstanden waren, nicht aber mit der Interpretation. Gillette behauptet, daß bestimmte Aspekte der Aktien, die relativ hohe Dividende und den relativ niedrigen Umtauschpreis rechtfertigten: Erstens die Tatsache, daß Gillette die Aktien vorzeitig zurückkaufen kann. Zweitens: Gillette hat das Recht, sollte Buffett sich entscheiden zu verkaufen, sich zunächst einmal zu weigern, die Aktien zu kaufen, und noch einige andere geheimnisvolle Umstände. Buffett habe ihm gesagt: „Wir sind überzeugt davon, daß wir ein gutes Investment getätigt haben, denn sonst hätten wir es nicht getan.“ Und er merkte an, daß er Gillette auch einen Dienst erweise: „Charlie und ich haben vereinbart, zehn Jahre lang mit diesem Unternehmen zusammenzuarbeiten. Wir verlangen kein Honorar und noch nicht einmal die Reisekosten, wenn wir zu den Aufsichtsratssitzungen fahren.“

Gillette kaufte Berkshires Vorzugsaktien im Wert von 600 Mio. $ im Jahr 1991 zurück, und Berkshire wandelte sein Paket in 12 Millionen Gillette-Aktien, ungefähr 11 % der Aktien insgesamt. Nach einem 2:1-Aktiensplit im Jahr 1991 hatte Berkshire 24 Millionen Aktien, und nach einem weiteren 2:1-Aktiensplit 1995 48 Millionen. Nach dem letzten 2:1-Split im Jahr 1998 hält Berkshire nunmehr 96 Millionen Aktien. Dieser Anteil ist heute mehr als 5 Mrd. $ wert. Die Aktien von Gillette brachten in den letzten zehn Jahren einen durchschnittlichen Jahresgewinn von jeweils 33 %.

Inzwischen konzentrierte sich Gillette auf das internationale Klingengeschäft, indem es die Märkte in China, Indien, Polen, der früheren Sowjetunion, Türkei und Lateinamerika knackte. 1995 kaufte Gillette Thermoscan Inc. aus San Diego in Kalifornien, einen Vermarkter von Infrarot-Ohrenthermometern, und legte es mit Braun in Deutschland zusammen.

Gillette beschäftigt ungefähr 44.100 Arbeitnehmer, die meisten von ihnen außerhalb der Vereinigten Staaten.

1996 kaufte Gillette den Batteriehersteller Duracell International Inc. Der Kaufpreis lag bei 7,8 Mrd. $ in Aktien und Schuldverschreibungen. Dies war Gillettes bisher größte Akquisition. Der Buyout kam zustande, nachdem Zeien im Januar 1996 an Duracell herangetreten war. Gillette wollte Duracell schon 1987 kaufen, doch damals war das Angebot zu niedrig. Duracell wurde 1988 für 1,8 Mrd. $ an Kohlberg, Kravis Roberts verkauft. Als Gillette Duracell kaufte, trat der Fall ein, daß eine Marke eine andere Marke kaufte. Das nun verbundene Unternehmen hat die Vorteile, daß Gillettes hervorragende Vertriebskanäle dazu benutzt werden können, auch den Absatz der Duracell-Produkte zu erweitern. Gillette hat überall auf der Welt außerordentlich gute Lager- und Vertriebskapazitäten.

Bei der Entscheidung des Aufsichtsrats von Gillette über die Fusion enthielt sich Buffett der Stimme, weil er gegen die hohen Gebühren der Investmentbanken war. Buffett hatte das Gefühl, daß das Honorar von 30 Mio. $ zu hoch war. Allerdings war auch Buffett für den Zusammenschluß. Von dem Honorar gingen 10 Mio. $ an Morgan Stanley & Co. und 20 Mio. $ an Kohlberg, Kravis, Roberts & Co., die Buyout-Firma, die 34 % an Duracell besaß.

Die Analysten sagten, daß dieser Buyout ein äußerst passender Zusammenschluß der beiden Konsumprodukthersteller war. Weniger als die Hälfte von Duracells Umsätzen kamen aus Übersee, verglichen mit etwa 70 % bei Gillette. Seit 1987 ist Duracell sogar schneller gewachsen als Gillette.

„Duracell und Gillette haben einige Charakteristika gemeinsam. Dazu gehört, daß beide eine Weltmarke darstellen, daß sie gemeinsame Vertriebskanäle nutzen, daß sie hervorragende Absatzmöglichkeiten und noch viel Potential bei der geographischen Verbreitung haben. Vorausgesetzt, daß die Klingen und Batterien auf ähnlichen Vertriebswegen abgesetzt werden, erwarten wir, daß Duracell durch Gillettes weltweites Distributionsnetz signifikante Gewinne und eine größere Marktdurchdringung erzielen wird", war in Gillettes Jahresbericht von 1996 zu lesen. „Da nur 20 % von Duracells Umsätzen außerhalb von Nordamerika und Westeuropa erzielt wird, bestehen noch außerordentliche Wachstumsmöglichkeiten."

Duracell, mit Sitz im Berkshire Corporate Park (Berkshire deshalb, weil es an den Ausläufern der Berkshire mountains liegt) in Bethel in Connecticut, stellt Alkaline-, Lithium- und Spezialbatterien her. Duracell hat etwa 8.000 Beschäftigte. Er ist der Welt größter Hersteller von Alkaline-Batterien, einer Energiequelle zum einmaligen Gebrauch, die viele Geräte antreiben. Duracell eröffnete 1997 Fabriken für Alkaline-Batterien in China und in Indien. Märkte, die zusammen jährlich etwa 5 Milliarden Haushaltsbatterien verbrauchen oder ungefähr ein Viertel des Weltverbrauchs. Duracell hat mit einem Jahresumsatz von ungefähr 2,3 Mrd. $ ungefähr 50 % des amerikanischen Alkaline-Batteriemarktes, entscheidend mehr als Eveready/Energizer, das Ralston-Purina gehört.

1998 führte Duracell - unter dem Namen Duracell Ultra - eine neue Reihe von Alkaline-Batterien in zwei Größen ein: zur Nutzung in High-Tech-Produkten wie Digitalkameras, kleinen Computern, ferngesteuerten Spielzeugen und Mobiltelefonen.

Und am 14. April 1998 brachte Gillette sein Flaggschiff MACH 3, einen Rasierapparat mit drei Klingen, heraus. Seine Markteinführung wurde mit einem Werbeetat von 300 Mio. $ unterstützt.

„Ich benutze ihn schon seit dem 1. November (1997)", sagte Buffett bei den Festlichkeiten zur Jahreshauptversammlung 1998. „Und sehen Sie nur", er rieb sein Kinn, „es ist schon ein erstaunlicher Rasierer."

Gillettes Aktienkurs hat sich von Ende 1986 bis Ende 1996 verfünfzehnfacht. Gillette stellte sich als ausgezeichnetes Investment heraus. Buffett blieb ein großer Anteil an einem aufstrebenden Unternehmen, das unersetzliche Konsumprodukte herstellt und außerdem über einen wunderbaren, weltweit anerkannten Markennamen verfügt.

Wenn man von Berkshire spricht, dann muß man nach Buffett und Munger von Coke und Gillette sprechen.

65

US Airways

„Rufen Sie Mr. Wolf an.“

Am 7. August 1989 investierte Berkshire 358 Mio. $ in Vorzugsaktien von US Air. Nur zwei Tage zuvor hatte US Air mit Piedmont Aviation fusioniert.

„Für Berkshire Hathaway ist es sehr ungewöhnlich, daß es in eine kapital- und arbeitsintensive Branche investiert, wie es die Luftfahrt ist. Unsere Begeisterung für das Investment in Vorzugsaktien der US-Air-Gruppe ist ein Beweis unserer Hochschätzung des Managements von Ed Colodny", sagte Buffett. „Ich mag Ed."

Buffett betrachtete die US Air Anteile dennoch nicht als ein großes Geschäft, sondern eher als einen bedeutenden Sicherheitsfaktor. Buffetts Strategie mag es gewesen sein, eine Branche auszusuchen, in der nur wenige große Mitspieler waren, von denen er hoffte, sie würden sich konsolidieren, und eine Branche mit guten Ergebnissen für die Aktionäre. Aber in diesem Fall ging Buffetts Strategie auf der Startbahn nach hinten los, als eine Reihe von Faktoren den Absturz von US Air inmitten von Turbulenzen in der Luftfahrtbranche beschleunigte. Am 8. Mai 1996 gab Berkshire bekannt, es wolle seinen Anteil an US Air verkaufen, und bot an, ihn an das Unternehmen zurückzuverkaufen, aber schließlich behielt es seinen Anteil.

Es war Buffetts Entscheidung, bei der Luftfahrtgesellschaft aus Arlington in Virginia einzusteigen, die zu 8 % Michael Steinhardts, Steinhardt Partners gehörte, das seinen Anteil an US Air, der viertgrößten amerikanischen Luftlinie, aufstockte. Dieses Investment war ein unruhiger Flug auf einer falschen Flugroute. Wegen Problemen so groß wie Jumbojets mußte die Airline zwischen 1988 und 1994 Verluste von 3 Mrd. $ einstecken. Zuvor hatte Buffett einer Gruppe von Studenten der Wirtschaftswissenschaften an der Columbia University gesagt, sie sollten niemals in Luftfahrtgesellschaften investieren, weil dies eines der schlechtesten Geschäfte der Welt sei, voll mit Kosten und Überkapazitäten.

Als ein Student fragte, weshalb er denn in eine Luftfahrtgesellschaft investiert hätte, scherzte Buffett: „Das fragt mich mein Psychiater auch. Tatsächlich habe ich nunmehr eine 800er Nummer, die ich immer dann anrufe, wenn ich das dringende Bedürfnis habe, Aktien einer Luftfahrtgesellschaft zu kaufen. Ich sage, mein Name ist Warren. Ich bin ein Air-oholic, und dann sprechen sie mich herunter."

US Airways erblickte als Allegheny Airlines („Agony Airlines") das Licht der Welt, kaufte 1972 Mohawk Airlines, ließ sich 1978 in Pittsburg nieder und wurde 1979 zu US Air, bevor sie PSA und Piedmont erwarb. US Airways hat heute Stützpunkte in Pittsburg, Philadelphia, Baltimore, Charlotte und Indianapolis.

Als Buffett investierte, wurde die Stammaktie zu 50 $ gehandelt. Jede der Vorzugsaktien mit einem Nennwert von 1.000 $ kann zwei Jahre nach dem Erwerb mit einer Wandelgebühr in 16 2/3 Stammaktien getauscht werden, wenn und falls der Kurs 60 $ erreicht. Und dieses Investment, das einen Anteil von ungefähr 12 % der Aktien darstellt, bringt Berkshire jährlich 9,25 % steuervergünstigte Dividende.

Nach dem 7. August 1991 konnte die Airline die Vorzugsaktien zu einem Preis, der 100 $ über dem Einstiegspreis von 1.000 $ lag, zurückkaufen. Berkshire muß bis zum 7. August 1999 seine Vorzugsaktien eintauschen und alle übrigen Vorzugsaktien zum ursprünglichen Preis von 1.000 $ an die Airline verkaufen. US Airways kaufte das Aktienpaket 1998 zurück. Mit diesen Vorzugsaktien konnte Buffett ein sicheres Spiel spielen. Wenn er verlor, dann gewann er steuerbegünstigte 9 %. Wenn er gewann, dann würde ihm ein großer Anteil an einer Luftfahrtgesellschaft in einer konsolidierten Branche gehören. „Mein Fehler war, daß ich nicht dachte, daß der Preiskampf so schlimm würde. Die Kostenseite war natürlich ebenfalls bodenlos, und zwar als Folge der Ereignisse im Nahen Osten", sagte Buffett auf der Jahreshauptversammlung 1991.

Und er fügte hinzu: „Sie haben sechs oder acht Konkurrenten, von denen einige in der Nähe des Konkurses agieren. Wenn eine Luftfahrtgesellschaft einmal Konkurs macht, dann ist sie tatsächlich schuldenfrei. Eastern Airlines machte Hunderte von Millionen Dollar, indem sie buchstäblich Flugsteige und andere Vermögenswerte verkaufte, um die operativen Verluste zu stützen, und das zu einer Zeit, als sie effektiv schuldenfrei war - weil sie für ihre Schulden nichts bezahlte. Und damit kann US Air nicht konkurrieren. Um mit jemandem zu konkurrieren, der so stark blutet, braucht man eine Blutbank."

Und davor war es auch nicht besonders hilfreich, daß zwei Passagiere starben, als der Flug 5050 von US Air am 20. September 1989 bei einem Fehlstart von einer durch Regen rutschig gewordenen Startbahn auf New Yorks LaGuardia Airport rutschte und ins Wasser stürzte. Am 1. Februar 1991 stießen ein Flugzeug der US Air und ein Pendlerflugzeug auf der Startbahn des Los Angeles International Airport zusammen, wobei 34 Passagiere getötet wurden. Dies war auch der Tag, als die Luftfahrtgesellschaft entschied, die Deckungssumme bei der Versicherung ihrer Flotte zu kürzen.

Vom Regen in die Traufe... Am 22. März 1992 stürzte ein Flugzeug der US Air bei rauhem Wetter auf LaGuardia ab, wobei 26 der 51 Menschen an Bord zu Tode kamen.

Nach der Fusion mit Piedmont ließen sich die beiden Unternehmen nur langsam aufeinander abstimmen, und die Fluggesellschaft war nur selten pünktlich. Die Flugzeuge starteten nicht rechtzeitig. Gepäck ging verloren. Useless Air wurde zum Spitznamen für die Airline. Doch mit diesen Unpünktlichkeiten sollte es ein Ende haben. Während des Jahres 1990 verbesserte sich US Air und kam vom 6. Platz im Januar auf den 1. Platz im Juni, was Pünktlichkeit anbelangt, und das ganze Jahr 1991 hindurch hielt sie sich auf dem 2. Platz. Die Konkurrenz war hart; als Irak am 2. August 1990 in Kuwait einfiel, stiegen die Preise für Flugbenzin rasend an, und die gewinnbringende US Air produzierte eine Reihe von Quartalsverlusten.

Entlassungen und Linieneinstellungen dominierten die Schlagzeilen über diese Airline. Die Branche war in großer Verwirrung, da Fluggesellschaften wie Midway aufgaben und Eastern und andere abstürzten. Der Vorsitzende Colodny sagte im Jahresbericht für 1989, daß sich die Situation wegen Problemen aus der Fusion und der gesamten Branche verschlechterte. 7.000 Beurlaubungen wurden angekündigt - 14 % der Arbeitnehmer. Aufträge für neue Flugzeuge wurden hinausgeschoben, die Zahl der Flüge wurde reduziert. An einem Punkt konnten die Gehälter nur bezahlt werden, indem man einige Flugzeuge verkaufte.

Die Branche der Fluggesellschaften wurde einmal so beschrieben, daß vielleicht nur vier oder fünf Gesellschaften überleben würden. Alle Airlines waren in großen Schwierigkeiten, die mich an einen Cartoon erinnern, den ich einmal in Barron´s sah. Da war zu lesen: „Ankünfte, Abflüge, Konkurse."

Und tatsächlich meldeten im Jahr vor Mitte 1991 sechs der zwölf Spitzenairlines in den Vereinigten Staaten Konkurs an.

Colodny ging im Juni 1991 nach 34 Jahren bei US Air in den Ruhestand. Seth E. Schofield folgte ihm als Präsident, und Anfang 1996 wurde Stephen Wolf, der früher UAL Corp. führte, zum Vorsitzenden und Vorstandsvorsitzenden ernannt. 1991 nannte Buffett sein Investment in US Air ein Eigentor, und Colodny begann seinen Brief zum Jahresbericht mit den folgenden Worten: „Das Jahr 1990 war das schwierigste in der Geschichte des Unternehmens. Der schwache Verkehr in den USA und die schwache Wirtschaft, steil ansteigende Benzinpreise, Angst vor dem Fliegen als Folge der Krise am Persischen Golf und die weitverbreiteten Abschläge auf die Flugpreise trugen in diesem Jahr zu einem Nettoverlust von 454 Mio. $ bei."

„Buffett geht noch immer über das Wasser. Es spritzt nur ein wenig", sagte Marshall Lewis, Vizepräsident bei Blunt, Ellis & Loewi, einer Investmentfirma.

Weiter häuften sich Verluste an. Am Jahresende 1991 schrieb Buffett sein Investment von 358 Mio. $ auf 232,7 Mio. $ ab. In der Zwischenzeit mußten Angestellte, leitende Angestellte und auch Aufsichtsräte gehen oder Gehaltskürzungen hinnehmen.

1992 stimmte British Airways einem Kauf von 44 % der Anteile an US Air für 750 Mio. $ zu und wurde damit ein hervorragender Wettbewerber in der zunehmend globalisierten Luftfahrtbranche. Auch wenn dieser Deal nicht zustandekam, investierte British Airways dennoch 300 Mio. $ in US Airways.

Im Januar 1993 gingen Buffett und Munger auf eine neue große Herausforderung ein, als sie in den Aufsichtsrat der Fluggesellschaft gingen. Buffett schrieb, daß das Investment von British Airways zum sicheren Überleben und einem möglichen Aufblühen beitragen würde.

Offensichtlich sagte Buffett niemals, wie ein Spaßvogel behauptete: „Investiere nie in etwas, das Räder hat."

Der Einstieg bei US Air war keine der Glanzstunden von Buffett. Es war einfach nicht die Art, wie man fliegen sollte.

Auf der Jahreshauptversammlung von Wesco im Jahr 1993 sagte Munger über die Beteiligung bei US Air: „Hier wurden wir ein wenig bestraft, aber es ist noch nicht vorbei."

Im März 1994 ließ British Airways verlauten, man habe keine Pläne mehr, weiterhin in US Air zu investieren. Bis dahin hatte British Airways bereits 400 Mio. $ investiert und die Absicht geäußert, man wolle weitere 450 Mio. $ investieren. Diese Entscheidung ließ den Aktienkurs einbrechen und auf einen einstelligen Wert sinken.

Die Tragödien setzten sich am 2. Juli 1994 fort, als ein US-Air-Jet in der Nähe von Charlotte abstürzte, wobei 57 Menschen getötet wurden. Als scheinbar tödlicher Schlag stürzte ein Flugzeug der US Air am 8. September 1994 in der Nähe von Pittsburg ab, wobei alle 132 Menschen an Bord umkamen. Dies war der fünfte fatale Absturz innerhalb von fünf Jahren für die bedrohte Airline. Kurze Zeit später schob US Air die Zahlung der Dividende für die Vorzugsaktien von Berkshire, die am 30. September 1994 fällig waren, hinaus.

Im vierten Quartal 1994 schrieb Berkshire sein Investment um 268,5 Mio. $ ab, ungefähr 25 %. US Air stand nun nur noch mit 89 Mio. $ in den Büchern.

Anfang 1995 traten Buffett und Munger aus dem Aufsichtsrat zurück, wobei sie dies für den Fall angekündigt hatten, daß es der Airline nicht gelänge, mit den Arbeitnehmern eine Vereinbarung über Kosteneinsparungen zu erreichen.

Mit einem Gewinn im Jahr 1995 kam für die Airline der erste Sonnenstrahl, der erste Gewinn in sieben Jahren. 1996 erholten sich sowohl das Unternehmen als auch der Aktienkurs. Ende 1995 stand das Investment deshalb mit 214,8 Mio. $ und 1996 mit 322 Mio. $ in den Büchern. In Berkshires Jahresbericht für 1995 schrieb Buffett: „Obwohl wir seit Juni 1994 keine Dividendenzahlungen erhielten, liegt der Betrag, der uns geschuldet wird, etwa 5 % über dem Leitzins. Auf der Minusseite steht allerdings die Tatsache, daß wir es mit einem sehr weichen Kredit zu tun haben." 1996 zahlte US Air die Dividende für die Vorzugsaktien aus. Ende 1996 kündigte British Airways an, daß sie ihren Aktienanteil wieder an die Gesellschaft zurückverkaufen wollte:

Die Lektion aus dieser Geschichte: Investiere nie in Aktien einer Airline.

Auf der Berkshire-Jahreshauptversammlung 1995 fragte ein Aktionär, ob man überlege, in eine weitere Luftfahrtgesellschaft zu investieren. Dieser Aktionär, der wegen des großen Andrangs nicht im Hauptraum war, beobachtete die Versammlung auf einem Bildschirm.

„Vielen Dank für die Frage. Wir setzen jeden, der uns Fragen über US Air stellt, in den anderen Raum", entgegnete Buffett.

Unter dem neuen Vorstandsvorsitzenden Stephen Wolf, der 1996 ins Unternehmen eintrat, erholten sich die Gesellschaft und auch der Aktienkurs.

Buffett versuchte, seinen Anteil an der Airline zu verkaufen. „Glücklicherweise hatte ich damit keinen Erfolg", schrieb Buffett in Berkshires Jahresbericht für 1996. Er schrieb, daß es der Airline inzwischen besser ginge und daß sie 1997 die Dividende bezahlt hätte, mit der sie im Rückstand gewesen war.

„Anfang 1996... versuchte ich noch einmal, unsere Beteiligung zu verkaufen - dieses Mal für etwa 335 Mio. $. Sie haben Glück: Wiederum gelang es mir nicht, den Klauen des Sieges die Niederlage zu entreißen."

In einem anderen Zusammenhang wurde Buffett einmal von einem Freund gefragt: „Wenn Du so reich bist, warum bist Du dann nicht auch klug?"

Auf Berkshires Jahreshauptversammlung 1997 sagte Buffett: „Als Charlie und ich den Aufsichtsrat verließen, kehrte plötzlich das Glück bei US Airways ein."

Berkshire gewann Oberwasser, als 1997 eine Einigung erzielt werden konnte, US Airways unter veränderten Bedingungen verkaufen zu können. Berkshire tauschte seine Vorzugsaktien der Klasse A gegen H-Aktien als Teil einer Vereinbarung, die Schulden neu zu strukturieren. Dabei wurde festgelegt, daß US Airways größere Wahlmöglichkeiten beim Verkauf der Wertpapiere zugestand, falls Berkshire verkaufen wollte.

US Airways gelang es weiterhin, sich aus ihrem Tief herauszuarbeiten. Und tatsächlich flog US Airways in hervorragender Form. 1997/98 überschritten die Aktien US Airways die 50- und die 60-$-Grenze und retteten Buffett aus einer Investition, die jahrelang wie ein Verlustgeschäft ausgesehen hatte. Und wie Charles Munger es schon gesagt hatte: „Es ist noch nicht vorbei."

Am 3. Februar 1998 kündigte US Airways an, es wolle Berkshires Vorzugsaktien im Wert von 358 Mio. $ zurückkaufen. Dabei ging es um 9,24 Millionen Stammaktien im Wert von ungefähr 660 Mio. $. Als US Airways Schulden abbaute und Geld auf seinen Konten ansammelte, stimmte die Airline einem Rückkauf eines großen Pakets Stammaktien zu. Aus Buffetts Fehler wurde ein Gewinnbringer.

In einer Aktennotiz der SEC wurde festgehalten, daß Buffett seine Beteiligung an US Airways auf 3,83 Millionen Aktien reduzierte und Berkshire damit noch ein Anteil von 3,79 % an den Aktien der Fluggesellschaft verblieb.

Und das ist die Geschichte des Falls und des Aufstiegs der US Airways.

In Berkshires Geschäftsbericht für 1997 schrieb Buffett: „Unsere Vorzugsaktien wurden am 15. März (1998) zurückgekauft. Doch der Kursanstieg der US-Airways-Aktien verlieh unseren Umtauschrechten, die wir noch vor kurzem für wertlos hielten, großen Wert. Es ist nunmehr fast sicher, daß uns die US Airways-Aktien einen bescheidenen Gewinn einbringen werden - wenn ich meine Ausgaben für Maalox (ein Medikament gegen Magengeschwüre; A.d.Ü.) nicht berücksichtige -, der Nutzen jedoch könnte sich sogar als unbescheiden herausstellen."

„Wenn ich das nächste Mal eine Riesendummheit mache, dann werden die Berkshire-Aktionäre wissen, was sie zu tun haben: Rufen Sie Mr. Wolf an."

66

M&T Bank Corp.

„Umwandeln und halten"

991 waren die Banken ins Trudeln geraten, aber Buffett fühlte eine Konsolidierung nahen. Er kehrte nach Buffalo zurück, um ein Investment zu tätigen. Die M&T Bank Corp., damals eine Holding-Bankgesellschaft mit Sitz in Buffalo, New York, und Vermögenswerten von 7,7 Mrd. $, war bis 1998 unter dem Namen First Empire State Corp. bekannt. M&T kam mit Berkshire überein, 40.000 Vorzugsaktien mit 9 % Dividende für 40 Mio. $ an Berkshires National Indemnity Co. zu emittieren.

Zum zweiten Mal ließ sich Buffett auf ein Investment in Buffalo ein. Sein erstes Investment waren die Buffalo News. Als der Deal abgeschlossen wurde, lag der Kurs der M&T-Aktien bei 63 $ und stieg seither ständig. Die Vorzugsaktien konnten jederzeit zu einem Kurs von 78,91 $ in Stammaktien umgetauscht werden.

Wenn man davon ausgeht, daß am 13. März 1991 insgesamt 6.637.138 Stammaktien ausgegeben waren, würde die Ausübung der Wandlung 506.930 Aktien oder ungefähr 7 % der Stammaktien entsprechen, teilte M&T mit.

M&T hat das Recht, die Vorzugsaktien ohne Aufgeld ab dem 31. März 1996 zurückzukaufen. Mit anderen Worten hatte Buffett fünf Jahre Zeit; eine lange Zeit, um mit einem Engagement Gewinne zu machen, aber nur, wenn der Kurs von M&T 79 $ erreichte - was innerhalb kürzester Zeit geschah. In der Zwischenzeit warteten Dividenden in der Höhe von 9 %, um auf Berkshires Konten überwiesen zu werden.

In Berkshires Jahresbericht für 1995 schrieb Buffett am 31. März 1996, daß er die Vorzugsaktien umtauschen und dann die Stammaktien der First Empire behalten wolle. Und deshalb besitzt Berkshire Stammaktien von M&T im Wert von etwa 250 Mio. $. M&T hatte in der Vergangenheit nur

wenig Schulden und eine ausgezeichnete langfristige Performance. Im vergangenen Jahrzehnt stiegen die Aktien in ihrem Wert von 7
bis 10 $ im Jahr 1981 um ein Mehrfaches, wie
Standard & Poor´s bestätigt.

Die Tochtergesellschaften von M&T sind
die Manufacturers and Traders Trust Co., die
East New York Savings Bank und die M&T
Bank, National Association.

Die Bank hat mit Vermögenswerten von 14
Mrd. $ Ende 1997 eine saubere Bilanz. Die lei-
tenden Angestellten, Aufsichtsräte und institutionellen Anleger halten große Anteile an der Bank.

(Photo cuertesy of M&T Bank
Corp./Robert L. Smith)
Robert Wilmers

Die Botschaft an die Aktionäre im Jahresbericht von M&T für 1990
zeichnet ein genaues Bild der Bankenszene in den Vereinigten Staaten. Für
einen Laien ist es nicht einfach zu verstehen, wenn der Jahresbericht
Berkshires komplexes Investment bei M&T beschreibt: „Die Ausgabe und
der Verkauf von 40.000 Vorzugsaktien, die vorher schon erwähnt wurden,
brachten der First Empire einen erheblichen Kapitalschub. Die Vorzugsaktie kann augenblicklich zu einem Kurs von 78,91 $ bei einem ur-
sprünglichen Kaufpreis von 1.000 $ je Vorzugsaktie gegen Stammaktien
umgewandelt werden. Der Wandlungskurs wurde auf 125 % des Kurses
der First-Empire-Stammaktien (63,125 $) zur Zeit der Transaktion festge-
legt.“

Im Jahr 1991 schloß die FDIC (Federal Deposit Insurance Corporation) Goldome, eine Spar- und Kreditbank in Buffalo, und verteilte ihre Vermögenswerte auf die Konkurrenten KeyCorp und M&T. Offensichtlich
fand dieser Deal an der Wall Street großen Anklang. Der Kurs der M&T-
Aktien übersprang den Wandlungskurs, so daß Buffett zusätzlich zu den
9 % Dividende auch bei den Aktien im Geld ist.

M&T hatte unter der Führung von Robert Wilmers Anfang der 90er
Jahre eine gute Performance, und als das Unternehmen Anfang 1998 seine eigenen Aktien zurückkaufte, hatte der Kurs 500 $ erreicht.

„Das Verblüffende daran ist, daß Insider 23 % der Aktien besitzen.
Wenn die leitenden Angestellten mit soviel Geld an ihrem Unternehmen
beteiligt sind, dann wird es keine riskanten Kredite vergeben und, nur um
des Wachstums willen, auch keine anderen Unternehmen kaufen, denn der
Wert des Unternehmens hängt einzig und allein vom Kurs der Aktien ab.
Warren Buffett ist einer der Großaktionäre“ (Blaine Robbins vom Janus Ba-
lanced Fund in Kiplinger´s *Personal Finance Magazine*, November 1996).

Im Jahr 1997 gab M&T bekannt, es würde die ONBANCorp für ungefähr 872 Mio. $ in Aktien und Barwerten kaufen, und wurde damit die
größte Bank im Hinterland von New York.

Nach dem Zusammenschluß stand M&T mit Vermögenswerten von
19 Mrd. $ und 256 Zweigstellen in New York, dem nördlichen Pennsylva-
nia und New York City was die Größe anbelangt an 40. Stelle aller Banken
in den Vereinigten Staaten.

67

AMERICAN EXPRESS

A merican Express gab am 1. August 1991 bekannt, daß es eine Finanzspritze von 300 Mio. $ von Berkshire akzeptieren würde. Dem *Omaha World-Herald* diktierte Buffett diese Headline: „Er (Jim Robinson, der Vorsitzende von American Express) hat mir nicht angeboten, diese Transaktion mit meiner Kreditkarte zu bezahlen."

Buffett kam wieder zu American Express zurück, dem Ort einer seiner ersten Investment-Siege. Mit seinem kürzlich erworbenen Aktienpaket wurde Buffett in diesem Riesenunternehmen Großaktionär. American Express ist bekannt für seine Kreditkarten, die Travelers Schecks und die Brokerfirma Shearson Lehman Brothers, in die sie kürzlich erst mehr als 1 Mrd. $ gepumpt hatte, um sie neu zu strukturieren. In dem Jahr, in dem Buffett investierte, hatte diese Tochtergesellschaft Verluste von 900 Mio. $ gemacht.

American Express wurde 1850 von Henry Wells und William Fargo gegründet, die auch Wells Fargo, eine andere große Berkshire-Beteiligung gegründet hatten.

Die Kreditkarten von American Express werden sogar in der Volksrepublik Mongolei akzeptiert wie auch in weiteren 180 Ländern. Die Reise- und Tourismusbranche ist wahrscheinlich die größte Branche der Welt, und American Express ist das größte Reiseunternehmen der Welt mit einem Netzwerk von mehr als 1.700 Büros rund um den Erdball.

Das Unternehmen ist auch führend in der Finanzplanung, im Wertpapierhandel, in der Vermögensverwaltung, bei internationalen Bankgeschäften, beim Investmentbanking und bei Informationsdiensten.

Buffett hält Beteiligungen an Banken, an einer Airline und hatte über die PS Group auch einmal eine Beteiligung an einem Reisebüro. Fast schon hat er sein eigenes American Express. Er könnte es dann Wells Fargo/US Airways Travel Express nennen.

Dieses Mal investierte Buffett einen weit höheren Betrag in American

Express. Sie erinnern sich, daß Buffett vor einigen Jahren, während des American-Express-Salatöl-Skandals nur ungefähr 13 Mio. $ investiert hatte. Nun waren es 300 Mio. $. Und American Express mußte ihm 8,85 % Dividende bezahlen, ein Gewinn, der durch die 70prozentige Steuerbefreiung noch attraktiver wurde: Dies entspricht einem zu versteuernden Gewinn von mehr als 11 %.

Dieses Investment unterschied sich ein wenig von Buffetts früheren wandelbaren Vorzugsaktien bei Salomon, Gillette, US Airways und Champion. Schließlich bot es weniger Gewinnpotential und ermöglichte American Express, mehr Kontrolle auszuüben. Obwohl die Vereinbarung Buffett eine höhere Dividende zugestand, als normale Aktionäre sie erhalten, begrenzte dieser Deal Buffetts Kapitalgewinne.

Die Vorzugsaktien konnten nur nach einer Option von American Express gegen Stammaktien eingetauscht werden, und das machte den Unterschied zu Wandelaktien aus.

„Hier gibt es nicht sehr viel Gewinnpotential. Und ich weiß nicht, weshalb er das gemacht hat", sagte Allan Sloan, ein Kolumnist bei Newsday.

„Wandelbare Vorzugsaktien haben fast unbegrenzte Möglichkeiten", sagte Buffett am 2. August 1991 dem Wall Street Journal. Das Abkommen zwischen Berkshire und American Express legte fest, daß Buffetts unveräußerliche Vorzugsaktien innerhalb von drei oder vier Jahren zu den Bedingungen des Investments gegen Stammaktien eingetauscht werden mußten. American Express würde die an Berkshire ausgegebenen Wertpapiere spätestens zur Ablauffrist gegen Stammaktien eintauschen. Die Anzahl der Stammaktien hing vom Kurs der American-Express-Aktien zum Zeitpunkt der Rücknahme ab. Wenn American Express nicht vor Ablauf der Frist (drei Jahre mit der Möglichkeit einer Verlängerung um ein weiteres Jahr, wenn der Kurs der American-Express-Aktie unter 24,50 $ läge) verzichtete, würden ungefähr 12 Millionen Stammaktien gegen die Vorzugsaktien getauscht werden, was einem 2,5-%-Anteil an American Express entspricht. Als Buffett die Vorzugsaktien kaufte, wurden die Aktien von Amex mit etwa 25 $ gehandelt.

„Als ich hörte, daß sie noch etwas Kapital brauchten, sagte ich Jim (Robinson), dem damaligen Vorsitzenden von American Express, daß Berkshire interessiert wäre, 500 Mio. $ zu investieren. Ich hätte auch mehr gekauft, aber Jim wollte nicht für mehr als 300 Mio. $ verkaufen", sagte Buffett dem *Wall Street Journal*.

In diesem Fall ging Buffett nicht, wie er es sonst oft tut, in den Aufsichtsrat. Am 2. August 1991 teilte Robinson USA Today mit: „Ich glaube nicht, daß er unbedingt im Aufsichtsrat sein muß, um uns seinen Rat zu geben. Wir hätten ihn gern im Aufsichtsrat gesehen, aber er hat schon eine ganze Reihe von Mandaten. Sein Teller ist schon ziemlich voll. Außerdem ist er im Aufsichtsrat von Salomon, und wir besitzen dessen Rivalen Shearson."

Was Buffett angeht, der sagte Associated Press, er würde hinsichtlich der Geschäftspolitik bei American Express keine Rolle spielen, aber dann sprechen, wenn man mit ihm spreche. Und man würde mit ihm sprechen.

Im Zusammenhang mit dieser Ankündigung gab Buffett eine ganze Reihe von Interviews und sagte dem *Omaha World-Herald* (2. August 1991), die damaligen Verluste bei Shearson seien nur vorrübergehender Art.

„Das bricht keinen Zacken aus dieser Krone hervorragender Unternehmen - den Kreditkarten, den Traveler Schecks und den Informationssystemen", sagte Buffett kurz vor dem Einbruch von American Express bei seinen Aktivitäten mit der Optima Card.

Wie immer, wenn Buffett seine Investments tätigt, sah es auch dieses Mal bei American Express nicht besonders gut aus. Zusätzlich zu den Problemen bei Shearson, das anschließend an Smith Barney verkauft wurde, erlitt American Express einen Verlust von 30 Mio. $, als man die Gewinne einer weiteren Sparte, der Boston Company, korrigieren mußte. Die Boston Company spezialisierte sich darauf, wohlhabenden Privatpersonen Kredite zu geben. Weiterhin schienen die Kredite an Prime Computer und Balcor Co. notleidend zu sein.

Um das Ganze für American Express noch zu verschlimmern, wodurch aber für Buffett eine sehr gute Kaufgelegenheit entstand, beschwerte sich eine Gruppe von Kaufleuten (anfänglich eine Gruppe von Restaurants in Boston, die später „The Boston Fee Party" genannt wurden), daß American Express für die Kartendienste zu hohe Gebühren abgerechnet hätte. Die gesamte Kreditkartenbranche wurde immer stärker umkämpft, weil weitere Kreditkarten, wie beispielsweise die von AT&T (heute an Citicorp verkauft), eingeführt wurden. Visa und Mastercard gewannen immer größere Marktanteile.

Value Line sagte danach: „Diese Aktien erscheinen sehr langweilig... Wir sind nicht zuversichtlich, daß die Aktie im kommenden Jahr besondere Stärke aufweisen wird. Und auch die Aussichten für 1994 bis 1996 sind nicht besonders gut." Es tritt auf: Warren Buffett. Robert McMorris, der Kolumnist des *Omaha World-Herald*, schrieb am 2. August 1991:

„Gespräch beim Mittagessen in einem Restaurant in Omaha: Ich habe gehört, Warren Buffett investiert 300 Mio. $ bei American Express.

Echt? Du weißt ja, American Express besitzt Shearson Brokerage, und Warren hat ja schon Salomon.

Ja, und bald wird ihm die ganze Wall Street gehören. Glaubst du, er wird umziehen, damit er näher an seinem Geld ist?

Das bezweifle ich. Warren würde wahrscheinlich sagen, die Wall Street sei zwar ein ganz netter Besitz, aber er würde dort nicht wohnen wollen."

In den nächsten Jahren verfolgte Buffett weiterhin, was bei American Express geschah. Bei einem fehlgeschlagenen Versuch - während der 80er Jahre - ein „Supermarkt der Finanzdienstleistungen" zu werden, wurde American Express nur zu einer zusammenhanglosen Sammlung von Unternehmenszusammenschlüssen und -ankäufen. Es ließ eine klare Richtung vermissen, hatte jedoch noch einen fantastischen Cash flow, einen der besten Markennamen der Welt und schuf riesige Mengen an Geldzufluß. Der Aktienkurs hatte sich über Jahrzehnte hinweg kaum bewegt.

Im Sommer 1994 tauschte Buffett sein Investment gegen 14 Millionen Stammaktien ein und kaufte weitere American-Express-Aktien und mehr und mehr und immer mehr. Am Ende des Jahres 1994 hatte er 27,76 Millionen Aktien und fügte seinem Depot bis Mitte Februar 1995 weitere 20,7 Millionen hinzu.

Am Valentinstag 1995, genau 30 Jahre nach seinem ersten Investment bei American Express, gab Berkshire bekannt, daß es 9,8 % an American Express hielt. Die Ankündigung ging als Einzeiler über den Ticker:

02/15 WSJ Buffett treibt American Express in die Höhe

Und so erklärte Buffett diese Aktion in Berkshires Jahresbericht für 1997:

„Zusätzlich zu den wandelbaren Vorzugsaktien kauften wir 1991 für 300 Mio. $ American-Express-Anteilscheine. Und diese Papiere wurden schließlich zu Stammaktien, waren aber in den ersten drei Jahren Gegenstand eines Geschacheres: In dieser Zeit erhielten wir zwar eine erhöhte Dividende, doch wurden uns bei der Wertsteigerung Grenzen gesetzt. Trotz dieser Einschränkungen stellte sich diese Beteiligung als außerordentlich gewinnbringend heraus, weil es Ihrem Vorsitzenden gelang, Glück und Geschick zu kombinieren - 110 % Glück.

Im August 1994 sollten unsere Anteilscheine in Stammaktien umgetauscht werden, und schon einen Monat vorher überlegte ich, ob wir zur Ablauffrist nicht verkaufen sollten. Ein Grund, an diesem Investment festzuhalten, war der hervorragende Vorstandsvorsitzende von American Express, Harvey Golub, von dem ich den Eindruck hatte, daß er das gesamte Potential des Unternehmens maximieren könne (ein Eindruck, der sich seither bewahrheitet hat). Die Größe dieses Potentials war jedoch fraglich:

American Express sah sich der Konkurrenz einer Vielzahl von Kartenemittenten ausgesetzt, angeführt von Visa. Und als ich die Argumente gegeneinander abwog, neigte ich eigentlich dazu, zu verkaufen.

Und dann gesellte sich das Glück an meine Seite. Während dieses Monats, in dem ich mich entscheiden wollte, spielte ich in Prouts Neck in Maine mit Frank Olson, dem Vorstandsvorsitzenden von Hertz, Golf. Frank ist ein hervorragender Manager mit intimer Kenntnis der Kreditkartenbranche. Und so fragte ich ihn vom ersten Abschlag an über diese Branche aus. Als wir das zweite Grün erreicht hatten, hatte Frank mich davon überzeugt, daß die Corporate Card von American Express eine großartige Sache sei, und ich entschied mich, nicht zu verkaufen. Am neunten Loch war ich schon ein Käufer, und wenige Monate später besaß Berkshire 10 % des Unternehmens."

Insgesamt machte die Beteiligung an American Express 48,5 Millionen Aktien aus. Außerdem wollte Buffett die Erlaubnis einholen, mehr als 10 % des Unternehmens zu kaufen. Ende 1995 stockte Berkshire seinen Anteil an American Express auf 49.456.000 Aktien auf. Im Dezember 1995 hatte Berkshire 1,4 Mrd. $ investiert und besaß 10,5 % (heute 10,7 %, weil das Unternehmen Aktien zurückkaufte). Damit wurde American Express zu Buffetts größtem Investment. Es war sogar größer als die Einstandskosten bei Coca-Cola, die bei 1,3 Mrd. $ lagen.

American Express leistet einen bedeutenden Beitrag zu den Gewinnen. Im Berkshire-Jahresbericht für 1996 schrieb Buffett: „Die dargestellten Gewinne sind nur ein schlechter Maßstab des wirtschaftlichen Fortschritts bei Berkshire... Die Dividenden stellen nur einen kleinen Teil der Gewinne dar, die mit dem Eigentum einhergehen... Insgesamt halten wir die nicht ausgeschütteten Gewinne unserer Beteiligungen für wertvoller als den Betrag, der ausgeschüttet wurde. Der Grund dafür ist sehr einfach: Die Unternehmen, an denen wir beteiligt sind, haben sehr oft die Möglichkeit, ihre Gewinne mit einer sehr hohen Rendite zu reinvestieren. Weshalb sollten sie deshalb ausgeschüttet werden?" Buffett schätzte Berkshires Anteil an den nicht ausgeschütteten operativen Gewinnen bei American Express auf 132 Mio. $. Von allen größeren Beteiligungen Berkshires liefert nur Coca-Cola einen größeren Beitrag in Form von nichtausgeschütteten Gewinnen. 1997 lag deren Anteil in Berkshires Portfolio bei 161 Mio. $.

Harvey Golub, der Vorstandsvorsitzende von American Express, hat Kenneth Chenault als Generaldirektor an seiner Seite. Solange Harvey Golub Vorstandsvorsitzender ist, wird Berkshire mit seinem Stimmanteil entsprechend den Wünschen des Aufsichtsrats von American Express votieren. Buffett war damit einverstanden, seinen Aktienanteil und seinen

Einfluß bei American Express zu begrenzen; das ist Teil einer Vereinbarung mit dem Federal Reserve Board, das ihm erlaubt hatte, mehr als 10 % der Aktien von American Express zu erwerben.

Weil American Express auch eine Bank besitzt, konnte das Federal Reserve Board die Position einnehmen, Berkshire habe bei American Express eine Sperrminorität und deshalb träfen die Regelungen für an Banken beteiligte Unternehmen zu.

Buffett hätte sonst aus allem aussteigen müssen, wozu Banken nicht berechtigt sind, beispielsweise aus Zeitungen oder Süßwarenfabriken.

Mit der Zustimmung, daß Berkshire passiver Investor bleiben würde, kann es seinen anderen Aktivitäten nachgehen. In der Vereinbarung ist auch enthalten, daß Berkshire seinen Anteil unter 15 % halten wird, wenn es im Aufsichtsrat vertreten ist, und unter 17 % für den Fall, daß es im Aufsichtsrat nicht vertreten ist. Berkshire hat also das Recht, bis zu 17 % an American Express zu erwerben.

Im Jahresbericht für 1994 schrieb Buffett: „Die Geschichte meiner American-Express-Beteiligung besteht aus einigen Episoden: Mitte der 60er Jahre, kurz nachdem die Aktie durch den unrühmlichen Salatöl-Skandal des Unternehmens gelitten hatte, investierten wir 40 % des Kapitals der Buffett Partnership Limited in diese Aktie - das war das größte Investment, das die Partnership je eingegangen war. Ich sollte hinzufügen, daß dieses Engagement uns bei Kosten von 13 Mio. $ 5 % an American Express sicherte. Im Augenblick, während ich dies schreibe, besitzen wir knapp 10 % der Aktien, die uns 1,36 Mrd. $ gekostet haben. (American Express machte im Jahr 1964 12,5 Mio. $ Gewinn und 1994 1,4 Mrd. $.)

Meine Geschichte mit IDS, einer Sparte von Amex, die heute ungefähr ein Drittel zu den Gewinnen des Unternehmens beiträgt, reicht sogar noch weiter zurück. Die ersten IDS-Aktien kaufte ich 1953, als es sehr schnell wuchs und zu einem K-G-V von nur 3 gehandelt wurde. (Damals gab es eine ganze Reihe von sehr tief hängenden Früchten.) Ich schrieb sogar einmal einen langen Bericht - schreibe ich überhaupt einmal einen kurzen Bericht? - über dieses Unternehmen, das ich über eine Anzeige im Wall Street Journal für 1 $ verkaufte.

Offensichtlich unterscheiden sich American Express und IDS (kürzlich umbennant in American Express Financial Advisors) in ihren Aktivitäten ganz deutlich von dem, was sie damals waren. Immerhin bin ich davon überzeugt, daß es bei der Bewertung eines Unternehmens und seiner Produkte sehr hilfreich ist, wenn man schon lange mit ihm vertraut ist."

„Eine Schlüsselfrage wird sein, wie das Kreditkartengeschäft sich entwickelt", sagte Buffett auf der Jahreshauptversammlung 1995 über American Express. „Im Geschäft mit den Kreditkarten wird es in Zukunft sehr viel Konkurrenz geben. American Express muß seiner Karte auf irgendeine Art und Weise Wert geben, sonst ist sie nur ein Artikel wie jeder andere."

Die Kreditkarte muß sich mit den starken Konkurrenten Visa und Mastercard auseinandersetzen. In dem Maß, wie Fluggesellschaften, Ölgesellschaften, Autohersteller und Telefongesellschaften Kreditkarten ausgeben, muß auch American Express mit seinen Kreditkarten mehr Nutzen bringen als in der Vergangenheit. „Mit der Kreditkarte von Amex kann man heute Hotels buchen, Autos mieten, Waren einkaufen und bei Fluglinien wie Delta, US Air und Swiss Air Flüge buchen" (*Forbes*, 1. Juli 1996).

Und zu American Express Financial Advisors: „Heute verkaufen sie Finanzplanungen und Immobilienplanungen, Rentenpapiere, ihre eigenen Investmentfonds, Lebensversicherungen, Pensionsversicherungen, Kredite und Buchhaltungsdienstleistungen an Privatpersonen und Unternehmen. Dies geschieht über 8.000 Finanzberater in 50 Staaten. Das ist ein gutes Geschäft und erbringt ein Drittel der Nettogewinne von American Express" (*Forbes*, 1. Juli 1996).

Später, im Jahr 1996, fand man heraus, daß American Express mit Citicorp über die Möglichkeit des Verkaufs von American Express an Citicorp gesprochen hatte. Über die Gespräche selbst erfuhr man nichts. Und wenn es Gespräche gegeben hat, dann dürfen Sie dreimal raten, wer wahrscheinlich darüber Bescheid weiß. *Barron's* (27. April 1998) zitiert den Vermögensverwalter Kurt Feuerman: „Berkshire ist eine harte Nuß... weil wir nicht mit dem Management sprechen können, und das bricht unsere wichtigste Regel. Es ist eine einzigartige Situation, wenn man ein Portfolio mit Wachstumsaktien hat und das Management die Holdings beeinflussen kann. Und da ist Warren Buffett mit seiner Fähigkeit, zu handeln. War er an der Sache Travelers-Citicorp beteiligt? Ich weiß es nicht. Allerdings war er am Verkauf von Cap Cities an Disney beteiligt. Ich bin Aktionär bei American Express und fragte Harvey Golub einmal, wie oft er mit dem großen Meister gesprochen hätte. Er sagte: „Jede Woche." Und damit hatte ich ein gutes Gefühl bei American Express und ein großartiges bei Berkshire."

1997 unterzeichnete Golf-Superstar Tiger Woods einen mehrjährigen Multimillionen-Dollar-Vertrag als Sprecher für American Express; der Komiker Jerry Seinfeld trat in einem Werbespot für American Express auf, den er selbst geschrieben hatte. Dieser Werbespot, der während der Übertragung des Superbowl lief, zeigte Jerry, wie er Lois Lane an der Kasse des Kaufhauses „rettete", während sein Freund und Superheld Superman gezeigt wird, wie er ohne eine American Express Karte hilflos ist. Gehen Sie nie ohne aus dem Haus!

68

Freddie Mac

Ende 1988 stockte Wesco, ein Unternehmen von Berkshire, seine Minderheitsbeteiligung an Freddie Mac auf 7,2 Millionen Aktien auf. Freddie Mac war früher als Federal Home Loan Mortgage bekannt. Buffett und Munger entschieden sich für dieses Investment, nachdem sie zuvor über drei Stunden miteinander gesprochen hatten.

Diese Zahl von Aktien war zu dieser Zeit der größte Anteil, den ein einzelner Aktionär entsprechend den Regeln besitzen konnte. Die Kosten für den Kauf der Aktien lagen bei 71,7 Mio. $. Als der Weise aus Omaha *Fortune* für die Ausgabe vom 19. Dezember 1988 dieses Investment erklärte, sagte er: „Freddie Mac ist ein dreifacher Treffer. Hier haben wir ein sehr niedriges K-G-V für ein Unternehmen mit einer hervorragenden Performance. Wir haben wachsende Gewinne. Und wir haben eine Aktie, die bei den Anlegern immer bekannter wird."

Als Buffett dieses Investment einging, fragten sich manche Investoren: „Wer ist Freddie Mac?" Freddie Mac, eine Schlüsselfigur in Amerikas Immobilienfinanzierungssystem, wurde als privates Unternehmen von der Regierung privilegiert, dem Hypothekenmarkt Liquidität bereitzustellen. Freddie Mac kauft Hypotheken, sammelt sie in einem Pool und packt sie in Wertpapiere, die es dann an Investoren verkauft. Freddie Mac versichert Hypotheken für ungefähr 5 Millionen Häuser zu einer Gebühr von 0,25 %.

Freddie Mac hilft, den amerikanischen Traum zu verwirklichen, ein eigenes Haus zu besitzen (oder auch den Alptraum, was von der Höhe des Hypothekenzinses abhängt. Sie kennen den Spruch: „Weshalb ist am Ende des Geldes noch soviel Monat übrig?"). Über die Jahre hinweg hat Freddie Mac dazu beigetragen, jedes sechste amerikanische Haus zu finanzieren, darunter mehr als 700.000 Eigentumswohnungen. Alle drei Sekunden eines jeden Geschäftstages kauft Freddie Mac ein Immobiliendarlehen - 2,4 Millionen im Jahr 1993. Bei den geringen Zinssätzen in den letzten Jahren gehen immer mehr Hauseigentümer dazu über, ihre Hypotheken zu refinanzieren, und immer mehr Leute sind der Überzeugung, daß sie sich Hypotheken leisten könnten.

Ungefähr 97 % seiner Geschäfte schließt Freddie Mac für Einfamilienhäuser ab. Seit 1970 hat Freddie Mac die Häuser von etwa 20 Millionen Amerikanern finanziert. Freddie Macs Anteil an einem wachsenden 4-Billionen-$-Markt beträgt 16 %.

Freddie Mac wurde vom Kongreß im Jahr 1970 privilegiert (während einer Kreditkrise), die Spar- und Kreditbanken liquide zu erhalten und es mehr Amerikanern zu ermöglichen, ihr eigenes Haus zu kaufen. Die Aktiengesellschaft kauft von den Kreditgebern Immobilienhypotheken, sichert sie gegen Insolvenz ab, bündelt sie als Wertpapiere und verkauft diese an Investoren wie die Spar- und Kreditbanken. So verschafft es den Hypothekenbanken einen ständigen Zufluß von Geld und unterstützt damit Immobilieneigentum und den Bau von Miethäusern. Das Unternehmen warf in jedem Jahr seines Bestehens Gewinne ab.

1984 emittierte Freddie Mac etwa 15 Millionen Vorzugsaktien mit zusätzlicher Dividendenberechtigung an Spar- und Darlehenskassen, die Mitglieder des Federal Home Loan Board waren, wobei der Handel mit diesen Papieren ausschließlich den Mitgliedern des Board vorbehalten war.

1988 wurden die Freddie-Mac-Aktien erstmals an der New York Stock Exchange gehandelt. Das Unternehmen war das Eigentum von Sparkassen, die die Aktien über das Federal-Home-Loan-Bank-System der einzelnen Staaten hielten und ab Januar 1989 wieder verkaufen durften. Die Aufhebung der Handelsrestriktionen der Freddie-Mac-Vorzugsaktien ermöglichte es öffentlichen Investoren einzusteigen.

Was ist Freddie Mac mit seinen 3.000 Angestellten (von denen 70 % Freddie-Mac-Aktionäre sind), und wie gelingt es der Firma den Hypothekenmarkt der Nation mit ihren Finanzmärkten zu verbinden?

Freddie Mac mit Sitz in McLean, Virginia, sichert die Stabilität im Sekundärmarkt für Immobilienhypotheken. Der Augenblick, in dem Sie ihre monatliche Hypothekenzahlung überweisen, ist für Ihr Geld der Beginn einer langen Reise. Wenn Ihr Kreditgeber den Kredit in seinen Büchern hat, wird Ihre Zahlung verbucht und das Geld dafür verwendet, die Zinsen für Guthaben auf Konten zu bezahlen und neue Kredite an neue Schuldner in Ihrer Region zu vergeben.

Aber sagen wir einmal, Sie nähmen eine Hypothek von 150.000 $ mit einem Festzins von 7,5 % auf und die Bank möchte diesen Kredit nicht 30 Jahre lang in ihren Büchern führen. Ein Grund dafür könnte sein, daß die Bank Geld verlieren würde, wenn die Zinssätze in Zukunft stark steigen.

Um dieses Risiko auszuschließen, verkauft die Bank Ihren Kredit an eine Firma wie Freddie Mac. Freddie kauft Ihre Zahlungsverpflichtung, und Ihre örtliche Bank bekommt sofort Geld.

Freddie Macs einziger wirklicher Konkurrent ist Fannie Mae, so daß der Markt auf zwei Unternehmen aufgeteilt ist - ein Duopol. Beide profitierten vom landesweiten Niedergang der Spar- und Darlehenskassen. Wenn Buffett kein echtes Monopolunternehmen ausmachen kann, dann freut er sich auch über ein Duopol.

Dieser Sekundärmarkt ermöglicht mehrere Dinge. Kreditinstitute können langfristige Hypotheken vergeben, weil sie wissen, daß sie diese an jemanden wie Freddie Mac weiterverkaufen können, und gleichzeitig wird es für Investoren einfacher und sicherer, in den Hypothekenmarkt einzusteigen.

Nachdem Buffett die Aktien bei einem Kurs von 30 $ gekauft hatte, zogen die Kurse 1990 an, stürzten aber dann ab - zusammen mit allen Papieren, die etwas mit der plötzlich zweifelhaften Immobilienbranche zu tun hatten.

Auf ihrem Tiefpunkt 1990 hatte die Aktie zwei Drittel ihres Höchstwerts von 1989 verloren und wurde zu einem K-G-V von etwa 5 gehandelt.

Die Talfahrt von Freddie Mac erschütterte die Aktie von Wesco, der die Freddie-Mac-Aktien direkt gehören, und war für Berkshire im stürmischen Aktienmarkt von 1990 keine Hilfe. Ende 1990 berichtete Freddie Mac über Probleme bei seinen Hypotheken für Eigentumswohnungen, besonders in New York und Atlanta, aber auch über Gewinne aus den Hypotheken auf Einfamilienhäuser, die stark blieben, und die Aktie begann, sich zu erholen.

In seinem Geschäftsbericht zum Jahresende 1990 schrieb der Vorsitzende von Freddie Mac, Leland Brendsel: „Wir schätzen, daß der Wert der Grundstücke, der unserem Portfolio von Hypotheken für Einfamilienhäuser zugrundeliegt, bei schätzungsweise 600 Mrd. $ liegt, was ein Jahrzehnt der Wertsteigerung von Eigenheimen widerspiegelt. Das bedeutet, daß jedem Hypotheken-Dollar, der in unserem Portfolio von Einfamilienhäusern steckt, ein Wert von fast 2 $ zugrundeliegt."

1991 erholten sich die Aktien von Freddie Mac stark, als die Befürchtungen um Immobilien nachließen und die Zinssätze dramatisch sanken. Trotz des Schrecks von 1990 warf „Steady Freddie" in jedem Quartal seit 1971 Gewinne ab. Und wieder zahlte sich Buffetts Strategie der Geduld aus.

Vor einem 4:1-Aktiensplit besaß Berkshire 12.502.500 Aktien. Berkshires Jahresbericht für 1997 wies 63.977.600 Freddie-Mac-Aktien auf, die einen Wert von 2,7 Mrd. $ darstellten. Bill Ruane, der den Sequoia Fund führt, der auch eine große Zahl von Freddie-Mac-Aktien in seinem Portfolio hat, sagte: „Dies ist ein Unternehmen mit ständigem Wachstum - das sich auch fortsetzen wird - mit einer Wachstumsrate um 15 % und das bei hohem Kapitalgewinn zum Zwölffachen seines Jahresgewinns gehandelt wird... Betrachten wir nur die einfachen Zahlen: Es wird zum Zwölffachen seines Jahresgewinns gehandelt und der S&P wird zum Achtzehn- bis Zwanzigfachen seines Jahresgewinns. Wahrscheinlich hat Freddie Mac ein zweistelliges Gewinnwachstum, dem über neun Jahre hinweg eine durchschnittliche Wachstumsrate von 7 % oder weniger beim S&P gegenübersteht. Die Aktienrendite liegt um 20 % (oder mehr) höher als die Aktienrendite von 12,5 bis 13 % beim S&P. Und so ist Freddie Mac nach jedem statistischen Maß eine sehr attraktive Aktie."

Die Freddie-Mac-Aktien waren einer der Grundsteine für Berkshires Wachstum.

69

Die Grundlagen seiner Arbeit

Von Anfang an war gesunder Menschenverstand der Charakter-
zug, der Buffetts Arbeit am meisten kennzeichnete.

„Was andere Leute über den Aktienmarkt denken, beeinflußt
unsere Entscheidung, Aktien zu kaufen oder zu verkaufen,
in keiner Weise. Der Verlauf des Aktienmarkts wird in hohem Ausmaß bestimmen, wann wir recht haben, aber die Genauigkeit unserer Analyse von Unternehmen wird weitestgehend bestimmen, ob wir
recht haben. Mit anderen Worten: Wir neigen dazu, uns auf das zu konzentrieren, was voraussichtlich geschehen wird, und nicht, wann es geschehen wird", schrieb Buffett in einem Brief an die Partnership am 22.
Juli 1966.

Gesunder Menschenverstand mag der wichtigste Faktor gewesen sein,
der Buffett dazu verholfen hat, mehr als jeder andere an der Börse zu verdienen. Er ist der einzige auf der Liste der 400 reichsten Amerikaner in
Forbes, der seine Position ausschließlich durch Kapitalanlage erreicht hat.

„Einen Rat, den ich an der Columbia University von Ben Graham erhalten habe, habe ich niemals vergessen: Man hat niemals recht oder unrecht, bloß weil andere gleicher Meinung sind. Man hat dann recht, wenn
die Fakten stimmen und die Überlegungen richtig sind. Das ist das einzige, das jemandem recht gibt", sagte Buffett auf der Jahreshauptversammlung 1991. Buffetts Unternehmensstrategie heißt oft: Warten, bis das
Telefon klingelt. Die schlechten Nachrichten möchte er schnell wissen, die
guten Nachrichten kommen von selbst. Er mag keine Konferenzen und
urteilt stattdessen lieber aus dem Bauch heraus. Er mag Taten und kann

Papierkram nicht ausstehen. Er mag Leute, die ein Unternehmen managen und nicht sich gegenseitig.

Mit den Worten von Ralph Waldo Emerson: „Gesunder Menschenverstand ist Genie in seiner Arbeitskleidung."

Buffetts Betonung des gesunden Menschenverstands erinnert auch an Mark Twain, der sagte: „Ich würde lieber mit einer splitternackten Lillian Russell ins Bett gehen als mit Ulysses S. Grant in voller Uniform."

Schuster, bleib bei deinen Leisten

In der Geschäftswelt tut Buffett das, was er kennt und was er tun kann. Er versucht nicht, das zu tun, was er nicht kann. Er weiß, daß er etwas von Medien versteht, von Finanzen und Konsumprodukten, und hat seine Vermögenswerte insbesondere in diesen Bereichen angesiedelt.

Geistige Disziplin

Man benötigt geistige Disziplin , um bei der Sache zu bleiben und nicht auf irgendeinen Seitenweg auszuweichen oder Risiken dort einzugehen, wo man sich nicht auskennt. Jack Byrne erinnerte sich einmal an eine Geschichte, die Buffetts Einstellung zu Wetten genau beschreibt:

„Es war eine Wette, wie sie reiche Golfer mögen. Der Investmentmagier Warren Buffett sollte 10 $ gegen 20.000 $ setzen, daß er es bei diesem Match über drei Tage nicht schaffen würde, ein Hole-in-one zu schlagen.

Wir waren zu acht und hatten uns in Pebble Beach getroffen; nach dem Abendessen und nach einigen Flaschen Wein bot ich diese Wette an. Eigentlich war es nur als Witz gedacht, aber die anderen sechs gingen darauf ein. Alle außer Warren.

Nun, wir beschimpften ihn und versuchten, ihn zu locken - immerhin waren es ja nur 10 $. Aber er sagte, er habe es sich überlegt und entschieden, daß es für ihn keine gute Wette sei. Er sagte, wenn man sich bei kleinen Dingen Disziplinlosigkeit erlaube, dann wäre man wahrscheinlich auch bei großen Dingen disziplinlos" (*Chicago Tribune*, 8. Dezember 1985).

Es schadet aber auch nicht, wenn man begabt ist. Der gleiche Artikel zitiert Byrne weiter:

„Er arbeitet in seinem Beruf sehr hart. Und er hat das beste Gedächtnis, das ich je erlebte. Wenn jemand irgend etwas über ein unbekanntes Unternehmen erzählt, dann versetzt das, was Warren über dieses Unternehmen weiß, jeden in größtes Erstaunen. Er kennt die Zahl der ausgegebenen Aktien und auch die Verkaufsfläche, die das Unternehmen in Minneapolis hat. Ich selbst verfolge die Versicherungsbranche ziemlich genau und trotzdem kennt Warren wichtige Fakten aus irgendeinem Jahresbericht, die ich völlig übersehen habe."

Obwohl ein überragender IQ wahrscheinlich für Buffetts Erfolg verantwortlich ist, so ist es auch harte Arbeit. Diejenigen, die mit ihm in seinem Büro zusammenarbeiten, sagen, er habe die Fähigkeit, sich ausschließlich auf die anstehenden Aufgaben zu konzentrieren. „Er konzentriert sich sehr stark auf das, was er im Augenblick zu erledigen hat, und dann konzentriert er sich auf seine nächste Aufgabe", sagt ein Angestellter bei Berkshire.

Sein eigener Reporter

Buffet hat die besondere Fähigkeit, die Wahrheit von dem zu unterscheiden, was nur wahr zu sein scheint. Die praktische Umsetzung dieser Fähigkeit ist es, wenn er an der Börse Aktien eines Unternehmens kauft, das nur vorübergehend bei den Investoren in Ungnade gefallen ist. Buffett möchte immer nur in großartige Unternehmen einsteigen - oder mit seinen Worten in ein „wunderbares Unternehmen", und dies zu einer Zeit, wenn der Kurs wegen einer scheinbaren Schwäche, ungerechtfertigter Angst oder eines Mißverständnisses niedrig ist.

Dafür sind die Käufe von American Express, GEICO und Wells Fargo die besten Beispiele. Bei American Express stieg er zum ersten Mal ein, als ein Skandal dieses hochwertige Unternehmen umgab und Wells Fargo kaufte er, als es schien, daß ihre Immobilienkredite der Bank großen Schaden zufügen könnten.

Sein eigener Reporter zu sein, heißt also, nicht nur über das eigene Unternehmen informiert zu sein, sondern auch über die Konkurrenz.

Und so sagte Buffett auf der Jahreshauptversammlung von Berkshire 1993, als er von den Jahresberichten erzählte, die er liest: „Und wir interessieren uns nicht nur für die Unternehmen, die uns gehören, oder die Unternehmen, die wir vielleicht kaufen wollen, sondern lesen auch die Jahresberichte der Konkurrenz. Ich bekomme den Jahresbericht von Bic. Ich bekomme den Jahresbericht von Warner-Lambert, um mich über Schick zu informieren. Ich lese auch den Jahresbericht von PepsiCo, ebenso wie den von Cott Beverage. Cott Beverage stellt die meisten Coca-Cola-Nachahmungen in dieser Hemisphäre her. Ich möchte wissen, was die Konkurrenz tut und worüber sie spricht, welche Ergebnisse sie erzielt und welche Strategien ihr logisch erscheinen."

Der Markt ist nicht immer effizient

Eine von Buffett geradezu durchlöcherte Annahme ist die sogenannte Theorie des effizienten Marktes, die besagt, daß jeder Aktienkurs angemessen sei, weil er stets alle Informationen über ein Unternehmen bein-halte. Diese Theorie geht davon aus, daß nichts gewonnen werden kann, wenn man nach neuen Informationen sucht.

Wenn man dieser Theorie folgt und die Aktienkurse zu jedem Zeit-punkt alles Wissen über das Unternehmen widerspiegeln, sind die Kurse in den Kurslisten die richtigen Schnäppchen. Es gibt keine. Die Theorie besagt, es ist zwecklos, den Versuch zu unternehmen, besser zu sein als der Markt. Weiterhin besagt diese Theorie, daß alle zukünftigen Kurse von neuen, zufälligen Informationen abhängen.

Vielfach hat Buffett erwähnt, für ihn sei es sehr hilfreich gewesen, daß Zehntausende, die man gelehrt hätte, daß es sich nicht lohne zu denken, die wirtschaftswissenschaftlichen Fakultäten der Universitäten absolviert hätten.

Buffett scherzte oft, er wünschte, daß sich mehr Leute der Theorie des effizienten Marktes verschrieben, denn dann gäbe es weniger Investoren, die herauszufinden versuchten, wo sich die Börse auf einem Irrweg befin-de und wo die Kurse nicht den intrinsischen Wert wiedergeben. Gerade in dieser Schattenzone hat Buffett Erfolg, weil er seine Arbeit macht und aus Angst und Unsicherheit seinen Nutzen zieht, während andere Investoren in Panik verkaufen. So wurde Buffett zum zweitreichsten Menschen der Welt. Buffett hält die Theorie für absurd; es sei besser, sie auf den Kopf zu stellen: Der Markt ist irrational und abhängig von Angst und Gier, von Launen und Herdentrieb - kurz: abhängig von zeitweisem Wahnsinn.

Buffett ist nicht der Meinung, daß der Markt immer falsch liegt. Sehr oft habe er sogar recht. Der Trick ist nur, herauszufinden, bei welchen Ge-legenheiten er völlig danebenliegt.

Allan Sloan von Newsday merkt an: „Der Mensch ist die lebendigge-wordene Widerlegung der Zufallspfad-Theorie."

Für Barron's schrieb Buffett am 23. Februar 1985 einen Artikel, in dem er die Investmentergebnisse einer Reihe von Value-Investoren aufzeigte, denen es gelang, den Markt immer zu schlagen. Das Seltsame an der Theo-rie des effizienten Marktes ist, wie etwas rationell sein kann, wenn Angst und Gier die dominanten Kräfte sind. Obwohl dies keine mathematische Widerlegung dieser Theorie ist, gibt es dennoch eine ganz sichere Metho-de, das Gegenteil dieser Theorie zu beweisen - man muß nur Buffetts Per-formance anschauen, der sein Leben lang besser abschnitt als der Markt.

Man sollte sich einmal überlegen, daß die Börse am 19. Oktober 1987 um 23 % fiel. Das war der Tag, als man mit Steinen auf die Börse warf. Aber änderte sich die Wirtschaftswelt an diesem Tag wirklich um 23 %?

Kurs gegen Wert

Schon sehr früh führte Buffetts gesunder Menschenverstand ihn zu dem einfachen Schluß, daß es zwischen dem Kurs und dem Wert einen Unterschied geben müsse. „Der Kurs ist das, was man bezahlt. Der Wert ist das, was man bekommt." Diesen Lehrsatz lehrte Ben Graham, als Buffett bei ihm studierte.

„Der Kurs besagt nicht, daß man etwas erworben hat, das wirklich soviel wert ist, wie man dafür bezahlt hat", schrieb George Morgan, der sich Buffett zum Vorbild erkoren hat, in seinem Buch „Buffett and I Have Zero in Common: He Just Has More of Them Than I Do". Morgan erinnert sich auch an eine kleine Geschichte, die er von Joe Garagiola gehört hat:

„Yogi Berra sagte einmal seinem Freund Whitey Ford, daß er gerade eben ein sehr wertvolles Haus gekauft habe. Ford entgegnete , daß er dieses Haus kenne und nicht der Meinung sei, daß es sehr wertvoll sei. Yogi antwortete: ‚Es kann sein, daß du es nicht für besonders wertvoll hältst, aber wenn ich dir gesagt habe, wieviel ich dafür bezahlt habe, dann wirst auch du es für wertvoll halten.'"

Auf seine Weise versucht Buffett auch immer, ein wertvolles Haus zu einem äußerst günstigen Preis zu kaufen.

Leute, die mit Buffett Geschäfte gemacht haben, beschreiben ihn als jemanden, der sehr hart um einen Preis ringt. „Es gibt Menschen, die wegen 1/32 des Kaufpreises diskutieren, er aber versucht immer, auch das letzte Prozent für sich herauszuholen", ist eine Beschreibung, wie sehr Buffett auf den Preis fixiert ist.

Und dennoch haßt es Buffett zu schachern. Ganz gleich, ob es um einen Kauf oder um einen Verkauf geht. Er hat einen Preis, und den kann man akzeptieren oder nicht.

Inflation

Eine weitere Überlegung Buffetts ist, was eine verheerende Inflation anrichten kann. Ein Investment, das einer Inflation nicht standhalten kann, ist sinnlos. Es zählen nur die Zuwächse in realer Kaufkraft.

Dazu merkt Buffett an: „Wenn man auf zehn Hamburger verzichtet und das Geld stattdessen zwei Jahre lang auf der Bank anlegt, dann wird man Zinsen erhalten, mit denen man, nach Steuern, zwei Hamburger kaufen kann. Am Ende dieser zwei Jahre erhält man dann die ursprüngliche Einzahlung zurück, mit der man allerdings nur acht Hamburger kaufen kann. Man hat dann das Gefühl, reicher zu sein, aber man kann deshalb trotzdem nicht mehr essen."

Dieses Gleichnis mit den Hamburgern ist ein Beispiel für Buffetts Genie. Man braucht keine Lehrbücher zu lesen oder sich die Erklärung irgendeines Wirtschaftswissenschaftlers durch den Kopf gehen zu lassen, und hat trotzdem verstanden, was es mit der Inflation auf sich hat. In dem Gleichnis ist alles enthalten, in einfachen Worten und in einem einzigen Absatz. Auf der Jahreshauptversammlung von Berkshire im Jahr 1986 sagte Buffett über Bewertungen: „Ich rechne immer auch die Inflation ein."

Zinseszinsrechnung

Etwas anderes, worauf sich Buffett bestens versteht, ist die Schönheit der Zinseszinsrechnung. Buffett grübelt: „Wenn man 1.000 $ für 45 Jahre zu 10 % anlegt, dann wachsen sie auf 72.800 $. Aus den gleichen 1.000 $ werden bei 20 % 3.657.262 $. Diesen Unterschied halte ich für sehr wesentlich; ich glaube, daß er jeden neugierig macht."

George Morgans Beispiel für die Zinseszinsrechnung ist dieses: „Angenommen, Sie gründen ein Unternehmen und geben 100 Aktien zu je 10 $ aus. Dieses Unternehmen hat nun einen Wert von 1.000 $. Während des ersten Jahres machen Sie 200 $ Gewinn, was 20 % des Unternehmenswerts entspricht. Sie reinvestieren diesen Gewinn in das Unternehmen, das nunmehr 1.200 $ wert ist. Im darauffolgenden Jahr machen 20 % Gewinn auf den Unternehmenswert bereits 240 $ aus. Damit wird der Unternehmenswert auf 1.420 $ erhöht. Wenn man dies 79 Jahre lang durchhält, dann ist das ursprüngliche Investment der Teilhaber von insgesamt 1.000 nunmehr auf 1.800.000.000 $ angewachsen."

Berkshire hat seit 1965 im Jahresdurchschnitt 24,1 % Gewinn erzielt. Auf diese Art hat Buffett auch seine großartige Leistung vollbracht.

Benjamin Franklin sagte einmal über die Zinseszinsrechnung: „Sie ist der Stein, der alles Blei in Gold verwandeln wird... Vergessen Sie nicht, daß Geld sehr fruchtbar ist, wenn es darum geht, sich selbst zu vermehren. Geld kann Geld schaffen, und wenn man es anbietet, dann kann es sogar noch mehr schaffen."

Gute gegen schlechte Geschäfte: Unternehmen A gegen Unternehmen E

Zusätzlich zu einigen Goldkörnchen an Weisheit kennt Buffett fast alle Menschen, die Zahlen, die Tatsachen und auch die Kleinigkeiten, die mit einer Kapitalanlage zu tun haben. Mit großer Hartnäckigkeit arbeitet er auch kleinste Details aus. Doch seine Kunst der Kapitalanlage konzentriert sich auf die Suche nach Werten - keine Tricks und keine Ahnungen. Trotz all seiner Intelligenz hat Buffett lange darüber gebrütet, nur in gute Unternehmen zu vernünftigen Preisen zu investieren und nicht in schlechte oder mittelmäßige Unternehmen, auch wenn diese zu einem Tiefstpreis zu haben waren. Und auch keine Schwerindustrie. Hier ist das Risiko hoher Kosten und der Überalterung zu groß.

Gelegentlich hat Buffett über gute und schlechte Unternehmen gesprochen und ihre Charakteristika beschrieben, wobei er oft die hypothetischen Unternehmen A und Unternehmen E beschrieb.

Die Unternehmen A und E? „Das bedeutet, Agony and Ecstasy (Agonie und Ekstase)", sagte Buffett einmal Mike Faust, dem Assistenten von Walter Scott, der Kiewit Constructions führt, einen riesigen Baukonzern in privater Hand. Buffett besaß Unternehmen beider Kategorien. Aber Buffett hatte wesentlich mehr E-Unternehmen als A-Unternehmen und führt heute eines der größten E-Unternehmen der Welt.

Irgendwie gelingt es Buffett, ein Unternehmen dann mit neuen Werten zu versehen, wenn er es kauft, denn dann ist es nicht nur irgendein Unternehmen, sondern ein Berkshire-Unternehmen. Irving Kahn von Kahn Brothers sagt dazu: „Sein besonderes Geschick ist es, Unternehmen in privater Hand zu finden, die im Wert steigen, wenn man mit ihnen an die Börse geht."

In vielen Fällen hat Buffett ein unbekanntes Unternehmen gekauft und es mit einem Heiligenschein versehen, wenn er es im Jahresbericht von Berkshire nur mit einem Absatz erwähnte.

Wenn Naturtalent und die Umstände der Erziehung eine Rolle spielen, um große Leistungen zu erbringen, dann trifft das auf Buffett 100prozentig zu. Niemand bestreitet Buffetts Intelligenz, sein Gedächtnis für Fakten und Zahlen, seine Energie.

Er hatte allerdings auch eine ganze Reihe von Vorteilen: Er wuchs in einer Familie auf, die sich in den wirtschaftlichen und politischen Belangen der Gemeinde engagierte und wurde in einer Stadt groß, die für wirtschaftliche Erfolge bekannt ist - am Anfang dieses Jahrhunderts war es hauptsächlich die Fleischproduktion und der Getreidehandel, heute ist sie ein Zentrum des Telemarketings und der Hotelreservierungen. Omaha gilt auch als Zentrum der Versicherungsbranche. Dies alles trug dazu bei, daß Omaha zur richtigen Umgebung für einen leidenschaftlichen Unternehmer wie Buffett wurde.

Die Menschen in Omaha sind aufrichtig, offen, freundlich und geschäftstüchtig, so wie auch Buffett offen ist und sehr schnell auf aufkommende Probleme reagiert. Er nimmt seine Anrufe selbst entgegen. Seine Eingangspost beantwortet er so schnell wie möglich. Er läßt niemanden auf eine Antwort warten. Es gibt keine Show, keine Vorspiegelung falscher Tatsachen und auch keine Verstellung. Hier zählen althergebrachte Werte. Ehrlichkeit und Anstand werden vorausgesetzt.

Mit Berkshires finanziellem Hintergrund könnte Buffett leicht eine ganze Menge Tricks anwenden - feindliche Übernahmen, ganze Märkte zu Spekulationszwecken aufkaufen oder die Börse zu seinem Vorteil in Unruhe versetzen. Aber nichts davon geschieht. Buffett geht nirgendwohin, wo er nicht erwünscht ist.

Einmal kaufte er ein relativ kleines Aktienpaket eines Unternehmens und teilte der Unternehmensleitung sein Interesse mit, noch ein größeres zu kaufen. Ein Topmanager des Unternehmens sagte Buffett jedoch, das Unternehmen wolle seine eigenen Aktien zurückkaufen und bat ihn, keine weiteren zu erwerben. Buffett stellte seine Käufe sofort ein.

Wenn Buffett gewollt hätte, dann hätte er das ganze Unternehmen kaufen können, er respektierte jedoch die Wünsche des Managements.

Schau dich um - arbeite an dem, was auf deinem Schreibtisch liegt.

Es gibt keinen Zweifel, daß Buffett Theodore Roosevelts Empfehlung folgt: „Tue, was du kannst, mit dem, was du hast, und dort, wo du bist."

Omaha bietet Buffett eine ruhige und komfortable Heimat, von wo aus er ohne große Ablenkungen agieren kann. Ben Graham schrieb in „Security Analysis": „Eine erfolgreiche Analyse benötigt, ebenso wie ein erfolgreiches Investment, eine rationale Atmosphäre, in der man arbeiten kann, und zumindest auch eine gewisse Stabilität der Werte, mit denen man arbeitet."

Buffett übernahm die Qualitäten seiner Stadt - harte Arbeit, Ehrlichkeit, den Unabhängigkeitstrieb der Pioniere und sehr viel gesunden Menschenverstand -, vermischte diese Qualitäten mit seinen angeborenen Begabungen und wurde so zu einer einmaligen Persönlichkeit und der Welt besten Investor.

Buffett schätzt Omaha, das sehr bodenständige Menschen hervorgebracht hat und sehr berühmte Menschen wie Ted Sorensen, Dick Cavett, Dorothy McGuire, Fred Astaire, Montgomery Clift, Henry Fonda, Malcolm X, Gerald Ford, Bob Gibson, Gale Sayers, Paula Zahn, Nick Nolte, Marlon Brando und Tony Gray, der Portfolio-Manager der SunTrust Bank und Autor des Buches „A Thousand Miles From Wall Street".

Buffett weiß, daß Omaha zu seinem Erfolg beigetragen hat: „Innerhalb von drei Stunden kann ich überall sein, sowohl in New York oder auch in Los Angeles... Dies ist eine Stadt, in der man seine Kinder sehr gut aufziehen und in der man wunderbar leben kann. Man kann hier viel besser über die Börse nachdenken, denn hier hört man nicht so viele Geschichten, kann sich an den Schreibtisch setzen und in aller Ruhe die Kurszettel studieren. Man kann in größter Ruhe über viele Dinge nachdenken."

Nicht alle wissen, daß Buffett aus Omaha stammt. Hier ein Zitat aus dem Artikel eines Nachrichtendienstes: „Buffetts Büro in Kansas City sagte, er sei für eine weitere Stellungnahme nicht erreichbar.“

Gutes Management

Buffett hatte so großen Erfolg, weil er das, was er tut, gern tut, weil er nie aufhört zu lernen und weil er sehr ausdauernd ist. Doch trotz all seiner Fähigkeiten weiß er genau, was er nicht kann. „Ich führe diese Unternehmen nicht. Können Sie sich vorstellen, daß ich das tue, was Ike Friedman (Borsheim´s früherer Generaldirektor) tut?“

Mit seinem gesunden Menschenverstand überläßt Buffett es anderen, die verschiedenen Unternehmen zu leiten, aber in gewisser Hinsicht übernimmt er auch Verantwortung. „Jährlich setze ich die Preise bei See´s Candies fest. Und ich lege auch die Preise für die Abonnements der Buffalo News fest. Bestimmte Manager möchten gern, daß ich bestimmte Dinge tue, bei denen es besser ist, die Entscheidungen zentral zu treffen. „Jemand, der mit einem Unternehmen zu eng verbunden ist, würde wahrscheinlich die Preise nicht so aggressiv festsetzen, wie ich es kann“, sagte er vor Studenten der Columbia University am 27. Oktober 1993.

Value-Investor, Gegenspieler, Vertragspartner

Buffett ist zum Teil Value-Investor, zum Teil sein eigener Gegenspieler und zum Teil ein Vertragspartner.

Er hat gezeigt, daß es besser ist, ein großartiges Unternehmen zu kaufen, wenn der imaginäre „Mr. Market“ es unsinnig niedrig bewertet.

Es ist Buffetts Genie, das ihn zu einfachen Lösungen führt. In seinem Buch „The Money Masters“ berichtet John Train folgende Geschichte: „Buffett traf sich einmal mit einem leitenden Angestellten eines sehr kapitalintensiven Unternehmensgiganten, zu einer Zeit, als diese Gesellschaft an der Börse zu einem Viertel ihres Wiederbeschaffungswerts gehandelt wurde. Buffett fragte den Angestellten: ‚Und warum kaufen Sie nicht Ihre eigenen Aktien zurück? Sie wollen neue Anlagen verrichten und dabei 100 Cents für 1 $ ausgeben. Weshalb kaufen Sie dann nicht das, was Sie am besten kennen, und zahlen dabei nur 25 Cents für jeden Dollar?‘

Der Angestellte antwortete: ‚Das sollten wir eigentlich tun.‘ Buffett: ‚Und weiter?‘

Der leitende Angestellte: ‚Das ist nicht unsere Aufgabe.‘

Mit seinem rationalen Denken hat Buffett, manchmal auf Kosten von Menschen, die weniger rational denken, die Kapitalanlage zu einer Kunstform entwickelt. Es gibt den gesunden Menschenverstand, sogar das Genie in ihm, aber es gibt noch eine weitere, sehr viel wichtigere Zutat: Er liebt, was er tut.

„Buffett liebt das Prozedere der Kapitalanlage so wie ein Künstler sein eigenes Werk liebt", meint der Aktienbroker George Morgan aus Omaha.

Was er tut, erledigt Buffett mit großer Leidenschaft. Auf einer Version seines imaginären Bewerberfragebogens steht nicht „Wie hoch ist Ihr IQ?", sondern „Sind Sie ein Fanatiker?".

Genie, die Liebe zu seiner Arbeit und gesunder Menschenverstand. Das sollte man gut miteinander verrühren, und dann kann enormer Erfolg das Ergebnis sein.

KISS - „Keep It Simple, Stupid" ist ein weiterer Grundsatz Buffetts. Seine Leidenschaft sind die Analyse und die Problemlösung. Sein Ziel ist es, die Dinge zu vereinfachen.

Keine Aktiensplits

Es ist sinnlos, automatisch Dividenden auszuschütten oder eine Aktie zu splitten. Berkshire führte 1996 einen Aktiensplit durch die Hintertür durch (siehe Kapitel 144). Buffett ist der Meinung, ein Aktiensplit mache keinen Sinn, weil die Transaktionskosten höher wären und es um die Aktien Spekulationen geben würde. Außerdem sei ein Aktiensplit damit zu vergleichen, eine Pizza in fünf Teile zu schneiden, weil man auf keinen Fall sieben Stücke essen kann.

Dr. Wallace Gaye aus Durham in New Hampshire ist bezüglich eines Aktiensplits ganz anderer Meinung: „Erstens glaube ich nicht, daß die Transaktionskosten so hoch sind. Und weiterhin glaube ich auch nicht, daß es Spekulationen gäbe, wenn er die Aktie im Verhältnis 10:1 splitten würde... Aber man könnte einfacher mit der Aktie umgehen. Mein Vater hat jedem seiner Enkel 5.000 $ hinterlassen, und damit kann man für sie keine Berkshire-Aktie kaufen."

Michael Assael glaubt, daß die Transaktionskosten tatsächlich niedriger sind, denn man kann bis zu 100 Berkshire-Aktien bei einem Discountbroker für weniger als 50 $ Gebühr kaufen. Assael glaubt aber auch, daß ein Punkt kommen wird, an dem die Aktie einfach zu sperrig wird.

„Ich hoffe, daß Buffett dann, wenn die Kurse der Berkshire-Aktien am Pluto vorbeirauschen und es den Anschein hat, daß sie tatsächlich unverkäuflich sind, noch einmal neu überlegen wird. Aber deshalb sollte man sich keine Sorgen machen - es gibt immer Investmentgesellschaften, die die Aktien auch zu einem Kurs von 100.000 $ kaufen können. Und dann könnte es ja auch sein, daß jemand einen Investmentfonds gründet, der ausschließlich in Berkshire-Aktien investiert, nur um Buffett zu ärgern. Man kann sich das gar nicht vorstellen. Damit könnte man dann für sagen wir einmal 500 $ in Berkshire investieren." Und wirklich gibt es inzwischen Anlageinstrumente, die ausschließlich in Berkshire-Aktien investieren und in Aktien, die mit Berkshire zu tun haben.

Heute und vielleicht immer ist ein Aktiensplit für Buffett eine Scharade, die keinen besonderen Sinn macht, auf keinen Fall für Berkshire. Für ihn ist ein Aktiensplit lediglich eine kosmetische Korrektur. Er verursacht lediglich Schreibarbeit, erzeugt unnötige Reize und außerdem ein falsches Gefühl von Fortschritt.

Was ist der Unterschied zwischen einer Berkshire-Aktie zum Kurs von x oder von 100 Berkshire-Aktien zum Kurs eines Hundertstels von x? Aktienbroker lieben Aktiensplits, weil damit der Handel angeregt und den Spekulanten ein falsches Gefühl von Energie und Reichtum vermittelt wird.

Alljährlich wird Buffett über die Möglichkeit eines Splits der Berkshire-Aktien befragt. Auf der Jahresversammlung 1990 fragte ein Aktionär, ob Buffett in voraussehbarer Zukunft einen Aktiensplit sähe. „Selbst in einer unvorhersehbaren Zukunft sehe ich keinen Aktiensplit", war Buffetts Antwort.

„Einem befreundeten Aktionär, der eben 60 Jahre alt wurde, schickte ich zu seinem Geburtstag ein Telegramm und wünschte ihm, er möge so lange leben, bis Berkshire Hathaway einen Aktiensplit vornehmen würde", war Buffetts Anmerkung auf der Jahreshauptversammlung 1987.

Nachdem 1996 die neuen Klasse-B-Aktien ausgegeben wurden (diese Aktien werden zu 1/30 des Kurses der Aktien der Klasse A gehandelt), muß Buffett wahrscheinlich seine Geburtstagsgrüße abändern: „Ich wünsche Ihnen, daß Sie so lange leben, bis es Berkshire-Aktien der Klasse Z gibt."

Keine Dividenden

Buffett hält nichts davon, Dividenden zu zahlen, solange die nichtausgeschütteten Gewinne sich zu einem hohen Zinssatz verzinsen.

1967 wurde pro Aktie eine Dividende von 10 Cents ausgeschüttet. Buffett sagte später, er müsse, als dies beschlossen wurde, wohl gerade auf der Toilette gewesen sein. Seither hat Berkshire keine Dividende mehr ausgeschüttet.

Arbitrage

Ein Bereich von Buffetts Erfolgen, der vielleicht noch erklärungsbedürftig ist, sind die Arbitragegeschäfte - wieder ein Bereich, für den man gesunden Menschenverstand und ein gutes Urteilsvermögen benötigt, um die Risiken der Widersprüche an der Börse richtig einschätzen zu können.

Arbitrage, ein französischer Ausdruck für risikofreie Gewinne, hat damit zu tun, daß man die Preisdifferenzen an verschiedenen Märkten ausnutzt. Zur Arbitrage zählt man eigentlich eine ganze Reihe von Geschäften, doch heute wird darunter meist die Wette auf den Ausgang eines Unternehmensfusion oder einer Neuorganisation verstanden. Buffett läßt sich erst dann auf ein Arbitragegeschäft ein, wenn ein solches Vorhaben bekanntgegeben wurde. Er setzt nicht auf Gerüchte.

Buffett begründet seine Bewertungen auf Informationen und nicht auf Gerüchten. Er betrachtet die Wahrscheinlichkeit, mit der das angekündigte Ereignis eintreten wird, den Zeitraum, für den das Geld gebunden sein wird, die Verluste dadurch, daß man keine bessere Möglichkeit wahrgenommen hat, und die Verluste, die entstehen, wenn der angekündigte Deal nicht zustandekommt.

Wenn der Kurs des „Opfers" nach der Übernahme-Ankündigung bis knapp unter den Übernahmekurs ansteigt, dann kann es sein, daß Buffett die Aktien kauft und so lange hält, bis sie den vollen Übernahmekurs erreichen, wenn der Deal schließlich über die Bühne geht. Mit dieser Technik gelingt es ihm, innerhalb von relativ kurzer Zeit einen ordentlichen Gewinn zu machen.

1962 rettete ein Arbitragegeschäft die Buffett Partnership vor einem Verlustjahr. Die Börse erlitt einen Abschwung, aber die Gewinne aus seinen „Workouts" ermöglichten es der Partnership, dieses Jahr als ein ordentliches zu betrachten. Die Partnership machte in diesem Jahr 13,9 % Gewinn, während der Dow Jones 7,6 % verlor. In Jahren, in denen es an der Börse schlecht geht, können erfolgreiche Arbitragegeschäfte Vorteile gegenüber der Konkurrenz einbringen.

Hier ein Beispiel: Am 13. Februar 1982 gab Bayuk Cigars Inc. bekannt, daß es die Genehmigung des Justizministeriums habe, sein Zigarrengeschäft für 14,5 Mio. $ an American Maise Products Co. zu verkaufen, was 7,87 $ je Aktie ausmachte. Bayuk Cigars Inc. verfolgte auch einen Plan, bei dem das Unternehmen liquidiert und die Erlöse an die Aktionäre verteilt würden. Kurz nach dieser Ankündigung kaufte Buffett ungefähr 5,7 % der Aktien von Bayuk Cigars für 572.907 $ oder 5,44 $ je Anteil. Buffett vermutete, daß der Übernahmeplan mit einer sehr hohen Wahrscheinlichkeit innerhalb eines vernünftigen Zeitrahmens über die Bühne gehen würde (*Mary Buffett/David Clark: Buffettology*, Seite 756 - 757).

Und tatsächlich war dieses Geschäft erfolgreich. Der Deal muß durchgehen, oder der Investor könnte, wenn er nicht schnell ist, Kopf und Kragen verlieren.

Da Buffett den Ausgang solcher Deals sehr gut einschätzen und voraussehen kann, hat er Berkshire damit ständig einen kleinen zusätzlichen Gewinn eingebracht. Im Jahresbericht für 1988 beschreibt er eines seiner ersten Arbitragegeschäfte, das aber nichts mit einer Übernahme zu tun hatte:

„Als ich 24 Jahre alt war und in New York für die Graham-Newman Corp. arbeitete, war ich an einem solchen Geschäft beteiligt. Rockwood & Co., ein Unternehmen, das Schokoladenprodukte herstellt, allerdings mit geringer Rendite, hatte 1941 sein Lager nach dem Prinzip ‚Last In, First Out' bewertet, als Kakao 5 Cents je Pfund kostete. 1954 gab es eine vorrübergehende Verknappung auf dem Kakao-Markt, und der Preis stieg auf über 60 Cents je Pfund an. Logischerweise wollte Rockwood seine wertvollen Lagerbestände verkaufen - und zwar schnell, bevor der Preis wieder fiel. Aber wenn man den Kakao einfach verkauft hätte, dann wären dem Unternehmen Steuerverbindlichkeiten in Höhe von 50 % der Erträge entstanden.

Doch da kam das Steuergesetz von 1954 zu Hilfe. Es enthielt eine mysteriöse Bestimmung, die die Steuerzahlung aufhob, die fällig gewesen wäre, wenn die Gewinne aus dem Verkauf der Lagerbestände nach Aufgabe eines Geschäftsbereichs an die Teilhaber ausgeschüttet worden wären. Rockwood entschied sich, einen Bereich des Unternehmens einzustellen, nämlich den Verkauf von Kakaobutter, und sagte, 13 Millionen Pfund seines Lagerbestands an Kakaobohnen wären für diesen Geschäftsbereich vorgesehen. Folglich bot das Unternehmen an, seine Aktien im Tausch gegen die Kakaobohnen, die es nicht mehr benötigte, zurückzunehmen, und bezahlte für jede Aktie 80 Pfund Kakaobohnen.

Mehrere Wochen lang kaufte ich fleißig Aktien, verkaufte Kakaobohnen und fuhr regelmäßig zu Schroeder Trust, um die Aktien gegen Lagerbescheinigungen einzutauschen. Die Gewinne waren gut, und meine einzigen Auslagen waren die U-Bahn-Fahrscheine."

Die Moral von der Geschichte: Man soll seine Steuergesetze kennen.

1991 kaufte Berkshire-Aktien von Arcata, einem Unternehmen, das mit Forstprodukten handelte und eine Druckerei betrieb, für ungefähr 33,50 $ je Stück. Arcata war Gegenstand eines Buyouts durch KKR. 1978 hatte die Regierung der Vereinigten Staaten mehr als 10.000 Hektar Waldfläche erworben, um den Redwood National Park zu erweitern. Die Regierung mußte Arcata die Bäume abkaufen, die Frage war jedoch, für wieviel.

Buffett, der von sich sagte, er könne keine Ulme von einer Eiche unterscheiden, bezifferte die voraussichtlichen Forderungen auf irgendwo zwischen null und einer ganzen Menge. Der Deal mit KKR kam nicht zustande, aber Arcata verkaufte später. Berkshire verdiente bei diesem Investment 15 % auf seinen Einsatz, als die Aktien zu 37,50 $ gehandelt wurden, erhielt jedoch 1988 weitere 19,3 Mio. $ oder 29,48 $ je Aktie, als die Regierung sich bereiterklärte, für den Waldbestand 519 Mio. $ zu bezahlen (*Robert Hagstrom: The Warren Buffett Way*, Seite 166-167).

Ende 1993 hatte Berkshire Paramount-Communications-Aktien im Wert von 146 Mio. $ in seinem Portfolio. Da Berkshire die Aktien während der Übernahme von Paramount durch Viacom hielt, machte es offensichtlich Gewinne durch Arbitrage. Buffett kennt sich mit allem aus, womit man Geld machen kann, sei es Arbitrage, seien es gute Verträge, sei es Value Investing oder auch die Bedeutung von Markennamen.

Als der Vermögensverwalter George Michaelis 1971 zu Source Capital ging, kauften Buffett und Munger durch Berkshire 20 % dieses geschlossenen Investmentfonds. Michaelis, der von Buffett und Munger beeinflußt wurde, sagte *Forbes* am 21. August 1989: „Ich sehe mich als Investor in wirklich große Unternehmen, während Ben Graham in Wirklichkeit nur billige Vermögenswerte kaufte. In dieser Hinsicht hat sich Buffett wirklich weiterentwickelt und ein Stück vom reinen Ben Graham entfernt."

Forbes schrieb: „Das Verständnis von Buffett und Michaelis reicht weiter als nur bis zur Aufzählung variabler Vermögenswerte. Sie kalkulieren auch ideelle Werte, wie beispielsweise Markennamen oder das, was den wirklichen Wert einer Zeitung oder einer Fernsehstation ausmacht. Solche Unternehmen haben meist einen hohen Buchgewinn. Weshalb? Weil die Gewinne nicht nur aus den realen, sondern auch aus den ideellen Vermögenswerten resultieren." Michaelis starb 1996 bei einem Fahrradunfall.

Buffett sucht immer nach Werten, und Werte gibt es in verschiedenen Erscheinungsformen. Beispielsweise in Form der Markennamen Coca-Cola oder Gillette. Und Buffett gibt auch zu, daß Wachstum vom Wert eines Unternehmens nicht getrennt werden kann, und deshalb eine wichtige Komponente seines Value Investing ist. Buffett konzentriert sich nicht nur auf den Preis, sondern auf den Wert, und das ist die Aufgabe eines jeden Investors. Die Geschäftsleute in Omaha sprechen über Unternehmen und Werte, nicht über Preise und ganz sicher nicht über wilde Spekulationen, programmiertes Trading und Optionen.

Bitte keine Derivate

Sein guter Riecher vermittelte Buffett auch anderes; ein Ergebnis ist, daß er sich nicht besonders mit dem programmierten Trading anfreunden kann.

Buffett erzählte oft die folgende Geschichte: Wenn eine Gruppe von Menschen auf eine einsame Insel verschlagen würde, dann würde es eine gewisse Anzahl von Menschen geben, die sich um den Landbau kümmerten, eine andere Gruppe würde sich um den Bau von Unterkünften kümmern und es würde auch einige geben, die herauszufinden versuchten, wie man wieder von der Insel fortkäme. Niemals jedoch würde man Leute damit beauftragen, die mit den voraussichtlichen Ergebnissen der anderen Arbeiter Handel trieben. Immer wenn Buffett diese Geschichte erzählt, und Munger in der Nähe ist, gibt Munger folgenden Kommentar über die „programmierten Trader" ab: „Ich mag sie noch viel weniger als du."

Und auf dieser Insel gibt es auch keine Wertpapiere. In unserer Welt gibt es jedenfalls keine Optionsscheine auf Berkshire-Aktien.

Buffett mißbilligt Optionen, programmiertes Trading und den Handel mit Derivaten und irgend etwas anderem, das die Börse zu einer Art Spielcasino macht, besonders dann, wenn man schon über einen kleinen Hebel eine große Menge Wertpapiere kontrollieren kann.

Im März 1982 schrieb Buffett einen Brief an John Dingell, den Vorsitzenden des House Subcommittee on Oversight and Investigations, als überlegt wurde, ob der Chicago Mercantile Exchange erlaubt werden solle, Futures zu handeln: „Wir brauchen nicht noch mehr Leute, die mit unwesentlichen Wertpapieren, die mit dem Aktienmarkt des Landes in Verbindung gebracht werden, ihr Glücksspiel betreiben. Und wir brauchen auch keine Broker, die sie dazu ermutigen. Was wir wirklich brauchen sind Investoren und Berater, die die langfristigen Aussichten eines Unternehmens betrachten und entsprechend investieren. Wir brauchen die intelligente Beteiligung von Anlagekapital und keine Glücksritter, die mit geborgtem Geld auf die Marktbewegungen setzen. Wer sich im intelligenten und sozialen Bereich des Kapitalmarktes engagieren will, wird abgeschreckt und in seinem Engagement nicht gefördert, wenn im gleichen Umfeld aktives Glücksspiel betrieben wird, das eine ähnliche Sprache benutzt und von denselben Angestellten bedient wird, die auch im seriösen Bereich tätig sind."

Buffetts Investments sind geradlinig - keine heißen Tips und kein Wetten auf die Ergebnisse des nächsten Quartalsberichts. Er benutzt seine peinlich genauen Untersuchungen und seinen gesunden Menschenverstand und kommt zu Entscheidungen, die Stammaktien selbst zu kaufen, sei es die von 20th Century Industries, dem Versicherer in Kalifornien, oder National Service Industries, dem Unternehmen in Georgia, das Lampen und Zubehör herstellt, oder er verhandelte über den Erwerb von Teilen von Unternehmen, wie beispielsweise Bowery Savings of New York, an der Berkshire von 1985 bis 1987 beteiligt war.

Halten und Abstoßen

Damals, als Buffett sich entschied, Aktien der Washington Post Company zu kaufen, hatte er mit Cliff Hayes, einem Broker in Omaha zu tun, der heute bei Wallace Weitz & Co. in Omaha arbeitet. Hayes erinnert sich: „Er hat mich gebeten, die Aktien der Washington Post zu kaufen." Als Hayes ihn fragte, zu welchem Kurs er zu kaufen versuchen sollte oder wie viele Aktien er kaufen sollte, sagte ihm Buffett nur: ‚Ich glaube, Sie verstehen mich nicht - ich will einfach nur kaufen.' Von mir wurde schlicht und ergreifend erwartet, daß ich bei diesen Käufen mein Bestes gab. Wir kauften ein Drittel oder die Hälfte des Tagesumsatzes und hielten uns dann zurück."

Hayes sagte, daß man sich einig war, daß der Käufer den Markt nicht mit großen Aufträgen verärgern oder auf einen großen Käufer im Hintergrund aufmerksam machen sollte.

In Anlehnung an einen Bibelvers sagte Buffett: „Es gibt eine Zeit zu bieten und es gibt eine Zeit, es einfach zu nehmen."

Führt gesunder Menschenverstand an der Börse immer sofort zum Ziel? Nein. „Als wir anfingen, die Post-Aktien zu kaufen, zahlten wir (1973) 20 $, und als wir damit fertig waren, zahlten wir nur noch 12 $", erinnert sich Hayes.

Obwohl Buffett ein großer Käufer war, verloren die Aktien der Post ständig an Wert. Langfristig gesehen war das für Buffett besser.

„Heute wickelt er einen Großteil seiner Käufe und Verkäufe über Salomon ab - aber er hat mich oft gebeten, kleinere Positionen zusammenzustellen, manchmal über einen Zeitraum von zwei oder drei Jahren hinweg", sagte Hayes. „Ich kaufte für ihn GEICO... Wir kauften Körbe von Aktien, als dieses Unternehmen beinahe pleite war." Und wiederum kaufte Hayes einen ansehnlichen Anteil des Tagesumsatzes, aber nicht so viel, daß man an der Börse einen großen Käufer entdecken konnte.

Was die Frage der Geheimhaltung der Käufe anbelangt, so war man sich darüber einig, daß man Stillschweigen bewahrte. „Er sagte nicht, daß wir es geheimhalten sollten. Es lag eigentlich in der Natur der Sache, nichts darüber zu sagen", sagte Hayes und fügte hinzu, daß man sich auch darüber klar war, daß alles korrekt ablaufen müsse. „Frontrunning war für uns nie ein Thema." Hayes erzählte, wenn irgendetwas schiefgelaufen wäre, dann wäre es das beste gewesen, Buffett sofort davon zu unterrichten und nicht zuzulassen, daß das Problem sich noch verschlimmerte. Einmal drang irgend etwas darüber nach außen, was Buffett kaufte, und Hayes berichtete es Buffett sofort. Hayes kaufte und verkaufte noch viele Jahre lang für Buffett.

Andere Broker jedoch, die Buffett nicht sofort von aufkommenden Problemen erzählten, wurden nicht weiter beauftragt. „Er ließ sie fallen", sagte Hayes.

Hayes betonte, daß es sehr selten sei, daß bei einem Broker vertrauliche Sachen nach außen dringen, aber es könne vorkommen, wenn die Aufträge an den Floortrader übermittelt werden oder irgendein anderer, der mit einem Verkauf oder Ankauf von Aktien etwas zu tun hat, nicht dichthält.

Buffett hatte sich zur Regel gemacht, wenn er in New York ist, in dieser hektischen Stadt, nicht zu traden. Er tradet seine Käufe und Verkäufe in der Ruhe und im Frieden von Omaha.

Das Geschäft mit den Marktführern

Buffett entdeckte schon sehr früh die Bedeutung von Marktführern. Ein Marktführer ist ein Unternehmen, das einen Markt aus irgendeinem Grund dominiert - ein führendes Unternehmen wie beispielsweise Pinkerton´s in einem Markt, in den man nur sehr schwer einbrechen kann. Es kann eine Zeitung mit einer Monopolstellung sein so wie die Washington Post, oder ein starker Markenname wie beispielsweise General Foods - eine Aktie, die Buffett jahrelang gehalten hat, bis er sie mit großem Gewinn verkaufte, als Philip Morris General Foods in der Mitte der 80er Jahre aufkaufte - oder der ultimative Markenname Coca-Cola - es ist immer ein Unternehmen, das seinen Konkurrenten gegenüber einen besonderen Vorteil hat. So ein Unternehmen ist so hervorragend, daß es für diejenigen, die damit konkurrieren wollen, schwierig ist, selbst ins Geschäft zu kommen.

Besonders in den letzten Jahren hat Buffett immer wieder versucht, Unternehmen mit außerordentlich starker Marktposition zu finden, uneinnehmbare, doch unentdeckte Marktführer. Ein Musterbeispiel dafür sah Buffett in Zeitungen mit Monopolstellung. Er erklärt:

„Der Test für einen Marktführer ist, wenn man sich vorstellt, was ein kluger Junge mit sehr viel Geld ausrichten könnte, wenn er versuchte, in diesen Geschäftsbereich einzusteigen. Wenn man mir 1 Mrd. $ gäbe und dazu die 50 besten Manager der Vereinigten Staaten, könnte ich sowohl in der Geschäftswelt als auch im Bereich des Journalismus absahnen. Wenn Sie aber sagten, ich solle das Wall Street Journal auseinandernehmen, dann würde ich Ihnen die Milliarde wieder zurückgeben. Nicht sehr gern, aber ich würde sie zurückgeben.

Wenn Sie mir aber einen ähnlichen Betrag gäben und mir sagten, ich solle die Rentabilität oder die Marktposition der Omaha National Bank (Vorgänger von FirsTier Bank) oder des führenden Kaufhauses in Omaha schwächen, dann könnte ich diese leicht in Schwierigkeiten bringen. Dabei könnte ich wahrscheinlich nicht sehr viel für Sie tun außer Ihnen große Sorgen bereiten. Der wirkliche Test eines Unternehmens ist, wieviel Schaden ein Konkurrent anrichten kann, auch wenn er dumm genug ist, nicht zu wissen, was er mit seinen Gewinnen anfangen soll.

Es gibt einige Unternehmen, die einen sehr breiten Wassergraben um sich herum gebaut haben und darin Krokodile, Haie und Piranhas schwimmen lassen. So ein Unternehmen ist erstrebenswert. Man sollte Unternehmen suchen, die, und jetzt gehe ich in meine Zeit zurück, noch nicht einmal von Johnny Weissmüller eingenommen werden könnten, wenn er in einer Rüstung durch diesen Wassergraben schwimmen wollte. Es gibt solche Unternehmen. Manchmal stehen sie jedoch unter starker Regulierung. Würde mir das einzige Wasserwerk in Omaha gehören, dann würde ich gut damit zurechtkommen, wenn ich nicht unter staatlicher Aufsicht stünde. Man sollte also ein Wasserversorgungsunternehmen suchen, das nicht unter staatlicher Aufsicht steht. Der Trick ist, welche zu finden, die auch noch niemand anderes entdeckt hat. Was man sich wirklich wünscht, ist eine bisher unentdeckte Fernsehstation oder Zeitung.

Der Grund, weshalb man sich eine Fernsehstation oder Zeitung mit Monopolstellung wünschen sollte, ist der, daß die meisten anderen Unternehmen diese benutzen müssen, um werben zu können. Das läuft etwa auf das hinaus, was Buffett unter „Lizenzgebühren auf den Umsatz der anderen" versteht - Zahlungen, mit denen jedes andere Unternehmen der Stadt rechnen muß. Und wenn man die einzige Zeitung, die einzige Fernsehstation oder die einzige Radiostation in einer Stadt besitzt, dann muß man einfach einen großen Teil des Anzeigengeschäfts bekommen.

Dies war ein wichtiger Grund, auch wenn ihn nicht jeder in den 70er Jahren verstanden hat, daß Buffett Aktien wie The Washington Post Co., Time Inc., Knight-Ridder Newspapers, Media General, Multimedia und Affiliated Publications, die den Boston Globe besitzen, kaufte.

Andere große Marktführer, die Buffett erkannt hatte, sind die großen Werbeagenturen. Zu diesen großen und internationalen Werbeagenturen müssen die weltweit agierenden Unternehmen kommen, wenn sie werben wollen.

IBM, Coca-Cola oder General Motors bestehen auf weltweiten Werbefeldzügen, und diese Unternehmen haben keine Lust, sich mit 100 verschiedenen Werbeagenturen in 100 verschiedenen Ländern abzugeben. Statt dessen gehen sie zu Ogilvy & Mather oder Interpublic Group, zwei Unternehmen, mit denen Buffett große Gewinne machte, bevor er sie 1985 verkaufte, als er glaubte, ihre Verdienste seien nun überall anerkannt. Buffett kam aber auch noch zu einer anderen Erkenntnis: Es gibt eine ganze Reihe von schlechten Unternehmen, und von denen sollte man sich am besten fernhalten.

Buffett hielt sich beispielsweise von der großen Schwerindustrie fern, die dauernd neue Investitionen benötigt, von Unternehmen mit wachsender Konkurrenz, steigenden Personalkosten und immer größer werdendem Kapitalbedarf (außer US Airways).

Buffett sucht genau das Gegenteil solcher Firmen - es gibt einige gute Unternehmen ohne großen Kapitalbedarf, Unternehmen, die wenig Konkurrenz haben und deshalb mit Geld geradezu um sich werfen können.

Einen Teil eines Unternehmens kaufen

Buffett sieht die Börse als eine Möglichkeit, Vermögenswerte zu erwerben, die einen ständigen Geldstrom produzieren. Er kann zu einem guten Kurs kaufen, weil er nur einen Teil dieser Unternehmen kauft - nicht das ganze Unternehmen, denn dann müßte er einen Aufpreis zahlen.

Wenn ein ganzes Unternehmen zum Verkauf ansteht, dann kann jeder diese Möglichkeiten erkennen, und die Firma wird meistens zu ihrem vollen Wert an den besten Bieter verkauft.

An der Börse ist es anders: Man kann Aktien kaufen, also Teile dieses Unternehmens, oft ganz unbemerkt ohne große Konkurrenz. Und was noch viel besser ist: Man kann in der Zeit, in der man die Aktien kauft, auch noch auf den Kurs Einfluß nehmen. Wie Buffett sagt, kann man auf den richtigen Augenblick warten und dann zuschlagen.

Buffett benutzt bei seinen Erklärungen gern Vergleiche. Hier einer aus der Welt des Baseballs: „Kapitalanlage ist das großartigste Geschäft der Welt, weil man nie ausholen muß. Man steht auf dem Schlagmal, und der Werfer wirft: General Motors zu 47 $! U.S. Steel zu 39 $! Und niemand zwingt einen, zu schlagen. Es gibt keine Strafe außer einer verpaßten Gelegenheit. Man wartet den ganzen Tag auf den Wurf, der einem gefällt. Und dann, wenn die Feldspieler schon schlafen, dann schlägt man zu" (*Forbes*, 1. November 1974).

Das ist für Buffett der Reiz der Börse. Er erklärt: „Wenn ich eine Aktie kaufe, dann denke ich so, als ob ich das ganze Unternehmen kaufen würde, genauso, als ob ich den Laden unten an der Straße kaufen würde. In diesem Fall möchte ich alles über diesen Laden wissen. Ich meine damit, ich schaue nach, was Walt Disney in der ersten Hälfte von 1966 an der Börse wert war. Der Kurs lag bei 53 $, und das war nicht besonders billig, aber auf dieser Basis hätte man das ganze Unternehmen für 80 Mio. $ kaufen können, als ‚Schneewittchen', Fantasia' und andere Zeichentrickfilme, die schon abgeschrieben waren, allein soviel wert waren. Zusätzlich hatte man dann noch Disneyland und Walt Disney, ein Genie, zum Partner."

Buffetts riesiges Netzwerk von gut informierten und einflußreichen Freunden war auch immer sehr hilfreich. Buffett hat immer selbständig gedacht - es kann aber nicht schaden, die Aussichten einer Fernsehstation mit Tom Murphy zu diskutieren, mit Laurence Tisch über eine ganz normale Anlage zu plaudern oder sich mit Jack Byrne über Versicherungen zu unterhalten.

Menschenkenntnis

Auch wenn Buffett genau weiß, wie das Geschäftsleben funktioniert, hat er möglicherweise ein noch viel größeres Verständnis von der Natur des Menschen. Er durchschaut Menschen schnell und genau; seine Einschätzung ihrer Fähigkeiten, Motive und Ambitionen ist fast immer richtig. Einen erstklassigen Menschen erkennt er sofort und einen Betrüger ebenso schnell.

Beweis: Er war einer der wenigen Menschen, die herausfanden, daß Larry King aus Omaha nicht das war, für das die Leute in der Stadt ihn hielten. King, Manager und Finanzverwalter der Franklin Community Federal Credit Union, erklärte sich schuldig und sitzt nun 15 Jahre ab, weil er 1988 an Franklins Zusammenbruch und dem Verschwinden von 39 Mio. $ beteiligt war.

Das Magazin GQ schrieb in seiner Ausgabe vom Dezember 1991 über King: „Nur wenige Leute in Omaha wiesen Larry King die Tür. Einer von denen, die es taten, war Warren Buffett... 1978 bat King Susan Buffett, anläßlich seines zehnten Hochzeitstags mit seiner Frau Alice in ihrem Haus eine Party zu geben. Das echte war Chuzpe, selbst nach den Maßstäben von Larry King. Susan Buffett war bereit, aber ihr Ehemann sagte nein. „Ich wußte, daß King ein Schwindler war", sagte Buffett, „und ich glaube, daß er wußte, daß ich es wußte. Ich bin wahrscheinlich der einzige in ganz Omaha, den er nie um Geld anging." Wie konnte Buffett das wissen? „Es war so, als hätte er an seiner Stirn ein großes Schild, auf dem stand: Schwindler, Schwindler, Schwindler."

Vermeide Technologie und Drugstores

Einmal fragte ein Aktionär, was Buffett von Pharmaaktien hielte. Buffett meinte, das sei nichts, worin Berkshire Erfahrungen hätte. (Natürlich war das, bevor Buffett 1993 einige Bristol-Myers-Squibb-Aktien kaufte). Und Buffett fügte hinzu: „Das bedeutet nicht, daß es nicht auch einige gute gibt."

Buffett meinte damit, daß Berkshire mit Aktien der Pharmaindustrie keine Erfahrungen hatte, Merck jedoch ein hervorragendes Unternehmen sei. Aber Buffett kann nicht vorhersagen, welches Medikament ein Sieger sein wird und welches einen Rattenschwanz von Klagen hinter sich herziehen kann.

In gewisser Weise gleichen Pharmaaktien der für Buffett verbotenen Kategorie von Technologieaktien, deren Performance er nicht vorhersehen kann, weil er sich mit der gegenwärtigen Technik nicht besonders gut auskennt und noch viel weniger mit den Technologien künftiger Konkurrenten. Buffett würde sagen, daß es andere gibt, die über Technologie und Pharmazie besser urteilen können - wobei er sich auch nicht sicher ist, ob deren Urteil so gut ist. Dieser Bereich ist für einen sensiblen Investor, der versucht, Risiken und Vermutungen auszuschalten, viel zu undurchschaubar.

Schulden sind Gift, Bargeld ist gut

Buffetts nur sporadische Inanspruchnahme von Krediten war von Anfang an eines seiner Markenzeichen. Wenn viele andere in der Welt der Kapitalanlage, sich vollbeladen mit Schulden in einer Krise befinden, die zu einer Panik führt, dann steht Buffett ganz ruhig da, hat keine oder nur sehr geringe Darlehen aufgenommen und hält eine „mit Bargeld geladene Kanone", um seltene und schnelle Elefanten zu erlegen.

Wenig Schulden und viel flüssiges Geld geben ihm die Möglichkeit, sehr schnell zu reagieren, wenn eine gute Anlagemöglichkeit in sein Blickfeld gerät. Er muß keine Banker anrufen und um einen Kredit bitten. Nach gründlichen Nachforschungen in den 50er Jahren kaufte Buffett Western Insurance zu 16 $ je Aktie, als auch der Jahresgewinn pro Aktie bei 16 $ lag, und in ähnlicher Weise National American Insurance (*Forbes*, 1. November 1969).

„Dann fand er 1962 Gurdon Wattles American Manufacturing, das mit einem Abschlag von 40 % auf seinen Wert gehandelt wurde. ‚Aber wenn man zu Wattles von American Manufacturing ginge oder zu Howard Ahmason von National American Insurance und sie fragte, ob man nicht eine Partnerschaft eingehen könnte, dann könnte man nicht einmal zu einem Kurs/Gewinn-Verhältnis von eins einsteigen', sagte Buffett Forbes.

Wenn er bei seiner Lektüre auf etwas stößt, dann stellt er ein paar Nachforschungen an. In einem Fall 1965 verbrachte Buffett fast einen Monat damit, die Tankwagen an einer Autobahnraststätte in Kansas City zu zählen. Er hatte allerdings nicht im Sinn, Aktien von Eisenbahnen zu kaufen. Wegen STP, einem äußerst erfolgreichen Treibstoffzusatz, war er an der alten Studebaker Corp. interessiert. Das Unternehmen wollte ihm nicht sagen, wie gut das Produkt lief. Buffett wußte aber, daß der Grundstoff für STP von Union Carbide kam, und er wußte, wieviel man davon brauchte, um eine Dose STP herzustellen. Deshalb das Zählen der Tanklastwagen. Als die Transporte zunahmen, kaufte er die Aktien von Studebaker, die anschließend von 18 auf 30 $ stiegen."

Bei Gelegenheit fragte Buffett die Taxifahrer in Omaha, wie denn die Geschäfte liefen. Er hält immer die Augen offen, fragt, liest und schaut nach Anlagemöglichkeiten.

Nicht zu stark diversifizieren

Trotz seiner konservativen und auf Sicherheit bedachten Art ist Buffett aber auch zu bemerkenswerter Kühnheit fähig, wenn er eine gute Gelegenheit erkennt. Das bedeutet nicht, daß er seine Vorsicht in den Wind schießt- mit seiner intensiven Suche ist er dann vielmehr auf ein Investment mit hervorragenden Aussichten gestoßen.

Kein Investment ist eine sichere Sache - auch Berkshire nicht - und als er anfangs einen so großen Teil seines Vermögens auf American Express und die Washington Post setzte, da mußte er recht haben.

Sei kühn und einfallsreich sein, wenn der dicke Fisch kommt.

Später in seinem Leben und ganz gleich, wie reich er dann schon war, war es sehr kühn, 1 Mrd. $ zu nehmen und damit Aktien zu kaufen, auch wenn es um Coca-Cola ging, das damals Schwächen zeigte.

Außer seiner Kühnheit verfügt Buffett über eine gehörige Portion Originalität. Was sonst ist es, wenn Buffett zu einer Zeit, als die Branche sich fürchtete, Angestellte und Geschäftsführer gegen Gewährleistungsansprüche zu versichern (weil sie das Risiko nicht einzuschätzen wußte und auch nicht wie die Gerichte urteilen würden), in einer Fachzeitschrift eine Anzeige veröffentlicht, die besagt, daß Berkshire bereit ist, solche Versicherungen abzuschließen?

„An alle, die jetzt schon mehr als eine Million Dollar für ihre Gewährleistungspflichten bezahlen oder dazu bereit sind - Sie sagen uns, wie hoch die Deckungssumme sein soll und welche Prämie Sie zu zahlen bereit sind - und wir sagen Ihnen, ob wir dieses Risiko abdecken."

Vielleicht kommt Buffett deshalb immer mit neuen Ideen, wie man Versicherungen verkaufen kann, weil er sich mit diesem Geschäft auskennt. Im Herbst 1990, als die Krise der Spar- und Kreditbanken und die Bankenprobleme insgesamt die Titelseiten der Zeitungen füllten, machte er den Vorschlag, der Regierung zu Hilfe zu kommen und die Konten der Sparer zu versichern - private Versicherer sollten einen Teil der Verantwortung übernehmen.

„Wir brauchten ein System, das die Fähigkeit privater Versicherungsgesellschaften, Risiken zu bewerten, mit der Fähigkeit der Regierung, diese Risiken zu übernehmen, verbindet. Versicherungspartnerschaften, deren Ausgestaltung von der Größe der Bank abhängt, scheinen mir der Weg zu sein, den man einschlagen muß", schrieb er in einem Artikel für die *Washington Post*.

Später sagte Buffett, daß Berkshire solche Versicherungen gern abschließen würde. Über die Jahre hinweg legte Buffett sein Kapital in Unternehmen ein, die von Versicherungsunternehmen über R. J. Reynolds und Philip Morris zu National Presto, dem Hersteller von Dampfdruckkochtöpfen und Haushaltsgeräten, bis zu National Service Industries reichten.

Auch Handy & Harman gehörten dazu, ebenso wie 20th Century Industries, General Foods, Affiliated Publications, Interpublic Group, Time Inc., City National Corp., Melville Corp., die Bankenholding in Beverly Hills, und der Hersteller von Tiernahrung Ralston Purina.

Hat Buffett nicht auch ein paar Fehler gemacht? Ja. Anfangs hat er viel zu sehr darauf geachtet, daß er wirklich billige Unternehmen kaufte. Sie erinnern sich daran, daß Berkshires Textilgeschäfte nicht funktionierten.

Am 18. Oktober 1993 sagte er Forbes, daß er 2 Mrd. $ verschenkt habe, weil er nicht genügend Fannie Mae gekauft und dann sein kleines Paket zu früh verkauft hatte. „Es war eigentlich einfach zu analysieren. Es lag innerhalb meines Kompetenzbereichs. Doch aus irgendeinem Grund stieg ich aus. Ich wünschte, ich könnte Ihnen eine bessere Antwort geben."

Er sagte auch, er habe Aktien von Affiliated Publications verkauft, weil er den Wert von Affiliated für McCaw Cellular nicht richtig verstanden hatte. „Das Spiel mit den Batterien habe ich verpaßt, weil Batterien außerhalb meines Kompetenzbereichs liegen."

Doch Buffett hat immer noch sehr großes Vertrauen in seine Überlegungen. Oft schreiben ihm irgendwelche Leute und teilen ihm Ihre Ideen über Kapitalanlagemöglichkeiten mit und er antwortete oft: „Mit meiner Idee und Ihrem Geld werden wir es schaffen."

Trotz all seiner großen Leistungen war Buffett dem Normalbürger immer noch nicht bekannt und auch in der Geschäftswelt kannte ihn nicht jeder, bis er in den Vordergrund trat, um den Skandal bei Salomon beizulegen.

Am 12. Oktober 1986 rief Alan Gersten, ein Reporter des Omaha World-Herald, einen leitenden Angestellten bei Burroughs an, um ihn darüber zu informieren, daß Buffett 9,9 % der Aktien seines Unternehmens besaß, eine Arbitrageposition, die Buffett bald danach wieder verkaufte. Der Sprecher fragte: „Wer ist Warren Buffett?" Und diese Frage stellte man auch noch, als Buffett der Interimsvorsitzende von Salomon wurde.

Wegen seines enormen Wissens wird Buffett oft um seinen Rat (und um sein Geld) gebeten. Als man bei Salomon überlegte, ob man für RJR Nabisco mitbieten solle, rief der Vorsitzende von Salomon, Gutfreund, Buffett an und bat ihn um Rat. „Ich will Ihnen sagen, weshalb mir die Zigarettenbranche gefällt", sagte er. „Das scheint mir ein ideales Geschäft zu sein, wobei das Produkt selbst nur ein paar Cents kostet. Man verkauft es für 1 $, es macht abhängig, und es gibt eine fantastische Markentreue."

Gutfreund fragte, ob Buffett mit Salomon zusammen in den Deal einsteigen wollte. Dieses Mal nicht, sagte Buffett, weil er sich nicht mit Zigaretten, den todbringenden Glimmstengeln, identifizieren wollte. „Ich muß nicht unbedingt auch noch eine Zigarettenfabrik besitzen." Ein Arzt, der auch Berkshire-Aktionär ist, sagte dazu, daß er das sehr richtig fände. Daher: Coke.

Salomon gab daraufhin ein eigenes Angebot ab, aber schließlich bekam Kohlberg, Kravis & Roberts den Tabakgiganten.

Buffett hat seine eigenen Ansichten darüber, wie man Kinder erzieht und welche Lektionen sie lernen sollten. Seine bekannteste Meinung, die von vielen Eltern als exzentrisch angesehen wird, ist die, daß die Kinder von ihren Eltern keinen großen Reichtum erben sollten. Er ist davon überzeugt, daß den Kindern genügend fürs Notwendige hinterlassen werden sollte, aber es sollten keine wirklich großen Beträge sein. Buffett sagte, er weigere sich, seinen Kindern „Lebensmittelmarken, die ein ganzes Leben lang ausreichen, zu hinterlassen, nur weil sie die richtige Mutter hatten."

Susan erinnert sich, daß sie einmal einen Autounfall hatte und dies ihrem Vater beichten mußte: „Er las gerade Moody's. Ich sagte ihm, ich hätte einen Autounfall gehabt, und er fragte mich nur, ob jemand verletzt sei. Das verneinte ich. Später kam er zu mir und meinte, der andere sei immer der Schuldige. Was er eigentlich sagen wollte, war, daß ich defensiver fahren sollte."

Buffett lehrte sie auch andere Dinge. Als die kleine Susan einmal von ihm Geld leihen wollte, schlug er ihr vor, sie sollte doch zur Bank gehen.

Und Howard Buffett sagte, sein Vater sei völlig auf Finanzangelegenheiten fixiert: „Wenn er zu mir kommt (als Howard noch eine Farm hatte) und sieht, daß ich 30.000 $ für einen Traktor investiert habe, dann macht ihn das verrückt, ganz besonders dann, wenn er weiß, daß ich dafür einen Kredit mit 15 % Zinsen aufgenommen habe. Es wäre mir aber sehr schwer gefallen, meinen Lebensunterhalt zu verdienen, wenn ich nicht einen John-Deere-Traktor in der Garage gehabt hätte."

Buffett kann sich so sehr auf etwas konzentrieren, daß er gelegentlich geistesabwesend erscheint und für einen Augenblick auch vergißt, während der Nationalhymne seine Baseballmütze abzunehmen.

Susan erinnert sich, daß ihre Mutter einmal krank gewesen sei und Buffett gebeten habe, in die Küche zu gehen und ihr eine Pfanne zu bringen. Er ging in die Küche und brachte ihr ein Sieb. Seine handwerkliche Ungeschicktheit und die Geschichten seiner Kinder über seinen Geiz sind die Höhepunkte der Kritik an Buffett vor der Salomon-Krise. Hinter seinem Rücken nennen ihn die Leute gelegentlich Mr. Rogers oder Jimmy Stewart, ein eher eifersüchtiger Seitenhieb auf seine kindliche Ehrlichkeit. Obwohl er in seinem Privatleben oft geistig abwesend erscheint, ist er in geschäftlichen Dingen immer voll bei der Sache und kann sich mit ganzer Kraft konzentrieren.

Buffett hält nichts davon, daß sich die Vorsitzenden vieler Unternehmen zu weltanschaulichen Dingen äußern. Und so gab Buffett 1981 bekannt, daß jeder Berkshire-Aktionär 2 $ - im Verlauf der Jahre wurde dieser Betrag auf 16 $ je Aktie 1997 erhöht - der Spenden, die Berkshire aufwendete, einem Wohlfahrtsverband seiner Wahl geben könnte. „Viele Unternehmen verdienen nicht soviel oder setzen nicht soviel um wie wir verschenken", sagt Bill Scargle, ein Berkshire-Aktionär. 1991 schätzte Buffett, daß, wenn jeder Aktionär seinen Beitrag leistete, die 2 Mio. $ an Spenden Berkshires Vermögen um etwa 1 Mio. $ mindern und ungefähr 0,25 % des Jahresgewinns ausmachen würden.

1997 beliefen sich die Spenden auf 15,4 Mio. $ und gingen an 3.830 wohltätige Einrichtungen.

Und so verfährt Berkshire mit seinen Spenden: „Jeder Berkshire-Aktionär kann - auf der Basis seiner Anteile an Berkshire - entscheiden, wer von unserem Unternehmen mit Spenden bedacht werden soll. Er benennt die Einrichtung - Berkshire stellt den Scheck aus."

Die meisten Spenden erhielt die Buffett Foundation.

Wenn Buffett potentielle Unternehmenskäufe prüft, und damit hat er wohl den größten Teil seines Lebens verbracht, gibt es für ihn drei Kriterien. Erstens: Die wirtschaftlichen Daten des Unternehmens müssen stimmen. Zweitens: Das Unternehmen muß ein fähiges vertrauenswürdiges Management haben, Drittens: Es muß eine Branche sein, die ihn interessiert.

Das klingt einfach, leicht und vernünftig, nicht wahr? Genau das ist der Punkt.

Aktien zurückkaufen

Buffett wurde oft gefragt, ob es die Möglichkeit gebe, daß Berkshire seine Aktien zurückkauft. Buffett hat keine Probleme damit, seine eigenen Aktien zurückzukaufen.

Aber statt einfach nur Aktien zurückzukaufen ohne zu überlegen, wählt er lieber den Weg des gesunden Menschenverstands. Natürlich müßte er die Aktien zu einem guten Kurs zurückkaufen können, und falls Berkshire zu einem niedrigen Kurs gehandelt würde, dann ist es sehr wahrscheinlich, daß dies zu einer Zeit wäre, wenn andere Aktien noch wesentlich günstiger gehandelt würden.

Auf der Jahresversammlung 1991 sagte er: „Wir gehen immer dorthin, wo wir für unser Geld am meisten bekommen."

Vor allem sollte man Drachen aus dem Weg gehen

Bei vielen Gelegenheiten hat Buffett gesagt, er würde Drachen lieber aus dem Weg gehen als mit ihnen kämpfen. Das ähnelt dem Rat der Elektrizitätsgesellschaft: Ruf an, bevor du in der Erde gräbst. Einigen Problemen geht Buffett lieber aus dem Weg, aber er lobt seinen Freund Jim Burke, den früheren Vorsitzenden von Johnson & Johnson, der bekannt dafür ist, daß er sich den Problemen stellt: „Ich würde sagen, Jim Burke ist ein Aktivposten für das ganze Land... Es gibt viele Menschen, die haben Motoren mit 500 PS, von denen sie allerdings nur 100 PS auf die Straße bringen. Jim jedoch hat einen Motor mit einer Kraft, die so stark ist, wie die eines jeden anderen; der Unterschied ist nur, daß er mit einem Wirkungsgrad von 100 % läuft... Er arbeitet gerne an Problemen - ich versuche, Probleme zu vermeiden."

Einmal wurde Buffett gefragt, wie er seinen Tag verbringe. „Nun, zuerst einmal steppe ich zur Arbeit. Und dann setze ich mich an den Schreibtisch und lese. Und dann telefoniere ich sieben oder acht Stunden lang. Und dann nehme ich mir noch mehr zu lesen mit nach Hause. Und am Abend telefoniere ich wieder... Wir lesen sehr viel. Wir haben eine bestimmte Vorstellung davon, wonach wir suchen. Wir suchen nach Siebenfüßlern. Das ist eigentlich alles", erzählt Buffett über seine Suche nach den Superstars der Wirtschaft.

Bei wichtigen Entscheidungen muß man sich absolut sicher sein

Bei vielen Gelegenheiten sagte Buffett, daß jeder Investor eine „Entscheidungs-Karte" mit nur 20 Punkten haben sollte. Die müßte für ein ganzes Leben ausreichen. Buffetts Erfolg beruht darauf, daß er bei wenigen Entscheidungen richtig gelegen hat.

Buffett machte eine Reihe kleinerer Fehler und hätte nur eine knapp überdurchschnittliche Performance, hätte er nicht die ganz großen Entscheidungen getroffen, zur richtigen Zeit große Anteile an American Express, der *Washington Post*, GEICO und Coca-Cola zu kaufen.

Wie er auf der Jahreshauptversammlung 1994 anmerkte, sucht er nach Heuhaufen und nicht nach den Nadeln in einem Heuhaufen.

„Ich versuche, jedes Jahr eine große Idee zu verwirklichen."

Vergessen Sie die Mathematik

Robert Greene, Aktienbroker bei Robinson-Humphrey in Macon, Georgia, kennt Buffetts Mißtrauen gegenüber Rechenformeln. Deshalb schickte er Buffett einmal einen Bericht, der eine außerordentlich komplizierte Formel enthielt, mit der man das Zinsrisiko bei festverzinslichen Wertpapieren errechnen konnte.

Buffetts Antwort: „Vielen Dank für diese Geheimformel. Damit sollte Berkshire in der Lage sein, die Welt zu erobern."

70

PRESSENOTIZEN

Insgesamt ist die Presseberichterstattung über Buffett voll des Lobes und im allgemeinen - aber nicht immer - wahrheitsgetreu." Manchmal spekulieren einige Reporter, die darauf versessen sind, an Buffett Fehler zu entdecken, daß er sich mit Berühmtheiten umgibt, ein paar teure Anzüge besitzt und gelegentlich auch in einem teuren Hotel übernachtet. Und manchmal wird er in einem Artikel auch Millionär genannt. Stimmt, aber nicht ganz.

In den ersten Jahrzehnten seiner Karriere wurde in der Presse sehr wenig über Buffett berichtet. Die Leute, die ihn kannten, waren sich seiner hervorragenden Fähigkeiten bewußt, aber er war so publikumsscheu oder zumindest suchte er sich sein Publikum selbst aus, daß die Presse immer zu spät über ihn berichtete.

Buffett gibt nur selten Interviews, und wenn er Aktien kauft oder verkauft - oder Anzüge -, dann schreit er das nicht in die Welt hinaus.

In den 60er und 70er Jahren berichteten der *Omaha World-Herald* und das *Wall Street Journal* über ihn und nannten Buffett ein Investmentwunderkind. Der erste größere Artikel über Buffett wurde von Robert Dorr am 29. Mai 1966 im *Omaha World-Herald* veröffentlicht.

„Ich war damals als Wirtschaftsredakteur zuständig. Ich hatte gehört, daß er seine Sache äußerst gut machte. In Omaha gab es Gerüchte über ihn. Ich entschied mich, über ihn einen Artikel zu schreiben, nahm mit ihm Kontakt auf, aber er sagte, daß er es eigentlich nicht wolle... Er war sehr widerwillig", erinnert sich Dorr. „Er sagte, er wüßte nicht, wie er mit der Presse umgehen sollte und daß es schwierig sein würde, einen wahrheitsgetreuen Artikel über das zu schreiben, was er mache."

Als Dorr ihm sagte, daß er den Artikel mit oder ohne seine Hilfe schreiben würde, las Buffett den Artikel und war ihm mit einigen Fakten behilflich. „Er korrigierte an einigen Stellen", sagte Dorr, der immer noch beim *Omaha World-Herald* arbeitet. „Ich glaube, ich war der erste, der jemals einen Artikel über ihn geschrieben hat."

In seinem Buch *Supermoney* (1972) schrieb Adam Smith ein sehr lobendes Kapitel über Buffetts Talent bei der Kapitalanlage. Und Jonathan Laing schrieb am 31. März 1977 einen langen Artikel für das *Wall Street Journal*. Buffetts Bekanntheitsgrad stieg in den 80er Jahren rapide an, als die Autoren Adam Smith und John Train seine Unternehmungen beschrieben.

In letzter Zeit sind einige Reporter wohl zu der Auffassung gekommen, daß Buffett zu berühmt sei. In einer Reihe von Artikeln begannen sie, an ihm herumzukritteln - o.k., in der Kapitalanlage ist er ein Genie, aber er hat auch einige Fehler.

Einer der ersten kritischen Artikel (über den Wert von Berkshire und nicht über Buffett) erschien in *Barron's*, wobei die Auffassung vertreten wurde, daß Berkshires Aktien weit überbewertet seien. Die Berkshire-Aktionäre waren allerdings der Ansicht, daß diese Story jeder Grundlage entbehre.

Im Zusammenhang mit dem Salomon-Skandal entdeckte die Presse Buffett fast über Nacht, und jeder schrieb Artikel, wobei einige die Ansicht vertraten, daß Buffett zu wenig Erfahrung hätte, ein Unternehmen zu führen. Es ist ziemlich eigenartig, wenn man das über jemanden schreibt, der sein eigenes Unternehmen gründete, Berkshire führt, jahrelang Berkshires Versicherungsgeschäft leitete und jahrelang mit Unternehmen wie der Washington Post Co. und den *Buffalo News* zu tun hatte. Außerdem spricht Buffett ständig mit den Managern von Berkshire.

Der größte Teil der Berichterstattung war wahrheitsgetreu. Im Institutional Investor (im Besitz von Cap Cities, heute Disney) erschien ein ausgewogener und detaillierter Artikel über Salomon (September 1991), und das kann man auch von der Titelgeschichte von Bernice Kanner behaupten, als sie im *New York Magazine* über die Salomon-Krise (9. Dezember 1991) schrieb.

Andere Artikel (beispielsweise *Business Week*, 17. Februar 1992) sagten, es sei richtig gewesen, daß Buffett sich entschlossen habe, Salomon zu retten. Aber in der Führung des Unternehmens hätte er keine klare Strategie vorgegeben, Kündigungen der Angestellten seien an der Tagesordnung, bezüglich der Bonuszahlungen sei die Unternehmenspolitik widersprüchlich und Buffett versuche fälschlicherweise, Salomon, das schließlich in New York seinen Sitz hat, von Omaha aus zu leiten. Darüber, daß Buffett wöchentlich nur einen Tag bei Salomon war, sagte Berkshires damaliger Finanzchef Verne McKenzie: „In Omaha gibt es auch Telefone."

Aber der Artikel, der den Buffett-Fans wirklich unter die Haut ging, war die Titelgeschichte der *New Republic* vom 17. Februar 1992, mit der Schlagzeile „Die Versuchung des heiligen Warren". Darin wurde Buffett von Autor Michael Lewis als „gefallener Engel" beschrieben.

Lewis, auch Autor von *Liar´s Poker*, der Salomons Exzesse detailliert in diesem Buch darstellte, vertrat die Theorie, daß Buffett, da er kein Heiliger sei, ein Sünder sein müsse. Allerdings hat Buffett zu keinem Zeitpunkt ein Gelübde abgelegt, in dem er sich zur Armut bekennt.

„Plötzlich gab es einen großen Unterschied zwischen dem, was der Moralist sagte, und dem, was er tat", schrieb Lewis und meinte damit, daß Buffett - ein Kritiker der Wall Street - plötzlich deren exzessives Verhalten akzeptiert hätte, weil Salomon mit Buyouts auf Pump, Junkbonds und all dem anderen handelte. Lewis portraitierte Buffett als jemanden, der sich auf einem moralischen Kreuzzug befand, um Salomon zu retten, obwohl Buffett nur sagte, er hoffe, das Stigma mit dem unehrlichen Paul Mozer zu verbinden und es von den guten Angestellten bei Salomon fernzuhalten.

Er sprach darüber, daß er die Unternehmenskultur bei Salomon ändern wolle, sagte aber nichts davon, daß er selbst ein Heiliger werden wolle, und an Buffetts Bemühungen, Salomon zu retten und damit auch Berkshire zu helfen, ist auch nichts falsches. Lewis jedoch unterstellte Buffett, daß seine Anstrengungen nur dazu dienten, Berkshires Geld, das bei Salomon war, zu retten.

Lewis behauptete, daß Buffett als Beweis für die Methode des schnellen Dollars, die er von der Wall Street übernommen habe, sich in letzter Zeit als Arbitrageur mit Spekulationen über anstehende Unternehmensübernahmen beschäftigt habe.

Munger, der vom *Omaha World-Herald* am 12. Februar 1992 interviewt wurde, sagte, bei Berkshire gäbe es keine Regel, daß man nur angfristig investiere. Er sagte weiter, daß Buffett auch in den vergangenen 40 Jahren schon Arbitragegeschäfte bei öffentlich bekanntgegebenen Übernahmen getätigt habe und dies auch schon oft gesagt habe. Auch in seinen Jahresberichten von Berkshire hatte Buffett erklärt, daß Berkshire von Zeit zu Zeit Arbitragegeschäfte tätige.

Weiterhin portraitierte Lewis Buffetts finanziellen Erfolg als reine Glückssache, so als ob jemand 40mal eine Münze würfe und immer wüßte, ob es Wappen oder Zahl werden würde.

Allan Sloan von *Newsday* sagt, daß Buffett natürlich kein Heiliger sei. „Niemals hat er gesagt, daß er kein Geld verdienen wolle." Und manchmal, insbesondere bei Gutfreund (nach Sloans Meinung gerechtfertigterweise) kann Buffett mit Menschen sehr hart umgehen. Wenn Buchhalter und Broker nicht seiner Meinung sind, dann läßt er sie von jetzt an gleich fallen. „Aber er ist ein ehrenwerter Geschäftsmann", sagte Sloan.

In dem Interview mit dem *Omaha World-Herald* sagte Munger auch, daß Buffett sich nicht geändert habe und auch kein „gefallener Engel" sei. „Ich kenne viele Menschen schon eine ganze Zeitlang. Ich würde sagen, daß sich Warren in vielen Jahrzehnten weniger verändert hat als jeder andere, den ich kenne."

Auf der Berkshire-Jahreshauptversammlung 1995 wurde Munger gefragt, inwieweit sich Buffett in den Jahren verändert habe. Munger antwortete: „Ungefähr um sechs Kilo... Aber man muß ihn schon genau kennen. Er (Lewis) behauptet, daß Buffett seine Seele verloren habe. Er denkt, in der Art, wie Warrens Gehirn funktioniert, habe es eine große Veränderung gegeben, aber tatsächlich trifft das überhaupt nicht zu."

Und dann wies Munger auf eine ganze Reihe von Fehlern in dem Artikel von Lewis hin. Lewis habe beispielsweise behauptet, Buffett hätte sich überlegt, das Ross-Johnson-Gebot für RJR Nabisco zu unterstützen. Munger stellte richtig, daß Berkshire es abgelehnt habe, sich an der RJR Übernahme aktiv zu beteiligen.

Und ganz betont sagte Buffett: „Ich habe weder Ross Johnson oder irgend jemand anderem, der an dem RJR-Buyout beteiligt war, meine finanzielle Hilfe angeboten noch sie gewährt. Berkshire wurde von Hanson Industries gebeten, bei einem früheren Gebot mitzumachen, wir haben es aber abgelehnt. Salomon entschied sich, Johnson zu stützen und ich war der Meinung, daß diese Transaktion bei 90 $ je Aktie über die Bühne gehen könnte. Weder ich noch irgendwelche anderen Aufsichtsräte außerhalb des Hauses wurden wegen der weiteren Eskalation der Kurse konsultiert...

An einem Sonntag 1988 wurde ich in Omaha von Salomon angerufen und gefragt, ob Berkshire Hathaway sich in geringem Umfang an einem Kaufangebot beteiligen wolle, das Salomon und Hanson Industries für RJR abgeben wollten. Der Grund dafür, daß sie uns (oder jemand anderen) in diesem Deal brauchten, war, daß beide Partner aus irgendeinem Grund wünschten, daß die Beteiligungen immer unter 50 % bleiben. Meine Antwort war, daß ich schon vorher entschieden hätte, daß Berkshire nicht direkt an der Tabakbranche beteiligt sein sollte (eine Entscheidung, die ich fällte, als uns die Gelegenheit geboten wurde, Conwood Co. zu kaufen, einen Hersteller von Tabakprodukten, allerdings nur von solchen, die nicht geraucht werden). Ich sagte allerdings, daß ich kein Problem hätte, wenn Salomon sich beteiligen wolle, und hielt es auch für eine gute wirtschaftliche Entscheidung, allerdings nur zu dem Preis, über den wir gesprochen hatten.

Im Verlauf der Diskussion über die Wirtschaftssituation in der Tabakbranche erzählte ich eine Geschichte, die ich vor Jahren von Pater Reinert,
dem damaligen Präsidenten der Creighton University, gehört hatte, als er
mich einem Semester als jemanden vorstellte, der viel über Kapitalanlage
zu erzählen wisse. Er meinte bei dieser Gelegenheit, das wirkliche Geheimnis der Kapitalanlage sei es, wenn man ein Unternehmen kauft, das
ein Produkt hat, das nur einen Penny kostet, für einen Dollar verkauft
wird und das zudem abhängig macht. Diese Geschichte habe ich oftmals
in Reden an Business Schools und auch bei der Berkshire-Jahreshauptversammlung erzählt, um die wirtschaftlichen Charakteristika bestimmter
Unternehmen hervorzuheben, unter ihnen auch Zigarettenfirmen."

Was die Vermutung von Lewis anbelangt, Buffetts Erfolg sei reine
Glückssache, feuerte Munger eine volle Breitseite: „Er hat die Vorstellung,
daß Warrens Erfolg darauf zurückzuführen ist, daß er 40 Jahre lang jeweils
eine Münze geworfen hat und die immer mit der richtigen Seite aufge-
kommen ist. Alles, was ich dazu sagen kann, ist: Wenn er das glaubt, dann
glaubt er auch an den Weihnachtsmann."

Nachdem Buffett Salomon gerettet hatte, urteilte *Business Week* (1. Juni
1992): „Dadurch, daß Buffett sowohl mit den Investoren als auch mit den
Kunden klarkam, erhielt er die Firma am Leben."

Wahrscheinlich gibt es in ganz Amerika keinen Vorstandsvorsitzenden,
der häufiger Gegenstand von Presseveröffentlichungen war oder der die
Presse besser versteht als Buffett. Er weiß genau, wie Reporter arbeiten.
Buffetts Ansicht ist, daß es bei Reportern, wie auch in allen anderen Berufen eine große Bandbreite gibt, die von hervorragend bis unethisch reicht.

„Es gibt Leute, die sind sehr talentiert, andere haben überhaupt kein
Talent. Und es gibt eine Menge, die genau dazwischen liegen", sagte er in
einem Vortrag vor dem Presseclub in Omaha. „Es gibt Menschen, die sind
superethisch. Und es gibt eine große Mehrheit, die ziemlich ethisch ist.
Aber wenn die Story groß genug ist, dann kann es sein, daß sie bei einem
Interview einige Minuten lang vergessen zu sagen, daß sie Reporter sind.

Und es gibt auch einige, die von Grund auf unethisch sind... Und das
Schlimme daran ist, daß es wirklich niemanden gibt, vielleicht mit Ausnahme eines Attentäters, der jemandem so viel Schaden zufügen kann, wie
es die Leute von der Presse können, wenn sie etwas falsch darstellen."

Im gleichen Vortrag berichtete Buffett, daß ihn in den vielen Jahren
schon eine ganze Reihe von Reportern über Berkshire interviewt und Lo-
beshymnen über die Verdienste von Berkshire verfaßt hätte. Diese Reporter riefen auch bei Buffett zurück, und baten ihn, ihnen gute
Anlagemöglichkeiten zu verraten. „Irgendwie habe ich das Gefühl, daß ihr
Gehirn nicht mit ihren Augen verbunden ist", sagte Buffett.

Nachdem *Forbes* Buffett 1993 zum reichsten Mann in den Vereinigten Staaten erklärt hatte, schrieb auch das Skandalblatt *National Enquirer* über ihn. In diesem Artikel gab es jedoch keine Marsmännchen und auch keine Skandale. Der Artikel portraitierte den reichsten Mann des Landes als einen ganz normalen Menschen.

Robert Hagstrom, ein Komplementär der Kapitalanlagegesellschaft Lloyd, Leith & Sawin in Philadelphia, schrieb 1994 das Buch *The Warren Buffett Way*. Dieses Buch beleuchtet Buffett insbesondere als Value Investor, der von Phil Fisher und Ben Graham beeinflußt wurde. Dieses Buch kam auch in die Bestsellerlisten. 1995 schrieb Roger Lowenstein, ein Reporter des *Wall Street Journal*, Buffett: *The Making of an American Capitalist*. Auch dieses Buch schaffte es in die Bestsellerlisten.

Ein Verwaltungsangestellter der Creighton University, Richard Blankenau, sah Hagstroms Buch einmal in einer Buchhandlung am Flughafen von Denver. Er war aber höchst erstaunt, als er sah, in welcher Abteilung es stand: *Science Fiction*. Und gleich daneben stand ein Buch mit dem Titel *History of God*.

In seiner April-Ausgabe 1995 behauptete die Zeitschrift *Money*, Berkshire sei überbewertet und zitierte den Newsletter *Overpriced Stock Service*, der schrieb, der Kurs der Berkshire-Aktie mache nur dann Sinn, wenn Gott der Chef dieses Unternehmens sei.

In seiner Ausgabe von Dezember 1995 behauptete Money weiter: „Im April schrieben wir, daß Berkshire Hathaway, das Unternehmen, das von Warren Buffett geführt wird, keine Kaufempfehlung sei. Damals wurde die Aktie in einer Region gehandelt, in der man sich normalerweise blutige Nasen holt, nämlich mit 22.500 $ je Stück, ein Kurs, der nur Sinn mache, schrieben wir, wenn das Portfolio von Gott gemanagt würde. Nun, Ende Oktober war der Kurs von Berkshire um 31 % auf wahnsinnige 29.500 $ gestiegen. Wir schämen uns ein wenig, das ist sicher. Aber dennoch laufen wir nicht auf die Straße hinaus und gründen die ,First United Church of Warren'.“

Am Tag, als die Ausgabe bei den Abonnenten ankam, stieg die Berkshire-Aktie um 1.100 $ und am nächsten Tag um weitere 1.500 $,um dann bei 31.600 $ zu schließen.

1997 erschien Janet Lowes Buch über Buffett *Warren Buffett Speaks*, eine Sammlung von Buffetts Witz und Weisheit.

Bei Berkshire gibt es einige Konfusionen zwischen Buffett, Science Fiction und Gott.

Als Buffetts Ruhm immer größer wurde, erschienen in der Presse auch Sätze wie diese: „Ein Heiliger des Value Investing", „ein nahezu mythischer Aktienerfolg" und „eine internationale Ikone".

511

Am 16. Juni 1997 erschien *Barron's* mit einem kleinen Artikel, in dem richtiggestellt wurde, daß Berkshires Wert nicht bei 48.000 $, sondern nur bei 40.000 $ je Aktie liege. Dagegen kann man nichts haben, aber viel schlimmer war ein zweiter Beitrag, in dem Janet Lowes Buch *Warren Buffett Speaks* rezensiert wurde.

Am Tag, als er die Story schrieb, muß der Autor dieses Beitrags, John Liscio, auf der falschen Seite seines Bettes aufgestanden sein. Nachdem er Leute wie Jim Jones, Jim Bakker und David Koresh erwähnte, erklärte Liscio, auch Buffett sei ein „falscher Gott". Dann nannte er Buffett einen hinterhältigen Elitisten, und fertigte Janet Lowe als offensichtliche Speichelleckerin ab. Und dann holte er noch einmal zum großen Schlag aus: „Und tatsächlich stellt Lowe Buffetts Lebensumstände so dar, als seien diese ein Akt der Philanthropie. Er überredete seine Frau Suzie (sic), ihre Ängste zu überwinden und nach San Francisco zu ziehen, um ihre Karriere als Sängerin zu verfolgen. Damit hatte er freie Hand, seine ständige Begleiterin Astrid Menks zu sich zu holen. Und weil Buffett auch immer ein cleverer Geschäftsmann ist, springt dabei auch etwas für ihn heraus. So kann er eine kostenträchtige Scheidung vermeiden, und seine Frau lobt ihn dafür, daß er sie so sehr liebt, weil er ihr die Möglichkeit gibt, einen Lebenstraum zu erfüllen. Hallo, dieser Kerl ist ein Genie."

Obwohl dieser Beitrag unter die Gürtellinie ging, fiel Berkshires Aktie an diesem Tag um 2.500 $.

Barron's lag bei seiner Berichterstattung über Buffett und Berkshire immer falsch. Wenn *Barron's* irgendwann einmal etwas Positives über Berkshire schreibt, dann sollten Sie Ihre Aktien sofort bei Börsenbeginn verkaufen!

Andererseits nannte *Forbes* Buffett einen Volkshelden des amerikanischen Kapitalismus (*Forbes*, 28. Juli 1997).

1996 veröffentlichte Robert V. Keeley über seine Five and Ten Press in Washington, D.C., 500 Exemplare einer 49seitigen Broschüre mit dem Titel *Annals of Investing: Steve Forbes vs. Warren Buffett*. Keeley erzählt von drei Jahren, in denen er schlechte Ergebnisse hatte, als er den Empfehlungen des „Forbes Special Situation Survey" folgte, der vom Verlag von Steve Forbes herausgegeben wird.

Nachdem er etliche Dutzend Empfehlungen des Survey befolgt hatte und innerhalb eines Jahres nur 1 % Gewinn gemacht hatte, legte Keeley sein gesamtes Pensionsgeld - 61.404 $ - in Berkshire-Aktien an: „Am 4. Januar 1995 konnte ich damit genau drei Aktien zu je 20.450 $ kaufen." Keeley berichtete, daß er dafür 54 $ an einen Discountbroker bezahlt und sich nie wieder um die Aktien gekümmert habe.

1997 wurde das Buch *Buffettology* von Mary Buffett und David Clark veröffentlicht. Mary Buffett ist Buffetts frühere Schwiegertochter, die zwölf Jahre mit Peter Buffett verheiratet war. Sie und Clark, ein Rechtsanwalt aus Omaha, schrieben, wie Buffett sein Investmentgeschäft betreibt.

Mary Buffett schrieb: „Als ich noch mit Peter verheiratet war, wurde mir nicht nur einmal gesagt, daß ich mit niemandem außerhalb der Familie über Warren und seine Kapitalanlagepläne sprechen dürfe. Dieses Buch zu schreiben, hätte völlig außer Frage gestanden. Aber 1993 wurden Peter und ich geschieden, was mein Herz in tausend Stücke zerbrechen ließ (Seite 15)."

Sie erinnerte sich: „In den ersten Jahren meiner Ehe feierte Warren den Weihnachtsmorgen, indem er jedem seiner Kinder und ihren Lebensgefährten einen Umschlag mit 10.000 $ gab. Wie in einer verrückten Milliardärs-Version des alten Nikolaus warf er die Briefumschläge quer durch das Wohnzimmer und wünschte jedem der hocherfreuten Empfänger lachend „Frohe Weihnachten". Später entschied er, daß wir uns mehr für das Familienunternehmen interessieren sollten, und ersetzte die 10.000 $ durch Aktien im Wert von 10.000 $ von solchen Unternehmen, in die er in letzter Zeit investiert hatte. In meinem Weihnachtsstrumpf fand ich Aktien von Capital Cities, Americus Trust for Coca-Cola (ein an der Börse notierter Trust, den es heute nicht mehr gibt, und der Coca-Cola-Aktien hielt), Freddie Mac und Service Master (Seite 16 bis 17)."

1997 veröffentlichte der *Cardozo Law Review* in New York City *The Essays of Warren Buffett: Lessons for Corporate America*. Die September-November-Ausgabe 1997 der Zeitschrift beinhaltet die Jahresberichte von Berkshire und enthält auch einige hervorragende Beiträge über die Führung eines Unternehmens, über die Buchführung, den Aufsichtsrat und andere Wirtschafts- und juristische Themen.

Thoughts of Chairman Buffett, ein kleines Buch mit Buffetts besten Zitaten, das von Simon Reynolds zusammengestellt wurde, erschien im Jahr 1998.

71

„Ich möchte Berkshire nicht haben."

„B ei Berkshire zeichnet sich ein Bärenmarkt ab", hieß die Schlagzeile über einem Artikel im *Wall Street Journal* vom 20. August 1997. Der Beitrag listete eine ganze Litanei von Mißgeschicken bei Berkshire auf. Coke und Gillette hatten enttäuschende Ergebnisse angekündigt. Wells Fargo ging es schlecht. Disney ging es schlecht, und McDonald´s-Aktien waren gefallen.

„Auch Buffetts beste Performer in diesem Jahr, American Express und die Washington Post, sind weit von ihren Höhepunkten entfernt" (natürlich wurde nicht erwähnt, daß Buffetts Aktien der Post innerhalb von 25 Jahren von 4 auf 440 $ gestiegen waren).

Der Artikel zitierte Leute, die sagten, es sei am besten, Coke zu verkaufen und daß Berkshire nur um 8 % gefallen sei im Vergleich zu weitaus größeren Abstürzen seiner größten Beteiligungen. Der Artikel wies aber darauf hin, daß es GEICO gut ginge und zitierte einen Vermögensberater, der sagte, er würde nicht gegen Buffett wetten.

Der Artikel endete mit dem Zitat von der Wall Street, das zurückhaltend und schwer einzuschätzen war: „Ich möchte nicht gegen Buffett wetten. Aber ich möchte Berkshire auch nicht haben."

Die Berkshire-Aktionäre kannten das alles schon, und die Aktie schloß an diesem Tag mit einem Minus von 200 bei 44.800 $.

Die Lehre daraus: Buffett kauft Unternehmen auf der Grundlage ihres intrinsischen Werts und verkauft nicht, wenn der Marktpreis einmal den intrinsichen Wert übersteigt. Die Tatsache, daß eine Reihe der Aktien von Berkshire gefallen war, hat wahrscheinlich nur geringen oder überhaupt keinen Einfluß auf Buffetts Verkaufsentscheidungen. Die Leute beurteilen Buffett weiterhin (mit einem gewissen Maß an Selbstzufriedenheit) nach einer angeborenen kurzfristigen Sichtweise, die nicht besonders relevant ist. Aber es stimmt, daß die Aktien zu dieser Zeit gefallen waren. Aber es stimmt auch, daß die Berkshire-Aktien immer noch den Dow Jones schlugen. Und es stimmte ebenfalls, daß sich die Aktienkurse erholten.

In einem Beitrag für *Money* schrieb der bekannte Wirtschaftsjournalist Andrew Tobias, daß er Berkshire seit 1979 beobachte, als die Aktie bei 300 $ lag. Er konnte sich niemals dazu aufschwingen, selbst Berkshire-Aktien zu kaufen. Die ganze Zeit hatte er den Eindruck, sie wären zu hoch bewertet. Auch seine letzte Empfehlung Ende 1997, als Berkshire zu 44.000 $ gehandelt wurde, lautete: „Ich würde sie nicht anfassen."

72

Eine Aktie, die nur selten gehandelt wird.

Berkshire ist eine Aktie, die nur selten gehandelt wird, und der Erwerb oder Verkauf einer relativ kleinen Anzahl von Aktien kann den Kurs dramatisch verändern. Ein Artikel des *Omaha World-Herald* (22. November 1997) schildert, was geschah, als eine Investmentbank 290 Aktien der Klasse A verkaufte:

„Ein großes Aktiengeschäft ließ am späten Freitag die Berkshire-Hathaway-A-Aktien um 1.600 $ oder 3,5 % je Stück in ihrem Kurs fallen.

James Maguire sen., der Vorsitzende von Henderson Bros., die die Berkshire-Aktien an der New Yorker Börse abwickeln, kommentierte, daß der Verkauf von 290 Aktien durch eine große Investmentbank diese Schwäche verursacht habe.

Als Tradingspezialist auf dem Parkett bringt Maguire Käufer und Verkäufer von Berkshire-Aktien zusammen. Wenn es keine Konkurrenzgebote gibt und um einen ordnungsgemäßen Markt zu garantieren, kauft und verkauft er Aktien im Namen seines Unternehmens.

Maguire erklärte, er habe, da im Augenblick auf dem Markt keine Nachfrage bestand, die Aktien der Investmentbank zu einem Kurs von 44.000 $, 1.900 $ unter dem zuletzt gehandelten Kurs, aufgekauft. ‚Wir überprüften alle Kaufangebote unterhalb von 44.000 $‘, sagte er. ‚Es gab sehr wenige Orders, und sie wollten ihr Angebot nicht erhöhen. Und mit dem Kurs von 44.000 $ waren wir allen Parteien gegenüber fair.‘

Der Trade im Wert von 12,76 Mio. $ kam 20 Minuten vor Börsenschluß zustande; die Berkshire-Aktie erholte sich schnell um 500 $ und schloß mit 44.500 $.

Die B-Aktien des Unternehmens büßten 43 $ ein, was bei einem Kurs von 1.493 $ 2,8 % entspricht...“

73

SEXBESESSEN

Steve Forbes, der nach dem Tod seines Vaters am 24. Februar 1990 das Verlagsimperium des *Forbes Magazine* geerbt hatte, erzählt, daß sein Vater und Buffett gute Freunde gewesen seien. Tatsächlich hatten die beiden in der Nacht, bevor der Globetrotter (per Fesselballon, Motorrad oder Yacht) Malcolm Forbes Opfer einer Herzattacke wurde, Bridge gespielt.

„Sie spielten in England gegen Mitglieder des britischen Parlaments", erinnerte sich der jüngere Forbes, der 1996 ein Kandidat für das Amt des Präsidenten der Vereinigten Staaten war, an das Spiel der Wirtschaft Amerikas gegen das britische Parlament. Das Spiel fand im Old Battersea House, einem Herrenhaus aus dem 17. Jahrhundert am Ufer der Themse statt; es war das Londoner Haus von Malcolm Forbes, ein Haus, das angeblich von Sir Christopher Wren gebaut wurde und voll von Kunstwerken aus der viktorianischen Zeit war.

Die amerikanische Wirtschaft wurde vom früheren CBS-Vorsitzenden Laurence Tisch angeführt. Buffett, Malcolm Forbes, Alan „Ace" Greenberg, der Vorsitzende von Bear Stearn´s (Buffett schrieb ein kurzes Vorwort für Greenbergs Buch „Memos from the Chairman"), James Cayne, der Präsident von Bear Stearn´s, George Gillespie III., Partner der Kanzlei Cravath, Swaine und Moore, sowie Milton Petrie, der Vorsitzende von Petrie Stores, spielten am 23. Februar 1990 gegen die Dukes, Sirs und Lords von England. Das britische Team wurde von Sir Peter Emery angeführt.

Die Mannschaft „Wirtschaft von Amerika" spielte am Vormittag 16 Spiele gegen das House of Commons und am Nachmittag 16 Spiele gegen das House of Lords. Das House of Lords besiegte die Amerikaner sehr deutlich, und dem House of Commons entkamen die Amerikaner nur knapp.

In diesen Spielen war Tisch der Partner von Forbes, und Buffett spielte zusammen mit Gillespie.

Die Idee für dieses Match hatte Buffett nach einem ähnlichen Spiel zwi-

(AP/Wide World Photos)

Steve Forbes über Buffett: Ich glaube, er hat ein gutes Zeitgefühl für die Börse... Wir interviewten ihn 1969... und er sagte, die Börse sei überhitzt... 1974 interviewten wir ihn wieder und da meinte er, die Zeit sei gut für Käufe.

schen der „Wirtschaft von Amerika" und dem US-Kongreß (Senator Bob Kerrey spielte im Kongreß-Team mit).

Buffett kam mit seiner Frau nach London. Vor dem Bridge-Spiel aßen die Buffetts und die Gillespies zu Abend und besuchten zusammen ein Theater. Nach dem Spiel gab Malcolm Forbes für die Bridge-Mannschaften, Freunde und Angehörigen der Presse ein Dinner. „Mein Vater kam am nächsten Tag nach Hause und starb hier", erzählt Forbes. „Warren Buffett schrieb mir einen sehr netten Brief, in dem er mir sagte, wie sehr sein Vater dieses Bridge-Spiel genossen hätte und in welch festlicher Stimmung er gewesen sei. Mein Vater war kein großartiger Bridge-Spieler, aber er hatte das Gefühl, daß er an diesem Abend gut gespielt hätte. Er (Buffett) ist ein hervorragender Bridge-Spieler. Wäre er Bridge-Profi geworden, dann hätte er es auch zu etwas gebracht. Es ist die Mathematik, ein Gespür für Karten und daß er manchmal eine weitere Dimension sieht... Er hat einen hervorragenden Intellekt. Warren Buffett ist einer der wenigen Menschen, die ihr Vermögen durch Geldanlage gemacht haben", sagte Forbes in einem Interview in Birmingham, Alabama. Bei dieser Gelegenheit trug Forbes eine dollargrüne Krawatte, auf der stand: „Capitalist Tool".

Wir wissen, daß Buffett bei seinen Investitionen auf den Wert der Unternehmen achtet, aber ich glaube, er hat auch ein sehr gutes Gefühl für Timing... Wir interviewten ihn (für *Forbes*) 1969, als er absolut unbekannt war, und er sagte, der Markt würde zu hoch eingeschätzt und daß er alles verkaufen würde. Und wir sahen, daß er die Situation richtig eingeschätzt hatte. 1974, als der Markt real (nach Berücksichtigung der Inflation) um zwei Drittel gefallen war, interviewten wir ihn wieder. Er sagte, nun sei es Zeit zu kaufen und daß er sich fühle wie ein sexuell ausgehungerter Mann in einem Harem."

Als Buffett über den überteuerten Aktienmarkt von 1973 sprach, sagte er: „Ich fühlte mich wie ein Sexbesessener auf einer einsamen Insel. Ich fand nichts, das ich kaufen konnte."

Am 7. Juli 1997 schrieb *Forbes*: „Um den Gepflogenheiten von damals (1974) gerecht zu werden, hatten wir Buffett ein wenig zensiert. Tatsächlich sagte er: „Ich fühlte mich wie ein geiler Bock in einem Puff."

74

Phil CARRET

„DER GROßVATER DES VALUE INVESTING"

Phil Carret, der am 29. November 1996 100 Jahre alt wurde, war der Großvater des Value Investing. Er durchlebte mehr als 30 Bullenmärkte und mehr als 30 Bärenmärkte, 20 Rezensionen und die Depression. Carret starb am 28. Mai 1998 im Alter von 101 Jahren.

Als er an seinem 100. Geburtstag von der Fernsehshow „Today" interviewt wurde, sagte er, der beste Rat bezüglich Geldanlage sei, niemals Schulden zu machen; er bezeichnete es als seinen größten Erfolg, daß er seine Frau während der gesamten Zeit seiner Ehe glücklich gemacht habe. Carret sagt, daß es nur fünf Worte bedürfe, die zu einer glücklichen Ehe führten: „bitte", „danke" und „Ich liebe dich".

Carret wurde 1896 im gleichen Jahr wie der Dow Jones Industrial Average geboren und lernte Buffett um 1952, also ein halbes Jahrhundert später, kennen. Carret fand einmal heraus, daß sowohl er, als auch Buffett Aktien des Einzelhändlers Vornado besäßen; er rief Buffett an, um ihm zu sagen, daß er den Vorsitzenden von Vornado kenne, und fragte ihn, ob er ihn das nächste Mal, wenn er in New York sei, kennenlernen wolle. Buffett wollte.

Die drei Männer aßen zusammen zu Mittag, und danach sagte Buffett Carret, er sei nicht besonders begeistert von dem, was der Vorsitzende über die wirtschaftliche Situation gesagt hatte. „Ich glaube, ich habe das Einzelhandelsgeschäft noch nicht so gut verstanden wie ich annahm", sagte Buffett.

„Er hat die Aktien verkauft", lachte Carret.

Carret, der bis fast an sein Lebensende 40 Stunden pro Woche arbeitete, aber kein Gehalt bezog, sagte in einem Interview vor einigen Jahren, Buffett sei einer der beiden größten Investoren, die er kennengelernt habe.

Der andere sei Fred Abbe, der in Harvard, wo Carret 1917 promovierte, drei Jahre über ihm war. „Für mich gibt es keine Klassentreffen mehr", krächzte Carret, kurz bevor er 1977 zur Jahreshauptversammlung von Berkshire ging.

„Abbe war ein zugelassener Händler und verdiente als Broker nie mehr als 10.000 $ im Jahr. Seine Strategie war, zu kaufen und zu halten. Manchmal kaufte er auch für sich einige der Aktien, die er für seine Kunden kaufte. Und er behielt die Aktien. Später war er millionenschwer... Einer seiner größten Coups war es, für 1.400 $ Aktien zu kaufen, als er gerade einmal 25 Jahre alt war. 60 Jahre später besaß er diese Aktien immer noch, und sie waren nun 2 Mio. $ wert", sagte Carret.

Carret war natürlich selbst ein großartiger Investor. Er besaß Grief Brothers, die Glasfibercontainer herstellen, mehr als 50 Jahre lang. Sie machten ständig Gewinne. Rein zufällig kaufte Carret die Aktien im Jahr 1946 auf die Empfehlung von Buffets Vater hin.

Carret sagte, Abbe sei oft gehänselt worden, weil er seine Aktien so lange hielt, und man sagte ihm, er sollte seine Aktien genauer beobachten und nicht so lange liegen lassen. Wenn man Carret glauben darf, war Abbes Antwort: „Wenn man sie billig genug kauft, dann passen sie auf sich selbst auf."

Später bat Abbe Carret, sein Testamentsvollstrecker zu sein und Carret war dadurch sehr geehrt. Abbe suchte fünf Leute aus, die Carret helfen sollten, aber als einer von ihnen, etwa im gleichen Alter wie Abbe, starb, wechselte Abbe das erste Team, von dem er fürchtete, es könne vor ihm sterben, gegen ein jüngeres aus. „Und so habe ich sein Vermögen nie verwaltet", lachte Carret. Das erinnert mich an einen Witz über ein Ehepaar, das gut über 90 Jahre alt war und gefragt wurde, warum es noch nie geplant hatte, Immobilien zu kaufen. Der 99jährige Ehemann entgegnete: „Nun, wir warten noch, bis die Kinder sterben."

In späteren Jahren versuchte Carret, von Buffett eine Spende für Harvard zu bekommen und wies ihn darauf hin, daß er doch gern in Unternehmen investiere, die in ihrem Bereich die Nummer 1 seien, von einem Management geführt würden, das er möge, dem er vertraue und das er bewundere. „Ich sagte ihm, Harvard sei die Nummer 1 und ich könne ihn mit Leuten bei Harvard bekannt machen, von denen ich wußte, daß er sie mögen, ihnen vertrauen und sie bewundern würde." Ein netter Versuch, jedoch kein Glück.

Carret, der Tausende von Anekdoten kannte, saß in seinem bescheidenen Büro in New York City und sagte, er habe ein Schild, auf dem steht: „Ein unaufgeräumter Schreibtisch ist das Markenzeichen eines Genies."

Und als Carret über seinen unaufgeräumten Schreibtisch sah, scherzte er: „Ja, ich kann es gerade nicht finden. Mein Schreibtisch ist zu unordentlich."

In seiner haarsträubenden Art erzählte Carret Reportern, als sie über Staatspapiere sprachen: „Ich investiere nicht gern in die Operationen von insolventen Organisationen", oder: „Am Markt ständig ein- und auszusteigen ist das Markenzeichen von Dummheit."

Wie Buffett arbeitete auch Carret ohne einen Computer. Und als er nach dem Grund dafür gefragt wurde, antwortete er: „Es ist alles hier oben", und deutete auf seinen Kopf. „Und der funktioniert noch ziemlich gut."

Handschriftlich und auf gelbem Papier ist Carret dabei, sein viertes Buch zu schreiben, das den Titel „The Patient Investor" tragen soll. Unter seinen drei früheren Büchern ist auch „The Art of Speculation", ein Wirtschaftsklassiker, der 1930 erschien.

Außer einer kurzen Zeit, als er im Ersten Weltkrieg Pilot der Air Force in Frankreich war, und einem weiteren kurzen Abschnitt als Reporter in Boston für Clarence Barron, den Gründer von Barron's, war Carret immer „von der Wall Street verführt". 1928 legte er den sehr erfolgreichen Pioneer Fund mit 25.000 $ auf und führte jahrelang Carret & Company, das nun von David Olderman und einer Gruppe von Gesellschaftern einschließlich Carrets Sohn Donald geführt wird. Seit 1928 hat der Fonds seinen Wert um den Faktor 450 vergrößert.

(Photo by Frank Betz)

Als Carret seinen 100. Geburtstag plante, sagte er, daß er hoffte, zu seinem Dinner 150 Freunde empfangen zu können, was auch der Fall war. „Selbstverständlich habe ich zuvor schon etliche Male gefeiert, nur für den Fall, daß ich es nicht schaffen würde", sagte Carret, der sehr gern auf Parties ging.

Phil Carret, der die Börse und Partys liebt, auf denen er seinen 100. Geburtstag feiert, mit Buffett am Tag der Berkshire-Jahreshauptversammlung 1996.

Frank Betz, der geschäftsführende Direktor von Carret & Company, erklärte, daß Carret schon mit 93 begann, seinen 100. Geburtstag zu feiern. Die Nachahmung einer Zeitung in Carrets Büro trägt die Headline: „Und wieder feiert Phil Carret seinen 100. Geburtstag!"

Als Carret, Betz und ein Besucher vor einigen Jahren zu einem Lunch gingen, schlüpfte Carret, statt auf die Drehtür zu warten, schnell noch hindurch und ließ Betz und den Besucher hilflos lachend zurück.

Wenn Betz über Carrets Alter spricht, dann sagt er: „Phil kann sich noch daran erinnern, daß es T-Shirts ohne Aufdruck gab und Fahrräder ohne Gangschaltung."

Carret, der normalerweise mit der U-Bahn zur Arbeit fuhr, hatte einen Fahrer, der ihn von seinem Haus in Scarsdale abholte. Obwohl er sich diesen Luxus im hohen Alter gestattete, weigerte er sich immer noch, erster Klasse zu fliegen, und erwähnte das in Verbindung mit einer bevorstehenden Reise nach England und Frankreich. Zum Mittagessen ging Carret oft um 12.15 Uhr von seinem Büro quer über die Straße ins Waldorf-Astoria Hotel. Dort ging er in den Marco Polo Club, der von seinem Freund Lowell Thomas, dem Forscher, gegründet wurde. An diesem Tag erzählte Carret Geschichten über ein frühes Investment, das er bei H&R Block getätigt hatte. Er sagte, jemand habe ihm erzählt, er solle die Aktien nicht kaufen, weil die Steuerzahler die Gewinne gleich vom Finanzamt einziehen lassen könnten. Carret entgegnete darauf: „Lassen sich denn die Steuerzahler ihre Einkommensteuererklärung von ihrem schlimmsten Feind ausfüllen?" Mit dieser Aktie machte Carret außerordentlich hohe Gewinne.

Carret sprach auch über die Detroit International Bridge Company, an der auch Berkshire einmal beteiligt war. „Es ging um das Mautbrückenkonzept... Aber natürlich hatten sie zusätzlich auch andere Geschäfte, wie beispielsweise einen Schnapsladen und einige Souvenirshops auf der amerikanischen Seite."

Carret wurde Berkshire-Aktionär, weil er seit 1968 Blue-Chip-Aktien hielt und diese Aktien gegen Berkshire-Aktien zu einem Kurs von etwa 400 $ tauschte. Carret erzielte mit Merck, dem Rückversicherer Exel und MBIA, einem Emittenten von Kommunalanleihen, große Gewinne.

Carret sprach auch über sein Buch und sagte, es gebe auch ein Kapitel über Arroganz - einem schweren Makel vieler leitender Angestellter. „IBM war dafür ein klassisches Beispiel", sagte er. Carret merkte an, daß der frühere Vorsitzende von IBM, John Akers, im Jahr 1991 Arroganz demonstriert hätte, als er den Aktionären sagte, die Dividende von 4,20 $ sei „sehr sicher". Die Dividende wurde auf 1 $ reduziert. Akers sagte auch, daß die Gewinne in guter Verfassung seien. Im Jahr darauf hatte IBM Verluste zu verzeichnen. „Als Lou Gerstner IBM übernahm, sagte er über die Aussichten eines Comebacks von IBM: ‚Ich glaube, daß wir es schaffen können.‘" Das ist genau das Gegenteil von Arroganz, und Carret war davon so beeindruckt, daß er bei einem Kurs unter 50 $ IBM-Aktien kaufte.

Er sagte, Buffett habe sehr viel Selbstvertrauen, sei aber nicht arrogant. „Daß bei ihm keine Arroganz zu verspüren ist, ist das Besondere an ihm."

Im Frühjahr 1995 sagte Carret, als er in der TV-Sendung *Wall Street Week* mit Louis Rukeyser auftrat, daß Berkshire Hathaway seine Lieblingsaktie sei.

Nach dem Mittagessen fragte ihn ein Besucher einmal: „Nur noch eine Frage. Was ist das Geheimnis Ihres langen Lebens?" Carrets Antwort war: „Suche dir deine Eltern gut aus, rauch´ nicht und mach´ dir niemals Sorgen." Carret erzählte, das einzige Mal, als er sich wirklich Sorgen machte, sei zur Zeit der Depression gewesen.

Buffett schrieb einmal an Carret:

„Lieber Phil, obwohl ich weiß, daß Du immer noch in langfristige Gewinne investierst, ist hier Deine Jahresdividende von Berkshire Hathaway (eine Schachtel See´s Candies).

Es war schön, daß Du im letzten Jahr zur Jahreshauptversammlung gekommen bist, und ich hoffe, daß Du es auch im nächsten April schaffst. Die Versammlung wird durch Deine Anwesenheit aufgewertet.

Schöne Weihnachtszeit und für 1992 alles Gute. Warren"

Jahrzehntelang interessierte sich Carret sehr für Sonnenfinsternisse und bereiste die ganze Welt, um viele von ihnen zu erleben.

Buffett schrieb Carret auch:

„Lieber Phil, Du bist der Lou Gehrig des Investments und wie seine Leistungen werden Deine unvergessen bleiben.

Komm zur Jahreshauptversammlung: Ich werde versuchen, eine Sonnenfinsternis zu arrangieren. Schöne Weihnachtszeit. Warren"

75

Bill Ruane und der Sequoia Fund

Buffetts langjähriger Freund Bill Ruane, der Vorsitzende von Ruane, Cunniff & Co. in New York City (Manager des Sequoia Investment Fund, der für Investoren wegen des großen Erfolgs schon lange geschlossen ist), kann sich an eine Zeit erinnern, als niemand die Jahreshauptversammlungen von Sequoia besuchte.

Richard Cunniff, Ruanes Partner, erzählte auf der Jahreshauptversammlung von Sequoia im Jahr 1997 eine Geschichte. Ruane habe ihn vor einer der ersten Jahreshauptversammlungen gefragt, ob er glaube, daß irgend jemand kommen würde.

Die beiden Männer rätselten hin und her und entschlossen sich schließlich, für den Fall der Fälle zwölf Stühle aufzustellen. „Und so mieteten wir zwölf Stühle, und niemand kam."

Diese Geschichte ähnelt der von Berkshires ersten Jahreshauptversammlungen, die in einer Cafeteria abgehalten wurden.

Seine Beziehungen zu Buffett beschreibt Ruane so, als sei er der Caddy von Tiger Woods.

Über die Jahre hinweg tätigte Ruane die gleichen Investments wie Berkshire, und auch seine Ansichten über die Börse sind sehr ähnlich.

In Sequoias Geschäftsbericht für das zweite Quartal 1995 diskutierte Ruane die verrückten Umstände, als Netscape Communications, ein Unternehmen, das seinen Kunden den Zugang zum Internet ermöglicht, an die Börse ging:

„Auch wenn Sie nun denken werden, daß wir uns wie Neandertaler benehmen, glauben wir, daß Sie wissen sollten, daß unser Vorsitzender aus purer Neugier, die aus dem ganzen Medienrummel entstand, einen jungen Technophilen bat, ihn ins Internet zu führen. Auf der Suche nach irgend etwas Bekanntem fragte er weiter, ob es einen Internetroom oder ein Bul-

Bill Ruane, rechts, und Phil Carret plaudern auf einer Party vor der Jahreshauptversammlung 1997.

(Photo by Bob Sullivan)

letinboard (es kann sein, daß unsere Terminologie an dieser Stelle nicht ganz präzise ist) für Artikel gab, die mit Berkshire Hathaway in Zusammenhang stünden. Sie können es glauben oder auch nicht, es gibt so etwas! Und in diesem Bulletinboard fanden wir eine sehr unberechtigte Anmerkung: ‚Ich glaube, daß Warren weitaus überbewertet wird und daß Berkshire eine gute Gelegenheit ist, short zu gehen. Irgendwelche Kommentare?' Damals lag der Kurs bei ungefähr 18.000 $ (heute 24.850 $). Dies erlaubte ihrem Vorsitzenden, das Internet mit dem angenehmen Gedanken zu verlassen, daß technologisches Sachwissen nicht unbedingt etwas mit dem Sinn für gute Investitionen zutun hat."

Es muß natürlich hinzugefügt werden, daß ein Vergleich der Performance von Netscape und Berkshire im Jahr 1995 die Berkshire-Aktionäre nicht unbedingt glücklich machte. Berkshires Performance war toll. Aber Netscape war fast schon jenseits der Charts verschwunden. 1998 jedoch waren es die Berkshire-Aktionäre, die mit lachendem Gesicht zur Bank gehen konnten, als Berkshires Aktienkurs die 70.000-$-Grenze überschritt. Sequoia hat etwa 28 % seines Geldes in Berkshire-Aktien angelegt. Für Sequoia bleibt Berkshire eine ständige Beteiligung, wenn sich nicht ein völlig irrationaler Überschwang in Berkshires Aktienkurs niederschlägt.

Auf der Jahreshauptversammlung von Sequoia im Jahr 1997 wurde Ruane gefragt, wie er Berkshire bewertete. Er antwortete:

„Nun, wieviel Zeit haben Sie? Mit dieser Erklärung könnte ich die ganze uns zur Verfügung stehende Zeit ausfüllen, aber um es einfach zu halten, sollten wir dieses Unternehmen auf mehrere Weisen betrachten, uns aber in erster Linie auf die Gewinne konzentrieren. Im letzten Jahresbericht weist Buffett grob geschätzt 1,5 Mrd. $ Gesamtgewinn für 1996 aus. Vergessen Sie nicht: Dies ist eine Hochrechnung bei der man Berkshires Gewinne der einzelnen Holdings zusammennimmt. Es ist deshalb nicht notwendig zu entscheiden, ob das Kurs-Gewinn-Verhältnis für die Stammaktien von Coke genau stimmt. Was die Gewinne anbelangt, so glaube ich, man ist nicht weit vom Marktdurchschnitt entfernt, und sicherlich ist die Art der Gewinne von Berkshire und ihre Wachstumsaussichten denen des Gesamtmarktes überlegen. Dann müssen Sie einen Blick auf die Quellen der Gewinne werfen. Was, glauben Sie, sind die Gewinne aus den Banken wert, die Berkshire gehören, oder der anderen Unternehmen, die ihr zu 100 % gehören? Wenn Sie dann Ihren eigenen Kurs-Ertragsfaktor unterstellen, dann erhalten Sie Ihr eigenes Ergebnis. Es ist wirklich nicht so kompliziert, wie es sich manche Leute vorstellen. Ich glaube, wenn Sie einmal von der ganz einfachen Vorstellung ausgehen, daß die Aktien auf der Basis der Ertragskraft etwa 5 % Gewinn abwerfen, und dann weiterhin berücksichtigen, daß es sowohl in der Berkshire-Zentrale als auch in den meisten Betrieben ausgezeichnetes Management gibt, dann werden Sie verstehen, daß wir mit unserem Investment sehr zufrieden sind.

Und dann können Sie das alles vom Standpunkt der Vermögenswerte aus betrachten, den Marktwert des Portfolios aufaddieren und danach die Unternehmen bewerten, die in Privatbesitz sind. Und wenn Sie das tun, dann vermute ich, daß Sie eine ähnliche Zahl erreichen werden, die sich nicht wesentlich von der unterscheidet, die Sie mit der vorhergehenden Methode erhalten haben. Auf der Basis der Vermögenswerte werden Sie herausfinden, daß es einen Bonus für Buffetts Fähigkeiten gibt, aber ich habe das Gefühl, daß dieser Bonus berechtigt ist. Als Buffett im letzten Monat seinen Brief an die Aktionäre im Jahresbericht schrieb, merkte er an, daß er und Charlie Munger davon überzeugt sind, daß der Kurs von Berkshire, in Relation zum Geschäftswert des Unternehmens angemessener sei als noch vor wenigen Jahren.

Ich glaube, es ist wirklich erstaunlich, wenn man nur betrachtet, was Buffett getan hat. Wenn Sie den Jahresbericht sorgfältig lesen, dann werden Sie es sehen. Wenn Sie seine Fähigkeit der Vermögensverwaltung oder seine Ergebnisse bewerten wollen - diese Zahlen sind nicht ganz genau, aber sie stimmen weitestgehend -, dann schaffte sein Portfolio, wenn man es mit dem Sequoia Fund und dem S&P 500 vergleicht, 60 % Zuwachs, während der S&P um 38 % und Sequoia um 41 % gewachsen waren. Im letzten Jahr war der S&P um 23 % gewachsen, und wir schafften 22 %. Jetzt wird es ein wenig komplizierter, weil der größte Teil von Berkshires Disney-Holding nicht das ganze Jahr über im Besitz von Berkshire war, aber umgerechnet wuchs Buffetts Portfolio reichlich über 30 %. Lange Zeit war er der Tiger Woods oder Michael Jordan auf dem Gebiet der Geldanlage und ist es immer noch. Sein Gehirn schwirrt die ganze Zeit. Ich glaube auch, daß hier etwas Interessantes geschieht. Wenn Sie die letzten 20 Jahresberichte nahmen und analysierten, dann würden Sie herausfinden, daß hier ein Meister der Kapitalanlage am Werk ist, der bei den Werten seines Anlagevermögens enorme Zuwachssprünge schafft. Wenn man nun noch GEICO, FlightSafety, die Katastrophenversicherung usw. hinzuzählt, dann sind das sehr gut geführte und 100 % Berkshire-eigene Unternehmen. Ich persönlich bin der Meinung, daß GEICO unter dem Schirm von Berkshire Hathaway und seinen großen Ressourcen weit aggressiver sein kann, als wenn es für sich allein stünde. Und wenn Sie GEICO nehmen und mit anderen großen Unternehmen vergleichen, dann würde es weit über ihnen rangieren. Vielleicht ist es kein unbedingtes Muß, aber - was ist nochmal der zweite Rang? - ein absolutes Soll. Es ist ein wunderbares Unternehmen. Und Lou Simpson und Tony Nicely machen ihre Sache großartig. Und diese 100-%-Tochter ist heute ein sehr wesentlicher Teil von Berkshire Hathaway."

Im Jahresbericht 1997 für Sequoia schrieb Ruane: „Wahrscheinlich einmalig ist es für Fonds-Eigner, daß die Eigner aller 15 Emissionen von Sequoia behaupten können, Warren Buffett habe ihnen im letzten Halbjahr eine Unze Silber gekauft. Mr. Buffetts Investitionen in Silber, über die soviel berichtet wird, sind, wenn man es bescheiden formuliert, ein faszinierendes Beispiel für die vielfältigen Gründe unseres hohen Engagements bei Berkshire Hathaway. Buffett überrascht immer wieder, indem er außerhalb eingefahrener Gleise denkt und handelt. Berkshires Silberkäufe demonstrieren weiterhin die enorme Diversifikation, die unser sogenanntes konzentriertes Engagement bei Berkshire in unser Portfolio bringt. Jede Komponente von Berkshire, einschließlich seiner Beteiligungen an American Express, Coca-Cola und Gillette und der vielen anderen, hat einen direkten Einfluß auf den Wert unseres eigenen Unternehmens. Wir wissen schon lange, daß es auf dem Gebiet der Kapitalanlage keinen besseren als Mr. Buffett gibt, und doch brauchten wir viel zu lange, um tätig zu werden und seine Aktien zu kaufen. Dabei folgten wir dieser Theorie: Wenn du ihn nicht schlagen kannst, dann tu dich mit ihm zusammen. Und wie man auch sagt, ist das Alter ein hoher Preis, den man für eine Einsicht bezahlen muß, aber wir sind froh, daß wir sie inzwischen dennoch erreicht haben."

76

Ein Who's Who der Aktionäre

Roger Staubach, Ted Koppel, Bill Gates

Wenige Dinge lassen bei Buffett mehr Stolz aufkommen, als daß er die Namen der Aktionäre kennt, die in sein außergewöhnliches Unternehmen investiert haben. Unter den Aktionären sind Yuppies aus dem ganzen Land, Investmentbanker und Vermögensverwalter jeder Couleur, Top-Manager, Stars aus Sport und Medien und außerdem eine große Zahl von Aktionären, die Buffett schon jahrelang kennen.

Auf der Liste der Berkshire-Aktionäre stehen auch einige außerordentlich reiche und berühmte Menschen und solche, die schon sehr viel erreicht haben. Und das ist nicht nur ein Club von Salonlöwen.

Hier einige der bekanntesten Namen: US-Senator Bob Kerrey; Katharine Graham von der Washington Post; Don Keough, der frühere Präsident von Coca-Cola; Tom Murphy und Daniel Burke, die früheren Spitzenmanager von Cap Cities; William Snyder von GEICO; Tony Nicely und Lou Simpson, der frühere Vorsitzende von CBS; Laurence Tisch; Ed Colodny, der frühere Vorsitzende von US Air; Bill Ruane vom Sequoia Fund; Sandy Gottesman von First Manhattan; Paul Hazen, der Vorsitzende von Wells Fargo; Rick Guerin von der PS Group; der bekannte Investor Phil Carret; Mario Gabelli und Archie MacAllaster von der Wall Street; die Kinderbuchautorin Martha Tolles; Ann Landers; der Investmentbanker John Loomis und seine Frau Carol, die für Fortune schreibt.

Der frühere Quarterback der Dallas Cowboys, Roger Staubach, ist ebenfalls Berkshire-Aktionär und sagt: „Ich bin einer der Glücklichen, der die Möglichkeit hatten an Warren Buffetts Golftournieren teilzunehmen."

Staubach, Vorsitzender und geschäfts-führender Vorstandsvorsitzender der Stau-bach Company, einer Immobilienfirma mit Sitz in Dallas, sagt: „Buffetts Erfolg mit Berk-shire ist unvergleichlich, sein Stil ist einmalig und das erweckt natürlich die Neugierde von sehr vielen. John Parks hier aus meinem Büro ist einer dieser Neugierigen. Als er hörte, daß ich nach Omaha reiste, um an einem dieser Golftourniere teilzunehmen, sagte er, er wür-de für einen Händedruck mit Mr. Buffett ster-ben. Ich richtete es ein, daß ich ihn vorstellen konnte, aber um rechtzeitig in Omaha einzu-treffen, mußte John nach Kansas City fliegen und mit dem Auto nach Omaha fahren, um Buffett bei einem Lunch kennenzulernen. Er konnte Warren die Hand schütteln und sich auch mit ihm fotografieren lassen. Für John war das das aufregendste Erlebnis; es bedeu-tete ihm mehr als die vielen Gelegenheiten, wo er in meinem Büro bekannte Sportler ken-nenlernen konnte."

(Photo cuertesy of Roger Staubach)

Roger Staubach auf einem alten Foto

Auch Ted Koppel, der Moderator von ABCs „Nightline", ist Berkshire-Aktionär. Bill sen., der Vater von Microsofts Bill Gates, ist Aktionär. Bill Gates selbst hält 10 Mio. $ in Berkshire-Aktien. Der frühere Vorsitzende von General Dynamics, William Anders, und

(Photo cuertesy of Roger Staubach)

Ted Koppel

der Verleger des Outstanding Investor Digest, Henry Emerson, sind eben-falls Aktionäre.

Frank Kurtz, Medaillengewinner beim olympischen Turmspringen, Flugpionier und Luftkämpfer im Zweiten Weltkrieg, der 1996 im Alter von 85 Jahren starb, war auch Berkshire-Aktionär.

Auch Sharon Osberg, die Bridge-Meisterin, ist Aktionärin bei Berkshi-re. „Als ich Warren im November 1993 kennenlernte, lud er mich zu sei-ner Jahreshauptversammlung ein. Es machte mir sehr viel Spaß, aber ich hatte das Gefühl, daß ich nicht dazugehörte, wenn ich nicht Aktionärin wäre, und so kaufte ich eine Aktie für 16.000 $."

(Photo courtesy of Bruce Wilhelm)

Berkshire-Aktionär Bruce Wilhelm, Silberme-daillengewinner im Gewichtheben bei den Olympischen Spielen 1976, scherzt über Buf-fett: „Ich glaube, Buffett ist ein Genie. Das ein-zige, was mich an ihm stört: Ich glaube, er trinkt zuviel Coca-Cola und sollte anfangen, Gewichte zu heben, und öfter auf ein Laufband gehen.“ Kürzlich hat Buffett auch ein Laufband betreten.

Benjamin Grahams Söhne Benjamin und Buzz Graham sind ebenfalls Aktionäre.

Bruce Wilhelm, der bei den Olympischen Spielen 1976 eine Silbermedaille im Gewichtheben gewann, ist seit 1992 Aktionär. In seiner Wettkampfzeit wog Wilhelm über 160 Kilogramm. Es könnte sein, daß er tatsächlich Berkshires gewichtigster Aktionär ist. „Ich glaube, Buffett ist ein Genie. Das einzige, was mich an ihm stört: Ich glaube, er trinkt zuviel Coca-Cola und sollte anfangen, Gewichte zu heben, und öfter auf ein Laufband gehen“, sagt Wilhelm.

Der frühere Vorsitzende der Federal Communications Commission, Newton Minow, und Geoffrey Cowan von Voice of America sind Aktionäre. Lester Crown, der Milliardär aus Chicago, ist ebenfalls Aktionär.

Der anerkannte Investmentexperte und Autor Charles D. Ellis, Geschäftsführer von Greenwich Associates, sowie Paul Samuelson, Nobelpreisträger und Autor, sind wichtige Aktionäre, und auch Richard Russell, der Autor von „Dow Theory Letters“ ist schon seit den 60er Jahren Aktionär. Louis Lowenstein, ein Juraprofessor der Columbia University, der *What´s Wrong With Wall Street* schrieb, ist Aktionär, ebenso wie sein Sohn Roger Lowenstein, der Reporter des *Wall Street Journal*, der auch das Buch Buffett: *The Making of an American Capitalist* schrieb. Byron Wien von Morgan Stanley ist ein weiterer Aktionär.

Auch Agnes Nixon, die Autorin von *All My Children*, der ABC-Fernsehsoap, in der auch Buffett schon auftrat, ist Aktionärin.

William Orr, der Ehemann von Kay Orr (frühere Gouverneurin von Nebraska) und Autorin des *First Gentleman´s Cookbook*, für das Buffett sein Dusty-Sundae-Rezept beitrug, ist Berkshire-Aktionär. Dies ist auch Ruth

Owades von Calyx & Corolla, die frische Blumen per Katalog verkaufen. Der größte Investor ist Cap Cities, heute Disney, das damit indirekt auch zu einem Berkshire-Unternehmen wird.

Der Kapitalanleger Fred Stanback ist langjähriger Berkshire-Aktionär ebenso wie sein Neffe George W. Brumley III. Brumley und David Carr sind die Gründer von Oak Value Capital Management Inc. in Durham, North Carolina, die die Berkshire-Aktien als ein Kernstück in ihrem Portfolio halten.

Rita Ricardo-Campbell, die erste Aufsichtsrätin bei Gillette und Autorin von *Resisting Hostile Takeovers: The Case of Gillette*, schreibt in ihrem Buch, daß sie auch Berkshire-Aktionärin sei.

(AP/Wide World Photos)

Der frühere Cheftrainer der Miami Dolphins, Don Shula. „Was Buffett sagt, kann man nehmen und im eigenen Beruf anwenden."

Ein weiterer Berkshire-Aktionär ist der frühere Cheftrainer der Miami Dolphins, Don Shula. „Ja, ich bin Aktionär", sagt Shula. „Ich hatte von Warren Buffett gehört, und vor ein paar Jahren richtete John Loomis von First Manhattan, die meine Geldangelegenheiten erledigen, es ein, daß ich ihn kennenlernte. Ich war gerade auf dem Weg zu einer Konferenz in Dallas und machte in Omaha halt. Eigentlich wollten wir zusammen zu Abend essen, aber mein Flugzeug hatte Verspätung, und so frühstückten wir am nächsten Morgen zusammen", sagte er. „Es war im Red Lion." Shula, auch ein Freund von Loomis, und Buffett teilten sich die Frühstückseier und die Morgenausgaben der Zeitungen. Shula erinnert sich, daß Buffett in der Unterhaltung sehr viel über Sport sprach.

„Am meisten gefielen mir seine Anekdoten. Er weiß sehr gut über Football Bescheid. Über Baseball wußte er noch mehr. Er war sehr interessiert an dem, was wir erreicht hatten. Natürlich ist er ein großer Fan der University of Nebraska", erzählt der Trainer.

„Nach dem Frühstück zeigte er uns sein Büro und den Nebraska Furniture Mart. Es gefiel mir sehr gut. Nach unserem Treffen hatte ich den Eindruck, daß seine wirkliche Botschaft Einfachheit heißt. Was er sagt, hilft dir in deinem Beruf und deinem eigenen Leben. Was er sagt, kann man nehmen und im eigenen Beruf anwenden", sagte er und stimmte zu, daß blocking und tackling - das ist eine seiner Lehren - auch bei den Miami Dolphins immer berücksichtigt werden sollten."

„Ich glaube, Berkshire ist so solide wie eh und je. Die Aktien hatten kürzlich ein kleines Tief, aber ich bleibe Aktionär... Ich bin mit diesem Investment sehr zufrieden."

Und Shula, ein sehr gewitzter Aktieninvestor, gibt zu, daß er den Aktienmarkt sehr genau beobachtet. „Ich lebe oder sterbe nicht damit", sagt er mit der gleichen Stimme wie er das Ergebnis eines Superbowl kommentieren würde, an dem die Miami Dolphins beteiligt sind.

Ein weiterer Aktionär, an sich ein Buch für sich wert, ist Patrick Byrne, der Sohn von Jack Byrne, dem früheren Vorsitzenden von GEICO. Patrick Byrne wurde nach einem einjährigen Krankenhausaufenthalt und drei Jahren, in denen er gegen den Krebs ankämpfte, Profiboxer. Mit einer 700seitigen Dissertation über die Lebensumstände, in die Menschen hineingeboren werden, ob reich oder arm, schwarz oder weiß, erwarb er an der Stanford University den Doktortitel. John Rawls von der Harvard University schrieb über das Thema in wissenschaftlicherer Sprache als „Ausgangssituation". Buffett nennt es bei den ausführlichen Diskussionen anläßlich der Jahreshauptversammlungen „Lotterie der Gene". Patrick Byrne ist heute Präsident von Berkshires Fechheimer.

Ein weiterer Berkshire-Aktionär ist Rabbi Myer Kripke aus Omaha. Er und seine Frau Dorothy zogen 1946 nach Omaha und übernahmen die Beth-El-Synagoge. Ein eher zufälliges Treffen in den 50er Jahren führte zu einer Freundschaft mit Buffett. Es stellte sich heraus, daß Susie Buffett die Bücher, die Mrs. Kripke schrieb, sehr mochte. Die beiden Paare spielten oft miteinander Bridge und feierten auch Thanksgiving zusammen. Mrs. Kripke ermutigte ihren Ehemann, bei Buffett zu investieren, aber er widersprach und sagte seiner Frau: „Ich bin doch nicht verrückt und gehe zu ihm. Er mag unser Geld nicht." 1966 jedoch kam Kripke in Buffetts Büro. Buffett sagte: „Ich nehme, was du hast, und ich werde für dich viel Geld verdienen!" Das tat er auch, und die Kripkes machten auch viel Geld. Die Kripkes investierten in die Partnership und behielten danach die Aktien von Berkshire. 1997 konnten die Kripkes dem New York City Jewish Seminary einen Scheck über 7 Mio. $ ausstellen.

Berkshire-Aktionär ist möglicherweise auch Dirk Ziff, der ein Familienvermögen von etwa 4 Mrd. $ verwaltet, wie das *Wall Street Journal* am 3. März 1997 berichtete. Der Artikel berichtet, daß Buffett Ziffs Vorbild sei und Ziff eine Sammlung der Jahresberichte von Berkshire aufbewahre.

77

George Buffett und ein Schönheitswettbewerb

G eorge Buffett aus Albuquerque in New Mexico - Warren Buffetts Cousin - ist der Sohn von Clarence Buffett. Clarence Buffett - der älteste Sohn von Ernest Buffett - war in verschiedenen Staaten im Ölgeschäft tätig und starb 1937 in Alvin, Texas, bei einem Autounfall.

Aber George Buffetts Schicksal sollte sich danach ändern. Seine Mutter Irma, die 1993 im Alter von 95 Jahren starb, ermutigte ihn, sein eigenes Geschäft aufzumachen.

„Ich wollte schon immer in das Geschäft mit Süßigkeiten gehen", sagte er. Allerdings wollte er ganz unten anfangen, das Geschäft erlernen und mit seinen Händen arbeiten. „Ich ging nach Kalifornien (nachdem er 1951 seinen Collegeabschluß gemacht hatte) und sagte, als ich mich bewarb, daß ich die elfte Klasse beendet hätte, was auch stimmte."

Es stellte sich heraus, daß dieses Unternehmen See´s war, lange bevor Warren Buffett es kaufte.

„Im Jahr 1952 erwarb ich mit 250 $ einen Gewerbeschein. Mein Partner hatte 200 $, und vier Jahre später zahlte ich ihn mit 4.000 $ aus, weil er glaubte, wir würden es nicht schaffen", erinnert er sich.

1956 eröffnete George Buffett einen Süßwarenladen, Buffetts Candies („Unsere Süßigkeiten sind zum essen - nicht zum aufbewahren!") in Albuquerque, eine Firma mit nur einem Ladengeschäft, das er betrieb, während er gleichzeitig bis Ende der 70er Jahre im Staatsparlament war.

Jahrelang florierten Buffetts Candy und andere Unternehmen, aber natürlich gab es im Laden doch einige Probleme.

„Ich beschäftigte eine 58jährige Frau, die die Süßigkeiten in Schokolade tauchte; sie ging aber sehr gern auf Parties, und ich mußte sie oft aus dem Gefängnis holen, weil sie zuviel trank. Das machte jedes Mal 40 $. Und einmal, vor Ostern, mußte ich sie dreimal in einer Woche herausho-

Die Cousins George und Warren Buffett bei einem Spiel der Omaha Royals 1995. Buffett scherz-
te: „Spieglein, Spieglein an der Wand, wer ist der Schönste im ganzen Land?" Dieser Schönheits-
wettbewerb ..."ist keiner"!

len, aber ich brauchte sie so dringend, daß ich das auch tat. Dann hörte ich, daß es in Kansas City eine Maschine gab, die die Süßigkeiten automatisch in Schokolade tauchte. Einen Monat nach Ostern fuhr ich hin."

Nachdem er diese Maschine gesehen hatte, entschied sich George Buffett sofort, nach Omaha zu fahren, um sich mit seinem Onkel Howard Buffett zu treffen.

„Howard Buffett hatte mich immer auf seiner Adressenliste, als er im Kongreß war. Er konnte nicht zulassen, daß ich zu den Liberalen ging, und so schickte er mir all seine Sachen. Und außerdem hatte er mir geraten, mein Geld zu sparen. Ich fuhr nach Omaha, ging in sein Büro und sagte ihm, daß ich ein Drittel meines Geldes in Aktien anlegte, ein Drittel in Immobilien und das letzte Drittel in mein Geschäft investierte. Dann fragte er, warum ich denn das Geld, das ich in Aktien steckte, nicht von Warren verwalten ließe. Er sei sehr ehrlich und so gut wie jeder andere auch."

George Buffett sagte später: „Das war die Untertreibung des Jahrhunderts."

„Und so investierte ich 1958 3.000 $ in die Partnership und 1960 5.000 $. Später legte ich noch ein wenig mehr bei Berkshire an. Als er seine Partnership auflöste, investierte ich auch bei Sequoia. Ich glaube, man könnte sagen, daß ich in diese Sache hineingeriet, weil ich eine betrunkene Schokoladenstipperin hatte."

George Buffett wurde sehr zurückhaltend, als er gefragt wurde, was sein Investment bei Berkshire nun wert sei: „Nun, man kann ruhig sagen, daß es mehr als eine halbe Million ist." Noch eine Untertreibung.

Als er gefragt wurde, ob er jemals Berkshire-Aktien verkauft habe, gab er zu, dies bei zwei Gelegenheiten getan zu haben: „Meine Frau wollte eine Eigentumswohnung kaufen, und so habe ich einige Aktien verkauft; ein anderes Mal verkaufte ich ein paar Aktien, um ihr bei Borsheim´s einen Ring zu kaufen. Ich vermute, das war billiger als eine Scheidung."

George Buffett hatte damals keine Vorstellung, was aus seinem Investment bei Warren Buffett einmal werden könnte. „Ich wußte, daß er ehrlich war, und ich wußte, daß er gut war, aber ich wußte nicht, daß er der beste war." Das, so sagt er, sei ihm erst vor etwa zehn Jahren so langsam aufgegangen.

„Manche Leute haben gesagt, daß wir uns sehr ähnlich sind. Er ist klüger als ich, aber meine Frau sagt, daß ich besser aussehe, und ich habe das Gefühl, daß ich der Glücklichere bin."

Nach der Jahreshauptversammlung 1995 schrieb George an Warren: „Erinnerst Du Dich noch an den Abend bei dem Footballspiel, als sie uns fotografierten? Ich glaube, Du hast damals gesagt, Du würdest unsere Bilder im nächsten Jahresbericht veröffentlichen, um zu zeigen, daß Du der schönere bist. Und wenn die Bilder nicht veröffentlicht werden, dann heißt das wohl, daß Du aufgegeben hast?"

Nachdem die Bilder enwickelt waren, sagte Buffett: „Kein Schönheitswettbewerb!"

Um seinen Sieg sicherzustellen, schickte George Warren ein anderes Foto und schrieb dazu: „Ich möchte nicht, daß Du glaubst, daß dieses Ergebnis ein Fehler des Fotografen war... Ich weiß, daß es hart ist, innerhalb von einem Jahr zweimal nur zweiter zu werden (Gates), aber versuche es ruhig weiter. Und wenn ich an mein Investment denke, dann werde ich Dich im Wettkampf mit Gates anfeuern."

Buffett fragte seinen Cousin George, auf welcher Grundlage er den Preis für seine Süßigkeiten festsetze. „Ich sagte ihm, daß ich meine Preise 10 bis 20 Cents unterhalb derer von See´s ansetze. Ich überlasse denen die ganze Rechnerei, und dann unterbiete ich sie, weil ich die Süßigkeiten billiger herstellen kann. In Albuquerque gibt es ein See´s Geschäft, aber ich kenne zu viele Leute, um dort hineinzugehen", lachte er.

Zu Weihnachten 1994 schickte mir George Buffett zwei Schachteln mit Süßigkeiten und einer kleinen Notiz: „Eine Schachtel ist für zu Hause und die andere fürs Büro mit dem Namen ‚Buffett' darauf. Von: dem gutaussehenden Buffett."

Am Wochenende der Jahreshauptversammlung 1995 erzählte George Buffett die folgende Geschichte über sich selbst. Er schreibt einen sehr konservativen Newsletter, den er „Buffetts Bulletts" nennt. Wegen seiner Beliebtheit schickten ihm die Leute Spenden, um diesen Newsletter zu unterstützen. Buffett wollte denjenigen, die das taten, danken und entschloß sich, ihnen einen Schlüsselanhänger mit einer Gewehrkugel daran zu schicken. In Montana kannte er einen Händler, der diese Artikel verkaufte. Dieser fragte George Buffett, ob er mit Warren Buffett verwandt sei. Der Händler sagte, er habe Berkshire-Aktien zu 17 $ gekauft und zu 35 $ verkauft. George Buffett antwortete, er habe sie bei etwa 18 $ gekauft, aber nicht verkauft.

„Und warum, verdammt noch mal, arbeiten Sie noch?" fragte der Händler.

78

Ann Landers Hat ein Rendezvous mit Buffett...

„Er benimmt sich unverschämt"

Von Sioux City in Iowa aus besuchte Ann Landers (Eppie Lederer) ihre Schwester Helen Brodkey in Omaha, um mit Jungs in Nebraska auszugehen.

„Nein. Mit Warren Buffett hatte ich kein Rendezvous", lachte sie während eines Telefoninterviews, aber Mitte der 80er Jahre, als die Briefkastentante für Lebensberatung nach Omaha kam, hatte sie doch eine Verabredung mit ihm.

Landers - die Tausende von Briefen mit Bitten um Rat beantwortet hatte, wurde zu einer Veranstaltung eingeladen, bei der im Presseclub von Omaha auch einige Parodien auf dem Programm standen. „Ich wurde gebeten aufzutreten und schrieb eine kleine Parodie, bei der ich in einem Rüschennachthemd Shimmy tanzte. Ich glaube, Warren war von dem merkwürdigen Auftritt sehr überrascht - eine Kolumnistin, die Shimmy tanzt. Nach meinem Auftritt kam er zu mir und lud mich für den nächsten Tag zum Lunch ein. Als ich ihm sagte, ich hätte bereits eine Einladung zum Lunch, fragte er mich, ob er nicht mitkommen könne. Ich antwortete ihm, das sei ganz sicher möglich, da ich mich mit den Leuten vom *Omaha World-Herald* treffen würde."

Der Gastgeber war Harold Andersen, der Verleger, ein alter Freund von Buffett. „Natürlich waren sie begeistert davon, daß Warren Buffett kommen würde. Während des Lunchs saßen wir nebeneinander und benahmen uns unverschämt. Wir sprachen kaum mit jemand anderem. Warren ist ein faszinierender Mann und hat einen wunderbaren Sinn für Humor.

(Photo by Nancy Line Jacobs)
Buffetts Tochter Susan und Ann Landers bei Borsheim's (1994). Ann Landers: „Ich schlug ihm vor, daß er noch zu Lebzeiten etwas von seinem Geld verschenkt, aber ich glaube nicht, daß ich großen Erfolg hatte."

Er sagte, wir sollten in Verbindung bleiben, und das haben wir auch getan. Eines der Ergebnisse sind die See's Candies, die es in Chicago nicht gibt. Sie wissen, ihm gehört das Unternehmen."

„Sofort nachdem ich Warren kennengelernt hatte, kaufte ich Berkshire-Hathaway-Aktien. Ich stürze mich ansonsten nicht auf die Börse, aber ich kaufe, wenn ich das Management kenne. Ich dachte, wenn Warren ein Unternehmen betreibt, dann möchte ich auch dabei sein. Doch als ich den Preis sah, flippte ich fast aus."

„Ich war in seinem Haus und lernte auch Astrid Menks kennen, die ich für eine sehr warmherzige und einnehmende Person halte. Ich kenne auch seine großartige Tochter Susie und die Enkelkinder. Einmal besuchte ich eine Party in Lincoln, zu der auch Kay Orr, die damals Gouverneurin war, eingeladen war. Wir fuhren alle in unserer festlichen Kleidung mit einem Bus. Ich saß neben Warrens Frau, die sehr fesselnd ist und blendend aussieht. Er wollte, daß ich sie kennenlernte. Er ist sehr stolz auf Susie und kann es auch sein. Sie ist nicht nur eine Schönheit, sondern sie hat alle richtigen Werte. Für ein Ehepaar, das getrennt lebt, haben sie ein sehr warmherziges und angenehmes Verhältnis."

„Ich habe mit Warren über seinen immensen Reichtum gesprochen und stellte ihm die logische Frage: „Was machst du denn eigentlich mit all dem Geld?" Er sagte mir, daß er es der Buffett Foundation hinterließe; bei seinem Tod würde dies die größte Stiftung der Welt sein. Ich schlug ihm vor, daß er vielleicht schon zu Lebzeiten etwas verschenken sollte, aber ich glaube nicht, daß ich damit Erfolg hatte."

79

Ich fragte, ob er meinen Vater Hank Greenberg kenne. Er sagte:

„58 Homeruns 1938 und 1937 183 RBIs.“

„Ich lernte ihn 1986 bei einem Columbia Business School Forum in einem New Yorker Hotel kennen. Da war eine ganze Menge von Rednern... Und ich ging hin, weil er mein Held ist“, sagte Glenn Hank Greenberg, Geschäftsführer von Chieftain Capital Management in New York, der 1973 an der Columbia University sein Diplom als MBA machte.

„Er war von Leuten umringt und ich hatte ihm gegenüber das Gefühl, so wie einige Leute sich meinem Vater gegenüber gefühlt hatten. Manchmal gibt es diesen menschlichen Instinkt, jemanden zu berühren, den man bewundert, und oft gibt das nicht viel her“, sagte Greenberg.

„Ich wußte, daß er Baseball mochte, und fragte ihn, ob er meinen Vater Hank Greenberg kenne. Er sagte, ,58 Homeruns 1938, 1937 183 RBIs‘..., ich wußte das nicht einmal selbst, und er zählte gleich drei oder vier dieser Statistiken auf. Ich dachte, er versuchte, mit seinem Gedächtnis anzugeben. Soweit ich weiß, stimmten die Zahlen. Er hat ein fotografisches Gedächtnis. Er spulte diese statistischen Angaben geradezu herunter...“

„Mein Vater (Hank Greenberg, Schlagmann der Detroit Tigers) schlug 1938 tatsächlich 58 Homeruns, elf Jahre, nachdem Babe Ruth 60 geschafft hatte. Als Roger Maris einige Jahre danach 61 Homeruns schlug, war das nicht mehr ganz soviel... Mein Vater war deswegen immer sehr bescheiden und sagte seinen Fans immer, wie sehr er sich darüber freue, daß sie sich

Ich fragte, ob er meinen Vater Hank Greenberg kenne.

daran erinnerten, oder daß die Werfer hofften, er würde Ruths Rekord brechen."

„Buffett kennenzulernen, war für mich ein wenig enttäuschend. Es waren so viele Leute um ihn herum... Aber zweifellos ist er, was Kapitalanlagen anbetrifft, der beste. Er schaffte es ohne Tricks und ohne Betrügereien... Er ist mein Held."

80

„Von einem Angestellten bei einem Broker zum Millionär"

Die Veränderungen in Bill Scargles Leben

Bill Scargle, Manager bei Paine Webber in San Francisco, begann sein Berufsleben als Angestellter bei einem Broker und wurde zum Millionär. Wie? Weil er Warren Buffett entdeckte. „Es begann 1969 mit einem Investment von 2.000 $ in Blue Chip, weil ich vermutete, daß dieses Unternehmen noch wachsen könnte."

Später, als Berkshire Blue Chip kaufte und Scargle mehr über Buffett erfuhr, war es schon auf und davon. „1974 und 1975 investierte ich weitere 10.000 $ in Blue Chip, und das war das ganze Geld, das ich zu dieser Zeit hatte", sagte Scargle, der damals etwa 12.000 $ im Jahr verdiente. Scargle, der die University of Florida besuchte und ein großer Fan der Gators ist, sagte:

„Später, 1978 und 1979, kaufte ich für 4.000 $ Berkshire-Aktien, die damals zwischen 165 und 175 $ gehandelt wurden. Zu diesem Zeitpunkt waren die Ersparnisse meines gesamten Lebens in Buffett-Unternehmen investiert. (Blue Chip ging 1983 in Berkshire auf).

Wie jeder Investor, der all seine Eier in einen Korb legt, wollte ich den Mann, der den Korb trägt, gern persönlich kennenlernen. In den 70er Jahren besuchte ich die Jahresversammlungen von Blue Chip, weil Buffett im Aufsichtsrat war, aber er war niemals anwesend. Ende der 70er Jahre ging ich zur Jahreshauptversammlung von Berkshire. Sie fand in der Cafeteria von National Indemnity statt. Damals waren ein halbes Dutzend Aktionä-

(Photo by LaVerne Ramsey)
Bill Scargle, ein langjähriger Investor bei Buffett

re, mehrere Angestellte und ein paar von Buffetts Angehörigen anwesend. Es dauerte nur ein paar Minuten. Buffett sagte, er hätte noch eine Stunde Zeit, für den Fall, daß jemand noch hierbleiben und mit ihm über Investments sprechen wolle. Diese Stunde veränderte mein Leben. Ich wußte sofort, daß dieser Kerl ein sehr intelligenter Investor war. Und seither hat nichts meine Auffassung geändert. Nach der Versammlung stellte ich mich Buffett vor; er fragte mich: ‚Dafür sind Sie den ganzen Weg von San Francisco hierher gekommen?'

Ich flog auch zu den Jahreshauptversammlungen von Wesco, um Charlie Munger sprechen zu hören. Ich wußte immer, daß Buffett und Munger genau wußten, was sie taten. Über Berkshire habe ich jeden Tag nachgedacht. Ich habe fast alles gesammelt und aufbewahrt, was jemals über Berkshire geschrieben wurde.

Ich habe nie auch nur eine Aktie verkauft, bis Berkshire zu etwa 7.000 oder 8.000 $ gehandelt wurde. Dann habe ich ein paar Aktien verkauft, weil ich mich entschloß, meine Hypothek abzuzahlen und auch all meine Schulden zu tilgen und in 10-%-Schatzbriefe für meinen Ruhestand zu investieren. Sicherlich habe ich einen Fehler gemacht. Wie sich herausstellte, wäre es besser gewesen, wenn ich die Aktien behalten hätte.

Ich spende oft für wohltätige Organisationen. Ich fragte Buffett sogar einmal, ob ich der Buffett Foundation etwas zukommen lassen sollte, doch er verneinte, weil diese Stiftung sehr viel Geld hat.

Ich glaube, man kann gut sagen, daß ich ein kleiner Angestellter war, der Millionär wurde. Es war ein fantastischer Weg, und ich glaube, es ist noch nicht ganz vorbei."

81

High School-Abbrecher, Dressman, Bauarbeiter, Feuerwehrmann:

„Dank Warren bin ich Millionär."

„Von Berkshire erfuhr ich zum ersten Mal, als ich 1973 Adam Smiths Buch ‚Supermoney' las", sagt Neil McMahon aus New York. „1979 besaß ich 100 Berkshire-Aktien, die ich zu durchschnittlich 220 $ gekauft hatte. Ich verkaufte sie zu Beginn der 80er Jahre mit Gewinn und bereue es.

1982 kaufte ich Berkshire zurück. Später, 1986 und 1987, kaufte ich 18 weitere Aktien. Heute besitze ich 36 Aktien oder fast 2 Mio. $ bei Berkshire und ungefähr 2.000 Anteile des Sequoia Fund, so daß ich auf indirektem Weg noch stärker an Berkshire beteiligt bin. Ich kaufte Sequoia, kurz bevor der Fonds 1982 geschlossen wurden", fügt er hinzu. „Dank Warren bin ich Millionär."

McMahon, der die High School abbrach, doch später einen gleichwertigen Abschluß erreichte, hat über lange Jahre hinweg jeweils als Bauarbeiter, Feuerwehrmann und Dressman gearbeitet. 1962 rettete McMahon als Feuerwehrmann in New York City ein zwei Monate altes Baby aus einem brennenden Gebäude in Queens, nachdem er mit einer Gasmaske über die Leiter geklettert war und das Baby schreiend vorfand. Die Mutter des Babys war zu dieser Zeit gerade einkaufen.

Gutaussehend und gut gebaut, posierte McMahon bei Hunderten von Aufträgen als Dressman, darunter auch 1982 für eine sechsseitige Lifestyle-Anzeige in *Forbes*. McMahon, jetzt in den sechzigern, war einmal mit

(Photo courtesy of Neil McMahon)
Die Fotomodelle Evelyn Kuhn und Berkshire-Aktionär Neil McMahon.

der Orange Bowl Queen von 1963 verlobt, blieb jedoch sein Leben lang Junggeselle. „Ich war immer Junggeselle und führte ein einfaches Leben", sagte er.

McMahon, der nie einen einzigen Penny geerbt hat, gelang es in den Jahren, als er als Feuerwehrmann und Bauarbeiter arbeitete, etwas Geld zu sparen; die Jobs als Dressman machte er nebenbei.

„Ähnlich wie Warren gehe ich mit meinem Geld sehr sparsam um. Meine Strohhüte kaufe ich im Winter oder, wenn es dafür Rabatt gibt, gleich acht Paar Schuhe auf einmal. Ich habe zwar ein Haus in Connecticut, das ich vermiete, ich selbst aber wohne in einer Sozialwohnung in Queens."

Als McMahon einmal ein Problem mit GEICO hatte, schrieb er an Buffett. Buffett antwortete ihm am 26. Februar 1997: „Vielen Dank für Ihren netten Brief, in dem Sie mir Ihre Probleme mit GEICO geschildert haben. Ganz allgemein ist der Service bei GEICO sehr gut, aber ganz eindeutig hat man bei Ihnen einen Fehler gemacht. Ich hoffe, es ist inzwischen zu Ihrer Zufriedenheit ausgegangen, und freue mich darauf, daß Sie ein glücklicher GEICO-Versicherungsnehmer bleiben und auch Aktionär von Berkshire."

82

Erinnerungen an eine Spritztour

Von Ed Prendeville, einem Zugschaffner

„Von Buffett hörte ich zum ersten Mal Ende der 70er Jahre in Adam Smiths Buch ‚Supermoney'", sagte Berkshire-Aktionär Ed Prendeville aus New Vernon in New Jersey. „Leider habe ich damals noch nicht in Berkshire investiert, weil ich gerade ein Geschäft aufgemacht hatte, in dem ich alte Modelleisenbahnen ankaufte und verkaufte; darin hatte ich all mein Geld investiert", fügt Prendeville hinzu, der Besitzer von Train Collector′s Warehouse, Inc. in Parsippany, New Jersey.

„Weil Warrens Auffassung von Geschäften und Geldanlage sehr rational war und die der anderen nicht, machte das auf mich einen bleibenden Eindruck. Dann kaufte ich im Dezember 1981 in Salt Lake City für 280.000 $ eine Sammlung von Modelleisenbahnen buchstäblich mit den gesamten Ersparnissen meines Lebens.

Die ganze Sammlung wurde in einem Sattelschlepper verpackt und ich fuhr durch Omaha nach Hause. Es war 15 Uhr, und ich erinnerte mich, daß Warren Buffett, der Mann über den ich gelesen hatte, hier lebte. Und ich erinnere mich, daß ich daran gedacht hatte, ein paar Aktien von Berkshire zu kaufen, wenn dieses Geschäft einigen Gewinn abwarf.

Ein paar Jahre später, als ich etwas Geld ge-

(Photo by LaVerne Ramsey)
Ed Prendeville

spart hatte, kaufte ich einige Berkshire-Aktien, hielt sie und habe seitdem immer noch welche hinzugekauft. Das ist eine tolle Spritztour.

Je länger ich Berkshire-Aktionär bin, um so mehr stelle ich fest, an welchen tollen Unternehmen es Teilhaber ist und in welch großartige Unternehmen sie investiert haben. Höchstwahrscheinlich habe ich das beste Unternehmen, den besten Wertpapieranalysten und den besten Kapitalbildner dieser Generation, wahrscheinlich aller Zeiten, zum Partner. Man wäre ein Narr, wenn man mit Warren keine Geschäfte machte, obwohl man das jeden Tag, an dem die New Yorker Börse offen ist, tun kann.

Glücklicherweise ist die wichtigste Investmententscheidung, die ich jemals anstellen muß, wann ich Berkshire verkaufen soll, und es kann gut sein, daß ich diese Entscheidung niemals treffen werde.“

83

Arthur Rowsell: Ein Trader für Buffett, Munger und Guerin

„Hat Warren Buffett bei dieser Bank ein Konto?"… „Nun, die Bank gehört ihm."

„1963 begann ich, für Warren Buffett zu traden. Ich lernte ihn durch Rick Guerin kennen", sagt Arthur Rowsell aus Encinitas, Kalifornien.

„Ich wußte wirklich nicht, wer er war; er gab große Orders auf und sagte, er würde dafür von seinen Konten bei der Illinois National Bank bezahlen. Eines Tages rief er an und sagte, er ginge nach Europa, aber daß er weiterhin Blue-Chip-Aktien unter 16 $ je Stück kaufen wolle", erinnert sich Rowsell.

„Da fragte mich mein Chef, wer verdammt noch mal dieser Warren Buffett sei, und sagte mir, ich sollte etwas über ihn herausfinden. Ich rief Illinois National an und fragte, ob er dort ein Konto habe; der Angestellte sagte mir: ‚Nun, Sie bringen mich in eine etwas peinliche Situation. Die Bank gehört ihm.'

Die meisten Menschen kaufen Aktien, wenn diese in einem Aufwärtstrend sind. Wenn die Aktienkurse fallen, dann bekommen die meisten Leute Angst. Buffett, Munger und Guerin steigen dann in einen schwachen Markt ein, wenn sie die einzigen Bieter auf der Welt sind", sagt Rowsell.

„Buffett unterscheidet sich von allen anderen. Wenn manche Leute 100.000 Aktien kaufen wollen, dann füllen sie einen Auftrag aus und bekommen daraufhin auch die richtige Stückzahl. Sie kaufen, wenn die Kurse steigen. Buffett möchte, daß der Markt zu ihm kommt. Er ist sehr geduldig... Er kauft immer Aktien, die gerade im Kurs fallen. Buffett möchte an der Börse mitmachen, nicht die Börse bewegen. Buffett gibt seine Orders immer ein wenig unter dem derzeitigen Kurs und sagt nicht, wie viele Aktien er kaufen möchte, was bedeutet, daß er so viele kaufen möchte, wie er zu diesem Kurs oder einem noch besseren bekommen kann.

Einmal fragte ich Rick Guerin, wie viele Aktien er wollte, und er antwortete: ‚Sieh mal, Art, ich möchte so viele Aktien, daß ich in den Aufsichtsrat gehen und eine Menge Geld verdienen kann.' Das war das letzte Mal, daß ich diesen Leuten eine solche Frage stellte."

Rowsell erzählt, daß Buffett auch so wäre. „Man kann alles kaufen, was man bekommt, und ist nicht fertig damit, bis auch die letzte Aktie aufgekauft ist. Wenn man Buffett sagt, er könne die gesamten Aktien eines Unternehmens zu seinem Preis kaufen, dann würde er sagen: ‚O.K., schickt sie mir.' Und wenn er alle Aktien von Salomon oder Wells Fargo zu seinem Preis kaufen könnte, dann würde er das tun."

Und weiter erzählt Rowsell: „Er hat sehr hohe ethische Standards. Buffett kauft nie wegen einer Nachricht auf den Wirtschaftsseiten und auch nicht wegen irgendwelcher Gewinne, die in einem Quartalsbericht ausgewiesen werden.

Ich habe Tradingabteilungen geleitet. Denken Sie daran, daß ich bei diesen Aktien die Kurse festsetzte und ich für Berkshire der führende Kursmakler war. Die Art, wie Buffett kauft, ist ungefähr diese: Ich sagte ihm, daß irgendetwas zu 30 bis 30 1/4 $ gehandelt wurde. Dann sagte er, ich sollte mein Bestes tun, aber das bedeutete nicht, daß ich 30 1/4 $ bezahlen oder die Aktie stützen sollte. Für den Fall, daß es noch Spielraum gab, sollte ich günstiger einkaufen."

Im Verlauf der Jahre arbeitete Rowsell für Hayden Stone, Doyle O´Connor und Cantor Fitzgerald. Bevor er Privatdetektiv wurde, kaufte er Investments für Buffett wie beispielsweise American Express, California Water, Source Capital, Blue Chip, Doyle Dane, Interpublic Group, General Foods, Affiliated Publications und viele andere.

„Affiliated war sehr interessant. Anfang der 70er Jahre bot die First Boston 500.000 Aktien an, als die Kurse total am Boden waren, ich glaube, zu 13 $ je Stück. Die verkaufenden Aktionäre waren die Gründerfamilien des Boston Globe. Als die Aktie wenige Monate später an der American Stock Exchange notiert wurde, hatte Warren 350.000 bis 400.000 der 500.000 Aktien gekauft. Sie werden sich wahrscheinlich daran erinnern, daß er diese Aktien nach einem 2:1-Split für 100 $ je Stück verkaufte. Nach diesem Verkauf stürzte der Kurs auf 8 $ ab. Einer der Gründer von

Intel, Robert Noyce, ein Absolvent des Grinnell College. Buffett führte den Grinnell-Stipendienfonds - nebenbei gesagt, unentgeltlich. Noyce kam nach Grinnell und fragte, ob sie 100.000 $ in Intels Startkapital investieren würden. Buffett sagte Noyce, wenn es ihm gelänge, seine Klassenkameraden dazu zu bringen, 100.000 $ bei ihrem College einzuzahlen, dann würde der Fonds auch 100.000 $ beitragen, und somit hätte er eine 200.000-$-Beteiligung. Das gelang, und Grinnell verkaufte die Aktien einige Jahre später - eine Entscheidung, die nicht von Buffett gefällt wurde - für ungefähr 18 Mio. $, nur ein Bruchteil des Werts von 1997.

Bei der Jahreshauptversammlung von Berkshire im Jahr 1997 sagte Buffett: „Wir kauften 10 % der Intel-Erstemission. Aber das Genie, das damals Grinnells Investmentkomitee führte, gelang es, diese Aktien einige Jahre später zu verkaufen - ich werde Ihnen aber nicht seinen Namen sagen. Und heute kann man gar nicht einmal erahnen, wieviel diese Anteile wert sind."

Rowsell erledigte für Buffett eine Reihe von Tafel- und Arbitragegeschäften. „Er tradet sehr viel", sagte Rowsell.

Jahrelang rief Rowsell am Abend Gladys Kaiser an und sagte ihr, was an diesem Tag gelaufen sei. „Über die Jahre hinweg habe ich mit Buffett Tausende Male gesprochen. Und wenn er dabei war, etwas zu kaufen, dann sprachen wir auch fünf- bis achtmal am Tag miteinander", sagte Rowsell.

Rowsell spielte mit Buffett auf einem Tennisplatz in der Nähe von Buffetts Haus in Laguna Beach, als er feststellte, daß Buffett der größte Investor aller Zeiten war:

„Nach dem Spiel saßen wir vier herum, tranken Pepsi und irgend jemand erwähnte Dunkin´ Donuts. Ich dachte, ich würde Dunkin' Donuts kennen. Ich arbeitete ziemlich hart in diesen Sachen... Er sagte: ‚Weißt du, ich habe schon ein paar Mal einen Blick darauf geworfen.' Und er begann, darüber zu sprechen, wie dieses Unternehmen sehr viel wertvoller werden könnte, wenn es seinen Immobilienbesitz in einen Immobilienfonds einbrächte, und daß es nur 80 Cents pro Aktie mache. Ich meine, er kannte alle Fakten und alle Zahlen. Er kannte Dunkin' Donuts in- und auswendig. Das war die Zeit, als ich meine Dunkin' Donuts-Aktien verkaufte und zu 300 bis 500 $ Berkshire-Aktien kaufte.

Warrens Intelligenz und sein Gedächtnis sind besser als bei irgend jemand anderem, den ich bisher kennengelernt habe. Er hat die Fähigkeit, eine Riesenmenge von Fakten aufzunehmen und daraus einfache, aber sehr effektive Schlüsse zu ziehen."

Der einzige Mensch, den Rowsell kennenlernte und der Buffetts Intelligenz in etwa gleichkam, war Henry Singleton von Teledyne. „Der Unterschied zwischen den beiden ist interessant. Singleton ist nur die ruhige, fast erschreckende Intelligenz, Buffett jedoch ist so bequem wie ein alter Schuh. Buffett ist mindestens genauso intelligent, aber er gibt sich selbst so angenehm.“

Rowsell lernte Singleton kennen, als er Teledyne-Aktien an die Broker vermittelte. „Weil ich Berkshires Marktmacher war, war Buffett so freundlich, mir Geschäfte zukommen zu lassen, einschließlich der Liquidation von Ben Grahams Vermögen“, sagte Rowsell.

Rowsell erzählt, daß Buffett gelegentlich alle Seiten des S&P las und auch das 2.500seitige *Walker´s Manual* (eine Art Moody´s der an der Westküste gehandelten Aktien). Walker´s Manual existiert in veränderter Form immer noch.

„Er erzählte mir einmal, daß er das Walker´s Manual von hinten her lesen würde. Er kennt Aktien, von denen Sie noch nie gehört haben... Und wenn Sie glaubten, daß der Gewinn eines Unternehmens pro Aktie bei 1,85 $ lag, dann konnte er Ihnen genau sagen, daß es nur 1,82 $ waren. Und Sie können mir glauben, dann waren es auch 1,82 $.“

84

„Hey, Jerry, fahr langsam…"

Ich wollte ihn so lange wie möglich interviewen…
— Jim Rasmussen vom Omaha World-Herald

Kurz bevor im Oktober 1993 ein Artikel in *Forbes* den Vorsitzenden von Berkshire zum reichsten Mann des Landes erklärte, bat Jim Rasmussen, Reporter beim *Omaha World-Herald*, Buffett um ein Interview.

Buffett war nicht abgeneigt, aber erst, sagte er, wolle er wissen, was *Forbes* zu sagen hatte. Nachdem der Artikel erschienen war, nahm Rasmussen wieder Kontakt mit Buffett auf, der ein wenig zögerte: „Ich weiß nicht, was man sonst noch schreiben könnte." Aber Buffett war einverstanden, und es wurde ein Termin vereinbart vor einem Vortrag vor Studenten der Wirtschaftswissenschaften an der Columbia University am 27. Oktober.

„Ich traf ihn außerhalb der Salomon-Zentrale (Buffett war wegen einer Aufsichtsratssitzung dort) am World Trade Center. Ich sollte ihn um 17 Uhr treffen und wartete schon zehn Minuten vor der Zeit, weil ich keinesfalls den Interviewtermin versäumen wollte", sagte Rasmussen.

„Punkt 17 Uhr kam er aus der Tür, und vor 18 Uhr mußten wir an der Columbia University sein. Wir stiegen in einen Lincoln. Ich vermute einmal, es war ein Auto von Salomon, und er stellte mir den Fahrer vor, Jerry. Ich sagte: ‚Hey Jerry, fahr langsam', weil ich ihn so lange wie möglich interviewen wollte. Ich fragte ihn, was er über die Rangliste von Forbes dachte. Er sagte, daß er sich für Berkshire sehr darüber freute, und wenn Berkshire nur mittelmäßig abgeschnitten hätte, dann hätte dies nicht soviel für ihn bedeutet."

Ein Ergebnis dieses Artikels war, daß Berkshire viel mehr Briefe bekam, erzählte Buffett; viele baten um Geld. „Einer schrieb mir einen langen Brief und bat mich um 10.000 $. Und dann ganz am Schluß schrieb er: ‚Eigentlich könnte es auch 1 Mio. $ sein.'", erzählte Buffett Rasmussen.

„Ich fragte ihn nach den Eisbären auf seiner Krawatte in dem *Forbes*-Artikel - ob das irgendeine geheime Botschaft sei; er sagte nein, die Leute bei Coca-Cola hätten ihm die Krawatte als Erinnerung an seine Werbekampagne geschenkt. Aber wegen dieser Frage schien er nervös zu werden. Ich glaube nicht, daß er Fragen über seine Ansichten über den Markt sehr mag", sagte Rasmussen.

Buffett sagte, er müßte 17 Minuten vor seiner Verabredung um 18 Uhr in der Columbia University sein. „Es klappte genau auf die Minute. Wir waren ein wenig früher da; er ließ den Wagen parken und wir führten unser Gespräch fort", sagte Rasmussen. „Ich fragte ihn nach seinem persönlichen Vermögen (außer Berkshire); er antwortete, die Rankings seien nicht perfekt und berücksichtigten auch kein anderes Vermögen oder andere Schulden."

Rasmussen drängte und versuchte, eine Zahl zu bekommen, die Buffetts Vermögen außerhalb seiner Beteiligungen an Berkshire in etwa beschrieb. Aber Rasmussen sagte, er habe nicht den geringsten Hinweis darauf bekommen, ob diese Zahl hoch oder niedrig sei: „Er hat diese Frage überhaupt nicht angesprochen... Es war so, als ob er gesagt hätte, es wäre ein netter Versuch meinerseits gewesen."

Dann stieg Buffett aus, traf Carol Loomis von *Fortune* und sprach zweieinhalb Stunden vor den Studenten, wobei er seine ersten Bemerkungen der Integrität widmete.

„Ich meine damit: Ich kann mir eine Rede anhören und weiß, ob sie mir gefällt oder nicht, aber wahrscheinlich werde ich mich in meinem Verhalten doch nicht ändern", sagte Buffett.

Rasmussen fügte hinzu: „Er wurde von den Studenten umringt und gab sein Autogramm auf die Jahresberichte."

Die 80 Studenten applaudierten Buffett 40 Sekunden lang.

Danach verließ Buffett die Universität zusammen mit Carol Loomis, fragte Rasmussen jedoch, ob man ihn ein Stück mitnehmen könne; Rasmussen antwortete, er würde sich ein Taxi in sein Hotel nehmen, um seine Geschichte zu schreiben.

„Ich war die ganze Zeit ziemlich aufgeregt", sagte Rasmussen.

85

Arthur Clarke: 2+2=4

Arthur Clarke interessierte sich zum ersten Mal für Buffett, weil er Geld von ihm wollte. Nicht für sich selbst, sondern für die University of Chicago, wo er in den 70er Jahren für die Spenden von Unternehmen verantwortlich war.

Clarke, der mit seiner nach ihm benannten Investmentfirma Arthur D. Clarke & Co. in Boston jahrzehntelang einen Durchschnittsgewinn von 22,7 % machte, sagte, Buffett habe ihn einmal gefragt, weshalb er so gern Spenden sammle. Clarke antwortete, es sei ziemlich leicht herauszufinden, wer Geld habe. Die Herausforderung sei, wie man an diese Person herankomme. „Warrens Augen leuchteten auf, und er sagte, er könne sich gut vorstellen, daß das Spaß mache. Und ich sollte auch hinzufügen, daß er durchaus erkannte, daß jemand von einer Sache sehr überzeugt sein mußte, damit ihm das Spendensammeln auch Spaß macht."

Eines Tages war Clarke bei seiner detektivischen Arbeit, als er die neueste Ausgabe des Official Summary of Security Transactions, der monatlichen SEC-Veröffentlichung von Insidertransaktionen durchblätterte und auf einen Artikel stieß. „Damals waren wir wahrscheinlich die einzige Förderstelle, die das abonniert hatte", sagte Clarke. Bei ihm gingen die Lichter an, als er sah, daß Berkshire bei der Washington Post Co. investiert hatte.

Ed Anderson, ein ehemaliger Student der University of Chicago, der damals geschäftsführender Partner der Tweedy, Browne und Knapp war, hatte Clarke auf Buffetts Spur gesetzt. „Ed empfahl mir, ich sollte das Kapitel über Warren in Adam Smiths Buch lesen. Das tat ich sofort, und schon hatte ich angebissen. Das war ein Mann, der sein Leben auf bemerkenswerte Weise angepackt hatte. Es mag ein wenig eigenartig klingen, aber ich verglich Warren mit Milton Friedman und Sokrates: Jeder von diesen beiden ließ sich nur von Vernunft leiten. Emotionen führen zu falschen Erwartungen und deshalb zu Enttäuschung und depressiven Gedanken."

Buffett wurde Clarkes Vorbild, was allerdings nur dessen Streben verstärkte, Buffett für die University of Chicago zu interessieren. „Der Erwerb der Washington Post-Aktien durch Berkshire war der Schlüssel, nach dem ich die ganze Zeit gesucht hatte. Die meisten Leute hätten diesen Artikel wahrscheinlich übersehen, aber ich wußte, daß Warren hinter Berkshire stand und Katharine Graham hinter der Washington Post.

Katharine Graham war eine ehemalige Studentin der University of Chicago und zu dieser Zeit Treuhänderin der University of Chicago." Diese Verbindung gab Clarke den Hinweis, den er schon die ganze Zeit gesucht hatte. „Am nächsten Tag rief ich Ed an, um herauszufinden, wie Warren und Kay miteinander stünden. Er war sehr überrascht, daß ich das herausgefunden hatte."

Von da an ging die Geschichte weiter, aber kurz danach verließ Clarke die Universität und sammelte Spenden für das Urban Institute, eine Denkfabrik in Washington, D.C. „Ich hatte noch nie davon gehört, aber Warren (ebenso wie Kay Graham) war im Verwaltungsrat und das erregte mein Interesse. Und so habe ich ihn dann schließlich kennengelernt."

Als Clarke Buffett traf, erzählte er ihm die Geschichte von der University of Chicago. „Ich erzählte ihm, daß meine Erfahrungen seinen oft geäußerten Kommentar, Mathematik sei nicht das Schwierige im Leben, bestätigt hätten. Daß 2 + 2 = 4 ist, lernen wir schon sehr früh im Leben. Das Schwierige daran ist nur, daß die beiden Zweien in der realen Welt nur sehr selten zusammenkommen. Und wenn man nicht gut aufpaßt, dann versäumt man die wenigen Male, wenn man vier hat."

„Natürlich sucht jeder nach der Fünf", fuhr Clarke fort, „und deshalb werden sie enttäuscht. Wie Sokrates ist auch Warren sehr weise, weil er sehr rational ist. Und hierin liegt auch sein Glück."

86

Notizen von Chris Stavrous Schreibtisch

Chris Stavrou aus New York - seit Mitte der 80er Jahre ein großer Aktionär bei Berkshire - hatte im Verlauf der Jahre eine Reihe von kurzen Unterhaltungen mit Buffett. Hier sind einige seiner Gedanken:

Hintergrund: „Zuerst ging ich zu Wharton und von dort aus direkt an die Wall Street. Ich arbeitete in einer Brokerfirma als Wertpapieranalyst und lieferte meine Informationen den aggressiveren institutionellen Anlegern wie beispielsweise Fidelity, dem Acorn Fund, Robert Wilson und George Soros... Später, 1983, gründete ich eine Partnership nach der Art von Buffett, Stavrou Partners, und unter anderem baute ich auch eine sehr starke Position Berkshire Hathaway auf. Ich muß mich kneifen, wenn ich daran denke, wie gut das alles ausging. Für mich als Analysten war es ein großer Wendepunkt, als ich Warrens Methoden studierte. Von seinem Charakter, seiner Ehrlichkeit und seiner Intelligenz war ich so beeindruckt, daß ich meinen Sohn Alexander Warren nannte, obwohl auch Leonard Warren, der Opernsänger, einer seiner Namenspaten ist."

Wie ich zum ersten Mal von Warren hörte: „Irgendwann Anfang der 70er Jahre begann Lou Vincenti, der Präsident von Wesco Financial, von Warren zu erzählen und war ganz begeistert. Ich werde nie vergessen, was er sagte: ‚Warren Buffett ist das größte Finanzgenie, das ich je getroffen habe. Gerade eben ist ein neues Buch von Adam Smith erschienen, ‚Supermoney'. Chris, geh nicht in den Buchladen, sondern lauf hin und kauf dir das. Darin ist auch ein Kapitel über Warren. Das wird die größte Lehrstunde über Kapitalanlage sein, die du überhaupt bekommen kannst.'

Schließlich lernte ich Warren Mitte der 80er Jahre kennen... Warren hat so eine gewisse Art, Fragen zu beantworten, und manchmal scheint es, als wolle er den Fragensteller ablenken - allerdings trifft er immer den Kern der Frage und seine Bedeutung für die Kapitalanlage. Ich hatte

*Berkshire-Aktionär Chris Stavrou und
sein Sohn Alexander Warren Stavrou*
(Courtesy of Chris Stavrou)

gehört, daß er ein fotografisches Gedächtnis habe und niemals einen Computer oder auch nur einen Taschenrechner benutzte, und so fragte ich ihn, ob es stimme, daß er nie einen Taschenrechner benutze. Er antwortete: ,Ich habe nie einen besessen, und wenn ich einen hätte, dann wüßte ich überhaupt nicht, wie ich damit umgehen müßte.'

,Wirklich? Dann könnten Sie mir vielleicht ein Beispiel dafür geben, wie Sie dividieren?'

,10 % ist ziemlich einfach.'

,Im Ernst: Wie stellen Sie dann kompliziertere Berechnungen an? Sind Sie besonders begabt?'

,Nein, nein. Es ist nur so, daß ich schon lange Zeit mit Zahlen arbeite. Es ist ein Sinn für Zahlen.'

,Gibt es da einen Trick? Ich meine, die großen Kopfrechner wie beispielsweise von Neumann und Feynman rechneten bei einigen mathematischen Operationen, etwa der Addition, von links nach rechts statt von rechts nach links. Gibt es irgend etwas, das es für Sie leichter macht zu rechnen?'

,Ja. Man muß nicht mit vier Stellen hinter dem Komma rechnen.'

,Nein, jetzt ganz im Ernst, hier mal ein Beispiel. Was ist 99 mal 99?'
,9801.'

,Und wie wissen Sie das?'

,Ich habe das in Feynmans Autobiographie gelesen.' (Ganz sicher werden Sie, wenn Sie „Surely You´re Joking, Mr. Feynman" lesen, genau diese Frage und die Antwort in der Mitte dieses Buchs lesen.)

,Und wenn der Preis eines Gemäldes innerhalb von 100 Jahren von 250 $ auf 50 Mio. $ steigt, wie hoch ist dann der jährliche Durchschnittsgewinn?'

‚13,0 %.'

‚Und wie haben Sie das gerechnet?'

‚Das sind genau die Zahlen von Union Carbide. Sie gehen allerdings nur 50 Jahre zurück. Mit Aktien fährt man immer besser, wenn man lange genug lebt.' Es ist eigentlich überflüssig zu sagen, daß diese Zahlen nicht zur Hand waren.

‚Ich staune, daß Sie sich daran erinnern. (Die Zinseszinstabellen von Union Carbide waren die ersten, die per Computer erstellt wurden, und wurden seit Mitte der 60er Jahre nicht mehr veröffentlicht.) Und wenn die Tabellen nur 50 Jahre weit reichen, wie haben Sie dann die Rechnung für 100 Jahre angestellt? (Hier verfolgte er einen Rechenweg, dem ich nicht ganz folgen konnte. Der wichtige Punkt daran ist jedoch, daß er nicht nur zwei Tabellen mathematisch miteinander verbunden hat, indem man Quadratwurzeln benutzt, wie man es normalerweise tun würde. Er benutzte andere, ganz einfache Algorithmen, von denen ich niemals zuvor und niemals nachher gehört habe.) Aber gehen wir einmal davon aus, daß Sie die Zinseszinstabellen nicht kennen und auch nicht die Algorithmen, um diese Tabellen zu benutzen.'

‚Dann muß man nur herausfinden, wie oft sich die Ausgangszahl verdoppelt, bis sie die Endzahl erreicht.' (250 $ müssen sich etwa 17,6mal verdoppeln, um auf 50 Mio. $ zu kommen, sich also etwa alle 5,7 Jahre verdoppeln oder um etwa 13 % pro Jahr.)

‚Und rechnen Sie auch so, wenn Sie den augenblicklichen Wert Ihres Cash flows berechnen?'

‚Nein, nein. Vergessen Sie all die komplizierten Formeln. Blättern Sie einfach nur Value Line durch; wenn Sie dann ein Unternehmen finden, das Sie mögen und verstehen und das zur Hälfte seines wirklichen Werts verkauft wird, dann sollten Sie kaufen. Und wenn Sie so etwas nicht finden, dann müssen Sie warten. Sie werden die Gelegenheit bekommen.'

‚Sie waren Anhänger der Pugwash-Gruppe. (Dies war eine Antiatomkriegsinitiative, die von Bertrand Russell gegründet wurde. Ihre Aktionen führten zum ersten Vertrag über die Nichtweitergabe von Atomwaffen zwischen den Supermächten und 1963 zur Ächtung von Atomtests in der Atmosphäre).

Kannten Sie Bertrand Russell?'

‚Nein, ich habe ihn nie getroffen. Ich sah ihn im Fernsehen und las eine Reihe seiner Bücher.'

‚Wie beispielsweise ‚Principia Mathematica'?'

‚Nein, nein. Nicht diese Sachen. Die philosophischen Bücher. Beispielsweise ‚Has Man a Future?"

‚Warum?'

‚Weil er wie Graham dachte.'

Ich hatte einmal die Gelegenheit, Warrens Büro zu besuchen, als er nicht da war. Tatsächlich gab es da auch keinen einzigen Computer. Was mir auffiel, war der Aktenraum. Es gab 188 Aktenschränke. Als ich ihn kurz darauf sah, fragte ich: ‚Was ist in den ganzen Akten?'

‚Jahresberichte.'

‚Wie steht's mit 13 D-Akten?'

‚Nein. Es sind in der Hauptsache Jahresberichte und Quartalsberichte (nach Branchen geordnet).'

‚Wie lange reichen sie zurück, etwa 15 Jahre?'

‚Nein. Wir sortieren sie regelmäßig aus. Ich habe aber ein paar wie beispielsweise Coca-Cola, die weiter als 15 Jahre zurückreichen. Aber man muß nicht 15 Jahresberichte von Coca-Cola analysieren, um zum Schluß zu kommen, daß dies ein hervorragendes Unternehmen ist.'

‚Weshalb haben Sie so viele davon?'

‚Wenn mich ein Unternehmen interessiert, dann kaufe ich je 100 Aktien von all seinen Konkurrenten, um die Jahresberichte zu bekommen.'

‚Und wie finden Sie die Zeit dafür, sie alle zu lesen?'

‚Ich überfliege vieles. Wenn ich aber wirklich interessiert bin, lese ich jedes einzelne Wort von Umschlag zu Umschlag.'"

Intrinsischer Wert: „Der intrinsische Wert ist der heute abgezinste Wert aller zukünftigen Erträge, die von einem Unternehmen erzielt werden können ohne zusätzliches Kapital, aber einschließlich der Rückstellungen, die die Besitzer einsetzen müssen, um diese Erträge zu erzielen. Eine einfache Möglichkeit, den Wert eines Unternehmens festzustellen, ist, danach zu fragen, wieviel man dafür bekäme, würde das Unternehmen heute verkauft...

Im Fall von Berkshire jedoch erhielte man ein wesentlich besseres Ergebnis, wenn man den intrinsischen Wert der 80- bis 100-%-Beteiligungen getrennt von den Unternehmen errechnen würde, an denen Berkshire zu einem geringeren Prozentsatz beteiligt ist... Berkshires intrinsischer Wert besteht nicht nur aus dem intrinsischen Wert von See's Candies, sondern auch aus dem von Coca-Cola. Eine sehr charakteristisches Merkmal dieser Unternehmen ist es, daß sie ohne große Kapitalaufstockung der Eigentümer wachsen können, die, wie sie wissen, auch die Rücklagen beinhalten.

Dies bedeutet übrigens, daß Coca-Cola sein ungeheures Barvermögen dazu benutzen kann, die eigenen Aktien zurückzukaufen. So macht Berkshires ursprünglicher Anteil von 6 % heute 8 % aus. Das ist ein nettes kleines Plus.

Wenn Ihr Abzinsungssatz bei 10 % liegt, dann gehen Sie von einer Anlage von 10 $ mit geringem Risiko aus, beispielsweise einer Staatsanleihe, die 1 $ Rendite bringt, eine Rendite, die niemals steigt. Hat man jedoch ein Unternehmen, das 1 $ an Rendite bringt, die wiederum ständig um 5 % wächst, dann wären Sie sehr glücklich, dieses Unternehmen zu besitzen und pro Aktie 20 $ zu bezahlen. Wenn dieser Cash flow ständig mit 8 % pro Jahr wüchse, dann könnten Sie auch bis zu 50 $ pro Aktie bezahlen. Und wüchse der Cash flow jährlich um 9 %, dann könnte man auch bis zu 100 $ bezahlen. Was Sie bezahlen, ist ein Vielfaches des Cash flows und entspricht 1 dividiert durch die Abschlagsquote minus die Wachstumsrate: Das Vielfache = 1 dividiert durch (Abschlag - Wachstum).

Mit anderen Worten bezahlen Sie, wenn Sie 10 $ für eine Staatsanleihe mit einer Rendite von 1 $ bezahlen, das Zehnfache der Rendite. Bezahlen Sie 20 $ für das Wertpapier mit 5 % Wachstum, dann ist das 1 dividiert durch (0,10 - 0,05), also das 20fache. Und wenn Sie bis zu 50 $ für ein Investment mit 1 $ Rendite und 8 % jährlichem Wachstum bezahlen, dann entspricht das 1 dividiert durch (0,10 - 0,08). Nun können Sie leicht erkennen, weshalb Sie theoretisch für ein Papier mit einem Wachstum des Cash flows von jährlich 9 % das 100fache bezahlen würden, vielleicht sogar ein phänomenales Vielfaches für ein Unternehmen, dessen Rendite ständig um 11 % wächst. Das Problem ist nur, daß es keine Unternehmen gibt, deren Ausschüttungen ständig mit diesem hohen Prozentsatz wachsen. Doch welche aller denkbaren Unternehmen kommen diesem Ideal in bezug auf hohes, reales, langfristiges Wachstum des Cash flows ohne massive Kapitalerhöhungen am nächsten? Der Meister fand viele vor uns. Und im Berkshire-Portfolio findet man sie ganz konzentriert. Natürlich gibt es auch eine Reihe von Einwänden. Aber zweifellos sind diese Unternehmen ziemlich viel wert. Wir wissen es nicht genau. Hohe Wachstumsraten über einer bestimmten Grenze werden gegenüber Veränderungen sehr verwundbar. Doch realistisch gesehen liegt Berkshires intrinsischer Wert in einem sehr breiten und äußerst hohen Bereich.

Der andere wichtige Gesichtspunkt ist der Geldzufluß. 1967 kaufte Warren Buffett National Indemnity für 7,8 Mio. $, als dort jährlich 17 Mio. $ auf die Konten flossen. Es ist denkbar, daß Buffett Ende der 60er Jahre, als der Markt sehr überhitzt war, National Indemnity etwa in der Höhe des jährlichen Geldzuflusses an eine andere Versicherung hätte verkaufen und damit einen Riesengewinn machen können. Aber das wäre kurzsichtig gewesen. Heute hat Berkshire einen Geldzufluß von 7 Mrd. $, der zur Hälfte innerhalb von Berkshire mit einer jährlichen Zuwachsrate von 20 % angewachsen war. Die andere Hälfte kommt von GEICO...

Man sollte es vielleicht so sehen: Was würde man für einen Investmentfonds mit 7 Mrd. $ bezahlen, bei dem man nicht nur jährlich die gesamten 10 % Gewinn aus dem Fonds einstreichen könnte, sondern bei dem die Fondseigner jährlich weitere 20 % einschießen würden? ...

In der Adam Smith-TV-Show sagte ich einmal, daß Warren Buffett sicherlich der beste Investor in der Zeit nach dem Zweiten Weltkrieg sei und wahrscheinlich der beste Investor aller Zeiten. Ich bin der festen Überzeugung, daß das auch heute noch richtig ist, obwohl ich ihn heute eher ‚Kapital-Allokator' statt bloß Investor nennen würde. Und als Mensch ist er noch weit bedeutender. Er ist ein Original. Er wirkt philosophisch anregend, er ist auf skeptische Art äußerst weise und überaus witzig. Er ist wie eine Mischung aus Aristoteles, Benjamin Franklin und George Burns."

87

Die Geschichte von Matthew Troxel

An Buffett werden viele Bitten herangetragen, die mit Finanzen oft überhaupt nichts zu tun haben.

Im Fall von Matthew Troxel ging es eigentlich nur darum, ihm zu seiner Genesung von einer beinahe tödlichen Krankheit einen aufmunternden Brief zu schreiben. Matthew war damals 24 Jahre alt, Angestellter der Lind-Waldock & Company, des größten Discount-Händlers für Warentermingeschäfte und Optionen, und überwachte dort die Erfüllung der Kontrakte. Zu der Zeit, als er krank war, schrieb er sich am Illinois Institute of Technology ein.

Am 1. April 1995 erlitt Matthew (aus Downers Grove in Illinois) eine allergische Reaktion auf Amoxicillin, ein Antibiotikum, das er einnahm. Matthews Zustand wurde wegen einem Toxischen Epidermal Necrolysis Syndrom (TENS) als äußerst kritisch eingeschätzt.

Seine Krankheit verursachte Verbrennungen und Hautablösungen von sechs Hautschichten vom Kopf bis zum Knie. Er litt unter Herz-, Lungen- und Nierenversagen. Der Grund dafür war ein abgestorbener Teil seines Darms. Auf seinem linken Ohr blieb er taub. An seinen Füßen und Handgelenken hatte er dauerhafte Nervenschäden, und sein Hals war verbrannt und vernarbt. Als ob das nicht ausreichte, erblindete er auch noch.

Nach fünf Monaten im Krankenhaus, in denen er viele Operationen und Komplikationen überstand, wurde Matthew am 25. August 1995 mit einem zeitweiligen Darmverschluß, beidseitigen Nervenschäden in seinen Füßen und Handgelenken, verminderter Lungenkapazität, Gehörverlust und einem Tubus in der Seite seines Magens (um sich darüber zu ernähren, weil seine Speiseröhre verschlossen war) nach Hause geschickt.

Man sagte Matthew, er würde nie wieder sehen können. Nach vielen Besuchen bei Ärzten fand er jedoch einen Chirurgen, der seine Augen operierte und seine Sehfähigkeit wieder herstellte. Als nach seiner Augenoperation die Bandagen entfernt wurden, sagte Matthew zu seiner Mutter Cheryl: „Mama, ich kann meine Hand wieder sehen."

Matthew sagte: „Obwohl diese Krankheit meinem Körper enorme Schäden zugefügt hat, bin ich dankbar für mein Leben und die Wiederherstellung meines Sehvermögens. Vor meiner Krankheit war meine Sehkraft 100prozentig. Die Narben und die Blutergüsse, die von TENS verursacht wurden, waren auch für die Blindheit verantwortlich. Bewegungen konnte ich nur bis zu einer Entfernung von etwa 30 cm wahrnehmen. Nach zwei Operationen an beiden Augen wurde meine Sehfähigkeit auf dem rechten Auge zu 50 % und auf meinem linken Auge zu 20 % wiederhergestellt."

Am 31. März 1996 schrieb er an Buffett, berichtete ihm über seine Krankheit und erzählte ihm, er hätte im letzten Jahr viel Zeit gehabt „Hör-Bücher" über ihn zu hören und sei von seinem Erfolg begeistert. Hier ein Auszug aus seinem Brief: „Meine Überlebenschancen waren geringer als 5 % und nur einer aus 1 Million Menschen erkrankt an dieser Krankheit mit der Intensität, wie ich sie erleben mußte. Da auch die Theoretiker der Börse Sie für ein ‚5-Sigma-Ereignis' halten, glaube ich, daß wir etwas gemeinsam haben."

Was kann man Matthew unter diesen Umständen schreiben? Hier ist Buffetts Antwort vom 4. April 1996: „Sehr geehrter Mr. Troxel, Sie sind tatsächlich ein ‚5-Sigma-Ereignis'. Ich bewundere Ihren Lebensmut und bin ganz sicher, daß Sie noch ein erfülltes Leben haben werden. Viel Glück. Mit freundlichem Gruß, Warren E. Buffett."

„Seine Antwort auf meinen Brief gab mir das Gefühl, jemand ganz Besonderes zu sein, weil eine Persönlichkeit wie Warren Buffett nur sehr selten die Zeit dafür aufbringt, einem ganz normalen Menschen Mut und Hoffnung zuzusprechen, ein erfülltes Leben zu leben. Es kommt nicht jeden Tag vor, daß ein Mensch, der so große Erfolge erzielt hat, einem ganz normalen Menschen schreibt und ihm sagt, daß er auch etwas wert ist." Matthew fügte hinzu: „Als Buffett mir schrieb, daß ich ein wertvoller Mensch sei - Sie können mir glauben, es war ungeheuer motivierend und anregend."

Matthew besitzt zwei Berkshire-Aktien der Klasse B; seine zweijährige Nichte, sein Patenkind, besitzt drei Klasse-B-Aktien, die dazu beitragen sollen, ihre Ausbildung am College zu finanzieren.

Matthew leidet immer noch unter Schmerzen und anderen medizinischen Komplikationen, die verhindern, daß er an einem ganz normalen Arbeitsplatz tätig werden kann. Dennoch betreibt er seine eigene GmbH namens Lexort Capital Group (Lexort bedeutet Troxel, rückwärts gelesen). Matthew leitet auch seine Troxel TENS Foundation, eine gemeinnützige Stiftung, die sich der Bekämpfung von TENS widmet. Er liest und schreibt und denkt daran, ein Buch über sein Leben zu verfassen.

Er ist mit einer Krankenschwester verlobt. „Wir lernten uns während meines Krankenhausaufenthalts kennen... Sie war während der ganzen Zeit meiner Krankheit an meiner Seite. Sie war das erste Gesicht, das ich sah, als ich nach der Intensivbehandlung mein Bewußtsein wiedererlangte. Während dieser ganzen Sache war sie mein bester Freund und meine große Hilfe."

Bei Tageslicht fährt er heute gelegentlich Auto und wenn es das Wetter und seine Gesundheit erlauben, dann spielt er Golf.

88

Eine Ansicht
aus Australien

Jedes Jahr im Frühjahr unternehmen zwei australische Investoren - Ian Darling und Mark Nelson - eine Reise um den halben Erdball, um Buffett zu erleben. Darling und Nelson sind Geschäftsführer und Vorstandsvorsitzender von Caledonia, einer Investmentfirma in Sydney.

„Von Buffett hörten wir zum ersten Mal Anfang der 80er Jahre, als sich ein australisches Unternehmen Berkshire Hathaway zum Vorbild nahm und Buffett in seinen Jahresberichten sehr häufig zitierte", sagte Darling. Er bestellte sofort den Jahresbericht für 1983. „Wir bemerkten bald, daß dies eine höchst aufregende Investmentlektüre war. Damit wurden wir sofort zu Schülern von Buffett. Es wurde schnell deutlich, daß es eine Sache ist, Buffett zu immitieren, eine ganz andere jedoch, wie er zu investieren. Das australische Unternehmen hörte bald auf zu existieren.

Wir besuchten die Jahreshauptversammlung von Berkshire zum ersten Mal 1995 auf die Empfehlung unseres Freundes Gifford Combs hin. Combs, ein Investor aus Kalifornien, traf sich schon seit Jahren mit anderen professionellen Anlegern und verbrachte in Omaha ein Wochenende voller Spaß und Gespräche über Geldanlage. Combs sagte: ‚Eines Tages wird das nicht mehr stattfinden - also nimm die Chance wahr, solange du es noch kannst.‘"

Darling erzählt weiter: „Zum ersten Mal trafen wir Buffett, als er 1995 ein Baseballmatch der Omaha Royals verfolgte. Wir setzten uns neben ihn, stellten uns vor und erklärten ihm, daß wir aus Australien kämen. Erfreut rief er aus: ‚Hey, diese Jungs kamen den ganzen Weg von Australien.‘ Er schien sich über unseren Besuch wirklich zu freuen. Irgendwie hatten wir das Gefühl, daß wir die ersten Australier waren, die Buffett jemals kennengelernt hatte, weil er uns so herzlich begrüßte und einen sehr freundlichen Brief schrieb, den wir nach der Veranstaltung erhielten: ‚Ihr seid

Die australischen Investoren Mark Nelson und Ian Darling und ihr Freund, Gifford Combs aus Kalifornien, sitzen bei der „Berkshire Hathaway Night" mit Warren „Casey Stengel" Buffett auf der Tribüne.

großartig, daß Ihr Euch auf diese lange Reise von Australien hierher aufgemacht habt, und ich hoffe, Ihr werdet auch weiterhin kommen.' Wenn man so eine Einladung erhält, wie könnte man ihn dann enttäuschen? Seither kommen wir jedes Jahr.

Während unseres ersten Besuchs hatten wir den Eindruck, daß nur sehr wenige Australier sich je auf den Weg nach Omaha gemacht hatten. Bei der Jahreshauptversammlung im letzten Jahr (1997) informierte uns Buffett darüber, daß 14 Aktionäre aus Australien kämen. Es gibt keinen Zweifel, daß sein Ruhm heute international ist", sagte Darling.

Darling merkte auch an, daß es sich durchaus lohne, diese lange Reise zu unternehmen. „Angenommen wir wären zwei ehrgeizige australische Golfspieler, die die Gelegenheit hätten, von Jack Nicklaus oder Tiger Woods in den USA eine Golfstunde zu bekommen, dann würden wir auch nicht zögern, die Reise zu machen. Dieses Wochenende in Omaha ermöglicht es uns, vom Besten zu lernen und jedes Jahr kehren wir mit wertvollen Erkenntnissen, nachvollziehbaren Ideen und neuen Einsichten in die Welt des Investments nach Australien zurück."

Mark Nelson, Darlings Partner, sagte über seine erste Reise nach Omaha: „Wir freuten uns sehr, Mrs. B. kennenzulernen, die, nachdem sie erfuhr, daß wir Australier sind, ausrief: ‚Mein Gott, mein Gott, was für eine kleine Welt, was für eine kleine Welt.' Charlie Munger hat uns während unserer kurzen Begegnung bei Borsheim´s sehr eingenommen, und wir waren sehr überrascht, daß er im wirklichen Leben sehr viel größer ist, als wir es vorher nach den Bildern angenommen hatten. Zum ersten Mal probierten wir hier See´s Candy und ermutigten diese Leute, ihre Aktivitäten auch nach Australien auszuweiten. Zum ersten Mal konnten wir auch Cherry Coke versuchen, aber sie war uns zu süß, zu fremd." Die beiden besuchten in Omaha alles, was irgendwie in Verbindung zu Buffett stand: Sie besuchten Buffetts Haus, sein Büro und auch alle Restaurants, in denen er ißt. Sie waren höchst erstaunt, als sie sahen, daß Buffett selbst in einem eher bescheidenen Auto zu seiner eigenen Jahreshauptversammlung fuhr und dort um einen Parkplatz kämpfen mußte!

Nelson fügte hinzu: „Die Weisheit von Warren Buffett kann überall auf der Welt angewendet werden. Er ist sehr diszipliniert, hat sehr vernünftige Ansichten über Investments und meint, daß Geldanlage keine staatlichen Grenzen kenne. In Australien gibt es zwar einige sehr gute Kapitalanleger, von denen man viel lernen kann, aber auf der ganzen Welt gibt es nur einen Warren Buffett. Und so ist es sehr leicht, unsere lange Reise zu rechtfertigen. Die großen Lehren aus der Welt der Geldanlage werden in erster Linie in den Vereinigten Staaten geboren, beispielsweise die der Gewinne für Aktionäre und progressive Managementlehren. Und deshalb sind wir sehr glücklich, hier zu sein, wo das alles stattfindet."

Nelson sagte: „Wir verbringen das gesamte Wochenende vor der Jahreshauptversammlung in Omaha. In dieser Zeit treffen wir uns immer wieder mit der gleichen Gruppe von Freunden, die alle Eigentümer oder Manager ihrer eigenen Kapitalanlageunternehmen sind. An diesem Wochenende treffen sich hier in Omaha einige der besten Kapitalanleger, und wir profitieren sehr viel von unseren Diskussionen mit diesen Investoren. Besonders erfreut waren wir über unser Treffen mit Leuten wie Gifford Combs, Tom Russo, Lou Simpson, Steve Wallman, Fred Whitridge, Jimmy Armstrong, Bill Strong, Gene Gardiner, Bill Scargle, Peter Fang und Palmer Murray, um nur einige zu nennen. Bei unserem letzten Besuch versuchten wir, die Gespräche ein wenig zu organisieren, und luden zu einer Diskussionsrunde zum Thema ‚Dieses Mal ist es anders' ein. Es war ziemlich verrückt, eine Gruppe von disziplinierten Stockpickern zu beobachten, wie sie versuchte, diese unlösbare Makrofrage zu beantworten, aber trotzdem machte es sehr viel Spaß."

Darling und Nelson sagten, sie wollten weiterhin nach Omaha kommen, solange sie daran glaubten, dort wertvolle Einsichten zur Kapitalanlage zu erlangen.

89

„Wer schlüpft mit mir ins Fuchsloch?"

Buffett erzählte den Studenten der Wirtschaftswissenschaften an der Columbia University einmal etwas über die ersten Augenblicke der Salomon-Krise und wie er Deryck Maughan wegen dessen Integrität ausgewählt hatte:

„Ich mußte das Problem lösen und entscheiden, wer Salomon Brothers, die Institution, nunmehr führen sollte, während ich mit der Börsenaufsicht, der Öffentlichkeit und den Politikern zu tun hatte.

Am Freitag abend und noch einmal am Samstag morgen traf ich mich mit ungefähr zwölf Leuten, Spitzenmanagern bei Salomon. Und im Grunde mußte ich aus dieser Zwölfergruppe jemanden aussuchen, der ein 150-Mrd.-$-Unternehmen leiten sollte, das in der nächsten Zeit unter großem Streß stehen würde, und der 8.000 Leute unter sehr schwierigen Bedingungen führen konnte.

Es wird Sie vielleicht interessieren, was mir damals durch den Kopf ging, weil auch Sie demnächst in dem Beruf tätig werden. Wie würden Sie sich verhalten, wenn Sie dieser eine werden wollten?

Dies war die wichtigste Einstellung eines Managers in meinem Leben.

Ich sprach am Samstag vormittag über Stunden hinweg mit den Leuten; ich wußte, daß ich einen auswählen mußte, wenn ich mit allen durch war. Ich hatte keine Zeit für psychologische Tests oder irgend solche Sachen. Die gute Nachricht ist, daß ich sie nicht nach ihren Noten an der Business School fragte (Gelächter).

Sie hatten alle einen hervorragenden IQ, genau wie jeder hier. Und es macht überhaupt keinen Unterschied, ob Ihr IQ bei 140 oder 160 liegt, wenn Sie Salomon führen oder irgend etwas anderes tun. Sie alle hatten eine Menge Energie und den dringenden Wunsch, für diese Aufgabe ausgewählt zu werden.

567

Die Frage war: Wer wäre die beste Führungspersönlichkeit? Wer wäre bereit, mit mir ins Fuchsloch zu schlüpfen? Denn jeder, der mit mir in dieses Loch schlüpfte, hätte mir auch ein Gewehr an den Kopf halten können.

Einige sagten, sie wollten zwar mitmachen, aber gleichzeitig sagten sie, sie hätten von Goldman Sachs oder anderen ein Angebot über das Doppelte, was sie hier verdienten; oder sie wollten wegen der anstehenden Gerichtsverfahren eine Sonderzahlung haben. All das kann geschehen, und es geschah auch bei einigen Leuten.

Schließlich entschied ich mich für jemanden. Glücklicherweise war es nicht nur die wichtigste Entscheidung meines Lebens, sondern wahrscheinlich auch die beste, die ich treffen konnte, als ich jemanden für diese Führungsposition einstellte.

Ich erwähne diese Geschichte deshalb, damit Sie nachdenken, wie Sie selbst dieses Problem angegangen wären oder was Sie getan hätten, um unter den gegebenen Umständen die Person meiner Wahl zu sein.

Stellen Sie sich einmal vor, Sie hätten bei einer Lotterie gewonnen, die ich hier veranstalte. Und als Hauptpreis haben Sie einen sehr ungewöhnlichen Preis gewonnen: Sie sollen innerhalb der nächsten Stunde einen Ihrer Kommilitonen auswählen, und für den Rest Ihres Lebens bekommen Sie 10 % von seinem Einkommen.

Was geht jetzt durch Ihren Kopf? Machen Sie einen IQ-Test, oder sehen Sie ihre Noten nach und nehmen dann den Kandidaten mit den besten? Oder werden Sie versuchen, das Engagement und die Energie von jemandem auf irgendeine Art und Weise zu messen? Ich glaube, Sie werden sich entscheiden, daß diese Faktoren weitestgehend zu vernachlässigen sind. Bis zu einem gewissen Schwellenwert können sie tatsächlich von Bedeutung sein, aber wenn man diesen einmal überschreitet, dann ist man ein Kandidat.

Voraussichtlich werden Sie sich nach jemandem umsehen, auf den Sie sich immer verlassen können, nach jemandem, dem sein Ego nicht im Wege steht, jemandem, der bereit ist, auch die Ideen eines anderen gelten zu lassen, solange sie wirksam sind, jemandem, der Sie niemals im Stich lassen würde und der eher durch sein geradliniges Denken als durch seinen IQ überzeugt.

Und dann wollen wir noch eine kleine Falle einbauen. Für das Recht, diese 10 % Rendite zu erhalten, müßten Sie 10 % des Einkommens eines anderen in diesem Raum bezahlen. So würden Sie 10 % des Einkommens des ersten bekommen, aber 10 % des Einkommens des zweiten bezahlen müssen. Jetzt sehen Sie sich bitte noch einmal um und suchen Sie nach jemandem, der ein wenig gerissen ist, jemandem, bei dem alles immer seine

Idee sein muß, jemandem, der nie genau das tut, was man von ihm erwartet, oder der vorgibt, Dinge zu tun, die er dann doch nicht tut. Dann
kommen Sie auf die Dinge, die interessanterweise... Dinge sind, die Sie
kontrollieren können. Sie haben dann diese - ich würde sie einmal so nennen - Charakterzüge oder Verhalten. Das heißt, Sie können diese Verhaltensqualitäten auswählen, und wenn Sie wollen, dann können Sie sie auch
selbst haben.

Suchen Sie die Person, für die Sie bezahlen würden. Wenn Sie bei ihr
einige der Qualitäten finden, die sich auch in Ihr Verhalten eingeschlichen
haben, dann sind dies Dinge, derer Sie sich entledigen können.

Wenn Sie beispielsweise Verdienste in Anspruch nehmen, die eigentlich anderen zugerechnet werden sollten, dann können Sie etwas dagegen
tun. Sie können diese Verdienste selbst erwerben, und so werden wie Ihr
Vorbild. Und damit können Sie auch sicherstellen, daß Sie nicht der werden, der Ihren Vorstellungen überhaupt nicht entspricht. Und ich würde
sagen, das meiste davon sind Gewohnheiten. Es ist einfach so, daß es gute
Gewohnheiten gibt und auch schlechte, und das macht einen ganz enormen Unterschied.

Deryck Maughan handelt einfach gut und verhält sich großartig. Er
gibt weder seine Unabhängigkeit auf oder seine Fähigkeit, unabhängig zu
denken, oder irgendeine andere seiner Qualitäten.

Dafür ein Beispiel: Zwei oder drei Monate, nachdem er den Job übernommen hatte, hatte er mich immer noch nicht gefragt, wie hoch sein Gehalt wäre, geschweige denn, daß er einen Rechtsanwalt herumlaufen hatte,
der für ihn verhandeln sollte.

Als Deryck anfing, hatte er nur einen Gedanken: Das Unternehmen zusammenzuhalten und dann daraus ein Unternehmen mit einem Image zu
gestalten, wie er es selbst haben wollte. Er hat mich nie um eine Entschädigung gebeten, obwohl auch er hätte angeklagt werden können. Er hätte
Pleite gehen können. Es gab Dutzende von Anklagen. Er arbeitete täglich
18 Stunden. Woanders hätte er sehr viel mehr Geld verdienen können.

Irgend jemand sagte einmal, wenn man Leute einstellen wolle, solle
man auf drei Eigenschaften achten: Integrität, Intelligenz und Energie.
Und wenn jemand über die erste Eigenschaft nicht verfügt, dann wird er
dich mit den beiden anderen Eigenschaften umbringen.

Denken Sie darüber nach - es stimmt. Wenn Sie jemanden einstellen,
der nicht integer ist, dann sollte er lieber dumm und faul sein (Gelächter).

Suchen Sie die Person aus, die Sie auch als Schwiegersohn oder
Schwiegertochter akzeptieren würden. Dann können Sie sich nicht irren"
(*Omaha World-Herald*, 2. Januar 1994).

90

Die Jahreshauptversamm- lung von Berkshire

„Buffett hat das Gebäude bereits verlassen."

Um 7 Uhr morgens begann der Einlaß zur Jahreshauptversamm- lung von Berkshire 1998, die um 9.30 Uhr beginnen sollte. Schon lange vor 7 Uhr warteten viele Leute vor den Türen. Als der Saal geöffnet wurde, rannten die Buffetteers - erwachsene Männer und Frauen - hinein, um die besten Plätze zu ergattern. Es war wie bei einem Rock- konzert. Buffett nennt die Jahreshauptversammlung „unsere Kapitalisten-

(Photo by Paul Fleetwood)

Frank Betz von Carret & Co., Phil Carret, Buffett, John Forlines und „Ollie the Trolley". Am Sonn- tag vor der Jahreshauptversammlung holt Buffett ein paar Aktionäre mit dem Bus zu einem Brunch ab.

(Photo by Nancy Line Jacobs)

Buffett und seine Tochter Susan kommen zur Jahreshauptversammlung 1997.

(Photo by Nancy Line Jacobs)

*Die Menschenmenge um Buffett, der zwischen seiner Tochter Susan und seiner Frau Susie sitzt,
vor der Jahreshauptversammlung 1997.*

Die Jahreshauptversamm-
lung von Berkshire wird regelmäßig am ersten Montag
im Mai abgehalten. Hier bereitet sich Adam Smith von
Money World 1992 darauf
vor, über diese Versamm-
lung eine Fernsehsendung
aufzuzeichnen.

Buffett, mit Coca-Cola-Schürze, signiert
vor der Jahreshauptversammlung 1992
Jahresberichte. Im Jahr darauf trug er auf
der Jahreshauptversammlung eine Mütze
von See's Candy.

Buffett, ein beidhändiger Cherry-Coke-
Trinker, stärkt sich für die mehr als drei-
stündige Jahreshauptversammlung 1992.

(Photos by LaVerne Ramsey)

572

Auf der Jahreshauptversammlung von 1994 präsentiert sich Buffett vor der Titelseite des Berkshire-Jahresberichts.
(Photo by Nancy Line Jacobs)

Don Keough, der frühere Präsident von Coca-Cola, mit einer Coca-Cola-Schürze, plaudert mit Bill Ruane vom Sequoia Fund. Beide sind langjährige FOBs (Friends of Buffett). Ruane scherzte einmal, daß es zwischen ihm und Buffett kaum Unterschiede gäbe - mit Ausnahme von Milliarden von Dollar und 100 IQ-Punkten.
(Photo by LaVerne Ramsey)

version von Woodstock". Eine Videoshow vor der Jahreshauptversammlung von 1997 endete mit dem Song „Woodstock" von Crosby, Stills, Nash und Young.

Vor der Jahreshauptversammlung von 1995 wurde auf großen Videobildschirmen der überraschende Aufholsieg von Nebraska über Miami beim Orange Bowl gezeigt. Kurz nachdem Tom Osborne, der Footballtrainer von Nebraska vom neuen Meister Cornhuskers vom Feld getragen wurde, erschien Buffett in einer roten Huskerjacke auf der Bühne. Osborne ging 1998 in den Ruhestand.

1996 kamen sogar noch mehr Leute. 50 Besucher waren schon um 3.30 Uhr vor den Türen. Vor der Eröffnung der Jahreshauptversammlung um 9.30 Uhr konnten die Aktionäre Videos sehen, die Buffett in einer Soap-Opera oder bei Auftritten im Omaha-Presseclub zeigten. Ein Video war ein Mitschnitt des Films „The Graduate" („Die Reifeprüfung"), in dem Dustin Hoffman gesagt wird, die Zukunft sei Plastik. In diesem Fall wurde das Wort „Plastik" durch „GEICO" ersetzt.

1997 wurde ein Videoclip gezeigt, in dem Katharine Graham von der *Washington Post* sich beschwerte, daß die Berkshire-Unternehmen so geizig seien, daß sie ihren Angestellten nicht einmal Beihilfen beim Zahnersatz leisteten, wenn man nicht 90 Jahre alt war, und daß sie nun gezwungen sei, weiterzuarbeiten, und sich entschlossen habe, einen Möbelmarkt aufzumachen: „Mrs. G´s". Ihre Rede wurde von einer Werbeanzeige begleitet, die sagte: „Mrs. G´s Wahnsinnsrabatte auf Möbel."

Andere Clips zeigten witzige Beiträge von Bill Gates und Tom Brokaw von NBC.

1997 kamen mehr als 7.000 Fans, die Buffett und Munger Standing Ovations bereiteten, zum neuen Versammlungsort Aksarben (Nebraska rückwärts buchstabiert), einer Anlage auf einer alten Pferderennbahn. „Als kleiner Junge kam ich hierher zum Zirkus. Und jetzt haben wir unseren eigenen Zirkus", sagte Munger.

Die Jahreshauptversammlung, die immer am ersten Montag im Mai in Omaha abgehalten wird, ist für Berkshire-Aktionäre jedes Jahr ein Highlight. Die Veranstaltung zieht die Presse von CNN, CNBC und aus Brasilien, Deutschland, England, der Schweiz und Kanada an. Ungefähr 75 Reporter und Fotografen nahmen an einer Pressekonferenz teil, die Buffett am Tag vor Berkshires Jahreshauptversammlung 1998 gab. An der Jahreshauptversammlung selbst nahmen zwischen 8.000 und 11.000 Menschen teil.

Auf der Jahreshauptversammlung 1991 trugen Buffett und der damalige Coca-Cola Präsident Don Keough knallrote Coca-Cola-Schürzen und servierten den Aktionären Coca-Cola, als sie zur Versammlung kamen. Vor ihrem Stand mit Coca-Cola-Kästen boten Buffett und Keough den Aktionären einen Schluck Coca-Cola aus dem „Brunnen des Wohlstands" an. Buffett nippte an einer Cherry Coke, plauderte und signierte Jahresberichte. Keough trank eine Diet Coke, umarmte alle Aktionäre in seiner Reichweite und verbreitete beste Stimmung. Eine Reihe überraschter Aktionäre kam zu einem Händedruck oder einem kurzen Gespräch mit den Männern und in einzelnen Fällen auch zu einem gemeinsamen Foto.

Am Anfang der Versammlung liefert Buffett einen Bericht über die Verkäufe bei Borsheim's am Vortag (meistens ein neuer Rekord) und fügt hinzu, daß Berkshire seine Produkte auch auf der Hauptversammlung verkauft. Im Jahresbericht für 1996 schrieb er: „Nachdem wir unsere legendären Hemmungen überwunden hatten, Aktivitäten anzubieten, die auch nur entfernt einen kommerziellen Anstrich haben, können Sie nun eine Vielzahl von Berkshire-Produkten in den Hallen vor dem Konferenzsaal erwerben. Im letzten Jahr brachen wir alle Rekorde und verkauften 1.270 Pfund See's Candy, 1.143 Paar Dexter-Schuhe, World-Book-Enzyklopädien und andere Publikationen für 29.000 $ und 700 Sätze Messer, die von Quikut, einer unserer Tochtergesellschaften, hergestellt werden."

Im Jahresbericht für 1997 schrieb Buffett: „Letztes Jahr - nicht daß ich darauf besonders viel Aufmerksamkeit verwende - erzielten wir wieder neue Verkaufsrekorde: 2.500 Pfund See's Candy, 1.350 Paar Dexter-Schuhe, World Books und andere Publikationen im Wert von 75.000 $ und 888 Sets Messer von Quikut. Wir verkauften auch 1.000 Polo-, Sweat- und T-Shirts mit unserem Berkshire-Logo. Anläßlich der diesjährigen Jahreshauptversammlung werden wir unsere Kollektion für 1998 vorstellen."

„Die Jahreshauptversammlung von Berkshire ist das Beste, was ich jemals an Kommerz gesehen habe", sagte Keough.

1992 trugen Buffett und Chuck Huggins von See's Candy Mützen mit dem Logo von See's und verschenkten kleine Schachteln See's Candies an die Aktionäre.

Fröhliche Berkshire-Pilger reisen heute zu diesem Ereignis an, um Buffett und Munger auf dem Podium zu erleben. Diese trinken Coke, essen See's Candies und führen die Aktionäre durch einen Schnellkurs in Weisheit des Finanz-Zeitalters.

In den früheren Jahren kamen nur wenige Besucher. Zu den Jahreshauptversammlungen in den 60er Jahren, als sie noch in New Bedford, Massachusetts, der Heimat der frühen Berkshire-Textilfirma stattfanden, waren es oft nur sieben bis zwölf Leute. Später wurden sie in einer Caféteria im vierten Stock von National Indemnity in Omaha zwischen Verkaufsautomaten abgehalten. Bald fanden die Versammlungen in der Cafeteria des Kiewit Plaza statt, wobei zehn bis 30 Aktionäre kamen, und dann im Red Lion Inn, wo sich 1985 etwa 250 Aktionäre versammelten. Viele Berkshire-Aktionäre übernachten bei ihrer jährlichen Pilgerfahrt nach Omaha immer noch im Red Lion.

(Photo by LaVerne Ramsey)

Buffett und Robert Sullivan in der Nähe von Borsheim's am Tag vor Berkshires Jahreshauptversammlung 1995. Buffett fragte Sullivan, ob er seinen Hund Buffett mitgebracht habe. Sullivan sagte, er hätte stattdessen einen Freund mitgebracht, einen Aktienbroker. Buffett scherzte: „Das ist ein schlechter Tausch."

Als Diversified Ende 1979 in Berkshire aufging, kamen danach ungefähr 1.000 Berkshire-Aktionäre zur Jahreshauptversammlung. 1992 waren es 1.900 und ein Jahr später schon 2.900, viele von ihnen, weil Blue Chip mit Berkshire fusioniert hatte. Heute erscheinen etwa 10.000 der 140.000 Aktionäre zur Jahreshauptversammlung. Weshalb? „Sie kommen, weil wir ihnen das Gefühl geben, daß sie die Eigentümer sind", sagt Buffett.

Jahr für Jahr kamen wegen Berkshires Wachstum und Buffetts Witz und Weisheit immer mehr Aktionäre. 1996 waren Aktionäre aus allen 50 Staaten der Vereinigten Staaten anwesend ebenso wie aus dem Ausland - Australien, Griechenland, Israel, Portugal, Singapur, Schweden, der Schweiz und England. Damit wurden immer größere Versammlungsorte notwendig.

Schließlich wurden die Jahreshauptversammlungen im Joslyn Art Museum („Kulturtempel" nennt ihn Buffett) in Omaha abgehalten, wo sich 1988 580 Aktionäre trafen. Mehrere Jahre lang wurden die Versammlungen im Orpheum Theatre, dann im Holiday Inn Convention Center abgehalten, und heute in Aksarben, einer alten Pferderennbahn. Dort ging Buffett als kleiner Junge hin und durchsuchte auf dem Boden die weggeworfenen Wettscheine, wobei er manchmal auch einen Gewinnerschein fand (Roger Lowenstein: Buffett: The Making of an American Capitalist, Seite 4).

Als Buffett einmal das Publikum an einem neuen Versammlungsort, dem Orpheum Theatre in Omaha begrüßte, erklärte er: „Die meisten von Ihnen wissen, daß wir unsere Jahreshauptversammlungen im Joslyn Art Museum abgehalten haben, bis wir zu groß wurden. Da das Orpheum Theatre, in dem wir heute tagen, ein altes Varieté ist, möchte ich annehmen, daß wir auf einer Art kulturellem Abstieg sind. Fragen Sie mich nicht, wo wir das nächste Mal hingehen."

1994, als auch das Theater voll war, kündigte Buffett an, die nächste Versammlung müsse woanders stattfinden und daß der kulturelle Abstieg sich fortsetzen würde. Es könnte sein, daß die Versammlung in Aksarben stattfinden würde, einer Pferderennbahn. Und tatsächlich setzte sich der kulturelle Abstieg fort: Zuerst fanden die Versammlungen 1995 und 1996 im Holiday Inn statt, dann zog man tatsächlich nach Aksarben um.

Vielleicht werden künftige Versammlungen in einer schlechtbeleuchteten Tanzarena abgehalten, bei lauter Musik und wo fässerweise Guinness serviert wird und die Damen nicht darauf achten, wohin sie treten.

Als Adam Smith, der die Berkshire-Jahreshauptversammlung 1990 für seine Fernsehsendung „Money World" aufzeichnete, den Aktionär Charles Dennison aus Princeton in New Jersey fragte, weshalb er zur Jahreshauptversammlung gekommen sei, erhielt er die Antwort: „Ich habe gehört, es sei eine tolle Show."

Auch Robert Baker, ein Rechtsanwalt im Ruhestand aus Chagrin Falls in Ohio (er starb 1992), war unter den Berkshire-Aktionären, die sich regelmäßig dem jährlichen Treck nach Omaha anschlossen. Baker hatte Anfang der 80er Jahre über Buffett gelesen. „Ich habe genug gelesen, um zu wissen, daß er großartig ist und dann zitierte am 8. April 1983 die Kolumne ‚Heard on the Street' im *Wall Street Journal* aus seinem Jahresbericht. Am 11. April kaufte ich fünf Aktien. Ich gab den Auftrag, sie bei 920 $ zu kaufen. Der Broker rief aber zurück und sagte mir, er hätte sie für 910 $ bekommen."

Ein Jahr später begann Baker, zu den Jahreshauptversammlungen zu reisen: „Diese Versammlungen sind es wert wegen des Wissens, daß man da erlangen kann... Sie sind jeden Pfennig wert. Er (Buffett) betont immer wieder, daß die großen Wahrheiten so einfach sind. Nur wir haben nichts

(Photo by Celia Sullivan)

Von links: Jamie Ceily Mae, die den Hund Buffy hält, Michael hält Munger, eine Schildkröte, und Charles. Die Kinder der Sullivans sind eine Kombiation von Berkshire-, Wesco- und Coca-Cola-Aktionären.

besseres zu tun, als die Dinge zu verkomplizieren. Er erinnert uns immer daran, keine Spielchen zu spielen oder die Dinge komplexer zu machen... Ich glaube, er schaut nur nach ganz unten, dorthin, wo das Ergebnis steht, und achtet darauf, ob seine Manager Spaß haben, ob ihnen gefällt, was sie tun."

Der Aktionär Lloyd Wilson kam auch regelmäßig zu den Berkshire-Jahreshauptversammlungen, bis er 1994 bei einem Autounfall so schwer verletzt wurde, daß er gelähmt und teilweise blind ist. Wilson verfolgt die

(Photo by Celia Sullivan)

Robert und Celia Sullivan mit dem NBC-Nachrichtenmoderator Tom Brokaw auf der Berkshire-Jahreshauptversammlung 1998.

Finanzmärkte immer noch. Buffett schrieb ihm kurz nach dem Unfall: „...
Es ist schwierig, einen guten Berkshire-Aktionär kleinzukriegen, und so
weiß ich, daß ich Sie bald wieder auf einer Jahreshauptversammlung begrüßen kann. Für Ihre Genesung wünsche ich Ihnen alles Gute."

Eine persönliche Anmerkung: Bei einem langen Frühstück im Red
Lion in Omaha, als ich begann, über Buffett zu schreiben, gab mir Wilson
ein Off-the-Record-Interview über Berkshire. Ich glaube nicht, daß ich damit die journalistischen Spielregeln verletze, wenn ich sage, daß er
hauptsächlich über die Bedeutung des damals ganz frischen Investments
in Coca-Cola sprach.

Unter den Aktionären gibt es eine sehr starke Kameraderie. Auf der
Hauptversammlung erzählen sich die Aktionäre Anekdoten über Buffett.
Beispielsweise erzählte uns Bob Sullivan aus Long Meadow, Massachusetts, daß er Buffett geschrieben habe, er hätte seinen Hund nach ihm benannt. Buffett schrieb zurück, daß Sullivan, falls er noch ein weiteres
Haustier bekomme, dieses Munger nennen sollte. Sullivan bekam noch einen Hund und nannte ihn tatsächlich Munger; aber Munger starb, und
Sullivan schrieb an Buffett: „Buffett lebt noch, Munger ist nun sechs Fuß
unter der Erde."

Die Jahreshauptversammlung ist ein Treffen verwandter Seelen, die das
Investmentparadies gefunden haben. „Es ist der Club Med für Investoren",
sagt Berkshire-Aktionärin Pat Mojonnet aus San Francisco. „Und wenn
man nach Hause kommt und den Leuten davon erzählt, dann wird einem
nicht geglaubt."

Beispielsweise holt Buffett selbst einige geladene Gäste zu einem
Brunch im Country Club ab. Er kommt mit „Ollie the Trolley", einem um-
gebauten Bus, der aussieht wie eine Straßenbahn, und begrüßt seine Aktionäre mit Handschlag, wenn sie an Bord kommen.

Der einzige Status der Aktionäre besteht an diesem Wochenende normalerweise aus der Frage: „Wie lange sind Sie schon Aktionär bei Berkshire?" Je länger man dabei ist, um so weiser ist man.

Für die Uneingeweihten kann es wie ein Schock wirken, Buffett in Aktion zu erleben. Das ist keine übliche Jahreshauptversammlung, bei der
der Vorsitzende eintönig daherredet und die Fortschritte mit einstudierter
Freundlichkeit überbetont. Bei Berkshires Jahreshauptversammlungen
gibt es auch keine PR-Leute, die die Fragen enttäuschter Aktionäre fürch-
ten. Während die meisten normalen Versammlungen innerhalb von wenigen Sekunden vergessen sind, freuen sich die Berkshire-Aktionäre noch
nach Jahren darüber, was Buffett einmal gesagt hat.

Bei Berkshire hören die Aktionäre keine Entschuldigungen, wie doch eine darniederliegende Wirtschaft zu enttäuschenden Ergebnissen führte, und auch keine Wolkenkuckucksheim-Geschichten darüber, wie fantastisch doch das nächste Jahr sein wird. Und es gibt auch keine Querulanten - keine Evelyn Y. Davis -, die die Motive des Vorsitzenden oder sein Gehalt in Frage stellt.

Bei Buffett und seinem Kumpan Munger bekommt man, was man sieht: genau das Gegenteil von dem, was man auf den meisten normalen Jahresversammlungen zu sehen bekommt. Zuerst betreten Buffett und Munger die Bühne. Buffett bringt seinen Coca-Cola-Vorrat selbst mit. Das Berkshire-Duo sitzt an einem einfachen Tisch, auf dem nur See´s Candies stehen.

Normalerweise beginnt Buffett mit ein oder zwei Witzen, manchmal gibt er vor, das Mikrofon zu testen: „Test... Test... 1 Million... 2 Millionen... 3 Millionen..."

Buffett mißtraut komplizierter Technologie, und seine Ahnungen bestätigten sich auf der Jahreshauptversammlung 1990, als Berkshires Finanzchef Verne McKenzie versuchte, die fehlerhafte Mikrofonanlage zu reparieren. „Verne McKenzie ist der Technologieexperte in unserem Haus. Können Sie mich hören? Können Sie mich hören? ... Sehen Sie, deshalb kaufen wir keine Technologie-Aktien."

Im Jahr 1993, als sich sehr viele Leute angekündigt hatten, wurde ein großer Bildschirm aufgestellt, so daß die Leute Buffett und Munger besser sehen konnten. Als es am Anfang Nebengeräusche und Flackern auf dem Bildschirm gab, scherzte Buffett: „Wir sind hier die Meister der Technik."

Buffetts Schwester Mrs. Doris Bryant erinnert sich, daß sie auf der Hauptversammlung 1992 mit ihrer Mutter zusammensaß, als Buffett mit Munger eine ihrer Bartles-und-Jaymes-Parodien ablieferten. „Vor uns saß ein sehr schwergewichtiger Mann, der das ganze so witzig fand, daß sich sein ganzer Körper schüttelte. Meiner Mutter gefiel es."

1992 nahm Buffett die Frage vorweg, wie lange er noch vorhabe, bei Berkshire zu bleiben: „Wir bleiben so lange hier, bis wir bei einer Jahreshauptversammlung einmal nebeneinander sitzen und uns wundern, wer denn der Kerl neben uns ist."

Buffett stellt Munger in der Regel vor und sagt manchmal: „Es ist kein Fauxpas, wenn Sie während seiner Antworten den Saal verlassen." Und auch die anderen Berkshire-Manager stellt er auf witzige Art vor. Außerdem warnt er das Publikum zuweilen, sehr sorgfältig zu sein, wenn es etwas Schlechtes über ihn sagen wolle, denn er habe im Publikum strategisch geschickt einige Verwandte plaziert.

Mrs. Susan Buffett, links, und Astrid Menks bei Borsheim´s vor der Jahreshauptversammlung 1992.
(Photo by LaVerne Ramsey)

Im Jahr 1993 erklärte Buffett, die Versammlung würde bis Mittag gehen oder bis Munger irgend etwas Optimistisches äußere. Munger jedoch, der für seine trockenen und lakonischen Antworten bekannt ist, sagte nie etwas Witziges, und nach jeder ernüchternden Antwort von Munger sagte Buffett wieder: „Wir bleiben bis Mittag."

Nach Buffetts einführenden Witzen und den Vorstellungen kümmert er sich um den „Haushalt" bei Berkshire und verkündet beispielsweise, daß

(Photo by Andrea „Andy" Holg/Metro Monthly)
Buffett, Astrid Menks, Sue Scott und Walter Scott, der Vorsitzende von Kiewit, bei einer Museumsparty in Omaha 1996.

seine Frau in den Aufsichtsrat berufen wurde. Mit toternstem Gesicht fügt er dann hinzu, daß Hostessen, die er von einer Modellagentur gebucht hätte, bereitstünden, um Abstimmungskarten zu verteilen, wenn man vorhätte, anders zu stimmen.

1992 stellte Buffett in der üblichen Weise die Manager und den Aufsichtsrat vor; als er seine Frau Susan Buffett vorstellte, sagte er: „Das ist ein Name, den wir aus dem Telefonbuch ausgesucht haben." Dann stellte er seine Nichte Cynthia Zak vor und erklärte, sie habe einen Sohn namens

Berkshire. „Das ist keine besonders feinfühlige Methode, um sich in mein Testament einzuschleichen", scherzte Buffett.

Und dann pflegt er noch seine Ankündigungen zu machen, daß die Aktionäre Borsheim's oder den Nebraska Furniture Mart besuchen könnten. 1991 hörte sich das so an: „Gegen Mittag machen wir eine Pause. Dann gibt es Busse, die Sie zu Borsheim's, zum Nebraska Furniture Mart bringen... oder sonstwo hin, wo wir wirtschaftlich engagiert sind."

Abstimmungen sind auf der Jahreshauptversammlung ein fragwürdiger Punkt, da Buffetts Aktienpaket, die Beteiligungen seiner Frau, von Insidern und einer Reihe von Freunden schnell über 50 % der Aktien ausmachen. 1997 sagte Buffett: „Alle, die dafür sind, sagen laut ‚Ja'. Und alle, die dagegen sind, sagen ‚Ich gehe'."

Die Aktionäre sind mit Buffetts Litanei der geschäftlichen Angelegenheiten einverstanden, und nachdem jeder zu irgendeinem unzweifelhaften Punkt ja gesagt hat (beispielsweise, daß Kleinigkeiten aus der letzten Jahresversammlung nicht weiter verlesen werden sollen), dann sagt Buffett: „Das machen Sie gut."

Buffett merkt an, daß die Jahreshauptversammlungen von Berkshire keinesfalls dazu gedacht sind, demokratisch zu sein, und ihre „stalinistische Art" und die autokratischen Ursprünge von irgendwoher tief aus der alten Sowjetunion bezogen hätten. Das sagt er fast jedes Jahr, und immer erntet er ein kurzes Gelächter, etwa eine 3 oder 4 auf dem „Lachmeter".

Auf der Jahresversammlung 1994 sagte Buffett: „Lassen Sie uns die Tagesordnungspunkte der Jahresversammlung schnell abarbeiten, so daß wir zu den interessanteren Dingen kommen können." Dann erklärte er die Jahresversammlung für geschlossen und fügte hinzu: „Wie Demokratie in Mittelamerika."

Das ganze Prozedere dauert etwa fünf bis zehn Minuten und wenn man noch nie auf einer Berkshire-Versammlung war, ist man über den Antrag auf Schluß der Versammlung sehr überrascht. Man ist quer durch ganz Amerika hierher gereist, und nun soll schon alles vorbei sein. Vorbei?

Nein, überhaupt nicht - der Spaß fängt erst richtig an, wenn Buffett sich zurücklehnt und sagt: „Irgend welche Fragen?" Und dann antwortet Buffett mit erstaunlicher Geschwindigkeit, Tiefgang und Originalität.

Irving Fenster, ein langjähriger Aktionär aus Tulsa in Oklahoma, stand einmal auf, wollte eine Frage stellen und begann damit, daß er sagte, er sei aus Oklahoma - Nebraskas größtem Rivalen im Football. Buffett rief: „Wer hat Sie überhaupt hereingelassen?"

Als Buffett einmal gefragt wurde, welchen Rat er jungen Investoren ge-

Susan Buffett, Buffetts Tochter, 1992 bei Bors-heim´s. Sie erzählte, ihre Freunde in der Schule dachten, ihr Vater würde Alarmanlagen kontrollieren.

(Photo by LaVerne Ramsey)

Susan Buffett trägt am Tag vor der Jahreshauptversammlung 1995 ein Sweatshirt mit Nebraskas Meisterschaftsmotiv; neben ihr Katharine Graham von der Washington Post und Carol Loomis von Fortune.

(Photo by Nancy Line Jacobs)

Carol Loomis von Fortune 1997 in der Nähe von Borsheim´s. Stolz zeigt sie ihr Armband mit Glücksbringern, die Buffett ihr schenkt, weil sie den Jahresbericht redigiert.

Buffett, wie immer mit einer Coke in der Hand.

(Photos by LaVerne Ramsey)

Donald Yale, der ehemalige Direktor von Borsheim's, und Berkshires stellvertretender Vorsitzender Charles Munger 1993 im Juwelierladen.

Eine Unterschrift, die zählt (und auch weiterhin zählt). Buffett signiert 1993 bei Borsheim's.

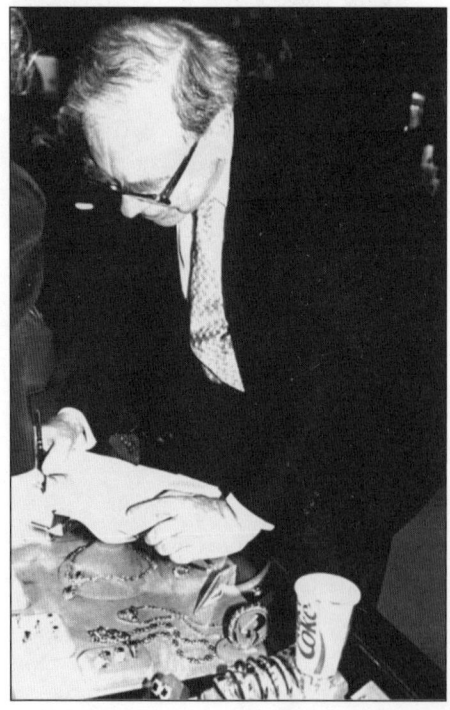

Berkshires Michael Goldberg überwacht Berkshires Finanzunternehmen. Goldberg sagte: „Das Schlechte ist: Wie soll man noch an die eigenen Fähigkeiten glauben, wenn man die ganze Zeit mit Warren Buffett zusammen ist?"

(Photos by LaVerne Ramsey)

Buffett, seine Mutter, Mrs. Leila Buffett, und ganz links seine Tochter Susan vor der Jahreshauptversammlung 1993.
(Photo by
LaVerne Ramsey)

Die Berkshire-Aktionäre Michael und Eiko Assael aus New York. Michael hält von Buffett signierte Investmentbücher in der Hand, darunter eine Ausgabe von Benjamin Grahams „Security Analysis" von 1934. Diese Erstausgabe ist mehr als 1.000 $ wert. Eiko zeigt ihr personalisiertes Nummernschild „100 BRK" mit einer Botschaft von Buffett - ein kleines „Buffett-Andenken" für das Berkshire Museum in ihrer Küche.

(Omaha World-Herald)

Dr. Michael Prus, seine Frau Judy und ihre Kinder Michael, Elizabeth und Jeff aus Grosse Pointe, Michigan, kommen jedes Jahr zu den Hauptversammlungen.

(Photos by LaVerne Ramsey)
Chad und Carol Brenner aus Cincinnati, Ohio, kommen nicht regelmäßig, je nachdem, ob Carol gerade schwanger ist oder nicht. Die Brenners haben drei Kinder.

ben könne, erklärte er: „Betrachten Sie Aktien wie Unternehmen, und halten Sie nach solchen Unternehmen Ausschau, die Sie verstehen, die von Leuten geführt werden, zu denen Sie Vertrauen haben und mit denen Sie gut auskommen - und lassen Sie diese lange Zeit in Ruhe."

Die Fragen und Antworten ziehen sich fast drei Stunden lang hin, bis zum Mittagessen. Die Aktionäre aus dem Nordosten der Vereinigten Staaten sprechen ihn mit Warren an, die Aktionäre aus dem Süden benutzen eher „Mr. Buffett".

Nach einer 15minütigen Mittagspause bleiben die hartgesottenen Fans, die noch mehr von Buffett wissen wollen, für weitere drei Stunden und noch mehr Fragen, die Buffett alle beantwortet.

Gelegentlich interpretiert Munger Buffett. Manchmal beschreibt Buffett, wie ein Unternehmen sich schlecht entwickelt, und Munger unterbricht ihn: „Er meint damit, es geht den Bach runter."

Munger sitzt mit versteinertem Gesicht am Tisch, die Arme vor der Brust verschränkt, und seine einzigen Kommentare sind „Ja" oder „Nein" oder „Kein Kommentar" oder „Ich habe nichts hinzuzufügen". Als er 1991 einmal „Das stimmt genau" sagte, meinte Buffett: „Er lernt dazu. Susie, mach bitte Notizen." Dabei wandte er sich an seine Frau Susan, die gerade in den Aufsichtsrat von Berkshire gewählt worden war. Häufig benutzt Munger das Wort „Zivilisation" und meint damit Amerikas soziales und wirtschaftliches System wie in „Die Zivilisation braucht computergesteuertes Trading so, wie sie noch mehr AIDS benötigt".

Mitten in der Jahresversammlung von 1992 lobte Floyd Jones aus Seattle Buffetts Handlungsweise im Salomon-Skandal. Jones erklärte, daß er zu dieser Zeit für die zusammengebrochene Firma Drexel Burnham Lambert gearbeitet habe, und fügte hinzu, er hätte das Gefühl, hätte Buffett etwas abgewendet, das sich zu einer internationalen Finanzkrise hätte ausweiten können, wäre Salomon untergegangen. „Ich finde, Sie sind ein Held des Weltunternehmertums."

Zu Beginn der Versammlung hatte Buffett das Publikum in vier verschiedene Zonen eingeteilt, damit die aufkommenden Fragen besser im Publikum verteilt werden konnten. Die Frage von Jones kam aus Zone 4. Nach dessen eloquenten Anmerkungen sagte Buffett: „Bleiben wir doch noch ein wenig in Zone 4."

Nach der Jahreshauptversammlung gehen die Aktionäre schnell noch einmal in den Nebraska Furniture Mart oder zu Borsheim´s, bevor sie wieder aus Omaha abfliegen. Und Buffett ist mit dem Transport zu diesen beiden Kaufhäusern behilflich - in einem gemieteten Schulbus ohne Klimaanlage. Für die Versammlung 1989 mietete Buffett zwei alte Schulbusse für 100 $. Immerhin bemüht sich Buffett, die Ausgaben für allgemeine Verwaltung so klein wie nur möglich zu halten.

„Es ist großartig, Warren und Charlie zuzuhören, wie sie jede Frage ganz offen beantworten. Und ich habe ein gutes Gefühl dabei, daß mein Geld in ihren Händen liegt", sagt Don Keough.

Eine Aktionärin, LaVerne Ramsey aus Birmingham in Alabama, fragte auf der Jahreshauptversammlung 1991, was alles enthüllt werden würde, wenn Kitty Kelley eine unautorisierte Biographie von Buffett und Munger schriebe. Buffett gab diese Frage, schlau wie er ist, so schnell an Munger weiter, wie Magic Johnson einen Paß spielt.

„Ich fürchte, dabei käme nicht viel heraus", sagte Munger, „aber das würde Kitty Kelley auch nicht aufhalten können." Buffett antwortete auf diese Frage: „Bei uns gilt ‚What you see is what you get'."

Mrs. Ramsey, eine Bewunderin von Buffett, erklärte später, sie habe diese Frage nur gestellt, um Buffetts Witz zu testen. „Er hat bestanden", meinte sie. Eine kleine Weiterführung dieser Geschichte ist, daß sie später einige Fotos mit einer kurzen Notiz an Buffett schickte, in der sie ihm gestand, die Frage sei nur Spaß gewesen, wie Buffett sicherlich wüßte. Er schrieb ihr zurück: „LaVerne, vielen Dank für die Fotos. Ich freue mich immer darüber. Im nächsten Jahr hat Charlie wahrscheinlich etwas Material für Kitty Kelley, fragen Sie dann noch einmal nach."

Im späteren Verlauf der Fragestunde fragte ihn ein Aktionär, wie er denn seinen Tag verbringe, und Buffett begann mit: „Noch mehr von dem Kitty-Kelley-Quatsch, was?" Und dann erklärte er, er verbringe den größten Teil des Tages und der Nacht mit Lesen und Telefongesprächen. Und nachdem er diese Erklärung gegeben hatte, sagte er: „Ja, das ist es, was ich tue. Charlie, was machen Sie eigentlich?"

(Photo by LaVerne Ramsey)
John Forlines, der Vorsitzende der Bank of Granite

(Photo by Gail Wyman)
Buffett gibt am Vorabend der Berkshire-Jahreshauptversammlung 1996 Autogramme bei Borsheim's.

Katharine Graham und Buffett signieren während der Festlichkeiten zur Jahreshauptversamm-lung 1997 bei Borsheim´s ihre Bücher.

Munger wurde nicht auf dem falschen Fuß erwischt: „Das erinnert mich sehr an einen Freund im Zweiten Weltkrieg, der in einer Gruppe war, die nichts zu tun hatte. Da kam ein General zum Chef meines Freundes, nennen wir ihn Captain Glotz. Er sagte: ‚Captain Glotz, was machen Sie?' Und sein Boß antwortete: ‚Keinen verdammten Handstrich.' Der General wurde immer wütender, wandte sich an meinen Freund und fragte ihn, was er denn täte. Und mein Freund antwortete: ‚Ich helfe Captain Glotz. So kann man am besten beschreiben, was ich bei Berkshire tue.'"

1992 fragte ein Aktionär Buffett, welche Bücher er lese, und der antwortete, daß er vor dem Salomon-Skandal sehr viele Bücher gelesen habe. Dann reichte er die Frage an Munger weiter, der sagte, ein Buch, das ihm sehr gefallen habe, sei „The Third Chimpanzee". „Vielleicht sollten wir den hier auch aufs Podium setzen", scherzte Buffett.

Als ein Aktionär einmal fragte, ob die Bewerbung des Milliardärs Ross Perot um das Amt des Präsidenten Buffett irgendwelche Anregungen gebe, antwortete Buffett, das löse bei ihm keinerlei Gedanken aus, und fügte hinzu: „Wir werden sehen, ob er immer noch Milliardär ist, wenn die ganze Sache vorbei ist."

Buffetts Club Med für Investoren macht ungeheuer viel Spaß, und das schließt auch die Gespräche mit anderen Aktionären in der Busfahrt zu den Geschäften, die Berkshire gehören, ein. Immer wieder beginnen die Unterhaltungen mit „Wie lange sind Sie schon Berkshire-Aktionär?" oder mit einer Information, die man über Buffett oder Berkshires letztes Investment hat.

Astrid Menks, Phil Carret, Susan Buffett und Debbie Bosanek bei den Festlichkeiten zur Berkshire-Jahreshauptversammlung 1997.

Manchmal gibt es sehr nüchterne Hinweise von Buffett auf die Gefahren der Börse. „Sie sollten sich keine Stammaktien kaufen, wenn ein 50-prozentiger Wertverlust innerhalb kürzester Zeit bei Ihnen akuten Streß hervorrufen würde", sagte er auf der Hauptversammlung 1988.

Als der Berkshire-Aktionär Paul Cassidy 1992 die Jahreshauptversammlung verließ, sagte er über Buffett: „Er ist ein hervorragender Lehrer. Vor langer Zeit kaufte ich ein paar Aktien. Er gab mir die finanzielle Sicherheit, mein Restaurant zu eröffnen (The Loft in North Andover, Massachusetts). Was er uns erzählt, versuche ich in meinem Unternehmen anzuwenden. Und ich rate meinen Kindern, langfristig zu investieren. Sie kauften Coca-Cola Aktien. Ich glaube, daß wird ihnen dabei helfen, die Kosten für ihr College zu bezahlen. Buffett macht unserer Familie sehr viel Spaß und Freude."

Kurze Zeit später unterhielt ich mich am Ende einer Jahreshauptversammlung mit Tom Weik, dem Generaldirektor von Weik Investment Services in Wyomissing, Pennsylvania, und im folgenden Jahr war er Berkshire-Aktionär. Weik, ein passionierter Bridgespieler, korrespondierte mit Buffett über Bridge und berichtete, was Buffett ihm einmal über Ben Grahams Verbindung zu Bridge erzählt habe. Buffett sagte, Ben Graham hätte zwar Bridge gespielt, sei aber nicht davon begeistert gewesen. „Das war sein einziger Fehler."

Als Weik überlegte, was Berkshire für ihn getan habe, sagte er: „Es hat mir ermöglicht, mit einem Unternehmen vom Nullpunkt anzufangen."

Eine 10 auf dem „Lachmeter" erhielt Buffett auf der Jahreshauptversammlung 1994, als Allan Maxwell, ein Vertreter von Searle Laboratories aus Omaha, fragte: „Jetzt, wo Sie der reichste Mensch im Land sind, was ist Ihr nächstes Ziel?"

Buffett: „Das ist ziemlich einfach. Ich möchte jetzt der älteste Mensch im Land werden."

Später während der Versammlung sagte Buffett, er sei in sehr guter Verfassung, schwenkte seine 2-Liter-Flasche Coca-Cola und sagte: „Dieses Zeug wirkt Wunder."

Jedes Jahr wird er erneut gefragt, ob er beabsichtige, einen Aktiensplit vorzunehmen, und jedes Mal antwortet er, daß er solche Pläne nicht habe. Im Jahr 1994 fragte ein Aktionär, ob er eine Aktienzusammenlegung plane, die zur Folge hätte, daß weniger Aktien im Umlauf wären. „Jetzt macht es langsam Sinn", sagte Buffett.

Zur Versammlung 1995 gab Buffett bekannt, daß Aktionäre aus 49 der 50 amerikanischen Bundesstaaten gekommen seien, nur Vermont sei nicht vertreten. Und außerdem waren sie aus Australien, Frankreich, Israel, Kanada, Schweden und Zimbabwe gekommen. Weil die Aktionäre so lange Anreisen auf sich genommen hätten, sagte Buffett, würde er die Versammlung, die in den vorhergehenden Jahren nur bis Mittag gedauert hatte, bis um etwa 15 Uhr verlängern.

Dann erläuterte er seinen Antrag, die Erlaubnis zur Emission von Vorzugsaktien zu erhalten, für den Fall, daß der Aufsichtsrat zustimme. „Dieser Antrag hat keinen Nachteil... Wenn wir eine Dummheit begehen wollen, dann ist es egal, in welcher Form... Und dies bringt uns nur eine weitere Möglichkeit, Geld zu bekommen, mit dem wir weitere Unternehmen akquirieren können."

Buffett sagte, wenn die Akquisitionen sehr groß wären, beispielsweise 5 Mrd. $, würde Berkshire noch einmal auf die Aktionäre zukommen müssen, um erneut darüber abzustimmen. Und dann fügte er hinzu, falls dieser eher unwahrscheinliche Fall einträte, dann hätte Berkshire seine Stimmen schon zur Verfügung.

Als es mit den Fragen weiterging, wollte ein Aktionär wissen, wie es denn sei, wenn man seine Frau und seinen Sohn im Berkshire-Aufsichtsrat habe. Buffett scherzte: „Es trägt ungemein zur Harmonie in der Familie bei."

Bald gab es von Munger eine für ihn typische und lakonische Antwort, und die hieß „Nein". Buffett lachte: „Und ich hatte gehofft, Charlie würde heute Morgen eine neue Lebenserfahrung machen." Munger schoß zurück: „Kein Kommentar."

Als Munger später anmerkte, Berkshire wäre auch dann erfolgreich, wenn die Aktionäre nicht so schnell reich würden wie in der Vergangenheit, stöhnten einige Aktionäre. „Diese Abstimmung geht unentschieden aus", merkte Buffett an.

Während der Versammlung bat Buffett Katharine Graham, Don Keough und Tom Murphy, die nebeneinander saßen, aufzustehen. Als die drei dann standen, sagte Buffett, sie seien für „bisher" 6,5 Mrd. $ an Gewinnen verantwortlich. Das Publikum applaudierte.

Am Tag vor der Jahreshauptversammlung 1996 trafen sich Buffett und der Vorsitzende der Bank of Granite, John Forlines, zum ersten Mal. Zuvor

(Photo by Frank Kilpatrick)

Das ist das Dairy Queen in Omaha (mit einer Riesen-Coca-Cola-Flasche davor), wo Buffett und Munger mit Aktionären am Abend vor der Jahreshauptversammlung 1998 ihr Dessert einnahmen.

hatten sie nur ein paar Briefe ausgetauscht. Als sie sich trafen, sagte Buffett: „Ich habe gerade Ihren Bericht gelesen." Und dann zitierte Buffett die Zahlen aus dem Quartalsbericht dieser Bank aus North Carolina. „Alles stimmte genau. Ich war sehr überrascht. Ich war sogar überwältigt", sagte Forlines.

Dann erwähnte Buffett die Bank auf der Jahreshauptversammlung und erklärte, sie sei eine der rentabelsten in den Vereinigten Staaten. Forlines strahlte: „Wir hatten Anfragen nach unserem Jahresbericht, die kamen sogar aus Hongkong. Insgesamt wurden 250 Jahresberichte angefordert. Die Bank mußte nachdrucken lassen."

1996 war diese Bank der Gegenstand von Berichten in *Forbes* (21. Oktober) und bei CBS (20. November). Forlines, der die Bank seit 1954 führt, als er 36 Jahre alt war, besuchte die Duke University und war Major in der Finanz-Einheit der Armee. Auf der Versammlung 1997 wurde Buffett von einer kleinen Gruppe Demonstranten gegen die Abtreibung angesprochen, die am Vorabend vor Gorat´s Steakhouse und am Morgen vor dem Aksarben-Auditorium demonstriert hatten. Damit wurde gegen Buffetts Spenden an Planned Parenthood und gegen seine liberalen Ansichten zur Abtreibungsfrage demonstriert. Buffett sagte, die Demonstranten hätten jedes Recht, genau das zu tun, denn wenn bei Berkshire Spenden verteilt würden, dann würden die Aktionäre sowohl Befürwortern als auch Gegnern der Abtreibung Spenden zukommen lassen.

Gegen Ende der Versammlung 1997 stellte sich eine Frau vor und sagte, sie sei eine „Minimalaktionärin". Buffett antwortete: „Machen Sie Ihren Anteil nicht so klein. Wenn wir beiden uns zusammentun, dann kontrollieren wir das Unternehmen."

Und dann gab es ein typisches Beispiel für Buffetts und Mungers Rede-und-Antwort-Spiel. Munger: „Das Leben ist eine ununterbrochene Serie von Opportunitätskosten. Wenn Sie heiraten, dann müssen Sie die beste Person aussuchen, die auch mag und bequem zu finden ist. Und bei einem Investment ist das das gleiche Verfahren."

Buffett: „Ich ahnte, daß wir nach dem Lunch in Schwierigkeiten kommen würden."

Über die Jahreshauptversammlungen sagte Buffett: „Wir möchten, daß die Versammlung nutzbringend ist. Wir möchten sie auch interessant gestalten. Und wir möchten, daß die Leute ihren Spaß haben... Wenn man sie (die Aktionäre) auf dem Footballfeld oder bei Gorat´s oder Borsheim´s sieht, dann lachen die meisten. Und wenn sie lächeln, wenn sie nach Eppley (Omahas Flughafen) fahren, dann werden wir sie auch wiedersehen" (*Omaha World-Herald*, 2. Mai 1998).

Über diese Jahreshauptversammlung berichteten viele Reporter, auch Daniel McGinn von *Newsweek*, der seinen Artikel über das „Woodstock des Kapitalismus" so beendete: „Im Auditorium zerstreut sich der Rest von Buffetts Jüngern, ihr Hunger nach Weisheit wurde für ein weiteres Jahr gesättigt. Die Lichter gehen aus. Buffett hat das Gebäude verlassen."

(Photo by Nancy Line Jacobs)

Buffett bestellt einen Dusty Sundae als Dessert und gibt am Abend des 3. Mai 1998, dem Vorabend der Jahreshauptversammlung, Autogramme in einer Filiale von Dairy Queen in Omaha.

Berkshires Vize Charles Munger mit Eis bei Dairy Queen, wohin ungefähr 500 Leute kamen, um Buffett und Munger zu sehen.

(Photo by Nancy Line Jacobs)

Im Rahmen der Festlichkeiten vor der Jahreshauptversammlung 1997 verschenkte Buffett einige dieser nachgemachten 100-Dollar-Scheine mit seinem Autogramm.

91

Phil Swigards Newsletter

Phil Swigard, ein Immobilienverwalter aus Kingston, Washington, erzählt, daß er und seine Frau den größten Teil der letzten 25 Jahre dem Segeln gewidmet hätten. „13 Jahre lang lebten wir auf unserem Boot; in den letzten 30 Jahren haben wir etwa 50.000 Meilen zurückgelegt und sahen dabei den größten Teil der Karibik, beide Küsten der Vereinigten Staaten, den Südpazifik, Hawaii und Alaska.

Wir begannen mit dem Verfassen dieser Newsletter vor einigen Jahren, als wir auf einer vierjährigen Kreuzfahrt außerhalb des Landes waren und nur dreimal im Jahr unsere Post bekamen. Diese Newsletter waren eine Möglichkeit, während einer so langen Abwesenheit den Kontakt mit unseren Freunden aufrechtzuerhalten."

Hier sind einige Ausschnitte aus Phils Newsletter vom Sommer 1997:

„Unser Wertzuwachs im Jahr 1996 lag bei 6,2 Mrd. $ oder 36,1 %." Dieser erste Satz in Warren Buffetts jährlichem Brief an die Aktionäre sprang mir fast entgegen. Mein Gott, er hat es wieder geschafft! Ungefähr 15 Jahre lang sagte er, daß Berkshires große und wachsende Kapitalbasis eher wachstumshemmend wirkte, und die Aktionäre unklug wären, wenn sie erwarteten, daß der jährliche Zuwachs so bleiben würde wie in der Vergangenheit. Und dennoch hat Warren es wieder geschafft - und das noch mit einem höheren Prozentsatz als im letzten Jahr! Wie macht er das nur?

Ich konnte es kaum erwarten, in ein Flugzeug zu springen und an der diesjährigen Jahreshauptversammlung am 5. Mai teilzunehmen. Dieses Jahr hatte ich jedoch noch einen besonderen Grund, an der Jahreshauptversammlung teilzunehmen. Vielleicht erinnern Sie sich an den ersten Teil dieses Briefes, den ich im letzten Jahr verschickt habe. Einige der Geschichten in diesem Brief wurden mir im Verlauf der letztjährigen Hauptversammlung von Bill Child, dem Vorstandsvorsitzenden von R.C. Willey, erzählt, und Willey ist eine von Berkshires neuesten Akquisitionen. Als Dank dafür schickte ich ein Exemplar dieses Briefes an Bill, der eine Kopie davon an Warren schickte...

Als ich nach Hause kam, war ich sehr erstaunt, einen Brief von Warren vorzufinden, in dem er mir mitteilte, daß ihm mein Newsletter sehr gut gefiele. Er hatte eine Einladung zu einem besonderen Brunch beigelegt, den er jedes Jahr am Tag vor der Jahreshauptversammlung gibt. Eigentlich ist es überflüssig zu erwähnen, daß ich sofort einen Brief losschickte und die Einladung akzeptierte, bevor Warren es sich anders überlegte.

Der Brunch fand am Sonntag morgen, dem 4. Mai statt; am nächsten Tag sollte dann die Jahreshauptversammlung stattfinden. Und so stieg ich dann mit dem Rest der „Gläubigen" an Bord eines Flugzeugs, wie immer Touristenklasse. Ich saß neben einer jungen Frau, die, wie sich später herausstellen sollte, Wirtschaftsredakteurin einer Zeitung aus San Diego war. Sie nahm an dieser Pilgerfahrt teil, weil sie nach einer Story suchte. Es machte mir viel Spaß, mich mit ihr über Berkshire zu unterhalten, und bevor ich mich versah, waren wir schon in Omaha. Wenn man Spaß hat, dann scheint die Zeit zu verfliegen.

Ich mietete mir ein noch billigeres Auto als im letzten Jahr. Warren erhielt einige Beschwerden von Aktionären, als er Salomon fast 200.000 $ dafür in Rechnung stellte, daß er für seine Reisen von Omaha nach New York seinen Privatjet benutzte, obwohl er das Unternehmen vor dem finanziellen Untergang bewahrte. Warren antwortete damals, daß er zwar billig arbeite, aber teuer reise. Anders als Warren arbeite ich nicht nur billig, ich reise auch billig...

Dieses Mal war ich allein, da meine Frau Sandy sich entschlossen hatte, zu Hause zu bleiben. Sie war ein wenig eingeschüchtert von der Art Leute, die wir während des Brunchs erwarteten. Ich hatte auch ein wenig Angst, aber dies war die Chance meines Finanzlebens, und ich wollte unbedingt hin.

Nun, am nächsten Morgen stand ich schon sehr früh auf und zog mir meinen besten Zwirn an. Keine Jeans und keine Lederjacke für Warrens Brunch, nein Sir. Ich zog meinen besten Anzug und meine schönste Krawatte an. Tatsächlich ist es mein einziger Anzug und meine einzige Krawatte. Ich fühlte mich auch gut in Form, obwohl ich diesen Anzug schon ungefähr zwei Jahre nicht mehr angezogen hatte. Ich mußte nur noch ein wenig Staub abbürsten, und dachte, als ich mich so sah, ich sähe ein wenig steif aus.

Um ganz sicher zu gehen, kam ich ein wenig früher im Happy Hollow

Country Club an. Tatsächlich war ich der erste. Ich ging hinein und sah diesen wunderschön geschmückten Raum mit den prächtigen Tischen, die mit aufwendig angerichteten Platten übersät waren. Es war absolut ruhig, und das einzige, was ich hören konnte, waren meine Knie, die schlackerten.

Am Eingang war ein großer Tisch mit ungefähr 75 Namensschildern. Ganz nervös schaute ich in der Abteilung „S" nach und fand auch meinen Namen. Ich stieß einen Seufzer der Erleichterung aus. Auf dem Tisch lagen Schilder mit einer ganzen Menge von Namen, die ich kannte, und so ließ das Knieschlottern nicht viel nach.

Hinter dem Tisch stand eine junge Frau mit dem Namensschild Debbie Bosanek. Ich wußte, daß sie Warrens persönliche Assistentin war. Als ich mich vorstellte, sagte sie: „Oh, schön, Warren fragte schon, ob Sie auch kommen würden." Jetzt war der Zeitpunkt gekommen, da ich beinahe ohnmächtig wurde. Es stellte sich aber heraus, daß Debbie ebenso freundlich wie effizient war, und schon bald hatte sie mich beruhigt. Ich unterhielt mich mit ihr, bis die nächste Gästegruppe ankam. Aber als Debbie dann sagte: „Oh, da kommt Katharine Graham", dachte ich, ich sollte an diesem Tisch ein wenig Platz machen...

Charlie Munger, Berkshires stellvertretender Vorsitzender und selbst ein sehr bemerkenswerter Mann, stand neben Janet Lowe, der Autorin von „Warren Buffett Speaks". Ich schlenderte zu dieser Gruppe und stand neben Charlie, um ein wenig zuzuhören. Ich versuchte, nicht zu vergessen, daß Abraham Lincoln einmal sagte: „Es ist besser, den Mund zu halten und für dumm gehalten zu werden, als den Mund aufzumachen und jeden Zweifel auszuräumen."

Janet versuchte, Charlie zu überreden, mit ihr zusammen Buffetts Biographie zu schreiben. Er war nicht besonders begeistert. Aber bei Charlie kann man nie wissen. Ich nehme an, daß er seine Begeisterung nie offen zeigt. Doch er sagte etwas, das mir sofort auffiel. Er sagte, er wolle eigentlich nicht, daß man sich an ihn als Charlie Munger, den Investmentmanager, erinnerte. Wenn der Schwerpunkt dieses Buchs auf Buffetts soziale und ökonomische Philosophie und seine Bemühungen für die Gemeinschaft gelegt würden, dann wäre er vielleicht interessiert. Neben anderen wohltätigen Aktivitäten ist Charlie auch Leiter des Verwaltungsrats eines großen Krankenhauses in der Nähe von Santa Barbara.

Es waren so viele außerordentliche Menschen da, viele von ihnen waren sehr bekannt, daß es unmöglich war, mit ihnen allen zu sprechen - nicht, daß ich es nicht versuchte. Bald setzten wir uns zum Brunch, und an meinem Tisch saßen weitere wunderbare Menschen. Die Zeit verging so schnell, daß ich ganz überrascht war, als der Brunch vorbei war und ich noch nicht einmal mit Warren gesprochen hatte. Ich war der letzte, der ging, und wahrscheinlich einer der Gäste, der am meisten bedauerte, daß es schon vorbei war. Wenn ich sage, daß dies der Höhepunkt in meiner 30jährigen Karriere in Kapitalanlagen war, dann habe ich nicht übertrieben.

„Ollie the Trolley" brachte die Gäste zu Borsheim´s, dem bekannten Juwelierladen, der natürlich auch Berkshire gehört. An diesem Tag ist das Geschäft nur für Aktionäre geöffnet. Mrs. Graham und Warren signierten Bücher. Ich kaufte eine Ausgabe von Ben Grahams „The Intelligent Investor" und bekam die Autogramme von Mrs. Graham und Warren. Am nächsten Tag auf der Hauptversammlung bekam ich auch noch die Autogramme von Michael Eisner, dem Vorstandsvorsitzenden von Disney, Janet Lowe und Bill Child.

Ben Grahams Buch ist für Warren wie eine Investment-Bibel, und jeder, der daran denkt, in Aktien zu investieren, sollte dieses Buch gelesen haben. Für den Fall, daß Sie daran denken, mich zu fragen, ob ich Ihnen die Ausgabe mit den Autogrammen ausleihen würde - das können Sie gleich vergessen! ...

In dem Einkaufszentrum, wo Borsheim´s sein Ladenlokal hat, stellt Warren, immer seine Gewinne im Hinterkopf, die Produkte aus, die von den verschiedenen Unternehmen, die Berkshire gehören, hergestellt werden - angefangen von GEICO-Versicherungen, Süßigkeiten von See´s bis zu Ginsu-Messern und World-Book-Enzyklopädien. Diese Produkte kann man natürlich kaufen, und die Aktionäre bekommen auch einen bescheidenen Rabatt. Und alles wird auch an Warrens Getreue verkauft, und nicht gerade in unbedeutenden Mengen. Die Verkäufe reichen von Tausenden Pfunden See´s Candies bis zum Verkauf von Juwelen in siebenstelligem Wert.

Und wegen der Tradition, Berkshires Gewinne auch bei der Jahreshauptversammlung zu vergrößern, gab ich 20 $ für einen Satz von wirklich guten Ginsu-Messern aus. Dann schlug ich alle Vorsicht in den Wind und entschied mich, eine Ausgabe der World Book Encyclopedia zu kaufen. Sowohl die Computerversion, als auch die Bücher waren erhältlich. Und weil ich mich nicht entscheiden konnte, eigentlich etwas uncharakteristisch für mich, welche Version ich kaufen sollte, kaufte ich zur großen Freude unseres Seniorpartners beide und auch noch in Leder gebunden (die Bücher, nicht die CD-ROM).

Bisher habe ich zweimal in meiner brandneuen, ledergebundenen World Book nachgeschlagen. Ich rechnete ein wenig und fand heraus, daß mich jede Frage ungefähr 500 $ gekostet hatte. Ich mußte dringend etwas tun, um die Kosten pro nachgeschlagene Frage zu senken, und so entschloß ich mich, das ganze Ding zu lesen...

Doch der Tag war noch nicht vorbei. Da war immer noch das Abendessen in Gorat´s Steakhouse. Dieses Steakhouse, geführt von einem Schulkameraden Warrens von der High School, ist, wie er sagt, sein Lieblingsrestaurant. Ich hatte schon Monate vorher einen Platz reserviert, und so fand ich mich auch zur verabredeten Zeit ein. Ich sagte, ich wolle an einem Tisch mit anderen Aktionären sitzen, und so saß ich neben zwei jungen Männern, einem aus New York und einem aus Michigan. Es war ein wenig ungewöhnlich, weil die meisten Aktionäre, die die Jahreshauptversammlung besuchen, weitaus älter sind.

Ich kam zur gleichen Zeit an wie Charlie Munger; Warren war schon da und nahm bereits sein Abendessen ein. Obwohl ich es eigentlich hätte besser wissen müssen und gegen jeglichen gesunden Meschenverstand bestellte ich Warrens Lieblingsmenü - ein fast rohes T-Bone-Steak nach Omaha-Art mit einer doppelten Portion Hash Browns und einer Cherry Coke zum Runterspülen. Es schmeckte mir trotzdem...

Die Jahreshauptversammlung fand am nächsten Morgen statt und sollte im Aksarben Stadium abgehalten werden. Aksarben heißt Nebraska, rückwärts gelesen. Ich hatte den Eindruck, daß Phantasie nicht unbedingt zu den hervorstechendsten Eigenschaften der Stadtväter von Omaha zählt.

Das Stadion ist weitaus größer als der Ort, wo die Jahreshauptversammlung im letzten Jahr stattgefunden hatte; darin sollten eigentlich alle Aktionäre Platz finden, wobei noch Platz übrig bleiben müßte. Das bedeutete, daß ich nicht morgens um 3 Uhr aufstehen mußte, um mir einen guten Platz zu sichern, wie ich es letztes Jahr getan hatte. Es stellte sich heraus, daß ich recht hatte. Ungefähr 7.000 Getreue kamen, und es war noch viel Platz übrig. Es ist kaum zu glauben, daß nur vor etwa zehn Jahren bloß 500 Menschen zur Jahreshauptversammlung kamen.

An einem Ende des Stadions war eine Bühne und darauf stand ein einfacher Tisch mit zwei Stühlen. Als Charlie und Warren auf die Bühne gingen und ihre Plätze einnahmen, erhoben sich alle 7.000 Aktionäre und bereiteten ihnen eine Standing Ovation. Auch wenn man nichts über Berkshire wußte, dann konnte man sofort bemerken, daß dies keine normale Jahreshauptversammlung werden würde, so wie sie von anderen Aktiengesellschaften abgehalten wird...

Warren eröffnete die Versammlung, und nur wenig später als nach fünf Minuten war sie schon wieder vorbei. Die Jahreshauptversammlung ist eigentlich ohnehin nur eine Fomalität, da Warren die Mehrheit der Aktien kontrolliert; so sind alle Abstimmungen, Protokolle und ähnliches nur Nebensachen, um den gesetzlichen Vorschriften zu entsprechen. Und deswegen kommt auch niemand. Wir alle kamen, um zu hören, was Warren und Charlie nach der Jahreshauptversammlung zu sagen hatten.

Eine der ersten Fragen betraf die Zukunft des gegenwärtigen Bullenmarktes. Es war keine große Überraschung, daß Warren warnte, viele Aktien seien überbewertet. Er sagte: „Es sieht aus, als ob die Schrift ganz deutlich an der Wand zu lesen ist. Die Gewinne und die hohen Kurse, die wir bei fast allen an der Börse gehandelten Unternehmen vorfinden, können nicht gehalten werden. Und man kann davon ausgehen, daß es in naher Zukunft an der Börse einen unerfreulichen Abschwung geben wird."

Am nächsten Tag sanken die Kurse an der Börse um etwa 80 Punkte. Doch die Zeitspanne, in der man solchen Nachrichten an der Börse Aufmerksamkeit schenkt, war in diesem Augenblick kürzer als üblich, und die Kurse erholten sich zum Börsenschluß desselben Tages.

Wow! Stellen Sie sich vor, was für ein Gefühl es sein muß, wenn Ihre Meinung so angesehen ist, daß sogar die Börse auf das reagiert, was Sie sagen. Andererseits glaube ich, daß es mich fast zum Wahnsinn treiben würde, wenn man immer so aufpassen muß, was man sagt, weil man dann schon am nächsten Tag vom *Wall Street Journal* zitiert wird.

Dann kam das Thema der Kapitalgewinne zur Sprache. Sowohl Warren als auch Charlie sprachen sich gegen einen Abbau der Kapitalgewinne aus und sagten, die Besteuerung der Kapitalgewinne sei so in Ordnung. Diese Bemerkung wurde von den Aktionären nicht mit besonders großer Begeisterung aufgenommen. Warren verteidigte seine Position und führte an, daß es in einem Land wie unserem nicht passend sei, wenn man beim Verkauf von Berkshire-Aktien nur mit 28 % besteuert würde, während jemand, der versuchte, eine Behandlung seiner Krebserkrankung zu bekommen, 39 % Steuern zahlen muß.

Dann sprach Warren über das, was er die „Lotterie der Gene" nennt. Er sagte, daß er und Charlie bei dieser Lotterie das große Los gezogen hätten, als sie zu einer Zeit, wo die Möglichkeiten für Frauen sehr viel mehr eingeschränkt waren, Männer waren. Er sagte, sie zählten auch deshalb zu den Siegern, weil sie weiße Hautfarbe hatten, als die Chancen für Minderheiten nur sehr gering waren. Er sagte auch, daß sie zu den Siegern zählten, weil sie so gepolt waren, daß sie richtige Investmententscheidungen treffen. Dann fragte Warren: „Ist das die größte Begabung, die es gibt? Nein, aber in diesem System zahlt sich diese Fähigkeit aus wie verrückt."

Ich glaube, er erwärmte sich für dieses Thema, weil er plötzlich abschweifte und eine interessante Frage aufwarf: „Was wäre, wenn Sie 24

Stunden vor Ihrer Geburt entscheiden könnten, welches soziale und wirtschaftliche System die Welt, in die Sie hineingeboren werden, haben sollte? Allerdings gibt es da noch einen Haken. Sie würden nicht im voraus
wissen, ob Sie als Junge oder als Mädchen zur Welt kommen, welche Farbe Ihre Haut haben würde, wie Sie erzogen würden und wie wohlhabend
Ihre Eltern sein würden, welchen IQ Sie haben würden oder wo auf der
Erde Sie geboren würden. Welches soziale und wirtschaftliche System
würden Sie der Welt dann wünschen?"

Mir erscheint, daß die vielen möglichen Antworten auf diese Frage weniger relevant sind, als die Bedeutung dieser Frage an sich. Allein, daß er
eine solche Frage stellt, spricht Bände über den Charakter und die Werte
von Warren Buffett.

Gegen Mittag gab es eine knapp halbstündige Lunchpause. Als ich
beim Essen saß, konnte ich den Hauptgang hinuntersehen und sah einen
Mann, der mit seiner Frau ganz allein dasaß und aussah wie Michael Eisner. Ich sah ein wenig genauer hin und bemerkte, daß er eine sehr auffäl-
lige Mickey Mouse-Krawatte trug. Klar, es war der Herr der Maus selbst.

Ich ging den Gang hinunter, um ihn zu begrüßen. Ich trat auf ihn zu,
stellte mich vor und fragte, ob ich ihn fotografieren dürfe. Er war einverstanden, und so zückte ich meine kleine Kamera und fotografierte. Dann
holte er die gleiche Kamera aus seiner Tasche und sagte, er habe sie gestern
gekauft und was ich davon hielte. Während wir einige Minuten lang über
Kameras sprachen, signierte er mein Ben-Graham-Buch, bis die Aktionäre
um uns herum bemerkten, wer er war, und er dann von vielen Leuten umgeben war.

Und so lernte ich Michael Eisner kennen. Über die Jahre hinweg hat er
den Shareholder Value von Disney buchstäblich um mehrere Milliarden
Dollar vermehrt. Das geschah durch die Fusion von ABC/Cap Cities und
Disney, und Berkshire hat durch seine Anteile an ABC/Cap Cities auch einen namhaften Anteil an Disney.

Übrigens hörte ich, daß Mickey Mouse Buffetts Lieblingsschauspieler
ist. Mickey ist einer der bekanntesten und beliebtesten Schauspieler der
Welt, und das Beste von allem ist, daß er noch nicht einmal einen Agenten
hat.

Als die Versammlung weiterging, fragte jemand, was Warren von Investmentfonds halte. Seine Antworten drückten keine besonders große
Begeisterung dafür aus. In erster Linie, sagte er, werde der Gewinn durch
das, was er „Reibungskosten" nennt, entscheidend geschmälert. Mit anderen Worten, all diese Gebühren, die die Fondsmanager für ihre oft über-
schätzte Erfahrung berechneten. Er sagte auch, daß die meisten Manager

ihre Gehälter nicht wert seien; wahrscheinlich würde die Mehrheit der Investoren besser abschneiden, wenn sie ihr Vermögen in einen Indexfonds investierte.

Eine der Fragen, die fast jedes Jahr gestellt werden, hat mit der enormen Wachstumsrate zu tun, die Warren erreicht, und ob sich dieses Wachstum auch weiterhin fortsetzen wird. Warrens Antwort ist immer eine Variation seiner These, daß bloße Größe seinem weiteren Wachstum Hürden in den Weg stellt. In diesem Jahr fügte Warren hinzu, wenn es möglich wäre, irgendeine Versicherung abzuschließen, die ein jährliches Wachstum von 15 % garantiere, er sie sofort abschließen würde. Und außerdem hoffe er, daß es im Publikum niemanden gebe, der ihn mit einer niedrigeren Wachstumsrate in Versuchung führen wolle.

Als er auf eine Frage nach Brokern und der Brokerbranche antwortete, machte er eine Reihe von interessanten Bemerkungen. Eine davon war, daß die Broker grundsätzlich ein enormes Interesse daran haben, daß sich der gegenwärtige Aufwärtstrend weiterhin fortsetze. Er merkte auch an, daß die Topbroker der Branche das Ergebnis einer brutalen Auslese nach Darwinschem Muster seien. Und diese Tatsachen, sagte er, gereichten dem einzelnen Investor, der bei seinen Anlageentscheidungen vom Rat dieser Broker abhängig sei, nicht unbedingt zum Vorteil.

Ein Aktionär aus Calgary fragte, ob Warren die Sondermüll-Branche untersucht habe. Warren verneinte, verwies aber an Charlie, der anmerkte, daß er keine Erfahrung und auch keine Kenntnisse in dieser Branche hätte, jedoch hätte er an der Börse bemerkenswerte Mengen Sondermüll entdeckt.

Als einer der Aktionäre Buffett zu seiner außerordentlichen Weitsicht in wirtschaftlichen Angelegenheiten beglückwünschte, antwortete dieser, er habe das Glück, ein wenig weiter sehen zu können, weil er die Möglichkeit habe, auf den Schultern von Riesen zu stehen - einschließlich derer von Benjamin Graham...

POSTSKRIPTUM:

Ohne ersichtlichen Grund - zumindest ich konnte keinen Grund erkennen - stiegen die Kurse der Berkshire-Aktien wenige Wochen nach der Jahreshauptversammlung an. In einem kurzen Zeitraum ungezügelter Begeisterung an der Börse stiegen die Kurse von 38.000 $ zur Zeit der Jahreshauptversammlung auf über 47.000 $. Und weil Warrens Vermögen fast ausschließlich in Berkshire-Aktien angelegt ist, bedeutet dies, daß es innerhalb eines Monats um 4 Mrd. $ gestiegen ist. Diese Zahlen müssen notwendigerweise geschätzt sein, aber erinnern Sie sich bitte an meinen

Vergleich mit der Atombombe im ersten Brief: Wenn Sie mit so großen Zahlen umgehen, ist nah dran gut genug...

Diese kurzfristigen Kursschwankungen, wenn sie nicht von wichtigen Veränderungen der langfristigen Unternehmensperspektiven verursacht werden, sind himmlisch. Immerhin ist ein Vermögenszuwachs von 4 Mrd. $ in einem Monat, ob himmlisch oder nicht, sogar für Warren ein gutes Stück Arbeit...

Berkshire hat glückliche Aktionäre! Mit all dem, was ich oben beschrieben habe, kann man wohl erklären, daß Warren und Charlie am Beginn der Jahreshauptversammlung mit einer Standing Ovation gefeiert wurden. Und wenn ich mir das bisher Gesagte noch einmal überlege, dann bin ich überrascht, daß es nicht mehr Leute gab, die auf ihren Stühlen standen, auf und ab sprangen und Fahnen schwenkten.

UND NOCH EIN POSTSKRIPTUM:

Einige meiner Freunde haben mich bezichtigt, ich hätte in meinem Büro einen Altar für Warren aufgestellt und würde jeden Morgen Kerzen anzünden. Das ist absolut lächerlich. Ich zünde nicht jeden Morgen Kerzen an.

92

GORAT´S

„Ich nehme das, was er bestellt hat.“

996 schrieb Buffett in seinem Brief an die Aktionäre zum ersten Mal, daß er sich freuen würde, sie bei Gorat´s, seinem Lieblingssteakhouse, am Sonntagabend vor der Jahreshauptversammlung zum Dinner begrüßen zu dürfen.

Ein Jahr später schrieb er: „Mein Lieblingssteakhouse, Gorat´s, war letztes Jahr am Wochenende der Jahreshauptversammlung ausgebucht, obwohl man am Sonntagnachmittag um 16 Uhr noch einmal deckte. Ab dem 1. April (aber nicht früher) können Sie Reservierungen vornehmen, wenn Sie 402-551-3733 anrufen. Ich werde am Sonntag nach Borsheim´s bei Gorat´s sein und mein übliches T-Bone-Steak mit einer doppelten Portion Hash Browns essen. Außerdem kann ich das heiße Roastbeef-Sandwich mit Bratkartoffeln und Sauce empfehlen - das ist die Standardbestellung wenn Debbie Brosanek, meine unschätzbare Assistentin, und ich zum Lunch gehen. Beziehen Sie sich auf Debbie, und Sie bekommen einen Extralöffel Sauce.“

Ein Aktionär rief am 1. April an, bevor das Restaurant öffnete, und schaffte es gerade eben noch, einen Tisch für 16.30 Uhr zu bekommen. Zu anderen Zeiten gab es nichts mehr. Die Dame am Telefon kam ins Schwitzen und sagte, daß das Restaurant buchstäblich ausgebucht sei. Im Hintergrund hörte man das Klingeln der Telefone und offensichtliches Chaos, und die Dame sagte nur noch ganz erschöpft: „Ich glaube, ich gehe jetzt nach Hause.“

Einer von denen, die einen Platz reservieren konnten, war Ken Mills aus Lakeland, Florida. Er nahm die Speisekarte von Gorat´s mit und schickte sie mit der Bitte um ein Autogramm an Buffett. Buffett antwortete: „Ken, du solltest weiterhin das T-Bone bestellen - Warren E. Buffett.“

Ungefähr 900 Leute kommen zu Gorat´s, um mit Buffett zu Abend zu essen. 1998 waren auch Disneys Michael Eisner und der NBC-Nachrichtenmoderator Tom Brokaw dabei. 1997 war unter ihnen ein junger Mann aus Singapur namens J.P. Tan. Buffett hatte Tan zur Jahreshauptversammlung eingeladen, obwohl dieser kein Aktionär ist. Tan flog 24 Stunden lang, um dabei zu sein, und fand sich nur wenige Meter von Buffetts Tisch entfernt wieder: „Ich bin überwältigt." Eine Kellnerin bat um seine Bestellung. „Ich hätte gern Mr. Buffetts Lieblingsmenü", sagte Tan und bestellte ein T-Bone-Steak. Allerdings zog Tan es vor, sein Steak medium zu essen. Buffett ißt es roh. Viele Gäste fragen, was Buffett bestellt hat, und manche sagen, indem sie den unvergeßlichen Satz aus dem Film „When Harry met Sally" zitieren: „Ich nehme das, was er bestellt hat."

Gorat´s ist Buffetts Lieblingssteakhouse.

Buffett in Gorat´s Steakhouse am Abend vor Berkshires Jahreshauptversammlung 1997.

Berkshire Hathaway Stockholder's
Sunday at

May 3, 1998

Appetizers

Gorat's Famous:

French Fried Onion Rings	$3.50
French Fried Ravioli	$3.50
Shrimp Cocktail	$4.95
Cheese or Garlic Toast	$2.25

Seafood

Jumbo Shrimp (French Fried)	$13.95
Baked Halibut Steak	$13.95
Baked Orange Roughy	$13.95
With Crab Mornay Sauce	

Steaks - *Grilled or Char-Broiled*

Filet Mignon

Small	Large
$15.50	$17.50

U.S. Choice Prime Rib Au Jus

Small	Large
$15.50	$17.50

Warren Buffett's Favorite
T-Bone
$17.95

Omaha Sirloin
Succulent Bone-In Strip
$14.95

New York Blue Ribbon
Strip Sirloin
$17.95

Chicken

Chicken Parmesan	$9.95

Desserts

Spumoni	$2.50
Cheesecake	$3.50

Entrees are served with Salad, Choice of Salad Dressing (Roquefort .75 Extra); Spaghetti, Mostaccioli or Vegetable; Baked, Hash Brown or French Fried Potatoes and Coffee or Tea.

Warren has urged us to take an unprecedented number of reservations for this evening. To prevent a backup at later seatings, both Warren and we would appreciate it if you would release your table after a reasonable period. But take your time during dinner and enjoy the meal.

93

GENERICA

Die Jahreshauptversammlung von Berkshire 1993 fand nur wenige Wochen nach dem „Marlboro Friday" statt. Markenmanager und ihre Werbeagenturen waren ziemlich am Boden, und viele Geschäftsleute rangen mit der Frage, inwieweit Generica (Substitutionsprodukte, die dem Original gleichen und billiger angeboten werden. A.d.Ü.) den Markenartikeln Marktanteile wegnehmen könnten. Buffett saß vor mehr als 2.000 Leuten, er hatte keine Notizen, keine weiteren Hilfen bei sich und dachte auch nicht im entferntesten daran, daß Generica zu einem Thema werden würde. Er erstaunte seine Zuhörer jedoch mit seiner Kenntnis der Wirtschaft.

Und so beantwortete er in zwei Minuten die folgende Frage: „Inwieweit wird die Entwicklung bei Generica Coca-Cola schaden?" Dies ist eine sehr wichtige Frage. Buffett antwortete:

„Generica gibt es schon seit sehr langer Zeit. Doch in letzter Zeit haben sie sehr viel Beachtung auf sich gezogen - teilweise, weil sie besser laufen, und insbesondere deshalb, weil die Aktionen von Philip Morris vor ein paar Wochen - als in einer Reaktion auf die Bedrohung und den Marktanteilgewinn von Generica der Verkaufspreis von Marlboro drastisch verbilligt wurde.

Ich bin nicht der Meinung, daß Marlboro der wertvollste Markenname auf der Welt ist. Coca-Cola ist wertvoller - und ich glaube, das wurde auch durch die nachfolgenden Ereignisse bewiesen. Aber Marlboro verdiente mehr Geld als irgendeine andere Marke auf der Welt.

Plötzlich unternahm Philip Morris etwas, das die Gewinne dieser Marke drastisch reduzierte und die Preisentwicklung der Zigarettenindustrie, die jahrelang bestanden hatte, veränderte. Seither hat Philip Morris

16 Mrd. $ von seinem Marktwert verloren und RJR hat entsprechend gelitten.

Dies ist eine äußerst interessante Fallstudie, und sie illustriert eine der Gefahren, die von der Konkurrenz der Generica ausgehen. Die Zigaretten von Philip Morris wurden zu 2 $ je Packung verkauft. Der durchschnittliche Raucher verbraucht pro Woche fast zehn Packungen. Währenddessen kosteten die Generica etwa 1 $. Das macht für einen Raucher, der zehn Packungen pro Woche raucht, im Jahr eine Differenz von 500 $. Und das ist ein großer Kostenunterschied. Man sollte also etwas verkaufen, von dem die Leute glauben, es sei wesentlich besser als das Ersatzprodukt, damit der Konsument jedes Jahr zusätzlich 500 $ ausgibt. Das gibt es auch in anderen Branchen - gleich, ob es Cornflakes sind oder Windeln oder irgend etwas anderes...

In unserem Fall glaube ich, daß der Markenname Gillette beispielsweise weitaus besser gegen die Konkurrenz von Generica geschützt ist als das wichtigste Produkt von Philip Morris - obwohl es auch bei Rasierklingen Konkurrenz durch Generica gab und immer geben wird.

Der Durchschnittsmann kauft jährlich um die 30 Rasierklingen. Wenn er die besten kauft, dann zahlt er jedes Mal 70 Cents dafür - dies ist der Sensor. Das macht 21 $ im Jahr. Wenn er mit Heftpflastern auf seinem Gesicht rumlaufen will, dann kostet ihn diese unbequeme Erfahrung ungefähr 10 $ im Jahr. Und so sprechen wir über 11 $, die auf 365 Tage zu verteilen sind...

Ich denke, in jeder Branche, wo die Branchenführer hohe Buchgewinne machen, gibt es eine Bedrohung durch Generica. Und es ist klar, daß dies auch den Wettbewerb verstärkt.

In vielen Branchen kann diese Bedrohung schnell zunehmen. Ich bin jedoch der Meinung, daß Markennamen mit den richtigen Merkmalen äußerst wertvoll sind. Manchmal ist die Infrastruktur für die Generica ein großes Problem. Die weltweite Infrastruktur beispielsweise von Coca-Cola ist sehr eindrucksvoll und von einem Anbieter von Generica nicht leicht zu kopieren. Wenn jemand in Kalifornien No-Name-Schokolade gegen See's-Schokolade verkaufen will, dann ist das offensichtlich eine Bedrohung. Und ich hoffe nur, daß man diese No-Name-Produkte am Valentinstag nach Hause bringt und sagt: „Hier, mein Schatz, ich habe die billigeren gekauft."

Und dann griff Buffett die Frage von Coca-Cola auf: „Wal-Mart verkauft Sam's Cola. Und Wal-Mart ist eine sehr, sehr starke Kraft. Was uns helfen kann, ist, daß sie sie zu 4 $ pro Kasten verkaufen. Und ich glaube nicht, daß man das lange durchhalten kann. Das sind 16 2/3 Cents pro Dose."

Es ist schon lange her, daß ich mich um Aluminium gekümmert habe - und es ist sehr billig. Aber ich glaube, daß allein die Dose 6 Cents ausmacht. Die Verpackung ist weitaus teurer als der Inhalt... Die Vertriebskosten, der Transport, die Lagerhaltung und all das andere müßten einen ähnlichen Betrag ausmachen. In einer 12-Unzen-Dose sind 1,3 Unzen Zucker - was zu den Preisen des heimischen Marktes ungefähr 1,75 Cents je Dose ausmacht. Und das trifft sowohl auf Sam´s Cola und Coca-Cola zu.

Die Coca-Cola Company verkauft weltweit täglich ungefähr 700 Millionen 8-Unzen-Portionen - der größte Teil davon Coca-Cola, aber auch andere Softdrinks. Wenn man 700 Millionen mit 365 Tagen multipliziert, dann kommt man auf ungefähr 250 Milliarden 8-Unzen-Portionen von Coca-Cola oder seiner anderen Produkte pro Jahr.

Die Coca-Cola Company machte im letzten Jahr ungefähr 2,5 Mrd. $ Gewinn vor Steuern. Und das ist ungefähr ein Penny je Portion. Ein Penny je Portion ist ziemlich knapp. Die Generica kaufen die Dosen sicherlich nicht billiger ein. Und auch den Zucker kaufen sie nicht billiger ein usw. Und auch ihre Lastwagen sind nicht billiger."

In zwei fantastischen Minuten hat Buffett Sie durch ein Wirtschaftsstudium geführt.

94

Ein Kapitel Poesie

Floyd Jones, Komplementär der First Washington Corp. in Seattle, Washington, von deren Klienten viele auch Berkshire-Aktionäre sind, kaufte seine ersten Berkshire-Aktien im Jahr 1985.

„Über die Jahre hinweg kaufte ich immer weiter Aktien hinzu und war in der Lage, die Jones Foundation, einen meiner Träume, zu gründen. Berkshire-Aktien machen 80 % des Vermögens aus... Die Aktie, die mir am meisten einbringt, ist eine Aktie, die in ihrem Wert ansteigt", sagte Jones.

Jones war von seinen Erfahrungen mit Berkshire-Aktien so bewegt, daß er mitten in der Nacht vor der Jahreshauptversammlung 1993 aufstand und ein Gedicht schrieb. Jones verließ sein Hotelzimmer, um das Gedicht zu schreiben, weckte aber seine Frau Delores nicht.

„Als ich wieder ins Zimmer zurückkam (um 4.30 Uhr), griff sie in Panik nach dem Telefon... Zumindest weiß ich jetzt, daß sie mich vermißt", sagte Jones.

An diesem Morgen trug Jones sein Gedicht den Berkshire-Aktionären vor, nachdem Buffett ihm das Wort erteilt hatte:

Mecca for Wall Street
They come! They come!
They come to Omaha-O-m-a-h-a
Out on the Western plains,
no hub since wagon trains
They come to see and hear oracles
of Midas fame, Warren and Charlie!
They come for the journey,
to have the feeling,
to be welcome, to say hello
to touch in handshake, to ask the question
to „help."

The come to know fellow travelers, to boast,
debate, to EVALUATE.

Skeptical but analytical minds voice a
challenge to method and even the plan.
The Chairman takes no prisoners
but disposes out of hand.
They come from Alabama and to see Mrs. B.
They love the party at Borsheim´s, ´cause
there´s none in Tuskegee.

There´s Fortune 500´s among you.
Warren´s their guru too,
Katharine Graham and Senator Kerrey
may say hello to you.
We´ll all be at the Orpheum
To the rafters I hear,
it´s investors´ Mecca and convenes each year.
There´ll be lots of See´s Candy
and tons of Cherry Coke,
Then it´s on to the shareholders
meeting that´s uniquely for
the folks.

Another great year has ended,
Another has begun
Warren and Charlie, our warmest
regards…We´ll let our
profits run!

Ein offensichtlich gerührter Buffett sagte: „Vielen Dank, Floyd". Und dann: „Die nächste Frage bitte."

Anfang 1995 stiegen die Berkshire-Aktien steil auf 25.000 $, und nachdem in Barron´s, der *New York Times* und *Money* Artikel veröffentlicht wurden, die besagten, Berkshire sei überbewertet, ging der Kurs auf etwa 22.000 $ zurück. In der Zwischenzeit hatte Buffett seinen Anteil an

(Photo by LaVerne Ramsey)
„Front Door Floyd" Jones aus Seattle.

613

American Express um mehr als 1 Mrd. $ aufgestockt, kaufte für ungefähr eine halbe Mrd. $ PNC-Bank-Aktien und schnappte sich Helzberg´s Diamond Shops.

Jones widersprach den überbewerteten Angriffen: „Mein Gott, er muß ja wirklich eine ganze Menge Geld verdienen.“

Jemand fragte Jones einmal, ob es besser sei, Berkshire- oder Wesco-Aktien zu kaufen. Jones antwortete: „Gehen Sie immer durch die Vordertür und nicht durch die Hintertür.“ Daher nennen ihn einige Berkshire-Aktionäre heute „Front Door Floyd“.

Computer Mama

Die Berkshire-Aktionärin Judy Goodnow Prus aus Grosse Pointe in Michigan hatte sich über den Kursgewinn der Berkshire-Aktien Anfang 1996 so sehr gefreut, daß sie ihrem Sohn Michael die folgende E-Mail schickte:

Hark, what is this I hear?
Thirty-seven thousand three!
Our dear old friend Berkshire
Has astounded even me!
Oh, I could truly wax poetic,
Now ´twil be even more renowned!
All other stocks still look pathetic;
We should see that Warren´s crowned!
Love, COMPUTER MAMA

Warren´s Song

Buffett schrieb ein Lied und sang es 1987 im Omaha Presseclub:

Warren´s Song

(zur Melodie von „The Battle Hymn of the Republic“)
Oh, we thought we´d make a bundle
When we purchased ABC
But we found it´s not so easy
When your network´s number 3
So now the load at Berkshire
Must be borne by Mrs. B.
Her cart is rolling on.

Refrain:

Glory, Glory, Hallelujah
Keep those buyers coming to ya
If we get rich it must be through ya
Her cart is rolling on.

Ideas flop and stocks may drop
But never do I pale
For no matter what my screwups
It´s impossible to fail
Mrs. B. will save me.
She´ll just throw another sale
Her cart is rolling on.
Refrain:
Forbes may think I´m brilliant
When they make their annual log.
But the secret is I´m not the wheel
But merely just a cog.
Without the kiss of Mrs. B.
I´d always be a frog
Her cart is rolling on.

Und hier ist noch ein Gedicht eines Berkshire-Aktionärs, das ich am 13. Februar 1998 auf dem Messageboard von Berkshire im Internet fand:

To gloat or not to gloat,
Aye, that is the question.
Whether tis nobler in the mind to enjoy the
outrageous fortunes of Warren Buffett
or to take arms against a See of Candy and by
Buying them, eat them.
To compound, to sleep.
Enjoy a dream.
Aye, there´s the rub,
For in that time waiting to reach sixty,
after we shuffled up to fifty four,
after that long pause!

Trotz dieser poetischen Höhenflüge von Berkshire-Aktionären wird der Ruhm von William Butler Yeats nicht angetastet werden.

95

Der Berkshire-Jahresbericht

„Unser Vermögenszuwachs im Jahr 1997 betrug 8 Mrd. $. Quak!"

S o begann Buffetts Brief an die Aktionäre im Jahr 1997: „Unser Vermögenszuwachs im Jahr 1997 betrug 8 Mrd. $, was den Wert unse-
rer Aktien der Klassen A und B um 34,1 % anhob. In den letzten 33
Jahren (seit das gegenwärtige Management die Amtsgeschäfte übernahm),
wuchs der Buchwert je Aktie von 19 auf 25.488 $, was insgesamt 24,1 %
jährlichem Zuwachs entspricht."

Der Jahresbericht hatte einen weißen Umschlag mit einem roten Rand
zu Ehren des Trainers von Nebraska, Tom Osborne, der in den Ruhestand
ging: „Unser Zuwachs von 34,1 % könnte dazu verführen, sich zum Sieger
zu erklären und genauso weiterzumachen. Jedoch war die Performance
des letzten Jahres kein besonderer Triumph: Wenn die Aktienkurse so ansteigen, wie sie es 1997 taten, dann kann jeder Investor Gewinne einstreichen. In einem Bullenmarkt muß man unbedingt den Irrtum vermeiden,
dem die eitle Ente unterlag, als sie nach einem Regenguß stolz herum-
quakte und glaubte, ihre Paddelkünste seien der Grund dafür, daß sie an
Ansehen gewonnen habe. Eine klar denkende Ente hätte stattdessen nach
dem Regenguß ihre Position mit der der anderen Enten auf dem Teich verglichen.

Und was ist nun unser Entenrating für 1997? Die Tabelle auf dieser Seite zeigt ganz deutlich, daß wir im letzten Jahr ganz fürchterlich gepaddelt
haben; die untätigen Enten, die lediglich in den S&P-Index investierten,
haben fast genauso viel verdient wie wir. Und deshalb schätze ich unsere
Performance für 1997 so ein: Quak."

Es gibt eine Baby-Berkshire-Aktie, und nunmehr auch ein Baby-Quak.

Nachdem der Jahresbericht am 14. März 1998 über das Internet veröffentlicht wurde, schrieb Buffetts Tochter Susan ins Berkshire Message Board: „Die Oberente hat mich gerade eben angerufen und gebeten, diese Nachricht an euch alle zu verschicken: Jeder, der sich den Jahresbericht vor 10.15 Uhr ausgedruckt hat, sollte ihn noch einmal ausdrucken. Auf der ersten Seite war ein Fehler, der inzwischen korrigiert wurde. Der Fehler ist die Größe, in der das Wort ‚Quak' gedruckt wurde. Er möchte auch, daß ich euch sage, daß dieser Fehler auf die Unzulänglichkeiten von Computern zurückzuführen sei, die er schon lange kennt, die Bill Gates aber bisher wahrscheinlich nicht aufgefallen sind."

Kurz danach tauchte auf dem Berkshire Message Board die folgende Nachricht auf: „Als einer, der das Enten-Rating-System jahrelang für seine Investmententscheidungen benutzt hat, kann ich Doshoes nur danken..., daß er uns auf diese Veränderung hingewiesen hat. Auf der Basis des ersten Berichts von 8.15 Uhr wiesen all meine Indikatoren darauf hin, daß BRK eine Kaufempfehlung sei. Um 11.15 Uhr jedoch stellte sich die Situation völlig anders dar, und jetzt ist BRK eine heiße Verkaufsempfehlung. Teile meiner Formel sind mein Eigentum, doch kann ich das entscheidende Element ruhig mit euch teilen:

$$K/SGT = n$$

wobei: K = Kurs

SGT = Schriftgröße des Tiergeräusches

n = Kauf- oder Verkaufsindikator

Normalerweise gebe ich keine Aktienempfehlungen, aber in diesem Fall ist es sehr offensichtlich: Kaufen Sie keine BRK-Aktien, bevor der Vorsitzende nicht lauter quakt. Bob in Nebraska."

1965 erlangte Buffett die finanzielle Kontrolle über Berkshire, gestaltete seit Mai desselben Jahres die Unternehmenspolitik und wurde 1970 Aufsichtsratsvorsitzender und Vorstandsvorsitzender - in dem Jahr, in dem er zum ersten Mal einen Jahresbericht an die Aktionäre schrieb. Nichts bringt Buffett mehr Beifall ein, als der Brief des Vorsitzenden an die Aktionäre, der zusammen mit dem Jahresbericht verschickt wird und berühmt ist für seine Objektivität, seine Klarheit und seinen Humor. Für die Anhänger von Berkshire, aber auch für andere, sind diese Briefe eine großartige Lektüre.

Auf den ersten zwei Seiten des Briefes werden eignerbezogene Geschäftsprinzipien von Berkshire erläutert: „Obwohl unsere Rechtsform die Aktiengesellschaft ist, verhalten wir uns wie eine Kommanditgesellschaft. Charlie Munger und ich betrachten unsere Aktionäre als Kommanditisten und uns selbst als Komplementäre, die das Management übernehmen. (Wegen der Größe unserer Anteile sind wir auch, ob man will oder nicht, Partner, die das Unternehmen kontrollieren können.) Wir betrachten das Unternehmen selbst nicht als den letzten Eigentümer unserer Vermögenswerte, sondern sehen Berkshire als eine Art Medium an, über das unsere Aktionäre die Vermögensteile selbst besitzen.

In Übereinstimmung mit dieser Orientierung auf die Eigentümer, sind auch unsere Direktoren Aktionäre mit großen Anteilen an Berkshire Hathaway. Für mindestens vier von ihnen gilt, daß mehr als 50 % ihres jeweiligen Familienvermögens in Berkshire-Aktien angelegt sind. Wir essen das, was wir kochen..."

Berkshire-Aktionär Michael O´Brien aus Austin, Texas, sagt: „Als ich las ‚Wir essen das, was wir kochen', war ich am Haken. An die Jahresberichte von Berkshire kommt man nicht so leicht heran. Wenn man mehr als zwei Jahresberichte haben möchte, dann muß man für jeden weiteren 3 $ bezahlen. Die Jahresberichte fangen meistens so an: „Unser Vermögenszuwachs im Jahr 1991 betrug 2,1 Mrd. $ oder 39,6 %. In den letzten 27 Jahren (seit das gegenwärtige Management die Amtsgeschäfte übernahm), wuchs der Buchwert je Aktie von 19 auf 6.437 $, was insgesamt 23,7 % jährlichem Zuwachs entspricht."

Der Jahresbericht für 1995 begann so: „Unser Vermögenszuwachs während des Jahres 1995 belief sich auf 5,3 Mrd. $ oder 45 %. Der Buchwert je Aktie wuchs ein wenig geringer, nämlich 43,1 %, weil wir für zwei Akquisitionen mit eigenen Aktien bezahlt haben und damit die Zahl der insgesamt ausgegebenen Aktien um 1,3 % erhöhten. Innerhalb der letzten 31 Jahre (seit das gegenwärtige Management im Amt ist), wuchs der Buchwert je Aktie von 19 auf 14.426 $ oder mit einer jährlichen Zuwachsrate von 23,6 %."

In diesen Zusammenfassungen bietet Buffett manches Juwel an, wie beispielsweise dieses im Jahresbericht für 1985, als er Samuel Johnson zitierte: „Ein Pferd, das bis zehn zählen kann, ist ein bemerkenswertes Pferd - kein bemerkenswerter Mathematiker." Dann fügte er hinzu: „Ein Textilunternehmen, das in seiner Branche viel Kapital bildet, ist ein bemerkenswertes Textilunternehmen - aber nicht unbedingt ein bemerkenswertes Unternehmen." Und dann wiederholt er eines seiner bekanntesten Statements: „Mit nur wenigen Ausnahmen gilt, daß dann, wenn ein Manager mit hervorragendem Ruf sich mit einem Unternehmen einläßt, das nur wenig wirtschaftlichen Erfolg hat, dann bleibt die Reputation des Unternehmens bestehen." Auch Management nach Art des „Gin Rummy" (sich in jeder Runde des schwächsten Unternehmens zu entledigen) ist nicht unser Stil. Wir nehmen lieber schwächere Gesamtergebnisse hin, als uns von so einem Unternehmen zu trennen."

Über die Jahre verbesserten sich die Briefe in Stil, Inhalt und Originalität. Die Briefe sind voll von Humor, ungewöhnlich gesundem Menschenverstand, Objektivität und Klarheit. Buffett zitiert gern John Maynard Keynes: „Ich möchte immer lieber ungefähr richtig liegen als genau falsch."

Buffett zitiert auch gern Mae West, beispielsweise im Jahresbericht für 1987: „Weil ich im Augenblick weder Aktien noch Schuldverschreibungen mag, bin ich genau das Gegenteil von Mae West, die einmal sagte: ,Ich mag nur zwei Arten von Männern - Ausländer und Einheimische.'" Wiederholt bezog er sich auch auf die Prophetin Mae West mit ihrem Spruch: „Zuviel von einer guten Sache kann wunderschön sein."

Die Aktionäre erhalten den Jahresbericht jährlich Ende März. Auf der einfach gestalteten Titelseite der gebundenen Publikation steht nur „Berkshire Hathaway Inc. Annual Report" - keine Fotos der Firmenzentrale, von Mitgliedern des Aufsichtsrats oder verdienten Mitarbeitern. Noch nicht einmal ein Foto des Benjamin Franklin von Omaha.

Nur Charlie Munger von Wesco kann es mit Buffett aufnehmen, wenn es um billig produzierte Jahresberichte geht. Oft fügt er Teile von Jahresberichten vergangener Jahre ein. Jahrzehntelang veröffentlichte Munger ein Schwarz-Weiß-Foto der Zentrale von Wesco, und benutzte dafür eine Aufnahme, die so alt war, daß darauf Autos aus den 60er Jahren zu erkennen waren.

Das einzige Geheimnis um das Erscheinungsbild des Jahresberichts ist, welche Farbe Berkshire für den Umschlag wählen wird. 1989 war es Silber, 1991 ein wenig einladendes Dunkelblau und 1992 ein Burgunderrot. 1993 erreichte der Jahresbericht die Aktionäre mit einem papiertütenbraunen Umschlag. Der London Independent meinte, der Jahresbericht sähe aus wie ein Schulheft.

Der Jahresbericht für 1994 war im Rot der Huskers gebunden: „Wir sind die Landesmeister! Go, Big Red, Go."

Eine Notiz vom Berkshire Message Board vom 17. Februar 1998: „Wer interessiert sich schon für den intrinsischen Wert von Berkshire oder den Kurs der Berkshire-Aktien am 31. Dezember? Ich möchte wissen, ob der diesjährige Jahresbericht mit gelbem oder silbernem Umschlag erscheinen wird?" Beurteilen Sie dieses Buch nicht nach der Farbe des Umschlags.

Jedes Jahr im Winter fängt Buffett an, seinen Brief in seiner krakeligen Handschrift zu schreiben. Danach redigiert seine langjährige Freundin Carol Loomis den Jahresbericht und gibt ihn dann an Debbie Brosanek weiter, die ihn schreibt.

Carol Loomis berichtet: „Warren schreibt ihn mit der Hand auf gelbe Blätter. Ich erledige dann das Lektorat. Er ist klug genug zu wissen, daß jeder einen Lektor benötigt, obwohl ich ihn manchmal umbringen könnte, weil er meine Vorschläge ignoriert. Meine Arbeit am Geschäftsbericht könnten viele Leute erledigen, die sowohl etwas von Wirtschaft als auch vom Schreiben verstehen, solange sie Warrens Vertrauen haben. Was er macht, kann allerdings kaum ein anderer" (*Fortune*, Carol Loomis, 11. April 1988).

Buffets erster Brief vom 15. März 1971 im Jahresbericht für 1970 ist nur eine einfache Aufstellung, weniger als zwei Seiten lang, in der die Aktivitäten des vergangenen Jahres dargestellt werden. Es ist ein geradliniger Bericht, der nur sehr wenig von der Brillanz, dem Stil, dem Witz und noch keine Zitate von Goethe, Samuel Goldwyn, Yogi Berra und Ted Williams enthält, die später kommen sollten.

Die eigenartigste Zeile, die jemals in einem Jahresbericht gedruckt wurde, fand sich in dem für 1986. Da schrieb er: ₁ₘ letzten Jahr haben wir einen Firmenjet gekauft", wobei er dies in winziger Schrift setzen ließ. Buffett war lange Zeit ein Kritiker von Flugzeugen, für ihn waren das überflüssige Ausgaben. Doch dann änderte er seine Meinung und schrieb dazu ein Zitat von Benjamin Franklin: „Es ist so bequem, ein vernunftbegabtes Wesen zu sein, da es einen befähigt, für alles, was man tun möchte, einen Grund zu finden oder zu erfinden."

Der Jahresbericht 1970 begann mit folgendem Satz: „Im vergangenen Jahr erlebten wir äußerst unterschiedliche Ergebnisse unserer operativen Geschäftsbereiche. Die Illinois National Bank und Trust verzeichnete Rekordgewinne und liegt weiterhin landesweit an erster Stelle, wenn man die Höhe der Gewinne in Relation zum verfügbaren Kapital sieht. Unser Versicherungsgeschäft mußte beim Abschluß neuer Verträge einige Einbußen hinnehmen, doch die verbesserten Gewinne aus den Investitionen trugen zu einem weiterhin hervorragenden Gewinn bei. Das Textilgeschäft wurde während des Jahres immer schwieriger und man kann verstehen, daß das Ergebnis nur den Break-Even-Point erreichte, wenn man das Umfeld dieser Branche betrachtet."

Im folgenden Jahr umfaßte der Brief drei Seiten. Er begann so: „Es ist eine Freude, über die operativen Gewinne von 1971 zu berichten, die sich ohne die Kapitalgewinne auf mehr als 14 % des anfänglichen Aktienvermögens beliefen. Dieses Ergebnis - deutlich über dem Durchschnitt der amerikanischen Industrie - wurde trotz unzureichender Gewinne in unserem Textilbereich erzielt, was die Vorteile der Wiederanlage von Kapital, die wir vor fünf Jahren beschlossen haben, verdeutlicht. Es wird weiter das

Ziel des Managements sein, den Kapitalgewinn zu erhöhen (langfristige Verbindlichkeiten plus Buchwert); ebenso soll das Kurs/Gewinn-Verhältnis verbessert werden. Dennoch sollte man sich bewußt sein, daß es sich als sehr schwierig erweisen könnte, die derzeitig relativ hohe Gewinnquote aufrechtzuerhalten. Das wird schwieriger sein als die Verbesserung der niedrigen Gewinnquoten aus den 60er Jahren auf den heutigen Stand."

Von Anfang an bestand Buffett darauf, gute Kapitalgewinne zu erzielen. „Buffetts Geschäftserfolg und sein Anlageerfolg sind eng verbunden damit, daß er viel größeren Wert auf Kapitalgewinn legt als nur auf die reine Größe seiner Operationen. Das ist, kurz gesagt, was Warren Buffett zu Warren Buffett macht. Das macht Buffett zu einem klassischen Kapitalisten", sagte Michael Assael.

Für 1972 beginnt der Brief an die Aktionäre folgendermaßen: „Die operativen Gewinne von Berkshire Hathaway während des Jahres 1972 erreichten sehr zufriedenstellende 19,9 % je Aktie. In all unseren Unternehmenseinheiten wurden entscheidende Verbesserungen beobachtet, die größten Gewinne wurden allerdings bei den Versicherungsabschlüssen erzielt. Wegen eines äußerst ungewöhnlichen Zusammentreffens verschiedener günstiger Faktoren - Rückgang der Unfallzahlen bei den Kraftfahrzeugen, Rückgang der Schadenshöhe der einzelnen Unfälle und Ausbleiben größerer Katastrophen - erreichten die Gewinne aus dem Versicherungsgeschäft ein Niveau, das weit über dem Durchschnitt der Vergangenheit oder den Erwartungen für die Zukunft lag."

Im Jahresbericht für 1973 merkt Buffett an, daß Berkshire fast 12 Mio. $ Gewinn erzielt und die Aufsichtsräte einer Fusion von Diversified Retailing und Berkshire Hathaway zugestimmt hätten. Diversified betrieb zu dieser Zeit eine Einzelhandelskette und war mit 16 % an Blue Chip Stamps beteiligt. „Über Tochtergesellschaften betreibt Diversified Retailing Company Inc. eine Kette von Damenoberbekleidungsgeschäften im mittleren Preissegment und engagiert sich auch im Rückversicherungsgeschäft."

Weiterhin berichtete Buffett stolz, daß eine kleinere Beteiligung, Sun Newspapers Inc., eine Gruppe von Wochenzeitungen, die in der Gegend von Omaha vertrieben werden, den Pulitzerpreis für investigativen Lokaljournalismus gewonnen habe, das erste Mal, daß der Preis in dieser Kategorie an eine Wochenzeitung ging. Diesen Preis erhielt die Zeitung für ihren Bericht vom 30. März 1972 über Boys Town, wobei sie den außerordentlichen Unterschied zwischen abnehmendem Service und zunehmendem Reichtum herausstellten, der sich in diesem Heim nach Vater Flanagans Tod im Jahr 1948 vollzogen hatte.

„Unsere Glückwünsche gehen an Paul Williams, den Redakteur, und an Stan Lipsey, den Verleger, ebenso aber an den gesamten Stab der Redakteure von Sun Newspapers für das, was sie erreicht haben. Damit wurde deutlich gezeigt, daß Größe im Verlagsgeschäft nicht unbedingt mit Bedeutung gleichzusetzen ist."

Im schrecklichen Jahr 1974 erlahmte die Börse in Apathie, und Buffett mußte berichten, was jeder Aktionär zu hören fürchtet. Unter dem in diesem Jahr königsblauen Umschlag überbrachte er die folgende Nachricht:

„Die operativen Ergebnisse für 1974 waren insgesamt nicht zufriedenstellend... Die Aussichten für 1975 sind keinesfalls ermutigend. Zwischen Anfang 1973 und Ende 1974 mußte Berkshires Aktienkurs die schlimmsten Verluste einstecken, die er je erlebte. Der Kurs fiel von 93 $ im ersten Quartal 1973 bis auf 40 $ im vierten Quartal 1974."

Im ersten Quartal 1975 fiel der Kurs sogar bis auf 38 $, bevor er sich wieder erholte. Die Situation war sehr unbefriedigend und Buffett erläuterte, daß das Versicherungsgeschäft und das Textilgeschäft unterdurchschnittliche Jahre erlebten. Dennoch sah das laufende Geschäftsjahr vergleichsweise gut aus. Buffett berichtete, daß der Buchgewinn bei 10,3 % lag, die geringste Quote seit 1970. Wenn man bedenkt, daß nur wenige Unternehmen überhaupt einen Gewinn verzeichnen konnten, dann war dies dennoch eine erstaunliche Performance.

1974 war die Performance sogar vergleichsweise hervorragend. Buffett gelang es, den Wertzuwachs bei den Aktien zu erhalten, den er seit seinem Beginn 1956 bis 1997 aufrechterhielt.

Später im Geschäftsbericht für 1974 berichtete Buffett über die Erträge: „Unser Aktienportfolio fiel auch 1974 - wie die meisten Wertpapierportfolios - bis zu dem Punkt, daß es zum Jahresende ungefähr um 17 Mio. $ unter dem zugrundeliegenden Unternehmenswert lag. Dennoch stehen wir nicht unter dem Druck, solche Wertpapiere verkaufen zu müssen, außer, wenn wir es für vorteilhaft halten und überzeugt sind, daß über mehrere Jahre hinweg gesehen das gesamte Portfolio in seinem Wert wachsen wird. 1974 mußten wir einen Kapitalverlust hinnehmen, und das wird wahrscheinlich auch 1975 der Fall sein. Dennoch gehen wir davon aus, daß einige unserer größeren Beteiligungen ein hohes Potential haben, sich in den kommenden Jahren weiterzuentwickeln, und deshalb sind wir mit unserem Aktienportfolio eigentlich recht zufrieden. Zu diesem Zeitpunkt hat sich die Entwertung des Portfolios gegenüber den Zahlen vom Jahresende um die Hälfte verringert, was auf insgesamt höhere Börsenkurse zurückzuführen ist."

Obwohl der Wert von Berkshires Anteil an der Washington Post Company in den ersten Jahren nach dem Erwerb 1973 von 10 auf 8 Mio. $ fiel, ist der Wert dieser Beteiligung seither um das Hundertfache gewachsen. Für 1975 berichtete Buffett, daß sich die Sach- und Unfallversicherungen und das Textilgeschäft in erbarmungswürdigem Zustand befänden:

„1975 hatte die Sach- und Unfallversicherung das schlechteste Jahr ihrer Geschichte. Auch wir mußten einstecken - leider vielleicht sogar mehr als andere. Ganz schlimme Ergebnisse gab es bei der Autoversicherung und den langfristigen Versicherungen (Verträge, bei denen die Schadensregulierung lange Zeit nach dem Eintritt des Schadens erfolgt).

Die wirtschaftliche Inflation, zusammen mit steigenden Kosten zur Wiederherstellung von Personen und Sachen, die die allgemeine Inflationsrate weit übertrafen, verursachten Verluste, die weit über die Beiträge anstiegen, die zu einer Zeit vereinbart wurden, als die Kostensituation völlig anders war. Die ‚soziale Inflation‘ bewirkte, daß der abzudeckende Risikobereich sich ständig ausweitete, weit über die Grenzen hinaus, die angenommen wurden, als die Versicherungsbeiträge festgelegt wurden - tatsächlich mußten wir für Risiken aufkommen, die nicht vertraglich vereinbart waren. Solch eine ‚soziale Inflation‘ erhöhte deutlich die Bereitschaft zu klagen und auch die Möglichkeit, riesige gerichtlich festgelegte Entschädigungen zu erlangen für Ereignisse, die zuvor nicht als statistisch signifikant angesehen wurden und in der Prämienhöhe kaum Berücksichtigung fanden.“

Über Berkshires Textilgeschäfte schrieb Buffett: „Im ersten Halbjahr 1975 waren die Verkäufe von Textilprodukten extrem gering, so daß die Produktion stark vermindert wurde. Der Textilbereich erlitt deutliche Verluste, die Zahl der Beschäftigten ging auf 53 % des Vorjahres zurück.“ In der zweiten Jahreshälfte gab es eine Erholung.

Während dieses Jahres kaufte Buffett weitere Textilunternehmen (Waumbec Mills Inc. und Waumbec Dyeing and Finishing Co. Inc. aus Manchester in New Hampshire), nur um im folgenden Jahr zu berichten, daß es ihnen nicht gut ging.

„Im Jahr 1976 war unser Textilzweig eine regelrechte Enttäuschung“, schrieb er. Im Bericht für 1976 führte er in einem fünfseitigen Brief die wichtigsten Aktienbeteiligungen Berkshires am Jahresende 1976 auf:

Anzahl Aktien	Unternehmen	Kosten
141.987	California Water Service Co.	3.608.711 $
1.986.953	GEICO Convertible Preferred	19.416.635 $
1.294.308	GEICO Common Stock	4.115.670 $
395.100	Interpublic Group of Companies	4.530.615 $
562.900	Kaiser Industries	8.270.871 $

188.900	Munsingwear, Inc.	3.398.404 $
83.400	National Presto Industries, Inc.	1.689.896 $
170.800	Ogilvy & Mather International	2.762.433 $
934.300	The Washington Post Co. Class B	10.627.604 $
	weitere Beteiligungen	16.974,375 $
	Wertpapiere insgesamt	75.395.214 $

Er lobte Eugene Abegg, den Vorstandsvorsitzenden der Illinois National Bank Trust Company, der 1931 die Bank gründete, die Berkshire später kaufte. Buffett schrieb: „Kürzlich erschien eine Anzeige der National City Corp. of Cleveland, einer wirklich hervorragend geführten Bank, in der gesagt wurde: ,Das Verhältnis der Gewinne zu den Vermögenswerten hat 1976 bei 1,34 % gelegen, und wir glauben, daß dies das beste Ergebnis von allen größeren Bankgesellschaften ist.' Unter den wirklich großen Banken war dies der höchste Gewinn, aber die Gewinne der Illinois National Bank waren fast um 50 % besser als die von National City oder um umgerechnet 2 % des Vermögens besser."

Satzungsgemäß wurde die Bank 1980 aufgegeben, im gleichen Jahr, als Abegg starb. Buffett beschrieb ihn als einen Mann, der alle negativen Fakten auf den Tisch gelegt hatte, als Buffett die Bank erwarb, fügte aber hinzu, daß im Verlauf der Jahre wertvolle Bestandteile auftauchten, die nicht besprochen worden waren. Das unterscheidet sich ganz gewaltig von solchen Unternehmenstransaktionen, wo die Pluspunkte herausgestellt werden und die Minuspunkte erst dann auftauchen, wenn der Scheck eingelöst ist.

Am Ende des Briefes für 1976 schrieb Buffett, daß Berkshire seinen Anteil an Blue Chip Stamps auf 33 % aufgestockt hätte.

Zwei Sätze widmete er K & W Products, einem Autozulieferer. In seinem ersten Jahr bei Berkshire, sagte Buffett, habe sich K & W gut geschlagen und Umsätze und Gewinne seien moderat angestiegen.

Im Jahr 1976 wurden 2.000 Berkshire-Jahresberichte gedruckt. Im Jahr 1985 waren es schon 15.500, und weitere 2.500 mußten nachgedruckt werden. Heute werden bei Omaha Printing Companies mehr als 40.000 Jahresberichte gedruckt. Ab 1977 belegte Buffett die Jahresberichte mit einem Copyright, und schließlich ließ man, weil es eine zunehmende Nachfrage nach zurückliegenden Jahresberichten gab, die Briefe von Buffett zu Büchern binden.

Im Jahresbericht für 1977 tauchte plötzlich eine kleine Position von Cap Cities Communications auf. Im folgenden Jahr war diese Position nicht mehr vorhanden, aber es gab eine neue Holding: American Broadcasting Companies. GEICO und die Washington Post waren Stützen und sollten es auch bleiben.

Buffett unterrichtete seine Aktionäre über Berkshires Holdings und die Schwierigkeiten bei der Rechnungslegung oder bei den Versicherungen. Aber es dauerte noch bis in die Mitte des Berichts für 1979, daß er seine ersten Anstrengungen unternahm, witzig zu sein: „Insgesamt sind wir der Meinung von Polonius (leicht abgwandelt): ‚Man sollte weder kurzfristig borgen noch langfristig verleihen.'"

In den folgenden Jahren wurde er immer witziger (im gleichen Maße, wie er immer reicher wurde), zitierte prägnante und zutreffende Bemerkungen - immer mit der Absicht, den Aktionären dabei zu helfen, ihr Investment besser zu verstehen.

In späteren Jahren wurden die Briefe, die den Jahresbericht begleiteten, zu 20seitigen Dokumenten mit grundlegenden Beobachtungen und witzigen Anmerkungen über alles, angefangen bei den Schwierigkeiten der Rechnungslegungen bis zu Versicherungen, von der Börse bis zu Angst und Gier, die die menschliche Natur überfällt.

Mr. Market

Der Bericht für 1987 war voll von Beschreibungen eines „Mr. Market", den er sich bei Ben Graham entliehen hatte. Buffett sagt, daß jeder, der mit der Börse zu tun hat, sich vorstellen solle, daß die Aktiennotierungen von einem außerordentlich entgegenkommenden Kerl namens Mr. Market kämen, der ihr Geschäftspartner sei. Mr. Market zeigt Ihnen ständig die Aktienkurse von Unternehmen, aber man muß wissen, daß Mr. Market unter emotionalen Störungen leidet. Es gibt Zeiten, in denen Mr. Market sich sehr gut fühlt und hohe Kauf- und Verkaufskurse am Aktienmarkt anbietet. Zu anderen Zeiten ist er depressiv und bietet nur niedrige Kauf- und Verkaufskurse an. Man kann Mr. Market ignorieren (und oft sollte man es auch tun) und auch seine Kurse, analog zu den Spezialisten auf dem Börsenparkett und den Käufern und Verkäufern, die gemeinsam den Aktienkurs diktieren.

Mr. Market wird am nächsten Tag wieder da sein und einen anderen Kurs bereithalten, der vielleicht von Interesse ist. Das Wichtige ist, die Unterschiede in Mr. Markets Stimmungslagen zu erkennen - man muß kaufen, wenn er traurig ist, und verkaufen, wenn er fröhlich ist. Und man darf nur für sich allein entscheiden und sich von Mr. Markets manisch depressiver Persönlichkeit nicht beeinflussen lassen. Buffett sagt weiter, daß Mr. Market nur ein Diener und kein Führer sei. Der Investor ist nur an Mr. Markets Brieftasche, seinem Geld - und nicht an seinen Weisheiten - interessiert. Es gibt Leute, auch Adam Smith, die sagten, daß die Lektüre eines Berkshire-Jahresberichts besser sei als der Besuch einer Business School.

„Ein Investor, der die Briefe von Buffett aus den letzten 16 Jahren liest, hat wahrscheinlich das beste Lehrbuch gelesen, das es über die Börse, Unternehmensfinanzierung und Kapitalanlage gibt", schrieb *Forbes* am 19. Juli 1993.

Joseph Rosenfield, der Vorsitzende des Kaufhauses Younkers, sagt: „Er (Buffett) schickt mir jedes Jahr ein paar Jahresberichte, und ich reiche sie an meine Freunde weiter. Da steht alles drin."

Das Buch „The Essays of Warren Buffett: Lessons for Corporate America" wurde 1997 von *Cardozo Law Review* zusammengestellt und veröffentlicht. In der Hauptsache stellt diese Publikation eine Sammlung von Buffetts Briefen an die Aktionäre dar.

Lawrence A. Cunningham, ein Juraprofessor der Benjamin N. Cardozo School of Law an der Yeshiva University in New York City wählte die Briefe aus, bereitete sie auf und leitete diese wissenschaftliche Zusammenfassung von Buffetts Briefen an seine Aktionäre ein. Buffett hatte dieser Veröffentlichung seinen Segen gegeben.

Normalerweise enthalten die Jahresberichte von Berkshire die folgende Begründung, weshalb Berkshire keine Kommentare über seine Marktaktivitäten abgibt: „Trotz unserer Offenheit werden wir unsere Aktivitäten im Bereich der marktfähigen Wertpapiere nur in dem Ausmaß offenlegen, wie es gesetzlich erforderlich ist. Gute Investmentideen sind selten und wertvoll; oft werden sie von der Konkurrenz ebenso übernommen wie ein gutes Produkt oder auch Absichten, ein Unternehmen zu kaufen. Und deshalb sprechen wir normalerweise nicht über unsere Investmentphilosophie. Das bezieht sich auch auf Wertpapiere, die wir verkauft haben (es könnte ja sein, daß wir sie wieder zurückkaufen), und auf Aktien, über die es Gerüchte gab, daß wir sie kaufen würden. Wenn wir einerseits Berichte dementieren, zu anderer Gelegenheit jedoch keinen Kommentar geben, dann werden die Nichtkommentare zu einer Bestätigung."

Das gleicht der folgenden Vernehmung vor einem Scheidungsrichter:
Frage: „Haben Sie mit diesem Mann eine Nacht in Chicago verbracht?"
Antwort: „Kein Kommentar."
Frage: „Haben Sie mit diesem Mann eine Nacht in Detroit verbracht?"
Antwort: „Kein Kommentar."
Frage: „Haben Sie mit diesem Mann eine Nacht in Miami verbracht?"
Antwort: „Nein."

96

Berkshires Web Site

"Aber wie werde ich erfahren, welche Farbe der Jahresbericht haben wird?"

Berkshire begann seine Karriere im Cyberspace, als der Jahresbericht für 1996 im Internet veröffentlicht wurde.

"Obwohl es eine sehr knappe Entscheidung war, entschieden sich Charlie und ich, ins 20. Jahrhundert einzutreten. Folglich werden wir die künftigen Quartals- und Jahresberichte im Internet veröffentlichen, wo man sie über die Adresse http://www.berkshirehathaway.com abrufen kann. Wir werden diese Berichte immer an einem Samstag veröffentlichen, so daß jeder, der daran interessiert ist, reichlich Zeit hat, die Informationen zu lesen, bevor am Montag die Börse öffnet", schrieb Buffett im Jahresbericht für 1996.

Berkshire hatte angekündigt, daß der Bericht am 15. März 1997 auf seiner Website erscheinen würde. Und das war - genau um Mitternacht. Die Hardliner unter den Berkshire-Aktionären wachten zwischen Mitternacht und 4 Uhr, um sich ihre Exemplare auszudrucken. Andere Aktionäre, die nicht auf diesem Weg an den Bericht kommen konnten, schimpften wie die Rohrspatzen.

Eigentlich ging die Einführung des neuen Systems glatt und sauber über die Bühne. Allerdings gab es auch ein Mißgeschick. Die interaktive Ausgabe des Wall Street Journal erlangte den Bericht einen Tag, bevor er im World Wide Web veröffentlicht werden sollte, weil er zwar eingespeist wurde, jedoch noch nicht mit Berkshires Homepage verbunden war.

Die Site bietet Berkshires Jahresberichte sowie die Quartalsberichte, Pressemitteilungen, Informationen und Notizen über Berkshires operative Geschäfte.

Ein Witzbold, der Berkshires Eintritt ins elektronische Zeitalter lobte, sagte allerdings: "Aber wie werde ich erfahren, welche Farbe der Jahresbericht hat?"

Mit der Einrichtung der Berkshire-Web Site war Berkshire der ganzen Welt zugänglich. Auf diesem Weg konnte die ganze Welt auf Berkshire schauen und gelegentlich nutzte Buffett diese Möglichkeit, um mit der Welt zu kommunizieren. Hier ist eine Message des Orakels von Omaha:

"Vielen Dank für Ihren Besuch auf unserer Web Site. Ein Leben lang litt ich unter Technophobie und schlich mich erst vor wenigen Jahren in die Computerwelt. Wenn Sie Vorschläge haben, wie wir diese Seiten sinnvoller füllen können, dann lassen Sie mir doch eine Nachricht zukommen.

Sie wissen wahrscheinlich, daß ich keine Aktienempfehlungen gebe. Dennoch habe ich, wenn ich Ihre Ausgaben in Betracht ziehe, zwei Vorschläge, mit denen Sie wirklich Geld sparen können. Ich möchte Ihnen vorschlagen, die Dienste von zwei unserer Töchter in Anspruch zu nehmen: GEICO und Borsheim´s.

Ich schätze, daß ungefähr 40 % der Autofahrer in diesem Land Geld sparen können, wenn sie sich bei GEICO versichern. Es sind nicht 100 %, weil die Versicherer sich in der Risikoeinschätzung unterscheiden. Manche bevorzugen Fahrer, die in bestimmten geographischen Gebieten wohnen oder bestimmte Berufe ausüben, mehr als GEICO dies tut. Ich bin allerdings überzeugt davon, daß GEICO öfter das günstigste Angebot unterbreitet als jede andere nationale Versicherungsgesellschaft, die ihre Dienste nicht nur einem ausgewählten Personenkreis zur Verfügung stellt. Wenn Sie 800-555-7256 anrufen, dann werden Sie sehr schnell herausfinden, ob Sie Geld sparen können.

Schmuck, Uhren und Geschenke werden Sie bei Borsheim´s höchstwahrscheinlich preisgünstiger erhalten als irgendwo anders. Ich habe den Überblick über die Zahlen aller öffentlich gehandelten Schmuckunternehmen, und der Kontrast zu Borsheim´s ist augenfällig. Wir haben nur ein Verkaufsgeschäft mit sehr hohem Umsatz, und das ermöglicht uns, mit Kosten zu operieren, die 15 bis 20 % unterhalb derer unserer Konkurrenten liegen. Die Vorteile aus dieser Kostenstruktur geben wir an unsere Kunden weiter.

Jedes Jahr verschickt Borsheim´s Tausende von Auswahlsendungen an Kunden, die auch über große Entfernungen hinweg die Gelegenheit wahrnehmen wollen, unser Angebot kennenzulernen, und darüber entscheiden, welchen Artikel sie, wenn überhaupt, erwerben wollen. Auf diese Weise, die dem Käufer ermöglicht, bequem die außerordentlichen Vorteile kennenzulernen, die wir anbieten, tätigen wir sehr viele Verkäufe. Rufen

Sie Scot Caniglia, Marvin Cohn oder Missy Linhart bei Borsheim´s an (800-642-4438), und sparen Sie bei Ihrem nächsten Schmuckkauf viel Geld.

Mit freundlichem Gruß
Warren E. Buffett

97

DER BERKSHIRE-
JAHRESBERICHT FÜR 2030

M ichael Assael, der Lektor dieses Buchs, und ich können uns vorstellen, daß der Berkshire-Jahresbericht für das Jahr 2030 etwa
so aussehen könnte:

BERKSHIRE HATHAWAY INC.

An die Aktionäre von Berkshire Hathaway Inc.:

Unser Vermögenszuwachs im Jahr 2030 lag bei 5.000.000.000.000 $
(für alle, die nicht beim Finanzamt arbeiten: das sind 5 Billionen $), eine
Zunahme um 23,3 %. Der Buchwert je Aktie jedoch wuchs ein wenig ge-
ringfügiger, nämlich um 23,1 %, weil wir für unsere Akquisitionen von
Mars, dem Süßwarenhersteller, und bestimmten Rechten in bezug auf
Mars, den Planeten, teilweise mit Aktien bezahlt haben. Auf diese Neuerwerbungen werde ich später noch zurückkommen.

In den letzten 66 Jahren (seit das gegenwärtige Management amtiert)
ist der Buchwert der Berkshire-Aktie jährlich um durchschnittlich 23,0 %
angestiegen. Sie können erkennen, daß wir über die Jahrzehnte hinweg
ein wenig nachgelassen haben.

Dennoch gibt es keinen Grund, von unserem überdurchschnittlichen
Buchwertsgewinn im Jahr 2030 begeistert zu sein. Irrationale Begeisterung
in einem Jahr führt zur Enttäuschung im nächsten Jahr. Fragen Sie nur
Woody Allen. Sein letzter Film, ”Whatever Goes Up“, war ein Flop. (Ich
kann nicht widerstehen, hier einige Zeilen von Woody Allen einzufügen,
die vielleicht sehr lehrreich sein könnten: ”Ich nahm einen Kurs in
Schnelllesen und konnte ‚Krieg und Frieden‘ in 20 Minuten lesen. In diesem Buch geht es um Rußland.“ Als Berkshire Aktionäre sollten Sie wissen,
daß der Rest dieses Jahresberichts von Ihrem Geld handelt - also lassen Sie
sich Zeit bei der Lektüre!)

Ich werde nie müde, Ihnen zu sagen, daß Berkshires wachsende Eigenkapitalbasis seinem zukünftigen Wachstum unausweichlich Hindernisse in den Weg stellen wird. Ich weiß, daß ich über diese spezielle Unausweichlichkeit seit den Tagen von Präsident Kennedy gesprochen habe, aber es ist nicht mehr wie früher bei Berkshire. Die Wahrheit ist, daß weniger als vier Länder auf der Erde mehr Eigenkapital - oder intrinsischen Wert - haben als Berkshire. Es ist nicht zu vermeiden, daß wir irgendwann einmal auf unseren Schöpfer treffen werden.

Die gute Nachricht ist, daß die unterdurchschnittliche Aktienperformance im Jahr 2030 unseren Aktienkurs dem intrinsischen Wert näherbringt. Charlie und ich würden die Aktie bei diesem Kurs nicht anfassen. (Wir kauften unsere Aktien damals in den 60er Jahren des letzten Jahrhunderts und das zu einem Preis, den Sie heute schon für ein Päckchen Kaugummi ausgeben müssen.) Ich sollte aber berichten, daß unsere Ururenkel die neuen Berkshire-Aktien der Klasse Q kaufen. Verzweifelt haben wir versucht, sie davon abzubringen. (Immerhin investieren wir schon eine recht lange Zeit und können uns praktisch noch an den großen Tulpenschwindel erinnern.) Wir haben das Gefühl, daß unser Aktienkurs wegen des negativen Artikels in *Barron's* Ausgabe von nächster Woche ein wenig sinken wird, weil die schon wieder vergessen hat, daß wir ein großes und wertvolles Versicherungsgeschäft haben.

Wir gehen davon aus, daß das demnächst erscheinende Sonderheft von Barron's Charlie und mich "Kapitalistendinosaurier" nennen wird und den intrinsischen Wert von Berkshire mit 12 $ pro Aktie einschätzen wird. Das ist allerdings kein Grund, in Panik zu geraten, denn wenn unsere Aktien auf ihren 60er-Jahre-Kurs von 12 $ zurückfallen, dann werden Charlie und ich ein paar zurückkaufen. Und sollte der Kurs auf 7,50 $ fallen, dann werden Charlie und ich uns darauf konzentrieren, ein paar Homeruns zu landen. Er und ich, Babe Ruth und Lou Gehrig, wir alle werden auf die Schlagmale zeigen und aus voller Kraft die fetten Würfe herbeibeschwören. Wie schon Yogi Berra sagte: "90 % des Spiels ist halb mental."

Charlie ist natürlich Charlie Munger, Berkshires Vizepräsident und mein Partner. Er und ich verfügen im Alter von 41 und 34 - ich meine, so fühlen wir uns, wenn wir mit dem Skateboard zur Arbeit rollen - über Energie, die durchaus gleichzusetzen ist mit der von Mrs. B. (die letztes Jahr 137 Jahre alt wurde), die sie immer noch zur Arbeit im Nebraska Furniture Mart treibt, der heute 10 % der Fläche von Omaha ausmacht.

Charlie und ich bedienten uns 2030 nur müde auf dem Aktienmarkt. Mit einer Transaktion erhöhten wir unsere Anteile an Wells Fargo auf 25 %. Es mag Sie vielleicht interessieren, daß Wells Fargo in der Zwischenzeit die rentabelste Bank der Welt ist - und vergessen Sie nicht die Postkutschen.

Wenn Sie das nächste Mal in ein Disney Shoppinland Center in Ihrer Nähe gehen, dann sollten Sie sicherstellen, daß Sie Ihre Kinder mit den neuen Wells-Fargo-Postkutschen fahren lassen. Sie finden diese wunderschönen klassischen Postkutschen an den rot-weiß-blauen Pfosten gleich vor Goofys Friseursalon. Charlie fährt in diesen Wells Fargo Postkutschen ebenso gern wie ich in den Flugsimulatoren in unseren See's Candy Shops. Es sollte Sie nicht überraschen, daß in jeder Kutsche ein Cola-Automat steht. (Es ist schon sehr lange her, seit mein alter Freund Don Danly und ich die Wilson Coin-Operated Machine Company gründeten, die vor knapp 100 Jahren Flipper in Friseursalons aufstellte.)

Mit unserem anderen Aktienerwerb im Jahr 2030 traten wir, was für uns nicht besonders charakteristisch ist, ein wenig aus unserem Kompetenzbereich heraus und tätigten ein unkonventionelles Investment. Sie werden sich daran erinnern; als ein Absturz der Microsoft-Software die Flutlichter von General Electric beim Superbowl zur Explosion brachte, führte dieser stümperhafte Fehler zu einem finanziellen Fiasko an der Wall Street. Genau zu diesem Zeitpunkt schlugen Charlie und ich zu und kauften sofort 4,9 % der Aktien des neuen General-Electric-Microsoft-Konzerns. Obwohl weder Charlie noch ich genau verstehen, wie eine Glühbirne oder Computersoftware funktioniert, haben wir eine Vorliebe für Unternehmen in guter wirtschaftlicher Situation und mit hervorragendem Management. Und es gibt keine besseren Manager als Jack Welch und Bill Gates. (Ich gebe es nicht gern zu, aber jedes Mal, wenn ich bei diesen dezibelstarken Hochzeiten neben Bills Frau Melinda sitze, dann sage ich zu Mrs. Gates, wie wunderbar es wäre, wenn Bill uns hier bei Berkshire helfen könnte. Das ist nur eine kleine Aktientausch- und Fusionsphantasie von mir, über die wir plaudern, während Bill auf der Tanzfläche herumtobt. Hoffentlich kann ich darüber in meinem nächsten Brief mehr berichten.)

Im letzten Jahr wuchs unser Eigentumsanteil an unserer größten Holding Coca-Cola auf 50 % an - hauptsächlich, weil Coca-Cola in den letzten Jahrzehnten seine Aktien zurückkaufte und wir im letzten Jahr einige Aktien hinzukauften. Charlie und ich lasen über jede Aktie in Value Line nach, bevor wir uns auf unsere neuen Käufe von Coke einigten. Ich trinke immer noch jeden Tag fünf Cherry Cokes und vier Banana Cokes und hoffe, Sie tun das auch!

Ich bin sicher, Sie haben in einer unserer Zeitungen gelesen, daß wir kürzlich 100 % der Mars Candy Company und 80,1 % von Mars, dem Planeten, gekauft haben und der Regierung der Vereinigten Staaten die Minderheitsbeteiligung zu Forschungszwecken überließen.

632

Außerdem schlossen wir mit den Marsianern einen Vertrag: Berkshire hat angefangen, ihnen Coke, Dairy Queen Dilly Bars und Snickers (Charlies Favorit) zu liefern im Tausch gegen ihren magischen Jungbrunnen und die Wunderdroge Marzanium (Marzanium ist der Grund dafür, daß Charlie und ich uns mit 100 Jahren immer noch so beschwingt fühlen.) Unser kleines Geheimnis ist, daß die Coca-Cola Company Ihren Vorsitzenden und den Vizevorsitzenden in einem einmaligen wissenschaftlichen Markttest als Versuchskaninchen benutzte. Das Ergebnis: Charlie und ich sind der lebende Beweis, daß unsere neue Coke mit Coca-Marz-Geheimrezept für ein langes Leben Ihr Leben um Jahre verlängern kann. Die neuen Cokes, die bald vorgestellt werden, haben an uns Wunder gewirkt: Ich feierte kürzlich meinen 100. Geburtstag, und Charlie ist schon ein ganzes Stück darüber hinaus, aber wir fühlen uns wie Teenager! Jetzt sind Sie dran! Halten Sie Ausschau nach Berkshires neuer, vom Mars inspirierter Marzanium-Coke: Sie werden Sie ab dem 4. Juli an unseren brandneuen "Coke-Jungbrunnen"-Theken in Ihrem Dairy Queen und den Berkshire-Supermärkten finden. Sie wissen, wie gern ich die Prophetin Mae West zitiere: "Zuviel von einer guten Sache kann wunderbar sein!" Dies wird eine Eröffnungsparty, die Sie nicht versäumen sollten. (Das meine ich alles ernst.)

Allerdings bereitet uns die Erweiterung unseres Fast-Food-Vertriebs auf dem Mars weiterhin Kopfschmerzen. Ich hoffe, ich kann Ihnen nächstes Jahr bessere Nachrichten über die Vertriebssynergien bei Berkshire überbringen.

Was Mars, das Süßwarenunternehmen, anbelangt, brauchten wir ungefähr fünf Minuten, um Chuck Huggins mit der Verantwortung für Berkshire Candy zu betrauen. Das ist die neue Einheit, die sowohl Mars als auch See's managen wird. Nebenbei: See's hat numehr 2.225 Süßwarenläden weltweit.

Während des Jahres erwarb Berkshire weitere 26 Unternehmen aus privater Hand. Obwohl diese Unternehmen relativ klein sind, sind ihre Manager durchweg erstklassig; die Unternehmen sind am Ende dieses Berichts aufgeführt. Und für die, die gern Tabellen lesen: Sie finden alles von Autoteilen bis zu Zirkonium-Minen.

Was Berkshire Mint anbelangt, so lagern wir weiterhin 2.000 Tonnen - oder ungefähr die Hälfte - von dem Silber, das wir auf unserem Einkaufsbummel 1997/98 erwarben. Und letztes Jahr kauften wir noch ein wenig Gold hinzu.

Auch wenn die Sache mit dem Gold ein wenig konpliziert ist, werde ich versuchen, es kurz und einfach zu machen: Wir kauften das Gold direkt von der indischen Zentralbank und überließen der indischen Regierung dafür 50.000 Berkshire-Aktien der Klasse P. Indien beschloß, diese Aktien als "Reservewährung" in seinen Schatzkammern zu halten. Das Verrückte an dieser Geschichte war ein wenig peinlich für Berkshire, weil unser Lagerhaus bereits bis unter das Dach voll war, als das glänzende Gold angeliefert wurde. Um Kosten für die Lagerhaltung zu sparen, bat ich Charlie, uns sein großes Haus "Munger´s Folly", wie ich es nenne, vorübergehend als Lagerhaus zur Verfügung zu stellen. (Sorry, Charlie, daß ich dir Unbequemlichkeiten bereite.) Trotzdem hat die Geschichte ein Happy End: Unsere Berkshire Mint mußte Überstunden machen, um die weltweite Nachfrage nach Berkshire-Aktien der Klasse Q zu befriedigen - die wir in Form von goldenen Gedenkmünzen herausgeben -, damit wir in unserem Lagerhaus bald wieder Platz für das neue Gold haben und Charlie den Rest seines Hauses zurückbekommt. (Ich hätte gern auch mein eigenes Haus zur Verfügung gestellt, aber wegen meines Vorrats an Coca-Cola hatte ich einfach keinen Platz mehr.) Wirklich, es ist höchst erfreulich zu wissen, daß die Zentralbanken jetzt Berkshire-Aktien ebenso wie Gold als ein Medium von bleibendem Wert betrachten. Berkshire hat endlich den Status einer "Reservewährung" erreicht. (Charlie sagt, daß Berkshire in Indien inzwischen auch eine heilige Cash Cow ist.)

Wie Sie wissen, halten wir in unserem Portfolio heute ungefähr 5 % der amerikanischen Staatsverschuldung in der Form von festverzinslichen Wertpapieren. Eine Zeitlang wollten wir diese bald ablaufenden Nullcoupon-Anleihen ersetzen, die wir kurz vor der Jahrhundertwende gekauft hatten. Wir wollen zwar nicht prahlen, aber wir erhöhten unsere Barmittel, während wir all unsere bescheidenen Schulden zurückzahlten. Unsere Bilanz weist eine gediegene Liquidität aus. Insgesamt sind wir liquider als Uncle Sam und verfügen nur über eine unwesentlich geringere Liquidität als das neue Microsoft-Konglomerat.

Unsere Versicherungsgeschäfte erreichten im letzten Jahr neue Höhepunkte. Unter der Führung von Ajit Jain ist die Berkshire Hathaway Insurance Group heute die größte Versicherungsgesellschaft im Universum. Unser Geldzufluß - das Geld, das wir als Versicherungsprämien erhalten - erhalten wir in immer größeren Mengen und brauchen dafür nichts zu bezahlen. Auch im eigentlichen Versicherungsgeschäft verdienen wir gutes Geld. Bei der heutigen starken Konkurrenz können wir allerdings nicht erwarten, daß uns die Versicherungsgruppe auch in den nächsten Jahren erfreuen wird. Schließlich könnte es ja sein, daß ein Dutzend von Superkatastrophen - Monster-Erdbeben, Hurricanes und Zyklone - sich gleichzeitig ereignen. Ajit hat eine Arbeit, die wie für ihn geschaffen ist.

Und für den Fall, daß in San Francisco die Lichter ausgehen, dann sollten Sie für uns eine Kerze anzünden.

Hier in der Zentrale stellten wir zwei Teilzeitkräfte ein und installierten unseren ersten Computer, der uns helfen soll, mit unseren finanziellen und buchhalterischen Wahnvorstellungen fertig zu werden. Wie Sie wissen, habe ich nie einen Taschenrechner besessen, aber letztes Jahr fand ich einen im Nebraska Furniture Mart, der nur 1,99 $ kostete. Debbie, meine unbezahlbare Assistentin, ist jetzt Großmutter und hat mir gezeigt, wie ich damit umgehen muß. Es fällt mir ziemlich schwer, all dieses farbenfreudige kapitalistische Woodstock-Zeug im Kopf zu behalten. Es sind so viele Zahlen: Vielleicht habe ich Halluzinationen. (Irgendwann mußte es so kommen.)

Es ist mir äußerst unangenehm, diesen Punkt anzusprechen, aber ich möchte Ihnen eine Erklärung dafür abgeben, weshalb Bill Gates schon wieder Nummer 1 und ich nur Nummer 2 auf der Liste der reichsten Menschen der Welt bin. *Forbes* rechnete diese verrückte neue Garage neben Gates Haus mit. Sie wissen, wie sehr Bill Autos liebt und wie gern er schnell fährt.

Ich hoffe, Sie werden mit uns gemeinsam in Omaha - der Wiege des Kapitalismus - vom 3. bis 5. Mai dieses Jahres das alljährliche Berkshire-Woodstock-Wochenende begehen. Die Party bei Borsheim´s, unserem Juwelierladen, wird wie immer am Sonntag stattfinden. Oh, ich hätte es beinahe zu erwähnen vergessen: Borsheim´s kaufte Tiffany, das nun in Berkshires Juwelenkategorie eingereiht wird. Um es Ihnen bequemer zu machen, wird Borsheim´s an diesem Aktionärs-Wochenende von Mitternacht bis Mitternacht geöffnet sein. Und nur zur Erinnerung: Rekorde werden aufgestellt, um gebrochen zu werden - also kommen Sie, sehen Sie in unserer Ausstellung den Rainbow-Diamanten von der Größe eines Fußballs, und lassen Sie sich von ihm inspirieren. Wie üblich wird Charlie in der Nähe der Kasse sein und sein Autogramm auf Ihre Kassenzettel geben. Und wir werden auch die Tradition aufrecht erhalten, zusammen in meinem Lieblingssteakhouse, bei Gorat´s, unser Mittagessen einzunehmen. Und vergessen Sie nicht: Erwähnen Sie Debbies Namen, und Sie bekommen einen Extralöffel Sauce.

Unsere Jahreshauptversammlung wird in diesem Jahr im neuen Footballstadion der University of Nebraska abgehalten. Im letzten Jahr wohnten der Veranstaltung 97.000 Teilnehmer bei, darunter Aktionäre aus 223 Ländern und 21 Staatsoberhäupter. In diesem Jahr erwarten wir etwa 100.000 Teilnehmer - außerdem Millionen über das Internet -, und um 12 Uhr mittags wird der Football-Landesmeister auf dem Feld auflaufen, be-

gleitet von einer Blaskapelle. Danach wird Marc Hamburg, unser Finanzchef, seine Weltpremiere vorstellen, eine Multimedia-Soap-Opera mit go-
rillamäßigen Extravaganzen: "Highlights bei Berkshire im Jahr 2030".

Und dann werden Charlie und ich mit Cokes und einer Schachtel See´s
Candy herumgehen. Um den Ablauf ein wenig zu beschleunigen, sollten
Sie bitte das Geld passend bereithalten. Dann werden wir weiter Ihre Fragen entgegennehmen, bis wir bewußtlos umfallen - oder bis Charlie
 irgendetwas optimistisches sagt.

Mit besten Grüßen

Ihr Vorsitzender

Kommen Sie also im Mai nach Omaha, und amüsieren Sie sich. Mrs. B.
läßt die Straßen mit rotem Teppich auslegen!

23. Februar 2031

98

Der Traum jedes Aktionärs: jährlicher Zuwachs 23 %

Berkshires Börsenwert am 31.12.1996: 23.426.300.000 $

Jährliche, durchschnittliche Wachstumsrate: 23 %

Jahr	Börsenwert jeweils am Jahresende
1997	28.814.349.000,00 $
1998	35.441.649.270,00 $
1999	43.593.228.602,10 $
2000	53.619.671.180,58 $
2001	65.952.195.552,12 $
2002	81.121.200.529,10 $
2003	99.779.076.650,80 $
2004	122.728.264.280,48 $
2005	150.955.765.064,99 $
2006	185.675.591.029,94 $
2007	228.380.976.966,83 $
2008	280.908.601.669,20 $
2009	345.517.580.053,11 $
2010	424.986.623.465,33 $
2011	522.733.546.862,35 $
2012	642.962.262.640,69 $

2013	790.843.583.048,05 $
2014	972.737.607.149,11 $
2015	1.196.467.256.793,40 $
2016	1.471.654.725.855,88 $
2017	1.810.135.312.802,74 $
2018	2.226.466.434.747,37 $
2019	2.738.553.714.739,26 $
2020	3.368.421.069.129,29 $
2021	4.143.157.915.029,03 $
2022	5.096.084.235.485,70 $
2023	6.268.183.609.647,41 $
2024	7.709.865.839.866,32 $
2025	9.483.134.983.035,57 $
2026	11.664.256.029.133,75 $
2027	14.347.034.915.834,52 $
2028	17.646.852.946.476,45 $
2029	21.705.629.124.166,04 $
2030	26.697.923.822.724,23 $

Für die unter Ihnen, die keine Regierungsstatistiker sind: Das ist das Stammkapital im Jahr 2030 und beträgt 26 Billionen, 679 Milliarden, 923 Millionen, 822 Tausend, 724 Dollar und 23 Cents.

Der Unterschied zwischen dem 33. und 34. Jahr beläuft sich auf 5 Billionen $. Da wir aber keine Regierungsstatistiker sind, wollen wir nicht allzu genau sein, denn in Omaha gibt es jemanden, der sagte: "Es ist besser, ungefähr richtig zu liegen, als genau falsch." Aber bitte beachten Sie: Dies ist nur ein Traum.

99

Torchmark

"Ich werde mir Torchmark anschauen."

Ende 1986 schrieb ich an Buffett und erdreistete mich ihm vorzuschlagen, er solle einmal ein Auge auf die Aktien von Torchmark, einer Versicherungs- und Finanzdienstleistungsgesellschaft in Birmingham, Alabama, werfen.

Einige Tage später erhielt ich einen kurzen Brief, datiert vom 1. Dezember 1986: "Vielen Dank, für Ihre freundlichen Anmerkungen - und ich werde mir Torchmark anschauen. Ich bin sehr froh, daß Sie Aktionär sind, aber Sie haben recht - ich bin nicht daran interessiert, nur kleine Anteile zu kaufen. Wir werden jedoch versuchen, Ihnen keine Sorgen zu machen.

Mit freundlichem Gruß

Warren E. Buffett"

Seine Antwort bezüglich kleiner Beteiligungen war eine Reaktion auf meine Anmerkung, daß ich Berkshire so gern mochte, daß ich an anderen Dingen sparte, um mehr Berkshire-Aktien kaufen zu können. Er hatte natürlich recht, und obwohl er versuchte, mir keine Sorgen zu machen, konnte auch er nicht gegen den Strom schwimmen. Beim Crash von 1987 fiel der Kurs der Berkshire-Aktien in nur wenigen Tagen von etwa 4.000 auf unter 3.000 $. Allerdings zusammen mit allen anderen Aktien an der Börse.

Doch vor diesem Desaster war ich höchst überrascht, als Dan Dorfman im August 1987 berichtete, daß Berkshire einen kleinen Anteil - wenn man in den Größenordnungen von Berkshire denkt - an Torchmark gekauft hatte. Berkshire hatte diesen Kauf nicht öffentlich bekanntgemacht, außer über einige winzige Notizen in der Presse.

Torchmark bestätigte den Kauf des Pakets, Berkshire reichte die erforderlichen Formulare bei der SEC ein und bestätigte das Eigentum daran.

Es gibt keinen Beweis dafür, daß mein Brief irgend etwas mit Buffetts Kauf zu tun hatte, aber es war ganz lustig zu erfahren, daß er diese Aktie kaufte. Sagen wir einmal so: Als ich später mit dem Orakel von Omaha selbst zu Mittag aß, bat er mich nicht, ihm meine besten Investmentideen zu verraten.

Berkshire besaß zu einem Zeitpunkt 863.550 Torchmark-Aktien. 1997 waren es noch 662.000 Aktien oder etwa ein halbes Prozent des Unternehmens. Torchmark ist die Muttergesellschaft einer ganzen Reihe von Versicherungsgesellschaften, von denen die größte Liberty National Life Insurance Company ist, deren Versicherungsagenten in manchen Fällen immer noch von Tür zu Tür gehen, um den Nischenmarkt der Kunden am unteren Ende der Einkommensskala zu bedienen.

Die Gesellschaft besitzt auch Teile von Waddell & Reed, einer Finanzdienstleistungsgesellschaft, die eine Reihe von Investmentfonds betreut, gab davon jedoch kürzlich einen Teil ab. Die Repräsentanten von Waddell & Reed verkaufen Lebens- und Krankenversicherungen einer anderen Torchmark-Tochter, United Investors Life, und Kommanditanteile in Öl und Erdgas einer weiteren Tochter, Torch Energy.

Die übrigen Tochtergesellschaften von Torchmark sind United American Insurance, die die Medicare-Zusatzversicherungen anbieten, Globe Life und Accident Insurance, die Krankenversicherungen verkaufen.

In den letzten Jahrzehnten, in denen es den Finanzdienstleistungsgesellschaften nicht besonders gut ging, war Torchmark ein sehr gutes Beispiel für beständige Rentabilität. In den letzten 40 Jahren wuchsen sowohl die Gewinne je Aktie als auch die Dividenden, eine Performance, die keine andere Gesellschaft erreichte, die an der New York Stock Exchange notiert wird.

Das Unternehmen ist für seine knallharte Kostenkontrolle bekannt, und seine Kapitalanlagen scheinen solide zu sein. Das Portfolio des Unternehmens enthält zu 75 % kurzfristige Investitionen oder Staatsanleihen. Nur wenig mehr als 2 % sind Hypotheken oder Immobilien.

Seit 1986 hat Torchmark mehr als ein Drittel seiner ausgegebenen Aktien zurückgekauft. Alabamas rentabelstes Unternehmen wird von Ronald K. Richey geführt. Torchmarks Angebot, 1990 einen größeren Anteil an American General Corp. für 6,3 Mrd. $ zu kaufen, wurde nicht akzeptiert.

Berkshires Torchmark-Beteiligung machte gute Fortschritte, da auch Torchmarks Geschäftsfelder gute Fortschritte machten. Mitte der 90er Jahre litt der Aktienkurs unter den Rechtsstreitigkeiten über Vertragsänderungen bei Krebserkrankungen.

"Es hat den Anschein, daß Mr. Buffett ungefähr ein Drittel seiner Beteiligung im vierten Quartal 1993 verkauft hat. Dennoch hat Torchmark eine ganze Reihe der Charakteristika, die Buffett in einem Unternehmen sucht: hohen Kapitalgewinn, niedrige Kosten und ein kostenbewußtes Management; die Gewinne sind in hohem Maße voraussehbar, und es ist ein Unternehmen, das die eigenen Aktien zurückkauft", sagte Giri Bogavelli, ein Investor aus San Francisco.

100

Time Warner

"Wenn er als Großaktionär eingestiegen wäre, dann hätten wir das, was wir durchmachten, wahrscheinlich nicht durchmachen müssen." –J. Richard Munro

Die Medienunternehmen hatten es Buffett immer noch angetan, und so kaufte er 1982 Aktien von Time Inc. im Wert von 45 Mio. $. Am Jahresende war das Investment 79 Mio. $ wert. In den nächsten Jahren schwankte seine Beteiligung an Time beständig, und 1986 verkaufte er alle Aktien. In diesem Jahr verkaufte er auch sein Aktienpaket an Affiliated Publications, der Muttergesellschaft des *Boston Globe*, mit einem Gewinn von 51 Mio. $.

J. Richard Munro, der frühere Vorsitzende von Time, der die 1989er Fusion mit Warner Communications vorantrieb, schuf damit den Mediengiganten Time Warner und sagte, er glaube, daß Buffett seine Beteiligung an Time verkauft habe, um Cap Cities Anfang 1986 bei der Finanzierung von American Broadcasting Co. zu helfen.

"Ich kann Ihnen sagen, daß ich ihn auch außerhalb des Geschäftslebens sehr schätze. Er ist ein Mensch. Er ist einer der interessantesten Männer unserer Zeit. Es ist seine Ernsthaftigkeit, ganz einfach seine Art des Mittelwestlers. Er verstellt sich nicht, er ist eine Legende...", sagte Munro.

"Als er Aktionär von Time wurde, wußten wir nichts davon... Sein Timing für den Aktienkauf und auch den Aktienverkauf war perfekt", sagte er.

Einmal jährlich besuchte Buffett Munro in seinem Büro im Time-Life Building in New York, um sich mit ihm zu unterhalten.

"Wir sprachen über alles. Er wollte wissen, was wir wissen, und natürlich wollten wir wissen, was er wußte. Wir sprachen über Gott und die Welt und tauschten unsere Ansichten darüber aus. Er bewunderte Time", sagte Munro.

Munro erzählt, daß Buffett einige Jahre, nachdem er seine Time-Aktien verkauft hatte, an den Aufsichtsrat herantrat und um Erlaubnis bat, einen größeren Anteil der Gesellschaft zu kaufen.

Buffett wollte Großaktionär werden, etwa in der Größenordnung von 5 bis 10 %. Buffetts Angebot wurde jedoch zurückgewiesen. Munro sagte, er und Nick Nicholas seien dafür gewesen, aber der Aufsichtsrat hätte abgelehnt.

"Soweit ich mich erinnere, waren es große Aktionäre, die damit nicht einverstanden waren", sagte Munro und fügte hinzu, daß darüber nur kurz beraten wurde und gesagt wurde, Time bräuchte das nicht.

Der frühere Vorsitzende von Time Warner, J. Richard Munro. "Wenn er als Großaktionär eingestiegen wäre, dann hätten wir das, was wir durchmachen mußten, wahrscheinlich nicht durchmachen müssen."

Munro klagte: "Wenn er als Großaktionär eingestiegen wäre, dann hätten wir das, was wir durchmachen mußten, wahrscheinlich nicht durchmachen müssen." Und was Time durchmachen mußte, war ein unerwünschtes Angebot von 200 $ pro Aktie von Paramount Communications.

Dieses Angebot wurde schließlich zurückgeschlagen, als Time und Warner vereinbarten, unter Aufnahme hoher Schulden eine Fusion einzugehen, aus der Time Warner als größtes Medien- und Unterhaltungsunternehmen der Welt hervorging: Besitzer von CNN, großer Anteil am Zeitschriftengeschäft wie beispielsweise *Time Magazin* und *Sports Illustrated*, außerdem an Büchern, Kabelfernsehen (einschließlich HBO) und an Filmen wie "Batman".

Allerdings hatte das fusionierte Unternehmen Schulden von mehr als 10 Mrd. $, und davon hielt Buffett nichts.

"Ich glaube nicht, daß Buffett von dieser Fusion sehr viel hielt, aber ich werde bis an mein Lebensende überzeugt sein, daß sie richtig war. Wir mußten aufgekauft werden, oder wir wären ein zweitklassiges Unternehmen geworden", sagte Munro.

101

„Entschuldigung, sind Sie nicht Warren Buffett?"

Eines Tages 1986 sah Peter Kenner, dem die Kenner Printing Co. in New York City gehört, an der Kreuzung Madison Avenue und 55. Straße einen Mann, der aussah wie Warren Buffett.

"Entschuldigung, sind Sie nicht Warren Buffett?" fragte Kenner. "Ja, woher wußten Sie das?" entgegnete Buffett.

Als Kenner erzählte, sein Vater, Morton Kenner hätte schon in der Zeit der Buffett Partnership bei Buffett investiert und er selbst sei auch langjähriger Berkshire-Aktionär, bestand Buffett darauf, daß er beim nächsten Mal zur Jahreshauptversammlung kommen solle. Kenner war noch nie dabeigewesen, aber nun wollte er hinfahren.

Morton Kenner, der die Jahreshauptversammlung von Berkshire im Jahr 1992 mit seinem Sohn und seinem Enkel besuchte, erzählte, vier Generationen seiner Familie hätten bei Buffett investiert. "Ich habe 80.000 $ in die Partnership eingezahlt, als sie 100.000 $ von einem haben wollten, und brachte meinen Vater (Marcus Kenner) dazu, die restlichen 20.000 $ beizusteuern", sagte Kenner, dessen Frau eine Freundin von Ben Graham war.

Einmal lud Buffett Kenner ein, mit ihm zur Jahreshauptversammlung zu fliegen. Kenner begleitete Buffett und seine Frau auf der Reise nach Omaha. "Es war sein erstes Flugzeug, und E.T. aus dem Film war vorn draufgemalt", erinnerte sich Kenner.

1990 bettelte Peter Kenners neunjähriger Sohn Nicholas, ein Berkshire Aktionär der dritten Generation, zur Jahreshauptversammlung zu fahren. "Er bat mich, ihn zur Jahreshauptversammlung mitzunehmen", sagt Kenner, der dies ein wenig seltsam fand. Aber er sagte, sein Sohn, der zehn Berkshire-Aktien geerbt hatte, erklärte, wenn diese sein Investment für seine Ausbildung am College seien, dann wolle er unbedingt hinfahren.

Schließlich erlaubte Kenner seinem Sohn mitzukommen, aber dies sei eine Sache für Erwachsene; er müsse still sein und dürfe keine Fragen stellen. Aber der kleine Kenner wollte unbedingt fragen, warum die Berkshire-Aktien von 8.900 auf 6.700 $ gefallen seien. Schließlich willigte sein Vater ein.

Kurz vor der Versammlung trafen die Kenners Buffett, und dieser ermutigte den kleinen Kenner, jede Frage zu stellen, die er stellen wollte. Und so stellte der kleine Kenner die erste Frage der Jahreshauptversammlung 1990: "Warum ist der Kurs der Berkshire Aktie gefallen?" Mit gespieltem Ärger rief Buffett: "Du bist minderjährig! Schmeißt ihn raus!"

Der größte Investor unserer Zeit antwortete schließlich, daß er es wirklich nicht wüßte und daß es darauf auch keine gute Antwort gäbe. Der kleine Kenner hatte den großen Meister in Verlegenheit gebracht.

Nach einer Erklärung, daß Berkshire immer in der Nähe seines intrinsischen Werts gehandelt werde, schloß Buffett, indem er sagte: "Behalte die Aktien für deinen Ruhestand."

Rein zufällig begegnete Buffett den Kenners nach der Versammlung wieder und bat Nicholas Kenner, ob er mit ihm für ein Foto posieren würde, ein Foto, das im Omaha World-Herald zusammen mit dem Artikel über die Jahreshauptversammlung abgedruckt wurde.

Als sie sich für das Foto aufstellten, sagte Buffett: "Und jetzt machen wir es richtig" und überreichte dem Jungen seine Brieftasche. "Darf ich die behalten?" fragte der.

"Ich wollte nur einen Witz machen", erklärte der Junge später.

Kurze Zeit später schickte Buffett Kenner einen Abzug des Fotos und einen Brief, in dem er ihn zu den künftigen Jahreshauptversammlungen einlud und ihn aufforderte, weitere Fragen zu stellen.

"Er ist ein netter Kerl. Er ist sehr lustig", sagte der kleine Kenner über Buffett.

"Ich wollte ihn eigentlich nur fragen, warum der Aktienkurs gefallen sei. Wissen Sie, wenn der Kurs von über 8.000 $ so weit fällt, dann möchte man ja wissen, warum. Ich möchte diese Aktien ganz bestimmt so lange halten, bis irgend etwas absolut Verrücktes passiert und die Aktie um mehrere tausend Dollar fällt", fügte er hinzu.

Kenner, der auf der Jahreshauptversammlung 1990 ein so großer Hit war, durfte auch 1991 die erste Frage stellen. Buffett hatte im Jahresbericht geschrieben, daß er dem kleinen Kenner erlauben würde, die erste Frage zu stellen.

Kenner hatte zwei Fragen: Die erste Frage war, warum Buffett in Coca-Cola statt in Pepsi investiert hätte. Seine zweite Frage war, warum er, wenn

Buffett und Nicholas Kenner liefern sich bei Jahreshauptversammlungen witzige Schlachten. Hier kämpfen sie spielerisch um Buffetts Brieftasche.

(Omaha World-Herald)

Buffett sein Alter im Jahresbericht mit elf angegeben habe, wo er doch nur neun sei, den anderen Zahlen im Jahresbericht Glauben schenken solle. Nach dieser Frage krümmten sich die Berkshire-Aktionäre vor Lachen.

Buffett sagte später, er wolle ihm auf diese Frage schriftlich antworten.

Kenner begann die Befragung Buffetts, indem er sagte, er besäße zehn Berkshire-Aktien. Buffett unterbrach: "Ich würde dich gern meiner Enkelin vorstellen."

Buffett bat den damaligen Coca-Cola-Präsidenten Don Keough um Hilfe und antwortete auf Kenners erste Frage, daß Coca-Cola ein hervorragendes Unternehmen sei, das seine Softdrinks in 170 (heute fast 200) Ländern der Erde verkaufe; der Konsum nehme zu. Keough ergänzte, daß sich der Konsum international auf 59 Gläser pro Kopf und Jahr belaufe, verglichen mit 300 Gläser pro Kopf und Jahr in den Vereinigten Staaten, was auf Coca-Colas enormes Wachstumspotential deute.

Buffett sagte, er trinke täglich fünf Cokes, und wies darauf hin, daß Munger sich aus offensichtlichen Gründen mit Cola light begnüge.

Was die zweite Frage des kleinen Kenner angeht, die sich mit dem Altersunterschied befaßte, begann Buffett mit: "Diesen Teil hat Charlie geschrieben"; dann kniff er vor der Antwort und sagte: "Das ist eine sehr gute

Frage. Ich freue mich wirklich, wenn du nächstes Jahr wiederkommst.“

Einen Lacherfolg erzielte Kenner, als er antwortete: "Ich komme wieder!“

"Das weiß ich!“ entgegnete Buffett.

Dieses Wortgeplänkel wurde Bestandteil der Berkshire-Saga, und am Ende seines Jahresberichtes für 1991 schrieb Buffett: "Nicholas wird auch dieses Jahr zur Versammlung kommen - er schlug mein Angebot aus, ihm an diesem Tag einen Ausflug nach Disney World zu spendieren. Ich lade Sie ein, der Fortsetzung dieser etwas einseitigen Redeschlacht beizuwohnen.“

Nicholas Kenner ist heute an der High School der Columbia Preparatory School in New York.

102

Sozialwohnungen

WARREN EDWARD BUFFETT spricht mit Präsident GEORGE HERBERT Walker Bush

1990 investierte Berkshire 25 Mio. $ in den gemeinnützigen National Equity Fund, um bei der Finanzierung von Sozialwohnungen zu helfen. Auch 1991 investierte Berkshire 20 Mio. $ in Sozialwohnungen, teilte diesen Betrag aber zwischen dem National Equity Fund und den Enterprise Fund auf. Im Jahr 1994 hatte Berkshire mehr als 80 Mio. $ in Sozialwohnungen investiert, einschließlich kleinerer Beträge im Equity Fund of Nebraska. Mit diesem Geld wurden Sozialwohnungen in verschiedenen Städten gebaut: Houston, Los Angeles, Detroit, Chicago und Buffetts Heimatstadt Omaha.

"Ich betrachte dies als ein Investment unter gesellschaftlichen Aspekten", sagte er auf einer Pressekonferenz im Jahr 1991. "Ich sehe es nicht in einem philanthropischen Kontext."

Dieses Investment, das Buffett finanziell und gesellschaftlich verantwortlich nannte, sollte über ein Jahrzehnt lang 15 bis 20 % Gewinn pro Jahr abwerfen. Der Gewinn wurde in Form von Steuergutschriften im Rahmen des staatlichen Förderprogramms für den sozialen Wohnungsbau von 1986 realisiert.

In den ersten vier Jahren wurden in diesen Fonds 620 Mio. $ eingezahlt; damit wurden mehr als 14.000 Wohneinheiten in 62 Städten errichtet. Es wird angenommen, daß Buffetts Investment das größte in diesem Fonds war. Mit diesem Investment versuchte er auch, andere Unternehmen dazu anzuregen. Salomon stieg mit 10 Mio. $ ein, und American Express tätigte ein kleineres Investment.

Das Investment von Berkshire lief über die Tochter World Book, deren

Enzyklopädien, sagte Buffett, in den Wohnungen von Millionen von Amerikanern aller Einkommensgruppen stünden. Über das Gesetz, das Steuervergünstigungen ermöglichte, sagte Buffett: "Ich betrachte das als eine sehr gute Ehe zwischen dem Wirtschaftsteil der Gesellschaft und den kommunalen Entwicklungsgesellschaften. Durch diese Verbindung sollten erschwingliche Wohnungen für Schichten mit niedrigem Einkommen entstehen." Die Steuerermäßigung wurde gewährt, als Präsident Bush das neue Wohnungsbaugesetz am 28. November 1990 unterzeichnete.

(AP/Wide World Photos)
Former Präsident George Bush

Vor der Unterzeichnung hatten Bush und Buffett eine private Unterredung. Über die Details ist nichts bekannt geworden. Wir werden darüber wahrscheinlich auch nie etwas erfahren, aber die Diskussion ging um die Wirtschaft, nicht um Politik. Der Präsident der Vereinigten Staaten, George Herbert Walker Bush, löcherte Buffett mit Fragen über die Wirtschaft.

Wir wollen hoffen, daß die Sekretärin des Präsidenten die Tonbandmitschnitte nicht gelöscht hat.

103

Was glauben Sie, wie die Börse reagieren wird?

"Nun, der Präsident sagte uns nichts darüber, wie die Börse reagieren wird."

Am 16. Juni 1993 trafen sich Buffett und acht andere Vorstandsvorsitzende mit Präsident Clinton zu einem privaten Mittagessen. Buffett riet Clinton, er solle die Steuern erhöhen und die Ausgaben kürzen. Das sei der einzige praktische Weg, um das Staatsdefizit zu verringern.

Als Buffett anschließend auf dem Rasen vor dem Weißen Haus von Reportern interviewt wurde, sagte er, die Rückführung der Staatsverschuldung sei für die Wirtschaft ebenso wichtig wie für den Handel mit Aktien und Anleihen. Er sagte, er habe Clintons Plan, die Staatsverschuldung zurückzuführen, unterstützt und ihn gewählt.

Clinton und die Wirtschaftskapitäne hatten einen zweistündigen Lunch und danach, sagte Buffett, sei die Unterhaltung sehr locker gewesen; der Präsident sei ein guter Zuhörer: "Der Präsident drückt sich sehr eindeutig aus und kann sehr gut zuhören. Er nahm sehr rege an der Unterhaltung teil und ist eine sehr einnehmende Persönlichkeit."

Buffett sagte, er habe Clintons Vorschlag unterstützt, die Staatsverschuldung über fünf Jahre hinweg um jährlich 500 Mrd. $ zurückzuführen. Dies sollte durch eine Kombination von neuen Steuern und Ausgabenkürzungen geschehen. Die Zahl 500 Mrd. $ war sehr signifikant, obwohl er hinzufügte, er würde die Schulden gern in noch größerem Umfang über eine Energiesteuer zurückführen.

Buffett sagte, er könne nicht für die anderen Vorstandsvorsitzenden sprechen, aber seiner Meinung nach sei es richtig, die Steuern anzuheben und die Ausgaben zu kürzen, weil dies der einzige Weg sei, die Staatsverschuldung zu bekämpfen.

Als Buffett gefragt wurde, ob er etwas enttäuscht darüber sei, wie das Weiße Haus unter Clinton arbeite, sagte er: "Ich war nur ein wenig darüber enttäuscht, wie der Kongreß arbeitet. Ich glaube, er hat vielleicht das große Ziel, eine größere Reduzierung der Staatsverschuldung, aus den Augen verloren."

(AP/Wide World Photos)
Präsident Bill Clinton

Die Börse würde sicherlich Maßnahmen zur Schuldenminderung honorieren. "Die Wall Street wird das ganze Paket honorieren. Am Ende zählt nur, wie die Geschäfte in den nächsten fünf bis zehn Jahren laufen, wie hoch die Schuldzinsen sein werden, wie es um die Glaubwürdigkeit der Regierung steht und um die Fähigkeit des Kongresses, zu handeln. Es gibt eine ganze Menge von Dingen, auf die die Börse achten wird."

Als Buffett gefragt wurde, wie die Börse reagieren würde, antwortete er: "Nun, der Präsident sagte uns nichts darüber, wie die Börse reagieren wird."

Als er gefragt wurde, ob Aktien überbewertet seien, antwortete Buffett: "Ich konnte die Börse noch nie gut beurteilen. Ich versuche, einzelne Unternehmen zu bewerten. Wenn ich jedes Jahr ein paar besondere Unternehmen halbwegs korrekt bewerten könnte, dann würde ich annehmen, es sei ein erfolgreiches Jahr. Mit Vermutungen darüber, wie sich die Börse entwickeln wird, habe ich noch nie Geld verdient."

Als er weiterhin gefragt wurde, ob es heute schwieriger sei, unterbewertete Anlagemöglichkeiten zu finden, stimmte er zu, fügte aber hinzu: "Zum gegenwärtigen Zeitpunkt scheint dies immer schwierig zu sein."

Als er auf das Gerücht angesprochen wurde, er wolle Aktien von Time Warner kaufen, sagte er: "Ich kommentiere niemals Gerüchte, insbesondere nicht meine eigenen."

"Und dann fragte ein Reporter: "Dann möchte ich doch direkt fragen: Kaufen Sie Time-Warner-Aktien?" Buffett entgegnete: "Ich gebe niemals einen Kommentar darüber ab, ob wir kaufen oder verkaufen. Das einzige, das ich kommentiere, ist die Tatsache, daß Berkshire Hathaway mir gehört."

Auf die abschließende Frage über die Möglichkeit eines Aktiensplits sagte Buffett, die Leute sollten ihren Atem nicht anhalten.

104

PS Group

Am Jahresende 1990 besaß Berkshire ungefähr 20 % der PS Group, die später als PS Group Holdings reorganisiert wurde. Das Unternehmen hat seinen Sitz in San Diego und wird schon lange Zeit von J. P. Rick Guerin geführt. Mehr als 25 Jahre lang war Guerin ein Schüler und Freund von Buffett und Munger.

Ihre Freundschaft ist sowohl finanziell, als auch gefühlsmäßig begründet. 1980 lud Munger Guerin und Buffett zum Angeln ein. Auf einem See in Minnesota benutzten sie ein kleines Boot, das normalerweise dazu gedacht war, Wasserskiläufer zu schleppen. Munger legte den Rückwärtsgang ein und verursachte damit, daß Wasser in das Boot eindrang und das Boot unterging. Er hatte versucht, in eine bessere Position zu kommen, um seine Angel auszuwerfen.

Der große und schlanke Guerin, bei weitem der athletischste des Trios (Schwimmer, Tennisspieler, Pilot, Fallschirmspringer, Skifahrer, Autorennfahrer, Radrennfahrer und Marathonläufer), tauchte hinunter und holte Schwimmwesten aus dem gesunkenen Boot, so daß alle drei in voller Montur zum Ufer schwimmen konnten. Und deshalb nennt Guerin Munger auch Admiral Munger.

In einem Interview am 21. Mai 1997 bestätigte Munger, daß dieser Vorfall keineswegs lebensgefährlich war, aber daß Guerin während dieses Unfalls die größte Geistesgegenwart gezeigt habe.

1990 kaufte Berkshire ungefähr 11 % der Aktien von PS Group und zahlte dafür 32 $ pro Aktie. Später stimmte der Aufsichtsrat der PS Group Buffetts Wunsch zu, bis zu 22,5 % des Unternehmens zu kaufen, und sicherte Buffett gegen Jahresende den Erwerb von bis zu 45 % der Aktien zu, was dieser angesichts der Marktkonditionen, des Kurses und der mangelnden Attraktivität anderer Investments auch hätte tun können.

Buffett erhöhte seinen Anteil an der PS Group langsam auf ungefähr 22 %, hauptsächlich weil er ein großes Aktienpaket von Tweedy Brown Investment gekauft hatte. Während Buffett die Aktien der PS Group kaufte, lag deren Kurs-Gewinn-Verhältnis zeitweise bei über 50, und so muß es bei der Aktienauswahl noch andere Kriterien geben als nur ein niedriges KGV.

Weshalb interessierte sich Buffett für ein Unternehmen, das auf den ersten Blick schwer zu verstehen war und einen seltsamen Mix von Geschäftsfeldern unterhielt? PS Group geht auf Pacific Southwest Airlines zurück, die 1987 an US Air verkauft wurden. Nach diesem Verkauf blieb der PS Group eine Flugzeugleasinggesellschaft, eine Treibstoffvertriebsgesellschaft und einige Unternehmen, die sich mit Öl und Gas beschäftigten. Viele der Öl- und Gasfirmen wurden 1989 verkauft. Das größte Investment des Unternehmens liegt in der Flugzeugleasinggesellschaft. Sie verleast Flugzeuge an US Airways. PS Group hatte auch Leasingverträge mit einer Reihe von Fluglinien, die später vor dem Konkursrichter landeten.

1987 investierte die PS Group 84 Mio. $ in Reisebüros (weitere 49 Mio. $ sollten 1989 hinzukommen) und kaufte 81 % von US Travel Systems Inc., einem großen Touristikmanagementsystem.

Dessen Gründer Peter Sontag, ein Absolvent der Columbia Business School, und die PS Group lernten sich kennen, als die PS Group ein Kunde von Sontags Firma war.

Später versuchte die PS Group, die Reisebüros an die Familie Pritzker zu verkaufen, die bereits 15 % des Unternehmens besaß, aber die Gespräche endeten ohne ein Ergebnis. 1994 wurde diese Einheit an Murray Holland, einen Investor aus Dallas, verkauft.

Guerin sagte, vor Buffetts Investment habe es keine Vorausgespräche gegeben.

Auf der Jahreshauptversammlung der PS Group im Jahr 1991 sagten der Aufsichtsratsvorsitzende Charles Rickershauser, ebenfalls ein Freund von Buffett, und der Vorstandsvorsitzende George Shortley (Guerin hatte sich damals in die zweite Reihe des Unternehmens gestellt und war nur noch stellvertretender Vorsitzender des Aufsichtsrats), daß Buffett ein Freund des Unternehmens bleibe, jederzeit um einen Rat gebeten werden könnte, aber niemals sagen würde, wie sie ihr Unternehmen zu führen hätten.

Die PS Group ist eine Kombination aus einer Holding und einer Leasinggesellschaft und äußerst eigenartig im Mix ihrer Geschäftsfelder. Guerin hat in dieses Unternehmen einen großen Teil seines Vermögens investiert.

Und hier ein Hinweis auf den Erfolg von Guerins Kapitalanlagen, bevor es zu den schlechten Ergebnissen der PS Group kam: Zwischen 1965 und

1983 erzielte der S&P einen Zuwachs von 316 %, während Guerins Pacific Partners um 22.200 % zulegten. Und über einen Zeitraum von 22 Jahren hinweg, während denen der S&P 500 lediglich um 510 % anstieg, wuchsen Guerins Pacific Partners um 65.500 % oder 34,1 % pro Jahr.

Wenn Buffetts Investmentergebnisse einen Einfluß auf Guerin hatten, so hatte es auch Buffetts Arbeitsweise. Buffetts Einfluß auf Guerin wird aus dem Jahresbericht ersichtlich: "Bei PSG werden vier Vollzeitangestellte beschäftigt, und der gesamte Stab macht 13 Angestellte aus... Gleichzeitig bleibt die Kommunikationspolitik von PSG erhalten, die besagt, daß PSG über seine Operationen keine Auskunft gibt, außer über Veröffentlichungen, die an alle Aktionäre gehen, über Informationen durch die Medien und über Fragen auf der Jahreshauptversammlung." Das klingt sehr vertraut.

Später änderte das Unternehmen seine Kommunikationspolitik und beantwortete die Fragen auch in anderen Foren als nur in der Jahreshauptversammlung.

1986, nach einem Umbau ihrer Pensionsrückstellungen, kam das Unternehmen in den Besitz eines großen Pakets von 5.750 Berkshire-Aktien. Sie wurden für insgesamt 27,6 Mio. $ erworben, wurden aber 1991 für 47,8 Mio. $ wieder verkauft, als die PS Group, zu sehr mit Schulden beladen, mit ihren Banken Schwierigkeiten bekam. Dies war das Ergebnis von Verlusten, die aus dem Leasinggeschäft mit Flugzeugen Anfang der 90er Jahre resultierten. Die Fluggesellschaften verloren Milliarden, reduzierten ihre Flüge, reichten Konkursanträge ein, stellten ihre Geschäftstätigkeit ein und konnten es sich einfach nicht mehr leisten, Flugzeuge zu leasen.

Der Verkauf der Berkshire-Aktien ging in einer privaten Transaktion an Ruane, Cunniff & Co. aus New York und wurde zu Marktkursen durchgeführt. Rick Guerin hatte das Gefühl, er müsse verkaufen, und Bill Ruane wollte kaufen.

Als die PS Group 1991 ihre Jahreshauptversammlung abhielt, waren die Berkshire-Aktien noch in ihrem Besitz. Berkshire hatte Aktien der PS Group in seinem Portfolio, und PS Group hatte Berkshire-Aktien in ihrem Portfolio. Bei dieser Gelegenheit sagte Rickershauser, ein früherer Direktor des Pacific Stock Exchange und Partner der Kanzlei Munger, Tolles: "Ich wünschte, wir hätten einen Anteil von 22 % an Berkshire."

Der Krimi, der bei PS Group ablief und auch die PS-Group-Aktien auf den Kurs einer Achterbahn brachte, ist die Geschichte einer neugegründeten und höchst spekulativen Sondermüll- und Metallrecyclingfirma mit dem Namen Recontek.

Recontek? Das hörte sich gar nicht an, als ob Buffett daran interessiert sein könnte, der immer auf Jetzt-und-gleich-Gewinnen, auf Bargeldzufluß besteht, den er gleich wieder reinvestieren kann.

Buffett und seine Umgebung sagen, er habe wenig Interesse an spekulativen Objekten, wenig Interesse an neugegründeten Unternehmen, die vielleicht irgendwann einmal rentabel sein könnten. Die PS Group mag vielleicht eine Ausnahme sein. Anfang 1989 entschloß sich die PS Group, in Recontek (ebenfalls mit Sitz in San Diego) zu investieren.

Recontek entwickelte einen eigenen Recyclingprozeß, der flüssigen und festen Giftmüll - in erster Linie aus Galvanikbetrieben und Unternehmen, die Leiterplatten herstellen, in Metalle und Industriechemikalien recycelte, die wieder verkauft werden konnten. In Reconteks Anlage wurde der metallische Müll mit Chemikalien gemischt und daraus Kupfer, Nickel und Zink separiert.

Diese Methode ist sehr wichtig, weil der Industrie damit eine preisgünstigere Möglichkeit geboten wurde, sich ihres Sondermülls zu entledigen als das höchst riskante Anfüllen von Abfallgruben oder die Verbrennung. Sie mindert auch die Haftungskosten für mögliche Sanierungsarbeiten, falls es zu einer Kontaminierung vom Erdreich käme.

Nach der Inbetriebnahme einer Pilotanlage in San Diego baute Recontek seine erste Wiederaufarbeitungsanlage in Newman, Illinois. Das Unternehmen schloß Verträge mit anderen Kommunen, Recyclinganlagen zu erbauen.

Doch 1994 verkaufte die PS Group Recontek.

Munger sagt: "PS Group ist auch so eine Geschichte, bei der man uns ein Kuckucksei ins Nest legte. Ungefähr neun Sachen liefen gleichzeitig schief - auch eine indirekte, aber sehr große Gefahr für USAir. Ein hoher Prozentsatz der Vermögenswerte der PS Group sind von USAirs Bonität abhängig. Und auf seinem Tiefpunkt war das Stammkapital von USAir fast bei null angelangt."

Die Performance der PS Group veranlaßte einige Leute, ganz laut Konkurs zu rufen. Robert Holmes, der Präsident von Gilford Securities, sagte gegenüber Dan Dorfman von *USA Today* (3. April 1992), daß die PS Group zum Jahresende 1992 mit Sicherheit in Konkurs gehen würde. Holmes hatte die Aktien der PS Group leer verkauft.

Auf der Jahreshauptversammlung 1991 wurde Buffett über Berkshires Beteiligung an der PS Group befragt. Buffett bestätigte eine Position von etwas über 20 % (1,2 Millionen Aktien; am Jahresende 1993 waren es 9,9 %), darüber hinaus gab er jedoch keinen Kommentar ab. Ob wir eines Tages mehr darüber erfahren werden? Wahrscheinlich.

Als Buffett 1992 gefragt wurde, ob es bei der PS Group Schwierigkeiten gäbe, wies er darauf hin, daß das Unternehmen keinen Konkursantrag stellen würde. Auf die Nachfrage, ob die PS Group in großen Schwierigkeiten sei und in Konkurs gehen könne, versuchte Buffett positiv zu sein: "Wir werden sehen."

1997 war die PS Group immer noch in Schwierigkeiten, und Berkshire besaß immer noch 19,9 % des Unternehmens.

105

Wells Fargo

Eine "tote Ente" steigt auf wie ein Adler

Wells Fargo, die kalifornische Bank, die einmal den Pony Express besaß, gab am 24. Oktober 1990 bekannt, daß Buffett 5 Millionen Stammaktien gekauft habe und somit zum größten Aktionär geworden sei.

Das Markenzeichen des Unternehmens, die Concord-Kutsche, ist ein fortwährendes Symbol für Verläßlichkeit, für "Durchkommen". Wells Fargo hat in jedem Jahr seines Bestehens Gewinn abgeworfen.

Buffett kam mit einem großen Schlag an Wells Fargo. Seit seinem ersten Paket, das Berkshire über Salomon erwarb, erhöhte Buffett seinen Anteil an der Bank auf fast 7,3 Millionen Aktien oder etwa 14 %. Nachdem Wells Fargo im Jahr 1996 First Interstate gekauft hatte, besaß Berkshire etwa 8 % der neuen kombinierten Wertpapiere. Am Ende des Jahres 1997 hatte Berkshire seinen Anteil an Wells Fargo auf etwa 6,7 Millionen Aktien oder ungefähr 7,8 % reduziert, doch war dies immer noch ein Wert von 2,5 Mrd. $. Außerdem hält Berkshire ungefähr 28.000 Wells-Fargo-Aktien als Pensionsrückstellung, um einigen Berkshire Angestellten, einen angenehmeren Ruhestand zu ermöglichen.

Wieder einmal investierte Buffett, als man eigentlich nicht kaufen sollte, denn 1990 war für Banken eine schlimme Zeit. Der bloße Gedanke, Bankaktien zu kaufen, schien zu der Zeit, als er kaufte, völlig absurd. Damals war das Wort "Bank" gleichbedeutend mit Entlassungen, uneinbringbaren Immobilienhypotheken, niedrigen Dividenden - und einigem Schmutz, der mit der Savings & Loan-Krise zusammenhing. Ein paar Superschlaue waren der Meinung, daß die rasch fallenden Immobilienpreise das Bankensystem zum Kippen bringen könnten.

Das Kurs-Gewinn-Verhältnis der Wells-Fargo-Aktien lag am Tag, als

Die Wells-Fargo-Postkutsche.

Berkshires erstes Investment bekanntgegeben wurde, bei 3,7! Mr. Market war in sehr schlechter Stimmung.

Dieses Unternehmen war wirklich in Ungnade gefallen. Buffett kaufte seine Aktien von einer Bank in San Francisco ungefähr zum Buchwert, der damals knapp unter 60 lag.

Wells Fargo erfreute sich lange Zeit eines sehr guten Rufs. Das Management war so hoch angesehen, daß andere Banken bei ihm trainierten. Henry Wells und William Fargo gründeten das Unternehmen als Expreßlieferservice und Bank im Jahr 1852, nur zwei Jahre nachdem American Express gegründet wurde. Schon zu Zeiten des Goldrausches bot die Gesellschaft Bankdienstleistungen und Eiltransporte an, man beförderte Passagiere, Post, Gold, Silber und Geld quer durch den westlichen Teil der Vereinigten Staaten, durch Kanada und Mexiko - mit Postkutsche und Eisenbahn.

Damals schaffte eine Kutsche nur ungefähr 5 Meilen pro Stunde. Überfälle waren häufig. Wells Fargo hatte großen Anteil an der wirtschaftlichen Entwicklung des amerikanischen Westens.

1905 trennte Wells Fargo die Bankgeschäfte von den Expreßtransporten ab, und die Bank kaufte im Laufe der Zeit viele andere Banken auf. Heute investiert die Bank sehr viel in den Bereich elektronische Transaktionen und unternahm große Anstrengungen, in Kaliforniens Supermärkte hineinzukommen. Dort eröffneten sie kleine Zweigstellen und statteten sie nur mit wenigen Schaltern und einem Geldautomaten aus. Und durch die Nutzung von Laptops beschleunigte Wells Fargo die Darlehensbearbeitung für kleine Unternehmen.

1986 kaufte die Bank Crocker National, 1988 die Barclays Bank of California, 1990 die kalifornischen Zweigstellen der Great American Bank und noch weitere. Insgesamt gelangen Wells Fargo in den letzten 45 Jahren 150 Fusionen.

1990 schwankten die Wells-Fargo-Aktien zwischen 86 und 41,25 $. Buffets Einstiegskosten beliefen sich auf 58 $ je Aktie. Schon bald erfreute sich Berkshire über die saftigen Dividenden, die Wells Fargo ausschüttet.

Während seiner ganzen Karriere stand Buffett neben der Kasse und zählte den immer größer werdenden frischen Geldstrom, der darin klingelte. Wahrscheinlich könnte er das gleiche sagen wie das Fotomodell, das einmal schnurrte: "Das schönste am Geld ist, daß es sich nie mit dem, was ich trage, beißt."

Zu der Zeit, als Buffett die Wells Fargo Aktien kaufte - er begann mit einem kleineren Anteil im Jahr 1989 - gab es eine Reihe von cleveren Investoren, darunter auch Feshback Brothers, die alle für ihre Leerverkäufe bekannt waren und darauf setzten, daß die Aktie fiel. In den letzten Jahren wurde die Aktie sowohl von Leerverkäufern als auch von Value-Investoren umkämpft.

"Wells Fargo ist eine tote Ente", sagte Tom Barton, ein Vermögensverwalter bei Feshback Brothers. "Ich glaube nicht, daß es richtig ist, es einen Konkurskandidaten zu nennen, aber ich glaube, es ist wie ein Teenager (womit er meinte, daß der Aktienkurs bis in die "Teens" fallen würde). Sie ist von allen Banken dem Immobiliengeschäft am meisten ausgesetzt" (*Wall Street Journal*, 1. November 1990).

In gewisser Weise hatten die Leerverkäufer recht. Schon bald waren von der Dividende nur noch Krümel übrig, und die Rückstellungen für wackelige Immobilienkredite nahmen dramatisch zu.

John Liscio von *Barron's* schrieb, Buffett brauche sich nicht länger Sorgen zu machen, wer sein Vermögen ausgebe - nicht, wenn er weiterhin mit Bankaktien auf Grund gehen wolle (*Barron's*, 29. Oktober 1990).

George Salem, ein Analyst bei Prudential Securities Inc., wurde so zitiert: "Er suchte sich ein Management, das die besten Immobilienhypotheken abschließt. Aber er hat nicht gemerkt, daß nicht einmal Mark Spitz (mehrfacher Goldmedaillengewinner bei den Olympischen Spielen in München 1972) in einem Hurricane mitten im Ozean schwimmen kann."

659

Wie also waren die Gewinne von Wells Fargo damals? Eigentlich ganz gut. Die Bank machte 1990 einen Gewinn von 712 Mio. $ oder 13,39 $ je Aktie. Als aber 1991 die Preise für Gewerbeimmobilien weiter fielen, stiegen Wells Fargos Verluste aus den Darlehen an.

"Trotz dieser äußerst schwierigen Bedingungen blieb Wells Fargo rentabel, wie auch in jedem Jahr zuvor in diesem Jahrhundert, sogar während der großen Depression", sagte Jim McCluskey, ein Investor aus San Francisco.

Die Bank, die bisher in keinem Jahr einen Verlust einstecken mußte, verdiente 1929 19,17 $ pro Aktie, 1930 14,71 $ und 1931 13,29 $. "Und nach so etwas suchte Buffett", sagte McCluskey.

Es ist Buffetts Trick, mit dem Strom zu schwimmen, wenn es für andere so aussieht, als schwimme er gegen ihn an. Welchen Strom jedoch sah Buffett? Buffett scherzt oft darüber, wie wenig er von Makroökonomie hält, aber Berkshire-Aktionär Yves Mojonnet glaubt, daß Buffett im Fall Wells Fargo seine Entscheidungen auf der Basis der Makroökonomie fällte.

"Ich glaube, er sieht in Kalifornien eine der größten Industriemächte der Welt, und ich vermute, er sah, daß sich die Banken konsolidierten", sagte Mojonnet. Die Bank, die sich auf Kalifornien konzentriert, ist wie jede andere von der lokalen Wirtschaft abhängig. Die 750 Mrd. $, die jährlich in Kalifornien erwirtschaftet werden, machen etwa 13 % des Bruttosozialproduktes aus und beschäftigt fast 14 Millionen Menschen, etwa 12 % der Arbeitnehmer des Landes. Kalifornien ist der Welt sechstgrößtes Wirtschaftsgebiet.

Manche sehen Buffetts Beteiligung bei Wells Fargo als ökonomisches Spiel mit dem Wirtschaftsaufschwung im pazifischen Raum an.

(Photo courtesy of Wells Fargo Bank)
Carl Reichardt

(Photo courtesy of Wells Fargo Bank)
Paul Hazen

Mojonnet glaubt, daß Buffett ein gutes Management sah, was dieser bestätigte. "Wells Fargo waren die ersten, die in den Jahren 1986/87 die faulen Kredite an die Dritte Welt erkannten. Das Management beherrschte damals die Situation und ist auch heute in der Lage, die Situation zu meistern, indem es die Dividenden kürzt und die Rückstellungen für Verluste aus den Krediten vergrößert", sagte Mojonnet, nachdem Buffett Wells Fargo gekauft hatte. Heute wird die Dividende wieder erhöht.

Und wieder einmal beteiligte sich Buffett an einem der größten amerikanischen Unternehmen, einem starken Marktführer, der damals von dem Vorsitzenden Carl Reichardt, einem Freund Buffetts, geführt wurde und heute von Reichardts Nachfolger, Paul Hazen.

Irgendwie, auch während der schlechtesten Zeiten, wie in der Rezession von 1990, gelingt es Buffett immer wieder, Barmittel bereitzustellen, um Großaktionär bei den besten Unternehmen des Landes zu werden. Allerdings barg das Investment bei Wells Fargo auch sehr viele Risiken, viele Gewerbe- und Immobilienkredite ebenso wie Transaktionen, die nur durch hohe Kreditaufnahme möglich wurden, und dies zu einer Zeit, als Kalifornien in einer regelrechten Immobiliendepression steckte.

Andererseits war Wells Fargo schon immer eine der rentabelsten und effizientesten Banken des Landes.

Und Wells Fargos Kutsche der Gewinne fuhr immer schon durch unwegsames Gelände, um Überfälle zu vermeiden. Und da wir gerade über Postkutschen sprechen: Reichardt und Hazen schenkten Buffett einmal eine handgeschnitzte, 60 cm hohe Wells-Fargo-Postkutsche, die bei Buffett im Büro steht.

1991 erholten sich die Wells-Fargo-Aktien, schlugen die Leerverkäufer geradezu ins Gesicht, weil Buffett so viele Aktien aufkaufte. Es ist kein Wunder, daß in Kreisen gewisser Leerverkäufer auf T-Shirts aufgedruckt war: "... Warren Buffett." (Der entsprechende Fluch wurde vom Autor durch Pünktchen ersetzt.)

Wieder einmal, während fast alle anderen in Panik gerieten, stieß Buffett auf Gold, dieses Mal an der Westküste.

In einem Artikel vom 15. April 1991 über den Kauf von Wells Fargo zitierte *Forbes* Charlie Munger: "Letztendlich setzen wir auf das Management. Wir sind davon überzeugt, daß sie die Probleme schneller und besser lösen können als andere Leute."

Als der kostenbewußte Reichardt herausfand, daß einer seiner leitenden Angestellten einen Weihnachtsbaum fürs Büro kaufen wollte, sagte ihm Reichardt, wenn er das unbedingt wolle, dann solle er sein eigenes Geld dafür benutzen und nicht das der Bank.

"Als wir das hörten, kauften wir noch mehr Aktien", sagte Munger auf der Berkshire Jahreshauptversammlung 1991. Das Interesse an Wells Fargo setzte sich fort. 1991 gab Wells Fargo bekannt, daß Buffett sich vom Federal Reserve Board die Erlaubnis holen wolle, seinen Anteil auf bis zu 22 % der Aktien mehr als zu verdoppeln. Anfang August erhielt Buffett die Genehmigung.

Die amerikanischen Aktiengesetze verlangen, daß das Federal Reserve Board Kaufwünsche dann überprüft, falls ein Käufer beabsichtigt, mehr als 10 % einer Bank zu erwerben, die Aktien hält. Ein Grund dafür, daß Buffett weitere Wells-Fargo-Aktien kaufen wollte, war, daß er wußte, er konnte einige zu Sonderangebotskursen kaufen. Tatsächlich endete Wells Fargos Fähigkeit, sich von faulen Krediten fernzuhalten, im Jahr 1991 mit einer Verlautbarung, das Unternehmen müsse im zweiten Quartal einen hohen Kreditverlust hinnehmen und die Gewinne würden weit geringer ausfallen, als Analysten zuvor angenommen hatten. Der Kreditverlust belief sich Ende 1991 auf stolze 700 Mio. $ und schuf damit eine weitere hervorragende Kaufmöglichkeit. Der Aktienkurs sank auf Buffetts ursprünglichen Kaufkurs zurück, und erholte sich, als sich die Banken des ganzen Landes konsolidierten.

Buffetts zweiter Kauf wurde zwischen dem 4. und 10. August 1992 zu Kursen zwischen 66 und 68 $ getätigt. Walter Annenberg, ein Freund von Buffett, gab bekannt, daß er mit 5,3 % der Aktien an Wells Fargo beteiligt sei. Annenberg, ein sehr wohlhabender Geschäftsmann und Freund von Ronald Reagan, der mehr als 1 Mrd. $ für Bildungsprojekte gespendet hatte, besaß Ende 1994 4,53 Millionen Wells-Fargo-Aktien oder etwa 8,6 %.

Ende 1992 gab Buffett bekannt, er habe weitere 37 Mio. $ investiert - zu Kursen zwischen 66 und 69 $ pro Aktie. Und Prudentials Salem gab Ende 1992 weiterhin Verkaufsempfehlungen und schimpfte, welch miese Aktie Wells Fargo doch sei: "Wenn Warren Buffett das Geld ausgeht, wird die Aktie abstürzen", und: "Buffett sollte sein Geld lieber für wohltätige Zwecke spenden."

"Er stützt die Aktie, sonst würde sie weit tiefer liegen", sagte Salem. Er sagte, diese Aktie sei eine hervorragende Shortinggelegenheit und nur Buffett halte die Leerverkäufer von einem regelrechten Schlachtfest ab. Am 7. Januar 1993 berichtete Wells Fargo, Buffett habe Ende Dezember 1992 weitere 66.800 Aktien zu einem Kurs zwischen 74,46 und 75,43 $ pro Stück gekauft; sein Gesamtpaket belaufe sich nunmehr auf 6.358.418 Aktien.

Prudentials Salem empfahl auch in diesem Monat: "Wir wiederholen unser Verkaufsrating für Wells Fargo & Co... Das Risiko eines Kurseinbruchs erscheint beträchtlich - möglicherweise auf 60 $ oder tiefer... Dieser Kurs reflektiert eine fast komplette Erholung, die wir nicht sehen."

Während manche Leerverkäufer einen Kursrückgang um 50 % voraussagten, weil Abschreibungen vorhergesagt wurden, überquerte die Wells-Fargo-Aktie locker die 100-$-Grenze.

Dann erschien am 30. April 1993 der folgende Artikel in *The Atlanta Journal/The Atlanta Constitution*:

"Salem von Prudential stellte die Beobachtung von Wells Fargo ein und nannte sie die seltsamste Aktie, die er je beobachtet habe. Als lauter Kritiker der Bank aus San Francisco wurde Mr. Salem jahrelang von Wells Fargo verteufelt.

Seit Dezember 1989 gab der Analyst für diese Aktie eine Kaufempfehlung, als sie mit einem Kurs von 60 $ gehandelt wurde. Letzten Donnerstag schloß die Aktie bei einem Kurs von 105,375 $.

Mr. Salem, ein oft zitierter 25jähriger Branchenveteran, besteht darauf, daß er nicht wegen einer schlechten Empfehlung aufgebe. ,Dies ist keinesfalls eine Niederlage... Dies war eine rein geschäftliche Entscheidung, weil ich überlegte, daß ich meine Zeit anderweitig rentabler verwenden könnte. Wells Fargo ist überbewertet, weist eine zu hohe Schwankungsbreite auf, ist unberechenbar und nicht viele Leute aus dem Investmentland interessieren sich dafür."

Buffett sagte *Forbes* am 18. Oktober 1993: "Ich möchte nicht für die Wells-Fargo-Aktien werben. Ich bin nur der Überzeugung, daß dies ein sehr gutes Unternehmen ist, mit dem besten Management und zu einem vernünftigen Kurs gekauft werden kann. Und wenn das der Fall ist, dann kann auch noch mehr Geld damit gemacht werden."

Der Kurs stieg weiter, und im November 1993 kaufte Buffett weitere Aktien hinzu, womit sich sein Anteil auf 6,8 Millionen Aktien belief.

Einige Wochen später wurde bemerkt, daß Wells Fargo mit Rückstellungen von 2,1 Mrd. $ für faule Kredite wohl 1 Mrd. $ zuviel zurückgestellt hätte und dieses Geld wohl später in die Gewinne einfließen würde.

Um die Geschichte kurz zu machen: Die Aktie stieg weiter an, überschritt die 150-$-Grenze und damit verdoppelte sich Buffetts Einsatz in weniger als vier Jahren. Im Frühjahr 1995 gab Wells Fargo bekannt, es plane, 10 % seiner Aktien zurückzukaufen. 1995 überschritt die Aktie die 200-$-Grenze.

Für Buffett zahlte sich Wells Fargo aus und sollte sich auch weiterhin auszahlen. Am 18. Oktober 1995 startete Wells Fargo mit der Zustimmung Buffetts eine feindliche Übernahme des Rivalen First Interstate Bancorp aus Los Angeles.

Weshalb aber mit Buffetts Beifall, wenn er normalerweise nichts von feindlichen Übernahmen hält? Wahrscheinlich deshalb, weil Buffett Berkshires Beteiligungen nicht kontrolliert. Buffett, der selbst moralisch einwandfrei ist, unterstützt ein Management, das sich seinen Eigentümern gegenüber verantwortlich zeigt.

Berkshires Struktur ermöglichte es Buffett, "den Drachen aus dem Weg zu gehen".

Das unverlangte Gebot belief sich auf 10 Mrd. $ in Wells Fargo Aktien, bis dahin der höchste Preis in der Bankengeschichte.

Buffett war bei den fehlgeschlagenen Verhandlungen zwischen den Führern von Wells Fargo und First Interstate anwesend. "Mr. Buffett stellte fest, daß er beide Unternehmen detailliert untersucht habe. Er stellte auch fest, daß man die beiden Unternehmen in ihren Vor- und Nachteilen vergleichen könne. Wenn man aber schließlich jedes Unternehmen bewerte, dann könne man zu dem Schluß kommen, daß sie in etwa gleich seien und deshalb ein Umtauschverhältnis von 0,625 (0,625 Wells-Aktien gegen eine First Interstate) ihm sinnvoll erscheine" (aus dem Brief an die Aktionäre von First Interstate, in dem am 6. November 1995 bekanntgegeben wurde, daß man mit First Bank System fusionieren werde).

Der Zusammenschluß der Banken Wells und First Interstate schuf die achtgrößte Bank der Vereinigten Staaten mit mehr als 100 Mrd. $ Vermögenswerten. Wells Fargo war die drittgrößte Bank in Kalifornien und First Interstate die Nummer 2 hinter der Bank of America. Die große First Interstate hatte das größte Zweigstellennetz, das über mehrere Staaten reichte, und betrieb fast 1.200 Zweigstellen. Sie war im Westen Amerikas und in Texas sehr stark vertreten. Bevor sie von Wells Fargo aufgekauft wurde, beschäftigte die Bank 26.000 Angestellte.

Wells Fargo ließ verlauten, sie würde einige Zweigstellen in Kalifornien aufgeben und damit 800 Mio. $ an Kosten einsparen. Tatsächlich wurden viele First-Interstate-Zweigstellen geschlossen und Personal entlassen.

William Siart, der Vorsitzende von First Interstate, sagte: "Ich bin tief enttäuscht, daß Wells Fargo diese unerwünschte Aktion unternommen hat."

First Interstate wies Wells Fargos Angebot zurück und vereinbarte eine Fusion mit der kleineren First Bank Systems of Minneapolis.

Dies ist aber nicht das Ende der Geschichte. In dem Maß, wie die Aktien von Wells Fargo schneller im Wert stiegen als die der First Bank, wurde das Angebot von Wells Fargo attraktiver. Und nach einem überraschenden Erlaß der SEC, in dem festgelegt wurde, daß die First Bank zwei Jahre lang keine eigenen Aktien zurückkaufen dürfe, wurde der Deal für die Aktionäre der First Bank unattraktiver.

Kurz danach erteilte der Aufsichtsrat von First Interstate Siart den Auftrag, Fusionsgespräche mit Hazen aufzunehmen.

Am 24. Januar 1996 gewann Wells Fargo die feindliche Übernahme von First Interstate. Wells hatte vor, bei First Interstate 7.000 Stellen einzusparen, auch die von Siart. Am Ende wurden 8.900 Arbeitsplätze vernichtet.

Zuletzt bezahlte Wells Fargo für jede First-Interstate-Aktie zwei Drittel einer eigenen Aktie. Die gesamte Akquisition belief sich damit auf 11,3 Mrd. $ in Aktien.

Die Integration und Vereinnahmung von First Interstate durch Wells Fargo wurde planmäßig Ende 1996 beendet - eine der schnellsten Abwicklungen bei großen Bankenfusionen.

In ihrem Brief an die Aktionäre schrieb Wells Fargo 1997: "Unsere Vermögenswerte haben sich mehr als verdoppelt, von 50,3 Mrd. $ im Januar 1996 auf 108,9 Mrd. $ im Dezember. Unsere Geschäfte wickeln wir nun in zehn statt nur in einem Bundesstaat ab. Der Personalstand lag am Jahresende bei 36.900 Angestellten gegenüber 19.250 Angestellten zwölf Monate zuvor. Am Jahresende hatten wir 1.950 Zweigstellen im Westen Amerikas statt nur 975 ausschließlich in Kalifornien. Und außerdem haben wir ein Netzwerk von 4.300 Wells-Fargo-Geldautomaten im gesamten Westen von Amerika gegenüber nur 2.400 ausschließlich in Kalifornien."

Natürlich lief nicht alles perfekt: "257 Zweigstellen in Kalifornien wurden an zwei Wochenenden im Juli und August geschlossen. Diese logistische Herausforderung wurde dadurch erschwert, daß mehr als zwei Dutzend dieser Aktionen in totaler Finsternis stattfinden mußten, nur mit Taschenlampen, Kerzen und Generatoren, weil sich am Samstag, den 10. August, der größte Stromausfall ereignete, der die Westküste jemals getroffen hatte."

Die Fusion verursachte Fehler auf den Konten, Kommunikationsprobleme und Kündigungen von Mitarbeitern. Schließlich sagte Paul Hazen über die Fusion: "Für mich war das kein schönes Bild; es hat mir überhaupt keinen Spaß gemacht." Die sich hinziehenden Probleme, die sich aus der Fusion ergaben, dauerten bis weit ins Jahr 1997 hinein und schadeten den Gewinnen. Das Aufgeld, das für die Einlagen von First Interstate gezahlt worden war, mußte abgeschrieben werden. Die Kosten, die auf Wells Fargo in den Jahren 1997, 1998 und 1999 zukommen werden, belaufen sich auf 241, 211 und 186 Mio. $. Das bedeutet, daß ungefähr 2,50 $ Gewinn pro Aktie in diesen Jahren von den Kosten aufgefressen wird.

Außerdem wird der Firmenwert aus der Akquisition über die nächsten 25 Jahre hin linear abgeschrieben. Dieser Betrag beläuft sich auf jährlich

320 Mio. $, was weiteren Gewinnschmälerungen von 3,80 $ je Aktie in den nächsten 25 Jahren entspricht (*The Buyback Letter*, November 1996). Trotzdem werden Wells Fargos Gewinne besser sein, als sie zunächst aussehen.

"Die Fusion mit First Interstate verdoppelte Wells Fargos Vermögenswerte und die Anzahl der Zweigstellen. Die Bank ist im Staat Kalifornien nun überall präsent. Die 405 kalifornischen Zweigstellen von First Interstate gehen nun mit den 974 kalifornischen Zweigstellen von Wells Fargo zusammen und decken damit die gesamte Landschaft ab. Tatsächlich gibt es nun im Golden State mehr Zweigstellen von Wells Fargo als McDonald´s!" Wells Fargo plante, 1997 450 neue Zweigstellen in Safeway-Geschäften zu eröffnen.

Niemand kann wissen, welche Geschäftsfelder Wells Fargo in der Zukunft kombinieren wird, aber hier ist der erste Satz aus einem Artikel von Dow Jones aus dem Jahr 1997: "Wells Fargo & Co. wird sieben kalifornische Zweigstellen neu gestalten, in denen sowohl Full-Service-Banking, als auch Starbucks Coffee Co., ein Postamt, eine Reinigung und ein Copyshop enthalten sein werden."

Wells Fargo war nun ein regelrechtes Kraftwerk. Und die kalifornische Wirtschaft zeigte Anzeichen einer neuen Blüte.

Am 21. August 1997 wurde landesweit in den Fernsehnachrichten berichtet, daß Berkshire seine gesamten Anteile an Wells Fargo verkauft habe, wodurch der Kurs der Wells Fargo Aktien einen starken Einbruch erlitt. Es stellte sich jedoch heraus, daß Berkshire von der SEC die Erlaubnis erteilt worden war, seine Beteiligungen an Wells Fargo vertraulich zu behandeln. Berkshire blieb einer der großen Investoren bei Wells Fargo.

Am 8. Juni 1998 kamen Wells Fargo und die Norwest Corp. aus Minneapolis überein, zu fusionieren, und bildeten damit einen Bankengiganten in den westlichen USA.

106

GUINNESS

EINE FUSION BEIM WARTEN AUF EINE ERHÖHUNG DER WELTKONJUNKTUR

1991 schlug Buffett still und heimlich noch einmal zu und kaufte für ungefähr 265 Mio. $ 31,2 Millionen Aktien von Guinness aus London, einem der größten Spirituosenlieferanten der Welt. Nach der Fusion mit Grand Metropolitan, einem Giganten der Konsumprodukte, firmiert das Unternehmen seit 1997 als Diageo.

Dies war Buffetts erstes größeres Direktinvestment in Europa und sein erster größerer Kauf eines Markennamens seit Coca-Cola und Gillette. Guinness, das für sein Bier und das "Guinness-Buch der Rekorde" bekannt ist, ließ sich mit der Lieferung von Erträgen an die Investoren viel Zeit.

Buffett verglich Guinness mit Coca-Cola als einen starken Marktführer, schrieb jedoch im Jahresbericht für 1991: "Sie werden die Getränke niemals verwechseln - und Ihr Vorsitzender wird weiterhin im Lager der Cherry-Coke-Trinker bleiben."

Guinness, das sehr gern andere Unternehmen aufkauft, ist bekannt für sein Bier, besonders für Guinness Stout, eine Weltmarke, die in ungefähr 130 Ländern der Welt angeboten wird - eine Ähnlichkeit mit Coca-Cola. Guinness braut seine Biere Guinness und Harp weltweit und Budweiser und Carlsberg in Irland. Sehr bekannt sind seine Scotch-Whiskey-Marken wie beispielsweise Johnnie Walker, Bell´s und White Horse. Ebenfalls zu Guinness zählen Gordon´s Wodka, Gordon´s Gin und auch Tanqueray Gin. Das Unternehmen ist Weltmarktführer bei Scotch und Gin.

Guinness wurde gegründet, als Arthur Guinness 1759 in Dublin eine kleine Brauerei mietete und Ale herstellte, das in Dublin verkauft wurde. Außerdem ist Guinness sehr bekannt geworden, weil es das "Guinness-Buch der Rekorde" publizierte, das Rekorde aller Art enthält, beispielsweise, wer die meisten Tony Awards einheimste, aber auch Tatsachen über

First Ladies, der Welt größten Octopus und der Welt größte Wassermelone (262 Pfund). Außerdem erfahren wir, daß Elizabeth Taylor, als sie den Film "Cleopatra" drehte, 65mal ihr Kostüm wechselte. Weiterhin gibt es das "Guinness-Buch der Olympischen Rekorde", einen Ableger des Originals, das von einem Guinness-Angestellten 1950 auf den Weg gebracht wurde.

Mitte der 80er Jahre wurde Guinness von einem Skandal heimgesucht, als der Vorsitzende wegen Manipulation der Aktienkurse bei der Übernahme von United Distillers zu Gefängnis verurteilt wurde. Sie erinnern sich an eine der wichtigsten Regeln Buffetts: Kaufe ein großes Unternehmen dann, wenn es ins Stolpern gerät.

Die Sache mit Guinness wurde zum ersten Mal im *Independent* aus London veröffentlicht, danach vom Bloomberg News Service übernommen wie auch vom *Omaha World-Herald*, aber von keiner anderen größeren Finanzzeitschrift in den Vereinigten Staaten. Erst eineinhalb Wochen später, als Berkshire bestätigte, daß man mit 1,6 % an Guinness beteiligt sei, griffen die amerikanischen Finanzzeitschriften dieses Thema auf.

Nach den britischen Gesetzen müssen Aktionäre ihren Namen angeben, wenn sie 3 % eines Unternehmens besitzen.

Die größten Aktionäre bei Guinness sind Prudential of London und LVMH (Louis Vuitton Moet Hennessey), ein französischer Hersteller von Getränken, Reisegepäck, Parfums, Schönheits- und Modeprodukten mit Marken wie Dom Perignon, Moet & Chandon, Hennessey, Christian Dior und Givenchy. So kaufte Buffett mit Guinness nicht nur einen Markennamen, sondern auch die Markennamen seiner Partner, weil Guinness in den späten 80er Jahren 24 % von Moet Hennessey gekauft hatte, während das französische Unternehmen im Jahr 1990 einen ähnlich großen Anteil an Guinness gekauft hatte. Die Unternehmen teilen sich die Vertriebswege in den USA und Japan.

Die Verbindung von Guinness mit LVMH geht bis 1987 zurück, als die Unternehmen Vertriebsverträge abschlossen. Guinness investierte in LVMH, damit es nicht auseinanderfiel und um seine Joint Ventures zu schützen, als eine Schlacht um die Kontrolle von LVMH ausbrach.

Noch zu Lebzeiten Buffetts wird dieses Unternehmen seinen 250. Geburtstag feiern, vorausgesetzt, daß Buffetts neues Fitnessprogramm ihm weiterhin gut bekommt.

Die Aktie entwickelte sich im Jahr nach Buffetts Einstieg nur sehr schwach, und der Bloomberg-Nachrichtendienst berichtete am 29. Januar 1993, es gebe Gerüchte, Buffett würde seine Guinness-Aktien verkaufen, aber es gebe keine Bestätigung.

Auch wenn Guinness ein hartes Jahr durchzustehen hatte, kaufte Buffett weitere Aktien und verkaufte nicht. Berkshires Jahresbericht für 1992, der alle Umsätze bis zum Ende 1992 aufführt, berichtete, daß das Guinness-Paket bis auf 2 % gewachsen war und nicht abgenommen habe. Dieses Aktienpaket wurde für 333 Mio. $ gekauft und mit einem Wert von 299 Mio. $ in den Büchern geführt.

Bill Ruane, der Chef des Sequoia Fund, der ebenfalls ein Paket Guinness-Aktien hielt, sagte: "Guinness... ist ein wunderbares Unternehmen. Das Geschäft mit Scotch läuft weltweit hervorragend. Allerdings wird es von der weltweiten Rezession beeinflußt - und das nicht nur in Japan... Es hat ein hervorragendes Management und sehr gute Marken. Guinness Stout wird in Irland als Grundnahrungsmittel angesehen. Und wenn ich es richtig verstanden habe, dann wird Guinness auch vom Gesundheitsplan der Regierung zu medizinischen Zwecken empfohlen."

Dennoch blieb Buffett jahrelang, nachdem er seine ersten Guinness-Aktien gekauft hatte, auf Tauchstation. Ist er vor lauter Guinness high geworden? Oder wird auch Guinness selbst high? Wie Buffett sagen würde: "In einigen Jahren werden wir es wissen."

Anfang 1994 reorganisierten Guinness und LVMH ihre Partnerschaft. Diese Veränderungen entließen die britische Brauerei aus LVMHs Parfum- und Gepäckgeschäften, banden Guinness jedoch stärker an den Champagner- und Cognacbereich des französischen Unternehmens. Außerdem wird es für LVMH einfacher sein, in Branchen zu diversifizieren, die Guinness möglicherweise nicht interessieren.

Entsprechend dieser Vereinbarung verkaufte Guinness seine indirekte Beteiligung von 24 % an LVMH für 1,84 Mrd. $ und kaufte 34 % von LVMHs Wein- und Spirituosenbereich Moet Hennessey SA. Mitte 1995 gab LVMH bekannt, es plane, seinen Anteil an Guinness von 24 auf 20 % zu senken.

"Dies ist für Guinness die erste gute Nachricht seit zwei Jahren", sagte Graeme Eadie, ein Analyst von NatWest Securities, und merkte an, daß das Unternehmen durch die Rezession und den sinkenden Konsum von Scotch Whiskey gelitten habe.

Insgesamt lief Guinness nicht besonders gut; es gibt unbestätigte Berichte, daß Berkshires Anteil an Guinness verkauft wurde, möglicherweise mit Verlust. Aber wie üblich sagte Berkshire kein Wort dazu.

Grand Met in London besitzt so gute Unternehmen wie Burger King, Pillsbury, Hägen-Dasz, J&B Rare Scotch und Smirnoff. Guinness und Grand Metropolitan schienen wie füreinander geschaffen.

Wenn Berkshire immer noch an Guinness beteiligt ist, dann ist es auch zu einem sehr kleinen Teil an Grand Met beteiligt, einem der größten Unternehmen für Konsumprodukte der Welt.

Dennoch sollten Sie an die Erhöhung der Weltkonjunktur denken.

107

General Dynamics

Soviel zu: "Wir verstehen nichts von Technik."

Am 23. Juli 1992 gab General Dynamics bekannt, daß Berkshire 8,7 Millionen Aktien für 312 Mio. $ gekauft habe (nach einem 2:1-Aktiensplit 1994). Damit hatte Buffett ungefähr 15 % des zweitgrößten amerikanischen Lieferanten von Militärtechnologie gekauft.

Soviel zu: "Wir verstehen nichts von Technik." Vielleicht hat sich hier die Freundschaft zu Bill Gates ausgewirkt.

Aber war es wirklich richtig, in der Zeit nach dem Kalten Krieg, als jeder wußte, daß die Waffenindustrie schrumpfen würde, in General Dynamics zu investieren? Seit 1989 wurden in der Verteidigungsindustrie mehr als 1,5 Millionen Arbeitsstellen abgebaut.

Ray Lewis, der Sprecher von GD, erklärte, Buffett habe zu dem Zeitpunkt an der Börse gekauft, als der Rüstungsgigant Falls Church gerade einen Rückkauf eigener Aktien im Wert von 957 Mio. $ abgeschlossen hatte. Ein hervorragendes Timing für jemanden, der selbst vorgibt, nicht auf das Timing zu achten. General Dynamics selbst kaufte 30 % seiner Aktien im Rahmen einer "Dutch auction" (Versteigerung unter Zuschlag an das geringste Gebot) zurück, bei der Investoren (einschließlich der Familie Crown) ihre Aktien anboten und zu Kursen zwischen 33 und 38 $ an das Unternehmen zurückverkauften. Das Unternehmen kaufte 26,4 Millionen von seinen insgesamt 80 Millionen Aktien zu einem Preis von 36 $ pro Stück zurück.

Die Familien Crown und Goodman hatten ihren gemeinsamen Aktienanteil bis auf 14,4 % gesenkt, während Berkshire die Gemeinde der Investoren damit überraschte, daß es zu General Dynamics größtem Aktionär wurde. Unter dem neuen Management von William Anders, einem früheren Astronauten, der Anfang 1991 die Führung übernahm, ver-

671

schlankte sich das Unternehmen und verkaufte die Unternehmensbereiche, die nicht zu den Kernstücken gehörten. General Dynamics, heute von Nicholas Chabraja geführt, war eine der ersten Rüstungsfirmen, die sich mutig auf das Ende des Kalten Krieges einstellten.

Zu den militärischen Produkten des Unternehmens zählten der Kampfflieger F-16, die Trägerraketen Atlas und Centaur, die Panzer M-IA (weidlich genutzt in der Operation "Desert Storm") und M-60 Panzer, außerdem die Unterseeboote Trident und Seawolf.

General Dynamics verkaufte den Flugzeug-Bereich Cessna für 600 Mio. $ und entledigte sich auch der Bereiche Raketen, Kampfflugzeuge, Trägerraketen und weiterer.

General Dynamics Schiffsbau wäre schwer getroffen worden, falls die Produktion der Seawolf-Unterseeboote eingestellt worden wäre, aber der US-Kongreß stimmte dafür, einen zweiten Seawolf zu einem Herstellungspreis von etwa 2 Mrd. $ zu bauen.

Buffett sah ein gut geführtes Unternehmen, das sich in einer sich konsolidierenden Branche erfolgreich rekonstruierte und eigene Aktien zurückkaufte. Das Unternehmen hatte wenig Schulden, und die geplanten Verkäufe sollten enorme Barmittel einbringen. Dennoch waren die Analysten offenbar blind für die Kühnheit von Buffetts Schachzug und sagten, die Branche habe nur geringe Wachstumsaussichten.

Ein Analyst sagte an dem Tag, als Buffett gekauft hatte, er zweifle daran, daß die Aktie innerhalb von zwölf Monaten 40 $ erreichen könne. Allerdings kletterte die Aktie schon innerhalb von wenigen Börsentagen auf diesen Kurs.

Berkshire sicherte General Dynamics seine Stimmrechte zu und Verantwortliche bei General Dynamics sprachen davon, daß man eventuell bereit sei, sogar Teile des Kerngeschäfts zu verkaufen. Im Dezember 1992 stimmte Lockheed zu, die sehr schnell schrumpfende Kampfflugzeug-Produktion für 1,5 Mrd. $ zu kaufen.

Während der ganzen Zeit stärkte General Dynamics die Kerngeschäfte und verkaufte die anderen. Im Januar 1993 wurde die Aktie mit 56 $ gehandelt, ein sehr gutes Ergebnis, wenn man bedenkt, daß man sich in der Zeit nach dem Kalten Krieg befand. Sehr hohe Bardividenden - insgesamt 25 $ je Aktie im Jahr 1993 - wirkten sich aus, und die Aktie sank, wurde aber nicht weit unter 50 $ gehandelt.

Im Jahresbericht für 1992 erklärte Buffett: "Beim Kauf von General Dynamics hatten wir viel Glück. Bis zum letzten Sommer hatte ich dieses Unternehmen nicht besonders beachtet, bis bekanntgegeben wurde, es würde etwa 30 % der eigenen Aktien in einer ,Dutch auction' zurückkaufen. Hier sah ich die Möglichkeit zu einem Arbitragegeschäft und begann, diese Aktien für Berkshire zu kaufen, weil ich annahm, daß ich unsere Beteiligung dann mit einem geringfügigen Gewinn würde verkaufen können. Solche Engagements sind wir in den letzten Jahren ein halbes Dutzend Mal eingegangen und erhielten für die kurze Zeit, die unser Geld gebunden war, vernünftige Gewinne.

Dann studierte ich das Unternehmen genauer und auch, was Bill Anders in der kurzen Zeit als CEO erreicht hatte. Und als ich das sah, fielen mir fast die Augen aus dem Kopf: Bill hatte eine klare und vernünftige Strategie. Er hatte sich auf diese Strategie konzentriert und wollte sie unbedingt durchziehen. Die Ergebnisse waren wirklich bemerkenswert.

Kurzerhand ließ ich meine Arbitrage-Überlegungen fallen und entschied mich dafür, daß Berkshire langfristig bei Bill investieren sollte. Zur Hilfe kam uns, daß wir dadurch an ein großes Aktienpaket kamen und daß ein Verkaufsangebot den Umsatz einer Aktie deutlich belebt. Innerhalb eines Monats nach dem Verkaufsangebot gelang es uns, 14 % der ausgegebenen Aktien zu kaufen."

Das Investment war sehr erfolgreich. Mitte 1993 schrieb General Dynamics an seine Aktionäre: "Als unser neues Management am 1. Januar 1991 sein Amt übernahm, betrugen die Gesamtverbindlichkeiten über 1 Mrd. $, und unsere Kreditwürdigkeit sank. Unsere Barmittel machten gerade einmal 115 Mio. $ aus, und wir erwarteten, daß der Cash flow innerhalb des nächsten Jahres negativ sein würde. Wir gehen davon aus, daß unser Unternehmen bis zum Jahresende 1993 völlig schuldenfrei sein wird. Gleichzeitig wird unser Unternehmen bis Ende Mai Barmittel und handelbare Wertpapiere im Wert von 1,6 Mrd. $ und einen nicht ausgenutzten Kreditrahmen von 700 Mio. $ haben. Diese Liquidität ist dann besonders eindrucksvoll, wenn man bedenkt, daß unser neues Managementteam - mittels Schuldenreduzierung, Dividendenzahlungen, Aktienrückkäufen und Sonderausschüttungen - bereits 2,2 Mrd. $ an die Gläubiger und Aktionäre zurückgegeben hat, damit sie diese Beträge in Amerika reinvestieren und damit für Wettbewerbsfähigkeit und neue Arbeitsplätze sorgen."

In den beiden ersten Jahren, in denen Berkshire an General Dynamics beteiligt war, hat das Unternehmen die Dividenden angehoben und eigene Aktien zurückgekauft; in dieser Zeit hat Buffett sein Geld mehr als verdoppelt. Im April 1994 verkaufte Buffett 20 % seiner General-Dynamics-Aktien, und gegen Ende August waren nur noch 5,7 Millionen Stück im Portfolio. Ende 1997 war Berkshires Beteiligung an General Dynamics auf 3,98 Millionen Aktien oder 6,3 % gesunken. Das macht, nach einem 2:1-Aktiensplit im Jahr 1998 immer noch 7.959.562 Aktien aus. Die Aktien werden von Berkshires National Indemnity Company und seiner National Fire and Marine Insurance Company gehalten.

General Dynamics mit den Kerngeschäften Atom-U-Boote und gepanzerte Fahrzeuge hat zwei Hauptunternehmensbereiche: Marine Group, die nuklear angetriebene Unterseeboote entwirft und baut ebenso wie Überwasserkampfschiffe, und die Combat Systems Group, die gepanzerte Fahrzeuge entwirft und herstellt ebenso wie Kupplungen, Motoren, Geschütztürme, Schnellfeuergewehre, Munitionssysteme und schwere Geschütze.

General Dynamics, das 1997 1,3 Mrd. $ für Unternehmenskäufe ausgegeben hat und 316 Mio. $ Gewinn auswies, war ein großer Gewinner.

108

UST

Geld im Glimmstengel

Am 2. April 1993 verblüffte Philip Morris die Börse, als man bekanntgab, man werde die Preise für Marlboro-Zigaretten - die meistverkaufte US-Zigarettenmarke – senken, um die Kunden davon abzuhalten, Billigmarken zu kaufen. Der Zigarettengigant äußerte, er erwarte, daß die Gewinne des Zigarettenbereichs in den Vereinigten Staaten um 40 % zurückgehen würden. Sofort stürzte der Aktienkurs ab und vernichtete etwa 13 Mrd. $ seiner Marktkapitalisierung. Und mit Philip Morris sackten auch alle anderen Tabakunternehmen ab.

Da trat Buffett auf den Plan, obwohl es eigentlich widersprüchlich ist, daß er in Waffen, Alkohol und Tabak investiert.

Am 13. April 1993 berichtete Dan Dorfman von *USA Today*, daß Buffett fast 5 % der Aktien von UST, früher US-Tobacco gekauft hatte, einem führenden Hersteller von Tabakwaren.

Erst im Juni 1994 gab es eine Bestätigung, daß Buffett sich an UST beteiligt hatte: Ein Akteneintrag bei der SEC machte deutlich, daß Berkshire 5,6 Millionen Aktien oder 2,5 % des Unternehmens besaß. Buffett hatte darum gebeten, daß die Beteiligung ein Jahr lang vertraulich behandelt würde. Ende 1996 machte die Position nur noch 5,2 Millionen Aktien aus.

UST ist durch seine Produktreihen Copenhagen und Skoal bekannt. Copenhagen ist der Weltmarktführer im Bereich Schnupftabak. Und Skoal ist Amerikas beliebtester Kautabak.

Mit 87 % Anteil am Kautabakmarkt ist UST eines der rentabelsten Unternehmen der Vereinigten Staaten. Es verkauft aber auch Wein, darunter Chateau Ste. Michelle, Columbia Crest, Conn Creek und Villa Mt. Eden und einen Perlwein mit dem Etikett Domaine Ste. Michelle. UST besitzt aber auch eine Videovertriebsfirma, Cabin Fever Entertainment Inc.

Die Markentreue ist sehr stark, da Billigmarken in diesem Bereich nur 3 % einnehmen, während es auf dem Zigarettenmarkt 27 % sind. Außerdem kostet Kautabak nur etwa ein Drittel der Zigaretten.

UST zeichnet sich durch einen ständigen hohen Kapitalgewinn aus, ist schuldenfrei und hat seit 1912 Dividenden gezahlt, die in den letzten 20 Jahren regelmäßig stiegen.

Buffett hatte wieder einmal bei diesem Szenario zugeschlagen: Eine Branche war geschädigt und ein Markenname als Cash cow ausgemacht worden.

UST weist ein Wachstum auf, wie es Buffett gefällt. Es wird durch die Entwicklung des Aktienwerts dokumentiert: 1973 lag der Börsenwert bei 111 Mio. $ und Anfang der 90er Jahre bei etwa 7 Mrd. $. Da möchte man doch einfach mitkauen.

Feuchter Schnupftabak kommt aus den skandinavischen Ländern. Weil es die guten Sitten verbieten, zu spucken, wurde das Produkt unter die Oberlippe gelegt, weil es dort keine Speicheldrüsen gibt. Das Produkt wurde in Amerika eingeführt, als skandinavische Emigranten es mit in die neue Welt brachten. Der größte Teil der ersten Welle von Emigranten arbeitete in Bergwerken. Unter den vorherrschenden Arbeitsbedingungen mußten sie den Schmutz aus ihrem Mund herausbringen und so den Speichelfluß anregen, um ihn ausspucken zu können. So wanderte dieses Produkt von der Oberlippe zur Unterlippe, einem Mundbereich, in dem sich viele Speicheldrüsen befinden.

Die Schnupftabakbranche, die lediglich 4 Millionen Anwender bedient, hat andere und stärkere Grundsätze als die heimische Zigarettenindustrie. UST ist in einem Bereich tätig, in dem es fast eine Monopolstellung einnimmt, in der es hohe Marktzutrittsbarrieren gibt und nur wenige Ersatzprodukte.

Die beiden größten Unternehmen, UST und Conwood, teilen sich 95 % dieses Marktes. Der Produktionsprozeß ist gesetzlich geschützt und geheim - so geschützt, daß UST seine eigenen Maschinen entwirft und herstellt; er kann nicht einfach kopiert werden, und der Herstellungsprozeß insgesamt dauert etwa sechs Jahre.

Der größte Teil des Kapitalbedarfs wird bei UST durch Abschreibungen und Amortisation gedeckt. Deshalb ist der größte Teil des Cash flows frei verfügbar für die Aktionäre.

Ein zwiespältiges Thema ist die Preisflexibilität. Tatsache ist, daß Conwood fast immer die Preiserhöhungen von UST nachvollzieht.

1995 gingen die Umsätze von UST zurück. Der Präsident trat zurück und es gab einen öffentlich ausgetragenen Streit über mögliche Gesundheitsschäden durch USTs Produkte, während die gesamte Tabakindustrie sich auf einen möglichen 268-Mrd.-$-Vergleich einstellte.

109

Bristol-Myers Squibb

Gegen Börsen-Kopfschmerzen: Nehmen Sie zwei Bufferin.

Nachdem Buffett jahrelang gesagt hatte, Medikamente seien nicht seine Sache, kaufte er Aktien von Bristol-Myers Squibb, einem Unternehmen aus New York, das nach einer Fusion von Bristol-Myers und der Squibb Corp. 1989 entstand.

Am 9. Juni 1994 berichtete *USA Today*, daß Berkshire 957.200 Aktien besaß, die schon 1993 gekauft wurden, wie ein Akteneintrag bei der SEC zeigte. Dieser Akteneintrag wurde ein Jahr lang nicht veröffentlicht, so daß Buffett sein Geheimnis wahren konnte. Es wurde gesagt, daß die Verantwortlichen bei Bristol-Myers nichts von Buffetts Investment wußten, das 0,2 % der Aktien ausmacht, bis der Eintrag bei der SEC bekanntgegeben wurde.

Wie alle Arzneimittelaktien entwickelte sich auch die Aktie von Bristol-Myers sehr träge, als man noch nicht wußte, wie sich die Gesundheitsreform auswirken würde, hat sich aber seither sehr gut davon erholt. Bristol-Myers hat einen weltweiten Auftritt, eine hervorragende Bilanz und einen sehr guten Cash flow. Bristol-Myers zahlt eine gute Dividende und kauft die eigenen Aktien zurück.

Mit einem Jahresumsatz von mehr als 13 Mrd. $ ist Bristol-Myers eines der größten Pharmaunternehmen der Welt. Bei den Herz- und Antikrebsmedikamenten ist Bristol-Myers einer der stärksten Anbieter. Die Flaggschiffe sind Toxol gegen bestimmte Krebsarten, Pravachol, ein Medikament, das Cholesterin senkt, und Capoten gegen Bluthochdruck. Bristol-Myers vertreibt allerdings auch Konsumprodukte wie Ban Deodorant, Bufferin, Excedrin und die Clairol-Haarpflegemittel. Außerdem ist Bristol-Myers Amerikas zweitgrößter Hersteller von Babynahrung.

Bristol-Myers hat in den letzten Jahren die Kosten dadurch gesenkt, daß man die Unternehmenshierarchie flacher gestaltete. Das Unternehmen hat viele neue Produkte auf dem Markt eingeführt.

Damit hatte Buffett in einem weiteren großen amerikanischen Unternehmen Fuß gefaßt, dessen Aktien in den letzten Jahren zu den großen Gewinnern zählten.

Auf der Jahreshauptversammlung 1997 erklärte Buffett, Berkshire habe begonnen, die Aktien eines Pharmakonzerns während der Gesundheitsreformkrise zu kaufen. "Wir begannen mit den Käufen schon vor ein paar Jahren, doch dann stiegen sie um ein Achtel an, und wir hörten auf. Wir hätten mehr kaufen sollen."

110

GANNETT EXTRABLATT! EXTRA!

MIT ZEITUNGEN KANN MAN IMMER NOCH GELD VERDIENEN!

Am 15. Dezember 1994 gab Gannett - Amerikas größter Zeitungs-verlag - bekannt, daß Berkshire 4,9 % seiner Aktien besitze. Buffett war zu einem großen Medienkonzern zurückgekehrt, als die Aktien nach Jahren der Trägheit in der Zeitungsbranche in der Nähe eines Tiefs gehandelt wurden.

Sein Investment von 335 Mio. $ brachte ihm einen zusätzlichen Anteil an Medienunternehmen ein, zu denen jetzt die *Buffalo News, Washington Post* und Disney gehören.

Gannett mit Sitz in Arlington, Virginia, gibt *USA Today* heraus, die zweitgrößte Zeitung des Landes mit einer durchschnittlichen Auflage von 2,2 Millionen Exemplaren täglich. Irgend jemand nannte *USA Today* einmal "McPaper", ein anderer nannte sie "McNuggets". *USA Today* ist bekannt dafür, daß sie relativ kurze Artikel mit kurzen Absätzen bringt, und mußte auch Kritik einstecken: "Viele Kritiker glauben, daß *USA Today* lediglich die Nachrichten niederschreibt. Der frühere Redakteur John Quinn scherzte einmal, daß *USA Today* berühmt wurde, weil es ,in die Definition von flachen eine neue Tiefe gebracht habe', und wenn *USA Today* jemals einen Pulitzerpreis gewänne, dann wäre es sicherlich für den ,besten investigativen Absatz' (*The Washington Post*, 11. August 1997)."

Gannett verlegt mehr als 190 Zeitungen, darunter 87 Tageszeitungen (beispielsweise die *Detroit News* mit einer Auflage von 312.000) und betreibt 20 Fernsehsender. An Gannetts Kabelnetz sind 478.000 Abonnenten angeschlossen. Außerdem besitzt Gannett das Meinungsforschungsinstitut Louis Harris sowie Rundfunkservicebüros.

Gannett ist der größte Verbraucher von Zeitungspapier in Nordamerika: 1997 verarbeitete man 891.000 Tonnen. Das Unternehmen, das von John Curley geführt wird, beschäftigt 39.000 Mitarbeiter und hat 14.000 Aktionäre. Berkshire ist der größte Aktionär.

Und wieder hat Buffett seine Finger in einem großen Medienunternehmen, das seine eigenen Aktien zurückkauft. Und welche Strategie kann man hier erkennen? Vielleicht die, daß man alle Unternehmen kauft, die mit einem "G" beginnen. Vielleicht wird der nächste Jahresbericht von Berkshire mit einem grünen Titelblatt erscheinen.

1995 kaufte Gannett Multimedia aus Greenville in South Carolina.

Eine SEC-Aktennotiz von 1996 für das Jahr 1995 zeigte, daß Berkshire 6.854.500 Gannett-Aktien besaß. Ein Jahr später wurde ersichtlich, daß Berkshire seinen Anteil an Gannett auf 2,4 Millionen Aktien gesenkt hatte.
Schlagzeile:

**Seit Berkshires Einstieg macht
Gannett gute Fortschritte**

III

PNC -
EINE BANK
AN DER OSTKÜSTE

Am 14. Februar 1995, demselben Tag, als Buffett bekanntgab, daß Berkshire 9,8 % an American Express halte, gab es eine zweite, wenig beachtete Nachricht: "Warren Buffett ist mit 8,3 % an der PNC Bank Corp. beteiligt."

Berkshire hatte für 503 Mio. $ 19.453.300 Aktien der großen Bankenholding aus Pittsburgh und der größten in Pennsylvania - der zwölftgrößten Bank des Landes - gekauft.

Zu den Kunden der Bank zählen über 300 der Fortune-500-Unternehmen und 34 Millionen Mitglieder der American Automobile Association (AAA). 1996 erwarb PNC ein Portfolio Kreditkartenkonten der Organisation von der Mellon Bank. Das Portfolio enthielt 1,3 Millionen Kreditkarten von 50 AAA-Clubs, die Reisen, Versicherungen und Dienstleistungen in Verbindung mit dem Auto anbieten. AAA hat seinen Sitz in Heathrow in Florida.

Im Herbst 1994 gab PNC bekannt, daß steigende Zinsen ihr Wertpapierportfolio so geschädigt hätten, daß der Gewinn für 1995 15 % unter den Annahmen der Analysten liegen werde, was für Investoren nicht unbedingt eine Kaufempfehlung darstellt. Außerdem mußte die Bank Zahlungen an die Hinterbliebenen vornehmen, als sie sechs Angestellte bei dem Absturz des US-Air-Flugs 427 verlor, der sich am 8. September 1994 nur knapp außerhalb von Pittsburgh ereignete. Der Kurs der Aktie sank von 30 auf etwa 20 $, und irgendwo zwischen diesen beiden Beträgen kaufte Buffett.

Die PNC Bank wird von Thomas H. O`Brien geführt, verfügt über Vermögenswerte in der Höhe von 75 Mrd. $ und besitzt die Pittsburgh National Bank, die Provident National Bank, Marine Bancorp., Northeastern Bancorp., Hershey Bank, Citizens Fidelity Bank, Central Bancorp und die Bank of Delaware. Sie unterhält mehr als 600 Zweigstellen in Pennsylvania, Delaware, Ohio, Kenntucky, Indiana und New Jersey. 1995 kaufte PNC die Midlantic Corp. in New Jersey für 2,8 Mrd. $ und die Chemical Bank New Jersey.

1995 reduzierte Buffett seinen Anteil an PNC auf unter 5 %.

Und wiederum hatte Buffett einen großen Anteil einer Bank gekauft, die scheinbar vorübergehend in Nöten war. Erinnern Sie sich noch an Wells Fargo?

112

Burlington Northern Santa Fe

Alles einsteigen

Über GEICO besitzt Berkshire einen großen Anteil an Burlington Northern Santa Fe, Inc., einer Holdinggesellschaft für das zweitgrößte Eisenbahnsystem der Vereinigten Staaten. Der Anteil, der sich auf etwa 0,5 Mrd. $ beläuft, scheint ein für Berkshire eher untypisches Investment zu sein.

Burlington Northern fusionierte 1995 mit Santa Fe, und die Gesellschaft verfügt nach dem Zusammenschluß über ungefähr 31.000 Meilen Gleisstrecke, die den Mittleren Westen, den Pazifischen Nordwesten, Kanada und den Golf von Mexico miteinander verbinden; außerdem versorgt dieses Unternehmen die Kohlebergwerke in Powder River Basin in Wyoming. Burlington Northern transportiert in der Hauptsache Kohle und Getreide.

Die Eisenbahngesellschaft mit Sitz in Fort Worth, Texas, besitzt auch die Washington Central Railroad, die Linien im Staate Washington betreibt.

Es wird erwartet, daß dieses Unternehmen als Folge seiner Fusionen und einer Umstrukturierung der Arbeitnehmerschaft und auch einer Neustrukturierung der Streckenführungen große Vorteile erwirtschaften wird. Fusionen, neue computergesteuerte Lokomotiven und Kostenreduzierungen haben der Eisenbahn neues Leben eingehaucht.

Niemand weiß, ob dies für GEICO/Berkshire ein kurz- oder langfristiges Engagement sein wird, aber zur Zeit kann man sagen, daß Berkshire im Eisenbahngeschäft dick drin ist. Vielleicht war das Investment als Arbitragegeschäft attraktiv oder durch die Tatsache, daß Burlington Northern, ein reines Transportunternehmen, Branchenführer ist.

Und immer mehr gewinnt man den Eindruck, daß Berkshire sich große Anteile an Branchenführern sichern will.

Die gesamte Eisenbahnbranche wurde - teilweise, um mit der Spedition per LKW konkurrieren zu können - von noch 40 Eisenbahngesellschaften im Jahr 1980 auf nur noch fünf große Eisenbahnsysteme reduziert. Die fünf größten sind Union Pacific, Burlington Northern Santa Fe, CSX, Norfolk Southern und Conrail.

Buffetts Freund Michael Yanney, der Vorsitzende von America First Companies in Omaha, sitzt im Aufsichtsrat der Burlington Northern.

113

Mattel

Die neue Barbie, Cabbage Patch Kids, Hot Wheels

Berkshires Beteiligung an Mattel Inc., dem größten Spielzeughersteller der USA, wurde von GEICO unter der Leitung von Lou Simpson erworben. Als Berkshire GEICO 1996 kaufte, war die Beteiligung an Mattel enthalten.

Berkshires Position von 9,38 Millionen Aktien entspricht 3 % der Aktien von Mattel. Am 9. Juni 1998 wurde berichtet, Berkshire habe seine Beteiligung im ersten Quartal 1997 um 1,2 auf 10,6 Millionen Aktien oder 3,6 % des Unternehmens aufgestockt.

Mattel mit Sitz in El Segundo, Kalifornien, wird von der Vorstands- und Aufsichtsratsvorsitzenden Jill Barad geführt, einer der ranghöchsten Frauen im amerikanischen Geschäftsleben. Sie ist auch im Aufsichtsrat der Bank America und im Aufsichtsrat von Microsoft.

Mit der Beteiligung an Mattel gibt es auch ein Stück Synergie für Berkshire, weil Mattel Lizenzen für die Produktion von Disneys Vorschul- und Unterhaltungsspielzeugen erhält.

1993 kaufte Mattel Fisher-Price und 1997 Tyco Toys. Das Unternehmen beschäftigt 26.000 Mitarbeiter und hat 37.000 Aktionäre.

Mit der neu kreierten Barbie (mit etwas geringerer Oberweite), den Cabbage Patch Kids und Hot Wheels erobert der Spielzeuggigant die Märkte in Übersee. Allein die Barbie-Produkte erbrachten 1997 Umsätze von 1,9 Mrd. $.

114

ARROW ELECTRONICS

Im zweiten Quartal 1996 kaufte Berkshire 1,7 Millionen Aktien von Arrow Electronics Inc., wie aus einem SEC-Akteneintrag ersichtlich ist, der am 11. September 1997 bekannt wurde. Die Beteiligung von 100 Mio. $ macht etwa 3,5 % der Aktien der in Melville, New York, ansässigen Firma aus; sie ist der weltgrößte Vertreiber elektronischer Bauteile und Computerprodukte an industrielle und gewerbliche Kunden. Arrow Electronics ist Wiederverkäufer von Produkten, die beispielsweise auch von Intel hergestellt werden. Auch Berkshires FlightSafety International zählt zu Arrows Kunden.

Rund um die Welt betreibt das Unternehmen mehr als 160 Verkaufsstützpunkte und 17 Vertriebszentren. Zu den Kunden zählen kleine Maschinenbauunternehmen, aber auch große Anlagenhersteller.

Arrow beschäftigt etwa 7.000 Mitarbeiter und hat 4.000 Aktionäre. Es wird von Stephen P. Kaufman geführt und setzt jährlich etwa 7,4 Mrd. $ um. Das Unternehmen erfreut sich einer positiven Bilanz, zahlt jedoch keine Dividenden. Es kaufte zuletzt seine eigenen Aktien zurück.

115

American International Group

Im März 1998 wurde berichtet, daß Berkshire am Jahresende 1996 1,44 Millionen Aktien der American International Group, eines großen Versicherungsunternehmens besaß. Später stockte Buffett seinen Anteil auf 1,9 Millionen Aktien auf.

AIG engagiert sich weltweit in Sachversicherungen, Unfallversicherungen, Schifffahrtsversicherungen und Lebensversicherungen und bietet auch weitere Finanzdienstleistungen an. Etwa die Hälfte des Umsatzes und der Gewinne kommen aus Übersee.

Das Unternehmen wird seit über 30 Jahren von Hank Greenberg geführt, hat seine Zentrale in New York und beschäftigt 35.000 Mitarbeiter. Die American International Group ist der größte Finanzdienstleister der Vereinigten Staaten und einer der größten der Welt. AIG ist in 130 Ländern der Welt aktiv. AIG ist einer der führenden Versicherer von Unternehmen und in Asien einer der größten von Einzelpersonen. AIG genießt eine hervorragende Kreditwürdigkeit und wird mit einem "dreifach A" geratet.

Anfang der 80er Jahre versuchte AIG, GEICO aufzukaufen, aber dieser Versuch schlug fehl.

116

Weitere Beteiligungen

Am 28. März 1994 berichtete Dan Dorfman, daß Berkshire relativ kleine Beteiligungen an drei Finanzdienstleistungsgesellschaften halte: an First Interstate Bancorp., einer Bankholding in Los Angeles (die später von Wells Fargo übernommen wurde), an SunTrust Banks Inc., einer Bank in Atlanta, und an der Federal National Mortgage Association (Fannie Mae).

Dorfman zitierte 13 Akteneinträge der SEC und sagte, Berkshire halte 955.000 Aktien von First Interstate, 567.000 Aktien von Fannie Mae und 1,55 Millionen Aktien von SunTrust. Später wurde entdeckt, daß Berkshire seinen Anteil an SunTrust 1994 auf 3,1 Millionen und 1995 auf 3,3 Millionen Aktien aufgestockt hatte, wonach 1996 ein Aktiensplit im Verhältnis 2:1 vorgenommen wurde. Damit besaß Berkshire 6,6 Millionen oder etwa 3 % von SunTrusts Aktien.

SunTrust Banks, die etwa für 2,5 Mrd. $ Coca-Cola-Aktien besitzt, ging 1985 aus dem Unternehmenszusammenschluß der Trust Company of Georgia und von Floridas SunBank Inc. hervor. SunTrust wird von James B. Williams geführt, der auch im Aufsichtsrat von Coca-Cola sitzt. M. Douglas Ivester, der Vorsitzende des Aufsichtsrats von Coca-Cola, sitzt auch im Aufsichtsrat von SunTrust.

Mit seinem Investment bei SunTrust hat Buffett sein Eigentum an Coca-Cola erhöht und eine Bank in den Wachstumsmärkten Georgia und Florida erworben.

Ein Bericht aus dem Jahr 1996 zeigt, daß Berkshire 8,3 Millionen Aktien von Fannie Mae besaß.

Buffett hatte sein Engagement bei Banken in den Süden ausgedehnt und an der Westküste ausgebaut. Möglicherweise kommt der Tag, an dem es einen Zusammenschluß von Wells Fargo, PNC, SunTrust und First Empire Banks zu einer Berkshire Bank gibt.

Buffetts Ankauf der Fannie-Mae-Aktien (ein Unternehmen, das wie

(Photo courtesy of SunTrust Banks)

Jimmy Williams, der Vorsitzende der SunTrust Banks

Freddie Mac Pfandbriefe anbietet) ist ein weiterer Schritt in Richtung Finanzdienstleistungen. Es könnte sein, daß Buffett plant, American Express, Travelers, Freddie Mac und Fannie Mae zu einer Berkshire-Finanzdienstleistungsgruppe zusammenzufassen.

1995 wurde bekannt, daß Berkshire 1,41 Millionen Aktien von KeyCorp. besaß, einer großen Bankenholding in Cleveland, Ohio. Ein Akteneintrag bei der SEC aus dem Jahr 1996 zeigte, daß Berkshire 1995 3,1 Millionen Aktien von KeyCorp. besaß.

Später im Jahr 1995 kaufte die in Minneapolis ansässige First Bank System für etwa 700 Mio. $ in Aktien FirstTier aus Omaha.

Weil Berkshire mit ungefähr 5 % an FirstTier beteiligt ist, hatte es nun 858.178 Aktien von First Bank System, heute U.S. Bancorp.

Nach dem Erwerb von GEICO erhielt Berkshire ungefähr 1,9 Millionen Aktien, die GEICO in seinem Portfolio hielt. Und somit besitzt Berkshire heute einen 2-%-Anteil an der alten First Bank System, die insbesondere wegen ihres Kreditkartengeschäfts und ihrer Treuhanddienste bekannt ist.

Ein Akteneintrag bei der SEC aus dem Jahr 1995 weist nach, daß Buffett 1994 262.000 Aktien von Merrill Lynch & Co. kaufte.

Am 14. Juni 1996 berichtete das *Wall Street Journal*, daß Berkshire im ersten Quartal 1995 ein Paket von 2,2 Millionen Aktien von Sears, Roebuck & Co. erworben hatte. Sears ist der Welt zweitgrößter Einzelhändler.

Im ersten Quartal 1995 stockte Berkshire seinen Anteil an Dean Witter, Discover Co. auf 2,8 Millionen Aktien auf (heute 4,2 Millionen). Dieses Finanzdienstleistungsunternehmen gibt die Discover-Kreditkarte aus, wickelt sie auch ab und besitzt außerdem die Brokerfirma Dean Witter. 1997 schloß sich Dean Witter Discover mit Morgan Stanley zusammen, und daraus wurde Morgan Stanley Dean Witter.

Der Artikel im *Wall Street Journal* zeigte weiterhin auf, daß Berkshire seine Beteiligung an der PNC Bank um 3,7 auf 16 Millionen Aktien zurückgeführt hatte.

Weiter führte dieser Bericht aus, daß Berkshire seine Position bei Merrill Lynch um 739.600 Aktien gekürzt habe und auch seine Position von Viacom-Klasse-B-Aktien um 495.000 auf 512.253 Aktien gesenkt hatte.

Berichte von 1996 für 1995 zeigten, daß Berkshire mehr als 2 Millionen Aktien der Allstate besaß, ungefähr 1,6 Millionen (später 1,9 Millionen) von International Flavors and Fragrance und 853.659 oder knapp 5 % von Zenith National Insurance. Ein weiterer Bericht zeigte, daß Berkshire 239.250 Aktien von Chrysler besaß, die inzwischen einen 2:1-Aktiensplit erlebten. Möglicherweise war dies eine Arbitragespiel von Berkshire zur Zeit, als Kirk Kerkorian versuchte, Chrysler zu kaufen.

Buffett setzte auf eine Konsolidierung der Banken und in der Finanzdienstleistungsbranche. Er begann, nicht nur einzelne Unternehmen zu dominieren, sondern ganze Branchen.

Ein Akteneintrag bei der SEC berichtete am 17. Juni 1997, daß Berkshire im ersten Quartal 1996 (wahrscheinlich durch GEICO) 2 Millionen Aktien von Nike gekauft hatte oder etwa 0,7 % des Unternehmens und außerdem 9,38 Millionen Aktien von Mattel oder 3,2 % des Spielzeugherstellers. Außerdem besaß Berkshire (bis sie später verkauft wurden) über 5 Millionen Aktien der Laboratory Corporation of America, eines Unternehmens aus Burlington in North Carolina, das in den ganzen USA medizinische Labors betreibt, sowie 3,7 Millionen Aktien oder 4 % von Manpower Corp., der großen Zeitarbeitsfirma.

Am 29. April 1997 veröffentlichte die New York Times eine Story über Lou Simpson, und zeigte darin auf, welche Positionen GEICO am 31. Dezember 1996 gehalten hatte:

GEICO

Beteiligung	Börsenwert in $	Jahresschlußkurs in Mio. $	Veränderung im laufenden Jahr in %
Federal Home Loan Mortgage	474,94	30,125	+9,17
Mattel	269,56	26,375	-4,95
Nike, Inc.	250,86	53,375	-11,04
Manpower, Inc.	148,46	40,125	+23,46
First Bank System, Inc.	139,65	73,500	+7,69
Burlington Northern Santa Fe	458,25	76,375	-11,58
York International	209,79	41,875	-25,06
Laboratory corp. of America	14,22	3,000	+4,40

Berkshire Hathaway

Beteiligung	Börsenwert in $	Jahresschlußkurs in Mio. $	Veränderung im im laufenden Jahr in %
Coca-Cola Co.	12.225,0	61,125	+16,20
Gillette Co.	3.894,0	81,125	+4,34
American Express Co.	3.171,4	64,125	+13,50
Federal Home Loan Mortgage	1.935,4	30,125	+9,17
Walt Disney Co.	1.910,7	77,625	+11,29
Wells Fargo and Co.	1.889,4	259,125	-3,89
McDonald´s Corp.	1.560,6	51,750	+14,10
Washington Post Co.	619,2	358,375	+6,90

Anfang 1998 wurde für 1996 berichtet, daß Berkshire zum 30. September 1996 175.000 Aktien von Lockheed Martin gekauft hätte. Zur gleichen Zeit verkaufte Berkshire 124.956 der KeyCorp. und 729.400 Aktien der PNC Bank.

Im Internet fand man Hinweise darauf, daß Berkshire 550.000 Aktien des Discounters Costco besitzt. Möglicherweise soll das Investment in Costco zur künftigen Vertriebssynergie auf dem Mars beitragen.

Am 9. Juni 1998 wurde berichtet, daß Berkshire im ersten Quartal 1997 4,39 Millionen Aktien von Wal-Mart Stores besessen habe. Außerdem hielt Berkshire kleinere Pakete von Gap und Tupperware.

117

DAS HAUPTQUARTIER

Buffett taufte Berkshires winziges Hauptquartier mitten in Omaha "World Headquarters". Die Einsatzzentrale verfügt über 350 qm gemietete Bürofläche. Dieses Büro wird auch "Lustschlößchen", "Der Tempel" und "Der Monolith aus 2001" genannt. Es ist Teil einer kleinen Gruppe von ruhigen Büroräumen auf der 14. Etage, nimmt aber nur einen kleinen Teil dieser Etage im eher bescheidenen Kiewit Plaza ein.

"Die ganze Chose würde auf weniger als einem halben Tennisplatz Platz finden", sagt Peter Lynch.

Michael Assael aber wundert sich: "Aber Peter, ein halber Tennisplatz ist doch gerade mal 130 qm groß. Wie sollen denn 350 qm da hineinpassen? Und wie soll man die ganzen Cola-Dosen verstauen?"

Einmal zeigte Buffett einem Besucher den Konferenzraum, und sagte über dieses Büro mit 2,10 Meter mal 3,00 Meter: "Notfalls könnten wir daraus auch einen Einbauschrank machen."

Als er sich mit einem anderen Besucher unterhielt und das Thema auf Bridge kam, zog Buffett aus seinen Akten sofort einen Zeitungsartikel aus dem Jahr 1929; in ihm wird berichtet, daß eine Frau freigesprochen wurde, die ihren Mann bei einem Bridgespiel getötet hatten.

Hier in der Zentrale, genau 20 Blocks von Buffetts Haus entfernt, leiten zwölf Menschen Berkshire. In Berkshires Jahresbericht für 1995 sagte Buffett, daß, obwohl Berkshire 1995 durch seine Akquisitionen 11.000 neue Angestellte geerbt habe, der Stab in der Zentrale nur von elf auf zwölf angestiegen sei.

In der Zentrale arbeiten: Buffett; Michael A. Goldberg, der die gewerblichen Finanzgeschäfte überwacht; Marc Hamburg, der Finanzchef; Daniel J. Jaksich, der Controller; Jerry W. Hufton, der sich um die Steuern kümmert; Mark D. Millard, der Direktor des Finanzvermögens; Debbie Bosanek, Buffetts Assistentin; Debbie Ray, die Empfangsdame; Kelly Muchemore, eine Assistentin, deren Aufgaben hauptsächlich die Jahres-

Kiewit Plaza im Zentrum von Omaha. Die Büros von Berkshire sind auf der 14. Etage.

(Photo by Pat Kilpatrick)

hauptversammlung betreffen; Kerby Ham und Angie Wells, die in der Buchhaltung sind, sowie Ellen Schmidt, Marc Hamburgs Assistentin.

Die Namen in kleiner Schrift auf einem Schild an der Eingangstür zur Zentrale sind die von Buffett, Goldberg, Hamburg und William Scott, der immer noch Teilzeit für Berkshire arbeitet.

Mrs. Bosanek, bekannt für ihre effiziente Arbeitsweise, verzögerte einmal das Arbeitstempo bei Berkshire, als sie Buffett bei einem Telefongespräch in die Warteschleife schickte. Sie hatte jemanden angerufen, der genau in diesem Moment mit Buffett sprach. Dieser bat Buffett, einen Augenblick zu warten, er sagte seiner Sekretärin, er würde Mrs. Bosaneks Anruf entgegennehmen, weil er ihr für ihre Hilfe in einer geschäftlichen Angelegenheit danken wolle. Buffett und Mrs. Bosanek fanden schnell heraus, daß sie der Grund war, warum er warten mußte. „Das war wahrscheinlich das erste Mal, daß er bei einem Telefongespräch in die Warteschleife geschickt wurde", stellte sie fest.

Mrs. Bosanek wird oft gebeten, Anrufer mit Buffett zu verbinden, aber das tut sie nur bei sehr wenigen. Einmal bestand ein Anrufer darauf, unbedingt zu Buffett durchgestellt zu werden. Als Mrs. Bosanek sich weigerte, sagte der Anrufer, er wolle dafür sorgen, daß ihr nächster Job bei Burger King sein werde.

Ein anderes Mal rief ein Mann an, sagte, er sei ein guter Freund von Buffett, und verlangte, mit ihm zu sprechen. Und wieder wies Mrs. Bosanek ihn ab. Der Anrufer sagte darauf, daß er Buffett so gut kenne, daß er ihn „auf seinem Autotelefon anrufen" würde. Buffett hat kein Autotelefon.

Einmal rief jemand an und fragte Mrs. Bosanek, ob sie Buffett wirklich schon einmal gesehen habe. Buffett stand zufällig an ihrem Schreibtisch. Sie sah zu ihm auf und antwortete: „Ja, manchmal sehe ich ihn wirklich!"

Heute schreibt Mrs. Bosanek manchmal auf Notizzetteln, auf denen aufgedruckt steht: „Gott ist auf Urlaub - ich trage die Verantwortung."

(Photo by Nancy Line Jacobs)
Debbie Bosanek erledigt viele Anrufe, die von sehr wichtig bis seltsam eingestuft werden können.

Als Buffett einmal mit Mrs. Bosanek und Kelly, ihrer Freundin aus dem Büro, zum Mittagessen ging, schienen plötzlich alle Gabeln im Restaurant kurz vor den Mündern der Gäste anzuhalten, als diese Buffett anstarrten. „Ich vermute, die schauen auf Kelly und mich", scherzte Mrs. Bosanek. Sie sagt: „Ich war schon bei Berkshire, bevor wir ein Fax hatten und als wir den Jahresbericht noch mit Briefmarken verschickten."

Da ich gerade über Debbie und Kelly spreche, hier ein Beitrag vom Berkshire Message Board bei America Online. Ein Mann namens Tony schrieb, er suche nach einem Rückversicherungsdeal und wollte wissen, welche Abteilung von Berkshire er anrufen solle. Buffetts Tochter Susan (Online-Name: Doeshoes) beantwortete die Frage. „Bei Berkshire gibt es keine Abteilungen. Bei Berkshire gibt es auch fast keine Mitarbeiter. Rufen Sie 402-346-1400 an, und fragen Sie Debbie oder Kelly. Die können Ihnen helfen."

Debbie und Kelly entschlossen sich, Buffett, der am 30. August 1997 seinen 67. Geburtstag feierte, zum Lunch bei Gorat´s einzuladen. Buffett notierte sich den Termin in seinem Kalender und

brachte diesen dann zu Debbie und Kelly, die unterschreiben mußten, daß die beiden ihn eingeladen hatten.

Debbie und Kelly gingen mit ihm zum Lunch und schenkten
ihm einen handgemachten Gutschein für ein kostenloses Lunch bei
Gorat´s. Auf diesem Gutschein stand in kleiner Schrift, daß er nur
an diesem Tag und nur in Begleitung von Debbie und Kelly eingelöst werden könne. Buffett strich diese Zusätze durch.

In der Nähe der Stelle, wo Buffett seine Cherry Cokes stapelt, hängt ein
Schild: „Eiskalte Coca-Cola zu verkaufen." Buffett kauft seine Cokes selber
und bringt sie von zu Hause ins Büro mit, wenn der Vorrat abnimmt.

Es gibt keine Schilder, keine Logos, eigentlich nichts, was in irgendeiner Weise auf Berkshire hinweist. Auch Berkshires Versicherungsbereich
in Omaha ist in einem unscheinbaren Gebäude nicht weit vom Kiewit Plaza untergebracht, an dem nur ein bescheidenes kleines Schild angebracht
ist: National Indemnity Company. Über „NICO" tätigt Buffett eine große
Zahl seiner Investments.

Das Herz von Berkshires schlägt allerdings in Buffetts 30 qm großem
Büro im Kiewit Plaza. Hier liest Buffett, hier telefoniert er, bleibt in Kontakt mit seinen Managern, Freunden und Brokern und beantwortet, meist
mit kurzen witzigen Anmerkungen, seine riesigen Mengen von Tagespost.
Die Post ist sehr wichtig für ihn: Er liest buchstäblich jeden Brief, der an
ihn gerichtet ist. Manchmal holt er sich die Tagespost schon, bevor seine
Assistentinnen sie ihm bringen können. Wenn Buffett nicht in Omaha ist,
dann schickt ihm Mrs. Bosanek seine Tagespost über Nacht nach.

Oft diktiert Buffett kurze Antworten auf die Briefe. Hier ist seine Antwort an Tom Keegan aus Fairfield in Connecticut, der Buffett vorschlug, er
sollte sich einmal überlegen, ob er nicht Aktien aus Berkshires Portfolio
leer verkaufen wolle. Diese Technik ermöglicht einen Zahlungsaufschub
für die anfallenden Steuern bei Aktienverkäufen. Am 5. Dezember 1995
antwortete Buffett: „Vielen Dank für Ihren Brief. Wir haben die Technik,
die Sie beschreiben, überprüft, aber da gibt es ein paar ernsthafte Hinde-
rungsgründe. Wir werden noch einmal prüfen, ob wir sie beseitigen können."

Linda Humes aus Laguna in Kalifornien schrieb ihm, daß ihr die Jahreshauptversammlung sehr gut gefallen hätte; sie sei schon seit sie 17 war
bei GEICO versichert und liebe See´s Candy über alles. Am 20. Mai 1997
antwortete er ihr: „Liebe Linda, vielen Dank für Ihren netten Brief. Ich
freue mich sehr, daß Sie zur Jahreshauptversammlung kommen konnten,
und werde künftig keine Entschuldigungen gelten lassen für den Fall, daß

Sie nicht kommen. In der Zwischenzeit verdoppeln Sie bitte Ihre Zufuhr von See´s Candies, und fahren Sie vorsichtig. Mit freundlichem Gruß, Warren E. Buffett."

Ein Aktionär schrieb ihm einmal, daß er für seine neugeborene Tochter eine Berkshire Aktie der Klasse A gekauft habe und Buffett als Miteigentümer des Unternehmens genau beobachten würde. Buffett antwortete: „Sie können ganz sicher sein, daß ich mich jetzt, wo ich weiß, daß Sie mich beobachten, wirklich den Geschäften widme."

Viele Briefe sind Bitten um Spenden oder um Hilfe, oft mit der Bemerkung, daß der Schreiber niemandem etwas sagen werde, wenn Buffett eine Spende gebe. Buffett selbst tut es immer leid, wenn er einen Wunsch abschlagen muß. Auf die Anfragen von Reportern nach Interviews reagiert er sehr empfindlich und lehnt sie

(Photo by Nancy Line Jacobs)
Marc Hamburg ist Berkshires Finanzchef und der Produzent des Hollywood-Hits: „Videos vor der Jahreshauptversammlung von Berkshire."

meistens ab. Aber er fragt seine Assistentin immer: „Wie hat er es aufgenommen?" Auf die unzähligen Bitten, eine Rede zu halten, antwortet er mit einer kurzen Notiz: „Zu viele Einladungen, zu wenig Zeit." Er sagt: „Ich verbringe einen außergewöhnlich hohen Anteil meiner Arbeitszeit mit der Post."

Es gibt keine herumstehenden Sekretärinnen, keine Computer. Und es gibt auch keinen zentralen Schreibsaal. Es gibt allerdings fast 200 braune metallene Aktenschränke, die alles enthalten, angefangen von der Korrespondenz mit Benjamin Graham bis hin zu Kopien von Buffetts eigenen Briefen und natürlich auch den Jahresberichten.

Die sehr seltenen Fotos von Buffetts Büro und Berkshires Zentrale zeigen wenig mehr als ein paar einfache Stühle, Schreibtische, Sofa und gerahmte Dokumente an den Wänden. Hier befindet sich allerdings auch noch ein originales Fernschreiben von Thomas Edison, das ihm vor vielen Jahren von einem Freund geschenkt wurde. Ein Bücherregal enthält Nachschlagewerke über Finanzen und auch einige Exemplare von Grahams und Dodds „Security Analysis", eines davon eine sehr mitgenommene Erstauflage von 1934.

An den Wänden hängen Erinnerungsstücke von der Wall Street wie beispielsweise eine Ausgabe der *New York Times* vom 31. Oktober 1929 mit der Schlagzeile: „Stocks Mount An All-day Rally: Rockefeller buying heartens market; Two-day closing ordered to ease strain" (Aktien steigen den ganzen Tag: Käufe von Rockefeller ermutigen die Börse; Börse schließt für zwei Tage, um den Druck zu erleichtern). Und außerdem hängen da noch die Schlagzeilen über den Crash und andere Ereignisse an der Wall Street.

Als Adam Smith Buffett für eine Money-World-Fernsehsendung interviewte, die nach der Jahreshauptversammlung 1990 gesendet wurde, saßen die beiden sich in Berkshires Zentrale auf kleinen einfachen Stühlen gegenüber.

Es gibt allerdings nur wenige Menschen, die Buffetts Büro überhaupt betreten dürfen. Viele von den Topmanagern der Berkshire Unternehmen waren nie in der Zentrale in Omaha. Buffett empfängt nur eine begrenzte Zahl von Menschen pro Woche und gibt nur sehr selten Interviews.

Buffetts Abneigung gegen Interviews wurde in einem vierseitigen Bericht in *Money* (August 1991) dokumentiert, als Gary Belsky kein Interview mit Buffett bekam, nachdem Mrs. Kaiser, die frühere Assistentin von Buffett, seine Anfrage abgelehnt hatte. Auch nachdem Belsky nach Omaha geflogen war und Mrs. Kaiser aus der Lobby des Kiewit Plaza anrief, bekam er die gleiche Antwort.

Er erzählte, daß der Wachmann, der das Gespräch am Telefon mitgehört hatte, sagte: „Sie konnten das besser wegstecken als viele andere."

Belsky: „Viele andere? Kommen so häufig Leute vorbei?"

Wachmann: „Ungefähr einmal am Tag."

Belsky: „Und läßt sie manchmal jemanden hinauf?"

Wachmann: „Manchmal."

Belsky: „Und glauben Sie, daß sie mich hinauflassen wird?"

Wachmann: „Nein."

Diese Geschichte erschien im *Omaha World-Herald* unter der Schlagzeile: „Buffett Ignores Money." (wörtlich: „Buffett ignoriert Geld".)

Mit einigen wenigen Besuchern setzt sich Buffett während seiner Arbeit zusammen und oft naschen sie an seinem Schreibtisch. Der Lagerraum ist gestapelt voll mit Buffetts Mittagessen, wenn er telefoniert - Kartoffelchips, Cherry Cokes und See's Candy.

Buffett hält sich weitestgehend an sein Lieblingsessen und ißt zu Mittag Hamburger, Chips und Coke und abends ein nur angegrilltes, fast rohes Steak und eine doppelte Portion Hash Browns. Außerdem nascht er gern Planters Erdnüsse und Haagen-Dazs Erdbeereis.

Und danach heißt es wieder lesen und telefonieren. Es ist so einfach, wie es nur einfach sein kann.

In Berkshires Jahresbericht für 1996 schrieb Buffett: „Die Ausgaben für unsere Zentrale belaufen sich nach Steuern auf weniger als 0,2 Promille unseres Vermögens. Trotzdem hält Charlie die Ausgaben für außerordentlich hoch, wobei er unseren Berkshire-Jet meint, die ‚Indefensible (heute Indispensable)'.“

118

Die Indispensable

„Es ist schamlos, wie ich es mag."

Buffett kaufte den ersten Jet für Berkshire im Jahr 1986 und seither war dieses Flugzeug sehr häufig die Zielscheibe von Witzen, meistens von Buffett selbst. „Es ist schamlos, wie ich es mag ... Ich kann es nicht erklären. Da scheint es in meinem Gehirn ein Loch zu geben. Jahrelang habe ich in Reden gegen solch einen Luxus gewettert", sagt er.

„Gelegentlich muß ein Mann auch einmal von seinen Prinzipien abweichen", fügt er hinzu.

Außerdem schrieb Buffett einmal: „Der Gedanke, das Flugzeug aus dem Verkehr zu ziehen, halte ich für viel schlimmer als den Vorsitzenden aus dem Verkehr zu ziehen. In dieser Angelegenheit habe ich eine für mich sehr uncharakteristische Flexibilität unter Beweis gestellt. Jahrelang habe ich leidenschaftlich dagegen argumentiert, daß sich Unternehmen eigene Flugzeuge leisten. Aber schließlich wurde mein Dogma von meinem Karma überwältigt."

In Berkshires Jahresbericht für 1986 schrieb Buffett: „Ob sich die Anschaffung des Flugzeugs lohnen wird, ist eine offene Frage, aber ich arbeite daran, einen regelrechten Triumph zu erzielen, den ich dem Flugzeug zuschreiben kann." Diesmal ließ Buffett die Gelegenheit aus, wiederum Mae West zu zitieren: „Im allgemeinen vermeide ich Versuchungen, solange ich ihnen nicht widerstehen kann."

Das erste Flugzeug war ein 20 Jahre alter Falcon-Jet, den Buffett für 850.000 $ gekauft hatte. Der Betrieb kostete jährlich 200.000 $. Die durchschnittlichen Kosten je Flugstunde betrugen 1.500 $. 1989 tauschte er den Falcon gegen einen wirklich erstklassigen Jet für 6,7 Mio. $ ein, obwohl auch dieser gebraucht war.

„Das alte Flugzeug hatte eine Reihe von Problemen", sagt ein Arbeiter am Flugplatz von Omaha, Eppley Airport. Das neue Flugzeug - ein Canadair Challenger - ist ein schlankes weißes Flugzeug und bietet Platz für zehn Passagiere. Es wird in Eppley gewartet. Es trägt keine Insignien - nicht den geringsten Hinweis darauf, daß es Berkshire gehört.

Die Piloten für das Flugzeug stellt gewöhnlich das Unternehmen Peter Kiewit in Omaha zur Verfügung. Einer der Piloten erzählte einem Aktionär einmal, daß es ganz normal ist, daß Buffett den Piloten begrüßt, kurz mit jedem Fluggast spricht und dann seinen Kopf in irgendeinen Jahresbericht steckt.

Buffett benutzt das Flugzeug sehr oft, weil er ungefähr an 60 Tagen im Jahr reist, hauptsächlich zu den Sitzungen der diversen Aufsichtsräte, denen er angehört. Er stellt das Flugzeug auch gern Leuten zur Verfügung, die für Berkshire arbeiten.

Wenn alle Passagiere an Bord sind, dann plaudert Buffett erst ein wenig, und dann liest er, manchmal arbeitet er einen großen Stoß Post durch. Ein Angestellter von Borsheim´s sagt: „Er läßt uns meistens mitfliegen und liest die ganze Zeit." Manchmal spricht Buffett einen Passagier an, ob er nicht dessen Unternehmen kaufen könnte.

Das Flugzeug ist das einzige Spielzeug der Reichen, das Buffett wegen der Vorteile, die es bietet, akzeptiert.

Munger jedoch ist noch nie mit diesem Flugzeug geflogen, er weigert sich einzusteigen und ärgert Buffett damit, daß er sagt, dieses Ding sei eine Ungeheuerlichkeit gegenüber den Interessen der Aktionäre; er weigert sich einfach, seine Existenz zu entschuldigen.

Munger, der das Flugzeug „The Aberration" („Der Fehltritt") nennt, bevorzugt normale Linienflüge und trägt auch seine Taschen selbst. Einmal kam er zu Borsheim´s und trug in jeder Hand einen Koffer.

Im privaten Kreis sagte Munger, wenn irgendein Vorstandsvorsitzender ein Flugzeug verdiene, dann sei es Buffett, und für seine Bedürfnisse mache es auch Sinn. Ed Prendeville, ein Berkshire-Aktionär, erinnert sich, daß er einmal gehört hatte, wie Munger aus einer Jahresversammlung Mitte der 80er Jahre gekommen war und zu jemandem gesagt hatte: „Dies ist wohl das Flugzeug eines Unternehmens, das am allerehesten seine Berechtigung hat."

Öffentlich jedoch behauptet Munger immer, daß der Kauf des Flugzeugs eine völlige Extravaganz darstelle, etwas, mit dem er sich nie anfreunden könne.

Und weil Munger so sehr stichelte, drohte Buffett, das Flugzeug „The Charles T. Munger" zu nennen, taufte es jedoch „The Indefensible" („Die Unschlagbare").

In einem Artikel in *Fortune* am 5. November 1990, als Berkshires Aktienkurs von 8.675 auf 5.550 $ gefallen war, wurde Buffett auf die „Indefensible" angesprochen und scherzte: „Das ist das letzte, was ich verkaufen werde."

Auf der Höhe der Salomon-Krise benutzte Buffett das Flugzeug ständig, um damit von New York nach Omaha und zurück zu fliegen; er benannte das Flugzeug um in „Somewhat Indefensible" („Etwas Unbesiegbares". Sollte es auch „The Indispensable" („Die Unentbehrliche") werden? Ja - als Munger sie auf der Jahreshauptversammlung 1997 dazu erklärte. Dies geschah nach Berkshires Erwerb von FlightSafety.

Unerreicht blieb aber die Pointe im Jahresbericht für 1990: Buffett schrieb, wenn er ausscheide, würde Munger sofort das Flugzeug verkaufen und sogar seinen letzten Wunsch nicht erfüllen, es mit ihm zusammen zu begraben.

Für den Fall, daß Sie überlegen, was mit den Unternehmen geschieht, die Berkshire gehören (beispielsweise Coca-Cola), wenn Buffett stirbt, dann sollten Sie dies berücksichtigen: Buffett sagte über Coca-Cola - wie ein Pharao: „Wahrscheinlich wird es eine kurzfristige Zunahme an Verkäufen von Coke-Aktien geben, da ich vorhabe, ein großes Paket dieser Aktien mit an Bord des Flugzeugs zu nehmen, wenn ich mich begraben lasse."

Als Buffett 1995 in seiner Rolle als Anführer der wirtschaftlichen Entwicklung Nebraskas vor der „Indefensible" für Fotos posierte, lieferte er auch die Bildunterschrift: „Bis Midwest Express in Omaha landete, war dies meine einzige Möglichkeit, einen Non-Stop-Flug zu buchen."

Die Anzeige, die für Midwests Rolle bei Omahas wirtschaftlicher Entwicklung warb, zitierte Buffett: „Im letzten Monat flog ich mit Midwest Express nach Washington und kam dort genauso schnell und komfortabel an, als ob ich im Jet von Berkshire gesessen hätte. (Und glauben Sie mir, es hat einen ganzen Batzen weniger gekostet!)"

Obwohl Buffett den Dienst von Midwest Express in Anspruch nimmt, wies er darauf hin, daß er den Berkshire Jet nie aufgeben würde. „Einmal verführt, für immer verdorben", sagte er.

Buffett liebt sein Flugzeug so sehr, daß er einmal sagte: „Ich nehme es jetzt sogar in den Drugstore mit."

119

Charles Munger

„Wenn wir so weitermachen, dann ist das größte Risiko nicht, daß wir Pleite gehen, sondern daß wir verrückt werden."

Bei See's Candy lernten Buffett und Munger die Macht der Preisgestaltung wirklich kennen. Munger sagte, es sei auch sehr hilfreich, wenn er hohe Gewinne auf große Kapitalerträge erlangte, so wie dies bei Berkshires Investments bei der Washington Post und Coca-Cola der Fall sei. Und er fügte hinzu: „Die Post nahm uns damals einen sehr großen Teil des verfügbaren Kapitals."

Zu keiner Zeit, sagte er, habe es einen Punkt gegeben, wo Berkshire aus dem Ruder gelaufen wäre. „Ich wußte, daß Berkshire erfolgreich sein würde, ich wußte aber nicht, daß es so erfolgreich sein würde."

Buffett sagte: „Charlie brachte mich in die Richtung, nicht nur auf Schnäppchen zu achten, wie es Ben Graham gelehrt hatte. Dies war der wichtigste Einfluß, den er auf mich genommen hat. Und es bedurfte einer starken Kraft, mich von Benjamin Grahams eher einengenden Ansichten abzubringen. Das war die Kraft von Charlies Intelligenz. Er erweiterte meinen Horizont."

Was Kapitalanlage anbelangt, so haben sie genau die gleichen Ansichten, insbesondere, alles so konservativ wie nur möglich zu erledigen und die Bilanz von jeglichen Schulden freizuhalten. Anfangs war Buffett fast besessen davon, so billig wie nur möglich einzukaufen. Er gestand, daß es Munger gewesen sei, der ihn über die Jahre hinweg von der Bedeutung qualitativ hochwertiger Unternehmen für die langfristige Anlage überzeugt hatte, auch wenn man ein wenig mehr dafür bezahlen müsse.

Buffett sagte über sein Abweichen von Grahams Taktik des billigen Einkaufs: „Ben Graham legte immer großen Wert darauf, daß alles ein quan-

Munger wird bei der Berkshire Jahreshauptversammlung 1995 von Aktionären umringt.

titativer Gewinn sein sollte. Ich aber sehe den quantitativen Gewinn darin, daß in der Zukunft ein hoher Cash flow entsteht."

Munger ging einmal auf die Frage des strikten Value Investing ein, so wie es von Ben Graham lange praktiziert wurde, und stellte dem gegenüber, daß man für ein qualitativ hochwertiges Unternehmen auch ein wenig mehr bezahlen müsse.

Seinen größten Beitrag leistete Munger, als er Buffett dahingehend beeinflußte, das billige Zeug sein zu lassen und ein wenig mehr für die Möglichkeit, Preise zu gestalten, für Markennamen, Qualität und Dauerhaftigkeit der Branche zu zahlen.

Auf der Jahreshauptversammlung von Wesco sagte Munger 1991: „Wenn ein Privatmann Wertpapiere kaufen und verkaufen möchte, dann sollte er grundsätzlich mehr auf den intrinsischen Wert und nicht auf den Preis achten - ich glaube nicht, daß das jemals aus der Mode kommt. Benjamin Graham hatte ein paar Schwächen. Er schätzte die Tatsache zu gering, daß einige Unternehmen es wert sind, wenn man ein wenig mehr dafür bezahlt."

„In einer bemerkenswerten Fußnote zu einer Ausgabe des ‚Intelligent Investor´ sagte Graham, daß er sein Wertesystem lange Zeit praktiziert und damit auch einigen Erfolg habe. Allerdings sei er schnell reich geworden, als er einmal in einer Wachstumsaktie anlegte. Es amüsierte ihn, daß die Hälfte seines Vermögens oder mehr aus einem Investment stammte (GEICO).

Graham war es nicht ausreichend bewußt, daß sich ein Unternehmen als eine großartige langfristige Anlage herausstellen könnte - auch wenn es für ein Mehrfaches seines Buchwerts gehandelt wird. Nehmen wir einmal die Coca-Cola Aktie. Im Vergleich zu ihrem gegenwärtigen Kurs hat sie einen sehr geringen Buchwert.

Sie werden bemerken, daß wir Grahams und Dodds klassischem Vorbild nicht bis ins letzte Detail folgen, so wie Ben Graham es sich vorstellte. Warren und ich überlegen manchmal, was geschehen wäre, wenn wir mit besseren Unternehmen angefangen hätten, statt mit Rabattmarken-, Aluminium- und Textilunternehmen - einmal hatten wir sogar ein Windmühlenunternehmen. Es dauerte geraume Zeit, bis wir klug wurden" (Outstanding Investor Digest, 24. Mai 1994).

Munger ist Buffetts Freund, sein Seelenverwandter, sein Kumpel und auch sein Partner. Buffett beliebt zu scherzen, wenn er sagt, Munger sei in guten Jahren sein Juniorpartner und in schlechten sein Seniorpartner.

Wenn Reporter nicht zu Buffett vordringen können, was meistens der Fall ist, dann rufen sie manchmal Munger an, um etwas über Buffett zu erfahren. Meistens sagt dieser so etwas wie beispielsweise: „Er nimmt seine Arbeit sehr ernst, aber sich selbst nimmt er nicht besonders ernst."

Munger hat Sehprobleme. Und tatsächlich verlor er Anfang der 80er Jahre ein Auge und trägt außerordentlich dicke und stabile Brillen mit schwarzem Rahmen.

Anfang der 70er Jahre ließ sich Munger wegen einem Grauen Star operieren, aber das gelang nicht gut. Bei der Operation wurde ein Augennerv beschädigt und dies führte zu außerordentlich starken Schmerzen und Übelkeit. Danach ließ er sein linkes Auge entfernen. „Es ist kein großes Handicap. Ich spiele immer noch Golf und Tennis." Er liest auch pro Tag ein Buch, gesteht aber, daß er auch viel „überblättert".

Er konzediert, daß Buffett mehr Talent hat als er. Aber deshalb ist Munger kein Dummkopf. Munger sagt: „Wenn wir so weitermachen, dann ist das größte Risiko nicht, daß wir Pleite gehen, sondern daß wir verrückt werden."

Anders als Buffett hat Munger im Verlauf der Jahre ein paar tausend Berkshire-Aktien verkauft und verschenkt; ein paar hundert Aktien schenkte er Einrichtungen wie dem Good Samaritan Hospital in Los Angeles, Planned Parenthood, der Stanford University Law School und der Harvard-Westlake School (*Forbes*, 22. Januar 1996).

„Eher schlecht als recht habe ich versucht, das Leben von Benjamin Franklin zu kopieren. Als er 42 Jahre alt war, stieg Franklin aus dem Geschäftsleben aus, um sich mehr auf seine Tätigkeit als Autor, Staatsmann, Philanthrop, Erfinder und Wissenschaftler zu konzentrieren. Und deshalb habe ich meine Interessen vom Geschäftsleben weggelenkt" (*Forbes*, 22. Januar 1996).

„Warren und ich unterscheiden uns ein wenig in der Art und Weise, wie wir unsere Geschäfte wahrnehmen und Kapital dafür einsetzen. John Maynard Keynes büßte für seine ‚Sünden' im Portfoliomanagement, indem er Geld für sein College verdiente und seinem Land diente. Ich büße mit meinen Aktivitäten außerhalb des Geschäftslebens und Warren benutzt seinen Anlageerfolg, um ein großer Lehrer zu sein."

Man staunt über Buffett und seinen Geistesverwandten Munger, einem alten Griesgram und wie Buffett von sehr gemäßigtem Temperament: Zwei alte Männer, die auf der Terrasse vor dem Haus sitzen, die unvollkommene Welt mit sehr klugen und realistischen Augen sehen und sich freuen, wenn sie sich ausdenken, wie sie das beste daraus machen können. Jahrelang haben Buffett und Munger täglich miteinander gesprochen, in den letzten Jahren wurde es etwas weniger, weil sie beide sehr viel zu tun haben. Sie brauchen einander. Munger sagt: „Jeder, der eine schwierige Aufagen hat, braucht Kollegen. Allein die Tatsache, daß man seine Gedanken mit jemandem austauschen kann, ist schon sehr nützlich."

Buffett sagt: „Mit niemandem von der Wall Street habe ich auch nur ein Hundertstel der Zeit gesprochen, die ich mit Charlie spreche."

„Es sind schon große Vorteile für einen Menschen, wenn er in eine Position kommt, wo er ein paar große Kapitalanlagen tätigen und sich zurücklehnen kann. Dann zahlt man viel weniger an Broker. Und außerdem hört man weniger Quatsch... Und wenn es klappt, dann bekommt man auch vom Steuersystem noch ein paar Vergünstigungen, 2 oder 3 Prozentpunkte pro Jahr, die sich natürlich auch verzinsen", so Munger. Der Grund dafür ist, daß man bei langfristigen Beteiligungen nicht jährlich Steuern zahlen muß.

In vielerlei Hinsicht ist Munger für Buffett ein ausgezeichneter Gegenpart, insbesondere, wenn die beiden auf dem Podium sind und die Jahreshauptversammlung leiten. Einmal sprach Buffett darüber, daß er versuche, Berkshires Investments geheimzuhalten: „Leider müssen wir gewisse Berichte bei der SEC abgeben. Und in letzter Zeit war es unsere Strategie, in unseren Jahresberichten nur die Beteiligungen aufzuführen, die mindestens 100 Mio. $ ausmachen (heute 750 Mio. $). Aber ansonsten erzählen wir nicht viel. Charlie?"

Munger: „Kein Kommentar."

Buffett nannte Munger einmal einen schrecklichen Unmenschen.

Die Washington Post nannte Munger einmal Buffetts sarkastischen und gleichgesinnten Kumpel. Munger ist auch einer der führenden Theoretiker, was Kapitalanlage, Bildung und Allgemeinwissen betrifft. Hier ein Beispiel aus einer Rede an der Stanford Law School: „Und wenn juristische Fakultäten wirklich einmal über traditionelles Unterrichtsmaterial hinausgehen, dann tun sie es, scheint es mir, auf ziemlich plumpe Art. Wenn man glaubt, daß Psychologie in Amerika nur sehr mangelhaft gelehrt wird, dann sollten Sie erst einmal die Wirtschaftswissenschaften betrachten. Moderne Portfoliotheorie?! Es ist verrückt" *Outstanding Investor Digest*, 13. März 1998).

In dieser Rede sagte Munger auch: „Jeder muß bei der Kapitalanlage seinen eigenen Überlegungen folgen und seine eigene Psychologie berücksichtigen. Wenn Verluste Sie am Boden zerstören - und manche Verluste sind unvermeidlich -, dann sollten Sie eine sehr konservative Investmentstrategie nutzen und Ihr Leben lang sparen. Sie müssen die Strategie der Kapitalanlage Ihrem Naturell und Ihren Fähigkeiten anpassen. Ich glaube nicht, daß es eine Investmentstrategie gibt, die jedem wie ein Maßanzug paßt.

Meine Strategie funktioniert bei mir. Aber teilweise nur deshalb, weil ich sehr gut Niederlagen einstecken kann. Ich kann es von meiner Psychologie her vertragen. Und außerdem habe ich wenige Niederlagen zu verzeichnen. Diese Kombination funktioniert gut."

(Photo by LaVerne Ramsey)
Munger und Studenten der Harvard Business School bei der Jahreshauptversammlung 1997. Offensichtlich unterhielt man sich über Coca-Cola.

Ein Student fragte, ob er seiner Verantwortung nachkomme und sein Wissen mit anderen teile. Darauf antwortete Munger: „Sicherlich. Sehen Sie nur Berkshire Hathaway an. Ich nenne es eine hervorragende didaktische Übung. Warren gibt niemals Geld für sich aus. Er wird alles dem Gemeinwesen zurückgeben. Er baut nur eine Bühne auf, damit die Menschen auf ihn hören. Es ist überflüssig anzumerken, daß er sehr viel Gutes zu sagen hat. Und die Bühne ist auch nicht so schlecht. Aber Sie könnten natürlich der Ansicht sein, daß Warren und ich auf unsere Art auch Akademiker sind...“

Außer, daß Munger immer sagt „Kein Kommentar“, sagt er auch Dinge wie beispielsweise: „Gerade eben unseren jeweiligen Hochschulen entschlüpft, gingen mein Freund Warren Buffett und ich in die Wirtschaft und fanden riesige vorhersehbare Muster extremer Irrationalität. Diese Irrationalitäten waren offensichtlich wichtig für das, was wir tun wollten, aber unsere Professoren hatten diese Dinge nie erwähnt. Das war nicht der normale und einfache Weg... Zur Psychologie der menschlichen Fehleinschätzungen kam ich fast gegen meinen eigenen Willen. Ich wollte so lange nichts davon wissen, bis ich feststellte, daß mich mein Verhalten eine Menge Geld kostete, und meine Möglichkeiten einschränkte, das zu tun, was mir gefiel.“

Mungers Vorlesung über Allgemeinbildung, soweit sie sich auf Investments bezieht, gab er 1994 an der University of Southern California. Diese Lehrstunde ist eine der besten Abhandlungen über Geldanlage, die je gegeben wurde. Ein Beispiel:

„Die Menschen besitzen nicht die Gabe, jederzeit alles zu wissen. Aber den Menschen, die daran arbeiten - denjenigen, die die Welt betrachten und sichten, ob sie einen falschen Kurs finden - ist es gegeben, daß sie gelegentlich auch einen finden.

Und die Klugen setzen dann darauf, wenn die Welt ihnen eine solche Chance bereitet. Sie setzen hoch, wenn sie die Möglichkeit dazu haben. Ansonsten tun sie nichts. So einfach ist das“ (*Outstanding Investor Digest*, 5. Mai 1995).

Noch Mungerismus: „Das Herz und die Seele für das Verständnis vieler Dinge ist es, wenn man sowohl die Macht des Zinseszinses versteht als auch die Schwierigkeit, Zinseszins zu bekommen.“

Weitere Mungerismen: „Erstens: Es kann im Leben sehr viel ausmachen, wenn man sich einige wenige Ideen aneignet, die aber dafür gründlich. Zweitens: Das Leben ist eine einzige Reihe von Opportunitätskosten.“

Auf der Jahreshauptversammlung von Berkshire im Jahr 1995 merkte Munger an, wie wenig die Geschäftswelt Amerikas Berkshire studiert habe

- trotz seines Erfolgs. „Wieviel von Berkshire wurde kopiert?... Die Leute wollen es einfach nicht tun."

Auf der Jahreshauptversammlung 1996 merkte Munger an: „Die Vermögenswerte von Berkshire sind liebevoll zusammengesetzt, damit sie in der Zentrale keiner ständigen Überwachung bedürfen."

Und auf der Jahreshauptversammlung 1997 sagte Munger: „Die Menschen unterschätzen die Bedeutung von einigen wenigen einfachen, aber großen Ideen. Und ich bin der Meinung, daß Berkshire Hathaway ein didaktisches Unternehmen ist, das die richtigen Denksysteme lehrt. Die wichtigste Lektion ist, daß nur wenige große Ideen wirklich funktionieren. Ich glaube, die Ideenfilter haben bei uns sehr gut funktioniert, weil unsere Ideen so einfach sind."

Munger erhielt seine Ausbildung an öffentlichen Schulen in Omaha, auch an Omahas Central High School. Später besuchte er die University of Michigan (1941 bis 1942) und das California Institute of Technology (1943), während er bei der Air Force war. Später diente er im Zweiten Weltkrieg als Meteorologe. Er studierte Jura in Harvard und machte 1948 sein Examen mit magna cum laude.

Da Munger Kriegsveteran war, wurde er ohne Vorexamen an der Harvard Law School zugelassen. 1949 wurde er bei kalifornischen Gerichten zugelassen.

Zunächst war er Sozius der Kanzlei Wright & Garrett, die später Musick, Peeler & Garrett wurde. 1962 verließ eine Gruppe von Rechtsanwälten die Kanzlei und gründete Munger, Tolles, Hills & Rickershauser, die sich auf wirtschaftliche Fragen spezialisierten.

Zu den Gründern der Sozietät gehörten Munger, LeRoy Tolles, Roderick Hills, der eine Zeitlang Vorsitzender der SEC war, und dessen Frau Carla Hills, die später Handelsbeauftragte der Vereinigten Staaten wurde. Die Kanzlei Munger, Tolles wurde von der Zeitschrift The American Lawyer als die beste in Los Angeles beschrieben - 13 ihrer 103 Anwälte waren zuvor am U.S. Supreme Court.

Der Artikel erschien im April 1992 mit der Schlagzeile „Keine Schulden. Kein Marketing. Honorare nach Abstimmung. Abneigung gegen Management. Wie Munger, Tolles durch die Rezession kommen."

Das Honorarsystem der Kanzlei wurde so beschrieben: „Jeweils im Januar erhält jeder Partner - derzeit sind es 52 - einen Stimmzettel mit den Namen aller Partner und einer Ausfüllzeile hinter jedem Namen. In der letzten Zeile wird der Nettogewinn des Vorjahres aufgeführt. Dann trägt jeder Partner den Betrag, den er oder sie für richtig hält, hinter dem Namen jedes Partners ein. Dafür gibt es keine Regeln, außer, daß die Beträge ins-

Munger, links, und Buffett - Berkshires dynamisches Duo in einem Augenblick der Ruhe in einem Raum über Borsheim´s am Tag vor der Jahreshauptversammlung 1996.

gesamt die Gewinnsumme ausmachen müssen. Keine Punkte, keine Anteile. Keine Vorrechte, kein Nichts."

Seit Anfang der 70er Jahre war die Kanzlei Berkshires wichtigster Berater. Robert Denham, ein Partner der Kanzlei, war seit 1974 sehr häufig für Berkshire tätig, und wurde dann Vorsitzender bei Salomon, bis es an Travelers verkauft wurde.

Munger tat sich besonders als Rechtsanwalt, Geschäftsmann, Investor

Johnny´s Café in Omahas Süden, wo Buffett und Munger 1959 zum ersten Mal miteinander zu abend aßen und gleichgesinnte Partner wurden.

und Lehrer hervor. Seine Investmenterfolge halten jedem Vergleich stand, nur Buffett ist besser.

Munger ist der Enkel eines Bundesrichters und der Sohn eines Rechtsanwalts aus Omaha. Er wurde am 1. Januar 1924 in Omaha geboren und wuchs in einem Haus auf, das nur ungefähr 100 Meter von Buffetts heutigem Haus entfernt liegt. Munger erzählte, daß seine Familie und die von Buffett einander kannten, er und Buffett sich jedoch erst 1959 kennenlernten, als sie einander von gemeinsamen Freunden, Dr. und Mrs. Edwin Davis, vorgestellt wurden.

Der mittlerweile verstorbene Dr. Davis arrangierte das Treffen. Nachdem Buffett eines Abends einen Besuch bei Davis machte, so wie er viele Ärzte in Omaha besuchte, um Geld für seine Partnership zu suchen, fragte Buffett Davis, weshalb er sich so schnell entschieden habe, bei ihm zu investieren. Davis sagte ihm, der Grund sei, daß Buffett ihn sehr an Munger erinnere.

„Außer Warren kannte ich jeden aus der Familie", sagte Munger über das Treffen mit Buffett. Munger hatte samstags im Laden von Buffett & Son gearbeitet, der Buffetts Großvater gehörte. In diesem kleinen Laden konnte man gegen Kredit einkaufen und außerdem wurden die Waren ausgeliefert. Dieses Geschäft überlebte den Siegeszug der Supermärkte lange Jahre.

Munger hatte von Buffett gehört, war aber nicht besonders beeindruckt. Im Juli 1959 aßen Buffett und Munger zusammen zu abend - in Johnny´s Café in Omaha - und sprachen über die Wertpapiermärkte. Nachdem Munger Buffett kennengelernt hatte, war er sofort beeindruckt und erkannte Buffetts sensationelle Fähigkeiten: „Ich war nicht nur ein wenig beeindruckt. Ich war äußerst beeindruckt", sagte Munger. Buffett und Munger wurden gleichgesinnte Partner.

In einem Interview scherzte Munger, daß ihm die Ehre gebühre, die Fähigkeiten Buffetts erkannt

(Photo by Nancy Line Jacobs)
Munger und seine Frau Nancy auf Berkshires Jahreshauptversammlung 1997.

zu haben, obwohl Buffett nicht unbedingt die äußeren Anzeichen von Erfolg aufwies. „Er hatte einen Bürstenhaarschnitt. Er arbeitete auf der Sonnenterrasse in seinem Haus, und seine Essensgewohnheiten gingen in Richtung Pepsi, Salznüsse und kein Gemüse."

Bei ihrem ersten gemeinsamen Abendessen sprachen sie sicherlich auch über die Börse, aber sie sprachen auch über viele andere Dinge. Die beiden wurden schnell Freunde und Buffett sagte Munger fortwährend, daß Kapitalanlage ein schnellerer Weg zum Reichtum sei als das Gesetz. Munger konnte überzeugt werden und kann auf eine lange erfolgreiche Investmentkarriere zurückblicken, auch wenn er immer noch einen Fuß in seiner Anwaltskanzlei hat.

Unabhängig von Buffett managte Munger von 1962 bis 1975 die Investmentfirma Wheeler, Munger & Co. in einem schmucklosen Büro im Gebäude der Pacific Coast Stock Exchange. In dieser Zeit erzielte er einen respektablen Jahresgewinn von 19,8 % vor Steuern und nach Kosten (*Forbes*, 22. Januar 1996).

Weshalb also wechselte Munger vom Gesetz zur Kapitalanlage?

„Ich hatte eine große Familie. Nancy und ich hatten acht Kinder... Und ich ahnte nicht, daß Rechtsprechung so gewinnträchtig war, wie sie sich plötzlich zeigte. Kurz nachdem ich die Juristerei aufgab, kam das große Geld. Schon 1962 war ich zum größten Teil draußen, und 1965 schied ich ganz aus. Das ist schon so lange her.

Außerdem traf ich gern Entscheidungen und riskierte gern mein eigenes Geld. Ich dachte immer, ich wüßte es besser als meine Klienten - weshalb sollte ich es dann so machen, wie er es wollte? Ich kam also teilweise zur Kapitalanlage, weil ich meine eigene Meinung hatte, und zum anderen Teil war es mein Wunsch, ein Vermögen zu schaffen, das mir Unabhängigkeit gewährte.

Die meisten meiner Klienten waren wunderbar. Aber es waren auch ein oder zwei darunter, die mir nicht gefielen. Außerdem liebte ich die Unabhängigkeit eines Kapitalisten. Und ich war schon immer eine Art Spielernatur. Ich dachte gerne über bestimmte Dinge nach und wettete gern. Und so kam es, wie es kommen mußte" (*Outstanding Investor Digest*, 13. März 1998).

Buffett und Munger investierten Mitte der 60er Jahre zusammen, insbesondere in Blue Chip Stamps, ein Unternehmen, das Rabattmarken ausgab und ursprünglich von einem Konsortium von Handelsketten betrieben wurde. 1976 wurde Munger bei Berkshire eingestellt und ist seit 1978 stellvertretender Vorsitzender, nachdem Berkshire und Diversified Retailing in diesem Jahr fusionierten.

In den späten 70er Jahren wurde Munger Großaktionär bei Berkshire, als zwei seiner Investments, Diversified Retailing und später Blue Chip Stamps, von Berkshire aufgekauft wurden.

Munger wohnt weiterhin in Los Angeles, wo er auch (ohne Bezahlung) Vorsitzender der Daily Journal Corp. ist. Dieser Verlag gibt das *Los Angeles Daily Journal* für Rechtsanwälte und andere kleinere Zeitschriften für Juristen in Kalifornien und anderen westlichen Staaten heraus. Die 18 Zeitschriften haben eine verkaufte Auflage von etwa 35.000. Daily Journal Corp. beschäftigt etwa 320 Mitarbeiter und machte im Jahr 1997 einen Umsatz von 36 Mio. $ und 3 Mio. $ Gewinn.

In einem Jahresbericht an die Aktionäre von Daily Journal beschrieb Munger in seiner lakonischen Art einen Verlust vor Steuern in Höhe von 300.000 $ beim *California Lawyer*, einer Monatszeitschrift, die in Zusammenarbeit mit der Anwaltskammer von Kalifornien herausgegeben wird.

„Diese Zeitschrift 1) ist eindeutig ein Beitrag zur öffentlichen Ordnung, 2) bietet die bestmögliche Kommunikation zwischen der Kammer und ihren Mitgliedern, 3) lohnt sich für die Inserenten. Aber die ökonomischen Auswirkungen sind für unser Unternehmen als Eigentümer weiterhin nicht zufriedenstellend."

Munger kontrolliert 34,5 % der Aktien, die im Freiverkehr gehandelt werden. Diese Aktien werden über Munger, Marshall & Co., eine Partnership, gehalten, bei der Munger und seine Familie die größten Teilhaber sind. Mungers enger Freund J.P. Guerin und dessen Familie besitzen etwa 16 % der Anteile.

Weder Munger noch Guerin erhalten für die Arbeit bei diesem Unternehmen ein Gehalt, und Munger gibt zu, daß sein Direktor Gerald Salzman, unterbezahlt ist. Munger, der mit dem Geld der Teilhaber ebenso vorsichtig umgeht wie Buffett, fliegt normalerweise Touristenklasse, trägt sein eigenes Gepäck und antwortet auf Zuschriften von Teilhabern manchmal, indem er die Antwort ganz einfach auf die Rückseite schreibt. Ganz wie bei Berkshire - man spart Papier und Zeit.

Von Anfang der 70er bis in die späten 80er Jahre managten Munger und Rick Guerin den New American Fund, der, bis er liquidiert wurde, eine hervorragende Performance brachte.

1997 wurde Munger in den Aufsichtsrat von Costco Companies Inc. berufen, einem Einzelhandelsunternehmen mit Sitz in der Nähe von Seattle, zu dem eine große Kette von Kaufhäusern nur für Mitglieder gehört. Costco ging 1993 aus der Fusion von Price Company und Costco Wholesale hervor (vielleicht plant See´s, auf diesem Weg große Mengen zu verkaufen). „Ich bewundere die Leute und das Unternehmen für das, was sie

713

im Verkauf geleistet haben", sagte Munger in einem Interview. Er sagte, Costco habe im Vertrieb von Konsumgütern eine Revolution entfacht. Munger besitzt 83.884 Aktien von Costco, wie der Jahresbericht von Costco für 1997 auswies.

In einem Artikel über Costco schrieb *Forbes* am 11. August 1997, Munger wisse genau, welche Revolution Costco in Gang setze. „Anfang des Jahres ging Berkshire Hathaways Vizevorsitzender im Alter von 73 Jahren in den Aufsichtsrat von Costco. Dies ist ein sehr seltener Fall, daß er sich außerhalb des Investmentmolochs, den er zusammen mit Warren Buffett kontrolliert, mit einem anderen Unternehmen geschäftlich verbindet. Als Munger zum ersten Mal mit Costco zu tun hatte, war es nicht als Investor, sondern als Kunde. Als jemand, der den Wert eines Dollars genau kennt, kauft Munger alles, vom Fleisch über den Wein bis zu Büroartikeln in diesem Kaufhaus. Er kaufte dort sogar seine Armbanduhr.

‚Mir gefällt dieses Kaufhaus so gut, daß ich meine Grundregeln verletzte (er ging in den Aufsichtsrat eines Unternehmens, das nicht zu Berkshire Hathaway gehört)‘, sagt Munger. ‚Man kann sich kaum Leute vorstellen, die mehr dafür getan haben, die Welt des Einzelhandels zum Besseren zu wenden, und die auch dem Kunden viel Freude machen.‘

‚Auch nicht Sam Walton?‘ Munger nickt.

Tatsächlich sagte Munger nicht ‚Leute‘, sondern ‚zwei Leute‘. Einer von ihnen ist der 61jährige James Sinegal, der Präsident und Vorstandsvorsitzende von Costco. Der andere ist Sinegals Mentor, Sol Price aus San Diego, der dieses Kaufhauskonzept mit der Price-Club-Kette entwarf, nachdem er vorher mit seinen Fed-Mart-Läden das Massengeschäft der Discounter reformierte.

Munger ist sehr schnell mit Witzen und bietet oft auch ganz einfache Lebensweisheiten an: „Die erste Chance, die man hat, einen Verlust aus einem schlechten Kredit zu vermeiden, ist, daß man ihn ablehnt. Es gibt keine zweite Chance." Munger ist eingefleischter Republikaner, Buffett ist Demokrat. Munger angelt gern in den Flüssen von Alaska, während Buffett sich aus dem Angeln nichts macht. Ansonsten stimmen die beiden Männer in fast allem überein. Buffett sagte, wenn einer von beiden etwas genehmige, dann würde es auch der andere genehmigen, weil ihre „Filter" ähnlich seien.

Munger und Buffett arbeiten schnell und effizient und schon so lange zusammen, daß jeder weiß, was der andere von einer bestimmten Sache halten wird. Buffett sagte einmal: „Munger und ich können eine vierseitige Aktennotiz am Telefon mit drei kurzen Grunzern erledigen."

„Was geschäftliche Entscheidungen anbelangt, so sind Charlie und ich austauschbar. Geographische Entfernung kann uns nicht behindern. Wir haben immer noch ein Telefon gefunden, und dann sind wir produktiver als eine halbtägige Konferenz", zitiert John Train Buffett in seinem Buch „The Midas Touch".

Buffett sagte aber auch: „Meine Vorstellung von einer gemeinsamen Entscheidung ist es, einfach in den Spiegel zu sehen." Wenn Buffett eine Entscheidung aber nicht selbst treffen will, dann ist Munger der erste, mit dem er sich berät. Buffett sagte Forbes einmal, daß es drei Menschen gebe, die ihn am meisten beeinflußten: sein Vater, Benjamin Graham und Charlie Munger. Sein Vater habe ihn gelehrt, daß man nichts tun dürfe, worüber nicht auch auf der Titelseite einer Zeitung berichtet werden könne. „Ich habe niemals einen besseren Menschen kennengelernt als meinen Vater."

„Über Graham sagte Buffett, dieser habe ihm das geistige Rüstzeug für die Kapitalanlage vermittelt und sei ihm bezüglich des Temperaments ein Vorbild gewesen; - der Fähigkeit, sich zurückzuhalten, sich nicht von der Masse beeinflussen zu lassen und auch nicht ängstlich zu werden, wenn die Aktienkurse einmal sinken.

‚Charlie brachte mich dazu, mich auf die Verdienste und Leistungen eines großen Unternehmens mit enormem Ertragswachstum zu konzentrieren, aber nur, wenn man sich ihrer absolut sicher sein kann - nicht wie bei Texas Instruments oder Polaroid, wo die Ertragskraft nur hypothetischer Art war. Charlie gibt nicht seine ganze Persönlichkeit dem Geschäft hin, wie ich es tue, aber er versteht ein Unternehmen perfekt. Obgleich wir durchaus schon unterschiedlicher Meinung waren, hatten wir noch nie einen Streit´." (*Forbes*, 18. Oktober 1993).

Im selben Artikel gibt Munger ein Kompliment zurück: „Einer der Gründe, weshalb Warren so fröhlich ist, ist die Tatsache, daß er sich nie erinnern muß, was er früher einmal gesagt hat. Der Buffett, den die Öffentlichkeit kennt, und der private Buffett sind derselbe."

Munger war überrascht, daß *Forbes* ihn mit 365 Mio. $ Vermögen auf der Liste der 400 reichsten Menschen hatte. „Ich bin schon so lange mit Warren zusammen, daß ich glaubte, ich sei nur eine Fußnote." Er fügte hinzu, sein Lebensziel sei es gewesen, knapp unterhalb dieser Liste zu bleiben.

Über das klassische Stock Picking sagte er, man brauche nur fehleingeschätzte Aktien zu finden, bei denen man nach einer differenzierten Untersuchung glaubt, daß sie einen Vorteil bieten. „Mehr brauche ich nicht. Über die Steuer mache ich mir keine Gedanken... soweit wir es absehen können, halten wir die Aktien lange genug, um keine bezahlen zu müssen."

Natürlich wolle er Aktien immer zu einem günstigen Kurs kaufen: „Ich zahle für ein Unternehmen nie mehr als den intrinsischen Wert - bis auf ganz seltene Ausnahmen, wenn ich weiß, daß Warren Buffett die Sache in der Hand hat. Es gibt Leute - aber nur sehr wenige - die es wert sind, daß man ein wenig mehr bezahlt, um mit ihnen einen langfristigen Vorteil zu erzielen."

Ein Artikel in der *New York Times* vom 8. Juni 1997 zitierte Blair Sanford, einen Analysten bei Hoefer & Arnett in San Francisco, der sagte, daß Wesco „ wenn nicht den besten Investor des 20. Jahrhunderts hat, dann jedoch einen der cleversten. Warren ist bekannter, aber Warren wäre nicht Warren, hätte er nicht Charlie Munger getroffen."

120

Mungers Söhne

unger ist ein Mann mit vielfältigen Interessen. Wenn er sich nicht mit Kapitalanlage beschäftigt, dann liebt er es, in Alaska zu fischen, und zeigt großes Interesse für Boote (er baut an der Ostküste einen sehr großen Katamaran). Er ist sehr belesen und von den Naturwissenschaften fasziniert. Er reist sehr viel und er besitzt fünf Häuser.

Sein Vermögen beträgt knapp 1 Mrd. $. Er spendet sehr viel für wohltätige Zwecke in seiner Gemeinde und sagte, er fühle sich schuldig, daß er mit so weißen zarten Händen so viel Geld verdiene." (*Wall Street Journal*, 19.November 1997)

Er und seine Frau Nancy brachten beide zwei Kinder mit in die Ehe und haben vier gemeinsame Kinder. Die Mungers haben ein großes Netz von Freunden, die zu den angesehensten Persönlichkeiten des Landes gehören.

Fünf Söhne haben ihr Studium in Harvard-Westlake abgeschlossen, einer Privatschule in Los Angeles, und die drei Töchter besuchten die Marlborough School in Los Angeles oder die Westridge School in Pasadena. Keines der Kinder versuchte, im Finanzbereich Karriere zu machen.

Munger stimmt mit John Maynard Keynes überein, der sagte, die Vermögensverwaltung sei kein guter Beruf; deshalb hat er versucht, Wiedergutmachung zu leisten, für seine Sünde zu büßen, einer der besten Investoren der Welt zu sein, statt einem Beruf mit höherem gesellschaftlichen Nutzen nachzugehen. Ein Beispiel für seine weitgestreuten sozialen Engagements ist die Harvard-Westlake School in Los Angeles. Munger und seine Frau haben mehr als 7 Mio. $ gespendet, damit die Schule das Munger Science Building errichten konnte.

„Diese Anlage nach dem neuesten Stand der Technik liegt unterhalb von Seaver an einem Berghang, von dem aus man den Coldwater Canyon überblicken kann. Zu ihr gehören ein Dutzend Unterrichtsräume, ein

Konferenzraum, ein Computercenter und ein Hörsaal, in dem an jedem der 110 Plätze ein Laptop angeschlossen werden kann", berichtet eine Harvard-Westlake-Zeitschrift im Frühjahr 1995.

„Das Problem bei den meisten Gebäuden ist, daß sie nicht flexibel genug sind. Wir versuchten sicherzustellen, daß dies in diesem Fall klappt und wenn möglich länger als 50 Jahre lang. Ich sehe keinen Grund, weshalb es einmal überaltert sein sollte. Schon vor dem Zusammenschluß von Harvard und Westlake gab es zu wenig technische Anlagen und als sich dann die höheren Semester verdoppelten, hatten wir einen enormen Bedarf. Eigentlich muß man darüber gar nicht nachdenken. Es wäre ein grober Fehler gewesen, hätte man diese Ausbildungsbereiche nicht verbessert."

An der Errichtung des Gebäudes war Munger in jeder Hinsicht beteiligt. Die Lehrer wurden in die Planung einbezogen, im Großen und im Kleinen. In den Lehrsälen für Chemie und Physik gibt es andere Sitzgelegenheiten als in denen für Biologie.

Vertreter der Schule sagten, daß Munger trotz seines Engagements den Lehrern einen großen Teil der Planung überlassen hatte, aber sehr verärgert war über die zu teure Lüftungs- und Heizungsanlage und daß das Gebäude weit besser gegen Erdbeben geschützt war, als es die aktuellen Vorschriften verlangten. 1969 wurde Munger Mitglied des Kuratoriums und war von 1974 bis 1979 Vorsitzender des Kuratoriums der Harvard School (die später mit Westlake zusammengeschlossen wurde). Mit seiner 25jährigen Tätigkeit im Kuratorium stellte er einen Rekord auf.

Zu Mungers anderen gemeinnützigen Interessen gehört es, daß er als Verwaltungsrat und Finanzchef von Planned Parenthood in Los Angeles amtiert, als Verwaltungsratsvorsitzender des Hospital of the Good Samaritan in Los Angeles und als Chef der Alfred C. Munger Foundation. Mungers Vater Alfred, war der Sohn des Richters Munger. Alfred C.Munger war Rechtsanwalt und praktizierte von 1915 bis 1959 in Omaha, lediglich mit einer Unterbrechung wegen seiner Teilnahme am Ersten Weltkrieg.

Mrs. Munger war im Verwaltungsrat der Marlborough School und der Stanford University. Dem YMCA Camp Whittle in der Nähe von Big Bear spendeten die Mungers ein 12 x 25 Meter großes Schwimmbecken mit Dusch- und Umkleideräumen. Mrs. Munger ist ein langjähriges Mitglied des Verwaltungsrates des YMCA.

Der Harvard-Westlake-Zeitschrift sagte Munger, er betrachte diese Schule, die eine Reihe seiner Kinder besuchte, als eine der besten Einrichtungen ihrer Art auf der ganzen Welt.

Und in bezug auf das Munger Science Center fügte er hinzu: „Die beste

Art und Weise, das im Leben zu bekommen, was man möchte, ist, zu verdienen, was man sich wünscht - und Harvard-Westlake verdient dieses Gebäude."

121

Lou Simpson

„Das ist der Bursche."

In Berkshires Jahresbericht für 1995 deutete Buffett an, daß GEICOs Louis A. Simpson bei Berkshire der wahrscheinliche Erbe ist. „Daß er mit im Boot ist, gibt uns die Sicherheit, daß Berkshire, sollte Charlie und mir etwas zustoßen, einen außerordentlich professionellen und sofort verfügbaren Manager hätte, der mit den Investments zurechtkäme", schrieb Buffett.

Der 60jährige Simpson repräsentierte Berkshires Interessen in den Aufsichtsräten der National Housing Authority und der Bowery Savings Bank und war auch im Aufsichtsrat von Salomon. Er genießt Buffetts Vertrauen schon lange. Simpson ist stellvertretender Vorstandsvorsitzender von GEICO und dort für die Investments zuständig. Als Vorstandsmitglied der Potomoc Electric Power Company und der Pacific American Income Shares Inc. ist Simpson auch Mitglied des Vorstands der Thompson PBE Inc. und der COHR Inc.

In den 17 Jahren, seit Simpson die Vermögenswerte von GEICO managt, erbrachten sie erstaunliche 24,7 % Durchschnittsgewinn, verglichen mit 17,3 % des S&P-Aktienindexes.

Simpson lernt das Management der Unternehmen, in die er investieren will, kennen, und wie Buffett, sucht er Aktien für ein langfristiges Engagement aus. So hat er beispielsweise Freddie Mac, Nike, Mattel, Manpower und Burlington Northern Santa Fe ausgewählt.

Simpson wohnt in Rancho Santa Fe, Kalifornien, in der Nähe von San Diego und arbeitet dort in einem kleinen Büro. Er war vorher schon aus der GEICO-Zentrale in Washington, D.C., nach Los Angeles gezogen. In Tucson, Arizona, hat er ein Urlaubsdomizil.

„Simpson hat das ideale Temperament für die Kapitalanlage", sagte Buffett dem Institutional Investor im Jahr 1976. „Er tradet sehr emotionsfrei und folgt nur seinen eigenen Überlegungen."

Auf Berkshires Jahreshauptversammlung 1996 sagte Buffett: „Die Entscheidungen über Investments bei GEICO - die etwa über 5 Mrd. $ an Wertpapieren verfügt - wurden von Lou Simpson getroffen, sie werden von Lou Simpson getroffen und das wird auch in Zukunft so sein."

Simpson wuchs in Highland Park, einem Vorort von Chicago, auf und promovierte 1958 an der Ohio Wesleyan University. An der Princeton University erwarb er ein Diplom in Wirtschaftswissenschaften und lehrte dort auch kurz. Einer seiner Studenten in einer Wirtschaftsvorlesung war Bill

(Courtesy of Geico)
Lou Simpson, der Vorsitzende von GEICO, ist Berkshires voraussichtlicher „Erbe".

Bradley, der Basketballstar der New York Knicks und frühere Senator von New Jersey. Dann ging Simpson zu Stein, Roe & Farnham in Chicago. Danach nahm er im Jahr 1969 einen Job bei Shareholders Management in Los Angeles an, als die Investmentfonds gerade sehr gut im Geschäft waren. Allerdings traf eine Baisse die Fonds, die von Fred Carr gemanagt wurden, und Carr verließ die Firma einen Monat nachdem Simpson kam.

Später war Simpson Vorstandsvorsitzender von Western Asset Management in Los Angeles, einer Vermögensverwaltung. Im Jahr 1997 erreichte ihn ein Angebot, für GEICO zu arbeiten.

„Das Versicherungsunternehmen suchte einen neuen Abteilungsleiter für den Investmentbereich, und der Vorsitzende, John Byrne jun., hatte die Liste der Kandidaten schon auf vier zusammengestrichen. Die Finalisten sollten nach Omaha reisen und dort Buffett treffen, der eine schon lange während Beteiligung bei GEICO überwachte..." (*New York Times*, 29. April 1997).

Byrne erinnerte sich: „Drei von den vieren schickte ich zu Warren, und nach einem Vier-Stunden-Gespräch mit Lou rief der mich an und sagte: ‚Hör mit der Suche auf, das ist der Bursche.' Das sind keine Nachfolgeplanungen. Nur, wenn man plötzlich sterben würde, dann wäre Lou derjenige, der die Investments managt."

Simpson wurde wegen drei Charakteristika ausgewählt: Intelligenz, Charakter und Temperament. „Temperament ist das, was intelligente Menschen dazu bringt, nicht richtig zu handeln", sagte Buffett (*San Diego Union-Tribune*, 11. Mai 1997).

Die Zeitung schrieb auch über Simpsons Reaktion darauf, daß er zu Buffetts Vertreter ernannt wurde: Er war sehr zurückhaltend. Ein Freund sagte: „Er ging damit sehr bescheiden um und sprach mehr über die Wahrscheinlichkeit, daß dies nicht notwendig werden würde."

„Katharine Graham, die Verlegerin der *Washington Post,* die sich inzwischen in den Ruhestand zurückgezogen hat und Buffett als ihren langjährigen Freund und Mentor ansieht, sagte, sie habe Simpson in den mehr als 15 Jahren, in denen sie ihn kennt, außerordentlich zu schätzen gelernt. Das sei nur verständlich, wenn man Simpsons Art beobachtete, wie er seine Kapitalanlagen auswählte und dennoch zu einem gewissen Grad seine Anonymität aufrecht erhalte. Sie merkte an, daß auch Buffett, als er Anfang der 70er Jahre einen Teil der *Post* gekauft hatte, nicht besonders bekannt war. ‚Louis ist in seiner Art sehr bemerkenswert. Er ist nicht sehr bekannt, aber er wird es werden'.

Wie Buffett ist auch Simpson ein sehr eifriger Leser von Jahresberichten, Zeitungen und Zeitschriften. Wenn er 15 Jahresberichte der unterschiedlichsten Unternehmen nacheinander durchgearbeitet hat, dann ist das für ihn ein guter Tag" (*San Diego Union-Tribune*, 11. Mai 1997).

Simpson und seine Frau Margaret sind Eltern von drei erwachsenen Kindern, die alle in Südkalifornien leben.

Die abschließende Entscheidung, ob Simpson Berkshire führen wird, ist dem Aufsichtsrat vorbehalten, wenn Buffett einmal zurückgetreten sein wird.

„Buffett bestätigte in seinem kürzlichen Interview, daß nach seinem Tod die Entscheidung in den Händen des Aufsichtsrats liegen werde, den er und die Mitglieder seiner Familie kontrollieren. Seiner Familie hat er zehn Briefe geschrieben, in denen er seine Wünsche verdeutlicht" (*San Diego Union-Tribune*, 11. Mai 1997).

In diesem Artikel wird auch erwähnt, daß Buffett und Simpson mindestens zwei- oder dreimal wöchentlich telefonieren. Sie diskutieren die GEICO Investments allgemein. Sie teilen einander nicht mit, was sie gerade kaufen oder verkaufen. Was aber ihre vergleichbaren Anlagephilosophien angeht, sagte Buffett: „Wir gehen sicherlich den gleichen Weg."

In Berkshires Jahresbericht für 1997 schrieb Buffett: „Wir sollten hinzufügen, daß die Positionen, über die wir berichten, manchmal auch die Investments von GEICOs Lou Simpson widerspiegeln. Lou managt unabhängig ein Wertpapierportfolio von fast 2 Mrd. $, das sich manchmal mit dem Portfolio überschneidet, das ich manage, und manchmal geht er auch andere Wege als ich."

I22

Geizkragen

„Die Gebühr für die Anlagen beträgt 5,00 $."

Buffetts Reden darüber, die Kosten gering zu halten, Rechnungen sofort zu bezahlen und auch sofort zu stellen, ist nicht nur Gerede. Bei Berkshire ist es Realität. Buffett sagte immer, daß ein guter Manager seine Kosten kenne, sogar die fürs Porto. Und besser noch, als die Kosten für eine Briefmarke zu kennen, ist es, wenn man einen Weg findet, keine Briefmarke zu benötigen.

Sogar beim Papier wird gespart. Wenn man einen Brief an Berkshire schreibt, dann wird man im allgemeinen eine sehr schnelle und geschäftsmäßige Antwort erhalten. Aber es kann durchaus sein, daß die Antwort nicht auf einem neuen Blatt Papier steht. Sie können Ihre Antwort auch in Form einer Notiz am unteren Ende Ihres eigenen Briefes an Berkshire erhalten. Einmal schrieb ich an Berkshire und bat um alle früheren Jahresberichte. Ich erhielt die Antwort, daß Berkshire die Jahresberichte vor einem bestimmten Zeitpunkt nicht mehr zur Verfügung stellen könne. Das Eigenartige an der Antwort war, daß die Antwort am unteren Ende meines eigenen Briefes stand! Berkshire hatte ein Blatt Papier gespart. Vielleicht viel wichtiger: Es hat ein wenig Zeit gespart, und Zeit ist bei Berkshire wichtiger als Geld.

Bei anderer Gelegenheit schrieb ich an J. Verne McKenzie, Berkshires früheren Leiter der Finanzabteilung und bat ihn um einen 10-K-Bericht mit Anlagen. Berkshires Jahresbericht hatte angemerkt, daß man diese Dokumente gegen eine Gebühr erhalten könne.

McKenzies Antwort stand auf dem unteren Teil meines eigenen Briefes - wieder hatte Berkshire ein Blatt Briefpapier gespart - und lautete:

23. April 1991
Mr. Kilpatrick:
anbei finden Sie Berkshires 10-K-Bericht für 1990, wie Sie ihn angefordert hatten, dazu auch die Anlagen außer Anlage 13; das war der Jahresbericht, von dem Sie bereits ein Exemplar erhalten haben. Die Gebühr für die Anlagen beträgt 5,00 $.
Verne McKenzie.

Ein Multi-Milliarden-Unternehmen wollte von mir 5,00 $. Ich stellte einen Scheck aus und er wurde von McKenzie gegengezeichnet, der auf die Rückseite schrieb „An die Order von Berkshire Hathaway Inc." und ihn dann dem Berkshire Konto bei der Norwest Bank in Omaha gutschreiben ließ. Es scheint, als ob die Angestellten bei Berkshire sich auch an die alte Redewendung hielten: „Die drei schönsten Wörter in unserer Sprache sind „Scheck liegt bei".

Paul Wolsfeld lernte eine besondere Version von Berkshires knapper Kommunikation und Sparsamkeit kennen. Wolsfeld aus La Jolla in Kalifornien, der mit dem Fahrrad quer durch Amerika fuhr und von Unternehmen Prospekte, Jahresberichte und dergleichen für ein Buch sammelte, traf 1967 in Omaha ein und machte sich auf den Weg in die 14. Etage des Kiewit Plaza.

„Ich kam zur Tür von Berkshire. Darüber war eine Kamera, und aus dem Lautsprecher kam eine Stimme, die mich fragte, was ich wünsche. Ich fragte, ob Mr. Buffett zu sprechen sei, und die Stimme aus dem Lautsprecher sagte, er sei nicht im Land", erinnert sich Wolsfeld. „Dann bat ich um einen Jahresbericht, und eine Hand reichte ihn mir heraus. Und das war alles, was ich sah: eine halbe Hand, die mir einen Jahresbericht überreichte. Ich hatte noch nicht einmal Gelegenheit, guten Tag zu sagen", sagte Wolsfeld.

Später schrieb Wolsfeld an Buffett und fragte ihn, ob er seine Fahrradtour quer durch die Vereinigten Staaten sponsern würde.

„Er schrieb mir eine Notiz zurück und bemerkte, daß er nicht daran interessiert sei, mich zu sponsern. Diese Notiz schrieb er ans untere Ende des Briefes, den ich ihm geschickt hatte. Somit hat er ein Stück Papier gespart. Ziemlich knauserig."

Wichtig ist, daß Berkshire seine Kosten niedrig hält. Auf der Jahresversammlung 1998 sagte Buffett: „Im Vergleich zu anderen Unternehmen liegt unsere Managementgebühr bei 0,05 %, für jeden durchschnittlichen Investmentfond zahlt man jedoch 1,25 %."

123

Unternehmen zu kaufen gesucht

Ende der 80er Jahre veröffentlichte Buffett
die folgende Anzeige:

„Wir möchten noch vor dem 31. Dezember 1986 Unternehmen im Wert von 100 Mio. $ oder mehr kaufen.

Wenn Sie ein solches Unternehmen besitzen, dann gibt es einen sehr wichtigen Grund, darüber nachzudenken, es zu verkaufen. In 44 Tagen können die Steuern, die Sie für den Verkauf bezahlen müssen, bis auf 52,5 % ansteigen.

Wir alle wissen, daß die nationale Kapitalertragsteuer von 20 auf 28 % steigt. In den meisten Fällen werden auch die effektiven Steuern der Bundesstaaten auf Kapitalgewinne ansteigen.

Eine zweite steuerliche Überlegung ist weniger bekannt, scheint aber in vielen Fällen weit bedeutender. Mit Wirkung vom 1. Januar wird die General Utilities-Doktrin aufgehoben. Diese Änderung kann einen Steuersatz von 52,5 % auf Kapitalgewinne beim Verkauf eines Unternehmens bewirken. Fragen Sie Ihren Rechtsanwalt, Steuerberater oder Investmentbanker, welche Auswirkungen diese Änderung auf Ihre persönliche Situation haben wird.

Die Änderung bei der General Utilities-Doktrin betrifft keine Transaktionen, die bis zum 31. Dezember abgeschlossen sind. Wenn alles andere gleichbleibt, dann bleibt Ihnen, wenn der Verkauf bis zu diesem Datum abgeschlossen ist, bedeutend mehr Gewinn, als wenn Sie den Verkauf verschieben.

Berkshire Hathaway hat kein Problem, eine Transaktion bis zum

31. Dezember abzuwickeln. Wir haben das Geld, und wir agieren mit außerordentlicher Schnelligkeit. Die meisten unserer Käufe wurden schon nach einem Treffen mit Eigentümern besiegelt. Wenn Sie uns anrufen, uns Ihr Unternehmen beschreiben und uns mitteilen, wie Sie sich die Transaktion vorstellen, können wir Ihnen sofort sagen, ob wir interessiert sind. Und wenn wir interessiert sind, dann werden wir sofort handeln.

Und danach suchen wir:

1) Hohe Gewinne (mindestens 10 Mio. $ nach Steuern, wenn es geht, mehr). [Heute sind es 25 Mio. $ vor Steuern.]

2) Nachgewiesene beständige Ertragskraft (Projektionen in die Zukunft interessieren uns nicht, ebenfalls keine Turnaround-Situationen).

3) Unternehmen, die hohe Kapitalgewinne erwirtschaften und dabei wenig oder keine Schulden haben.

4) Das Management muß vorhanden sein (wir können es nicht stellen).

5) Einfache Branchen (wenn viel Technologie dabei ist, verstehen wir es nicht).

6) Ein Preisangebot (wir haben keine Lust, unsere Zeit oder die des Verkäufers mit Gesprächen, auch nicht mit Vorgesprächen über eine Transaktion zu vergeuden, wenn wir den Preis nicht kennen).

Diese Kriterien stehen fest, daher würden wir es schätzen, nur von solchen Eigentümern zu hören, deren Unternehmen allen Kriterien entsprechen.

Potentielle Verkäufer laden wir ein, Erkundigungen über uns einzuziehen, indem sie mit irgend jemandem Kontakt aufnehmen, mit dem wir in der Vergangenheit Geschäftsbeziehungen unterhalten haben. Sie werden herausfinden, daß wir ungewöhnlich sind: Wir kaufen, um unsere Beteiligungen zu halten (keine nur vorübergehenden Restrukturierungen); wir ermöglichen es dem Management unserer Tochtergesellschaften, auch in der Zukunft so weiterzuarbeiten wie in der Vergangenheit; unsere eigene Eigentümer- und Managementstruktur ist auf Jahrzehnte berechenbar.

Wenn Sie interessiert sind, rufen Sie mich unter 402-346-1400 an; wenn Sie es vorziehen, rufen Sie unter der gleichen Nummer zuerst Mrs. Kaiser an und bitten Sie um eine Expreßlieferung des aktuellen Jahresberichts von Berkshire Hathaway. Ihre Anfrage bleibt vollkommen vertraulich. Wir haben keinen Stab und wir brauchen Ihr Unternehmen nicht mit Beratern, Investmentbankern, Handelsbankern etc. zu diskutieren. Sie werden es nur mit Charles Munger, dem stellvertretenden Vorsitzenden von Berkshire, und mit mir zu tun haben.

Wenn Sie Interesse haben, rufen Sie sofort an. Ansonsten wird aus einem Steuersatz von 20 % einer von 28 bis 52,5 %.

Warren E. Buffett"

Obwohl bei dieser Anzeige, die immerhin 47.000 $ kostete, nichts herauskam, nahm Buffett persönlich mindestens 100 Anrufe entgegen.

Ein Pakistani rief an und wollte wissen, ob Buffett interessiert sei, einen Zeitungsstand in New York für 185.000 $ zu kaufen. Dieses Angebot erfüllte Buffetts Kriterium der Größe nicht.

Eine Anruferin aus Jackson in Mississippi wollte ihm ihre historische Villa verkaufen. Buffett lehnte höflich, aber sehr schnell ab. Andere Anrufer boten Farmen oder Kleinstadtunternehmen an. Buffett erzählte später dem *Omaha World-Herald*, daß das beste Angebot am 20. Dezember 1986 von einem potentiellen Verkäufer aus dem Osten der Vereinigten Staaten einging. Buffett sagte, daß dieses Unternehmen allen Erfordernissen entsprochen hätte, etwa einem Jahresgewinn von 10 Mio. $ nach Steuern und einem Vor-Ort-Management. Auch der Preis stimmte. „Aber es war eine Branche, die wir nicht mochten", sagte er und weigerte sich zu sagen, welcher Art dieses Unternehmen war. „Wenn man eine Anzeige wegen Chihuahuas aufgibt, dann bekommt man eine Menge Angebote von Collies .... Wir suchen nach Jumbo-Jets, nicht nach Modellflugzeugen", sagte er.

Die Anzeige bewirkte jedoch, daß die Leute sich beim nächsten Mal eher bewußt sein würden, was Berkshire wollte, und eher an Berkshire denken würden.

Ebenfalls 1986 schaltete Berkshire eine Anzeige, die dreimal im Business Insurance Magazine erschien, mit der Überschrift: „Berkshire Hathaway möchte Sach- und Unfallrisiken kennenlernen, deren Jahresprämie 1 Mio. $ oder mehr ausmacht."

Das Ergebnis dieser Anzeigen, die insgesamt 20.000 $ kosteten, war, daß Berkshires Versicherungstöchter neue Geschäfte abschlossen, die jährlich mehr als 100 Mio. $ an Prämien einbrachten.

Am Rande der Jahreshauptversammlung 1993 gewährte Buffett Linda O'Bryon vom Nightly Business Report ein kurzes Interview. Eine Frage von ihr war, ob er immer noch versuche, Unternehmen zu kaufen; er bejahte dies, er suche immer neue Unternehmen, die er kaufen könne.

Dann sagte er während des Interviews, falls irgendjemand draußen vor den Fernsehern ein Unternehmen für 2 oder 3 Mrd. $ an ihn zu verkaufen hätte, dann soll er sofort anrufen.

Und hier ist Buffetts spätere Anzeige. Er sucht nach einem Elefanten (hier blufft Buffett; wir wissen genau, daß er nach einem Gorilla sucht.) in einer Größenordnung von 3 bis 5 Mrd. $. In Berkshires Jahresbericht für 1997 schrieb er: „Je größer das Unternehmen, um so mehr sind wir daran interessiert. Wir würden gern im Bereich von 5 bis 10 Mrd. $ investieren."

124

Sein persönliches Portfolio

Buffett ist reicher als Sie glauben.

Außer seiner 40prozentigen Beteiligung an Berkshire hat Buffett auch einige kleinere, aber sehr kapitalkräftige Beteiligungen in seinem persönlichen Portfolio. Nur Gott weiß, was der beste Investor unserer Zeit über die Jahre hinweg in seinem persönlichen Portfolio verstaut hat. Die Informationen sind nur sehr spärlich.

In seinem Brief an die Teilhaber der Buffett Partnership schrieb Buffett am 25. Januar 1967, daß sein Investment in die Partnership mehr als 90 % des Vermögens seiner Familie darstelle; somit war der größte Teil seiner persönlichen Investments sein Anteil an der Partnership und später Berkshire-Aktien.

Im Jahr 1967 sagte Buffett, daß fast sein ganzes Geld in der Partnership stecke, nur ein kleinerer Teil in Aktien von Data Documents. Für einen Artikel, im *Wall Street Journal* vom 31. März 1977, sagte Buffett dem Reporter Jonathan Laing, sein persönliches Aktienportfolio habe einen Wert von 30 Mio. $, aber in diesen 30 Mio. $ seien auch Diversified Retailing und Blue Chip Stamps enthalten (die später auch Teil von Berkshire wurden). Und so, sagt er heute, stecke fast sein ganzes Vermögen (99 %) in Berkshire.

Ende 1986 investierte Buffett für sein persönliches Portfolio ungefähr 38 Mio. $ in Aktien von Servicemaster aus Illinois. Servicemaster reinigt Krankenhäuser und betreibt Wäschereien, stellt Fertiggerichte her und stellt Krankenhäusern, Bürohäusern, Colleges und Fabriken Bedienungspersonal für Cafeterias zur Verfügung.

Servicemaster betreibt eine ganze Reihe von Gebäudereinigungen und das Unternehmen handelt nach christlichen Grundsätzen. Der Name bedeutet „Service to the Master" („Dienst für den Herrn"). Später erschienen einige Berichte, Buffett würde seinen Anteil verkaufen, und Offizielle bei Servicemaster sagten, er besitze keine Aktien mehr.

Dieses Investment kam ans Tageslicht, weil Buffett knapp über 5 % der Servicemaster-Aktien gekauft hatte, wodurch Publizitätspflicht entstand. Als unter den Aktionären Verwirrung aufkam, ob Berkshire die Aktien gekauft habe, sagte Buffett, daß dieser Kauf für sein persönliches Portfolio bestimmt sei und nicht für Berkshire.

Als einige Aktionäre wünschten, er hätte Servicemaster für Berkshire kaufen sollen, erklärte er, daß dieses Investment aus steuerlichen Gründen für persönliche Portfolios besser geeignet sei.

Im Lauf der Jahre brachten Berichte kleine persönliche Investments ans Licht: eines in die FirsTier Bank in Omaha, ein weiteres in Nebraskas einzige Bank, die einer Minderheit gehört, die kleine Community Bank of Nebraska, und ein kleines Investment bei den Omaha Royals. Man kann sicherlich sagen, daß Buffett als Investor auf eigene Rechnung nicht untätig ist, aber insgesamt gilt der größte Teil seiner Investmentüberlegungen Berkshire.

Am 15. April 1996 gab Property Capital Trust, ein Immobilienfonds in Boston, Massachusetts, bekannt, daß Buffett einen Anteil von 6,7 % am Unternehmen gekauft habe, was 610.800 Aktien gleichkommt, die zu einem Kurs von 9 $ gehandelt werden. Property Capital Trust plant, seine Immobilieninvestments in den nächsten Jahren zu verkaufen. 1997 wurde berichtet, daß Buffett weitere Aktien für sein persönliches Portfolio hinzugekauft habe und insgesamt 831.600 Aktien oder 8,9 % des Unternehmens besitze.

Das Schicksal von Buffetts persönlichem Portfolio ist eine spannende Frage. Irgendetwas Gutes wird dabei herauskommen. Als er auf der Jahreshauptversammlung von 1991 über die Zukunft seines persönlichen Portfolios befragt wurde, ging Buffett kaum darauf ein und sagte nur, daß sein größter Anteil in Berkshire liege und in jedem Fall fast sein ganzes Geld am Ende an die Gesellschaft zurückgegeben werde.

„Mein persönliches Portfolio ist Berkshire", sagte er. Und 1996 sagte er, fast sein ganzes Geld sei in einer Aktie investiert: Berkshire.

In einem „Aktionärshandbuch" von Juli 1996 schrieb er: „Charlies Vermögen besteht zu 90 % oder mehr aus Berkshire-Aktien. Meine Frau Susie und ich haben mehr als 99 % unseres Vermögens bei Berkshire investiert. Außerdem haben viele meiner Verwandten - meine Schwestern und Cousins zum Beispiel - einen großen Teil ihres Vermögens in Berkshi-re-Aktien investiert."

125

Mrs. Susan Buffett

Ehefrau, Aufsichtsratsmitglied, Erbin,
Sängerin und anonyme Spenderin

Buffett und Susan Thompson heirateten 1952. Ihre Eltern waren befreundet, und sie bewohnte mit Warrens Schwester Bertie ein Zimmer an der Northwestern University. Als Buffett auftauchte und um sie warb, brach sie das College ab, um ihn zu heiraten. Mrs. Buffett wuchs eineinhalb Blocks von Buffetts heutigem Haus auf.

Nachdem die Kinder der Buffetts erwachsen waren, sang Mrs. Buffett für eine kurze Zeit im French Café, einem In-Restaurant im Zentrum von Omaha.

Das Singen war schon immer ihre Leidenschaft. 1997 nahm sie eine CD auf. Sie sang Titel wie „Come In From The Rain", „Up Where We Belong" und „Send In The Clowns". Im Inlay zur CD „What Is There To Do With Such A Heart But Sing" dankt sie ihrem Produzenten Dave Stryker und schreibt: „Vielen Dank, W. E., für Deine Liebe und Deine Ermutigung - vielen Dank, Peter, für den Spaß, den es gemacht hat, mit Dir zusammen zu musizieren. Vielen Dank, Howard, für die wunderschönen Fotos." Howard, der die Fotos für das Inlay schoß, ist ein begeisterter Fotograf.

Mrs. Buffett strahlt viel Ruhe und Mitgefühl aus. Martha Line, Verkäuferin in einem Little-Professor-Buchladen in Omaha, erinnert sich, daß Mrs. Buffett Ende der 70er Jahre kurz vor Weihnachten in einem langen Nerzmantel und Blue Jeans in den Laden kam und für 70 $ Bücher kaufte: „Ich wußte, wer sie war, aber der Geschäftsführer erklärte ihr, er müsse ihre Kreditkarte checken, weil der Rechnungsbetrag höher als 50 $ war. Sie war darüber weder empört noch verärgert, sondern blieb ganz ruhig. Sie wurde damit viel besser fertig, als es mir gelungen wäre."

Mrs. Buffett, eine offene, freundliche und würdevolle Frau, lebt von ihrem Ehemann getrennt, obwohl sie ihn als den interessantesten Mann beschreibt, den sie je getroffen hat. „Er ist wie Farbfernsehen statt Schwarz-weiß. Die meisten Leute erscheinen mir wie Schwarz-weiß-Fernsehen", sagte sie. Ein Grund für ihren Wegzug aus Omaha sei gewesen, daß sie von allen Seiten von Vereinen aus Omaha um Hilfe angegangen wurde.

Lange Zeit lebte sie in San Francisco, obwohl sie eigentlich überall wohnt, weil sie viel reist. Viele Reisen werden erforderlich, weil sie sich in öffentlichen Angelegenheiten engagiert, insbesondere für die Bürgerrechte. Sie hat mit Jugendlichen aus Minderheiten gearbeitet, korrespondierte jahrelang mit ihnen und half ihnen bei ihrer Ausbildung.

Sie und Buffett stehen einander immer noch sehr nahe. Sie leben zwar getrennt, haben sich aber keineswegs entfremdet. Sie reisen zusammen, gehen miteinander aus und sehen sich etwa einmal im Monat.

Über die Trennung sagte Buffett: „So klappt es ganz gut. Sie ist ein unruhiger Geist und braucht ihre Freiheit."

Howard Buffett sagt: „Wenn es stimmt, daß hinter jedem erfolgreichen Mann eine starke Frau steht, dann hat meine Mutter großen Anteil am Erfolg meines Vaters. Sie ist die verständnisvollste und netteste Person, die ich je kennengelernt habe, und ihre Unterstützung seiner Karriere war für ihn sehr wichtig."

Ihre Tochter Susan sagt, sie habe sich in Omaha lange Zeit in Fragen der Rassendiskriminierung und in Frauenfragen engagiert, aber in den letzten Jahren weniger Zeit gehabt, um dabei mitzuarbeiten.

Viel Zeit widmete sie ihrer Tochter Susan während deren schwieriger Schwangerschaft. Sie half ihrem eigenen Sohn Howard im Wahlkampf zur County Commission und ihrer Schwester in einem langen Kampf gegen Krebs.

Mrs. Buffett ist Berkshire-Großaktionärin; sie besitzt 36.988 Aktien - ungefähr 3 % des Unternehmens. Dieses Aktienpaket ist mehr als 2 Mrd. $ wert. Im Jahr 1991 wurde Mrs. Buffett in Berkshires Aufsichtsrat berufen; Buffett sagte, sie teile seine Ansichten, was den Charakter von Berkshire anbelange.

Sollte Mrs. Buffett ihren Ehemann überleben, würde sie sein Aktienpaket erben und Berkshire mit 43 % des Unternehmens kontrollieren. Sie würde damit möglicherweise zum reichsten Menschen der Welt. Aber dann wird vielleicht auch Bill Gates reicher sein, als wir denken. Es ist vorgesehen, daß ihre Berkshire-Aktien nach ihrem Tod an die Buffett Foundation gehen sollen (deren Präsidentin Mrs. Buffett ist und der sie sehr viel

(Photo by Nancy Line Jacobs)
Mrs. Susan Buffett vor Berkshires Jahreshauptversammlung 1997

Zeit widmet), und damit zurück an die amerikanische Gesellschaft.

Buffett hat keinen schriftlichen Vertrag mit seiner Frau, daß die Aktien an die Stiftung gehen werden, aber zwischen den beiden besteht Einigkeit, daß es so sein wird. „Tatsache ist, daß derjenige, der zuletzt stirbt, frei über die Berkshire-Hathaway-Aktien verfügen kann. Mein Vermögen wächst jährlich um 25 bis 30 %."

„Ich gehe davon aus, daß es dann, wenn ich tot bin, immer noch große soziale Probleme geben wird, wie auch heute. Die Gesellschaft wird von meinem Geld später viel mehr profitieren als zur Zeit." Dies sagte sie *Forbes* für die Ausgabe vom 18. Oktober 1993.

Buffett sagte, wenn er seine Berkshire-Aktien zunächst seiner Frau vererbe, bevor sie an die Stiftung gingen, dann gewähre das die größtmögliche Flexibilität, um auf Gesetzesänderungen zu reagieren. In den USA wird der Erbteil von Ehefrauen, gleich wie hoch er ist, nicht versteuert.

Mrs. Buffett sagte: „Unsere Stiftung konzentriert sich auf die Probleme in der Gesellschaft, und das, was ich sonst hinterlasse, ist sehr persönlich."

126

Die Omaha Royals

Gravitationswellen

1991 sprangen Buffett und Walter Scott, Vorsitzender von Peter Kiewit Sons und Aufsichtsratsmitglied bei Berkshire, ein und kauften ein Aktienpaket der Omaha Royals, eines unterklassigen Baseballteams, als ein Deal mit einem zuvor vorgesehenen Käufer nicht klappte.

Der Wechsel vollzog sich, als Craig Stein, Chef einer Immobilienentwicklungsgesellschaft in Philadelphia, aus einem Plan ausstieg, Miteigentümer der Royals zu werden, weil sich die Union Pacific ein Vetorecht gegen Pläne vorbehielt, die Royals aus Omaha wegzuholen.

Union Pacific Railroad gab bekannt, man werde zusammen mit Stein 49 % der Omaha Royals kaufen; als der jedoch ausstieg, sprangen Buffett und Scott mit jeweils 1,25 Mio. $ in die Bresche. Union Pacific trug 2,5 Mio. $ bei, und das Geschäft war perfekt.

Buffett, der schon lange Baseballfan war, sagte dem *Omaha World-Herald*, daß er und Scott Aktien im Wert von 100.000 $ an interessierte Investoren verkaufen würden. Für Buffett war dies nur eine schnelle Aktion, um das örtliche Baseballteam zu retten, kein langfristiges Investment, das seine Milliarden weiter mehren sollte. Dennoch bleibt Buffett der Miteigentümer des Teams.

Der Club, ein Farmteam für die Kansas City Royals (große Clubs halten sich sogenannte Farmteams als Dependancen, in denen junge und talentierte Spieler Spielpraxis erhalten, um später im großen Erstligaclub eingesetzt zu werden; A.d.Ü.), wäre wahrscheinlich aufgegeben worden, wäre Buffett nicht eingesprungen. Dies war eher die Angelegenheit eines guten Bürgers, als die eines gewinnsuchenden Investors.

Die kurzfristige Entscheidung wurde im Büro des Bürgermeisters von

Buffett, der Miteigentümer der Omaha Royals, ist keine Gefahr für Nolan Ryan und stellt sich für einen Wurf im Rosenblatt Stadium von Omaha auf, als die Royals ein Heimspiel haben. Der Rechtshänder Buffett nannte seinen Wurf eine „erniedrigende Leistung... Ich hätte beinahe meinen eigenen Fuß getroffen."

(Omaha World-Herald)

(Photo by Nancy Line Jacobs)

Mrs. Susan Buffett, Buffetts Enkel Howie, Warren Buffett und seine Enkelin Megan bei einem Spiel der Omaha Royals im Jahr 1994. Die Handvoll Dollars auf Buffetts Hemd ist das, was man am ehesten ein Berkshire-Logo nennen könnte.

(Photo by Nancy Line Jacobs)

Buffett warf 1994 einen perfekten Strike bei einem Spiel der Omaha Royals. Sowohl Buffett als auch die johlende Menge waren geradezu schockiert.

Omaha, P. J. Morgan, bekanntgegeben, der sagte, er sei überrascht zu erfahren, daß Buffett das Büro des Bürgermeisters nie zuvor aufgesucht habe. Buffett antwortete: „Wenn ich dafür immer 1,25 Mio. $ springen lassen muß, kann ich mir das auch nicht leisten."

Einmal fragte Buffett eine Dame, Betty Davis, im Aufzug in Omahas Rathaus: „Können Sie mir sagen, auf welcher Etage der Bürgermeister sein Büro hat?"

„Dritte Etage", antwortete sie. Buffett dankte ihr und drückte auf den Knopf.

„Ich möchte sie um einen Gefallen bitten", sagte Mrs. Davis.

„Macht es Ihnen etwas aus, wenn ich den Leuten erzähle, daß ich Warren Buffett gesagt habe, wo er aussteigen muß?"

„Überhaupt nicht", entgegnete Buffett und fügte hinzu: „Die Leute sagen mir ständig, wo ich aussteigen soll" (*Omaha World-Herald*, 25.November 1992).

1994 lud Buffett die Aktionäre zu einem Heimspiel der Omaha Royals ein, wo er den ersten Wurf ausführen wollte. Er versicherte, er wolle seine erniedrigende Leistung aus dem letzten Jahr verbessern, als er seinen eigenen Fuß nur knapp verfehlte.

Buffett ging zur Abwurfstelle, wartete auf das Zeichen des Fängers, holte aus und warf einen Strike! Die Zuschauer jubelten. Derjenige, der darüber am meisten überrascht war, war Buffett selbst. Der Stadionsprecher erklärte diesen Wurf zu einem Strike von Warren Buffett, fügte aber hinzu, daß der Wurf nur 8 Meilen pro Stunde schnell gewesen sei und er besser seinen Brotberuf behalten solle.

Im Jahresbericht für 1994 schrieb Buffett: „Als ich an diesem Abend das Spiel eröffnete, warf ich einen Strike, und die Anzeigetafel zeigte 8 Meilen pro Stunde an. Was viele Fans nicht mitbekamen: Ich mißachtete den Ruf des Fängers nach einem schnellen Ball und warf stattdessen einen Ball mit Effet. Dieses Jahr wird alles vergessen sein."

1996 traf sein Wurf nur das Schlagmal. Buffett tat diesen Wurf als einen „frühreifen Sinker" ab, er sei jedoch schwer zu treffen gewesen.

In Berkshires Jahresbericht für 1996 schrieb er: „Obwohl das Rosenblatt Stadium ganz normal aussieht, ist es doch alles andere als normal. Das Spielfeld liegt über einer einzigartigen geologischen Formation, die gelegentlich kurze Gravitationswellen ausstrahlt und bewirkt, daß selbst ein ganz sachter Wurf heftig auf den Boden trifft. Ich war schon einige Male das Opfer dieses seltsamen Phänomens, aber ich hoffe, daß in diesem Jahr die Bedingungen günstig sind."

Nach seinem Wurf im Jahr 1997 (flach und nach innen gedreht) sagte Buffett, in die Aufwärmjacke der Royals gekleidet: „Ich warte immer noch auf das Jahr, wo sie mich das ganze Spiel über werfen lassen."

Nach dem Wurf sitzt Buffett auf der Tribüne und signiert T-Shirts, Programme, Dollarnoten - einfach alles. Ein Aktionär, Wayne Elmer aus New London in Wisconsin, drückte Buffett eine 100-$-Note in die Hand und fragte: „Würden Sie meinen Hunderter signieren?" Buffett entgegnete: „Auf etwas anderem würde ich nicht unterschreiben."

Bewundern Sie den majestätischen Bogen meines ersten Wurfes

Im Berkshire-Jahresbericht für 1997 schrieb Buffett: „Wie üblich wird Ihr Vorsitzender, schamlos das 25prozentige Eigentum am Team ausnutzend, wieder an den Abwurf gehen. Aber dieses Jahr werden Sie etwas Neues sehen.

In den letzten Spielen habe ich, sehr zum Erstaunen der Zuschauer, den Ruf des Fängers mißachtet. Er bat mich immer um einen Kurvenwurf, und ebenso regelmäßig widerstand ich. Statt dessen servierte ich einen äußerst schnellen Ball, der an meinen besten Tagen mit 8 Meilen pro Stunde gemessen wurde (mit Rückenwind).

Es gibt aber einen guten Grund dafür, daß ich mich weigere, einen Kurvenball zu werfen. Wie einige von Ihnen vielleicht wissen, erfand Candy Cummings den Kurvenwurf im Jahr 1867 und benutzte ihn mit großem Erfolg in der Nationalliga, wo er niemals weniger als 28 Spiele in einer Saison gewann. Dieser Wurf jedoch zog sofort die Kritik einer der größten Autoritäten, nämlich Charles Elliott, des damaligen Präsidenten der Harvard University, auf sich. Er erklärte: ,Ich hörte, daß Harvard die Baseballmeisterschaft gewann, weil wir einen Werfer haben, der einen hervorragenden Kurvenball werfen kann. Weiterhin wurde mir gesagt, daß es die Absicht eines Kurvenballs sei, den Schlagmann zu täuschen. Es ist nicht Harvards Sache, Täuschung zum Lehrgegenstand zu machen.' (Das habe ich nicht erfunden.)

Seitdem ich von Präsident Elliotts moralischen Aussagen zu dieser Angelegenheit weiß, habe ich davon Abstand genommen, meinen Kurvenwurf anzuwenden, ganz gleich, wie verheerend die Wirkung auf den unglücklichen Schlagmann auch hätte sein können. Jetzt jedoch ist die Zeit gekommen, daß mein Karma über Elliotts Dogma siegt und ich meine Zurückhaltung aufgebe. Kommen Sie am Samstag abend ins Stadion, und bewundern Sie den majestätischen Bogen meines ersten Wurfs."

127

Was ist Berkshire wirklich wert?

„Nackt durch das Geld laufen."

Also, was ist Berkshire wirklich wert?

Nun, das ist eine schwierige Frage, weil Berkshire nicht unbedingt das einfachste Unternehmen der Welt ist, dem man ein Preisschild anheften kann. Wir wollen nun einige der Methoden betrachten, mit denen Clowns ebenso wie Finanzanalysten versuchten, diese Frage zu beantworten.

Und so hätte Beemer, der Clown und Magier, der auf der Geburtstagsfeier zum vierten Geburtstag von Buffetts Enkelin auftrat, die Rechnung am Jahresende 1991 vielleicht angestellt: Schritt 1: Berechnen Sie das Kurs/Gewinnverhältnis aller Unternehmen, in die Berkshire investiert hat. Sagen wir, es wäre 20. Schritt 2: Multiplizieren Sie 20 mit dem Durchschnitt der Gesamtgewinne pro Aktie in den letzten zwei Jahren, 487,5 $. Abrakadabra! Berkshires Kurs sollte am Jahresende 1991 bei 9.750 $ gelegen haben, als sie tatsächlich mit 9.050 $ gehandelt wurde.

Beemer hat noch eine einfachere Methode entwickelt, die Beemer-II-Methode, so daß die Anhänger von Buffett nur noch eine Berechnung anstellen müssen. Schauen wir auf 1993. Nehmen Sie nun die Gesamtgewinne je Aktie (740 $ im Jahr 1993), und multiplizieren Sie sie mit der Wachstumsrate von Berkshires Buchwert, seit das gegenwärtige Management die Verantwortung übernahm (23 %) - und der Wert von Berkshire am Jahresende ist 17.020 $! Der tatsächliche Schlußkurs am Jahresende lag bei 16.325 $.

Die Rechnung für 1994 ergibt 21.400 $, als Berkshire mit 20.400 $ gehandelt wurde.

Im Jahresbericht 1995 machte Buffett keine Angabe über die Gesamtgewinne, weil es am Ende des Jahres bei Berkshire sehr viele Veränderungen gab, er versprach sie aber für 1996.

Im Jahr 1996 lagen die Gesamtgewinne von Berkshire und seiner großen Beteiligungen (einschließlich Coca-Cola, Gillette usw.) nach den Angaben von Buffett bei 1.522.000.000 $. Aber 1996 besaß Berkshire grob geschätzt 3,3 Mrd. $ in Aktien kleinerer Beteiligungen - die zusammen grob geschätzt weitere 200 Mio. $ zum Gesamtgewinn beitrugen.

(Photo by Nancy Line Jacobs)
Buffett vor Berkshires Jahreshauptversammlung 1994. Was ist sein Gehirn wert? Investoren würden es gern wissen.

Wenn man dies zusammenzählt, lagen Berkshires Gesamtgewinne bei mehr als 1,7 Mrd. $; je Aktie lagen die Gesamtgewinne in der Nähe von 1.400 $. Entsprechend lag Berkshires Verhältnis von Kurs zu Gesamtgewinnen beim Jahresschlußkurs 1996 von 34.100 $ bei etwa 25.

1997 betrugen die Gesamtgewinne der größten Beteiligungen 1.930.000.000 $. Aber am Jahresende 1997 besaß Berkshire rund 4,5 Mrd. $ in Aktien aus kleineren Beteiligungen - die rundgerechnet wahrscheinlich weitere 225 Mio. $ zu den Gesamtgewinnen beitrugen. Damit kommen die geschätzten Gesamtgewinne auf 2,1 Mrd. $; die Gesamtgewinne je Aktie betrugen etwa 1.700 $. Entsprechend lag - bei einem Jahresschlußkurs von 46.000 $ - das Verhältnis von Kurs zu Gesamtgewinnen bei ungefähr 29.

Multipliziert man Berkshires Gesamtgewinne je Aktie von 1.700 $ aus dem Jahr 1997 mit der Wachstumsrate des Buchwerts (heute 24 %), so kommt man auf 40.800 $, verglichen mit einem Jahresschlußkurs von 46.000 $. Seither ist mit Berkshires Buchwert und dem Aktienkurs sehr viel geschehen.

Obwohl der Autor Roger Lowenstein in einem Beitrag für die Zeitschrift *Smart Money* vom Mai 1998 Berkshires intrinsischen Wert mit 53.000 $ je Aktie angab, sagten andere, Berkshires intrinsischer Wert sei fest im Bereich zwischen 60.000 und 70.000 $.

Der richtige Weg, den intrinsischen Wert zu berechnen, ist die Methode von John Burr Williams - künftigen Cash flow abzinsen - aber es ist unmöglich, diese Rechnung genau zu führen, weil es im realen Leben zu viele Variablen gibt. Alles hängt von der Wettbewerbssituation in der Zukunft ab, von der Nachfrage nach den Produkten eines Unternehmens, von den Preisen, von den Kosten usw. - von Dingen also, die man erst ex post quantifizieren kann. Diese Überlegungen sind vage.

Andere sagen, ein einfacher Weg, Berkshires intrinsischen Wert zu errechnen, sei, ganz einfach die Summe der Vermögenswerte zu nehmen, so wie sie in der Bilanz ausgewiesen sind.

Wenn man allerdings den Geldzufluß und die aufgeschobenen Steuerzahlungen vernachlässigt, dann entsprechen die verbleibenden Verbindlichkeiten etwa dem „Vermögenswert" des künftigen Geldzuflußwachstums.

Und so sähe das per 31. Dezember 1996 aus: Vermögenswerten von etwa 43,4 Mrd. $ standen 1,2 Millionen Aktien gegenüber, Berkshires intrinsischer Wert lag bei etwa 36.000 $ je Aktie. Ende 1997 summierten sich Berkshires Vermögenswerte auf etwa 56 Mrd. $.

Ein weiterer einfacher Weg zu Berkshires intrinsischem Wert ist es, Berkshires Buchwert zu verdoppeln: Zweimal 19.000 $ je Aktie am Jahresende 1996 entsprechen 38.000 $ Kurswert je Aktie. Zweimal 25.488 $ Buchwert 1997 je Aktie sind 50.976 $, wobei der Schlußkurs 1997 bei 46.000 $ lag.

1998 raste der Kurs der Berkshire-Aktie noch höher und so auch der Buchwert auf mehr als dessen 2,5faches. Ist dies ein Zeichen für irrationalen Überschwang, oder sind diese Zahlen gerechtfertigt? Hier eine Antwort aus einer Notiz aus dem Internet:

Erstens: Buchwert > 25.000 $ je A-Aktie, schätzungsweise 28.000 $. Deshalb liegt das Verhältnis bei mehr als 2,5.

Zweitens: Buchwert ist um 10 % größer als S&P-500-Wachstum pro Jahr. („Schöne Norm, oder?")

Drittens: Kurs : Buchwert-„Norm" = 1,5 oder 1,6 - nicht außerhalb des Trends.

Beim Start 1965 lag dieser Wert weit unter 1,0 und blieb dort auch während der 70er Jahre. Der Aufwärtstrend der 70er und 80er Jahre im Verhältnis Kurs zu Quotient spiegelt eine unglaublich langsame Erkenntnis des Marktes wider, daß BRK einen unglaublich ab"norm"en Buchwert hat.

Wenn der Durchschnitt des S&P beim Faktor 6 liegt und bei BRK beim Faktor 2,5 und wenn der Buchwert von BRK schneller wächst als der S&P, dann darf die Frage gestellt werden, weshalb ein angeblich effizienter Markt länger als 30 Jahre benötigte, 2 und 2 zusammenzuzählen.

1996 hatte Buffett gesagt, er und Munger dächten nicht daran, Berkshire bei 36.000 $ zu kaufen. Daraufhin mußte die Aktie einen schweren Schlag einstecken und fiel an dem Tag, als dies im März 1996 bekannt wurde, um 2.150 $. Und dann verharrte die Aktie das ganze Jahr in einem Zustand irrationalen Überschwangs, der zu Enttäuschung führte.

Das San Diego Business Journal (15. Juli 1996) betrachtete Berkshire als einen geschlossenen Investmentfond und kam zu dem Schluß, daß die Aktie lediglich etwa 15.000 $ wert sei. Der Kolumnist Malcolm Baker schrieb damals: „Meiner Meinung nach müßte man dümmer sein als ein Sack Stroh, um ein Aufgeld von 21.000 $ zu zahlen, um eine BRK-Aktie zu besitzen."

Buffett schrieb 1997: „Im Brief vom letzten Jahr, als die Berkshire-Aktien zu 36.000 $ gehandelt wurden, sagte ich: 1) Berkshires Zuwachs an Marktwert hat in den letzten Jahren den Zuwachs beim intrinsischen Wert übertroffen, auch wenn dieser sehr zufriedenstellend war. 2) Diese Performance konnte nicht ständig anhalten. 3) Charlie und ich hielten Berkshire damals nicht für unterbewertet.

Seit ich diese Vorbehalte ausgesprochen habe, ist Berkshires intrinsischer Wert sehr deutlich angestiegen - wobei die hervorragende Performance von GEICO eine große Hilfe war... Der Kurs unserer Aktien hat sich doch wenig verändert. Das bedeutet allerdings, daß die Berkshire-Aktie 1996 nicht so gut lief wie das Geschäft. Konsequenterweise ist das aktuelle Verhältnis von Kurs zu Wert völlig anders als vor einem Jahr und, wie Charlie und ich es sehen, sehr viel angemessener." Wenn man Buffett kennt, dann deutet dies auf eine Kaufempfehlung hin.

In Berkshires Aktionärshandbuch schrieb Buffett im Juni 1996: „1992 lagen unsere Gesamtgewinne bei 604 Mio. $, und im gleichen Jahr setzten wir uns das Ziel, die Gewinne um jährlich durchschnittlich 15 % bis auf 1,8 Mrd. $ im Jahr 2000 zu erhöhen. In der Zwischenzeit haben wir jedoch zusätzliche Aktien emittiert - auch die B-Aktien, die wir kürzlich herausgaben -, so daß wir nun im Jahr 2000 1,9 Mrd. $ als Gewinn benötigen, um das Ziel zu erreichen, das wir uns gesetzt haben. Das ist ein hohes Ziel, aber wir hoffen, daß wir es erreichen können."

Aktionäre und die Wall Street greifen oft Berkshires intrinsischen Wert an, und bei jeder Jahreshauptversammlung wird Buffett die gleiche Frage gestellt (immerhin sollte Vater es doch am besten wissen). Doch meistens geht er der Antwort aus dem Weg und erklärt, daß er den Aktionären nicht den Spaß verderben möchte, den Wert selbst herauszufinden.

Manche sagen, daß es nicht unvernünftig wäre, wenn Berkshire zum doppelten Buchwert gehandelt würde. Wenn Berkshire also zum Jahresende 1996 einen Buchwert von 18.000 $ je Aktie hatte, dann sollte der Kurs eigentlich bei 36.000 $ gestanden haben - er schloß jedoch bei 34.100 $.

Zum Jahresende 1996 lagen die Werte von Berkshire-"Wissenschaftlern" zwischen 30.000 und 40.000 $ je Aktie.

Käufer und Verkäufer haben Berkshire-Aktien im allgemeinen mit einem sehr fairen Preis angesetzt. Buffett sagte, er wünsche sich, Berkshire würde in der Nähe seines intrinsischen Werts gehandelt oder zum realen Geschäftswert der realen Welt, und nicht zu irgendeinem zu hohen oder auch zu niedrigen Kurs.

Und er fügt hinzu, daß vernünftige Geschäftsleute Berkshire vielleicht 10 % höher oder niedriger als seinen intrinsischen Wert einschätzten und daß er und Munger bei der Bewertung von Berkshires intrinsischem Wert etwa um 10 % auseinanderlägen.

Es ist zweifelhaft, ob selbst Buffett an eine genaue Zahl denkt, wenn er Berkshires Wert meint, obwohl sicherlich jeder wissen möchte, wo seine 10 %-Schwankungsbreite anzusiedeln ist. Manchmal fügt Buffett hinzu: „Nun addieren Sie alles und dann ziehen Sie irgendetwas ab, weil ich Berkshire manage."

Eher sollte man alles zusammenzählen und noch etwas hinzufügen dafür, daß Buffett das Unternehmen managt.

Und wo wir gerade über Addition und Subtraktion sprechen: Es gibt Leute, die subtrahieren nach ihrer Addition eine große Zahl, weil Berkshire große Pakete von Coca-Cola und Gillette im Portfolio hält. Es ist anzunehmen, daß sie davon ausgehen, Coca-Cola und Gillette hätten ein zu hohes Kurs/Gewinn-Verhältnis.

Einen sehr einmaligen Grund dafür, Berkshire nicht zu kaufen, bot Martin Sosnoff, ein Kolumnist von *Forbes*, der bei verschiedenen Gelegenheiten schrieb, daß der Ruhm Berkshires verblasse. In einem Beitrag vom 27. Januar 1997 riet er, Berkshire nicht zu kaufen, weil der Kongreß die Steuer auf Kapitalgewinne voraussichtlich nicht senken werde.

Manchmal verkneift sich Buffett kleine Seitenhiebe nicht, wenn der Kurs einmal aus den Fugen gerät. Als die Aktie nach der Aufregung um Berkshires Anteil an Cap Cities 1986 um 3.000 $ gestiegen war, wies er selbst darauf hin, der Aktienkurs sei zu hoch.

Es gab auch 1989 Anzeichen dafür, daß er die Berkshire Aktie als zu teuer empfand, als sie auf 8.900 $ anstieg. Das war zu einer Zeit, als er Null-Coupon- und Wandelanleihen herausgab, die an Berkshires Aktienkurs gebunden waren. Weil die Käufer der Berkshire-Wandelanleihen ein Recht hatten, diese gegen Berkshire-Aktien einzutauschen und weil Buffett nicht so leicht neue Aktien ausgibt, war die damalige Emission wahrscheinlich ein Zeichen dafür, daß er Berkshire als überbewertet einschätzte. Er hatte recht, denn die nächsten zweieinhalb Jahre blieb die offensichtlich überbewertete Aktie in ihrem Wert stehen.

Über einen Artikel in *Barron's* (12. Februar 1990) sagte Buffett, daß er auch der Meinung sei, Berkshires Kurs sei zu hoch, nur sei er mit einigen Rechnungen, die Barron's zu diesem Schluß führten, nicht einverstanden. Außer den Aktionären sagte Buffett auch *USA Today* gegenüber, daß der Artikel in *Barron's* einige der Berkshire-Beteiligungen fälschlicherweise unterbewertet habe. „Bei ihren Zahlen gibt es einen Rechenfehler. Die Zahlen sind falsch."

Damals war Berkshire weit von seinem Höchststand von 8.900 $ entfernt und wurde zu 7.900 $ je Aktie gehandelt. Und der Artikel bei *Barron's* hatte die Aktie an einem Tag um 700 $ nach unten geschickt. Sein Autor, Thomas N. Cochran, kam zu dem Schluß, daß Berkshire nur etwa 4.695 $ je Aktie wert sei und der Kurs von 7.900 $ Berkshires wahren Wert gegenüber seinem intrinsischen Wert um 68 % überteuert darstelle. Berkshire-Aktionäre und auch andere schrieben Briefe an *Barron's*, das auch einige abdruckte.

Berkshire-Aktionär Dr. Wallace Gaye schrieb: „Armer Thomas N. Cochran. Wahrscheinlich würde er den Unterschied zwischen dem Wert eines Klumpens Kohle und eines Diamanten nicht erkennen, weil sie eine sehr ähnliche Mineralstruktur haben."

Ein Problem mit der *Barron's*-Story war, daß sie den Marktwert der Stammaktien mit dem Wert der Vorzugsaktien in Berkshires Portfolio verband, so als ob die Vorzugsaktien ähnlich wie Stammaktien in ihrem Wert sinken könnten. Es war auch richtig, daß die Kurse von drei der vier Vorzugsaktien im Portfolio stark im Kurs nachgegeben hatten. Aber Buffett erklärte den Aktionären, daß Stammaktien dieser Unternehmen, die die Schläge hatten einstecken müssen, gar nicht in Berkshires Portfolio waren.

Berkshire besaß die Vorzugsaktien - die weiterhin Dividenden von 9 % einbrachten und außerdem steuerbegünstigt waren. Die Wahrscheinlichkeit ist gering, daß die Vorzugsaktien, ähnlich wie die Stammaktien, in ihrem Wert sinken, weil sie immer - außer bei einem Konkurs - zu ihrem Nennwert zurückgegeben werden können; und das war etwa der Preis, den Buffett bezahlt hatte.

Und so gab es keine Verluste - obgleich US Airways später eine so schlechte Performance zeigte, daß Buffett dieses Paket in der Bilanz abschrieb.

Wenn man an die Privilegien denkt, die diese Investments beim Umtausch bieten, gar nicht mitgerechnet die lange Zeit, die zur Verfügung steht, bis sie ihren Umtauschkurs erreichen und danach noch rentabler werden, dann möchte man meinen, daß Berkshire doch etliche komfortable Investments besitzt, die der breiten Öffentlichkeit nicht zugänglich sind. Die einzige Möglichkeit, von diesen Privilegien zu profitieren, ist eine Beteiligung bei Berkshire.

„Und noch einmal!", hätte Ronald Reagan gesagt, als Cochran am 18. April 1994 in *Barron's* erneut schrieb, Berkshire sei 9.401 $ wert, als die Aktie mit 16.100 $ gehandelt wurde.

Bei einer schwachen Börse, als die Regierung die Zinsen für Staatsanleihen um einen Viertelpunkt anhob, hätte Berkshire untergehen können, aber die Aktie sank nur um 295 $. Dies war für die Berkshire-Aktionäre sicherlich eine sehr gute Performance.

Und wieder hagelte es bei *Barron's* Leserbriefe, die sich hauptsächlich darauf konzentrierten, daß die Versicherungsunternehmen in dem Artikel überhaupt nicht erwähnt wurden. Michael J. Davey aus Sunnyvale in Kalifornien wollte wissen, weshalb die wertvollen Versicherungsunternehmen nicht erwähnt wurden, wo doch die vier größten Rückversicherer der Welt bei Berkshire Deckung suchen.

Daniel A. Ogden, Präsident von Dock Street Asset Management in Stanford, Connecticut, schrieb: „Sie mögen vielleicht recht damit haben, daß Warren Buffett keine Prämie auf seinen Buchwert verdient, aber wenn das stimmt, dann gibt es nur sehr wenige Aktien, die es wert sind, in einem Portfolio gehalten zu werden. Wie 1990, als Sie dieselbe Empfehlung gaben, werde ich tun, was ich damals tat - ich halte Berkshire und mache mir mehr Sorgen über die anderen Papiere in meinem Portfolio."

Michael Rhodes, ein Rechtsanwalt in Kansas City, sagte seinen Berkshire Freunden, er sei der Ansicht, den meisten Investoren würde es gefallen, wenn der beste Investor der Welt für sie mit 2 $ an Vermögenswerten für jeden $ Aktienwert arbeiten würde, insbesondere dann, wenn die Verbindlichkeiten nahezu keine Kosten verursachten (Aufschub der Steuerzahlungen und Geldzufluß durch Versicherungsprämien).

Im Jahresbericht für 1993 schrieb Buffett eine kleine Geschichte, in der auch die Verführerin Appassionata Van Climax aus dem Cartoon von Li´l Abner vorkam. Ein Aktionär schrieb: „Mr. Cochran, wenn Sie recht haben, dann müssen Sie in der Zwischenzeit ein sehr reicher Mann sein. Vielleicht sollten wir uns einmal auf einen Drink treffen. Gezeichnet: Appassionata Van Climax."

Cochran erwähnte die 1,85 Mrd. $ Barvermögen nicht und die mehr als 2 Mrd. $ festverzinslicher Wertpapiere nur zur Hälfte, er erwähnte auch nicht Berkshires wertvolles Versicherungsgeschäft und verrechnete sich bei der Bewertung von Berkshires Aktienportfolio um 2 Mrd. $.

Auf der Jahreshauptversammlung 1994 wurde Buffett auf den Artikel von Cochran angesprochen: „Ich hoffe, er hat die Aktie nicht leer verkauft", sagte Buffett. „Ich würde nicht so rechnen... Offensichtlich hat er vergessen, daß wir im Versicherungsgeschäft sind." Danach hielt Buffett einen kurzen Vortrag darüber, daß man seine Entscheidungen an der Börse nicht darauf stützen sollte, was andere sagen, sondern nur darauf, was man selbst vom Geschäft versteht.

Es ist eine große Herausforderung, den Wert des Restes von Berkshire überhaupt zu verstehen. „Am schwierigsten zu bewerten ist unser Versicherungsgeschäft", sagte Buffett auf der Jahreshauptversammlung 1991. „Das bedeutet nicht, daß es nicht wertvoll ist. Es heißt nur, daß es eben sehr schwierig einzuschätzen ist - obwohl es auf die Bewertung von Berkshire einen größeren Einfluß hat als See´s Candy oder World Book." Das nennt man Understatement.

Dann fügte er hinzu: „Wie sich die Tabelle unserer Versicherungen im Jahresbericht (1990) in den nächsten 20 Jahren entwickeln wird, stellt für den heutigen intrinsischen Wert von Berkshire einen bedeutenden Einflußfaktor dar... Der intrinsische Wert des Versicherungsgeschäfts ist die Fähigkeit, Barmittel zu geringen Kosten zur Verfügung zu stellen. Das schafft Wert... Wenn Sie herausfinden, wie diese Tabelle in den nächsten 20 Jahren aussehen wird, dann haben Sie einen sehr guten Anhaltspunkt, wie es uns in Zukunft ergehen wird. Wir glauben, daß darin noch sehr viel Potential liegt. Wenn ich es in Dollar ausdrücken wollte, dann hielte ich dieses Potential für größer als das unserer anderen Direktbeteiligungen."

Im ersten Artikel in Barron´s legte Cochran ein Kurs/Gewinn-Verhältnis von nur 12 zugrunde, als die Aktie vom Markt mit 14 bewertet wurde. (Im zweiten Artikel schrieb er, Berkshires operative Unternehmen seien 2 Mrd. $ wert, wobei er um den Faktor 2 oder 3 daneben lag.) Fragen Sie Buffett einmal, ob er See´s Candy, die Buffalo News oder World Book für den zwölffachen Jahresgewinn verkaufen will und achten Sie dann darauf, wie schnell er auflegt.

In dem ersten Artikel benutzte Cochran einen alten Jahresgewinn, aber es war der letzte verfügbare. In der Zwischenzeit waren Berkshires Gewinne steil angestiegen. Wenn man über Berkshire spricht und Zahlen des letzten Jahresberichts zugrundelegt, dann hinkt man der Zeit wahrscheinlich schon um Millionen von Dollar hinterher. Ein Grund dafür, daß man in der Vergangenheit kleinere Zahlen sieht, liegt darin begründet, daß Buffett immer so spät wie möglich berichtet - etwa 45 Tage nach Quartalsende. Wenn man sich im Jahresbericht auf Zahlen bezieht, die vor dem 31. Dezember liegen, dann hinkt man sogar noch weiter hinterher. Außerdem war die Börse zu der Zeit, als Cochran seine Artikel schrieb, in einer Abwärtsbewegung, so daß Berkshires Angaben über die aufgeschobenen Steuerzahlungen sogar kleiner gewesen sein könnten, als die, die Cochran benutzte.

Und sind aufgeschobene Kapitalertragsteuern tatsächlich eine 100prozentige Verbindlichkeit, so wie es Cochran unterstellt? Keine Frage - wenn Buffett alles verkaufen würde, dann müßte er Uncle Sam einen riesigen Scheck ausstellen. Aber Buffett sagt uns, daß er heute nicht alles verkauft. In Wirklichkeit wird er einige Beteiligungen wahrscheinlich für immer behalten. Außerdem verursachen die aufgeschobenen Steuerzahlungen keine Zinsen und sie haben keinen Ablaufzeitpunkt. Wenn diese Verbindlichkeiten eine Schuldverschreibung wären, dann könnte man sie für 20 Cents pro Dollar verkaufen.

1993 gab Bill Ruane, der Chef des Sequoia Funds, eine Erklärung über Berkshires Wert und die Frage der Steuern ab: „Nehmen Sie doch einmal den gegenwärtigen Buchwert, der am Ende des Jahres bei 7.850 $ pro Aktie lag. Dabei muß man berücksichtigen, daß bereits eine Steuerrücklage von 2.200 oder 2.300 $ gebildet wurde. Rechnen Sie die wieder hinzu - ich bin allerdings nicht der Meinung, daß man sie zu 100 % hinzuzählen muß, denn die Aussichten, daß diese Steuern in der näheren Zukunft zu entrichten sind, sind sehr gering. Dieses Geld arbeitet also für Sie, obwohl es im Buchwert nicht dargestellt wird.“

Er fügte hinzu, daß Berkshire zu einem Kurs gehandelt wird, der das Verhältnis Kurs zu Buchwert wenig widerspiegelt, weil viele Vermögenswerte von Berkshire in der Bilanz unterbewertet sind. Berkshire, sagte er, sei „der beste Wertpapieranalyst der Welt“.

Cochran erwähnte auch Berkshires beträchtliche Gesamtgewinne nicht. Man kann sich diese Gesamtgewinne als die intrinsischen Gewinne vorstellen, zu denen auch wichtige Gewinne zählen, die in Berkshires Einkommensteuererklärung nicht enthalten sind. Diese unsichtbaren und noch nicht erklärten Gewinne sind in gewisser Weise Berkshires anteiliger Besitz an den zurückgestellten operativen Gewinnen der Unternehmen, an denen Berkshire beteiligt ist; sie brauchen aber, entsprechend den Bilanzierungsrichtlinien, in die Gewinne je Aktie bei Berkshire nicht eingerechnet zu werden. Beispielsweise liegen die Gewinne von Coca-Cola bei 4 Mrd. $ jährlich und Berkshire ist mit 8 % an Coca-Cola beteiligt. Den Bilanzierungsregeln entsprechend muß Berkshire seinen Anteil an den Gewinnen bei Coca-Cola nicht in seiner eigenen Einkommensteuererklärung aufführen.

Berkshire als einen überbewerteten geschlossenen Investmentfonds zu bezeichnen, ist ein sehr häufiger Fehler, wie Wallace Gaye bemerkte: „Oder kennen Sie irgendeinen geschlossenen Investmentfonds, der selbst Barmittel erwirtschaftet, um sie wieder anzulegen?"

Berkshire ist ein Unternehmen, das besser investiert und billiger an Kredite kommt als die meisten anderen Unternehmen.

Berkshires Wert drückt sich nicht allein in Zahlen aus. Man betrachte nur die großen Aktienpakete. Berkshires kontrollierende Aktienpakete haben einen besonderen Reiz. Manche Beobachter schlagen einen Aufschlag von 20 % für diese großen Aktienpositionen vor. Viele Aktienpakete sind so groß, daß sie Einfluß nehmen können. Solche großen Pakete haben den Nachteil, daß sie nicht so leicht zu liquidieren sind wie kleinere Pakete, aber insgesamt stellen diese großen Beteiligungen einen Vorteil dar, weil sie mehr Kontrollmöglichkeiten bieten. Siehe GEICO.

Berkshires wandelbare Vorzugsaktien sind ein solcher Faktor. Sie haben einen besonderen Wert, der aus der Größe des Aktienpakets und den fetten Dividenden resultiert. Diese Aktien können zum Nennwert zurückgegeben werden, und die Privilegien beim Eintausch sind potentiell Millionen wert. Die künftige Verzinsung der Dividenden der Unternehmen, an denen Berkshire beteiligt ist, könnten weiteren Wert schaffen.

Aber bei Berkshire gibt es auch noch andere positive Seiten. Man sollte in Betracht ziehen, wie Buffett seine Kredite strukturiert hat. Für seine Schulden zahlt er zwischen 5 und 7,2 % Zinsen. Und im Verhältnis zu den Vermögenswerten hat er nur sehr wenig Schulden.

Ein Berkshire-Aktionär merkte an: „Seine Kreditwürdigkeit ist erstklassig - ein AAA-Rating. Es gibt nicht viele Unternehmen in diesem Land, die das von sich behaupten können." Berkshire ist eines von 14 Unternehmen, die diese hohe Kreditwürdigkeit besitzen, General Electric ist ein weiteres.

Weiterhin sollte man in die Überlegungen einbeziehen, was Buffett für das Geld anderer Leute bezahlt. Zum Jahresende 1990 hatte Berkshire einen Geldzufluß aus seinen Versicherungsgeschäften von

(Photo by LaVerne Ramsey)
Dr. John Schott

749

etwa 1,6 Mrd. $. Ende 1991 waren es mehr als 2 Mrd. $. Die Kosten dieser Barmittel für Berkshire bezifferte Buffett für 1990 mit 1,63 % für 1991 mit 6,31 %, letztere lagen ein bißchen höher, weil steuerliche Aspekte eine Rolle spielten. Die Kosten für die Barmittel lagen 1992 bei 4,76 % und seit 1993 bei null. Das Versicherungsgeschäft stellte Berkshire tatsächlich jahrelang zinslose Darlehen zur Verfügung.

Wenn der Geldzufluß bei 1,6 Mrd. $ liegt, und er für dieses Geld 2 % Zinsen zahlt, dann ergibt dies einen automatischen Gewinn von 6 %, und wenn man diesen mit dem Faktor 10 multipliziert, dann ist allein das Versicherungsgeschäft 1 Mrd. $ wert - und diese Berechnungen gehen auf die Zahlen von 1990 zurück und beinhalten nicht ein mögliches Wachstum. Im Sommer 1991 sagte ein Berkshire-Aktionär, 1,25 Mrd. $ für das Versicherungsgeschäft seien eine sehr konservative Sichtweise. Nach der Übernahme von GEICO beträgt Berkshires Geldzufluß jährlich 7 Mrd. $!

Buffett selbst zahlte 2,3 Mrd. $ für die knappe Hälfte von GEICO und schrieb dann im Jahresbericht für 1995, daß Berkshires wachsendes Versicherungsgeschäft mit GEICO verdoppelt würde. Damit kann man davon ausgehen, daß Berkshires Versicherungsunternehmen mehrere Milliarden Dollar wert sind. Und wegen der enormen Kapitalreserven aus den Versicherungsgeschäften hat Berkshire die Möglichkeit, jederzeit günstige Versicherungsgeschäfte abzuschließen. „In Zukunft gibt es ein Potential, große Versicherungsgeschäfte zu zeichnen. Und die Tatsache, daß das Versicherungsgeschäft über die Jahre hinweg gewachsen ist - die Tatsache, daß er diese Stellung erreicht hat, weist auf die Stärke des Versicherungsgeschäfts hin", merkte ein Berkshire-Aktionär an.

Was also ist Berkshire wirklich wert? Den Wert der Aktien und Schuldverschreibungen aufzuaddieren, ist ganz einfach und macht auch Spaß. Das Engagement bei Coca-Cola ist etwa 15 Mrd. $ wert. Wir wollen gar nicht darüber nachdenken, wieviel die Coca-Cola-Aktien einbringen würden, wenn sie mit einem Aufschlag in einem Block an einen reichen größenwahnsinnigen Investor verkauft würden oder an die OPEC.

Wenn man Berkshires operative Unternehmen berücksichtigt, dann sollte man bei ihnen den 20fachen Jahresgewinn als Wert annehmen. Berkshires Firmengruppe verzeichnet wohl mit den höchsten Kapitalgewinn aller Firmengruppen. Das ist ein sehr hoher Kapitalgewinn, wobei zu berücksichtigen ist, daß es so gut wie keine Schulden gibt. Und so sollte man ruhig ein kräftiges Kurs/Gewinn-Verhältnis annehmen dürfen.

1993 errechnete der *Schott Letter*, herausgegeben von Dr. John Schott, daß Berkshire 20.150 $ je Aktie wert sei, und für 1994 gab er diese Zahl mit 21.000 $ an. Auf der Jahreshauptversammlung 1995, als Berkshire zu

21.600 $ gehandelt wurde, sagte Buffett, der Aktienkurs biete in Relation zu seinem intrinsischen Wert „einen ebenso hohen Realwert oder mehr als die meisten anderen Aktien".

Floyd Jones, ein Mitinhaber der First Washington Corp., berechnet Berkshires Wert, indem er einen Vergleich mit GEICO heranzieht, die jahrelang zum 2,6fachen Buchwert gehandelt wurde. „GEICO hat eine hervorragende Performance, aber das gilt auch für Berkshire", sagt er.

Im April 1998 berechnete Jones den intrinsischen Wert von Berkshire mit 75.000 $, als die Aktie mit 12 % weniger, zu 66.800 $ gehandelt wurde.

Und wie steht es mit den Steuern? Buffett liest die Steuergesetze sehr genau. Versicherungsgeschäfte schaffen Möglichkeiten, Steuerzahlungen aufzuschieben. Die Dividenden der Vorzugsaktien sind weitestgehend von der Steuer befreit. (Buffetts Investments in Sozialwohnungen bieten eine weitere Möglichkeit zur Steuerersparnis.)

Viele von Buffetts Investments, so beispielsweise die Aktien, die von Berkshires Tochtergesellschaften, die nicht Versicherungen sind, stehen mit ihren Einstandskosten in den Büchern. Auch viele Unternehmen, die er vor langer Zeit erwarb, werden noch mit den historischen Kosten geführt. Ist See's Candy, das er 1972 für 25 Mio. $ kaufte, heute mehr wert? Natürlich. Sind die *Buffalo News* die 33 Mio. $ wert, die Buffett 1977 dafür bezahlte? Schätzen wir eher 600 Mio. $, obwohl bei einem Verkauf eine sehr hohe Steuerlast anfallen würde. Aber so schnell wird Buffett weder See's Candy noch die Buffalo News verkaufen. Wahrscheinlich wird er mit einer Schachtel See's Candies, etlichen Dosen Coca-Cola und einer Ausgabe der Buffalo News beerdigt werden und auf seinem Grabstein wird stehen, daß er die Zeitung noch immer besitzt.

Man kann auch davon ausgehen, daß Buffetts Rechnungslegung so konservativ ist, wie sie nur sein kann.

„Und es gibt keine versteckten Verbindlichkeiten", sagt ein Berkshire-Aktionär. „Es gibt viele Unternehmen, die große Zahlungsverpflichtungen für Pensionen und Krankheitskosten haben, aber Berkshires Pensionsrückstellungen sind weit höher, als eigentlich erforderlich."

Berkshire hat seine Vermögenswerte weit gestreut: Aktien, Anleihen, Bargeld, Banken, Panzer, Zeitungen, Fernseh- und Radiostationen, Rasierapparate, Softdrinks, hochprozentige Drinks, Uniformen, Eiscreme und Süßigkeiten, Finanzdienstleistungen und Brokerservice, Papier, Stahl, Schmuck, Möbel, Enzyklopädien, Kompressoren, Staubsauger usw. Sogar Bestecke und Sprühpistolen für Lackierereien. Und Silber und Öl. Öl? Buffett schrieb im Jahresbericht für 1997: „Berkshire hatte Terminkontrakte für 14 Millionen Barrel Öl, ein Rest von den 45,7 Millionen Barrel, die wir 1994 und 1995 erworben hatten. Kontrakte über 31,7 Millionen Barrel wurden 1995 bis 1997 eingelöst und erbrachten uns einen Gewinn vor Steuern von 61,9 Mio. $. Die verbleibenden Kontrakte laufen 1998 und 1999 aus. In diesen Kontrakten hatten wir zum Jahresende einen noch nicht realisierten Gewinn von 11,6 Mio. $."

Berkshire ist sehr flexibel: Da Buffett fast die Hälfte aller Berkshire-Aktien besitzt, kann er seine Entscheidungen fast sofort treffen. Während andere Bieter noch heftig rechnen, kann Buffett sofort mit Bargeld zur Stelle sein, so als er Scott & Fetzer kaufte.

Während andere Vermögensverwalter bezüglich der Geographie oder Branchen Grenzen gesetzt sind, gilt das für Buffett nicht. Gleich, ob er in Akron oder in Asien kauft, er muß dafür nicht sein Büro verlassen. Er kann sehr schnell entscheiden, daß Berkshire von mehr Medien oder mehr Softdrinks, von Schuhen oder Nahrungsmitteln profitieren könnte, sollte ein gutes Angebot zum richtigen Preis kommen.

Entsteht nicht weiterer Wert dadurch, daß Berkshires Manager sich selbst so wenig bezahlen und Buffett und Munger auch im Aufsichtsrat einiger Unternehmen tätig sind, an denen sie beteiligt sind? Ihr Wissen und ihre Zeit stellen - gegen eine geradezu winzige Gebühr - einen hervorragenden Wert dar. Denken Sie an Salomon.

Und Munger schlug als Vermögensverwalter über zwölf Jahre hinweg den S&P 500 um den Faktor 4, als er 1962 bis 1975 einen durchschnittlichen Jahresgewinn von 19,8 % erwirtschaftete, während der S&P 500 jährlich gerade 5,2 % schaffte. Und auch diese Tatsache sollten wir werten. Wie hoch das zu bewerten ist, weiß niemand, aber würden Sie nicht auch lieber 19,8 als 5,2 % Gewinn machen?

Es gibt noch einige technische Dinge, die den Wert von Berkshire erhöhen: Berkshires Unternehmensstruktur ermöglicht es dem Versicherungsbereich, zu investieren und Berkshire damit Steuervorteile zu sichern. Außerdem agiert Buffett in einer Größenordnung und mit einer Effizienz, daß es schwierig ist, sich auch nur vorzustellen, daß seine Provisionen (beispielsweise wenn er für 1 Mrd. $ bei Coca-Cola investiert) geringer sind als die, die andere Vermögensverwalter pro Aktie berechnen.

Es ist Buffetts „Finanzstrategie", die Berkshire einen besonderen Vorteil einbringt, so ein Bericht in The Value Group von Dominick & Dominick (8. April 1991). Darin wird gesagt, daß Buffetts Performance als Stockpicker und Vermögensverwalter ausgezeichnet war. Dieser Bericht errechnet, daß Buffett allein durch seine Aktienauswahl 20 % Gewinn macht und durch die Leitung seiner Unternehmen weitere 21 %. Wie kam er dann auf fast 24 % Kapitalgewinn? Wir lesen:

„Der größte Vorteil einer Aktiengesellschaft, deren wichtigste operative Einheit eine Versicherungsgesellschaft ist, ist, daß sie zu äußerst günstigen Konditionen Geld leihen kann. Versicherungsgesellschaften sind eigentlich nichts anderes als eine gute Entschuldigung dafür, einen Pool von attraktiven Vermögenswerten anzusammeln, und so besitzen viele erfolgreiche Investoren auch eine Versicherungsgesellschaft...

Berkshires zweite Quelle langfristiger kostenfreier Kredite ist der amerikanische Fiskus. Berkshire Hathaway hat die Steuergesetze immer zu seinem Vorteil benutzt. Die wichtigste Quelle, kostenlos Geld von Uncle Sam zu borgen, ist, eine Anlage langfristig zu halten... Dadurch, daß Berkshire lange Laufzeiten mit dem Ausschluß von Dividendenzahlungen kombinierte, gelang es, Einkommen und Kapitalgewinne zu erwirtschaften, die nur mit einem reduzierten Steuersatz belegt wurden. Die Steuergesetze erlaubten schon immer, daß Dividendenzahlungen von Unternehmen an Unternehmen steuerlich begünstigt wurden. Gegenwärtig werden nur 20 % der Dividende, die ein Unternehmen von einem anderen erhält, besteuert. Und deshalb liegt der effektive Steuersatz für eine Dividende bei schätzungsweise 6 %. Auch wenn ein Aktionär einem Unternehmen Aktien zum Rückkauf anbietet, wird dieser Verkauf so besteuert, als sei es eine Dividendenzahlung. Das bedeutet: Ein Unternehmen kann ein bedeutendes Beteiligungspaket verkaufen und der Gewinn daraus wird nur mit 6 und nicht mit 29 % besteuert. Immer wieder nutzte Berkshire Hathaway diese steuerliche Möglichkeit, um größere Positionen abzugeben. Beispiele dieser Technik waren:

1983 – GEICO
1984 – GEICO
1984 – General Foods
1985 – General Foods
1985 – Washington Post
(1993 – Capital Cities)"

The Value Group weist besonders auf die Vorteile von Aktienrückkäufen hin: „Berkshire kaufte nicht nur 1964 und 1965 eigene Aktien zurück und verbesserte damit seine Gewinne, auch seine wichtigsten langfristigen Beteiligungen sind Unternehmen, die ihre eigenen Aktien zurückkauften."

Weitere Kredite durch geschickte Finanzstrategie erzielte Buffett durch „Steuer-Arbitrage". Die Kosten nach Steuern für den Zero-Bond-Kredit belaufen sich auf 3,5 %. Gehen wir davon aus, daß Buffett dieses Geld in eine 9,25-%-Beteiligung bei Champion International einbringt (zu 80 % steuerfrei), dann erzielt er einen Gewinn nach Steuern von ungefähr 8,75 %. „Damit erzielt Berkshire einen Gewinn von 250 % nach Steuern und eine

Option, Champion International Corp. für weitere acht Jahre zu einem Festpreis zu kaufen.

Es geht noch weiter: „Der letzte Vorteil, den Berkshire durch geschickte Anlage erzielt, ist eine stetige Reduzierung der laufenden Geschäftskosten. Augenblicklich, nachdem Buffett die Kontrolle bei Berkshire Hathaway übernommen hatte, wurde das Lager abgebaut und ebenso Grundstücke, Fabriken und Betriebsmittel, die für die Unternehmenstätigkeit nicht unbedingt erforderlich war. Aus diesem Geld aus der Reduzierung von investiertem Kapital ergab sich der erste Pool von Barvermögen, der wieder investiert werden konnte... Als Berkshire Hathaway Kirby erwarb, war auch hier die erste Amtshandlung, daß das investierte Kapital reduziert wurde, womit gleichzeitig der Kaufpreis sank und die Gewinne in Prozent des investierten Kapitals stiegen.

Was immer die Vorteile sind - wenn man eine Möglichkeit sieht, über einen längeren Zeitraum hinweg jährlich eine Rendite von 25 oder 30 % zu erwirtschaften, dann wäre das eine fast unbezahlbare Chance. Auch 20 oder 15 % wären noch eine Goldgrube.

Eines Tages könnte Berkshire für 200.000 $ je Aktie gehandelt werden. Wenn Sie jung genug sind, dann werden Sie es vielleicht erleben, daß die Aktie den Wert von 1 Mio. $ erreicht.

Berkshire kann sicherlich nicht mehr die durchschnittlichen jährlichen Wertsteigerungen von 25 % pro Jahr erbringen wie in früheren Jahren, aber Berkshire sollte auch weiterhin bessere Ergebnisse erbringen als der Gesamtmarkt.

Berkshire ist vemutlich eines der besten Investment-Vehikel der Welt. Und außerdem gibt es bei Berkshire den Faktor X - das sind einige Besitzrechte, die Buffett seinen Aktionären bisher noch nicht erklärt hat. Er sagte: „Davon gibt es nicht besonders viel." Aber es gibt Besitzrechte, und es ist unwahrscheinlich, daß deren Wert bei null liegt.

Und es könnte in Zukunft Synergieeffekte geben. Im Augenblick scheint es davon sehr wenig zu geben - im Nebraska Furniture Mart stehen ein Verkaufsautomat von Coca-Cola und ein Verkaufsstand von See´s Candy, und einige Versicherungen wurden an See´s Candy verkauft. Wie wäre es aber, wenn man eines Tages allen Firmen, an denen man eine Beteiligung unterhält - beispielsweise Coca-Cola, Gillette oder General Dynamics -, Versicherungen verkaufte? Wer weiß?

Hat es überhaupt eine Bedeutung, wie viel Berkshire augenblicklich wert ist, wenn es in Zukunft besser sein kann als 90 % der Unternehmen auf der ganzen Welt?

War es wichtig, ob Berkshire Hathaway 1965, als es zu 12 $ je Aktie gehandelt wurde, ein wenig unterbewertet oder ein wenig überbewertet war? Wäre es nicht schön gewesen, Berkshire zu 20 $ oder 200 $ oder 2.000 oder 20.000 $ gekauft zu haben, ganz gleich, ob es damals ein Schnäppchen war oder nicht?

Schließlich gibt es noch einen letzten besonderen Wert. Warren Buffett leitet das Unternehmen, nicht Saddam Hussein. Doch Glenn Greenberg meint, es gäbe über Buffett auch eine negative Sache zu sagen - er wird eines Tages nicht mehr dasein. Ein Schlüssel zu Berkshires wirklichem Wert ist „Warren Buffetts Gehirn - ganz gleich, ob lebendig oder tot, und er fliegt ja ohnehin eine ganze Menge umher".

Ein lebender Buffett ist weit über seine Fähigkeiten, die richtigen Aktien auszuwählen und das Management zu führen hinaus von besonderem Wert, obwohl diese Charakteristika wahrscheinlich schon im Aktienkurs berücksichtigt sind. Wenn man aber mit so bedeutenden Menschen der Wirtschaft zusammenkommt wie Tom Murphy, Laurence Tisch und Katharine Graham, kann dann nicht plötzlich etwas ganz Besonderes entstehen? Bei diesen Leuten und Buffett muß man immer damit rechnen, daß sie gute Ideen produzieren.

Buffetts elitärer Freundeskreis zieht sich tatsächlich alle zwei Jahre an Orte wie Lyford Cay auf den Bahamas, Dublin in Irland, Williamsburg in Virginia, das Kreuzfahrtschiff Queen Elizabeth II, Santa Fe in New Mexico und Victoria in British Columbia zurück. Der jeweilige Gastgeber wählt den Treffpunkt aus.

Diese Gruppe (ursprünglich „Hilton-Head-Gruppe" genannt, weil man sich dort einmal getroffen hatte), die Buffett die „Graham Gruppe" nennt und andere die „Buffett Gruppe", begann 1968 mit 13 Teilnehmern und hat heute 60 Mitglieder. Dazu gehören Mrs. Graham, Munger, Murphy, Ruane, Tisch, Keough, Gates, Jack Byrne und Lou Simpson. Manchmal nennt Buffett diese Gruppe „unsere Gang".

Während der Treffen sprechen die Mitglieder der Gruppe über Politik, über Investments, über Spenden für wohltätige Zwecke (ob man früh im Leben spenden soll oder erst später), und über die schwersten und dümmsten Momente des Lebens.

Einmal referierte Munger über Einsteins Relativitätstheorie. Eigentlich interessierte sich niemand dafür, aber die meisten fühlten sich verpflichtet, hinzugehen, erinnert sich ein Mitglied der Gruppe. „Falls Buffett dort war, dann war er wohl der einzige, der es verstanden hat."

Buffett ist mit so wichtigen Führern der Wirtschaft wie beispielsweise Walter Annenberg befreundet und riet diesem auch, seine Triangle Publications, zu denen auch der TV Guide gehörte, für 3 Mrd. $ an Rupert Murdoch zu verkaufen. Nancy Reagan ist auch eine Freundin von Buffett. Mrs. Reagan schickte einmal ihren Sohn Ron zu Buffett, damit dieser ihn hinsichtlich seiner Karriere ein wenig beraten sollte.

Einige Nachfahren von Clarence Barron, einem der frühen Besitzer von Dow Jones & Co., die das *Wall Street Journal* und *Barron´s* herausgeben, ließen sich von Buffett zur Performance des Unternehmens und dem Aktienkurs beraten.

Einige der besten und intelligentesten Geschäftsleute des Landes setzen gute Ideen von Buffett in die Realität um. Er hat dann die Möglichkeit, jährlich die beste oder die zweitbeste Idee zu kaufen.

Es ist ein großes Plus, daß Buffett im Aufsichtsrat einiger Unternehmen mitarbeitet, an denen Berkshire beteiligt ist. Damit hat er die Möglichkeit, darauf Einfluß zu nehmen, wie der Cash flow investiert wird und diesen Unternehmen möglicherweise weiteren Wert einbringt. Andererseits kann es sein, daß die Unternehmen, in die er investiert, ein künstlich überhöhtes Kurs/Gewinn-Verhältnis haben, das allein von seinem „Heiligenschein" herrührt.

Schließlich hat Berkshires makelloser Ruf einen Wert. Sogar im sehr vorsichtigen Prospekt für die Aktien der Klasse B wird er angesprochen: „Obwohl man diesen Punkt nicht quantifizieren kann, ist Berkshire davon überzeugt, daß sein Ruf maßgeblich zum intrinsischen Wert des Unternehmens beigetragen hat. Berkshire ist der Überzeugung, daß sein Ruf, wenn er unbeschädigt bleibt, auch in der Zukunft erheblich zu den Gewinnen beitragen wird."

Wenn es Buffett gelingt, auch weiterhin Gewinne zu zaubern, die auch nur annähernd in der bisherigen Höhe liegen, wird Berkshire weiter seinen Weg machen, wobei ihm in gewisser Weise der Markenname Berkshire Hathaway und auch Buffetts Intelligenz zugute kommen wird. Der wahre Wert von Berkshire liegt in seinem künftigen Cash flow, natürlich inflationsbereinigt. Wenn Berkshire weiterhin einen 23prozentigen Gewinn auf den Buchwert erzielen kann (Buffett sagt, daß er das nicht schafft), dann sagt mir die 72er-Regel (72 dividiert durch 23 ist etwa 3), daß sich mein Einsatz etwa alle drei Jahre verdoppeln wird.

Berkshire-Aktionär George Eyraud aus Birmingham in Alabama sagt: „Berkshire ist kein Unternehmen. Es ist eine Additionsmaschine."

Als es 1990 in Florida ein Lotto-Fieber gab, weil mehr als 100 Mio. $ im Jackpot waren, berichtete auch ABCs World News Tonight darüber. Man weiß ja, wie diese Beiträge aussehen - eine Menge Leute geben kurze Interviews und sagen, was sie als glückliche Gewinner tun würden. Berühmtheit erlangte bei diesen Interviews ein schwergewichtiger Mann mittleren Alters, als ihm ein Reporter das Mikrofon unter die Nase hielt und ihn fragte. Er zuckte nur mit den Schultern und antwortete Peter Jennings und der ganzen Welt: „Ich würde nackt durch das Geld laufen - keine Ahnung."

Manche Leute unterschätzen, wie es Berkshire ergehen wird. Sie wissen einfach nicht, wohin das alles führen soll. Das bedeutet aber nicht, daß Buffett es nicht weiß.

Das erinnert mich an die Geschichte von von einem jungen Mädchen, das ein Bild malte. Ein Erwachsener fragte sie, was das denn werden solle.

„Gott", antwortete sie.

„Aber niemand weiß, wie Gott aussieht", sagte der Erwachsene.

„Wenn ich fertig bin, werden Sie es wissen", antwortete das Mädchen.

128

Berkshires intrinsischer Wert

Ein Autogramm von Abe Lincoln

Wenn Sie es leid sind, von Buffett und Munger ständig zu hören, daß sie nicht sagen wollen, wieviel Berkshire genau wert sei, dann ist hier eine Möglichkeit, eine genauere Schätzung zu erlangen, als sie anbieten. Schauen Sie in die Zeitung.

Ebenso gut könnte vielleicht die folgende Formel sein: Versuchen Sie, den Wert dieser Notiz herauszufinden, die Abe Lincoln unterschrieb, als er 16. Präsident der Vereinigten Staaten war - dann haben Sie es:

„Herr Finanzminister, bitte sprechen Sie mit dieser Dame (Frau eines verwundeten Soldaten), die nach einer Anstellung sucht. 25. April 1863. A. Lincoln."

Lange Zeit waren der Preis für diese Notiz und eine Berkshire-Aktie fast genau gleich, wie Tim Burton aus Milwaukee in Wisconsin feststellte, der aus Steven M. Berez´ „Profiles in History" zitierte.

(AP/Wide World Photos)
Abe Lincoln

Jahr	Lincolns Unterschrift	Berkshire-Aktie
1982	1.000 $	965 $
1986	3.000 $	2.925 $
1992	9.500 $	9.275 $
1993	12.000 $	11.750 $
1995	25.000 - 30.000 $	32.100 $
Anfang 1996	29.500 - 33.000 $	33.000 $

am 10.12.1996
erschien eine Anzeige im *Wall Street Journal*: Abraham Lincoln. Am 10.10.1863 signiertes Dokument aus dem Bürgerkrieg in hervorragendem Zustand, Begnadigung eines verurteilten Deserteurs von der Todesstrafe, wunderschön gerahmt mit einem eingearbeiteten Bildnis des mitfühlenden Präsidenten

	32.500 $	33.200 $
Anfang 1997	35.000 $	36.000 $
Anfang 1998	75.000 $	70.000 $

Wenn es eine gallopierende Inflation gäbe, dann könnten Lincolns Autogramm und vielleicht ein BMW gegen die Berkshire-Aktie gewinnen.

Am 15. Juni 1993 rief jemand Burton an und wollte ihm ein Lincoln-Autogramm für 15.700 $ verkaufen. An diesem Tag schloß die Berkshire Aktie bei 15.825 $. Burton sagte, ihm sei fast der Hörer aus der Hand gefallen.

Was die Berkshire-Aktionäre wirklich einmal erleben wollen, ist, daß die Aktie zu einem Kurs gehandelt wird, der dem gegenwärtigen Preis eines Briefes von Abraham Lincoln mit dessen Unterschrift entspricht: 420.000 $.

Um den Berkshire-Aktionären die Spannung zu erhalten: Kürzlich hat Sothebys ein Dokument versteigert, das von Lincoln unterschrieben wurde und mit dem er einen stellvertretenden Zahlmeister für die Navy engagierte. Der Preis: nur 3.850 $. Um Berkshires Aktionäre aber aufzuheitern, ist hier der Preis für Lincolns handgeschriebene Rede „House Divided"von 1858: 1,5 Mio. $.

129

Going Online

Mit den gelben BRK-lern, Doshoes

V or einigen Jahren begannen die Aktionäre von Berkshire, sich über America Online im Internet über jede Kleinigkeit bei Berkshire auszutauschen. Für viele Aktionäre ist es ein großer Spaß, ins Internet zu gehen und jede Nuance von Berkshire zu verfolgen.

„Wir surften nur ein wenig herum", erzählte Debbie Cohen der Zeitschrift Newsweek (19.Mai 1997). „Heute geht er (ihr Freund Larry Oberman, ein Vermögensverwalter in Chicago) nur noch ins Internet, um über Berkshire-Aktien zu sprechen."

Oberman stimmt zu: „Das ist wie ein Kult. Aber statt Kool Aid und Pudding trinken wir Coca-Cola und naschen See´s Candy und bis jetzt hat Warren uns noch nicht gesagt, wir sollten Gift nehmen." Immerhin wurde Berkshire zu einer Kult-Aktie.

Im Lauf der Zeit wurden online sehr anspruchsvolle Diskussionen über den intrinsischen Wert der Aktie geführt (im allgemeinen von 33.000 $ auf ungefähr 40.000 $ ansteigend zwischen Dezember 1996 und Mai 1997). Die Diskussionen darüber, wie der Geldzufluß zu bewerten sei, und die allgemeine Kameraderie unter den Anhängern dieses Kults nehmen zu und werden zur Zeit der Jahreshauptversammlung geradezu hitzig.

Kurz vor Berkshires Jahreshauptversammlung 1997 tauchte jemand mit dem Codenamen „Doshoes" auf und hinterließ ein paar Notizen. Doshoes? Doshoes hatte magische Kräfte. Doshoes konnte sogar das Unmögliche möglich machen und eine Tischreservierung bei Gorat´s organisieren.

Wer war Doshoes? Doshoes gab ein paar Hinweise. Und schnell erkannten die Berkshire-Aktionäre, daß es jemand sein mußte, der Buffett sehr nahe stand. Hier ist die Antwort von Doshoes auf eine Bitte um eine Tischreservierung bei Gorat's: „Dein Timing ist erstaunlich. Ich war gerade eben bei Gorat's, und es hatte geschlossen. Ich werde in ungefähr einer Stunde noch einmal hinfahren. Denk' positiv - es könnte sein, daß ich ein wenig betteln muß. Ich werde zwar an einem anderen Tisch sitzen, aber ich werde auch da sein. Bei euch wird es sicherlich mehr Spaß geben als in meiner Gruppe - bei euch sind drei Runden scheinbar nur der Anfang. Der Tisch, an dem ich sitze, konzentriert sich ausschließlich auf die Produkte von Coca-Cola..."

Weitere Hinweise. Etwas über den Zauberer von Omaha und daß Doshoes ein Fan des Zauberers von Oz sei. Schließlich wurde ihr Name als eine verkürzte Form von „Dorothys Ruby Shoes" entlarvt. (MAN DARF ABER NICHT VERGESSEN, DASS IM ORIGINALBUCH DIE SCHUHE VON DOROTHY AUS SILBER WAREN!) Schließlich stellte sich heraus, daß Doshoes Buffetts Tochter Susan war!

Später lud sie die Jungs von der Yellow Brick Road - kurz Yellow BRKler in die Kneipe Mr. Toad's Watering Hole ein - in der Nähe des Stadions, in dem Buffett immer den ersten Wurf des Baseballspiels macht, das zu den Festlichkeiten anläßlich der Jahreshauptversammlung gehört.

Sie verfolgt die Kommentare im Internet und zeigt sie ihrem Vater, der einmal anmerkte: „Diese Jungs wissen mehr über Berkshires intrinsischen Wert als ich."

Buffett kam kurz bei Mr. Toad's vorbei, wo seine Tochter, einige aus ihrer Familie sowie Freunde und ein Clan der Yellow BRKler

(Photo by Nancy Line Jacobs)
Yellow BRKler John Gartman in Uniform

sich versammelt hatten. Buffett, in einer Baseballjacke, sagte: „Hallo zusammen, ich bin ihr Vater." Er begrüßte die Leute mit Handschlag und beeilte sich danach, zum Baseballspiel zu kommen.

Unter den glühendsten Yellow BRKlern ist Berkshire-Aktionär John Gartmann, ein 64jähriger Ingenieur im Ruhestand aus Delran in New Jersey. Er besitzt immer noch einige Mietshäuser und betreibt einen Versandhandel.

Sicherlich ist die Tendenz auf dem Message Board für Berkshire, doch es wird sehr viel Skepsis geäußert, ob Berkshire oder einige seiner Beteiligungen nicht überbewertet seien.

Eine der erhellenderen Serien von Nachrichten auf dem Message Board kamen von „Tode", im wirklichen Leben Michael Rhodes, ein Rechtsanwalt in Kansas City. Hier sind einige Teile aus Todes erstem Eintrag vom 1. Dezember 1996: „Ich bin neu auf diesem Message Board, aber seit 1985 BRK-Aktionär. Ich habe gerade einen Teil dieses Wochenendes damit verbracht, die Nachrichten dieser Gruppe seit letztem Mai nachzulesen. Ich fand eine ganze Menge interessanter Analysen, die sich auf den intrinsischen Wert von BRK beziehen - eine Frage, für die ich mich seit langer Zeit interessiere.

Ich sah eine Menge Ansichten, wie der Wert des Geldzuflusses bei den Versicherungen zu bewerten sei. Es scheint, als hätte diese Gruppe eine Einigung erreicht - der Geldzufluß beträgt jährlich zwischen pessimistischen 6,9 Mrd. $ und optimistischen 15 Mrd. $.

Darf ich meinen Senf dazugeben? Der Geldzufluß ist sehr wertvoll, aber sein Wert wird in den Gesamtgewinnen dargestellt. Das bedeutet: Die Gesamtgewinne pro Aktie sind einerseits die Gewinne, die aus den Vermögenswerten resultieren, die den Aktionären gehören, und andererseits aus Vermögenswerten, die anderen gehören (Geldzufluß und noch nicht bezahlte Steuern). In den Gesamtgewinnen stellen sich auch die Kosten für das Geld von Dritten dar, über das die Aktionäre verfügen. Das heißt: Wenn der Geldzufluß mit einem Verlust im Versicherungsgeschäft erwirtschaftet wird, dann zeigt sich das in den Gesamtgewinnen; wenn dabei ein Gewinn erwirtschaftet wird, dann zeigt sich das ebenfalls in den Gesamtgewinnen...

"Statt den Versuch zu unternehmen, den Wert des Geldzuflusses an sich mit einem bestimmten Wert zu beziffern (was im besten Fall zu Verwirrung führt und im schlechtesten Fall zur Doppelzahlung), ist es besser, die Tatsache zu akzeptieren, daß alle Faktoren, die den Wert des Geldzuflusses bestimmen, sich im Multiplikator dieses Unternehmens widerspiegeln. Wenn man die Gesamtgewinne von 1.400 $ im Jahr 1996 mit 25 multipliziert, dann macht dies 35.000 $ je Aktie aus. Eine andere sehr wertvolle Kennzahl könnte der doppelte Buchwert sein. Der Buchwert am 30. September 1996 lag bei 17.500 $ und heute über 18.000 $. Wenn Sie den doppelten Buchwert nehmen, kommt man auf über 36.000 $ je Aktie. Diese Aktie ist eine Kaufempfehlung..."

In späteren Notizen schrieb Tode, Buffett berechne die Gesamtgewinne seiner Meinung nach viel zu konservativ, „hauptsächlich, weil er die einbehaltenen Gewinne aus dem 5-Mrd.-$-Bestand an Wertpapieren, die namentlich nicht genannt werden, nicht einrechnet und weil er außerdem Steuern abzieht, die gezahlt werden müßten, falls die Gewinne in Form von Dividenden ausgezahlt würden. Tatsächlich jedoch werden diese Gewinne wieder ins Geschäft zurückgeschaufelt und tragen zu BRKs Gedeihen bei."

Ein anderer Teilnehmer schrieb ans Message Board: „Tatsächlich wäre Berkshires Investmentportfolio ohne die 6,9 Mrd. $ Geldzufluß um 15 Mrd. $ kleiner, da dieser Geldzufluß schon immer reinvestiert wurde und in dieser Zeit wie jedes andere Wertpapier einen Cash flow produzierte; jedoch wurde der Cash flow, der aus dem Geldzufluß entstand, ohne jegliche Kosten erzielt und stellte so einen reinen und unverfälschten Cash flow dar."

Noch eine weitere Notiz: „Vielen Dank für den Scoop mit MCD. Ich wäre nicht überrascht, wenn Buffett seit dem 30. September 1995 weitere MCD Aktien gekauft hätte, da MCD in diesem Jahr keine so gute Performance hatte, die internationalen Wachstumsaussichten jedoch besser sind als je zuvor. Ich bin gespannt, ob es als eine Position im Jahresbericht aufgeführt wird (es wurde). Ganz offensichtlich hat er irgend etwas gekauft, denn die Gestehungskosten der Wertpapiere im Besitz von Berkshire stiegen von 7,1 auf 8,7 Mrd. $ in der Zeit vom 31. Dezember 1995 bis zum 30. September 1996 an... Eine der frühen, ganz einfachen Bewertungsmethoden, die ich benutzte, waren die künftigen Gesamtgewinne. Es sollte ja schließlich einfach sein. Für 1996 tippe ich auf Gesamtgewinne von 1.400 $ je Aktie. Multipliziert man diese Zahl mit dem korrekten Kurs/Gewinn-Verhältnis, hat man - schwups - den intrinsischen Wert.

Was jedoch ist der richtige Multiplikator? Natürlich kann man da unterschiedlicher Auffassung sein. Wenn KO (Coca Cola) und G (Gillette) das 30fache ihrer nächsten Jahresgewinne wert sind, dann sollte der gleiche Multiplikator auch für den BRK-Gesamtgewinn von 1.400 $ gelten (den man leicht errechnen kann). Andere Beteiligungen sind vielleicht 10 bis 15 Jahresgewinne wert. Falls jemand die Energie dazu hat, könnte er durchaus den gewichteten Durchschnitt aller Kurs/Gewinn-Verhältnisse im Portfolio berechnen. Und dann muß man noch den Einfluß des Geldzuflusses und der aufgeschobenen Steuerzahlungen berücksichtigen. Das ist BRKs Geheimwaffe, und sie ist heute wesentlich wertvoller als noch vor fünf Jahren. Eine ganze Menge Experten von der Wall Street begreifen das nicht - sie sagen, Berkshire sei ein geschlossener Investmentfonds und sollte deshalb Auszahlungen vornehmen. Eine bessere Möglichkeit der Analyse wäre ein Konto, auf dem Buffett für jeden Dollar an Wertpapieren

2 $ an anderen Vermögenswerten einbringt. Aber auch dieses Beispiel kann die Realität nicht beschreiben, weil die Schulden zinslos sind (die aufgeschobenen Steuerzahlungen kosten nichts, und wenn man GEICO hinzuzählt, dann wird der Geldzufluß für die vorhersehbare Zukunft mit einem Gewinn im Versicherungsgeschäft einhergehen). Außerdem wächst der See von Geldern von Dritten ständig - der Geldzufluß sollte jährlich um etwa 1 Mrd. $ steigen (man darf nicht vergessen, daß GEICOs Anteil am Versicherungsmarkt für Kraftfahrzeuge noch sehr klein ist und daß GEICO gerade eben erst angefangen hat, die normalen Autofahrer anzusprechen, wo sie jetzt mit 29 % wachsen...).

Eine der frühen einfachen Bewertungsmethoden, die ich benutzte, war die, daß ich ganz einfach den Wert jeder einzelnen Aktie im Portfolio aufaddierte (so, wie sie in der Bilanz ausgewiesen waren). Das hat den Vorteil, daß es sehr einfach ist und grob mit allen Beiträgen, die hier bisher präsentiert wurden, übereinstimmt. So sind beispielsweise die Verbindlichkeiten nicht real und sollten deshalb ignoriert werden. Wenn man die Verbindlichkeiten aus dem Geldzufluß ignoriert und die Steuerschulden sehr stark abwertet, dann sind die einzigen Verbindlichkeiten, die noch übrigbleiben, diejenigen, die dem künftigen Wachstum des Geldzuflusses entsprechen. Per 30. September 1996 belief sich die Summe aller Kurse im Portfolio von BRK auf 32.671 $. Und hier sind die Zahlen noch einige Jahre weit zurück, jeweils zum Jahresende:

1995	25.214 $
1994	18.114 $
1993	16.570 $
1992	14.909 $
1991	12.618 $
1990	9.310 $
1989	8.253 $

Vergleichen Sie damit die Höchststände von BRKs Aktienkurs in den einzelnen Jahren:

1995	33.400 $
1994	20.800 $
1993	17.800 $
1992	11.750 $
1991	9.130 $
1990	8.730 $
1989	8.900 $

Im Laufe der Zeit ergab sich eine gewisse Korrelation. Buffetts niederträchtige Bemerkung vom letzten Frühjahr, seine Aktien nicht zu kaufen, sollte niemanden schockieren. Damals war die BRK-Aktie weit außerhalb des normalen Handelsbereichs, wenn man die Vermögenswerte pro Aktie, den Buchwert pro Aktie und die Gesamtgewinne pro Aktie oder jeden anderen Maßstab nimmt. Ich würde annehmen, daß der Kurs jetzt wieder innerhalb seiner normalen Bandbreite liegt..."

Hier eine Notiz von JTayan vom 21. Februar 1997: „Ich glaube, die Anmerkung von WEB (Warren E. Buffett: „Ich gebe nie Aktientips, aber falls ich sterbe, sollten Sie die Aktien kaufen.") war eine Antwort auf die zahllosen Kommentare von zahllosen Menschen, die immer wieder fragten, was mit der Aktie passieren würde, falls er stürbe. Er versuchte damit auszudrücken, daß im Unternehmen Wert liege, auch wenn er nicht da sei... Ich glaube allerdings, daß im Falle seines Todes der Kurs fallen würde, zumindest am Anfang, und das um mindestens 25 %. Ich nehme an, der Kurs würde sogar unter den Buchwert fallen. Allerdings würde sein Nachfolger wahrscheinlich den enormen Cash flow dazu benutzen, die Aktien bei einem so günstigen Preis zurückzukaufen, und ich vermute, daß sich die Aktie dann zumindest auf 80 oder 90 % ihres intrinsischen Werts erholen würde. Deshalb ist es wichtig, den intrinsischen Wert der Aktie im Auge zu behalten."

Nur wenige Stunden später erschien eine Nachricht von Gartmann: „Warren wurde am 30. August 1930 in Omaha in Nebraska geboren. Warren wird uns alle überleben, da er keine anderen Sorgen hat, außer ob es am 3. Mai 1997 regnet und ob er das Baseballspiel und seinen ersten Wurf absagen muß."

Eine Notiz von „Grahdodd" vom 16. März 1997, nach der Veröffentlichung des Jahresberichts für 1996: „Ein brillanter Jahresbericht. Weitere Lehrstücke darüber, wie man Aktien auswählt, interessante Beobachtungen über den gesamten Aktienmarkt (leider berichten die nationalen Medien mit der Schlagzeile, daß Aktien überbewertet seien).

Die große Überraschung ist die Position McDonald's. Und der Durchschnittskurs (42 $ je Aktie) ist wesentlich höher als zu der Zeit, als WEB anfing, diese Aktien zu kaufen - so daß vieles davon vom Jahresende 1996 herrühren könnte und sich vermutlich fortsetzen wird.

Okay - wie wäre es mit einer ganz kurzen Rechnung auf der Rückseite eines Briefumschlages, um den Wert von BRK herauszufinden: Nehmen wir die Zahlen vom 31. Dezember 1996, die die großen Wertpapierpositionen, die seither sehr stark angestiegen sind, nur zurückhaltend beschreiben (alle Zahlen pro Aktie):

a) Man erhält 28.500 $ in Wertpapieren.

b) Man erhält 421 $ operativen Gewinn vor Steuern und 273 $ nach Steuern. Und damit erhalten wir einen Multiplikator von 19 x 4.301 $ (ich glaube, dies ist eine sehr konservative Annahme, weil diese Unternehmen besser sind als Durchschnittsunternehmen).

c) Wir bewerten den Geldzufluß konservativ mit dem Faktor 1,2 und kommen auf 6.660 $.

d) Von diesem Betrag subtrahieren wir aufgeschobene Steuerzahlungen von 1.530 $, was eine Besteuerung der Aktie von 10 % bedeutet bei einem nicht realisierten Gewinn des Portfolios von 18,59 Mrd. $. Dies ist eine angemessene Zahl, weil der Jahresbericht darauf hinweist, daß keine der „Unvermeidlichen" in der nächsten Zeit verkauft werden sollen.

Das bringt uns auf 38.817 $; das berücksichtigt nicht die Wertsteigerungen dieses Jahres und setzt den Wert der operativen Tochtergesellschaften und des Geldzuflusses von den Versicherungen zu gering an. Diese Zahl berücksichtigt nicht das Management des besten Investors der Welt, der rund um die Uhr für BRK arbeitet und das für 9 Cents pro Aktie und Jahr.

Schlußfolgerung? Man kann diese Aktie ruhig bis 40.000 $ kaufen."

„Pagewrite" schrieb am 9. April 1997 im Message Board: „Ich hatte einmal einen Freund, der ein sehr erfolgreicher Investor war; einmal fragte ich ihn (nachdem ich von Buffett und BRK gehört hatte), ob er Buffett kenne. Er sagte: ‚Bitte erwähne mir gegenüber diesen Namen nie wieder.' ‚Weshalb nicht?', fragte ich. Seine Antwort: ‚Jemand erzählte mir 1965 von Buffett und wie clever er war und sagte, daß er an die Börse gegangen sei. Man könne Aktien seines Unternehmens kaufen. Ich kaufte 5.000 Aktien zu 12 $ das Stück. Der Broker, der mir half, eine Menge Geld zu verdienen, sagte, der beste Weg Geld zu verlieren, sei, gierig zu werden. Wenn sich also eine Aktie im Wert verdopple, dann sollte man verkaufen und aussteigen. Und so verkaufte ich, als BRK bei 28 $ stand, und hatte meinen Einsatz mehr als verdoppelt. Ich war glücklich. Bitte sprich niemals wieder mit mir über Buffett und BRK!'"

Hier ist eine etwas ungewöhnliche Notiz. Sie kommt von RAD4IU und wurde am 7. Mai 1997 ans Message Board geschickt: „Da ich zum Thema intrinsischer Wert nichts hinzufügen kann (ich fühle mich ein wenig wie Charlie Munger, nachdem WEB auf der Jahreshauptversammlung eine Frage beantwortet hat: ‚Dem habe ich nichts hinzuzufügen.'), will ich versuchen, noch ein wenig Humor in die Diskussion einzubringen. Wenn das jemanden stört, dann sagt es mir bitte. Los geht's: Hier sind die zehn wichtigsten Gründe, Berkshire-Hathaway-Aktionär zu sein:

10. Mit Ihren und den Aktien Warren Buffetts kontrollieren Sie das Unternehmen.

9. Omaha Steaks.

8. Man fühlt sich jedes Mal gut, wenn man sich rasiert, eine Cola trinkt oder einen Hamburger ißt.

7. Jeden Tag werden 900 Millionen Gläser Coca-Cola verkauft.

6. Die Familie Buffett ist großartig.

5. Es gibt einen hohen Dividendengewinn - einen Hotdog und eine Coke pro Jahr.

4. Es schafft Zeit, Golf zu spielen.

3. Bei dieser Aktie brauche ich nie eine Verkaufsprovision zu bezahlen.

2. Charlie Mungers trockener Humor.

1. WEB ist Dein Partner!

Ob Letterman etwas hiermit anfangen könnte?

Einer schrieb, daß seine Mutter eine sehr gute Ahnung gehabt habe, schon früh Berkshire-Aktien kaufte und Berkshire praktisch ihr gesamtes Vermögen darstelle. Plötzlich gab es eine Reihe von Notizen im Message Board, in denen stand, daß man sie heiraten wolle. Der Sohn enthüllte schließlich ihr Portfolio:

Wertpapier	Anteil in Prozent:
Bargeld	0 %
Schuldverschreibungen	0 %
Internationale Wertpapiere	0 %
Coke	0,023 %
Gillette	0,0137 %
Berkshire	99,633 %
Cherry Coke	6 Kisten

Es macht viel Spaß zu beobachten, wie Anfänger Berkshire kennenlernen und dabei Fragen wie diese stellen: „Ist Katharine Graham mit Ben Graham verwandt?" (Nein)

Ein anderer Anfänger fragte, was denn WEB bedeute. „Ich bin neu im Internet. Was ist ein WEB? Ist es Onlinesprache oder ein Index am American Stock Exchange oder nichts von allem?"

Ein anderer Teilnehmer half ihm sofort: „WEB = Warren E. Buffett, der Vorsitzende von Berkshire Hathaway."

Am 26. Juli 1997 schrieb Tode wieder einmal: „Es scheint simpel und offensichtlich, daß der wahre Wert von BRK das Vertrauen der Aktionäre darauf ist, daß der Cash flow reinvestiert wird - mit Gewinnen, die die Rendite von langfristigen Staatsanleihen bei weitem übertrifft. Aber genau das ist es. Welches andere Unternehmen kann langfristig gesehen schon die gleiche Sicherheit bieten? Vergleichen Sie BRK mit einer Staatsanleihe mit einer Rendite von 12 %. Immer war BRK besser, finde ich. Erstens gibt es einen Steuervorteil, weil man die anfallenden Steuern so lange hinausschieben kann, bis man sich entscheidet, die Aktie zu verkaufen. Zweitens: Obwohl es keine Garantie gibt, daß BRK 12 % Rendite auf den reinvestierten Cash flow erzielen wird, ist das doch höchst wahrscheinlich. Drittens: Bei einer Anleihe mit 12 % ist es unmöglich, mehr als 12 % Rendite zu erwirtschaften, wenn das Papier bis zur Fälligkeit gehalten wird, während BRK in der Vergangenheit immer weit besser als 12 % war und meiner Meinung nach eine gute Chance hat, WEBs Ziel von 15 % zu erreichen. Und es ist tatsächlich sehr wahrscheinlich, mehr als nur ein Traum, daß es trotz WEBs Abwiegelns 15 % übertreffen wird.

Das wichtigste aber ist, daß eine Null-Coupon-Anleihe auch null Verstand braucht. Es ist keine Intelligenz erforderlich, Kapital alle sechs Monate neu zu investieren. Ganz gleich, welche Chancen Mr. Market anbietet, der Null-Coupon wird sie nicht wahrnehmen und bis zur Fälligkeit hirnlos den garantierten Prozentsatz ,erzinsen'. Während solche hirnlosen Investments im Kapitalanlage-Universum durchaus ihren Platz haben (diese hirnlosen Anlagen werden oft von durchschnittlichen Vermögensverwaltern bevorzugt), zahlt man einen sehr hohen Preis für die Sicherheit, nie schlechter als mit dem garantierten Zinssatz abzuschneiden.

Bei BRK hat man den besten Kopf der gesamten Geschäftswelt, der Mr. Market jeden Tag durchstöbert und nach einer unterbewerteten Aktie Ausschau hält. Jeden Morgen kommt freier Cash flow eimerweise herein. Man hat jede Menge Kohle übrig (GEICOs Portfolio), die man einsetzen kann, wenn ein unterbewertetes Unternehmen auftaucht. Und außerdem hat man WEB, der jeden Morgen fröhlich ins Büro tanzt, ein Mann, der eine Mission hat, und der tut, was er zu tun liebt. Es ist fast unglaublich, aber man hat nicht nur die besten Köpfe, die sich voll auf ihre Aufgabe konzentrieren, man hat auch etwas, das in der heutigen Geschäftswelt sehr selten geworden ist - Integrität. Man kann absolut sichergehen, daß das Management die künftigen Aktionärsgewinne nicht dadurch schmälert, daß es sich die eigenen Taschen mit hohen Honoraren und Aktienoptionen vollsteckt, und man kann absolut sicher sein, daß das Management die Aktionäre nie irreführen wird.

Zählen Sie das alles zusammen, dann ist das viel wert. Verdammt viel wert. Nennen Sie irgendein Unternehmen, das sich damit vergleichen kann. Trotz allem, was wir über Buffett-Mania lesen, ist es außerordentlich erstaunlich, daß es intelligente Menschen gibt, die lange Zeit damit verbringen, die Kurszettel tagein, tagaus zu studieren, und fast regelmäßig Unternehmen X gegenüber Berkshire Hathaway vorziehen. Es ist fast schon pervers: Für je klüger sie sich halten, um so größer ist die Wahrscheinlichkeit, daß sie die falsche Entscheidung treffen."

Hier noch eine Message vom 5. August 1997: „Mir gefällt, wie sich alles wiederholt. 14 Jahre lang habe ich Aktienbroker und Kapitalanlageberater gefragt, ob BRK eine attraktive Investition sei. Ganz gleich, ob es ein Mann oder eine Frau war, zu jeder Zeit und zu jedem Kurs war die Antwort gleich: ,Nein, sie ist zu teuer, überbewertet, überschätzt, lächerlich und der Kurs bewegt sich auf einem irrwitzigen Level.' Niemals, nicht ein einziges Mal, hat man mir etwas anderes gesagt."

Zwischen all den Glückwünschen zu Thanksgiving 1997 meldete sich Doshoes, die vorhersagte, Nebraska würde gegen Colorado im Football gewinnen. Sie fügte hinzu: „Euch allen ein schönes Erntedankfest. Ich werde aufpassen, daß der Vorsitzende nicht zuviel Sauce nimmt - manchmal wird es nämlich ein bißchen exzessiv." Einige Monate später meldete sie sich wieder: „Ich mußte 20 Jahre alt werden, bis ich feststellte, daß Sauce kein Getränk ist."

Am 5. Dezember 1997 schickte jemand eine E-Mail ans Berkshire Message Board: „Was ist Berkshire Co.? Ich sah diese Aktie gestern zum ersten Mal und sie wurde für 46.600 $ gehandelt."

Hier eine Auswahl von Antworten:

1) „Man muß Berkshire selbst entdecken. Den Kurs kann niemand erklären!

2) Der Kurs ist der Beifall der Aktien.

3) Berkshire ist eine bewußtseinsmäßige Erfahrung.

4) Rufen Sie www.berkshirehathaway.com auf. Das wird sein, als ob Sie einen Schluck Wasser trinken... aus einem Hydranten."

Nach Berkshires Bekanntgabe der riesigen Silberkäufe Anfang 1998 schrieb „Marlinis" ins Message Board:

„Wir waren über die Bonds schockiert und nun über das Silber. Vergeßt den Schlußkurs am Ende 1998. Ich glaube, es macht mehr Spaß zu raten, was als nächstes kommt. Wird er Farmland kaufen, Schweinebäuche, ein Land, eine Insel in der Karibik, Trumps Casinos, eine Kreuzfahrtlinie, ein Footballteam der National League, Hotels? Die Liste der Möglichkeiten ist endlos."

Im Message Board findet man aber auch Nachrichten, wie man eine erfolgreiche Ehe führt. Diese Nachricht kommt von „Pagewrite":

„Die Leute fragen mich und meine Frau oft, welches Geheimnis dahinterstecke, daß wir schon 46 Jahre lang verheiratet sind, vier wunderbare

Kinder haben und fünf Enkelkinder. Meine Frau sagte einem Freund, was unsere Ehe zusammengehalten habe, sei, daß wir jede Woche zweimal zum Essen ausgehen. Ein gutes Restaurant, leise Musik, Kerzenlicht, ein besonderes Menu und dann ein Spaziergang nach Hause im Mondlicht. So läuft's. Sie geht immer am Dienstag Abend und ich am Donnerstag abend."

Eine letzte Frage - es geht um 64.000 $: „Welcher von diesen beiden war gut in Mathematik?" Antwort: „Beide."

Hier ist eine Nachricht von Danly ans Berkshire Message Board:

„Ich stimme zu. Der Preis liegt weit über der historischen Trendlinie. Eine Regressionsanalyse für den Logarithmus des Jahresschlußkurses gegen die Jahre der Periode 1982 bis 1996 führt zur folgenden Gleichung:

Jahresschlußkurs = $10^{(3,7636 - 0,1148 \,(\text{Jahr} - 1989))}$

Die prognostizierten Kurse sind:

Jahr	progn. Kurs in $	tats. Kurs in $	Abweichung in %
1982	912	775	17,7
1983	1.188	1.310	-9,3
1984	1.547	1.275	21,3
1985	2.015	2.480	-18,7
1986	2.625	2.820	-6,9
1987	3.420	2.950	15,9
1988	4.454	4.700	-5,2
1989	5.802	8.675	-33,1
1990	7.558	6.675	13,2
1991	9.844	9.050	8,8
1992	12.823	11.750	9,1
1993	16.703	16.325	2,3
1994	21.757	20.400	6,7
1995	28.341	32.100	-11,7
1996	36.917	34.400	7,3
1997	48.087	46.000	4,5
1998	62.637		

Der prognostizierte Kurs liegt in den letzten acht Jahren innerhalb einer Abweichung von 13 % von tatsächlichen. 1989 gab es eine sehr große Abweichung (möglicherweise wird dies auch 1998 so sein), aber die historische Trendlinie sagt für das Ende dieses Jahres einen Schlußkurs von 62.637 $ voraus. Das ist nicht schlecht - das macht über die letzten 16 Jahre einen Durchschnitt von jeweils 30 % Zuwachs aus."

Danly korrigierte sich schnell: „Für den Fall, daß jemand tatsächlich versucht, meine Regressionsgleichung für BRK-Klasse-A-Aktien zu benutzen, muß ich einen Tippfehler korrigieren. Ich habe die Gleichung wie folgt geschrieben:

Jahresschlußkurs = 10^(3,7636 - 0,1148 (Jahr - 1989))

Das Minuszeichen war ein Druckfehler, richtig ist:

Jahresschlußkurs = 10^(3,7636 + 0,1148 (Jahr - 1989))

(Beachten Sie: 10^p bedeutet, 10 hoch p)

Die erste Gleichung ergibt für die BRKs Klasse A einen Kurs von 22,53 $ im Jahr 2010, während die richtige Gleichung 1.494.170 $ ergibt. Entschuldigen Sie bitte die geringfügige Abweichung."

Diese Notiz im Message Board forderte diese Antwort von Michael Rhodes heraus: „Donald D - ich gestehe, daß meine Ausbildung bisher noch keine quadratischen Regressionen und Logarithmen beinhaltete. Aber trotzdem vielen Dank. Ich stimme mit Deiner Meinung überein, daß der Kurs weit über dem langfristigen Trend liegt, auch wenn ich Deine höhere Mathematik nicht verstehe (alles, was darüber hinausgeht, schäfchen zu zählen, ist für mich höhere Mathematik)."

130

Eine Botschaft von Buffetts Tochter

Hier ist eine Botschaft von Buffetts Tochter Susan vom 12. Februar 1998 über Berkshires Jahreshauptversammlung:

Der Jahresbericht wird spätestens am 15. März zur Post gegeben.

Hier sind die Antworten auf die Fragen, die ihr bisher über die Versammlung gestellt habt:

Die Embassy Suites sind in der Nähe des Old Market. Das ist die Gegend, in der man am besten spazieren gehen, einkaufen, essen und trinken kann. Es ist auch gleich gegenüber von Mr. Toad´s.

Das Marriott liegt gegenüber von Borsheim´s, gleich auf der anderen Straßenseite ...

Das Westin Aquila ist ein nettes Hotel im Stadtzentrum. Auch das Radisson Redick und das Doubletree sind im Stadtzentrum (ich will euch nicht unbedingt im Stadtzentrum unterbringen - dies ist nur die pure Information!).

In fußläufiger Entfernung zum Aksarben gibt es kein Hotel...

Ich empfehle dringend, ein Auto zu mieten. Es gibt in dieser Stadt nur ungefähr fünf Taxis.

Wenn man bei Borsheim´s und im Furniture Mart war, gibt es noch eine ganze Reihe von Dingen, die man tun kann. Das Joslyn Art Museum ist wunderschön - ich bin nicht sicher, ob die Degas-Ausstellung noch dasein wird, aber trotzdem ist es etwas, das man unbedingt sehen sollte. Das Western Heritage Museum ist die alte Union Station und wirklich phantastisch - dort ging Euer Vorsitzender mit meinen Brüdern und mir sonntags zum Essen, als wir noch Kinder waren. Außerdem haben wir einen tollen Zoo - er liegt gegenüber dem Baseballstadion an der 10. Straße. Keinesfalls sollte man den Dschungel, das Aquarium und das IMAX-Kino versäumen.

Wenn Ihr Eure Kinder mitbringt, dann gibt es bei uns auch ein sehr nettes Kindermuseum auf der 20. Straße. Im Kindertheater an der 20. Straße Ecke Farnam wird das Stück „Charlottes Netz" gezeigt. Eine kleine persönliche Anmerkung: Das Kindertheater ist im Rose Blumkin Performming Arts Center. Das ist ein renoviertes Varietéetheater, das Ihr Euch alle ansehen solltet - nur weil es einfach so großartig ist. 1980 wurde dieses Gebäude von Mrs. B. gekauft, damit es nicht abgerissen wird. Vor ungefähr zwei Jahren wurde es renoviert und neu eröffnet. Bei der steifen Gala zur Neueröffnung spielte Warren Ukulele, und Frances Batt (Mrs. B.s Tochter) sang dazu „Am I Blue". Sie sang dieses Lied, weil sie, als sie fünf Jahre alt war, und dieses Lied auf dieser Bühne vortrug, eine 5-$-Goldmünze gewann. Das war eine der ersten guten Erfahrungen, die Mrs. B. in den Vereinigten Staaten machte, und deshalb rettete sie auch das Gebäude. Ist das nicht eine tolle Geschichte?

Gute Restaurants sind (die Reihenfolge hat nichts zu sagen) - Vivace, das French Café, V. Mertz, The Indian Oven, Ahmad´s, The Flatiron Grill, M.´s Pub, Spanna, Jams, Yo Yo Grille und Jaipur. Ich werde noch einmal nachdenken und Euch Bescheid geben, wenn mir noch etwas einfällt. Die besten Steaks gibt es bei Gorat´s - seid vorsichtig bei einigen Restaurants, die auf der Informationsliste von Berkshire Hathaway stehen (insbesondere wenn es um Steaks geht).

Die Frage über das Wetter ist wirklich schwer zu beantworten. Wahrscheinlich wird es ziemlich schön werden - so 60 bis 70 Grad Fahrenheit. Es ist durchaus möglich, daß es regnen wird, und nicht ausgeschlossen, daß wir einen Tornado erleben werden. Vor ein paar Jahren gab es gleich nach der Jahreshauptversammlung eine Tornadowarnung und manche Leute mußten in Borsheim´s Keller Schutz suchen.

Für die unter Euch, die es nicht wissen: Die Versammlung dauert ungefähr bis 15.30 Uhr. Es gibt eine Mittagspause (ungefähr 20 bis 30 Minuten) und dann bleiben die Hardliner (ungefähr 6.000 Leute) noch den ganzen Nachmittag. Im Aksarben gibt es eine ganze Menge Stände, wo man allerhand kaufen kann, was dazu beitragen wird, daß die Berkshire-Aktie weiterhin steigt. Ihr werdet auch Gelegenheit haben, die neuen T-Shirts für 1998 zu kaufen und eine ganze Reihe anderer lustiger Sachen.

Das mit den Sitzplätzen beim Baseball wird in Ordnung gehen. Bei der Hauptversammlung könnte es etwas schwieriger werden. Ich bin noch nicht sicher, wie es richtig klappen könnte. Ich werde Euch aber auf dem Laufenden halten. Es kann sein, daß wir jemanden brauchen, der den reservierten Bereich bewacht - dieser Job würde beginnen, wenn der Einlaß beginnt. Und gegen 8.15 Uhr werden dann alle nicht besetzten Plätze freigegeben. Für den Fall, daß ich irgendetwas vergessen habe, schickt mir bitte eine E-Mail oder hinterlaßt eine Nachricht im Message Board, und ich werde versuchen, zu antworten.

131

Die Kaninchenfarm

Hier ein Schreiben ans Berkshire Message Board von Berkshire-Aktionär Michael Rhodes aus Kansas City in Missouri:
Januar 1997:

BRK sollte man als einen Dreiteiler sehen:

1) einen geschlossener Investmentfonds mit Aktien und Schuldverschreibungen

2) eine Gruppe von operativen Unternehmen nicht aus der Versicherungsbranche, die Bargeld für WEB erarbeiten, damit er es wieder anlegen kann

3) ein Versicherungsunternehmen, das Bargeld für WEB erwirtschaftet, damit er es wieder anlegen kann

Teil 1 kann ganz einfach bewertet werden, weil alle Wertpapiere an der Börse notiert sind. Sie haben einen Wert von ungefähr 35,5 Mrd. $ (6,5 Mrd. $ in Anleihen, 24,1 Mrd. für sechs bekannte Wertpapiere und 4,9 Mrd. $ konservativ geschätzt für andere Wertpapiere).

Teil 2 hat einen Wert von etwa 5 Mrd. $ (ich nehme dafür einen Wert von 3,3 Mrd. $ an, füge die 1,5 Mio. $ für FlightSafety hinzu und außerdem weitere 0,2 Mrd. $, weil WEB mindestens diesen Betrag, weniger als den intrinsischen Wert für FlightSafety ausgegeben hat).

Daher: Teil 1 + Teil 2 = 40,5 Mrd. $.

Und nun kommt der lustige Teil. Aber zuerst sollte man festhalten, daß BRKs Marktwert bei 34.100 $ je Aktie 41,3 Mrd. $ beträgt. Das sind nur 0,8 Mrd. $ mehr als die beiden ersten Teile zusammen.

Während die Diskussion um den Geldzufluß weitergeht, wage ich mich einmal weit hinaus und wage zu behaupten, daß wir uns auf den Wert von ungefähr 12 Mrd. $ einigen werden...

Das bringt uns auf 52,5 Mrd. $. Davon ziehe ich nun für die aufgeschobenen Steuerverbindlichkeiten sehr konservativ 2,5 Mrd. $ ab. Und somit errechnen wir für BRK einen Wert von 50 Mrd. $,- ein ganzes Stück

(Illustration by Nancy Line Jacobs)

über der Einschätzung von Mr. Market, die bei 41,3 Mrd. $ liegt. Und, was mir besonders gut gefällt: daß die obenstehende Analyse Warrens magischen Multiplikatoreffekt nicht enthält. Teil 1 hat den Wert, den die Börse diktiert, ganz gleich, ob mit oder ohne WEB. Teil 2 braucht WEB nicht, um den Cash flow zur Verfügung zu stellen, der wieder angelegt werden soll, und auch Teil 3 braucht WEB nicht.

Man kann sich BRK wie eine große Kaninchenfarm vorstellen. Die 12 Mrd. $ für den Geldzufluß sind nur die erste Generation von Kaninchen (der augenblickliche Wert der flüssigen Mittel, die jedes Jahr zur Tür hereinspazieren). Was WEB einbringt, ist seine Fähigkeit, dafür zu sorgen, daß sich die kleinen Kaninchen vermehren. Wenn im nächsten Jahr weitere 840 Millionen Kaninchen (die Zunahme des jährlichen Geldzuflusses) in der Farm ankommen, dann haben die Kaninchen aus dem letzten Jahr schon neue Generationen produziert.

Die Dividenden und Zinsen aus Teil 1 sowie der Cash flow aus Teil 2 bringen jährlich ebenfalls ganze Ladungen neuer Kaninchen hinzu. Und nach einer Weile hat man eine wahnsinnig große Kaninchenfarm. Wenn man einen Teil dieser Farm kaufen möchte, dann braucht man für den Gegenwert eines Dollars nur 83 Cents zu zahlen.

30. August 1997

Heute morgen habe ich einige Zeit draußen im Kaninchenstall verbracht und die Zählung der Kaninchen vom letzten Januar auf den neuesten Stand gebracht, die ergeben hatte, daß man die Farm zu 83 Cents pro Dollar Wert kaufen konnte. Als ich diese alte Zählung gestern abend noch einmal betrachtete, war ich neugierig, wie die heutige Quote aussehen würde, wenn sich Mr. Market plötzlich Sorgen machte, daß der Betreiber/Goldjunge sein Talent verloren hätte, die Kaninchen zu dem zu motivieren, was sie am besten können.

Es stellt sich heraus, daß die ersten Kaninchen im Versicherungs-Stall total außer Rand und Band sind. Im letzten Januar nahm ich für 1997 840 Mio. $ an neuem Geldzufluß an. Für's erste Halbjahr brachte die Farm 500 Millionen neue Kaninchen. Im zweiten Quartal waren es 400 Millionen. Als ich damals im Januar zählte, da vernachlässigte ich die Gewinnkaninchen aus dem Versicherungsgeschäft. Und es stellte sich heraus, daß im ersten Halbjahr 118 Millionen hinzukamen. Und wenn wir davon ausgehen, daß in der zweiten Jahreshälfte 1997 ebenso viele Kaninchen ankommen, dann werden 1,2 Milliarden neue Versicherungs-Kaninchen umherhüpfen.

Natürlich könnte ein schlimmer Wirbelsturm oder ein Erdbeben bis zu 600 Millionen Kaninchen zerstören, eine sehr traurige Angelegenheit, die alle Kaninchenfarmbesitzer ständig im Hinterkopf behalten müssen. Ungeachtet dieser möglichen Tragödie bleibt die Tatsache bestehen, daß der Stall mit den Versicherungskaninchen wesentlich voller ist, als ich noch vor acht Monaten annehmen konnte. Und wenn ich zum Tor hinaussehe, dann erblicke ich eine Kilometer lange Reihe von Lastzügen, die noch mehr Kaninchen bringen. Vielleicht muß die Bewertung des Stalls mit den Versicherungskaninchen (12 Mrd. $ im Januar) wegen Überfüllung aktualisiert werden. Wenn ich den gleichen Multiplikator wie im Januar benutze (14,3) und die aktualisierte Zählung von 1,2 Milliarden neuen Kaninchen zugrunde lege, dann liegt der Wert nunmehr bei 17,2 Mrd. $.

Auch die anderen Teile der Farm gedeihen. Barvermögen und Wertpapiere von 40 Mrd. $, verglichen mit 35,5 Mrd. $ bei der Zählung im Januar. Wenn man die Bereiche, die nichts mit Versicherung zu tun haben, sehr konservativ mit 5 Mrd. $ bewertet und 2,5 Mrd. $ für noch nicht bezahlte Steuern einrechnet (diese beiden Annahmen galten auch im Januar), dann ist die gesamte Farm heute etwa 59,7 Mrd. $ wert.

Mr. Market sagt, die Farm sei 51,1 Mrd. $ wert. Stünde die Farm zum Verkauf an, dann erhielte man für 85 Cents den Wert eines Dollars. Und der Goldjunge versetzt das Kaninchenfutter immer noch mit Aphrodisiaka.

132

Die Washington and Lee University bekommt 1.000 Berkshire-Aktien

„Das hat Warren Buffett für mich getan."

Ernie Williams, der 1938 an der Washington and Lee University in Lexington, Virginia, sein Examen abgelegt hatte, war lange Zeit ein Wohltäter der Schule, die er und drei Generationen seiner Familie lieben. Aber mit seinem letzten Geschenk an die Schule übertraf er sich selbst; Er und seine Frau Marjorie überreichten 1.000 Berkshire-Aktien an die Washington and Lee University für Stipendien und Professorenhonorare überreichten. Das Geschenk war das zweitgrößte in der Geschichte dieser Universität.

„Ich war sehr überrascht über die Kapitalerträge der Berkshire-Aktien", sagte David R. Long, der Direktor der Spendenverwaltung an der W & L. „Ich wußte schon eine geraume Zeit, daß er ein größeres Paket dieser Aktie hatte und einiges davon der Universität spenden wollte... Ernie wollte die ganze Zeit anonym bleiben, aber wir überzeugten ihn, seine Spende bekanntzugeben, um damit Publicity für die Spendensammlungsaktion zu gewinnen. Wenn es darum geht, W & L zu helfen, wird er sehr emotional."

Wie aber kam Williams an 1.000 Berkshire-Aktien?

„In der Oktober-Ausgabe 1977 von *Fortune* las ich einen Artikel von Warren Buffett", erinnerte sich Williams. „Die Logik, mit der er argumentierte, überwältigte mich. Ich glaube, ich habe ihn drei-, sieben- oder zehnmal gelesen." Und dann entdeckte Williams in den „pink sheets" daß

779

(Photo courtesy of Ernie Williams)
Ernie Williams

einer seiner Freunde für Berkshire-Aktien die Kurse stellte. Bald darauf kaufte Williams einige Berkshire-Aktien zu etwa 80 $ je Stück. Danach ging er zu Berkshires Jahreshauptversammlung im April 1978 und lernte Buffett kennen. „Ich hatte ungefähr 150 Aktien und fuhr eigentlich hin, um zu sehen, ob ich mehr davon kaufen sollte." Auf der Jahreshauptversammlung, die in der Zentrale von National Indemnity gehalten wurde, waren 17 Leute. Buffett saß nur einen Stuhl von mir entfernt, ging nie hinaus und sagte auch nie ein einziges Wort.

An der Wand hinter Ken Chace, der die Sitzung leitete, war eine Uhr. Die Versammlung begann genau um 10 Uhr und war nach genau zehn Minuten beendet und er ging wieder.

Ich traf ihn draußen in der Eingangshalle und sagte, ich sei bis hierher geflogen und ob er nicht mit mir sprechen wolle. Und wir unterhielten uns. Ich glaube nicht, daß es mehr als 15 Minuten waren. Er sagte mir, daß es bei Buffalo News kurzfristig Probleme gebe, daß sich langfristig aber alles zum Guten wenden würde. Das war kurz bevor die andere Zeitung - The Courier - ihr Erscheinen einstellte."

Williams, der frühere Präsident des alteingesessenen Brokerhauses Mason & Lee in Lynchburg, Virginia, rief sein Büro an und gab die Order, Berkshire-Aktien zu kaufen. Er sagte: „Ich möchte, daß ihr die ganze Börse nach Berkshire-Aktien absucht."

Als sein Büro zurückrief und ihm mitteilte, sein Auftrag sei ausgeführt, sagte er: „Und jetzt möchte ich, daß ihr noch mehr Berkshire-Aktien kauft."

„Ich flog danach in einem Schneesturm nach Chicago, kam dort gegen 2.30 Uhr an, rief mein Büro an und sagte, ich wolle mehr Berkshire kaufen. Man sagte mir, daß sie nun zu einem höheren Kurs gehandelt würden. Ich sagte ihnen nur, sie sollten weiter Berkshire-Aktien kaufen", erzählte er.

Zu dieser Zeit wurde die Aktie ohne großes Aufsehen in den „pink sheets" gehandelt. Bei den Transaktionen am Tag der Berkshire-Hauptversammlung kaufte Williams ungefähr 150 Aktien zu einem Durchschnitts-kurs von 152 $.

Von diesem Tag an bis 1983, als Berkshire mit mehr als 1.300 $ je Ak-tie gehandelt wurde, setzte Williams seine Käufe fort. Schließlich hielt Williams ungefähr 1.500 Berkshire-Aktien und wurde damit ein Multimil-lionär. Alle Familienangehörigen von Williams sind wohlhabend und die Washington and Lee University wird von seinem weitsichtigen Investment in Berkshire am meisten begünstigt.

„Das hat Warren Buffett für mich getan", sagte er. Jahrelang folgte er Buffett bei bestimmten Berkshire-Investments, so beispielsweise bei GEICO.

Viele Jahre lang wohnte Williams in Hilton Head Island, South Caroli-na, in der Laughing Gull Road (Lachende-Möwe-Straße). Buffett und Wil-liams trafen sich gelegentlich. „Er lachte mit mir über meine Adresse", sagte Williams, der heute in Village of Golf, Florida, in der Nähe von Del-ray Beach wohnt.

Williams erzählte auch, daß Buffett seine ersten Aktien über seinen Freund Archie MacAllaster gekauft habe. MacAllaster ist der Vorsitzende von MacAllaster Pitfield, einer Firma, die sich auf den Handel von Wert-papieren im Freiverkehr spezialisiert hat, hauptsächlich auf Aktien von Banken und Versicherungen. Williams erzählt, daß MacAllaster, der sehr oft von *Barron's* interviewt wird, wegen seines Wissens über Versiche-rungsaktien hoch angesehen war, Buffett einmal getroffen und sich mit ihm über Versicherungsaktien unterhalten hatte.

„MacAllaster kam von einem Mittagessen mit Buffett zurück und dach-te, er wisse überhaupt nichts über Aktien von Versicherungsgesellschaften, wenn er sich mit Buffett vergleiche. Er sagte, Buffett wisse mehr über Ver-sicherungsaktien als irgend jemand sonst."

Das sei richtig, sagt MacAllaster, er habe zu der Zeit, als Williams die Kaufaufträge gegeben habe, den Markt für Berkshire gemacht. „Ich war ein wenig nervös bezüglich einer Beteiligung an Berkshire."

Und über Buffett sagte der Berkshire-Aktionär MacAllaster: „Ich unter-hielt mich vor langer Zeit mit ihm. Er wußte alles über Versicherungen und Aktien. Was Finanzen angeht, ist er ein ganz heller Kopf. Er hat Ah-nung von Versicherungsaktien in Nebraska und auch landesweit... Und er kannte die Bilanzen."

Der wirkliche Held dieses Kapitels, sagt Williams, sei Fitz Fitzgerald gewesen, MacAllasters Trader. „Er wollte keine Berkshire-Aktien auf Lager nehmen. Und er rief mich an und sagte: „Ich glaube nicht, daß Berkshire über 300 kommt. Ich habe hier 300 Aktien und die können Sie zu diesem

Preis haben." Das machte er jedes Mal, wenn er Aktien hereinbekam. Eigentlich wollte er mir gar nicht soviel Gutes tun... Ich kaufte immer zum angebotenen Kurs. Der gute alte Fitz."

Bei der Einweihung der Ernest Williams II School of Commerce, Economics and Politics an der Washington and Lee University im Jahr 1995 lobte J. Alfred Broaddus, der 1961 an der Washington und Lee seinen Abschluß gemacht hatte und heute Präsident der Federal Reserve Bank in Richmond ist, Williams für den Erwerb von Land auf Hilton Head Island in South Carolina in den 50er Jahren und für den Erwerb von Berkshire-Aktien in den 70er Jahren.

„Das Publikum hier weiß das alles, Ernie, und deshalb hätten sie zweifellos lieber dich hier oben, damit du ihnen geschäftlichen Rat und Investmenttips geben kannst, als mich hier, einen Kerl von der Fed", sagte Broaddus.

133

„Sir, was geschieht, wenn Sie sterben?"

„Das wäre für die Aktionäre nicht so schlimm wie für mich."

Sir, was geschieht, wenn Sie sterben?" Diese delikate Frage wird Buffett fast jedes Jahr gestellt, wenn auch meistens etwas subtiler. Bei einer Diskussion darüber, wie Buffetts Tod den Wert der Aktien in Berkshires Besitz beeinflussen würde, scherzte Buffett: „Das wäre für die Aktionäre nicht so schlimm wie für mich." Diesen Kommentar gab er, aus der ersten Reihe bei einer Konferenz am 27. Oktober 1996 an der Benjamin Cardozo School of Law an der Yeshiva University in New York City (150 Menschen standen zwei Tage lang an, um in diese Konferenz zu gelangen). Wie würde es Ihnen gefallen, wenn Sie jedes Jahr in aller Öffentlichkeit gefragt würden, was geschähe, wenn Sie vor einen Lastwagen liefen?

„Und jetzt kommt wieder die Frage, was passiert, wenn ich vor einen Lastwagen laufe", sagt Buffett, wenn er zur Jahreshauptversammlung geht.

Bob Sullivan, der in Springfield, Massachusetts, die Sullivan Consolidation Inc. leitet, daß er das Thema „Von einem Lastwagen angefahren werden", etwas anders sehe: „Ich habe eine Lastwagenspedition und meine Fahrer instruiert, darauf zu achten, daß sie Buffett und Munger nicht über den Haufen fahren, weil sie sowohl Berkshire-, als auch Wesco-Aktien in ihrer betrieblichen Altersvorsorge haben."

Nach der Jahreshauptversammlung 1995 schrieb Buffett an Sullivan: „Vielen Dank für Ihre Notiz und für die Bunnies, die Sie schickten. Bei den Kleinen waren die Häschen der große Hit und auch bei den großen Kindern hier im Büro... PS: Erwähnen Sie nie wieder Lastwagen!"

Es ist geradezu unwahrscheinlich, daß Buffett dadurch sterben wird, daß er von einem Lastwagen überrollt wird. Viel wahrscheinlicher ist, daß er von Karies oder Zahnfäule hinweggerafft werden wird.

„Alles in allem sind wir auf den ‚Lastwagen' ganz gut vorbereitet", schrieb Buffett im Jahresbericht für 1993, nachdem er erklärt hatte, daß die Aktien nach seinem Tod nicht verkauft würden, sondern entweder an seine Frau oder an seine Stiftung gingen. Und außerdem gebe es Pläne für ein sehr starkes Management.

„Nach meinem Tod werden all meine Aktien an meine Frau Susie gehen, sollte sie mich überleben, oder an eine Stiftung, wenn sie vor mir stirbt. In keinem Fall werden Steuern oder testamentarische Verfügungen es erforderlich machen, daß größere Aktienpakete verkauft werden müssen", schrieb Buffett. „Es werden auch keine Erbschaftsteuern anfallen. Das schulde ich den Leuten für den Fall, daß ich ganz in Gedanken in einen Aufzugschacht falle", sagte Buffett auf der Jahreshauptversammlung 1986.

Als er auf der Jahreshauptversammlung 1991 gefragt wurde, was mit Berkshire geschehen werde, falls er sterbe, antwortete er mit bewegungsloser Miene: „Unsere Geschäfte werden so geführt, als ob ich gar nicht da wäre. Und so sollte der exakte Aufenthaltsort meines Körpers auch keine Rolle spielen."

Buffett versicherte den Aktionären, daß mit seinem Aktienpaket nichts passieren werde. „Keine einzige Aktie meines Pakets wird verkauft", sagte er. Fast alle Aktien seines Berkshire-Pakets werden an die Buffett Foundation gehen.

Es ist eine wunderbare Gesellschaftsordnung, die es mir ermöglicht, genau das zu tun, was ich tue. In Bangladesh, in Peru oder irgendwo anders wäre ich keinen Pfifferling wert. Die Tatsache, daß ich damit sehr viel Freude habe und auch etwas davon verbrauchen kann, veranlaßt mich, alles an die Gesellschaft zurückzugeben. Ich sehe keinen Sinn darin, eine Dynastie des Reichtums zu begründen, die dann nur herumläuft und sich produziert", sagte er in Adam Smiths TV-Sendung *Money World*, als sie über Berskhires Jahreshauptversammlung 1990 berichtete.

Und so sagte er es im Jahresbericht für 1990: „Ich bin der festen Überzeugung, daß das Schicksal unserer Unternehmen und ihrer Manager nicht von meiner Gesundheit abhängen sollte, die, das sollte hinzugefügt werden, hervorragend ist - und entsprechend habe ich auch geplant. Weder mein Testament, noch das meiner Frau ist angelegt, um das Geld in der Familie zu halten. Statt dessen sind alle Verfügungen so ausgerichtet, daß der Charakter von Berkshire erhalten bleibt und das Vermögen an die Allgemeinheit zurückgegeben wird.

Wie all das genau geschehen soll, wurde öffentlich noch nicht gesagt. „Wie was genau abläuft, hängt davon ab, wer zuerst stirbt. Aber schließlich wird das Vermögen an die Gesellschaft zurückgehen", sagte Buffett auf der Jahreshauptversammlung 1991. Auch was mit Buffetts ansehnlichem persönlichen Portfolio geschehen soll, wurde nicht im Detail dargelegt.

Was allerdings dargelegt wurde, ist, daß die Berkshire-Aktionäre nachts nicht vor Sorge wach liegen müssen, daß die Aktien am Tag, an dem Buffett für immer von uns geht, auf 12 $ fallen.

„Ich mache nicht die normalen Leibesübungen und esse auch nicht normal. Aber wir haben jemanden im Sinn, der unser Nachfolger wäre, wenn Charlie und ich plötzlich gemeinsam stürben. Bei meinem Tod muß keine einzige Aktie verkauft werden. Ich habe den Leuten versprochen, daß meine Angelegenheiten niemandem irgendwelche Überraschungen bereiten werden", sagte Buffett auf der Jahreshauptversammlung 1988.

Und auf der Versammlung 1991 sagte er: „Es gibt zwei Fragen, die Sie als Aktionäre überdenken müsse:. Werden sich die Aktionäre als Eigentümer anders verhalten? Und werden sich die Manager anders verhalten?" Und er stellte klar, daß die Antwort auf beide Fragen ein deutliches Nein ist.

Munger sagte: „Ich glaube, es ist offensichtlich: Wenn Warren morgen stürbe, würden die Zukunftsaussichten des Unternehmens etwas geringer eingeschätzt. Sicherlich ist es richtig, daß der Prozeß der Kapitalvermehrung unter jeglichen vorhersehbaren Bedingungen nicht besser sein könnte als jetzt. Allerdings glaube ich, daß ein Unternehmen wie Berkshire eine ganze Menge Zeit hat, einen Nachfolger zu finden. Und man braucht ja nur einen." Buffett: „Vielleicht noch weniger."

Munger: „Und ich glaube auch nicht, daß Sie annehmen, derjenige, der das Ganze hier aufgebaut hat, sei nicht in der Lage, einen Nachfolger zu finden."

Buffett: „Dieses Unternehmen kann ganz einfach geführt werden. Und der Prozeß der Kapitalallokation kann im Laufe der Zeit ohnehin selbstzerstörerisch wirken. Und es gibt niemanden,der sagt, daß wir immer das Kapital besser einsezen können als Sie. Und so könnte es durchaus sein, daß wir in einigen Jahren vielleicht eine Dividendenpolitik betreiben, die ganz anders ist als die heutige, wenn wir davon ausgehen, daß Sie Ihr Geld besser einsetzen können als wir - teilweise auch deshalb, weil die Beträge so groß sein würden. Und Charlie sagt immer, daß wir uns auf diesen Tag schon freuen."

Michael Assael neckte Buffett auf der Party bei Borsheim´s 1991, er habe geträumt, daß Buffetts Enkelin Emily eines Tages das Unternehmen leiten würde. „Buffett grinste und wenn ich mich richtig erinnere, lachte er: ‚Das könnte durchaus so sein.'", sagte Assael.

Aber selbst wenn Buffett heute Emilys Investmentvorschlägen folgten, würden seine laufenden Investments weiter Bestand haben. Die Leute werden auch weiterhin Coca-Cola trinken und World Books kaufen.

Berkshire würde nach Buffetts Tod wohl in ein paar Luftlöcher fallen; manche gehen von einem großen Einbruch aus, der darauf hinausläuft, daß der Aktienkurs soviel verliert wie der „Buffett-Bonus" ausmacht.

Allan Sloan von *Newsday* faßte diese Befürchtungen einmal zusammen: „Ich würde nur äußerst ungern Käufer für größere Aktienpakete von Berkshire suchen, falls Buffett nicht mehr da wäre." Immerhin wäre dies vielleicht der Augenblick, in dem man Berkshire-Aktien kaufen sollte.

Auf der Jahreshauptversammlung 1987 gab Buffett einen bemerkenswerten Kommentar ab, nachdem er gesagt hatte, für den Fall, daß er dahingerafft würde, werde Munger die Sache übernehmen und selbst für danach habe man vorgesorgt. Er merkte an, daß er in seinem Leben noch nie einen Aktientip gegeben habe. Dann gab er doch einen: „Wenn ich sterbe, dann sollten Sie Berkshire-Aktien kaufen."

Damit vermutete er, daß der Aktienkurs fallen könnte und damit Berkshire zu einer Kaufempfehlung würde. Und danach wiederholte er seinen Standardspruch, daß keine einzige seiner Aktien verkauft würde.

Auf der Jahreshauptversammlung 1986 sagte Buffett: „Charlie wird die Sache übernehmen. Keine Berkshire Beteiligung wird verkauft. Berkshire wird intakt bleiben. Capital Cities, Gillette und GEICO werden auch weiterhin bestehen. Was das Management angeht, wird es keine Überraschungen geben."

Er sagte, wenn er sterbe, dann werde sich der Aktienkurs vermutlich nicht groß verändern, und flachste: „Wenn er allerdings stark ansteigt, dann werde ich doch enttäuscht sein." Dies war ein Hinweis auf gewisse Aktien, die in ihrem Kurs stiegen - vor Erleichterung, als bestimmte Vorstandsvorsitzende von der Szene abtraten. „Nein, du wirst bestimmt nicht enttäuscht sein", scherzte Munger.

Buffett sagte über Munger, dieser werde sehr geschmeichelt sein, weil die Aktien in Vorfreude auf Mungers Herrschaft ansteigen würden.

Sollte Buffett sterben, dann würde Berkshire von Munger geführt, der jahrelang zusammen mit Buffett das Kapital verwaltete. Würde aber alles so gut laufen wie unter Buffett, dem wahren Leim, der die unterschiedlichen Teile von Berkshire zusammenhält? Nein. Sie würden nicht so gut laufen. Buffett ist ein Original. Er ist einmalig. Würden die Dinge schlecht laufen? Überhaupt nicht.

Munger sagte dazu einmal: „Die Kapitalanlage wäre sicherlich nicht so gut wie unter ihm, sie wäre aber auch nicht schlecht."

Ein Berkshire-Aktionär sagte: „Die wichtigste Frage bei Berkshire ist, was passieren wird, wenn Buffett stirbt."

Munger sagte dazu: „Berkshires Vorsitzender kann vielleicht älter werden, aber die Vermögenswerte bleiben. Und die Eigenart von Berkshire ist es, daß wir nicht gleich ganze Armeen ersetzen müssen, damit Berkshire gut funktioniert. Wir sind im Laufe der Zeit so schlank geworden, daß wir nur zwei oder drei wirklich wichtige Leute ersetzen müßten."

„Wir werden jemanden finden, der so ist wie Warren", sagte Munger. Und da liegt natürlich der Hase im Pfeffer.

Ein Berkshire-Aktionär sagte: „Munger kann alles, was Buffett auch kann, außer bei der Jahreshauptversammlung witzig sein."

Und wird Berkshire nach Munger eine so herausragende Person finden, die das Unternehmen leiten kann? Sicher. Nur wer, das blieb lange ein Geheimnis.

In Berkshires Jahresbericht für 1995 deutete Buffett an, daß diese Person Lou Simpson von GEICO sein werde, als er ihn eine Person nannte, die mit Berkshires Investments umgehen könne, sollte ihm und Munger etwas zustoßen.

Buffett meint immer, was er sagt, und sagt immer, was er meint.

„Wenn ich sterbe, dann sollten Sie Berkshire-Aktien kaufen." Was soll das bedeuten? Das weiß niemand sicher, aber wenn Buffett es sagt, dann bedeutet es genau das, was es heißt.

Ein Aktionär sagt: „Wahrscheinlich meint er damit, wenn Berkshire nach seinem Tod einen Einbruch erlitte, wäre die Aktie unterbewertet und damit eine Kaufempfehlung."

Buffett sagt niemals etwas einfach so dahin; deshalb hat seine Anmerkung, daß man nach seinem Tod die Aktie kaufen solle, irgendetwas zu bedeuten - man weiß nur nicht genau, was. Buffetts Kommentar deutet allerdings auch darauf hin, daß man irgendein großes Finale erwarten darf. Erwarten Sie also eine Überraschung, wenn sein Vermögen an die Buffett Foundation geht.

Die Aktionärin Judith Goodnow Prus glaubt, daß Berkshires Lösung von der Buffett-Ära das Thema „Buffett als Lehrer" berühren wird. Seit Buffett schon in jungen Jahren Kapitalanlagekurse in Omaha gab, war er eine Art Lehrer. Seine gelegentlichen Reden, seine Schriften, die Beantwortung der Fragen auf den Jahreshauptversammlungen zeigen die Charakteristika eines Lehrers. Mrs. Prus ist überzeugt davon, daß Buffett seine Aufgabe bei Salomon teilweise deshalb akzeptierte, weil er gern lehrt. „Für mich scheint dies der Grund zu sein, daß er die Herausforderung bei Salomon so schnell akzeptierte... Diese Situation war wie geschaffen dafür, sowohl ein paar Lektionen im Fach Ethik, als auch ein paar in Ökonomie zu erteilen. Ich vermute, er ergriff die Gelegenheit aus diesem Grund, und nicht nur, um ein Investment zu schützen... Ich glaube, er ist so intelligent und so rational und so realistisch, zu verstehen, daß er in einer einzigartigen Position ist, etwas zu lehren und daß er auch die Verantwortung hat, etwas zu lehren... Vielleicht erscheint es ihm wenig sinnvoll, sein Wissen in der üblichen Art weiterzugeben, in der ein Lehrer mit einigen wenigen Schülern arbeitet. Aber eines nahen Tages wird er mit der Hilfe neuer Kommunikationsmöglichkeiten einen Teil seiner schmal bemessenen Zeit opfern und gleichzeitig viele Menschen auf einmal erreichen."

„Vielleicht wird die Vorlesung von Buffett eine große Lehrstunde sein. Ich hoffe, daß es so sein wird", sagte Mrs. Prus.

Buffetts Vermögen von unfgefähr 30 Mrd. $ würde seine Stiftung zur größten Wohltätigkeitsorganisation in den Vereinigten Staaten machen. Heute ist die Ford Foundation die größte mit Vermögenswerten von 6 Mrd. $. Die Kinder von Buffett werden ein vergleichsweise nur kleines Häppchen von etwa 5 Mio. $ bekommen. Wenn das Werk vollbracht ist, dann ist Buffett ein Geber und kein Nehmer.

„Die andere wichtige Frage bei Berkshire ist, herauszufinden, wie man den nächsten Warren Buffett erkennt", sagte ein Berkshire-Aktionär und fügte hinzu, daß er oft andere von Berkshires Attraktivität überzeugen wollte, aber dabei keinen Erfolg hatte.

„Ich habe schon so viele Leute gesehen, die diese Chance verpaßt haben", sagte ein Berkshire-Aktionär. „Ich wünschte, meine Kinder wären in der Lage, zu erkennen, wann ein neues Berkshire kommt."

Natürlich ist eine Antwort darauf, daß man dieses eine Investment erkennt, und sich keine Gedanken darüber macht, wann ein neues Berkshire kommt. Der gleiche Vorschlag gilt für die Investoren, die herauszufinden versuchen, wo Buffett investiert oder wie man seine Investments kopieren kann.

Der sicherste Weg, das zu tun, was Buffett tut, ist eigentlich ganz einfach: Man muß nur Berkshire-Aktionär werden - das bedeutet, sich zurückzulehnen und das Fahren, das Investieren, ihm zu überlassen. Weshalb sollte man immer alles hinterfragen, was Buffett tut? Weshalb sollte man sich nicht einfach zurücklehnen und das genießen, was er tut?

Gelegentlich gibt es auch Gerüchte, daß Buffett Gouverneur werden wolle oder daß er dem New York Stock Exchange vorstehen solle, aber all dem ging er bisher aus dem Weg und sagte: „Ich werde immer das tun, was ich jetzt tue, so lange ich lebe."

„Ich glaube, er ist ein amerikanisches Genie... Er hat einen makellosen Ruf", sagte Irving Kahn von Kahn Brothers; er fügt hinzu, das einzige Hühnchen, das er mit Buffett zu rupfen habe, sei die Tatsache, daß dieser sich mit zunehmendem Alter weiter darauf konzentrierte, Geld anzuhäufen, statt zu überlegen, was er mit diesem Geld für die Gesellschaft tun könnte. Kahn sagte: „Immerhin ist das Geld, das er von anderen Leuten hat. Er hat weder das Telefon geschaffen noch irgend etwas anderes erfunden... Früher oder später sollte etwas von diesem Geld an die Gesellschaft zurückgehen. Im Vergleich zu den anderen ruchlosen Sammlern von Aktien sieht Buffett recht gut aus. Dennoch sind seine Gewinne die Verluste derer, die an ihn verkauft haben... Vielleicht sollte Warren Buffett nach so vielen großartigen Erfolgen seine Energie und seine Intelligenz für größere und tiefere nationale Probleme aufwenden."

Wir werden sehen, ob Buffett sich gut überlegt hat, was mit seinem Geld geschehen soll.

Es könnte sein, daß Buffett das Gefühl hat, je mehr Reichtum er anhäufe, um so besser könne er der Welt helfen. Und natürlich hat Buffett bisher schon eine ganze Menge Menschlichkeit gezeigt; er war in menschlicher Hinsicht und in der Kapitalanlage ein Vorbild für alle. Außerdem ist die Geschichte von Buffett und Berkshire noch lange nicht zu Ende.

Fast jeder fragt zuerst, was geschehen wird, wenn Buffett sich zurückzieht. Diese Frage bleibt, obwohl Buffett ganz sicher noch nicht auf seinem Totenbett liegt. Es könnte gut sein, daß Buffett vorhat, die Leute damit zu überraschen, daß er bis ins hohe Alter weitermacht.

Vielleicht wäre dies eine gute Antwort auf die Frage, was geschehen wird, wenn er stirbt: Was ist, wenn er weiterlebt?

Es sieht so aus, als ob er sehr gesund, glücklich und energievoll sei und es sieht so aus, als würde er den nächsten Quartalsbericht noch erleben.

Und was könnte aus Berkshire werden, wenn Buffett ein langes Leben genießt? „Berkshire erwirtschaftet bedeutende Summen von Kapital, das man neu anlegen kann, und Buffett wird dieses Geld in die richtigen Kanäle leiten. Leider können wir seinen Erfolg nicht quantifizieren. Man kann davon ausgehen, daß seine Investments besser sind als der Durchschnitt, man weiß jedoch nicht genau, um wieviel besser oder wie hoch der Durchschnitt liegen wird", sagt Steve Wallman, Chef von Wallman Investment Counsel in Madison, Wisconsin. „Die meisten Leute, die Berkshire beobachten, haben zu wenig Fantasie. Sie haben nicht die leiseste

Ahnung, wohin Buffett das Unternehmen führt; deshalb kommen sie zu dem Schluß, daß Buffett es auch nicht wisse."

Buffett hat jedoch immer Hinweise darauf gegeben, daß er seinem Buch noch weitere Kapitel hinzufügen und an seinem Bild von Berkshire noch weiter malen kann.

Darüber hinaus wurde noch nichts Konkretes gesagt. Man kann jedoch annehmen, daß Buffett die Sache gründlich untersucht hat und seinen Reichtum der Gesellschaft in einer Weise zukommen lassen wird, die die Berkshire-Aktionäre am wenigsten beeinträchtigt.

„Seine Integrität scheint mir in seine Pläne für die Zukunft des Unternehmens eingewoben zu sein, wenn er einmal nicht mehr da ist. Jeder, der ihn gut kennt, scheint sich dabei wohlzufühlen, ganz gleich, welchen Plan er für das Unternehmen entworfen hat. Wir scheinen alle das Gefühl zu haben, daß es schon richtig sein wird, daß es ehrenwert und gut sein wird. Wir vertrauen auf seine Qualitäten", sagte Mrs. Prus.

Je besser es Berkshire geht, um so höhere Ziele kann die Stiftung erreichen. Ein Berkshire-Aktionär sagte einmal, daß es Buffett nicht so sehr um Geld als vielmehr um Liebe gehe.

Was Buffett der Gesellschaft nahm, wird er ihr voll und ganz zurückgeben. Buffett bewundert Menschen, die von der Gesellschaft wenig nehmen und ihr sehr viel zurückgeben. In einem Brief im *Omaha World-Herald* vom 20. Januar 1980 lobte Buffett Peter Kiewit, den früheren Vorsitzenden von Peter Kiewit Sons, Inc.: „Peter Kiewit war in überwältigender Weise jemand, der etwas schuf, und nicht jemand, der konsumierte. Die Gewinne flossen in die Kapazitäten der Organisation und wurden nicht dafür verwendet, dem Eigentümer Überfluß zu verschaffen. Genaugenommen ist er jemand, der weniger ausgibt, als er verdient; er ist jemand, der etwas zurücklegt, um es in der Zukunft zu nutzen. Meine Vermutung ist, daß seine Rücklagen zum Zeitpunkt seines Todes bei ungefähr 150 Mio. $ lagen.

Zu seinen Lebzeiten haben er und seine Familie wahrscheinlich etwa 3 % von dem verbraucht, was er produzierte. Nach seinem Tod hinterließ er weitere 5 % seiner Familie. Den Rest hinterließ er über eine Stiftung seiner Gemeinde, wobei es das Ziel ist, einen großen Teil dieser Rücklagen - in Wirklichkeit aufgehobene Konsummöglichkeiten - zum Wohl der Menschen in den Midlands zu nutzen.

Es sollte sich herausstellen, daß der Maurer von 1920 seine Begabungen hervorragend managte. Und nun, nach seinem Tod wurde diese Aussteuer von schätzungsweise 150 Mio. $ an eine Gruppe von Stiftungstreuhändern übergeben, die wahrscheinlich Ergebnisse von der

Art Peter Kiewits erzielen werden, indem sie den Nutzen, der aus diesen Fonds fließt, maximieren. Peter Kiewit hätte seiner Gemeinde und seinen Mitbürgern keinen größeren Dienst erweisen können" (Hollis J. Limprecht, *The Kiewit Story*).

Der letzte Satz könnte eines Tages auch für Buffett gelten.

In seinem Brief von 1990 an die Wesco-Aktionäre wirft Munger ein wenig Licht auf diese Frage: Dieser Exzentriker, der Berkshire Hathaway vorsteht, Wescos Muttergesellschaft, glaubt aus irgendeinem Grund, daß angehäufter Reichtum niemals für sich selbst oder für die eigene Familie ausgegeben werden sollte, sondern, bevor er wohltätigen Zwecken überlassen wird, als Beispiel für einen bestimmten Lebensentwurf und als didaktische Plattform dienen soll.

Diese Nutzen und der Nutzen, die Plattform höher zu bauen, sind die einzigen ehrenhaften Nutzen nicht nur zu Lebzeiten, sondern auch nach dem Tod. Aktionäre, die in einem so eigenartigen Unternehmen bleiben, sollten dadurch, daß wir diesen Abschnitt schreiben, gewarnt sein: Einige exzentrische Verhaltensweisen dieses Kerls sind ansteckend, zumindest dann, wenn man lange genug mit ihm zusammen ist.

Wäre Warren ein Amateurphilosoph, der einen kleinen Milchladen hätte, wer würde schon darauf achten, was er sagt? Das Geld gibt ihm die Möglichkeit, seine Vorstellungen zu verbreiten. In vielerlei Hinsicht ist Berkshire eine Übung in Didaktik."

Darin liegt der bleibende Wert, den Buffett und Munger so hervorragend geschaffen haben.

Berkshire wird sicherlich in kompetente Hände übergehen und weiterhin blühen, ganz gleich, ob Buffett Berkshire führt oder nicht. Und Buffett hat vor, das Unternehmen noch eine Zeitlang zu führen. Einmal wurde er an der Harvard Business School gefragt, wann er vorhabe, in den Ruhestand zu gehen. Seine Antwort lautete: „Ungefähr fünf bis zehn Jahre, nachdem ich gestorben bin."

Am 27. Oktober 1993 sprach er an der Columbia University vor Studenten der Wirtschaftswissenschaften: „Berkshire ist sehr einfach zu führen. Finanziell ist es hervorragend ausgestattet und hat großartige Manager in den operativen Bereichen.

Wer Berkshire führt, müßte zwei Dinge tun. Er müßte die gegenwärtigen Manager motivieren, das zu tun, was sie tun, und das gern zu tun. Im Grunde genommen bedeutet das, sie in Ruhe zu lassen und sie nach den richtigen Kriterien zu beurteilen.

Und dann müßte das Kapital eingesetzt werden. Die Kapitalallokation könnten sie teilweise dadurch lösen, daß sie namhafte Dividenden ausschütten. Jedes Jahr müßten sie eine gute Idee für die Kapitalallokation haben - dann wäre das Management sehr einfach."

In Berkshires „Aktionärshandbuch" schrieb Buffett im Juni 1996: „Charlie und ich kümmern uns hauptsächlich um die Kapitalallokation und das Wohlergehen unserer wichtigsten Manager. Die meisten dieser Manager sind dann am glücklichsten, wenn wir sie in Ruhe lassen, damit sie ungestört ihrer Arbeit nachgehen können, und das tun wir auch. Damit verantworten sie alle operativen Entscheidungen und die Überweisung des Geldes, das sie erwirtschaften, an die Zentrale. Dadurch, daß sie das Geld an uns weitergeben, werden sie durch die verschiedenen Versuchungen abgelenkt, die auf sie zukämen, wären sie auch noch für die Verwendung ihrer Gewinne verantwortlich. Außerdem haben Charlie und ich eine viel größere Bandbreite von Möglichkeiten, dieses Geld zu investieren, als irgendein Manager sie in seiner eigenen Branche finden könnte.

Die meisten unserer Manager sind selbst wohlhabend; es liegt an uns, ein Klima zu schaffen, das sie dazu bewegt, für Berkshire zu arbeiten und nicht Golf zu spielen oder zum Angeln zu gehen. Dazu genügt es, sie fair zu behandeln und so, wie wir selbst behandelt werden wollten, wären wir in ihrer Position.

Und was die Allokation des Kapitals anbelangt, ist dies eine Tätigkeit, die sowohl Charlie als auch ich sehr gern erledigen und in der wir inzwischen einige sehr nützliche Erfahrungen gesammelt haben. Ganz allgemein gesagt, ist es nicht schädlich, wenn man auf diesem ‚Spielfeld' graues Haar trägt. Man braucht nicht unbedingt eine hervorragende Feinmotorik oder gut trainierte Muskeln, um das Geld umherzuschieben (Gott sei Dank). Solange unser Verstand weiterhin effizient arbeitet, können Charlie und ich unsere Aufgaben weiter so erfüllen, wie wir es in der Vergangenheit taten.

Nach meinem Tod wird sich das Eigentümerbild von Berkshire zwar verändern, aber nicht in einschneidender Weise: Zuerst werden etwa 1 % meiner Aktien verkauft werden müssen, damit die Testamentsverfügungen und Steuern bezahlt werden können. Zweitens werden meine Aktien an meine Frau Susan gehen, falls sie noch lebt, oder an eine Familienstiftung, falls dies nicht der Fall ist. Auf jeden Fall wird Berkshire einen Mehrheitsaktionär haben, der die gleiche Philosophie und die gleichen Ziele vertritt, die unseren Kurs bestimmt haben.

An dieser entscheidenden Stelle wird die Familie Buffett nicht ins Management des Unternehmens einbezogen; sie wird lediglich die Manager auswählen und überwachen, die das Unternehmen leiten. Wer genau diese Manager sein werden, hängt vom Zeitpunkt meines Todes ab. Aber ich

kann mir durchaus vorstellen, wie die Struktur des Managements aussehen wird: Meine Aufgabe wird im wesentlichen zweigeteilt werden, wobei
ein leitender Angestellter die Verantwortung für die Investments und ein
anderer die für die operativen Bereiche übernehmen wird. Wenn Akquisitionen neuer Unternehmen anstehen, dann werden die beiden gemeinsam
die erforderlichen Entscheidungen treffen. Beide Leitenden berichten an
einen Aufsichtsrat, der dem Mehrheitsaktionär verantwortlich ist und dessen Interessen werden wiederum die gleichen sein wie die Ihren.

Wäre es erforderlich, diese Managementstruktur, die ich eben beschrieben habe, sofort einzusetzen, dann wissen meine Familie und einige
Schlüsselpersonen, wen ich für diese beiden Posten auswählen würde. Im
Augenblick arbeiten beide für Berkshire und sind Menschen, in die ich
volles Vertrauen habe.

Ich werde meine Familie weiterhin über die Fragen der Nachfolge unterrichten. Da praktisch mein gesamtes Erbe aus Berkshire-Aktien bestehen wird, werden und meine Frau oder die Stiftung über einen ähnlich
hohen Anteil verfügen und das für einen beträchtlichen Zeitraum nach
meinem Tod. Sie können sicher sein, daß ich die Frage der Nachfolge sehr
sorgfältig durchdacht habe. Ebenso können Sie sicher sein, daß die
Grundregeln, denen wir bei der Führung von Berkshire bisher gefolgt
sind, auch von den Managern, die mir nachfolgen werden, eingehalten
werden.

Bevor wir aber morbid werden, möchte ich Ihnen versichern, daß ich
mich nie zuvor besser gefühlt habe. Es macht mir ungeheuren Spaß,
Berkshire zu führen, und wenn es richtg ist, daß ein erfülltes Leben zur
Langlebigkeit beiträgt, dann ist Methusalems Rekord in Gefahr."

Auf alle Fälle sollte man sich nicht wünschen, daß Buffett sich mit seinem Abgang beeilt. Statt dessen sollten wir ihm Unsterblichkeit wünschen, so wie er sie sich für seine Manager wünscht. Wir sollten die
Präsenz dieses Genies so lange genießen, wie wir können.

134

Die Buffett Foundation

Buffetts Reichtum, die Früchte eines Lebens voller langfristiger Investitionen, sind dazu bestimmt, an die Buffett Foundation zu gehen und danach zurück an die Allgemeinheit.

Buffetts Stiftung könnte leicht die größte Stiftung der Welt werden. Die größten Stiftungen in den Vereinigten Staaten, sind nach Angaben des Foundation Centers (die Zahlen über die Vermögenswerte stammen aus dem Jahr 1992):

1. Ford Foundation... 5,47 Mrd. $.
2. W. K. Kellogg Foundation... 5,45 Mrd. $
3. Pew Charitable Trusts... 3,3 Mrd. $
4. John D. and Catherine T. MacArthur Foundation... 2,9 Mrd. $
5. Lilly Endowment... 2,6 Mrd. $

Buffett nennt sein Vermögen einen „Fonds, der noch nicht aktiviert ist." Die meisten Zuwendungen der Buffett Foundation gehen heute an Planned Parenthood (etwa vergleichbar mit Pro Familia, A.d.Ü.) an Organisationen, die gegen den Atomkrieg agieren und in die Bildung.

„Sein großes Interesse galt immer dem Problem des Wachstums der Weltbevölkerung. Er ist der Meinung, daß es eine Gefahr für die Welt darstellt... Daß man alles erreichen kann, aber daß bei einer Überbevölkerung die Welt mit Problemen wie Wohnungsnot zu tun haben wird", sagt Buffetts Schwester Doris Bryant.

Mit Ausnahme einiger Zuwendungen, die in Omaha gemacht wurden, liegt der Schwerpunkt der Stiftung bei der Familienplanung, sowohl im eigenen Land als auch international.

Die Stiftung, die 1997 über Vermögenswerte von mehr als 20 Mio. $ verfügte, hat keine Vergaberichtlinien außer für ihr Stipendienprogramm, das Stipendien an der University of Nebraska vergibt. Die Stiftung akzeptiert keine Bewerbungen um Zuwendungen. Die Stiftung wird aus einem kleinen Büro im Kiewit Plaza, zwölf Etagen unter der Berkshire-Zentrale, von Allen Greenberg geführt, dem früheren Ehemann von Buffetts Tochter Susan.

Buffett hat entschieden, nicht von seinem Grab aus zu diktieren, wie die Stiftung operieren solle, und sagte, daß gut ausgebildete Menschen, die nach ihm leben, besser beurteilen könnten, wie das Geld am besten für die Menschheit eingesetzt werden könnte.

Über die Stiftung, die er 1964 gründete, sagte Buffett nie sehr viel, jedoch soviel, daß der größte Teil seines Geldes an die Gesellschaft zurückgehe und die Stiftung die Aufgabe habe, an einer besseren Welt zu bauen.

Die Stiftung ist noch recht klein und wartet auf Buffetts riesiges Vermögen, das sich zu einer Macht im Dienst der Verbesserung der Lebensbedingungen für die Menschheit entwickeln soll. „Die Stiftung wird nach meinem Tod großzügig mit Vermögen ausgestattet sein; ich habe den Treuhändern gesagt, daß sie alles tun können, von dem sie glauben, daß es zu einem bestimmten Zeitpunkt das Richtige ist. Es gibt keinerlei Restriktionen. Ich werde ihnen sagen, daß ihre Entscheidungen auf dem Boden der Tatsachen auf alle Fälle besser seien als meine - zwei Meter unter der Erde. Man weiß ja schließlich nicht, welches die großen Probleme der Welt sein werden oder aus welchen Quellen das Geld kommen wird oder sonst etwas. Und so haben die Treuhänder der Stiftung völlige Verfügungsfreiheit" (*Omaha World-Herald*, 25. Mai 1997).

Gegenwärtig sind die Vermögenswerte der Stiftung ein Sammelsurium von Aktien. Warren und Susan Buffett spendeten im Rahmen des Berkshire-Wohltätigkeitsprogramms. Bisher war die Stiftung Empfänger von einigen Millionen der Buffettschen Milliarden.

Das Vermögen der Buffett Foundation wuchs von 1,4 Mio. $ im Jahr 1981 auf 8,4 Mio. $ 1986, hauptsächlich wegen der guten Gewinne aus den Investments und Buffetts Beiträgen aus Berkshires Wohltätigkeitsprogramm, bei dem die Aktionäre entscheiden, welche Organisationen Spenden erhalten. Der Artikel in *Forbes*, in dem im Oktober 1993 berichtet wurde, Buffett sei der reichste Mann der Vereinigten Staaten, ging davon aus, sein Vermögen könnte in 20 Jahren 100 Mrd. $ ausmachen, wodurch die Hinterlassenschaft von Rockefeller, Ford und Carnegie geradezu zwergenhaft erschienen.

Buffett, manchmal kritisiert, weil er sein Geld nicht schon heute spendet, sagte: „Ich möchte nicht schon zu Lebzeiten irgend jemandem Berkshire-Hathaway-Aktien übertragen. Hätte ich ein großes Portfolio von Wertpapieren, könnte ich sie verschenken. Aber ich möchte die Kontrolle über Berkshire Hathaway nicht aufgeben... Ich habe diesen Fonds, der noch nicht aktiviert ist, und dieser Fonds wächst in größerem Umfang als andere Zuwendungen, beispielsweise die von Harvard. Er wächst mit 25 bis 30 % jährlich."

Am 30. Juni 1990 hatte die Buffett Foundation ein Vermögen von 15.210.316 $, so wiesen es die Veröffentlichungen der Stiftung aus. In den zwölf Monaten zuvor spendete und stiftete die Stiftung insgesamt 1.417.895 $ an mehr als 80 Einrichtungen. Operative Ausgaben und Verwaltungskosten während dieser Zeit betrugen insgesamt 131.382 $. Die größte Geldzuwendung belief sich auf 200.000 $, die kleinste betrug 280 $ an das Rudyard Theater. Die durchschnittlichen Beträge lagen zwischen 1.000 und 10.000 $.

Wenn das auch noch nicht allzu viel besagt, ist es zumindest jedoch ein Hinweis auf die Spendenvergabe der Zukunft.

Was man über die Stiftung weiß: Wertpapiere in ihrem Besitz deuten darauf hin, daß Buffett ein Börsen-Junkie ist.

Per 30. Juni 1990 wies das Formular 990-PF der Stiftung etwa 200 verschiedene Aktienpositionen aus, die von 200 Aktien von Abbott Laboratories bis zu 110 Aktien von Zenith National Insurance Co. reichten. Berkshire selbst besitzt auch Aktien von A bis Z: Arrow Electronics bis Zenith National Insurance.

Und zwischendrin war alles: beispielsweise 200 Aktien von American Brands, zehn Aktien von Cap Cities (heute Disney), 75 Aktien von CBS, 600 von Coca-Cola, 200 von Freddie Mac, 100 von General Electrics, 100 J & J, 100 Eli Lilly, 750 Loews, 200 Melville Corp., 150 Morgan Stanley Group, 800 Philip Morris, 100 Playboy Enterprises, 100 Ralston Purina, 100 Rockefeller Center Properties, 100 Salomon, 100 Sears Roebuck, 100 Tiffany, 100 Torchmark, 200 Wal-Mart Stores, 10 Washington Post Co., 100 Wells Fargo und viele andere.

Die Empfänger sind gleichermaßen weit gestreut. Das Formular 990-PF zeigt, daß die folgenden Einrichtungen Spenden und Beiträge erhielten:

> ACLU Reproductive Freedom Project - 15.000 $
> Alan Guttmacher Institute - 100.000 $
> Cancer Research Institute - 1.000 $
> Caring for Children - 1.000 $
> Girls, Inc. aus Omaha - 20.000 $
> International Projects Assistance Services - 200.000 $
> Omaha Zoo Foundation - 9.500 $
> Planned Parenthood of Mid-Iowa - 30.000 $
> Planned Parenthood of New York City - 100.000 $
> Salem Baptist Church - 5.000 $

Sex Information and Education Council of U.S. - 15.000 $
United Way of the Midlands - 122.411 $
Außerdem verleiht die Stiftung jährlich den Alice Buffett Outstanding
Teacher Award - je 10.000 $ an 15 Empfänger. Alice Buffett war Buffetts
Tochter, die 35 Jahre als Lehrerin in Omaha tätig war.

Im Rechnungsjahr 1991/92 vergab die Stiftung 73 % ihrer Spenden,
insgesamt 2,2 Mio. $, an Gruppen, die sich der Begrenzung des Bevölke-
rungswachstums verschrieben haben.

Die größten Empfänger waren das Center for Reproductive Law and
Policy in New York mit 500.000 $; International Projects Assistance Servi-
ces in Carrboro in North Carolina, die Ärzte und Gesundheitspersonal
ausbildet und Ausrüstungen für Krankenhäuser in Entwicklungsländern
bereitstellen, erhielten 250.000 $.

Ein Artikel in der *New York Times* vom 3. Dezember 1995 gab einen
guten Einblick in die Buffett Foundation: „Am 30. Juni 1995 verfügte die
Buffett Foundation über ein Vermögen von 21,6 Mio. $, wie es die letzten
Steuererstattungen ausweisen. Davon wurden ungefähr 7 Mio. $ in 184
verschiedene Aktien investiert. Doch trotz aller Vielfalt dominierte eine
Aktie, General Dynamics, die Wertpapiere der Stiftung. Sie hatten einen
Wert von 5,63 Mio. $ und machten mehr als 80 % des Gesamtwerts der
Stiftung aus. Die zweitgrößte Holding war Loews mit einem Wert von
90.750 $ per 30. Juni."

Die anderen wichtigen Beteiligungen waren 1.200 Aktien von Coca-
Cola, 800 Aktien von Philip Morris, 375 Aktien von American International Group, 900 Aktien von PepsiCo, 800 Aktien von Campbell Soup, 600
Aktien von Anheuser-Busch, 600 Aktien von Hershey Foods und 600 Aktien von Leucadia National.

Die Einstandskosten der drei größten Beteiligungen lagen bei 2,65 Mio. $,
und ihr Wert am 30. Juni 1995 betrug 6,08 Mio. $. Der *Times*-Artikel be-
richtet weiter: „Aficionados spekulieren, daß die Stiftung ... möglicherweise
(Buffetts) Versuchsfeld sei, ein Weg, die Jahresberichte von Unternehmen zu
verfolgen, für die er sich interessiert.

Der bekannteste Investor der Nation hält nur 32 % des Geldes seiner
Stiftung in Aktien. Der größte Teil, 57 %, ist in Schatzbriefen angelegt, der
Rest sind Bargeld und andere Wertpapiere... Unternehmen können den
Gesamtwert der im Kurs gestiegenen Aktien vom zu versteuernden Ge-
winn abziehen, maximal jedoch 10 % des steuerpflichtigen Betrags. Bei-
spielsweise schenkte Berkshire vor zwei Jahren der Stiftung 110.485
Aktien von Torchmark, einer Versicherungsgesellschaft. Der Einstands-
preis für Berkshire lag bei 2,1 Mio. $, doch konnte das Unternehmen

4,8 Mio. $ von seinen Steuern abziehen, was dem Wert der Aktien zur Zeit der Schenkung entsprach und brauchte den Wertzuwachs nicht mit 35 % zu versteuern.

Die gemeinnützige Stiftung, die dann die Aktien verkaufte, zahlte nur die 2 % Kapitalgewinnsteuer, denen sie unterliegt. Um dem Ganzen die Krone aufzusetzen, konnte Mr. Buffett über fast 5 Mio. philanthropische Dollar verfügen, die Berkshire nur 2,1 Mio. $ gekostet hatten."

Buffett spricht oft von der Arbeit mit Leuten, die er mag, bewundert und denen er vertraut. Und so ist es keine große Überraschung, daß er als Bevollmächtigte und Verwaltungsräte der Stiftung Personen ausgewählt hat, die ihm sehr nahestehen:

Susan T. Buffett, Präsidentin

Warren E. Buffett, Vizepräsident und Schatzmeister

Gladys Kaiser, Sekretärin

Allen Greenberg, Buffetts früherer Schwiegersohn, geschäftsführender Vorstand

Die Verwaltungsräte der Stiftung: Buffett und seine Frau, ihre Tochter Susan, Carol Loomis und Tom Murphy.

Buffett hat auch die kleine Sherwood Foundation, die von seinen Kindern und Astrid Menks geführt wird. Am 30. Juni 1993 verfügte diese Stiftung über 584.000 $ und hatte im Jahr vorher ungefähr 370.000 $ gespendet. Buffett wendet der Sherwood Foundation jährlich 500.000 $ zu, so daß jedes seiner Kinder und seine Lebensgefährtin Astrid Menks Spenden in Höhe von 100.000 $ tätigen können. Buffett kontrolliert nicht, wie die Spenden verteilt werden (*Warren Buffett Speaks*, Janet Lowe).

Wie der *Omaha World-Herald* berichtete (21. April 1990), bezahlte die Stiftung die Hälfte der Kosten für Tests, die erforderlich waren, um die französische Abtreibungspille RU-486 auf den amerikanischen Markt zu bringen; „Die Buffett Foundation gab 1994 2 Mio. $ aus, um klinische Tests für die Pille zu bezahlen, die in den USA Mifepristone heißt. Das Geld ging an den Population Council, eine gemeinnützige Forschungsgruppe in New York, die in den Vereinigten Staaten die Patentrechte für die Pille hält ...Diese 2 Mio. $, die die Buffett Foundation für die klinischen Tests ausgab, ergänzten die mehr als 5 Mio. $, die die Stiftung 1994 an verschiedene Organisationen verteilte, die daran arbeiten, das Bevölkerungswachstum zu begrenzen."

Im Jahr 1997 spendete die Stiftung ungefähr 8 Mio. $ für Belange der Familienplanung (*Barron's*, 8. Dezember 1997). Derselbe Artikel sagte, die Stiftung widme sich erster Linie der Begrenzung des Bevölkerungswachstums.

Die Stiftung besitzt auch 100 Aktien der Lynch Corporation, die an der American Stock Exchange gehandelt wird, wie Samuel Yake aus Paoli in Pennsylvania zu berichten weiß. „Unsere Familie und ein paar Freunde besitzen einen großen Anteil an Lynch, und so fragten wir natürlich Broker und andere, ob sie von ihr gehört haben. Nur eine Person hat ja gesagt. Das war Warren Buffett, den wir dieses Jahr (1996) auf der Jahreshauptversammlung von Coca-Cola getroffen haben. Als ich ihn fragte, ob er jemals von Lynch gehört hätte, sagte er sofort: ‚Oh, Sie meinen sicher Mario Gabellis Unternehmen.' Ich war sehr erstaunt, daß jemand, der so reich ist wie er, in seinem Gedächtnis noch Platz für dieses kleine Unternehmen hat."

Lynch, das von Gabelli geführt wird, hält Anteile an der Spinnaker Industries und engagiert sich auch in Multimedia, Speditionen und Produktion. In einem Artikel in *Forbes* (24. Juli 1989) wurde das Unternehmen vorgestellt unter der Schlagzeile „Berkshire Hathaway II?".

Ein Artikel in *Barron´s* (8. Dezember 1997) regte an, daß auch andere Probleme als nur die Überbevölkerung Buffetts Aufmerksamkeit verdienten, und zitierte Buffett: „Ich halte die Bevölkerungsentwicklung und das Recht auf Kinder für sehr wichtge Themen; es könnte sein, daß ich eines Tages einmal darüber schreibe. Aber bis dahin möchte ich zu dieser Frage keine Stellung beziehen und dazu auch kein Sprecher werden. Das würde dazu führen, daß ich jeden Tag 50 Briefe bekäme. Das würde mein Leben zu sehr verändern."

135

Ein Tackling zwischen einem Footballspieler und Buffett

Einmal ging ich in eine Buchhandlung, kaufte zwei Ausgaben meines ersten Buches über Buffett *(Warren Buffett - The Good Guy of Wall Street)* und schenkte eines davon einem Freund. Als wir uns unterhielten, kam zufällig ein Fremder vorbei, sah das Buch und sagte - völlig unaufgefordert -, daß ihm dieses Buch gut gefiele. Er erzählte, er hätte jedes Wort gelesen und daß uns die Lektüre sicherlich sehr viel Spaß machen würde.

Als ich ihm sagte, ich sei der Autor dieses Buches, konnte er es nicht glauben. Ich freute mich so sehr über das Kompliment (der Bursche lobte das Buch über alles und sagte, Buffett sei sein Held), daß ich ihm mein Exemplar schenkte.

Es stellte sich heraus, daß er Kermit Kendrick war, ein Footballspieler im Team der University of Alabama, der bis in die späten 80er Jahre hinein aktiv war und heute Aktienbroker bei Merrill Lynch ist.

Ich signierte das Buch, und dann fragte er mich, ob es irgendeine Möglichkeit gäbe, Buffetts Autogramm zu bekommen. Ich sagte ihm, ich glaube nicht, daß dies möglich sei.

Bis ich in mein Büro zurückkehrte, ging mir das Ganze nicht ganz aus dem Kopf; so rief ich Kermit an und fragte ihn, ob er unbedingt wolle, daß Warren Buffett dieses Buch signierte. Wir trafen uns gleich danach, er gab mir das Buch zurück und ich schickte es an Buffett.

Obwohl ich einen Freiumschlag mitgeschickt hatte, kam das Buch schon ein paar Tage später zurück, und zwar über Federal Express und genau am Weihnachtsabend - mit seinem Autogramm.

Ein Tackling zwischen einem Footballspieler und Buffett

Kermit Kendrick möchte ein Autogramm von Warren Buffett.

(Courtesy of the University of Alabama)

(Photo by Pat Kilpatrick)

Ex-Alabama-Coach Gene Stallings und Kermit Kendrick. Der Autor steht links.

(Photo by Tom Conrad)

Buffett und Kendrick treffen sich endlich auf der Jahreshauptversammlung 1996.

In meinem Brief an Kermit schrieb ich: „Vielen Dank für Ihr Kompliment über mein Buch. Ich freue mich wirklich sehr darüber. Ich hoffe, daß Sie mit Ihren Finanzgeschäften noch erfolgreicher sind als Warren Buffett. Alles Gute und fröhliches Investieren!"

Buffetts Notiz an Kendrick lautete: „Kermit, die besten Wünsche für eine großartige Karriere im Investment. Und viel Glück auch an Ihre Mannschaft, wenn nicht gerade unsere Cornhuskers der Gegner sind."

Kendrick: „Das ist wahrscheinlich der aufregendste Tag in meiner Karriere als Broker. Nur noch eines: Gibt es irgendeine Möglichkeit, ihn zu treffen?"

Kendrick traf Buffett schließlich auf der Berkshire-Jahreshauptversammlung 1996. Kendrick nahm mit Alabamas früherem Angriffstrainer Homer Smith Kontakt auf, der Buffett über Kendrick schrieb. Buffett schrieb an Smith zurück und schickte ihm auch eine Einladung für Kendrick zur Jahreshauptversammlung.

136

Buffett bückt sich nach einem Penny

„Der Anfang der nächsten Milliarde."

In diesem Buch kommt ständig dieses M-Wort vor - Milliarde. Eines Tages, es war Mitte der 80er Jahre, bestieg Buffett im Kiewit Plaza im Zentrum von Omaha den Aufzug. Er fuhr zu seinem Büro in der 14. Etage.

Auf dem Boden im Lift lag ein Penny. Keiner der Mitarbeiter von Peter Kiewit Sons, dem Baukonzern, achtete darauf. Buffett bückte sich, griff nach unten und holte sich den Penny. Die Angestellten von Kiewit waren verblüfft, daß er, der eines Tages der reichste Mensch auf der Welt sein würde, sich nach einem Penny bückte. Buffett: „Der Anfang der nächsten Milliarde."

(Photo courtesy of Midlands Business Journal in Omaha)

Möchtegern-Buffett George Morgan, ein Aktienbroker aus Omaha, erklärt, was 1 Mrd. Dollar ist: „Ein Mann gab seiner Frau 1 Mio. $, und sie konnte jeden Tag 1.000 $ ausgeben. Nach drei Jahren kam sie zurück und wollte mehr Geld. Also gab er ihr 1 Mrd. $ und sie kam erst nach 3.000 Jahren wieder." Buffett könnte seine Frau 90.000 Jahre lang auf Einkaufsbummel schicken.

*Buffett bückt sich in der Buchhandlung „Bookworm" in Omaha am 4. November 1994
nach einem Penny. Vielleicht der Anfang einer weiteren Milliarde.*

137

Von Harvard abgewiesen - triumphale Rückkehr

Harvard fällt in Rechtschreibung durch

Buffett, der von der Harvard Business School abgewiesen wurde, hielt Anfang 1996 ebendort eine Rede vor dichtgedrängtem Publikum. Wie abzusehen war, schrieb *The Harbus*, die Studentenzeitschrift der Harvard Business School einen intelligenten und sehr detaillierten Artikel, vergaß jedoch ein „t" in Buffetts Namen.

Der Artikel verglich die Vorteile eines Examens an der Harvard Business School mit der Investition der Studiengebühren bei Buffett: „45 Mio. $. Dieses Vermögen hätte ein Harvard- Absolvent von 1956 angehäuft, hätte er seinen Titel zurückgegeben und die Studiengebühren statt dessen bei Warren E. Buffett aus Omaha in Nebraska angelegt."

Buffett hielt eine kurze Rede über Ehrlichkeit und Integrität, und erwähnte dabei auch die persönlichen Qualitäten von Tom Murphy, dem früheren Vorsitzenden von Cap Cities/ABC, einem 1949er Absolventen der Harvard Business School. „In den 20 Jahren, die ich ihn kenne, hat er niemals etwas getan, über das nicht auch auf der Titelseite einer Zeitung hätte berichtet werden können", sagte Buffett.

Dann stellte er sich Fragen zur Verfügung. *The Harbus* berichtete: „Die Studenten befragten Buffett über Themen, die von der Technik der Bewertung von Wertpapieren und Finanzen bis zu persönlichen Philosophien über Erfolg und Erfüllung reichten... Buffett blieb bei seiner wohlbekannten Strategie, niemals gegenwärtige oder künftige Investmentziele zu diskutieren. Außerdem ging er nicht auf die Diskussion über Finanzierungsmodelle für Business Schools ein, beispielsweise auf ‚Black-Scholes-Modell' und auf die Hypothese der effizienten Märkte. Statt dessen sprach er lieber über Baseball.

Statt des IQ betonte er den gesunden Menschenverstand, Disziplin und Geduld als die Schlüssel zu guter Kapitalanlage. Auf die Frage, was der Schlüssel zu guter Aktienauswahl sei, antwortete Buffett: „Man muß gute Unternehmen verstehen und auswählen...“

Am Ende des Vortrags stürmten die Fans die Bühne mit gezückten Kameras, während Buffett Dollarnoten, T-Shirts, Jahresberichte und eine Reihe nicht autorisierter Biographien signierte...

Nach 15 tumultartigen Minuten entschuldigte sich Buffett und wurde zu seinem Privatflugzeug gebracht, das schon auf ihn wartete, um ihn rechtzeitig nach Hause zu bringen, damit er am nächsten Tag wieder bei der Arbeit sein konnte.

138

CARTOON

„Irgendwas ist passiert, Doug. Ich habe den Kontakt zu dem Warren Buffett in mir verloren.“

Zeichnung von Weber; © 1995 The New Yorker Magazine, Inc.

139

DER HUMOR DES WARREN BUFFETT

„TEST… TEST…
EINE Million… zwei Millionen… drei Millionen."

„Wenn ich über meine Investments spreche, dann ist das wie bei einem Eisberg."

„Diese Rahmenbedingungen werden mich nicht dazu bringen, Anlageentscheidungen außerhalb dessen zu treffen, was ich verstehen kann (meine Philosophie ist nicht: ‚Wenn du sie nicht schlucken kannst, dann verbünde dich mit ihnen.' Eher: ‚Wenn ich mich nicht mit ihnen verbünden kann, dann schlucke ich sie')."

„Unsere Erfahrungen beim Krisenmanagement in diesem Jahr waren grausam - in dieser Zeit habe ich mich gefühlt wie ein Vogel, der versehentlich mitten in ein Badmintonspiel geriet."

„Unser Vermögenszuwachs in diesem Jahr lag bei 613,6 Mio. $ oder 48,2 %. Es paßt sehr gut, daß das Erscheinen des Halleyschen Kometen mit diesem hohen Prozentsatz zusammenfiel. Keines von beiden wird man zu meinen Lebzeiten noch einmal sehen."

„Die Kriterien, die ich anlege, wenn ich ein Unternehmen kaufe, gleichen denen, die man anlegt, wenn man nach einer Frau Ausschau hält. Man kann sich bestimmte Qualitäten überlegen, die sie haben sollte, und dann trifft man ganz plötzlich jemanden und macht man es einfach."

Über das fortgeschrittene Alter vieler Berkshire-Manager: „Wir finden es schwierig, einem jungen Hund alte Tricks beizubringen. Wir hatten aber niemals Probleme mit jemandem, der Jahr für Jahr hervorragende Ergebnisse erbringt. Auch wenn sie reich sind, tun sie das, was sie tun, sehr gern. Und unseren Managern passiert nie etwas. Wir bieten ihnen Unsterblichkeit."

„Wenn einer von ihnen jetzt seine Zustimmung verweigern möchte, dann braucht er nur seine Hand zu heben. Sobald wir zu ihm kommen, werden wir ihn dann aus der Versammlung entfernen."

„Wenn man geliebt werden will, ist es besser, teure Cornflakes zu verkaufen als billige Autoversicherungen."

„Nachdem wir uns von Hochschild Kohn getrennt hatten (einem Kaufhaus in Baltimore, das Buffett einmal billig erworben hatte), fühlte ich mich wie der Ehemann in dem Countrysong: ,Meine Frau ist mit meinem besten Freund durchgebrannt und ich vermisse ihn immer noch sehr'."

Als er gefragt wurde, wie er mit so vielen Bitten umgehe, die an ihn herangetragen werden, sagte er: „Nun, ich mache es wie Nancy Reagan. Ich sage einfach nein."

Wie Berkshire mit makroökonomischen Prognosen umgeht: „Charlie ist unser Experte für Makroökonomie. Ich kümmere mich um Omaha und unseren Landkreis, Charlie macht den Rest."

Munger dazu: „Berkshire war in der Vergangenheit nicht deshalb erfolgreich, weil wir makroökonomische Prognosen gestellt haben. Deshalb halten wir nicht viel davon. Wir versuchen lediglich, vernünftige Dinge zu tun, und glauben, daß sich die ökonomischen Trends langfristig ausgleichen. Was die Ökonomie anbetrifft, sind wir Agnostiker."

Über Value Investing: „Value Investing ist so einfach, daß sich viele wirtschaftswissenschaftliche Lehrstühle weigern, es in ihr Lehrprogramm aufzunehmen. Wenn man Wirtschaftswissenschaften studiert und mit einem Diplom abgeschlossen hat, und dabei Jahre damit verbracht hat, alle Arten schwieriger Zusammenhänge mathematisch zu erfassen, und wenn man dann darauf zurückkommt, ist es, als ob man Theologie studiert hätte, um Priester zu werden, und dann herausfindet, daß die Zehn Gebote völlig ausreichen."

Über das Geldverdienen: „Der Vorgang selbst macht mir sehr viel mehr Spaß, als die Ergebnisse, die dabei herauskommen, obwohl ich auch mit diesen zu leben gelernt habe."

Mitten im Börseneinbruch von 1990 war Berkshire um 36 % von 8.675 auf 5.500 $ gefallen; *Fortune* schätzte, daß Buffett in diesem Jahr einen Papierverlust von 1,5 Mrd. $ oder 215.450 $ pro Stunde gehabt habe: „Ich kann mir immer noch Big Macs leisten und brauche nicht nur einfache Hamburger zu essen."

Als Buffett einmal überlegte, eine 1-$-Aktie leer zu verkaufen, fragte ihn ein Freund: „Ist das nicht ungefähr so gefährlich, als ob du aus einem Kellerfenster springst?"

„Die Wall Street ist der einzige Ort, an dem die Leute im Rolls Royce vorfahren, um sich von jemandem beraten zu lassen, der mit der U-Bahn kommt."

„Wenn es gelingt, die Regierung als 46-%-Partner auszuschalten, dann wird ein Unternehmen sehr viel wertvoller."

Über die Vorbereitung auf ein Prominenten-Tennismatch, in dem Buffett mit Martina Navratilova gegen Pam Shriver und den früheren Dallas-Cowboys-Quarterback Danny White spielte: „Ich glaube, der größte Teil meiner Vorbereitung auf dieses Spiel wird sein, daß ich übe, wie man ‚Das ist dein Ball' auf tschechisch sagt."

Über ein langes Leben: „Unser Vorbild ist Methusalem." (Nur von Noahs Vorfahren wird gesagt, er sei 969 Jahre alt geworden).

Einmal sprach George Morgan, ein Aktienbroker aus Omaha, Buffett mit „Mr. Buffett" an. „Ich weiß", sagte Buffett.

Über enge Auslegungen bei der Rechnungslegung: „Manager, die über die Rechnungslegung nachdenken, sollten nie eines der Lieblings-Rätsel von Abraham Lincoln vergessen: ‚Wieviele Beine hat ein Hund, wenn man seinen Schwanz auch ein Bein nennt?' Die Antwort: ‚Vier, denn selbst wenn man den Schwanz ein Bein nennt, dann wird daraus immer noch kein Bein.'"

Berkshire ist einer der größten Versicherer von „Super-Cats", von Schäden bei Katastrophen wie Wirbelstürmen und Erdbeben: „Jetzt wissen Sie auch, weshalb meine Augen überanstrengt sind. Weil ich dauernd den Wetterkanal im Fernsehen sehe."

Nachdem Buffett sich und Munger auf einer Jahreshauptversammlung vorgestellt hatte, sagte er, er würde auch noch gern den Rest von Berkshires Vorstand vorstellen - „die ganze Dreifaltigkeit".

Als Buffett die Jahreshauptversammlung nach ungefähr fünf Minuten geschlossen hatte, sagte er: „Sie sehen, ich werde nicht nach Stunden bezahlt."

„Ich würde Ihnen gern Berkshires Manager vorstellen, aber Mrs. B. wollte sich für so einen Quatsch wie eine Jahreshauptversammlung nicht frei nehmen."

Buffetts Auffassung, daß Manager strikt nach Leistung bezahlt werden sollen, ist bekannt: „Ich war in 15 verschiedenen Aufsichtsräten, und der einzige, der mich in den Ausschuß berief, der sich mit der Bezahlung der Manager befaßt, war Salomon. Und wir wissen alle, was dabei herauskam."

Als Buffett auf eine Frage hin eine Erklärung abgegeben hatte, bat er Munger um seine Ansicht. Munger sagte: „Dem habe ich nichts hinzuzufügen." Da scherzte Buffett: „Manchmal zieht er auch etwas ab." Später, in einer von Mungers langen Pausen, sagte Buffett: „Ich glaube, jetzt kommt eine Antwort."

Munger hielt eine längere Rede darüber, daß es ungünstig sei, zu viele Aktien zu besitzen, und sagte, niemand könne 40 Aktien in 30 verschiedenen Branchen verfolgen. „Kannst du das?", fragte er Buffett. „Nicht nach dieser Rede!" antwortete Buffett. „Man braucht wahrscheinlich nur eine Aktie."

Rick Berkshire, der Sohn von Robert Berkshire, fragte, ob es Pläne gebe, Berkshires Namen zu ändern. „Du brauchst dir keine Sorgen zu machen, daß wir irgend etwas bei Berkshire verändern", antwortete Buffett.

„Wie lesen Sie einen Jahresbericht?"... „Nun, ich fange vorne an und lese bis zum Ende."

Gegen Ende einer Jahreshauptversammlung erging sich Buffett in heftiger Kritik an Unternehmensberatern und sagte, Unternehmensberatung sei eine Form intellektueller Prostitution. Genau in diesem Augenblick ging eine Reihe von Leuten aus dem Saal. Da sagte Buffett: „Die Unternehmensberater verlassen den Saal."

„Meine Gesundheit ist hervorragend. Zum ersten Mal nach sechs oder sieben Jahren ging ich zum Arzt, um mich einmal gründlich durchchecken zu lassen. Der Arzt fragte mich nach meinen Ernährungsgewohnheiten und sagte: ‚Sie verlassen sich wohl sehr stark auf Ihre Gene, nicht wahr?'"

„Leer zu vekaufen, ist eine Wette auf etwas, das geschehen wird. Wenn man mit großen Beträgen leer verkauft, dann kann man Pleite gehen. Wenn etwas für das Doppelte seines Werts gehandelt wird, was sollte verhindern, daß es auch für seinen zehnfachen Wert gehandelt wird? Bei einem Leerverkauf kann man zuweilen recht behalten, aber das kann man möglicherweise einem anderen im Armenhaus erklären."

„Einmal gab ich in Harvard diese Antwort, als mich jemand fragte: ‚Für wen sollte ich arbeiten?' Ich sagte: ‚Nun, arbeiten Sie für jemanden, den Sie bewundern. Sie werden gute Ergebnisse erzielen.' Ein paar Wochen später erreichte mich ein Anruf vom Dekan, der sagte: ‚Was haben Sie dieser Gruppe von Studenten eigentlich gesagt? Sie haben sich alle entschieden, sich selbständig zu machen!'"

Über Mungers Angst vor dem Fliegen: „Der Kerl betet ja, bevor er in einen Bus einsteigt."

„Ben Graham sagte immer, er wollte jeden Tag drei Dinge tun - etwas Verrücktes, etwas Kreatives und etwas Großzügiges. Das Verrückte hat er meist schon vor dem Frühstück getan. Das war typisch für Ben."

Um Investor zu werden, braucht man nicht viel Talent für höhere Mathematik: „Man muß den Wert des Unternehmens herausfinden und diese Zahl durch die Zahl der ausgegebenen Aktien teilen, daher benötigt man eigentlich nur die Division."

Charlie und ich sind 71 bzw. 64 Jahre alt, und auf unseren Schreibtischen steht inzwischen ein Foto von George Foreman. Sie können sich darauf verlassen, daß unsere Verachtung für ein festes Ruhestandsalter jedes Jahr stärker wird."

Auf den Jahreshauptversammlungen von Berkshire werden auch Produkte von Berkshire wie beispielsweise See´s Süßigkeiten und Dexter-Schuhe verkauft: „Obwohl wir gern denken, diese Versammlung sei eine spirituelle Erfahrung, müssen wir daran erinnern, daß auch die heiligsten Religionen die Kollekte kennen." (Anmerkung: Manche Berkshire-Aktionäre nennen Omaha „die spirituelle Hauptstadt der Erde".)

„Und natürlich sollten Sie unbedingt die Videoaufzeichnung der Orange Bowl von 1995 kaufen. Ihr Vorsitzender sieht sich diesen Klassiker jede Nacht an, und im letzten Viertel schaltet er auf Zeitlupe. Der Umschlag unseres Jahresberichts ist dieses Mal ein Gruß an Nebraskas Footballtrainer Tom Osborne und seine Cornhuskers, das beste Collegeteam des Landes. Ich möchte Sie dringend bitten, auf der Jahreshauptversammlung Husker-Rot zu tragen und verspreche Ihnen, daß mindestens 50 % Ihres Manager-Duos ebenso gekleidet sein werden."

Munger: „Unser wichtigster Beitrag zu den Unternehmen, die wir kaufen, ist das, was wir nicht tun." Buffett: „Er hat gesprochen."

Ein Aktionär: „Sie haben wiederholt gesagt, Sie kennen viele wunderbare Aktien, aber Sie könnten nicht darin investieren, weil diese Unternehmen zu klein sind. Wenn wir davon ausgehen, daß viele hier im Publikum heute eine niedrigere Einstiegsschwelle haben..." Buffett: „Mit anderen Worten: Wie heißen diese Aktien?"

Buffett: „Die Regierung bekommt 35 % von allen Gewinnen aller Unternehmen. Bei einem Steuersatz von 35 % besitzt die Regierung also 35 % der Aktien aller amerikanischer Unternehmen. Und sie besitzt auch einen namhaften Teil von Berkshire - wir stellen ihr jedes Jahr einen Scheck aus. Ihnen stellen wir keinen Scheck aus, sondern der Regierung. Und Ihre Gewinne reinvestieren wir, um weitere Werte für die Regierung zu schaffen." Munger: „Sag mal, versuchst du, die Leute hier zu erheitern?"

„Bei Borsheim´s haben wir der Welt größten geschliffenen Diamanten ausgestellt. Man brauchte zwei Jahre, um ihn zu schleifen, und dieser unauffällige Tand wiegt 545 Karat. Bitte sehen Sie sich diesen Stein an und lassen Sie sich von ihm inspirieren, wenn Sie überlegen, welche Größe der

US-Senator Bob Kerrey, Debra Winger, Buffett.
„Der Trick bei der Sache ist, Debra als Mit-Gastgeberin zu haben. Sonst wäre dieser Raum leer“,
sagte Buffett anläßlich eines Dinners zur Akquise von Wahlkampfspenden für Kerrey, bei dem Buf-
fett und Miss Winger Gastgeber waren.

Stein haben muß, der zu Ihrer Liebsten paßt.“

Die Antwort auf den Hinweis, daß Buffett bald ebenso berühmt sei wie der Papst oder der Präsident: „Meine erste Reaktion auf diesen Hinweis: Ich sollte meinem Frieur sagen, er soll meine Haarlocken aufheben, und wir könnten sie verkaufen.“

Munger sagte Buffett, er habe ihn nie dabei gesehen, wie er Formeln nutze, um künftige Cash flows zu errechnen. „Nun, es gibt einige Dinge, die tut man nur ganz im Privaten“, antwortete Buffett.

Buffett über Munger: „Ich kann sehen. Er kann hören. Wir sind eine großartige Kombination.“

„Ihr Aufsichtsrat hat im letzten Jahr zusammen 100 Pfund abgenommen. Die müssen versucht haben, mit meinem bescheidenen Gehalt zurechtzukommen.“

„Ich investiere nur in Unternehmen, die auch von Idioten geführt werden können, denn früher oder später wird das einer tun.“

„Sie dürfen gern dort investieren, wo wir investieren, aber essen Sie nicht dort, wo wir essen.“

„Wenn Sie mir 1 Mrd. $ gäben - ich würde das sehr begrüßen -, dann wüßte ich immer noch nicht, was Coca-Cola verdrängen sollte.“

Über ein Golfmatch über 18 Löcher mit Bill Gates im Country Club von Omaha: „Wir machten eine kleine Wette. Aber das Ergebnis konnte die Rangordnung bei den Forbes 400 nicht verändern."

„Wir möchten nicht, daß Sie sich die Philosophie der Chicago-Cubs-Fans aneignen, die nach einer mißlungenen Saison sagten: ‚Weshalb sollen wir uns aufregen? Jeder hat ab und zu mal ein schlechtes Jahrhundert.'"

„Bitte gehen Sie freundlich mit uns um, auch wenn mal etwas danebengeht. Wir können Ihren Schmerz nachfühlen: Die Familie Munger hat mehr als 90 % ihres Vermögens in Berkshire investiert und die Buffetts mehr als 99 %."

Ein Aktionär: „Ich mache mir sehr große Sorgen um Ihre Gesundheit, wenn ich sehe, was Sie während der Jahreshauptversammlung alles zu sich nehmen (Coca-Cola, See´s Candy und Dilly-Bars)." „Und das ist nur, was ich in der Öffentlichkeit esse", antwortete Buffett.

„Charlie und ich sind beide sehr gesund. Wenn Sie im Lebensversicherungsgeschäft wären, dann wären Sie sehr glücklich, wenn Sie uns eine Standardpolice verkaufen könnten."

„Ich bin der Meinung, daß ich zu wenig Steuern bezahle, aber freiwillig zahle ich nichts."

Wie man an Wirtschaftsuniversitäten lehren sollte: „In einer Abschlußprüfung würde ich sagen: ‚Hier ist die Aktie irgendeiner Internet-Gesellschaft - was ist sie wert?' Und jeder, der eine Antwort gibt, fällt durch."

140

Die Weisheit des Warren Buffett

„Daß Menschen gierig, ängstlich oder närrisch sind, ist vorhersehbar. Die Konsequenzen daraus nicht."

Über die Freuden des Zinseszins: „Eine Geschichte muß ich noch erzählen. Das ist natürlich die Sage über das Tradinggeschick, der Indianer von Manhattan, das in die Geschichte einging, als sie dem notorischen Verschwender Peter Minuit im Jahr 1626 ihre Insel verkauften. Soweit ich weiß, erhielten Sie dafür 24 $ netto. Und dafür bekam Minuit 5.779.631 qm Land. Man kann das Land zwar heute nicht genau in seinem Wert bemessen, doch scheint ein Preis von 215 $ je qm durchaus angemessen, womit Manhattan insgesamt 12.433.766.400 $ wert wäre. Für einen Neuling scheint dies ein fairer Deal zu sein. Die Indianer brauchten jedoch nur einen Zinssatz von 6,5 % (der Stammesinvestmentfonds hätte ihnen dies bestimmt gewährt), um gegenüber Minuit zuletzt zu lachen. Bei 6,5 % werden aus 24 $ in 338 Jahren 42.105.772.800 $. Und hätten sie vielleicht noch einen halben Prozentpunkt mehr aushandeln können, also 7 % Zinsen erreicht, dann läge der Gegenwert im Augenblick bei 205 Mrd. $."

„Die Entwicklung des Aktienmarktes wird weitgehend bestimmen... wann wir recht haben, aber die Genauigkeit unserer Analyse wird darüber entscheiden, ob wir recht haben. Mit anderen Worten: Wir konzentrieren unsere Überlegungen darauf, was geschehen soll, und nicht, wann es geschehen soll... Wenn wir anfangen, auf der Grundlage unserer Ahnungen oder Gefühle zu entscheiden, ob wir in ein Geschäft einsteigen, von dem wir langfristig einen Vorteil erwarten, dann kommen wir in Schwierigkeiten. Wir werden unsere Beteiligungen an Unternehmen nicht verkaufen, wenn sie einen attraktiven Preis haben, nur weil irgendein Astrologe glaubt, daß die Kurse sinken werden, obwohl solche Voraussagen von Zeit zu Zeit durchaus stimmen können. Für all Ihre Beteiligungen sollte jederzeit ein Preis angegeben werden können, damit Sie Ihre Vermögenswerte nutzen können, falls Sie es wollen. Wenn der Kurs in irgendeine Richtung unvernünftig wird, dann können Sie daraus Ihren Vorteil ziehen."

„All unsere Beteiligungen erscheinen mir normalerweise unterbewertet - sonst würden wir sie nicht besitzen."

„Mein Geschäft ist es nicht, die allgemeine Börsenentwicklung vorherzusagen und auch nicht die Schwankungen der Wirtschaftskonjunktur. Wenn Sie glauben, daß Sie das könnten oder daß es für ein Kapitalanlage-Programm wichtig wäre, dann sollten Sie nicht in der Partnership sein."

„Wie Ben Graham schon gesagt hat: ‚Langfristig gesehen ist der Markt wie eine Waage - kurzfristig gesehen jedoch eine Abstimmungsmaschine.' Für mich war es immer schon einfacher, Gewichte einzuschätzen, die auf fundamentalen Angaben beruhen, als Abstimmungsverhalten, das von der Psychologie bestimmt wird."

„Vielleicht stimmt es, daß die Trauben aus einem 30.000 qm kleinen Weinberg in Frankreich die besten der Welt sind, aber ich hatte immer schon den Verdacht, daß 99 % dieser Aussagen auf Hörensagen beruhen und nur 1 % darauf, daß man den Wein getrunken hat."

„Wenn sich Unternehmen mit hervorragenden Geschäften und komfortabler Finanzsituation in der Lage wiederfinden, daß Ihre Aktien weit unter dem intrinsischen Wert gehandelt werden, dann kann den Aktionären nichts mehr nützen, als daß das Unternehmen die eigenen Aktien zurückkauft."

„Man sagt, es gebe zu viele Fragezeichen über die nähere Zukunft. Wäre es nicht besser, zu warten, bis die Dinge ein wenig klarer zu erkennen sind? Hier gilt das Wort: ‚Halte Kaufreserven zurück, bis die aktuellen Unsicherheiten beseitigt sind.' Bevor man nach einer solchen Krücke greift, sollte man zwei eher unangenehmen Tatsachen ins Auge sehen: 1) Die Zukunft ist niemals klar. 2) Für einen Konsens an der Börse bezahlt man einen sehr hohen Preis. Tatsächlich ist die Unsicherheit der Freund des Käufers von langfristigen Werten."

„Wir brauchen nicht noch mehr Leute, die mit unwesentlichen Finanzinstrumenten ihr Glücksspiel betreiben, die mit der Börse in diesem Land in Verbindung gebracht werden, noch brauchen wir Broker, die sie dazu ermutigen. Was wir wirklich brauchen, sind Investoren und Berater, die auf die langfristigen Aussichten einer Unternehmung achten und entsprechend investieren. Wir brauchen intelligent investiertes Kapital und kein Glücksspiel auf Pump. Die Neigung, im intelligenten sozialorientierten Sektor des Kapitalmarktes zu operieren, wird von einem aktiven und spannenden Glücksspiel, das in der gleichen Arena abgehalten wird, eine sehr ähnliche Sprache benutzt und auch von den gleichen Leuten unterstützt wird, eher abgeschreckt als angezogen."

„Geometrische Progressionen schmieden sich irgendwann selbst ihre Anker."

„Die Börse, wie der liebe Gott, hilft denen, die sich selbst helfen. Aber anders als Gott vergibt die Börse nicht denen, die nicht wissen, was sie tun."

„Obwohl unsere Rechtsform die Aktiengesellschaft ist, verhalten wir uns wie eine Partnership (Kommanditgesellschaft, A.d.Ü). Charlie Munger und ich sehen unsere Aktionäre wie Eigentümer-Kommanditisten an und uns selbst als die Komplementäre. Wegen der Größe unserer Beteiligungen sind wir auch, ob wir es wollen oder nicht, Mehrheitsaktionäre. Wir sehen unser Unternehmen nicht als Eigentümer unserer Vermögenswerte, sondern als eine Art Kanal, über den unsere Aktionäre die Vermögenswerte besitzen."

Buffett zitierte John Maynard Keynes: „Die Schwierigkeit liegt nicht in den neuen Ideen, sondern darin, den alten zu entkommen."

„In den 35 Jahren, seit ich Value Investing praktiziere, habe ich keinen Trend in diese Richtung gesehen. Es scheint, als ob die Menschen einen geradezu perversen Hang dazu haben, einfache Dinge schwierig zu machen."

„In einem gewissen Umfang ermöglicht es Geld, in einem interessanten Umfeld zu leben. Aber es kann nicht beeinflussen, wie viele Menschen dich lieben oder wie gesund du bist."

Die wirtschaftswissenschaftlichen Fakultäten „belohnen komplexes Verhalten mehr als einfaches Verhalten. Aber einfaches Verhalten ist effizienter."

Über Probleme der Rüstungskontrolle und des Bevölkerungswachstums: „Wenn wir sie nicht lösen, haben wir keine Welt."

Über Geduld: „Man kauft nicht jedes Jahr ein neues Haus und tauscht auch nicht jedes Jahr die Kinder und die Ehefrau aus. Weshalb sollten wir jedes Jahr unsere Beteiligungen gegen neue eintauschen? Ich möchte mit den Unternehmen Spaß haben, ich möchte sehen, wie sie wachsen und sich entwickeln. Und ich möchte das Leben genießen. Ich kann die Carl Icahns, die Victor Posners und Ted Turners dieser Welt nicht verstehen. Am Ende geht mein Geld ohnehin an wohltätige Einrichtungen. Und deshalb ist es verrückt, in unangenehmen Verhältnissen zu leben oder zu anderen unfreundlich zu sein. Am Ende ist es völlig gleichgültig, ob die Buffett Foundation X oder 2 X wert ist..."

„Ich tue das, was ich gern tue. Keine fünf Minuten im Jahr tue ich etwas, das ich nicht mag. Und glücklicherweise bin ich in der Lage, so zu verfahren. Mich kümmert es überhaupt nicht, was irgendein anderer tut. Ich mag Menschen, und ich mag die Menschen, mit denen ich zu tun habe. Um sie und um ihre Unternehmen sorge ich mich. Und außerdem möchte ich jede Menge Spaß haben!"

„Ich mag große Transaktionen. Ich kann mich nicht in 50 oder 75 Sachen engagieren. Das ist so wie bei einer Arche Noah - am Ende hat man einen ganzen Zoo. Ich investiere lieber ansehnliche Beträge in nur wenige Unternehmen."

„Ein Lehrer ist wahrscheinlich in unserer Gesellschaft derjenige, der am weitesten unterbezahlt wird und der weitaus weniger Anerkennung findet als er verdient."

„Was aus einem Computer kommt, sieht immer sehr beeindruckend aus. Aber es ist häufig absoluter Blödsinn. Die Person, die eine Entscheidung trifft, ist weitaus wichtiger."

„Eigentlich bin ich Analyst. Ich versuche herauszufinden, was Unternehmen wert sind, und dann teile ich diesen Wert durch die Anzahl der ausgegebenen Aktien."

„Wir sind weit davon entfernt anzunehmen, daß es nichts Schlimmeres gebe als Schulden. Wir sind durchaus bereit, einen Betrag zu borgen, von dem wir annehmen - im schlimmsten Fall -, daß er dem Wohlergehen Berkshires nicht schaden wird."

„Ich bin Realist. Ich wußte immer, daß ich das, was ich tue, gern tue. Oh, vielleicht wäre es auch ganz nett gewesen, Baseball in der Oberliga zu spielen, aber hier setzt dann der Realismus ein."

„Ich habe eine innere Anzeigetafel. Wenn ich etwas tue, das anderen nicht gefällt, bei dem ich jedoch ein gutes Gefühl habe, dann bin ich glücklich. Wenn andere etwas loben, das ich getan habe, mit dem ich selbst aber nicht zufrieden bin, dann bin ich unglücklich."

„Die Börse ist nur ein Anhaltspunkt dafür, um zu sehen, ob jemand bereit ist, etwas Dummes zu tun. Wenn wir in Aktien investieren, dann investieren wir in Unternehmen. Man sollte sich einfach nur rational verhalten, nicht so, wie es gerade Mode ist."

„Unser Ziel ist es, langfristige Miteigentümer anzuziehen, die zum Zeitpunkt des Erwerbs unserer Aktien keinen Zeitplan und auch kein Kursziel haben, um unsere Aktien wieder zu verkaufen, sondern die vorhaben, für immer bei uns zu bleiben."

„Ich möchte gern Geschäfte machen, bei denen sogar ein Dummkopf Geld verdienen kann."

Über Turnarounds: „Die Aussichten werden blendend sein - die Anwälte ehrlich - aber am Ende sind größere Einschüsse in eine schreckliche Branche ungefähr so, als ob man im Treibsand strampelt."

„Ich weiß nicht, was die Börse morgen oder nächste Woche oder nächstes Jahr tun wird. Ich weiß aber, daß es in einem Zeitraum von 10 bis 20 Jahren durchaus sehr optimistische Märkte und auch ein paar sehr depressive Märkte geben wird. Der Trick ist, seine Vorteile aus den Märkten zu ziehen, statt sich von ihnen in Panik in die falsche Richtung treiben zu lassen."

„Es ist nicht erforderlich, außerordentliche Dinge zu tun, um außerordentliche Ergebnisse zu erzielen."

„Die wichtige Eigenschaft, die ein Investor haben muß, ist Temperament und nicht Intelligenz. In diesem Geschäft benötigt man keinen überragenden IQ. Man muß kein dreidimensionales Schach spielen oder kein doppeltes Bridge. Man benötigt ein Temperament, mit dem man kein großes Vergnügen dabei hat, wenn man mit der Masse oder gegen die Masse geht. Nicht die Position der anderen bestimmt, ob man recht hat, sondern man hat dann recht, wenn die Fakten stimmen und die Überlegungen richtig sind."

„Unsere Ansicht über die Inflation ist immer die gleiche. Wir haben das Gefühl, daß es einen großen Hang zur Inflation gibt - in den Vereinigten Staaten wie überall auf der Welt... Dies ist eine Welt, in der die Preise immer steigen. Es ist nur die Frage, wie sehr sie ansteigen. Irgendwo auf der Welt gibt es immer eine galoppierende Inflation. Gelddrucken ist einfach zu einfach. Ich würde es selbst tun, wenn ich damit durchkäme."

„Es ist schwierig genug, die Eigenarten und Komplexitäten der Kultur zu verstehen, in der man aufgewachsen ist, und von anderen Kulturen verstehen wir noch weniger. Immerhin wissen wir, daß die meisten unserer Aktionäre ihre Rechnungen in US-Dollar bezahlen müssen."

„Es würde uns überhaupt nicht stören, wenn die Börse für ein oder zwei Jahre schließen würde. Sie schließt an Samstagen und Sonntagen, und uns geht es gut. Wenn Grundsätze an ein festes Datum gebunden sind, dann sind es keine Grundsätze."

Wie man ein Unternehmen richtig bewertet: „Um ein Unternehmen richtig zu bewerten, sollte man idealerweise alle Geldströme erfassen, die zwischen heute und dem jüngsten Tag stattfinden werden, und sie mit einem vernünftigen Zinssatz abzinsen. Darum geht es bei der Bewertung eines Unternehmens. Ein Teil derselben Gleichung ist, wie sicher man sich dieses Cash flows sein kann. In manchen Branchen ist eine Vorhersage leichter, als bei anderen. Wasserversorgungsunternehmen kann man normalerweise leichter kalkulieren als Bauunternehmen. Wir konzentrieren uns auf Branchen, deren Entwicklung vorhersehbar ist."

Etwas, das Buffett keinen Schlaf raubt: „Es ist uns tatsächlich verboten, weitere Spar- und Darlehenskassen zu kaufen. Aber dieses Verbot raubt uns nicht den Schlaf."

Über Geld: „Ich glaube, kein guter Sportler - und da vergleiche ich mich nicht selbst, sondern eher Ted Williams oder Arnold Palmer oder jemanden in dieser Größenordnung -, wenn er genug zu essen hat seinen Sport wegen des Geldes ausübt. Meine Vermutung geht dahin, daß Ted Williams, wenn er das höchste Gehalt aller Baseballspieler bezöge und nur 0,220 schlüge, sehr unglücklich wäre. Und hätte er das geringste Einkommen im Baseball und schlüge 0,400, dann wäre er sehr glücklich. So sehe ich auch meinen Job. Geld ist ein Nebenprodukt von etwas, das ich sehr gern tue."

„An der Börse kann alles passieren und man muß seine Geschäfte so führen, daß man selbst dann, wenn das Außergewöhnlichste passiert, am nächsten Morgen immer noch im Spiel ist."

„Die Unternehmensbewertung ist teilweise Kunst und teilweise Wissenschaft."

„Große Investmentchancen gibt es dann, wenn ein hervorragendes Unternehmen in ungewöhnliche Umstände gerät, sodaß seine Aktien falsch eingeschätzt werden."

Imaginäre Nachrichtenmeldung: Buffett fällt am 4. Juli 2034 in einen Aufzugschacht und hinterläßt der Buffett Foundation 20 Billionen $. Bei Börseneröffnung fällt Berkshire um 23 % auf 99 Mio. $ je Aktie. Munger nimmt den Chefsessel ein, Lou Simpson wird zum Vizevorsitzenden ernannt und beginnt sofort mit großen Aktienrückkäufen. Er konsultiert Gates. Er beginnt Verhandlungen um China zu kaufen. Bei Börsenschluß wird die Aktie mit 123 Mio. $ bewertet, da sich die Investoren an Buffetts vorige berühmte Worte über große Investmentchancen erinnern.

„Multiplizieren Sie die Verlustwahrscheinlichkeit mit der möglichen Verlusthöhe, und subtrahieren Sie diese Zahl vom Produkt aus der Gewinnwahrscheinlichkeit und der möglichen Gewinnhöhe. Das versuchen wir. Es ist nicht perfekt, aber so ist es eben. Wir tun nur das, wovon wir etwas verstehen, und das schließt eine ganze Menge Dinge aus."

„Die Zeit ist der Freund wunderbarer Unternehmen und der Feind mittelmäßiger Unternehmen."

„Es ist keine Sünde, eine große Chance außerhalb seines Kompetenzbereichs zu verpassen."

Berkshire nahm einen Kredit von 400 Mio. $ auf und kaufte damit Schatzbriefe: „Die beste Zeit, Wertpapiere zu kaufen, ist dann, wenn es am schwierigsten ist, an Geld zu kommen."

„Ich hatte oft das Gefühl, daß man mehr davon hat, wenn man geschäftliche Fehler analysiert und studiert als geschäftliche Erfolge. An Business Schools werden immer nur geschäftliche Erfolge studiert. Aber mein Partner Charlie Munger sagt, er möchte eigentlich nur wissen, wo er einmal sterben wird - damit er nie dorthin geht."

„Ich bin nicht wie ein Stahlmanager, der nur überlegt, wie man in Stahl investiert. Mein Bild ist größer, ganz einfach, weil ich mein ganzes Leben lang Unternehmen studiert habe, angefangen mit Abbott Labs und bis zu Zenith."

„Ich glaube, hier (in Omaha) lebt man sehr viel gesünder. Als ich damals in New York arbeitete, hatte ich den Eindruck, daß die ganze Zeit irgendwelche Reize auf mich einwirkten. Und wenn man über einen normalen Adrenalinspiegel verfügt, dann fängt man an, auf diese Reize zu reagieren. Das kann nach einer gewissen Zeit zu verrücktem Verhalten führen. Hier ist es wesentlich einfacher, nachzudenken."

„Ich liebe, was ich tue. Es ist, als ob ich an einem intellektuell interessanten Spiel teilnehme, das nicht allzu schwer zu gewinnen ist. Ich versuche nicht, über 2 Meter hohe Hürden zu springen: Ich suche nach Hürden, die nur 30 cm hoch sind - da kann ich drübersteigen. Ich arbeite mit sensationellen Menschen zusammen und tue das in meinem Leben, was mir gefällt. Warum sollte ich das nicht tun? Wenn ich nicht in der Lage bin, zu tun, was mir gefällt, wer - verdammt noch mal - ist es dann?"

„Jeder junge Mensch, der nicht Bridge lernt, macht einen großen Fehler."

„Aktien sind einfach. Alles, was man tun muß: die Aktien eines hervorragenden Unternehmens für weniger als dessen intrinsischen Wert kaufen, das ein höchst integres und fähiges Management besitzt. Dann hält man diese Aktien sein Leben lang."

Buffetts Beschreibung einiger Grundregeln für die Buffett Partnership: „Ich sagte ihnen (den Kommanditisten): ‚Ich werde eine Partnership gründen, bei der ich das Portfolio manage und in die ich auch mein Geld einbringe. Ich garantiere Ihnen 6 % Gewinn und bekomme 20 % aller Gewinne. Und ich werde niemandem sagen, was wir besitzen, weil das nur ablenkt. Ich möchte meine Scorecard erst bei Ihnen abgeben, wenn ich vom Golfkurs komme. Ich möchte nicht, daß Sie mir die ganze Zeit hinterherlaufen und mich beobachten, wie ich mit einem 3er-Eisen gegen mein Schienbein schlage oder beim nächsten Loch einen einfachen Putt nicht versenke.‘"

„Eine überaktive Börse ist der Taschendieb eines jeden Unternehmens."

„Man muß nicht unbedingt ein Spitzenwissenschaftler sein. Kapitalanlage ist kein Spiel, in dem der mit einem IQ von 160 besser ist als einer mit einem IQ von 130. Hier ist Vernunft gefragt."

„In gewisser Weise ist Berkshire Hathaway eine Leinwand und ich male darauf, was ich will. Und es ist der Prozeß des Malens, der mir wirklich Spaß macht, nicht der spätere Verkauf des Bildes."

„Man kann nicht klüger sein als der dümmste Konkurrent. Der Trick ist, keine Konkurrenten zu haben."

„Der häufigste Grund für niedrige Kurse ist Pessimismus - manchmal ein allgemeiner, manchmal nur auf ein Unternehmen oder eine Branche bezogen. In einem solchen Umfeld betreiben wir gern Geschäfte - nicht weil wir Pessimismus lieben, sondern weil wir die Kurse mögen, die aus Pessimismus entstehen. Optimismus ist der Feind des vernünftigen Käufers. Das bedeutet allerdings nicht, daß ein Unternehmen oder eine Aktie ein intelligenter Kauf ist, nur weil es oder sie nicht besonders beliebt ist. Eine konträre Strategie ist ebenso dumm wie die Strategie, immer der Masse zu folgen. Man sollte seinen eigenen Überlegungen folgen statt Meinungsumfragen."

„Das Wichtigste, wenn man sich in einem Loch wiederfindet: aufhören zu graben."

„Man kann heute nur im Schatten sitzen, weil jemand schon vor langer Zeit einen Baum gepflanzt hat."

„Die besten CEOs führen lieber ihre Unternehmen, als daß sie zu Konferenzen gehen oder Golf spielen."

„Wenn man schnelle 100 Meter schwimmen möchte, dann ist es besser, mit dem Strom zu schwimmen, als daran zu arbeiten, seinen Armzug zu verbessern."

„Es gibt eine ganze Menge Dinge, die Gewinne einbringen, aber man muß bei dem bleiben, was man wirklich kann. Ich habe keine Möglichkeit, Mike Tyson KO zu schlagen."

„Wir sind nicht nur rein ökonomische Wesen... Diese Tatsache mindert unsere Ergebnisse in gewisser Weise, aber wir folgen lieber diesem Weg. Welchen Sinn macht es, reich zu werden, wenn man aus seinem Unternehmen ständig Leute entfernt, die man mag und bewundert, nur um geringfügig höhere Gewinne zu erzielen? Wir lieben hohe Gewinne, aber opfern nicht alles dafür."

Über den Wunsch, große Anteile an den richtigen Unternehmen zu haben: „Heute besitzen wir bei einem Portfolio von 7 Mrd. $ weniger Aktien, als wir in einem Portfolio von 20 Mio. $ hatten."

Über sein Vertrauen zu den Managern seiner Unternehmen: „Wenn sie meine Hilfe brauchen, um ihr Unternehmen zu managen, dann sind wir wahrscheinlich beide in großen Schwierigkeiten."

„Wenn man leicht an Geld kommt, führt das oft zu undisziplinierten Entscheidungen."

Wie man aus Fehlern lernen kann: „Ich vermute, ich habe früher zu sehr dazu geneigt, mittelmäßige oder schlechter als mittelmäßige Unternehmen zu einem sehr billigen Kurs zu kaufen. Damit wird man kaum Geld verlieren, aber andererseits wird man damit auch kein gutes Unternehmen bekommen. Und so wurde der Schwerpunkt im Laufe der Zeit verlagert. Wir versuchen nicht mehr, den schlechtesten Möbelladen in der Stadt zum günstigsten Preis zu kaufen. Wir möchten das beste Möbelgeschäft zu einem fairen Preis kaufen."

Über seine größte Stärke: „Ich denke rational. Viele Leute haben höhere IQs, und viele Leute arbeiten wesentlich länger, ich jedoch denke rational. Man muß sich allerdings selbst disziplinieren können und darf die Gefühle bei Überlegungen nicht berücksichtigen."

„1986 war mein größter Erfolg, nichts Dummes getan zu haben. Man konnte nicht viel tun, es gab nichts zu kaufen. Der Trick ist, daß man dann, wenn es nichts zu tun gibt, auch wirklich nichts tut."

„Ich liebe, was ich tue. Und das möchte ich so lange tun, wie ich nur kann. Tatsächlich habe ich das Gefühl, als ob ich den ganzen Tag tanze. Wirklich."

Ein Rat an Diplomanden der Wirtschaftswissenschaften: „Arbeiten Sie für denjenigen, den Sie am meisten bewundern. Das wird Sie beflügeln. Sie werden am Morgen gern aufstehen, und Sie werden eine Menge lernen. Ich habe es auch so gemacht. Ich wollte für Ben Graham arbeiten, aber er hat mich nicht sofort eingestellt. Ich bot ihm an, kostenlos für ihn zu arbeiten, und so ist es noch schlimmer, als es sich anhört. Also versuchte ich, ihm in verschiedener Weise nützlich zu sein. Ich arbeitete eine Reihe von Studien aus, die ich mir selbst überlegt hatte. Ich versuchte, neue Ideen vorzuschlagen. Wenn ich heute Student wäre, würde ich wahrscheinlich den Leuten, für die ich arbeite, zeigen was ich kann. Wenn ich Quarterback bei den Washington Redskins werden wollte, dann würde ich versuchen, sie dazu zu bringen zuzusehen, wie ich Pässe werfe. Konsequenterweise würde ich niemals für ein Unternehmen arbeiten, bei dem ich ein schlechtes Gefühl hätte."

„Kapitalanlage muß vernünftig sein. Wenn man sie nicht versteht, sollte man die Finger davon lassen."

Über Restaurants als Investments: „Nicht gut, weil gleich auf der anderen Straßenseite ein ähnliches eröffnen könnte."

„Wachstum ist immer ein Faktor, den man bei der Wertberechnung berücksichtigen muß, weil er eine Variable darstellt, deren Bedeutung von vernachlässigbar bis enorm reicht und deren Auswirkungen ebenso negativ wie positiv sein können."

„Was für die meisten Leute bei der Kapitalanlage zählt, ist nicht, wieviel sie wissen, sondern wie realistisch sie einschätzen, was sie nicht wissen. Ein Investor muß nur wenige Dinge richtig tun, solange er große Fehler vermeidet."

„Wenn Optionen nicht eine Form von Entlohnung sind, was sind sie dann? Und wenn Löhne keine Ausgaben sind, was sind sie dann? Und wenn Ausgaben nicht in die Gewinnrechnung eingehen, wo sollten sie denn dann hingehen?"

Zwei Arten von Information: „Es gibt Dinge, die man wissen kann, und solche, die wichtig zu wissen sind. Die Dinge, die man wissen kann und die außerdem wichtig sind, stellen nur einen äußerst geringen Prozentsatz des gesamten Wissens dar."

Über Kapitalanlage: „Kapital anzulegen, ist nicht besonders kompliziert. Man muß etwas von der Rechnungslegung verstehen und die Terminologie der Geschäftswelt kennen. Man sollte *The Intelligent Investor* lesen. Man benötigt die richtige gedankliche Orientierung und das richtige Temperament. Man sollte sich für den Ablauf der Dinge interessieren und innerhalb seines Kompetenzbereichs bleiben... Vermeiden Sie, sich emotional zu sehr zu engagieren. Lesen Sie Ben Graham und Phil Fisher, lesen Sie Jahres- und Börsenberichte, aber berechnen Sie keine Gleichungen mit griechischen Buchstaben darin."

„Ich lese die Jahresberichte der Unternehmen, für die ich mich interessiere, und ich lese die Jahresberichte der Konkurrenz... Dies sind die Grundlagen meiner Entscheidungen."

Munger: „Wir versuchen, die Dinge so einfach wie möglich zu halten... damit der Vorsitzende sich hinsetzen und Jahresberichte lesen kann."

Über den Aktienkurs von Berkshire: „Zu keiner Zeit war der Kurs weit von seinem intrinsischen Wert entfernt. Die Aktie hatte immer einen vernünftigen Kurs."

Über den Verkauf von Unternehmen: „Wir verkaufen keine Blumen, um mit diesem Geld das Unkraut zu gießen."

„Wenn man für eine Oper wirbt und für ein Rockkonzert, dann wird man unterschiedliches Publikum erhalten... Wir versuchen, den langfristigen Aktionär zu interessieren. Wir wollen keine große Fluktuation. Wenn man die falschen Aktionäre hat, werden diese nach sechs Monaten wieder aussteigen... Es ist äußerst unwahrscheinlich, daß wir einen Aktiensplit vornehmen."

Zu Medienberichten über seine Unternehmenskäufe: „Manche sind sehr irreführend... Wir kündigen unsere Akquisitionen nicht an (wenn es nicht gesetzlich vorgeschrieben ist). Jeder hier ist ein wenig reicher, weil wir diese Strategie verfolgen."

Restrukturierungen: „Das ist ein anderes Wort für Fehler."

Der professionelle Investor schafft keinen zusätzlichen Wert: „Ein Faktor, auf den die Leute nicht genügend achten, ist, daß eine professionelle Vermögensverwaltung schwächere Gewinne abwirft, als ein einfaches Investment. Der Grund dafür sind die Opportunitätskosten, die Charlie schon erwähnte. Ein bemerkenswerter Prozentsatz des 4-Billionen-$-Wertpapiermarktes wird von Managern verwaltet, die dafür bezahlt werden, daß sie ihre Arbeit tun. Deren Performance muß ein wenig schlechter sein als der Durchschnitt, weil sie ihre Arbeit in Rechnung stellen. Und so hat man einen Beruf, dessen Angehörige als Ganzes dem, was die Anleger selbst tun können, nichts hinzufügen können. In Wirklichkeit schmälern sie die Ergebnisse."

Über Berkshires Zukunft: „Ich sehe, daß es einige sehr interessante Ereignisse geben wird, aber ich habe nicht die geringste Idee, welche es sein werden."

Darüber, daß die Reichen unter Präsident Clintons Programm zum Abbau der Staatsverschuldung einen angemessenen Anteil beitragen sollen. Buffett, der jährlich 100.000 $ bei Berkshire verdient und 148.000 $ Tantiemen aus seinen Verpflichtungen als Aufsichtsrat, sagte: „Wenn ich es schaffe, zu den 1 % zu gehören, die am meisten Steuern zahlen, dann stört mich das überhaupt nicht. Es wäre schlecht für Amerika, wenn wir nichts täten. Ich bin dafür, daß die Steuersätze progressiver gestaltet werden. Ich wünschte nur, daß bei den Ausgabenkürzungen mehr herausgekommen wäre."

Wo wird Buffett seinen nächsten Urlaub verbringen? „Es gibt nichts, vor dem ich davonlaufen müßte."

Buffett als Bewunderer des englischen Ökonomen und Investors John Maynard Keynes: „Keynes sagte, man solle nicht versuchen herauszufinden, was der Markt macht. Man solle sich auf Unternehmen konzentrieren, die man versteht. Diversifikation sei ein Schutz gegen Unwissenheit, wenn man jedoch nicht das Gefühl habe, unwissend zu sein, dann gehe die Notwendigkeit der Diversifikation drastisch zurück."

Über die Lehren von Ben Graham: „Wenn das richtige Temperament

mit dem richtigen Denkmuster zusammenkommt, dann erhält man rationales Verhalten."

Über ein internationales Portfolio: „Ich erhalte jährlich 150 Mio. $ Ge-
winne aus den internationalen Operationen von Gillette und Coca-Cola.
Das ist mein internationales Portfolio."

„Ich bin ein besserer Investor, weil ich Geschäftsmann bin und ich bin
ein besserer Geschäftsmann, weil ich Investor bin."

„Kinder sollten genügend Geld erhalten, um das zu tun, was sie gern
tun, aber nicht soviel, daß sie faul werden."

In der Fernsehsendung *Money World* von Adam Smith gab Buffett Neu-
lingen der Kapitalanlage einen guten Rat: „Wenn jemand nur mit wenig
Kapital einsteigen möchte, dann würde ich ihm raten, genau das zu tun,
was ich vor ungefähr 40 Jahren getan habe. Damals studierte ich jedes Unternehmen der Vereinigten Staaten, das an der Börse notiert wurde und
diese Datenbank des Wissens zahlte sich im Laufe der Zeit hervorragend
aus." Adam Smith: „Aber es gibt 27.000 Aktiengesellschaften." Buffett:
„Nun, man sollte bei A anfangen."

„Risiko ist, wenn man nicht weiß, was man tut."

„Ich würde intensiv nach einem Unternehmen suchen, bei dem die
fundamentalen Wirtschaftsdaten in Ordnung sind. Ich würde von Leuten
kaufen, denen ich vertrauen kann. Und ich würde über den Preis nachdenken, den ich bezahlen muß. Ich würde aber nicht über den Preis nachdenken, falls die Antworten auf die ersten zwei Überlegungen nicht
zufriedenstellend sind. Und genau das tun wir bei Berkshire. Und weil wir
dies tun - weshalb sollte ich dann darüber nachdenken, ob ich am Montag
billiger kaufen kann als am Freitag oder ob ich den Januar-Effekt in Betracht ziehen sollte oder ähnlichen Quatsch?"

Über Geldanlage in Kommunikationsunternehmen: „Ich mag keine
Branchen, in denen sich die Technologie schnell entwickelt. Ich glaube
nicht, daß ich besonders gut bin, die Zukunft einzuschätzen, wenn sie
ganz anders aussehen wird als die Gegenwart. Ganz allgemein stehe ich allem, das von Technik und Innovationen abhängig ist, eher kritisch gegenüber, als daß es mich begeistert."

Über gesunden Menschenverstand und Selbstvertrauen: „Schließlich
vertraue ich meinen Augen mehr als irgend etwas anderem."

Über Steuern: „Wenn wir unsere eigenen Aktien betrachten, dann können Charlie und ich uns absolut nicht über Steuern beschweren. Wir wissen, daß wir in einer marktwirtschaftlich orientierten Gesellschaft
arbeiten, die unsere Bemühungen weitaus besser belohnt als die
Bemühungen anderer, deren Nutzen für die Gesellschaft gleich groß oder

sogar größer ist. Die Besteuerung soll diese Ungleichheit ausgleichen und tut es teilweise auch. Aber wir werden immer noch außerordentlich gut behandelt."

Über Diversifikation: „Die Strategie, die wir eingeschlagen haben, schließt den allgemeinen Grundsatz über Diversifikation aus. Viele Gelehrte würden deshalb sagen, daß diese Strategie risikoreicher sein müßte als die von konventionelleren Investoren. Wir sind nicht dieser Meinung. Wir sind der Überzeugung, daß eine Politik der Konzentration im Portfolio ein Risiko (wenn es denn besteht) sehr wohl senken kann, da es sowohl die Intensität erhöht, mit der ein Investor über den Einstieg in ein Unternehmen nachdenkt, als auch den Grad der Zufriedenheit, die er mit den ökonomischen Gegebenheiten empfinden muß, bevor er in dieses Unternehmen einsteigt. Wenn wir diese Auffassung vertreten, dann definieren wir Risiko so wie wir es im Wörterbuch finden: als die Möglichkeit eines Verlustes oder einer Verletzung. Unsere Akademiker definieren das Risiko bei der Kapitalanlage anders; sie behaupten, Risiko sei die relative Volatilität einer Aktie oder eines Portfolios - also diese Volatilität im Vergleich zu der aller anderen Aktien dieser Erde. Danach bemühen diese Akademiker Datenbanken und die Statistik und berechnen das ‚Beta' einer Aktie ganz genau - ihre relative Volatilität in der Vergangenheit. Dann bauen sie um diese Berechnung herum geheimnisvolle Anlagetheorien auf. In ihrem Bemühen, eine Formel zu erhalten, mit der man Risiko messen kann, vergessen sie ein Grundprinzip: Es ist besser, ungefähr richtig zu liegen als genau daneben."

„Die Diversifikation ist ein Schutz gegen Unwissenheit."

„Rennen macht überhaupt keinen Sinn, wenn man auf dem falschen Weg ist."

„Wir wissen, wer die besten Baseballspieler sind, weshalb sollten wir dann nicht wissen, wer die besten Lehrer sind?"

„Mit einem Wetterfähnchen kann man nicht reich werden."

„Wir multiplizieren lieber mit drei als mit Pi."

„Charlie und ich bilden uns niemals eine Meinung über die Börse, weil sie nicht gut wäre, und sie könnte unsere richtigen Überzeugungen nur stören."

„Wirklich alles, was wir getan haben, geht darauf zurück, daß wir öffentlich zugängliche Berichte gelesen haben, zusätzlich vielleicht Fragen gestellt und uns über Handelspositionen, die Produktstärke oder dergleichen kundig gemacht haben."

Coca-Cola: „Ungefähr 1890 kostete das ganze Unternehmen 2.000 $. Heute ist sein Marktwert 50 Mrd. $. Jemand könnte demjenigen, der das

Unternehmen 1890 kaufte, gesagt haben: ‚Wir werden zwei große Weltkriege haben. 1907 wird es eine Panik geben. Und all das wird eintreffen. Wäre es nicht besser, zu warten?' Wir können uns diesen Fehler nicht erlauben.“

„Alles, was ich über ein Produkt, sein Vertriebssystem oder die Finanzen des Herstellers weiß, wissen auch Hunderte und Tausende oder Millionen von anderen. Sie machen daraus nur nichts.“

„Zwischen einem Unternehmen, das mit großem Kapitalbedarf wächst, und einem, das ebenfalls wächst und kein Kapital benötigt, gibt es einen Riesenunterschied.“

„Ich kaufe auch teure Anzüge. Aber wenn ich sie trage, sehen sie billig aus.“

Selber denken: „Man muß selbst denken. Es erstaunt mich immer, wie Leute mit einem sehr hohen Intelligenzquotienten gedankenlos imitieren. Wenn ich mit anderen Leuten spreche, bekomme ich nie gute Ideen.“

Über ein gutes Unternehmen: „Beachten Sie die Beständigkeit einer Branche. Für mich ist es am wichtigsten herauszufinden, wie groß der Wassergraben um dieses Unternehmen ist. Was ich natürlich besonders mag, ist eine große Burg und darum herum ein großer Wassergraben mit Piranhas und Krokodilen.“

„Zinseszins ist ungefähr so, als ob man einen Schneeball einen Hang hinunterrollt. Man kann mit einem ganz kleinen Schneeball anfangen. Wenn er lange genug den Hang hinunterrollt (und mein Hang ist nun 53 Jahre lang - damals kaufte ich meine erste Aktie) und der Schnee nur ein wenig klebt, dann hat man am Ende eine riesige Schneekugel.“

„Ich verbringe außerordentlich viel Zeit mit Lesen. Ich lese mindestens sechs Stunden am Tag, manchmal mehr. Ein oder zwei Stunden verbringe ich täglich am Telefon und den Rest der Zeit denke ich nach. Bei Berkshire gibt es keine Konferenzen. Ich hasse Konferenzen.“

„Die Leute, die glauben, daß Lebensmittelmarken die Initiative schwächen und zu Armut führen, sind die gleichen, die tönen, sie wollten ihren Kindern eine Menge Geld hinterlassen.“ (Auch ererbtes Vermögen lähmt nach Ansicht Buffetts die Initiative. A.d.Ü.)

„Alles, was wir wollen, ist, an einem Geschäft teilzuhaben, das wir verstehen, das von Leuten geführt wird, die wir mögen, und das in Relation zu seinen Zukunftsaussichten einen attraktiven Preis hat.“

„Wir wissen es nicht und wir denken auch nicht darüber nach, wann etwas passieren wird. Wir überlegen, was passieren wird.“

„Sie haben Glück im Leben, wenn Sie sich die richtigen Vorbilder aussuchen. Benjamin Graham war mein Vorbild.“

Als Buffett über Benjamin Graham und dessen Freigiebigkeit mit Ideen sprach, zitierte er Oscar Hammerstein: „Eine Glocke ist keine Glocke, solange man sie nicht läutet. Ein Lied ist kein Lied, solange man es nicht singt. Und die Liebe im Herzen darf nicht dort bleiben. Liebe ist keine Liebe, solange man sie nicht verschenkt."

„Auf fast jedem Gebiet erzielen Profis bessere Ergebnisse als Laien. Auf die Geldanlage trifft das nicht zu."

Die Grundregeln der Kapitalanlage sind, Aktien als Unternehmen zu betrachten, Marktfluktuationen zu seinem Vorteil zu nutzen und eine Sicherheitsmarge zu suchen. „Das hat Ben Graham uns gelehrt... Und noch in 100 Jahren werden dies die Grundsteine der Kapitalanlage sein."

„Wir versuchen lediglich, Unternehmen zu kaufen, deren wirtschaftliche Verhältnisse in Ordnung sind, die von ehrlichen und fähigen Leuten geführt werden und die wir zu einem vernünftigen Preis kaufen können. Das ist alles, was ich zu tun versuche. Wenn ich einen Basketballspieler sehe, der 2,15 Meter groß ist, dann denke ich: Wenn dieser Junge sich koordiniert bewegt, kann ich ihn noch weiter ausbilden usw. Wenn dann jemand kommt und sagt: ,Ich bin nur 1,70 Meter groß, aber Sie sollten mal sehen, was ich mit dem Ball kann', dann antworte ich: ,Ich bin nicht interessiert.'"

„Der beste Zeitpunkt, eine Aktie zu verkaufen, ist niemals."

„Wenn man ein wirklich gutes Unternehmen findet, das von erstklassigen Leuten geführt wird, dann ist die Wahrscheinlichkeit groß, daß ein Preis, der hoch aussieht, überhaupt nicht hoch ist."

„Wenn der Markt effizient wäre, säße ich als Bettler auf der Straße."

„Vor 30 Jahren hätte niemand vorausgesehen, daß sich der Vietnamkrieg so ausweiten würde, daß es Lohn- und Preiskontrollen geben würde, daß es zwei Ölschocks, den Rücktritt eines Präsidenten und die Auflösung der Sowjetunion geben würde. Man hätte auch nie vorausgesagt, daß der Dow Jones an einem Tag um 508 Punkte fallen oder daß Schatzbriefgewinne zwischen 2,8 und 17,4 % schwanken würden."

„Es ist besser, einen namhaften Teil des Hope-Diamanten zu besitzen, als 100 % eines Straßsteins."

Einmal zitierte Buffett Wayne Gretzky, den Eishockey-Helden: „Laufe immer dorthin, wo der Puck hinkommen wird, nicht dorthin, wo er gerade ist."

„Bei unseren Käufen achten wir mehr auf den Preis als auf das Timing. Unserer Ansicht nach ist es blanker Unsinn, Aktien eines hervorragenden Unternehmens, dessen langfristige Zukunft vorhersehbar ist, nicht zu kaufen, nur weil es kurzfristige Bedenken gibt oder eine Börse, von der wir genau wissen, daß sie unberechenbar ist. Weshalb sollte man eine Entscheidung, die auf Fakten beruht, wegen einer vagen Vermutung verwerfen?"

„Man darf nicht versuchen, Geld auf dem gleichen Weg zurückzugewinnen, auf dem man es verloren hat."

„Wir glauben an Manager, die wissen, daß Geld Geld kostet."

„Eine Aktie weiß nicht, wer ihr Besitzer ist. Wenn die Aktie steigt oder fällt, dann hat man dabei alle möglichen Gefühle und Emotionen, aber die Aktie schert sich keinen Deut darum."

„Es gibt gewisse Arten von Unternehmen, bei denen man nur einmal sehr intelligent sein muß, und andere Unternehmen, wo man jeden Tag intelligent sein muß, um dieses Unternehmen zu verteidigen. Der Einzelhandel gehört dazu. Wenn Sie ein Verkaufskonzept finden, das Erfolg hat, dann müssen Sie es jeden Tag verteidigen."

Ein Ratschlag an Manager: „Denken Sie wie ein Eigentümer und teilen Sie uns die schlechten Nachrichten früh genug mit."

„Zukunftsprojektionen oder Prognosen kann ich nicht brauchen. Sie schaffen die Illusion scheinbarer Genauigkeit. Je genauer sie sind, um so vorsichtiger sollten Sie sein. Wir beachten niemals Projektionen, aber wir kümmern uns sehr darum, was in der Vergangenheit war, und dabei sind wir sehr genau. Wenn ein Unternehmen in der Vergangenheit lausige Ergebnisse hatte, jedoch eine strahlende Zukunft verspricht, dann lassen wir diese Gelegenheit sausen."

Das erste, woran Buffett denkt, wenn er ein Unternehmen kauft: „Kann ich es verstehen?"

Über Coca-Cola: „Ich habe zwar im Augenblick keine Pläne, weitere Coca-Cola-Aktien zu kaufen, möchte es aber auch nicht ausschließen. Und wenn ich überlege, ob ich ein anderes Unternehmen kaufen soll, dann sage ich mir; warum soll ich dieses Unternehmen kaufen und nicht weitere Coca-Cola-Aktien?"

„Wenn man die Wahl zwischen einem fantastischen Management und einem fantastischen Unternehmen hat, dann sollte man das fantastische Unternehmen nehmen."

Über das Management: „Wenn man von einem Unternehmen nicht annehmen kann, daß es Jahre nachdem die Tinte auf dem Kaufvertrag trocken ist, auf eigenen Füßen stehen kann, dann hätten wir daran kein Interesse."

„Eine vertraute und liebgewonnene Aktie zu verkaufen, ist so, als würde man seine Frau fallenlassen, wenn sie alt wird."

„Die Ketten, in denen uns unsere Gewohnheiten festhalten, sind solange zu leicht, als daß man sie fühlen könnte, bis sie zu schwer sind, als daß man sie brechen könnte."

Darüber, daß Buffett bei der Fusion Disney/Cap Cities bis zur letzten Minute mit seiner Entscheidung wartete, ob er Aktien, Bares oder eine Kombination von beidem akzeptieren wolle: „Ich schlage nie nach einem Ball, wenn ihn der Werfer noch in der Hand hält."

„In den Anfängen brauchten wir nur gute Ideen, aber heute brauchen wir gute große Ideen."

Als ein Mann mit einem hinkenden Pferd zum Tierarzt kommt, sagt er: „Können Sie mir helfen? Manchmal läuft mein Pferd richtig, und manchmal hinkt es." Der Tierarzt antwortet: „Wo ist das Problem? Wenn es mal gut läuft, dann sollten Sie es verkaufen."

„Wir haben einige Vorteile, von denen der größte wahrscheinlich ist, daß wir keinen strategischen Plan haben."

„Es gibt keine Formel, mit der man den intrinsischen Wert feststellen kann. Man muß das Unternehmen kennen."

„Wenn man in seinem Leben drei wunderbare Unternehmen findet, dann wird man sehr reich."

„Ein großartiges Unternehmen ist dann großartig, wenn es 25 oder 30 Jahre lang großartig ist."

„Wir betrachten die Berkshire-Aktionäre nicht als gesichtslose Mitglieder einer sich ständig verändernden Masse. Wir betrachten sie eher als Mitunternehmer, die uns ihr Geld anvertraut haben, um das zu schaffen, was sich als ihr Erbe herausstellen könnte."

„Insgesamt gesehen profitieren Berkshire und seine langjährigen Aktionäre von einem fallenden Aktienmarkt so, wie ein Käufer von Lebensmitteln von fallenden Lebensmittelpreisen profitiert. Wenn also die Börse einmal in die Knie geht - so wie sie es von Zeit zu Zeit tut -, dann sollte niemand in Panik geraten und auch nicht trauern. Das ist gut für Berkshire."

Eine weitere Grundregel: „Soweit es möglich ist, sähen wir gern, daß jeder Berkshire-Aktionär in der Zeit, in der er eine Aktie hält, den Gewinn oder den Verlust im Marktwert proportional zum Gewinn oder Verlust des intrinsischen Werts aufzeichnet, der von Berkshire während dieser Zeit bekanntgegeben wird. Das Verhältnis zwischen dem intrinsischen Wert und dem Kurs einer Berkshire-Aktie sollte immer konstant 1:1 bleiben. Und das bedeutet auch, daß wir es lieber sähen, wenn Berkshires Aktien auf einem fairen und nicht unbedingt auf einem hohen Kursniveau gehandelt würden. Es ist offensichtlich, daß Charlie und ich den Kurs der Berkshire-Aktie nicht beeinflussen können. Aber über unsere Strategien und über unsere Kommunikation können wir ein rationales Verhalten der Aktionäre bewirken, das wiederum einen Aktienkurs bewirkt, der ebenso rational ist. Unsere Auffassung, daß es ebenso schlecht ist, überbewertet zu sein, wie unterbewertet zu sein, mag manche Aktionäre enttäuschen, insbesondere diejenigen, die vorhaben, zu verkaufen. Wir sind jedoch davon überzeugt, daß diese Strategie für Berkshire am besten ist, um langfristige Investoren anzuziehen, die eher vom Fortschritt des Unternehmens als von den Investmentfehlern anderer profitieren wollen."

„Man kann den Unterschied zwischen dem Buchwert und dem intrinsischen Wert verstehen, wenn man eine besondere Form von Investment betrachtet, nämlich eine Collegeausbildung. Stellen Sie sich die Kosten einer Collegeausbildung als ‚Buchwert' vor. Wenn die Kosten richtig sein sollen, dann sollten sie das Einkommen enthalten, das einem Studenten entgangen ist, weil er studiert und nicht einen Job angenommen hat. In dieser Überlegung ignorieren wir die wichtigen, aber nicht in Zahlen auszudrückenden Vorteile einer Ausbildung und konzentrieren uns immer auf ihren ökonomischen Wert. Zunächst müssen wir die Einkünfte eines Absolventen abschätzen, die er in seinem Arbeitsleben erhalten wird, und davon den Betrag abziehen, den er verdient hätte, hätte er diese Ausbildung nicht genossen. Damit erhalten wir einen Überschuß, der zu einem angemessenen Zinssatz bis auf den Tag der Abschlußprüfung abgezinst werden muß. Das Ergebnis in Dollar entspricht dem intrinsischen Wert der Ausbildung. Möglicherweise werden manche Absolventen feststellen, daß der Buchwert ihrer Ausbildung den intrinsischen Wert übertrifft, was bedeutet, daß derjenige, der für die Ausbildung bezahlte, für sein Geld nicht den entsprechenden Gegenwert bekommt. In anderen Fällen übertrifft der intrinsische Wert einer Ausbildung den Buchwert bei weitem, ein Ergebnis, das beweist, daß das Kapital klug eingesetzt wurde. In jedem Fall ist klar geworden, daß der Buchwert ein bedeutungsvoller Indikator für den intrinsischen Wert ist."

Die vielgescholtenen reichen Müßiggänger mußten eine schlimme Rüge einstecken. „Sie haben ihren Wohlstand erhalten, während viele der energetischen Reichen - aggressive Immobilienspekulanten, Käufer von Unternehmen, Ölexploratoren usw. - ihr Vermögen verloren haben."

„Es sind diese großen dummen Akquisitionen, die die Aktionäre weit, weit mehr kosten als irgend etwas anderes."

„Mit genug Insiderinformationen und 1 Mio. $ kann man in einem Jahr pleite gehen."

Buffett zu Katharine Graham über die harten Tage bei der *Washington Post* in den 70er Jahren: „Wenn man mal einen Tag unten ist, bedeutet das überhaupt nichts. Wenn man aber ein Jahr lang darniederliegt, hat man das ganze Unternehmen verloren. Wo kreuzen sich dazwischen die Linien?" Er suchte nach diesem Schnittpunkt. Rückblickend gab er zu : „Sie kamen dem Punkt, an dem sie in ernsthafter Gefahr waren, das Unternehmen zu verlieren, nie sehr nahe, aber es ist wie bei der Suche nach einer Krebstherapie. Entweder findet man die richtige Therapie oder man stirbt innerhalb von sechs Monaten. Und wenn man die Therapie schon im vierten Monat findet, dann sagt man, es sei überhaupt nicht schwierig gewesen."

„Ich möchte nicht, daß Sie in Panik geraten und Ihre Berkshire-Aktien verkaufen, wenn Sie hören, daß eine große Katastrophe uns einen namhaften Betrag gekostet hat. Wenn Sie dazu neigen, so zu reagieren, dann sollten Sie heute keine Berkshire-Aktien besitzen, wie Sie überhaupt vermeiden sollten, Aktien zu besitzen, wenn Sie durch einen zusammenbrechenden Markt in Panik geraten und verkaufen würden."

Über Steuern: „1961 sagte Präsident Kennedy, wir sollten nicht danach fragen, was das Land für uns tun kann, sondern danach, was wir für das Land tun können. Im letzten Jahr entschieden wir uns, diesem Vorschlag Folge zu leisten. Wir mußten dem US-Finanzministerium 860 Mio. $ an Einkommensteuer überweisen. Und hier nur ein paar Gedanken über diese Zahl: Wenn ein ähnlicher Betrag von weiteren 2.000 Steuerzahlern abgeführt worden wäre, dann hätte die Regierung im Jahr 1996 einen ausgeglichenen Haushalt, ohne nur 10 Cents an Steuern zu benötigen - sei es Einkommensteuer oder Sozialversicherung oder irgend etwas anderes. Die Berkshire-Aktionäre können wahrhaftig sagen: ‚Ich habe schon gespendet.' Charlie und ich glauben, daß hohe Steuern völlig gerechtfertigt sind. Den Beitrag, den wir damit für das Gemeinwohl leisten, entspricht wohl dem, was die Gesellschaft für uns tut. Berkshire prosperiert in Amerika, wie es das nirgendwo anders könnte."

„Untätigkeit (bei der Kapitalanlage) halten wir für intelligentes Verhalten."

„Wenn man nicht vorhat, eine Aktie zehn Jahre lang zu halten, dann sollte man sie keine zehn Minuten lang besitzen."

„Ich bin mir lieber eines guten Ergebnisses sicher, als daß ich auf ein großartiges Ergebnis hoffe."

Über die Gebühren der meisten Investmentfonds: „Wir sind hier, um mit Ihnen Geld zu verdienen, nicht von Ihnen."

„In der Versicherungsbranche wird alles verkauft, was verkauft werden kann."

„Wenn man vorher ein Idiot war, dann wird man mit 1 Mrd. $ ein noch größerer Idiot."

„Ich war immer zu preisbewußt. Bevor wir ein Angebot um 1/8 $ erhöhten, beteten wir, und das war ein Fehler."

„Der einzige große Fehler, den ich wiederholt machte: Ich zögerte, für besonders gute Unternehmen etwas mehr zu bezahlen."

„99 % meines Vermögens steckt in Berkshire, aber ich habe damals zu einem ganz anderen Kurs eingekauft."

„Vermögensverwaltung ist ein Bereich, wo man etwas für nichts bekommt. Vermögensverwalter haben im allgemeinen etwas für nichts bekommen - Geld von Aktionären -, und die Investoren haben bezahlt."

„Was das Lernen aus Fehlern angeht, ist es am besten, aus den Fehlern anderer zu lernen. Wie schon Patton sagte: ‚Es ist eine Ehre, für sein Land zu sterben, aber man sollte sicherstellen, daß die Ehre den anderen zukommt.' Wir versuchen immer, aus Fehlern aus zweiter Hand zu lernen."

„Der Kurs ist, was man bezahlt; der Wert ist, was man bekommt."

„Finanzieller Erfolg ist keine Frage von Genie. Es ist eine Sache der richtigen Gewohnheiten."

Kreditkarten sind eine schlechte Sache, wenn die Leute nicht monatlich das Konto ausgleichen, um Zinsen zu vermeiden. „Es gibt niemanden, der dadurch reich wurde, daß er 18 bis 21 % Zinsen für sein Geld bezahlt hat."

Akquisitionen werden oft damit umschrieben, daß man sagt: „Käufer kauft Verkäufer." Buffett hingegen sagt: „Der Käufer verkauft einen Teil seiner selbst, um den Verkäufer zu erwerben."

„Lächeln Sie, wenn Sie so eine Schlagzeile lesen: ‚Investoren verlieren, weil die Börse nachgibt.' In Gedanken sollten Sie das abändern: ‚Disinvestoren verlieren, weil die Börse nachgibt - aber Investoren gewinnen.' Auch wenn Journalisten diese Binsenwahrheit oft vergessen, gibt es für jeden Verkäufer einen Käufer, und was dem einen wehtut, nützt dem anderen. (Wie man beim Golf sagt: ‚Jeder Putt macht jemanden glücklich.')"

„Meine ersten Steuern zahlte ich mit 13 Jahren und das störte mich nie - ich bin lieber ein großer Steuerzahler als Sozialhilfeempfänger."

„Es macht wesentlich mehr Spaß, ein Unternehmen zu haben, das weitestgehend Einzelpersonen gehört und nicht Institutionen. Weder Charlie noch ich arbeiten wegen des Geldes. Unser Erfolg als Manager ist die positive Veränderung im Leben der Aktionäre, nicht die Performance-Zahlen eines institutionellen Managers."

„Wir warten, bis wir etwas finden, das uns wirklich gefällt. Wir lieben es, wenn wir ganz groß zuschlagen können. Das ist unser Stil."

141

Ein Lunch mit Warren Buffett

„Ich möchte eine Coke." ..."Recht so!"

Nachdem *Warren Buffett: The Good Guy of Wall Street*, mein erstes Buch über Buffett 1992 erschienen war, erhielt ich einen Brief von ihm, in dem er sagte: „Sie haben mich besser behandelt, als ich es verdiene, aber wie Charlie und ich schon wiederholt gesagt haben, wer zum Teufel möchte nur das, was er verdient?"

Später reiste ich zu Signierstunden nach Omaha. Beim ersten Mal war ich im Village Bookstore; Buffetts Tochter Susan kam vorbei, und ich signierte ein Buch für ihre Tochter Emily.

Als ich ins Red Lion Hotel zurückkam, war ich überrascht, eine Nachricht von Susan vorzufinden. Ich rief bei ihr an, und sie erzählte mir, sie habe mit ihrem Vater gesprochen: Er würde sich freuen, mich am nächsten Tag zu treffen. „Er ist den ganzen Tag im Büro. Gehen Sie irgendwann hin", sagte sie.

Am Morgen des 2. Oktober 1992 rief ich Gladys Kaiser an, die mir sagte, ich solle gegen Mittag kommen, das sei eine sehr gute Zeit. Meine Frau Pat und ich parkten auf dem Parkplatz des Kiewit Plaza, sprachen mit dem Parkwächter, der Mrs. Kaiser anrief, und man sagte uns, wir sollten den Lift zur 14. Etage zu Raum 1440 nehmen.

Wir kamen schnell durch das Sicherheitssystem und trafen die Empfangsdame, die gerade Anrufe entgegennahm. Es gab mindestens eine Anfrage einen Berkshire-Jahresbericht; sie wurde auf einem Tonband festgehalten. Man sagte uns, Mr. Buffett sei gerade noch am Telefon, würde aber gleich zu uns kommen.

(Photo by Pat Kilpatrick)

Die verschlossene Tür zur Berkshire-Zentrale. Der Autor freut sich auf ein Treffen mit Buffett. Beim Lunch bestellte er eine Coke und Buffett sagte: „Recht so!"

Pat und ich nahmen Platz und sahen uns in der winzigen Zentrale um. Wir saßen unter einem Plakat mit dem Symbol von BRK und unter dem Titelblatt einer Ausgabe der Buffalo News. Zu unserer Linken hing ein kleines Schild: „Ein Narr und sein Geld werden schnell überall eingeladen."

Dann kam Debbie Bosanek und stellte sich und Gladys Kaiser vor. Marc Hamburg, Berkshires Finanzchef, kam auch vorbei. Und nach weniger als fünf Minuten - das ist ungefähr die Zeit, in der er die Jahreshauptversammlung abwickelt -, kam Buffett, in einem dunklen, konservativen Anzug mit dunkelroter Krawatte den Flur entlang und sagte: „Hi, Andy. Hi, Pat."

„Hast du sie schon ein wenig herumgeführt?" fragte er Mrs. Kaiser und mußte feststellen, daß er diese schnelle Besichtigung nun selbst führen mußte.

Ein paar Minuten lang führte er uns herum, ging einen schmalen Flur entlang und deutete auf alte Titelseiten des Wall Street Journal: „Dies war das Hoch von 1927 und dies das Tief von 1932 während der Depression. Wir haben sie hier aufgehängt, weil sie nur 1 $ gekostet haben." Er zeigte uns die Gründungsurkunde der ursprünglichen Buffett Partnership.

Mrs. Kaiser wies auf die „Bibliothek" hin - nur ein paar Bücher -, und Buffett zeigte uns das Konferenzzimmer - zwei Stühle und ein kleiner Tisch. Danach zeigte er uns einen alten Coke-Automaten und seinen Vorrat an Coke.

Die Zentrale, mit blaßgrünen Tapeten, bestand aus einer kurzen Reihe von Büros, einigen Gruppen von Aktenschränken und nicht viel mehr. Die Zentrale, kleiner und beengter als man mir erzählt hatte, erinnerte mich an die engen Korridore auf einem Zerstörer der US-Navy.

Und danach zeigte uns Buffett einige alte, in Leder gebundene Hauptbücher der Textilunternehmen Berkshire und Hathaway, und versuchte, die Unterschrift der Aktionärin Hetty Green zu finden, die bekannt war für ihren Reichtum und ihre „sympatische Persönlichkeit". Er konnte sie nicht finden.

Plötzlich war der Rundgang beendet, und wir folgten ihm nach draußen zum Lift, zum Speiseraum des Kiewit Plaza Club zwei Etagen tiefer.

Ich fragte: „Wo sind die Hamburger und Kartoffelchips?" Er antwortete: „Oh, die gibt es auch."

Was würden wir also gern essen? Er bestellte ein Sandwich mit Schinken, Salat und Tomaten, einen Salat und einen Eistee. Als ich meine Bestellung mit einer Coca-Cola begann, sagte er: „Recht so!"

Er sah sehr gut aus, sehr energetisch, sprach schnell und ging nur mit einem ganz leichten Hinken. Er war blaß und sah aus, als hätte er sein ganzes Leben in einer Bibliothek verbracht und wäre nie auch nur eine Minute an der Sonne gewesen. Dennoch vermittelte er den Eindruck gewaltiger Energie, ehrlichen Interesses an allem, was das Leben angeht, und dominierte die Gespräche mit Geschichten und Witzen.

„Ich sah den Namen Ihres Vaters im Vorspann der Präsidenten-Serie (im Fernsehen). Ich hielt den Videorekorder an, um das genau zu sehen... Ich sah die Serie auf einem Videorekorder; so konnte ich immer anhalten und brauchte nichts versäumen, wenn das Telefon klingelte."

Ich fragte ihn über seine ersten Käufe der Washington Post Company. Er sagte, er habe Katharine Graham kennengelernt und das Unternehmen schon aus seiner Zeit als Zeitungsjunge gekannt, er habe erlebt, wie die Aktie 1971 an die Börse ging, und dann auch ihren Abstieg beobachtet.

„Ich wußte, daß die *Post* den *Star* überholen würde, aber daß der *Star* sein Erscheinen einstellen würde, wußte ich nicht." Er erklärte uns, er habe seine Post-Company-Aktien sehr schnell innerhalb nur weniger Monate gekauft.

Er erzählte uns auch die Geschichte, wie Peter Kiewit einmal den *Omaha World-Herald* aus den Klauen der Newhouse-Kette gerettet habe, die hinter ihm her war. „Kiewit kaufte den *Omaha World-Herald* an einem Wochenende", sagte Buffett.

Er war an allem interessiert, was mit meinem Buch zusammmenhing - am Schreiben selbst, an der Herstellung und an der Finanzierung. Er war der Meinung, es sei schwierig, alles im Verlagswesen genau zu verfolgen. Er fügte hinzu, einer seiner Söhne sei im Musikgeschäft und er wisse, daß es sehr schwierig sei, genaue Verkaufszahlen zu erhalten.

Er wußte auch, daß bald ein Buch von Roger Lowenstein über ihn erscheinen würde.

Er hat immer noch vor, sein eigenes Buch zu schreiben, aber nicht sofort, weil er eigentlich nicht zwei Bücher schreiben wolle, sondern nur eines. Und es gäbe noch sehr viel zu tun. „Natürlich werde ich damit nicht warten, bis ich 98 Jahre alt bin."

Dann fügte er hinzu: „Ehrlich gesagt, ich habe mir sehr wenig Notizen gemacht." Daraufhin sagte Mrs. Kaiser: „Er hat alle Notizen hier oben", und deutete auf ihren Kopf.

Buffett wiederholte seinen Witz, er wolle Carol Loomis damit beauftragen, die meiste Arbeit an seinem Buch zu erledigen.

Ich fragte Buffett, ob ich einen Blick in die Liste der Berkshire-Aktionäre werfen dürfe, um zu sehen, ob es noch mehr bekannte Namen darin gäbe, als ich im Buch aufgeführt hatte. „Sie hatten eine sehr gute Liste, aber tatsächlich gibt es da noch viele Namen, die Sie sicherlich kennen." Und dann gab er mir einen Hinweis: „In letzter Zeit hat auch ein Filmstar Aktien gekauft."

Danach erzählte er uns eine Geschichte über Paul Newman, sagte aber nicht, daß Paul Newman der Filmstar sei, der Berkshire-Aktionär geworden war. Vor Jahren, erzählte er, habe er mit Paul Newman bei einem Dinner an einem Tisch gesessen, zwischen ihnen die Frau des Senators Charles Percy. „Sie hat mich die ganze Zeit nicht angesehen. Ich könnte auch ein leerer Stuhl gewesen sein." Ich fragte ihn, ob er sich auch mit Paul Newman unterhalten habe. Ja, er habe sich ein wenig mit ihm unterhalten, aber er hätte die Frau des Senators niederschlagen müssen, um die Gelegenheit für eine längere Unterhaltung zu haben."

Später meinte Buffett, seiner Ansicht nach sollte auch über Don Keough, Cokes Präsident, ein Buch geschrieben werden: „Es gibt eine Menge Bücher über Coca-Cola, aber keines über ihn."

Er erzählte uns, daß er am vergangenen Wochenende in Seattle gewesen sei, um das Footballmatch Washington gegen Nebraska zu sehen; er sei dort mit einer Gruppe gewesen, unter anderem auch mit Bill Gates: „Während des Spiels hat er ein Buch gelesen. Ich lernte ihn durch Meg Greenfield kennen, eine Redakteurin der *Washington Post*. Vor eineinhalb Jahren bat sie mich zu überprüfen, ob sie es sich leisten könnte, ein Haus zu bauen." Aber er habe die Antwort schon gewußt: „Wenn Sie mich fragen, ob Sie es sich leisten können, dann können Sie es sich leisten. Ansonsten hätten Sie mich nicht gefragt."

Buffett sagte auch: „Ich bin dafür, daß Leute mit ihrem Geld, tun, was sie wollen."

Buffett erzählte, daß Gates' verstorbene Mutter Mary Berkshire-Aktionärin gewesen sei.

(Photo by Michael O´Brien)
Buffett in seinem Büro im „Lustschlößchen". „Wir lesen. Das ist eigentlich alles", sagt er.

Gegen Ende des Lunches fragte er mich nach meinem Berufswechsel. Ich erzählte ihm, ich lernte gerade für die Prüfung der Serie 7, um Aktienbroker zu werden, und er erzählte uns von seinen Erfahrungen mit diesen Prüfungen: „Als ich damals Salomon übernahm, war es erforderlich, daß ich als Angestellter einer Wertpapierfirma die Prüfung der Serie 7 ablege. Aber ich verschob es immer wieder, bis ich wieder bei Salomon ausschied, denn ich befürchtete, die Prüfung nicht zu bestehen."

Weil Salomon auch mit Warenkontrakten handelte und Auslandsgeschäfte erledigte, gab es viele Vorschriften, die erforderten, daß er seine Fingerabdrücke abgab. „Man nahm zwölf Sätze meiner Fingerabdrücke."

Nach dem Essen fuhren wir alle mit dem Lift die beiden Etagen zur Berkshire-Zentrale hoch (ich konnte nicht beobachten, daß er den Boden des Aufzugs nach Pennies absuchte). Der Aufzug öffnete sich nicht wie von Geisterhand, als er auf ihn zuging. Wir mußten eine Minute lang warten.

Ich dachte schon, wir seien am Ende des Besuchs, ohne daß ich sein

Büro gesehen hätte, als er uns im gleichen Augenblick, als ich ihn darum bitten wollte, nach hinten bat.

Wir traten ein und ich deutete auf die beiden schwarzen Telefone hinter seinem Schreibtisch und fragte, ob dies seine „Reihe" von Telefonen sei, mit denen er seine Orders plazierte. „Ja", antwortete er.

In seinem Büro stand sein ziemlich kleiner Schreibtisch mit einem weiteren Telefon sowie zwei kleine Sofas. Er zeigte uns ein gerahmtes Foto an der Wand (sein Auftritt in der Seifenoper „All My Children") und wies voller Stolz auf eine Zahlungsanweisung über 10 $ Kleidergeld hin. „Meine Tochter sagt, das sei meine Kleidung in etwa wert."

Außerdem gab es noch ein Foto seines Vaters und ein altes Ticker-Band, aber ansonsten wirklich nur wenige Erinnerungsstücke in seinem Büro. In einem Regal in der Nähe seines Schreibtisches standen noch einige Bücher.

Wir dankten ihm für seine Gastfreundschaft, er begleitete uns auf den Flur hinaus, winkte und sagte mir, ich solle mit ihm in Kontakt bleiben und ihm über die Fortschritte mit dem Buch berichten.

Der Ausflug zum Gipfel des Berges, der nur wenig mehr als eine Stunde dauerte, war vorbei.

142

Louis Rukeyser

iβτ miτ Warren Buffett

Louis Rukeyser, der bekannte Wirtschaftskommentator, dessen Fernsehsendung *Wall Street Week with Louis Rukeyser* die meistgesehene über Geld auf der ganzen Welt ist, seit sie 1970 zum ersten Mal über die Bildschirme lief, korrespondierte über eine lange Zeit hinweg mit Warren Buffett. Am 28. Oktober 1997 aßen sie in Omaha zusammen zu Mittag, und in der Dezember-Ausgabe 1997 schrieb er darüber in seinem Newsletter *Louis Rukeysers Wall Street*:

Am Morgen des 28. Oktober 1997 - nachdem die Börse die Investoren kurz vor Halloween noch einmal kräftig erschreckte, den Dow Jones um 454 Punkte nach unten schickte und die New Yorker Börse den Terror noch vestärkte, als sie zweimal den Handel einstellte - war ich in Omaha, weil ich dort eine Rede halten sollte. Und ich hatte auch einen Termin bei Warren Buffett zum Lunch. Hollywood hätte das Timing nicht spannender arrangieren können.

Im Alter von 67 Jahren ist Warren bereits ein amerikanischer Mythos: Der erfolgreichste Investor der Welt, der zweitreichste Mann in den Vereinigten Staaten (hinter seinem jüngeren Freund Bill Gates), das Genie von Berkshire Hathaway, der Holdinggesellschaft, deren Originalaktien die teuersten an jeder Börse sind und derzeit über 45.000 $ pro Stück kosten. Ich erwartete nicht, daß Warren gleich aus der Fassung geraten wür-

(AP/Wide World Photos)

Louis Rukeyser

841

de wie die meisten Pseudoexperten, die ich in den letzten Stunden beobachtet hatte, aber ich war sehr gespannt darauf, was er zu sagen hatte.

Doch wir waren wahrscheinlich die beiden ruhigsten Menschen in
Omaha, wenn nicht in der ganzen Finanzwelt. Ich traf Warren in seinem
bescheidenen Büro und fand heraus, daß er weit weniger technikscheu ist,
als von ihm behauptet wird. Ein Kabelfernsehprogramm mit Aktiennotierungen lief - natürlich war der Ton abgestellt, schließlich ist er nicht verrückt -, und er gestand, daß er zuweilen im Internet surft - hauptsächlich,
um Bridge zu spielen. Äußerst großzügig zeigte er mir einige Erinnerungsstücke aus den niedrigen Anfängen seiner Investmentkarriere. Dann sprachen wir über seinen alten Mentor Benjamin Graham, der bei *Wall Street
Week with Louis Rukeyser* mein Gast hätte sein sollen, als ihn seine tödliche
Krankheit niederwarf. Danach gingen wir zum Lunch in einen Club im
selben Gebäude, weil Warren noch am Nachmittag zur letzten Aufsichtsratssitzung bei Salomon Brothers fliegen mußte (kurz vor der Fusion mit
Smith Barney).

Und dann erlebte ich eine Überraschung. Mir wurde gesagt, daß Buffett, ein bekanntermaßen großer Aktionär bei Coca-Cola, mit absoluter Sicherheit nichts anderes trinken würde als Cherry Coke. Aber als ich einen
Eistee bestellte, sagte er sofort: „Das hört sich gut an. Ich möchte auch einen Eistee." Sollte dies ein vorsichtiger Investmenttip sein? Natülich nicht,
es ist nur ein Beweis dafür, daß er ein sehr netter - und nicht unbedingt be-
rechenbarer - Bursche ist, zwei Eigenschaften, die ihm mit Sicherheit auf
seinem Weg zum Erfolg geholfen haben.

Danach erwähnte ich, es gebe mindestens eine Website im Internet, die
eine „Warren-Buffett-Screen" anbietet mit einer Liste von Aktien, die er
vielleicht kaufen würde. Der Autor dieser Website hatte sich öffentlich
darüber gefreut, daß - nachdem er am 21. Oktober auf seiner Liste auch
International Dairy Queen hatte - dieses Unternehmen für 585 Mio. $
tatsächlich von Berkshire Hathaway gekauft wurde. Buffetts Antwort war
sehr lehrreich: „Oh, die Aktien hätten wir niemals gekauft. Aber als wir
das ganze Unternehmen kaufen konnten, machte es für uns einen Sinn.
Hätten wir Aktien gekauft, dann wäre es für uns um ein Drittel weniger interessant gewesen (vor allem aus steuerlichen Gründen)."

Seine Reaktion auf die allgemeine Panik am Aktienmarkt fiel im gleichen, fast geringschätzigen Tonfall aus: „Man sollte sich keine Aktie kaufen, die man nicht ruhigen Gewissens drei Jahre lang im Portfolio behalten
kann. Man stelle sich dazu nur vor, die Börse würde drei Jahre lang geschlossen bleiben." Die enorme Marktvolatilität, die so viele kleinere Investoren dazu brachte, Herzmedikamente einzunehmen, sei nur ein weiterer

Beweis für das Phänomen, das Ben Graham „Mr. Market" nannte: Ein hysterischer Kerl, von dessen Alltagsverhalten man sich unbedingt unterscheiden sollte. Die vernünftige Art, eine Aktie zu kaufen, wiederholte Buffett, sei, diese nicht als ein Stück Papier, sondern als Stück eines Unternehmens zu betrachten. Wenn man auf dieser Grundlage kaufe, dann werde man eine bessere Auswahl treffen (und sich nicht auf das stürzen, was gerade „in" sei); es sei dann auch einfacher, geduldig und zurückhaltend zu reagieren, wenn Mr. Market zwischendurch wieder einmal durchdrehe.

Nichts an Buffetts Reaktion war neu, was wahrscheinlich der Grund dafür ist, daß er weiterhin nicht nur für die Berkshire-Hathaway-Aktionäre soviel Geld verdient, sondern auch für alle, die seinem Rat nach Art des gesunden Menschenverstandes folgen. Im letzten Jahresbericht seiner Aktienholdinggesellschaft, die einen Wert von 43 Mrd. $ hat, schrieb er Worte, die heute auf jede Titelseite passen würden: „Falls eine zusammenbrechende Börse Sie dazu bringen könnte, in Panik zu geraten und alles zu verkaufen, dann sollten Sie überhaupt keine Aktien kaufen... Wenn man Aktien guter Unternehmen auf ‚Schreckensnachrichten' hin verkauft, ist das im allgemeinen eine sehr schlechte Entscheidung."

Warren Buffett wird sehr oft als einfacher Mann beschrieben. Er lebt immer noch in dem Haus, in dem seine Kinder geboren wurden, er fährt selbst zur Arbeit, und niemand würde ihn für einen internationalen Gourmet halten (besonders gern mag er Eiscreme mit Malzmilchpulver zum Frühstück, und ein Festessen wären Hamburger, Popcorn und - natürlich - Cherry Coke). Aber es ist die Einfachheit eines Mannes, der weiß, was er weiß und was er nicht weiß, und sich damit bescheidet, sich an das erstere zu halten. Das bedeutet: Wenn man den Maßstab unserer Prominentengesellschaft anlegt, wo jeder neue Millionär oder jeder Filmstar von sich behauptet, er habe die Antwort auf jedes Problem auf der Erde, ist Buffetts Denkweise wirklich einfach.

Eines weiß er: Wie dumm es wäre, jetzt, im Herbst 1997, über Investitionen in Panik zu geraten. Warren Buffett gerät nicht in Panik, und Sie sollten es auch nicht.

143

Eine 70.000-$-Aktie

*„Ich habe mit meinem Hinterteil mehr Geld gemacht
als mit meinem Kopf."*

Am 9. April 1998 erreichte der Kurs der Berkshire-Aktie 70.000 $.
Nicht allzu lange davor, am 16. November 1992, überstieg der
Kurs 10.000 $ und schloß nach einem Umsatz von 210 Aktien bei
10.200 $. Der letzte Trade ging auf eine Kauforder aus der Brokerfirma
Kirkpatrick, Pettis in Omaha zurück, wo ein Mitarbeiter sagte: „Noch nie
hat jemand 10.200 $ dafür bezahlt." Ein Trader antwortete: „Sie haben es
gerade getan!"

Plötzlich war Berkshire eine 10.000-$-Aktie! Das war der höchste
Kurs, zu dem ein Wertpapier jemals an der New Yorker Börse gehandelt
worden war. Ein Berkshire-Aktionär wurde gefragt: „Wie kann es sein, daß
eine Aktie über 10.000 $ steigt?"

Danach lief überall etwas falsch mit Aktiennotierungen. Manche der
Tafeln, auf denen die Notierungen angegeben werden, berichteten nicht,
daß Berkshire über 10.000 $ lag. Der Bloomberg Service beispielsweise
sagte, die Aktie habe bei 9.950 $ geschlossen. Andere Nachrichtendienste
gaben sie mit 9.900 oder 9.950 $ an. Wieder andere gaben Kurse von 200
bis 950 $ an.

Ein Broker rief einen Berkshire-Aktionär an und fragte: „Hat Berkshire
einen Aktiensplit vorgenommen, oder was ist los?"

Einige der niedrigeren Notierungen flossen auch in die Konten von
Berkshire-Aktionären ein und brachten dort alles durcheinander.

Ein Broker erklärte, daß er einen Kauf von Berkshire-Aktien an diesem
Tag nicht protokollieren konnte, weil er seinen Computer umrüsten mußte, damit er fünf Stellen anzeigen konnte. Die große Anzeigetafel mußte

Berkshire-Aktiennotierungen mit einem altmodischen elektrischen Nachrichtensystem an die Finanznachrichtendienste übermitteln, solange die Techniker daran arbeiteten, auch eine fünfstellige Zahl darstellen zu können.

LaVerne Ramsey, Aktienbroker bei Prudential Securities in Birmingham, Alabama, schickte das folgende Memo an Berkshire-Aktionäre: „Es gibt gute und schlechte Nachrichten. Die gute Nachricht ist, daß Berkshire die 10.000-$-Grenze überschritten hat... Die schlechte Nachricht ist, daß das Buchungssystem der Broker und auch andere Finanzdienstleister nicht in der Lage sind, einen fünfstelligen Aktienkurs zu verarbeiten. Aus diesem Grund ist die angegebene Zahl weit von der Wahrheit entfernt, da das System die letzte Stelle wegläßt. Unsere Computeroperater arbeiten an diesem Problem. In der Zwischenzeit finden Sie hier den fehlerhaften Text für den Monat November 1992 vor. Er kann ein Andenken sein an den historischen Meilenstein von Berkshire Hathaway.“

Das *Wall Street Journal* erreichte Buffett und erhielt diesen Kommentar: „Meine Fantasie wird dann angeregt, wenn sich der intrinsische Wert verbessert. Ich konzentriere mich auf das, was auf dem Spielfeld geschieht, nicht auf das, was an der Anzeigetafel gezeigt wird.“

Der *Omaha World-Herald* bekam noch ein weit besseres Zitat, als er wegen des Kurses von 10.000 $ aus langfristigen Investitionen nachfragte. Buffett, der diese Angelegenheit sicherlich mehr genoß, als er zugeben wollte, sagte: „Ich habe mit meinem Hinterteil mehr Geld gemacht als mit meinem Kopf.“

George Morgan, von Kirkpatrick, Pettis ist überzeugt, daß die Berkshire-Aktionäre ein Leben lang im Rampenlicht stehen könnten, zumindest aber ein weiteres Jahrzehnt, denn wenn Buffett es schaffe, weiterhin jährlich um 20 % zu wachsen, könnte es sein, daß die Aktie dann zu 200.000 $ gehandelt werde. Berkshire muß um das Dreifache wachsen, um dorthin zu kommen.

Charles Schwab & Co. schrieb an seine Berkshire-Aktionäre: „Sie haben wahrscheinlich schon bemerkt, welche Schwierigkeiten Finanzinstitutionen wie Schwab damit haben, Transaktionen darzustellen, an denen Berkshire Hathaway Inc. beteiligt ist, da der Kurs der Aktie über 10.000 $ angestiegen ist. Im einzelnen können Ihre Kontoauszüge, Bestätigungen und andere Informationen über Ihr Konto bei Schwab keinen Kurs über 9.999 $ darstellen. Damit unsere Systeme jedoch Ihr Konto, die Bilanzen, Kontoauszüge, Handelsbestätigungen und andere Konto- bzw. Handelsinformationen korrekt berechnen können, wird eine BRK-Aktie in zehn Teilaktien aufgeteilt, jedes Zehntel mit einem Zehntel des aktuellen Kurses von BRK. Wenn Sie beispielsweise zwei BRK-Aktien besitzen oder verkaufen und der Kurs je Aktie bei 15.000 $ liegt, dann wird die Anzahl mit 20 angegeben (2 x 10 Teilaktien), und der letzte Kurs wird mit 1.500 $ erscheinen (ein Zehntel von 15.000 $). Als Gesamtsumme wird auf Bestätigungen und Auszügen der Marktwert von 30.000 $ angegeben, also der korrekte Betrag für zwei Aktien..."

Berkshire-Aktionäre nannten das „neue Mathematik".

1994, auf den Tag sieben Jahre nach dem 19. Oktober 1987, als Berkshire und alle anderen Aktien einbrachen, wurde Berkshire für kurze Zeit mit 20.000 $ gehandelt. Anfang 1996 erreichte die Berkshire-Aktie einen Höchststand von 38.000 $, bevor sie wieder zurückfiel und ein Jahr benötigte, um wieder auf diese Ebene zurückzukehren.

Im Mai 1997 durchbrach die Aktie die 40.000-$-Schallmauer und beendete das Jahr mit 46.000 $. Kurz danach überstieg sie 50.000 $. Am 11. März 1998 lag der Schlußkurs bei 60.000 $ und am 9. April 1998 schloß die Aktie bei 70.000 $.

144

„Ein Do-it-yourself-Aktiensplit"

„Wir ermöglichen den Aktionären einen ‚Do-it-yourself-Aktiensplit', wenn sie dies wollen", sagte Buffett bei einer seiner seltenen Telefonkonferenzen mit Journalisten.

Buffett erfand einen sehr ungewöhnlichen Split, nicht weil er die Aktie splitten wollte, sondern weil er von Investmenttrusts dazu provoziert wurde. Die Investmenttrusts versuchten, auf den Erfolgszug von Berkshire aufzuspringen und die Reputation von Berkshire dadurch zu nutzen, daß sie - zu hohen Provisionen und Managementgebühren - Investmentanteile von Berkshire und mit Berkshire verbundenen Aktien zu 1.000 $ pro Stück verkauften.

Indem er Aktien der Klasse B zu einem Dreißigstel des Werts des Originals emittierte (heute Aktien der Klasse A mit dem Symbol BRK.A), machte Buffett nicht nur den Trusts einen Strich durch die Rechnung, sondern bot auch denen mehr Flexibilität, die Berkshire in ihre private Altersversorgung einbringen wollten oder bis zu 10.000 $ je Jahr steuerfrei an ihre Kinder schenken wollten.

Buffett hätte ganz einfach einen Aktiensplit vornehmen können, sagte aber, das hätte zu einer ganzen Menge von spekulativ orientierten Aktionären geführt; er wolle keine neuen Aktionäre, die möglicherweise nicht informiert seien oder unrealistische Erwartungen hätten.

Buffett sagte, Aktionäre der Klasse B dürften nicht am Spendenprogramm von Berkshire mitwirken. 1995 konnten die Berkshire-Aktionäre 13 $ pro Aktie für wohltätige Zwecke vergeben, aber für Klasse-B-Aktionären würde das nur 43 Cents pro Aktie ausmachen. „Es wäre Wahnsinn, 43-Cent-Spenden zu organisieren", sagte Buffett.

Im Gegensatz zu den indirekten Investments, die von den Investmenttrusts angeboten wurden, sind die Aktionäre der Klasse B mit allen Rechten ausgestattet, beispielsweise einem Stimmrecht, sie haben das Recht, den Berkshire-Jahresbericht zu erhalten und auch andere Briefe an die Aktionäre, und sie haben auch das Recht, an der Jahreshauptversammlung der Berkshire-Aktionäre teilzunehmen.

Diese Aktienemission war Berkshires erste, obwohl es einmal eine Null-Coupon-Anleihe gab, die in Aktien umgetauscht werden konnte. Buffett wußte, daß es nach dieser Emission eine große Nachfrage geben würde, und scherzte, man brauche für die Emission der Klasse-B-Aktien weniger Werberummel als andere Emissionen. „Wir hatten nie das Bedürfnis, unsere Aktien öffentlich anzubieten", sagte er. „Wir versuchen nicht, die meisten Leute anzuziehen, sondern nur diejenigen, die sich von uns angezogen fühlen."

Buffett beendete die telefonische Pressekonferenz und sagte: „Ich freue mich darauf, morgen Ihre Artikel zu lesen."

Ursprünglich plante Berkshire, 100.000 Aktien auszugeben, aber nachdem so großes Interesse vorhanden war, wurde die Emission auf 250.000 Aktien aufgestockt, später auf 350.000 und schließlich auf 450.000 Aktien. Damit erhöhte Berkshire sein Kapital um 565 Mio. $.

Unter dem Symbol BRK.B wurden die Aktien der Klasse B am 9. Mai 1996 zum ersten Mal mit 1.110 $ notiert und standen zu Börsenschluß bei 1.160 $.

Buffett sagte *Barron's* am 13. Mai 1996: „Ich bin mehr als zufrieden. Wir hatten mit dieser Emission einige unkonventionelle Ziele und nachdem wir Salomon diese erklärt hatten, dachten die sich Wege aus, von denen sie glaubten, daß sie unseren Zielen am besten dienen würden. Ich glaube, sie erreichten ziemlich genau die Art von Investoren, die wir wollen. Wir wollten Leute, die künftig für eine unbestimmte Zeit bei uns bleiben wollen. Daß Salomon es schaffte, unser Angebot so zu formulieren, daß genau diese Investoren angesprochen wurden, ist ein großer Verdienst."

Berkshires Aktien der Klasse B sind nach den Aktien der Klasse A die am höchsten notierten Aktien an der New Yorker Börse. Die Aktien der Washington Post Co. rangieren an dritter Stelle.

Beim Dinner am Vorabend der Jahreshauptversammlung 1996 war sich eine Gruppe von Aktionäre, offensichtlich in sehr guter Stimmung, darüber einig, daß Berkshire 1997 die 40.000-$-Grenze überschreiten könnte. Ein Aktionär, der an der Bar stand und einen Gesprächsfetzen mitbekam, sagte darauf: „Ja, richtig, das gilt für die Aktien der Klasse B!"

Im Aktionärshandbuch vom Juni 1996 schrieb Buffett: „Als wir die Aktien der Klasse B verkauften, stellten wir fest, daß die Berkshire-Aktie nicht unterbewertet war - und manche Leute fanden das schockierend. Diese Reaktion war nicht gut begründet. Sie hätten dann schockiert sein können, wenn wir Aktien emittiert hätten, als unsere Aktien unterbewertet waren. Unternehmensleitungen, die während einer öffentlichen Emission sagen oder den Anschein erwecken, ihre Aktien seien unterbewertet, gehen mit der Wahrheit meistens sehr ökonomisch um oder sehr unökonomisch mit dem Geld der bisherigen Aktionäre. Aktionäre verlieren auf diese unfaire Weise ihr Geld, wenn die Manager Wertpapiere bewußt für 80 Cents verkaufen, die in Wirklichkeit 1 $ wert sind. Bei unserer kürzlichen Emission machten wir uns dieses kriminellen Akts nicht schuldig und werden es auch niemals tun."

1996 wurden 5.120 Aktien der Klasse A in Klasse-B-Aktien konvertiert, und 1997 wurden 10.048 Aktien der Klasse A in Aktien der Klasse B konvertiert. Am 19. März 1998 gab es 1.197.970 Aktien der Klasse A und 1.296.398 Aktien der Klasse B.

145

DER ZWEITREICHSTE MENSCH
DER WELT

Im Frühjahr 1993 wurde Buffett einer der reichsten Menschen in Amerika, als Berkshires steigender Börsenkurs Buffetts Vermögen über das seines engsten Rivalen Bill Gates von Microsoft anwachsen ließ. In Sommer des Jahres übertraf Buffetts Vermögen 8 Mrd. $. Über einen Mann, der nichts erbte, spricht dieser Erfolg Bände.

In seiner Ausgabe vom 28. Juni 1993 (mit Fotos der Milliardäre Sultan von Brunei, Königin Elizabeth II, Ross Perot, Buffett und Bill Gates auf dem Titelbild) bewertete *Fortune* Buffett als den dreizehntreichsten Menschen der Welt und den drittreichsten Amerikaner - bei einem Vermögen von 6,4 Mrd. $ hinter John Kluge von Metromedia mit 8,8 Mrd. $ und Gates mit 6,7 Mrd. $.

In *Forbes* vom 5. Juli 1993 wurde Gates mit 7,4 Mrd. $, Buffett mit 6,6 Mrd. $ und Kluge mit 5,5 Mrd. $ geführt.

Am 4. September 1993 berichtete die *Washington Post*, es scheine, daß Buffett der reichste Mensch in den USA sei.

Am 18. Oktober 1993 schrieb *Forbes*, daß Buffett tatsächlich der reichste Mensch des Landes sei, wobei er mit 8,3 Mrd. $ Bill Gates mit 6,3 Mrd $, John Kluge mit 6,2 Mrd. $ und Sumner Redstone mit 5,6 Mrd. $ übertreffe.

Die Fünf-Seiten-Story in *Forbes* über Amerikas reichsten Menschen zeigte Fotos von Buffett bei einem Spiel der Omaha Royals im Rosenblatt-Stadium von Omaha. Buffett trug ein knallrotes, kurzärmeliges Hemd, mit „Nebraska"-Aufdruck. Er aß aus einer Cracker-Jack-Box und trank eine Coke. Das war er - der reichste Mensch des Landes hauptsächlich deshalb, weil er bei seiner Kapitalanlage auf eine sorgfältige Aktienauswahl achtete und sich langfristig engagierte.

Die Nachricht führte zu einer Flut von Schlagzeilen wie beispielsweise „Der Weise von Omaha entthront Dollar-Bill" und „Gates wird ausge-Buffett".

In einem Interview sagte Buffett *Forbes*: „Alles, was ich im Leben brauche, habe ich hier (in Omaha). Ich tanze in diesem Büro hier und arbeite mit nichts außer mit Leuten, die ich mag. Ich muß nicht mit Leuten arbeiten, die ich nicht mag."

Forbes schrieb, daß Buffett für die Zeit nach seinem Tod wahrscheinlich „die Bühne vorbereitet hat für die größte Wohlfahrtsstiftung, die es jemals gegeben hat. Diese Stiftung, wie oben schon vermutet, wird die Vermächtnisse von Rockefeller, Ford und Carnegie zwergenhaft erscheinen lassen. In den letzten 23 Jahren haben Buffetts Kapitalanlagen seinen Reichtum mit einer jährlichen Durchschnittsrate von 29 % vermehrt. Das kann er wahrscheinlich nicht halten. Aber nehmen wir nur 15 % an. Wenn er weitere 20 Jahre lebt und seinen Reichtum jährlich um 15 % vermehrt, dann wird die Buffett Foundation schließlich weit über 100 Mrd. $ besitzen. Und wenn er noch ein wenig länger lebt, was durchaus möglich ist,... Na, Sie wissen schon."

Robert McMorris, Kolumnist des *Omaha World-Herald*, schrieb zu dieser Zeit, daß er sich freue, Buffett, der nur eine Meile von ihm entfernt wohnt, Nachbar nennen zu dürfen. „Irgendwann wird einmal jemand zu mir sagen: ‚Was, Sie sind aus Omaha? Ist das nicht da, wo Warren Buffett wohnt?' Und ich werde sagen: ‚Oh ja, ich kenne Warren. Er ist praktisch mein Nachbar.' Ich könnte vielleicht sogar sagen, daß ich meine Kapitalanlagestrategie mit ihm besprochen habe. Das stimmt mehr oder weniger. Ich habe ihn einmal gefragt, welchen Rat er Investoren gebe, die nach Tips für die Börse fragen. Er sagt ihnen immer: ‚Kaufe niedrig, verkaufe hoch.'"

Und weiter schrieb Mc Morris: „Er hat keinen Computer in seinem Büro und auch nicht zu Hause. Und auch keinen Taschenrechner. Solche Spielzeuge seien überflüssig, sagte er mir, weil seine Arbeit überhaupt nicht so kompliziert sei. Einige Jahre jedoch hing in seinem Vorzimmer ein Dart-Board, von dem er behauptete, damit wähle er seine Aktien aus. Heute behauptet er, er habe sein Vertrauen in dieses Instrument verloren, es funktionierte nicht mehr und so wolle er es Bill Gates schenken."

„Ich schenke ihm mein Dart-Board, dann können wir ihn immer auf dem zweiten Platz halten", sagte Buffett.

Aber das funktionierte nicht. In den letzten Jahren stiegen die Aktien von Microsoft mit dessen Herrschaft über das Informationszeitalter in höchste Höhen und katapultierte Gates auf den Rang des reichsten Menschen auf der ganzen Welt. Buffet ist abgeschlagen, aber ganz sicher die Nummer 2. Niemand kommt Gates oder Buffett nahe.

Die beiden Männer können offensichtlich George Bernard Shaws Sprichwort zustimmen: „Geldmangel ist die Wurzel allen Übels."

146

Macht's gut John Jacob Astor, Andrew Carnegie, John D. Rockefeller

Gates und Buffett sind heute - inflationsbereinigt - die reichsten Menschen, die jemals in Amerika gelebt haben. John Jacob Astor und Andrew Carnegie, die zu den reichsten Männern ihrer Zeit zählten, besaßen Vermögen von mehreren hundert Millionen Dollar. Selbst wenn diese Vermögen inflationsbereinigt auf ihre Werte von heute umgerechnet würden, wäre Buffett immer noch bei weitem reicher.

In seiner Ausgabe von 1992 über die reichsten 400 schrieb *Forbes*, daß der Gründer von Standard Oil, John D. Rockefeller, der reichste Mann seiner Zeit, heute ein Vermögen von nur knapp über 10 Mrd. $ hätte. Gates und Buffett sind an dieser Zahl schon weit vorbeigezogen.

Rockefeller war jedoch in einer Hinsicht immer noch der reichste Mensch, wenn man das Buch *The Wealthy 100* von Michael Klepper und Robert Gunther zugrundelegt. Sie ordneten die reichsten Amerikaner, indem sie ihr Vermögen in Relation zum Bruttosozialprodukt ihrer Zeit setzten. Rockefeller liegt danach mit 1,4 Mrd. $ zu seiner Zeit für das Jahr 1996 an erster Stelle; Bill Gates liegt an 31. und Buffett an 39. Stelle.

Aber sicherlich haben Bill Gates und Buffett inflationsbereinigt die meisten Dollars.

147

„Wäre es Ihnen recht, wenn er zu Ihren Signierstunden käme?"

E nde Oktober 1994 schickte ich ein Exemplar der ersten Auflage dieses Buchs per Federal Express an Buffett. Das Buch wurde um 10.30 Uhr ausgeliefert. Ungefähr eine Stunde, aber nicht mehr als eineinhalb Stunden später, erhielt ich einen Anruf von Buffetts Assistentin Debbie Bosanek.

„Er hat Ihr Buch gelesen. Ihr Buch gefällt ihm gut... Wäre es Ihnen recht, wenn er zu Ihren Signierstunden käme?" Ich hatte für Omaha drei Termine in Buchhandlungen vereinbart, um meine Bücher zu signieren.

Ich flog nach Omaha, aber weil mein Flugzeug in Atlanta eine Stunde Verspätung hatte, kam ich gerade noch rechtzeitig zur ersten Signierstunde im Buchladen Bookworm. „Oh, US Air?" flachste Buffett.

Vor der Buchhandlung traf ich Gladys Kaiser und hielt an, um mit ihr zu sprechen; bemerkte nicht, ob jemand in der Buchhandlung war. Als ich hineinging, sah ich, daß das Geschäft voller Menschen war.

„Wir sind ausverkauft", sagte die Buchhändlerin Beth Black und erklärte, die Leute hätten das Buch entweder hier gekauft oder ihre Bestellungen telefonisch aufgegeben.

Bevor ich nach Omaha reiste, hatte ich zwei Signierstunden in Buchhandlungen in Birmingham und dort 25 und 71 Bücher verkauft. Bei Bookworm waren schon mehr als 100 Bücher verkauft, bevor Buffett auftauchte. Nachdem wir die Bücher signiert hatten, signierten Buffett und ich Exlibris für die weiteren Bücher, die noch an die Buchhandlung geliefert werden mußten.

Buffett prägte die Stimmung für den Nachmittag, als er mir ein Foto gab, auf dem er in einem Nebraska-Football-Trikot mit einer großen 1 abgebildet war. Er gab mir auch ein Foto für Kermit Kendrick mit.

Später warf er einen Penny auf den Boden und fragte, ob ich ein Foto von ihm wolle, wie er diesen Penny aufhob. Gladys Kaiser war eine der ersten, die Buffetts Autogramm bekam. „Und immer schön weiterputzen", schrieb er in das Buch und bezog sich dabei auf einen Spaß, den sie und ich begonnen hatten, als ich sie gefragt hatte, wie oft sie ihre Zähne putze.

Später sagte eine Frau, sie hoffe, ihr Sohn würde einmal so werden wie er. „Nun, dann sagen sie ihm, er soll nicht soviel essen", antwortete Buffett.

Danach wurde er gebeten, ein kleines Mädchen für ein Foto auf den Arm zu nehmen. Sie weinte. Als dann jemand vorschlug, Buffett solle ihr seine Brieftasche geben, und er dies auch tat, heulte die Kleine auf. „Nun, sie benimmt sich besser, als die meisten Frauen, die mich um meine Brieftasche gebeten haben."

Später am Nachmittag signierten wir bei Village-Books, wo das Buch wieder sofort ausverkauft war. Auch hier hatte Buffett für viele einen Scherz, und nach einem Dankeschön sagte er: „War mir ein Vergnügen."

Als die Leute mit Bitten anfingen, Dollarscheine zu signieren, sagte er: „Darf ich die Hälfte behalten?"

An diesem Tag signierte er vier Stunden lang Bücher. Es hatte den Anschein, als ob es ihm Spaß mache, aber am Ende gestand er: „Nun, es ist mir ein wenig außer Kontrolle geraten." Er blieb bis 18.30 Uhr, so daß jeder, der gekommen war, auch sein Autogramm bekam. Er sagte, er habe so viele Bücher signiert, daß sein Autogramm inzwischen schon „entwertet" sei.

Aber selbst im Buchladen konnte man sehen, daß er immer noch versucht, hinzuzulernen. Er fragte die Besitzer, wieviel Schwund durch Diebstahl sie hätten und was sie dagegen täten.

Gegen Ende des Tages hatte ich Gelegenheit, mich mit ihm zu unterhalten und fragte ihn, wie die Börse an diesem Tag gelaufen sei. Er sagte, die Aktien seien ungefähr um 40 Punkte gefallen und die langfristigen Schuldverschreibungen hätten stark nachgegeben.

Ich fragte ihn, wie sich Berkshire geschlagen habe. „Das weiß ich nicht. Ich habe nicht nachgefragt."

Und da er keinen Computer hat, fragte ich ihn, wie er es denn mache, daß er über die Börse immer auf dem laufenden bleibe. Er sagte: „Ich rufe Salomon an und die sagen mir, wie es an der Börse läuft, und geben mir Auskünfte über Aktien, die mich interessieren."

Er sprach über seine Lesegewohnheiten und sagte, er habe noch 50 Bücher zu Hause, die er noch lesen müsse. „Langsam gerate ich in Verzug", sagte er.

(Photo by Nancy Line Jacobs)

Buffett signiert Bücher bei Village Books in Omaha am 4. November 1994. Der Mann kann wahrhaftig Bücher verkaufen.

Am nächsten Tag tauchte er unter Jubel bei Waldenbooks auf. Da ich nicht wußte, daß Buffett auch kommen würde, hatte ich nur 700 Exemplare von unserem Verlag aus nach Omaha geschickt. Die Bücher wurden von meinem Freund Don Pippen von der Southern Publishers Group gerade rechtzeitig in den Buchläden angeliefert.

Allen Formeln von Ben Graham zum Trotz gelang es Buffett 1.000 der 700 Bücher zu verkaufen, einschließlich der Exlibris. Der Mann kann wahrhaftig Bücher verkaufen!

Nachdem ich dies Michael Assael erzählt hatte, schrieb er: „Bei deiner Bücherstatistik würden selbst Benjamin Graham die Augen aus dem Kopf fallen. 1.000 von 700 Büchern verkauft! Ben würde das so nennen: ‚Bücher gegen ihren Umschlag leer verkaufen.'"

Ungefähr einen Monat später versuchte ich, in New York einen Termin zu bekommen, um meine Bücher zu signieren, wurde aber von jeder Buchhandlung abgelehnt. „Wir vereinbaren keine Termine für das Signieren von selbstverlegten Büchern. Wir kaufen keine Bücher von Ihnen. Wir haben zuviel zu tun", waren einige der Einwände.

855

Dank Pippen, der von einer Telefonzelle in Florence, Alabama, aus anrief, signierte ich schließlich in der Lobby des Millenium Hilton. Als ich Debbie Bosanek sagte, daß ich dort Bücher signieren würde, sagte sie: „Im Millenium Hilton? Dort ist er im Augenblick."

Am Morgen des Tages, für den das Signieren der Bücher terminiert war, ging ich durch die Lobby und sah einen Mann, der die *New York Times* las. Er sah aus wie Buffett. Es war Buffett. Ich setzte mich und unterhielt mich einige Minuten mit ihm. Später hielt er eine Rede bei einem Mittagessen zum Gedenken an Benjamin Graham, das von der New York Society of Security Analysts veranstaltet wurde.

Danach kam er noch einmal zu meiner Signierstunde, aber ich hatte nicht viel zu tun und er blieb nur kurz. Er signierte ein paar Bücher, wechselte an der Kasse einen 100-$-Schein und war weg.

Als die Auflage von 1996er-Auflage dieses Buchs erschien, schickte ich es ihm. Es kam an seinem Geburtstag an.

Seine Antwort: „Was für ein tolles Geschenk zu meinem 66. Geburtstag." Später schrieb er: „Ich glaube, dieses Buch wurde ein wenig gekürzt, bitte versuchen Sie doch bei der nächsten Auflage noch mehr hineinzupacken."

148

Ein Brief an die Aktionäre.

Die Boston Tea Party...

BERKSHIRE HATHAWAY INC.
1440 KIEWIT PLAZA
OMAHA, NEBRASKA 68131
TELEPHONE (402) 346-1400

Sehr geehrter Aktionär,
normalerweise schreibe ich Ihnen nur einmal im Jahr, ein Zeitplan, der für uns beide ein Segen ist. In diesem Jahr jedoch gibt es eine ganze Reihe von Dingen, die von großem Interesse sind und es geeignet erscheinen lassen, auch zwischendurch einen kurzen Brief zu schreiben.

Zunächst glaube ich, werden Sie die beigefügte Rede mögen, die kürzlich von Charlie Munger, unserem Vizevorsitzenden, vor Studenten der Wirtschaftswissenschaften an der University of Southern California gehalten wurde. *Outstanding Investor Digest* nahm an der Vorlesung teil und hat uns großzügigerweise erlaubt, seinen Bericht abzudrucken. Die letzten zwei Drittel von Charlies Rede behandeln die Geschäfte und Anlagestrategien von Berkshire, sehr schlüssig formuliert, wie es seine Art ist.

Zweitens haben wir hervorragende Nachrichten hinsichtlich Neuerwerbungen. Während des ersten Halbjahrs fusionierte Berkshire mit zwei Unternehmen aus Familienbesitz, die beide über hervorragende Wirtschaftsdaten und über hervorragendes Management verfügen: Helzberg's, eine Kette von 150 Juwelierläden in 26 US-Bundesstaaten, und R. C. Willey, den führenden Verkäufer von Wohnungseinrichtungen in Utah. Berkshire emittierte 15.762 Aktien und erwarb damit 100 % beider Unternehmen; ich freue mich darauf, Ihnen im Jahresbericht für 1995 weit mehr über diese Unternehmen zu berichten.

Diese Unternehmen werden in diesem Jahr zusammen 600 Mio. $ Gewinn einbringen, 1985 waren es noch 100 Mio. $. Obwohl die Schmuck- und die Möbelbranche eher von mittelmäßiger Rentabilität gekennzeichnet sind, waren Helzberg's und R.C. Willey Ausnahmen. Und das Management, das sie zu Ausnahmen gemacht hat, wird weiterhin ungestört arbeiten: Charlie und ich werden unseren Einfluß auf Applaus beschränken.

Schließlich möchte ich den Grund dafür erklären, daß ich die Bewilligung erteilt habe, Vorzugsaktien auszugeben, über die ich im Jahresbericht für 1994 geschrieben habe. Es ist klar, daß ich meinen Job beim ersten Mal nicht gut gemacht habe: Auf der Jahreshauptversammlung stimmten über 1 % unserer Aktien gegen die Ausgabe der Vorzugsaktien, und damit kamen wir der Boston Tea Party bisher am nächsten.

Das Schlüsselwort ist „Bewilligung". Berkshire muß gar nichts emittieren: Die Vorzugsaktien werden nur dann emittiert, wenn ihr Management und die Aufsichtsräte davon überzeugt sind, daß wir dafür einen entsprechenden Gegenwert bekommen.

Wenn Sie mögen, können Sie sich darüber sorgen, daß Charlie und ich etwas Törichtes tun, wenn wir neue Unternehmen akquirieren. Das ist immer ein Risiko. Die Vorzugsaktien erhöhen dieses Risiko jedoch nicht, da wir auch etwas Törichtes tun können, wenn wir etwas mit Bargeld oder Berkshire-Stammaktien akquirieren.

Die Vorzugsaktien sind lediglich eine weitere Form von „Währung", die wir bei einem Unternehmenskauf einsetzen können. Wenn ein Verkäufer Vorzugsaktien wünscht und die Kosten für uns dem entsprechen, was wir sonst in bar oder Stammaktien ausgegeben hätten, dann werden wir diese Möglichkeit nutzen. Durch solch eine Option können uns keine Nachteile entstehen; wir könnten davon profitieren, wenn Vorzugsaktien zum gleichen Marktwert wie Stammaktien oder Bargeld für den Verkäufer den Anreiz zu einer Transaktion erhöhen.

Warren E. Buffett
Vorsitzender des Aufsichtsrats
15. August 1995

149

Ein erfülltes, glückliches Leben mit oder ohne Wertberichtigungen

In Berkshires Aktionärshandbuch vom Juni 1996 schrieb Buffett einen lehrreichen Kommentar über Berichtigungen durch die Buchhaltung: Als nächstes: Spinat. Ich weiß, daß eine Erörterung von Buchhaltungstechniken viele Leser langweilt, und so kann ich Ihnen versichern, daß Sie auch dann ein glückliches und erfülltes Leben führen können, wenn Sie dieses Kapitel nicht lesen.

Unsere kürzliche Akquisition von GEICO jedoch bedeutet, daß buchhalterische Berichtigungen von ungefähr 60 Mio. $ nun gegen unsere Jahresgewinne aufgerechnet werden müssen, wie es den allgemeinen Buchführungsregeln entspricht (Generally Accepted Acounting Principles, GAAP); wir werden möglicherweise weitere Akquisitionen tätigen, die diesen Betrag in der Zukunft noch vergrößern werden. Und somit ist dieses Thema für Berkshire von Bedeutung. Auch in unseren Jahresberichten werden wir manchmal über Gewinne schreiben, die wir „vor Berichtigung durch die Buchhaltung" ausweisen. Die folgende Darlegung wird Ihnen zeigen, weshalb wir glauben, daß Gewinne mit dieser Bezeichnung eine weitaus größere wirtschaftliche Bedeutung haben, als die Gewinne, die durch die allgemein anerkannten Regeln der Buchführung ausgewiesen werden.

Wenn Berkshire ein Unternehmen mit einem Aufschlag auf den Nettowert, den die allgemein anerkannten Regeln der Buchführung feststellen, erwirbt - was in der Regel der Fall ist, da die meisten Unternehmen, die wir kaufen wollen, nicht mit Rabatt zu bekommen sind -, dann muß dieser Aufschlag in der Bilanz auf der Seite der Vermögenswerte erscheinen.

Es gibt eine ganze Menge Regeln darüber, wie ein Unternehmen diesen Aufschlag zu verbuchen hat. Um die Diskussion hier zu vereinfachen, konzentrieren wir uns hier auf den Goodwill, den Firmenwert, unter dem fast alle Aufschläge beim Erwerb von Unternehmen durch Berkshire verbucht wurden. Als wir beispielsweise kürzlich die Hälfte von GEICO erwarben, die wir nicht schon vorher hatten, verbuchten wir ungefähr 1,6 Mrd. $ unter Goodwill. Die allgemein anerkannten Regeln der Buchführung verlangen, daß sich der Goodwill amortisiert - das bedeutet, er muß abgeschrieben werden, und zwar über maximal 40 Jahre. Deshalb müssen wir, um die 1,6 Mrd. $ Goodwill bei GEICO zu löschen, jährlich 40 Mio. $ gegen unsere Gewinne aufrechnen. Dieser Betrag kann steuerlich nicht geltend gemacht werden und reduziert so unsere Gewinne vor Steuern ebenso wie nach Steuern um 40 Mio. $.

Im buchhalterischen Sinn vermindert sich der Goodwill von GEICO in immer gleich großen Anteilen. Aber ich kann Ihnen garantieren, daß der wirtschaftliche Goodwill, den wir mit GEICO gekauft haben, nicht im gleichen Maß sinkt. Tatsächlich bin ich der festen Überzeugung, daß der wirtschaftliche Goodwill von GEICO überhaupt nicht sinken wird - eher wird er steigen und wahrscheinlich in sehr beträchtlichem Umfang.

Eine ähnliche Erklärung gab ich in unserem Jahresbericht für 1983 ab, als ich über den Goodwill von See´s Candy sprachund dieses Unternehmen als Beispiel auswählte, um die Verbuchung von Goodwill zu diskutieren. Damals enthielt unsere Bilanz etwa 36 Mio. $ an Goodwill für See´s Candy. Seither haben wir jedes Jahr 1 Mio. $ gegen die Gewinne aufgerechnet, um diesen Vermögenswert zu amortisieren; der Goodwill von See´s Candy ist in unserer Bilanz heute nur noch mit etwa 23 Mio. $ enthalten. Mit anderen Worten sieht es vom Standpunkt der Buchführung so aus, als hätte See´s seit 1983 einen großen Teil seines Goodwill verloren.

Die ökonomischen Tatsachen könnten dazu nicht gegensätzlicher sein. 1983 machte See´s bei einem Betriebsvermögen von 11 Mio. $ einen Gewinn von 27 Mio. $ vor Steuern. 1995 waren es 50 Mio. $ Gewinn bei nur 5 Mio. $ Betriebsvermögen. Während dieses Zeitraums hat sich See´s wirtschaftlicher Goodwill dramatisch erhöht - nicht abgenommen. Dabei wird ebenso deutlich, daß See´s Hunderte Millionen von Dollar mehr wert ist, als in unseren Büchern.

Wir können uns natürlich irren, aber wir erwarten, daß GEICOs Wertverlust in den Büchern mit einer Zunahme in seinem wirtschaftlichen Wert einhergehen wird. Dieses Muster trifft auf die meisten unserer Tochtergesellschaften zu, nicht nur auf See´s. Deshalb stellen wir unsere operativen Gewinne regelmäßig auf eine Weise dar, die es Ihnen ermöglicht, die

Berichtigungen, die durch die Buchführung veranlaßt sind, zu vernachlässigen.

In Zukunft werden wir auch für die Gesamtgewinne eine ähnliche Betrachtungsweise einführen und damit zu einer Form der Präsentation kommen, die diese Gewinne von den größten Berichtigungen durch die Buchführung befreit. Bei Unternehmen, die nur geringe Beträge als Goodwill in ihren Büchern führen, werden wir dies nicht tun, beispielsweise bei Coca-Cola oder Gillette. Allerdings werden Wells Fargo und Disney unter diese Regelung fallen, die beide in letzter Zeit riesige Akquisitionen getätigt haben und folglich mit außerordentlich hohen Belastungen durch den Goodwill zu tun haben.

Bevor wir dieses Thema verlassen, sollten wir noch eine wichtige Warnung aussprechen: Investoren werden oft von Vorständen und Wall-Street-Analysten in die Irre geführt, die Abwertungsbeträge gleichsetzen mit den Belastungen durch Amortisation, über die wir eben gesprochen haben. Die beiden sind allerdings keineswegs gleich. Mit nur wenigen Ausnahmen stellt eine Abwertung einen wirtschaftlichen Kostenfaktor dar, der ebenso real ist wie Gehälter, Materialien oder Steuern. Das gilt für Berkshire und alle Unternehmen, die wir untersucht haben. Weiterhin sollten Sie nicht glauben, daß die Gewinne vor Zinsen, Steuern, Abwertung und Amortisation eine Bedeutung für die Performance eines Unternehmens haben. Firmenleitungen, die die Bedeutung der Abwertung vernachlässigen - und den Cash flow betonen oder die Gewinne vor Zinsen, Steuern, Abwertung und Amortisation -, neigen dazu, falsche Entscheidungen zu treffen und das sollten Sie in Erinnerung behalten, wenn Sie Ihre eigenen Investmententscheidungen treffen.

150

Die Leistungsbilanz

„Das Beste kommt noch.“

Und hier ist Berkshires Leistungsbilanz über den jährlichen Zuwachs des Buchwerts pro Aktie, verglichen mit dem S&P-500-In-
dex, der auch Dividenden beinhaltet.

Ed Prendeville, ein Berkshire-Aktionär sagt: „Diese Leistungsbilanz ist
sehenswert, und wenn man das geringe Risiko einrechnet, das Buffett in
dieser Zeit eingegangen ist, dann ist diese Bilanz einmalig.“

Die relativen Ergebnisse, ausgedrückt in Prozent, finden sich in der
dritten Spalte. Ob Guinness bei seinem Buch der Rekorde auch an solche
Leistungen gedacht hat? (Verluste stehen in Klammern.)

Jahr	Berkshire	S&P	Relatives Ergebnis
1965	23,8	10,0	13,8
1966	20,3	(11,7)	32,0
1967	11,0	30,9	(19,9)
1968	19,0	11,0	8,0
1969	16,2	(8,4)	24,6
1970	12,0	3,9	8,1
1971	16,4	14,6	1,8
1972	21,7	18,9	2,8
1973	4,7	(14,8)	19,5
1974	5,5	(26,4)	31,9
1975	21,9	37,2	(15,3)
1976	59,3	23,6	35,7
1977	31,9	(7,4)	39,3
1978	24,0	6,4	17,6

Jahr	Berkshire	S&P	Relatives Ergebnis
1979	35,7	18,2	17,5
1980	19,3	32,3	(13,0)
1981	31,4	(5,0)	36,4
1982	40,0	21,4	18,6
1983	32,3	22,4	9,9
1984	13,6	6,1	7,5
1985	48,2	31,6	16,6
1986	26,1	18,6	7,5
1987	19,5	5,1	14,4
1988	20,1	16,6	3,5
1989	44,4	31,7	12,7
1990	7,4	(3,1)	10,5
1991	39,6	30,5	9,1
1992	20,3	7,6	12,7
1993	14,3	10,1	4,2
1994	13,9	1,3	12,6
1995	43,1	37,6	5,5
1996	31,8	23,0	8,8
1997	34,1	33,4	0,7

Kurz bevor die Omaha Royals am Wochenende vor Berkshires Jahreshauptversammlung 1994 spielten, sprach die Reporterin Jade Hemeon vom *Toronto Star* kurz mit Buffett über Berkshire. „Das Gemälde ist noch in Arbeit. Das Beste kommt noch", sagte er ihr.

151

Berkshires Kurstabellen

1965	Hoch	Tief	1970	Hoch	Tief
erstes Quartal	16	12	erstes Quartal	47	40
zweites Quartal	21	16	zweites Quartal	47	32
drittes Quartal	19	17	drittes Quartal	43	35
viertes Quartal	22	18	viertes Quartal	43	39
1966			**1971**		
erstes Quartal	27	20	erstes Quartal	51	40
zweites Quartal	27	21	zweites Quartal	55	48
drittes Quartal	23	18	drittes Quartal	53	51*
viertes Quartal	18	17	viertes Quartal	74	70*
1967			**1972**		
erstes Quartal	20	17	erstes Quartal	76	73*
zweites Quartal	19	17	zweites Quartal	78	78*
drittes Quartal	21	18	drittes Quartal	84	80*
viertes Quartal	21	19	viertes Quartal	80	80*
1968			**1973**		
erstes Quartal	24	20	erstes Quartal	93	80
zweites Quartal	31	23	zweites Quartal	87	85
drittes Quartal	33	26	drittes Quartal	88	83
viertes Quartal	39	32	viertes Quartal	87	71
1969			**1974**		
erstes Quartal	40	34	erstes Quartal	76	72
zweites Quartal	45	35	zweites Quartal	76	64
drittes Quartal	39	31	drittes Quartal	64	49
viertes Quartal	44	34	viertes Quartal	49	40

1975	Hoch	Tief		1982	Hoch	Tief
erstes Quartal	51	38		erstes Quartal	560	465
zweites Quartal	51	45		zweites Quartal	520	470
drittes Quartal	60	41		drittes Quartal	550	430
viertes Quartal	43	38		viertes Quartal	775	540
1976				**1983**		
erstes Quartal	56	38		erstes Quartal	965	775
zweites Quartal	60	55		zweites Quartal	985	890
drittes Quartal	73	61		drittes Quartal	1.245	905
viertes Quartal	95	66		viertes Quartal	1.385	1.240
1977				**1984**		
erstes Quartal	97	85		erstes Quartal	1.360	1.240
zweites Quartal	100	95		zweites Quartal	1.345	1.220
drittes Quartal	107	100		drittes Quartal	1.305	1.230
viertes Quartal	139	107		viertes Quartal	1.305	1.265
1978				**1985**		
erstes Quartal	142	134		erstes Quartal	1.930	1.275
zweites Quartal	180	142		zweites Quartal	2.160	1.725
drittes Quartal	180	165		drittes Quartal	2.235	2.005
viertes Quartal	189	152		viertes Quartal	2.730	2.075
1979				**1986**		
erstes Quartal	185	154		erstes Quartal	3.250	2.220
zweites Quartal	215	185		zweites Quartal	3.160	2.640
drittes Quartal	350	215		drittes Quartal	3.100	2.525
viertes Quartal	335	240		viertes Quartal	2.925	2.620
1980				**1987**		
erstes Quartal	360	260		erstes Quartal	3.630	2.800
zweites Quartal	340	250		zweites Quartal	3.530	3.330
drittes Quartal	415	305		drittes Quartal	4.220	3.420
viertes Quartal	490	385		viertes Quartal	4.270	2.550
1981				**1988**		
erstes Quartal	505	425		erstes Quartal	3.500	3.000
zweites Quartal	525	485		zweites Quartal	4.150	3.400
drittes Quartal	520	460		drittes Quartal	5.000	4.040
viertes Quartal	590	460		viertes Quartal	5.050	4.600

1989	Hoch	Tief		1994	Hoch	Tief
erstes Quartal	5.025	4.625		erstes Quartal	16.900	15.150
zweites Quartal	7.000	4.950		zweites Quartal	16.700	15.400
drittes Quartal	8.750	6.600		drittes Quartal	19.750	16.425
viertes Quartal	8.900	7.950		viertes Quartal	20.800	19.200
				Jahresende	20.400	
1990						
erstes Quartal	8.725	6.675		**1995**		
zweites Quartal	7.675	6.600		erstes Quartal	25.200	20.250
drittes Quartal	7.325	5.500		zweites Quartal	24.450	21.500
viertes Quartal	6.900	5.500		drittes Quartal	30,600	23.400
				viertes Quartal	33.400	28.850
1991				Jahresende	32.100	
erstes Quartal	8.275	6.550				
zweites Quartal	8.750	7.760		**1996**		
drittes Quartal	9.000	8.325		erstes Quartal	38.000	29.800
viertes Quartal	9.125	8.150		zweites Quartal	36.000	30.000
Jahresende	9.050			drittes Quartal	33.500	30.500
				viertes Quartal	36.500	31.000
1992				Jahresende	34.100	
erstes Quartal	9.000	8.575		Klasse B	1.112	
zweites Quartal	9.300	8.850				
drittes Quartal	9.950	9.050		**1997**		
viertes Quartal	11.750	9.150		erstes Quartal	37.900	33.000
Jahresende	11.750			zweites Quartal	48.600	35.900
				drittes Quartal	48.300	41.300
1993				viertes Quartal	47.200	42.500
erstes Quartal	13.200	11.350		Jahresende	46.000	
zweites Quartal	16.200	11.800		Klasse B	1.534	
drittes Quartal	17.800	15.100				
viertes Quartal	17.88	16.200		**1998**		
Jahresende	16.325			erstes Quartal	69.500	45.700
				zweites Quartal	**70.000**	

* Diese Zahlen wurden vom National Quotation Bureau zur Verfügung gestellt; sie zeigen allerdings nur den Kurs jeweils am letzten Tag eines Quartals, und das zu einer Zeit, als Berkshire nicht im NASDAQ-System gelistet wurde. Statt dessen wurde Berkshire in den „Pink Sheets" gelistet, obwohl es kein kleines Wertpapier war. Das National Quotation Bureau hat aus dieser Zeit lediglich die Notierungen zum Monatsende.

152

„Wie hoch ist der kombinierte Intelligenzquotient von Warren Buffett und Charles Munger?"

Der Berkshire-Aktionär Bill Scargle sagt, er möchte wissen, wie clever Buffett und Munger wirklich sind: „Ich habe mich oft gefragt, wie hoch der kombinierte Intelligenzquotient von Warren Buffett und Charles Munger ist. Schließlich habe ich mich für eine Antwort entschieden. Es ist der Kurs von Berkshire."

Wenn man also beispielsweise gefragt hätte, wie hoch der kombinierte Intelligenzqoutient der beiden Männer im Jahr 1998 war, dann wäre die Antwort 70.000 gewesen.

Tatsächlich war Buffetts IQ sehr häufig Gegenstand schlecht informierter Diskussionen. Und zu diesem Thema gibt es auch nichts Neues. Manche sagen, der durchschnittliche IQ an der Harvard Law School liege bei 150. Man geht davon aus, daß Buffetts IQ deutlich höher liegt. Von Leonardo da Vinci nimmt man an, er hätte einen IQ von 200 gehabt. Aber gab es damals überhaupt schon Intelligenztests? Vielleicht kam es darauf an, wie gut man malen oder zeichnen konnte. Auf alle Fälle hätte Buffett mit seinem Gemälde sehr gut abgeschnitten.

Presseberichten zufolge liegt der IQ von Bill Gates bei 170.

Ein früherer Student an der Harvard Business School kennt Buffetts IQ zwar nicht, schätzt ihn aber auf weit über 150 und sagt, daß seine mathematischen Fähigkeiten und sein Gedächtnis geradezu genial seien.

Buffett soll gesagt haben, er kenne seinen IQ nicht. Um auf den Boden der Tatsachen vorzustoßen, fragte ein mutiger Reporter Buffett einmal gezielt, wie hoch dessen IQ sei, und hoffte, er erhielte nun eine 700seitige Dissertation oder, besser noch, einen 800seitigen 30-Mrd.-Pfund-Gorilla. Buffetts Antwort jedoch bestand nur aus einem Wort: „Schrumpfend."

153

Aufgeschnappt

1. „Ich bin Investor. Ich habe noch nie von ihm gehört."
2. „Ist das ein Buch über Football?"
3. „Ich möchte das Buch über William Buffett bestellen."
4. „Könnte ich Ihre Broschüre über Warren Buffett bekommen?"
5. „Könnten Sie ihn nicht für mich anrufen und fragen, ob er meiner Studentinnenverbindung etwas spenden könnte?"
6. „Könnten Sie ihn nicht anrufen und ihn fragen, ob wir einmal mit ihm zu Abend essen können?"
7. „Er muß ein sehr unglückliches Leben führen."
8. „Er muß sehr reich sein, weil Sie ein Buch über ihn geschrieben haben."
9. „Würde er mich heiraten, wenn ich ihm einen Antrag machte?"
10. „Dies ist kein beliebtes Thema für ein Buch."
11. Eine Person, die 1998 sagte, sie beobachte Berkshire genau: „Der Aktienkurs liegt zwischen 200 und 300 $."
12. „Womit hat er seinen Ruhm verdient?"
13. „Ich will diese Aktie nicht haben, ich muß schnell Geld machen."
14. „Diese Aktie entspricht nicht den Kriterien, die ich anlege."
15. Ein Berkshire-Aktionär als er hörte, daß die Aktie 70.000 $ erreicht hatte: „Oh, nein!"
16. „Sie kann nicht über 70.000 $ steigen. Wer würde sie denn kaufen?"
17. „Ich habe den Punkt überschritten, an dem ich mich schuldig fühle. Ist das illegal?"

154

Debbie Reynolds und Warren Buffett werden nicht heiraten

Debbie Reynolds, die 66jährige beliebte Schauspielerin, die immer noch in Las Vegas auftritt, sagte dem *Enquirer*, daß sie nach drei fehlgeschlagenen Ehen nichts mehr von Männern wissen wolle.

Der *Enquirer* schrieb: Sie hat Liebe, Ehe und Männer vollkommen aufgegeben - außer sie könnte den multimilliardenschweren Investor Warren Buffett, 67, haben.

„Ich habe gerade ein Buch über Warren gelesen. Er wäre perfekt. Ein faszinierender Mann. Er ist einer der besten Geschäftsleute in Amerika.

Nun, wenn ich ihn kennenlernen sollte, dann wäre das eine ganz andere Geschichte! Er scheint im Geschäftsleben so clever zu sein, wie ich es niemals war. Es wäre interessant, mit jemandem zusammenzusein, der genau das Gegenteil von einem selbst ist.

Aber er ist verheiratet, so ist das alles natürlich nur ein Spaß!"

(AP/Wide World Photos)
Debbie Reynolds

155

„Mein Gott, war der alt."

Der NBC-Ableger in Omaha, WOWT-TV, Kanal 6, strahlte am 14. Oktober 1993 ein Interview mit Warren Buffett aus.

Reporterin Sue Baggarly hatte ihn gefragt, wie auch andere Investoren erfolgreich sein könnten; er hatte gescherzt, daß ein langes Leben sehr wichtig sei, weil sich das Geld über eine lange Zeit hinweg mit Zinseszinseffekt vermehre.

Am Ende des halbstündigen Interviews fragte sie: „Und wie soll man sich einmal an Sie erinnern?" Und Buffett schoß zurück: „Nun, ich würde gerne haben, daß der Priester bei der Beerdigung sagt: ‚Mein Gott, war der alt.'"

156

„Er ruht...
Er ist gereist."

Es gibt in der Literatur drei bedeutende Werke, die Homers Odysseus zum Helden haben. Da ist einmal das Original, Homers Odyssee, die Geschichte eines Helden, den es nach Hause drängt, um nach dem Trojanischen Krieg die Ordnung in Itaka wiederherzustellen.

Die beiden wichtigsten Bücher in unserem Jahrhundert, die auf Homers Werk basieren, sind *The Odyssey: A Modern Sequel* von dem griechischen Dichter und Romanschriftsteller Nikos Kazantzakis und die *Ulysses* von James Joyce.

Jedes Werk portraitiert einen Helden, der reist, Abenteuer besteht und Rückschläge einstecken muß - und der irgendwie obsiegt.

Odysseus versuchte, nach Hause zurückzukehren. Der Held bei Kazantzakis ist eine umtriebige Seele, die es immer aus ihrem ruhenden Mittelpunkt davontreibt, der versucht, seine Heimat zu verlassen, und ein neues Leben im Jenseits sucht. Und Joyces Leopold Bloom versucht, in einer kleinen, unvollkommenen und realen Welt von Arbeit und Zuhause in Dublin zu überleben, und erringt immer neue Siege.

Homers Odysseus und Joyces Leopold Bloom sind Helden unterwegs. Von allen Reisen und Abenteuern versuchen sie, sicher nach Hause zu kommen. Kazantzakis Odysseus jedoch lehnt seine Heimat ab und jagt nach neuen Welten, die er erobern kann, um nach Freiheit zu suchen.

Jeder Held, gleich in welcher Umgebung, vermittelt die Hoffnung, daß, obwohl die Menschheit einer feindlichen Welt gegenübersteht, man die Umstände meistern und sogar die Grenzen der Menschheit erweitern kann.

Und wenn der Tag vergangen ist, dann gibt es keine höhere Ehrenbezeugung, als das, was Joyce über Leopold Bloom schrieb: „Er ruht... Er ist gereist."

Warren Buffett ganz oben (auf dem Kiewit Plaza) überblickt sein geliebtes Omaha. Buffett sagt, in Omaha könne er besser über Aktien nachdenken als an der Wall Street.

Buffett, der den größten Teil seines Lebens in seinem bescheidenen Haus und seinem Büro in Omaha verbracht hat, aber auch die Großstadtlichter der Welt gesehen hat, hat es zu enormen Errungenschaften gebracht und zu einem Reichtum, den er ganz und gar an unsere Gesellschaft zurückgeben will.

In gewisser Weise hat er in Omaha ein ganz normales Leben geführt und verließ Omaha nur manchmal, um Herausragendes zu leisten. Sein Leben gleicht einem wie in einem Cartoon über James Joyces Notizzettel am Kühlschrank:

1. Bank anrufen.
2. Reinigung.
3. In der Schmiede meiner Seele das noch nicht geschaffene Bewußtsein meiner Rasse schmieden.
4. Mama anrufen.

Steve Wallman von Wallman Investment Counsel sagt: „In mancherlei

Hinsicht wird es nie wieder einen Warren Buffett geben, wie es auch nie wieder einen Babe Ruth geben wird. Die beiden sind weitaus größer als die Summe ihrer gesamten Fähigkeiten und Rekorde. Sie sind im wahrsten Sinne des Wortes Helden. Es kann sein, daß Ruths Rekorde gebrochen werden und auch Buffets, aber es wird noch Generationen dauern, bevor ein Sportler oder ein Investor die Phantasie der Öffentlichkeit so faszinieren wird, wie Ruth und Buffett es getan haben.

Babe Ruth war der erste große Homerun-Schläger. Meiner Meinung nach ist Buffett ziemlich das gleiche - der erste große Börseninvestor.

Auch wenn jemand ähnliche Talente wie Buffett hat, wird er wegen Buffetts langem Leben seine Schwierigkeiten haben. Ted Williams war vielleicht der beste Schlagmann, der je lebte (sicherlich aber der beste alte Schlagmann), aber seine Karriere wurde zweimal durch den Militärdienst unterbrochen. Nur sehr wenige Investoren werden die Persönlichkeit haben, so lange im Spiel zu bleiben wie Buffett. Und noch wesentlich weniger werden schon im Alter von 25 Jahren in die erste Liga aufsteigen."

Ähnliche äußerten sich zwei Berkshire-Aktionäre, die sich einmal über Buffett unterhielten:

Aktionär 1: „Er ist ein Investor, wie er in jeder Generation nur einmal vorkommt."

Aktionär 2: „Ja, er ist ein Original."

Aktionär 1: „Vielleicht mehr als einmal in einer Generation."

Aktionär 2: „Ja, vielleicht aber auch nur einmal."

Buffett war immer ein großartiger Student und ein großartiger Lehrer; er hat uns gelehrt, daß Aufrichtigkeit und traditionelle Werte siegen können.

Buffett hat uns nachdenklich gemacht, er hat uns zum Lachen gebracht und er hat die Welt enorm bereichert, indem er in vielerlei Hinsicht bleibende Werte schuf.

Und wenn wir über Helden sprechen, dann hat Warren Buffett eine erleuchtende Reise gemacht, wirklich eine begeisternde Odyssee. Er ist der Odysseus unserer Zeit.

157

Zurück zu Benjamin Graham

Benjamin Graham, der Schöpfer des Value Investing und Buffetts geliebter Lehrer, wurde am 11. April 1974 80 Jahre alt und starb 1976. An seinem 80. Geburtstag hielt er eine zusammenfassende Rede, die als Epilog des Buches *Benjamin Graham - The Memoirs of Ben Graham* veröffentlicht wurde:

„Es ist eigenartig, daß die Odyssee mir soviel bedeutet hat, da sich doch Odysseus' Charakter so sehr von meinem unterscheidet. Er war ein großer Kämpfer und Plünderer, während ich nie mit jemandem gekämpft habe und nie in meinem Leben irgend etwas geplündert habe. Er war schlau und verschlagen, während ich stolz darauf bin, geradlinig und direkt zu sein. Und dennoch hat er mich mein Leben lang angezogen, so wie er in den vergangenen 2.500 Jahren zahllose Leser in seinen Bann gezogen hat.

Nun zu meiner letzten Botschaft. Was könnte ich dafür besser auswählen, als die Schlußzeilen aus Tennysons „Ulysses", deren Worte in der Familie Graham so geliebt und oft zitiert wurden:

Kommt, meine Freunde,
es ist nicht zu spät, eine neuere Welt zu suchen.
Stoßt ab und schlagt, in rechter Ordnung sitzend,
die tönenden Furchen, denn mein Plan bleibt es,
jenseits des Sonnenuntergangs zu segeln und des Bads
aller Sterne des Westens, bis mich der Tod ereilt.
Vielleicht, daß uns die Strudel hinunterspülen;
vielleicht, daß wir die Inseln der Seligen berühren werden
und den großen Achill sehen, den wir kannten.
Wenn auch viel genommen ist, viel bleibt noch, und obwohl
wir jetzt nicht mehr die Kraft sind, die in vergangenen Tagen
Erde und Himmel bewegte; das was wir sind, sind wir,

ein gleiches Fühlen heldenhafter Herzen,
geschwächt durch Zeit und Schicksal, aber stark im Willen
zu streben, zu suchen, zu finden und nicht nachzugeben.

Liebe Leser,
ich hoffe, daß ich im Jahr 2000 wieder für Sie schreiben darf. Ich plane einen 50-Milliarden-Pfund-Gorilla!

Bis dahin alles Gute
Andy